中国学术名著提要

(合订本)

第三卷 宋辽金元编

中国学术名著提要编委会 编

复旦大学出版社

目 录

哲学类

安定言行录	〔北宋〕胡 瑗	2
徂徕集	〔北宋〕石 介	5
李觏集	〔北宋〕李 觏	8
春秋尊王发微	〔北宋〕孙 复	11
周子全书	〔北宋〕周敦颐	14
皇极经世	〔北宋〕邵 雍	17
张载集	〔北宋〕张 载	20
王文公文集	〔北宋〕王安石	24
洪范传	〔北宋〕王安石	27
老子注	〔北宋〕王安石	29
吕氏乡约	〔北宋〕吕大钧	31
二程集	〔北宋〕程 颢 程 颐	33
周易程氏传	〔北宋〕程 颐	36
潜虚	〔北宋〕司马光	39
温国文正公文集	〔北宋〕司马光	42
东坡易传	〔北宋〕苏 轼	45
龟山集	〔北宋〕杨 时	47
知言	〔南宋〕胡 宏	50
横浦集	〔南宋〕张九成	52
南轩集	〔南宋〕张 栻	55
东莱集	〔南宋〕吕祖谦	60
性理字训	〔南宋〕程端蒙	63
陆九渊集	〔南宋〕陆九渊	65
陈亮集	〔南宋〕陈 亮	68
朱子语类	〔南宋〕朱 熹	71
伊洛渊源录	〔南宋〕朱 熹	74
四书集注	〔南宋〕朱 熹	77
晦庵集	〔南宋〕朱 熹	80
近思录	〔南宋〕朱 熹 吕祖谦	84
小学	〔南宋〕朱 熹 刘子澄	86
诚斋易传	〔南宋〕杨万里	90
叶适集	〔南宋〕叶 适	93
习学记言	〔南宋〕叶 适	96
北溪字义	〔南宋〕陈 淳	98
慈湖遗书	〔南宋〕杨 简	101
真西山全集	〔南宋〕真德秀	103
大学衍义	〔南宋〕真德秀	105
鹤山全集	〔南宋〕魏了翁	107
黄氏日抄	〔南宋〕黄 震	109
文山先生全集	〔南宋〕文天祥	112
困学纪闻	〔南宋〕王应麟	115
鲁斋遗书	〔元〕许 衡	118
刘静修先生文集	〔元〕刘 因	120
草庐吴文正公文集	〔元〕吴 澄	123
师山集	〔元〕郑 玉	127
程氏家塾读书分年日程	〔元〕程端礼	130

政法类

疑狱集	〔五代〕和 凝 〔北宋〕和 㠓	134
宋刑统	〔北宋〕窦 仪等	136

律音义	〔北宋〕孙奭 139	折狱龟鉴	〔南宋〕郑 克 159
刑统赋	〔北宋〕傅霖 141	棠阴比事	〔南宋〕桂万荣 162
州县提纲	〔北宋〕陈襄 143	洗冤集录	〔南宋〕宋 慈 164
包孝肃奏议	〔北宋〕包拯 145	名公书判清明集	〔南宋〕胡 颖等 167
唐大诏令集	〔北宋〕宋绶 宋敏求 148	庆元条法事类	〔南宋〕谢深甫等 170
东坡七集	〔北宋〕苏轼 150	伯牙琴	〔南宋〕邓 牧 172
元丰类稿	〔北宋〕曾巩 152	刑统赋解	174
宋大诏令集	154	刑统赋疏	〔元〕沈仲纬 176
容斋随笔	〔南宋〕洪迈 156	无冤录	〔元〕王 与 178

历史类

唐会要	〔北宋〕王溥等 182	东汉会要	〔南宋〕徐天麟 234
五代会要	〔北宋〕王溥 184	鄂国金佗粹编、续编	〔南宋〕岳 珂 236
旧五代史	〔北宋〕薛居正等 186	资治通鉴纲目	〔南宋〕朱 熹 238
宋会要(附宋会要辑稿)	189	诸蕃志	〔南宋〕赵汝适 240
太平寰宇记	〔北宋〕乐史 193	舆地纪胜	〔南宋〕王象之 242
元丰九域志	〔北宋〕王存等 195	元朝秘史	244
新五代史	〔北宋〕欧阳修 197	大金国志	〔南宋〕宇文懋昭 246
新唐书	〔北宋〕欧阳修 宋祁等 200	契丹国志	〔南宋〕叶隆礼 248
集古录	〔北宋〕欧阳修 203	归潜志	〔金〕刘 祁 250
资治通鉴	〔北宋〕司马光 205	长春真人西游记	〔元〕李志常 252
涑水纪闻	〔北宋〕司马光 208	大元大一统志	〔元〕孛兰盼等 254
通鉴外纪	〔北宋〕刘恕 210	元典章	256
舆地广记	〔北宋〕欧阳忞 212	文献通考	〔元〕马端临 258
金石录	〔北宋〕赵明诚 214	通制条格	〔元〕拜 住等 261
东京梦华录	〔南宋〕孟元老 216	元朝名臣事略	〔元〕苏天爵 263
通志	〔南宋〕郑樵 219	元经世大典	265
通鉴纪事本末	〔南宋〕袁枢 221	辽史	〔元〕脱 脱等 267
续资治通鉴长编	〔南宋〕李焘 223	金史	〔元〕脱 脱等 270
挥麈录	〔南宋〕王明清 226	宋史	〔元〕脱 脱等 272
三朝北盟会编	〔南宋〕徐梦莘 228	岛夷志略	〔元〕汪大渊 275
建炎以来系年要录	〔南宋〕李心传 230	南村辍耕录	〔元〕陶宗仪 277
西汉会要	〔南宋〕徐天麟 232		

语言、文学类

语言	280	汗简	〔北宋〕郭忠恕 284
龙龛手鉴	〔辽〕行 均 280	广韵	〔北宋〕陈彭年等 286

| 礼部韵略 …………〔北宋〕丁　度等 289
| 集韵 ……………〔北宋〕丁　度等 291
| 群经音辨 ………………〔北宋〕贾昌朝 294
| 皇极经世声音唱和图 ……〔北宋〕邵　雍 296
| 类篇 ……………〔北宋〕司马光等 300
| 埤雅 ……………………〔北宋〕陆　佃 303
| 突厥语词典 ……〔突厥〕马赫穆德·喀什噶里 305
| 历代钟鼎彝器款识法帖 …〔南宋〕薛尚功 307
| 韵补 ……………………〔南宋〕吴　棫 309
| 隶释 ……………………〔南宋〕洪　适 312
| 尔雅翼 …………………〔南宋〕罗　愿 314
| 班马字类 ………………〔南宋〕娄　机 316
| 四声等子 ………………〔宋〕佚　名 319
| 切韵指掌图 ……………〔宋〕佚　名 322
| 五音集韵 ………………〔金〕韩道昭 326
| 蒙古字韵 ………………〔元〕佚　名 329
| 古今韵会举要 …………〔元〕熊　忠 331
| 中原音韵 ………………〔元〕周德清 335
| 语助 ……………………〔元〕卢以纬 339
| 经史正音切韵指南 ……〔元〕刘　鉴 342
| 说文字原 ………………〔元〕周伯琦 345
| 文海 ……………………〔西夏〕佚　名 348

文学 351
| 太平广记 ………………〔北宋〕李　昉等 351
| 文苑英华 ………………〔北宋〕李　昉等 354
| 西昆酬唱集 ……………〔北宋〕杨　亿 358
| 时贤本事曲子集 ………〔北宋〕杨　绘 361
| 楚辞补注 ………………〔南宋〕洪兴祖 363
| 韩子年谱 ………………〔南宋〕洪兴祖 366
| 石林诗话 ………………〔南宋〕叶梦得 369

| 诗话总龟 ………………〔北宋〕阮　阅 372
| 乐府诗集 ………………〔北宋〕郭茂倩 375
| 碧鸡漫志 ………………〔南宋〕王　灼 378
| 山谷内集诗注外集诗注别集诗注
| …………〔南宋〕任　渊　史　容　史季温 381
| 文则 ……………………〔南宋〕陈　骙 385
| 后山诗注 ………………〔南宋〕任　渊 387
| 韵语阳秋 ………………〔南宋〕葛立方 390
| 诗集传 …………………〔南宋〕朱　熹 393
| 楚辞集注 ………………〔南宋〕朱　熹 396
| 白石道人诗说 …………〔南宋〕姜　夔 399
| 苕溪渔隐丛话 …………〔南宋〕胡　仔 401
| 经进东坡文集事略 ……〔南宋〕郎　晔 404
| 文苑英华辨证 …………〔南宋〕彭叔夏 407
| 注东坡先生诗
| …………〔南宋〕施元之　施　宿　顾　禧 410
| 王荆文公诗李壁注 ……〔南宋〕李　壁 414
| 沧浪诗话 ………………〔南宋〕严　羽 417
| 唐诗纪事 ………………〔南宋〕计有功 421
| 绝妙好词 ………………〔南宋〕周　密 424
| 诗人玉屑 ………………〔南宋〕魏庆之 427
| 后村诗话 ………………〔南宋〕刘克庄 429
| 昌黎先生集注 …………〔南宋〕廖莹中 431
| 分类补注李太白诗
| …………〔南宋〕杨齐贤　〔元〕萧士赟 434
| 词源 ……………………〔南宋〕张　炎 437
| 滹南诗话 ………………〔金〕王若虚 440
| 中州集 …………………〔金〕元好问 442
| 唐才子传 ………………〔元〕辛文房 445
| 录鬼簿 …………………〔元〕钟嗣成 448

艺术类

音乐 454
| 唐会要·乐类 …………〔北宋〕王　溥 454
| 琴史 ……………………〔北宋〕朱长文 456
| 梦溪笔谈·乐律 ………〔北宋〕沈　括 458
| 乐书 ……………………〔北宋〕陈　旸 461

| 通志·乐略 ……………〔南宋〕郑　樵 463
| 琴律说 …………………〔南宋〕朱　熹 465
| 律吕新书 ………………〔南宋〕蔡元定 466
| 白石道人歌曲 …………〔南宋〕姜　夔 468
| 事林广记 ………………〔南宋〕陈元靓 470

| 都城纪胜·瓦舍众伎 …… 〔南宋〕灌圃耐得翁 472
| 梦粱录·元宵等篇 …… 〔南宋〕吴自牧 474
| 武林旧事·圣节等篇 …… 〔南宋〕周密 476
| 文献通考·乐考 …… 〔元〕马端临 478
| 唱论 …… 〔元〕芝庵 481

书法 …… 482
| 墨池编 …… 〔北宋〕朱长文 482
| 墨池编·续书断 …… 〔北宋〕朱长文 484
| 书史 …… 〔北宋〕米芾 486
| 东观余论 …… 〔北宋〕黄伯思 488
| 宣和书谱 …… 〔北宋〕佚名 491
| 书苑菁华 …… 〔南宋〕陈思 493
| 书小史 …… 〔南宋〕陈思 496
| 续书谱 …… 〔南宋〕姜夔 498
| 书法钩玄 …… 〔元〕苏霖 500
| 雪庵字要 …… 〔元〕李溥光 501
| 学古编 …… 〔元〕吾丘衍 503
| 衍极并注 …… 〔元〕郑枃 505
| 翰林要诀 …… 〔元〕陈绎曾 507
| 书史会要 …… 〔元〕陶宗仪 509

绘画 …… 510
| 五代名画补遗 …… 〔北宋〕刘道醇 510
| 宋朝名画评 …… 〔北宋〕刘道醇 512
| 益州名画录 …… 〔北宋〕黄休复 514
| 图画见闻志 …… 〔北宋〕郭若虚 516
| 林泉高致 …… 〔北宋〕郭熙 郭思 518
| 德隅斋画品 …… 〔北宋〕李廌 521
| 东坡题跋 …… 〔北宋〕苏轼 524

| 山谷题跋 …… 〔北宋〕黄庭坚 527
| 画史 …… 〔北宋〕米芾 531
| 山水纯全集 …… 〔北宋〕韩拙 533
| 广川画跋 …… 〔北宋〕董逌 536
| 画继 …… 〔南宋〕邓椿 539
| 云烟过眼录 …… 〔南宋〕周密 542
| 画继补遗 …… 〔元〕庄肃 544
| 竹谱 …… 〔元〕李衎 546
| 松雪斋集 …… 〔元〕赵孟頫 549
| 写山水诀 …… 〔元〕黄公望 552
| 文湖州竹派 …… 〔元〕吴镇 555
| 梅花道人遗墨 …… 〔元〕吴镇 557
| 竹斋诗集 …… 〔元〕王冕 559
| 东维子文集 …… 〔元〕杨维祯 562
| 清閟阁全集 …… 〔元〕倪瓒 565
| 画鉴 …… 〔元〕汤垕 568
| 画论 …… 〔元〕汤垕 570
| 写像秘诀 …… 〔元〕王绎 572
| 闻过斋集 …… 〔元〕吴海 574
| 图绘宝鉴 …… 〔元〕夏文彦 576
| 元代画塑记 …… 〔元〕佚名 579

建筑园林 …… 581
| 长安志 …… 〔北宋〕宋敏求 581
| 洛阳名园记 …… 〔北宋〕李格非 584
| 葬书 …… 〔北宋〕佚名 587
| 艮岳记 …… 〔南宋〕张淏 588
| 吴兴园林记 …… 〔南宋〕周密 589
| 禁扁 …… 〔元〕王士点 591

经济类

| 旧五代史·食货志 …… 〔北宋〕薛居正等 594
| 册府元龟·邦计部 …… 〔北宋〕王钦若等 598
| 富国策 …… 〔北宋〕李觏 600
| 新唐书·食货志 …… 〔北宋〕欧阳修 宋祁等 603
| 吴中水利书 …… 〔北宋〕单锷 607
| 蚕书 …… 〔北宋〕秦观 610
| 泉志 …… 〔南宋〕洪遵 612

| 陈旉农书 …… 〔南宋〕陈旉 614
| 救荒活民书 …… 〔南宋〕董煟 617
| 历代制度详说 …… 〔南宋〕吕祖谦 620
| 建炎以来朝野杂记 …… 〔南宋〕李心传 623
| 玉海·食货 …… 〔南宋〕王应麟 625
| 农桑辑要 …… 〔元〕大司农司 629
| 农桑衣食撮要 …… 〔元〕鲁明善 632

河防通议	〔元〕赡思	634	辽史·食货志	〔元〕脱脱等	642
治河图略	〔元〕王喜	636	金史·食货志	〔元〕脱脱等	645
宋史·食货志	〔元〕脱脱等	638			

科技类

真元妙道要略	〔北宋〕佚名	650	宣和北苑贡茶录	〔北宋〕熊蕃	718
颅囟经	〔北宋〕佚名	652	宣和奉使高丽图经	〔北宋〕徐兢	719
太平圣惠方	〔北宋〕王怀隐等	654	糖霜谱	〔南宋〕王灼	722
笋谱	〔北宋〕赞宁	657	耕织图	〔南宋〕楼璹	724
海潮论	〔北宋〕燕肃	658	云林石谱	〔南宋〕杜绾	726
铜人腧穴针灸图经	〔北宋〕王惟一	660	庚道集	〔南宋〕蒙轩居士	728
酒谱	〔北宋〕窦苹	662	普济本事方	〔南宋〕许叔微	731
洛阳牡丹记	〔北宋〕欧阳修	663	丹房须知	〔南宋〕吴悮	733
武经总要	〔北宋〕曾公亮 丁度	664	三因极一病证方论	〔南宋〕陈言	735
桐谱	〔北宋〕陈翥	666	桂海虞衡志	〔南宋〕范成大	737
茶录	〔北宋〕蔡襄	667	吴船录	〔南宋〕范成大	739
荔枝谱	〔北宋〕蔡襄	669	太湖石志	〔南宋〕范成大	743
东溪试茶录	〔北宋〕宋子安	671	橘录	〔南宋〕韩彦直	745
蟹谱	〔北宋〕傅肱	672	地理图	〔南宋〕黄裳	746
图经本草	〔北宋〕苏颂	673	苏州石刻天文图	〔南宋〕黄裳 王志远	748
新仪象法要	〔北宋〕苏颂	675	医说	〔南宋〕张杲	750
芍药谱	〔北宋〕刘攽	679	诸蕃志	〔南宋〕赵汝适	752
品茶要录	〔北宋〕黄儒	680	平江图	〔南宋〕李寿朋	754
洛阳花木记	〔北宋〕周师厚	682	金漳兰谱	〔南宋〕赵时庚	756
营造法式	〔北宋〕李诫	683	妇人良方	〔南宋〕陈自明	757
禹迹图	〔北宋〕沈括	689	四明它山水利备览	〔南宋〕魏岘	759
梦溪笔谈	〔北宋〕沈括	691	菌谱	〔南宋〕陈仁玉	761
苏沈良方	〔北宋〕沈括 苏轼	698	数书九章	〔南宋〕秦九韶	762
物类相感志	〔北宋〕苏轼	700	全芳备祖	〔南宋〕陈景沂	765
华夷图	〔北宋〕佚名	702	详解九章算法	〔南宋〕杨辉	766
证类本草	〔北宋〕唐慎微	704	乘除通变本末	〔南宋〕杨辉	768
寿亲养老新书	〔北宋〕陈直 〔元〕邹铉	706	田亩比类乘除捷法	〔南宋〕杨辉	770
菊谱	〔北宋〕刘蒙	708	续古摘奇算法	〔南宋〕杨辉	771
北山酒经	〔北宋〕朱肱	710	桂州城图	〔南宋〕佚名	773
修炼大丹要旨	〔北宋〕佚名	712	诸家神品丹法	〔南宋〕孟要甫	775
小儿药证直诀	〔北宋〕钱乙	714	种艺必用	〔南宋〕吴怿	778
圣济总录	〔北宋〕徽宗敕编	716	铅汞甲庚至宝集成	〔南宋〕佚名	779

书名	作者	页码
金液还丹百问诀	〔辽〕李光玄	781
黄帝素问宣明论方	〔金〕刘完素	782
素问玄机原病式	〔金〕刘完素	784
素问病机气宜保命集	〔金〕刘完素	787
儒门事亲	〔金〕张从正	789
医学启源	〔金〕张元素	791
脾胃论	〔金〕李 杲	793
阴证略例	〔元〕王好古	795
测圆海镜	〔元〕李 冶	797
益古演段	〔元〕李 冶	800
梓人遗制	〔元〕薛景石	802
授时历	〔元〕郭守敬	804
算学启蒙	〔元〕朱世杰	808
四元玉鉴	〔元〕朱世杰	809
王祯农书	〔元〕王 祯	811
河源记	〔元〕潘昂霄	815
舆地图自叙	〔元〕朱思本	817
饮膳正要	〔元〕忽思慧	819
熬波图	〔元〕陈 椿	821
世医得效方	〔元〕危亦林	823
格致余论	〔元〕朱震亨	826
丹溪心法	〔元〕朱震亨	828
田家五行	〔元〕娄元礼	830
革象新书	〔元〕赵友钦	832

宗教类

佛教 …… 836

书名	作者	页码
续一切经音义	〔辽〕希 麟	836
宋高僧传	〔北宋〕赞 宁	839
大宋僧史略	〔北宋〕赞 宁	844
景德传灯录	〔北宋〕道 原	852
释氏要览	〔北宋〕道 诚	855
辅教篇	〔北宋〕契 嵩	859
广清凉传	〔北宋〕延 一	861
庐山记	〔北宋〕陈舜俞	864
林间录	〔北宋〕惠 洪	867
碧岩录	〔北宋〕克 勤	870
古尊宿语录	〔南宋〕赜藏主	873
翻译名义集	〔南宋〕法 云	875
乐邦文类	〔南宋〕宗 晓	878
五灯会元	〔南宋〕普 济	880
佛祖统纪	〔南宋〕志 磐	882
正理藏论	〔元〕萨班·贡噶坚赞	887
至元法宝勘同总录	〔元〕庆吉祥等	889
辩伪录	〔元〕祥 迈	893
三教平心论	〔元〕刘 谧	896
佛教史大宝藏论	〔元〕布 顿	898
敕修百丈清规	〔元〕德 辉	902
佛祖历代通载	〔元〕念 常	905
庐山莲宗宝鉴	〔元〕普 度	908
释氏稽古略	〔元〕觉 岸	910
补陀洛迦山传	〔元〕盛熙明	913

道教 …… 915

书名	作者	页码
云笈七籤	〔北宋〕张君房	915
易数钩隐图	〔北宋〕刘 牧	919
道德真经藏室纂微篇	〔北宋〕陈景元	922
悟真篇	〔北宋〕张伯端	924
三十代天师虚靖真君语录	〔北宋〕张继先	928
太上感应篇	〔北宋〕佚 名	931
华阳陶隐居内传	〔北宋〕贾 嵩	933
修炼大丹要旨	〔北宋〕佚 名	935
造化指南		937
金华冲碧丹经秘旨	〔南宋〕白玉蟾等	939
道德宝章	〔南宋〕白玉蟾	941
悟玄篇	〔南宋〕余洞真	942
重阳全真集	〔金〕王 嚞	944
存神固气论		946
磻溪集	〔元〕丘处机	948
修真十书	〔元〕佚 名	950
易外别传	〔元〕俞 琰	953
甘水仙源录	〔元〕李道谦	956
历世真仙体道通鉴	〔元〕赵道一	958

谷神篇 ……………………〔元〕林辕 960
太华希夷志 ………………〔元〕张辂 965
茅山志 ……………………〔元〕张天雨 967
天台山志 …………………〔元〕佚名 969

橐籥子 ……………………〔元〕佚名 971

伊斯兰教 …………………………………… 973
清净寺记 …………………〔元〕吴鉴 973

宋辽金元编

哲 学 类

安定言行录 〔北宋〕胡 瑗

《安定言行录》，二卷。北宋胡瑗撰，清丁宝书辑。是书编辑始于南宋。宋高宗绍兴八年（1138），钱塘关注与胡瑗曾孙胡涤"相与哀先生遗书"（汪藻《安定言行录序》），编成《安定言行录》。但此书久佚不传，惟汪藻所撰序载《浮溪集》。清湖州郡学教授许正绶慨遗书散佚，遂采撷旧闻，编为《安定言行录》。将付梓而适遇战乱，事未竟而殁，书稿亦零落散失。清同治辛未（1871）、壬申（1872）间，丁宝书"预修郡志，阅书万卷，凡有安定遗事，重加采辑"（丁宝书《安定言行录跋后》），于同治十一年（1872）岁末编就。现有清光绪四年（1878）吴兴丁氏所刊《月河精舍丛钞》本。

胡瑗（993—1059），字翼之，北宋泰州海陵（今江苏如皋）人。因其祖上世居安定（今陕西安定县），学者称安定先生。胡瑗生性聪颖，又勤奋好学。曾与孙复、石介同学，在泰山潜心读书十年，后都成为开创宋学之先驱，人称"宋初三先生"。宋仁宗景祐二年（1035），应苏州知事范仲淹之聘，任苏州郡学教授。立学规，严管理，使"苏学为诸郡倡"（《宋史·范纯祐传》）。宝元三年（1040），任湖州州学教授。他"倡明正学"，创设分斋教学制度，改革教学方法等，湖州州学声名鹊起，名闻遐迩。曾两次应诏进京更定雅乐。皇祐四年（1052），任光禄寺丞、太学直讲，始在太学执教。嘉祐初，擢太子中允、天章阁侍讲，但"仍治太学"，历时七年，成效卓著。"学者自远而至，太学不能容，取旁官署以为学舍"（《安定言行录》卷上）。嘉祐四年（1059）正月，因病以人常博士致仕东归，不久病故。一生著述很多，现存者主要有门人编录的《周易口义》十二卷、《洪范口义》二卷、与阮逸合撰的《皇祐新乐图记》三卷等。其他《春秋要义》三十卷、《春秋口义》五卷、《中庸义》一卷、《资圣集》十五卷、《吉凶书仪》二卷、《学政条约》一卷、《武学规矩》一卷等，都已散佚。生平事迹见朱熹《五朝名臣言行录》卷十二、《宋史·胡瑗传》、《宋元学案·安定学案》、胡鸣盛《安定先生年谱》等。

《安定言行录》是胡瑗言行的汇编。全书分传志、规范、议乐、弟子、著述、杂文六门，卷首有宋绍兴十年(1140)汪藻撰的《安定言行录序》。书中比较系统地反映了胡瑗的教育思想,主要表现在以下四个方面。

一、首创分斋教学制度。为了提倡实学,培养通经致用人才,反对当时崇尚浮华文词的学风,胡瑗在主持湖州州学时,创立分斋教学制度。在学校内分设经义斋和治事斋。经义斋"择疏通有器局者居之"(《安定言行录》卷上),学习儒家经义,意在造就"可任大事者",即重要的统治人才;治事斋分设治兵、治民、水利、算数等科,学生可选择其中一科为主修,另选一科为副修,培养成为在某一方面有专长的技术、管理人才。这在中国教育史上属于首创,是对教学制度的重要改革。

二、因材施教。胡瑗在长期的教学实践中,坚持实行因材施教。他根据学生的不同材质,选入不同斋舍,学习不同的科目;又依据各人的志趣和特长,分类群居,相互讲习。"好尚经术者,好谈兵战者,好文艺者,好尚节义者,皆使之以类群居,相与讲习。"(《安定言行录》卷上)使每个人都能够发展专长,学有所成。正因于此,胡瑗的教学取得了成功,培养出如顾临、朱临、范纯仁、卢秉、滕元发、徐积、刘彝等许多各有专长的人才。

三、重视游历考察、体育和音乐。胡瑗认为广为游历考察,对于开阔人的眼界、不断获得新知识,是非常有益的。他曾说:"学者只守一乡,则滞于一曲。隘吝卑陋。必游四方,尽见人情物态,南北风俗,山川气象,又广其闻见,则为有益于学者矣。"(《安定言行录》卷上)为了使学生的知识避免"滞于一曲,隘吝卑陋",在教学中除了重视书本知识的传授,胡瑗还十分重视组织学生游历、参观和考察,"以广其闻见"。他也重视体育和音乐,常教导学生"食饱未可据案或久坐,皆于气血有伤,当习射、投壶、游息焉"(《安定言行录》卷上)。在太学执教时,每次考试结束,他便"掌仪率诸生会于肯善(堂),雅乐歌诗,乙夜乃散"(《宋史·选举志》)。调节学习生活,陶冶学生情操。

四、注重人格感化,建立良好师生关系。胡瑗进行道德教育的显著特点是,事事处处以身作则去感化学生,使他们如坐春风,在潜移默化中受到熏陶。欧阳修曾说:先生弟子"其高第者,知名当时,或取甲科居显仕。其余散在四方,随其人贤愚,皆循循雅饬,其言谈举止,遇之不问可知为先生弟子"(《安定言行录》卷上)。胡瑗"视诸生如其子弟",关心他们的生活和学习。如学生病了,他像慈父一样给予关怀。即使对于那些在人生道路上一度走过弯路的青年学子,也同样满腔热忱,寄予希望。重在启发他们自觉"洗心向道",而不是一味苛责。胡瑗对学生深沉的爱,博得了学生对他的尊敬和爱戴,"诸生亦信爱如其父兄"。

胡瑗的教育思想和教育实践,在当时及对后世产生了深远影响。宋仁宗庆历四年(1044),北宋第一次大规模兴学,中央建太学,"有司请下湖州,取先生之法以为太学法"(《安定言行录》卷上）。清初，著名教育家颜元评论："秦汉以降，则著述讲论之功多，而实学实教之力少，宋儒惟胡子立经义、治事斋，虽分析已差，而其事颇实矣。"（《四存编·存学编》卷一）他规划漳南书院，分设文事、武备、经史、艺能、理学、帖括六斋，是直接借鉴和发展了胡瑗分斋教学的思想。清末，在书院改学堂的热潮中，胡瑗创立的分斋教学制度，重新受到社会的重视。

（金林祥）

徂徕集 〔北宋〕石 介

《徂徕集》，又作《石守道集》、《徂徕石先生文集》、《徂徕石先生全集》等，二十卷。北宋石介撰。据欧阳修《读徂徕集》诗云："旧稿偶自录，沧溟之一蠡，其余谁付与，散失存几何？"则是集为石介手定无疑，初步考订约集成于庆历三年（1043）前后。又据欧阳修《徂徕石先生墓志铭》载："所为文章，曰某集者若干卷，曰某集者若干卷。"疑石介文集不止一种，但今已无法详考。是集在宋代已颇流行，晁公武《郡斋读书志》、陈振孙《直斋书录解题》等均有著录。通行本有清康熙四十九年（1710）姑苏张氏《正谊堂丛书》本、清康熙五十五年（1716）燕山石氏刻本、清乾隆间《四库全书》本等。

石介（1005—1045），字守道，一字公操，兖州奉符（今山东泰安东南）人。家居徂徕山下，学者称徂徕先生。宋仁宗天圣八年（1030）进士，曾任郓州观察推官、南京应天府学官、国子监直讲、直集贤院、太子中允等职。政治上积极支持范仲淹领导的"庆历新政"，作《庆历圣德颂》，指名道姓地褒贬大臣，为一时传诵，因此也得罪了夏竦等一些权臣。新政夭折改判外任，不久即病故。死后仍遭夏竦的诬陷报复，谓其阴谋兵变，险遭发棺鞭尸之刑。学术上则极力提倡复兴儒学，鼓吹儒家"道统"，尖锐地抨击佛道二教和杨亿的四六时文，文学上则坚决主张"文以载道"。由于长期从事教育活动，因此在当时具有较大的社会影响。与胡瑗、孙复同为当时著名的经师，他们的学术思想直接影响到稍后兴起的理学思潮，所以被后人并称为"宋初三先生"。著作除今存的《徂徕集》外，尚有《易口义》、《易解》、《唐鉴》、《三朝圣政录》等，但均已亡佚。事迹见于《欧阳文忠公文集》卷三四、《东都事略》卷一一三、《宋史》卷四三二、《宋元学案》卷二等。

《徂徕集》是石介的一部诗文集。全书共二十卷，其内容分别是：卷一为颂十首；卷二到卷三为古诗五十四首；卷四为律诗八十首；卷五到卷九为杂著四十篇；卷十到卷十一为论十二篇；卷十二到卷十七为书信四十篇；卷十八为序八篇；卷十九为记十一篇；卷二十为启表文十篇。历代对此集的提要、序跋不少，提要有《郡斋读书志·徂徕集提要》、《直斋书录解题·徂徕集提要》、《文献通考·徂徕集提要》《四库全书·徂徕集提要》等；为之作序的有清代的徐肇显、张伯行、石键、石维岩、徐宗幹、王之翰等；为之作跋的有清代的王士禛、孙星衍、丁艮善、钱曾等。

《徂徕集》为反映北宋中期理学思潮兴起之初学术状况的一部重要著作。综观全书，最值得重视的是"道"和"文"两个基本概念，从这两个概念中又引申出"道统"和"文统"的思想，最终则归结到维护儒学正统、提倡复兴儒学、反对佛道"异端"和抨击时文害"道"上面。

"道"是贯穿全书的一个基本概念。石介把"道"解释为义近规律的东西，"道者何谓也？道乎所道也"（卷十三《移府学诸生》）。又将"道"说成是天地万物的根本，"夫天地日月山岳河洛皆气也。气浮且动，所以有裂、有缺、有崩、有竭。吾圣人之道，大中至正万世常行不可易之道也，故无有亏焉"（卷十九《宋城县夫子庙记》）。这里已经把"道"和"气"作为一对范畴同时提出，并加以比较，虽然没有进一步铺陈，但已明显具有理学思想体系的端倪。同时，他又把"道"解释成具有伦理性质的"治人之道"，即"君臣也，父子也，夫妇也，朋友也，长幼也"，它是"一日不可废"的（卷八《辨私》）。这一特点也与后来的理学思想相吻合。石介认为，这个"道"是由十四位"圣人"建立起来的，它始于伏羲，中经神农、黄帝、少昊、颛顼、高辛、尧、舜、禹、汤、文、武、周公，到孔子而达到尽善尽美；后人的任务就是忠实于这个"道"，而孟轲、荀况、扬雄、王通、韩愈是最能维护此"道"的"贤人"。这样，从"道"的概念出发，石介确立了他的"道统"思想。它是唐代韩愈"道统说"的发展，对后来理学家的"道统"思想有一定的影响。

"文"也是此书中一个最常见的概念。石介对"文"下过这么一个定义："两仪，文之体也；三纲，文之象也；五常，文之质也；九畴，文之数也；道德，文之本也；礼乐，文之饰也；孝悌，文之美也；功业，文之容也；教化，文之明也；刑政，文之纲也；号令，文之声也；圣人，职文者也。"（卷十三《上蔡副枢书》）在石介看来，"文"的功能就是表达"圣人之道"，儒经才算真正的"文"。它包括"言大道"的《三坟》，"言常道"的《五典》，经孔子删定编次的"六经"，以及孟、扬、王、韩诸贤的著作（参上）。在石介那里，"文"与"道"是互相连通的，在许多场合干脆不分，"斯道"与"斯文"并提。从"文"的概念又引申出"文统"，即从三皇、五帝、孔子到孟、扬、王、韩，易言之即他的"道统"思想在"文"方面的体现。这种典型的"文以载道"的文论，对程朱的文论也有很大影响。

石介提出"道"和"文"的概念，强调儒家的"道统"和"文统"，其目的就在于要维护儒学的正统地位，恢复儒学的"独尊"。他认为"韩愈死后又且数百年，大道之荒芜甚矣，六经之缺废久矣。异端乖离放诞，肆行而无所畏；邪说枝叶蔓引，寖长而无所收"（卷十五《上孙少傅书》）。而造成这一状况的原因，一是"佛、老以妖妄怪诞之教坏乱之"，二是"杨亿以淫巧浮伪之言破碎之"（卷五《怪说下》）。在石介看来，佛道二教和杨亿时文就是三个"怪物"，如果听任这"三怪"泛滥，就会"乱俗害正"，使"中华夷"、"经籍息"。所以他力主禁绝，一生以抨击佛道"异端"和杨亿时文为己任，不遗余力,至死方休。他的"卫道"精神和勇气得到后来理学家的肯定,他的反佛道、反时文主张也为后来理学家所接受并发展。

《徂徕集》除了具有重要的思想史价值外,还有一定的史料价值。其中的大量诗文,为治宋史者提供了反映庆历前后社会、政治、经济及其他方面的第一手资料,颇受学者重视。

有关《徂徕集》的研究状况,除了前述的提要、序跋外,尚有清代剑舟居士的《校后记》和徐坊的《校记》。中华书局于1984年出版了由陈植锷标点校勘的排印本。此本从《续资治通鉴长编》、《皇朝文鉴》、《宋会要辑稿》、《五朝名臣言行录》、《宋元学案》等文献中辑录了一些石介的佚文。此外还附载了有关石介的历代传志序跋、祠堂祠记、事迹评论等内容,为目前最全的本子。

(徐洪兴)

李觏集 〔北宋〕李 觏

《李觏集》,又称《直讲李先生文集》、《盱江文集》,四十卷(包括《外集》三卷及附录)。北宋李觏撰。通行本有明成化年间左赞刻本、正德年间孙甫刻本、万历孟庆绪刻本、清光绪中谢甘棠刻本、1981年中华书局《李觏集》校点本等。

李觏(1009—1059),字泰伯,北宋建昌军南城(今江西南城)人。少时家境清贫,两次应试不中,晚年由范仲淹等人荐为太子助教,后为直讲,一生以教授为业,创建盱江书院,世称盱江先生。支持当时的庆历变革运动。哲学上持气一元论观点,把自然界看作由阴阳二气会合而成:"夫物以阴阳二气之会而后有象,象而后有形……阴阳合而生五行,此理甚明白。"(《删定易图序论·论一》)并认为事物的矛盾是普遍存在的,是天地万物变化的内在原因,对佛、道、神仙、方士、巫医、相卜、鬼神迷信等无不抨击,提出"人非利不生","生民之道,食为大",反对"贵义贱利"的儒家传统观念,表现其功利主义思想。《宋史》卷四三二有传。

《李觏集》是李觏著述的汇编。李觏在世时,曾先后自编《退居类稿》十二卷,《皇祐续稿》八卷,并付梓行世。自序中说:"自冠迄兹十五年,得草稿二百三十三首,将恐亡散,姑以类编为十二卷。"宋陈振孙《直斋书录解题》著录李觏著作有《退居类稿》十二卷,《续稿》八卷,《常语》三卷,《周礼致太平论》十卷,《后集》六卷,计三十九卷。并说《后集》为门人傅野所编。现有《礼论》七篇、《易论》十三篇、《删定易图序论》六篇、《周礼致太平论》五十一篇、《富国策》十首、《强兵策》十首、《安民策》十首、《平土书》、《潜书》十五篇、《庆历民言》三十篇、《常语》三篇(上、中、下),以及赋、记、诗、书信、墓铭等。

《礼论》阐述其对礼的看法,李觏在该论自序中说:"予幼而好古,诵味经籍,窥测教意,然卒未能语其纲条。至于今兹年二十四,思之熟矣……推其本以见其末,正其名以责其实,崇先圣之遗制,攻后世之乖缺。"对于以前《礼》的经注中,迷信色彩尽力洗刷,不可使人观之"耳目惊眩,不知其所取"(《礼论》第六)。认为"礼"的作用是"贵有常奉,贱有常守,贤者不敢过,不肖者不敢不及,此礼之大本也"。因此说"夫礼,人道之准,世教之主也"(《礼论》第一)。"圣人者,根诸性者也。贤人者,学礼而后能者也。"(《礼论》第四)批评汉人郑玄对《礼》的解释方法。"郑氏之学,其实不能该礼之本,但随章句而解之。"(《礼论》第五)

《易论》以平凡实际的人事,解释《易》义。提出学《易》要懂变易的道理,批评"世之鄙儒,忽其常道,竞习异端……昼读夜思,疲心于无用之说,其以惑也"。强调"救弊之术,莫大乎通变"(《易论·第一》),强调因时制宜,"若夫排患解纷,量时制宜,事出一切,愈不可常也"(《易论》第八)。他还探讨了事物的常规性和变动性的关系,"常者,道之纪也,道不以权,弗能济矣"(《易论》第八)。

《删定易图序论》,分析了刘牧《易图》的繁复、穿凿附会之处,"乃删其图而存之者三焉,所谓河图也,洛书也,八卦也。于其序解之中,撮举而是正之"。突出由气构成万物的思想:"夫物以阴阳二气之会而后有象,象而后有形……天降阳,地出阴,阴阳合而生五行,此理甚明白。"(论一)。

《周礼致太平论》五十一篇,是李觏假托"以周礼为周公治太平之迹",来论述自己的政治、经济、军事、官制等主张。其序说:"女色阶祸,莫斯之甚,述'内治'七篇。利用厚生,为政之本,节以制度,乃无伤害,述'国用'十六篇。备预不虞,兵不可阙,先王之制,则得其宜,述'军卫'四篇。刑以防奸,古今通义,唯其用之,有所不至,述'刑禁'六篇。纲纪既立,持之在人,天工之代,非贤罔义,述'官人'八篇。何以得贤,教学为先,经世轨俗,能事毕,述'教道'九篇。"强调廓清吏治、识别奸佞、选拔人才、发展农业生产、减轻赋税等的重要性。

《富国策》首先批评儒者之论"鲜不贵义而贱利,其言非道德教化则不出诸口矣"的"贵义贱利"看法,指出"治国之实,必本于财用……礼以是举,政以是成,爱以是立,威以是行,舍是而克为治,未之有也"。把封建国家的政治、法律、军事、外交、道德、文化等一切皆建立在"财用"的经济基础之上。

《强兵策》十首,指出"所谓强兵者,非曰日寻干戈,暴骨万里,逞一朝之忿以求横行天下也,必有仁义存焉耳"。他认为战争的正义性和战争中的战术、战略的运用相结合才是强兵之本。"仁义者,兵之本也;诈力者,兵之末也。本末相权,用之得所,则无敌矣。"

《安民策》强调民的作用,立君"非天命之私一人,为亿万人也"。主张"取于民有制",不可加重赋税。又认为国家应有统一的法令,"民之所从,非从君也,从其令也。国之所守,非守国也,守其令也"。主张"教学为先","师有其人,教有其业"。

《平土书》视土地问题为社会问题之根本,"土地本也"。有土地才有粮食,因为"生民之道,食为大"。"平土"即"均田",使"耕者得食"。对贵族、官吏的土地必须"限田",抑制兼并。

《潜书》是李觏闲居时的愤世之作,文中多指斥时弊,"警宪邦国"。凡十五篇。

《庆历民言》三十篇,于庆历三年写作,其首篇《开讳》作为改革政治的前提,破除忌讳,广开言路,认为"疾不治则死,或非命;失不改则亡,或非数"。《防蔽》探究君"守国之术"和臣"事君之道"。《虑永》提出治国的长远打算的原则"舍近而谋远",《考能》认为用人的原则当"试之以事,事雠于言,然后命以其官"。

《常语》(上、中、下),以问答体的形式评述历史上的人物、事件,涉及汉唐,"所谓王道,则有之矣,安天下也。所谓霸道,则有之矣,尊京师也。非粹与驳之谓也"。提倡王霸并重。在佚文《常语》中,表现了贬抑孟子提倡尊君的思想,说"彼孟子者,名学孔子而实背之者也。焉得传?""孔子之道,君君臣臣也,孟子之道,人皆可以为君也。""呜呼!信孟子而不信经,是犹信他人而疑父母也。"

后人对《李觏集》的评论,有宋陈振孙的《直斋书录解题》。清康熙时,王绰重修《李盱江先生文集》,原序中说:"先生独以一介书生,抵掌而谈当世之事,其所以心筹手画而见之纸墨者,皆琅琅金石,光芒万丈。"清光绪时,谢甘棠重刻《盱江全集》,序中说:"予尝谓传道学者孟子而后惟昌黎,昌黎以后惟泰伯,泰伯以后,名贤继起,代不乏人。"

(潘富恩)

春秋尊王发微 〔北宋〕孙　复

《春秋尊王发微》，十二卷。北宋孙复撰。据其学生石介所记，是书至迟在宋仁宗康定元年(1040)已经完成(见《徂徕集》卷十九《泰山书院记》)。此书的卷数，《续资治通鉴长编》和《文献通考》记为十五卷，据清四库馆臣考定，十五卷是把孙复另一著作《春秋总论》三卷合在一起而论的，实为十二卷。另外清《通志堂经解》本作十三卷，但其中一卷为附录，故仍为十二卷。通行本有《通志堂经解》本、《四库全书》本等。

孙复(992—1057)，字明复，号富春，晋州平阳(今山西临汾)人。屡试不中，应石介之邀，客居泰山讲学，学者称泰山先生。庆历二年(1042)，因范仲淹、富弼推荐，以布衣超拜试秘书省校书郎，任国子监直讲。与石介等一起积极支持范仲淹的"庆历兴学"。宋仁宗欲升他为迩英阁祗候说书，遭侍讲杨安国反对而作罢。庆历七年(1047)，坐事外贬。至和二年(1055)复职，不久病故。学术上以《春秋》学见长，一反传统经学重视传注训诂的学风，舍传求经，凭己意解经。其《春秋》学强调"尊王攘夷"，为强化中央集权统治提供理论依据。此外，还推崇孟子，强调儒家"道统"，抨击佛道二教和四六时文。与胡瑗、石介同为当时著名的经师，对稍后兴起的理学思潮有直接影响，被后人并称为"宋初三先生"。著作除本书外，今存的尚有《孙明复小集》(是其文集《睢阳子集》的辑佚本)，亡佚的则有《春秋总论》、《易说》。事迹见《欧阳文忠公文集》卷二七、《东都事略》卷一一三、《宋史》卷四三二、《宋元学案》卷二等。

《春秋尊王发微》是宋代《春秋》学破除传统的"家法"、"师法"，舍传求经，变专门为通学的首出著作。全书十二卷，按《春秋》"十二公"顺次编排：卷一解鲁隐公元年至十一年事；卷二解鲁桓公元年至十八年事；卷三解鲁庄公元年至三十二年事；卷四解鲁湣公元年至二年事；卷五解鲁僖公元年至三十三年事；卷六解鲁文公元年至十八年事；卷七解鲁宣公元年至十八年事；卷八解鲁成公元年至十八年事；卷九解鲁襄公元年至三十一年事；卷十解鲁昭公元年至三十二年事；卷十一解鲁定公元年至十五年事；卷十二解鲁哀公元年至十四年事。每卷先列《春秋》本经，然后诠解经文,不用《春秋》"三传",全凭己意说经。

《春秋尊王发微》的立论基本点就在于"尊王"。此书开宗明义即说:"孔子之作《春秋》也,以天下无王而作也,非为隐公而作也。然则《春秋》之始于隐公者非他,以平王之所终也。何者?昔者幽王遇祸,平王东迁,平既不王,周道绝矣。观夫东迁之后,周室微弱,诸侯强大,朝觐之礼不修,贡赋之职不奉,号令之无所束,赏罚之无所加,坏法易纪者有之,变礼乱乐者有之,弑君戕父者有之,攘国窃号者有之,征伐四出,荡然莫禁,天下之政,中国之事,皆诸侯分裂之。平王庸暗,历孝逾惠,莫能中兴,播荡陵迟,逮隐而死。夫生犹有可待也,死则何所为哉……《春秋》自隐公而始者,天下无复有王也。"(卷一"鲁隐公元年春王正月"条下)所以孔子作《春秋》的立意,就是要"尊王"。孙复的这一观点,实质上有鉴于中唐以来藩镇割据的恶果。强调"尊王",也就是为北宋加强中央集权提供理论依据。

此书也讲"攘夷",但"攘夷"亦以"尊王"为主。如僖公四年"楚屈完来盟于师"条下云:"案:元年桓公救邢,城邢,皆曰某师某师。此合鲁、卫、陈、郑七国之君侵蔡,遂伐楚。书爵者,以其能服强楚,攘夷狄,救中国之功始著也。故自是征伐用师皆称爵焉。夫楚,夷狄之巨者,乘时窃号,斥地数千里,恃甲兵之众,猖狂不道,创艾中国者久矣。桓公帅诸侯,一旦不血刃而服之,师徒不勤,诸侯用宁,讫桓公之世,截然中国无侵突之患,此攘夷狄救中国之功可谓著矣。故孔子曰:'管仲相桓公,霸诸侯,一匡天下,民到于今受其赐。微管仲,吾其被发左衽矣!'是故召陵之盟,专与桓也。孔子揭王法,拨乱世,以绳诸侯。召陵之盟专与桓者,孔子伤圣王不作,周道之绝也。夫《六月》、《采芑》、《江汉》、《常武》,美宣王中兴,攘夷狄,救中国之诗也。使平、惠以降,有能以王道兴起如宣王者,则攘夷狄救中国之功,在乎天子,不在乎齐桓、管仲矣。此孔子所以伤之也。"(卷五"鲁僖公四年"条下)

从孔子作《春秋》意在"尊王"的基点出发,孙复认为从鲁隐公起既然已"天下无复有王",那么《春秋》的"大义微言"就在于"黜诸侯",孔子正是通过对诸侯、大夫、陪臣这群"乱臣贼子"的贬斥来体现自己的"尊王"意图。因此,《春秋尊王发微》的最大特点就是把《春秋》所记载的二百四十二年的历史统统说成该贬斥的。如隐公元年所记六事:

"三月,公及邾仪父盟于蔑。"孙解:"盟者,乱世之事。……凡书盟者,皆恶之也。"

"夏,五月,郑伯克段于鄢。"孙解:"克者,力胜之辞……,兄不兄,弟不弟,……交讥之。"

"秋,七月,天王使宰咺来归惠公仲子之赗。"孙解:"……非礼也。"

"九月,及宋人盟于宿。"孙解:"……皆微旨也。外微者称人,内微者称及。"

"冬,十有二月,祭伯来。"孙解:"……祭伯私来,故曰'祭伯来'以恶之。"

"公子益师卒。"孙解:"独卒内大夫以疾之。"

就是前提齐桓公合七国诸侯伐楚之事,孙复也硬说成"孔子所以伤之"。这样,《春秋尊王发微》一书就把传统《春秋》学中"一字褒贬"的"《春秋》笔法",变成了"只贬不褒"。

《春秋尊王发微》上继中唐啖助、赵匡、陆淳、卢仝等"《春秋》三传束高阁,独抱遗经究终始"的学风,开创了宋代《春秋》学舍传求经、变专门为通学的风气。以后的孙觉、刘敞、瞿子方、叶梦得、吕本中、胡安国、高闶、吕祖谦、程公说、张洽、吕大圭、家铉翁等人的《春秋》学著作,在内容上固然与孙复多有不同,但基本特点和表现形式却是一致的。

有关《春秋尊王发微》一书评估,历来存在不同的意见。欧阳修在《孙复墓志》中称:"先生治《春秋》不惑传注,不为曲说以乱经,其言简易明,于诸侯大夫功罪以考时之盛衰,而推见王道之治乱,得于经之本义为多。"(《欧阳文忠公文集》卷二七)王得臣认为孙复的著作"大得圣人之微旨,学者多宗之。以谓凡经所书皆变古乱常则书之,故曰'《春秋》无褒',盖与穀梁氏所谓'常事不书'之义同"(《麈史》卷中《经义》)。朱熹认为"近时言《春秋》皆是计较利害,大义却不见。如唐之陆淳、本朝孙明复之徒,他虽未曾得于圣经,然观其推言治道,凛凛然可畏,终是得圣人个意思"(《文献通考》卷一八三引)。反对意见多是批评此书太过严刻,常秩认为:"明复为《春秋》,犹商鞅之法,弃灰于道者有刑,步过六尺者诛。"(《郡斋读书志》卷一引)叶梦得说:"孙明复《春秋》专废传从经,然不尽达经例,又不深于礼学,故其言多自牴牾,有甚害于经者。虽概以礼论当时之过,而不能尽礼之制,尤为肤浅。"(《文献通考》卷一八三引)孙复的再传弟子胡安国也认为其"过于深求,如商鞅之法"(《郡斋读书志》卷一引)。清代崇尚考据的学者则更是提出了严厉的批评,认为此书"使孔庭笔削,变为罗织之经"(《四库全书总目》)。

值得注意的是,《春秋尊王发微》的通行本只有《通志堂经解》本可用,而《四库全书》本中有关"夷夏之辨"的论述都遭删节或改写,故不宜引用。

(徐洪兴)

周子全书 〔北宋〕周敦颐

《周子全书》，又称《周濂溪先生全集》、《周濂溪集》、《周元公集》，十三卷。北宋周敦颐撰。由于本书内容不断增益，所以成书年代较晚，具体时间已不可确考。主要版本有：一、南宋长沙建安刻本，为张栻所刻，亦称严陵学宫《太极通书》本。二、《正谊堂全书》本，为康熙四十七年(1708)张伯行所辑。三、《续刻正谊堂全书》本，为清同治八年(1869)至九年(1870)杨浚重辑。四、《洪氏唐石经馆丛书》本，光绪六年(1880)洪汝奎公善堂汇刻。五、《西京清麓丛书》本，清同治至民国间贺瑞麟辑，题为《周子全书》。六、清光绪十三年(1887)刻《周子全书》本。七、《丛书集成初编》本，1935年至1937年，上海商务印书馆排印。八、《国学基本丛书》本，1937年上海商务印书馆排印，题为《周濂溪集》。九、《周敦颐集》，中华书局1990年标点本。

周敦颐(1016—1073)，原名敦实，字茂叔，后人称之为濂溪先生。道州营道县(今湖南道县)人。父辅成，官至贺州桂岭县令，于周敦颐十五岁时死去。周敦颐即随母由营道至京师开封，投靠舅父龙图阁直学士郑向。二十四岁时，因舅父的荫子关系，被任为洪州分宁县主簿。据说周敦颐在任时，善于断狱，受到邑人的称赞。在任南安军司理参军时，因纠正一件错案，被擢升为郴州郴县令。程颢和程颐的父亲程珦，时任大理寺丞，知虔州兴国县，兼管南安，认识了周敦颐，以为"知道者"，结为好友，并令二程就学于周敦颐。嘉祐元年(1056)至熙宁五年(1072)，他先后在合州、虔州、永州、邵州等地任官。摄邵州事时，大兴学校，复兴孔学，享有一定的声望，被誉为清官和清高人士。宋宁宗时赐谥为元公。《宋史》卷四二七有传。朱熹《伊洛渊源录》卷一，记载其生平事迹较详。

周敦颐的著作，据《宋史·艺文志》著录，只有《太极通书》一卷，《明史·艺文志》著录有《周敦颐濂溪集》七卷，《明史·艺文志补》著录宋版《周濂溪集》十三卷。周敦颐著作在流传中争论较大，一般认为其弟子潘兴嗣在《濂溪先生墓志铭》中所说"作《太极图》、《易说》、《易通》数十篇，诗十卷"的情况是可信的。其中《太极图》即是《太极图》和《太极图说》的合称；《易通》即是《通书》；

《易说》已佚,不可查考。

现存反映其哲学思想的主要有《太极图说》和《通书》。《太极图说》仅二百六十四字,《通书》也只有四十章,比较简括。但在朱熹编纂加注后就较系统了。因此,读周敦颐的著作,朱熹解注不可不读,也不可尽信。

《周子全书》的结构如下。

卷一,《太极图》、《太极图解》和《朱子图解》。前二者即《太极图说》,后者是朱熹对《太极图说》的注解。

卷二,《诸儒太极论辨》。系朱熹与陆九渊等人有关解太极的书札答辩。

卷三,《朱子语类附见》。全是从《朱子语类》抄出有关对太极解释的语录。

卷四,《诸儒太极发明》。包括陈淳《太极字义》、黄幹《中庸太极体用说》、度正《书晦庵太极图解后》、薛文清《读书录·论太极图》。

卷五、卷六,《通书》四十章、朱熹《通书解》和《朱子书答语类附见》。

卷七,《诸儒通书论序》。搜集了胡宏、祁宽、张栻、朱熹等人为《通书》作的序或跋。

卷八,《周子遗文并诗》。以周敦颐著作为主,其中也有别人的题跋。

卷九,《周子遗事》。皆抄自他人语录和对周敦颐的赞词。

卷十至卷十三,《年谱》、《附录诸记》和《历代褒典》。都是别人的著作。

由于现存的经朱熹编纂的《周子全书》,又多是康熙四十七年(1708)张伯行参校的《正谊堂全书》本,所以除朱晦庵等宋人的注解之类掺入外,又有元、明时代的文字掺入。由此可见,名为《周子全书》,实为周敦颐研究资料的汇编。

在周敦颐的著作中,《太极图》和《太极图易说》是用象数学说明世界是怎样生成的,是用儒家的《易》说来解释道教的《太极图》的。周敦颐在这里提出了宇宙万物形成过程的理论。"无极"是宇宙万物最根本的实体,原始统一体太极、阴阳二气、金、木、水、火、土等五行直至千差万别的事物都是由无极分化出来的。周敦颐宇宙论的特点是把"无极"和"太极"这两个观念联结起来,并把"无极"置于"太极"之前。"太极"在先秦哲学中一般指自然之"天",而"无极"即《老子》书中所说的"无"、"无物"。在周敦颐看来,"太极"不是天地万物的根源,而是"无极"的第一个派生物。所以,"无极"生"太极",生天地万物,实质就是以精神性的东西作为世界的本原。

《通书》中的《诚上》、《诚下》和《诚几德》是阐明其"诚"说的。其人性论和主静的理论,主要在《通书》的《师》、《圣学》、《顺化》、《礼乐》、《乐中》诸章之中。由于上述内容具有不可分割的内在联系,所以在此一并作一简单介绍。周敦颐认为"诚"是人和宇宙本体的合一。这包含两方面的内容:一是客观地说,诚是宇宙本体在人的完全体现;二是主观地说,诚是人的主体精神向宇宙本体的超越和复归。只有这两方面的内容结合起来,才是诚的全部内容。周敦颐在《通书》中不言无极,而把宇宙的本原称作太极,或者叫做乾元,它是万物和性命之所由。诚是太极所派生的德性,通乎万物和性命之中,因此具有最高的德性,是寂然不动的大本,它既是宇宙的中心,又是圣人之本,也是性命之源。因此说,周敦颐的"诚"论是宇宙论、性论、道德论的结合。在《通书》中,"诚"代替了"无极"的地位。

周敦颐认为人性有刚、柔、善、恶、中五品。由于刚、柔与善、恶相结合,成为刚善、刚恶、柔善、柔恶,再加上中,形成五品。五品实际上还是善、恶、中三品。他认为刚善、柔善也还不是最高的人性,最高的是中,"惟中也者,和也,中节也,天下之达道也,圣人之事也"。而中也就是"诚"在人性中的体现,所以"圣人"所立的"人极"就是"中正仁义而主诚"。这是周敦颐的人性论。

周敦颐还论述了宇宙中的动静问题。在《太极图说》和《通书》中,他谈到阳动阴静、动而无动、静而无静,但其归宿是"主静",是"静则止",要"慎动"。虽然"四时运行,万物终始,混兮辟兮,其无穷兮",宇宙是运动变化的,但是他认为其归宿是"寂然不动"的诚。

周敦颐的道德修养观"主静"论,与其宇宙论中的动静观一脉相承。他认为修养方法包括"静虚"与"动直"两方面。"静虚"是主体自身排除感性欲望而呈现的纯而无杂的精神状态,清明而无不通,这就是"诚"与"神"("神"即对"诚"的感应神妙之处)的境界。"动直"则是指主体精神的外现,即公而无私。"静"并不是不动,而是静而能动,静中有动。这是"神"的动静,并不是物之动静,故其动则合于"中正仁义"。"静虚"和"动直"结合起来,就是"主静"说的全部内容。

(徐仪明)

皇极经世 〔北宋〕邵 雍

《皇极经世》,又名《皇极经世书》,十二卷。北宋邵雍撰。通行本有明《正统道藏》本、清乾隆三十年(1765)《四库全书》抄本、海南出版社1994年6月版排印本等。2010年,中华书局出版的《邵雍集》收入了本书的《观物内篇》与《观物外篇》。

邵雍(1011—1077),字尧夫,共城(今河南辉县)人。曾隐居苏门山百源之上,称之为百源先生,与周敦颐、张载、程颢、程颐同称北宋五子,所居自称为"安乐窝",屡授官不赴。熙宁十年(1077)病卒,赠秘书省著作郎,谥康节。著作尚有《渔樵问对》、《伊川击壤集》等。《宋史》卷四二七有传。

据程颢在《邵尧夫先生墓志铭》中说:"先生有书六十二卷,命曰《皇极经世》。"其子邵伯温编为十二卷,六十四篇。首六卷《元会运世》凡三十四篇,次四卷《声音律吕》十六篇,次二卷《观物内篇》凡十二篇、《观物外篇》凡二篇。前六十二篇是邵氏自著,末二篇是门弟子所记,书中有多种图式,用以推衍义理。

《皇极经世》是北宋象数学的代表著作。全书十二卷,各代表着不同事物的"数",从而构成一个象数系统。据邵伯温所述,其一之二则总元、会、运、世之数,《易》所谓天地之数也。三之四以会经运,列世数与岁甲子,下纪帝尧至于五代历年表,以见天下离合治乱之迹,以天时而验人事者也。五之六以运经世,列世数与岁甲子,下纪帝尧至于五代,书传所载兴废治乱得失邪正之迹,以人事而验天时者也。自七之十则以阴、阳、刚、柔之数,穷律、吕、声、音之数,穷动、植、飞、走之数,《易》所谓万物之数也。其十之十二则论《皇极经世》之所以为书(引自蔡元定《皇极经世指要》)。

从此结构中可见,邵雍认为宇宙间的一切都有"数",而这"数"就是由他所编造的象数的形式。他把象数系统说成是最高法则,一切事物都是按照他所推衍的象数所构成并发生变化的。为此邵雍作了许多图象,进行繁琐的推论,此书所附的图象也有些是后人增补的。这种虚构的先天图式,则是从《周易》六十四卦推衍而来的。蔡元定《皇极经世指要》说:"天地之数穷于八八,故元、会、运、世、岁、月、日、辰之数极于六十四。"

《皇极经世》总名为《观物篇》(见徐必达《邵子全书序》)。在物和我的关系上,提出"反观"的认识方法,认为"观"是"不以我观物"的,如果"以我观物",则由于人的感觉和思维(心)有其局限,而不能达到真正的"观物"。在《观物内篇》中说:"夫所以谓之观物者,非以目视之也,非观之以目而观之以心也。非观之以心,而观之以理也。"主张只有"观之以理",以"心"来体会物之理,才能"以一心观万心,一身观万事,一物观万物"。除了"以理观物",还提出"以物观物":"圣人之所以能一万物之情者,谓其圣人之能反观也。所以谓之反观者,不以我观物也。不以我观物者,以物观物之谓也,既能以物观物,又安有我于其间哉!"(《观物内篇》之十二)邵雍思想体系中的"物"的含义有二:一指客观事物,另一指由"道"所派生之"物",所谓"以道生天地,则天地亦万物也"。通过"以物观物"来说明"道"是天地万物的本源。

《皇极经世》中有关太极与道、神、心等概念的解释,较多的是在《观物外篇》里保存着。"生天地之始,太极也。""太极,道之极也。"认为"道"是产生万物的根源,而"道"存在于"太极"之中。至于说"神"这概念,《观物外篇》之六说:"太极一也,动而生二,二则神也。""神"指阴阳的动静变化。关于"心"的概念,《观物外篇》之二说:"先天之学,心法也。故图皆自中起,万化万事,生乎心也。"这个"心"并不专指人心,也指"太极"。如说"心为太极"(《外篇》十二),又称"天地之心者,万物之本也"(《外篇》之六)。此外,"心"又指作为思维器官的心:"凡言知者,谓其心得而知之也,言言者谓其口得而言之也。既心尚不得而知之,口又恶得而言之乎?以心不可得知而知之,是谓妄知也。以口不可得言而言之,是谓妄言也,吾又安能从妄人而行妄知妄言者乎?"(《观物内篇》)说明不是一切事物都能被"心"所认识的,如果还未被认识的事物而自认为已经认识了,这是"妄知"。

关于"性"与"理"的概念,《观物外篇》之六说:"天使我有之谓命,命之在我之谓性,性之在物之谓理。"又说"所以谓之理者,物之理也。所以谓之性者,天之性也"(《内篇》之三)。其所谓"性"的解释,仍是《中庸》"天命之谓性"的发挥。但是在讲到"物之理"时,还承认具体的"物之理"是事物的自然属性的表现,有如日月星辰、水火土石八种现象。不过,在"物之理"之上,还有"道"和"太极"支配着。

《皇极经世》卷十一,集中地论述了现世的人类社会已盛极而衰,将历史分为"皇、帝、王、霸"四个时期。认为三皇、五帝、三王、五伯这一段先秦的历史就是一个小循环。从皇到伯是退化的过程,三皇是"能大、广大悉备而固为固有者",五帝是"能知其天下之天下,非己之天下者",三王是"能以功正天下之不正者",而五伯则只"借虚名以争实利"。但认为先秦的皇、帝、王、伯都各有其道,是"圣人之时"。可是进入到战国以后的历史就是"七国冬之余冽也,汉王而不足,晋伯而有余,三国伯之雄者也,十六国伯之丛者也,南五代伯之借乘也,北五朝伯之传舍也……唐季诸镇伯之日月之余光也,后五代伯之日未出之星也"。以此论证历史是一代不如一代。

《皇极经世》问世后,二程弟子尹焞说:"康节之学本是经世之学,今人但知其明《易》数,却小了他学问。"(引自《邵子全书》卷二十四)朱熹认为此书类似扬雄的《太玄》,"康节之学似扬子云",又说"《易》是卜筮之书,《皇极经世》是推步之书……其书与《易》自不相干"(《朱子语类》卷一〇〇)。南宋黄震批评邵雍之书说:"康节说伏羲八卦近于附会穿凿之疑。"(《黄氏日抄》卷六《论周易》)宋以后、明清以来推崇《皇极经世》的有明黄畿,其称"邵子之学,其仲尼之学乎！仲尼之道,其伏羲之道乎！"(《皇极经世书传序》)清王植说:"邵子内圣外王之学,其于天地万物之理究极奥蕴,古今治乱兴废之由,洞如指掌。"(《皇极经世全书解·书意》)《皇极经世》一书为邵雍一派的象数学的经典,流传、影响较大。

此书的注解有宋张行成《皇极经世索隐》、明黄畿《皇极经世书传》、清王植《皇极经世直解》、今人阎修篆《皇极经世书今说》(华夏出版社,2006年)等。

(潘富恩)

张载集 〔北宋〕张　载

《张载集》,又名《张子全书》、《张横渠集》等,十五卷(另作十二卷等)。其中有的部分则另有单行本传世。北宋张载撰。此书有的为张载自己所撰,有的为后人记录搜集编纂。其通行本为何时何人所编,过去很少有人注意,清四库馆臣谓"此本不知何人所编"。今人张岱年先生考定为成于明万历间沈自彰之手,此说可信(详中华书局1978年点校本前张文)。但以后此书的诸种本子在卷数及内容上仍不尽相同。现在流传的此书版本不下十数种,通行本有明万历四十八年(1620)沈自彰凤翔府官刻本、明徐必达刻本、清初翻刻本、郿县本、清顺治十年(1653)喻三畏刻本、清康熙元年(1662)李月桂刻本、清康熙五十八年(1719)朱轼刻本、清乾隆间《四库全书》抄本等,其中明万历本、清初官刻本、康熙本皆为善本。

张载(1020—1077),字子厚,凤翔郿县(今陕西眉县)横渠镇人。因长期在家乡讲学,学者称横渠先生。仁宗嘉祐间进士,历任祁州司法参军、丹州云岩县令、签书渭州判官公事、崇文院校书、同知太常礼院等职。青年时代喜读兵法,欲结客收复洮西失地。宋夏战事起,上书谒范仲淹,仲淹责之曰:"儒者自有名教,何事于兵?"因劝读《中庸》。以后又泛滥于佛道和诸子百家之学,注意当时的天文、历算、医学等自然科学的研究,再反求于儒经,建立起自己的哲学体系,成为宋代理学中"关学"的创始人。著作有《正蒙》、《易说》、《经学理窟》、《语录》,已收入《张子全书》;另外,其《文集》已散失,《横渠春秋说》、《横渠孟子解》、《信闻记》等数种已亡佚。事迹见吕大临《横渠先生行状》(《伊洛渊源录》卷六)、《宋史》卷四二七、《宋元学案》卷十七、武澄《张子年谱》(见《西京清麓丛书》)等。

《张载集》为张载的文集。其中包括:《正蒙》,这是张载最重要的著作,他的哲学思想主要体现在这部书中,其中第十七篇《乾称》的首节又名《西铭》,是张载伦理思想的精粹,历代有不少单行注本;《横渠易说》,是张载的《易》学著作,反映他的一部分哲学思想;《经学理窟》,是反映张载社会政治思想的著作,其中主要讨论井田、宗法、礼制等内容;《张子语录》是张载的讲学语录;《文集佚存》是留存的一部分文集。

《张载集》中最为重要的著作是《正蒙》(包括《西铭》在内),它构成了张载从宇宙论到伦理学的思想体系结构,因此这里主要介绍这部著作。

《正蒙》一书是张载自神宗熙宁三年(1070)至熙宁九年(1076),花了七年时间撰著而成的,从书名到内容均为他本人自定,先由他出示于门人。以后在他首肯下,其门人苏昞为让读者便于"成诵"这部艰深难懂的著作,于宋哲宗元祐二年(1087)最后厘定为十七篇的世传本《正蒙》。苏昞的厘定只是"辄就其编,会归义例,略效《论语》、《孟子》,篇次章句,以类相从"(《正蒙》苏昞序),但丝毫没有改变张载原本的内容和本义,因此《正蒙》历来被视作有系统的张载哲学代表作。

《正蒙》全书十七篇:《太和篇第一》,总论天人万物皆本一气之旨;《参两篇第二》,从"一物两体"之气,论宇宙天体演化之理;《天道篇第三》,从"天道"推出"圣德",申明"性与天道合一"即"圣人之学";《神化篇第四》,论证"阴阳之气"的运动变化与人的"穷神知化";《动物篇第五》,统论人、物(动植)生化之理;《诚明篇第六》,专论人性与"尽性穷理"问题;《大心篇第七》,分析尽心致知之要;《中正篇第八》,博引《论语》、《孟子》,论学者"中道而立"的笃行功夫;《至当篇第九》,申论前篇"修己安人"、"下学上达"之旨;《作者篇第十》,释《论语》、《孟子》圣贤治国安民、"制法兴王"之道;《三十篇第十一》,释《论语》、《孟子》有关孔颜为学之路;《有德篇第十二》,释《论语》、《孟子》有关先哲"行修言道"之方;《有司篇第十三》,释《论语》、《孟子》有关先王"足民"、"节用"的为政之法;《大易篇第十四》,释《周易》"一物两体"而"合三才"之道;《乐器篇第十五》,释《诗》、《书》讽喻"善教"之义;《王禘篇第十六》,释"三礼"三代礼仪之实;《乾称篇第十七》,总结全书,提出"民胞物与"伦理思想,批判佛道"天人二本"之失,申论其学"天人一气"、"万物本一"之得。

在世界观上,张载在《正蒙》中提出了他的"气"本论,并详细地论述了"气"和"太虚"与万物的关系:"太虚不能无气,气不能不聚而为万物,万物不能不散而为太虚。"(《太和篇》)又说:"太虚无形,气之本体;其聚其散,变化之客形尔。"(同上)这里所谓的"太虚",不是别的,就是普通所谓天空。张载认为天空只是"气"散而未聚的原始状态。充满天空的都是"气","气"无形,但一切有形之物都随着"气"之聚散而变化。所以又说:"凡可状皆有也,凡有皆象也,凡象皆气也。"(《乾称篇》)明确承认一切有形的东西连同散而无形的东西在内都是"气"。"气"是物质的,他把"气"看作是第一性的。

既然"太虚"是"气"散的形态,那么,实际上就没有所谓"无"了。一般所说的"由无到有"或"由有到无",不过是"气"的聚散,即由一种形态到另一种形态的转化过程。因此张载又提出了物质不生不灭的命题:"气聚则离明得施而有形,气不聚则离明不得施而无形。方其聚也,安得不谓之客?方其散也,安得遽谓之无?故圣人仰观俯察,但云知幽明之故,不云知有无之故。"(《太和篇》)又说:"气之聚散于太虚,犹冰凝释于水。知太虚即气,则无无。"(同上)他从这个观点出发,进而对道家的"虚能生气"和佛教的"万象为太虚中所见之物"的观点,分别加以了驳斥批判。

"气"的本然形态既然是无形的"太虚",那为什么有聚散的变化出现呢?张载认为这是由于"气"的内在本性使然。他说:"太和所谓道,中涵浮沉、升降、动静相感之性,是生絪缊、相荡、胜负、屈伸之始。其来也几微易简,其究也广大坚固。"(《太和篇》)又说:"感者性之神,性者感之体。惟屈伸动静终始之能一也。故所以妙万物而谓之神,通万物而谓之道,体万物而谓之性。"(《乾称篇》)这里所谓"太和",是总合未分之气,即气之全;所谓"道",是太和之气变化流行的过程;所谓"感",是性之妙用,即对立之相互推荡;所谓"性",是感之本体,即是能感者,也就是屈伸动静终始之能;所谓"浮沉、升降、动静相感之性",即是屈伸动静终始之能,也就是涵有内在对立之变动功能。因此,他又进一步把这种内在的本性概括为"两"的概念,建立了他的"参两论"的朴素辩证法学说。他说"两不立,则一不可见;一不可见,则两之用息。两体者,虚实也,动静也,聚散也,清浊也,其究一而已"(《太和篇》)。"两"就是指一切内部分裂为对立的"两体"或"二端"。他认为"气"所以能变化,由于气是"一物两体",是阴阳两体的合一。两体合一就神妙,一中就两就变化。他指出有形之物都是两两对立的,一切事物都不是孤立存在的,而是互为同异,互为屈伸,互为有无,互为终始的。他说:"一物两体,气也,一故神(原注:两在故不测);两故化(原注:推行于一)。"(《参两篇》)神与化二者都是"气"本身的运动形态。

张载特别强调自然的这种由二端的矛盾所生出的变化,既无目的性,也无意志性,而是自然自己的合法则的运动过程,他说:"若阴阳之气,则循环迭至,聚散相荡,升降相求,絪缊相揉,盖相兼相制,欲一之而不能,此其所以屈伸无方,运行不息,莫或使之。"(《参两篇》)张载的"参两论"已经认识到一切事物都循着由对立矛盾而运动变化的客观规律,但他又认为对立着的矛盾必然趋向和解,他说:"气本之虚则湛一无形,感而生则聚而有象。有象斯有对,对必反其为;有反斯有仇,仇必和而解。"(《太和篇》)"仇"是斗争,"和"是统一,张载认为统一是绝对的,而斗争则是相对的,这是一种矛盾和解论。

在人性论方面,张载认为"形而后有气质之性,善反之,则天地之性存焉。故气质之性,君子有弗性者焉"(《诚明篇》)。这里他把性分为"气质之性"和"天地之性",认为至善的"天地之性"是气所固有的,是根本的,是万物所共有(万物之一源)的。而有善与不善的"气质之性",则是气聚成特殊形体而后有的,是后天的,是各个体所私有的。实际上,他所说的"天地之性"是先验的,带有神秘的性质。他既然认为"天地之性"是万物所共有,那它就不会随个体的生死而存亡,所以他说:"知死之不亡者,可与言性矣。"(《太和篇》)又说:"尽性然后知生无所得,死无所丧。"(《诚明篇》)并且批评告子"生之谓性"是"不通昼夜之道"(同上)。这样他就把"天地之性"推论到"天道"上去了,"性与天道,不见乎小大之别也"(同上)。

与其人性论相一致,张载在认识论方面也提出了"闻见之知"与"德性之知"一对范畴。认为

"见闻之知,乃物交而知,非德性所知。德性所知,不萌于见闻。"(《大心篇》)张载承认闻见之知的存在及其重要性,但又认为闻见具有不能认识性理的局限性,于是提出一种先验的、超闻见的认识,即"德性之知",也叫"天德良知"。达到"德性之知"的方法就是"大其心":"大其心,则能体天下之物,物有未体,则心为有外。世人之心,止于闻见之狭。圣人尽性,不以见闻梏其心,其视天下无一物非我。"(《大心篇》)

从他的人性论中又引出了张载的道德学说。"天地之性"是与天地同体共性,而"气质之性"则与有限、特殊的感性相关,人性由此二者组成,前者存在于后者,却又主宰、支配、统治后者。只有这样人才是真正的人而不是动物,个体才能超越自身的有限感性的物质存在而推己及人。《乾称篇》首段,也就是《西铭》,集中代表了张载的伦理思想:"乾称父,坤称母;予兹藐焉,乃混然中处。故天地之塞,吾其体;天地之帅,吾其性。民,吾同胞;物,吾与也。大君者,吾父母宗子;其大臣,宗子之家相也。尊高年,所以长其长;慈孤弱,所以幼其幼,圣,其合德,贤,其秀也。凡天下疲癃残疾、惸独鳏寡,皆吾兄弟之颠连而无告者也。于时保之,子之翼也;乐且不忧,纯乎孝者也。违曰悖德,害仁曰贼;济恶者不才,其践形,惟肖者也。知化则善述其事,穷神则善继其志。不愧屋漏为无忝,存心养性为匪懈……富贵福泽,将厚吾之生也;贫贱忧戚,庸玉女于成也。存,吾顺事;没,吾宁也。""孝"是张载道德论的最重要的规范,其含义不止孝敬父母。从人人同等,万物共性出发,人应尊老抚幼,照顾鳏寡孤独残疾者,应普爱众生,泛爱万物。同时,孝事天地就是孝事君亲,反过来孝事君亲也就是孝事天地,这被论证为是天经地义的道德义务。要求人们"穷神知化"、"存心养性",致力于道德修养,不论富贵贫贱,乐天安命,活一天就尽一天孝道,到问心无愧地死去。《西铭》论证了大人、圣人与天地一体,论证了人间等级制度的合理性,因而得到了宋代理学家的一致赞赏,公认为是一部重要的作品。但同时我们也应看到,《西铭》中所表达的"民胞物与"思想,在当时有一定的进步性,它是中国传统文化中《礼运》大同思想的继承和发展,对后世起过积极作用。

有关《张载集》和《正蒙》的研究著作,主要有明刘玑《正蒙会稿》,高攀龙、徐必达《正蒙释》,明清之际王夫之《张子正蒙注》,清王植《正蒙初义》,张岱年《张载——十一世纪中国唯物主义哲学家》(湖北人民出版社,1956年),姜国柱《张载的哲学思想》(辽宁人民出版社,1982年),陈俊民《张载哲学思想及关学学派》(人民出版社,1986年)等。《张载集》的文本则有中华书局1978年排印本,此本对原来《张子全书》的卷次篇目作了合理改动,增补了各本书序、书目提要等材料,是目前最好的本子。

(徐洪兴)

王文公文集 〔北宋〕王安石

《王文公文集》,又称《临川先生文集》或《临川集》。一百卷。北宋王安石撰。《四库全书总目》称:"今世所行本实止一百卷,乃绍兴十年邵守桐庐詹大和校定。"通行本有《四部丛刊》本《临川先生文集》、上海人民出版社 1974 年版《王文公文集》。巴蜀书社 2005 年出版了李之亮《王荆公文集笺注》。

王安石(1021—1086),字介甫,号半山,抚州临川(今属江西)人。自幼接受儒学教育,1042 年中进士,曾任扬州签判、鄞县知县、舒州通判、常州知州、提点江东刑狱等职。在地方官任上,为官清廉,关心民间疾苦,重视水利建设,留心学校兴革,以富民化俗为己任。宋仁宗时,进呈万言书,提出了一系列教育改革和变法主张,指出"方今之急在人才",人才之源在教育,强调统治者当首重教育以选拔人才,然后审时度势,"变更天下之弊法"(《上皇帝万言书》)。但这些主张,未引起当时最高统治者的重视。1067 年,宋神宗即位,锐意改革,王安石受到重用。先是受命为江宁知府,数月后被召为翰林学士兼侍讲,并很快升任参知政事,拜相。这期间全面推展其酝酿已久的变法革新主张,通过青苗、免役、市易、保马、农田水利等新法,以期富国强兵。关于学校教育,王安石也推出一系列重大改革举措。在中央太学,扩增校舍,充实师资,创立层层升补的太学"三舍法"。在地方州县学,掀起了继"庆历兴学"之后的又一个兴学高潮,史称"熙宁兴学"。恢复和兴建武学、律学、医学等专科学校。颁行《三经新义》为全国统一教材,以统一思想。王安石诸项变法改革均产生了巨大的社会震荡,并引起以司马光为首的守旧派的激烈反对,王安石被迫两次罢相。晚年,闲居江宁,致力于学术著述活动。王安石一生以改革为务,视国家兴亡为己任,提出了一整套颇具创意的学术和教育思想,世称"荆公新学"。主要著作除《文集》外,还有《周官新义》、《王安石老子注辑本》、《临川集拾遗》。其生平事迹详见《宋史·王安石传》、《宋元学案·荆公新学略》、蔡上翔《王荆公年谱考略》。

《王文公文集》收集了王安石的大部分诗文杂著。其中论及教育的主要篇目有《上皇帝万言书》、《性说》、《礼乐论》、《原教》、《材论》、《取材》、《兴贤》、《委任》、《知人》、《虔州学记》、《太平州新学记》、《繁昌县学记》、《慈溪县学记》等。

作为改革家，王安石首重教育作用，并从理论深层阐述了教育对个人成才和社会变革发展的双重功用。他认为，人生而具有视、听、思、行等天赋能力，强调这是人这一有形物质的基本属性。"不听而聪，不视而明，不思而得，不行而至，是性之所固有的，而神之所自生也，尽心尽诚者之所至也。故诚之所以能不测者，性也。贤者，尽诚以立性者也；圣人，尽性以至诚者也。神生于性，性生于诚，诚生于心，心生于气，气生于形。形者，有生之本。"（《礼乐论》）不同意人性中有什么善恶的区别，引孔子"性相近，习相远"说为同调，认为善恶产生于人后天接物而生的情，并与主体的自身习染关系至为密切。他说："性生乎情，有情然后善恶形焉，而性不可以善恶言也。"（《原性》）对《论语》中"中人以上可以语上，中人以下不可以语上，惟上智与下愚不移"，他解释说，上智、下愚说到底都是与主体后天习染有关："习于善而已矣，所谓上智；习于恶而已矣，所谓下愚者；一习于善一习于恶，所谓中人者。"（《性说》）强调人的天赋资质是为人提供了发展的可能性，若后天不重视环境和教育的滋养，这一点可能性也会泯灭殆尽。在《伤仲永》一文中，他记述了江西金溪方仲永幼年时天资聪明，"通悟"超群，乡人"指物作诗立就，其文理皆有可观者，邑人奇之，稍稍宾客其父，或以钱币乞之"，其父见有利可图，便"日扳仲永环丐于邑人，不使学"，结果长到二十岁左右，"泯然众人矣"。这则故事形象地说明了教育对个人成长发展的决定性作用。

与教育在人的成才中作用相适应，王安石十分重视教育对社会变革发展的促进作用。他说："天下不可一日无政教，故学不可一日而亡于天下。"（《慈溪县学记》）强调要通过教育去造就能够"为天下国家之用"的文武兼备之才，指出"先王之时，士之所学者，文武之道也。士之才，有可以为公卿大夫，有可以为士。其才之大小、宜不宜则有矣，至于武事，则随其才之大小，未有不学者也。故其大者，居则为六官之卿，出则为六军之将也；其次则比、闾、党之师，亦皆卒、两、师、旅之帅也。故边疆、宿卫，皆得士大夫为之，而小人不得奸其任"（《上皇帝万言书》）。要求以"文武兼备"的实学取代"但知文事"的虚学，为国家输送合格的政治、经济和军事人才。王安石还十分重视教育的思想统治作用，把教育视作思想学术统一的重要手段。他说："古之取士，皆本于学校，故道德一于上，而习俗成于下，其人才皆足以有为于天下。"（《乞改科条制》）要求通过教育去达到人心的归一，以保证改革事业的顺利进行。认为"学术不一"，必然异论纷然，阻碍改革措施的贯彻执行；而"一道德"便不能不兴学校。

基于变法对人才的实际需求，王安石提出了独具特色的人才理论——"教"、"养"、"取"、"任"说。他认为："夫教之、养之、取之、任之有一非其道，则足以败乱天下之人才。"（《上皇帝万言书》）

所谓"教之之道"，是指人才的培养。王安石认为，从中央到地方都必须广设学校，并严选教官,以保证教学质量的提高。提倡"学以致用"的培养目标,指出"可以为天下国家之用者,无不在学者","苟不可以为天下国家之用,则不教也"(同上)。批评诗赋、帖经、墨义为无补之学,重视培养从政牧民、富国强兵的实际能力,称"朝廷礼乐刑政之事,皆在于学"(同上)。认为诸子百家之书,苟能致用无不在学。抨击重文轻武的社会风气,提倡加强武学、律学、医学等专科教育,以满足社会的实际需求。与之相应,王安石认为科举改革也应该以"崇实尚用"为指针:"策进士者,若曰邦家之大计何先,治人之要务何急,政教之利害何大,安边之计策何出,使之以时务之所宜言之,不直以章句声病累其心。策经学者,宜曰礼乐之损益何宜,天地之变化何如,礼器之制度何高,各传经义以对,不独以记识问传写为能。"(《取材》)

所谓"养之之道",是指人才的管理,王安石说:"所谓养之之道何也?饶之以财,约之以礼,裁之以法也。"(《上皇帝万言书》)即是说,一方面,对待人才应该给予足够的经济待遇,"使其足以养廉耻,而离于贪鄙之行"(同上)。另一方面,必须建立相应的礼制法度,凡"婚丧、祭养、燕享之事、服事、器用之物,皆以命数为之节,而齐之以律度量衡之法"(同上)。如有人违背礼制法度,则须"裁之以法"。

所谓"取之之道",是指人才的选拔。王安石反对以出身和资历来选拔官员,认为选拔人才应该采纳推荐与考察相结合的办法。"使众人推其所谓贤能,书之以告于上而察之。"(同上)强调考察人才不能"私听于一人之口",要求"欲审知其德,问以行;欲审知其才,问以言。得其言行,则试之以事"(同上)。王安石尤其重视"试之以事"的实际考察,指出驽骥在"饮水食刍,嘶鸣啼啮"方面并无多大区别;但是,一当试之以"引重车,取夷路",二者的差别便很快显露出来。

所谓"任之之道",是指人才的使用。王安石强调"人之才德,高下厚薄不同,其所任有宜有不宜"(同上)。强调要根据每个人的专长不同,做到人尽其才,"使智能才力之士,则得尽其智以赴功"(同上)。为防止人才流失,主张"久于其任而待之以考绩之法",使之更好地发挥人才的实际效益。

"教"、"养"、"取"、"任"四个方面构成了王安石人才学说的完整体系,体现了其教育思想的独特创造。这对今天的人才教育和开发仍具有十分重要的启发意义。

王安石变法主张和教育改革思想震撼了北宋思想学术界,对当时政治、经济、文化和教育诸方面均产生深刻的实际影响。他死后曾一度受到朝廷崇奖,配享宗庙,但不久便罢祀,被诬为"名教罪人"、"误国奸臣"。《宋元学案》有意贬低王安石,仅列其学为《荆公新学略》,附于全书之末。南宋事功派叶適、陈亮十分重视王安石的学术思想。19世纪末,中国资产阶级维新改良派梁启超等人则给予很高的评价。

(黄书光)

洪范传 〔北宋〕王安石

《洪范传》，一卷。北宋王安石撰，收入《临川集》或《王文公文集》。成书的确切年代已不可考，据同时代人陆佃说："淮之南学士大夫宗安定（胡瑗）之学，予独疑焉，及得荆公《淮南杂说》与其《洪范传》，心独谓然，于是愿归临川之门。"陆佃于治平三年（1066）成为王安石学生，以此推断《洪范传》当为嘉祐年间（1056—1066）的作品。

作者生平事迹见"王文公文集"条。

《洪范》原为《尚书》中《周书》的一篇，是以原始五行说解释自然和社会的重要文献。王安石著《洪范传》，"以刘向、董仲舒、伏生明灾异为蔽"，说明天人不相干，虽有灾异不足畏惧。他通过为《洪范》作传注的形式，阐明了他的哲学观点。

《洪范传》认为，水、火、木、金、土是存在于时空之中，具有一定形态和色、声、臭、味等物理性质的五种物质元素，由于不同元素之间和同一元素的不同性质之间存在着差别和对立，因而五行既相生又相克，天地间的万事万物就是由既相互对立又相互统一的五种元素构成的。"天地之用五行也，水施之，火化之，木生之，金成之，土和之……万物所以成也。"五行不仅是宇宙万物的构成者，而且它们之间的对立推动了事物的变化。"五行也者，成变化而行鬼神，往来乎天地之间而不穷者也，是故谓之行。"以五行为五种运动着的物质元素。

《洪范传》还认为事物之间的相对立（"耦"）是复杂的现象。"五行之为物，其时、其位、其材、其气、其性、其形、其事、其情、其声、其臭、其味，皆各有耦，推而散之，无所不通。一柔一刚，一晦一明，有正有邪，有美有恶，有丑有好，有凶有吉，性命之理，道德之性，皆在是矣。"又说"耦之中又有耦焉，而万物之变遂至于无穷，其相生也，所以相继也；其相克也，所以相治也"。因此"有耦"、"有对"是带有普遍性的，贯穿于自然界、人事和一切事物，决定着事物的无穷变化。而事物的变化运动又各有其不同的形式。《洪范传》说："所谓木变者何？灼之而为火，烂之而为土，此之谓变"；"所谓土化者何？能燥、能润、能敷、能敛，此之谓化"；"所谓火革者何？革生以为熟，革柔以为刚,革刚以为柔,此之谓革"……认为木的运动是"变",土的运动是"化",火的运动是"革"等。尽管不同事物各有其特殊的形式,但必须遵循着一定的规律,这叫做"道","道者,万物莫不由之者也"(同上)。

《洪范传》认为自然界和人事社会是有"道"支配的,人应该"继天道而成性"。承认客观规律的"道"而反对灾异迷信,"世之言灾异者,非乎?曰:人君固辅相天地以理万物者也。天地万物不得其常,则恐惧修省,固亦其宜也。今或以为天有是变必由我是罪以致之,或以为灾异自天事耳,何豫于我,我知修人事而已。盖由前之说则蔽而葸,由后之说则固而怠,不蔽不葸,不固不怠者,亦以天变为己惧,不曰天之有某变必以我为某事而至者,亦以天下之正理考吾之失而已矣。"

《洪范传》提出貌、言、视、听、思即所谓人之"五事",认为"明则善视,故作哲;聪则善听,故作谋;睿则思无所不通,故作圣"。"五事以思为主,而貌最其后也……思者,事之所成终而所成始也,思所以作圣也。"指出视和听的作用,以视、听放在思的前面,作为思的源泉。又认为人是由"学"到"听"再到"思",就能从"哲"到"谋"以至于"圣"。也就是"恭其貌,顺其言,然后可以学而至于哲;既哲矣,然后能听而成其谋;能谋矣,然后可以思而至于圣"。既然"圣人"是可学而成的,于是愚者也可以由学而成智者。故说"如是,则愚者可诱而为智也,虽不可诱而为智,必不使之诎智者矣;不肖者可革而为贤也,虽不可革而为贤,必不使之困贤者矣"。打破了"上智与下愚不移"的传统看法。

《洪范传》中也很自然地宣扬人君的最高统治权力。"三德者,君道也。作福,柔克之事也;作威,刚克之事也……三德者,君之所独任而臣民不得僭焉者也。有其权,必有礼以章其别,故惟辟玉食也。礼所以定其位,权所以回其政,下僭礼则上失位,下侵权则上失政,上失位则亦失政矣,上失位失政,人所以乱也。"论证人君威福兼施、刚柔并用的为政之道的可行性。

(潘富恩)

老子注 〔北宋〕王安石

《老子注》，二卷。已佚。北宋王安石撰。金李霖编《道德真经取集》、南宋彭耜编《道德真经集注》、元刘惟永编《道德真经集义》、明代焦竑编《老子翼》等集注本，均曾采撷王安石《老子注》佚文多条，使之得以部分保存。

作者生平事迹见"王文公文集"条。

从现存《老子注》的佚文，可以看出王安石是以气一元论的观点来解释《老子》的学说思想的。他对《老子》哲学的最高范畴"道"的说明如下。

"道冲而用之或不盈，渊兮似万物宗。道有体有用，体者，元气之不动；用者，冲气运行于天地之间。其冲气至虚而一，在天则为天五，在地则为地六，盖冲气为元气之所生，既至虚而一，则或如不盈。"（《道德真经集义》卷九第九引）表明道之体是元气，道之用是冲气的运用，冲气为元气的一种表现。又说："一阴一阳之谓道，而阴阳之中有冲气，冲气生于道。道者天也，万物之所自生。故为天下母。"（同上，卷十三第八引）道是"天"（自然），也是元气。冲气是元气中分化出来，万物生于元气，所以元气是天下之本源。"道"本身不是具体有形之物，而是"恍惚"无形的，"道非物也，然谓之道，则有物矣，恍惚是也"（同上，卷五第二十三引）。王安石解释老子的"朴散则为器"，说朴就是道。"朴者道之本而未散者也。……朴未散，则虽小，足以为物之君。"（同上，卷八第九引）以为朴就是未散的元气，是构成万物的原始材料。

《老子注》还阐述了自然界事物相互间的对立和统一的关系。"道一也，而为说有二。所谓二者何也？有无是也。无则道之本，而所谓妙者也。有则道之末，所谓徼者也。"（《道德真经集义》卷一第十九引）认为道就是"一"，是无形的元气（无）和有形的万物（有）的既对立又统一的关系。"盖有无若东西之相反，而不可以相无。故非有则无以见无，而非无则无以出有，有无之变更出迭入，而未尝离乎道，此则圣人之所谓神者矣。"（同上）事物的对立统一的关系如同东西之相反而不可以相无一样，都是互以对立存在而存在的。这正如同美与恶一样，"善者恶之对也，有善必有其恶";"无春夏之荣华,无秋冬之凋落";"轻者必以重为依,躁者必以静为主"(《道德真经集注》引)。

王安石在《老子注》中又进一步发挥了老子的"反者道之动"的事物相互转化的观点,他举例说:"风之行乎太虚,可谓弱矣;然无一物不在所鼓舞,无一形不在所披拂……水之托于渊虚,可谓弱矣;然处众人之所恶,而攻坚莫之能克……反非所以为动,然有所谓动者,动于反也;弱非所以为强,然有所谓强者,盖弱则能强也。"(焦竑《老子翼》引)王安石强调事物的对立面互相转化是普遍性的规律,同时也注意到事物转化的条件,如"弱"本身须具有"能强"的条件,方能转化为强。

《老子注》中认为自然界的变化是有其客观规律的。如"阴阳代谢,四时往来,消息盈虚,与时偕行,故不召而自来"(《道德真经集义》卷十七第五引)。人们为了认识客观事物及其规律,必须持有客观的态度,使认识与客观世界的发展过程相适应。"物之出,与之出而不辞,物之入,与之入而不拒","与时推移,以物运转"(《道德真经集义》引)。对于人事社会的道理和规律的认识,就得从各种具体的实际情况进行观察,"身有身之道,故以身观身。家有家之道,故以家观家。以至于乡、国、天下"(同上,卷十二第十三引)。

王安石的《老子注》的原本已佚,但历代研究整理《老子》书的学者,均亦辑集王氏《老子注》的佚文作为重要的释文之一。南宋学者晁公武说:"介甫平生最喜《老子》,故解释最为致意。"当代学者容肇祖根据《道德真经集注》、《道德真经集义》、《老子翼》等书所录,辑为《王安石老子注辑本》。

（潘富恩）

吕氏乡约 〔北宋〕吕大钧

《吕氏乡约》,亦称《蓝田乡约》,一卷。北宋吕大钧撰。通行本有《说郛》本、《随庵徐氏丛书续编》本、《关中丛书》本及中华书局辑校本等。旧题吕大忠撰,《宋史》引《乡约》一条,则载于吕大防传中。陈宏谋《训俗遗规》题吕氏兄弟大忠、大防、大钧、大临四人撰。朱熹说:"旧传吕公进伯(大忠)所作,今乃载于其弟和叔(大钧)文集,又有问答诸书,如此知其为和叔所定不疑。篇末著进伯名,意以其族党之长而推之,使主斯约故尔。"(《吕氏乡约跋》)陈振孙《直斋书录解题》依朱熹题吕大钧撰。

吕大钧(1030—1081),字和叔,京兆蓝田(今陕西蓝田)人。嘉祐二年(1057)进士,授秦州司理参军,监延州折博务。改光禄寺丞,知三原县。移巴西、侯官、泾阳,以父老皆不赴。父丧服除后,自以为道未明,学未优,不复有禄仕意。家居数年,以教育人才、变化风俗为务。学于张载、程颢、程颐,能守其师说。与兄大忠、大防、弟大临齐名,世称"四吕"。事迹见《宋史》卷三四〇、《伊洛渊源录》卷八、《宋元学案》卷三一。

《吕氏乡约》,宋熙宁九年(1076),吕大钧在家乡蓝田制定。他认为乡贤不应独善其身,而应推己及人,以敦化乡风乡俗,"今庠序则有学规,市井则有行条,村野则有社案,皆其比也,何独至于乡约而疑之乎?"(《答刘平叔》)认为制定有如学规、行条一样的乡规民约有益于乡里的教化,并非是强人所难。《吕氏乡约》以封建道德伦理为准绳,要求同乡的人共同遵守其中所定的内容。它规定同约人要"德业相劝"、"过失相规"、"礼俗相交"、"患难相恤",四条目的主要内容如下。

一、德业相劝。德,谓见善必行,闻过必改。包括能治身治家、事父兄、教子弟、御僮仆、事长上、睦亲故、择交游、守廉介、广施惠、受寄托、救患难、规过失、为人谋事、为众集事、解斗争、决是非、兴利除害、居官举职等。业,指居家事父兄、教子弟、待妻妾,在外事长上、接朋友、教后生、御僮仆。德业两项的内容相互交融,同约的人应各自修行,相互劝勉。有一善为大家所推称,聚会时书于籍。

二、过失相规。过失,包括犯义之过、犯约之过和不修之过。犯义之过有六:酗博斗讼、行止逾违、行不恭逊、言不忠信、造言诬毁、营私太甚。犯约之过有四:德业不相劝、过失不相规、礼俗不相成、患难不相恤。不修之过有五:交非其人、游戏怠惰、动作无仪、临事不恪、用度不节。每犯皆书于籍,三犯则行罚。

三、礼俗相交。关于婚姻、丧葬、祭祀、节庆等日常事宜的规定。凡与乡人相接,及往还书问,当众议一法共行之。

四、患难相恤。患难之事有七:水火、盗贼、疾病、死丧、孤弱、诬枉、贫乏。凡有此患难,同约的与非同约的皆应相互救恤。

《吕氏乡约》规定设约正一或二人,由"众推正直不阿者"担任,专主平决赏罚当否。设直月一人,依年龄大小轮次为之,每月一换,主管约中杂事。规定同约人定期聚会,每月一聚,大家一块吃饭;每季一会,饮酒吃饭。所花费用,由当事人提供。每次聚会都要书善恶,行赏罚。约中如有不妥,由大家商讨进行修改。如何行罚,根据约中规定及视具体情形而定。

南宋时,朱熹对《吕氏乡约》加以增删而成《朱子增损吕氏乡约》。《朱子增损吕氏乡约》广泛作为道德教育读物,影响极大。明代王守仁曾仿《吕氏乡约》颁行《南赣乡约》,对《吕氏乡约》的内容和形式又有所发展。现代梁漱溟认为《吕氏乡约》充满了人生向上的意义,不仅包含了地方自治,而且成为一种伦理情谊化的组织,亦仿《吕氏乡约》创办乡村学校,推行乡村建设。

《吕氏乡约》对于规范乡民的思想言行,移风易俗,维护和巩固封建国家在乡里的统治具有很大的作用。在封建统治者和理学家的倡导下,宋代以后乡约逐渐成为乡里的政治性较强的组织,成为一种特殊的社会控制形式。

(黄明喜)

二程集 〔北宋〕程 颢 程 颐

《二程集》，又称《河南二程全书》，六十四卷。北宋程颢、程颐著，后人编辑。其中《河南程氏遗书》、《河南程氏外书》、《河南程氏文集》、《河南程氏经说》四种，在宋代均单独刊行，也曾有人把它们合在一起刊行，称《程氏四书》。《周易程氏传》、《河南程氏粹言》两种，在宋元时也都单独刊行，明清两代，人们才把它们和前四种合并刊行，称为《河南二程全书》。二程著作，宋以来单行与合刻的版本很多。就《河南二程全书》而论，比较重要的有清康熙吕留良刻本、明万历徐必达刻本、清同治十年(1871)涂宗瀛刻本，尤以后者较善。1980年中华书局参照多种版本，择善而从，将二程的全部著作以《二程集》为书名编刊出版。

程颢、程颐为同胞兄弟。兄程颢(1032—1085)字伯淳，后人称其明道先生，俗称大程；弟程颐(1033—1107)字正叔，后人称其伊川先生，俗称小程。河南洛阳人。生于仕宦之家。程颢于二十五岁时考中进士，步入宦海。初任地方官，略有政绩。后任"权监察御史里行"。因上疏批评王安石新政，被调离京师改任地方官。神宗去世后，旧党重新执政，被召回朝廷任事。未及赴任，就因病去世(见程颐《明道先生行状》，《程氏文集》卷十一)。程颐虽从小受到的教育及其经历大致与程颢相似，却没有考中进士，并对科举之业相当淡漠。直到神宗去世后，方以布衣受诏，担任崇政殿说书之职，训导年幼的哲宗。不久回洛阳，任管理太学分校的"判西京国子监"。元祐八年(1093)，哲宗亲政，改元"绍圣"，以绍述神宗事业为己任，于是尽黜旧党，并斥为奸党，程颐亦在其列，遂削职为民，贬至涪州，交地方官管制。这一期间，他完成了其最重要的学术著作《周易程氏传》。元符三年(1100)四月赦免回洛阳，仍署理西京太学分校。但不久所恢复的官职被撤销。病卒时，大部分门人因政治原因不敢为他送葬(据朱熹《伊川先生年谱》，《程氏遗书附录》)。二程虽然或长或短地任过官职，但他们的主要精力在于从事学术活动，尤其是程颐。他们是洛学的共同创立者，而洛学后来成了中国封建社会的后期官方哲学——理学的主要组成部分。事迹见《河南二程全书》、《宋史·道学传》、《宋史纪事本末》和朱熹《伊洛渊源录》等。

《二程集》为程颢、程颐言论和著述的汇编,所收以程颐居多。全书包括六大部分。

一、《河南程氏遗书》(简称《遗书》)。是二程的弟子们记下的二程语录,后来由朱熹加以综合编定。

二、《河南程氏外书》(简称《外书》)。是《河南程氏遗书》的补编或续编。所以叫做"外书",据朱熹说,是由于材料的来源比较杂,材料的可靠性也比较差的缘故。

三、《河南程氏文集》(简称《文集》)。是二程的诗文杂著。

四、《河南程氏经说》(简称《经说》)。是二程对一部分儒家经典的解说和发挥。

五、《周易程氏传》(简称《易传》)。是程颐对《易经》的注释。

六、《河南程氏粹言》(简称《粹言》)。是二程弟子杨时(字龟山)"变语录而文之",即用比较文雅的语言将二程(主要是程颐)的语言加以改写而成,后来又由张栻重新编次。

在《二程集》中,程颢、程颐将"理"或"天理"作为哲学的最高范畴。程颢曾说:"吾学虽有所授受,天理二字却是自家体贴出来。"(《外书》卷十二)公开宣称这是前无古人的独家创造。尽管"理"或"天理"这个词早在先秦韩非的著作中已经被使用,但作为世界的本体,成为造化之本、万物之源,则确是二程的创举。也正因为这一点,后人才将二程看作是理学的奠基人。二程承认张载的气化论,但反对把气化作为宇宙的本体。理由是"凡物之散,其气遂尽,无复归本原之理","天地之化,自然生生不穷",而"往来屈伸,只是理也"(《遗书》卷十五)。认为气是有聚散与生灭的,并不是永恒的绝对体。从本体论上说,"天下只有一个理"(《遗书》卷十八),"理者,实也,本也"(《遗书》卷十一),"所谓万物一体者,皆有此理,只为从那理来"(《遗书》卷二上),即只有理才是真实存在的唯一本体。

二程既强调"天下无实于理者"(《遗书》卷三),但"理"又不能与具体实物混同,因此又说"理,无形也"(《粹言》卷一),"天理云者,这一个道理,更有甚穷已?不为尧存,不为桀亡。""这上头更怎生说得存亡加灭。是佗原无少欠,百理具备。"(《遗书》卷二上)从而把"理"界定为体有而非无、形化而不空的绝对体。

在《二程集》中,伦理学说也占有十分重要的地位。二程从哲学本体论上对封建道德进行了论证,强调了封建伦理道德的普遍化和永恒性,说"父子君臣,天下之定理,无所逃于天地之间"(《遗书》卷五)。"父子君臣,常理不易"(《遗书》卷二上)。因此,无论是谁都必须在思想和行动上自觉遵守封建伦理道德。其修养论的主要内容为"主敬"、"集义"说和存理灭欲论。二程的伦理学说既有禁锢人们思想,阻滞社会进步的消极作用,同时也相对稳定了封建社会的秩序,起着调节封建统治集团内部关系的作用。

程颢、程颐的著作,对于洛学乃至于整个宋明理学的形成与发展有着十分深远的影响。他们的学说后来被朱熹所继承和发展,称为程朱理学。二程的学说在他们死后被抬高到正统学术的地位,被后来的历代封建统治者所接受和利用,统治中国思想界长达数百年之久。

有关《二程集》的研究著作,有潘富恩、徐余庆《程颢、程颐理学思想研究》,徐远和《洛学源流》,刘象彬《二程理学范畴研究》,卢连章《二程学谱》等。

(徐仪明)

周易程氏传 〔北宋〕程 颐

《周易程氏传》,又称《伊川易传》、《程氏易传》、《周易传》。《宋史·艺文志》著录九卷,《东都事略》载六卷,宋时流传有异,今通行四卷本是经过杨时校订的。北宋程颐撰。成书于程颐被编管涪州期间(1093—1100)。通行本有清乾隆三十年(1765)《四库全书》抄本、同治五年(1866)金陵书局刻《十三经读本》本、光绪九年(1883)江南书局刻本、光绪中遵义黎氏日本东京使署影印元至正刻《古逸丛书》本、1935 年至 1937 年上海商务印书馆排印《丛书集成初编》本等。收入中华书局校点本《二程集》中。

作者生平事迹见"二程集"条。

程颐少年时受《易》学于周敦颐,到晚年成《周易传》,五六十年之中,始终研究《易》学。胡安国论述程颐的学术,首先提到的就是他的《易》学,盖因于此。程颐一生研究《易》学,晚年放归田里,又编管涪州,在忧患之中著成此书。成书之后,迟迟不愿流布,虽经门人请求,仍密藏不露。直到寝疾临终,才出以授门人尹焞、张绎。

《周易程氏传》系统地论述了程颐的理学思想,是程朱学派的理学经典著作之一,其地位与朱熹的《四书集注》同样重要。尹焞认为,此书是程颐平生用力最多的著作,它是程颐学术思想的代表作,任何记述程颐言论的《语录》都不能同《周易程氏传》相比。程颐的一生践履,完全体现了《易》的思想。他写此书只是根据自己的践履而写成,是践履的自然结果(参见《尹和靖集》)。

《周易程氏传》由以下几部分组成。

一、《易传序》。阐明其作者以义理研究《易》学的宗旨。

二、《易序》。提出了一些对《易》的基本看法。

三、《上下篇义》。说明对《易》分为上下篇的缘由。

四、《卷第一·周易上经上》。为《乾》卦至《大有》卦的传注。

五、《卷第二·周易上经下》。为《谦》卦至《离》卦的传注。

六、《卷第三·周易下经上》。为《咸》卦至《升》卦的传注。

七、《卷第四·周易下经下》。为《困》卦至《未济》卦的传注。

在《周易程氏传》中,程颐以天理为基础,论述天地万物得天理而"常久不已"、"生生无穷"的理学体系。首先在《易传序》中,程颐以"体用一源"论证了宇宙万象本来具备于万理之中,而"万理"又都来源于"天理",即"万物只是一个天理",也就是说,天理产生并支配一切。他在论及《周易》体例时曾提出"随时变易以从道"。道和理都是阴阳卦象和物象变化的法则,道是动态的历程、规律和方式,理则是静态的内在形式结构。《程传》释贲卦《彖》文"文明以止,人文也",曰:"阴阳刚柔相文者,天之文也。止于文明者,人之文也。止谓处于文明也。质必有文,自然之理,理必有对待,生生之本也。有上则有下,有此则有彼,有质则有文。一不独立,二则为文,非知道者孰能识之?天文,天之理也;人文,人之道也。"这是说,阴阳对立之象乃是阴阳对立之理的显现。在释恒卦《彖》文"观其所以恒而天地万物之情可见矣"时,又说:"此极言常理。日月阴阳盈缩故能久照而不已。得天,顺天理也。四时,阴阳之气耳,往来变化,生成万物,亦以得天故长久不已。圣人以常久之道,行之有常,而天下化之以成美俗也。观其所恒,谓观日月之久照,四时之久成,圣人之道所以能常久之理,观此则天地万物之情理可见矣。天地常久之道,天下常久之理,非知道者,孰能识之?"这是说,日月能久照,是因为其顺天之道,四时能生成万物,是因其顺天之理。阴阳二气为有形之物,盈虚消长为无形之理,有形之气只有顺其无形之理,方能永恒存在,发挥其功用。这样,阴阳之理或阴阳之道就成了阴阳二气或阴阳二物存在的根据,这就是程颐在《易说·系辞》中所说的"有理则有气"。程颐又说"所以阴阳者是道",将形而上之道视为阴阳二气及其开阖感应的生物成物活动的前因。这些内容构成了此书的自然哲学。

《周易程氏传》在阐发其政治哲学时,将"天地革"与"汤武革命"看成是自然和社会发展的规律。它发挥了《易传》关于"革"的思想。在注《困卦·上六》时说"困极则有变困之道",注《临卦》时说"自古天下安治,未有久而不乱者",看到了"物极则反"、"事极则变",承认变革是事物的发展规律。程颐在释《革卦》时说:"革为水火相息之物。水灭火,火涸水,相变革者也。……乃火在下,水在上,相就而相克,相灭息者,所以为革也。"《伊川易传》在对"息"加以解释时说,息既"为止息,又为生息","物止而后有生,故为生息。革之相息,谓止息也"。显然,这些看法包含了把变革看成是矛盾双方相克相生,通过斗争而转化的过程。在释《序卦传》"井道不可不革,故受之以革"时说:"井之为物,存之则秽败,易之则清洁,不可有革也。""弊坏而后革之,革之所以致其通也,故革而可以大亨。"表明程颐是将变革视为事物获得新生和发展的必要手段。关于如何"革",他说:"革者,变其故也。变其故,则人未能遽信,故必已日,然后人心信从。……弊坏而后革之,革之所以致其通也。""变革,事之大也,必有其时,有其位,有其才,审虑而慎动,而后可以无悔。"反映了程颐对于政治变革所取的慎重、保守的态度。

《周易程氏传》还论述了以"安于义命"为原则的人生哲学。其在释《未济卦》时说:"居未济之极,非得济之位,无可济之理,则当乐天顺命而已。"其释《困卦·象文》时说:"君子当困穷之时,既尽其防虑之道而不得免,则命也。当推致其命以遂其志。知命之当然也,则穷塞祸患不以动其心,行吾义而已。苟不知命,则恐惧于险难,陨获于穷厄,所守亡矣,安能遂其为善之志乎?"这是说要顺天理和天命行事,安于义和顺于命是一致的,义是应做的事,命是天命,命亦即正理,失义即失正理,亦即不顺命。安于义命是作为人处于患难的一种生活态度而提出来。它的实质是服从天理,所以它具有将人们的政治生活和日常生活都置于天理支配之下的意义。在释《习坎卦》时说:"君子处险难而能自保者,刚中而已。刚则才足自卫,中则动不失宜。"释《大过卦·象文》说:"君子所以大过人者,以其能独立不惧,遁世无闷也。"这些都是讲守正德而不失的。伸道免祸,固守其节,刚中自保,独立不惧,遁世无闷,这些都属于所谓正德。其中包含了一些传统的优秀的精神和操守。书中还论述了谦巽:"有其德而不居,谓之谦。人以谦巽自处,何往而不亨乎";"君子志存乎谦巽,达理,故乐天而不竞;内充,故退让而不矜。安履乎谦,终身不易。自卑而人益尊之,自晦而德益光显,此所谓君子有终也。在小人则有欲必竞,有德必伐。虽使勉慕于谦,亦不能安行而固守,不能有终也"。又释《渐卦·象文》曰:"求安之道,唯顺与巽。若其义顺正,其处卑巽,何处而不安?"与关于义命的论述一样,《伊川易传》关于谦巽的论述都是缺乏奋进斗争精神的,前者根本上强调的是顺从天理,后者强调的是自处卑巽,这些都根源于理学对封建秩序的强调。

程颐通过注说《周易》,构筑了庞大的理学思想体系,奠定了程朱学派的理论基础,对后世理学的发展具有重要意义。

(徐仪明)

潜 虚 〔北宋〕司马光

《潜虚》,一卷。北宋司马光撰。成于司马光居洛期间,即神宗熙宁四年(1071)至元丰八年(1085)之间。通行本有《四库全书》本、《唐宋丛书》本、《知不足斋丛书》本、《四部丛刊三编》本、《丛书集成初编》本等。收入《宋元学案》卷八《涑水学案》。

司马光(1019—1086),字君实,陕州夏县(今属山西)涑水乡人,世称涑水先生。少聪颖好学,仁宗宝元初,中进士甲第。历官直秘阁、开封府推官、天章阁待制兼侍讲、知谏院、翰林学士、御史中丞等职。反对王安石变法,称"祖宗之法不可变"。谓:"天地不易也,日月无变也,万物自若也,性情如故也,道何为而独变哉?"(《迂书·辨庸》,载《温国文正司马公文集》卷七四)因而出知永兴军。神宗熙宁四年(1071),判西京御史台,自此退居洛阳十五年,主编《资治通鉴》,元丰七年(1084)成书。元丰八年(1086),哲宗即位,太皇太后高氏临朝,拜尚书左仆射兼门下中书侍郎、知枢密院事,主持朝政,尽废新法。卒后赠太师、温国公,谥文正。于学无所不窥,惟不喜释、老,曰:"其微言,不能出吾书;其诞,吾不信也。"(《宋元学案》卷七《涑水学案上》)但认为老子的"无为自然",释氏的"空",于"无利欲之心"可取。持"性善恶混"说,认为人性中因善恶多寡不同而有圣人、中人、恶人之分,这都是由天命所定的。晚年喜象数学。朱熹将他列为北宋道学"六先生"之一。著作另有《温国文正司马公文集》八十卷、《稽古录》二十卷、《注古文孝经》一卷、《易说》三卷、《注系辞》二卷、《注老子道德经》二卷、《注太玄经》八卷、《大学中庸义》一卷、《注扬子》十三卷、《文中子传》一卷等凡二十种,五百余卷。事迹见《司马温公神道碑》(载《经进东坡文集事略》卷五五),《宋史》卷三三六《司马光传》,《宋元学案》卷七、卷八《涑水学案》上下等。

《潜虚》的成书情况,据清王梓材说:"朱子《跋张氏〈潜虚图〉》与晁氏《读书志》,皆言《潜虚》多有阙文,其无阙者,泉州本也。吴礼部《潜虚后序》称初得全本,又得孙氏、许氏阙本。盖温公本未成书,今亦无从审其何者为阙,只得录其全文。"可见,司马光死后,《潜虚》有两种本子流传:阙文本和全本。但司马光是否写完全书,亦无定论。看来今本是两种本子的汇合,后人在连缀体系方面可能有所附益,但基本上保持了司马光原著的旧貌。

张敦实在《潜虚发微论》中说:"《玄》以准《易》,《虚》以拟《玄》。子云作《太玄》,所以明《易》也;温公作《潜虚》,所以明《玄》也。"司马光非常推崇扬雄,他在《谈玄》中说:"扬子真大儒者耶!""观《玄》之书,昭则极于人,幽则尽于神,大则包宇宙,细则入毛发,合天地人之道以为一。……天下之道,虽有善者,其蔑以易此矣!"(《文集》卷六八)因此他仿效《太玄》写了《潜虚》。司马光把"虚"看作世界的本原,书名《潜虚》,有探索世界的隐秘本原的意思。书的开篇就写道:"万物皆祖于虚,生于气,气以成体,体以受性,性以辨名,名以立行,行以俟命。古虚者,物之府也;气者,生之户也;体者,质之具也;性者,神之赋也;名者,事之分也;行者,人之务也;命者,时之遇也。"

这是通贯《潜虚》的总纲。书中反复写道,"万物皆祖于虚","人之生本于虚","业终则返于虚"。可见"虚"是始元与归宿,是"物之始终"。但它并非实存的东西,而是"物之府",也就是可以产生万物的虚空。万物"祖于虚,生于气",虚是来源,气是质料,进而才演化出物的体、性、名、行、命等等。"虚"是一种无形无象的非物质的始因与归宿,而有形的气、体、性、名、行、命等,都根源于"虚"。"虚"是司马光哲学的最高范畴。"虚"与"理"、与"道"则又是相通的。他说:"是不是,理也;才不才,性也;遇不遇,命也。"(《温公迂书·性理命》,《文集》卷七四)又说:"君子之学,为道乎?为文乎?夫唯文胜而道不至者,君子恶诸。"(《温公迂书·斥庄》,《文集》卷七四)可见,司马光所说的"虚"也就是理学家所说的"理"或"道"。

《潜虚》全书,由义理、图式、术数三部分组成。在义理部分,主要是以五行(水、火、木、金、土)为基础,吸收了阴阳、易卦、筮占的基本思想,构造了天地万物生成与演化的宇宙秩序。

温公鉴于《太玄》讲义理太多,难于扩大影响,因此他采用儒家"神道设教"的方法,煞费苦心地创造了一套独特的图式、术数。而图式与术数又是常常结合在一起,也可称作图数。书中按照气、体、性、名、行、命的序列,分为六图,其中《行图》又包含《变图》和《解图》,多了两式,因而就有了六图八式。如《气图》主要是图解"万物皆祖于虚,生于气"。从数的演变来说,一、二、三、四、五相加为十五,是生数;六、七、八、九、十相加为四十,是成数。生成之数相加为五十五,这就是《易传》说的天地之数。温公认为任何体系只要符合五十五的序列,就说明它是合理的。其他如《体图》是图解"气以成体"的。司马光根据《气图》和天地之数五十五,把人分为十等,"一等象王,二等象公,三等象岳,四等象牧,五等象率,六等象侯,七等象卿,八等象大夫,九等象士,十等象庶人",垒成一个宝塔形。从一等到十等,共有五十五个体,正符合天地之数,因而是不可变易的。实际是构造以象数为形式的封建等级结构图。《性图》主要是图解"体以受性"的,五行之性是不变的,从而证明天地之道也是不变的。《名图》是图解"性以辨名"的,即辨名分,主教化,行治道。以下各图主要根据《名图》制作出来,图解"名以在行,行以俟命"之意。《行图·变图·解图》是模仿易卦系有卦辞、爻辞,在各个名下也编了一套解说辞,以便在算卦时查阅。最后在《命图》中按他规定的算卦方法求得一个数,按所得的名和数从图中查出吉、臧、平、否、凶的断语。这套算卦的方法也是从《易传》中的筮法模仿、变通而来的。

《潜虚》是反映司马光哲学思想的主要著作。它以简约的文辞和虚玄的形式论证封建统治秩序的合理性和永恒性,同时也隐晦地反映了司马光世界观的矛盾,比较集中地体现了他晚年的哲学观点。《潜虚》由于太晦涩难懂,因此长期淹没在故纸积尘之中,对后世的影响不大。

有关《潜虚》的研究,有宋张敦实撰《潜虚发微论》十篇,附于《四部丛刊》影印"铁琴铜剑楼"藏影宋钞本;清苏天木撰《潜虚述义》四卷附《考异》一卷,收于《丛书集成初编》;清卢文弨撰《潜虚校正》,收于《抱经堂丛书》;清焦袁熹撰《潜虚解》一卷,收于《丛书集成初编》。

(洪　波)

温国文正公文集 〔北宋〕司马光

《温国文正公文集》,八十卷。北宋司马光撰。初刻于南宋绍兴初年。通行本有《四部丛刊》本《温国文正公文集》、《四库全书》本《司马文正公传家集》、《丛书集成初编》本《司马温公文集》(十四卷)、《四部备要》本《司马温公文集》(十四卷)、李之亮《司马温公集编年笺注》(巴蜀书社,2009年)等。

作者生平事迹见"潜虚"条。

《温国文正公文集》为司马光部分著述的汇编,主要类目有诗、赋、表、书、启、序、记、论、章奏、制诰、议辨、策问、评议、史剳、碑志、祭文等。其中论及教育的篇目有《议学校贡举状》、《论风俗剳子》、《贡院乞逐路取人状》、《并州学规后序》、《训俭示康》、《才德论》、《不以卑临尊议》、《善恶混辨》、《士则》、《学要》等。

司马光在哲学上继承汉代董仲舒的神学天命论,把纲常伦理论证成"天"之所命的古今通义和不变教条,并力图从心性角度探讨后天教育的重要作用。他说:"天者,万物之父也。父之命,子不敢逆。君之言,臣不敢违。父曰前,子不敢不前;父曰止,子不敢不止。臣之于君亦然。故违君之言,臣不顺也,逆父之命,子不孝也。不顺不孝者,人得而刑之。顺且孝者,人得而赏之。违天之命者,天得而刑之。顺天之命者,天得而赏之。"(《士则》)认为人的"智愚勇怯,贵贱贫富"都是天生注定,不可逾越等级名分做出不忠不孝之事;否则,必有"大灾"、"人殃"。既反对孟子"性善"说,又不赞成荀子"性恶"说,持"性善恶混"说。他说:"夫性者,人之所受于天以生者也,善与恶必兼有之,是故虽圣人不能无恶,虽愚人不能无善,其所受多少之间则殊矣。善至多而恶至少,则为圣人;恶至多而善至少,则为愚人;善恶相半,则为中人。"(《善恶混辨》)强调为学和教育的功用就在于"长善去恶",指出:"不学则善日消而恶日滋,学焉则恶日消而善日滋";"善治性者长其善而去其恶,不善治性者反之"(《善恶混辨》)。他还把《大学》中的"格物致知",诠释成"能捍御外物,然后能知至道矣"(《致知在格物论》)。他说:"君子从学贵于博,求道贵于要,道之要在治方寸之地而已。"(《中和论》)要求学者能捍御外物,由博归约,返本治心。称:"学者所以求治心也。学虽多而心不治,安以学为?"(《学要》)

如果说"治性"、"治心"的教育功用只是着眼于个人,那么从社会角度而言,司马光更是把教育视为一方风俗之根源和一国教化之大本。他说:"臣闻国之致治在于审官,官之得人在于选士,士之向道在于立教,教之归正在于择术,是知选士者,治乱之枢机,风俗之根源也。"(《论风俗劄子》)指出择何术以立教、选士直接关系到一方风俗之醇厚与否,提倡以儒家经书人伦劝教后学,强调老庄之学足以"败乱风俗"。他说:"进士将来程试,若有僻经妄说,其言涉老庄者,虽复文辞高妙,亦行黜落,庶几不至疑误后学,败乱风俗。"(《论风俗劄子》)他认为,"学为化原,法为始本",二者在治国安邦中具有相得益彰的功用。"天下所以化在于学,百官所以治在于法。然则学为化原,法为治本,兹二者又可忽与?"(《并州学规后序》)

关于科举和学校改革,司马光也提出了一系列重要主张,其核心思想是重振儒家伦理本位的教育精神。他批评当时科举考试存在着严重流弊:"进士专尚属辞,不本经术;而明经止于诵书,不识义理;至于德行,则不复谁何矣。"(《议学校贡举状》)建议朝廷"以德行取士,则彼贪猾轻躁之人、依附权要枉道求进者,皆为清议所贬,见弃于时"(同上)。指出"以德行取士"当从学校教育做起,并认为教师自身首先应该是德才兼备的楷模。他主张严选教授:"州学只许置教授一人,委本州长吏于本处命官中选择无过犯、有节行、能讲说、为众所服者举奏补充。若本州无人,则奏乞下铨司选差,委铨司于见在铨选人内拣选,进士明经诸科出身人历任无赃私罪、能讲说经书者奏补充逐州教授。"(同上)要求对学生的学习生活和行为举止进行严格管理,教授须每日检查并置簿记录学生的学业情况,并"每月中两次公试,各试所习举业,委教授考校,定优劣等第,具姓名出榜示讫,亦置簿记录。其有过犯者,小过则罚钱,中过则降,大过则斥出学,亦置簿记录"(同上)。他还对当时的科举考试提出具体的改进措施:"进士试经义策三道,子史策三道,时务策三道,更不试赋、诗及论。明经及九经等诸科试本经及《论语》、《孝经》大义共四十道,明经加试时务策三道,其帖经墨义一切皆不试,对策及大义但取义理优长,不取文辞华巧,唯所对经史乖僻、时务疏阔者即行黜落。"(同上)这些都是旨在除去当时社会上浮华不实的学风,复兴儒家的伦理教育之实。从终极目标而言,司马光固然期望通过教育造就德才兼备的治国之士,他说:"进取不以才,犹无耒耜而耕也,虽勤灌溉不能生矣。守成不以德,犹既种而无膏泽也,苗槁无日矣。"(《才德论》)但在德才不能两全的情况下,他表示"宁舍才而取德"(同上)。体现出他对复兴儒家道德教育的极端重视。

司马光还十分重视家庭教育,主张从小对儿童进行封建伦理教育的基本训练,使家庭教育与学校教育相互配合,协调一致。所撰《训俭示康》,即是以"俭"德教诲其子。他说:"夫俭则寡欲。

君子寡欲则不役于物,可以直道而行;小人寡欲则能谨身节用,远罪丰家。"(《训俭示康》)教育其子保持"古人以俭为美德"的优良传统,并告诫说:"以俭立名,以侈自败者多矣,不可遍数。"(同上)

司马光作为旧党领袖,其教育思想与改革派教育家王安石异趣,但其伦理本位的教育精神受到理学大师朱熹的重视,在中国学术史和教育史上占有一定的地位。

(黄书光)

东坡易传 〔北宋〕苏 轼

《东坡易传》,又名《毗陵易传》,九卷。北宋苏轼撰。通行本有:明焦竑刻《两苏经解》本、万历丙申虎林吴之鲸刻本、万历冰玉堂刻《苏氏易解》本、崇祯中虞山毛氏汲古阁《津逮秘书》本、清嘉庆十年(1805)虞山张氏照旷阁《学津讨原》本等。

苏轼(1037—1101),字子瞻,眉山(今属四川)人。谪居黄州(今湖北黄冈)时筑室于东坡,自号东坡居士,与其父苏洵、弟苏辙合称"三苏"。擅书画文词,为唐宋古文八大家之一。因反对王安石变法,贬黄州。哲宗时,任翰林学士,又因和执政者政见不合,出知杭、颖、定三州。回京后,官至礼部尚书。晚年,又先后被贬官惠州、琼州等地。其思想特点是儒、道、佛三教合一,受佛学影响较多。曾说:"孔老异门,儒释分宫,又于其间,禅律交攻。我见大海,有北南东,江河虽殊,其至则同。"(《东坡后集》卷一六)。著作尚有《东坡文集》等。《宋史》卷三三八有传。

《东坡易传》并非出自苏轼一人之手。初有其父苏洵作《易传》,但未成而卒,生前曾命子轼、辙承述其志。苏轼先完成了这部书,而苏辙也相继将他自己所写的《易》解交付苏轼,今书中的《蒙卦》部分即为苏辙所作。故此书实际上是苏氏父子三人通力合作的成果。

《东坡易传》像北宋时期的不少著作那样,作者在阐述《周易》的过程中,表述出自己的辩证观点和对宇宙本体的看法。全书以"道"为最高的范畴,对"道之大全"的性质、特点加以论述,认为道是"无名"而抽象的。"夫道之大全也,未始有名,而《易》实开之,赋之以名,以名为不足,而取诸物以寓其意。"(卷八)"道"虽被规定为超越有无的东西,但由道而至万物,仍是由无到有的过程。因此说:"至虚极于无,至实极于有,无为大始,有为成物。"(卷七)在由道至万物的过程中,水占有至关重要的地位。书中说:"阴阳一交而生物,其始为水。水者,有无之际也,始离于无而入于有矣。……若夫水之未生,阴阳之未交,廓然无一物而不可谓之无有,此真道之似也。"(卷七)认为"道"是"阴阳之未交"。水则是阴阳始交的最初产物,它是处于"有无之际","始离无而入于有"的原始元素。这种说法在宋儒中较为独特。

《东坡易传》认为事物的运动变化是永恒的,提出了"以变为恒"的命题:"物未有穷而不变,故恒非能执一而不变,能及其未穷而变尔。"(卷四)又认为运动变化是世界万物赖以产生、存在的前提和条件,人类社会也是如此。"夫天岂以刚故能健哉?以不息故健也,流水不腐,用器不蠹,故君子庄敬日强,安肆日偷,强则日长,偷则日消。"(卷一)事物运动变化也就是日新的过程。"日新故不穷"(卷五),并认为事物运动是绝对的,而事物的静止状态只是相对的,动和静之间二者互相包含,"艮,止也。止与静相近而不同,方其动而止之,则静之始也;方其静而止之,则动之先也"(同上)。动中含静,静中含动,二者有着辩证的联系。至于事物运动变化的根本原因,本书认为起决定性作用的乃是事物本身的对立和统一,而不是来自神秘的神力,"此必然之势,无使之然也"(卷七)。指出"世之所谓变化者,未尝不出于一而两于所在也。自两以往,有不可胜计者矣,故在天成象,在地成形,变化之始也"(卷八)。又说:"夫刚柔相推而变化生。"(卷七)"阴阳相蕴而物生,乾坤者,生生之祖"(卷七):"易将明乎一,未有不用变化、晦明、寒暑、往来、屈信(伸)者也。此皆二也,而以明一者,惟通二为一,然后其一可必。"(卷八)"通二为一"是指任何统一体中都包含两个对立面,有如"天地一物也,阴阳一气也"(卷八)。天地是统一的物,阴阳是统一的气,对立双方的"刚柔相推"、"阴阳相蕴"是运动变化之源、"生生之祖"。而对立的双方又是相互依存的,"损未尝不益,益未尝不损"(卷一)。"刚不得柔以济之则不能亨,柔不附刚则不能有所往"(卷三)。且在一定条件下,对立双方必然会互相转化,"极盛必衰,骤胜故败"(卷三)。

《东坡易传》一个较明显的特点,为《四库全书总目》所说的"轼之说多切人事"。往往在解《易》的过程中注入较多的讽谏时政的内容。他根据事物由积渐变化而导致骤变的道理,主张居安思危,防微杜渐,"忧患未至而应之,则无悔"(卷三)。

对《东坡易传》,南宋陆游曾有较高的评价。他说:"易道广大,非一人所能尽……汉儒治易入神要略,宋儒则未免繁衍……推东坡汇百川交流,滴滴归源而滔滔汩汩以出之,万斛不能量也。"(《苏氏易传》书末毛晋引)《四库全书总目》认为苏氏易学"推阐理势,言简易明",其与王弼易学的比较则是"弼之说惟畅玄风,轼之说多切人事"。

(潘富恩)

龟山集 〔北宋〕杨 时

《龟山集》，又名《杨时集》、《龟山文集》，四十二卷。北宋杨时著。据《宋史·艺文志》载，杨时的文集本有二种，《杨时集》二十卷、《龟山集》三十五卷。据清四库馆臣考定：杨时文集的原本散佚，明弘治十五年(1502)，将乐知县李熙重刊，并为十六卷；后常州东林书院刊本分为三十六卷；宜兴刊本又并为三十五卷；万历十九年(1591)，将乐知县林熙春重刊，定为四十二卷。遂为今本。另还有节选本，如《正谊堂全书》本、《丛书集成初编》本的《杨龟山先生集》均为六卷本。此外，是集中的四卷《语录》，亦有题为《杨龟山语录》的单行本流传。今通行本《龟山集》有万历林熙春刊本、清康熙间杨氏刊本和清《四库全书》本等。

杨时(1053—1135)，字中立，南剑州将乐(今福建将乐)人。曾为余杭、萧山知县，后召为秘书郎、著作郎，迁徽猷阁、龙图阁直学士。晚年隐居龟山，学者称龟山先生。政治上反对王安石新法，主张抗金，反对割地求和。曾先后师承程颢、程颐，与游酢、吕大临、谢良佐并称为"程门四大弟子"。思想接近程颢，故有"明道喜龟山"之说(见《宋元学案》)，南归时，程颢目送之曰："吾道南矣！"学术上主张"合内外之道"(《语录》)，以主观(内)融合客观(外)，取消主、客观界限。认识论上强调"致知必先于格物"(《答胡康侯》)。发挥二程的"理一分殊"思想，着重以"仁义"道德观念来加以解释。在人性论上承继二程的观点，认为人性本至善，是"天理"的体现。晚年思想上有融合佛老的倾向。著作另有《三经义辩》、《中庸义》等。杨时活到南宋初期，"遂为南渡洛学大宗"(《宋元学案》)，所传人称"道南学派"。南宋东南"三贤"朱熹、张栻、吕祖谦与之都有间接师承关系，其中以罗从彦、李侗到朱熹一系为最重要。事迹见《伊洛渊源录》卷十、《宋史·道学传》、《宋元学案·龟山学案》、清毛念恃撰《宋儒龟山杨先生年谱》(《延平四先生年谱》)、清黄璋辑《杨龟山先生年谱考证》(《藜照庐丛书》)等。

《龟山集》是杨时的文集。其中：卷一是上书，卷二是奏状，卷三是表，卷四是札子，卷五是经筵讲义，卷六至卷七是辨，卷八是经解，卷九是史论，卷十至卷十三是语录，卷十四是答问，卷十五是策问,卷十六至卷二十二是书,卷二十三是启,卷二十四是记,卷二十五是序,卷二十六是题跋,卷二十七是杂著,卷二十八是哀辞祭文,卷二十九是状述,卷三十至卷三十七是墓志铭,卷三十八至卷四十二是诗。

《龟山集》中,比较集中反映杨时思想学说的是《语录》和一些他与当时学者往来的书信。这些思想学说是从二程发展至朱熹的一个重要的中间环节。现举几个较重要的方面加以介绍。

一、"合内外之道"。杨时认为:"知合内外之道,则颜子、禹、稷之所同见。盖自诚意正心推之,至于可以平天下,此内外之道所以合也。"(卷十二《语录》)而"合内外之道"也就是:"夫精义入神,乃所以致用;利用安身,乃所以崇德。此合内外之道也。"(卷二十《答胡康侯》)

二、"理一分殊"。杨时认为:"理一分殊,故圣人称物而平施之,兹所以为仁之至、义之尽也。"(卷十六《答伊川先生》)"天下之物,理一而分殊;知其理一,所以为仁;知其分殊,所以为义。权其分之轻重,无铢分之差,则精矣。"(卷二十《答胡康侯》)这里值得重视的是,杨时将"理一分殊"说具体运用于儒家的道德观念和人生哲学,发挥了二程的哲学思想,具有明显的理学色彩。

三、"中和"学说。杨时认为:"《中庸》曰:'喜怒哀乐之未发谓之中,发而皆中节谓之和。'学者当于喜怒哀乐未发之际,以心体之,则'中'之义自见。执而勿失,无人欲之私焉,发必中节矣。发而中节,'中'固未尝忘也。"(卷二十《答胡康侯》)这里突出强调了对"未发之中"的体验,把《中庸》本来的"未发"的伦理哲学转向具体的修养实践。这一心性论学说对后来的朱熹、张栻等有很大影响,朱熹反复研究"中和"学说就从此而出。

四、"致知必先于格物"说。杨时详细阐发了二程的"格物致知"论,认为:"至知必先于格物,物格而后知至,知至斯知止矣,此其序也。盖格物所以致知,格物而至于物格,则知之者至矣。所谓止者,乃其至处也。自修身推而至于平天下,莫不有道焉,而皆以诚意为主。苟无诚意,虽有其道,不能行。《中庸》论天下国家有九经,而卒曰所以行之者一。一者何? 诚而已。盖天下国家之大,未有不诚而能动者也,然而非格物致知,乌足以知其道哉!"(卷二十《答胡康侯》)这里杨时把"诚"作为认识论的出发点,"格物致知"只是帮助人们体悟万物"一理"的方法,而不是研究客观事物的规律。他还说:"学始于致知,终于知至而止焉。致知在格物,物固不可胜穷也,反身而诚,则举天下之物在我矣。"(卷二六《题萧欲仁大学篇后》)这种以"诚"来统率"格物致知"的解释,具有明显的唯心论色彩。

五、"循天理,去胜心"思想。杨时认为:"人各有胜心,胜心去尽,而惟天理之循,则机巧变诈不作。若怀其胜心,施之于事,必于一己之是非为正,其间不能无窒碍处,又固执之以不移,此机巧变诈之所由生也。孔子曰:'不知命,无以为君子。'知命,只是事事循天理而已。循天理,则于事无固必;无固必,则计较无所用。"(卷十二《语录》)这一思想与二程"存天理,去人欲"思想是有内在联系的。

六、融合佛老的倾向。在杨时的《语录》中,有不少这方面的论述,如:"总老言,经中说十识,第八庵摩罗识,唐言白净无垢;第九阿赖耶识,唐言善恶种子。白净无垢,即孟子之言性善是也。""《维摩经》云:'真心是道场,儒佛至此,实无二理。'""《庄子·逍遥游》所谓'所入无不自得',《养生主》所谓'行其所无事'。如此数则,可骇可叹!"等等,反映了理学家对佛道学说的某种认同。

有关《龟山集》的研究整理,可参看福建人民出版社1993年版林海权的点校本《杨时集》。

(徐洪兴)

知言 〔南宋〕胡 宏

《知言》，六卷。南宋胡宏撰。初稿是论学语录和随笔札记，后经多次校定而成书。原本至明代已不见传世，明弘治年间新安程敏政于吴中得旧本，整理编次为六卷，世间始有刻本。后有明吴中刻本、《诸子萃览》本、《格致丛书》本、清粤雅堂本、《子书百家》本等。收入 1987 年中华书局出版的《胡宏集》校点本。

胡宏(1105—1155)，字仁仲，崇安(今属福建)人。胡安国季子，世称五峰先生。年幼时曾师事二程门生杨时和侯仲良。以父荫补右承务郎，主张抗金，拒绝与秦桧交往，隐居湖南衡山达二十余年。《宋史》卷四三五有传。

《知言》是一部论述性命之学的著作。是胡宏本其父胡安国之学，主本然之性无善恶之说而作。书中对于理学诸重要范畴，如道、理、心、性等均有所论述而尤重在言性。"大哉性乎，万理具焉，天地由此而立矣。""万物皆性所有也。圣人尽性，故无弃物。"认为性是宇宙本体，而理则不具有这一基本属性，"世儒之言性者，类指一理而言之尔，未见有天命之全体者也"。故凡言"理"所着重强调的，一是"物之理"，事物的规律，"物之生死，理也；理者，万物之贞也。……物之理，未尝有'无'也"。"万物不同理，死生不同状，必穷理然后能一贯也。知生然后能知死也。"

《知言》以"道"为最高范畴，认为"天者，道之总名也"，又提出"道"与"物"不可分离，道之有物，犹风之有动，犹"水之有流也"，把"物"看作是"道"的表现。因此反对离物求道，"道不能无物而自道，物不能无道而自物"，批评了老子以无为本的思想，"生聚而可见则为有，死散而不可见为无。夫可以有、无见者，物之形也；物之理，则未尝有无也。老氏乃以有无为生物之本，陋哉！"这表明了《知言》中的理学思想已有非正宗的倾向。

《知言》从性本论出发，主张性体心用，"夫性无不体者，心也"；"心也者，知天地，宰万物以成性者也"(引自朱熹《知言疑义》)。反对以善恶言性，认为如人有情欲，圣人亦然。"凡天命所有而众人有之者，圣人皆有之。"但"圣人发而中节，而众人不中节也，中节者为是，不中节者为非……

正者为善,邪者为恶"。反对程朱理学离欲言理或视天理人欲势不两立的观点,而说"天理人欲,同体异用,同行异情,进修君子,宜深别焉"。

《知言》还对名实问题有所论述。认为:"有实而后有名者也。实如是,故名如是;实如是而名不如是,则名实乱矣。名实乱于上则下莫知所从而危亡至矣。"主张先有事实,后才有事实的名称,而两者次序不容倒置。名应如实,名实相副。

南宋学者对《知言》的评价不一。胡宏门人张栻说:"今先生是书,于论性特详焉。"(《知言·序》)朱熹则对《知言》表示不同意,作《胡子知言疑义》。朱文别为一卷附于《知言》之后,其中引胡宏的言论资料,可补《知言》原书之阙。然朱熹认为《知言》是"以天理人欲混为一区","是天理人欲,同时并有,无先后、宾主之别","不免有病"(见《知言疑义》)。门人张栻虽说《知言》"诚道学之枢要,制治之蓍龟"(《知言·序》),但又谓"看多有所疑"(《南轩文集》卷一)。吕祖谦对《知言》中的理欲观点表示赞同。由于《知言》一书所表现的非理学正宗倾向,故自入元以后,随着程朱理学成为儒学正宗,而胡宏之学也就被冷落。但胡宏毕竟是南宋最早对二程理学表示异议的开风气的人物,以后"永康学派"和"永嘉学派"的事功之学,在某种程度上不能不说受到胡宏思想的影响。

(潘富恩)

横浦集 〔南宋〕张九成

《横浦集》,二十卷(附《心传》、《日新》二录)。南宋张九成撰。有明万历刻本。之后,《横浦文集》与原附刻之《横浦心传》(上、中、下三卷)、《横浦日新》(一卷),各自为书。通行本有清文渊阁《四库全书》本等。

张九成(1092—1159),字子韶,自号横浦居士,又称无垢居士,钱塘(今浙江杭州)人。绍兴进士,历官宗正少卿,官至礼部侍郎,反对议和,论时政忤及权相秦桧,被弹劾落职,出为江州太平兴国宫祠官,后谪守邵州。又遭放逐,谪居南安军(今江西南安)。在南安蛰居十四年,终日闭门,读书解经。绍兴二十五年(1155)秦桧死,张九成又被起用,出知温州,四年后病卒。宋理宗时,赐谥文忠,赠太师,封崇国公。生平著述多是训解儒家经典,其中《尚书详说》等已佚,《孟子传》缺《尽心篇》,《中庸说》乃残本。事迹见《宋史·张九成传》。

《横浦集》是张九成著述的汇编。由《横浦文集》、《横浦心传》、《横浦日新》三部分组成。《横浦文集》在论述理学的最高范畴"理"的时候,首先,将"理"视为存在事物内部的法则和所以然的原因。他说:"天理决然遇事而发,欲罢不能也。若夫释、老之学,岂知此耶?彼已视世间如梦幻,……是未知天理之运用也。"(卷五《四端论》)又谓"天下无一物之非理"(卷十九《克己复礼为仁说》)。其次,强调行为合于"天理"。其所谓"天理",更多是指伦理纲常原则。他说:"礼者何也?天理也。"(同上)因此人在日常生活中都应以"天理"或"礼"为准绳,如圣人"孔子或动或静,皆出于天理,或见或寂,亦出于天理"(卷五)。故提倡道德修养的"慎独"说:"君子慎其独也。礼在于是则寂然不动之时也。喜怒哀乐未发之时也。"(卷五《少仪论》)。这种"慎独"的精神境界便是"使非心不萌,邪气不入,而皇极之义,孔门之学于斯著焉"(卷十七《静胜斋记》)。也就是去人欲、存天理的修养工夫之所致。

《文集》也很重视"仁"这个范畴在理学中的地位。认为要达到"仁"的境界,亦非一朝一夕的事,要经过长时间的体察,"仁乃圣门第一语,不存养数年而欲求决于一日之间,是以易心窥仁也"

(卷十八《答徐得一》)。然而"仁"是存在于人心的,"仁在吾心一念间"(《心传》)。将"仁"视为人内心觉醒。他说:"仁则觉,觉则神闲气定,岂非安宅乎? 不仁则昏,昏则念虑纷乱,不得须臾宁矣。义则理,理则言忠信、行笃敬,岂非正路乎?"(卷十五《孟子拾遗》)。这种说"仁则觉",显然是受佛学的影响,正如朱熹批评程门弟子谢良佐"上蔡说仁说觉,分明是禅"(《宋元学案·上蔡学案》引)一样。张九成认为圣贤与愚、不肖之间的区别,乃在于人心的一觉。"尧舜禹汤文武周公之道具在人心,觉则为圣贤,惑则为愚、为不肖"(卷十七《海昌童儿塔记》)。得出了求道在于求心的结论。

《横浦心传》,为答问形式的语录,内容涉及道德涵养、问学方法、天理人情和外物本心等。强调"心"的绝对作用。"心之所存,治乱安危,得失成败所自生也",要求保持"心"之"真"而不受外物的影响。"凡物之形于外者,常有以泄吾之真,吾逆知其形而不为之泄。"强调平日的"践履工夫",认为"士大夫不必孜孜务挟册看书","凡古人书中用得处,便是自家行处,何问古今"。

《心传》里公开主张援佛入儒,提出"佛氏一法,阴有以助吾教甚深,特未可遽薄之"(卷中)。又说:"'率性之谓道',便是圆满报身佛,'修道之谓教',便是千百亿化身。"(同上)欲糅儒、佛为一,以为两者相通相融。他说:"佛氏说到身心皆空处为上义,当孔子告颜子以一日克己复礼天下归仁,此是甚境界!"(同上)。显然是将佛教的"身心皆空"同儒家的"克己复礼天下归仁"视为同一境界,不过张九成把佛教的"空"理解为"灭私欲",说佛教的"清净寂灭之说,使之想象歆慕,亦能成就其善心"(同上)。在"理"与"情"的关系问题上,《心传》虽认为理与情相即不离,但起决定性的主导地位的是"理","理之至处亦不离情,但人舍人情求至理,此所以相去甚远"(卷上)。又说:"圣人以天理为人情,常人往往徇人情而逆天理。"(同上)人的日常生活中所表现的喜怒哀乐的"人情",都要符合道德规范"天理"。这种"理"与"情"关系的说法,正是程颢、程颐思想的承传,却不同于佛教的观点。

《横浦日新》,主张"日用为道",提出"道非虚无也,日用而已矣,以虚无为道,足以亡国,以日用为道,则尧舜三代之勋业也"。其所谓"日用"是指平日应事接物中当以内心的省察为重。"用明于内者,见己之过。用明于外者,见人之过。见己之过者,视天下当胜己也;见人之过者,视天下皆不如己也。此智愚所以分也。"并认为人的内心一念之善恶可以改变客观世界的命运:"一念之善,则天神地祇,祥风和气皆在于此。一念之恶则妖星厉鬼凶荒札瘥皆在于此,是以君子慎独也。"因此必须使此心"私智消亡"而进入孔子所说的"绝四"之境。"人皆有是心,何识之者少也,倘私智消亡,则此心见矣,此心见则入孔子'绝四'之境矣"。张九成的这种"求本心"的思想,使他成为从二程理学向陆九渊心学过渡的关键人物。

对张九成在其《横浦集》中所表述的思想,南宋学者颇多评论。永康功利学派的陈亮说:"近世张给事(指张九成)学佛有见,晚从杨龟山(杨时)学,自谓能悟其非,驾其说,以鼓天下之学者靡然从之,家置其书,人习其法。……其为人心之害何止于战国之杨墨也。"(《龙川文集》卷十九《与应仲实》)足见影响之大。朱熹抨击张九成著作为"洪水猛兽"。他说:"洪适在会稽尽取子韶(张九成)经解板行,此祸甚酷,不在洪水夷狄猛兽之下,令人寒心。"(《朱文公集》卷四二)而稍后的陈振孙却对张九成的解经著作予以肯定:"无垢(张九成)诸经解,大抵援引详博,文意澜翻,似乎少简严,而务欲开广后学之见闻,使不堕于浅狭。"(《直斋书录解题》卷二《无垢尚书详说》)《宋史·张九成传》评论说:"九成研思经学,多有训解,然早与学佛者游,故其议论多偏。"张九成的《横浦集》是研究理学演变的一部重要著作。

(潘富恩)

南轩集 〔南宋〕张 栻

《南轩集》,四十四卷。南宋张栻撰。成书于张栻死后。通行本有清道光本和咸丰本《张宣公全集》、《正谊堂全书》本和《丛书集成初编》本《张南轩文集》(七卷)、《两宋名贤小集》本《南轩集》(一卷),而以《四库全书》本《南轩集》较为精要。

张栻(1133—1180),字敬夫,一字钦夫,又字乐斋,号南轩,世称南轩先生。广汉(今属四川)人,迁居衡阳(今属湖南)。父浚,南宋高宗时曾为丞相魏国公。张栻少时从胡宏问程氏学。以荫补承务郎。历官知抚州、知严州、吏部员外郎兼权起居郎侍立官、左司员外郎兼侍讲、知袁州、知静江府、秘阁修撰、荆湖北路转运副使、知江陵府兼湖北路安抚使等。曾受湖南安抚使刘珙之聘,主岳麓书院教席。后以右文殿修撰提举武夷山冲佑观。与朱熹、吕祖谦齐名,时称"东南三贤"。著作有:《论语孟子解》、《南轩易说》、《太极图说》、《洙泗言仁》、《诸葛忠武侯传》、《经世纪年》(一作《经世编年》)、《希颜录》(初编于绍兴二十九年,完成于乾道九年)等。有关张栻的生平史料见载于朱熹《右文殿修撰张公神道碑》、杨万里《张左司传》、《宋史》卷四二九《张栻传》、《宋元学案》卷五十《南轩学案》等。

《南轩集》汇集了张栻的诗文论说,是研究张栻政治思想与学术思想的重要资料。张栻殁后,其弟构将其故稿四巨编请朱熹论定。朱熹又访得四方学者所传数十篇,益以平日与栻往返书疏加以编次,定为四十四卷,并为之序(见《南轩集原序》)。即今所传淳熙甲辰(1184)本。《四库全书》除著录《南轩集》外,尚著录《南轩易说》(原有十卷,今存三卷),以及成书于乾道九年(1173)的《癸巳论语解》十卷和《癸巳孟子解》七卷。《南轩集》的内容如下。

卷一至卷七,为诗、词、赋。系抒写性情之作。有《风雩亭》词,《遂初堂赋》,《诗送元晦尊兄》、《题淮阴祠》等律诗。如《送张深道》有句云:"至理无辙迹,妙在日用中。""孰知人心危,毫厘千万里。"《仲春有怀》:"青山四面拥江城,暮角声中淡月明。自倚阑干生白发,无心行乐趁春晴。"《偶作》:"世情易变如云叶,官事无穷类海潮。退食北窗凉意满,卧听急雨打芭蕉。"均有感而作。

卷八至卷十五,为表、启、记、序等。如《谕宰执启》表达了"皎若丹心,历多艰而愈厉"的励精图治、报仇雪耻的耿耿忠心。《潭州重修岳麓书院记》则呼吁人们要重视教育,"二帝三王之政,莫不以教学为先务"。《论语说序》认为"《论语》之书,孔子之言行莫详焉,所当终身尽心者,宜莫先乎此也"。《严州到任谕表》则以官府赋税太重,百姓"稔岁犹艰于衣食,观其生理,良足兴嗟"。《遗奏》劝孝宗皇帝"亲君子,远小人,信任防一己之偏,好恶公天下之理,永清四海,克巩丕图,臣死之日,犹生之年"。卷十五还载有一篇《谕俗文》,是他知静江府时,严饬查办"以财相徇,以气相高,帷帐酒食,过为华靡"的婚丧陋俗,以及挖掘祖坟、诱卖妇女等违法事件的文告,甚得百姓的拥戴。

卷十六、卷十七为史论。如论《汉楚争战》:"惟仁义足以得天下之心,三王是也。高帝之兴,亦有合乎此。"论《贾董奏篇其间议论孰得孰失》:"贾生,英俊之才。若董相则知学者也。《治安之策》,可谓通达当世之务,然未免有激发暴露之气,其才则然也。《天人之对》,虽若缓而不切,然反复诵味,渊源纯粹。盖有余意,以其自学问涵养中来也。读其奏篇,则二子气象,如在目中。而其平生出处语默,亦可验于是矣。"

卷十八为说。如《勿斋说》说:"勿者,禁止之辞,收放心之要也。"学者当于"视听言动,一循其则",讲明了取名"勿斋"的缘由。《仁说》说"仁为四德之长而又可以兼色焉"。《名周集说》、《江汉亭说》、《黄鹤楼说》等等,为对人、事、物的评说。《书示吴益泰》,为赠言。《记甘露李文饶事》,是对甘露寺李文饶的评说。

卷十九至卷三二,为书信。其中与朱熹交往论学的书信最多,占了卷二十至卷二四,共五卷。如《答朱元晦》谈了有关《论语章句》与《论语或问》的看法。卷二九至卷三二,主要是学业上的答问,如《答胡季随》言有关天理与人欲问题。举凡"天道之精微,圣言之奥妙,德业之进修,行藏之大义"(张伯行《南轩集序》)莫不明道义而参异同。

卷三三至卷三六,为题、跋、铭、箴、赞。如《题周奭所编鬼神说后》,阐述了对鬼神的看法:"然一言以蔽之,莫非造化之迹,而语其德,则诚而已。"《跋希颜录》说:"故今所录,本诸《论语》、《易》、《中庸》、《孟子》所载,而参之以二程先生之说,以及濂溪、横渠与夫二先生门人高弟之说,列为一卷。又采《家语》所载颜子之言,有近是者,与夫扬子云《法言》之可取者,并史之所纪者,存之于后,盖亦曰学者之所当知而已。"《主一斋铭》说:"人之心,一何危,纷百虑,走千歧。惟君子,克自持,……主于一,复何之?"为他人斋室题铭以言学。《主一箴》解释伊川"主一之谓敬","无适之谓一",说:"曷为其敬?妙在主一。曷为其一?惟以无适。"又赞濂溪:"于惟先生,绝学是继,穷原太极,示我来世。"赞明道曰:"于惟先生,会其纯全,天理之揭,圣学渊源。"赞伊川:"于惟先生,极其精微,俾尔立德,循循有归。"

卷三八至卷四四,为墓志铭、祝文、祭文。

以上系指《四库全书》本编排的内容而言。《正谊堂全书》本原有朱熹写于淳熙甲辰(1184)和张伯行写于康熙四十八年(1700)的《南轩集序》,以及清人陈钟祥为《南轩集》写的序言。《四库全书》本把张序、陈序删去,仅保留朱序。而《丛书集成初编》本则只删去陈序,保留朱序、张序。另外删去奏表,其他内容也多有删削,压缩为七卷。

张栻学宗二程,师承胡宏,以圣贤自期。《南轩集》反映了张栻修德立政、用贤恤民、抗金复仇的政治思想。在《经筵讲义》中劝皇上体恤民情"知稼穑之艰难"(卷八)。此即所谓"儒者之政,以护养邦本为先耳"(卷二六《与施蕲州书》)。也表现了"慨然以奋战伐虏,克复神州为己任"(朱熹《张公神道碑》)的抗金复仇胸怀。也反映了张栻的理学思想。

首先,胡宏说:"天下莫大于心。"(《胡子知言》)而张栻则说:"心也者,贯万事统万理而为万物之主宰者也。"(卷十二《敬斋记》)正如全祖望所说:"南轩似明道,晦翁似伊川。"(《宋元学案》卷五十《南轩学案序录》)。

其次,程颢作《识仁篇》,说"学者须先识仁",胡宏说:"仁者,人所以肖天地之机要也。"(《胡子知言》)而张栻作《仁说》、《洙泗言仁序》,视仁"为圣学之枢,而人之所以为道也"(《南轩集》卷二五《答陈择之》)。又说:"仁者,天地之心,天地之心而存乎人。"(《南轩集》卷十四《洙泗言仁录》)从而达到"以天地万物为一体"(程颢《识仁篇》)的"天人合一"的精神境界。而"为仁莫要乎克己"(《南轩集》卷十八《仁说》),人欲既克,天理自明,以伦理合于天理,论证封建伦常的合理性与永恒性。

再次,宋代理学家都重视义利之辨,把义利之辨纳入伦理道德范畴之内。张栻说:"学莫先于义利之辨。而义也者,本心之所当为而不能自已,非有所为而为之者也。一有所为而为之,则皆人欲之私,而非天理之所存矣。""所当为而不能自已",即是"义",即是"天理";"有所为而为之",即是"利",即是"人欲"。又说:"如饮食男女,人之所大欲,人孰不欲富贵,亦皆天理自然。循其可者而有所之。如饥而食,渴而饮,以礼则得妻,以其道而得富贵之类,则天理也。过是而恣行妄求,则非天理矣。"(《南轩集》卷三一《答宋伯潜》)张栻义利之辨的特色,就是援天理人欲以辨义利。其最终目的是为了维护封建制度的长治久安。

《南轩集》反映出的是多方面的,包括张栻的教育思想。有关教育思想的主要篇目有:《潭州重修岳麓书院记》、《静江府学记》、《袁州学记》、《邵州复旧学记》、《郴州学记》、《桂阳军学记》、《南康军新立濂溪祠记》、《存斋记》、《拙斋记》、《敬斋记》、《孟子讲义序》、《阃范序》等。

张栻重视从本体论和心性论高度来探讨教育理论的基本问题。他在《桂阳军学记》中指出:"夫人之心,天地之心也。其周流而该遍者,本体也。"作为本体存在的"天命之性"本是善的。人之所以会失其"本体"之善,乃是由于气禀、物欲、私意所致。他说:"人之所以私伪万端,不胜其过失者,梏于气,动于欲,乱于意,而其本体所以陷溺也。"(《桂阳军学记》)又说:"惟局于气禀,迁于物欲而天理不明,是以处之不尽其道,以至于伤恩害义者有之。此先王之所以为忧,而为之学以教之也。"(《郴州学记》)强调后天的"教"与"学"无非是为了变化气质之性以复其本心之美和本性之善。他说:"圣贤之事,大要教人使不迷失其本心者。……故其于是心也,治其乱,收其放,明其蔽,安其危,而其广大无疆之体可得而存矣。此学之大端也。然则其可一日不讲乎?"(《桂阳军学记》)

在教育宗旨和施教内容上,张栻始终坚持儒学伦理本位的立场。他说:"尝考先王所以建学造士之本意,盖将使士者讲夫仁义礼智之彝,以明夫君臣父子兄弟夫妇朋友之伦,以之修身齐家治国平天下,其益甚大矣。"(《邵州复旧学记》)强调人伦教育的实施与否直接关系到国家的兴亡:"人伦之在天下不可一日废,废则国随之。"(《袁州学记》)批评后世教育不以人伦为重而以利禄为急:"后世之学校朝夕所讲不过缀缉文辞以为规取利禄之计。"(同上)指出学校教育目的旨在"成就人才以传道而济斯民"(《潭州重修岳麓书院记》)。充分肯定人伦教育的经世治国价值。他说:"今之学者,苟能立志、尚友、讲论、问辩而于人伦之际审加察焉,敬守力行,勿舍勿夺,则良心可识而天理自著,驯是而进,益高益深,在家则孝弟雍睦之行兴,居乡则礼逊廉耻之俗成,一旦出而立朝致君泽民,事业可大,则三代之风何远之有?"(《郴州学记》)具体而言,张栻认为人伦教育当从孩童抓起:"必先使之从事于学,习乎六艺之节,讲乎为弟为子之职,而躬乎洒扫应对进退之事,周旋乎俎豆羽籥之间,优游乎弦歌诵读之际,有以固其肌肤之会、筋骸之束,齐其耳目、一其心志。"(《邵州复旧学记》)然后在"小学"基础上进一步实施"格物致知"的大学之道,称:"所谓大学之道,格物致知,由是可以进焉。"(同上)关于格物致知,张栻首重对儒家六经尤其是《论语》、《孟子》的讲学和研习。他说:"所谓讲学者,宁有他求哉?致其知而已。知者,吾所固有也。本之六经以发其蕴,泛观千载以极其变,即事即物,身亲以格之,超然会乎大宗,则德进业广有其地矣。"(《送张荆州序》)又说:"学者学乎孔子者也,《论语》之书,孔子之言行莫详焉。"(《论语说序》)除讲习儒家经书及其伦理教育内容外,张栻也在一定程度上容纳了经学之外的万物之学。他说:"凡天下之事,皆人之所当为。君臣、父子、兄弟、夫妇、朋友之际,人事之大者也。以至于视听言动,周旋食息,至纤至悉,何莫非事者。一事之不贯,则天性以之陷溺也。然则,讲学其可不汲汲乎?"(《静江府学记》)

关于为学修养方法,张栻在长期教育实践中也逐渐形成了自己的特点。他曾和朱熹讨论过为学修养方法,主张先省察后持养,强调应在应事接物的"省察"基础上方可作"存养"工夫,但他后来也承认"存养省察之功,固当并进"(《寄吕伯恭》)。就为学和修养方法的关系而言,张栻认为致知和力行、居敬和集义须交相互发,方能避虚就实,渐进圣域。他说:"予愿与同志之士,以颜子为准的,致知力行,趋实务本,不忽于卑近,不遗于细微,持以缜密而养以悠久,庶乎有以自进于圣人之门墙。"(《跋希颜录》)指出读圣贤书贵在于反身体察:"大抵读经书须平心易气,涵泳其间,若意思稍过,当亦自失却正理,要切处乃在持敬。若专一工夫积累多,自然体察有力,只靠言语上苦思未是也。"(《答潘端叔》)提倡"居敬集义,工夫并进,相须而相成也"(《答游诚之》)。

后世学者对《南轩集》的思想价值十分重视。清人给予《南轩集》很高评价,称"其讲义、表疏"与富弼、范仲淹诸公相"揖让";"其学记、序说"与欧阳修、曾巩诸子相"颉颃";"其史论"综合"马、班之长";"至其论学"则又合周、程、张、邵性道之渊源,天人之精髓,而"独探其奥,抉其微,与诸子相发明"(陈钟祥《南轩集序》)。

长春出版社1999年出版的由杨世文、王蓉贵点校的《张栻全集》中收录了四十四卷的《南轩集》。

(洪　波　黄书光)

东莱集 〔南宋〕吕祖谦

《东莱集》,包括《东莱文集》、《东莱遗集》,四十卷(其中文集十五卷,别集十六卷,外集五卷,附录三卷,拾遗一卷)。南宋吕祖谦撰,其弟吕祖俭、侄吕乔年共编。通行本有宋刻本、元持静斋刻本、明黄俞邰抄本、清雍正金华敬胜堂刻本、乾隆《四库全书》抄本等。2008年,浙江古籍出版社出版了《吕祖谦全集》校点本。

吕祖谦(1137—1181),字伯恭,世称东莱先生,婺州(今浙江金华)人。任著作郎兼国史院编修官。与朱熹、张栻齐名,并称"东南三贤"。1175年曾邀集鹅湖之会,力图调和朱学和陆学之间的学说矛盾,并兼取其长,同时又接受永嘉学派经世致用的思想。宇宙观上偏重于陆九渊"心学",政治上主张抗金和改革弊政,教育上提倡"讲实学、育实材而求实用",重视对历史的研究和文献的整理。《宋史》卷四三四有传。

《东莱集》是吕祖谦著述的汇编。其中哲学思想部分主要见于《杂说》、《易说》以及与诸友人、弟子的往来书信中。

《易说》,在解说易卦中阐述自己的政治、哲学见解。例如说《离》卦"六五,以柔顺文明之才,居君之位,自可怡然燕处。然位虽高而理实危,水能载舟,亦能覆舟,苟恃其尊,则必底于败"。认为君主与百姓犹如水舟的关系,可载可覆,并得出了凡君"恃其尊"而凌虐百姓,必然败亡的历史结论。在解释《噬嗑》卦时,提出用严法峻刑对待"强暴者","殊不知以深刻之刑,制强暴之恶,正圣人之中也"。"正如病深者用药猛,方得适宜"。但同时在《临》卦中提出"解蔽之际,天下初平,必须用广大平易之道,与民安息"。然而"平易之道"中当有积极进取的精神,同卦中又说:"天下事若不向前,安能成其大?"

在《易说》中,作者还阐述了自己的朴素辩证法思想,如说"大抵天下之理,相反处乃是相治,水火相反也,而救火者必以水……"(《蹇》),"天下事必有对,盛者衰之对,强者弱之对"(《大壮》),"天下事向前则有功。不向前,百年亦只如此"(《蛊》)。说明事物相反相成的道理。

《杂说》中涉及的内容较多,其中如理学家们所讨论的公私义利之辨的问题。认为"公私之辨,尤须精察"。如何能准确地辨公私正邪,这就要"治心","存养此心"。使"心"如同镜子一样明亮,"须是自家镜明,然后见得美恶称平,然后等得轻重"。又说"善学者之于心,治其乱,收其放,明其蔽,安其危,守之必严,执之必定,急而纵之则存者亡矣"。这是对孟子"求放心"思想的进一步发挥。《杂说》中指出为学工夫,虽以自存本心为首要,但也强调"渐积"的过程。"致知与求见不同,人能朝于斯,夕于斯,一旦豁然有见,却不是端的写得消散,须是下集义工夫,涵养体察,平稳妥帖,释然心解乃是。"关于学以致用的观点,《杂说》里有不少的论述。认为培养治理国政的人才,应切于实用。说"百工治器,必贵于有用,而不可用工费为也。学而无所用,学将何为也?"对于当时重虚文而不重实用的弊病提出针砭。"今人读书全不作有何用看。且如二三十年读圣人书,乃一旦遇事便与闾巷无异。或一听老成人之语,便能终身服行,岂老成人之言过于'六经'哉?只缘读书不作有用看故也。"为学的最终目标是以"圣人为准的"。"为学须是以圣人为准的,步步踏实,所以谓学不躐等。"

《东莱集》中所反映的史学思想,主要在《史说》和《杂说》里。《史说》提出"观史当如身在其中,见事之利害,时之福患,必掩卷自思:使我遇此等事,当作如何处之?如此观史,学问亦可以进,知识亦可以高,方为有益"。要求了解史事的本末源流和成败的前因后果,以取得借鉴。《史说》对于史书传统的编写方法即编年之体与纪传之体的看法是"互有得失,论一时之事,纪传不如编年,论一人之得失,编年不如纪传",因此二者皆不可废。

《东莱集》中还有较丰富的社会伦理思想,主要见于作者与友人及门人的往还书信。吕祖谦认为宇宙本体的"理"和伦理纲常是完全一致的:"所谓礼虽无穷,然有本有原,有伦有要者,既得穷理之大旨,窃意惇典庸礼,秩然而不可废者,此其伦欤?"(《答方教授》)书信中有关道德涵养和治学方法的讨论,吕氏主张"返求诸己",说"行有不得者,当返求诸己;外有龃龉,必内有窒碍,返视内省,皆是进步"(《与学者及诸弟》)。但又说"学者要须日用间实下工夫,乃得力"(《与学者及诸弟》)。认为"返求诸己"应与"存养体察工夫"结合起来,"应物涉事,若知其难而悉力反求,则日益精明,……要须实下存养体察工夫,真知所止,乃是据此,自进不能已也"(《与陈同甫》)。提倡"主静"、"主敬"工夫。"静多于动,践履多于发用,涵养多于讲说,读经多于读史,工夫如此,可久可大。"(《与叶正则》)

在教育思想方面,吕祖谦以"明理"为根本目的,主张通过"讲学"来整顿伦理纲纪,"时事所以艰难,风俗所以浇薄,皆由讲学不明"(《与学者及诸弟》)。又说"今之所患,吾道之未明,而异端则未必如问时之炽然也"(《与朱侍讲》)。认为对人们进行伦理教育,仅在书本上探索是不行的,"如事亲、从兄、处家、处众,皆非纸上所可记。此学者正当日夕检点,以求长进门路"(《与学者及诸弟》)。他还主张对不同气质的对象施用不同的教育方法。"窃谓学者气质各有利钝,工夫各有浅深,要是不可限以一律。"(《与朱侍讲》)"大凡人资质各有利钝,规模各有大小,此难以一律齐,要须不失故家气味。"(《与内弟曾德宽》)这种因材施教的思想有一定积极意义。

《东莱集》中所代表的吕祖谦思想,在南宋当时是很有影响的。"乾淳之际,婺学最盛"(《宋元学案·说斋学案》)。其治学的特点是将经学与史学结合起来研究,且把经学也看作史学的。故"以经为本"的朱熹批评他说"东莱教学者看史,亦被史坏了"(《朱子语类》卷一二三)。吕祖谦的思想特点为"杂博",调和朱、陆两派的学说而又兼取永嘉事功之学的某些成分。吕祖谦的由经入史的治学方法也给明清之际的浙东学派开辟了途径。正如清代章学诚说的,"浙东之学,言性命者必究于史"(《文史通义》卷五《浙东学术》)。

有关吕祖谦的研究著作,有潘富恩《吕祖谦思想初探》、潘富恩与徐余庆合著《吕祖谦评传》等。

(潘富恩)

性理字训 〔南宋〕程端蒙

《性理字训》,一卷(凡三十条,四百二十八字)。南宋程端蒙撰。其成书时间较陈淳《四书性理字义》为早。南宋程若庸《性理字训讲义》,即以程端蒙《性理字训》三十条为蓝本,增广为六门一百八十三条。明朱升又增至一百八十四条。通行本有明初刻本、清初陆清献公刻本、齐鲁书社1995年版《程端蒙性理字训》本等。

程端蒙(1143—1191),字正思,号蒙斋,江西鄱阳(今江西鄱阳)人。先师事江介,为其高足,后又赴婺源,受业于朱熹,领悟理学要旨。著有《性理字训》、《程董二先生学则》等,深受朱熹的赞赏,当其逝世时,朱熹曾书《程君正思墓表》,对其早卒"失声流涕","为之痛惜",认为他"以求道修身为己任,讨论探索功力兼人,虽其精微或未究极,而其固守力行之功则已过人远矣"(《朱文公文集》卷九十)。事迹见《宋史·程端蒙传》。

《性理字训》是作为青少年学习理学基本知识的启蒙教材。其形式类似词典,四句成言,和以声韵,通俗疏释,便于记诵。朱熹称赞说:"小学字训(按指《性理字训》)甚佳,言语虽不多,却是一部大《尔雅》。"(《宋元学案·沧洲诸儒学案上》)全书可分为三个部分:第一部分讲人性论,包括命、性、心、情、才、志等心理分析范畴。书中说:"天理流行,赋予万物,是之谓命;人所禀受,莫非至善,是之谓性;主于吾身,统乎性情,是之谓心;感物而动,斯性之欲,是之谓情;为性之质,刚柔强弱,善恶分焉,是之谓才;心之所之,趋向期必,皆由是焉,是之谓志。"对理学家的人性论作了简要的概括,其中心范畴是性,说明性根源于天理;体现了天理的必然,叫做命,命决定性。而性要通过每个个人才能表现出来,于是产生了影响性善的因素。这便是物欲之情和参差不齐的才。心是一身的主宰,心本无不善,为避免为情所累,应立志坚持天理,恢复天命之性。

第二部分讲"明理"和"修身"两项内容,这是恢复"天命之性"的认识论途径。"明理"包括仁、义、礼、智、道、德、诚、信、忠、恕等伦理道德范畴。书中说:"为木之神,在人则爱之理,其发则恻隐之情,是之谓仁;为金之神,在人则宜之理,其发则羞恶之情,是之谓义;为火之神,在人则恭之理,其发则辞逊之情,是之谓礼;为水之神,在人则别之理,其发则是非之情,是之谓智;人伦物事当然之理,是之谓道,行此之道,有得于心,是之谓德;真实无妄,是之谓诚,循物无违,是之谓信;发己自尽,是之谓忠,推己及物,是之谓恕。"文中指出"理"就是"人伦物事当然之理",也叫做"道";仁、义、礼、智就是爱、宜、恭、别之理的表现,对于"理"当恪守不移。凡由理而发之情,则是符合"恻隐"、"羞恶"、"辞逊"、"是非"等处理人伦关系的准则。文中所谓的木、金、水、火之神,其实就是仁、义、礼、智的代名词,是程端蒙套用五行说,将五行道德化而已。

"修身"包括中、和、一等内省体验范畴。"无所偏倚,是之谓中;发必中节,是之谓和;主一无适,是之谓敬;始终不二,是之谓一。"认为人的喜怒哀乐的情感表现应当适"中"合"理",时时注意自身的涵养工夫,要心思专一地去醒悟体察"天理"。

第三部分讲宇宙观。包括天理、人欲、谊、利、善、恶、公、私等范畴。书中说:"天命流行,自然之理,人所禀受,五性具焉,是曰天理;人性感物,不能无欲,耳目口鼻,斯欲之动,是曰人欲;无为而为,天理所宜,是之谓谊;有为而为,人欲之私,是之谓利;纯粹无妄,天理之名,是之谓善;凶暴无道,不善之名,是之谓恶;物我兼照,扩然无私,是之谓公;蔽于有我,不能大公,是之谓私。"以天理为义、公、善,以人欲为利、私、恶。知性,明理,修身,就是为了达到革尽人欲、复尽天理的精神境界。

《性理字训》是南宋末、元至明初教育界比较流行的课本。此书的特点是以青少年为教育对象,以阐述如何做人为宗旨,通俗地灌输理学内容。文字简短,韵律整齐,易于记诵,使儿童谐于唇吻。如元代程端礼撰《读书分年日程》就将《性理字训》列为学龄前儿童的必读书,为理学作了普及教育和宣传。明、清时代,《性理字训》也仍是童蒙的必读书。

(潘富恩)

陆九渊集 〔南宋〕陆九渊

《陆九渊集》，又称《象山全集》、《陆子全书》，三十六卷（包括外集四卷、语录四卷）。南宋陆九渊撰。开禧元年(1205)由其子陆持之搜罗纂集，取名为《象山先生全集》（三十二卷），嘉定五年(1212)由陆九渊的学生袁燮始刻于江西仓司。明正德十六年(1521)李茂元将它与语录合并重刻，题为《陆子全书》。通行本有明嘉靖四十年(1501)王宗沐校刻本、清乾隆三十年(1765)《四库全书》抄本、道光三年(1823)刻本、1936年商务印书馆《四部丛刊》本、1980年中华书局校点本等。

陆九渊(1139—1193)，字子静，自号存斋，抚州金溪（今属江西）人。于江西贵溪象山建"精舍"，聚徒讲学，学者称象山先生。历任靖安、崇安主簿，国字正，曾立志习武，为"心学"创始人。与兄九韶、九龄并称"三陆子之学"。以"心"为构成宇宙万物的本源，断言"宇宙便是吾心，吾心即是宇宙"。以"立大"、"知本"、"发明本心"为求学方法，认为要保存吾心"固有良知"，须"存心去欲"。在"太极"、"无极"本体论问题和"尊德性"、"道问学"的治学方法上与朱熹进行了长期的辩论，1175年的鹅湖之会上，争论更烈。政治上要求改革弊政，肯定王安石变法，主张减轻租税，缓和社会矛盾。《宋史》卷四三四有传。

《陆九渊集》是陆九渊著述（包括语录）汇编。本集的卷一至卷十七为论学书札，卷十八为奏表，卷十九为记，卷二十为序赠，卷二一至卷二二为杂著，卷二三为讲义，卷二四为策问，卷二五为诗，卷二六至卷二八为祭文、墓志铭、行状，卷二九至卷三一为程文，卷三二为拾遗，卷三三为谥议，卷三四至卷三五为语录，卷三六为年谱。

《陆九渊集》中表述陆九渊自己的哲学思想和治学方法的，主要是在卷一至卷十七的书信和卷三五至卷三六的语录之中。在与朱熹的往还书信中着重讨论"无极"、"太极"的本体论问题。他认为《太极图说》非周敦颐所作，因为周氏《通书》与二程的言论中不见"无极"二字。提出"太极"之上不能再有"无极"，太极本身是道，万化之根本。而认为"无极而太极"的说法只是朱熹自己的发明。陆九渊这种观点与朱熹相左，朱熹认为"不言无极，则太极同于一物，而不足为万化根本"。在其他书信中反复强调"心即理"的命题。"心,一心也;理,一理也,至当归一,精义无二,此心此理,实不容有二。"(《与曾宅之》)又说"此心此理","人皆有是心,心皆具是理"(《与李宰书》)。在《语录》中更是系统突出地论述"心"学的观点,提出"万物森然于方寸间,满心而发,充塞宇宙,无非此理"。然而人心易为物欲所蔽,故须"荡涤"或"剥落"内心的私欲方能使人心"清明"澄莹。"人心有病,须是剥落……须是剥落净尽方是。"在治学方法上反对记诵之学,提出"六经注我,我注六经",主张"自得、自成、自道,不倚师友载籍"。认为读书不必求多求快,而应择切己有用者精读之,"所谓读书,须当明物理,揣事情,论事势,且如读史,须看他所以成,所以教,所以是,所以非处,优游涵泳,久自得力。若如此读得三五卷,胜看三万卷"。陆九渊心学方法所要达到的最终目标是明理、立心、做人,"心不可泊一事,只有立心","收拾精神,自作主宰,万物皆备于我,有何欠缺"。

《语录》则表现了陆九渊对孟子思想的继承,且有所改造。他推尊孟子说:"夫子以仁,发明斯道,其言浑无罅缝,孟子十字打开,更无隐遁,盖时不同也。自古圣贤发明此理不必尽同……夫子所言有文王周公所未言;孟子所言,有吾夫子所未言,理之无穷如此。"

卷十九的《记》中,尤以《荆公祠堂记》非常突出。陆氏于此文中,予王安石很高的评价,盛赞其人品高尚,肯定了王安石变革的历史作用:"英特迈往,不屑于流俗,声色利达之习,介然无毫毛得以入于其心,洁白之操寒于冰霜,公之质也;扫俗学之凡陋,振弊法之因循,道术必为孔、孟,勋绩必为伊、周,公之志也。"文中还贬斥王安石的政敌"熙宁排公者,大抵极诋訾之言,而不折之以至理,平者未一二而激者居八九,上不足以取信于裕陵,下不足以解公之蔽,反以固其意,成其事。新法之罪,诸君子固分之矣"。

卷三六《年谱》,始创稿于弟子袁燮、傅子云,而汇编于李恭伯(子愿),刻于宋宝祐四年,其后陆氏家祠附刻。自高宗绍兴九年(1139)生至绍熙四年(1193)卒,记载其一生事迹。诸如:乾道八年应试,赐同进士出身。三十七岁时受吕祖谦之约与兄九韶会朱熹于信州鹅湖寺,辩论治学方法问题,分歧在于:"元晦(朱熹)之意,欲令人泛观博览而后归之约;二陆之意,欲先发明人之本心而后使之博览,朱以陆教人为太简,陆以朱教人为支离。"四十三岁春天,访朱熹丁南康,朱请陆九渊登白鹿洞讲席,讲"君子喻于义,小人喻于利"一章。

对于《陆九渊集》中的言论思想,历来的评价褒贬不一。朱熹及后继者斥陆学为禅。而具心学倾向的思想家,则极力推崇陆九渊思想。如明王守仁《陆象山全集》的叙中说"陆氏之学,孟氏之学也",辩说陆氏之学非禅学,"简易直接,真有以接孟子之传"。陆九渊的弟子对文集更是称颂备至。袁燮于宋嘉定五年为《文集》所作序中说:"象山先生,其学者北辰泰岳欤……此心此理,贯通融会,美在其中,不劳外索。"杨简在"序"中提及当年富阳主簿时受学于陆氏"因言勿觉,澄然清明,应用无方,动静一体,乃知此心本灵、本神、本明、本广大、本变化无方"。此外,有持朱、陆思想合流的学者,如明代徐阶所作《学则辨》,认为朱、陆二人的思想是"同归一致"的,清雍正时的李绂认为,"朱子晚年之教尽合于陆子,凡朱子所以致疑者,特以其弟子包显道、傅之渊等过为高论,而未及尽见陆子所以为学与所以教人之说"(《重刊象山先生年谱序》)。

有关陆九渊的研究著作,有崔大华《南宋陆学》(中国社会科学出版社,1984年)、祁润兴《陆九渊评传》(南京大学出版社,1998年)、张立文《心学之路——陆九渊思想研究》(人民出版社,2008年)及在中国台湾、大陆等地曾印行的牟宗三《从陆象山到刘蕺山》等。

(潘富恩)

陈亮集 〔南宋〕陈 亮

《陈亮集》,又称《龙川文集》,三十卷。南宋陈亮著。约撰于南宋绍兴三十一年(1161)至绍熙四年(1193)之间,由其子辑成,叶适为之作序。通行本有:明成化间刻本、万历四十四年(1616)聚星堂刻本、崇祯六年(1633)邹质士刻本,清乾隆三十年(1765)《四库全书》抄本、同治七年(1868)胡凤丹退补斋《金华丛书》本等。1978年中华书局出版邓广铭校点本,1987年又出版了校点者作了补正的增订本。

陈亮(1143—1194),字同甫,浙江永康人,世称龙川先生。青年时喜研究古人用兵之法,并加评论,写成《酌古论》。乾道五年(1169)连上五疏,提出不与金人媾和、争取中兴的建议。淳熙五年(1178)再上书,批评朝廷的苟安政策和士人中空谈性命的风气。他无意为官,遂渡江还乡,因当权者构陷,两次下狱,备受鞭笞之苦,险遭杀戮,蒙辛弃疾、叶适等救脱。他以"推倒一世之智勇,开拓万古之心胸"自勉,淳熙十五年(1188)亲至金陵一带观察形势,再度上书,朝廷不理。返乡后,在家设塾讲学,与吕祖谦关系密切,思想比较融洽,与朱熹有书信往来,辩论王霸义利等问题。绍熙四年(1193)参加进士试,擢第一。授金书建康军判官厅公事,未到职而卒。《宋史》卷四三六有传。

《陈亮集》是陈亮著述的汇编。内容主要分为疏、策、论、表、书、启、诗、词、记、序等。主要哲学著作有《酌古论》、《经书发题》、《与朱晦庵秘书》等。

《酌古论》是陈亮十八九岁时早年之作,它总结汉唐以来重大军事活动的经验教训,作为抗金的借鉴。在《酌古论序》中,说明作者写作该论文的目的是从前人的军事活动事件中"使得失较然,可以观、可以法、可以戒,大则兴王,小则临敌,皆可以酌乎此也",有助于"中兴"、"复仇"的事业。《酌古论》中评论了十九位历史人物,有刘备、曹操、苻坚、诸葛亮、邓艾、崔浩、李靖、封常清等人,从他们的军事活动来进行分析和总结。《酌古论》的主要思想可归纳于四点。其一,是认为战略必须与战术相结合,"有一定之略,然后有一定之功,略者不可以仓卒制,而功者不可以侥幸成也"。认为曹操"盖亦得术之一二。然公巧于战斗,而不能尽知天下之大计"。"只片面注重战术,而缺乏尽知天下之大计"的战略眼光,因而未能完成统一中国的大业。其二,认为"英雄之士"必须平时不断思考、分析客观形势,熟悉敌我双方的情况,"其平居暇日,规模术略,定于胸中者久矣"。如此才能"料敌制胜"。其三,在具体的战术中运用军事辩证法思想,如说"兵有正有奇,善审敌者,然后识正奇之用"。其所谓"正兵"和"奇兵"之说,具有阵地战和运动战相结合的意思,两者有辩证的关系。"奇兵以简捷寓节制,非废节制也;正兵以节制存简捷,非废简捷也。"其四,认为政治是决定战争胜负的。提出"去诡诈而示以大义,置术略而临之以正兵,此英雄之事,而智者所不能为矣……以智攻智,以勇击勇,而胜负之数未可判,孰若以正而攻智,以义而击勇"。虽所论限于正统的观念,但观察到正义战的政治原则。

《经书发题》是评定古代经典的论文。在《经书发题·书经》一文中说:"夫盈宇宙者,无非物,日用之间无非事。古之帝王,独明于事物之故,发言立政,顺民之心,因时之宜,处其常而不惰,遇其变而天下安之,今载之《书》皆是也。"又在《经书发题·诗经》里说:"道之在天下,平施于日用之间,得其性情之正者,彼固有以知之矣。"作者说明"道"是和民生日用等实事实物不可分离的,而是在事物之中。

关于"道"与"物"的关系的论述,还散见于文集的各处。"夫道非出于形气之表,而常行于事物之间者也。"(文集卷九《勉强行道大有功》)"夫道之在天下,何物非道,千涂万辙,因事作则,苟能潜心玩省,于所已发处体认,则知夫子之道,忠恕而已,非设辞也"(文集卷十九《与章德茂侍郎书》),指出具体事物都有其固有的特性和规律。

《中兴五论》、《上孝宗皇帝书》主要是政论。《中兴五论》的主要基调是洗刷国耻,收复失地。"国家凭陵之耻,不可以不雪,陵寝不可以不还,舆地不可以不复。"提出"辑和军民,开布大信,不争小利,谨择守宰,省刑薄敛,进城要险,大建屯田"等措施。《上孝宗皇帝书》前后共上书五次。比之《中兴五论》所使用的言辞更激昂,主战态度也更坚决。为时局的危殆而大声疾呼,指出"一日之苟安,数百年之大患也"。反责主和派"彼之忘君父之仇,而置中国于度外者,其违天人之心亦甚矣"。同时对于空谈性命之道的腐儒庸人以严厉的批评:"今世之儒士,自以为得正心诚意之学者,皆风痹不知痛痒之人也。"自谓一再陈书乃是"实以宗庙社稷之大计,不得不决于斯时也"。表达了他为求实现"中兴"的饱满热情,同时也表达了他政治上提倡功利的主张。

《与朱晦庵秘书》,是陈亮与朱熹论辩王霸义利、天理人欲等问题的书信集。首先,陈亮肯定"道"体现在具体事物中,反对程朱等人主张道离具体事物之外、道与人的具体行动无关的说法。陈亮认为"若谓道之存亡,非人所能与,则舍人可以为道,而释氏之言不诬矣"(《与朱元晦秘书》)。因此天理与人欲没有绝对对立起来的鸿沟,故不论三代或汉唐都同样有天理、人欲交杂的现象。

不能说三代是王道时代,"专以天理行",讲求义;而汉唐是霸道时代,"专以人欲行",讲求利。为此,在《甲辰答朱元晦书》里说:"本朝伊、洛诸公,辩析天理人欲,而王霸义利之说,于是大明。然谓'三代以道治天下,汉、唐以智力把持天下',其说固已不能使人心服。而近世诸儒,遂谓三代专以天理行,汉唐专以人欲行,其间有与天理暗合者,是以亦能久长。信斯言也,千五百年之间,天地亦是架漏过时,而人心亦是牵补度日,万物何以阜蕃,而道何以常存乎?"陈亮从历史上肯定汉、唐的功业是与他对功利的追求相联系的。认为汉高祖、唐太宗有"救民之心",希望宋朝也有"中兴"的一日。

对陈亮的事功之说,朱熹批评最多,谓之"在利欲胶漆盘中",并认为这种功利思想有离经叛道的危险,"若功利,学者习之便可见效,此意甚可忧"(《朱子语类》卷一二三)。吕祖谦对陈亮的《酌古论》非常赞赏说:"盖得太史公章法……尤有补于世教。"(《东莱集·与陈同甫》)明代的李贽说陈亮是"无头巾气"的大英雄,并反驳朱熹曾对陈亮下的"血气粗豪"的评语:"异哉堂堂朱夫子,反以章句绳亮,粗豪目亮,悲夫!士惟患不粗豪耳,有粗有豪,而后真粗细出矣,不然皆假矣。"(《藏书·名臣传》)

(潘富恩)

朱子语类 〔南宋〕朱 熹

《朱子语类》,一百四十卷。南宋朱熹撰。南宋景定间已有不同卷次的多种刊本:一、李道传的池州刊《朱子语录》四十三卷;二、黄士毅的眉州刊《朱子语类》一百四十卷;三、李性传的饶州刊《朱子语续录》四十六卷;四、蔡抗的饶州刊《朱子语后录》二十六卷;五、王佖的徽州刊《朱子语续录》四十卷;六、吴坚的建安刊《朱子语别录》二十卷等。景定四年(1263)黎靖德以上述六书为根据,互相参校,收遗正误,削其重复,重新编类,于咸淳二年(1270)刊《朱子语类大全》一百四十卷,即今通行本的《朱子语类》。其主要版本除宋咸淳始刊本外,尚有明成化九年(1473)陈炜刻本、清石门吕留良宝诰堂刻本、广州书局本、日本近人冈田武彦等《朱子语类》合校本、中华书局1981年校点本及2010年上海古籍出版社、安徽教育出版社出版的《朱子全书》(修订本)等。

朱熹(1130—1200),字元晦,号晦庵,徽州婺源(今属江西)人。侨居建阳(今属福建)始受业于胡原仲、刘彦冲,三十一岁时拜程颐三传弟子李侗为师,为二程四传弟子,绍兴十八年进士,曾任泉州同安主簿、知南康军、秘阁修撰等职。主张抗金而反对盲目用兵。"博览群书,自经史著述而外,凡夫诸子、佛老、天文、地理之学,无不涉猎而讲究也"(见《宋元学案·晦庵学案》),对各家学说融会贯通,"会众说而折其中"。淳熙二年(1175)朱熹与陆九渊等会于江西上饶鹅湖寺进行为学之方的辩论。其一生从事教学凡四十年,为官不过十年而已。著述甚丰。生平资料见《宋史》卷四二九。

《朱子语类》是朱熹与弟子们问答的语录汇编。卷一至卷六包括理气、鬼神、性理。卷七至卷十三论学,包括为学之方,论知行,读书法,持守与力行。卷十四至卷九二阐释儒家经典《大学》、《中庸》、《易》、《诗经》、《孝经》、《春秋》、《礼》、《乐》。卷九三至卷一百论述北宋理学五子的著作,卷一〇一至一〇三,论述二程弟子及其后学者的思想。卷一〇四至一二一,介绍朱子训导门人的言论。卷一二二至一二四,评论吕祖谦、陈傅良、陆九渊等。卷一二五至一二六,评述老庄、释氏。卷一二七至一三三,主要是论述宋代开国太祖至宋宁宗朝的政治法制,自国初至熙宁人物,自熙宁至靖康朝的用人。卷一三四至一三六评论历代重大事件和人物。卷一三七着重评述战国汉唐诸子。卷一三八至一四〇为杂类、论文、拾遗等。

《语类》的卷一至卷六,主要讨论理学家所研究的中心问题,即理气关系问题。通过朱熹与其弟子问答的形式表述朱熹理在气先的观点。"问,先有理,抑先有气?""曰:理未尝离乎气,然理形而上者,气形而下者,自形而上下言,岂无先后。"(卷一)"要之曰先有理……且如万一山河大地都陷了,毕竟理却在这里。"(同上)认为"理"之于"气",好比人跨于马上:"理搭在阴阳上,如人跨马相似。"虽强调理气相依不可分离,但坚持理先气后说。在性与理的关系上,认为性是人化了的理,说性"只是心中所有底道理是也"(卷五)。"性"虽是"理"的化身,但性要受"气质"的限制。"心有善恶,性无不善;若论气质之性,亦有不善。"(同上)就天命之性而言"性则纯是善底",理是至善,性也是至善,但气质之性则有善有不善。关于鬼神问题,《语类》为此作出新的解释:"神,申也;鬼,屈也,如风雨雷电初发时,神也,及至风止雨过雷住电息,鬼也。"(卷三)因此主张"今且需理会眼前事,那个鬼神事无形无影,莫要枉费心力"(同上)。

《语类》卷七至卷十三为论学。提出"为学须觉今是而昨非,日改月化便是长进"(卷八)。又说:"大抵为学,虽有聪明之资,必须做迟钝工夫始得;既是迟钝之资,却做聪明样工夫如何得?"(卷十)在读书的方法上,反对片面的记诵,主张"读书,须是穷究道理彻底。如人之食,嚼得烂,方可咽下,然后有补"(同上),"读书须知贯通处"(同上),"学不可躐等,不可草率徒费心力,须依次序,如法理会,一经通熟,他书亦易看"(卷十三),学之目的"学之之博,未若知之之要;知之之要,未若行之之实"(同上)。"学者须是革尽人欲、复尽天理便是学。"(同上)

卷十四至卷九一阐释先秦儒家经典。认为"学问须以《大学》为先,次《论语》、次《孟子》、次《中庸》,《中庸》工夫密,规模大"(卷十四)。"《大学》如一部行程历皆有节次","《大学》是为学纲目"(同上)。在论《易》中提出颇有见地的看法:"古人淳质,遇事无许多商量,既然如此,又欲如彼,无所适从,故作《易》示人,以卜疑之事,故能通志、定业、断疑,所谓开物成务者也。"(卷六六)又说《诗》乃"民间男女相悦之辞"(卷八一),非歌颂后妃之德的作品,并对孔子删诗问题提出疑问。对于"三礼"的解释,以《仪礼》为主,将其作为经文,而以大小戴《礼记》为《仪礼》之传。怀疑古文《尚书》是伪造的。认为"盖《书》有古文有今文,今文乃伏生口传,古文乃壁中之书……凡易读书皆古文,况又是科斗书,以伏生书字文考之方可读者,岂有数百年壁中之物安得不讹损一字,又却是伏生记得者难读,此尤可疑"(同上)。又说伏生口传的今文《尚书》之所以难懂的原因,乃是"难晓者恐只是当时说话……当时人自晓得,后人乃以为难晓"(卷七八)。其"难晓"的是当时人的"方言俚语"。指出《孝经》是"后人缀辑"而成,"《孝经》疑非圣人之言"(卷八二)。

《语类》卷一二二至卷一二四,对吕东莱(祖谦)、陈傅良、陆九渊的学说作出不同评论。与吕祖谦的史学观点分歧甚大,说"东莱聪明,看文理却不子细……缘他先读史多,所以看粗着眼。读书须是以经为本,而后读史"(卷一二二)。又说"看史只如看人相对……东莱教学者看史,亦被史坏"(卷一二八)。对于永嘉学派的叶适和江西之学的陆九渊攻扦颇多,他说:"叶正则(叶适)说话只是杜撰,看他《进卷》可见大略。"(卷一二三)"叶正则作文论事全不知些着实利害,只虚论因及许多。"(同上)又说:"陆子静(九渊)分明是禅","子静寻常与吾说话会避得个禅字,及与其徒却只说禅"(卷一二四),并说陆九渊有江西士人的特点:"江西士风,好为奇论,耻与人同,每立异以求胜。"(同上)

卷一二五至卷一二六评述了老庄和释氏。认为老庄之徒是绝灭礼法。说"老子是出人理外,不好声,不好色,又不做官,然害论理"(卷一二五)。老子虽谈"虚静无为"的道,但"老氏依旧有,无欲观其妙,有欲观其缴",故"道家说半截有,半截无"。而庄子却是"转调底老子","老子犹要做事,庄子都不要做了"(同上)。指斥佛教"以天地为幻妄,以四大为假合"(卷一二五)。尤其是"弃君背父","只是废三纲五常,这一事已是极大罪名,其他便不消说"(卷一二六)。

《语类》卷一二七至卷一三二,叙述和评价宋自开国之初至熙宁以及熙宁至靖康的重要事件和人物。对宋以来抗击外敌的英雄,如宗泽、岳飞、韩世忠作了褒扬,对秦桧、汤思退之类"和议误国"予以痛斥。卷一三九则对战国汉唐诸子作出评价。对于三国的诸葛亮和汉初的张良,给予正面的肯定。

有关《朱子语类》的研究论著,主要有徐时仪的《〈朱子语类〉词汇研究》等;研究论文,主要有胡适《朱子语类的历史》、日本冈田武彦《朱子语类之成立及其版本》、钱穆《朱子语类序》、杨燕《〈朱子语类〉经学思想研究》等。

(潘富恩)

伊洛渊源录 〔南宋〕朱 熹

《伊洛渊源录》,十四卷。南宋朱熹撰。成于宋孝宗乾道九年(1173)。通行本有:一、元至正癸未年(1343)本;二、明弘治十三年(1500)成都志古堂雕板本。此本由明代人杨廉从朱熹著述中辑出有关伊洛渊源的资料,作为新增部分,附于每卷之后,所以又称杨廉新增本;三、明嘉靖乙丑年(1565)本;四、清正谊堂全书本;五、清《朱子遗书》本;六、日本庆安二年(1649)京师风月庄左卫门本;七、1983年中州古籍出版社点校本;八、2010年上海古籍出版社、安徽教育出版社《朱子全书》修订本。

作者生平事迹见"朱子语类"条。

关于此书的撰作缘由,用朱熹在《答吕伯恭书》中话来说,就是为使先贤的事迹不至于湮没无闻,而为之哀集发明,以倡圣学之道。伊水、洛水流经洛阳,程颢、程颐为洛阳人,此书之所以称作《伊洛渊源录》很明显是将二程及其门人的学术思想作为理学正宗。

《伊洛渊源录》是一部记载宋代理学源流的著作,也是我国古代较早的一部叙述学术思想史的专著。全书所载,多有依据。或辑自事状、行状、家传、年谱、奏状、墓志铭、祭文、墓表、赞、诗、哀词,或录自门人朋友书札、叙述及各种传闻杂记等。从这些辑录中,大致可以看出这些人的一生经历、人品以及言行。

《伊洛渊源录》由以下几个部分组成。

卷一,记载了周敦颐的言论与事迹。

卷二、卷三,记载了程颢的言论与事迹。

卷四,记载了程颐的言论与事迹。

卷五,记载了邵雍的言论与事迹。

卷六,记载了张载、张戬兄弟的言论与事迹。

卷七,记载了吕希哲、范祖禹、杨国宝、朱光庭等的言论与事迹。

卷八，记载了刘绚、李吁、吕大忠、吕大钧、吕大临等的言论与事迹。

卷九，记载了苏昞、谢良佐、游酢等的言论与事迹。

卷十，记载了杨时的言论与事迹。

卷十一，记载了刘安节、尹焞的言论与事迹。

卷十二，记载了张绎、马伸、侯仲良、王蘋等的言论与事迹。

卷十三，记载了胡安国的言论与事迹。

卷十四，为程氏门人无记述文字者，录了近二十人的姓名、字号等。

本书既以程颢、程颐开创的"洛学"为理学正宗，所以在内容编排上以二程及其弟子的言论事迹为记载重点。一、突出了二程儒学道统正宗继承人的地位。程颐《明道先生墓表》中说："周公没，圣人之道不行；孟轲死，圣人之学不传。道不行，百世无善治；学不传，千载无真儒。无善治，士犹得以明夫善治之道，以淑诸人，以传诸后；无真儒，天下贸贸焉莫知所之，人欲肆而天理灭矣。先生生千四百年之后，得不传之学于遗经，志将以斯道觉斯民。……先生出，倡圣学以示人，辨异端，辟邪说，开历古之沉迷，圣人之道得先生而后明，为功大矣。"直接将程颢接续于孟子之后，确立了理学的"道统"说。二、大量记载了二程的业绩。《明道先生行状》中记载了程颢为官以后，所做的诸如排难解纷、平均田税、兴修水利、调节供求、平稳物价、编伍保、兴学校等事情。《程颐年谱》中叙写了程颐在担任崇政殿说书一职后，如何竭尽全力教导年幼的哲宗的情形。三、对洛学的为学宗旨作了详尽的说明。如程颐《明道先生行状》说："明于庶物，察于人伦。知尽性至命，必本于孝悌；穷神知化，由通于礼乐。辨异端似是之非，开百代未明之惑，秦、汉而下，未有臻斯理也。"这就是说，程颢的学说，着重"尽性至命"与"孝悌"的统一，"穷神知化"与"礼乐"的统一，要求对于宇宙"神化"有深刻的认识，并在现实生活中体现出来。这也是洛学的宗旨。四、对理学开山之祖周敦颐，以及邵雍、张载等人的言行也作了较为详尽的记载。在史料的选择上，始终体现他们与二程的密切联系。五、通过对二程的弟子，特别是对谢良佐、杨时、游酢、吕大临、尹焞等较著名的洛学传人的言论与事迹的记载，使洛学的流变呈现出一条比较清晰的线索。如胡安国所撰《杨文靖公(时)墓志铭》中道："宋嘉祐中，有河南二程先生，得孟子不传之学于遗经，以倡天下。而升堂睹奥，号称高弟，在南方则广平游定夫(酢)、上蔡谢显道(良佐)与公三人是也。"明确指出游、谢、杨是洛学向南方的传播者。并记载了吕大临如何从关学转向洛学的过程，以及他是如何领悟了"默识心契"、"涵泳义理"、"惟务养性情"的洛学旨趣的。这说明洛学当时已成为显学，其影响已超过了张载的关学。

《伊洛渊源录》在理学发展史上具有极为重要的地位。不少理学资料赖它得以保存，并被用来补阙辑佚，考订校勘。如元代人修撰《宋史》，其中《道学传》、《儒林传》等，多据此书写成。《伊洛渊源录》对明、清两代的学术影响较大，明谢铎《伊洛渊源续录》即继朱著而作；清初周汝登《圣学宗传》、孙奇逢《理学宗传》皆依仿此书而成。《四库全书总目》评价说："盖宋人谈道学宗派自此书始，而宋人分道学门户亦自此书始。"

(徐仪明)

四书集注 〔南宋〕朱 熹

《四书集注》，全称《四书章句集注》，为《大学》、《中庸》、《论语》、《孟子》所作的注。十九卷。南宋朱熹撰。首刊于南宋绍熙元年(1190)，后有元至正二十二年(1362)武林沈氏治德堂刻本、明成化十六年(1480)刻本、明隆庆四年(1570)刻本、明万历十年(1582)刻本、《四部备要》本及现代多种校点本等。

作者生平事迹见"朱子语类"条。

《四书集注》中最早成书的是《论语集注》和《孟子集注》。朱熹曾在南宋隆兴元年(1163)取二程及其门人学侣数家之说编成《论语要义》，后为便于童子习学，又作《论语训蒙口义》。乾道八年(1172)复取二程、张载、范祖禹、吕希哲、吕大临等十二家之说，荟萃条疏，成《论语精义》和《孟子精义》，后改名为《集义》。两书《集注》是在《精义》基础上于淳熙四年(1177)编成的。《大学章句》和《中庸章句》完成于淳熙十六年(1189)。朱熹毕生精力修改《四书集注》，前后凡四十年。

《四书集注》是朱熹哲学思想的重要代表作之一。它在二程(颢、颐)解经的基础上，参照各家之说，系统地发挥了理学思想，既注重文字诠释，更着重于义理的阐发，成为以义理解经的代表作。也是宋明理学的权威性著作。书中论述了道、理、性、命、心、诚、格物致知、仁义礼智等哲学范畴及其关系，既辨析精微，又强调人伦日常，体现了以理为最高范畴的哲学体系以及强调认识方法、修养方法、道德实践的特点。

《大学章句》，一卷。朱熹在《大学章句序》中说"《大学》之书，古之大学所以教人之法也……教之以穷理、正心、修己、治人之道"，而反对"俗儒记诵词章之习"和"异端虚无寂灭之教"的学习方法。朱熹在《大学章句》之最后作一概括说："凡传十章。前四章统论纲领指趣，后六章细论条目功夫，其第五章乃明善之要，第六章乃诚身之本。在初尤为当务之急，读者不可以其近而忽之也。"

在《大学章句》中最能表述朱熹认识论核心思想的是第五章。此章对"格物致知"进行了阐释:"盖释格物致知之义,而今亡矣。间尝窃取程子之意以补之曰,所谓致知在格物者,言欲致吾之知,在即物而穷其理也。盖人心之灵,莫不有知,而天下之物,莫不有理。惟于理有未穷,故其知有不尽也。是以大学始教,必使学者即凡天下之物,莫不因其已知之理,而益穷之,以求至乎其极。至于用力之久,而一旦豁然贯通,则众物之表里精粗无不到,而吾心之全体大用无不明矣。此谓格物,此谓知之至也。"何谓"格物"? 何谓"致知"? 据《大学章句》首章的解释:"格,至也。物,犹事也。穷至事物之理,欲其极处无不到也。"又注"物格而后知致"云:"物格者,物理之极处无不致也。知至者,吾心之所知无不尽也。"《大学章句》中这一段论述,主要是说明以天下之物(事)所体现的天"理",来印证吾心所固有的"天理",这便是所谓"合内外之理"(《语类》卷十五)。因此朱熹的格物致知论是与正心、诚意、修身、齐家等道德问题联系在一起的。

《中庸章句》里认为《中庸》"乃孔门传授心法"。指出《中庸》的开端一章是全篇的思想中心:"右第一章,子思述所传之意以立言,首明道之本原出于天而不可易,其实体备于己而不可离。次言存养省察之要。终言圣神功化之极。盖欲学者于此反求诸身而自得之,以去夫外诱之私,而充其本然之善。"说明"本原出于天"的"道"与圣人所"备于己"的道是上下同流而不可分离的。故《中庸章句》第三十二章注云:"圣人之德,极诚无妄","其于天地之化育,则亦其极诚无妄者有默契焉。非但闻见之知而已。此皆至诚无妄,自然之功用,夫岂有所倚着于物而后能哉!"认为"圣人之德,极诚无妄",就能够与"至诚无妄"的"自然之功用"相"默契"。因此人们要达到圣人的这种"极诚无妄"的境界,只要通过内心的"存养省察"、"去外诱之私"来恢复天所赋予的"本然之善"。

《论语集注》里的《子罕·子在川上曰章》提出宇宙以及万物是不断运动的观点:"天地之化,往者过,来者续,无一息之停,乃道体之本然也。然其可指而易见者,莫如川流,故于此发以示人。欲学者时时省察,而无毫发之间断也。"接着朱熹又引程颐的话:"此道体也。天,运而不已,日往则月来,寒往则暑来;水,流而不息;物,生而不穷;皆与道为体,运乎昼夜,未尝已也,是以君子法天,自强不息。"这种"天地之化"被朱熹看成是"道体之本然"的作用,并认为人们认识"天地之化",其归宿是要求个人内心的天理流行。《论语集注》:"曾点之学,盖有以见夫人欲尽处,天理流行,随处充满,无少欠阙。……其胸次悠然,直与天地万物上下同流。"(《先进·子路冉有公西华侍坐章》)其所谓"上下同流",便是在人欲净尽之后,使人心充满天理,天地万物也流行天理,达到"心"与"天地"都能"上下同流"着"天理"。这正是程朱理学的存天理、去人欲的基本观点。

《孟子集注》阐述了朱熹关于"性"的学说。他认为性是一切有生命的生物所具有的天理:"性者,人物之所得以生之理也。"(《离娄·天下之言性也则教而已矣章》)朱熹认为人与生命之物在知觉运动等生理作用上是相同的,但从社会道德的角度考察,人性与物性又毕竟不尽相同。《孟子集注》云:"愚按:性者,人之所得于天之理也;生者,人之所得于天之气也。性,形而上者也;气,形而下者也。人、物之生,莫不有是性,亦莫不有是气。然以气言之,则知觉运动,人与物若不异也;以理言之,则仁、义、礼、智之禀,岂物之所得而全哉?此人之性所以无不善,而为万物之灵也。告子不知性之为理,而以所谓气者当之。徒知知觉运动之蠢然者,人与物同,而不知仁、义、礼、智之粹然者,人与物异也。"(《告子·生之谓性章》)朱熹的这段注文,是要从理气对立来论证人性与物性之同异。性,作为天之所赋,包括理和气的两个因素。人类由于禀赋理的因素"全",如仁、义、礼、智等道德思想,而物则不能得其全。这样就判分了人性与物性的殊异。但从气的因素来说,人与物的禀赋又是相同的。

朱熹的同一观点的论述,又见于《孟子集注·离娄·人之所以异于禽兽者几希章》。注文云:"人、物之生,同得天地之理以为性,同得天地之气以为形。其不同者,独人于其间得形气之正,而能有以全其性,为少异耳。"以上这套理论也是朱熹论性的核心。

《四书集注》一书,为历代学者所重视。关于《四书集注》同朱熹其他著作的关系,其门人李性传认为,朱熹的其他著作如《语类》与《四书集注》中的论点有相矛盾之处,应以《集注》为准,《集注》未论及者,当以《语类》为辅助参考。此书受历代执政者的推崇,元朝以《四书集注》试士子,明代科举考试,亦以《四书集注》为准,影响极其深远。

有关本书的研究,有邱汉生《四书集注简论》(中国社会科学出版社,1980年)、陆建猷《四书集注与南宋四书学》(陕西人民出版社,2002年)等。

(潘富恩)

晦庵集 〔南宋〕朱　熹

《晦庵集》，又称《朱子大全》、《朱文公文集》，一百二十一卷（包括文集一百卷、续集十一卷、别集十卷）。南宋朱熹撰，经朱熹之子朱在编定，后人又有所增补。通行本有明嘉靖胡岳刻本、清康熙二十七年(1688)蔡方炳刻本、《四库全书》本、《四部备要》本、四川教育出版社1996年版《朱熹集》点校本及上海古籍出版社、安徽教育出版社2010年版《朱子全书》修订本等。

作者生平事迹见"朱子语类"条。

《晦庵集》为朱熹诗文、书札、杂论等的汇集。其中包括朱熹有关论学和部分哲学著作。其中卷一至卷十为诗、词、赋、乐府；卷十一至卷二三为封事、奏札、奏状等；卷二四至卷六四为书、问答；卷六五至卷七四为杂著；卷七五至卷七六为序；卷七七至卷八十为记；卷八一至卷八四为跋；卷八五为铭、箴、赞、志、启等；卷八六为祝文；卷八七为祭文；卷八八至卷九四为碑、墓志铭；卷九五至卷一百为行状、公移。续集、别集则补充收集与友人的往来书札。

《晦庵集》表述朱熹哲学观点的，主要是在其与人的书信中，一些杂著、记、序也有所反映。他论述理与气的关系时说："天地之间，有理有气。理也者，形而上之道也，生物之本也。气也者，形而下之器也，生物之具也。"（卷五八《答黄道夫》）又说："有此理便有此天地，若无此理，便亦无天地、无人、无物。"（同上）认为理是天地万物之本，是一切事物的派生和存在的根据，而气只是产生和形成具体事物的物质元素。所以说"夫真者，理也；精者，气也。理与气合，故能成形"（卷四六《与刘叔文》）。又说："所谓理与气，此决是二物，但在物上看，则二物浑沦，不可分开各在一处，然不言二物之各为一物也。若在理上看，则虽未有物，而已有物之理。然亦但有其理而已，未尝实有是物也。"（同上）认为未有物之先必先有理，理是"生物之本"，气是"生物之具"。理气之间分际甚明。"理"也就是"道"或"太极"，朱熹所说的"道"，是超乎自然与社会之上的，"非人之所能预"，永恒的精神本体，"若道之常存，却又非人之所能预，只是此个自是亘古贯今常在不灭之物，虽曾千五百年被人作坏，终殄灭他不得耳"（卷三六《答陈同甫》）。朱熹之所谓"太极"也是"理"的总称。"总其所谓太极云者,合天地万物之理而一名耳。"(卷七八)由太极而后有阴阳之气,阴阳自有动静变化。朱熹在论述事物动与静的关系时说"动静二字,相为相待,不能相无,乃天理之自然,非人力所能为也。若不与动对,则不名为静;不与静对,则亦不名为动矣"(卷四二《答胡广仲》),把动静对立的统一的关系看成是"不能相无"的辩证关系。并认为动静阴阳是无始无终的,正如他的一首诗中说:"吾观阴阳化,升降八纮中,前瞻既无始,后际那有终? 至理谅斯存,万世与今同,谁言混沌死? 幻语惊盲聋。"(卷四《斋居感兴二十言》之二)

朱熹在该文集中论及知行的关系时,颇重于行:"为学之实,因在践履,苟徒知而不行,诚与不学无异。"(卷五九《答曹无可》)又说"故圣贤教人为学,非是使人缀辑言语,造作文辞,但为科名爵禄之计,须是格物、致知、诚意、正心、修身而推之以至于齐家、治国,可以平天下,方是正当学问"(卷七四《玉山讲义》),将认识和道德修养同齐家、治国、平天下的活动相结合。朱熹认为事物各有具体的理:"观万物之异体,则气状相近,而理绝不同也。"(卷四六《答黄商伯之四》)故应格物穷理,"格物之论,伊川意虽谓眼前无非是物,然其格之也,亦须有缓急先后之序,岂遽以为存心于一草木器用之间而忽然悬悟也哉? 且如今为此学而不穷天理、明人伦、讲圣言、通世故,乃兀然存心于一草木器用之间,此是何学问? 如此而望有所得,是炊沙而望以成饭也"(卷三九《答陈齐仲》)。"格物"不是拘泥于对具体自然物的了解,而主要内容是"穷天理、明人论、讲圣言、通世故"等社会伦理道德的实践,即所谓"修德之实,在乎去人欲、存天理"(卷三七《与刘共父》)。"善恶二字,便是天理人欲之实体"(卷五三《答胡季随》)。故在与陈亮书信往来中有关义利王霸的论辩,也是以"存天理、去人欲"的观点出发的。他奉劝陈亮"去义利双行、王霸并用之说,而从事于惩忿窒欲、迁善改过之事,粹然以醇儒自律"(卷三六《寄陈同甫书》),着重自我内心反省,克服人欲,而能迁善改过,达到理想境界。"为今日计,但当穷理修身,学取圣贤事业,使穷有以独善其身,达而有以兼善天下,则庶几不枉为一世人耳。"(同上)

在历史观方面,文集中提出决定历史命运的"大根本"是帝王之"心术",他说:"所谓大根本者,固无不出于人主之心术。"(卷六八《答张敬夫》)又说:"天下大事,千变万化,其端无穷,而无一不本于人主之心者,此自然之理也。"(《戊申封事》)朱熹就如何"读史之法"却有较好的见解,他说:"读史当观大伦理、大机会、大治乱得失。"(卷三二《答张敬夫》)认为读历史书籍,应该密切注意社会政治道德的好坏和国家的兴衰,从中找出可借鉴的经验与教训。在编著史书的问题上,认为任何编写者总会体现出自己的主观意图,朱熹之所以要将司马光主编的《资治通鉴》改编为《资治通鉴纲目》,就是因为《资治通鉴》没有将"正统"观点贯彻始终,如司马光记载三国对峙时期,没有突出刘氏蜀汉的正统地位:"如汉建安二十五年之初,汉尚未亡便可魏……大非《春秋》存陈之意,恐不可以法。"(卷十三)朱熹认为这种不合《春秋》之法的观点,是不利于后来偏安东南一隅的南宋政权的。此外,朱熹从理学伦理观出发,评判历史人物一直坚持以"忠孝节义"为准则,他说:"俯仰天地之间,所以自立其者,不过忠孝二字,此天下之大义,不可须臾少忽也。"(《续集》卷二《答蔡季通》)

《晦庵集》部分信札和杂著反映出朱熹的教育思想。其主要篇目有:《大学章句序》、《题小学》、《学校贡举私议》、《白鹿洞书院学规》、《经筵讲义》、《衡阳石鼓书院记》等。

朱熹继承和发展了二程的"天理"学说,强调从理本体论的高度来统摄和沟通心性教育问题,自觉完成了程朱学派教育哲学的理论建构。断言未有天地之先就已经有了"理"的存在,并通过其"天理流行"的理论,沟通天理与心性的关系。他说:"盖人之性皆出于天,而天之气化必以五行为用,故仁义礼智信之性即水火金木土之理也。"(《答方宾王》)强调人性和人心不可能只禀承天理之正而不受形气之私的影响,指出:"才谓之性便是人生以后,此理在形气之中,不全是性之本体矣。"(《答严时亨》)认为现实人性实际上是天地之性(或称本源之性)和气质之性(或称气禀之性)的有机统一体,气质之性的清浊厚薄必然影响着天地之性的明暗差异。同样,现实人心也因为先天地受到形气的影响,而在理论上被划分成人心与道心,认为发自"性命之正"的知觉为"道心",发自"形气之私"的知觉为"人心"。认为教育的作用就在于"复性"和"尽心",即变化气质之性以复本源之性,并使人心听命于道心。他说:"古人圣王设为学校以教天下之人,使自王世子公侯卿大夫元士之適子以至庶人之子,皆以八岁而入小学,十有五岁而入于大学,以有以考其气质之偏、物欲之蔽以复其性,以尽其伦而后已焉。"(《经筵讲义》)

与理本体论的教育哲学相适应,朱熹提出了以"穷天理,灭人欲"为旨归的教育纲领,批评追名逐利的功利教育,重建儒学"内圣外王"的人格理想。他认为,变化气禀之偏和救正人心之私,说到底就是要消弭物欲和人欲的影响,只有"革尽人欲",才能"复尽天理"。指出学校不以道德为重而以科举干禄为急,是一种舍本逐末的功利教育,认为这是造成太学"但为声利之所"、师生"漠然如行路之人"的重要原因。他说:"古先圣所以制御夷狄之道,其本不在乎威强而在乎道业,其任不在乎边境而在乎朝廷,其具不在乎兵食而在乎纪纲,盖决然矣。"(《癸未垂拱奏札》)又说:"熹窃观古圣贤所以教人为学之意,莫非使之讲明义理,以修其身,然后推以及人,非欲其务记览为词章,以钓声名利禄而已。"(《白鹿洞书院学规》)要求通过纲常伦理教育,再建儒家以"仁"为核心的人格风范。称"仁"是"心之德"、"爱之理",对张载的《西铭》推崇备至。他说:"至于《西铭》之说,犹更分明,今亦且以首句论之,人之一身固是父母所生,然父母之所以为父母者即是乾坤。……古之君子惟其见得道理真实如此,所以亲亲而仁民,仁民而爱物,推其所为,以至于能以天下为一家、中国为一人而非意之也。"(《答陆子美》)

朱熹还提出了博大精深的理性主义教育思想体系——"下学上达"论。他批评佛学之弊是否定现实人伦,蹈入虚无空寂之境。强调理学教育的立论根本是承认并极度关怀现实世界的人伦价值,认为通过一系列严格的"下学"功夫,方能逐渐"上达"到对人伦天理的自觉贯通和自愿奉行。他从"天理流行"的理论出发,论述"天下之物无一物不具夫理,是圣门之学,下学之序,始于格物以致其知,不离乎日用事物之间,别其是非,审其可否,由是精义入神以致其用"(《答江元适》)。指出从日用格物至致知贯通并非一朝一夕之功,要求学者通过为学和修养两方面的"铢积寸累",并时常对照圣贤教诲进行切己体察和主敬涵养,"内无妄思,外无妄动"。认定主敬涵养为"下学之本",称:"自昔圣贤教人之法,莫不使之以孝悌忠信庄敬持养为下学之本;而后博观众理,近思密察,因践履之实以致其知。"(《答林谦之》)朱熹还特别注意主敬涵养与穷理致知交相互发,他说:"非稍有所知,无以致涵养之功;非深有所存,无以尽义理之奥。正当交相为用而各致其功。"(《答游诚之》)又说:"主敬以立其本,穷理以进其知,使本立而知益明,知精而本益固。"(《程氏遗书后序》)强调通过一系列"下学"功夫,包括格物穷理、主敬涵养以及穷理主敬交相互发的修炼功夫,才有可能逐渐上达于对封建纲常伦理自觉自愿的境界,做到"知精本固"、"德盛仁熟",以区别于蒙昧主义的佛学思想。他说:"圣门之学,下学而上达,至于穷神知化亦不过德盛仁熟而自至耳。若和释氏理须顿悟不假渐修之云,则是上达而下学也,其与圣学亦不同矣。"(《答廖子晦》)

《晦庵集》是研究朱熹思想的主要资料之一。自南宋末至元、明、清的封建君主对朱熹所著书推崇备至。宋理宗赵昀说"朕读之不释卷,恨不与之同时",认为朱熹是将"孔子之道益以大明于世也","有补于治道"(《宋史·理宗纪》)。元代的统治者也颁布命令,"海内之士,非程朱之书不读"(欧阳立《圭斋集》卷九)。明代嘉靖年间饶平苏在《重刻晦庵先生文集序》中说:"是书广布,将天下入道之涂益光,诡道异说不得作。"清帝康熙(玄烨)还亲自为《朱子全书》写序,说朱熹的著作,"绪千百年绝传之学,开愚蒙而立亿万世一定之规"。后来的曾国藩自称"以朱子之书为日课"(《曾文公年谱》)。在上述这些褒扬朱熹著作的同时,也有不少思想家对其理学思想提出批评,如明代王廷相、罗钦顺、李贽,以及清代的颜元和戴震等,他们主要是从宇宙观上对朱熹的"理本气末"和"存天理、去人欲"的观点表示异议,而提出他们自己的以气为本和理欲相融不悖的学说。

(潘富恩 黄书光)

近思录 〔南宋〕朱 熹 吕祖谦

《近思录》，十四卷。南宋朱熹和吕祖谦合编。通行本有：宋淳祐十二年(1252)叶采《近思录集解》本、明正德十四年(1519)汪伟刻本、清康熙中御儿吕氏宝浩堂刻《朱子遗书》本、同治五年(1866)福州正谊书院《正谊堂全书》本、江苏古籍出版社2001年版排印本等。

二人生平事迹分别见"朱子语类"条、"东莱集"条。

朱熹在《书〈近思录〉后》中云："淳熙乙未之夏(1175)，东莱吕伯恭来自东阳，过余寒泉精舍，留止旬日，相与读周子、程子、张子之书，叹其广大宏博，若无津涯，而惧夫初学者不知所入也，因其掇取其关于大体而切于日用者，以为此编，总六百二十二条，分十四卷。""近思"之意，吕祖谦在此书的跋中说："日用躬行之实，具有科级，循是而进，自卑升高，自近及远，庶几不失纂集之旨。"朱、吕二人均以此书作为初学者学习道学的入门教材，使初学者能把握周敦颐、张载、程颢、程颐之学的要义。

《近思录》依朱、吕二人的理学思想体系编排。其目录的编次是：卷一为《道体》，卷二为《为学》，卷三为《致知》，卷四为《存养》，卷五为《克治》，卷六为《家道》，卷七为《出处》，卷八为《治体》，卷九为《治法》，卷十为《政事》，卷十一为《教学》，卷十二为《警戒》，卷十三为《辨异端》，卷十四为《观圣贤》。全书从分析宇宙生成的世界本体开始，循着格物穷理，存养而意诚，正心而迁善，修身而复礼，齐家而止伦理，以至治国平天下，然后批评异端，以明圣贤道统，全面阐述理学思想的主要内容。

《道体》作为道学的纲领，辑录了有关"道"为世界本体和"性"的本原的论述。其中有：周敦颐《太极图说》的"五行—阴阳，阴阳—太极，太极本无极"的宇宙生成说；程颢的"生之谓性，性即气，气即性，生之谓也"，将论性和论气结合起来；程颐的"性即理也"，"性则无不善"，"在天为命，在义为理，在人为性，主于身为心，其实一也"；以及张载的"心统性情者"等关于命、理、性、心等相互关系的论析。

《致知》自首段至二十二段,总论致知的方法,以读书为致知的最主要的途径"致知莫大于读书"。二十三段至三十三段,总论读书之法,三十四段以后,乃分论读书之法,认为应读之书当分先后之序,始于《大学》,而后继之以《论语》、《孟子》、《诗》、《书》,再继之以《中庸》、《春秋》,而后再看有关的史书和前贤们的语录。

《存养》说明道德存养的工夫贯穿乎知行之中。而《克治》是以存养为基础,如何推己及人,由"克治"之功而施及于家而家可齐,此所谓《家道》。既然身已修,家已齐,则可以仕,在仕途生涯中如何以"义"作为决择去就取舍的准则,这就是《出处》的内容。

《教学》主要论教人之道,所谓"得英才而教育之"。辑录了周敦颐"故圣人立教,俾人自易其恶";张载"教人至难,必尽人之材,乃不误人";程颢"君子教人有序,先传以小者、近者,而后教以大者、远者"等教育目的和方法的言论。还有程颐重幼儿教育的有关论述。

《辨异端》,着重批佛、道、杨、墨、申、韩,以明圣贤道统。程颢说:"杨墨之害,甚于申韩,佛老之害,甚于杨墨","释氏本怖死生为利,岂是公道?"又说:"佛氏不识阴阳昼夜、死生古今,安得谓形而上者与圣人同乎?"张载批判佛教是"梦幻人生"。"蔽其用于一身之小,溺其志于虚空之大。"

《观圣贤》论圣贤相传之统,而附谈诸子百家,断自唐尧、虞舜、禹、汤、文、武、周公道统相传,至于孔子……董仲舒、扬雄、诸葛亮、王通、韩愈……迨于宋朝,有周敦颐、二程(颢、颐)、张载推广之,而使"圣学复明,道统复续"。

《近思录》一书,在理学史上具有重要地位,为确立儒家道统、传播理学思想起过重要作用。叶采《近思录集解序》说《近思录》为"四子、六经之阶梯",清代江永称"凡义理根源,圣学体用,皆在此编","盖自孔、曾、思、孟而后,仅见此书"。清山阴何氏仿其体例,摘录朱熹言论,辑有《续近思录》十四卷,共六百三十九条。

有关本书的研究,古注有南宋叶采的《近思录集解》,清张伯行的《近思录集解》、茅星来的《近思录集注》、江永的《近思录集注》等,今人张京华合辑为《近思录集释》(岳麓书社,2010年)。今注有陈荣捷《近思录详注集评》(学生书局,1992年;华东师范大学出版社,2007年)、程水龙《〈近思录〉集校集注集评》(上海古籍出版社,2012年)。论著有程永龙《〈近思录〉版本与传播研究》(上海古籍出版社,2008年)、姜锡东《〈近思录〉研究》(人民出版社,2010年)、朱高正《〈近思录〉通解》(华东师范大学出版社,2010年)等。

(潘富恩)

小学 〔南宋〕朱 熹 刘子澄

《小学》,六卷。南宋朱熹、刘子澄编撰。成书于宋淳熙十四年(1187)。常见注本有明陈选《小学集注》、清张伯行《小学集解》等。

朱熹生平事迹见"朱子语类"条。刘子澄(生卒年不详),字清叔,号玉渊,太和(今江西泰和)人。嘉定十三年(1220)进士。为澧阳县尉,知枣阳。除军器监簿,兼淮西安抚司参议官。累官国子监簿。端平二年(1235)至洛阳,以唐州兵败贬谪道州。淳祐间归居南康。后从史岩之沿江参议军事,复以飞语谪封州。咸淳初,以度宗登极恩量移袁州。后隐居庐山。著有《玉渊吟稿》,已佚。《江湖后集》存其诗一卷。事迹见《浩然斋雅谈》卷上、《江湖后集》卷二。

《小学》为小学教本。其编写宗旨,朱熹在《题小学》中说:"古者小学教人以洒扫、应对、进退之节,爱亲、敬长、隆师、亲友之道,皆所以为修身、齐家、治国、平天下之本,而必使其讲而习之于幼稚之时,欲其习与智长,化与心成,而无扞格不胜之患也。……今颇搜辑为此书,授之童蒙,资其讲习,庶几有补于风化之万一云尔。"(《朱文公文集》卷七六)全书分内、外两篇,合三百八十八章。内篇四卷,为《立教》、《明伦》、《敬身》、《稽古》;外篇二卷,为《嘉言》、《善行》。内篇所录多为秦汉以前经传子史中有关小学的道德名言和伦理故事,《立教》、《明伦》、《敬身》侧重于道德名言,《稽古》则是"立教"、"明伦"、"敬身"的具体实践,侧重于道德故事。外篇所录多为汉唐后子史文集中有关小学的道德名言和伦理故事,《嘉言》侧重于前者,《善行》侧重于后者。

《立教》共十三章,摘录经传子史中有关胎孕之教、保傅之教、学校行政之教、师弟子讲习之教的名言教训。根本宗旨乃在于使"为师者知所以教,而弟子知所以学"(《小学集解》卷一《立教》)。关于胎孕之教,如引《列女传》:"妇人妊子,寝不侧,坐不边,立不跸……"关于保傅之教,如引《内则》:"凡生子,择于诸母与可者,必求其宽裕慈惠,温良恭敬,慎而寡言者,使为子师。"关于学校行政之教,如引《学记》:"古之教者,家有塾,党有庠,术有序,国有学。"关于师弟子讲习之教,如引《弟子职》:"先生施教,弟子是则。温恭自虚,所受是极。见善从之,闻义则服……"又引孔子所言

"弟子入则孝,出则悌"诸语。

《明伦》共一百七章,摘录经传子史中讨论父子之亲、君臣之义、夫妇之别、长幼之序、朋友之交的名言教训。关于父子之亲,其要旨在"爱亲"、"敬亲"两大端。如引《曲礼》:"凡为人子之礼,冬温而夏清,昏定而晨省。出必告,反必面。所游必有常所,所习必有业,恒言不称老。"又引《礼记》:"孝子之有深爱者,必有和气;有和气者,必有愉色;有愉色者,必有婉容。"关于君臣之义,着重阐明事君之礼、为臣之节。如引孔子语:"君子事君,进思尽忠,退思补过,将顺其美,匡救其恶。故上下能相亲也。"关于夫妇之别,重在以敬守身,严肃男女之别,常流露出对女性的歧视和压迫。如引《曲礼》:"男女非有行媒,不相知名。"又引孔子语:"妇人,伏于人也。是故无专制之义,有三从之道:在家从父,适人从夫,夫死从子。无所敢自遂也。"关于长幼之序,重在主敬践履,列举进退、应对、洒扫、侍坐、侍饮等日用生活以说明之。如引孟子语:"徐行后长者谓之弟,疾行先长者谓之不弟。"关于朋友之交,以论学责善为重。如引曾子语:"君子以文会友,以友辅仁。"又引孟子语:"责善,朋友之道也。"概言之,《明伦》旨在讲明"五伦"之理,以期受教育者能在日常生活中力行践履之。

《敬身》共四十六章,摘录经传子史中讨论心术之要、威仪之则、衣服之制、饮食之节等名言教训。关于心术之要,以纲常礼教为本。如引孔子语:"非礼勿视,非礼勿听,非礼勿言,非礼勿动。"又引管子语:"畏威如疾,民之上也。从怀如流,民之下也。见怀思威,民之中也。"关于威仪之则,主张与心术之要相发明,要求将内在的德性要求与外在的威仪礼节结合起来。如引《礼记·冠义》:"凡人之所以为人者,礼义也。礼义之始,在于正容体,齐颜色,顺辞令。容体正,颜色齐,辞令顺,而后礼义备,以正君臣,亲父子,和长幼。君臣正,父子亲,长幼和,而后礼义立。"又引《礼记·射义》:"射者,进退周旋必中礼,内志正,外体直,然后持弓审固。持弓审固,然后可以言中。此可以观德行矣。"关于衣服之制,亦强调以礼义裁衡。如引《曲礼》:"为人子者,父母存,冠衣不纯素;孤子当室,冠衣不纯采。"又引孔子语:"士志于道,而耻恶衣恶食者,未足与议也。"关于饮食之节,提倡以饮食养身,反对贪馋逾礼而养成"饮食之人"。如引《礼记》:"君无故不杀牛,大夫无故不杀羊,士无故不杀犬豕。君子远庖厨,凡有血气之类,弗身践也。"又引孟子语:"饮食之人,则人贱之矣。为其养小以失大也。"

《稽古》共四十七章,它是"立教"、"明伦"、"敬身"的实践例证。关于立教,前文尝叙及"胎教"之理,此篇便举胎教故事以实之。如引《列女传》中的母教事例:"太任,文王之母,挚任氏之中女也。王季娶以为妃。太任之性,端一诚庄,惟德之行。及其娠文王,目不视恶色,耳不听淫声,口不出敖言,生文王而明圣。太任教之以一而识百,卒为周宗。君子谓太任为能胎教。"又引孟母教子的故事以说明"立教"之理:"孟轲之母,其舍近墓,孟子之少也,嬉戏为墓间之事,踊跃筑埋。孟母曰：'此非所以居子也。'乃去，舍市，其嬉戏为贾衒。孟母曰：'此非所以居子也。'乃徙，舍学宫之旁，其嬉戏乃设俎豆、揖让、进退。孟母曰：'此真可以居子矣。'遂居之。孟子幼时，问东家杀猪何为，母曰：'欲啖汝。'既而悔曰：'吾闻古有胎教，今适有知而欺之，是教之不信。'乃买猪肉以食之。既长就学，遂成大儒。"关于明伦，前文尝论及孝子之理，此篇则举历史故事以证实之。如引《虞书·尧典》："虞舜父顽母嚚象傲，克谐以孝。"有些孝子事例，现在看来已明显不合人之常情，如引《高士传》"老莱子孝奉二亲"之事。关于敬身，前文尝言及心术之要贵在知礼守节，此篇则举伯夷、颜回诸例以彰明之。如引孟子语："伯夷目不视恶色，耳不听恶声。"又引孔子语："贤哉，回也！一箪食，一瓢饮，在陋巷，人不堪其忧也，回也不改其乐。"

《嘉言》共九十四章，辑录汉唐以后子史文集中有关立教、明伦、敬身的嘉言。关于立教，旨在推广"古圣贤"立教之意，以化民成俗。如引程颐语："教人未见意趣，必不乐学。且教之歌舞，如古诗三百篇，皆古人作之，如《关雎》之类，正家之始，故用之乡人，用之邦国，日使人闻之。此等诗，其言简奥，今人未易晓。别欲作诗，略言教童子洒扫应对事之节，今朝歌之，似当有助。"又引胡安国语："立志以明道希文自期待，立心以忠信不欺为主本，行己以端庄清慎见操执，临事以明敏果断辨是非。……治心修身以饮食男女为切要。从古圣贤，自这里做工夫，其可忽乎？"关于明伦，重在阐明五伦之理，与内篇所言相合。如引司马光语："凡诸卑幼，事无大小，毋得专行，必咨禀家长。凡受父母之命，必籍记而佩之，时省而速行之，事毕则返命焉。或所命有不可行者，则和色柔声，具是非利害而白之，得父母之许，然后改之。若不许，苟于事无大害者，亦当曲从。"关于敬身，亦从心术之要、威仪之则、衣服之制、饮食之节、读书穷理之法以发明之。如引董仲舒语"仁义者，正其谊不谋其利，明其道不计其功"，以说明心术之要。又引吕希哲语以阐明威仪之则："后生初学，且须理会气象，气象好时，百事是当。气象者，辞令容止，轻重疾徐，足以见之矣。"

《善行》共八十一章，选录汉唐以后子史文集中有关立教、明伦、敬身的善行。如引吕公著夫妇教子事以明贤父母教子之善行："吕荥公，名希哲，字原明。申国正献公之长子。正献公居家简重寡默，不以事物经心，而申国夫人性严有法度，虽甚爱公，然教公事事循蹈规矩。甫十岁，祁寒暑雨，侍立终日，不命之坐，不敢坐也。……故公德器成就，大异众人。"又引胡瑗行教事迹以说明学校教育之善行："安定先生胡瑗，字翼之，患隋唐以来，仕进尚文辞而遗经业，苟趋禄利，及为苏湖二州教授，严条约以身先之，虽大暑，必公服终日，以见诸生，严师弟子之礼。……其弟子散在四方，随其人贤愚，皆循之雅饬，其言谈举止，遇之不问可知为先生弟子。"再引蓝田《吕氏乡约》以阐明乡里教化之善行："凡同约者，德业相劝，过失相规，礼俗相交，患难相恤。有善则书于籍，有过若违约者亦书之，三犯而行罚，不悛者绝之。"关于明伦，如引《后汉书·江革传》以明孝子之善行："江革，少失父，独与母居，遭天下乱，盗贼并起。革负母逃难，备经险阻，常采拾以为养，数遇贼，或欲将去，革辄立求哀，言有老母，辞气愿款，有足感动人者，贼以是不忍杀之。或乃指避兵之方，遂得俱全于难。转客下邳，贫穷裸跣，行佣以供母，便身之物，莫不毕给。"又引《汉书·霍光传》以明忠臣之善行："霍光出入禁闼，二十余年，小心谨慎，未尝有过。为人沉静详审，每出入下殿门，进止有常。处郎仆射，窃识视之，不失尺寸。"关于敬身，亦以心术之要、威仪之则、衣服之制、饮食之节分论汉唐以后诸善行，而归旨于敬以持身、敦行明伦。如举汉代杨震能慎独守身之事以明心术之要："杨震所举荆州茂才王密为昌邑令，谒见，怀金十斤以遗震，震曰：'故人知君，君不知故人，何也？'密曰：'莫夜无知者。'震曰：'天知神知，我知子知，何谓无知？'密愧而去。"又举程颢能律己主敬之事以明威仪之则："明道先生终日端坐，如泥塑人，及其接人，则浑是一团和气。"

朱熹编写《小学》，既重伦理原则，又在一定程度上注意到儿童生理、心理和思维发展的某些特点，将抽象的道德名言与具体的伦理故事结合起来，避免把"奥涩难懂"的诫言训说编入，选取适合儿童"喜讽咏，易入心"的名言、故事，体现出朱熹作为教育家的独特眼光，给后人留下很深的启发。朱熹本人对《小学》也自视甚高，自称："后生初学，且看《小学》书，那个是做人底样子。"（张伯行《小学集解·辑说》）又认为小学是大学的基础和根本，但二者在本质上是一致的："小学是事，如事君、事父等；大学是发明此事之理，就上面讲究所以事君、事父等事是如何。"（同上）《小学》中的"立教"、"明伦"、"敬身"与《大学》三纲领"明德、亲民、止于至善"相应。"立教"的最终目的即是"止于至善"，"敬身"旨在"明德"，而"明伦"又是"亲民"的基础。《小学》一书经朱熹及其后学提倡，成为元明清时期通行的小学教科书。

有关《小学》的注本很多，《四库全书总目》对明代陈选注本颇为赞赏，称"选注为乡塾训课之计，随文衍义，务取易解，其说颇为浅近"；批评有些注释者"推衍支离，务为高论，反以晦其本旨，固不若选之所注，犹有裨于初学矣"。

（黄书光）

诚斋易传 〔南宋〕杨万里

《诚斋易传》,二十卷。南宋杨万里撰。成于宋宁宗嘉泰四年(1204)。通行本有《四库全书》本、武英殿聚珍本、《丛书集成初编》本、九州出版社2008年版校点本等。

杨万里(1127—1206),字廷秀,号诚斋。吉州吉水(今属江西)人。二十八岁中进士。奉力主抗金的宿臣张浚为师,张浚以"正心诚意"劝勉,遂将自己的书室取名为"诚斋",并以之为号。乾道六年(1170),杨万里为了实现其政治抱负,向朝廷上《千虑策》,有"君道"、"国势"、"治原"、"人才"、"论相"、"论将"、"论兵"、"驭吏"、"选法"、"刑法"、"冗官"等内容,比较集中地反映了他的进步的社会政治思想。后任国子博士、吏部员外郎、郎中等职时,多次上书朝廷,提出一系列军事、政治等战备措施,以防金兵的再次侵犯,表达了他坚持抗战、收复中原的爱国热忱。淳熙十五年(1188)八月,杨万里在从政之余开始了《诚斋易传》的写作。绍熙三年(1192)辞官归乡,于死前两年(1204)完成了此书的写作,前后历时十七载。著作见存的尚有《诚斋集》、《庸言》、《天问天对解》等。事迹见《宋史·儒林传》。

《诚斋易传》属于义理派易学。它吸取了程颐《伊川易传》的一些治《易》方法,注重以史实人事来诠说易理,比较明白易懂。除程氏外,其解《周易》经传,又每引张载《易说》,所以其易学哲学思想又受到张载气论的影响。

《诚斋易传》大致可分为以下两大部分。

卷一至卷十六,是对《周易》古经六十四卦的阐释;

卷十七至卷二十,是对《周易大传》的部分内容(包括《系辞上》、《系辞下》、《说卦》、《序卦上》、《序卦下》、《杂卦》)的阐释。

杨万里的治《易》方法有两大特点。

第一,认为《周易》是讲人事变化规律之书,研究易学的目的在于明人事得失、社会治乱变化的规律。他于其《易传序》中说:"易者何也?易之书为言变也。易者,圣之通变之书也。何谓变?

盖阴阳太极之变也,五行阴阳之变也;人与万物,五行之变也;万事与人,万物之变也。古初以迄于今,万事之变未已也。其作也,一得一失,而其究也,一治一乱。圣人有忧焉,于是幽观其通而逆绁其图,易之所以作也。"从圣人之所以作《易》来解说《周易》之原理,其以《易》为言变之书,是对程氏观点的进一步阐发,其论太极与阴阳之变,又有本于周敦颐之处。杨万里对《周易》经传的解释,体现了其《易》以明人事之变的观点,如释《系辞传》中所言"圣人观象以尽意"时说:"以一卦言之,天地交者,泰之象也;不交者,否之象也。通塞之象立,而治乱之意尽矣。以一爻言之,初而潜者,勿用之象也;上而尤亢者,不知退之象。上下之象立而潜退之意尽矣。"又其释《说卦传》的"数往者顺,知来者逆"时说:"八卦刚柔错综,然后占事知来之谓也。占特易之一端而已。易之道无它,其于已往之得失吉凶,既旋观而顺数,故其于方来之得失吉凶,亦逆睹而前知。意履霜而知坚冰之必至,以已往之微,知方来之著也。见离明而知日昃之必凶,以已往之盛,知方来之衰也。"这些说法以为卦爻象是用来表明进退、存亡、治乱之理的,认为易的"知来者",重要的是在于其中储存着以往的经验,反映着一类事物的变化法则,所以才能帮人们预知事物未来的变化方向或后果。这反映了义理派重人事而轻天道的易学观,表明他是不赞成以神秘主义的观点看待《周易》原理的。

第二,引史传以证经,以说进退、存亡、治乱之理。如他于《易传》中释《乾卦》九三爻辞说:"乾乾者,犹曰健健云耳。虽然,九三危而无咎,信矣。亦有危而有咎者乎?曰有。蚩尤、后羿、莽、卓在上而骄其下,在下而忧其不为上。骄则有懈心,何德之勤?忧则有觊心,何位之惧?故终必亡而已矣。或曰不有操、懿乎?曰汉一变而为魏,盖三世希不失矣。魏一变而为晋,盖再世希不失矣。使魏晋不足征,则乾乾夕惕之戒,妄矣。"这是举了蚩尤、后羿、王莽、董卓等历史人物的例子,来阐明九三爻辞的义理,即人君处下位之上,尊卑未定之时,有危,故应终日乾乾,时刻警惕,才能"危而无咎"。如果居此时位之君,在下位时想篡夺上位,居上位时又骄其下,不自知警惕,必自取灭亡。其释卦爻象和卦爻辞基本上都是引用历史上统治者之德与政治得失的例子来说明儒家关于治理国家的理论观点的。也就是说,引史证经,是其探求《周易》所讲的人事变化规律以明人事得失、治乱之道的一种方法。

在易学哲学方面,杨万里认为所谓"蓍龟神物"是自然之天所生,《周易》所言之变化亦不过是圣之效法天地自然的产物,四象八卦是圣人"因天地之阴阳画之",卦爻辞也不过是圣人"因阴阳之逆顺,从而断定之而已"。这些都表明了杨万里对《周易》观物取象的观念所作的唯物主义解释。另外,杨氏《易传》还进一步阐明了"易之道一阴一阳而已"的观点,但与程、朱不同的是,杨氏认为"其阴阳未形之初乎肇谓之元,一而二谓之气,运而无息谓之道"。这是说,易道即阴阳二气的运动法则,阴阳二气源于浑沦元气。他认为,"天非和不立,物非和不生"。"和",就是指两种对立面的合一,而新事物的产生,是对立面发展而达到新的统一。又说:"曷为变? 曷为化? 是不可胜穷也。尝试观之云行乎,炳而黄,黯而苍,此云行之变也;倏而有,忽而亡,此云行之化也。变者迹之迁,化者神之逝,天地造化,皆若是而已。"这里所谓"迹之迁"即形迹变化,是指量变,"神之逝"包含着质变的意义,即其于《庸言》中所说的那种"鹰化为鸠"、"草化为萤"的变化。"天地造化皆若是而已",是肯定这两种变化形式存在的普遍性。当然,杨万里认为事物变化是"始而终,终而始,始而复终,终而复始"的,阴阳的消长是"如循环"的,这又表明他的发展观带有一定的循环论倾向。

另外,杨万里对周敦颐《太极图易说》中以精神性的无极作为宇宙本体的观点给予了彻底的改造。他说:"元气浑沦,阴阳未分,是谓太极","盖太极者,一气之太初也。极之为言,至也","故一气也,二气之祖也。二气者,五行之母也","周子所谓无极者,非无极也,无声无臭之至也"。这是以太极为阴阳未分之气,即一气为宇宙万物生成的本原,实际就否认了周氏以无极之虚无为世界本原而以自然物质为世界本原。在《庸言》中,他又说:"太极,气之元,天地,气之辨。阴阳,气之妙,五行,气之显。元故无象,辨则有象。妙故无物,显则有物。"同样认为具体存在的宇宙万物,是由浑沌无形的太极元气发展形成的。

《诚斋易传》成书之初即产生相当大的影响。宋代曾将其与程颐《伊川易传》并刊以行,称《程杨易传》。《四库全书总目》认为此书以人事说《易》,无后儒"舍人事而谈天道"之弊,"其书究不可磨灭"。

(徐仪明)

叶適集 〔南宋〕叶 適

《叶適集》,又名《水心集》,四十五卷。南宋叶適撰。约成于宋宁宗嘉定十六年(1223)后不久。通行本有中华书局1936年《四部备要》本、同年商务印书馆《四部丛刊》本、中华书局1961年排印本。

叶適(1150—1223),字正则,温州永嘉(今浙江温州)人。晚年在永嘉城外水心村著书讲学,因此又被称为"水心先生"。出身于寒门。淳熙五年(1178)进士,历官太学正、太常博士、尚书左选郎、权兵部侍郎等。庆元元年(1195)因上书为朱熹和道学辩护,被劾罢官。嘉泰二年(1202)解除党禁,复官为兵部侍郎,后又为工部侍郎、吏部侍郎。此间,曾率部与金兵作战获胜。开禧三年(1207),被主和派弹劾而罢官。从此,息影林泉,潜心著述。著作尚有《习学记言序目》五十卷。生平史料见《宋史》卷四三四《叶適传》、黄震《黄氏日抄》卷六八《读水心文集》等。

《叶適集》汇集了叶適不同时期的言论与文章,包含了他在自然观、认识论、政治观与功利主义等方面的史料。全书共分以下两大部分。

一、《水心文集》二十九卷。宋代初刊行时为二十八卷,《宋史·艺文志》、《直斋书录解题》著录。至明代亡佚。明正统年间,黎谅将流传的各种不同的本子加以汇次重编,刻成《水心先生文集》二十九卷,即现存《水心文集》最早的版本。

二、《水心别集》十六卷。宋代即有刻本,陈振孙曾见过此书。其中前九卷为《进卷》,中六卷为《外稿》,后一卷为《后总》。叶適自己有书跋,说此书前十五卷是他在嘉泰四年(1204)编集的。其《后总》中又有叶適学生袁聘儒的校语,可能最初即为该人校刻。此书流传至今,无大变化。

1961年中华书局将《文集》、《别集》一并合编,加以校勘、标点,为最新的版本。

《叶適集》所反映的叶適哲学思想如下。

在自然观上,叶適明确表示"物"是天地间最根本的存在:"夫形于天地间者,物也;皆一而有不同者,物之情也;因其不同而听之,不失其所以一者,物之理也。坚凝纷错,逃遁谲伏,无不释然而解,油然而遇者,由其理之不可乱也。"物有其统一性("一"),又有其多样性("不同"),这都是物本身所固有的("物之情"),而所谓"理"(亦即"道")也就是指物的这种统一性和多样性所以不至混乱的内在条理性。理不是离开物,更不是在物之外、之上而与物相对待的另一个存在。这一看法显然与理学家们有着根本性的分歧。叶适还说:"夫天、地、水、火、雷、风、山、泽,此八物者,一气之所役,阴阳之所分,其始为造,其卒为化,而圣人不知其所由来者也。"认为构成宇宙的基本的东西是天、地等"八物",这是《周易》原来的朴素的唯物主义思想。叶适继承并发挥了这个思想,认为"八物"都是统一的元气的表现。每种东西都有始有终,但是气是无始无终的,所以说"圣人不知其所由来"。

在认识论方面,叶适认为:"夫欲折衷天下之义理,必尽考详天下之事物而后不谬。"即是说,要衡量一种思想或理论,必须详尽地考察天下的事物,然后才能得出正确的结论。他首先强调了"见闻"在认识中的重要性,说:"夫观古人之所以为国,非必遽效之也。故观众器者为良匠,观众方者为良医,尽观而后自为之,故无泥古之失而有合道之功。"在这里他将古代的经验,作为间接经验(即所谓"闻"),认为并不能立刻拿来就用,而重要的是要详细观察眼前的东西(即所谓"见"),根据实际情况而"自为之",这样才能不"泥古",而取得正确的结果。同时,他也重视"思"的理性认识的作用,认为人的整个认识就是"耳目之官"和"心之思"两者的结合,"耳目之官不思而为聪明,自外入以成其内也。思曰睿,自内出以成其外也"。但应"以聪明为首",即以耳目感官的观察为认识的基础。

与此同时,叶适还对朱熹、陆九渊等理学家离开实事而空谈性命道德之学,提出了尖锐的批评。说:"夫极非有物,而所以建是极者则有物也。君子必将即其所以建者而言之,自有适无,而后皇极乃可得而论也。"这是说,所谓"极"是物之极,因此必须通过物去讲极,从而批判了道家关于"无极而太极"的玄论。而所谓物之极,叶适通过大量例子来说明它是指物自身或物之间一种最和谐的状态。叶适认为,程颐、朱熹等人把格物说成是穷理,显然是不对的,因为那是用主观的意念去使物就范,而正确的是"以物用而不以己用",即是说格物是对于物的客观反映,不应具有任何主观随意性。"是故君子不以须臾离物也。夫其若是,则知之至也,皆物格之验也。有一不知,是吾不与物皆至也;物之至我,其缓急不相应者,吾格之不诚也。"在他看来,人的感官与物接触,通过格物而获得对事物的认识,这完全是客观存在的、十分明白的事情,其中没有任何神秘性。

叶适的政治思想是围绕改革社会积弊,增强国力,收复北方失土这一中心展开的。他认为要想富国就必须"得民","民多则田垦而税增,役众而兵强"。而要得民,就须实行宽民之政,"尽捐天下之赋在于常科之外也",把减轻沉重的赋税,特别是各种额外的苛捐杂税作为宽民之政中最迫切的。其次是工商(手工业、商业)与农业并举,共同发展,"夫四民(士、农、工、商)亦致其用,而后治化兴,抑末厚本,非正论也"。因此,自秦汉以来经常施行的崇本(农)抑末(工商)的政策是不对的。再次是重视选拔人才。他认为"任贤使能"是自古以来国家最急迫的大事,人才是"立国之命系焉"。因此,他对于当时朝廷在选拔人才中存在的各种弊政,诸如"荫补"、"铨选"、"荐举"等制度,提出了尖锐的批评。他认为"贤材有德之人,以此官而称此官可也",即只要这个人的德和才能胜任这一职务,就应授予这个职务,而不应再牵涉别的因素。

叶适的功利主义是与他的自然观、认识论,尤其是与他的政治思想密切相连的,他强调要以实际功用来检验认识,"物不验不为理"。他还认为,要抵抗北方女真族贵族的侵犯,绝不是"口舌讲论,析理精微"所能取胜的,而要针对存在的积弊,提出切实可行的办法,从而能使南宋王朝转弱为强,雪二帝之耻,复北方故土。这种功利主义在当时是有强烈的现实意义的。

清全祖望说:"乾淳诸老既殁,学术之会,总为朱、陆二派,而水心断断其间,遂称鼎足。"将叶适和朱熹、陆九渊并称为鼎足而立的三派,对叶适在学术上开经世致用一代新风予以了肯定。以叶适和陈亮为代表的功利主义学派在当时及后世产生过积极的影响。

有关叶适的研究,有周梦江、陈凡男《叶适研究》(人民出版社,2008年)等。

(徐仪明)

习学记言 〔南宋〕叶 适

《习学记言》，又称《习学记言序目》，五十卷（包括经十四卷、诸子七卷、史二十五卷、宋文鉴四卷），南宋叶适撰。通行本有：一、宋嘉定年间孙之宏刻本和赵振文刻本；二、明常熟瞿氏所藏明钞本；三、清光绪十一年（1885）瑞安黄体芳重刻本；四、1928年黄群校敬乡楼排印本；五、中华书局1977年标点本。中华书局本以黄体芳刻本为底本，吸收永嘉黄群校本，参考国家图书馆瞿氏明抄本和上海图书馆藏叶氏清初抄本，改正错字，调整章节次第，统一了标题，为诸本中最佳者。

作者生平事迹见"叶适集"条。

《习学记言》成书经过了两个阶段。起初只是辑录经史百家的条目，未加评论，名《习学记言》；叶适被夺官免职返回原籍永嘉后，又潜心研究群书，撰写评论，更十六寒暑，乃成《习学记言序目》。叶适以此为书名，是强调"学必待习而成，因所习而记焉，稽合乎孔氏之本统者也"（孙之宏语）。

《序目》记述了叶适对经史子书的评论和研究心得，其中的经部包括《周易》四卷，《尚书》、《毛诗》、《周礼》、《礼记》、《春秋》、《论语》、《孟子》均各一卷，《左传》二卷。通过评论儒家经典和历史典籍，"集时政之得失"，"究物理之显微"，表达了他的政治经济主张和伦理思想。他认为研究《周易》必须掌握《周易》的"未有不对立者也"，把握住"交错往来以行于事物"的"阴阳之道"。批评了某些"学者观其一不观其二，此《易》道所以难明也"（《周易·乾》），指出《周易》主要表现积极进取的精神，"能'自强不息'、'厚德载物'，而天地之道在我矣……道之示人，未有切乎此者也，违而他求则远矣"（同上）。他曾以"井"卦中的"水"为例，阐发人和物的关系为"人实求水，水非求人。故邑可改以就井，井不可改以就人也。……夫岂惟水？天下之物，未有人不极其勤而可以致其用者也"（《周易·井》）。提倡"人极其勤"的有为思想。在《损》、《益》卦中，阐发对道学家"存天理，去人欲"的不同看法。他说："君子之当自损者，莫如惩忿而窒欲，当自益者，莫如改过而迁善……然后知近世之论学者，谓动无为无妄，而以天理人欲为圣狂之分者，其择为未精也。"（卷二《周易·

损•益》)

　　《序目》中批判古今人物和学派者甚多，尤以子思、孟子为重点。他认为颜渊、曾参在孔门别为一派，不同意"近世以曾子为亲传孔子之道，死复传之于人"(卷十二)的说法，认为"曾子没后，语不及正于孔子，以为曾子自传其所得之道则可，以为得孔子之道而传之，不可也"(同上)。以为颜渊和曾参的思想特点"欲求之于心"而"通于天理，达于性命"(卷八)。颜、曾的这种思想为子思、孟子所承传，"颜、曾始传之，子思、孟子述焉"(卷一)。因而批评宋儒"不本诸古人之源流，而以浅心狭志自为窥测，学者之患也"(卷十三)。对于孟子的"耳目之官不思而蔽于物，物交物则引之而已；心之官则思，思则得之，不思则不得也，此天之所以与我者"(《孟子•告子上》)，叶适评说"盖以心为官，出孔子之后，以性为善，自孟子始，然后学者尽废古人入德之条目，而专以心性为宗主，致虚意多，实力少，测知广，凝聚狭，而尧舜以来内外交相成之道废矣"(卷十四)，也是对宋道学家的批评。

　　他从功利学派的立场上反对将"功利"和"义理"对立起来的论点："仁人正谊不谋利，明道不计功，此语粗看极好，细看全疏阔。古人以利与人，而不自居其功，故道义光明，后世儒者，行仲舒之论，既无功利，则道义者，乃无用之虚语尔。"(卷二三)

　　《序目》中对当时南宋社会政治形势作了分析，说："立国之势，有未当论治乱安危而当先论存亡者，……至如今日事势，亦只当先论存亡。今日存亡之势，在外不在内；而今日堤防之策，乃在内不在外。"(卷四三)

　　关于《习学记言序目》的评价，叶适弟子孙之宏作序说："前圣之绪业可续，后儒之浮论尽废。"宋陈振孙《直斋书录解题》说："自古经史诸子以及文鉴，皆有论述，大抵务为新奇，无所蹈袭，其文初削精义，而义理未得纯明正大也。"明叶道谷写本跋云："其得失参半，然而孟子以下，咸有疵责，不细推其所以然之故而发明之，而务以我为是，而古人胥受裁焉，此宋人之大病也。"汪纲原跋云："《习学记言》前后两帙：一自《书》、《诗》、《春秋》二经、历代史记论五代史，大抵备史法之醇疵，集时政之得失，所关于世道者甚大；一自《易》、《礼》、《论》、《孟》五经诸子论吕氏文鉴，大抵究物理之显微，著文理之盛衰，所关于世教尤切。"清光绪年间瑞安黄体芳重刻《序目》的序中说："水心之才之识，最长于论史事，以其论史之才之识而论诸子，而又论经，岂能无偏？然较之空言无实者，相去盖不啻万万焉。"

(潘富恩)

北溪字义 〔南宋〕陈 淳

《北溪字义》,又称《字义详讲》、《四书字义》、《四书性理字义》,分上下二卷。南宋陈淳撰。它是陈淳晚年讲学记录,由弟子王隽笔录,经陈淳改定。通行本有南宋末年永嘉赵崇端、温陵诸葛钰刻本,南宋淳祐间清障刻本,明弘治庚戌(1490)林同刻本,清康熙乙亥(1695)桐川施元勋刻本,康熙甲午(1714)颜秀虎刻本,中华书局1981年点校本(附有各本序跋、《四库全书总目》、《严陵讲义》、《似道之辩》、《似学之辩》)等。

陈淳(1159—1223),字安卿,漳州龙溪(今福建龙海)北溪人,世称北溪先生。朱熹晚年的弟子。早年习举子业,名儒李宗臣"见而奇之,且曰'此非圣贤事业也',因授以《近思录》,退而读之,遂尽弃其业焉"(《宋史·陈淳传》)。朱熹出守漳州时(1190),陈淳求见,朱熹授以"根源"二字,说"凡阅义理,必穷其原"。1199年冬陈淳再谒朱熹于考亭,并陈己所学心得,时朱熹卧病在床,对他说:"如公所学,已见本原,所阙者下学之功尔。"(同上)陈淳自此为学益力,终身不仕,从事讲学和著述,所著有《语、孟、大学、中庸口义》、《字义详讲》、《礼诗》、《女学》等书,门人录其语,号《筠谷、瀬口、金山所闻》。事迹见《宋史·陈淳传》。

《北溪字义》是陈淳卫护师门、排击异说、疏释和阐述程朱理学思想的重要著作,它从四书中选取若干与理学思想体系关系密切的重要范畴,分为二十六门类,逐一阐说。上卷有命、性、心、情、才、志、意、仁义礼智信、忠信、忠恕、一贯、诚、敬、恭敬。下卷有道、理、德、太极、皇极、中和、中道、礼乐、经权、义利、鬼神、佛老。"会萃周、程、张子绪言成语,而折衷于所闻之师说,与夫章句、集注之精意"(引自施元勋序),一一加以疏释论述。如对"命"这一重要理学范畴,书中所下的定义为:"命,犹令也,如尊命、台命之类,天无言做,如何命?只是大化流行,气到这物便生这物,气到那物又生那物,便是吩咐命令他一般。命一字有二义,有以理言者,有以气言也,其实理不外于气。"(《命》)天命,就是气化流行;万物的生成,是气化流行的结果。"命"的含义有客观规律之意。然而"字义"除论述"命"为自然之理而外,又论述了"道"与"理"的区别。认为"道与理,大概只是一件物,然析为二字,亦须有分别。道,就是人所通行上立字,与理字对说,则道字较宽,理字较实。理有确然不易底意。故万古通行者,道也;万古不易者,理也"(《理》)。又说"道,犹路也,当初命此字,是从路上起意,人所通行,方谓之路,一人独行,不得谓之路"(《道》)。"道"就是人所共由的伦理道德的准则:"道之大纲,只是日用间人伦事物所当行之理,众人所共由底,方谓之道。"(同上)

《字义》中的论"性",是承袭朱熹的,"性即理也","理是派天地间人物公共之理,性是在我之理,只这道理受于天而为我所有,故谓之性"(《性》)。所谓性,就是天理之在人心的表现。《字义》认为性有天命之性和气质之性,"论性不论气,不备;论气不论性,不明;二之,则不是"。故"只论大本(天地之性)而不及气禀,则所论有欠阙而未备,若只论气禀而不及大本,便只说得粗底,而道理全然不明"(《性》)。

在《鬼神》的条目中,有用"气"的屈伸往来的运动来解释"鬼神":"自一气言之,则气之方伸而来者,属阳,为神;气之已屈而往者,属阴,为鬼。如春夏是气之方长,属阳,为神;秋冬是气之已退,属阴,为鬼。其实,二气只是一气耳。"(《鬼神》)又说"天地间无物不具阴阳,阴阳无所不在,则鬼神亦无所不在……"(同上),以天地间阴阳二气的运动状况来谈鬼神,实质上是对鬼神的一种否定。

关于"诚",指天道流行的真实无妄。《字义》说:"诚字,后世多说差了,到伊川方云无妄之谓'诚',字义始明。至晦翁又增两字,曰真实无妄之谓'诚',道理尤见分晓。"(《诚》)自然界的运动变化自有客观规律,"天道流行,自古及今,无一毫之妄。暑往则寒来,日往则月来,春生了便夏长,秋收了便冬藏……皆是真实道理为之主宰"(同上)。又说"维天之命,元而亨,亨而利,利而贞,贞而复元,万古循环,无一息之停,只是一个真实无妄道理"(同上)。至于"诚"与"忠信"含义上也不同。《字义》上解说"诚字与忠信字极相近,须有分别。诚是就自然之理上形容出一字,忠信就人用工夫上说"(《忠信》)。"诚是就本然天赋真实道理上立字,忠信是就人用工夫上立字。"(同上)

《字义》在《意》条目中,对程朱理学中重要范畴心、情、性、意、志、理、命的相互关系作了一些具体论述:"合数者而观,才应接事物时,便都呈露在面前,且如一件事物来接着,在内主宰者是心;动出来或喜或怒是情;里面有个物能动出来底是性;运用商量,要喜那人,要怒那人,是意;心向那所喜所怒之人,是志;喜怒之中节处,又是性中道理流出来,即是当然之则处,是理;其所以当然之根源处,是命。"(《意》)反映了当时理学家对心理活动的认识水平。

关于对此书的评价,宋李昴英跋此书云:"由北溪之流,溯紫阳之源,而窥圣涯,不徒口耳,且必用力于实践,则曰希圣希贤工夫可循循可诣矣。"陈密序此书云:"陈君淳从文公先生二十余年,得于亲授,退加研咏,合周、程、张、朱之论而为此书,凡二十有五门,决择精确,贯串浃洽。吾党'下学'工夫已到,得此书而玩味焉,则'上达'由斯而进矣。"明林同为此书后序曰:"是编剖析详明,论议精当。"清施元勋于康熙乙亥年刻本序曰:"纲举目张,条分缕析,遍布周密,发挥无遗。"可见宋元明清以来,人们认为这部书是探索程朱理学、特别是朱熹思想的入门书,而今天仍是研究理学基本范畴的重要参考书。

(潘富恩)

慈湖遗书 〔南宋〕杨 简

《慈湖遗书》，十八卷，附续集二卷。南宋杨简著。另有清代冯可镛辑录《补编》一卷。通行本有明嘉靖年间秦钺刻本《四明丛书》、清《四库全书》本等。

杨简(1141—1225)，字敬仲，慈溪(今属浙江)人。因筑室德润湖(慈湖)，世称慈湖先生。乾道进士，久任地方小官，后官乐平知县、国子博士，继遭远斥，以祠官家居，又再起任温州知府，官至宝谟阁学士。师从陆九渊，为陆氏弟子中主要代表人物，与袁燮、舒璘、沈焕并称"甬上四先生"，进一步发展了陆氏心学。《宋史》卷四〇七有传。

《慈湖遗书》是杨简著述的汇编。《慈湖遗书》卷一至卷六为杂文及诗；卷七至卷十六为家记(即杂录论经史治道之说)；卷十七为先训；卷十八为钱时所撰行状及真德秀跋。另有杂文一卷、《孔子闲居解》一卷，合为续集。

其中较集中表述杨简心学思想的，是杂文和家记。杨简的心学对陆九渊心学作了较大的修正，表现了自己的特色。因为陆氏论"心"尚有沿用程朱派某些范畴的痕迹，如云"此心此理"、"心即理也"，将心与理相提并论。而杨简则更彻底，认为"心"是唯一最高的范畴，它是无思无为、寂然不动的，为万事万物之源。杂文《著庭记》云"心何思何虑，虚明无体，广大无际，天地范围于其中，四时运行于其中，风霆雨露霜雪散于其中，万物发育于其中，辞生于其中，事生于其中"，自然界的一切都是"心"的表现。然而"心"如同"明鉴"，寂然不动，才能为宇宙的大本大原(大道)。《家记三·论礼乐》说："人心至灵至神，虚明无体，如日如鉴，万物毕照，故日用平常不假思为，靡不中节，是为大道，微动意焉，为非为僻，始失其性。"认为人的本能之外的一切意识活动都会使人丧失本善之性，"微动意焉，为非为僻"。反对"动乎意"，以为人心本明，意动而昏，所以其修养方法是"毋意"。杨简修正陆九渊"收拾精神"、"剥落"(欲念)等修养方法，指出"清心、洗心、正心之说行，则揠苗，非但无益，而又害之"(卷二《永嘉郡治更堂亭名记》)，以为强制性的修养工夫是无益而有害的。故在《绝四记》中说得更加明白："人皆有至灵至明，广大至智之性，不假外求，不由外得,自求自根自神明。微生意焉,故蔽之;有必焉,故蔽之;有我焉,故蔽之。端尽由于此。"

在关于认识论的问题上,《遗书》提出"无知"为"真知"的说法。在《家记五·论〈论语〉下》有一段话:"圣人果有知,果无知乎?曰:无知者圣人之真知,而圣人知之实无知也。如以为圣人之道实可以知之,则圣人之道乃不过智识耳,不过事物耳。而圣人之道乃非智识,非事物,则求圣人之道者不可以知为止。……圣人之真无知,则非智识之所到,非知不知所能尽,一言以蔽之曰:心而已矣。"认为圣人所认识的不是一般的"智识"、"事物",而是"心",认识事物是"有知",认识"心"只能是"无知","如蒙如愚,以养其正,作圣之功"(同上卷五《吴学讲义》)。提倡无思无虑的认识方法,汲取了佛家的思想。杨简的"毋意"和佛家"无念"说相接近。

《遗书》中论述的心学更露骨地引进佛学,有的地方可谓佛学的翻版。例如在本书《续集》的《炳讲师求训》一文中,甚至将孔子之"心"比为达摩之"佛",把心学和佛学完全等同起来:"孔子曰心之精神是谓圣,即达摩谓从上诸佛,惟以心传心,即心是佛,除此外更无佛。"又如在本书《家记六·论〈孝经〉》中说:"日月之所以明者,乃吾之明也。四时之所以代谢也,乃吾之代谢也。万物之所以散殊于天地之间者,乃吾之散殊也。"以及《己易》篇中提出"天地我之天地,变化我之变化,非他物也"等等,和佛家"三界所有,唯是一心"(《华严经·普贤菩萨行品第三十一》)之论如出一辙。

对于杨简的心学思想,南宋理学家陈淳批评他说"不读书,不穷理,专做打坐工夫,求形体之运动知觉者为妙诀"(《北溪文集》卷一《答陈师复》之一);陆九渊却为之辩护说:"杨敬仲(简)不可说他有禅,只是尚有习气未尽。"(《象山全集·语录》)清初全祖望在《宋元学案·慈湖学案》中案语道:"慈湖之言不可尽从,而行则师。黄勉斋(南宋黄榦)曰:'杨敬仲集,皆德人之言也,而未闻道。'"对于杨简的言论思想,一般认为不合乎儒家之道,但肯定其为人的品德。

(潘富恩)

真西山全集 〔南宋〕真德秀

《真西山全集》，一百五十三卷。南宋真德秀撰。收录真德秀的《读书记》、《文章正宗》、《文集》、《心经》、《政经》、《大学衍义》，并附有清人所撰的真氏年谱。名为"全集"，实际不全，未收真氏的《四书集编》二十六卷。据清四库馆臣称，因《集编》所出最晚，故学者往往不提。通行本有清同治间浦域真氏西山祠堂刻本等，另外还有一些各部分的单行本。

真德秀(1178—1235)，字景元，改字景希。建州浦城(今属福建)人。学者称西山先生。庆元进士。任起居舍人兼太常少卿。历知泉州、隆兴、潭州。后任中书舍人、礼部侍郎、户部尚书、翰林学士，官至参加政事。与魏了翁齐名，时有"西山鹤山"之称。学宗程朱，但亦杂有陆学痕迹。认为"德行谓得之于天者，仁义礼智信也"；但又说"凡天下至微之物皆有个心，发生皆从此出"，"人心之大""与天地同量也"(《文集·问答》)。修养方法以朱熹"居敬穷理"为本，强调"穷理"与"养心"结合。在理气上强调"理不离气"，但又承认仁义礼智之理先于事物而存在。真氏为南宋嘉定后继承朱学的代表人物，理学思想统治开始确立与他的倡导很有关系。事迹见《宋史·儒林传》、黄震《古今纪要逸编》、《宋元学案》卷八一、清人(佚名)撰《西山真文忠公年谱》(附在全集后)等。

《真西山全集》是真德秀的著作汇编。其中：四十卷为《读书记》，是真氏的读书札记。四十二卷为《文章正宗》，是真氏选录自先秦至北宋的文章，分辞令、议论、叙事、诗赋四大类，反映理学家的文论观点。五十五卷为《文集》，包括诗赋、对越甲乙稿(奏疏、札子、乞表类)、经筵讲义、翰林词草、记、碑、序、答问、策、箴、颂、赞、题跋、书、启、墓志铭、神道碑、行状、青词、祝文、祭文等内容。《心经》一卷，集圣贤论心格言，而以诸家政论为注。《政论》一卷，采典籍中论政之言列于前，以行政事迹列于后。《大学衍义》四十三卷，发挥朱熹《大学集注》思想，大旨在于正君心，肃宫闱，抑权幸。

在《真西山全集》中比较集中反映真德秀思想的资料，是《文集》和《大学衍义》。现择要介绍几点。

一、德性天与。真德秀认为,人的形体和秉性都是"天"所赋予的,人之为人,根本在于人有仁义礼智信这些德性。他说:"德性,谓得之于天者,仁义礼智信是也";"天地赋我以此形,与我以此性。形既与禽兽不同,性亦与禽兽绝异。何谓性?仁义礼智信是也。惟其有此五者,所以方名为人。"(《文集》卷三十《答问》)他把理学的最高范畴"理",也加以同样的诠释:"理者何?仁义礼智是也。人之有是理者,天与之也。自天道而言,则曰元亨利贞;自人道而言,则曰仁义礼智,其实一而已矣。"(《文集》卷三二《代刘季父浦城县庠四德四端讲义》)这里明白无误地表明了真氏的理学立场。

二、道器关系。真德秀十分强调道不离器的观点。他说:"《易》曰:'形而上者谓之道,形者下者谓之器。'道者,理也;器者,物也。精粗之辨,固不同矣,然理未尝离乎物之中。"(《大学衍义》卷五)"天下未尝有无理之器、无器之理,即器以求之,则理在其中。"(《文集》卷三十《答问》)但真氏所谓的"器"(或称"物","事物"),并非指各种事物,而是指"洒扫应对"的人伦日用,他说:"昔者圣人言道必及器,言器必及道。尽性至命而非虚也,洒扫应对而非末也。"(《文集》卷二五《昌黎濂溪二先生祠堂记》)因此,他的"即器求理",有合理性,但并不是要去探索外界事物的客观规律,而是要通过伦理关系来领悟仁义礼智等道德规范的先验性。

三、正君心。真氏的《大学衍义》在很多内容上是讲所谓"帝王为治为学"之"本原"。他认为,要使政治清明,首先在于"正君之心":"朝廷者,天下之本。人君者,朝廷之本。而心者,又人君之本也。人君能正其心,湛然清明,物莫能惑,则发号施令,罔有不臧,而朝廷正矣。朝廷正则贤不肖有别,君子小人不相易位,而百官正矣。"(《大学衍义》卷一《帝王为治之序》)这种以"正君心"为标号的哲学政治理论,是宋明理学演变过程中的一个重要内容,《大学衍义》一书因此也受到后世封建统治者的重视。

四、穷理持敬。这是真氏从朱熹哲学那里继承来的认识方法和修养工夫观点,其特点也是把认识论与道德论紧密联系起来。他说:"欲穷理而不知持敬以养心,则思虑纷纭,精神昏乱,于义理必无所得。知以养心矣,而不知穷理,则此心虽清明虚静,又只是个空荡荡底物事,而无许多义理以为之主,其于应事接物必不能皆当。释氏禅学正是如此。"(《文集》卷三十《答问》)

真氏思想中也有陆学的影子,他说:"凡天下至微之物,皆有个心,发生皆从此出……此仁心之大,所以与天地同量也……今为学之要,须要常存此心……"(《文集》卷三十《答问》)但从总体上看,真氏是承继朱学为主的。

(徐洪兴)

大学衍义 〔南宋〕真德秀

《大学衍义》,四十三卷。南宋真德秀撰。通行本有明弘治刻本、嘉靖六年(1527)内府刻本、清乾隆四年(1739)尹会一刻本、咸丰六年(1856)武英殿刻本、福建教育出版社 2005 年版点校本等。

作者生平事迹见"真西山全集"条。

《大学衍义》是一部对《大学》思想加以发挥、敷演的著作。《四库全书简明目录》说,《大学衍义》"因《大学》之义,而敷演之,首以为治之要、为学之本二篇,次分四大纲,曰格物致知,曰诚意正心,曰修身,曰齐家,分子目四十有四,皆援引经训,旁征史事,参以先儒之论,以明法戒,大旨在正本清源,故治平之道,置而弗及焉"。据《宋史》本传,真德秀被召为户部尚书时,向宋理宗进以《大学衍义》。理宗对此十分称赞:"上欣然嘉纳,改翰林学士,知制诰,时政多有论建。"因为《大学衍义》一书首先论述的就是"帝王为治之序"和"帝王为学之本",提倡君主当以正心、修德为根本。认为"朝廷者,天下之本;人君者,朝廷之本。而心者,又人君之本也。人君能正其心,湛然清明,物莫能感,则发号施令,罔有不臧,而朝廷正矣。朝廷正则贤不肖有别,君子小人不相易位,而百官正矣"(《大学衍义》卷一)。帝王既是代天理事的,亦当服从天命:"帝王当尊者莫如天,所当从事者莫如敬。……夫天道甚明,不可欺也。天命惟艰,不易保也。昧者徒曰'高高在上,不与人接',而不知人君一升一降于事为之间,天之监视未尝不一日在此也。"(《大学衍义》卷二八)真德秀尊"天"以劝君修德,主张人君率身作则,扶持纲常,植立人极。

《大学衍义》强调"穷理持敬"为"正心修身之本",而"正心修身"的最高境界便是"物欲消尽,纯乎义理"。要求社会上所有人都要"存天理、去人欲","自天子以至庶人皆当佩服以自警"(《大学衍义》卷十一)。

本书对"理"、"物"关系的论述,继承了程朱理学的观点。他说:"《易》曰:'形而上者谓之道,形而下者谓之器。'道者,理也。器者,物也。精粗之辨,固不同矣,然理未尝离乎物之中。知此,则知'有物有则'之说矣。盖盈乎天地之间者,莫非物,而人亦物也,事亦物也。有此物则具此理,是所谓则也。……则者,准则之谓,一定而不可易也。……夫物之所以有是则者,天实为之,人但循其则尔。"(《大学衍义》卷五)这里所说的"器"和"道"、"物"和"理",不是哲学意义上的物质和精神,"器"和"物"是指具体事物;"理"即是"则","则者,准则之谓也",亦即具体事物的规定性和法则。而"人亦物也",人也具有"理"和"则",故人必须"穷理持敬"、"正心修身"而达到"纯乎义理"的最高境界。

书中提出大学之道,有体有用:"本之一身者,体也;达之天下者,用也。"不论为治之序,还是为学之本,莫不自身心开始,故以格物、致知、诚意、正心、修身为体,而以齐家、治国、平天下为用。而以明道术、辨人才、审治体、察民情为格物致知之要。

从政治上,书中也反映了南宋后期农民"无田可耕"、"数米而炊,并日而食"以及统治者"妄兴徭役"、"横加赋敛"的社会现象,提出富贵不可恃、骄佚不可肆的劝告,要统治者涵养省察,"存天理","遏人欲"。

此书在当时和南宋以后产生过较大影响。宋理宗曾说"《衍义》一书,备人君之轨范焉"。元武宗谓"治天下此一书足矣",命刊行以赐臣下。明太祖"尝问以帝王之学何书为要,(宋)濂举《大学衍义》,乃命大书揭之殿两庑壁"(《明史·宋濂传》)。明丘浚在该书基础上,作《大学衍义补》,增加了治国平天下的内容。

(潘富恩)

鹤山全集 〔南宋〕魏了翁

《鹤山全集》，又名《鹤山先生大全文集》，一百一十卷。南宋魏了翁撰。据清四库馆臣考订，是集为后人集合魏了翁诸文集而次为一编的。通行本有明嘉靖间四川邛州刻本，清乾隆间《四库全书》抄本、《四部丛刊》本等。

魏了翁（1178—1237），字华父。曾筑室白鹤山下，学者称鹤山先生。邛州蒲江（今属四川）人。庆元进士，历知汉州、眉州、泸州，官至吏部尚书、端明殿学士、同签枢密院事。与真德秀齐名，有"西山鹤山"之称。学术上推崇程朱理学，但也怀疑朱注各经是否完全可靠。主张细读儒经原著，"不欲于卖花担上看桃李，须树头枝底见活精神"（《答周监酒》）。反对佛老"无欲"之说，认为"圣贤言寡欲矣，未尝言无欲也"（《濂溪先生祠堂记》）。为学亦颇强调"心"的作用，"心者人之太极，而人心又为天地之太极"（《乙酉上殿札子》），与陆学观点有相合之处。著作有《九经要义》、《经外杂钞》、《古今考》等。事迹见《宋史·儒林传》、《宋元学案》卷八十等。

《鹤山全集》是魏了翁的文集。其中：古诗、律诗十二卷；笺、表、制诰、奏议等十八卷；书七卷；记十三卷；序六卷；铭、字说、跋等九卷；启三卷；墓志、碑铭十九卷；行状、祭文、挽诗等五卷；策问一卷；长短句三卷；杂文四卷；制举文三卷；《周礼折衷》四卷；拾遗一卷；《师友雅言》二卷。

作为反映魏了翁学术思想的主要资料，《鹤山全集》的内容有以下几个方面值得注意。

一、推尊理学。在"庆元党禁"后，理学一度作为"伪学"而被禁止。学禁取消后，魏氏和真德秀都是极力推尊理学的干将。在《鹤山全集》中，有许多关于提倡理学的资料，如奏疏要开阐"理学"为"正学"，要求为周敦颐、二程等定谥号等，文长不具引。在确立理学成为官方统治思想上，魏了翁与真德秀一样是起了很大作用的。

二、"道贵自得"思想。魏了翁不赞成读经只看"先儒解说"，而主张"循环读经，以自明此心"。他说："向来多看先儒解说，不如一一从圣经看来，盖不到地头亲自涉历一番，终是见得不真。又非一一精体实践，则徒为谈辩文乘之资耳。来书乃谓只须祖述朱文公诸书，文公诸书读之久矣。

正缘不欲于卖花担上看桃李,须树头枝底见活精神也。"(卷三六《答周监酒》)

三、强调"心"本思想。魏了翁发挥了邵雍"心为太极"的观点,认为:"心者,人之太极,而人心又为天地之太极,以主两仪,以命万物,不越诸此。"(卷十六《论人主之心义理所安是之谓天》)他所谓的"心",是指天下万世的公心,即所谓"天理","千百载而一日,亿万人而一心。"(卷四九《简州三贤阁记》)"大哉心乎!所以主天地而命万物也。"(卷十五《论人心不能与天地相似者五》)此"心"会通义理,统帅人的气质:"乾道变化,各正性命,根于理者为仁义礼智之性,禀于气者为血肉口体之躯。而心焉者,理之会而气之帅,贯通古今,错综人物,莫不由之。"(卷四六《程纯公杨忠襄公祠堂记》)同时,魏了翁认为,"心"无限广大,产生万物,是世界的主宰,人与天地一本,人心兼天地之能。他说:"此心之外,别有所谓天地神明者乎?抑天地神明不越乎此心也。"(卷十六《论人主之心义理所安是之谓天》)又说:"人与天地一本也。天统元气以覆万物,地统元形以载万物,天地之广大,盖无以加也。而人以一心兼天地之能,备万物之体,以成位乎两间,以主天地,以命万物,辟阖阴阳,范围造化,进退古今,莫不由之,其至重至贵盖若是。"(卷十五《论人心不能与地相似者五》)这一思想,具有明显的"心学"性质。

(徐洪兴)

黄氏日抄 〔南宋〕黄 震

《黄氏日抄》，又名《慈溪黄氏日抄分类》、《东发日抄》（"抄"又作"钞"），九十四卷。南宋黄震撰。此书刻于南宋末年，有元沈逵刊本、元顺帝至元六年（1340）补刻本。后有清乾隆中汪佩锷校刊本（附入《古今纪要》十九卷）。《四库全书》本著录是书原为九十七卷，佚卷八十一、卷八十九、卷九十二，存九十四卷。据全祖望考证，所阙卷目疑即新发现的《戊辰史稿》，内有杜范、真德秀、洪咨夔、袁甫、徐元杰、李心传六篇列传（《宋元学案》卷八六节录《东发先生史稿跋》）。通行本有清文渊阁《四库全书》本、北京图书馆出版社 2005 年版《慈溪黄氏日抄分类》本等。

黄震（1213—1280），字东发，世称于越先生。本贯定海，后徙慈溪（今属浙江）。宝祐四年（1256）进士。度宗时，为史馆检阅，与修宁宗、理宗两朝《国史》、《实录》。因直言弊政（民穷、兵弱、财匮、士大夫无耻），出判广德军。寻通判绍兴府，后知抚州。移浙东提举常平仓司。摧抑豪强，罢劾贪吏，赈救饥民，大兴水利。改提点刑狱，决滞狱，清民讼，皆有善政。为权豪所忌，罢官奉祠云台观。晚年自官归，复居定海灵绪乡之泽山。宋亡，饿于宝幢而卒。其学以朱熹为宗，然反复发明，颇有自得。著作尚有《古今纪要》十九卷。撮录诸史，括举纲要，上自三皇，下迄哲宗元符年间，而于北宋诸臣事迹尤详；《古今纪要逸编》（又名《理度两朝纪要》）一卷。生平事迹载于《宋史》卷四三八《黄震传》和《宋元学案》卷八六《东发学案》。

《黄氏日抄》是黄震的读书札记和其他文类的汇编。清全祖望说："《日钞》百卷，躬行自得之言也。"（《宋元学案》卷八六《东发学案序录》）也可说是黄震一生躬行自得之言也。全书可分为两大部分。

一、前六十八卷，系阅读经史子集的札记，对历代学说与人物皆有评议与考订。

卷一至卷三二，为读儒经札记，有《孝经》、《论语》、《孟子》、《毛诗》、《尚书》、《易》、《春秋》、《礼记》、《周礼》、《春秋左氏传》、《春秋公羊传》、《春秋榖梁传》、《孔丛子》、《孔子家语》等。

卷三三至卷四五，为读本朝诸儒书，有周敦颐、程颢、程颐、张载、朱熹、张栻、吕祖谦、黄榦、杨时、尹和靖、张九成、陆九渊、陆九龄、李侗、司马光、石介(按原书卷次排列)等人的著作。

卷四六至卷五四,为读史书,有《史记》、《汉书》、《三国志》、《晋书》、《南史》、《北史》、《唐书》、《汲冢周书》、《国语》、《战国策》、《吴越春秋》、《越绝书》、《春秋世纪》、《东莱大事记》等。

卷五五至卷五八,为读诸子书,有《老子》、《庄子》、《文中子》、《扬子》、《子华子》、《管子》、《邓析子》、《墨子》、《列子》、《文子》、《韩非子》、《公孙龙子》、《淮南子》、《尹文子》、《慎子》、《吕氏春秋》、《陆贾新语》、《黄石公素书》、《贾谊新书》、《新序》、《说苑》、《春秋繁露》、《论衡》、《申鉴》、《乾坤凿度》、《易纬稽览图》、《周易参同契》、《古三坟书》、《易通卦验》、《孙子》、《吴子》、《司马法》、《唐太宗李卫公问对》、《尉缭子》、《黄石公三略六韬》、《阴符经》等。

卷五九至卷六八,为读诗文集,有韩愈、柳宗元、欧阳修、苏轼、曾巩、王安石、黄庭坚、汪藻、范成大、叶适等人的文集。

二、卷六九以下,收录本人所撰奏札、申明、公移、讲义、策问、书、记、序、题跋、启、祝文、祭文、行状、墓志铭,共二十六卷。实为黄震本人的文集。

黄震尝告人曰:"非圣人之书不可观,无益之诗文不作可也。"(《宋史·黄震传》)《日抄》以所读之书,随笔札记而断以己意。有三言两语的,也有长篇大论的。书中对历代学说与人物颇多评议。如说,《论语》"读之愈久,则其味愈深"(卷二《读论语》)。"终身读《论语》者,古今一晦翁而已!"(卷八二《讲义》)"商君之术能强秦,亦秦之所以亡,能显其身,亦身之所以灭,然则何益矣!"(卷四六《读史记·商君列传》)"老子之书,必隐士嫉乱世而思无事者为之。""《庄子》固千万世诙谐小说之祖也。"(卷五五《读诸子》一)

于学问则宗周敦颐、程颢、程颐、朱熹。说"本朝理学,发于周子,盛于程子",而"集成于晦翁"。"《太极》之图,《易通》之书,微晦翁,万世莫之能明也。""故二程固大有功于圣门,而晦翁又大有功于程子。"(卷三三《读本朝诸儒理学书一》)并力排佛、老。谓由陆九渊、张九成以上溯杨时、谢良佐等人,"以儒者而谈禅,世因误认禅学亦为儒学,以伪易真,是非瞀乱",此而不辟,大患无穷(卷八二《讲义》)。于治术则排斥功利,诋毁王安石甚力,而对捍卫孔孟儒学的韩愈则推崇备至。其他解说经义,或引诸家以翼朱子,或舍朱子而取于诸家,亦不坚持门户之见。如对朱熹校订的《周易参同契》、《阴符经》亦大加贬斥。谓《周易参同契》乃"方士炼丹之书","其妄可知"(卷五七《读诸子三》)。《阴符经》"盖异端之士,掇拾异说,而本无所定见者,岂此其所以为阴符欤!然则人生安用此书为也"(卷五八《读诸子四》)。

黄震认为,古人之书,传闻异辞,亦无足怪,"然尽信为圣人之言,则亦泥古太甚"(卷三二《读家语》)。他主张以《易》言"理",则"日用常行,无往非易"(卷六《读易》)。认为"理"是"四时行,百物生"的"自然之准则"(卷八二《讲义》),是日用常行的道理。对程朱理学进行修正,颇有发明。

诚如黄百家所说:"《日钞》之作,折衷诸儒,即于考亭(朱熹)亦不肯苟同,其所自得者深也。"(《宋元学案》卷八六《东发学案》)。

研究著作有张伟《黄震与东发学派》(人民出版社,2003年)等。

(洪　波)

文山先生全集 〔南宋〕文天祥

《文山先生全集》,又名《文山集》、《文信国公全集》、《文信国公集》等,二十卷。南宋文天祥撰。此集现存最早刻本为明嘉靖三十一年(1552)本。据清四库馆臣考定,元朝元贞、大德间(1295—1307),文天祥乡人搜访,编成此集,计三十九卷,世称"道体堂刻本",明初其本散佚,尹凤岐从内阁得之,重加编次为十七卷本。嘉靖本乃从尹本出,为鄢懋卿编次。以后各种翻刻本颇多,其中某些部分的单行本亦不少。通行本有明万历刻本,清《四库全书》本、《四部丛刊》本,世界书局1936年排印本等。

文天祥(1236—1283),字履善,一字宋瑞,号文山。吉州庐陵(今江西吉安)人。南宋宝祐四年(1256)进士第一。因反对权臣,屡被罢黜。后任江西安抚使。元兵至,辞相印不受,出使元军谈判,被扣留。后脱险返回真州。端宗即位于福州,拜为右丞相,封信国公。募兵抗战,力图恢复,兵败被俘。迭经威胁利诱而不屈,作《过零丁洋》、《正气歌》等以明志。囚于燕京四年后被害。临刑前作《衣带赞》曰:"孔曰成仁,孟云取义。惟其义尽,所以仁至。读圣贤书,所学何事?而今而后,庶几无愧。"表现出伟大的士人气节。其学宗朱熹,为朱熹再传弟子欧阳守道的学生。学术思想上以"天地正气"为核心,以"道不离器"为特点。强调"自强不息",重视"成仁取义"的践履,笃行"忠孝"。是理学家中"特然独立"的人物。事迹见《宋史》本传、刘岳申《文丞相传》、胡广《丞相传》、邓光荐《文丞相督府忠义传》(均收在本集附录中)、《宋元学案》卷八八及今人万绳楠撰《文天祥传》(河南人民出版社,1985年)。

《文山先生全集》是现存文天祥著作的合集。其中:《文集》十二卷,包括诗、乐府、词二卷;对策、封事、内制一卷;表笺、疏、申省状一卷;书二卷;启二卷;记、序一卷;题跋、赞、铭、辞、说一卷;讲义、行实、墓志铭、祭文、祝文一卷;乐语、上梁文、公牍、文判一卷。《别集》四卷,包括《指南录》一卷,主要是文天祥使元军、被扣、逃出、屡经艰险、回归南方整个过程的见闻、感想而成的诗,许多篇章都有序;《指南后录》一卷,主要是文天祥兵败被俘、押解燕京及在燕京狱中所写的诗,和

《指南录》合在一起人称史诗或诗史;《吟啸集》一卷,亦为北行道中和燕京狱中所作诗;《集杜诗》一卷,是文天祥在燕京狱中集杜甫诗句演述南宋末年的历史,又名《文山诗史》,是集杜诗的再创作。卷十七为《纪年录》,正文是文天祥自谱的平生事迹,正文下有注,为后人采其他史料而作。卷十八为《拾遗》,是后人辑录的文天祥佚文。最后二卷是《附录》,包括后人所作的文天祥传记、祭文、祠堂记、文集、别集的序跋等资料,其中书序为罗洪先、韩雍、王阳明、鄢懋卿等人所作。

《文山先生全集》是一部有很高文学价值、思想价值的著作。其中反映文天祥哲学思想的方面主要有以下几点。

一、"天地正气"思想。文天祥认为,气是世界本原,万化根基。他说:"天一积气耳。凡日月星辰、风雨霜露,皆气之流行而发见者。"(卷十一《熙明殿进讲敬天图周易贲卦》)他所说的"气",又叫"天地正气":"天地有正气,杂然赋流行。下则为河岳,上则为日星。于人曰浩然,沛乎塞苍冥。"(卷十四《指南后录·正气歌》)这种"正气"在天地间流行为日月星辰、山川河流等自然界的物质存在;在人身上的反映就是"浩然之气",是精神性的,它不以生死为界,可以万古长存:"当其贯日月,生死安足论?地维赖以立,天柱赖以尊。三纲实系命,道义为之根。"(同上)

二、道气关系。文天祥认为,道是气运动变化的规律,由于气在宇宙间运动不息,所以道亦运动不息。他说:"上下四方之宇,往古来今之宙,其间百千万之消息盈虚,百千万事之转移阖辟,何莫非道;所谓道者,一不息者而已矣。道之隐于浑沦,藏于未雕未琢之天,当是时,无极太极之体也。自太极分阴阳,则阴阳不息,道亦不息。阴阳散而五行,则五行不息道亦不息。自五行又散而为人心之仁义礼智、刚柔善恶,则乾道成男,坤道成女,穿壤间生生化化之不息,而道亦与之相为不息。然则道一不息,天地亦一不息;天地之不息,固道之不息者为之。"(卷三《御试策一道》)这里,他强调了道不离气的思想。从天地之道的运行不息思想出发,文天祥又提出了人道的"自强不息"思想。他认为,人处天地间,与天地并立为三,人法天就是要"归之自强不息"(同上)。他说:"圣人,体天地之不息者也。天地以此道而不息,圣人亦以此道而不息。圣人立不息之体,则敛于修身;推不息之用,则散于治人。立不息之体,则寓于致知以下之工夫;推不息之用,则显于齐家治国平天下之效验。立不息之体,则本之精神心术之微;推不息之用,则达之礼乐刑政之著。"(同上)

三、"忠信"和"诚"的实践。文天祥的道德性命之学,就是突出强调重行和践行。他说:"《易》曰:君子进德修业。忠信所以进德也,修辞立其诚,所以居业也。中心之谓忠,以实之谓信,无妄之谓诚,三者一道也。夫所谓德者,忠诚而已矣。""天地间只一个诚字,更颠扑不碎。"(卷十一《西涧书院释莱讲义》)由此,他深刻地揭露了当时那些言行不一、心口相反的"假道学"虚诈之风,说:"圣学浸远,人伪交作,而言行无稽甚矣!"(同上)他指出:诞漫而无当者是"大言",悠扬而不根者是"浮言",浸润而肤受是"游言",遁天而背情者是"放言",这几种人不足论。"最是号为能言者,卒与之语,出入乎性命道德之奥,宜若忠信人也。夷考其私,则固有行如狗彘而不掩焉者。而其于文也亦然,滔滔然写出来,无非贯串孔孟,引接伊洛,辞严义正,使人读之,肃容敛衽之不暇。然而外头如此,中心不如此,其实则是脱空诳谩。"(同上)文天祥笃信朱熹哲学,并且一生重视践履。他的践履除"忠信"和"诚"之外,另一个重要内容就是"忠孝"。

四、"忠孝"思想。文天祥认为:忠孝出于人性,是人之大节,无论在什么情况下都应坚持实行,特别在艰难之时,更应如此。他认为,为臣忠、为子孝出于人心,是"人道之自然",也是天理之当然,不待学勉而能知能行(卷九《忠孝提纲序》)。他的"忠孝"观还有更广一层的含义,那就是凡"义理之责"(同上),皆可说是忠孝。当国家民族利益受到危害时,应该"仁以为己任,死而后已"(同上)。强调民族大节,以社稷为己任。他说:"自古忠臣义士立大功业于当世,往往适相解后。而计其平生,有非梦想所及。盖不幸而国有大灾大患,不容不出身捍御,天实驱之而非夫人之所欲为也。"(卷十《跋彭叔英谈命录》)这就是说,当国家民族患难之时,挺身捍御,不仅是"人道之自然",也是"天理之当然",这是"仁人义士"的天职,不仅应当而且必须,这实际上已超出忠孝观念的以往界定,而体现出一种民族的精神。

《文山先生集》的整理本,有1987年江西人民出版社熊飞等校点的《文天祥全集》,以明嘉靖本为底本而参校各本,后附《文天祥年谱辑略》。

(徐洪兴)

困学纪闻 〔南宋〕王应麟

《困学纪闻》，二十卷，卷首一卷。南宋王应麟撰。成书于入元之后，盖作者晚年寓居甬上时所著。版本很多，元代有泰定二年(1325)袁桷序刊本；明代有弘治刊本、万历刊本；清代有阎若璩、何焯、全祖望《校订困学纪闻三笺本》，阎若璩、何焯、全祖望、方朴山、万蔚亭、钱大昕、屠继序七人共同校补的《校订困学纪闻集证》本，翁元圻会集三家并他人笺说，益以己见，编成的《翁注困学纪闻》集注本(此本征引丰富，结论翔实，是通行之最佳本)，《四库全书》本；近代以来有《四部丛刊》本、《四部备要》本、辽宁教育出版社1998年版校点本等。上海古籍出版社2008年出版了翁元圻注的全校本。

王应麟(1223—1296)，字伯厚，号深宁居士，一号厚斋。祖籍浚仪(今河南开封)，至其曾祖安道经武大夫扈从南渡，始定居庆元府鄞县(今属浙江宁波市)。九岁通六经，从王㙌受学。淳祐元年(1241)第进士。宝祐四年(1256)又中博学宏词科。历官太常寺主簿、通判台州、起居舍人、权中书舍人。正直敢言，触忤权臣丁大全、贾似道等人，屡遭罢斥，以秘阁修撰奉祠。后起知徽州，召为秘书监，迁起居郎兼权吏部侍郎、礼部尚书兼给事中。终因与丞相留梦炎不合，辞官回乡，专事著述。王应麟"博洽多闻，在宋代罕其伦比。虽渊源亦出朱子，然书中辨正朱子语误，皆考证是非，不相阿附"(《四库全书总目》)，"盖亦兼取诸家，然其综罗文献，实师法东莱"。故全祖望谓其"独得吕学之大成"(《宋元学案》卷八十五《深宁学案》)。实际上，他"沉潜先儒之说而贯通之，于汉唐则取其核，于两宋则取其纯，不主一说，不名一家，而实集诸儒之大成"(翁元圻《困学纪闻序》)。他疾当时学风空虚固陋，发愤致力于典章制度之学。所著有二十余种，约六百余卷。有《玉堂类稿》、《诗考》、《诗地理考》、《汉书·艺文志考证》、《掖垣类稿》、《通鉴地理考》、《通鉴地理通释》、《通鉴答问》、《蒙训》、《集解践阼篇》、《补注急就篇》、《补注王会篇》、《小学绀珠》、《词学指南》、《词学题苑》、《姓氏急就篇》、《汉制考》、《六经天文编》、《小学讽咏》等。还编有类书《玉海》二百卷。另著有文集《深宁集》一百卷，不传。事迹见载于《宋史》卷四三八《王应麟传》、《宋元学案》

卷八五《深宁学案》、钱大昕《王应麟年谱》等。

《困学纪闻》是考订评论经史百家、历代名物制度的札记。总共二千余条,多以类聚,辞约而明,理融而达,是一部具有较高学术价值的著作,卷首有《自序》说:"幼承义方,晚遇艰屯,炳烛之明,用志不分,困而学之,庶自别于下民。开卷有得,述为纪闻。深宁叟识。""困而学之,述为纪闻",故名《困学纪闻》。书前首一卷列有元牟应龙《困学纪闻原序》和袁桷序,清全祖望《困学纪闻三笺序》和黄征义序、胡敬序,以及阎若璩之子阎咏和翁元圻的序记。并列有凡例、目录和翁注编目例言等。全书分为二十卷。

一、说经(卷一至卷八)。分为《易》、《书》、《诗》、《周礼》、《仪礼》、《礼记》、《大戴礼》、《乐经》、《春秋》、《左氏传》、《公羊传》、《穀梁传》、《论语》、《孝经》、《孟子》以及小学、经说。

二、论天地诸子(卷九、卷十)。分为天道、历数、地理、诸子。

三、考史(卷十一至卷十六)。自论《国策》、正误《史记》,至考辨汉河渠、历代田制、漕运、两汉崇儒等。

四、评诗文(卷十七至十九)。上自《诗经》、屈原《离骚》,下至宋代苏东坡、司马光、陆游、朱熹,旁及《文心雕龙》、《文选》、陶渊明、曹子建、韩愈、柳宗元等古代名人的诗文,以及俗语应用文等,都有详说。

五、杂识(卷二十)。也是读书心得、考辨杂记。如"秦多良医"、"陈胜起大泽中"、"江总著书遣日"、"东坡用《檀弓》文法"、"校书如扫尘"等。

综观全书,有不少精辟的论述和卓越的创见。如:"圣人以天自处,扶阳抑阴,尽人事以回天运,而天在我矣。"(《易》)"学,立志而后成,逊志而后得。立志刚也,逊志柔也。"(《书》)"小雅犹有风体","诗之作本于人情,自生民以来则然。"(《诗》)"思欲近,近则精;虑欲远,远则周。"(《论语》)"民心之得失,此兴亡之大几也。"(《孟子》)"天理二字,始见于《乐记》。"(《礼》)"《大戴礼》为卢辩注,非郑氏注。"(《大戴礼》)"《世说》其言清以浮,有天下分裂之象;《中说》其言闳以实,有天下将治之象。"(《诸子》)"《家语》齐太史子余叹美孔子云,天其素王之乎!素,空也,言无位而空王之也。而后儒谓孔子自号素土,立素王之法,制素王之道,皆因《家语》之言而失其义,所谓郢书燕说也。"(《经说》)"《通鉴》不书符瑞,高帝赤子之事,失于删削。《纲目》因之。"考汉唐"号万石者五家","许由、巢父实为一人。"(《考史》)"韩柳并称而道不同。韩作《师说》,而柳不肯为师;韩辟佛,而柳谓佛与圣人合;韩谓史有人祸天刑,而柳谓刑祸非所恐。""天下大势之所趋,天地鬼神不能易;而易之者人也。"(《评文》)"陶渊明《归田园居》中二句仿古辞'鸡鸣高树巅,狗吠深宫中',唯改'高'为'桑','宫'为'巷'。""'借问悬东守,何如俭德临','不过行俭德,盗贼本王臣',明皇以侈乱政,故少陵(杜甫,字少陵)以俭为救时之砭剂。"(《评诗》)"儒之教以万事为实,释之教以万法为空。"(《杂识》)此书对天文、地理、经史百家都有研究与考证,其考订史事、辑录前人诗文评语尤佳,是研究王应麟学术思想的重要著作。

《困学纪闻》由清初阎若璩为之作笺,并誉之为"续古人之慧命,启来学之博闻","说部书最便观者第一家"(阎咏《困学纪闻序》)。其后,何焯、全祖望继阎若璩后,又为之笺说。清道光年间,翁元圻幼嗜此书,博览群籍,用心数十年,集阎、何、全三家之批注,更为之详注。黄征义序说:"是书非博物君子不能作,亦非博物君子不能注。读一书则如读无数未见之书,通一义则足通无数未闻之义。"甚至认为此书开后代考据学的先河。

有关《困学纪闻》的研究有清敬襄《困学纪闻参注》一卷、张嘉禄《困学纪闻补注》二十卷等。

（洪　波）

鲁斋遗书 〔元〕许　衡

《鲁斋遗书》，又名《鲁斋全书》、《许文正公遗书》、《许鲁斋先生集》，十四卷。元许衡撰。此书最先由许衡七世孙婿郝亚卿收辑，郝未竟而卒，转由河内教谕宰廷俊继成之。明正德十三年(1518)刊行。名为《鲁斋全书》，七卷。明嘉靖四年(1525)，应良重编此书，增补了若干篇章，萧鸣凤在重校时改名为《鲁斋遗书》。以后又有各种刊本行世，有十卷、有十四卷，内容相同，仅编次卷数各异而已。通行本有明嘉靖刻本、清《四库全书》本、乾隆五十五年(1790)怀庆堂本、《正谊堂全书》本、《西京清麓丛书正编》本、东方出版社 2007 年版《许衡集》校点本等。

许衡(1209—1281)，字仲平，怀州河内(今河南沁阳)人。学者称鲁斋先生。生于金末，避乱移居河南新郑、山东泰安，后转徙河北大名。占籍为儒，与窦默一起讲论学问。后往辉州苏门，从姚枢处获读赵复所传程朱性理之书，转向理学。忽必烈为亲王时，任京兆提学。忽必烈即位后，曾出任中书左丞，数度任国子祭酒。参与定官制、立朝仪，修订《授时历》等。死后谥文正，从祀孔庙。为学宗程朱，以"道"为世界本原。但并不严守门户，有调和朱陆的倾向。知行观上强调知行并进，提倡"真知力行"，以践履著称。在修养工夫上则承继程朱的持敬、存养、省察。他的学说在理论上创见不多，但影响甚广，成为元代理学的北方大宗。程朱理学能够成为官方正统哲学，与他的推广普及有很大关系，故被后人尊为一代"理学宗师"。事迹见欧阳玄《许文正公神道碑》(《圭斋文集》卷九)、《元史》卷一五八、《宋元学案》卷九十等。

《鲁斋遗书》是许衡的著作合集。其中：卷一、卷二为语录；卷三为《小学大义》、《大学要略》、《小大学或问》和《论明明德》，主要讲述从小学洒扫应对到大学"明明德"诸事，多蹈程朱学说；卷四、卷五为《大学直解》和《中庸直解》，是他讲解《大学》和《中庸》的教材，属于浅易明了的课蒙读物；卷六是《读易私言》、《阴阳消长》、《揲蓍说》，讨论《周易》的一些问题；卷七为《时务五事》，是一些奏疏，包括立国规模、中书大要、为君难、农桑学校、慎微五事，反映他的政治思想；卷八为杂著；卷九为书状；卷十为《编年歌括》(一些读史诗)和《稽古千文》(讲历史的千字文)；卷十一为诗词；

卷十二为谱传;卷十三、十四为附录,是后人收辑的有关许衡的神道碑、行实、传记、事迹,以及一些评语、祭文、祠堂记,还有是关于本书的一些序文。

《鲁斋遗书》是反映元代理学状况的一部要著。尽管理论上发明不多,却能说明元代的理学水平。现择其几个重要方面稍加述介。

一、天道观。许衡以"道"作为世界本原,"道"也就是"理"。他说:"道是日用事物当行之理","道者,天理之当然"(卷五《中庸直解》)。"凡物之生,必得此理而后有是形,无理则无形","有是理而后有是物"(卷二《语录》)。但他同时认为"理"与"物"是相即不离、同时存在的,"事物必有理,未有无理之物,两件不可离,无物则理何所寓"(卷一《语录》)。

二、知行观。许衡认为知与行是两事:"世间只两事,知与行而已。"(卷二《语录》)提倡真知力行,知是为行而知,行是行其所知,"凡行之所以不力,只为知之不真。果能真知,安有行之不力者乎?"(卷一《语录》)主张知行并进,在讨论"横渠教人以礼"和"程氏教人穷理居敬"问题时专门论及了此点(详参卷二《语录》)。

三、修养方法。主要是阐发程朱的持敬、存养和省察,这在他的语录、《中庸直解》、《小学大义》等篇章里多有论述。

四、调和朱陆的倾向。许衡的理学虽继承朱学,但并不严守门户。在论格物致知时,更多地强调从自身去体察,认为哪怕是至愚的、不肖的夫妇,都有自然的"良知良能","不待学而能知"、"不待学而能"(详参卷五《中庸直解》)。他讲的持敬、存养、省察工夫,在某种意义上也含有直求本心、"天理"在心中的意思。这与以后的王学有一定的关联,尽管两者并不密切。

(徐洪兴)

刘静修先生文集 〔元〕刘　因

《刘静修先生文集》,二十二卷。元刘因撰。通行本有至顺庚午刻本(此本未收对元蒙统治者有禁忌的文字,后由《四部丛刊》刊行)、明万历方义壮本(始辑原先未收的文字,并补入刘因的《叙学》一篇,后由《畿辅丛书》刊行)。此外,则有元至正刻本,明永乐重刻本、弘治乙丑刻本、成化己亥蜀府再刻本等。其卷帙、编次亦有所不同。

刘因(1249—1293),一名骃,字梦吉,慕诸葛亮"静以修身"一语,遂自号静修。元雄州容城(今河北徐水)人。初从国子司业砚弥坚习训诂疏释之说,后得南儒赵复所传程朱理学,遂由章句之学转向理学,对邵雍的象数学和"观物"思想甚推崇。至元(元世祖年号)十九年(1283),诏征为承德郎、右赞善大夫,教近侍子弟。未几,以因疾辞归。二十八年(1292),以集贤学士嘉议大夫召,固辞不就。于是屏迹山野,从事著述。他与许衡、吴澄同为元代名儒,是理学在元代北传的主要人物之一。著作尚有《四书精要》、《易系辞说》,及门人辑录他讲解的《四书》语录,均已失传。事迹见《宋元学案·静修学案》。

《刘静修先生文集》是刘因著述的汇编。《文集》中刘因虽以程朱理学为自己学术思想的主要根据,但他却不死守程朱派的门户,而是融合或汲取陆氏心学的成分,因而有朱陆思想合流的倾向,这也正是元代理学家所共有的特点。《游高氏园记》是《文集》中一篇描述天地生生不息之理的文章。他说:"夫天地之理,生生不息而已矣。凡所有生,虽天地亦不能使之久存也。若天地之心见其不能使之久存也,而遂不复生焉,则生理从而息矣。成毁也,代谢也,理势相因而然也。……天地之间,凡人力之所为,皆气机之所使,既成既毁,毁而复新,亦生生不息之理耳,安用叹邪!"(畿辅本《文集》卷二)认为自然与社会的成毁、代谢,都是"理势相因而然",是由"天地之心"即"理"所主宰的,具体事物"生生不息"的变化,乃是"气机使之焉耳"。刘因的这种观点不过是撷取朱熹的理为"生物之本"、气为"生物之具"的思想而已。

《宣化堂记》则进一步论述"理"化生天地万物的过程。文章说:"大哉化也,源乎天,散乎万物,而成乎圣人。自天而言之,理具乎乾元之始,曰造化。宣而通之,物付之物,人付之人,成像成形,而各正性命,化而变也。阴阳五行,运乎天地之间,绵绵属属,自然氤氲而不容已,所以宣其化而无穷也"(畿辅本《文集》卷三),这就是说,由"理"的"宣而通之",便"成像成形",于是阴阳五行而化生人物,基本上是因袭程朱以理为本的思想脉络。

"理"既是现象世界的源泉,也是社会伦理纲常的总原则。人如何能符合天理而成为君子呢？刘因强调要返求于己:"天生此一世人,而一生事固能办也,盖亦足而无待于外也。"(《文集》卷二一)主张养气持守,不动心,要"主静"和"主敬",做到视外物若不存在,"则物之来不激之而去,其来如相忘,物之去不激之而来,其去也亦如相忘"(《文集》卷十八)。这种所谓人与物之间"如相忘",主要是指人心不为外物所诱惑,不动心,并非像庄子那样忘世而任自然。相反,倒要警惕"流于庄周、列御寇之不恭"(同上)的弊病。提出应肯定人在天地之间的尊贵地位:"天地至大,万物至众,而人与一物于其间,其为形至微也……其形虽微而有可以参天地者存焉,其时虽无几而有可以与天地相终始者存焉……然其所以参天地而与之相终始者,皆天理人心之所不容已,而人之所以生者也,于此而全焉。"(《文集》卷十七《孝子田君墓表》)人在无垠的天地之间是很渺小的,"形至微也",然而人为万物之灵而可以"参天地",人的生命,就具体的人来说是"无几"的,但就整个人类来说却是永存的。刘因认为这是由于"天理人心"之所系的缘故。刘因强调求理于吾心,《文集》中的《遂初亭说》云:"君子立心之初,曰为善而不为恶,曰为君子而不为小人,如是而已。苟为善也,为君子也,则其初心遂矣。夫道无时而不有,无处而不在也,故欲为善为君子,盖无时无处而不可,而吾之初心,亦无时无处不得其遂也。"(《文集》卷二十)这种主张道德修养上的"遂初心",较接近陆学的反求本心的方法。

关于道与物的关系,《退斋记》中说:"道之体本静,出物而不出于物,制物而不为物所制,以一制万变而不变者也。"(《文集》卷十八)这与程朱学派的基本观点一致。在《文集》中有表现刘因受道家庄子的"齐物"和北宋象数派邵雍的"观物"思想的影响,提出了自己对客观之物的看法。首先他认为"道"或"理"如上所述,为形而上之独立本体。而以为有形可见的客观事物,其存在的真实性却是值得怀疑的。《书康节诗后》说:"物齐也,齐之则不齐矣。犹之东、西也,东自东而西自西,固不齐也。然东人之西,则西人之东,是曰东亦可,曰西亦可,则是未始不齐也。然东、西之形既立,指其西而得之曰东,则东者必将起而争之,而不齐者出矣。不齐之,则物将自齐而平矣。"(《文集》卷二二)认为现象的不齐,并非是物的本相,物的本相是齐的,而人对外界现象的认识是不真实、不可靠的,并不能认识物的本来面目。所以刘因主张不以我观物,应"遂初心","自思入睿,自明而诚"(畿辅本《文集》卷一)。这是汲取邵雍的"以物(指精神本体)观物"、"以心观心"的"观物"方法。在《畿辅丛书》本《文集》中,收有《叙学》的一篇文章,提出了六经中有的就是历史的看法,这是受南宋浙东婺学的影响。他说:"古无经史之分,《诗》、《书》、《春秋》皆史也,因圣人删定笔削,立大经大典,即为经也。"

《文集》中坚持"君臣父子,常理不易"的封建纲常,肯定"君臣大义","此理势之必然,亘万古而不可易"。在刘因的实际人生而言,则表现为不与蒙元统治者合作的态度而退隐山野,具有一定的士人气节。

关于《文集》中的学术思想渊源及评价的问题,刘因的再传弟子苏天舜曾说:"其学本诸周、程,而于邵子观物之书,深有契焉。"(《滋溪文稿》卷八)清全祖望说:"静修先生,亦出江汉赵复之传,又别为一派。蕺山(刘宗周)先生曰,静修颇近乎康节。"(《宋元学案·静修学案》)

(潘富恩)

草庐吴文正公文集 〔元〕吴 澄

《草庐吴文正公文集》，又名《临州吴文正公集》、《吴文正集》、《草庐文集》等，五十四卷。元吴澄撰。此书各本卷数不尽相同，另有五十三卷本、一百卷本。据近人王重民考定，此书卷数所以不同，主要是编次删并不同（详参《中国善本书提要》，上海古籍出版社，1983年）。通行本有清《四库全书》抄本、清乾隆二十一年（1756）万氏刻本等。

吴澄（1249—1333），字幼清，晚年改字伯清，抚州崇仁（今属江西）人。世代业儒，尝从学于朱熹再传弟子饶鲁的门人程若庸。入元后曾任国子司业、翰林学士、经筵讲官等职。与许衡齐名，时有"南吴北许"之称。其所居题曰"草庐"，学者称草庐先生。其学本朱熹，兼宗陆学，主张折衷朱陆。在理、气、性的关系问题上，认为天地间阴阳二气，五德五欲，均"以理为之主宰"，但又说"理在气中，原不相离"。为学主"存心"、"明理"，认为"知者心之灵而智之用也"，重"尊德性"。对陆九渊的"本心"说十分赞赏，认为是出于孟子，并谓："以心为学，非特陆子为然，尧、舜、禹、汤、文、武、周、孔、颜、曾、思、孟，以逮周、程、张、邵诸子，莫不皆然。"极力调和朱陆，称"二师之为教一也"，反对门户之见。著述颇富，尤精研群经，对五经都有《纂言》，《三礼考注》为后人重视。但将《小戴记》四十九篇按己意割裂颠倒，颇为后人所讥。事迹见揭傒斯撰《神道碑》、危素撰《年谱》（均附于本集卷首）、《元史》卷一七一、《宋元学案》卷九二等。

《草庐吴文正公集》是吴澄的诗文集。其中：杂著一卷，答问二卷，说四卷，书一卷，启疏一卷，序十卷，记八卷，碑铭一卷，题跋五卷，墓志铭十一卷，祭文制诰表笺一卷，诗词赋五卷，外集三卷。另有附录首一卷，专载后人所作年谱、行状、神道碑、书序、从祀议等。

《草庐吴文正公文集》是反映吴澄哲学思想的主要资料，也是反映元代理学特点的一部重要著作。其中，值得重视的有以下几个方面。

一、"道统"论。和其他理学家一样，吴澄也很重视儒家的所谓"道统"，但他的"道统"论具有自己的特点，他说："道之大原出于天，神圣继之。尧舜而上，道之元也；尧舜而下，其亨也；洙泗邹鲁,其利也;濂洛关闽,其贞也。分而言之,上古则羲皇其元,尧舜其亨,禹汤其利,文、武、周公其贞乎!中古之统,仲尼其元,颜曾其亨,子思其利,孟子其贞乎!近古之统,周子其元,程、张其亨也,朱子其利也。孰为今日之贞乎?未之有也,然则可以终无所归哉?"(《外集》卷二《道统》,又《元史》本传)这里,吴澄据《周易》的元、亨、利、贞排列来确定"道统"顺序;又把"道统"细分出上古、中古、近古三阶段,每一阶段又分为元、亨、利、贞四期;而在近古阶段中,把朱熹列在"利"位,虚位"贞"以待。

二、"理气"论。吴澄认为:"易之为道,有体有用。理,易之体也;阴阳变易,易之用也。此言至当。然理无形象,变易者阴阳之气也。阴阳之所以能变易者理也,非是阴阳变易之外,别有一物为理而为易之体也。"(卷三《答田副使第二书》)这个思想虽是从朱熹那里承继来的,但与朱熹"理气"观不同的是,他不认为气中还"别有一物"为之主宰,他说:"自未有天地之前至既有天地之后,只是阴阳二气而已。本只是一气,分而言之则曰阴阳,又就阴阳中细分之,则为五行,五行即二气,二气即一气。气之所以能如此者何也?以理为之主宰也。理者非别有一物在气中,只是为气之主宰者即是,无理外之气,亦无气外之理。"(卷二《答人问性理》)从"理气"论出发,吴澄还具体论述了形上与形下、无极与太极以及天地鬼神等命题,这里不一一详举了。

三、"本心"论。吴澄认为,"万理"都是"本于心"、"根于心",是"本心之发见","不待外求"。他说:"道之在天地间,古今如一,人人同得,智愚贤不肖,无丰啬焉。能反之于身,则知天之与我者,我固有之,不待外求也,扩而充之,不待增益也。"(卷十《象山先生语录序》)"心也者,形之主宰,性之郭郭也。此一心也,自尧舜禹汤文武周公传之以至于孔子,其道同。道之为道具于心,岂有外心而求道者哉!"(《宋元学案》卷九二)从这一点出发,他认为:"夫学,孰为要?孰为至?心是已。天之所以与我,我之所以为人者,在是。不是之求而他求焉,所学何学哉?圣门之教,各因其人,各随其事,虽不言心,无非心也。"(卷五《王学心字说》)他指出"心学"是得孟子之"正传",也是真正的"圣门之教"。

四、"和会朱陆"。吴澄学源出朱学,个人的倾向是陆学,对两家之学他虽有偏爱不同,但总体上则是调和二家。他说:"朱陆二帅之为教一也。而二家庸劣之门人,各立标榜,互相诋訾,至于今,学者犹惑。"(《宋元学案》卷九二)"论之平而当足以定千载是非之真者,其唯二程、朱、陆四子之言乎!"(卷十二《临川王文公集序》)吴澄"和会朱陆"的言论和实践,论者以为是开了明代王阳明"心学"的先河,是宋明理学中的一个过渡的形态。

文集还反映出吴澄以注重践履和调和朱陆为特色的教育思想,主要内容如下。

一、重视教育变化人之气质及改造社会的作用。认为至善之性人人皆天生具有,"道在天地间,今古如一,人人同得"(《象山先生语录序》),"其当然者与人俱生,其固然者不与死俱亡也"

(《中山赵氏家谱序》),认为人受气成质于父母时有清浊美恶之不同,圣人禀气之极清、质之极美者,故本然之真无所汙坏;下愚之人禀气之至浊,质之至恶;绝大多数人心中之理被浊气恶质拘碍沦杂,本然之性不明。由于每个人所禀清浊美恶分数多寡不同,所以现实人性不能皆善而差异万千,此外,后天情欲也往往使人性"不复其原之清而反益其流之浊"(《易原以清名字说》)。教育的作用在于变化气质,复本性之善,他说:"学而不足以变气质,何以学为?"通过学习,达到"昏可变而明也,弱可变而强也,贪可变而廉也,忿可变而慈也",为了发挥教育变化人性的作用,他认为统治者应重视学校教育和社会教化的作用,他说:"夫学校之设,三代至今数千年矣,所以明人伦而善风俗,所以育人材而俾正教。其关系岂小哉?"(《崇仁县孔子庙碑》)又说:"天子所与分治其民者侯牧也,封建为郡县而郡太守实古侯牧也,其治民也,有政焉,有教焉","政以导之使不为恶,教以化之而使为善也。"(《宜黄县学记》)他把教育与政治放在同等重要的地位上,故主张"建学以兴文教、畅文风、涵育其人",期与人主"共治"(《崇文阁碑》)。

二、认为由常人而贤人而圣人是学道做人的三个层次,圣人是应该追求的最高教育目标。他说:"道者,人人所同有,圣贤者,人人之所学。"(《十贤祠堂记》)认为"人皆可以为圣人,特患不为尔"(《柴浦伯渊字说》),只要努力去学,目的一定可以达到,"人皆可以贤、可以圣,固在学者已分内"(《赖致广字说》)。成为圣人的标准是"诚","诚者,圣之事"(《题苏德常诚斋》),他解释说"纯乎天理之实为诚,徇乎人欲之妄就不诚"(同上),把诚真实地贯彻于一个人的道德践履过程就是诚身之学,被认为是圣人修养的最高境界:"诚身之学则不止一语一事之诚而已,知性尽心之余,养性存心之际,仰无所愧,俯无所怍,内省不疚,而无恶于志,慎独不欺而自谦于己。"(《题诚悦堂记后》)吴澄认为,除了追求成为贤圣,教育没有其他目的,他揭露批评当时学校接受科举影响,引导学者追求功名利禄,指出"科举课程之坏人心,而郡邑之间设科养士所习不出乎此"(《乐安县鳌溪书院记》),"学校承袭旧弊,不知所以自新之方"(《送李教谕赴石城任序》),他认为这背叛了圣人务内之学,既害己害道,也危害社会稳定。

三、认为在道德修养方面必以敬为本。敬表现于外叫"俨":"俨者,敬之形于外者也。"(《俨斋记》)外肃内庄,貌庄心一,这一原则主要继承自程朱。还提出"日新"原则。认为起坐之室,一日不洒扫则尘秽不可居,饮食之器不日日涤濯则污秽而不可用,人之德性亦如此。天赋至理,除了先天气质拘碍外,还要受日常私欲之蔽,因而德性不明,正如"手不可一日而不新"一样,"德尤不可一日而不新也"。所谓"自新"即"每日省之事之,可以告天语人者为是,其不可告天不可语人者为非,非则速改。昨日之非,今日不复为也"(《刘又新字说》)。要学者充分发挥天赋的道德理性能力。"践履"是吴澄最重视的修养原则。在明理与践道的关系上,他主张"知行兼该",认为在道德实践过程中,"圣人之道,书所具载,首之以学文而讲习之,究索之,则能明其道于心矣,所明之道我所固有,加之以学行而修践之,持守之,则能履其道于身矣"。即要学者"既能明于心,又必履于身,既能履于身,又必诚于内,实于外"(《赵以文兄弟字说》)。可见,他认定知在前,不知则道不明,行是知之目的,两者不可分割,但是具体道德实践情况复杂,所以提倡"知行兼该者,上也",在"二者不可得兼时","则笃于行而知未逮者,抑其似也"。认为行而不知有矣,但"知之而不行,未之有也"(《学则序》),意即知而不行者都不是真知。吴澄之所以特重践履,是因为他看到当时学风恶劣,需要矫正。他说"今之所以教、所以学,其最下者不过追随时好以苟利禄"(《瑞州路正德书院记》),认为元代学风由于受到宋代学风影响,主要是为科举制度及朱学末流之弊端所败坏,"士之不以谨言谨行为学,非一日也"(《送傅民善赴桃源州教授序》)。为了改变这种风气,他要求"穷经有实学,修身有实行,经世有实用"(《许士广诗序》)。

四、对理学心学为学之方进行了某些调和。为了调和朱陆之异,他提出内外合一之学:"盖闻见虽得于外而所闻所见之理则具于心,故外之物格则内之知致,此儒者内外合一之学。"认为内外合一之学避免了"记诵之徒博览于外而无得于内"之弊,又不同于"释氏之徒学本于内而无事于外也"。其目的是"今立真知多知而外闻见之知于德性之知,是欲矫记诵者务外之失而不自知其流入异端地"(《评郑夹漈通志答刘教谕》)。在具体教育过程中,务内比务外得到更多的提醒和注意,"德性者,我得此道以为性,尊之如父母、尊之如神明,则存而不失,养而不害"(《凝道山房记》)。有人游孔林,他说:"孔子之道,内求之则在吾心,外求之则在其书,不在孔林也。"又说:"敬身明伦,此又在读书穷理之先者。"(《答王参政仪伯书》)他常常令"学者主一持敬以尊德性,然后令其读书穷理以道问学",要求"先求之吾心而后求之五经"(《答田副使第三书》)。断言"问学不本于德性,则其弊必偏于语言训释之末,故学必以德性为本,庶几得之"(同上)。这种观点与陆学尊德性先于道问学的观点一样。他认为假如学者能存心,知道书所言皆吾之所有,不待外求,则必好书乐书,"既乐则书在我,苟至此,虽不读可也"(《题读书说后》)。甚至劝告学生《易》之为《易》,具于心,备于身,反而求之,在我不在书"(《送乐顺书》)。同陆九渊相似,他也有废书不观的倾向:"礼义之根于人心者,我固有之,盖有不待读圣贤之书而后知也。"(《朋习书塾记》)

(徐洪兴 刘桂林)

师山集 〔元〕郑 玉

《师山集》,十三卷。元郑玉撰。通行本有元至正刊本、明嘉靖刊本、清《四库全书》本。

郑玉(1298—1358),字子美,学者称为师山先生,徽州歙县(今安徽歙县)人。幼敏悟嗜学,既长,通六经,尤精于《春秋》,为文不事雕刻,受到当时著名文人赞扬。至正十四年,朝廷除玉翰林待制、奉议大夫,遣使者赐以御酒、名币。浮海征之,郑玉辞疾不起,绝意仕进,日以著书、教授为事,学者门人受业者众多,所居至不能客,学者即与其地建师山书院以处。至正十七年,郑玉殉元。

郑玉早年在淳安曾拜融堂一支的《春秋》大师吴暾、夏大之、洪震老为师,学习陆学三年,并同这一支另一著名学者洪颐往复讨论,延祐年后,洪颐与郑玉再见于钱塘,而郑玉已习朱子之学,其后直到元末,郑玉在师山书院是以程朱理学的传播者自任的。全祖望也认为郑玉是程朱理学一派而非心学派(参《宋元学案》卷九四),作为元中后期著名的理学教育代表,郑玉对道德践履的强调和对朱陆为学之方的调和立场使他的教育思想继许衡、吴澄之后,产生了较大影响。今存著述有《周易纂注》、《春秋经传阙疑》和《师山集》。事迹见《元史》卷一九六。

《师山集》是郑玉的诗文合集。卷一为表,卷二为论,卷三为序,卷四、卷五为记,卷六为碑,卷七为碑铭,卷八为表、志、状。《遗文》卷一为序,卷二为论,卷三为表,卷四为传,卷五为五言古诗。附录一卷包括元史本传、行状等。有至正丁亥(1347)程文以序、至正庚寅(1350)郑玉自序。

《师山集》中反映郑玉教育思想的,主要包括以下几个方面。

一、教育对人的道德发展有重大作用。郑玉认为天地之性就是人之性,天地之性是纯粹天理,因而人性是生来就善的,但仅有善性还不够,还要靠后天学习才能使其表现出来,他说:"道绘画必先布粉素,而后可以施五彩;调羹者必先有甘甜,而后可以加五味。故甘非和也,而可以受和;白非采也,而可以受采。虽然,甘而不加之味,吾见其日流于漓而已,未见其能和也;白而不加之色,吾见其日入于缁而已,未见其能采也。忠信之人之于礼,虽有其质矣,其可恃其质之美而不加之学乎？采之本白,生固有其质矣,白之能采岂不有待于生之学乎?"(《洪元白字说》)他认为发展人的道德,除了受教育外,学者还必须做到治生与受教育的结合:"从事于学者则不知稼穑之艰难,从事于农者则不知礼义之所从出,后世有能昼耕夜读以尽人道之常者,人至以为异而称之,其去古道益远矣。能耕田以养其亲,读书以修其身……则人情自厚,风俗自淳,虽复三代之制不难矣。"(《耕读堂记》)他认为,切实践履封建道德就是维护封建政治:"子之奉亲而居是堂也,父父子子兄兄弟弟夫夫妇妇,刑于家而化于乡,是亦为政而矣,奚必食君之禄,治民之事而后为政哉?"(《亦政堂记》)

二、教育目的是追求成圣。郑玉认为从资质天禀而言,圣人与常人没有什么差别,常人之学与圣人之学仅仅是教育目的的层次高低不同,由常人之道到圣人之道,最终目的是达到天人合一,他说:"诚者,天之道,诚之者,人之道也,其以天人对言之者,以为学之次第言之也,及其成功,一也。是故圣人者形虽同于人而心则纯乎天也,而圣人亦非有异于人也。众人去之而圣人独存尔,所谓天道也;君子则求所以存之也,所谓人道也,是之谓诚。"(《李进诚字说》)圣人的标准很高,他说:"圣人之所以异于人者,以其无欲也,无欲则静虚而动直矣,静虚故明而通,动直故公而溥,此圣人之所以合天德,而学者之所当学也。"(《静虚斋记》)郑玉反对学者以功名利禄为人生目的,他讽劝热衷举业的举子说:"近世科举之士用心得失之间,得之则沾沾以喜,失之则戚戚以悲,至于皓首穷经,终不得闻道,甚者丧心失志亦有之矣。"(《送王伯恂序》)

三、道德修养原则以主敬存诚和践履为特色。郑玉要求学者以敬为主,保存天赋善性,不至放失。他批评三代以下学者"不知居敬以存养,故学废而性远"(《王居敬字序》)。他也注重"诚",说:"盈天地间皆诚也,今夫昭昭者,天也,而四时之行无不诚,故春生而秋杀,灵于物者人也,而四端万善莫非诚……学者之为学,其可有一毫之自欺而不诚乎? 不诚无物,诚则实有诸己而乐莫大焉。"(《李进诚字说》)郑玉最重视学者的道德践履,他批评元代学风的败坏实质是丢掉了践履,他认为三代以下,秦汉晋唐以来学者"溺于训诂词章之习,故虽专门名家而不足以为学,皓首穷经而不足以知道,儒者之罪人耳。近世学者,忠恕之旨不待呼而后,唯性与天道岂必老而始闻? 然出口入耳,其弊益滋,知而不行,则又秦汉以来诸儒者之罪人矣"(《王居敬字序》)。学风败坏还表现在"近时学者,未知本领所在,先立异同,宗朱则毁陆,党陆则非朱。此等皆是学术风俗之坏,殊非好气象也"(《与汪真卿书》),要求学者学用结合,知行结合。据此他赞扬祁门处士王廷珍:"子真读书见大意,谓圣贤作经,意在言表,岂拘拘注脚者所可得其本旨,要当真体实认,见之日用常行间。"(《附录》)主张"斯道之懿,不在言语文字之间,而具于性分之内,不在高虚广远之际,而行乎日用常行之中"(《师山郑公行状》)。

四、全面比较朱陆教育思想异同,并有所调和。他说:"以予观之,陆子之质高明,故好简易,朱子之质笃实,故好邃密,盖各因其质之所近而为学,故所入之途有不同尔。及其至也,三纲五常仁义道德岂有不同者哉？同是尧舜、同非桀纣、同尊周孔、同排释老、同以天理为公、同以人欲为私,大本达道,无有不同者乎。陆氏之学其流弊也,如释子之谈空说妙,行卤莽灭裂而不能尽夫致知之功;朱氏之学其流弊也,如俗儒之寻行数墨,至于颓惰委靡而无以收其力行之效,然岂二先生立言垂教之罪哉？"(《送葛子熙之武昌学录序》)又说"陆子静高明不及明道,缜密不及晦庵,然其简易光明之说,亦未始为无见之言也,但其教尽是略下工夫,而无先后之序,而其所见,又不免有知者过之之失,故以之自修虽有余,而学之者恐有画虎不成之弊,学者自当学朱子之学,然亦不必谤象山也"(《与汪真卿书》),表明郑玉是站在朱学立场上。但他对陆九渊心学又有所吸收,他认为,天地、古今、人物都是一易,而"心者,易之太极也"(《周易大传附注序》)。又说:"天地一万物也,万物一我也。"(《肯肯堂记》)又以人之血气之阴阳、人之四体为易之四象,按《周易》说法,太极乃万事万物产生的根源,所以,郑玉以易为体,以为易之体无不备,而心作为易之太极,当然是派生万物的本体。由此认为,天地万物皆归之我之心,我之心为体无不备,自我身外推至天地万物,其用无不周。人之进退出处正与不正,即是否符合封建道德,都是易之用,即我心天理之用,如此一来,"天地万物皆吾一体","参赞化育垂世立教皆吾分内事也"(《肯肯堂记》)。这样,"虽然无书可也,无书可也,又何有于传注乎？又何事于考据乎？"(《周易大传附注序》)这又显然是陆学观点了。

（刘桂林）

程氏家塾读书分年日程 〔元〕程端礼

《程氏家塾读书分年日程》,又名《程氏家塾读书分季日程》、《读书工程》,三卷。元程端礼撰。通行本有元刊本、清康熙四年(1665)三鱼堂刊本、《正谊堂全书》本、《当归草堂丛书》本、1869年江苏书局重刊本、《丛书集成》初编本、1935年上海涵芬楼影印《四部丛刊》本、1992年黄山书社校点本等。

程端礼(1271—1345),字敬叔,号畏斋,元庆元路鄞县(今宁波鄞州区)人。幼颖悟纯笃,十五岁能记诵六经,晓析大义。庆元自宋季皆尊尚陆九渊氏之学,而朱熹之学不行于庆元,端礼独从史蒙卿游,以传朱氏明体达用之指,学者及门甚众。皇庆、延祐年间为延平、建德教谕,至治、泰定年间曾任铅山稼轩、集庆路江东两书院山长。所著今存《畏斋集》、《程氏家塾读书分年日程》。《元史》卷一九〇有传。

《程氏家塾读书分年日程》包括纲领及一、二、三卷。有程端礼自序,元至顺三年李孝光序,元统三年薛观处(静父)序,清康熙二十八年陆陇其序,嘉庆元年宋玉诏、王锡范序。

一、纲领包括《白鹿洞书院教条》、《程董二先生学则》、《西山真先生教子斋规》、《朱子读书法》。《白鹿洞书院教条》包括五教之目,即父子有亲、君臣有义、夫妇有别、长幼有序、朋友有信;为学之序,即博学之、审问之、慎思之、明辨之、笃行之;修身之要,即言忠信、行笃敬、惩忿窒欲、迁善改过;处事之要,即正其谊不谋其利,明其道不计其功;接物之要,即己所不欲勿施于人、行有不得反求诸己。《程董二先生学则》包括"凡为学于此者必严朔望之仪,谨晨昏之令;居处必恭、步立必正、视听必端、言语必谨、容貌必庄、衣冠必整、饮食必节、出入必省、读书必专一、写字必楷敬、几案必整齐、堂室必洁净、相呼必以齿、接见必有定、修业有余功、游观有适性、使人庄以恕而必专所听"。以上两部分是由饶鲁所书,而程端礼转录于此。《西山真先生教子斋规》包括"学礼、学坐、学行、学立、学言、学辑、学诵、学书"八部分。《朱子读书法》包括"居敬持志、循序渐进、熟读精思、虚心涵泳、切己体察、著紧用力"。

二、卷一是程端礼述读书分年日程。第一部分是读经之法。八岁未入学之前，读《性理字训》（程逢原增广者）。自八岁入学之后，读《小学》书正文。具体日程安排是：小学读经三日，习字一日。《小学》书毕，次读《大学》经传正文、次读《论语》正文、次读《孟子》正文、次读《中庸》正文、次读《孝经刊误》、次读《易》（六经正文依程子朱子胡氏蔡氏句读）、次读《书》正文、次读《诗》正文、次读《仪礼》并《礼记》正文，次读《周礼》正文、次读《春秋》经并三传正文。从八岁起约用六七年之功，则十五岁前，《小学》、《四书》诸经正文可以尽毕，自十五岁后依朱子读书法读《四书集注》。如果十五岁前用功夫时失序者，可从十五岁起即读《大学章句或问》，仍兼补小学书。

十五岁后，读《大学章句或问》、次读《论语集注》、次读《孟子集注》、次读《中庸章句或问》、次钞读《论语或问》之合于集注者。次钞读《孟子或问》之合于集注者，次读本经《周易》、《尚书》、《诗》、《礼记》、《春秋》。

程端礼认为，"前自十五岁读《四书》经注或问、本经传注、性理诸书，确守读书法六条，约用三四年之功，昼夜专治，无非为己之实学而不以一毫计功谋利之心乱之，则敬义立而存养省察之功密，学者终身之大本植矣"。

三、卷二是读史作文之法。《四书》本经既明之后，自此日看史，仍五日内专分二日倍温玩索《四书》经注或问、本经传注，倍温诸经正文，夜间读看玩索性理书，并如前法。首读《通鉴》、次读韩文、次读楚辞，之后约为二十岁或二十一二岁，仍以每日早饭前循环温玩索《四书》经注或问，本经传注诸经正文，温看史、温读韩文楚辞之外，以二三年之工专力学文，既有学识，又知文体，何文不可作，然后学作文。作科举文字之法（用西山法）：读看近经问文字九日作一日，读看近经义文字九日作一日，读看古赋九日作一日，读看制诰表章九日作一日，读看策九日作一日。专以两三年工夫学文之后，才二十二三岁或二十四五岁，自此可以应举矣。程端礼说："窃谓明《四书》本经必用朱子读法，必专用三年之功，夜止兼看性理书，并不得杂以他书，必以读经空眼簿，日填以自程，看史日学文必在三年外，所作经义必尽依科制条举，所主所用所兼用之说而推明之，又必择友举行蓝田吕氏乡约之目，使德业相劝、过失相规，则学者平日皆知敦尚行实，惟恐得罪于乡评，则读书不为空言，而士习厚矣，必若此状后可以仰称科制，经明行修，乡党称其孝悌，朋友明其信义之实，庶乎其贤材盛而治教兴也，岂曰小补。古者大司徒以乡三物教万民而宾兴之，方今圣朝科制，明经一主程朱之说，使经术、理学、举业三者合一，以开志道之士，此诚今日学者之大幸，岂汉唐宋科目所能企其万一？弟因方今学校教法未立，不过随其师之所知所能，以之为教为学，凡读书才挟册开卷，已备拟作程文用，则是未明道已计功，未正谊已谋利。其始不过因循苟且，失先后本末之宜而已，岂知此实儒之君子小人所由以分，其有害士习乃如此之大。"

程端礼认为："右分季日程一用朱子之意修之，如此读书学文皆办，才二十二三岁或二十四五岁,若紧着课程,又未必至此时也,虽前所云失时失序者,不过又增二三年耳,大抵亦在三十岁前,皆办之也。世之欲速好径失先后本末之序,虽曰读书作文而白首无成者,可以观矣。此法似乎迂阔,而收可必之功,如种之获云。"

此外尚有批点经书凡例,包括不同文体的句读法、点抹法、发音法。又附有"刊印日程空眼簿式",分读经日程、读看史日程、读看文日程、读作举业日程、小学(演文、习字)日程几种。

四、卷三为"正始之音",是辨音。

有的版本(例如江苏书局本)还附有《朱子学校贡举私议》、《朱子调息箴》、《集庆路江东书院讲义》。

程端礼根据朱子读书法修成的这个分年日程,较充分地体现了封建时代科举考试制度对学生的要求,是朱熹读书法的具体化,至今也不能否认它有一定的科学性。由于它适应了封建时代士子通过学习理学博取功名的需要,元时国子监即以之颁示郡邑校官,为学者式,可见当时即产生较大影响,其对明清时代家塾的影响尤其深远。

(刘桂林)

宋辽金元编

政法类

疑狱集 〔五代〕和 凝 〔北宋〕和 㠓

《疑狱集》，三卷(一说四卷，但一般认为第四卷为后人所增)，五代和凝、北宋和㠓父子撰。于宋太宗雍熙(984—987)初表上。常见版本有明嘉靖十四年(1535)李崧祥刻本、清《四库全书》本、咸丰元年(1851)金凤清刻本和咸丰三年(1853)岭南徐氏刻本等。

和凝(897—955)，字成绩，汶阳缜昌(今山东东平)人。后梁进士，后唐任殿中侍御史、刑部员外郎等；后晋拜端明殿学士、右仆射；后汉拜太子太保，封鲁国公；后周迁太子太傅。撰有《演纶》、《游艺》、《孝弟》等六集。和㠓(950—995)，字显仁，和凝第四子，北宋时任崇仁知县、大理评事和判吏部铨等。撰有《七榜题名记》，并补注和凝《古今孝弟集成》。

《疑狱集》是我国现存最早的案例选编。书前有和㠓序和元世祖至元十六年(1279)杜震序，明刻本有李崧祥序。卷上收案例二十二件，卷中二十四件，卷下十九件。时间范围上至春秋，下迄五代。

《疑狱集》载有大量典型的古代侦察、断案技巧。如"李崇还儿"中，李崇察言观色，明断真伪，因赵奉伯闻所争小儿"死"讯而无痛意，故认定其所称非实；同样的方法在"薛宣追听"、"黄霸察姒"等案中也得到运用。有的法官善于使用跟踪侦察法，对利害关系人严密监视，往往使案情水落石出，如"李杰杀奸"、"陆云密随"、"蒋恒觇妪"等案。诱导法也是常用技巧之一。战国时苏秦遇刺，刺客多年未获；苏秦临死前请齐王佯称其系因罪处死，刺客果出。唐高祖时李靖被诬谋反，受命按察的御史察觉其中蹊跷，佯称诉状丢失，令原告重写，果然后状与前状不同，从而真相大白。对于有物证的案件，周详审查甚至利用活物证是一个重要手段。如刘宋时两妪争丝，法官季珪鞭丝得铁屑而卖针老妪胜诉，唐代张楚金慎重审检，发现书证为补葺伪作，南梁顾宪之任耕牛自归主家而冒认者不辩自服。

书中还记载不少明察秋毫的法官，从一般人看来极为普通的事中也能察知犯罪。如唐代吕元膺出外游春，见运送棺椁的丧车和身着重丧的五名男子，吕氏认为如是远葬则太奢靡，近葬则过简陋,其中必有奸伪。搜索后果然得棺内兵器,使欲为非作歹的盗贼受到惩办。"严遵疑哭"、"行成叱盗"、"子产闻哭"等案,皆有异曲同工之处。

另有许多案例载法官勇于维护法制尊严,减少和避免不少冤滥现象。刘宋时一县吏射鸟,误中直帅,虽不伤人亦拟弃市处死,何承天认为"狱贵情断,疑则从轻",并引张释之故事,主张从轻处罚。曹魏时有人盗官练置厕中,吏疑女工所为,将其逮捕;司马芝反对,认为"刑罚之失,失在苛暴。今先得赃物,后讯其辞,若不胜掠,以致诬伏,则坐致冤滥"(卷中)。晋时有人父早亡而诈称刚死,被判死刑,殷仲堪认为父未亡而诈称死才获此重罪,否则只应惩其妄诞之过。

书中也有一些案件选取失当。如"丙吉辨影"中,以"老人之子不耐寒,日中无影"(卷中)为依据,判定亲子关系,显然没有科学依据;有些案例过分夸大直觉心证的作用,也不妥当。

《疑狱集》汇大量古代案例为一编,开后世案例故事编纂的先例。其后相继问世的《折狱龟鉴》《棠阴比事》等,都以本书为基础。通过汇编成集的方式,保留了许多古代司法状况的记录,对研究当时社会、法制状况有重要的价值。

本书的研究成果,有明张景《补疑狱集》。另有复旦大学出版社1988年版杨奉琨《疑狱集·折狱龟鉴校释》。

(杨鹤皋　王志强)

宋刑统 〔北宋〕窦 仪 等

《宋刑统》,《宋史·艺文志》著录作《重详定刑统》,三十卷。题北宋人窦仪撰,实为窦氏与苏晓、奚屿、张希护(一作张希逊,又作张希让)、陈光乂、冯叔向等共撰。成书于建隆四年(963)八月,同年颁行。后世较少流传。现存宁波天一阁传钞本,及民国七年(1918)国务院法制局据天一阁钞本刊行的版本(简称局本)、民国十一年(1922)吴兴刘承幹据天一阁钞本校刻刊行的版本(简称嘉业堂本)。

窦仪(913—966),字可象,苏州渔阳人。祖、父均居官职。后晋天福间举进士。并从侍卫军帅景延广为从事,即显其才能。后周广顺初,改仓部员外郎、知制诰,并召为翰林学士。历驾部郎中、给事中。不久以父病为由,辞去官职。终丧,复召拜为端明殿学士,从征淮南,判行三司。恭帝即位,迁兵部侍郎。宋建隆元年(960)迁工部尚书,罢学士,兼判大理寺,并复入翰林为学士。乾德二年(964)加礼部尚书。四年(966)知贡举,同年卒,赠右仆射。建隆三年(962)奉诏重定《刑统》,三十卷。四年成。《宋史》卷二六三有传。

宋朝建立后,刑政方面基本沿用《后周刑统》,且远溯唐代,凡有利于中央集权的前代格敕,并在参用之列。随着政权日趋稳定,《后周刑统》已不适用,统一立法势在必行。建隆三年(962),采纳乡贡明法张自牧和工部尚书窦仪的建议,朝廷决定更定刑统,命窦仪主持,由苏晓、奚屿、张希逊等参加制订。收列自唐代开元二年(714)经五代至宋初建隆三年(962)有关刑名的敕令格式,按照周《显德刑统》体例,以刑律为主,其他有关刑名的敕令格式依律分类统一编入,故称刑统。建隆四年(963)八月完成,同年颁行。虽然在实施过程中几经小改,"随时损益则有编敕",作为一部基本的、较系统的成文法,《刑统》终宋之世几乎未做大改。

据窦仪《进刑统表》,《宋刑统》是在前朝《后周刑统》的基础上"贯彼旧章,采缀已从于撮要",并增补新的内容而成。"旧二十一卷,今并目录增为三十一卷。旧疏议节略,今悉备文,削出式令宣敕一百九条别编,或归本卷,又编入后来制敕一十五条,各从门类,又录出一部律内'余条准此'

四十四条,附《名例》后。"《宋刑统》颁布后,"所有《大周刑统》二十一卷,今后不行"。

《宋刑统》是宋初统治者贯彻治国以德礼为本和强调慎法的立法指导思想的产物。宋初慎法甚至发展为不敢立法的极端。《宋刑统》就内容言,基本上是《唐律疏议》的抄袭之作,甚至保留唐律一些已过时的概念。和唐律一样,《宋刑统》共十二篇:名例、卫禁、职制、户婚、厩库、擅兴、贼盗、斗讼、诈伪、杂律、捕亡、断狱,五百零二条,二百一十三门,连目录共三十一卷。十二篇律文一字不动照搬《唐律》。《名例》规定了五刑、十恶、八议、自首、共同犯、并合论罪等项,相当于近代刑法典的总则。《卫禁》是关于警卫皇帝宫、殿、庙、苑,保卫州镇城戍、关津要塞以及边防国防等方面的制度和法律。《职制律》是关于官吏设置、失职、贪赃枉法和交通驿传等方面的法律。《户婚律》对户籍、赋税、田宅、婚姻家庭等方面作了规定。《厩库律》规定养护公私牲畜、仓库管理、官物出纳等方面的内容。《擅兴律》规定关于军队征调、指挥、行军出征和兴建工程不如法等的处罚。《贼盗律》分"贼"和"盗",是保护封建政权和人身财产不受侵犯的法律。《斗讼律》是关于斗殴和告讼方面的法律。《诈伪律》是惩处诈欺和伪造方面的法律。《杂律》范围很广,将不便纳于某一类的犯罪行为汇集一篇。《捕亡》和《断狱》分别对追捕逃犯及逃亡者和有关审讯、判决、囚禁、执行等方面作了规定。

除律文外,《宋刑统》收列有关刑名的敕令格式,是其一大特色。这些敕令格式按其内容,归于相应律文之后,每条之前,都加"准"字表示经过中央核准;内容有删节的注"节文"。敕令格式之间夹入"起请条",标有"臣等参详"者,表明制定《刑统》时对原有律文或敕令格式内容变动所提的具体建议。综观《宋刑统》的敕令格式,可见其内容上的一些特点。

首先,与前朝刑律相比,《宋刑统》最引人注目之处在于其民事立法方面的发展。为了适应社会经济发展的需要,《宋刑统》增加了许多前所未有的规定,如《户婚律》中"卑幼私用财"门、"户绝资产"门、"死商钱物"门等对财产继承作了详细规定;《户婚律·典卖指当论竞物业》规定了有关不动产转移合同的事项;《杂律·地内得宿藏物》规定了无主物的归属;《杂律·受寄财物辄费用》对借贷作了一系列规定;《户婚律·婚田入务》规定了民事诉讼的期限,等等。

其次,在刑事立法上,《宋刑统》实行"折杖法",对犯罪的惩罚较唐律为轻。《名例律》规定的"折杖法"就是原定为笞、杖罪的刑用臀杖抵折,原定为徒罪的刑用脊杖抵折,原定为流刑的罪用脊杖、配役抵折。

再次,由于新的经济因素的出现及政府财政开支的日益扩大,宋初对经济立法的重视在《宋刑统》有关敕令格式中有较多体现。

《宋刑统》的另一特色是首创了综合性规定,将《唐律》"余条准此"条汇集一起,专列"一部律内余条准此条"门,附于《名例律》之后,便于司法官吏搜检引用。

《宋刑统》是宋代唯一律典,形式上和内容上对中国封建传统立法的承前启后起了很好的接力作用,在中国法制史上有重要地位。其收列的敕令格式,具有珍贵的史料价值。

本书点校本,有吴翊如点校《宋刑统》(中华书局,1984年),薛梅卿点校《中华传世法典——宋刑统》(法律出版社,1999年)。本书研究著作,有薛梅卿《宋刑统研究》(法律出版社,1997年)等。

(李小宁)

律音义 〔北宋〕孙 奭

《律音义》，又名《律文音义》，一卷，北宋孙奭撰。宋仁宗天圣七年(1029)，崇文院雕印初刊，南宋有重刻本，现藏国家图书馆；1984年上海古籍出版社曾影印。其他常见版本有光绪十七年(1891)江苏书局据孙星衍《岱南阁丛书》本及沈家本复宋抄本的重刊本，上海商务印书馆1935年据涵芬楼藏本影印《四部丛刊》本和刘俊文点校本(中华书局1983年版《唐律疏议》附录)。

孙奭，字宗古，博州博平(今山东聊城东北)人。曾任大理评事、左谏议大夫、给事中、礼部尚书等职和多任地方官。精通经史，常以史事为鉴，评述政事得失。曾数次上书反对符瑞之说和大规模出巡，建议"损抑虚华，斥远邪佞，罢兴土木"，要求"纳谏、恕直、轻徭、薄敛"(均见本传)。以太子少傅致仕，谥宣。撰有《五经节解》、《五服制度》等，并考订诸经。《宋史》卷四三一有传。

北宋天圣七年(1029)孙奭领衔对《唐律》、《律疏》和《宋刑统》进行全面校订，以便唐代旧典与《刑统》兼行；并作《律音义》，对律文有关用语的音、义进行诠释。依《唐律》篇目，分为名例、卫禁、职制、户婚、厩库、擅兴、贼盗、斗讼、诈伪、杂律、捕亡、断狱等十二篇。

《律音义》每篇，先释篇名，阐述其发展源流。如，"名例第一"释曰："主物之谓名，统凡之谓例。法律之名既众，要须例以表之，故曰'名例'。汉作《九章》，散而未统。魏朝始集罪例，号为《刑名》。晋贾充增定律二十篇，以《刑名》、《法例》揭为篇冠。至北齐，赵郡王睿等奏上齐律十二篇，并曰《名例》。后循而不改。""贼盗第七"释曰："世不能无奸宄，盗贼所由生焉。故恶以防禁，杜其祸心，所以长善绝恶也。魏李悝首创《盗》、《贼》二法。后魏改曰《盗律》、《贼律》。北齐合为一名。后周分为《劫盗》、《贼叛》二篇。隋更名《贼盗律》。"然后按律文中出现的次序，对重要、疑难的词语逐一注音、释义。注音兼采反切法及同音法，如"笞，丑之切"(《名例第一》)；"愈，以主切"(《断狱第十二》)；"逾，音俞"(《卫禁第二》)；"捍，音汗"(《捕亡第十一》)等。有时二者并用，如"偿，时亮切，又音常"(《厩库第五》)。若在变音词后注音，则针对其中较生僻的字而言，如"蛊毒，音古"(《名例第一》)，注上字；"案省，悉并切"(《职制第三》)，注下字。有时二音均注，"卷钞，去愿切;下初教切"(《诈伪第九》)。

释义部分,大多直释其义,如"勋官,凡勋十有二转,谓武骑尉至上柱国"(《名例第一》)。有的名物兼述其发展沿革,如"五刑"注详述其自上古至当时的发展演变过程。"杖",释曰:"持也,言人执持可以击人也。古者用鞭,《书》云'鞭作官刑'是也。梁有制鞭、法鞭、常鞭三等,制鞭用生革廉成,法鞭去廉,常鞭用熟靼。至隋,以杖易鞭。旧制:应决杖笞者,皆依数决之。皇朝建隆四年,始有折杖之制。"(《名例第一》)有的援引他书释义,如"过所",释曰:"《释名》云:'过所,至关津以示之。'《唐职官志》:'关令禁末游,伺奸慝,凡行人车马出入往来,必据过所以勘之。'"(《卫禁第三》)书中引用典籍有《易》、《左传》、《仪礼》、《周礼》、《汉书》、《后汉书》、《尔雅》、《独断》等十余种。

书中还对个别原文作了勘正,如"期",注中称"唐避玄宗讳之字为周,今改从旧。后皆仿此"(《名例第一》),"标识"释谓"本作帜,非"(《厩库第五》)。

《律音义》对古音古义多所保存和说明,对部分典章制度的沿革有提纲挈领的叙述,于研究《唐律》有一定价值,也是音韵学研究的参考资料。

(王志强)

刑统赋 〔北宋〕傅 霖

《刑统赋》四卷，北宋傅霖撰。早期单行本均佚，近世有清宣统二年(1910)缪荃孙据铁琴铜剑楼藏抄本的校刊本，收于《藕香零拾》。全书内容又录于《刑统赋解》、《粗解刑统赋》、《别本刑统赋》和《刑统赋疏》等注本。此四书均收入1913年沈家本校刊《枕碧楼丛书》，1990年中国书店影印，列入《海王村古籍丛刊》。

傅霖，北宋左宣德郎、律学博士，余无可考。

北宋建隆四年(963)，窦仪等以唐律为蓝本所撰《宋刑统》颁行，傅氏因其不便记诵，故以韵文形式撮举其中要点，作《刑统赋》，并自作注解。其注文今已不传。

《刑统赋》是以"赋"的形式解说《宋刑统》基本原则和主要内容的律学专著，正文共分八韵，每韵少则数句，多则十余句，大多隔句用韵。

赋文内容兼及全律各部分，但以基本原则性规范为重点。如第二韵"例分八字"，突出"名例八字"的作用；八字，即以、准、皆、各、及、其、即、若，在律文中频繁出现，并与断罪量刑密切相关。第五韵"议夫制不必备也，立例以为总"，强调《名例》的总则地位。

有关亲族制度的内容篇幅最多，如"子孙非周亲也，或与周亲同；高曾同祖父母，或与祖父母异"(第二韵)，"又若亲姑被出亦是亲姑，继母改嫁即非继母"(第四韵)，"继养恩轻于本生"(第五韵)，"妻非幼而准于幼，女称子而异于子"，"罪相为隐外止及于祖孙"(第六韵)，"故伤亲畜产者，价亦不偿"(第七韵)，"大功小功，增又加等"(第八韵)等等，涉及亲等、服制、继承、容隐等各方面。赃罪也是重点内容，书中指出"累赃不倍者三"(第二韵)，"盗众财必倍也。累而非倍者，犹掌当之专"(第三韵)，"公取岂殊于赃取"(第四韵)，"六赃计贯，或终如其始"(第六韵)等，对各种赃罪及处理办法均有涉。此外，书中对五刑、七杀、八议、十恶、自首、加减、比附、首从、管辖、收赎等重要内容，或详或略，均予收列。文末指出，"吏之于法也，知非难而用为难，宜尽心于用刑之际"，强调知易行难，提醒官吏应谨慎用刑。

《刑统赋》是较早的私人律学著作。书中全面把握律文要旨,体现出较高的律学成就。其中所强调的"读律八字"在后世受到律学家普遍重视,影响很大。但全书由于韵文形式的限制,过于简略,许多语句若无注释很难理解。

　　本书在宋元时期很流行,注家也较多。现存注本有佚名《赋解》,元郄某《韵释》,王亮《增注》(以上三书合收于《刑统赋解》),孟奎《粗解》和沈仲纬《赋疏》等。

(王志强)

州县提纲 〔北宋〕陈　襄

《州县提纲》四卷。北宋陈襄撰。现可知的最早刊本为元刻本,收入《永乐大典》。另清乾隆中李调元辑《函海》、清嘉庆中张海鹏辑《学津讨原》和民国时商务印书馆所辑《丛书集成初编》均收录本书。

陈襄(1017—1080),北宋侯官(今福建福州)人。字述古,学者称古灵先生。仁宗庆历年间中进士,知河阳、常州,入为三司判官,知谏院,管勾国子监。以反对王安石新法,论青苗法不便而出知陈州,徙杭州,迁枢密直学士判太常,后以侍读判尚书都省卒。与同里陈烈、周希孟、郑穆倡明"知天尽性"之说于闽海间,人称四先生。生平"以兴学养士为先务,以明经笃行为首选",反对溺于章句和词章之学。在州县任上,务兴学校,讲求民间利病,受业者过千人。其学以"养心"、"明诚"为主,强调"好学以尽心,诚心以尽物,推物以尽理,明理以尽性,和性以尽神",大抵已接近后来二程之学。又尝以继承韩愈之业勉人。著有《易义》、《中庸义》、《古灵集》等。《宋史》卷三二一有传。

《四库全书总目》卷七九《史部·职官类·官箴》所列《州县提纲》条对该书作者有疑,认为:"《永乐大典》本《州县提纲》下不著撰人名氏。杨士奇《文渊阁书目》题陈古灵撰。古灵者,宋陈襄别号也。襄字述古,侯官人。史称其莅官所至,必讲求民间利病。以后友人刘彝(引者注:《宋史》作刘寻)视其箧,得手书数十幅,皆言民事。则此书似当出于襄。然襄所著《古灵集》尚传于世,无一字及此书。又所著《易讲义》、《郊庙奉祀礼文》、《校定梦书》等,见《宋史·艺文志》、《福建通志》、《说郛》中,不言更有此书。晁、陈二家书目亦皆不著录。书内有绍兴二十八年语,又有昔吕惠卿、昔刘公安世语,考襄卒于元丰三年,距南渡尚远,不应载及绍兴。且刘、吕皆有后进,不应称昔。其非襄撰明甚。今《永乐大典》所载本,盖据元初所刻,前有吴澄序,止言前修所撰,不著其名氏,盖澄亦疑而未定。知《文渊阁书目》所题书为讹传,不足据矣。"

本书为笔记体著作,共四卷。卷一有二十八则,主要是劝诫州县官要洁己省身,奉职循理,节用养廉,防吏弄权等。卷二有四十五则,主要是州县官在审理狱讼、征发徭役时的注意事项。卷三共二十四则,内容为讯察狱囚、拷讯罪犯需留意之处。卷四共一十七则,内容为征收赋税、钱粮管理的具体方法。书前有吴澄序。

古人以州县官为亲民之官,责任甚重,择人当否,直接关系到百姓的生计与命运。作者对州县官如何修身尽职提出了许多意见。如廉政洁己,"居官不言廉,廉盖居官者份内事","一陷贪墨,终身不可洗濯"。为官者"可饥可寒可杀可戮,独不可一毫妄取。苟有一毫妄取,虽有奇才异能,终不能以善其后,故为官者当以廉为先"。居官须奉职循理,"为政先教化而后刑责,宽猛适中,循循不迫,俾民得以安居乐业,则历久而亡弊。若矜用才智,以兴立为事,专尚威猛,以击搏其民,而求一时赫赫之名,其初固亦骇人观听,然多不能以善后。历观古今,其才能足以盖众者固多矣,然利未及民,而所伤者已多"。居官要注意不被胥吏所控制:"吏大率多欲长官用严刑,则人畏其不测,彼得乘势以挟厚赂。""故凡吏有献说者,须察其可行,不可遽听。要在宽严适中,则亡弊矣。"

关于审理狱讼,作者提出了许多卓有见识的观点,如"判状勿凭偏词"、"判状勿多追人"、"勿萌意科罚"、"详审初词"、"疑似必察"等等。对证据的收集,作者认为:"斗殴必追证,而证不可凭一人之词。争界必会实,而会不可尽信耆邻之说。盖富者有赂,则可以非为是;贫者无赂,则可以是为非。专凭证会,则凡贫弱者皆无理矣。斗殴之讼,必察其人之强弱,情之是否;争界之讼,须令详画地形,考之契要。反复参究,必得其实,然后可决。"对行刑时间提出了"三不行刑"的原则:"一我醉,二彼醉,三羸瘠。盖我醉而行刑,则易至过误,傍观必以为使酒。彼醉而行刑,则辞中忿怒,不知守分,或无礼过甚,则事干刑宪,难于施行。羸瘠者多因监系日久,饮食不时,仅存皮骨,若遽加刑,必有毙于杖下者,须资以饮食,俟其稍苏,然后杖之。"书中还有不少审狱系囚的经验之谈,如"健讼者独匣"说:"健讼之人,在外则教唆词讼,在狱若与余囚相近,朝夕私语,必令变乱情状,以至翻异。故健讼者须独匣,不可与余囚相近。"

对赋税徭役和钱粮事务等,书中也有不少可取的论述,如"无轻役民"、"籍定工匠"、"役须预差"、"常平审给"、"革催数欺弊"等,作者提出要"禁差役之扰":"县令不明,则吏因差役并缘为奸。如差甲得赂,辄改差乙,差乙得赂,辄改差丙。本差一户,害及数家,争竞扰扰,久而莫定。故差役之先,必严责所差吏罪状。如被差人有词,则令供合充之家,当厅索差帐,与籍参究定差,无至再误。如始差不当,必罪元差。"

本书反映了古代一些官吏推本正己省身,议论州县莅民之方,探究防奸厘弊之道的情况,在当时诚属难得,因而被称为"司牧之指南"。本书是较早的基层官员施政指导书,对于古代地方官员为政一方,主持行政、司法实务具有很大的影响,并且对于后世此类书籍的流行,也起到了启示作用。

(徐永康)

包孝肃奏议 〔北宋〕包 拯

《包孝肃奏议》，又题《孝肃包公奏议》，十卷，北宋包拯撰。本书最初由包拯门人张田于治平二年(1065)编集，以包拯后人保存的奏稿中选择一百七十一篇，按照内容的性质分成应诏、致君、任相、择官、议兵等三十门，十卷。后来，流传至南宋时，汪应辰认为张田本分门编纂，虽有便于查找的优点，却使事情的来龙去脉，变得不易知晓，时间先后也不便考察。遂根据资料，于每篇奏章之下，一一注明了时间和相关履历。但是，汪应辰本的流传极其有限，以致南宋以来，虽然多次翻刻本书，而南宋绍兴二十七年庐州刊本、淳熙元年庐州刊本、明正德元年江西刊本等皆依照张田本。不过，明永乐十四年编纂《历代名臣奏议》时，所录包拯奏议，大多系有年月或所任职衔，也许当时参考了汪应辰编定本。现存主要版本有《五名臣遗集》本、《庐阳三贤集》本、《粤雅堂丛书》本等。1936年中华书局整理出版的《包拯集》，即据张田本校正，又据《历代名臣奏议》添注了撰写时间和官衔，并辑录了张田本未收的两篇佚文。近年有黄山书社出版的《包拯集编年校补》，在现存各种版本的基础上，增加了佚文若干，全书共一百八十七篇。又根据各种资料，对书中奏章一一加以考辨，根据时间先后，重新加以编排，共分四卷。

包拯(999—1062)，字希仁，庐州(今安徽合肥市)人。北宋天圣五年登进士第，任大理评事，先后知建昌、天长及端州，为官以清廉刚毅著称。累官至三司户部副使，知谏院，除龙图阁直学士，敢言直谏，数劾权幸大臣。后权知开封府，迁右司郎中，京城中贵戚宦官皆不敢放肆妄为，据说妇孺皆知其刚毅公正的名声。相传他一改以往诉讼者不得直接到堂下申诉的做法，开门让人当面陈述，手下的吏员只得认真处理。迁谏议大夫、权御史中丞时，请仁宗裁抑内侍，节减冗费。后迁给事中，为三司使，官至枢密副使，卒后赠礼部尚书，谥孝肃。《宋史》卷三一六有传。

《包孝肃奏议》汇编了包拯历年上奏皇帝的公文，虽未必系统地体现包拯的政治法律观点，然从他所担任的职务来看，都是与立法、执法密切相关的工作，如监察御史、三司户部判官、知谏院、河北都转运使、权知开封府等，因此，从他的议论中，仍能够看到包拯政治法律思想的大致面貌。

包拯的政治思想,带有儒家德治融合法治的鲜明特点。他认为,"民者,国之本也,财用所出,安危所系"(《请罢天下科率》),为了富国安天下,就应该以恤民为本,不然,"横敛不已,人怀危虑,或因岁之饥馑,以吏之残酷,相应而起,涂炭海内",势必引起社会的混乱。因此,他主张无论是修改旧法,还是设立新法,基本原则便是兼顾统治阶级与人民的利益,"公私利济",切不可只图眼前的小利,忽略了经久之大计,如同他多次批评的陕西盐法和茶法、冶铁法一样,结果搞得百姓怨声载道。为了减轻百姓的负担,包拯积极主张节省国家开支,减汰冗员,省除奢侈。在征发赋役方面,除了常赋之外,免除一切临时加派,对遭受灾害的地区,让农民只交纳正税,罢除无名科率。可以说,"于国有利,于民无害"是包拯最基本的立法思想。

包拯认为,治理国家,除了宽政恤民之外,必须有健全的法制。法律的制定,必须严肃认真,"法令者,人主之大柄,而国家治乱安危所系焉,不可不慎"(《上殿札子》)。包拯虽然积极主张因时因事来制定各种法规,特别是对蠹政害民的法律,更要及时废除或修改,但从国家立法的原则来说,法律的废立应该慎重行事,决不可草率,"凡朝廷降一命令,所以示信于天下。若有司承受,委而不顾,乃是命令之不足遵守,俾四方何以取信?则朝廷纲纪,亦缘此寖隳矣"(《请支义仓米赈给百姓》),由此法律方得以取信于天下。而取信于人的另一方面,便是法律的相对稳定,不能朝令夕改,这正是针对当时"制敕才下,未逾月而辄更;请奏方行,又随时而追改"(《论诏令数改易》)的时弊而言。

在执法和司法方面主张赏罚分明和执法公平。前者如"赏者必当其功,不可以恩进;罚者必当其罪,不可以幸免"(《上殿札子》)。包拯认为,只有赏罚得当,臣下百姓才会"立功乐于自奋"(《论内臣事》),同时,才能有效地抑止贪官污吏的营私舞弊和贵戚豪门的骄横不法。而贪官污吏的横敛不已,又是激起民变、造成社会动乱的主要原因,因此,他力主以法律手段加强吏治,以法律来制衡天下。这就要求在执法时,为维护法制须有不避权贵、执法如山的精神。包拯对张尧佐任职三司使期间"滥司大计,利权反复,物论沸腾"(《弹张尧佐第一章》)的弹劾,以及他担任监察御史时,对王逵、张可久的参劾,均有充分表现。

"精选廉干中正之人"充当司法官吏,是维护法制的重要前提。由于郡县长吏不得其人,主观武断,常常是造成冤狱的主要原因。因此,对于执法官员,要做到"有司精核治状,审验人才",对那些"苛细矫激之辈,摒而不用"(《请不用苛虐之人充监司》)。知人善任,是治乱之本,直接关系到国家的安危。对于司法人员,一定要选择精干有才的人担任,汰黜那些庸懦无能之辈,这是保证执法的根本。同时,司法的监察工作又是有效地执法的重要环节,因此,包拯强调"督责有司精择各路按察之官及诸州长吏,有不任职者,即令黜罢"(《请速除京东盗贼》),如按察使、提点刑狱等负有监察使命的官员,其职责"在乎察官吏之能否,辩讼之冤滥……事权至重,责任尤剧,设非其人,则一路受敝"(《请选用提转长吏官》)。他们负有监督法律执行的使命,非一般职务可比,必须仔细选择有才能、公正廉明的人来承担,才可能真正起到"朝廷用之为纪纲,人君委之如耳目"(《论台官言事》)的作用。

从《包孝肃奏议》收录的内容来看,比较完整地体现了包拯的政治、法律思想及其实践,他的出发点是为巩固封建统治阶级的长远利益,客观上有缓和社会矛盾、抑止豪门权贵和贪官污吏不法行为的作用,也符合广大人民的要求,这便是包拯的形象经过后世民间传说的不断加工,仍具有相当的生命力而广泛流传的根本原因。包拯的思想来源,有传统的儒家思想的鲜明痕迹,如"治平之世,罕用刑法",反对施用重典,以及老子"无为而治"的思想因素,更多的是反映了北宋前期社会的政治、法律的情况,特别是北宋高度集中的中央集权政治与臃肿的官僚行政机构、豪门权贵大肆进行土地兼并这一尖锐的矛盾在司法制度方面的反映。奏议中所述的诸多具体现象,为研究中国封建社会由上升逐渐走向低落时期的政治法律制度,提供了丰富生动的资料。

(戴扬本)

唐大诏令集 〔北宋〕宋 绶 宋敏求

《唐大诏令集》,北宋宋绶、宋敏求父子编辑的唐代各朝皇帝政令文告汇编。成书于宋熙宁三年(1070)。后世长期以抄本流传。至清光绪年间,南浔张钧衡据明抄本刊刻,为《适园丛书》本。1958年中华书局以铁琴铜剑楼顾广圻抄本为底本,参以《适园丛书》本,校订断句出版排印本。1991年学林出版社又出版点校本。

宋绶,字公垂,宋赵州平棘(今河北赵县)人。出身文学世家,年十五召试中书,后举进士。曾任集贤校理、中书舍人、龙图阁学士出知应天府、吏部侍郎、参知政事等职。以博通经史、熟悉典故而称于时。曾参与修撰国史。著有《卤簿图》十卷。任侍读学士时专读唐史,搜集资料,为本书编辑打下基础。《宋史》卷二九一有传。

宋敏求(1019—1079),字次道。举进士,累官至史馆修撰,龙图阁直学士。曾参修唐史,补唐武宗以下六世实录,除编成本书外,著述尚有《长安志》《春明退朝录》等传世。

本书共一百三十卷(现缺第二十三卷),分为帝王、妃嫔、追谥、册谥文、哀册文、皇太子、诸王、公主、郡县主、大臣、典礼、政事、番夷十三类。类下又各分目,有的目下又分为子目。共收有一千四百六十多件诏令。

诏令是古代皇帝发布的法令、文告、命令的统称。秦制:天子之令称诏,皇后、太子称令,但汉已混言。本书并非照录所有唐代皇帝诏令,而是有目的、有选择地进行编辑,以图总结李唐的历史经验。因此编辑的重点是唐代皇帝处理重大人事、政治问题的诏令。如大臣类有二十二卷,编辑唐代历朝皇帝有关人事任免的诏令,分为宰相(下又分命相、馆职、判使、领镇、出镇、罢免、休致、贬降八个子目)、将帅(下分命将、赏功、贬责三个子目)、尊礼大臣、异姓王、异姓王妃、册三公、册国公、册郡公、册赠、陪陵、配享、实封、铁券、附属籍、录勋、录旧十六目。突出唐代优礼臣下的既定政策。

政事类所占篇幅最大,共有四十七卷,分为礼乐、经史、刑法、颁历、恩宥、时令、建易州县、官制、举荐、按察、褒劝、求直言、崇儒、制举、贡举、备御、营缮、禁约、诫谕、休假、田农、赋敛、平籴、财利、道释、祥瑞、医方、收瘗、禁锢、杂录、慰抚、招谕、讨伐、舍雪、购募、平乱、诛戮,共三十七目。

这些以皇帝名义颁发,实际由臣僚写成的诏令,在反映历史真实方面虽然有着一定的局限,但在一定程度内,又能曲折地反映出某些历史事实的真相,同《起居注》、《实录》一样,是历代史学家研究历史问题相当重要的原始材料。尤其唐代实录仅存顺宗一朝,其余全都散佚,而新、旧《唐书》、《通典》、《唐会要》等书有的不收诏令,有的收录不全。因此,《唐大诏令集》在考察唐代历史、特别是政治史、制度史方面有其特殊的重要性。

第一,以本书和新、旧《唐书》参读,可以纠正《唐书》不少错误之处。如《晋书》的修撰年代,《旧唐书》的《房玄龄传》、《令狐德棻传》都称是贞观十八年,《唐大诏令集》卷八十一有《修晋书诏》,所注年月是贞观二十年闰三月。由此可以判断《旧唐书》的记载有误。

第二,可以补充《唐书》的遗漏。唐代不少史料仅见于本书。如唐敬宗李湛实为宦官所杀,此事两种《唐书》都隐去不载,本书卷一一四《江王下教》则披露了这一真相。尤其由于《新唐书》基本上不收诏令,故对它特别具有补充发明的作用。至于第八十三卷以后的政事、番夷两大类,直接关涉有唐一代的政治、经济、法律、选择、职官、婚姻制度,以及对外关系诸方面,更是研究唐史的丰富史料。

2003年上海古籍出版社出版了周天《唐大诏令集补遗》。

(石建邦　郭　建)

东坡七集 〔北宋〕苏 轼

《东坡七集》，又作《东坡全集》、《苏东坡全集》，一百十卷。北宋苏轼撰。苏轼的文集，宋代即有数种不同本子，苏辙所撰苏轼墓志，称《东坡集》有前集四十卷，后集二十卷，奏议十五卷，内制十卷，外制三卷，和陶诗四卷。南宋《郡斋读书志》和《直斋书录解题》著录本书，除墓志所记外，还有《应诏集》十卷，即后世所称《东坡七集》的规模。今流传较广的主要为明成化四年李绍序刊本，1936年世界书局影印本即据此刻本。2011年河北人民出版社出版了张志烈、马德富、周裕锴全编的《苏轼全集校注》

作者生平事迹见"东坡易传"条。

《东坡七集》中，前三种《前集》、《后集》、《续集》为诗、词、铭、赞、书、墓志、神道碑文、传、序等，其余如《奏议集》、《应诏集》等则为起草的文告等，其中，论、策、序等内容，以及部分奏札，比较集中地反映了作者的政治、法律方面的观点。

苏轼认为，治理天下，必须遵循"道德"，"人君以至诚为道，以至仁为德"，所谓"至诚"，即"推赤心以待之，不可以丝毫偏伪也"，"至仁"即"视臣如手足，视民如赤子，戢兵省刑，时使薄敛"，从而使统治者与被统治者之间，有一种融洽的关系，也才能够建立起君主真正的权威。

苏轼还从另一方面阐述君主的权威。他认为，君主的权威应该建立在积极的作为上："欲威福不移于臣下，则莫若舍己而从众，众之所是，我则与之；众之所非，我则去之。夫众未有不公，而人君者天下公议之主也。"这里"众"当然与今天所说"民众"有很大区别，然这种对人君地位的认识及阐述却颇有新意。

因此，苏轼十分反对以严刑治理国家。他指出，"猛政非可恃以为治也。自有刑罚以来，皆称罪定法，譬之权衡，轻重相报，未有百姓造铢两之罪，而人主报以钧石之刑也"。他尤其厌恶利用权势的谄谀小人，"苟务合意，不惮欺罔"，他尖锐指责假借种种名目、大肆敛取百姓财产的人，"夫兴利以聚财者，人臣之利也，非社稷之福。省费以养财者，社稷之福也"。可见他思想上具有传统的"民本"色彩,"民者,国之本;刑者,民之贼。兴利以聚财,必先烦刑以贼民,国本摇矣"。因此,他建议统治者"今欲严刑妄赏以去盗,不若捐利以予民"。

苏轼宽刑的主张,还可从他受道、佛等思想影响加以认识。他主张采取简便、宽松的行政手段管理社会,"今御史之察,专务钩考簿书,责发细微,自三公九卿,救过不暇","夫详于小,必略于大,其文密者,其实必疏"。所以,在现实中,"水旱盗贼,四民流亡,边郡不宁,皆不以责宰相,而尚书诸曹,文牍繁重,穷日之力,书纸尾不暇,此皆苛察之过也,不可以不变"。他还批评宋代以编敕补充律条,而又不加节制的传统,"编敕续降,动若牛毛,人之耳目所不能周,思虑所不能照,而法病矣"。所以,苏轼多次强调,"临下以简,御众以宽,此百世不易之道也"。

在赏与刑的问题上,苏轼坚持主张"赏不以爵禄,刑不以刀锯"。他指出,"先王知天下之善不胜赏,而爵禄不足以满也;知天下之恶不胜刑,而刀锯不足以裁也。是故疑则举而归之于仁,以君子长者之道待天下,使天下相率而归于君子长者之道,故曰忠厚之至也"。这个见于苏轼青年时期所撰《刑赏忠厚之至论》的观点,几乎贯穿于他一生的思想。他批评商鞅"以殊死为轻典,以参夷为常法,人臣狼顾胁思以得死为幸",当苛法推行之始,似乎是"求无不获",其流弊却早已潜伏在秦灭亡的历史进程中。

苏轼强调礼义与信对稳定社会秩序的作用。他认为,社会分为君子和小人,所事不同,各有其分,不可乱也,"愈大则身愈逸而责愈重,愈小则身愈劳而责愈轻","是故不耕而食,不蚕而衣,君子不以为愧者,所职大也"。这显然是站在统治阶层立场上对社会秩序的理解。但另一方面,他又看到,"礼之大存乎明天下之分",即所谓"严君臣、笃父子、形孝弟而显仁义也"。他批评人们常常重视刑罚之过,"或至杀伤",却忽略了礼乐在治理社会方面的功能,"夫法者末也,又加以惨毒繁难,而天下常以为急;礼者本也,又加以和平简易,而天下常以为缓",这已经成为天下之公患。

苏轼的思想,兼有儒、道、佛的成分,十分复杂,因而在他的政治法律思想上也常有这种表现。而基本思想仍是以传统的儒家学说为框架,反映了北宋知识分子在继承传统文化上的一个重要内容。苏轼对王安石的熙宁新政十分不满,后来也不同意司马光等人保守的政治立场,而始终坚持一种比较温和实际的态度。他的政治法律观点,对于研究当时社会政治法律状况,以及持这一立场的士大夫阶层的有关思想,很有裨益,在中国政治法律思想史上有一定意义。

(戴扬本)

元丰类稿 〔北宋〕曾　巩

《元丰类稿》，五十卷，北宋曾巩撰。现存《元丰类稿》最早的完整刻本为元大德八年东平丁思敬刻本。此后在明代曾多次翻刻，流行于世。现存较主要的版本有明嘉靖十一年黄希宪刻本、嘉靖王抒刻本、清康熙四十九年长岭西爽壹刻本和康熙五十六年顾崧龄刻本等。此外，还有《四部丛刊》本和《四部备要》本。近年中华书局出版的点校排印本，即以顾崧龄刻本作为底本，参校诸家刻本而成，更书名为《曾巩集》。

曾巩（1019—1083），字子固，建昌南丰（今属江西）人。少年时即有文名，嘉祐二年（1057）举进士，任太平州司法参军，召编校史馆书籍，迁馆阁校勘、集贤校理，后出为通判越州，历知齐、襄、洪、福等州。元丰年间判三班院，后改管勾编修院，擢中书舍人。以散文见长，文风含蓄典重，在宋代文坛独树一帜，被称"唐宋八大家"之一。亦长于作诗。曾整理《战国策》、《说苑》及校定《南齐书》、《陈书》等古代典籍多种。除本书外，另有纪传体史书《隆平集》二十卷存世。

关于治理社会，曾巩认为教化是最重要的。在熙宁新法推行之初、朝野一片反对之声时，他对此颇不以为然，认为"无怪其如此也"。他认为，"夫我之得行其志而有为于世，则必先之以教化，而待之以久，然后可以为治，此不易之道也"。通过这种"教化"，久而久之，"则人之功罪善恶之实自见，虽有幽隐，不能掩也"。而刑罚的威慑，则是次要的："己之用力也简，而人之从化也博，虽有不从而俟之以刑者，固少矣。"

北宋社会矛盾尖锐，随着土地兼并趋势的发展，尤其在社会遭遇水旱之灾时，不免出现"创作兵仗，合众以转劫数百里之间"的情况，对这种社会动乱，主张采取坚决措施，"杀人之盗，不待教而诛"。即便是所谓"待教而诛者"，也是"俟之之道既尽矣，然后可以责之备也"。由此可见北宋社会矛盾的尖锐性，以及强调教化之功的北宋法律严酷的一面。作者于熙宁年间，根据在亳州的行政经验，制定了详密的保甲巡警盗贼条文，其中，限制人员的出入，递相击鼓，应接袭逐保内盗贼的种种措施，可说都是这种现实的反映。

修先王之法度，是宋儒在议论中经常涉及的要点之一。曾巩认为，先王之法度，距今两千余年，并非在形式上简单加以恢复，所谓"服古衣冠，乘车出入，席地而坐，用俎豆之器、俪皮之聘"。他在《为治论》中强调，行先王之法度，是"因今之器，顺今之变以行之，归之乎不失其所为之本，不务其末而已"，即从精神上秉承先王治理天下的方法，如"复农于田，复士于学，复官于职，复兵于耕，复佛老于无，以正民之业，制礼节用，以养民之财，修仁义之施，以教民之俗"，这样，虽然时间上相去万年，依然可以继承效法。

刑赏忠厚之论是宋代士大夫经常讨论的一个有关法制的题目，即对《尚书》所记皋陶"罪疑惟轻，功疑惟重"之说的理解。后人解释，有"刑疑附轻，赏疑从重，忠厚之至也"之说。曾巩是从教化之功来认识"忠厚之至"的："夫先之以成教以率之矣，及其有罪也，而加恕如此焉；先之以成法以导之矣，及其不功也，而加隆如此焉。"其实，若从曾巩对一些具体法规制定的意见来看，如主张以重刑惩治窃盗之徒等等，似乎是矛盾的。但这正是包括曾巩在内的宋代大部分士大夫思想上儒法兼有的一个特点，既强调以教化治天下生民之心，又主张用刑罚惩治、规范人的行为，"刑赏忠厚"之论是意识深层儒家治国理想的表现，"不待教而诛"则是在尖锐的社会矛盾现实面前的反映。

曾巩生活的时代，正是北宋社会由长期的积贫积弱而酝酿改革，又由于推行王安石改革方案，而在士大夫阶层引起强烈反应，以致形成势同水火的政治派别的时期。从曾巩的观点和立场来看，他既与主张积极改革的王安石有较密切的关系，与持保守立场的官员也有较多来往，这表现在他的一些观点和主张上，兼有改革和保守的特点，尤其在《元丰类稿》的疏札、奏状等内容里表现得比较明显。研究曾巩有关政治、法律的论述，对深入了解北宋中期社会政治的特点，很有裨益。

（戴扬本）

宋大诏令集

《宋大诏令集》，北宋九朝皇帝政令文告的汇编。编者不详，相传为宋绶后代子孙于南宋绍兴年间编成。据《郡斋读书志》及《直斋书录解题》，有南宋李氏刻本，然早已失传，元明清时一直以抄本流传。1962年中华书局根据铁琴铜剑楼及述古堂抄本，加以校订标点，排印出版，为目前最通行的版本。

本书原为二百四十卷，另有目录两卷；现阙佚四十四卷及目录上卷。共汇编了北宋九朝皇帝的诏令（现存三千八百多条）。全书按诏令内容分类，现存有帝统、太皇太后、皇太后、皇太妃、皇后、妃嫔、皇太子、皇子、亲王、皇女、宗室、宰相、将帅、军职、武臣、典礼、政事十七门，门下又分类，类下分目，有的目下又分子目。

本书政事门最为庞杂，现存九十三卷，几乎要占到全书现存篇幅的一半。该门又分为五十四类：礼乐、符宝鼎圭辂、经史文籍、祥瑞、儆灾、褒崇先圣、国宾、学校、征召、求遗书、出宫女、建都、建易州县、官制、举荐、求言、制科、科举、铨选、考课、按察、休假、俸赐、营缮、河防、军令、马政、常平、田农、赋敛、财利、蓄积、赈恤、蠲复、恤穷、慰抚、诫饬、禁约、刑法、贬责、备御、保疆、恩宥、招谕、贷雪、平乱、讨伐、武功、医方、褒恤、收瘗、道释、伪国、四裔（下分大金、契丹、西夏、高丽、交趾、大理、西蕃、诸蕃八目）。

本书编集目的在于为南宋统治者提供历史经验与种种"祖制"。总的来说是针对南宋局势的，如鉴于北宋的亡国，在政事门中突出了惩戒失职违法官吏的诏令。如贬责类有十卷之多，集中收编有关惩治失职违法官吏的诏令，为政事门中篇幅仅次于四裔类的大类，明显具有澄清吏治、整肃官风的用意。诫饬类也达八卷篇幅，集中收编北宋皇帝训诫官吏的诏令，显然也是出于同样的目的。政事门第一大类为四裔类，收录了宋朝与各少数民族政权之间的交聘文告，如记录了与辽、金等朝皇帝互称兄弟的诏书内容，为南宋偏安江南提供历史依据。

《宋大诏令集》所收诏令范围很广，除了正式的政令文告如诏、敕、制册等，还收录了不少皇帝手书"御笔",如宋徽宗政和六年(1116)二月二十八日"遵守法重情轻上请法御笔手诏",强调"情重法轻"、"情轻法重"的疑案都应上请,由皇帝亲自裁决,显示出宋代君主专制中央集权制度的加强。

《宋大诏令集》保留了很多宋代法制史料。如宋太宗端拱二年(989)十月己巳"令中外臣僚读律诏",指出"律令之文,咸究轻重之理,实生民之警戒,乃有位之准绳",命令中外臣僚"公事之外,常读律书,务在研精,施之则足以断事,守之则可以检身",表现宋初统治者对法制的重视。另外在刑法这一目(第二百卷)中还集中收录了不少历朝皇帝对于法律与情理之间的关系的诏令,显示审判参酌"情理"惯例的形成过程。

《宋大诏令集》对于中国政治、法律制度史的研究有重要价值,也是了解宋代政治、社会生活的珍贵史料,在宋史研究中占有重要地位。

(郭　建)

容斋随笔 〔南宋〕洪　迈

《容斋随笔》，分《随笔》、《续笔》、《三笔》、《四笔》、《五笔》，共五集，七十四卷。南宋洪迈撰。本书为作者前后四十年间读书心得札记，原计划每集各分十六卷，书未成而亡故，故《五笔》才十卷。初刻于南宋嘉定五年(1212)，后数经传刻，有明弘治十一年(1498)本、明崇祯三年(1630)本、清康熙三十九年(1700)洪璟刻本、乾隆年间扫叶山房本等。今通行本有上海古籍出版社1978年标点本，据清光绪元年重校同治年间洪氏刊本校点整理。2005年中华书局又出版了孔凡礼点校本。

洪迈(1123—1202)，字景卢，号容斋，别号野处，饶州鄱阳(今属江西)人。绍兴十五年(1145)中博学宏词科。授两浙转运司干办公事，入为敕令所删定官。乾道年间，累迁中书舍人兼侍读、直学士院，同修国史。淳熙十三年(1186)拜翰林学士，上《四朝国史》。宁宗时，进龙图阁学士，以端明殿学士致仕，谥文敏。洪迈学问博洽，著述宏富，尤熟于古今掌故。编著除《容斋随笔》五集外，另有《夷坚志》四百二十卷，《万首唐人绝句诗》九十一卷，《野处类稿》二卷等。《宋史》卷三七三有传。

以笔记形式，将仕宦经历中耳闻目睹的事情笔之于书，或随手记下读书的心得，常见于唐宋以降的文献中。由于洪迈既有过担任知州等地方官员的经历，直接办理过一些司法方面的事务，又曾在中央官僚机构做过中书舍人兼侍读、撰修国史等职务，有机会接触大量的文件资料，而且他的家庭，又是当时以学问著称，父亲洪皓，兄洪适、洪遵，皆文名满天下，著述丰富，所以《容斋随笔》的史料价值向来为人所重视。如《三笔·蜀茶法》篇记熙宁、元丰年间四川推行榷茶，制定法规，设置官场，"一岁之间，通课利及息耗至七十六万缗有奇"，由于川蜀茶法，数经反复，既有茶马司获利的一面，亦有因蜀茶尽榷、"民始病矣"的消极面，作者注意到茶法虽只是地方所立法规，而民间利病，"他邦无由可知"，故由国史等资料中钩取有关史事，以备论鉴。又如《续笔》卷四《宣和冗官》条，摘取宣和之年蔡京将去相位时，臣僚上疏言官僚冗敝之事，列举诸如"辰州招弓弩手，而枢密院支差房推恩者八十四人;兖州升为府,而三省兵房推恩者三百三十六人"等,皆为史书不见。而作者直接或间接接触到的有关司法条例记载,则更有他书未及处。作者认为,执法须公平,论罪亦当有一定的标准,而每逢天灾,或遇国之庆典,常以赦恩而令州县释免罪人,以致"凶盗杀人一切不死,惠奸长恶"(《容斋三笔》卷一六《多赦长恶》),州郡亦不得奏论。作者于此支持王安石"一岁三赦,是政不节,非所以弭灾也"之论,以为此说至公。又如宋代刑法,许州县奏谳疑狱,然地方提点刑狱的官员,或用心善良,欲全活死囚,却以失入被罪;或以取证不全,判狱不公。其间以"杀时无证"、"尸不经验"等,反映了宋代刑法注意取证,以为量刑佐证,也表达了作者根据亲身经验,对宋代刑法"律敕并重"的司法程序的保留态度。

通过笔记的形式,洪迈在评述前人刑法利弊的同时,也表露了自己的基本观点。如《续笔》卷五《秦隋之恶》,集典籍所录前人对秦、隋二朝富有天下,却仅得维持短暂统治的议论,提出"为天下君而得罪于民",必为世所麾斥,并非秦、隋二朝的统治者罪恶过于桀、纣。同时,汉、唐二朝分别踵其后为国,享国长久,正是吸取了前者的教训,比较好地处理了君主与民众的关系的结果。作者反对用重刑苛法驭民,他引用老子"民不畏死,奈何以死惧之"的话,指出人之常情莫不欲寿,"虽衰贫至骨,濒于饿隶,其与受僇而死有间矣,乌有不畏者哉?"(《续笔》卷十《民不畏死》)然正是统治者"视民为至愚、至贱,轻尽其命,若刈草菅",激化了社会矛盾,形成所谓"滔天之患"。作者是从维护统治阶级的利益出发,但希望统治者能够重视民情的观点,是积极的。尤为可贵的是,作者站在统治者立场,总结自陈胜起义到南宋方腊起兵,每获官吏,莫不斩杀之。其说或不免夸大,但是,作者"岂非贪残者为吏,倚势虐民,比屋抱恨,思一有所出久矣"的结论(《续笔》卷五《盗贼怨官吏》),足见其识见是比较深刻的。另一方面,洪迈对一些流于形式的刑法颇持怀疑态度,他认为《虞书》所说的"象刑惟明"也许只是传说。至于宋代"减死一等及胥吏兵卒配徒者,涅其面而刺之,本以示辱,且使人望而识之耳"。但与实行这种刑法的初衷相悖,"久而益多,每郡牢城营,其额常溢,殆至十余万,凶盗处之恬然。盖习熟而无所耻也"(《续笔》卷五《唐虞象刑》)。

作者还摘录了一些古代法学方面的材料,如记汉代诸狱名,如少府之若卢狱令、考工共工狱,等等。记唐代铨选择人之法,"一曰身,谓体貌丰伟;二曰言,言辞辩正;三曰书,楷法遒美;四曰判,文理优长"(《随笔》卷十《唐书判》)。而对古代法学案例的评述,亦即作者观点的体现。如汉武帝治盗,以"沉命法"课督吏员,然制法过于苛严,"小吏畏诛,虽有盗,弗敢发"。结果盗贼浸多。而汉光武帝治盗,"吏虽逗留回避故纵者,皆勿问,听以擒讨为效"。结果,"贼并解散"。洪迈以此得出"武帝之严,不若光武之宽,其效可睹也"的结论,亦为其"严不如宽"的执法思想的体现(《随笔》卷一一《汉二帝治盗》)。

宋代是专制主义中央集权制高度发展的朝代,除了《宋刑统》外,刑事诉讼的依据往往还有各种敕令,而历代的编敕又是非常繁复的,以致到了后来形成了以例断案的传统。缘此,笔记小说中记载的案例及有关刑事诉讼的种种情况,特别像作者这样有过执法经历的士大夫人物所撰,对研究宋代社会政治、法律,便有着格外重要的价值。其中,《容斋随笔》便一直是受人关注的一种,甚至被称为理解中国封建社会内幕的主要著作之一,原因即在于此。

（戴扬本）

折狱龟鉴 〔南宋〕郑 克

《折狱龟鉴》，又名《决狱龟鉴》。原刊本为二十卷，今本八卷。南宋郑克撰。成书、初刊于南宋初年。现可考的最早刊本为南宋"宜春郡斋本"，已佚。现存版本有明隆庆四年本、万历怀庆府乔万里本（残缺），清《四库全书》本（从《永乐大典》录出）、《致用丛书》本、《守山阁丛书》本和近代《丛书集成初编》本等。

郑克（生卒年不详），字武子，一字克明，开封人。宋徽宗宣和六年进士，曾以迪功郎任建康府上元县尉，后以承直郎任湖南提刑司干官，通晓历代史传并熟悉狱讼事务。其名不见史传，仅清人朱绪曾《开益斋读书志》和近人余嘉锡《四库提要辩证》中有所考证，其余生平事迹不详。宋高宗绍兴三年（1133）降诏恤刑，郑克以五代和凝、北宋和㠓父子择辑的案例集《疑狱集》（即书中所称"旧集"）为基础，重新整理编辑，并增广条目，附以按语，更名为《折狱龟鉴》。"折狱"泛指处理狱讼事务；"龟鉴"，因龟可卜吉凶，鉴可别美丑，故引申为借鉴。

《折狱龟鉴》是一部历代案例故事集，汇编从正史、杂史、墓志、小说中采辑的案例，上起春秋，下迄北宋大观、政和年间，共二百七十九条，三百七十余事。有元代虞应龙序、南宋赵时橐跋。正文分为二十门：释冤、辩诬、鞫情、议罪、宥过、惩恶、察奸、窃奸、擿奸、察慝、证慝、钩慝、察盗、迹盗、谲盗、察贼、迹贼、谲贼、严明、矜谨。案例均按时代顺序排列，较系统地总结了前人在案件侦破、勘验、审讯、判决和平反等方面的历史经验。

全书二十门类，大体可分为三部分。前六类旨在说明折狱的基本内容和精神，对平反冤滥、明辨诬罔、审讯得实、断罪定刑、宽宥过失、惩处奸邪等司法实务，用具体成例阐释必须遵循的原则，总结前人运用的技巧。其次十二类所收案例是在审究奸恶、缉查盗贼中对上述原则和技巧的具体运用；最后两类统摄全书，提出严明和矜谨两大基本原则。

"夫所谓严明者，谨持法理，深察人情也"（卷八《严明·何武夺财》），以追求法、情两不失的最高鹄的。依法处断自是题中之意，权衡情理，甚至以情决事，在"何武夺财"、"钟离意畀田"、"王罕资迁"等案中,作者同样给予高度评价。对于拘泥法条、不知通融的许元、吴尧卿等,则认为"其严明乃俗士所夸,君子所鄙,不可为后世法也"(卷八《严明·许元定额》)。强调"严明者,非若世俗以苛为严,以刻为明"(卷八《严明·孙甫春粟》)。如果能洞察实情,切中要害,合理处断,根本杜绝奸恶,则比重刑更为理想,如隋时有人盗刺史赵煚田蒿,赵煚以为"此乃刺史不宣风化"所致,反赐盗以蒿,使其"愧过于重刑"。

矜谨,即"主尚德缓刑",强调对人哀怜同情,对事严谨慎重,"求所以生之,不得其所以生之者,乃刑杀焉"(卷八《矜谨·苏涣虑兄》)。"任布贷孙"案中,孙詈骂祖按律当死而被原宥,是因为孙酒醉而致失言,且其祖告讼后亦自悔。"苏涣虑兄"案中,兄杀弟夺财而不处之极刑,因其饥苦、且弟未死之故。

司法审判是复杂的过程,作者以"释冤"等六类的案例故事为基础,提出许多具体意见。首先,司法官员应有仗义执言精神,对敢与皇帝争执的张释之、郭躬、高柔、徐有功、裴怀古等人极为赞赏。其次,审讯中应洞悉原委,或以气貌,或以情理,或以事迹,并可运用各种技巧,恩威并施,反对单纯刑讯,"鞫情之术,有正有谲。正以核之,谲以擿之。术苟精焉,情必得矣;恃拷掠者,乃无术也"(卷三《鞫情·陈枢治僮》)。复次,断罪定刑时,不可动辄以他人告讦、自诬服状或简单物证臆测妄断,陷人于罪。应熟谙法律,体察律文精神,参用伦常情理,力戒一己之私,如"汉武帝对问"、"何承天论罚"等例均是典范。最后,在量刑时,应本惩恶宥过精神,对积恶已深、影响重大的案犯予以严惩,但也反对如王敬则戮杀拾遗小儿之类的酷滥。其情有可悯、过错不大者,如孝子杀牛、义士逾狱、兄弟争死等案,应适当原宥,许其悔过。

作者认为,其余"奸、匿、盗、贼十有二篇,特为惩恶言之耳",贯穿"主于严明,佐以矜谨"的原则,而侧重于总结具体审判技巧。其方式固然不一而足,但基本的不外"一察情,一据证"。"然证有难凭借者,则不若察情,可以中其肺腑之隐;情有难见者,则不若据证,可以屈其口舌之争。两者迭用,各适所宜也。"(卷六《证匿·韩亿示医》)察情,主要凭司法官员的洞察力,听其声,视其色,诘其辞,讯其事,抓住破绽,审得实情。如子产闻哭而知有诈,乔某察色即觉其奸,都极可称道。要察得实情,既须亲自按问,避免奸吏从中作弊;又应知"盖以己耳目察奸,不若以众耳目察奸之广且尽矣"(卷五《察奸·尹翁归披藉》),以便掌握来自各种渠道的情况。据证,强调立足于客观证物。这是因为"证以人,或容伪焉;证以物,必得实焉"(卷六《证匿·顾宪之放牛》)。如顾宪之放牛自归而明断牛之本主,李惠拷羊皮得盐而知其归属,李南公验查伤情而察其奸伪。此类案例,铁证凿凿,故判断有力,堪为典范。在断案中,虽不排斥用机巧得实,如陈述古佯称灵钟辨盗而得真凶等,但基本主张"谲不若正"(卷六《窍奸·任术收地》),坚持立足正规方法。

书中有些案例的迷信妄说和卜筮决狱等糟粕,则应予明辨。

《折狱龟鉴》是我国古代有代表性的案例故事名著,历八百余年,流传不息,对历代司法审判实践有相当的影响。其中除宣扬封建伦理和鬼神迷信等外,不少原则、经验在现代司法活动中仍有借鉴意义。书中保留了大量古代司法审判的实例,是研究古代法制的重要材料。

对本书的研究成果有刘俊文撰、上海古籍出版社 1988 年出版的《折狱龟鉴译注》,杨奉琨撰、复旦大学出版社 1988 年出版的《疑狱集·折狱龟鉴校释》等。

(王志强)

棠阴比事 〔南宋〕桂万荣

《棠阴比事》,一卷,南宋桂万荣撰。初刊于南宋宁宗嘉定四年(1211),明景泰(1450—1456)年间,经吴讷删订,别为次序,存八十篇,增补五十条,重新刊行。常见版本有清代以吴讷删本为底本的《四库全书》本,朱绪曾、桂嵩庆以宋本为底本的《重刊宋本棠阴比事》、上海商务印书馆据涵芬楼元抄本影印《四部丛刊》本和长沙商务印书馆《丛书集成初编》本等。

桂万荣,宋宁宗庆元(1195—1200)进士,授余干尉,后历任朝散大夫、常德知府等。

南宋宁宗开禧三年(1207),作者以饶州余干尉至郡,得闻鄱阳尉被杀案始末,起初嫌疑犯俞达及三名弓手被诬承伏,经纠曹孙公起据理力争,请暂缓处理;后果然捕得真凶龚立。作者因此从和凝、和㠓《疑狱集》和郑克《折狱龟鉴》中选取典型案例,汇为一编,以期"凡与我同志者,类能上体历代钦恤之意,下究诸公编麟之心"(《自序》),明察善断,慎重处刑。书名系用西周召公听讼于甘棠树下和西汉董仲舒作《春秋决事比》的典故,以示慎刑明断之意。

《棠阴比事》是一部古代案例故事集。书前后有作者序、跋,明张虑跋和清张光济跋。标题分七十二韵,每韵含两事,共一百四十四事。

本书所收案例,基本上出于《疑狱集》和《折狱龟鉴》,但体例有所变化。形式上,标题两句一韵,各韵之间又两两押韵,如"苏靖衬柩、贾废追服"和"子产知奸、庄遵疑哭","张鹭搜鞍、济美钩箧"和"承天议射、廷尉讯猎",等等。

内容上,每韵所载二事性质相同。如第一韵"向相访贼,钱推求奴",前者载一过路求宿僧,夜见强盗劫妇女和财物,恐牵累自己,故连夜逃走,不料掉入陷阱,而被劫妇女正巧死在其中。僧被捕后有口难辩,被屈打成招。法官向敏中因不见赃物而生疑窦,后询得实情,明察暗访,抓获真凶,无辜者得以幸免。后者载某家一女奴逃亡,其父母挟前隙诬告女奴主人擅杀之罪,应处死刑。法官钱若水经多方调查,找回逃亡女奴,为被诬者明冤。二者皆反映法官处理重大案件的谨慎态度。"江分表里,章辨朱墨"分别记载两位法官根据纸张内外颜色和印泥、墨汁的上下关系,判定作为诉讼主要证据的券书乃伪作,反映审断者对物证的重视和明察。"欧阳左手,惟济右臂"则表现法官对被告本人情况的洞察力。法官通过细心观察,发现嫌疑犯惯用左手,而被害人伤在体右,为断案找出有力线索。

书中还表现许多法官不仅能明察断案,而且能出于公心,正确理解法律,依法行事,灵活应变。有的法官不因权贵挠法,如"戴争异罚"中,皇亲、重臣长孙无忌误带刀入大内,有司判监门死罪,无忌赎;戴胄认为二人罪等,不能因地位不同而轻重异罚。"王质毋原"记强盗杀同伙并夺其财,被捕后有人提出法律规定强盗杀同伙不为犯罪。王质认为该规定本为鼓励强盗自首而设,今为杀人夺财,决不可免其死罪。"杜镐毁像"中载,子毁父像,法无专条,但法官杜镐认为应究其罪,并比照僧道毁天尊、佛像之法予以处罚。

明代吴讷在删本中增有按语若干,根据当时法律,提出对有关案件的处理意见。在寡妇与道士私通并诬告儿子不孝的"李杰买棺"案后,吴氏提出根据明律,父母诬告子孙勿论,故母无罪,道士应比照谋杀人已行未伤人,处杖一百、徒三年。在"曹驳坐妻"中,丈夫杀妻家数人,犯"不道",当缘坐其妻,但该杀害行为已构成"义绝"的法定离婚条件;对此两难,吴氏按语认为"律无明文,所司遇此,亦当比拟奏请",以示慎重,等等。

《棠阴比事》是在前代成果基础上写成的一部普及性案例故事集,曾于宋端平元年(1234)受理宗褒奖;因其编排和拟题便于记诵,长期以来广为流传,影响甚大。

(王志强)

洗冤集录 〔南宋〕宋 慈

《洗冤集录》,又名《洗冤录》,五卷,南宋宋慈撰。成书于南宋淳祐七年(1247),最早刊本为同年宋慈在湖南宪治(提刑司)的自刻本。后曾奉旨颁行天下,当有重刻,今均已不传。现存最早为元刻本。常见版本有清康熙三十三年(1694)律例馆本,嘉庆十二年(1807)孙星衍校刊《岱南阁丛书本》和嘉庆十七年(1812)吴鼒集刻《宋元检验三录》本。

宋慈(1186—1249),字惠文,福建建阳人。早年师从吴稚,受朱熹考亭学派影响很深。宋宁宗嘉定十年(1217)进士,曾先后任江西信丰主簿、福建长汀知县、提点广东刑狱、提点湖南刑狱、广东经略安抚使等。为官清廉,颇有政绩,尤称理讼清明,决事果断,并对法医学有独到见解。任提点广东刑狱后,曾"下条约,立期程,阅八月,决辟二百余"(刘克庄《后村先生大全集》卷一五九《宋经略墓志铭》),名闻一时。

宋代以来,《疑狱集》、《折狱龟鉴》、《棠阴比事》等案例故事集相继问世,刑狱事务受到一定重视。在检验方面,官府的要求和手续也日趋严格完备。《检验格目》和《正背人形检验格目》等检验规范先后出现。在这种背景下,宋慈博采《内恕录》(已佚)等前代成果,并结合自己实践经验,撰集成《洗冤集录》。

《洗冤集录》除作者自序外,分五十三目,是一部系统论述尸体检验的法医学专著。

作者自序强调检验在司法活动中的重要性,认为"狱事莫重于大辟,大辟莫重于初情,初情莫重于检验。盖死生出入之权舆,幽枉屈伸之机括,于是乎决"。故对此应极为审慎。"条令"目收列宋代颁布有关检验的法规二十九条,包括《刑统》和历年敕、令、格、式,涉及保辜、检验程序和各种法律责任。另五十二目内容,大致分为三方面:检验官吏应持态度和遵行原则,各种尸伤检验和分类,各种急救措施。

关于检验官吏的态度和守则方面,在"检验总说"目中列有十九条。其中提出,反对借检验之机纵容下属扰害民众;检验官应亲自参加检验事务,不得避忌;检验要审慎仔细,不可偏信盲从;

对案件证据应及时收集,妥善保存;掌握案件线索后,应及时准确汇报。对具体检验程序、检验笔录的书写细节等,也有详细论述。

对各种尸伤的检验是本书的主体内容。对许多模棱两可、难以辨别的死伤情况列举了分辨办法。如辨认伤痕是生前伤还是死后伤:活人被刃杀伤死的,其被刃处皮肉紧缩,有鲜血渗于四周;如被肢解,筋骨皮肉稠粘,受刃处皮肉紧缩,骨头露出;而死后被割截,尸首皮肉如旧,被割处皮不紧缩,洗检挤捺时,肉内无血流出。分辨自缢、勒死和死后被假作自缢、勒死状,须知"其人已死,气血不行,虽被紧缚,其痕不紫赤,有白痕可验者"(卷三"被打勒死假作自缢"目)。再如验骨伤,"(若)骨伤损处痕迹未见,用糟醋泼罨尸首于露天,用新油绢或明油雨伞覆欲见处,迎日隔伞看,痕即见"(卷二"验尸"目)。又如分辨生前溺死和死后推尸入水:前者口鼻内有水沫及淡血污,后者则无。烧死和焚尸区别在于前者口鼻有烟灰,手脚紧缩,后者则无此现象,等等。对自杀、跌死、压死、雷震死、虎咬死等数十种死亡现象均有细致描述。如自刎死,"其尸口眼合,两手拳握,臂曲而缩,肉色黄,头髻紧"(卷四"自刎"目)。蛇虫伤死,"其被伤处微有齿损黑痕,四畔青肿,有青黄水流,毒气灌注四肢,身体光肿面黑"(卷五"蛇虫伤死"目)。酒食醉饱死,"在身如无损痕,以手拍死人肚皮,膨胀而响者,如此即是因酒食醉饱过度,胀满心肺致死"(卷五"酒食醉饱死"目)。书中还载有传统的滴血辨亲法:"某甲是父或母,有骸骨在,某乙来认亲生男或女,何以试之?试令某乙就身刺一两滴血,滴骸骨上,是其亲生,则血沁入骨内,否则不入。"(卷三"论沿身骨脉及要害去处")

关于急救措施,书中多次提到用酒糟、醋、白梅、五倍子等洗盖伤口。卷五"救死方"目收列自缢、水溺、渴死、冻死、杀伤及胎动等抢救方法,含单方数十则。如自缢者,"但款款抱解放卧,令一人踏其两肩,以手拔其发,常令紧,一人微微抆整喉咙,先以手擦胸上,散动之,一人磨搦臂、足,屈伸之。若已僵,但渐渐强屈之,又按其腹,如此一饭久,即气从口出,复呼吸"。对溺水者,救治有多种办法,其中之一:蜷曲其双腿,置人肩上,使其背与活人背相贴后,扛着走动,可使其吐出腹中之水。

书中也有些明显错误和迷信。如"验骨"目中,认为人体骨节数目,"人有三百六十五节,按一年三百六十五日","男人骨白,妇人骨黑",前揭滴血辨亲法等等,都缺乏科学依据。至于"若真自缢,开掘所缢脚下穴三尺以内,究得大炭方是"(卷三"自缢")等,更为不经。

《洗冤集录》是世界上最早的法医学著作。总结当时医学实践经验,继承前人法医学成果,提出一整套尸体检验理论和方法。问世以来,被历代政府检验官吏奉为金科玉律。以后的《平冤录》、《无冤录》等同类著作,都以之为基础。本书先后被译为朝鲜、日、法、英、荷兰、德等多种语言,在世界各国普遍受到重视。

对《洗冤集录》的研究,有明王肯堂《洗冤录笺释》,清曾恒德《洗冤录表》、王又槐《洗冤录集证》、汪歗之《洗冤录补遗》等数十种。当代则有杨奉琨校译、群众出版社 1980 年出版的《洗冤集录校释》,高随捷、祝林森译注《洗冤集录译注》(上海古籍出版社,2008 年),黄瑞亭《洗冤集录今释》(军事医学科学出版社,2008 年)等。

(王志强)

名公书判清明集 〔南宋〕胡 颖等

《名公书判清明集》,又称《清明集》,十四卷,南宋胡颖等撰,幔亭曾孙辑。初刊于宋理宗景定二年(1261)或稍后。现存版本有日本静嘉堂藏宋刻本,国家图书馆藏明刻本和上海图书馆藏明刻本。宋本有上海中华学艺社和商务印书馆影印本,后者收入《续古逸丛书》。中华书局于1987年出版中国社会科学院历史研究所宋辽金元史研究室整理的点校本。

名公,指书判原撰者多为名重一时的士大夫、官员;清明,取为政断案清廉明察之意。书判原撰者现可考的十九人。其中入选书判较多的作者有:胡颖收入七十五篇,蔡杭七十二篇,翁同甫二十八篇,吴势卿二十五篇,刘克庄、范应铃、吴革各二十二篇。胡颖,字叔献,号石壁,潭州人,历任平江府兼浙西提点刑狱、湖南兼提举常平、广东经略安抚使等。他的书判引据经史,对偶恰切,处置允当,为世所称。《宋史》卷四一六有传。蔡杭,字仲节,号久轩,建阳人,曾任江东提点刑狱、知隆兴府,官至参知政事。《宋史》卷四三四有传。翁同甫,字景山,号浩堂,建安人,累官江西转运使、太府少卿。吴势卿,字安道,号雨严,建安人,历任知处州、浙西转运使等。刘克庄,字潜夫,号后村,莆田人,曾任江东提刑。范应铃,字旂叟,号西堂,丰城人,曾任抚州、蕲州通判、广西提刑等。《宋史》卷四一○有传。吴革,号恕斋,卢山人,曾任知临安府和江南西路提刑等。其余作者中较著名的还有真德秀,字希元,又称西山先生,浦城人,曾任知泉州湖南安抚使、知潭州、中书舍人和知福州等。编辑者所署幔亭曾孙为名号,福建崇安人,余不可考。

本书是宋代诉讼判词和官府公文的分类选编。宋本前有写刻引言和开列作者姓名、字、号、籍贯的"清明集名氏栏"。明本前有张四维序和盛时选后序。宋刻静嘉堂本为残本,仅存户婚门。国家图书馆明刻本也仅存十卷。上海图书馆本为足本,包括官吏、赋役、文事、户婚、人伦、人品和惩恶等七门。每门下分若干类,每类收书判若干篇。官吏门分申儆等十五类,赋役门分财赋等七类,文事门分学校等四类,户婚门分争业等三十七类,人伦门分父子等十类,人品门分宗室等七类,惩恶门分奸恶等二十三类。共收书判四百七十余篇。

书判作为具有重要地位的一种文体,出现于唐代,当时已有书判的专集,如张鷟《龙筋凤髓判》等。但大多是假设案情,主要在遣词造句、引经用典方面着力。这种情况到北宋依然没有大的改观。从北宋到南宋,出现《折狱龟鉴》《棠阴比事》等案例故事集。同时,一批士大夫、官员开始将自己的书判收集保存,并编成专集。这时书判已采用散文体,且多是针对真实案件所作。上述两种现象,到南宋中后期合而为一。《清明集》的刊行,即是二者汇合的标志。

《清明集》包括一部分政府公文。有的直接反映作者的为政思想。如真德秀(西山)任湖南地方官时勉谕僚属的《咨目呈两通判》(卷一"官吏"门"申儆"类),有针对性地指出官吏应遵循的"四事"和应戒绝的"十害"。"何谓四事?曰律己以廉、抚民以仁、存心以公、莅事以勤是也。何谓十害?曰断狱不公、听讼不审、淹延囚系、惨酷用刑、泛滥追呼、招引告讦、重叠催税、科罚取财、纵吏下乡、低价买物是也。"其中不少内容与狱讼事务有关。有的公文是对下级案牍的批示。如《州官申状不谨》(卷一"官吏"门"申牒"类)对事关命案,却处置轻率、手续不全的下级文案,批示:"(文案)只有张通判与金厅官金衔,却无本府申上之文判、府台衔书押。……兼所申情理舛谬,而笔画亦十字九乖,想不彻铃阁之览,只凭承吏具文。人命所系,岂应轻率如此?牒张通判监承吏别具申,限一日,仍牒府照会。"还有是对有关人员或现象的旌表或申斥,如卷一"官吏"门"旌赏监税不受贿赂"、斥"狎妓"等。

书中大部分是针对真实案件的文判。其中有些是对上报案件的处理意见,并非正式判决。所有文判都按其案件性质归录于各门类下。典型的判词,每篇由三部分构成:事实部分,包括诉讼双方的诉词和官府的调查结果。法律部分,援引判决所据法条。最后判决部分,载明如何根据查证的事实,依照法律,参酌情理,作出判决。以卷五户婚门争业类中《侄与出继叔争业》为例。该案原告杨师尧诉其叔杨天常,称被告早年出继,无权继承原告祖父、被告之父杨训武财产。但实际上被告却占有杨训武田地若干。被告则出示与其母夏氏的契约,称杨训武在世时,曾借被告钱物若干,临终遗言夏氏,以田地折抵债务。官府经调查认定,杨天常实际管理田产已二十三年,契约经官方认可已达四年;而夏氏已死,许多细节无从查考,且原告之父曾默认被告的权利。根据法律:"分财产满三年而诉不平,又遗嘱满十年而诉者,不得受理。"故判决"请天常、帅尧叔侄各照元管,有睦族之谊,不必生事交争,使亡者姓名徒挂讼牒,实非美事"。最后指明如不服判决,可自行上诉。

从判词所引法条,可看出当时法律规定已极为细致详尽。《禁步内如非己业只不得再安坟墓,起造垦种听从其便》(卷九户婚门坟墓类)中仅关于墓地使用一案,就引据直接相关的法律三条:绍兴十二年二月二日都省指挥(尚书省及各部发布的行政法令),绍兴十四年十月五日尚书省批下敕令所申,乾道九年七月十五日指挥。

宋代民事法制已相当发达。判词中户婚门所占比例最大,共六卷,一百八十七判,占全书内容近一半,涉及财产(尤其是土地)所有权、确立继承人、抵当交易、租赁、雇佣、墓地、婚嫁等各方面。此外,人伦门中反映以父子、兄弟、夫妻关系为中心的家庭关系判词,有不少与财产纠纷有关。

判词中反映的法律执行状况并不理想。前引有关墓地争讼案涉及法律极繁杂,下级官吏律学素养又较低,难以完全掌握并严格贯彻。同时,豪强专横、奸吏弄法,亦导致法制陵替。惩恶门列有"豪横"和"把持"专类,反映了这种现象。参酌情理、以礼教为念也是执法不严的重要原因。如《既有暧昧之讼合勒听离》(卷十人伦门乱伦类)中,案情涉及翁媳暧昧关系,"此等丑恶之事,只当委曲掩覆,亦不宜扬播,以贻乡党之羞"。故不再深究,草草处置了事。

书中还收有不少"花判",如《赁者析屋》(卷六户婚门赁屋类)等,系承蹈前代文判遗习、依据假设事实所作的骈体书判。

《名公书判清明集》是现存最早的真实文判集,直接反映当时社会、政治和法制状况,有力证实了当时法律的完备和民事诉讼的发达,是研究宋代法制,尤其是民事法制的基本史料。

对本书的研究成果有日本仁井田升《清明集户婚门研究》(原载《东方学报》东京第四册,后收入《中国法制史研究》第四卷)、陈智超《宋史研究的珍贵史料——明刻本〈名公书判清明集〉介绍》(载《中国史研究》1984年第四期)、宋代官箴研读会《宋代社会与法律——〈名公书判清明集〉讨论》(东大图书公司,2001年)等。

(王志强)

庆元条法事类 〔南宋〕谢深甫等

《庆元条法事类》,又名《嘉泰条法事类》,八十卷,南宋谢深甫等纂。成于宋宁宗嘉泰二年(1202),同年奏进,次年颁行。现常见版本有1948年燕京大学图书馆据常熟瞿氏本的排印本,1990年中国书店影印,收入《海王村古籍丛刊》。有戴建国点校本(《中国珍稀法律典籍续编》第一册,黑龙江人民出版社,2002年)。

谢深甫,字子肃,台州临海(今浙江临海)人。南宋孝宗乾道二年(1166)进士,早年任嵊县尉时,即以善断狱讼闻名。先后任青田知县、大理丞、临安知府、参知政事、右丞相等,封鲁国公,为政有宽猛适中之名,提出"以法令堤防天下之侥幸,尤可守而不可易"(见本传)。以少傅致仕,卒后追封信王,后易封卫、鲁,谥惠正。《宋史》卷三九四有传。

宋初编订颁行的《宋建隆详定刑律统类》(简称《宋刑统》)因循唐末以来立法趋势,以律典为基础,将有关敕令格式分载于各条律文之后。随着编敕频繁,敕条不断增多,地位也日渐提高。神宗年间,敕的地位正式确立,"以敕代律"。在《庆元条法事类》编纂之前,有《条法总类》,为吏部各司办事依据。淳熙(1174—1189)年间,孝宗命按各司所掌政事分类,编成《淳熙条法事类》。宁宗时,依照同样体例,根据庆元四年(1198)所颁《庆元重修敕令格式》,分类纂集宋初至庆元(960—1200)年间所行敕、令、格、式和随敕申明等。

现存《庆元条法事类》均为残本,缺卷一、卷二、卷三(部分)、卷十八至二七、卷三三至三五,卷三八至四六、卷五三至七二,共缺佚四十四卷。今本包括职制、选举、文书、榷禁、财用、库务、赋役、道释、公吏、刑狱、当赎、服制、蛮夷、畜产、杂等十六门。

体例上,每门均先分列事类,如"职制"门下有"官员杂压"、"职掌"、"禁谒"等五十二目,内容最多;"刑狱"门分"检断"、"决遣"、"折杖减役"等十八目。各目按敕、令、格、式、申明的次序将有关常用法规具列于下。如"选举"门"举武臣"目,下列《职制敕》、《荐举令》、《荐举格》、《荐举式》、《随敕申明·职制》中有关选拔荐举武官的规定;"库务"门"籴买粮草"目下,有《职制敕》、《职制令》、《关市令》、《给赐格》、《赏格》、《随敕申明·户婚》、《随敕申明·诈伪》中有关购买粮草的规定。若某法律形式中尚无有关内容,则付阙如。如"当赎"门"总法"目只收有《名例敕》中有关规定,"文书"门"程限"目下仅有《职制令》中相关内容。有的目中,最后还列有"旁照法",载有关法规补充说明前揭主文敕令格式中提及的内容,以资参考。如"财用"门"上供"目最后,列有《名例敕》、《厩库敕》、《名例申明》等法条说明前揭赦、降、原、减以及擅支借封桩钱物法律责任等问题。

本书每目收列的法条,内容极为详尽,为官员使用提供很大便利。以"职制"门"荫补"目为例。目下先列《职制敕》两条。其一规定对遗漏官员奏荐、致仕申请的处罚,另一条规定"诸犯罪经决,非应荫补而奏补者,徒二年;许人告"等。后列《荐举令》和《职制令》,规定奏请荫补的时间、人数、受荫范围、官职、程序、例外和限制,以及与此有关的致仕申请等内容。再列《荐举格》,载明各级官员在大礼、致仕和遗表等各种情况下荫补亲属的人数限额。后列《荐举式》,包括太中大夫以上、中大夫至散大夫、朝议大夫至职朝奉郎等各级文武官员的《乞荫补状》、《荫补家属状》、《荫补格目状》、《荫补保官状》、《乞致仕荫补奏状》等标准公文格式共十七种。最后列淳熙六年八月十九日随敕申明,规定遇大礼荫补许一年内陈乞,不得违限。这样,有关荫补的程序和细节便一目了然。

《庆元条法事类》的体例是法律编纂的一种新形式,对后世有所影响;明代《皇朝条法事类》便是仿此而作。卷帙浩繁的法律规范经分类整理编纂,十分便于检索。其中保存有大量宋代法律,是研究当时法制状况的重要史料。

(王志强)

伯牙琴 〔南宋〕邓 牧

《伯牙琴》一卷,南宋邓牧撰。成书年月不明,书成后由元迄明,已亡佚过半。清乾隆丙午年知不足斋主人鲍廷博缀辑丛残,于旧存文二十四篇外,增文五篇,又补诗十三首,于是该书原来"手定诗文六十余首"的旧貌稍有恢复。刊附《洞霄图志》,复又别刊此本。后收入《四库全书》。今通行本即商务印书馆据之排印的《丛书集成》本及中华书局1959年标点本。

邓牧(1247—1306),字牧心,自号"三教外人",钱塘(今浙江杭州)人。宋亡后不仕,隐居余杭大涤山洞霄宫,止于超然馆,后居沈介石为他营造的白鹿山房。除本书外,另著有《洞霄志》《游山志》等,众称文行先生。今除《洞霄志》收入《道藏》外,余皆散佚。

作者在《自传》中称"知音难托",故以伯牙琴名书,以为"今世无知音,余独鼓而不已",又曰"余未尝遇子期,恶知其死不死也",流露出明显的愤世嫉俗情绪。

《伯牙琴》为邓牧所著诗文的辑集。现存的篇章能反映他政治、哲学思想的,主要有《见尧赋》、《君道》、《吏道》、《宝说》、《逆旅壁记》、《寓屋壁记》以及《二戒》之《越人遇狗》和《楚佞鬼》等。

书中有表现作者亡国逸民的悲观失望情绪,接受道教的思想,幻想做超然于得失、生死之外的"达人"。在《昊天阁记》中他说:"恭维昊天玉皇上帝,位三极之尊,御万有之众。"认为自然界最高主宰是"玉皇上帝"。又在《宝说》篇中说,人世间休咎盖由"定数"支配,"夫一事成败,一物完毁,莫不有数行其间",故"一士穷达,常关系天地之大运,岂人力哉?"又在《逆旅壁记》中说:"六骸耳目,非吾有也。自天地委形,而不得与之遗;及不得与之遗;及大化之往,如土委地。向之欲高名厚利,强有力者,而今安在?"表现浓厚的避世倾向。

《见尧赋》里,作者一方面隐含了对元朝君主凶残的专制统治的攻击,"茫茫九原,龙蛇居之;衣冠礼乐之封,交鸟迹与兽蹄,洪水之害岂至此";而另一方面提出理想社会的君主"忧民之溺,犹己之溺;忧民之饥,犹己之饥","其德泽所浸,如时雨之化,其功所及,如春阳之熙"。

《君道篇》认为理想中的古代尧、舜"天下乐戴而不厌,惟恐其一日释位而莫之肯继也"。而后来的君主则"凡所以固位而养尊者,无所不至,而君益孤,惴惴然若匹夫怀一金,惧人之夺其后";而且"夺人之所好,聚人之所争,慢藏诲盗,冶容诲淫,欲长治久安,得乎?"感叹:"天生民而立之君,非为君也,奈何以四海之广,足一夫之用邪?"

《吏道篇》中作者抨击各级官吏为盗贼:"盗贼害民,随起随仆,不至甚焉者,有避忌故也。吏无避忌,白昼肆行,使天下人敢怨而不敢言,敢怒而不敢诛。"并认为"后世以所以害民者牧民,而惧其乱,周防不得不至,禁制不得不详,然后大小之吏,布于天下,取民愈广,害民愈深,才且贤者,愈不肯至,天下愈不可为矣!"希望"废有司,去县令",完全由百姓自治。

(戴扬本　潘富恩　郭　建)

刑统赋解

《刑统赋解》，一卷，撰者不详。所附《韵释》为元郄某撰，《增注》元王亮撰。今常见版本是1913年沈家本据清大兴徐松旧抄本校刊《枕碧楼丛书》本，1990年中国书店影印，收于《海王村古籍丛刊》。

郄某和王亮，元代人，生平无考。

《刑统赋解》是对北宋傅霖撰《刑统赋》所作注解本。书前有元赵孟頫，清徐松、冒广生和董康序，书后有朱彝尊、查慎行和沈家本跋。正文包括四部分：《刑统赋》原文、《赋解》、《韵释》和《增注》。其中《增注》脱漏较多，尤其是第四韵和第七韵。

体例上，先列赋文一句，将《赋解》、《韵释》和《增注》的相应内容附列其后，其中"解曰"云云指《赋解》内容，"歌曰"指《韵释》，最后是《增注》。

内容上，《赋解》多引用律条阐述文意，如"囚之异于徒亡。解曰：《捕亡律》云：'徒囚亡者，一日笞三十，罪止徒五年。若在禁内亡者，流三千里'"（第七韵）。有的兼用注者直解，如"替流之役，无丁难准徒加杖。解曰：按《名例》云：'流二千里、二千五百里比徒四年，流三千里比徒五年。'是矜宥也。若无兼丁供给粮饭，欲求加杖者，律无准徒加杖之文也"（第五韵）。有些还引令文及经典，如"色目有异也，难乎一概理。解曰：按《品官令》云：'一品至九品，分为正从十八等。'《服制令》内：'斩衰期年，大功九月，小功五月，缌麻三月。'庶人之内，良贱有等；若有相犯，各论贵贱、尊卑、长幼科罪，不能一例论也"（第六韵）。第二韵"身自伤残者，无避亦等于有避"，赋解引《孝经》"身体发肤，受之父母，不敢毁伤，孝之始也"阐释其意。少数为注者直解赋文，如"例分八字。解曰：《名例》内有八字：以、准、皆、各、及、其、即、若也。以者谓以盗论，同真犯，当除名，有倍赃。准者止准其罪，当复职，无倍赃。皆者罪无首从，其罪皆同；谓如强盗及私度关桥并军人逃亡者也。各者各重其事；谓二人俱得加减也。及者连于上也。其者反后意也，谓文义与前不同也。即者文虽同而义殊；谓九十曰耄、七岁曰悼，虽有死罪而不加刑；即有教令者，坐在教令之人。若者，会于上意,再续前文也。若于词状文归及一切公式文状,亦用此八字也"(第二韵)。对"名例八字"给予较准确定义。

《韵释》以《赋解》为基础,采用四字一句的韵文形式。个别释义与《赋解》有所不同,如"律义虽远,人情可推;歌曰:刑法齐民,随朝措置。斩自轩辕,流从帝舜。夏商周秦,墨劓宫荆。汉魏吴蜀,流徒杖笞。晋末齐梁,南北各异。陈隋峻罚,唐为中制。五代交征,朝暮改移。宋法《刑统》,金改律义。然文深远,沿流圣集。法顺民心,人情推例"(第一韵)。简要条述前代法制概况,较有新义。《增注》文辞简略,承袭前人,无所发明。

在注解过程中也有错讹之处。如"会赦会降有轻于会虑",《赋解》称"虑者特旨于一人罪也"(第三韵),而"虑"在此是表省录之意。又如"部曲娶优于杂户;增注:部曲者,民奴放为良也",其释亦不确切。

《刑统赋解》对赋文内容系统诠释,阐发幽隐,代表当时较高的律学水平,并说明律学在当时受到一定重视,本书对理解《刑统赋》和研究当时律学状况,都有参考价值。

(王志强)

刑统赋疏 〔元〕沈仲纬

《刑统赋疏》，一卷，元沈仲纬撰。常见版本是1913年沈家本据缪荃孙藏抄本校刊《枕碧楼丛书》本，1990年中国书店影印，收于《海王村古籍丛刊》。

沈仲纬，元末顺帝(1333—1368在位)时人。曾为郡府掾。余不可考。

《刑统赋疏》是对北宋傅霖撰《刑统赋》所作注解本。书前有元杨维桢、俞淖序，书后有黄尧夫跋、沈家本校语及跋。正文按《刑统赋》八韵编次。其中第四韵"矜其稍远，则不举轻乎不纠"的注解及此后"故屏服食，论以斗杀"至"诈传制书，情类诈伪"等五句赋文及注解佚失。

本书对《刑统赋》的注解，在每句赋文下，先列赋疏，对赋中个别词语及全句的文义，引用《唐律疏议》有关内容，作详尽阐释；次为"直解"，将该句赋文译述成通俗易懂的散文体。最后为"通例"，选取当时与赋文内容类似的法条或案例，以相印证。全书共引"通例"一百六十四条。

以第二韵"诅父母为不孝可明于厌魅"注解为例。疏文先释词："诅者，厌咒也，以祸福之言厌咒也；厌魅者，行邪术欲人之生灾祸疾病也。"再据《唐律疏议》有关主旨详释其义："厌咒厌魅者，皆非礼事上。其厌咒之情轻，厌魅之情重。然厌咒父母，律入不孝；厌魅父母，则无罪名。观其《贼盗律》'子孙于父母、祖父母求爱媚而厌咒者，流二千里'推之，若犯厌魅之事，在律虽无罪名，其厌咒之轻者犹为不孝，而况厌魅之重者乎？谓之不孝明矣。故《名例律》云：'断罪无正条，其应入罪者，则举轻以明重也。'"疏后"直解"："咒诅父母者以不孝论罪，厌魅父母者其情尤重，亦合以不孝论。"最后"通例"，引述至元三年二月刑部的案例，其中引据当时法律"有所憎恶而造厌魅，又造符书咒诅，欲以杀人者，各以谋论减二等"，对厌魅谋害其父的王鹏判处杖一百零七下，造厌魅者因自首，处答五十七下。

个别"通例"不是引用具体法条或案例，如第一韵"撮诸条之机要，触类周知"的"通例"，详列《条格》和《断例》篇名。前者有祭祀、户令、学令等二十四篇，后者有卫禁、职制、户婚等十一篇。

疏文中还两次引用傅霖为《刑统赋》所作注文。第二韵"著而有定者律之文，变而不定者法之意",疏:"律学博士傅霖云:'见于文者按文而可知,不见于文者求意而复得所以。'"第七韵"故伤亲畜产者,价亦不偿",疏中亦引述"傅博士注"。

《刑统赋疏》注解详尽,是《刑统赋》注本中最好的一种,俞淖序称其"证据精详,情义昭著,举常该变而以仁恕为本,不刻不泛,咸通正中启,而胥占天下狱情,即是书,无难辨者"。书中"通例"所引当时许多法条、案例,大部分不见于《元典章》和《通制条格》,是研究元代法制的重要史料。疏文所引傅霖原注,不见于《刑统赋解》,是《赋解》非傅氏原注的有力证据。

对本书的研究成果有黄时鉴撰辑《刑统赋疏通例编年》,收入浙江古籍出版社1988年出版的《元代法律资料辑存》。

（王志强）

无冤录 〔元〕王 与

《无冤录》,二卷,元王与撰。初刊于元至大元年(1308)。常见版本有清末沈家本根据明刻本和朝鲜本校刊《枕碧楼丛书》本,1915年王佑从日本录回《新注无冤录》。1929年黄群据日本本和《宋元检验三录》校刊《敬乡楼丛书》本。

王与(1260—1346),字与之,温州人。早年被荐为温州郡功曹,曾力陈灾情,赈济难民;迁杭州路盐官、州提控案牍,致力于救治潮灾,颇有政绩。后任理问所提控案牍、湖州录事等。精于狱讼事务,著有《钦恤集》、《礼防书》和《刑名通释》等。

作者长期从事基层狱讼事务,熟悉前代检验成果和当时有关法律规定,以前人《洗冤集录》、《平冤录》为基础,参照省部颁行的《考试程式》规定,分门别类成书,希望后人"遵而行之,庶几谨于始,民自不冤"(《自序》),故名《无冤录》。

《无冤录》是有关法医学检验的专著。书前有王与自序。《枕碧楼丛书》本有沈家本序,《敬乡楼丛书》本有羊角山叟、柳义孙序和崔万里跋,黄群后记。正文内容上卷分为"论辨"和"格例",下卷为"尸伤检验",共七十三门。

作者自序强调刑狱和检验事务的重要性:"盖狱,重事也。治狱固难,断狱尤难。然狱之关于人命者,以检尸为至难。毫厘之差,生命攸系。苟定验不明,虽善于治狱、断狱者,亦未如之何也。"

"论辨"部分十三门,是作者本人实践经验和探索成果的总结。其中首先提出"今古验法不同",前人成就应当参考,但不可拘泥,并要善于发现其错误。如对溺死尸首男仆女仰现象的原因、食嗓和气嗓位置关系、死妇分娩等问题,作者阐述自己见解,纠正前人错误,指出《洗冤录》中认为食嗓(食管)在前、气嗓在后,但实际情况恰好相反。死妇分娩并非因入葬后地水火风的作用,实践证明这种情况入葬前也会出现。另外,市面银货多假伪,故强调用银钗试毒应谨慎。作者还对"滴血验亲法"的历史作了最早的考证,指出早在南朝时这种观念就已十分普遍。

"格例"部分十七门,是当时重要检验法令和公文程式的汇编。其中载有当时尸检的标准公文格式和制作方法:先详列地点、时间,然后根据对尸体数十个指定部位逐一检验的结果,在官方统一印制的人体俯仰图上详细标出伤损状况,包括部位、伤口长、宽、深浅和致命伤;再列正犯、干犯、干证等关系人,最后注明检验不实的法律责任,并由直接责任官吏签名。对官吏检验迟缓、转托他人、弄虚作假和受财枉法等情况,"格例"中规定有具体的处罚办法。对自缢身死、被强盗杀害等事实清楚、不需详检的情况,为避免长期积压,准予免检处理。对开棺验尸、骨殖检验和尸伤不明等特殊情况,也列有处理方式。另外,根据尸检实践,"格例"中还有专条描述四季尸体变化的特征,供检验官员参考。除有关检验的法规外,有的内容还涉及诉讼制度。如身死不明、确有冤滥而又无亲戚申告的,刑部变通中书省"非死者亲属不得告诉"的规定,准许邻居、地主或坊正、里正等人代为告官。本部分最后还附有人体仰面图、俯面图各一。

"尸伤检验"部分四十三门,整理、辑录《洗冤录》和《平冤录》的内容,基本上是原文引用,无所发挥。

《无冤录》是继《洗冤录》、《平冤录》之后又一古代法医学名著。书中匡正前人错误,保存已佚失的《平冤录》中部分内容,是研究古代法医学成就和元代司法检验制度的重要文献。本书明代已流传海外,成为朝鲜和日本的检验专书,具有广泛的国际影响。

对本书的研究成果主要有黄时鉴辑《〈无冤录〉所见元代有关法律文书》,收于浙江古籍出版社 1988 年出版的《元代法律资料辑存》;上海科技出版社 1987 年出版杨奉琨《无冤录校注》等。

(王志强)

宋辽金元编

历史类

唐会要 〔北宋〕王 溥等

《唐会要》,一百卷。题北宋王溥撰。书成于建隆二年(961)。宋时曾有数种刻本,皆已佚。至清初仅存传钞本,有"汪启淑家藏本"、"常熟钱氏钞本"和不知所出的"别本"等。"汪启淑家藏本"和"常熟钱氏钞本"之第七、第八、第九、第十卷四卷有错窜他书文字,"别本"则有相应的"补亡四卷",系无名氏根据诸书所载唐事依《唐会要》原目编成。清代乾隆《四库全书》本,以"汪启淑家藏本"为主体,剔除其第七、第八、第九、第十卷的错窜文字,采用"别本"的"补亡四卷",在卷目下注以"补"字,以示区别。"常熟钱氏钞本"除以上四卷外,其第九十二、第九十三、第九十四卷三卷亦或残或阙,上海图书馆现藏有"常熟钱氏钞本"系统的四个钞本。清乾隆年间《武英殿聚珍版丛书》本,为《四库全书》本,是为清代最早的《唐会要》印本,一般所说的"通行本"即指此。其后福建、广东、江苏各地皆有翻刻本,其中以同治年间江苏书局刻本较好,改正了"聚珍本"的一些错误。中华书局根据"江苏书局本"出版的《唐会要》,分订原书为三册。方诗铭等点校本(上海古籍出版社,1991年)以"江苏书局本"为底本,校以《武英殿聚珍版丛书》本和上海图书馆所藏"常熟钱氏钞本"系统的四个钞本,校勘颇精。

《唐会要》由多人逐渐编成。唐德宗时苏冕、苏弁兄弟首创会要体。本书卷三十六《修撰》曰:"杭州刺史苏弁,撰会要四十卷。弁与兄冕缵国朝故事为是书。弁先聚书至二万卷,皆手自刊正。"而宋以后的书目仅记苏冕之名。苏氏会要记载了唐高祖至德宗九朝的史实。唐宣宗大中七年(853),诏杨绍复、薛逢、郑言等撰《续会要》,由崔铉监修,当年十月书成,从唐德宗续至宣宗大中六年,收七朝事迹,成四十卷。北宋初,王溥更续撰宣宗至唐末的部分,与苏、崔二书合编为《新编唐会要》,后省称为今名。建隆二年进呈,"太祖览而嘉之,诏藏于史阁,赐物有差。"(《郡斋读书志》)

苏冕(?—805),唐京兆武功(今属陕西)人。出身于官宦世家,与其弟衮、弁皆为当时的名儒。苏弁的藏书号称二万卷,仅次于皇家藏书,德宗时官至户部侍郎、判度支。苏冕曾官士曹参军,因其弟坐事贬而受牵连,贬信州司户参军。二人的生平事迹详见《旧唐书》卷一八九、《新唐书》卷一〇三本传。今本《唐会要》有苏氏的驳议、评论近二十条,大多属史料考辨,由此可见写作态度的认真。

王溥(922—982),字齐物,并州祁(今山西祁县)人。后汉乾祐进士,后周太祖时官至中书侍郎、平章事,世宗时为参知枢密院事,恭帝时加右仆射,北宋初,进位司空,加太子太师,封祁国公。王溥身为两朝重臣,亲身经历许多重要的政治活动,非常熟悉唐末五代的典章制度,又十分好学,聚书至万余卷,足以胜任撰写制度史的重任。生平撰著除此书外尚有《五代会要》三十卷,今传世。还有《周世宗实录》四十卷,文集二十卷,已散佚。《宋史》有传。

《唐会要》为我国现存最早的会要体史书,专述唐代典章制度。全书分自五百十四项,将资料分类按时间顺序排列,在形式上未分大门类,但基本上是按以下十五个大类编排的,依次为帝系、礼制、舆服、音乐、学校、刑法、历数、灾异、封建、宗教、职官、选举、食货、民政、四裔外国,将相近事目排在一起,一些细琐的典故难以归目,便编为"杂录",附于各条之后,查检比较方便。

此书修成于北宋初年,但主要内容是在唐代写成的。从整体来说,唐宣宗以前的内容比较丰富,其后则比较简略。书中保存了大量的唐代史料,许多是新、旧《唐书》和《通典》所没有的,后来成为《文献通考》的重要参考资料。如卷八二《租税上》详载开元十六年(728)以后租庸调制的变化情况,又辑录了建中元年(780)杨炎创两税法的奏疏,而《通考·田赋考》皆未录,此书可在许多方面与《通考》相参。关于水利问题,本书有《疏凿利人》和《硙碾》等专篇(卷八九),与《新唐书·地理志》同为唐水利问题的资料汇编。卷三六《修撰》目下,详列宣宗以前官修书和进呈于朝的私修书的修撰经过,卷六三和卷六四记载唐朝的史馆组织、修史状况和征集史料的方法等,使后人得以了解唐代的史学发展概况,可见官府逐渐垄断修史大权的经过。卷四七至五十详载佛道教发展的经过、寺院经济对国家财政的危害等等,说明了武宗毁佛的历史背景。唐朝是士族由盛而衰的转折点,这一点在本书的卷三六《氏族》和卷八三《嫁娶》中也得到具体反映。此书收录或摘录了大量的诏令、谏疏等文书档案,不仅采用各种官修史书,而且抄录或参考了大量的私人著述,而这些著作如今已大部散佚,因此,此书具有更重要的史料价值。值得注意的是,《玉海》《山堂考索》中的《会要》引文与今本间有不同,当引自苏冕等旧本,可见,王溥对宣宗以前部分也有所增删。继王溥之后,会要体迅速发展,宋官府特设会要所,与国史馆、实录院并列,官私所撰会要形成前后相继、自成体系的一支。

研究著作主要有万斯年《唐史文献丛考》、黄永年与贾宪保《唐史史料学》的有关部分。

(程　郁　姚荣涛)

五代会要 〔北宋〕王　溥

《五代会要》，三十卷。北宋王溥撰。书成于宋太祖建隆二年(961)，一说成于乾德元年(963)，诏藏于史馆。至庆历六年(1046)文彦博始请刊印。南宋乾道七年(1171)又有施元之刊本，以后明清钞本多从此本出。元、明两代无刊本。清代有两种刻本，一为武英殿本，在刊印前经过四库馆臣的校改，但仍有错页；一为光绪年间的江苏书局本，改正了错页之处。民国间有商务印书馆排印本。上海古籍出版社1978年的标点本以江苏书局为底本，校以武英殿本、沈镇本和上海图书馆、复旦大学收藏的传抄本，并参考了新、旧《五代史》和《册府元龟》等有关书籍，附有校记，目前较为通行。

王溥生平见"唐会要"条。他历官后汉、后周二朝，尤其在后周，曾为中书舍人、端明殿学士等，后位至宰相，又监修过国史，不仅亲身经历许多重要的历史事件，而且直接接触大量国家档案和历史资料，因此，撰写此书是非常有利的。北宋初，在完成了《唐会要》后，他又根据五代实录，并参以旧史，将五十年间的法制典章编成此书。

本书记载后梁、后唐、后晋、后汉、后周五代的典章制度。凡分二百七十九目，和《唐会要》一样，在形式上未分大类，但一般是将相近的事目排在一起，如将《制举》、《进士》、《明经》、《童子》、《明法》等排在一起，就类似后世会要的选举门。在各目中先按朝代，再按年代顺序排列史料，一部分难以归入细目的资料，就编入了《杂录》，排在相关细目之后，检索还是比较方便的。以后南宋徐天麟仿《唐会要》、《五代会要》体例，编《西汉会要》、《东汉会要》，将众多的细目归入十五类中，实际上这种分类法已见于王溥所撰二书，只不过后世的会要有明确的类目而已。从《五代会要》所排列的细目性质看，全书已将细目组成若干大类，依次为：帝系、礼仪、乐类、学校、刑法、历数、灾异、封建、兵类、职官、选举、食货。特别是职官和食货类，收录了大量史料，占据较多的篇幅，职官类包括中央官职、地方官职和官员的致仕、试摄等，仅有关史馆的就有《史馆移置》、《诸司送史馆事例》、《前代史》、《修国史》、《修史官》、《史馆杂录》等细目，食货类有《租税》、《团貌》、《赈籍》、《逃户》、《奴婢》、《道路》、《街巷》、《桥梁》、《关》、《市》、《城廓》、《馆驿》、《盐》、《曲》、《盐铁杂条》、《漕运》、《仓》、《疏凿利人》、《闭籴》、《泉货》、《诸色料钱》等，分目相当细致。

五代时的资料素称贫乏，《旧五代史》仅存辑本，《新五代史》也只有《司天》、《职方》二考，此书从各朝实录中抄录了许多奏章、诏令等文书，又根据官私各书及自己的见闻补充了大量史料，对五代的五十余年的典章制度作了系统的记载，可以弥补正史之缺。如卷八《经籍》目中，记载后唐长兴二年(931)始依石经文字刻九经印版，至后周广顺三年(953)全部刻成，这是刻印经书的最早而详细的记录。又如卷二五、二六《租税》、《逃户》、《盐铁》等目中详细记载了后唐以来各朝统治者不断加重剥削、致使民不聊生的事实。这些史实在新旧《五代史》中或不载，或载之不详。依据此书还可纠正正史的谬误。如《租税》目中载周世宗读《长庆集》，看到元微之所上均田表，便令人照此成图，再颁布各道。而《新五代史》载为世宗见元微之《均田图》云云，便误将此制图作为元微之的作品了。

研究《五代会要》的论著可参见金毓黻《中国史学史》、张志哲《中国史籍概论》等书的有关章节。

（程　郁）

旧五代史 〔北宋〕薛居正等

《旧五代史》,原称《五代史》或《梁唐晋汉周书》。一百五十卷。北宋薛居正等撰。成于开宝七年(974)。成书不久即有刊本,北宋时和欧阳修《新五代史》并行于世。南宋后逐渐湮没无闻,明初仅政府藏书处尚有其书,故修《永乐大典》时多载其文。清乾隆年间修《四库全书》时,馆臣邵晋涵等据《永乐大典》,并用《新五代史》、《旧唐书》、《册府元龟》、《五代会要》、《资治通鉴》、《九国志》、《太平御览》等书所引《旧五代史》作补校,于乾隆四十年(1775)辑出进呈。乾隆四十九年收入《四库全书》刊刻传世,同年又有武英殿刊本。但两本均删去辑文出处,内容亦有窜改,非邵晋涵原辑本。1921年南昌熊氏影印本、1925年吴兴刘氏嘉业堂刊本,均以邵氏原辑本为底本,经校补后印行。后商务印书馆刊印百衲本二十四史,即据嘉业堂本影印,成为民国以来通行本。

薛居正(912—981),字子平,开封浚仪(今河南开封)人。后唐清泰初年进士,历仕后晋、后汉、后周三朝。后周时官至刑部侍郎。入宋后,历任兵部侍郎、吏部侍郎、参知政事并监修国史、门下侍郎、平章事、司空等职。开宝六年(973)奉敕监修《五代史》,翌年书成。后因服丹砂而卒。养子将其文章收为一集进呈,赐名曰《文惠集》,已佚。事迹见载于《宋史》本传。

《旧五代史》修撰迅速的主要原因:一是史官多为当时著名者,颇具史才,如卢多逊、扈蒙、张澹、李昉、刘兼、李穆、李九龄等,且时隔五代不远,对史事相当熟悉;二是史料较为齐备,有范质《建隆五代通录》和五代各朝实录作为蓝本。书成行世后,为区别于欧阳修《五代史记》,才有新旧《五代史》之分。

《旧五代史》是纪传体五代十国史,记事上起后梁开平元年(907)朱温灭唐称帝,下迄后周显德元年(960)赵匡胤灭后周,前后计五十三年的历史。内容分为《梁书》二十四卷,有太祖、末帝纪和后妃、宗室、诸臣列传;《唐书》五十卷,有武皇、庄宗、明宗、闵帝、末帝本纪,传目同前;《晋书》二十四卷,有高祖、少帝本纪,传目同前;《汉书》十一卷,有高祖、隐帝本纪,传目同前;《周书》二十二卷,有太祖、世宗、恭帝本纪,传目同前;《杂传》七卷,有世袭、僭伪、外国三种类传;《志》十二卷,有天文、历、五行、礼、乐、食货、刑法、选举、职官、郡县十目。清孔荭谷等为《旧五代史》辑本作跋。

《旧五代史》设本纪、列传和志，无表。其编撰方法在形式上仿效《三国志》体例，将本纪和大部分列传按五代顺序分述，实际上是五代独自成书，一朝一史。对十国史事则分载于《世袭列传》和《僭伪列传》，记叙较略。十国中向五代政权纳贡的列入《世袭列传》，载有荆南国主李茂贞、高万兴、韩逊、高季兴和楚国主马殷、吴越国主钱镠等人之事；凡不奉中原正朔的则入《僭伪列传》，记有吴国主杨行密、南唐国主李昇、闽国主王审知、南汉国主刘陟、北汉国主刘崇，前蜀国主王建、后蜀国主孟知祥等人之事。纵观全书的纪传，诸本纪沿袭《旧唐书》帝纪之体，除授沿革，巨细必书；诸列传首尾完备，可以征信，录存了大量史料。但五代政权交替存在，各朝立国的时间短促，而十国立国时间反而较长，有的表面上臣服中原，实际也是独立的。所以著者以五代为正、十国为伪的处理，无法反映当时历史真实面貌。本书的形式也因此而多为后人非议。《外国列传》二卷，一卷记契丹历史，叙述较详；另一卷记吐蕃、回鹘、高丽、渤海靺鞨、党项、昆明部落、于阗、占城、牂柯蛮等民族建立的政权，叙述较略。以后人眼光看，这些"外国"除个别例外，实际上都是中国的一部分。

十志内容虽较简略，仍较系统地记载了五代的天文、历法、灾异、礼乐、经济、法律、科举、职官、郡县的兴废沿革。今辑本中，十志序文仅存其半，志文亦间有残缺。但在保存五代典章制度等史料方面，仍为其他史籍所不及。如《历志》收录了王朴制定的《钦天历》，是惟一传世的五代历法；《食货志》有关盐法、田赋、杂税、钱法、专卖的记述，是研究当时经济生活不可或缺的文献；《郡县志》本之《开元十道图》，专载五代建置变迁，《职官志》不赘述《唐六典》所载，专详五代"厘革升降"，都是研究当时地理沿革及政治制度的必读史料。

由于五代文献资料较完备，编撰人员大多亲历了五代的许多重要历史场面，见闻较近，故在书中保存了丰富的资料，其史料价值高于《新五代史》。司马光等修《资治通鉴》，于新、旧五代史两书虽然兼收并蓄，但史实大都取之于《旧五代史》。本书对统治者的骄奢淫逸作了揭露，发扬了中国古代直书的传统。如《梁书·太祖本纪》揭露梁太祖朱全忠决滑州黄河堤坝，以阻李克用兵马，致使五代时期黄河大决口九次，生灵涂炭；《僭伪列传》揭露杨行密、孙儒、刘守光等以人肉做军粮的罪恶，以及刘陟"好行苛虐，至有炮烙、剔剐、截舌、灌鼻之刑，一方之民，若据炉炭。惟厚自奉养，广务华靡，末年起玉堂珠殿，饰以金碧翠羽"等丑行。本书沿袭《旧唐书》详写帝纪的方法，篇幅多至六十一卷，从中可对各朝史实有较多、较全面的了解，是为纪传体史书编撰中的一个进步。

《旧五代史》全据各朝实录，对其中明显的舛误矛盾之处也未核对，将错就错。如唐庄宗李存勖被弑，其弟李存霸、李存渥分别自河中与洛阳奔太原；南唐刘仁瞻死守寿州、符彦饶被诬陷通范延光等史事，书中记述均有所失实。此外，本书主要缺陷还表现在曲笔回护较多、神异怪谈随处皆有。清赵翼在《廿二史劄记》中对此作了揭露。较之欧阳修《新五代史》，本书尚有体例不精、文字粗糙等不足。

《旧五代史》问世后，北宋就有王禹偁《五代史阙文》、陶岳《五代史补》纠谬补缺。清王鸣盛《十七史商榷》、赵翼《廿二史劄记》中均有考证内容。乾隆年间修《四库全书》时对《旧五代史》辑本中犯忌讳的文字多所窜改，近人陈垣《旧五代史辑本发覆》一书予以揭露，叙述颇详，对研究《旧五代史》有重要的参考价值。中华书局1975年出版《旧五代史》校点本，由陈垣等负责点校。该本以熊氏影印本为底本，参校以武英殿本、嘉业堂本及诸种抄本，吸收邵晋涵等的校勘成果，对辑文所据及论文出处一一核实，多有改正增补，并施新式标点。复旦大学出版社2005年出版的陈尚君《旧五代史新辑会证》则是《旧五代史》研究的最新成果。

（胡有恒）

宋会要(附宋会要辑稿)

《宋会要》，宋代官修当代《历朝会要》的总称。宋代历朝建立了许多不同于前代的典章制度，将历朝制度记录备案，不仅是为了修史，更是为了给处理朝政提供参考文献。正是在这一背景下，宋代比其他朝代更重视编修当代会要。从仁宗朝天圣八年(1030)起，以当时的《实录》、《日历》、《国史》、诏令等为资料，开始编纂历朝会要，并成为宋代历朝的经常性工作。北宋编成的《会要》，有章得象监修的《庆历国朝会要》(太祖至仁宗)一百五十卷、王珪奏上的《元丰增修五朝会要》(太祖至英宗)三百卷，以及蔡攸等编修的《政和重修国朝会要》(神宗至徽宗)一百一十卷；南宋编成的《会要》，有汪大猷等纂修的《乾道续四朝会要》(神宗至钦宗)三百卷、陈骙等编类的《乾道中兴会要》(高宗)两百卷、赵雄等进上的《淳熙会要》(孝宗)三百六十八卷(《宋会要辑稿》中的《乾道会要》为此书的第一次进本)、邵文炳请修的《嘉泰孝宗会要》两百卷、京镗等进奏的《庆元光宗会要》一百卷、史嵩之奏上的《宁宗会要》一百五十卷、张从祖类辑的《嘉定国朝会要》(一作《国朝会要总类》)(太祖至钦宗)、李心传续修的《十三朝会要》(一作《总类国朝会要》)(太祖至宁宗)五百八十八卷。

以上十一种《会要》，总计三千余卷，除《十三朝会要》曾由国子监控制刻版发行外，其余皆未曾刊行。元修《宋史》所用《宋会要》、明修《永乐大典》所据《宋会要》，当皆为刊行本《十三朝会要》。明朝中期原书亡佚。清嘉庆年间，徐松在编辑《全唐文》时，趁便把散布于《永乐大典》各韵中的《宋会要》作为唐文签注，交由写官钞出，成为《宋会要》辑稿。

徐松未及完成"辑稿"的排比整理而去世。同治年间"辑稿"经北京琉璃厂书肆流转他人之手。光绪中，张之洞的广雅书局获得"辑稿"，交由屠寄整理，录成"职官"、"礼"以及一部分"帝系"、"后妃"的清稿。民国初年，"辑稿"被刘承幹的嘉业堂购得，由刘富曾、费有容进行排比整理，删并成初编二百九十一卷，续编七十五卷，共三百六十六卷；后又参考《宋史》、《通考》、《玉海》等书，移改旧史实，增入新资料，录成"清本"四百六十卷。

1931年,北平图书馆从嘉业堂购得"辑稿",并借得"清本",由该馆编纂叶渭清对照研究,认为"辑稿"优于"清本",经以陈垣为首的编印委员会研究决定,于1936年影印出版徐氏"辑稿",共线装两百册,题为《宋会要稿》,分帝系、礼、食货、刑法等十七类,类之下又分目,按年代先后排列,其中多有其他史书未载材料,是研究宋代法制情况的重要史料。北平图书馆影印本,比刘富曾删并本、"清本"更接近《宋会要》原书。

1957年,中华书局用北平图书馆影印本复制重印,以线装四面合并缩印为一面,合订成精装本八册,题为《宋会要辑稿》。1964年,世界书局以《中国学术名著》(第六辑)之名发行徐氏"辑稿",题为《宋会要辑本》,合订为十六册。

北平图书馆线装两百册《宋会要稿》中,第一册至第五册为帝系类,主要记录历朝赵氏皇室人事及其封秩、承继、简历、事迹、谥号、生卒年月和相关的议论、奏章、诏令等,记录对象上溯赵匡胤的高祖赵朓,下及宗女、驸马,收录了太祖太宗两朝宰臣名单。还有历朝皇帝关于纳谏求言的诏令、关于依法治国的言论。有"帝号"、"帝谥"、"太子谥"、"庙号追尊"、"宰臣"、"太子诸王"、"皇子诸王"、"皇孙"、"宗室封建"、"宗室追赠"、"公主"、"宗女"、"驸马都尉"、"帝治"等目。

第六册为"后妃"类,记载从僖祖(赵匡胤的高祖赵朓)文懿皇后崔氏起的历朝女眷、女侍、女官的出身、生育情况、编制、待遇、谥号、生卒年月和相关的诏令、奏章等。有"皇后皇太后"、"贵妃"、"淑妃"、"德妃"、"贤妃"、"昭仪"、"淑仪"、"克仪"、"贵仪"、"婉仪"、"美人"、"才人"、"顺容"、"郡夫人"、"乳母"、"内职"等目。

第七至第九册为"乐"类,主要记录宫廷(官府)音乐制度沿革、乐器种类规格、乐队编制,以及相关的议论和奏章、诏令等。有"律吕"、"详定乐律"、"宋乐"、"乐器乐舞"、"郊祀乐"、"诗乐"、"教坊乐"、"郊社群祀乐歌"、"庙祀并各典礼乐歌"、"鼓吹导引乐歌"、"乐"等目。

第十至第四十二册为"礼"类,主要记录举行吉凶国事活动时的各种礼仪程式、行礼场所的编制规格,以及相关的议论和奏章、诏令等,是《宋会要辑稿》中篇幅仅次于"食货"的部分。有"郊祀"、"祈雨雪"、"祠宫"、"朝贺"、"朝会"、"兵捷献俘"、"后妃庙"、"配享功臣"、"群臣士庶家庙"、"神御殿"、"诸祠庙"、"宋封禅"、"明堂御礼"、"历代大行丧礼"、"凶礼后丧"、"丧服"、"杂服制"、"宴享"、"朝贺"、"赍赐"等目。

第四十三至四十五册为"舆服"类,主要记录宫廷官府车舆仪仗、服饰冠冕制度,以及相关的议论和奏章、诏令。有"皇帝仪卫"、"天子服皇太子服"、"朝服"、"祭服"、"冕冠"等目。

第四十六至第五十一册为"仪制"类,主要记录皇帝视朝起居、百官上朝奏事、追赠加封等方面的制度,以及相关的议论、奏章和诏令。有"垂拱殿视朝"、"常参起居"、"群官仪制"、"章奏"、"弹劾"、"官诰"、"帝讳"等目。

第五十二册为"瑞异"类,主要记录被认为是吉凶征兆的各种自然现象,以及相关的议论、奏章和诏令。有"天瑞"、"物瑞"、"祥瑞"、"日食"、"彗"、"雪异"、"雷震"、"旱"、"火灾"、"水灾"、"地震"、"蝗灾"等目。

第五十三册为"运历"类,主要记录与五行运行、历法天文等有关的制度、议论、奏章和诏令。有"五运"、"历法"、"修日历"、"修实录"等目。

第五十四至第五十七册为"崇儒"类,主要记录各类学校、学科、人才培养、著书出版等事,以及与此相关的议论、奏章和诏令。有"宗学"、"太学"、"郡县学"、"书学"、"算学"、"律学"、"医学"、"画学"、"武学"、"编纂书籍"、"录贤"等目。

第五十八至第一〇六册为"职官"类,主要记录宋代历朝职官制度及沿革,以及与此相关的议论、奏章和诏令。有"三公三少"、"太尉"、"三省"、"谏院"、"法官"、"六部侍郎"、"州牧"、"县官"、"官制别录"、"俸禄"、"致仕"、"罢免"、"戒饬官吏"等目。

第一〇七至一二〇册为"选举"类,主要记录科举考试和举荐选拔人才方面的制度及沿革,以及与此相关的议论、奏章和诏令。有"贡举"、"亲试"、"赐及第"、"制科"、"试法"、"新科明法"、"武举"、"宗室应举"、"试官"、"宋铨选"、"举官"、"辟举"、"召试"、"特恩除职"、"举遗逸"等目。

第一二一至一六三册为"食货"类,主要记录生产、财贸、赋税、赈恤制度及沿革,以及与此相关的议论、奏章和诏令,是《宋会要辑稿》中篇幅最大、较受学者注意的部分。有"检田"、"农田"、"水利"、"赋税"、"钱法"、"户口"、"商税"、"酒麹"、"盐法"、"茶法"、"坑冶"、"市易"、"禁珠玉"、"漕运"、"库"、"仓"、"金部"、"户部"、"赈贷"、"恤灾"、"恩惠"等目。

第一六四至一七一册为"刑法"类,主要记录刑事法律制度,包括法律形式、法官专业考试、诉讼审判、监狱管理、法医检验、宽宥赦免等方面,以及与此相关的议论、奏章和诏令,是研究宋代法制史的重要基础资料。有"格令"、"试法律"、"刑法禁约"、"定赃罪"、"诉讼"、"勘狱"、"配隶"、"断狱"、"狱空"、"冤狱"、"断死罪"、"出入罪"、"亲决狱"、"检验"、"矜贷"、"禁囚"、"枷制"、"军制"、"赦宥"等目。

第一七二至第一八六册为"兵"类,主要记录军事制度,以及与此相关的议论、奏章和诏令。包括"乡兵"、"亲征"、"讨叛"、"捕贼"、"军赏"、"马政"、"兵械"、"备边"等目。

第一八七至第一九五册为"方域"类,主要记录行政区划,以及与此相关的议论、奏章和诏令。包括"东京"、"西京"、"南京"、"北京"、"节镇升降"、"州县升降废置"、"诸路"、"四方津渡"、"桥梁"、"治河"、"壕堑"、"诸寨"、"诸堡"、"边州"等目。

第一九六至一九九册为"蕃夷"类,主要记录四边邻国、属国、少数民族情况,以及与此相关的议论、奏章和诏令。有"辽"、"女真"、"真腊"、"回鹘"、"交趾"、"大理国"、"占城"、"天竺国"、"瓜沙二州"、"西南蛮"、"吐蕃"、"历代朝贡"等目。

第二〇〇册为"道释"类，主要记录对道、佛两教的政策，包括与此相关的议论、奏章和诏令。有"封号真人"、"大师"、"禅师"、"僧道官"、"披度普度度牒"、"院"、"寺"等目。

今人邓广铭认为，《宋会要辑稿》"对于宋代史事的研究工作所能作出的贡献，与编修《四库全书》时从《永乐大典》中辑录出来的《续资治通鉴长编》，是完全可以相提并论、先后比美的"，但其成书过程又决定了它"是一部先天不足、后天失调的书"（为王云海《宋会要辑稿考校》所作《序言》，上海古籍出版社，1986年）。所以，对《宋会要辑稿》的校补考证工作也相当重要。

近人汤爱礼的《宋会要研究》（商务印书馆，1922年）是早期《宋会要》研究的重要著述，北平图书馆影印本的前言《影印宋会要辑稿缘起》亦曾引用其研究成果，但汤氏误把《嘉定国朝会要》与《十三朝会要》视为一书，已为中外学者所纠正。日本东洋文库宋代史研究委员会青山定雄等人所编《宋会要研究备要（目录）》（东洋文库，1970年），系据中华书局影印本《宋会要辑稿》编成，为宋史研究者提供很大方便。今人王云海的《宋会要辑稿考校》（上海古籍出版社，1986年），经过细致的考索、整理，解决了《宋会要辑稿》中的许多疑难问题，并编有《宋会要辑稿篇目索引》，于翻检此书不无裨益。2001年河南大学出版社出版了苗书梅等点校的《宋会要辑稿·崇儒》，2010年四川大学出版社出版了郭声波点校的《宋会要辑稿·蕃夷道释》都是最新的整理成果。

（姚荣涛）

太平寰宇记 〔北宋〕乐 史

《太平寰宇记》，一名《太平寰宇志》。原书二百卷，并目录二卷。北宋乐史撰。今存最早的刊本是藏于日本的残宋本，仅存二十三卷。清《四库全书》本存一百九十二卷，缺卷四、卷一百十三至一百十九共八卷（《四库全书总目》曰缺七卷，记载有误）。乾隆、嘉庆年间江西万氏和乐氏分别刊行此书，光绪年间又有金陵书局刻本，残缺同四库本。光绪九年，杨守敬从日本枫山官库残宋本抄出卷一一三至一一八（其中，卷一一四缺湘乡以下五县）计六卷，收入《古逸丛书》，后又重刊于《丛书集成初编》。中华书局2007年出版了以金陵书局本为底本、残缺部分以宋本补足的点校本，是目前最精善的文本。

乐史（930—1007），字子正，抚州宜黄（今属江西）人。初仕于南唐，为秘书郎，入宋后，为平原主簿，太平兴国进士。后召为三馆编修，雍熙中，迁著作郎，直史馆，转太常博士，其后屡任地方知州，因政风不廉而解职。真宗咸平五年，复旧职，与其子黄目同入史馆，当时引以为荣。后出掌西京磨勘司，改判留司御史台。太平兴国年间，北宋统一了全国大部分地区，亟需一部综合性的全国地志，而唐以来诸地志，或过于简约，或因时代久远已不符合实际。乐史根据前代各种图经地志，于太平兴国四年（979）开始编纂此书，书名既代表始作年号，又有讴歌太平盛世之意。本书记载的疆域、政区、沿革皆断限于雍熙四年（987），则最早也在此之后才定稿。乐史平生著述甚富，除本书外，尚有《广卓异记》二十卷，纂集汉魏至五代君臣、后妃等事迹及杂录，以及《总记传》《商颜杂录》《坐知天下记》《诸仙传》《杏园记》《仙洞集》《神仙宫殿窟宅记》《掌上华夷图》等书，凡二十二种，共一千多卷，因此，旧史有"好著述，博而寡要"之讥。今诸书皆亡佚，仅《太平寰宇记》存。其生平事迹详见《宋史》卷三〇六乐黄目附传。

本书为北宋初地理总志。宋太宗晚年，改分十五路，在此之前，仍沿用唐的名称，分全国为十三道，因此，《太平寰宇记》沿袭《元和郡县志》成例，以道为纲，以州县为纬。今本卷一至二四为河南道；卷二五至三九为关西道；卷四十至五一为河东道；卷五二至七一为河北道；卷七二至八一为剑南西道;卷八二至八八为剑南东道;卷八九至一〇二为江南东道;卷一〇三至一二二为江南西道;卷一二三至一三二为淮南道;卷一三三至一四一为山南西道;卷一四二至一四九为山南东道;卷一五〇至一五六为陇西道;卷一五七至卷一七一为岭南道;卷一七二至二百为东西南北四夷。后晋割让给辽的燕云十六州尚未归入宋的版图,但乐史仍将它收入此书,以示不忘收复之意。

其体例在沿袭《元和郡县志》的基础上又有所发展,不但记载了地理沿革、位置、交通、户数、土产、名胜古迹、军事要地等,还增入风俗、姓氏、人物等人文地理部分。作者将《耆旧传》、《先贤传》等书的内容裁取收入本书,人以地传,地以人著,上至王公贵族,下及野寇小丑,从古至宋以前,但未收宋代的人物,若将全书的人物综合起来,便是一部相当可观的各地名人谱。此书将记人、记地、记事有机地结合起来,史籍之外,旁及诗赋,更好杂引仙佛杂记,"后来方志必列人物、艺文者,其体皆始于史",这在方志发展史上是一创举。记载各地风俗,更为后人提供了丰富的社会资料。诚如《四库全书总目》所说:"地理之书,记载至是书而始详,体例亦至是而大变。"

此书作于宋初,时值战火初熄,无从实地调查,作者又难以搜集档案资料,便主要依据徐锴《方舆记》等前代典籍写作,因此内容详于前代而略于当代;更由于本书按诸道编排,与后来北宋的基本政区不尽符合,故对唐与五代十国的历史研究,具有非常重要的资料价值。例如,此书记叙了唐代元和以后的政区沿革,可补前史之阙。与前代地志相较,其取材更为广泛,参考了历代史书、地志、文集、碑刻、诗赋、笔记小说等等,引书约二百多种,这些前代典籍今已大部散佚,此书便具有更重要的史料价值。如今本《元和郡县志》中淮南道全阙,河北、山南、岭南、江南也各阙数州,本书所记唐开元户数均抄自《元和志》,据此便可辑佚补缺。

在经济地理方面,此书不仅记载唐开元年间的户口数和当代的户口数,使后人得以对比研究,而且首次记录了宋朝绝大部分州郡的主客户数,为研究宋朝的人口、户籍和阶级状况,留下极为珍贵的资料。《元和郡县志》及新、旧《唐书·地理志》均不记唐代少数民族聚居地区的户口,而本书逐一记录,有的分别记载汉人和蕃人的户口,还有的分记当代主客户数,对研究唐至宋初少数民族的分布、边远地区的经济面貌等也有较重要的意义。

研究本书的著作主要有寿鹏飞《方志通义》,彭静中《中国方志简史》,黄永年、贾宪保《唐史史料学》等书的有关章节。

(程 郁)

元丰九域志 〔北宋〕王 存等

《元丰九域志》，又名《九域志》，一本题《新定九域志》。十卷。北宋王存等撰。此书实际是由官方逐步修成的。宋真宗时，王曾等编成《十道图》三卷。大中祥符六年(1013)，王曾等又将《十道图》修订为《九域图》，虽命名为"图"，实际只有文字而无图。神宗年间，官方地理志已六十余年未重修，这期间，"壤地之有离合，户版之有登耗，名号之有升降，以今准昔，损益盖多，而稽地理者，犹以故书从事，岂非隔哉"（王存序），因此，熙宁八年(1075)，诏曾肇、李德刍等删定《九域图》，由王存主其事。元丰三年(1080)书成，因无图，故名为志。元祐元年(1086)刊刻正式颁行，在此之前还经过多次修补。本书修成后，因过于简略，故时有重修之议。绍圣四年(1097)，黄裳请重修此书，增进民俗、古迹、物产之类，大观年间曾开局修撰，宣和年间书未成而罢（《玉海》卷十五）。此后，《玉海》卷十五《熙宁都水名山记》、《郡斋读书志》卷八皆注明南宋时已有新旧二本流传。宋刻本今不存，传世本亦有二种，题《新定九域志》者多出"古迹"一门，《四库全书总目》以为南宋闽中刊行时书贾所为；今人王重民认为此即大观间官方重修的稿本，后流传于民间。新本今存各种影宋钞本，旧本刻本主要有武英殿聚珍本、乾隆冯集梧刻本、光绪年间金陵书局本等。通行本为中华书局点校本。

王存(1023—1101)，字正仲，丹阳（今属江苏）人。庆历进士，历官秘书省著作佐郎、馆阁校勘、集贤校理、史馆检讨等。元丰二年，以右正言知制诰、同修国史兼判太常寺，完成《元丰九域志》后不久迁龙图阁直学士、知开封府。元祐年间历尚书右丞、尚书左丞等。王存屡上书陈时政，常为神宗采纳。事迹详见《宋史》卷三四一本传。

曾肇(1047—1107)，字子开，南丰（今属江西）人。历官馆阁校勘、国史编修、吏部侍郎、知制诰等，与其兄曾巩皆以才学闻名于世，著有《曲阜集》等书。

李德刍，生卒年不详，邯郸（今属河北）人。官光禄寺丞，长于地理学，著有《元丰郡县志》三十卷，图三十卷，今佚。

《元丰九域志》为宋代全国性地方总志。凡载二十三路,京府四,次府十,州二百四十二,军三十七,监四,县一千二百三十五。卷一为四京和京东(东、西)、京西(南、北)四路;卷二为河北(东、西)二路;卷三为陕西(永兴军、秦凤)二路;卷四为河东路;卷五为淮南(东、西)二路和两浙路;卷六为江南(东、西)和荆湖(南、北)四路;卷七为成都府路和梓州路;卷八为利州路和夔州路;卷九为福建路和广南(东、西)二路;卷十为省废州军、化外州和羁縻州。本书的记载比较简明,以路为纲,以州县为纬,先立府州名目并简述其沿革,再注明距京里程和四至八到、主客户数、土贡、领县数及名称,然后分述各县,详列各县至府州的方位里程、所领乡数、镇堡寨的名目及名山大川。府州县皆标明其等第。

本书虽在元丰三年基本修成,但其中记述的政区,实为元丰八年之制,记述州县沿革,涉及唐五代以前往往一笔带过,比较简略,而以宋初至元丰为主,比较详细,更由于是当代人写当代事,自然比《宋史·地理志》更为可靠,是有关北宋沿革地理的重要资料。尽管本书的文字十分简练,所包括的内容还是很丰富的,据统计,书中记载的山川达一千以上,记述了一千八百多个镇名,特别是关于镇名的记载远胜于其他宋代地理总志,是研究经济地理和自然地理的宝贵资料。比较其他内容而言,关于各州县"四至八到"的记载是详细的。如东京开封府,先详列府治至各边界的里程,东为二百四十五里,西为一百一十五里,南为二百一十五里,北为一百里,再分别注明府治至南京、郑州、陈州、滑州、亳州、颖昌府、曹州、卫州的里程,使各州县的位置一目了然。

本书沿袭《太平寰宇记》体例,也分记元丰八年各州的主、客户户数,可与前史对比,或进行地区对比,研究各地的生产状况和阶级结构。《宋史·地理志》所载的户数是崇宁间的,虽分口数与户数,却不分主、客户,两者相较,各有利弊。土贡一项,原是地志的传统,本书不仅列出名目,而且列出数额,如河东路各州的土贡物品既少,数量也小,不过甘草、蜜、蜡、麝等数种而已;成都府路、利州路一带的贡品以精致的纺织品为主,数量也较大,这些记载对研究北宋的经济地理具有很重要的作用。

研究本书的著作主要有张国淦《中国古方志考》(中华书局,1962年)、傅振伦《中国方志学》(台湾商务印书馆,1979年)等书的有关章节。专文有魏嵩山、王文楚《〈元丰九域志〉成书源流考》(载中华书局1982年版《学林漫录》五集)。

(程 郁)

新五代史 〔北宋〕欧阳修

《新五代史》,原名《五代史记》。七十四卷。北宋欧阳修撰。北宋皇祐五年(1053)基本完稿。据晁公武《郡斋读书志》,北宋熙宁间已有刊本行世。有南宋庆元刻本,明汲古阁本、南北监本,清武英殿本,商务印书馆百衲本,中华书局点校本等。

欧阳修(1007—1072),字永叔,号醉翁,晚号六一居士。北宋吉州永丰(今属江西)人。仁宗天圣八年(1030)进士及第,任西京(今洛阳东)推官。庆历三年(1043)知谏院,范仲淹等行新政,曾极力赞助,后新政失败,出为地方官。皇祐五年,撰成《五代史记》七十四卷,世称《新五代史》。至和初,召为翰林学士,与宋祁共同编修《唐书》,负责撰写本纪、志、表部分。嘉祐三年(1058)加龙图阁直学士,知开封府。嘉祐五年《唐书》撰成,欧阳修以此迁礼部侍郎,兼翰林侍读学士。在翰林学士院八年,知无不言,累官至枢密副使、参知政事。王安石变法之初,曾抵制青苗法的推行。熙宁五年卒,有《欧阳文忠公文集》行世。事迹详见《宋史》卷三一九本传。

本书撰修时间无确切记载。据撰者《免进五代史状》称:"往者曾任夷陵县令,及知滁州,以负罪责官,闲僻无事,因将《五代史》试加补辑。"欧阳修被贬夷陵在北宋景祐三年(1036),可见其时已开始修五代史。皇祐五年,欧阳修在致梅尧臣信中称"闲中不曾作文字,只整顿了《五代史》,成七十四卷,不敢多令人知",说明此书已基本写成,前后约历时十八年。书成后仍反复修改,至熙宁五年(1072)欧阳修卒后,家人才奉诏缮写进呈。

《新五代史》是一部纪传体五代十国史,也是二十四史中唐代以后唯一的私修史书。其所叙时限同薛居正《旧五代史》。全书由本纪、列传、考、世家、四夷附录构成。编纂体例与《旧五代史》有较大区别。薛史是断代为书,各朝本纪与列传均置一起。欧书则仿效《史记》通史体例,综合五代十三个皇帝的本纪,按时间先后进行编排,而后接以诸列传;对于十国则一律入为世家;少数民族与外国事迹均列为附录。

本纪十二卷,分记梁太祖、梁末帝、唐庄宗、唐明宗、唐愍帝、废帝、晋高祖、晋出帝、汉高祖、隐帝、周太祖、周世宗、恭帝等五代十三帝。薛史本纪内容多被欧阳修删削,纪目也有所削减。如薛氏有《唐武皇纪》二卷,欧书因其未正式当皇帝,故削去该纪名目,而将其内容压缩后编入《唐庄宗纪》。欧氏主张本纪叙事从简,对君主即位前后的事迹采取详前略后的写法,故篇幅大为减少。本纪师法《春秋》,义例谨严。其或褒或贬,微言大义,往往体现在特定文辞用法中。此重书法、轻史实的现象,颇招后人物议。

列传四十五卷,均以类传形式编排。欧阳修将诸后妃、宗室分别列入各朝《家人传》,专仕于一朝的将相百官分别列入各朝《臣传》,仕于数朝者则纳入《杂传》,以示贬意,故《杂传》多至十九卷,共记载一百四十五人。对死义的忠臣又分为两等,如王彦章、裴约、刘仁赡等列入《死节传》,张源德、夏鲁奇、姚洪等列入《死事传》。根据五代社会的特点,欧阳修还创立"一行"、"唐六臣"、"伶官"等类传新目。《唐六臣传》记唐末张文蔚等六名趋利卖国大臣事迹,名为唐臣,实为讽刺。《义儿传》记李克用多用义子以成功业,亦有贬意,且反映了五代收养义儿的特别风尚。《伶官传》记述李存勖败于优伶的史事,总结了这方面的历史教训。

考三卷。欧阳修改志为考,认为五代乱世纷争,礼乐制度无甚可取,仅天文地理不因乱世而废,故只立《司天》、《职方》两考。其余诸志内容皆缺,使半个世纪的典章制度湮没不载。有可取之处的,如《司天考》专记天象,不载录任何带有迷信色彩的事应;《职方考》补充了薛史中五代地理沿革资料,并总结了唐代方镇置军的特点,以供当代"参用"。

世家年谱十一卷。欧阳修将五代以外的十国列为世家,一国一卷,以保持其独立性。其编纂方法较薛史为高明,但记载过于简略。记十国史事后,列《十国世家年谱》一卷,使五代和十国的关系从时间上统一起来,将各君主称帝改元、易号卒绝等事,一一列入表中,易于阅读。

四夷附录三卷。前两卷专记契丹事,后一卷记奚、吐谷浑、达靼、党项、突厥、吐蕃等民族所建政权史事,其记载远较薛史为详。如《契丹录》中,根据胡峤《陷虏记》,记其在契丹的亲身见闻;《于阗录》中,根据高居晦的记录,叙其出使于阗时所见山川、诸国情状等史料,都对薛史作了重要补充。

《新五代史》纠正了旧史中的许多错误。撰者除利用薛史旧本外,还参阅王溥《五代会要》、王子融《唐余录》、路振《九国志》等许多为薛居正等未见的史籍进行考订。清赵翼《廿二史劄记》称其"卷帙虽不及薛史之丰,而订正之功倍之。文直事核,所以称良史也"。如《梁本纪》记朱宣,纠正了流俗本"宣"从"王"旁;记南唐李景改元及灭闽之时间,纠正了汤悦《江南录》之误;记前蜀王建入成都及其建号改元之事,纠正了薛史之误;记吴越称帝改元之事,纠正了薛史之误,并补正了《吴越备史》等。

本书多补旧史之缺,丰富了五代十国史的内容。欧阳修在删削薛史时,补充了薛史所未载或载而不详的内容,对有些史事的记载远详于薛史。如后周天文学家王朴撰《钦天历经》四篇,薛史中缺其《步法敛》一篇,欧阳修从刘羲叟处求得本经,使这部自《大衍历》后自成一家的重要历法得以完备。对少数民族政权,欧书记载也详于薛史,尤其注意与中原关系的记载。十国世家中的某些记载,如南汉、北汉(亦称东汉)世家及卢光稠等传均比薛史为详。本书还间采小说笔记,补充旧史所无。如王景仁、郭崇韬、安重诲、李茂贞、孔谦、王彦章、段凝、赵在礼、范延光、卢文纪、马胤孙、姚顗、崔棁、吕琦、杨渥等传,均补充了新的史料。有些内容还插入生动的情节,以小见大,使人加深了对五代史事的了解。

本书文字简练生动,为我国古代正史中所少见。南宋朱熹曾盛赞《新五代史》文辞之佳。清赵翼也称是书"文笔洁净,直追《史记》"。在二十四史中,《新五代史》的文笔确实可称出类拔萃,仅次于《史记》。书中的一些论赞尤其出色,如《伶官传》的序、《宦者传》的论,都成为中国古代散文史上的杰作。

《新五代史》还为后人研究欧阳修的史学思想提供了丰富资料。本书成于一人之手,最能体现作者思想。书中的传名区分和用字差异,反映出尊王思想是撰者史学思想的核心。同时,欧阳修在本纪中"书人不书天";取消自《汉书》以来诸史相沿的《五行志》,代之以专记天象、不载迷信事应的《司天考》,则反映他反对神学史观的立场。

《新五代史》的主要缺陷,是过于强调《春秋》笔法,注重褒贬义例,而忽略对史实的完整记载,大量删削薛史,舍弃了不少珍贵史料,甚至出现有意歪曲史实的现象。故本书与《旧五代史》两史并行,相辅相成,不能偏废。

《新五代史》问世时即有欧阳修的学生徐无党作注,以阐明书法要义为主,为研究欧阳修史学思想提供了方便。不久有吴缜《五代史记纂误》,列举谬误二百余条,在史实方面多所纠正,此书后失传,至清乾隆时从《永乐大典》中辑出一百二十条,才略具梗概。康熙五十九年(1720)杨陆荣撰《五代史记志疑》,乾隆四十三年(1778)吴兰庭撰《五代史记纂误补》,两书均指出了欧书的若干错误。嘉庆时彭元瑞、刘凤浩撰《五代史记补注》,以欧书为正文,全部保留了徐无党的注,又以薛史和其他材料集为补注,对于查检五代史颇为有用。研究《新五代史》的重要参考著述尚有清王鸣盛《十七史商榷》、钱大昕《廿二史考异》、赵翼《廿二史劄记》中相关部分等。

(胡有恒)

新唐书 〔北宋〕欧阳修 宋 祁等

《新唐书》,原名《唐书》。二百二十五卷。北宋欧阳修、宋祁等撰。成于嘉祐五年(1060)。有北宋嘉祐刻本及南宋刻本四种(均为残本),明汲古阁本、南监本、北监本,清武英殿本,中华书局点校本等。2013年,中华书局出版了詹宗祐《点校本两唐书校勘汇释》,可资阅读参照。

欧阳修生平事迹见"新五代史"条。

宋祁(996—1061),字子京,安州安陆(今属湖北)人。北宋天圣二年(1024)与兄宋庠同时为进士。后历任大理寺丞、工部员外郎、翰林学士、史馆修撰、龙图阁学士、工部尚书等职。著述另有《宋景文集》、《益部方物略记》等。事迹见载于《宋史》本传。

北宋庆历四年(1044),枢密使贾昌朝倡议重修唐史,仁宗命馆阁学士搜集唐史资料。翌年开设史局修《唐书》,以《旧唐书》为底本,博采宋初新发现的史料。列传部分为宋祁撰稿,本纪、志、表部分由欧阳修负责。参加编撰的还有长于乐律的范镇、王畴,曾辑《唐大诏令集》的宋敏求,精通谱学的吕夏卿,长于星历术数的刘羲叟、王尧臣等。《唐书》成书时,署名按旧例列官职高者,欧阳修以宋祁功高而兼署其名。南宋后为区别于刘昫等所撰《唐书》,遂有新、旧《唐书》之说。清武英殿刊本定名为《新唐书》,沿用至今。

《新唐书》为纪传体唐代史,记事时间同《旧唐书》。本纪十卷,在大量删削《旧唐书》的基础上编成。文字太略,叙事有的不载年月。旧书本纪三十万字左右,新书本纪仅九万字。但也有新增之处,如嗣圣元年徐敬业事迹,新书增补了徐氏克润州及最后为部将所杀等史实;对垂拱三年纪事,旧书仅记正、二、四、八月的史事,而新书记载了十个月的史事。

志五十卷,质量甚高,志目有所创新。《仪卫志》、《兵志》均属首创,为《宋史》以后诸正史沿袭。诸志内容较翔实,大多比旧志详细,为研究唐代典章制度提供了系统的资料。《历志》、《天文志》篇幅超过旧书三倍以上,记有李淳风《甲子元历》、僧一行《大衍历》等七种唐代历法,保存了《大衍历》的历议(历法理论),十分珍贵。《五行志》"著其灾异而削其事应",记录了唐代自然灾害的真实情况。《地理志》成就突出,详述唐代地理沿革、军府建置、物产分布以及水利兴废情况,记户口以天宝时(742—755)为据,记州郡建制以天祐时(904—907)为据,水道疆域划分以开元十五道为准,远较旧志充实完整。并附记羁縻州的八百余条目,反映边疆地区行政管理状况,史料价值极高。《选举志》题材新颖,记载了唐代官吏来源、铨选、考核等内容。《食货志》内容丰富,篇幅较旧志增加一倍有余,更多地保存了唐代社会经济的资料,其中屯田、矿产、职田等内容,均为旧书所未见。《艺文志》增补了开元以后的大批书目,仅唐人文集就增加了五百余家,颇受后人重视。

表十五卷,体例也有创新,史料价值很高。《宰相表》按时间顺序排列宰相任免。《方镇表》反映唐代特有的"方镇之患"。《宗室世系表》记唐代宗室支派升降隆替情况。《宰相世系表》也具特色,记宰相三百六十九人、世系九十八族,甚为详备,反映了"务以门族相高"的士族制度余风,但对各家谱牒考订不严,多有疏误。

列传一百五十卷,与《旧唐书》列传卷数相同。新书删去原六十一传。因排佛而删去玄奘、神秀、慧能、普寂、一行等高僧传,实欠深思。《贾耽传》,旧书叙其地理之学凡一千三百余字,备载贾氏各种著述大略,而新书于此传只存二百余字;旧书《李百药传》录《封建论》全文,而新书中删除。新书另增三百三十一传和史事二千余条。本书对刘晏、李泌、陆贽、李绛、高骈、高力士诸人立传独详,内容远超过旧传。又如《黄巢传》在旧书中仅二千五百余字,新书则增至六千八百余字。清赵翼《廿二史劄记》称新书"至唐末诸臣各传,俱比旧书详数倍,则旧本太略耳"。此外,本书设立"卓行"、"藩镇"、"奸臣"、"逆臣"等新的类传名目,并在编排上作了调整,如把《忠义传》由类传第五改为第一。类传次序的改变,说明著者非常重视封建伦常关系。

《新唐书》与《旧唐书》比较,各有优缺点,都有不可替代的价值和作用。《新唐书》的主要作用和影响,一是恢复了正史纪、传、表、志体裁的完整性。二是内容丰富充实,增补了唐代尤其是晚唐人物和史实的许多内容。三是体现了重人事而轻天命的进步史学思想,如《五行志》"著其灾异而削其事应",这在史书编纂上富有进步意义。

《新唐书》的主要缺陷,在于过分追求"文省于旧",大量删削《旧唐书》原文,特别是诏、诰、章、疏等文献和经济统计数据,如李密讨隋帝檄文、徐敬业讨武后檄文、德宗奉天之诏等重要文献,悉遭遗弃,致使史料价值降低。此外,纪传部分内容也有不少矛盾和脱节现象。

研究本书的成果甚丰。书行世不久,时人吴缜撰《新唐书纠谬》二十卷,提出四百六十条意见,分为二十门,涉及各方面内容。金王若虚撰有《新唐书辨》,明李东阳撰有《新旧唐书杂论》。至清代,《新唐书》研究取得重大成果,其中主要有:沈炳震《新旧唐书合钞》,将两书作对勘互证;王先谦《新旧唐书合钞补注》,在《合钞》的基础上以新书为主加以排比,求证两书得失;赵绍祖《新旧唐书互证》,大量利用两书本文考证,颇多参考价值;唐景崇《唐书注》,仿彭元瑞注五代史之例,专为《新唐书》作注,用功较深,参考之书逾百种。此外,丁子复《新旧唐书合钞补证》、陈黄中《新唐书刊误》,以及王鸣盛《十七史商榷》、钱大昕《廿二史考异》、赵翼《廿二史劄记》的有关部分作了专门研究。近人罗振常《南监本新唐书斠义》、岑仲勉《唐史余渖》、唐长孺《唐书兵志笺证》,以及傅振伦《两唐书综论》、黄永年《旧唐书与新唐书》、白寿彝《新唐书大食传注》、钱宝琮《新唐书历志校勘记》、杨果霖《新旧唐书艺文志研究》等著作,丰富了《新唐书》的研究内容。

(胡有恒)

集古录 〔北宋〕欧阳修

《集古录》，一名《集古录跋尾》。十卷。北宋欧阳修撰。宋刊本久不传。《四库全书》著录。现存最早刊本为清顺治谢启光刻本，尚保存宋本旧式，其次为清道光黄本骥刻《三长物斋丛书》本。清光绪时有朱记荣刻《行素草堂金石丛书》本，次序与谢本不同，并删去卷末所注原本次第。《欧阳文忠公集》亦收入此书，《四部丛刊》本据元刊本影印，较通行。收入中华书局2001年出版的《欧阳修全集》校点本。

作者生平事迹见"新五代史"条。

本书是我国现存最早的金石学专著。在欧阳修以前，曾巩尝集古今篆刻为《金石录》五百卷，其书不传，仅序及跋尾十四条存于《南丰类稿》中。刘敞也在长安收集了不少古董，撰写《先秦古器记》一书，今亦不传。从庆历五年至嘉祐七年十八年间，欧阳修收集了大量的金石文字资料，包括鼎铭、碑志、法帖等，同时进行了整理，随得随录，积稿一千卷，故"有卷帙次第，而无时代先后"。其间，得到刘敞等朋友的帮助，其书"咸载原父（刘敞字）所得古器铭款"（蔡絛《铁围山丛谈》卷四）。又从中选择比较重要的进行研究，用以考证史传阙讹。嘉祐、治平年间，他在每卷末尾记下研究心得，边写边修改，共四百多条。后方崧卿将跋聚为一书，刻于庐陵，《集古录跋尾》方单行于世，今所谓《集古录》其实只是原"跋尾"，初行时仍未按时代先后为序，至南宋以来传世本已按时代先后重新编次，只在卷末注明原来的卷帙次第。熙宁二年（1069），其子棐承父命又编成《集古录目》二十卷，从千卷原稿中选出较重要的篇目，注明书撰人姓名及官位事迹、立碑年月等，其书今佚，今本《集古录》自序其实是原《集古录目序》。南宋绍定初年陈思撰《宝刻丛编》，引用《集古录目》之文最多，清黄本骥据此辑出五卷，与《跋尾》一道刻入《三长物斋丛书》。后缪荃孙又从《隶释》、《舆地纪胜》等书中辑录，加上黄辑，共编为十卷，又现存有跋尾一卷，收入《云自在龛丛书》。今人陈汉章复辑《集古录补目》二卷，收入《缀学堂丛稿初集》。

今本《集古录》以唐代碑碣为最多，后汉次之，先秦的寥寥无几，秦代及五代的亦不多见。欧阳修收集金石铭文，"与史传相参验证"，通过对铭文的考释研究，发现"史家阙失甚多"，四百多条跋尾中，纠正史传错误三百余事。如卷八根据《唐汾阳王庙碑》，指出《唐书·郭子仪传》阙讹。卷七据《颜鲁公题名》、《颜真卿湖州放生池碑》指出"真卿未尝至硖，遂贬吉，而史氏但据初贬书于纪传"的疏漏。卷三《后汉俞乡侯季子碑》有"厥祖天皇大帝"之语，乃指汉光武帝，跋尾云："天皇大帝之语，自汉以来有矣。"对史书有所补充，后世学者据此推测日本天皇之名或即取法于后汉。卷九据《唐康约言碑》考证唐宦官官职的演变，诠释典章制度的渊源。卷八据《唐盐宗神祠记》，考证出唐代以来解盐本不必营种的事实，"而州县吏缘以为奸利，弃漫生盐不取，诬其苦不可食"，设盐屯役畦夫营种，结果官私皆弊。当时张席请罢畦夫，朝廷或有疑惑，欧阳修的考证正好为解决现实问题提供了证据。因此，他在书中写道："余家集录古文不独为传记正讹谬，亦可为朝廷决疑议也。"碑志之类多出于亲朋故旧之手，难免有褒美失实之处，因此，欧阳修对这些史料采取了有分析有选择的态度。他说："余所集录，与史传不同者多，其功过难以碑碣为正者。铭志所称，有褒有讳，疑其不实。至于世系、子孙、官封、名字，无情增损，故每据碑以正史。"（《集古录》卷九《唐孔府君神道碑》）这种较科学的研究方法为后人所沿袭。

研究著作有王宏生《北宋书学文献考论》（上海三联书店，2008年）中的相关章节等。

（程　郁）

资治通鉴 〔北宋〕司马光

《资治通鉴》，二百九十四卷。北宋司马光撰。成于元丰七年(1084)。元祐元年(1086)，首刻于杭州，此本今佚。今存宋本，一为南宋绍兴二年(1132)余姚重刻本，商务印书馆影印傅增湘宋椠百衲本即以此残本为主；国家图书馆藏有足本。一为南宋建阳书坊刻本，《四部丛刊》据此影印。清嘉庆二十一年(1816)鄱阳胡克家翻元刊胡三省注本，是现存最好的胡注本，流行较广，除胡三省注外，还将原单行的《通鉴考异》附于正文之下，但所据元本有脱误。胡元常刻《通鉴全书》，收录九种与《通鉴》有关的书，后商务印书馆据此出了句点排印本，曾流行一时。现通行本为中华书局顾颉刚等标点本，以胡克家本为底本，吸收了清章钰《通鉴校宋记》的精华，注有公元年代，使用更为方便。

司马光(1019—1086)，字君实，陕州夏县(今属山西)人。仁宗宝元进士，初任地方官，后入京，仁宗末年任天章阁待制兼知谏院，为官清廉正直。为了解决现实问题，给封建统治者提供历史借鉴，司马光首先编了一部上起战国、下迄五代的大事年表，名为《历年图》五卷，于英宗治平元年(1064)进呈。接着在此基础上写成《通志》八卷，治平三年(1066)进呈，得到英宗的支持，正式设书局于崇文院，由司马光自行选择助手，经费、图书由官府资助。神宗初，任翰林侍读学士，《通志》赐名《资治通鉴》，受命续修。熙宁三年(1070)，出知永兴军，次年至洛阳。自此在洛阳闲居十五年，专力写作，元丰七年《通鉴》书成，前后历时十九年。著作除《通鉴》外，还有《稽古录》二十卷，《涑水纪闻》十六卷，及《温国文正公文集》等多种传世。其事迹详见《宋史》卷三三六本传、清顾栋高《司马温公年谱》等。

司马光的主要助手前后有刘恕、刘攽、范祖禹，一般认为，刘攽负责两汉部分，刘恕起草魏晋南北朝和五代十国部分，唐代部分则由范祖禹执笔。先由司马光写出提纲，包括总纲与每年的细纲。助手再根据提纲排比材料，按年月日列出"丛目"，然后逐条考辨整理材料，写成长编，原则是"宁失于繁，无失于略"。最后，由司马光删削定稿，并写出史论。范祖禹作《唐纪》长编有六百卷，而定稿只有八十一卷。《通鉴》完成后,司马光编成《通鉴考异》三十卷,说明编修时取舍史料的理由。又编《通鉴目录》三十卷,仿年表体例,列出历年大事,以便检阅。其后,又编出《通鉴举要历》八十卷,这是比《目录》稍详的《通鉴》节本,已佚。

《资治通鉴》为我国第一部编年体通史,上起周威烈王二十三年(前 403),下迄后周世宗显德六年(959),记载了一千三百六十二年的历史。凡周纪五卷,秦纪三卷,汉纪六十卷,魏纪十卷,晋纪四十卷,宋纪十六卷,齐纪十卷,梁纪二十二卷,陈纪十卷,隋纪八卷,唐纪八十一卷,后梁纪六卷,后唐纪八卷,后晋纪六卷,后汉纪四卷,后周纪五卷。全书以时间先后为序,年经国纬,依次叙述历史事件,同时,运用追叙、插叙等笔法,说明事件的前因后果,交代人物的经历、世系。比较《左传》而言,《通鉴》的体例更注重人物,在一定程度上吸取了纪传体的长处。从此,一度遭冷遇的编年体再次光耀史坛,与纪传体并驾齐驱,自宋至清,《续资治通鉴长编》、《建炎以来系年要录》、《续资治通鉴》、《明通鉴》等续作形成蔚为壮观的系列,而司马光以其一家之言,成为一代史学之宗。

在纪年问题上,司马光打破了正统与僭伪的偏见,《通鉴》卷六九有专论谈及正统论的问题,一再阐明取何种年号不过是作为时间的标志,并没有正闰之分。因此,本书按照列国授受相承的关系,或根据各国功业的大小,来选择年号作为时间的主线,如三国时期用魏的年号,而对于列国并无褒贬,以更好地反映历史的真实。

为修撰《通鉴》,司马光及其助手参阅了大量史料,经皇帝特许可翻阅国家珍藏的图书,又借阅了大量私人藏书。据今人考定,《通鉴》引用的书目多达三百多种,实际上,在编丛目及长编时,参考的书目想必更在数倍以上。由于时代越近史料越丰富,故《通鉴》自魏晋以后更多地采用了正史以外的资料。特别是唐五代时期,实录、档案俱在,其他史料更多,《通鉴》不仅采用正史野史,而且凡百家谱录、总集别集、墓志碑碣、行状别传也都在参考之列,往往一件事用三四处材料综合写成。南宋洪迈曾谈到《通鉴》的史料来源:"以唐朝一代言之,叙王世充、李密事用《河洛记》,魏郑公谏争用《谏录》,李绛议奏用《李司空论事》,睢阳事用《张中丞传》,淮西事用《凉公平蔡录》,李泌事用《邺侯家传》,李德裕太原、泽潞、回鹘事用《两朝献替记》,大中吐蕃尚婢等事用林恩《后史补》,韩偓凤翔谋画用《金銮密记》,平庞勋用《彭门纪乱》,讨裘甫用《平剡录》,记毕师铎、吕用之事用《广陵妖乱志》,皆本末粲然。"(《容斋四笔》卷十一)这些史料如今已大部佚失,所以,《通鉴》的唐五代部分更有突出的史料价值,可与新旧《唐书》或新旧《五代史》并列。

司马光以"资治"为宗旨,"专取关国家盛衰,系生民休戚,善可为法,恶可为戒者"(《进通鉴表》)。其内容主要是政治史,尤其重视为君之道,用大量篇幅记载文景之治、贞观之治等贤明政治,详细描述乱亡之君丧权辱国的经过,其史论也大都是论述"国之治乱,尽在人君"的观点。军事在《通鉴》中也得到格外关注,不仅生动地描述重大战役的过程,而且论述战争的因果和兵法。顾炎武评道:"《通鉴》承左氏而作,其中所载兵法甚详。凡亡国之臣,盗贼之佐,苟有一策,亦具录之。朱子《纲目》大半削去,似未达温公之意。"(《日知录集释》卷二六《史记、通鉴兵事》)本书相当重视经济问题,尤其详述田制、赋税问题,以大量篇幅记载商鞅变法、唐租庸调制和两税法等重大经济事件,并随时借历史事实来论证现实问题。比较起来,《通鉴》对文学艺术就不太注重了,所记载的文人多与当时政治有关,所收录的文章也大多具有讽谏意义。

史料考证的历史已相当久远,但由史家自撰一书,说明考证史料的过程和理由,却是从《通鉴考异》开始的。近代张须将其考证方法概括为六类,即参取众书而从长者,两存者,两弃者,两疑而节取其要者,存疑者,兼存或说于《考异》中者(《通鉴学》)。这六者奠定了中国史学考证方法的基础,后代续《通鉴》的作者沿用了这些方法,清人钱大昕作《廿二史考异》、王鸣盛作《十七史商榷》、赵翼作《廿二史劄记》,也无不受到《通鉴》的影响。

《通鉴》问世后,一直享有很高的声誉,为研究这部体大思精的巨作,历代出现不少专著,形成专门的通鉴学。通鉴学的重要一支是对本书的续作与改作,改作主要有袁枢的《通鉴纪事本末》、朱熹的《通鉴纲目》等。《通鉴》的考证注释亦蔚为大观,主要有宋史炤《通鉴释文》三十卷、宋王应麟《通鉴地理通释》十四卷、明严衍《资治通鉴补》二百七十卷等,其中以胡三省的注释最为重要。胡三省,字身之,南宋末元初人,研究《通鉴》三十多年,其间曾因兵乱佚失原稿,他毫不气馁,又重新撰写,终于完成《资治通鉴音注》二百四十九卷、《资治通鉴释文辨误》十二卷,对本书的名物、制度、地理、字音、人物关系、史实异同等等都加以详细的注释和考辨。元以后刻本常将胡注附于正文之下。近代研究《通鉴》的著作主要有:章钰《胡刻通鉴正文校宋记》、崔万秋《通鉴研究》、李廷机《通鉴总论》、张须《通鉴学》、岑仲勉《通鉴隋唐纪比事质疑》、周绍良《资治通鉴唐纪勘误》、陈光崇《通鉴新论》、李则芬《泛论资治通鉴》和陈垣的《通鉴胡注表微》等。施丁、沈志华主编《资治通鉴大辞典》,冯惠民编《通鉴地理注词典》等,是阅读《通鉴》时可资参阅的工具书。

(程 郁)

涑水纪闻 〔北宋〕司马光

《涑水纪闻》，通行本十六卷。北宋司马光撰。南宋绍兴六年(1136)，范祖禹之子范冲据司马光手稿编订。通行本有清武英殿聚珍本、《学津讨原》本、《丛书集成》本等。通行本为中华书局1989年校点本。

作者生平事迹见"资治通鉴"条。

《涑水纪闻》是司马光为编撰《资治通鉴后纪》所作杂记。《建炎以来系年要录》卷一百四载："有得光《纪闻》者，上命赵鼎谕(范)冲令编类进之"，"于是冲衷为十册上之"。书编后成，正值金人南侵，朝内秦桧专权，迫害赵鼎，累及范冲，此书未即刻印。至绍兴十五年(1145)，私刻于建州书坊，初名《司马温公纪闻》，卷数不详。

《涑水纪闻》是宋代一部重要的史料笔记。该书杂采《三朝圣政》、《训鉴录》等书及神道碑、墓志、异闻传说等，所记多为北宋旧事，上起宋太祖开国，下迄神宗末年，每条皆注述说之人，详记其本末。全书四百余条，主要内容可分六类。一、政治要事，包括北宋建立、加强中央集权制措施、王安石变法等。记载较为详尽，可纵览事件始末。二、宋与周边各族关系，包括神宗前诸朝与辽、夏、金等和战大事。三川口之战、定川寨之战、元昊包围麟州、契丹进攻幽州及宋夏庆历和议等均有反映。三、经济活动，内容涉及经济政策、边关贸易、田粮赋税及货币铸造等。如记太祖提倡节俭、陕西铸造铁钱、汴口改易、夔州路减削赋税、晋盐通商和杨忱监蕲州酒税等，提供了宋代经济史的重要资料。四、宫廷政务，记皇室事件和活动。五、朝野遗闻。六、其他史事，内容涉及科举沿革、兵卒起义、弓手编制、朝臣贬迁等。

本书创设考异体例，在中国历史编纂学上占有重要地位。《四库全书总目》称此书"闻见异词，即存其说，亦仍《通鉴考异》之义也"。今人邓广铭认为，考异体例的创立，"不仅为后来的李焘、李心传诸史学家所沿用(尽管他们都没有使用"考异"这一名称)，实际上对于撰写历史书籍，也从此别开了一个蹊径，在中国历史编纂学的发展史上，影响深远，是一桩具有划时代意义的事"

(《略论有关〈涑水纪闻〉的几个问题》)。

书中记事详尽,注解详明,为后世修史保存了较多史料。此书每条记事,必注明其事之来龙去脉,引用前人论著,亦详注其出处,个别未注者,则必加说明。此种方法,在宋代同类史书中尚属罕见,历代学者对之评价都很高。但该书因所记传闻较多,有误记失实之处。

有关本书的研究,清缪荃孙、近人傅增湘等曾以不同版本参校,然均未成书。夏敬观以武英殿聚珍本为底本,与清钞本对校,并参校《五朝名臣言行录》《三朝名臣言行录》等,编成《宋元人说部书》,对整理此书贡献很大。

(丁孝智)

通鉴外纪 〔北宋〕刘 恕

《通鉴外纪》，全称《资治通鉴外纪》。正文十卷，目录五卷。北宋刘恕撰。书成于宋神宗元丰元年(1078)。通行本有《四部丛刊》本等。

刘恕(1032—1078)，字道源，筠州(今江西高安)人。年十九登进士第，初授巨鹿主簿，寻迁知和州、翁源二县，后官至著作郎、秘书丞。刘恕笃好史学，尤精于魏晋以后史事。治平三年(1066)，司马光受诏修《资治通鉴》，邀其参加史局，撰魏晋南北朝(包括隋朝)与五代十国的长编。于商榷义例、考订史书用力最多，实系全局副手。熙宁四年，因反对王安石变法，请辞回家终养，改秘书丞，仍遥隶史局，担负部分编修工作。著述尚有《十国纪年》、《疑年谱》、《年略谱》等多种。刘恕的史才实为宋人中翘楚，司马光称其"为人强记，史传之外，闾里所录，私记杂说，无所不览，坐听其谈，衮衮不穷，上下数千载，细大之事如指掌，皆有稽据可效验，令人不觉心服"(《宋名臣言行录》)。在修《资治通鉴》过程中，凡"史事之纷错难治者，则以诿之。光仰成而已"，深得司马光赏识。

《通鉴外纪》一书的写作经过，据其自序曰："熙宁九年，恕罹家祸，悲哀愤郁，遂中瘫痪，右肢既废，凡欲执笔，口授子羲仲书之。自念平生事业，无一成就。史局十年，俛仰窃禄。因取诸书续《通鉴》前纪，家贫书不具，南徼僻陋。卧病六百日，无一人语及文史，昏乱遗忘，烦简不当。远方不可得国书，绝意于后记。乃更前纪曰外纪，如《国语》称《春秋外传》之义也。"创作之艰辛，由此可见一斑。

此书记事自周共和元年庚申(前841)，至威烈王二十二年丁丑(前404)，四百三十八年；下接《通鉴》，自威烈王二十三年戊寅，至周显德六年己未，一千三百六十二年载于书中。综合二书，"然后一千八百年事，坦然可明"。此书十卷内容分别为：卷一，《包羲以来纪》；卷二，《夏商纪》；卷三至卷十，《周纪》。"共和"(前841)以前取编世的形式，如《包羲氏》、《神农氏》、《黄帝》、《帝尧》以及夏、商和西周早期各王。"共和"以后四百三十八年(前481—前404)，始取编年的形式。"共和"以前称为"疑年",不标岁阳岁阴之名,亦不条列其数,可见其慎重态度。

该书采撷当时可见史料共二百余种,均按年经国纬序列。上列朔闰天象,下标卷数,与《通鉴》目录例同。于史料的处理也有不同的方法,认为可信者就大书,记载不同或荒茫者则取分注或细书的形式。例如,"包羲氏"用大字,其下有"蛇首人身,母曰华胥",则用小字注;又禹"都安邑"用大字,"或云平阳,亦云晋阳及韩"用小字分注。凡此等等,不一而足。

由于《通鉴外纪》内容远溯上古,所引材料,往往有出于传奇怪诞之说,致贻贪多务得之讥。但此书本是草稿,储材待用,如同《通鉴》之长编,待司马光之笔削而已。且成书于病患之中,未能尽其史才。虽有疏漏,尚不足以瑕掩瑜。

《四部丛刊》收录《资治通鉴外纪》和《资治通鉴外纪目录》共五卷。清胡克家有《通鉴外纪注补》(有《四部丛刊》汇刻本),可资参考。

(朱顺龙)

舆地广记 〔北宋〕欧阳忞

《舆地广记》，三十八卷。北宋欧阳忞撰。约成书于北宋政和年间(1111—1115)。主要版本有武英殿聚珍本、士礼居丛书本(此本乃顾广圻校勘宋本，堪称善本)，通行本为《国学基本丛书》本和《丛书集成》本等。2003年四川大学出版社出版了李勇先、王小红校注本，使用较方便。

欧阳忞，北宋吉州庐陵(今江西吉安)人。生卒年不详。欧阳修从孙。后世疑《舆地广记》为伪托。

《舆地广记》是北宋著名地理总志。欧阳忞自序称："地理之书，虽非有深远难见之事，然自历世以来，更张改作，先王之制，无一存者。自非专门名家而从事于此者，其孰能知之。……以今日之州县，而求于汉则为郡，以汉之郡县，而求于三代则为州，三代之九州，散而为汉之六十余郡，汉之六十余郡，分而为今之三百余州，虽其间或离或合，不可讨究，而吾胸中盖已了然矣。"可见作者对历代政区变迁十分重视，这部分内容也就成为叙述重点。全书内容可分三个部分。

一、历代疆域沿革及变迁(卷一至卷三)。时间断限上起尧舜，下迄五代。分朝记叙历代州郡政区沿革状况，对一些变化较大者，书中还著文述其原委。

二、宋代路郡县名目录(卷四)。包括宋代四京、二十三路、八化外州及其所属府县名录。

三、宋代四京、二十三路、八化外州及府县变迁概况(卷五至卷三八)。第五卷记四京(包括东京、西京、南京、北京)；第六卷记京东路；第七卷记京东西路；第八卷记京西南路；第九卷记京西北路；第十卷记河北东路；第十一卷记河北西路，附河北路化外州；第十二卷记河北部分郡县变迁，附河北路化外州；第十三、十四卷记陕西永兴军路；第十五、十六卷记陕西秦凤路；第十七卷记陕西路化外州；第十八、十九卷记河东路，附河东路化外州；第二十卷记淮南东路；第二十一卷记淮南西路；第二十二、二十三卷记西浙路；第二十四卷记江南东路；第二十五卷记江南西路；第二十六卷记荆湖南路；第二十七卷记湖北部分郡县变迁；第二十八卷记荆湖北路；第二十九、三十卷记成都府路，附成都府路化外州；第三十一卷记夔州路，附夔州路化外州；第三十四卷记福建路；第三十五卷记广南东路；第三十六、三十七卷记广南西路；第三十八卷记广南路化外州。

本书主要贡献在于综览古今政区之沿革，尤详述宋代政区变化，为后世提供了珍贵的资料。所记侧重历史沿革，对道里、户口、风情、土产等一概从略。《四库全书总目》称其"体例特为清晰。其前代州邑宋不能有，如燕云十六州之类者，亦附各道之末，名之曰化外州，亦足资考证，虽其时土宇狭隘，不足括舆地之全，而端委详明，较易寻览，亦地理家之佳本也"。清朱彝尊也认为"其沿革有条有理，胜于《寰宇记》实多。后此志舆地者，中原不入职方，残山剩水，仅述偏安州郡，至于元，始修《大一统志》，其书罕传，益以征是编之当宝惜也"（《曝书亭集》卷四四）。清程晋芳盛赞此书，认为"《唐书·地理志》之后，此为第一"（《勉行堂文集》卷五）。

有关此书的研究，散见于一些学者的文集之中，如程晋芳《勉行堂文集》、朱彝尊《曝书亭集》、顾千里《思适斋集》等有关篇目。

（丁孝智）

金石录 〔北宋〕赵明诚

《金石录》，三十卷。北宋赵明诚撰。最早刻本是南宋孝宗淳熙前后刊行的龙舒郡斋本，有中华书局1983年影印本。宁宗开禧元年(1205)赵不谫重刻此书，收入李清照所作《后序》，此残本十卷尚存上海图书馆。元明两代未有刊本，仅有钞本传世。清顺治年间有谢世箕刊本，讹误较多，流传亦不广。清乾隆二十七年(1762)，卢见曾据清何焯手校钞本和谢世箕本精心校勘，付梓印行，世称雅雨堂本。清光绪年间，朱澄辑刻《结一庐朱氏剩余丛书》本，附缪荃孙撰札记一卷，并今存碑目一卷，后为《嘉业堂丛书》本所宗。《四部丛刊续编》本据清康熙吕无党精钞本影印，附校勘记一卷。上海书画出版社1985年出版金文明的《金石录校证》，以雅雨堂本为底本，校以《四部丛刊》本及《三长物斋丛书》本，吸收了吕无党、何焯等诸家校勘成果。广西师范大学出版社2005年再版，又由黄曙辉校以龙舒郡斋本，识其异同于每卷之末，以便读者了解宋本面貌。

赵明诚(1081—1129)，字德父，宋密州诸城(今属山东)人。宋徽宗宰相赵挺之之子，词人李清照之夫。少时即喜收集前代金石铭文，为太学生，以荫入仕，初在京城开封任职。大观二年(1108)携妻归青州故第，闲居达十年之久，其间收集了大量的金石文物和图书，后历任莱州(今山东掖县)、淄州(今山东淄博西南)知州。经过二十多年的努力，积得上古三代至五代的金石铭文凡二千卷，并为之考订年月，辨伪纠谬，写成跋尾五百零二篇，作有自序。靖康之乱后，仓皇南渡，抛弃了大部分书籍古玩。建炎二年(1128)，任江宁知府(今江苏南京市)，次年夏因暴病卒，终年四十九岁。绍兴二年(1132)，李清照开始整理遗稿，并撰写了著名的《金石录后序》，详述本书的撰写经过，不久，李清照将此书表上于朝，刊行于世。

此书为金石学专著，体例基本仿欧阳修《集古录》。前十卷为目录，按时代先后顺序，列二千卷金石铭文的目录，每题下注明年月及撰书人姓名，因少数大碑分为二卷或多卷，所以实际上列目的铭文不到二千种。后二十卷为跋尾，即考证研究的心得，共五百零二条，每卷下列有细目。跋尾部分卷十一至卷十三为秦以前，卷十四至卷十九为两汉，卷二十至卷二二为魏晋南北朝和隋代部分,卷二三至卷三十为唐代部分,五代部分只有四条,附于卷三十末。和《集古录》相似,此书的重点仍在唐,其次是两汉。

赵明诚年少时就喜读《集古录》,"以为是正讹谬,有功于后学甚大,惜其尚有漏落,又无岁月先后之次,思欲广而成书,以传学者"。本书对前辈金石学家的著作,如刘敞的《先秦古器图》、吕大临的《考古图》等进行了认真的考辨,特别对《集古录》多所补正。如《集古录》对汉碑中的"有秩"之语感到不解,本书卷十五《汉仓颉庙人名》跋尾,根据《后汉书·百官志》及本注考出"有秩"为乡吏之称。又如卷十九《汉永乐少府贾君阙铭》跋尾载,欧阳修据《汉官仪》"长乐少府,以宦者为之"的记载,认为贾君定为宦者;赵明诚根据《汉书》和其他石刻资料考证出,当时太后、皇后官属皆参用士人,认为《汉官仪》的记载有误。诸如此类,反映出作者深厚的史学和金石学功力,吸取了前代学者的成果,《金石录》成为宋代金石学的集大成者。

赵明诚在自序中指出:历代史书记载"岁月、地理、官爵、世次,以金石考之,其牴牾十常三四。盖史牒出于后人之手,不能无失,而刻词当时所立,可信不疑"。基于这个认识,作者根据金石铭文对史书进行了认真的考辨,对《汉书》、《三国志》、《晋书》、《魏书》、《周书》、《北齐书》、《北史》及新旧《唐书》中的错误多所纠正,其立论精辟,引证翔实,对后来的考古学、史学、文字训诂等都有很深的影响。

此书录存了大量不见于史传的史料,如人物的生平行历、迁官次第,及氏族世系等,可以补正史之不足。而且,此书摘引了大量宋代尚存的史籍,这些书籍如今已大部佚失,因此本书具有非常重要的史料价值。如本书各卷摘引唐林宝撰《元和姓纂》达数十条,其书久佚,今本辑自《永乐大典》,赵氏所摘的引文多不见于今本,据《金石录》还可进行校订和辑佚。

近代的研究著作主要有陈俊成《宋代金石学著述考》、朱剑心《金石学》、林钧《石庐金石书志总目》、岑仲勉《金石论丛》等书的有关章节。主要论文有王国维《宋代之金石学》(《国学论丛》1928年1卷3期)、赵齐平《李清照与赵明诚及〈金石录〉》(《北京大学学报》1987年第5期)等。

(程　郁)

东京梦华录 〔南宋〕孟元老

《东京梦华录》,又名《华胥梦觉》。十卷。南宋孟元老撰。成于南宋绍兴十七年(1147)。初刊于淳熙四年(1177)。有元刻本传世。明弘治十六年(1503)重刻。后有明《秘册汇函》本、绿君亭本、《唐宋丛书》本(一卷)、《津逮秘书》本,清《学津讨原》本、《三怡堂丛书》本等。《丛书集成》本据《秘册汇函》本影印。邓之诚据元刻本成《东京梦华录注》,1959年由商务印书馆出版。中华书局将此书编入《中国古代都城资料选刊》,于1982年出版。同年中国商业出版社出版《东京梦华录》、《都城纪胜》、《西湖老人繁胜录》、《梦粱录》、《武林旧事》的合编本,列入《中国烹饪古籍丛刊》。2006年中华书局出版伊永文《东京梦华录笺注》,是目前最为详备的注本。

孟元老,号幽兰居士,生平事迹无考。据《梦华录序》,他从先人"宦游南北",崇宁二年(1103)起定居汴京(今河南开封),靖康二年(1127)南逃,"避地江左"。出于对故都往日繁华生活的怀念和对失地不能收复的怅恨之感,写成《东京梦华录》一书。关于书名,作者在《序》中说:"古人有梦游华胥之国,其乐无涯者。仆今追念,回首怅然,岂非华胥之梦觉哉!"说明了定名为"梦华录"的缘由。清人常茂徕认为孟元老即为宋徽宗督造艮岳的孟揆,被邓之诚讥为"奇想天开"(《东京梦华录注自序》)。今人孔宪易考证孟元老即蔡京同党孟昌龄第四子孟钺,而非其兄孟揆(《孟元老其人》,《历史研究》1980年第4期)。

《东京梦华录》是一部记述北宋崇宁到元和(1102—1125)年间东京商业及民情风俗的著名笔记。描绘了东京在这数十年间的繁荣太平景观。全书按八十六目区分,各目载一至二十余事。卷一记东京的内外城和各官衙,卷二记诸街巷的盛况,卷三记城市生活,卷四记皇太子纳妃、公主出嫁和商业贸易,卷五记风俗和文化活动,卷六至卷十记每月行事。从书中可知北宋的商业交易规模十分庞大,如卷四记汴梁有一处买卖金银彩帛的商业区,"每一交易,动即千万,骇人闻见"。书中所载内容,包括汴梁城内外规模、河道桥梁分布、宫殿位置、街巷游观、经济贸易、皇室嫁娶等等,反映了北宋城市经济的发达和市民文化生活的活跃。《四库全书总目》称其可与《宋史》互相补证。本书在写作手法上常使用俚语俗称,保存了较多的社会史料。

书中有关经济史研究的史料有以下内容。

一、饮食。汴京有上百万人口,是当时世界上人口最多的城市。由于城内流动人口较多,因而各式饮食店遍布大街小巷,有南食店、北食店、川饭店、瓠羹店、馄饨店、油饼店、胡饼店、馒头店等。汴京的副食品供应十分丰富,见于本书记载的,肉食有牛、羊、猪、鸡、鸭、兔等;水产有鱼、虾、蟹、蛤等;果品有北方的桃、杏、李、梨、核桃、枣子、石榴、柿子、栗子、葡萄、樱桃、林檎等,南方的金橘、荔枝、龙眼、橄榄、温柑等,琳琅满目。

二、街巷建筑。本书卷一记载了汴京外城的情况,外城各城门的位置,旧京城各城门的位置,汴京城内的河道和桥梁。卷二、卷三则从御街开始,记载了朱雀门外街巷、东角楼街巷、潘楼东街巷等汴京的一些主要商业中心的布局情况。从记载的官衙、商店、寺院和居民住宅的位置状况来看,由于工商业的发展,居住与经商已不受地域的限制,虽仍称"坊市",但仅为区划的名称了。

三、交通。据本书记载,当时汴京的交通方便。陆上的交通工具主要是车,有太平车、平头车、宅眷坐车子、独轮车、浪子车、痴车等,并介绍其结构、用途及驾驶方法。如关于独轮车,书中说:"又有独轮车,前后两人把驾,两旁两人扶拐,前有驴拽,谓之'串车',以不用耳子转轮也。般载行木瓦石,但无前辕,止一人或两人推之。此车往往卖糕及糕糜之类,人用不中载物也。"(卷三《般载杂卖》)

《东京梦华录》还保存了丰富的艺术史资料,主要有以下内容。

一、反映了宋代城市经济繁荣、市民艺术勃兴,音乐表演由宫廷转移到民间的盛况。卷二《东角楼街巷》篇记载北宋京都汴梁用栏杆围起来的民间艺术演出的场子勾栏盛况。瓦子里表演的艺术在说唱方面,就有诸宫调等重要曲种。宋代的说唱艺术还有"小说"一类。宋代小说有说有唱,在诸色伎艺人中,以小说艺人居多。卷五《京瓦伎艺》篇介绍北宋出色的小说艺人就有五颜喜、盖中宝、刘名广等。

二、对于宋代的歌舞音乐和戏曲艺术的规模、类型也有记载。实录歌舞音乐之一的大曲在演出时,由参军介绍节目内容和舞队的第一个段落,以下为歌舞(演出的主体)、遣队或放队,演出结束时,由"竹竿子"招呼舞队出场。卷七《驾幸临水殿观争标赐宴》篇记叙宋代戏曲艺术中傀儡戏之一的水傀儡的演出。所谓水傀儡,是在水面上表演的木偶戏。傀儡戏,有的与说唱音乐相通。除了敷演故事情节,它也表演歌唱、器乐演奏、歌舞等节目。

三、历述教坊大乐的乐器、宫廷音乐中的教坊组织与演出特点。从本书卷九《宰执亲王宗室百官入内上寿》详细描叙的盛大合奏伴奏可以见出北宋教坊大乐所用的乐器以及其乐队规模。当时的教坊乐队拍板用十串,琵琶用五十面,杖鼓用二百面,箜篌用二座,大鼓用二面,羯鼓用二座,其他乐器的件数不详,乐队的人数不会少。宫廷音乐有采自民间的,但受到礼仪限制,未必能按本色原貌演出。

(刘季平 朱顺龙 蔡国梁)

通志 〔南宋〕郑 樵

《通志》,二百卷。南宋郑樵撰。成于绍兴三十一年(1161)。现存最早刻本为元至治元年(1321)摹印元大德本。明清两代版本颇多,其中以清武英殿本较为通行。今通行本为上海商务印书馆《万有文库》"十通"合刊本,附有考证三卷。中华书局与浙江古籍出版社都曾影印。此外,尚有多种单行的《通志略》,1995年中华书局出版了王树民校点的《通志二十略》排印本。

郑樵(1104—1162),字渔仲,南宋兴化军莆田(今福建莆田)人。郑樵少年时即喜读古书,于诸子百家无所不窥,后家道中落,筑草堂于夹漈山,谢绝人事,闭门读书三十年,人称夹漈先生。后广游名山大川,搜奇访古,遇藏书家,必借留读尽乃去。其治学范围非常广泛,经史礼乐、天文地理、虫鱼草木、文学音韵,无不研习,皆有论辩。绍兴十九年(1149),携所著书多种入临安,奉献于朝,诏藏于秘府。他年轻时便立志撰写一部会聚群书、极古今之变的通史,为此,三十年中,广泛搜集资料,勤奋著述,先写成九大类、五十种专门著作,为编撰《通志》打下了基础。绍兴二十八年(1158),在大臣的推荐下,郑樵得到高宗召见,献上《修史大例》,陈述拟编《通志》的纲要,被授予右迪功郎,礼、兵部架阁。不久,为御史弹劾,改监潭州南岳庙。乃归故里整理旧籍,潜心著述。绍兴三十一年,耗尽毕生心血的《通志》终于完成,随即携书赴临安进献,被任为枢密院编修官,次年病卒。生平著作达八十四种,今大多散佚,除本书外,尚存《夹漈遗稿》三卷、《尔雅注》三卷、《诗辩妄》(辑佚)等数种。《宋史》卷四三六有传。2010年厦门大学出版社出版的吴怀祺《郑樵研究》包括了郑氏的评传与年谱,可参看。

《通志》为纪传体通史,记事上起三皇,下迄隋代,惟二十略中有关典章制度、文化学术的记载至于唐。凡帝纪十八卷,纪三皇五帝至隋各代帝王事;后妃传二卷,纪前汉至隋各代后妃事;世家三卷,纪周同姓、异姓世家史事;载记八卷,纪东晋时十六国史事;年谱四卷;列传一百十五卷,纪周至隋各代重要人物;略五十二卷,分为二十个门类,即《氏族略》六卷、《六书略》五卷、《七音略》二卷、《天文略》二卷、《地理略》一卷、《都邑略》一卷、《礼略》四卷、《谥略》一卷、《器服略》二卷、《乐略》二卷、《职官略》七卷、《选举略》二卷、《刑法略》一卷、《食货略》二卷、《艺文略》八卷、《校雠略》一卷、《图谱略》一卷、《金石略》一卷、《灾祥略》一卷、《昆虫草木略》二卷。

《通志》全书五百余万言，内容繁富，纪传多抄录汉至隋诸史旧文，略事损益而成；年谱仿《史记》诸表而作，略有新创。二十略为精心结撰之作，堪称全书精华，除礼、职官、选举、刑法、食货五略为沿袭《通典》之外，其余均为郑氏独创。如《氏族略》记载了各氏族之由来；《校雠略》阐明了整理图书、辨章学术的方法；《图谱略》指出了图表与书籍的相互作用；《金石略》扩大了史料研究的范围；《六书略》、《七音略》开拓了文字学、音韵学的新途径。诸如此类，均为前史所无。对此，郑樵也颇为自得，《通志总序》云："臣今总天下之大学术，而条其纲目，名之曰略，凡二十略，百代之宪章，学者之能事，尽于此矣！"历代学者对二十略也大多给予赞许。

郑氏论史要义多在《通志总序》。他提出"会通"思想，强调修史贵在贯穿古今，力求反映史事的因果联系，注重制度典章的沿革变化，重通史而轻断代，颂子长而贬孟坚。《通志》功过是非，后人或褒或贬，不一而足，但此书一出，的确打破了东汉以来纪传体断代史的垄断地位，后清代出现了《续通志》和《清通志》。本书与《通典》、《文献通考》并称为"三通"。在宋代，"学者操穷理尽性之说，以虚无为宗，实学置而不问"。而郑樵反对空言著述，提倡义理与实学的融会贯通。《通志》丰富了历史记载的范围，拓宽了史学的视野，成为后代各种专门学问的启迪者。《昆虫草木略》序曰："儒生家多不识田野之物，农圃人又不识诗书之旨，二者无由参合，遂使鸟兽草木之学不传。"一针见血地指出学问脱离实际致使专门科学难以发展。为纠正这一错误，郑樵亲自进行了实地调查，他"结茅夹漈山中，与田夫野老往来，与夜鹤晓猿杂处，不问飞潜动植，皆欲究其情性"。这种求实的学风对后世产生了良好的影响。郑樵的通识尤其得到清章学诚的赞赏，认为"虽其实无殊旧录，而辨正名物，诸子之意寓于史裁，终为不朽之业矣"。《文史通义》中《申郑》、《释通》、《答客问》诸篇阐述并发展了这一思想。

《通志》也有其局限性，存在史料剪裁失当与考订不精之处，议论亦时有偏激，从整体来说，毕竟未能突破旧史格局，对此，章学诚也有"立论高远，实不副名"的批评。

近代研究本书的著作主要有张须《通志总序笺》（商务印书馆，1934年）、张舜徽《史学三书平议》（中华书局，1983年），均据《通志》总序阐述郑樵史学思想。

（程　郁）

通鉴纪事本末 〔南宋〕袁 枢

《通鉴纪事本末》,四十二卷。南宋袁枢撰。书约完成于乾道九年(1173)。淳熙二年(1175)初刊于严州郡学,世称宋小字本,据近人傅增湘考证,此版以后又修补重印三次,即端平元年(1234)、淳祐六年(1246)及宋末元初,故小字本并不全是淳熙时本。理宗宝祐五年(1257)重刻于湖州,世称宋大字本。今二种宋本皆存,大字本的原版至明初尚存,所以印本更多些。后世传刻本很多,通行者多与宋元明等各种纪事本末合刻。明末张溥校刻本附有其"论正",后晚清的江西书局、广雅书局本即据张溥本翻刻。《四部丛刊》据大字本影印,为较佳的通行本。中华书局1964年标点本以《四部丛刊》本为底本,校以宋小字本和胡克家本《通鉴》,有诸多校正。

袁枢(1131—1205),字机仲,南宋建宁府建安(今福建建瓯)人。隆兴进士,试礼部词赋第一。乾道七年,为太学录。曾三次上疏要求广开言路,谋求恢复中原,为此得罪宰相,于乾道九年出为严州(今浙江建德县)教授,在严州任上完成了本书的修撰工作。其后历太府丞兼国史院编修官、军器少监、大理少卿、知江陵府(今湖北江陵县)等职。袁枢平生精研经学、史学,曾与朱熹、吕祖谦、杨万里等讨论学术,因此被列入"庆元党禁"的名单,晚年闲居十年左右。其著作还有《易传解义》及《辩异》、《童子问》等书,今佚。其事迹详见《宋史》卷三八九本传。

本书何时开始撰写,史载不详,至全书完成,作者已四十一岁。袁枢常喜诵《资治通鉴》,吕祖谦的后序说,他研究《通鉴》时,"玩索考订,本之以经术,验之以世故,广之以四方贤士大夫之议论,而部居条流,较然易见矣"。在研究过程中,他又感到不满,以为《通鉴》过于浩博,不便检索,难于普及,因此,将历史事实分类摘抄,再将其首尾相连编成此书。此书问世后不久,参知政事龚茂良将它推荐给孝宗,孝宗读后非常赞赏,诏摹印十部,分赐给皇太子和江上诸帅,令其熟读,并说:"治道尽在是矣。"

《通鉴纪事本末》为创立纪事本末体的史书。此书内容全部抄自《资治通鉴》,除标题外,行文一字不改,所以其史料价值没有超过《通鉴》。全书始自《三家分晋》,终于《世宗征淮南》,分编为二百三十九个正目,六十九个附题,每事各自起讫,自为标题,每篇各编年月、自为首尾。自司马迁以来,史学沿用纪传、编年二体,但纪传体往往"一事者复见数篇,宾主莫辨",编年体又"一事而隔越数卷,首尾难稽";袁枢别出新意,按历史事件的发生、发展、结果来编辑材料,使整个过程一目了然。如"秦并六国"的经过历时一百四十年左右,分散于《通鉴》六卷之中,《本末》此目始自周显王七年(前362)秦孝公立,终于秦始皇二十六年(前221)灭齐,重点抄录秦的富国强兵措施和秦与六国的关系之类的史料,这样,秦逐步统一的过程就简洁地反映出来了。这种作史方法还可提示读者体会历史由渐变到突变的规律:"大抵寨事之成以后于其萌,提事之微以先于其明。"(杨万里《通鉴纪事本末叙》)如"安史之乱"一目,从大量史料中搜寻到有关事实,详细记载唐玄宗姑息养奸及当时的社会危机,使人首先对安史之乱的发生背景有所了解,因而进一步思索叛乱的原因。特别对初学者来说,纪事本末体使人更容易掌握历史的线索,确实能收到"文省于纪传,事豁于编年"的效果。此书的编排非常灵活,因事命篇,剪裁时只着重某一方面,这既是纪事本末体的长处,又是它的短处。只注意某个历史事件的相对完整性,就会忽略整个历史的全貌,使各个历史事件之间缺乏联系,特别是那些难以列入某个大事之下的文化经济内容,往往就被忽略了。

袁枢继承了司马光的传统,以"穷探治乱之迹,上助圣明之鉴"为宗旨,其内容便以政治、军事为主,按标目大约可分为三类,一为统治集团内部的矛盾,一为夷夏关系,一为农民起义。此书尤其注意"乱世"的历史,三国至隋统一前的约三百七十年历史,在《通鉴》中约占三分之一的卷数,而在本书中几乎占了全部正目的一半。在汉唐历史中,绝大多数也是以"叛"、"平"、"灭"、"讨"立题的,若说《通鉴》是一部"相斫史",那么,此书就更着意探究变乱的根源。朱熹在跋中指出:"其部居门目,始终离合之间,又皆曲有微意。"在诸目中,对农民起义一般用"寇"、"乱",如"黄巾之乱"、"裘甫寇浙东"等,镇压农民起义则用"平",对所谓正统政权的建立,一般用肯定词,如"高帝灭楚"、"光武中兴"、"高帝兴唐"等,反之,则用"篡"、"据"等,如"司马氏篡汉"、"苻坚篡立"、"孙氏据江东"等,充分表现了作者的封建正统思想。

本书问世后,杨万里、朱熹、吕祖谦先后为之作序跋,高度评价这种新创的历史体裁。至明清二代,又产生了一系列纪事本末体史籍,袁枢所开创的事业,对后世产生了极大的影响。近代的研究著作主要有陈衍《通鉴纪事本末书后》,并可参见金毓黻《中国史学史》、尹达等《中国史学发展史》等书的有关章节。

(程 郁)

续资治通鉴长编 〔南宋〕李 焘

《续资治通鉴长编》,五百二十卷。南宋李焘撰。全书成于孝宗淳熙十年(1183),原书为九百八十卷,另有《举要》六十八卷,《修换事目》十卷,《目录》五卷,共计一千零六十三卷,六百八十七册,诏藏秘阁。《直斋书录解题》载为一百六十八卷,有三百余册。李焘原以一年编为一卷,北宋九朝共一百六十八年,故有一百六十八卷之说,而各年事迹详略不一,于是其下又分子卷,子卷或至十余。书成后,孝宗令藏于秘书省,同时按《资治通鉴》旧例再缮写一部。因卷帙过大,难于刊刻,南宋后期蜀中旧本与书坊刻本已详略不同,士大夫中亦有各种抄本流传,其中神、哲、徽、钦四朝部分,当时仅有抄本,未加刊刻。元代以来,世罕传本,清康熙时徐乾学得一节录宋刻本进于朝,仅一百零八卷,合子卷为一百七十五卷,记太祖至英宗五朝事,神宗以后缺,只有原书的五分之一左右,世称撮要本。清乾隆间修《四库全书》,馆臣自《永乐大典》辑出此书,并与徐本参校,重编为五百二十卷。《永乐大典》原不载徽钦两朝史,当时且有残缺,故辑本缺英宗治平四年四月至神宗熙宁三年三月、哲宗元祐八年七月至绍圣四年三月、元符三年二月以后史事。此为阁本。清嘉庆二十四年(1819),张金吾据阁本传抄本以活字印刷,是为爱日精庐本,此本错误较多。清光绪七年(1881),浙江书局本出版,以爱日精庐本校以文澜阁本,并参考了一百七十五卷宋残本和一些宋人著作,订正颇多。南宋杨仲良的《续资治通鉴长编纪事本末》原据《长编》编成,黄以周等又据此书辑出阁本缺佚的徽钦两朝和治平至绍圣七年间的史实,并将《续宋编年资治通鉴》作为附注,编成《拾补》六十卷,总共五百八十卷,是现存较完善的版本。1985年,上海古籍出版社据此影印再版。中华书局标点本以浙江书局为底本,校以两种宋残本和其他史籍,更正颇多。台北世界书局出版杨家骆校补编定《续资治通鉴长编新定本》,采辑原著资料,与浙江书局本合而为一,重定卷次,可与中华书局本参阅。

李焘(1115—1184),字仁甫,一字子真,号巽岩,宋眉州丹棱(今属四川)人。南宋绍兴八年(1138)进士。此后任四川地方官达二十年之久。乾道三年(1167),迁兵部员外郎兼国史院编修官等,不久,又外放湖北、四川、江西等地为转运副使等。淳熙初召回,进秘阁修撰、权同修国史、权实录院同修撰,专领史局。淳熙四年(1177)又出知常德府(今湖南常德)、遂宁府(今四川遂宁),以史局自随。淳熙十年因修史有功召回,十一年以敷文阁学士致仕,不久卒于临安。其事迹详见《宋史》卷三八八本传和王德毅编《李焘父子年谱》。李焘平生著作宏富,约有五十多种,二千多卷,涉及史学、文学、音韵学、经学等多方面,今大多散佚。尚存《六朝通鉴博议》十卷,《说文解字五音韵谱》十卷,及一些零散诗文,近代傅增湘编《宋代蜀文辑存》收其文八十篇,较完备。《宋史》本传曰:"焘性刚大,特立独行。早著书,(秦)桧尚当路,桧死始闻于朝。暨在从列,每正色以订国论。张栻尝曰:'李仁甫如霜松雪柏。'无嗜好,无姬侍,不殖产,平生生死文字间。《长编》一书用力四十年,叶适以为《春秋》以后才有此书。"

李焘以一人之力撰此巨作,几乎花费了终身的精力。初任地方官时,他便着手准备资料,不久,续司马光《宋兴以来百官公卿表》,修成《续皇朝百官公卿表》,为撰《长编》打下了基础。孝宗隆兴元年(1163),在知荣州(今四川荣县)任内奏进太祖朝《长编》十七卷。乾道四年(1168),在礼部员外郎任内呈进建隆元年(960)至治平四年(1067)闰三月的五朝《长编》一百零八卷,其中太祖朝部分略有改动。淳熙元年(1174)第三次进书,内容为神、哲宗两朝《长编》四百十七卷,时知泸州(今四川泸州)。淳熙四年,在礼部侍郎任内第四次进呈徽、钦两朝《长编》。以后又经过全面修订,到淳熙十年,全书才最后完成。李焘作此书基本仿照司马光作《通鉴》的方法,即先作"丛目",再作"长编",同时作"考异"的义例,自以为尚不足与《通鉴》比肩,因此自称《长编》。以后所作《举要》、《目录》更是师承《通鉴》。遵照孝宗的旨意,又对历次呈进的部分加以修改,共四千四百五十余条,因以编成《修换事目》。

《长编》为继《资治通鉴》之后的一部著名编年史。原书上起建隆元年,下迄钦宗靖康二年,记载了北宋一百六十八年的历史。李焘认为,写史应"年近则事详,远则略"(《文献通考·经籍考》二十),太祖至英宗五朝历时一百零八年,原编为一百七十五卷,徽宗朝二十四年,即有三百二十三卷。今本太祖、太宗朝约每年一卷,神宗朝平均每年约九卷,哲宗朝增至每年约十五卷,的确是详近略远的。李焘收集资料用力甚勤,"作木厨十枚,每厨作抽替匣二十枚,每替以甲子志之。凡本年之书有所闻,必归此匣,分月日先后次第之,井然有条"(周密《癸辛杂识》后集)。修史时,更遵循司马光"宁失于繁,无失于略"的原则,以实录、国史为主要依据,参考会要、敕令等档案文件,旁及野史、小说、家集、碑志等。李焘几乎搜集了当时能看到的各种官修史书,包括罕见的本子,如《太祖实录》曾经三次修撰,《长编》的这段记载既引用了《新录》,又用了《旧录》;太宗朝也引用了《太宗实录》和《别本实录》两种。据不完全统计,仅今本所引有名可考的书籍就有四百余种,而这些书如今已大部散佚。《长编》为后人保存了许多珍贵的宋代史料。在注文中,作者对各种资料的出处、取舍的理由及存疑的参考史料都尽可能地作了说明。如卷十七开宝九年十二月癸卯条,载宋师伐北汉事,采用了实录的说法,同时在注文中标明《十国纪年》的不同说法。卷二六五熙宁八年六月壬子条纪沈括使辽事,特在注文里摘抄了沈括的《乙卯入国别录》。今存注文约一万二千余条,七十余万字,是《长编》的重要组成部分,使今人得以考辨。但值得注意的是,有些注文是后人附加和清人增补的。

以本朝人修当代史,虽有史料丰富的好处,但也有易犯时忌的风险。太宗得帝位颇为蹊跷,太祖子魏王德昭之死便成为本朝大讳之一,《长编》不取《三朝国史》本传所谓德昭吃肥肉而病卒的说法,而信取司马光《涑水纪闻》的记载,明记魏王为太宗逼死。同僚曾借机攻讦《长编》"语涉诬谤"。由此可见作者秉笔直书的勇气。又如"杯酒释兵权",正史、实录皆略之,李焘据私家著述"追书"其事。因此,南宋叶适称赞说:"本朝则李焘史最信而核。"(《习学记言述目》卷三七)当然,此书仍是有所避讳的,如将太平兴国四年太宗亲征辽国惨败于高梁河的史实,写成顺利班师。更何况呈进后根据皇帝的意见又曾加以修改替换,失实之处、失考之处还是有的,但就整体而言,《长编》仍不失为北宋时期最详备的史书。

有关此书的研究著作主要有:裴汝诚、许沛藻的《续资治通鉴长编考略》(中华书局,1985年),主要论述了《长编》的版本、撰修体例、方法和过程等;徐规的《李焘年表》、王德毅的《李焘父子年谱》,详细叙述了《长编》的撰写过程及背景。此外,还有陶晋生、王民信编《李焘续资治通鉴长编宋辽关系史料辑录》、杨家骆编《续资治通鉴长编辑略》(凡八种,依次为《李焘碑传录》、《续通鉴长编四次奏进始末考》、《续通鉴长编传本考》、《永乐大典散引续通鉴长编考》、《永乐大典所引九朝长编纪事本末考》、《李焘著述考》、《李焘家学考》、《南宋诸家据续通鉴长编所成史籍考》)等工具书。

(程 郁)

挥麈录 〔南宋〕王明清

《挥麈录》，二十卷。南宋王明清撰。本书因撰者随得数卷，即行付梓，故分为四录：《前录》四卷，南宋孝宗乾道二年(1166)作于会稽(今绍兴)；《后录》十一卷，光宗绍熙五年(1194)作于武林(今杭州)；《第三录》三卷，宁宗庆元元年(1195)作于泰州；《余话》二卷，庆元二、三年间作。前三录曾各自单独刊行；《余话》成书后，有龙山书堂四录全书合刻本。明末汲古阁毛氏曾将龙山书堂合刻本影钞一部，《津逮秘书》第十四集中所刻《挥麈》四录，即本于此，清嘉庆间昭文张氏《学津讨原》本，又出于《津逮秘书》本。《四部丛刊续编》所收《挥麈录》，用汲古阁毛氏影宋钞本影印。

王明清(1127—?)，字仲言，汝阴人。曾任朝请大夫主管台州崇道观、宁国军节度判官、泰州通判等。南宋宁宗嘉泰二年(1202)任浙西参议官，此后其事不详。著述尚有《玉照新志》、《投辖录》等。

王明清系王铚之子、曾纡之外孙。王铚以毕生精力撰辑《国朝史述》(是书稿后付诸一炬)，曾纡即王安石变法时新党要员曾布之第十子。出身于达官显宦之家，王明清得以博识"本朝典故，前辈言行"。凡有可记之事，王明清随即笔录，前后经过三十多年，终成《挥麈》四录。

麈，兽名，似鹿而大，俗称"四不像"。古人用麈的尾毛制成拂尘，称之为麈或麈尾。魏晋人清谈之时，执持麈尾，挥动以指授听众，所以清谈又被作麈谈。王明清在与亲朋闲居谈论时得到写作素材，故以"挥麈"名其书。

《挥麈录》是宋代著名的史料笔记，各条数百字不等，长者数千字。《前录》所记凡一百条，多为官修史书中未见之事，意在"记忆残缺，以补册府之阙"(《前录·王知府自跋》)。如全书第一条便是说明"诞节立名自唐明皇千秋节始"，以下有"密院承旨文武互用自王荆公始"、"国初取士极少，无踰宣和之盛"等条，皆对宋朝典制、政事加以记载。《前录》卷首有实录院庆元元年七月、九月移取《挥麈录》的牒文二道；末附王明清识语，程迥、郭九惪跋，李壄复简及王明清自跋。《后录》凡二百零五条，所载以前朝士大夫轶事为多，也涉及典章制度，如"丞相吴冲卿忌郭逵成功，其孙吴侔以左道伏诛"、"郑居中与蔡京交恶"、"周葵言梁仲谟语泄去位"等。《后录》末有王明清自跋、王禹锡跋。《第三录》独详于宋高宗南渡初年史事,末附王明清自跋。《余话》所记凡八十九条,兼及诗文、碑铭,补前三录所未备,末有赵不谫跋。

《挥麈录》虽属笔记,《四库全书》将之列入"小说家"类,但具有较高的史料价值。举例而言,《后录》卷五有记后妃、太子、诸王、公主、宗室、宰相、执政、文臣、武臣、外戚、内臣谥条,即是王明清为续宋敏求《春明退朝录》而作。宋书止于宋神宗熙宁三年,而《后录》该条止于孝宗朝,足以补充《宋史》之缺。《余话》卷二保存了王俊污告岳飞的状文,并对此作了评论,点破了"莫须有"罪名的真相。本书中多次例举具体事实,揭露秦桧网罗党羽、为非作歹的罪恶,将权奸的心地褊狭、机诈百出暴露于世。在反映南北宋之际黑暗统治的同时,此书也记录了当时刚正不阿之士舍身为国、坚持抗金的英雄事迹。《第三录》卷一记宋高宗自金陵(今南京)避敌于温州史事条,王明清据李正民《乘桴记》所载,自建炎三年七月一日至四年正月二十二日逐日编排,极为详明,使高宗逃离的这段颇难确切完整了解的经历全部得以保留,弥足珍贵,以致被李心传悉数采入其《建炎以来系年要录》。据统计,《挥麈录》引称唐、宋典籍一百余种,引述诸家之说一百余人,由此可见其保存资料之丰富。南宋实录院在编修《高宗实录》时,两度发牒文要泰州钞录《挥麈录》作为参考;南宋史家李焘、陈傅良都曾欲荐王明清修史。清李慈铭还称赞"其言赵叔近被王渊差张俊冤杀一条,吕颐浩、赵鼎相排一条,曾纡上宣仁后辩谤录一条,皆足存是非之公"(《越缦堂日记》)。

撰者为曾布的弥甥,《挥麈录》明显地袒护新党,溢美曾布,而对米芾则极力丑诋,失之公允。另外,王明清用神秘观念解释历史,为当时人所犯的通病。《挥麈录》所记、所补史事,有不少失实、遗漏之处。《余话》卷二记秦桧北去南归之时,楚州守臣杨揆拟杀之,因管当可反对而未果。李心传引他书据实推理,指出杨揆知楚州时距秦桧南归已久,"又桧未尝至山阳,日历中亦不见管当可事。不知明清何所据也"(《建炎以来系年要录》卷三八)。《挥麈录》此条显然为道听途说之词。对于王书误漏之处,后人如清钱大昕、李慈铭等都有所订补。

1961年中华书局上海编辑所出版《挥麈录》标点本,系以《四部丛刊续编》影印的影宋钞本为底本,并参考其他诸本作校勘整理,并附有"称引唐宋典籍"、"称引诸家说"两个索引。此本后由上海书店出版社于2001年重版,并附录张家驹《王明清〈挥麈录〉辨证标题》一文(原载《燕京学报》第27期,1940年)。今人徐规《〈挥麈录〉证误》(收入徐著《仰素集》,杭州大学出版社,1999年),订原书纪事与今本校点之误一百六十则,可参看。

(齐　中)

三朝北盟会编 〔南宋〕徐梦莘

《三朝北盟会编》,二百五十卷。南宋徐梦莘撰。书成于绍熙五年(1194)。宋刊久佚,长期以来只有抄本流传,各家抄本册数各自不同,今国家图书馆藏明抄本五种,四种皆残缺。清光绪四年(1878)袁祖安越东活字排印本,所据抄本不佳,校刊又不精,脱误至不可胜计。光绪三十四年(1908)许涵度校刊本稍精于袁本,但慑于清朝专制统治,对其中文字有删改。1939年海天书店铅印本以袁祖安本为底本,进行了一些校补,并在书后附"大事年表",将重要的制敕、奏疏等文件目录按年登录,以便于读者检索,但此本仍有许多错讹之处。1979年,台湾文化书局本据袁祖安本翻印,前附王德毅撰《徐梦莘年表》和陈乐素撰《徐梦莘考》。

徐梦莘(1126—1207),字商老,南宋临江军清江(今属江西)人。绍兴二十四年(1154)进士。徐梦莘生长于两宋交替的战乱时期,国仇家恨促使他研究这段历史,力图探究其间的治乱得失。绍兴二十七年调郁林州(今广西玉林县)司户参军,其间父母相继去世,他非常苦闷,于是动手收集资料,开始了本书的写作。其后,历任南安军(今江西大余)教授、知湘阴县(今属湖南)、广西转运司主管文字、知宾州(今广西宾阳)等。他长期在边远地区为地方官,并不热衷仕途,而利用游宦东西的机会,广泛搜集野史和各种文书,为此书的编撰打下了坚实的基础。本书编成后,适值实录院为编《高宗实录》广泛征求野史笔记,在修撰杨公辅的推荐下,此书得以抄录进呈。由此得到宁宗的赞赏,迁直秘阁。后史官发现此书所录书目达百余家,有的书甚至史馆也没有,于是再次抄录全书。徐梦莘死后,其子简又抄一本赠予楼钥。其后,此书便传布开来。徐梦莘享年八十一岁,平生好学不倦,所著除本书外,尚有《会录》、《读书记志》、《集医录》、《集仙录》等,今皆散佚。其事迹详见《宋史》卷四三八本传及楼钥《攻媿集》卷一〇八《直秘阁徐公墓志铭》。

本书为编年形式的史料汇编,起于北宋徽宗政和七年(1117)海上之盟,迄于南宋高宗绍兴三十二年(1162)完颜亮伐宋败盟,记载了四十六年间宋金和战的历史。全书分上、中、下三帙,即《政宣上帙》二十五卷,记徽宗时事;《靖康中帙》七十五卷,记钦宗时事;《炎兴下帙》一百五十卷,记高宗时事。记事采用编年的方法,逐日记载有关的史事,每事先列提纲,这是作者的概述,一般非常简单,其下低一格详述内容,并广泛引证有关的史料。中帙的末尾有诸录杂记五卷,因这些史料难以纳入编年的条款内,故另外编次。

《会编》的写作和《资治通鉴纲目》大约同时,同为纲目编年体,但朱子书着重以伦理道德解释历史,故注重书法义例,记事简明扼要;而徐梦莘书主要是辑录史料,内容非常丰富,取材从敕、制、诏、诰、国书,直至书疏、奏议、记序、碑志、野史、笔记,只要是有关宋金和战的内容,都加以引证参考。《四库全书总目》作了粗略的统计:"所引书一百二种,杂考私书八十四种,金国诸录十种,共一百九十六种,而文集之类尚不数焉。"实际上,有书名可考的书目远不止此数。此外,约有三分之一的史料没有注明出处,其中一部分肯定出自《四朝国史》、《长编》等书,大部分则无考,大量的文献因此而得以流传至今。作者后得未见之书五种,再编《北盟集补》五十卷,今佚。而且,作者往往将诸多原始史料不加改动地抄录出来,《自序》说:"其辞则因原本之旧,其事则集诸家之说,不敢私为去取,不敢妄立褒贬,参考折衷,其实自见。"此外,注文部分也是很有价值的,不但注明材料取舍的理由,而且还旁征博引对正文加以补充。正因为如此,此书才具有非常重要的史料价值,使后人得以考察真实情况。当然,在引述一些过长的史料时,有时也摘要抄录,如卷一〇七引李纲札子,注明仅抄了大字,这一点值得注意。

在两宋交替时期,宋金关系比之前代显得更为重要,影响到社会各个方面,通过这本书可以了解当时的历史。更何况《续资治通鉴长编》的徽、钦宗部分已散佚,《宋史》的编撰又过于草率,而《会编》的北宋末部分达一百卷,要研究这段历史,此书不可或缺。就金史研究来说,此书也有较高的史料价值,可与《金史》、《大金国志》等书相参,特别是关于女真族早期情况和金人的某些习俗、制度等,《会编》作了较为详细的记载,在卷三、四、十八中记有关于女真族早期历史的资料。

近代的研究论著主要有陈乐素《三朝北盟会编考》(《历史语言研究所集刊》六卷二、三期)以及金毓黻《中国史学史》等书的有关章节。

(程 郁)

建炎以来系年要录 〔南宋〕李心传

《建炎以来系年要录》，一名《高宗系年录》。二百卷。南宋李心传撰。嘉定元年（1208）成书。宝祐初年刻于扬州，宋本久佚。因卷帙浩繁，元代以来很少流传。元末修宋、辽、金史时未见其书。明代仅得一部，据以录入《永乐大典》。今本为清乾隆间馆臣自《永乐大典》中辑出，重定卷次，仍分为二百卷，并于每卷后附有考证。此书在录入《永乐大典》时已在注文中增入后人之著作，四库本未加考辨，而且清人在辑录时又有所窜改。其后有清光绪五年（1879）仁寿萧氏和光绪八年广雅书局两种刻本，以及1936年商务印书馆排印本，三本皆据四库本，都有不少问题。今通行的是中华书局重印的商务印书馆本与上海古籍出版社影印的文渊阁四库全书本（附索引）。

李心传（1167—1244），字微之，一字伯微，号秀岩，隆州井研（今属四川）人。庆元元年（1195）应乡试下第后绝意科举，大约在这时开始写作此书和《建炎以来朝野杂记》等著作。宁宗嘉泰二年（1202），《朝野杂记甲集》二十卷写成，后六年，又呈进《系年要录》。晚年因崔与之等二十三人推荐，李心传入为史馆校勘，赐进士出身，修撰《中兴四朝帝纪》，未完成，因被人攻击而中止，改任通判成都府。端平元年（1234），迁著作佐郎兼四川制置司参议官，特许其设史局，续修《十三朝会要》，端平三年书成，迁为工部侍郎。此后，又参加了《中兴四朝国史》和实录的修撰工作。不久，因当时的权要不容，以祠禄官闲居潮州（今广东潮安）。另有《道命录》五卷、《丙子学易编》十五卷，今或存残本，或为辑本，皆不全。傅增湘辑《宋代蜀文辑存》收李心传作品三十五篇。其生平事迹详见《宋史》卷四三八本传。

本书为编年体，上起建炎元年（1127），下迄绍兴三十二年（1162），记高宗一朝三十六年史事，与李焘的《续资治通鉴长编》相续，而记事更为详细，尤其建炎元年至绍兴九年的十三年间，几乎每年多至十卷。为了交代历史事件的来龙去脉，也往往打破年月限制，追记事件的起源和人物的身世，或提前交代事情的结局。如开篇即记载宋金和战、汴京失陷、北宋灭亡的始末；卷五建炎元年五月戊戌条，记王伦充大金通问使一事，详述王伦经历，直如一篇小传。

此书取材以官修国史、日历为主,旁及稗官野史、家乘志状、案牍奏议、百司题名等等,搜集了多方面的史料,今本所引有目可查的书籍在二百种以上,这些书已大部散佚。在大量原始史料的基础上,作者进行了认真的考订,"可信者取之,可削者辨之,可疑者阙之,集众说之长,酌繁简之中"。如卷三八建炎四年十月辛未条,关于秦桧南归事,附有详细的注文,引用赵甡之《中兴遗史》、秦桧《北征纪实》、朱胜非《秀水闲居录》、王明清《挥麈录余话》中的记载,并加以考证,认为王明清所说秦桧至楚州险些被杀的说法不可信,考辨十分审慎。遇到一时难以取舍的史事,作者往往将不同的史料一并录下,以待后人考证。如卷十五载宗泽忧愤而死事,《靖康小雅》等野史有不少具体情节,注文加以引述但认为不可信,曰:"姑附此,更须参考。"这类考订和引证载于注文;交代事件始末的文字,及难以归入正文的文献史料也多见于注释。如卷二记宋帝被掳北去事,注文据《钦宗实录》、《宣和录》、《幼老春秋》、《北狩闻见录》等书作了补充。所以附注也具有很重要的史料价值。

本书对许多重要史事和人物都能直书不讳。如张浚为作者的同乡,其子张栻到处讲学,有很大势力,所以宋人史著多偏袒他。而本书详细记载了张浚在淮西、富平的惨败,在四川枉杀抗金名将曲端,以及嫉妒岳飞的种种恶端,并未有所讳饰。《宋史》本传所谓"褒贬有愧秉笔之旨,盖其志常重川蜀而薄东南之士"之类的评价是有失公允的。此书的主要依据是国史,由于种种原因,官修史书往往有所讳避,作者很注意剔除这些因素。卷一二七揭露说:"秦桧领史院,讳避者多,故《实录》成书疏略。"卷一三九记绍兴十一年春三月张浚等解濠州围事,注文明言《淮南从军记》、《沂中神道碑》等书的记载各有不同,评价也有分歧,作者认为后者有"缘饰之言",而前者"盖其在军中所目击也",所以正文采用了前者的说法。因此,《四库全书总目》称其书"虽取法于李焘,而精审较胜"。

长期以来未有本书的专门研究著作,近年有来可泓撰《李心传事迹著作编年》(巴蜀书社,1990年),论述了本书的写作经过及背景,并综合考察了作者的思想发展过程。主要的研究论文有王德毅《李心传著述考》、王瑞来《建炎以来系年要录略论》等。主要的有关工具书有梅原郁编《建炎以来系年要录人名索引》(日本同朋舍,1983年)。

(程 郁)

西汉会要 〔南宋〕徐天麟

《西汉会要》，七十卷。南宋徐天麟撰。书成于宁宗嘉定四年(1211)。传本以清武英殿聚珍本最为流行，广州书局本、江苏书局本、商务印书馆《国学基本丛书》本以殿本为底本。1977年，上海人民出版社整理校点本书，并参照中华书局版《汉书》标点本，校正原书中讹误。

徐天麟，字仲祥，南宋临江军清江(今属江西)人。生卒年不详。宁宗开禧元年(1205)进士，任抚州教授、武学博士，通判惠、潭二州，后历权知英德府。其父徐得之、伯父徐梦莘皆通史学，著述颇丰。徐天麟受家学影响，自称嗜史几于成癖，读书之余，博采旁搜，致力于两汉典章制度资料的综合、分类、辑录工作。其一生除著有《西汉会要》外，尚有《东汉会要》四十卷，以及《汉兵本末》一卷、《西汉地理疏》六卷、《山经》三十卷等。其家世及生平事迹附见《宋史》卷四三八《徐梦莘传》。

本书为会要体史书，专记西汉典章制度及其演变。主要取材于班固《汉书》，兼取《史记》的有关资料，将散见的西汉一代典章制度，以类相从，分门编纂，共分十五门，计三百六十七事。若有无可隶者，则依唐苏冕《会要》旧例，以杂录附之。

卷一至卷六为"帝系"，包括帝号、太皇太后、皇太后、皇后、皇太子、皇子、诸侯王、王子侯、宗室、公主、王主、和番公主、内职、出宫人诸事。

卷七至卷二十为"礼"，按古代吉、嘉、宾、军、凶五礼排列，为全书篇幅较长的一门。

卷二一至卷二二为"乐"，分为乐舞、乐章、角抵。

卷二三至卷二四为"舆服"，计有天子车旗等十四事。

卷二五至卷二六为"学校"，分为太学、辟雍、郡国学、图书、讲论经义、国史、赐书、黜百家诸事。

卷二七至卷二八为"运历"，计有五运、历、改元、天文、权量、时令诸事。

卷二九至卷三十为"祥异"，录有符瑞、日食、日月变异、星孛、星陨、亡冰、雪、霜雹、地震、山崩、石鸣、石立、陨石、水灾、旱、蝗螟等二十一事。

卷三一至卷四三为"职官",也是书中篇幅较长的一门,共一百一十子目,主要有上公、三公、九卿、宫官、军官、三辅、郡国等大小官职,并涉及封建、加官、赐爵、兼官、秩禄、考课、告宁、恩赐、致仕、改官名、省官、戒敕官吏、戒贪吏、策免大臣等文官制度内容。

卷四四至卷四五为"选举",细分选拔人才以及卖官鬻爵的种种名目:贤良方正、博士弟子、试学童、射策、明经、明法、治剧、异科、聘召名士、孝廉、孝弟力田、任子、纳赀、鬻官、方伎、郡吏、上书、从军等项。

卷四六至卷四九为"民政",举凡户口、风俗、传籍、更役、乡役、复除、置三老、尊高年、赐孝弟力田钱帛、恤鳏寡孤独、恤流民、徙豪族、奴婢、治豪猾,均归入这一门。

卷五十至卷五五为"食货",列有三十六子目,主要有垦田数、限民名田、代田、假民公田、劝农桑、水利、田租、算赋、口赋、更赋、户赋、军赋、算訾、榷酤、盐铁、钱币、均输平准、漕运、仓庾、荒政、赈贷等。这部分很有价值。

卷五六至卷六十为"兵",先叙南北军、卫将军军,以及各路屯兵、期门羽林军,次记材官、轻车、骑士、楼船等步卒、骑兵、水军,后叙教阅、蒐狝、调发、选募、兵器、兵占、军功、军法、屯田、马政、备边、处降、捕盗诸事,总共三十八目。西汉兵制,一目了然。

卷六一至卷六三为"刑法",分为刑制、律令、疑谳、议贵、矜老弱、赎罪、恤刑、女刑、大赦、赦徒、别赦、狱、断狱数等项。

卷六四至卷六七为"方域",概述都邑、郡国沿革、论形势,又细分宫、殿、室、馆、阙、台观、楼阁、苑囿、池御、道路、诸门、官寺、街市、乡里、关、城塞、传置、亭障、斥候、邸、黄河等项。

卷六八至卷七十为"番夷",将各少数民族及周边国家列为匈奴、西南夷、南粤、闽粤、朝鲜、西域。

作者鉴于班固《汉书》博大详赡,有关朝政典制难得其体要,遂将《汉书》纪、传、表、志中所载的相关资料摘出,又取材于《史记》,编撰为《会要》。此书诠次精审,经纬明了,对研究西汉王朝的政治、经济、文化制度,有可供检索参考的价值。所以,后世有人认为徐天麟与注《汉书》的唐颜师古有同样的地位。

但是,徐氏采撷只据《史》、《汉》二书,对西汉制度见于其他书籍者,一概不予收录,未免失之于隘。此外,如"舆服"门中,将司马相如、扬雄等人的文学作品中过分夸张渲染的语句,当作史料摘录,则属于自违其例。

(薛明扬)

东汉会要 〔南宋〕徐天麟

《东汉会要》,四十卷。南宋徐天麟撰。书成于理宗宝庆二年(1226)。传本皆据南宋抄本,第三七、三八两卷全阙,第三六、三九两卷阙半。通行清武英殿聚珍本,广州书局本、江苏书局本、商务印书馆《国学基本丛书》本均以殿本为底本。1978年,上海古籍出版社整理校点本书,并参照中华书局版《后汉书》标点本,校正原书中讹误,是目前通行的版本。

作者生平事迹见"西汉会要"条。

徐氏撰成《西汉会要》后,朝廷诏令尚书省将其书收藏秘阁。他继续致力于东汉典制史料的汇辑,以范晔《后汉书》为主要依据,旁采《东观汉记》以及华峤《后汉书》、司马彪《续汉书》、袁宏《后汉记》诸书,还参考当时的《汉官仪》《汉杂事》《汉旧仪》等书,乃至注疏中征引的史料。经过多年努力,完成《东汉会要》。后世合称《西汉会要》与该书为《两汉会要》。

本书为会要体史书,将东汉典章制度的内容分类排比,体例与《西汉会要》相同,分为十五门,计三百八十四事。与《西汉会要》相较,去学校、运历、祥异三门,增文学、历数、封建三门。

卷一至卷二为"帝系",细分为帝号、皇太后、皇后、母后称制、皇太子、皇子、宗室、公主、内职、诸园贵人、出宫人。

卷三至卷七为"礼",按古代吉、嘉、宾、军、凶五礼排列,是全书篇幅较长的一门。

卷八为"乐",分为乐舞、诗颂、四夷乐。

卷九至卷十为"舆服",包括军驾仪仗、冠服绶带等内容。

卷十一至卷十三为"文学",先叙帝学、太学、宫邸学、鸿都门学、郡国学诸事,然后分列国史、图书、经学、五经诸儒、易家、尚书家、诗家、礼家、春秋家、讲论经义、论谶、论浮屠等各种学科。

卷十四至卷十六为"历数",计有律准、候气、贾逵论历、永元论历、延光论历、汉安论历、熹平论历、论月食、论历元、服色、改元、时令、符命、祥瑞、浑仪、天文变异、陨石、五行灾变诸事。

卷十七至卷十八为"封建",记有封皇子、宗室、先代后、孔子后、功臣、功臣后等各种封赐,外戚、恩泽、宦者封侯以及爵、王侯号诸事。

卷十九至卷二五为"职官"，也是全书中篇幅较长的一门。先叙上公、三公、将军、九卿等中央最高官僚，次及执金吾、太子太傅、大长秋、太子少傅、将作大匠、城门校尉、北军中侯、司隶校尉等官职，再次为河南尹、刺史、列郡、县邑道等地方官，然后详述品秩、俸禄、官称、考课、刺举、世官、久任、行、领、试、守、假等一系列文官制度，另外，还专门列出了东汉时期外戚贵盛、宦官擅权、党锢始末等重大事件。

卷二六至卷二七为"选举"，分为贤良方正直言极谏、博士弟子、孝廉、至孝、有道、敦厚质直、仁贤、茂才四行、明经、计偕、将帅、耆儒、试尚书、试博士、童子等多种选人科目，且列出公府选举、公府辟除、州郡辟除等数种选拔途径。

卷二八至卷三十为"民政"，记有户口、乡三老、乡亭长、民伍、孝悌力田、劝农桑、假民田苑、赐民爵、赐酺、复除、崇考行、戒奢侈、荒政、奴婢、禁厚葬、瘗遗骸诸事。

卷三一为"食货"，录有田制、租税、算赋、口赋、更赋、调度、财用、钱币、盐铁、禁沽酒、罢贡献等各项经济政策和措施。

卷三二至卷三四为"兵"，先叙光武中兴、光武平赤眉、平渔阳、平齐、平陇蜀诸战事，次记诸军，有宿卫、卫士、金吾缇骑、北军五营、将军领兵、城门兵、黎阳营、雍营、西园军、郡国兵等，然后再记募罪徒戍边、徙民实边等事。

卷三五至卷三六为"刑法"，分成法令、刑制、赃罪、选举不实、恤刑、中都官狱、断狱案罪、律学、赦宥诸事。

卷三七至卷三八为"方域"，概述都邑、舆地图、省并郡国、十三部等情形，并叙宫苑、城门、街市、河渠、关梁、传置诸事。

卷三九至卷四十为"番夷"，将周边各少数民族分列为东夷、南蛮、西南夷、西羌、西域、南匈奴、乌桓、鲜卑。

与《西汉会要》相比，《东汉会要》征引的材料来源更为广泛，所记东汉典章文物更为详备。《后汉书》八志已详者，《东汉会要》撮其纲要；八志所未备者，会要则详著本末，食货、兵刑、选举都补《后汉书》之阙。此外，《西汉会要》不加论断，而此书却多附有作者的案语，或杂引他人论说，较正文低一格排列，冠以"臣天麟按"或其他人"曰"。同唐苏冕编撰《会要》包含"驳议"的体例相符。

校补本书的著作有清蒋光煦《斠补隅录》等。

（薛明扬）

鄂国金佗粹编、续编 〔南宋〕岳 珂

《鄂国金佗粹编》二十八卷,《鄂国金佗续编》三十卷。南宋岳珂编。《粹编》成于南宋宁宗嘉定十一年(1218),《续编》成于理宗绍定元年(1228)。除近人傅增湘于坊间访得一些残本外,两书的宋刻本今已无存。现在所见的最早本子,为元至正二十三年(1363)刻于江浙行省的明印本。明嘉靖年间刻本源于元刻本,但经黄日敬校补。另有清光绪七年(1881)浙江书局本较为流行。

岳珂(1183—1234),字肃之,号倦翁,相州汤阴(今属河南)人。岳飞孙、岳霖子。官至户部侍郎、淮东总领制置使、宝谟阁学士。生平富收藏,精鉴赏,工诗文,为辛派词人。除编有《鄂国金佗粹编》及其《续编》外,又著有《桯史》、《玉楮集》、《棠湖诗稿》等。传见《宋史》卷三六五、《宋诗钞补》。

《鄂国金佗粹编》及其《续编》系岳飞子孙为其辨冤之作。因岳飞于南宋宁宗时被追封为鄂王,故名"鄂国";又因岳珂曾在嘉兴府城内的金佗坊居住,故名"金佗";"粹"本为"稡"字,岳珂将有关岳飞的史料"稡五编为一"而成是书。岳飞(1103—1141),字鹏举,南宋名将。宋高宗时,率岳家军抗击金兵,累建奇勋,后以"莫须有"罪名被害。近四十年后宋孝宗时,时局再度主战,岳飞冤案平反。岳飞第三子岳霖开始搜集岳飞的各种资料,有八十多件保存于左藏南库"架阁"的高宗亲笔御札被发还,岳飞传记的一个草稿也由国子博士顾杞整理成文。岳霖死后,岳珂"大访遗轶之文,博观建炎、绍兴以来纪述之事,下及野老所传、故吏所录",对顾杞草稿"因其已成,益其未备"(卷九《鄂王行实编年·昭雪庙谥》),终于涉笔五载,于宁宗嘉泰三年(1203)完成《鄂王行实编年》。次年,向宋廷缴进高宗御札手诏七十六轴、《行实编年》六卷、《吁天辨诬》及其《通叙》六卷、《家集》十卷。嘉定十一年,岳珂将缴进文字,再加《天定录》三卷,在嘉兴府刻印成书,是为《鄂国金佗粹编》。理宗绍定元年,岳珂又将有关岳飞的其他文字汇成《鄂国金佗续编》,在镇江府刻板印书。端平元年(1234),岳珂在江南西路合刻两书。

《鄂国金佗粹编》及其《续编》是有关岳飞史料的汇编。《粹编》卷一至卷三为《高宗皇帝宸翰》，收录宋高宗写给岳飞的亲笔手诏七十六份。卷四至卷九为《鄂王行实编年》，其中前五卷即岳飞的编年传记，卷九《遗事》描写岳飞的个人品德、治军风范等，《秦国夫人李氏遗事》介绍岳飞后妻李娃的一些情况，《诸子遗事》介绍岳飞五子岳云、岳雷、岳霖、岳震、岳霆的事迹，《昭雪庙谥》叙述岳飞平反、复爵、褒封、追谥的经过。卷十至卷十九为《家集》，收录岳飞的表跋、奏议、公牍、檄文、诗词、题记等，共计一百六十七篇，其中《南京上皇帝书略》、《乞移都奏略》、《论虏情奏略》、《乞定储嗣奏略》、《乞止班师诏奏略》、《乞出京洛奏略》和《乞出蕲黄奏略》七篇原件已佚，仅存概略。岳飞的奏议公牍一般出自幕僚手笔，个别极重要、极机密的文字应是岳飞本人草拟。卷二十至卷二五为《吁天辨诬》，其中卷二十为《通叙》，后五卷就建储、淮西、山阳、张宪、承楚等问题替岳飞一一辩白。卷二十六至卷二十八为《天定录》，收录宋廷为岳飞平反、定谥、追封、改谥等文件。

《续编》卷一为《高宗皇帝宸翰摭遗》，补收宋高宗诏书十一份及《御赐手剑赋》。卷二至卷十二为《丝纶传信录》，收录了一批宋廷给岳飞的制诏和省札。卷十三至卷十六为《天定别录》，补收《粹编·天定录》中未收的有关文件。卷十七至卷三十为《百氏昭忠录》，刊载他人撰写的有关文字，其中有章颖《鄂王传》五卷、刘光祖《襄阳石刻事迹》三卷、鼎澧逸民《杨幺事迹》二卷等。

岳飞死后，秦桧及其子秦熺主持国史的修纂，对岳飞的事迹全面篡改。现存南宋初期历史记载，主要有《宋史·高宗纪》、《三朝北盟会编》、《建炎以来系年要录》、《中兴小历》、《皇宋中兴两朝圣政》等，绝大部分依官修史书而成，因袭了大量对岳飞的不实之词。《鄂国金佗粹编》及其《续编》勾勒出岳飞较为真实的一生，为后世学者研究岳飞、研究南宋初期历史提供了第一手资料。《粹编》中为岳飞所遭诬陷的五个问题的辨诬，除建储一事今人考证属实外，其余四辨均言之有据、持之有故，恢复了历史真相。后来章颖将其据《行实编年》改写的《岳飞传》，连同刘锜、魏胜、李显忠三人传记合为《南渡四将传》一书，上呈朝廷，列置史馆。《宋史》修纂者照抄《南渡四将传》中《岳飞传》写成《宋史·岳飞传》，后世史家无不以此为著述依据。

《金佗粹编》及其《续编》所搜罗的材料较为不足，因数量较多的文字记载当时即已佚失、销毁。如高宗手诏原有数百份，而本书仅得八十余份；岳飞诗文的佚失比例，估计更高于高宗手诏。书中也有对岳飞的溢美、对高宗的回护之处，《金佗粹编》及其《续编》的重大缺失即在于此。

中华书局1989年出版王曾瑜《鄂国金佗粹编续编校注》上下册，该书以元刻本为底本，参校各本及其他有关书籍，并有标点及注释。

（吕　健）

资治通鉴纲目 〔南宋〕朱　熹

《资治通鉴纲目》，五十九卷，又《凡例》一卷。南宋朱熹撰。在朱熹生前，此书一直在进行修改，至嘉定十二年(1219)方才初次刊行。据《直斋书录解题》，当时有纲目分刻的本子，如温陵本"别其纲谓之提要"。最初《凡例》是单独流传的，初刊于咸淳元年(1265)，以后才与正文合印。嘉定版传入元、明，今存此版印本。元以来，有多种刻本传世。明弘治十一年(1498)黄仲昭校刊本，始以宋以来七家注散入正文之下，为后世通行。

作者生平事迹见"朱子语类"条。

司马光鉴于《通鉴》篇幅之巨，欲另出节本，晚年编《举要历》八十卷，未完成，后胡安国据司马光遗稿撰成《举要历补遗》一百卷。朱熹及其助手就在此基础上进行改编，约从乾道三年(1167)开始，朱熹先立凡例，在蔡季通等帮助下编撰，至乾道八年编成草稿，并作自序。以后，在朱熹的统一指导下，蔡季通、李伯谏、张元善、杨伯起等人分工协作，于淳熙二年(1175)完成净本。此后朱熹花了很多精力进行修改，直至淳熙十三年(1186)尚未全部定稿，交给学生赵师渊完成。经过朱熹及多名助手二十余年的努力，全书方才脱稿，但朱子生前未能刊行。由于本书的最后修改由赵师渊完成，明清以来有学者认为此书的纲为朱子所作，而目为赵师渊所作；有的认为正纲也有赵的手笔；至清全祖望则说："是书全出讷斋(赵师渊号)，本之朱子者，不过《凡例》一通，余未尝有所笔削。"(《鲒埼亭集外编》卷三四《书朱子纲目后》)这种说法曾为后人接受，对此，近代学者有不同意见。不过，就本书看，的确有许多疏谬，纲目与凡例时有异同，可见此书不出于一人之手。

本书为纲目体编年史，仍按编年形式改编，起于周威烈王二十三年(前403)，迄后周世宗显德六年(959)。每事皆分为纲要和细节二部分，先以大字标出概括的提纲，其下以小字详叙细节。立纲仿效《春秋》，力求简明，并蕴含道德评价；叙目仿效《左传》，每事皆以"凡"字起始，以说明事实。改编主要采用删繁就简的方法，如唐僖宗广明元年十一月记事，《通鉴》为七二六字，《纲目》只二九八字，而基本史实全部得到保留。有些被《通鉴》删去的重要内容，《纲目》也有所补充，如汉高祖四年实行算赋令,《通鉴》不载,《纲目》补进。古代的年号往往在年中变更,对此,《通鉴》的纪年硬性规定这一年的年号采用后来者,于是造成纪年与纪事不符的矛盾,《纲目》一律改为如实记载。同时,《纲目》还订正了《通鉴》的一些史料错误。纲目体是在吸取了编年、传记、纪事本末诸体的长处之后新创的,有些因难以归类而被纪事本末体舍弃的重要内容,也能归入纲目之下。作为启蒙的历史教科书,纲目体更为简明扼要,通俗易懂。此后,历代纷纷仿作,形成了贯穿古今的一系列纲目体史书。

司马光作《通鉴》是不主张正统论的,对此,朱子十分不满,认为"于君臣父子之教,为害尤大"。所以,《纲目》尤重于正统名分的说教。编撰前制定的《凡例》,分为统系、岁年、名号、即位、改元等十九门,门下有目,目下有类,详细规定了写作原则和书法义例;正文对正统非正统的即位、朝会等都有一系列严格的表述法,可说是历代史家"春秋笔法"的一个总结。由于《纲目》具有浓厚的伦理教化色彩,此书出版后,一直得到封建统治者的重视。

为《纲目》作注者主要有七家:南宋尹起莘之《发明》,刘友益之《书法》,均以发挥义旨为主;元代汪克宽之《考异》,以辨正文字为主;王幼学之《集览》,徐昭文之《考证》,明代陈济之《集览正误》,冯智舒(一说为刘宏毅)之《质实》,均以训释名物为主。清代注释者又有:芮长恤《纲目分注补遗》、张庚《通鉴纲目释地纠谬》。考订研究者主要有:宋周密《纲目疑误》、宋王应麟《通鉴答问》(此书兼及《纲目》)、清赵翼《陔余丛考》、清陈景云《纲目订误》等。

(程　郁)

诸蕃志 〔南宋〕赵汝适

《诸蕃志》,二卷。南宋赵汝适撰。书成于南宋宝庆元年(1225)。原书久佚。今本皆自《永乐大典》辑出。主要有清乾隆四十七年(1782)李调元《函海》本、嘉庆五年(1805)张海鹏《学津讨原》本、道光五年(1825)张朝夔重修补本、民国《国学文库》本、1912年美国汉学家 W. W. Rockhill 和德国汉学家 Friedrich Hirth 的英译本、1937年冯承钧校注本。

赵汝适,生卒年不详。宋太宗(赵炅)八世孙。寓居四明(今浙江宁波)。庆元二年(1196)进士,累官卿、监、郎官等。宋理宗时,官至朝散大夫,通判临安府,提举福建路市舶司。宝庆元年(1225),以提举市舶司时的见闻和亲访海外各国的事迹,著成《诸蕃志》。

《诸蕃志》系记载东自日本,西至摩洛哥,有关各国风土物产、贸易情况的地理书。"海外环水而国者以万数,南金象犀珠香玳瑁珍异之产,市于中国者,大略见于此矣。"(赵汝适自序)卷上志国,主要记载南洋、印度洋沿岸五十八个国家和地区的名称、风土、道里、交通。卷下志物,叙记五十八个国家和地区的吉贝、砗磲、珊瑚树、珍珠、琉璃猫儿睛等四十七种动植矿物,其中尤以香料为大宗,计有脑子(龙脑)、乳香(薰陆香)、没药(末药)、血竭、金颜香、笃耨香、苏合香油、安息香、沉香(沉水香)、笺香(栈香)、速暂香、黄熟香、生香、檀香、丁香、肉豆蔻、降真香、麝香木等。

本书价值除记载域外地理情况外,还在于:

一、反映宋代对海外地理的认识有了进一步发展。我国唐代于海外诸国了解仅达非洲东海岸,宋代不仅认识非洲东海岸诸国,而且还基本掌握了埃及、摩洛哥等北非国家的风土、物产。

二、体现宋代航运业的发达。从《诸蕃志》记载看,宋代远洋航运,既可到达南洋诸国,印度洋的大食、索马里等国,也能经过红海、地中海,直航非洲北部、西班牙南部以及西西里岛。

三、描述各种物产的性状、形态、产地。如说吉贝:"吉贝树类小桑,萼类芙蓉,絮长半寸许,宛如鹅毳,有数十,南人取其茸絮,以铁筋碾去其子,即以手握茸就纺,不烦缉绩,以之为布,最坚厚者谓之兜罗绵,次曰蕃布,次曰木棉,又次曰吉布,或染以杂色,异纹炳然,帽有阔至五六尺者。"

四、反映中外贸易情况。宋于泉州设市舶司,中外互市。是书所录物品多产于异国,而贩运于宋。入宋物品有些中国亦有,但质优不及外国,故需进口。如琉璃,大食国烧炼法与中国同,然出自大食的"滋润不烈,最耐寒暑,宿水不坏,以此贵重于中国"。

《诸蕃志》系就各国旅华商人所陈述及撰著者亲眼目睹写成,事实大致可靠,为研究中西交通史、海外贸易史提供了珍贵资料。元代汪大渊著《岛夷志略》、明马欢著《瀛涯胜览》皆沿其体例。

有关《诸蕃志》的研究著作有冯承钧《诸蕃志校注》、诚堂《赵汝适的〈诸蕃志〉》及谭其骧主编的《中国历代地理学家评传》中的相关部分等。

(巴兆祥)

舆地纪胜 〔南宋〕王象之

《舆地纪胜》，原二百卷。南宋王象之撰。宋刊本久不传，明人曾将其中的碑记辑为四卷，题《舆地碑记》(一名《舆地碑记目》)，单行于世，其时原书已缺七卷。明以来传本甚稀，《四库全书》未著录，只收了《舆地碑记》，后为《粤雅堂丛书》本和《丛书集成》本所宗。清末发现原书的影宋钞本，道光二十九年(1849)岑建功据此刊印。今本存一百六十八卷，缺三十二卷，即卷十三至十六，卷五十至五四，卷一三六至一四四，卷一六八至一七三，卷一九三至二百，此外，还有十七卷有缺页。1992年中华书局出版了影印本。2005年四川大学出版社出版了点校本。2012年，浙江古籍出版社出版了点校本。

作者王象之，字仪父，南宋婺州金华(今属浙江)人。生卒年不详。庆元进士，历长宁军文学、分宁知县等。年轻时从其父宦游四方，足迹遍及江淮荆闽，见闻甚广。转任地方官期间，他注意收集地理书和各地的图经、地志，随时编纂此书。今存自序作于南宋嘉定十四年(1221)，此前应已开始本书的编纂。全书约在理宗宝庆三年(1227)完成。此外还作有《舆地图》十六卷，今不存。

本书为南宋的地理总志，记载的范围以南宋十六路为限，州县建置一般以宁宗嘉定为止。自序曰："每郡自为一编，以郡之因革见之篇首；而诸邑次之；郡之风俗又次之。其他如山川之英华，人物之奇杰，吏治之循良，方言之异闻，故老之传记，与夫诗章文翰之关于风土皆附见焉。"全书起于行在所(临安)，止于剑门军，共记府二十五，军三十四，州一百六，监一，有些府州分为上下两卷。于府、州的标目之下，一般分为十二个细目，即府州沿革(为监司军将驻节者，别叙其沿革于后)、县沿革、风俗形胜、景物上、景物下、古迹、官吏、人物、仙释、碑记、诗文等，内容极为丰富。

王象之有感于前代地志"不过辨古今，析同异，考山川之形势，稽南北之离合，资游谈而夸辩博，则有之矣。至若收拾山川之精华，以借助于笔端，取之无禁，用之不竭，使骚人才士，于一寓目之顷，而山川俱若效奇于左右，则未见其书。此《纪胜》之编，所以不得不作也"。因此，此书尤重于人文地理方面，也就是所谓"纪胜"。比较前代地志而言，此书中景物古迹的分量大大加重了，而写景的侧重点又在写人纪事。如卷十八江南东路太平州,写牛渚矶,本书引用了二种地志所载关于水怪的传说与李白、王安石的诗,全文一百八十七字,是《元丰九域志》的七倍。因此,宋李季允序称此书"使人一读,便如身到其地,其土俗人才,城廓民人,与夫风景之美丽,名物之繁缛,历代方言之诡异,故老传记之放纷,不出户庭,皆坐而得之"。

  本书取材广泛,节录了当时数以百计的各地方志、图经和历代典籍,注以出处,对各书记载的异同,并加按语进行考订。如记太平州沿革部分,全文二百七十八字,即引证《九域志》、《姑孰志》、《太平寰宇记》、《元和郡县志》、《国朝会要》、《汉书》、《资治通鉴》、《左传》等八种,加按语两条。至于官吏、碑记门的设立,更是王象之的创造。官吏门记载此地名官的任期和主要政绩,碑记门注明碑石所在、碑主及内容等有关情况,考订也相当精确,历来为金石学家重视,可与今存史籍互校,考证史实。本书引证的书籍和原始材料,如今已大部亡佚,特别是《高宗圣政》、《孝宗圣政》、《中兴遗史》等南宋史书早已不传,此书便具有很高的史料价值。因此,清钱大昕称:"此书所载,皆南宋疆域,非汴京一统之旧。然史志于南渡事多阙略,此所载宝庆以前沿革,详赡分明,裨益于史事者不少。""此书体裁,胜于祝氏《方舆胜览》。"(《十驾斋养新录》卷十四)

  清道光二十七年(1847),刘文淇及其子刘毓崧,综合清张鉴、吴兰修的校记、按语,车持谦、许瀚的《舆地碑记》校记,并参校其他史籍,撰《舆地纪胜校勘记》五十二卷;次年,岑建光从各种史籍中辑出本书佚文,编成《舆地纪胜补缺》十卷。近代的有关研究著作主要有张国淦《中国古方志考》、傅振伦《中国方志学》、彭静中《中国方志简史》的有关章节。

(程　郁)

元朝秘史

《元朝秘史》，原名《蒙古秘史》，明人误译作此名，亦称《元秘史》。大蒙古国时期汗廷佚名史家撰。成书年代，据其末识"鼠儿年"，故有睿宗监国元年(1228)、太宗十二年(1240)、宪宗二年(1252)、世祖至元元年(1264)等说。现存版本，主要有清康熙间由鲍廷博从《永乐大典》钞出、钱大昕为之作跋的"钱本"等十五卷本，清嘉庆间由顾广圻以所藏明刻钞本为底本，并参照当时流行的其他钞本进行校勘，后纳入《四部丛刊续编》付梓的"顾本"，以及清光绪间再由叶德辉转钞付梓的"叶本"等十二卷本。无论是十五卷本还是十二卷本，分节总数均为二百八十二。因此，学术界在引用该书时多以所在节数记序而不著卷数。

《元朝秘史》原为畏兀儿字体蒙古文，名《忙豁仑·纽察·脱卜察安》，(Mongqol un Nihuca Tobciya)意即"蒙古人的秘密历史"。此本自入朱氏朝以后逐渐亡佚，仅部分转录或改写内容见存于罗布藏丹津的蒙古文著作《黄金史》(Altan Tobci)中。今所传，则为明代初年翰林院译员四夷馆汉文译本。全书由三个部分构成：汉字标音的蒙古语本文、汉字直译的词汇旁译、节后概译的全书总译。

《元朝秘史》第一至第五十九节，记述孛儿只斤铁木真亦即成吉思汗先世谱系并事迹。第六十至第一○三节，记述成吉思汗青少年时期获得克烈亦惕首领脱斡怜勒支持、重整家业的遭际。第一○四至第二四六节，记述成吉思汗削平群雄、统一漠北的功绩。第二四七至第二六九节，记述成吉思汗对金、西夏、花勒子模战争的经过。第二七○至第二八二节，记述窝阔台汗在位期间的部分施政活动。末一节，则为作者成书时间、地点的落款。该书内容至为丰富，包含关于12、13世纪蒙古社会状况资料，涉及当时生产关系、社会组织、政治制度、部落战争、文化意识等各个方面，是一部重要的蒙古民族历史典籍。其记载，与同时期成书的《圣武亲征录》、波斯史家拉施特的《史集》略有异同，可供互相引证。不过，由于该书在写作过程中太多地运用文学夸张、变通手法，致使某些史事所涉时间、地点严重失实。为成吉思汗皇族树碑立传的写作意图，又免不了掺杂明显的倾向性。

　　清代中叶以来,我国学者即不断从事对该书的研究。早先有李文田《元朝秘史注》、施世杰《元秘史山川地势考》、丁谦《元秘史地理考证》等,近期有谢再善《蒙古秘史》转译、道润梯步《蒙古秘史》新译简注等现代汉语译本及额尔登泰·乌云达赉《蒙古秘史》校勘本等。2012年中华书局出版了乌兰的校勘本。本书自19世纪流传到国外,也因其多方面的学术价值而赢得学者们的关注。到目前为止,这部书正被全部或部分地译成日、法、俄、德、匈、捷、英、土八种语言文字,并有数种字母音写蒙古原文本。在研究方面,欧美学者多侧重语言,诸如语音还原、语法分析、词义辨解等;亚太学者兼顾历史、地理,覆盖面较广。其中成就较大的作品有日本那珂通世《成吉思汗实录》、少林高四郎《蒙古秘史研究》、澳大利亚罗亦果《蒙古秘史译注》和美国柯立甫《元朝秘史译注》等。

（王　颋）

大金国志 〔南宋〕宇文懋昭

《大金国志》,四十卷。旧本题宇文懋昭撰。南宋端平元年(1234)或略晚成书。现存版本有读画斋罗氏抄本、玉砚楼吴氏抄本、天一阁傅氏抄本、扫叶山房校刻本、中华书局崔文印校证本等。

宇文懋昭,生卒、字号、籍贯均不详。南宋端平元年稍前,在淮西弃金归宋,被授予工部架阁。纂修《大金国志》事无可详考。该书所附进书表署端平元年正月十五日,金亡即在是月十日,相距仅五日,即成书进献,且书中对金、宋两国俱直斥其号,独称元为大朝,文学翰苑诸传皆全录元好问《中州集》中小传略加删削,故李慈铭《荀学斋日记》癸集下谓:"此书前人多疑之,余谓实伪作也。宇文懋昭之名,亦是景撰,盖是宋元间人钞撮诸记载,间以野闻里说。"

《大金国志》为记载完颜氏金朝始末的纪传体著作。据进书表称,作者"偷生淮浦,窃禄金朝,少读文书,因获清流之选,日亲文苑,粗知载记之详。迹其所以兴亡,是以可为鉴戒。其志起自武元天辅至于义宗,九主一百一十七年,哀集成编,卷分条别"。其内容为纪二十六卷、涵太祖、东海郡侯、宣宗、太宗、熙宗、海陵炀王、世宗、章宗、义宗本纪;传三卷,涵《开国功臣》一卷,《文学翰苑》二卷;录二卷,涵楚国张邦昌、齐国刘豫各一卷;杂识九卷,涵天文、地理、燕京制度、汴京制度、陵庙制度、仪卫、旗帜、车伞、服色、千官品列、杂色仪制、诰敕、除授、天会皇统科举、天德科举、皂隶、浮图、道教、科条、赦宥、屯田、田猎、兵制、初兴风土、男女冠服、婚姻、饮食、立楚国张邦昌册文、立齐国刘豫册文、检视宋国库藏、取去宋国印宝、宗族随二帝北迁、京府州军、两国往来誓书以及摘钞许亢宗《奉使行程录》等。此外,不同的版本卷首分别附有《经进大金国志表》、《金国初兴本末》、《金国世系之图》、《金国九主年谱》等。

《大金国志》资料来源主要是洪皓《松漠纪闻》、张棣《金虏节要》、范成大《揽辔录》、徐梦莘《三朝北盟会编》、张师颜《南迁录》以及《刘豫事迹》、《金虏图经》等赵氏旧臣之作;因此,常与主要凭借完颜氏官方记载资料成书的今本《金史》内容互相参差。犹如清包世臣在题识中所指出的:"书中具言康王出质遁逃,略无忌讳,且称元为大朝、兵曰大军、使曰天使;谓经元人增窜,非书原本者,是也。"由于行文拣选和编排十分草率,造成众多谬误。特别是摭自《南迁录》部分的记载,怪诞难信。但就其相当数量的叙录而言,诸如《义宗纪》、《天会皇统科举》以及所录《奉使行程录》等皆翔实可信,并与其他载籍互相印证,以此,该书仍不失为有参考价值的史籍。

有关《大金国志》的研究文章,有崔文印《大金国志新证》(载《史学史研究》1984年第3期)、邓广铭《〈大金国志〉与〈金人南迁录〉的真伪问题两论》(载《纪念顾颉刚学术论文集》,巴蜀书社,1990年)、刘浦江《再论〈大金国志〉的真伪兼评〈大金国志校证〉》(载《文献》1990年第3期)等。

(经　易)

契丹国志 〔南宋〕叶隆礼

《契丹国志》，二十七卷。宋末元初叶隆礼撰。南宋咸淳七年(1271)竟稿并进呈御览。现存版本，有黄丕烈题跋元刻本、承恩堂刻本、扫叶山房校刻本、《国学文库》刊本、上海古籍出版社贾敬颜等点校本等。

叶隆礼，生卒年不详。余嘉锡《四库提要辨证》疑其生平颇多不明，以为《契丹国志》可能是后人伪撰，假隆礼之名以行。据《咸淳临安志》、厉鹗《宋诗纪事》卷六六等记载，可知叶氏字士则，号渔林，秀州嘉兴县(今浙江嘉兴市)人。南宋淳祐七年(1247)进士。十年，任建康府(今江苏南京市)西厅通判。十二年，改除国子监簿。开庆元年(1259)，调两浙转运司判官；寻迁军器少监，再以两浙转运司判官兼知临安府(今浙江杭州市)。景定元年(1260)，改除军器监、兼职如故，又迁知绍兴府(今浙江绍兴市)。后历秘书丞、奉诏撰次辽事，撰成《契丹国志》。迨赵氏末年，谪居袁州(今江西宜春市)。入元未仕。

《契丹国志》是一部记载耶律氏大契丹和大辽国始末的纪传体著作。据作者所作进呈表称，本书系"奉敕命，谨采摭遗闻，删繁剔冗"而成。内容包括：纪十二卷，为太祖、世宗、穆宗、景宗、圣宗、兴宗、道宗、太宗、天祚帝本纪；传七卷，包括诸皇后、诸王子、诸外戚及诸臣传；最有价值的是杂录七卷，包括后晋降表、澶渊誓书、关南誓书、议割地界书、南北朝馈献礼物、外国进贡礼物、州县载记、控制诸国、四至地理、四京本末、族姓原始、国土风俗、并合部落、兵马制度、建官制度、宫室制度、衣服制度、渔猎时候、试士科制、诸番国杂记、岁时杂记等，相当集中地叙述了契丹国风土人情、礼仪制度、地理族姓、周边关系，相当于正史中各志；另有二卷则系摘抄王曾《行程录》、富弼《行程录》、余靖《北语诗》、刁约《北语诗》、胡峤《陷北记》、张舜民《使北记》部分文字而成。此外，不同的版本卷首分别附有《经进契丹国志表》、《契丹国初兴本末》、《契丹国九主年谱》、《契丹世系之国》、《契丹地理之图》、《晋献契丹全燕之图》等。

本书系宋臣修撰之契丹国志，虽用辽纪年，但言辞间不免宋人立场。《四库全书总目》批评此书"忽而内宋,则或称辽帝,或称国主;忽而内辽,则以宋帝年号分注辽帝年号之下"。余嘉锡《四库提要辨证》也说:"夫隆礼之书,既系奉敕撰集,且尝表奏进御,则立言之间,当倍极恭慎,乃其书法,竟或内辽而外宋,宜非当时臣子所敢为。"这些批评实属苛求。

前人对《契丹国志》评价不一。元苏天爵将其同宇文懋昭《大金国志》并列,指摘其"皆不见国史,其说多得于传闻。盖辽末金初,稗官小说,中间失实甚多,至如建元、改号、传次、征伐及将相名字往往杜撰,绝不可信";而明钱曾却盛誉其"书法谨严,笔力详赡,洵有良史之风"。其资料,多采自司马光《资治通鉴》、李焘《续资治通鉴长编》、薛居正《旧五代史》、欧阳修《新五代史》、徐梦莘《三朝北盟会编》、洪皓《松漠纪闻》以及《辽庭须知》、《使辽图钞》、《辽遗事》、《契丹疆宇图》、《契丹事略》等。由于其主要依据宋人之作成书,与主要依据辽人之作成书的今本《辽史》在内容上未免互有异同。这种异同,既可帮助引证正史,也可借此纠正或补充本朝人篡改、删削的记录。至于转摘致误和选材不当,亦在所难免。

有关《契丹国志》的研究文章有李锡厚《叶隆礼和契丹国志》,刘浦江《关于契丹国志的若干问题》等。

(经 易)

归潜志 〔金〕刘 祁

《归潜志》,十四卷。金末刘祁撰。元太宗七年(1235)成书。现存版本有经义斋张氏钞本、抱经堂卢氏钞本等八卷本,以及《知不足斋丛书》本、武英殿模珍本、中华书局《元明史料笔记丛刊》崔文印点校本等。

刘祁(1203—1250),字京叔,号神川遁士,应州浑源(今属山西)人。因科举廷试失意而闭户读书。元太宗十年,复以儒人就试,中河南路魁,选充山西东路考试官。另著有《神川遁士集》等。《金史》卷一二六《刘从益传》、《秋涧集》卷五八《浑源刘氏世德碑铭》均附其小传。

《归潜志》所记皆金朝末年逸闻、杂识。据作者称,时值易代,干戈频仍,己虽侥幸完归,而向日所见富贵权势大都烟消灰灭。"独念昔所与交游,皆一代伟人,人虽物故,其言论、谈笑,想之犹在目。且其所闻所见可以劝戒规鉴者,不可使湮没无传,因暇日记忆,随得随书,题曰《归潜志》。归潜者,予所居之堂之名也。"全书内容包含:完颜氏诸帝王、将臣小传六卷,一百二十余条;完颜氏遗事随录四卷,九十余条;《录大梁事》一卷,记述哀宗正大八年十一月至天兴二年五月政治事件;《录崔立碑事》、《辩亡》合作一卷,记述崔立颂碑撰制始末和评述完颜氏一代兴亡原因;作者语录和作者诗文《古意》、《送雷伯威》、《书证类本草后》、《游西山记》、《游林虑西山记》、《北使记》合为一卷,《北使记》专叙兴定四年七月至五年十月金礼部侍郎吾古孙仲端为使西觐大蒙古国合罕至于益离城(今新疆伊宁市西)沿途见闻;而此外的一卷,系集陈时可、吴章、李献卿、白华、吕大鹏、元好问、麻革、高鸣、刘德渊、刘肃、张仲经、张师鲁、张特立、勾龙瀛等人的诗答题赠成作。此外,卷首、卷末各具作者序和赵穆等所作跋。

完颜氏一朝雄踞北中国,历时凡一百二十年。至其晚期,特别是宣宗、哀宗二帝在位时,内迫于农民起义,外迫于蒙古侵扰,社会动荡、文献凋零。稍晚,始有诸遗宦逸士凭借搜罗和记忆,作书述录史迹人事,其中最重要者则数元好问《壬辰杂编》、王鹗《汝南遗事》和刘祁《归潜志》。前者早已亡佚,中者所涉仅哀宗迁避蔡州(今河南汝南)数月间见闻,因此后者的价值不言自喻。该书所记丰富翔实,曾为今本《金史》撰作的原始依据之一,而其未被采撷的部分,亦多有可以补正记载的内容。清乾隆时,有卢文弨作跋,赞其"记金源人物文雅风流,殊不减于江以南,即一二谐谑语亦多有可观";"其论一代之盛衰与所以亡者实为确当,可为后来之龟鉴"。至于《北使记》一篇,更是研究今阿尔泰山以西区域历史地理的重要资料之一。

有关《归潜志》的研究文章,有宋德全《刘祁与归潜志》等。

(王 颋)

长春真人西游记 〔元〕李志常

《长春真人西游记》,又名《长春子西游记》、《长春子游记》、《丘真人西游记》,二卷(又作一卷)。元李志常撰,成于元睿宗监国元年(1228)。通行本有《正统道藏》本、道光年间灵石杨氏刊本、《重刊道藏辑要》本、《海宁王静安先生遗书》本、《四部备要》本、《丛书集成初编》本、中华书局《中西交通史料汇编》本等。此外,有1888年伦敦《东方丛刊》英译本,又有法、俄译本。

李志常(1193—1256),字浩然,号真常子,道号通玄大师,金元间观城(今河南范县)人。早年从丘处机学道。成吉思汗十五年(1220),随师西行,谒成吉思汗于八鲁湾行宫。二十二年,为都道录兼领长春宫事。窝阔台十年,嗣主全真道。蒙哥元年(1251),主道教事,刊行《老子化胡经》及《八十一化图》。五年,与少林寺裕长老和林万安阁辩《化胡经》真伪于御前,理屈词穷,被迫毁《化胡经》。次年再辩,愤恚而卒。元世祖中统三年(1261),追赠真常上德宣教真人。著有《又玄集》二十卷(佚二卷)。生平详元李道谦《甘水仙源录》卷三王鹗《玄门掌教大宗师真常真人道行碑》。

李志常随师西行东返,所经之地为今中国、蒙古、俄罗斯、哈萨克、阿富汗等国,行程数万里。他记载老师居处言行、应接人物、即事赋诗,细心观察沿途"山川道里之险易,水土风气之差殊,与夫衣服、饮食、百果、草木、禽兽之别,粲然靡不毕载"(孙锡序)。回燕京后,整理笔删丘处机向成吉思汗传道内容,增添丘处机在此前后经历,而成此书。

本书是以国内游记为主体,兼具传记性质的著作。它记载丘处机率赵道坚、宋道安等十八门徒,在刘从禄等四人护持下,从莱州出发,西北行经燕京至宣德,再北偏东行至斡辰帐殿,折西过呼伦贝尔草原,转向西南行,入蒙古高原,越阿尔泰山,经准噶尔盆地,沿今天山北麓西行,渡楚河,又沿吉尔吉斯山脉北麓西行,西至塞蓝。南向经塔竹干、班里,抵八鲁湾。其后扈从成吉思汗东归。其途次多与去程不同。所记沿途自然与人文景观,反映各地区间差异。

全书不分章节,按其内容可分为十一个部分:一、丘处机奉诏前经历;二、奉诏起行;三、北过燕京;四、谒见成吉思汗四弟;五、征途见闻;六、觐见成吉思汗前后;七、扈从东归;八、告别成吉思汗;九、回归燕京;十、示疾仙逝;十一、丧事始末。后附诏书、圣旨、请疏、侍行的人及护持人员名单。有孙锡序、钱大昕跋、徐松跋、程同文跋、董祐诚跋、段玉裁识、张穆记。

本书内容,多为地理。一、记载沙漠地形特征。二、叙说高山雪地特征。三、描述山岭南北不同景观。四、反映天山一带气候植被的垂直分布。五、话说各地农耕差异。六、记叙季风。七、各地物候不同。八、描绘蒙古高原景色。

《长春真人西游记》记述蒙古高原和西域地区的地形、气候、水文、生物、社会、民俗、经济、交通及其他状况,有些记载,如叙说邪米思干大城详于《马可波罗游记》;又真实反映西游东返期间丘处机的言行及其人生、社会、宗教思想,其心忧民生为之解困的精神,体现中国道教学者的优秀传统,在宗教著作中少有伦比。其对研究早期蒙古史、中西交通史、中亚史地、历史自然学、中国地理旅游学、道教史都是重要资料。

有关本书的研究有清徐松《长春真人西游记注》、沈垚《西游记金山以东释》、丁谦《元长春真人西游记地理考证》,近人王国维《长春真人西游记注》、张星烺《长春真人西游记注》,今人纪流《成吉思汗封赏长春真人之谜》、陈得芝《中国历代地理学家评传·李志常》等。

(贺圣迪)

大元大一统志 〔元〕孛兰盻等

《大元大一统志》,简称《元一统志》。一千三百卷。元孛兰盻、岳铉等纂。大德七年(1303)成书。顺帝至正六年(1346)刊刻。至明代中叶,元刻本亡佚。今有《玄览堂丛书续集》残本十卷、金毓黻《辽海丛书》残本十五卷、辑本四卷、赵万里辑本十卷行世。

孛兰盻,元大德中官集贤大学士、资善大夫、同知宣徽院事,余不详。岳铉,字周臣,汤阴县人,累官秘书监、昭文馆大学士,余不详。

元版图超越汉、唐,"北逾阴山,西极流沙,东尽辽东,南越岭表"(《元史·地理志序》)。需大集万方图志而一之,"以表皇元疆域无外之大"(《秘书监志》卷四)。加上旧志大多残缺,政区变更,路府州县易称,亟需一部反映全国政区情况的志书,以巩固统一大业。至元二十三年(1286),元世祖采纳集贤大学士札马剌鼎的建议,命札马剌鼎会同奉直大夫秘书监虞应龙纂修,至元二十八年成书七百五十五卷,名《大一统志》,藏之秘府。此后,《云南图志》、《甘肃图志》、《辽阳图志》报竣,"辽阳、云南远方报到沿革及各处州县,多有分拨升改不同去处"(《秘书监志》卷四)。大德五年(1301),著作郎赵忭奏请重行校勘,添改沿革。大德七年,孛兰盻、岳铉等重修的《大元大一统志》完成进呈,总计六百册。

《大元大一统志》是历史上全国总志中规模最大者,它在中国图书史上有着重要地位。

一、奠定了一统志基本体例。总志编撰历时悠久,自唐《括地志》后,代有所出。是志继承《元和郡县志》、《太平寰宇记》等总志成例,以路、行省所辖府、州为纲,下立建置沿革、坊廓、乡镇、里至、山川、土产、风俗形势、古迹、寺观、祠庙、宦迹、人物、仙释等类。路下州县改州辖县为州县并列。建置沿革自《禹贡》分代记述,正文既详,又取古今地理各书参互考证,细注其下。里至记到上都、大都、路、州多少里,东至、东南至、南至、西至、北至、西南至、东北至、西北至某某几里。宦迹录州、县为官的,重在政绩。人物较《太平寰宇记》详细,略于县志。入志者具全国影响,书其大端。体制周备,为后一统志范本。今存残本、辑本多依《元史·地理志》编排,首行省,次路、府、州,再次建置沿革、坊廓、乡镇、里至、山川、土产等十目,虽微异原书,然也大体反映一统志概貌。

二、内容翔实宏富。本志凡一千三百卷,卷帙之繁多为总志所罕见。其分类仅十余门,但记述十分详尽。如记边防战守形势,除文字叙述外,还引用前人诗篇为证。大都路回城、韩城、蓟丘、铜马门、太庙、兴教寺、大护国仁王寺、大万寿寺、大明寺、崇仁寺、十分观音院、长春宫等寺观、古迹记载之壮丽、纷繁,多他书所未见。延安路鄜州记石油:"在宜君县西二十里姚曲村石井中,汲水澄而取之,气虽臭而味可疗驼马羊牛疥癣";"在延长县南迎河凿开石油一井,其油可燃……岁纳壹百壹拾斤"。石脂:"在鄜州东十五里采铜川,有一石窟,其中出此,就窟可灌成烛一枝,敌蜡烛之三"。为沈括《梦溪笔谈》所缺。所传范雍、计用章、庞籍、狄青、韩琦、薛奎、王温恭、夏安期、李师中、李若谷、王庶等人事迹均多与今本《元史》不合。具有颇高史料价值。

三、资料丰富,征引广泛。《大元大一统志》属官修,编撰可以利用各方面材料,尤其是案牍资料,这就确保志书编撰有扎实材料基础。此书资料除档案外,大江以南各行省,大多取材于《舆地纪胜》和宋、元旧方志,北方各省则取材于《元和郡县志》、《太平寰宇记》和金、元旧志居多,边疆地区依新编《甘肃图志》、《云南图志》、《辽阳图志》,宋、金、元大多佚失,其吉光片羽多赖此书保存。明人修《元史·地理志》也多取材于此。

《大元大一统志》是首部一统志书,其卷帙之繁、内容之详,为我国总志之首。清吴骞称其"于古今建置沿革,及山川、古迹、形势、人物、风俗、土产之类,网罗极详备,诚可云宇宙之巨观,堪舆之宏制矣"(《愚谷文存》卷四)。《四库全书总目》则称:"考舆志之书出自官撰者,自唐《元和郡县志》、宋《元丰九域志》外,惟岳璘(铉)等所修《大元一统志》最称繁博。"

有关《大元大一统志》的研究著作主要有今人韩儒林主编《元史》、陈光贻《稀见地方志提要》、金毓黻《大元大一统志考证》及《大元大一统志续考》等。

(巴兆祥)

元典章

《元典章》，全称《大元圣政国朝典章》，作者不详。现存版本，有清光绪三十四年(1908)北京法律学堂刊本和1972年台北故宫博物馆影印元刻本等六十一卷本。2011年，中华书局与天津古籍出版社联合出版了陈高华等的校点本。

《元典章》一书撰作，始于元成宗大德七年(1303)。初由中书省发付公文，命搜罗"中统以至今日所定格例编集成书"。后历武宗、仁宗二朝，相继增补内容。迨至英宗至治二年(1322)，复汇集近期相关文牍附缀于书尾而竟作。

《元典章》一书，在结构上分为二个部分：前部分按诏令、圣政、朝纲、台纲、吏部、户部、礼部、兵部、刑部、工部十大类循序排比为六十卷，叙事至延祐七年(1320)止。后部分按国典、朝纲、吏部、户部、礼部、兵部、刑部、工部八大类胪列而不分卷，叙事至至治二年止；各大类之下又有门、目，目下列举相关条格断例。全书共有八十一个门、四百六十七个目、二千三百九十一条。所载内容，大都以孛儿只斤氏朝原始文牍的直接抄录表现。其中，吏部各卷保存了大量的关于元代官僚制度的文档，包括各类官员的职位设置、品级规定、任免顺序、升转常例、考核规矩，乃至文牍程式，都有系统的资料可查。户部各卷涉及元代社会经济生活的各个部分：在土地关系方面，有关于土地买卖、租佃和权豪强行兼并土地的资料；在户籍管理方面，有关于户籍种类、地位和所属成员对国家封建义务的资料；在赋税制度方面，有关于税粮、差发、各项苛捐杂赋公文规定和实际交纳情况，以及当时农业政策的资料；在商贸流通方面，有关于货币制度、发行、物税征缴、额量和高利贷盘剥情况的资料。而全书中篇幅最为庞大的刑部各卷，则提供了元代司法制度及其执行的详尽资料。从大量的诉讼文字和判案中，还可以窥出当时复杂的社会矛盾和社会心理，甚至各地方、各民族的风尚习俗差异。至于书中引录的圣旨和中书省、御史台等国家高一级机构的文书，除本身所含内容外，还能从中看出该朝廷决定和处理政治、经济、军务的准则、方法和过程。

《元典章》是研究有元一代、特别是世祖以下迄于英宗期间历史的最为重要、也是最为原始的著作。无论是《元史》,还是《通制条格》或保存在胡祗遹《紫山集》等文集中的相关资料,在详细、权威、集中、生动程度上,都几乎难以与《元典章》相比较。此外,在现有文件中,犹有相当部分为按当时习惯直接以口语硬译蒙古语的特殊文体者。这对于从事语言演变史探索的学者,自然能提供丰富的研究对象和讨论课题。

有关《元典章》的研究情况,作品校译类有陈垣《元典章校补释例》,日本学者岩村忍、田中谦二校本《元典章刑部》等,论文有洪金富《〈元典章〉点校例释》(《中国史研究》2005 年第 2 期)等。

(王 颋)

文献通考 〔元〕马端临

《文献通考》，三百四十八卷。元马端临撰。书成于元成宗大德十一年(1307)。元英宗至治二年(1322)初刻于饶州路(治所在今江西鄱阳)，马端临亲往校勘。现存最早的本子是元泰定年间西湖书院刻的元明递修本(一说认为此版即马端临亲校本的初刻)。明以后刊本很多，较著名的有明正德十六年(1521)建阳刘洪慎独斋校正本，明嘉靖三年(1524)司礼监刊本，清乾隆十二年(1747)武英殿"三通"合刊本，清光绪二十二年(1896)浙江书局本，此本校刻颇佳。商务印书馆1935至1937年"十通"合刊本，后附考证三卷。2011年，中华书局出版了上海师范大学古籍所的校点本。

马端临(1254—1322)，字贵与，号竹洲，饶州乐平(今属江西)人。其父马廷鸾于宋度宗朝为右丞相兼枢密使，著有《读史旬编》、《六经集传》等书。马端临自幼受严格教育，十九岁时以荫补承仕郎，二十岁时漕试为第一。宋亡后，隐居家中读书写作，曾任慈湖书院和柯山书院山长，及台州(今属浙江)儒学教授。约在元至元二十二年(1285)前后，他开始编撰《通考》，历时二十多年方才完成。元仁宗延祐四年(1317)其书呈进，皇帝诏官府刊刻，至英宗至治二年方才竣工，同年终于家，一说卒于泰定元年(1324)，享年七十左右。著作还有《义根守墨》三卷、《大学集传》一卷、《多识录》一百五十三卷等，今皆不存。其事迹详见《宋元学案》卷八九《介轩学案》和清初《乐平县志》本传(顺治本卷八、康熙本卷九)。

《文献通考》专门论述历代的典章制度，上起上古，下至南宋宁宗嘉定末年。南宋末战乱频仍，文献不足，而且这段历史必然涉及宋元关系，颇难措词，所以宋理、度朝的史事并未包括在内。全书分为二十四考，计为：《田赋考》七卷、《钱币考》二卷、《户口考》二卷、《职役考》二卷、《征榷考》六卷、《市籴考》二卷、《土贡考》一卷、《国用考》五卷、《选举考》十二卷、《学校考》七卷、《职官考》二十一卷、《郊社考》二十三卷、《宗庙考》十五卷、《王礼考》二十二卷、《乐考》二十一卷、《兵考》十三卷、《刑考》十二卷、《经籍考》七十六卷、《帝系考》十卷、《封建考》十八卷、《象纬考》十七卷、《物异考》二十卷、《舆地考》九卷、《四裔考》二十五卷。马端临赞赏杜佑的《通典》"纲领宏大,考订该洽",但又认为杜书"节目之间,未为明备,而去取之间,颇欠精审,不无遗憾焉"。因此,《通考》的立目参照了《通典》而又有了发展。田赋、钱币、户口、职役、征榷、市籴、土贡、国用八考是从《食货典》析出的,占全书类目的三分之一,篇幅有所增加,内容也更为详细,说明作者继承了杜佑重视经济的思想,并有所发展。《通典》全书二百卷,而《礼典》即占全书的一半,郊社、宗庙、王礼三考由此析出,合计为六十卷,只占全书的六分之一,这表明时代的变化,也表明作者的史学思想。选举、学校二考自《选举典》析出,兵、刑二考自《兵刑典》析出,职官、乐二考沿袭《通典》,舆地、四裔分别依照州郡、边防。此外,新增经籍、帝系、封建、象纬、物异五考。《经籍考》采录历代书目;《帝系考》叙历代帝王姓氏出处及其统治时期;《封建考》叙历代封爵建国事略;《象纬考》叙历代天象情况。《通典》去五行志,郑樵的《通志》有《灾祥略》,"专以记实迹,削去五行相应之说,所以绝其妖"。马端临认为,郑樵将灾异"一归之妖妄,而以为本无其事应,则矫枉而至于过正矣,是谓天变不足畏也"。因此,列《物异考》,"不曰妖,不曰祥,而总名之曰物异"。从反映一代思想风貌来看,《物异考》自有其价值,对天变的认识明显不同于杜、郑。

  本书的编撰方法,诚如作者自序所说:"凡叙事,则本之经史,而参之以历代会要,以及百家传记之书,信而有证者从之,乖异传疑者不录,所谓文也;凡论事,则先取当时臣僚之奏疏,次及近代诸儒之评论,以至名流之燕谈,稗官之记录,凡一语一言可以订典故之得失、证史传之是非者,则采而录之,所谓献也。其载诸史传之记录而可疑、稽诸先儒之论辩而未当者,研精覃思,悠然有得,则窃著己意附其后焉。"因此,此书命名为《文献通考》。每一考前有小序,说明著述的成规,考订的新意,每考之下又分为若干子目,每一目的内容皆按时间先后排列,但《通考》不同于会要,不是单纯的排比材料,而是有叙述,有考订,有论断,将杜佑创立的典志体和郑樵提倡的会通之意有机地结合起来。本书的撰写体例也是按文、献、考三个层次排列的。凡顶格排行者,即所谓"文",也就是"叙事"部分。《通考》宋代部分的叙事大多取材于宋朝的国史和会要,但不是全文转载,而是有所去取。凡低一格排行者,即所谓的"献",也就是"论事"部分。《通考》引用不少宋人的评论,其中较多的有程迥、叶梦得、胡寅、陈傅良、叶适、吕祖谦、李焘及乃父马廷鸾等,还引用不少宋人的笔记,如吴曾的《能改斋漫录》、沈括的《梦溪笔谈》、王明清的《挥麈录》等,从中也可看出作者的思想倾向。凡低两格排行者,即所谓"考",也就是作者自己的议论,其内容包括指点历史演变的线索、评判是非、考辨史料和解释名物等等。

  马端临对宋的灭亡有切肤之痛,他详细记载宋代部分的历史,力图探索宋代社会制度的得失,希望找到亡国的原因,一方面借此寄托对故国的哀思,一方面也给后来的统治者提供借鉴。《通考》宋代部分的原始材料都是作者亲见的,又经过慎重考订,元朝官修的《宋史》诸志就参考了本书。随着年代的久远,有些史料已不再流传,如国史今已散佚,会要也残缺不全,至于诸多野史及笔记,也有许多已散佚或残缺,而其中一部分通过《通考》得以保存。所以说,《通考》对于宋史的研究尤其具有重要的意义。

马端临继承并发展了郑樵"会通"思想,力图寻找历史规律。自序说:"其变通张弛之故,非融会错综、原始要终而推寻之,固未易言也。"通过对文献的排比研究,作者往往将各种制度划为不同的发展阶段,并寻求不得不如此的必然原因。文、献、考三部分有机结合,材料按时间先后排列,次序井然,不仅便于检索,而且便于了解历史发展的线索。就全书篇幅而言,具有详近略远的特点,就各考、各目而言,又各有重点,每一考就是一部较完整的专门史。如《学校考》,共七卷,专述宋代的约占三分之一的篇幅,前二卷专述宋以前的太学,有详有略,可见汉武帝及唐太宗时是两个高潮;第七卷的大半篇幅叙述宋代的乡党之学,其中又着重记载神宗及徽宗时变化;通观下来,几起几落的阶段性一目了然,分明是一部较详细的古代教育史。作者很注意提出某种史事作为划分历史阶段的标志,如自序论及田赋变革说:"随田之在民者税之,而不复问其多寡,始于商鞅;随民之有田者税之,而不复视其丁中,始于杨炎。"在各考小序中,还有不少类似的真知灼见,至今仍有参考价值。

近代研究本书的著作主要有陈志宪《通考序笺》(商务印书馆,1935年)、王瑞明《马端临评传》(南京大学出版社,2001年)及主编《文献通考研究》(中州古籍出版社,1994年)、邓瑞《马端临与文献通考》(山西古籍出版社,2003年)等。

(程 郁)

通制条格 〔元〕拜 住等

《通制条格》,元拜住等撰。现存版本,有明初墨格写本、浙江古籍出版社《元代史料丛刊》黄时鉴校点本等二十二卷本。

《通制条格》,系孛儿只斤氏朝所编法典《大元通制》的条格部分。早在至元八年(1271),当时在位的元世祖即曾颁布过由尚书省奏定的条划。迨二十八年,又颁布了经中书右丞何荣祖重新汇集纂制的《至元新格》。《至元新格》"虽弘法大纲",但极其简略。因此,在具体执行的过程中未免难以作为真正可以依据的法典。为此,至仁宗嗣位,又命中书右丞伯杭、平章刘正等继续有关律令和断判实例资料的整理工作。延祐三年(1316),新书粗成,但未能顺利通过御览,仍令枢密院、御史台等集议更易。中经八载,及至英宗至治三年(1322),经由右丞相拜住、枢密副使完颜纳丹、侍御史曹伯启、判宗正府钦察、翰林直学士曹元用等共同修改审订后,这部定名为《大元通制》的法规典集终于正式颁布施行。其内容所含共四个部分:一、诏制,九十四条;二、条格,一千一百五十一条;三、断例,七百十七条;四、别类,五百七十七条。其中,诏制相当于"敕",条格相当于"令",断例相当于"律"。该书的诏制、断例、别类三部分都已散失,就是条格部分也并非全璧,原三十卷中亦缺第一、第十至第十二、第二十三至二十六卷。

《通制条格》内容包罗,计户令三卷,杂令二卷,学令、选举、军防、仪制、衣服、禄令、仓库、厩牧、田令、赋役、关市、捕亡、赏令、医药、假宁、僧道、营缮各一卷。失缺者,则祭祀、宫卫、公式、狱官、河防、服制、站赤、榷货等八卷。卷目下别有子目,如三卷户令内具户例、投下收目、官豪影占、隐户占土、亲在分居、收养同宗孤贫、嫁娶、亲属分财、畏兀儿家私等五十个子目。在子目下,所列大多为删繁从简后的相关公文原件。

《通制条格》既为《大元通制》的部分,其所载资料价值不言自喻。关于有元一代的法律及施行情况,现存载籍中主要有本书、《元典章》和依据《经世大典》之宪典门成作的《元史刑法志》。比较这三者,末者条理井然但不含公文原件,中者多录公文原件但结构繁冗,只有《通制条格》具备这二者优点。此外,该书所含内容中颇有这二者所没有的内容,可供研究者参照利用。

有关《通制条格》的研究情况,笺证译注类有方龄贵《通制条格校注》,日本小林高四郎、冈本敬二的《通制条格研究译注》等,资料探源类有黄时鉴《大元通制考》等。

(王　颋)

元朝名臣事略 〔元〕苏天爵

《元朝名臣事略》，原题《国朝名臣事略》十五卷，元苏天爵撰。书成于元天历二年(1329)。现存版本，主要有元元统三年(1335)建安余氏勤有堂刊本、清武英殿聚珍本、光绪十三年(1887)《畿辅丛书》本、中华书局1962年元统刊本影印本、中华书局1996年姚景安校点本等。

苏天爵(1294—1352)，字伯修，号滋溪先生，真定路真定县(今属河北)人。初由国子学生公试第一授蓟州(治今天津蓟县)判官，调功德使司照磨。泰定元年(1324)，改翰林国史院典籍官、应奉翰林文字。至顺二年(1331)，迁江南行台监察御史、奎章阁授经郎。元统元年，更监察御史。二年，历翰林待制、中书右司都事。后至元二年(1336)，由刑部郎中作御史台都事。三年，任礼部侍郎。五年，出为淮东道肃政廉访使。六年，升吏部尚书、参议中书省事。至正二年(1342)，复出为陕西行台侍御史。四年，召为集贤侍讲学士。七年，拜江浙行省参政。九年，充两浙都转运使。十二年，仍江浙行省参政。另著有《国朝文类》、《松厅章疏》、《春风亭笔记》、《滋溪文稿》等。《元史》卷一八三有传。

《元朝名臣事略》所含内容，主要为孛儿只斤氏朝诸"名臣"传记。这些见为立目的人员，计四十有七。前四卷收蒙古、色目十二人，后十一卷收汉人三十五人：木华黎、安童、伯颜、阿术、阿里海涯、月吕禄、月赤察儿、土土哈、完泽、答剌罕(哈剌哈孙)、不忽木、彻里、耶律楚材、杨惟中、汪世显、严实、张柔、张弘、刘秉忠、史天泽、廉希宪、张文谦、窦默、姚枢、许衡、王恂、郭守敬、刘肃、宋子贞、杨果、张德辉、李德辉、商挺、赵良弼、贾居贞、王鹗、王磐、李昶、徐世隆、杨奂、李冶、杨恭懿、董文炳、董文用、董文忠、郝经、刘因。每传前有提要，概述传主氏族、籍贯、简历、年岁等。传主祖先功勋卓著者，在正文下摘注其事迹。文中涉及的事件、人物有别书可以补充者，亦用小略注出。而卷首，则具许有壬、欧阳玄、王理等人序和王守诚等人跋。

历来对《元朝名臣事略》评价很高。《四库全书总目》称道其所含资料丰富、体例合宜，"大抵据诸家文集所载墓碑、墓志、行状、家传为多，杂书可征信者亦采掇焉，一一注其所出，以示有征。

盖仿朱子《名臣言行录》例而始末较详,有兼仿杜大珪《名臣碑传琬琰集》例,但有所弃取,不尽录全篇耳"。今人韩儒林指出:"其中不少碑传早已亡佚,全靠此书保存了下来,成为研究蒙古史的珍贵资料。"这部分碑传,主要是文集今已不存的李谦、阎复、元明善等十余人的作品。此外,本书部分传记与《元史》所载互有异同,因其所选用资料更为原始,可供校正或辨考使用。

有关《元朝名臣事略》的研究著作,作品校补类有陆心源《元朝名臣事略校补》,版本解说类有韩儒林《元朝名臣事略序》等。

(王　颋)

元经世大典

《元经世大典》,亦名《皇朝经世大典》。八百八十卷,目录十二卷,附公牍一卷、纂修通议一卷。元代官修。由太师、丞相燕帖木儿任总监,奎章阁大学士赵世延、虞集及学士院艺文监官属分局执笔修撰。元至顺元年(1330)开局,次年五月书成。是书明初时尚存,《永乐大典》亦多有辑录,明万历以后散佚。今存遗文,除《元文类》所收虞集《经世大典序录》及现存《永乐大典》残本存留的一部分遗文,另有《广仓学宭丛书》录存的《大元马政记》、《元代画塑记》、《大元毡罽工物记》、《大元官制杂记》、《元高丽纪事》等十余卷。魏源《海国图志》中亦保存有《元经世大典图》。

《元经世大典》系参酌唐、宋《会要》及《唐六典》体例而编成的元代政书。据《序录》记载,全书分为十篇,其中君事四篇,即帝号、帝训、帝制、帝系;臣事六篇,即治典、赋典、礼典、政典、宪典、工典。各典下又分成若干目。各篇目正文之前,皆作叙文以撮述内容、宗旨。

治典篇中记载官制及其沿革的有三公、宰相年表、各行省、儒学教官、军官、钱谷官等目;记选官入仕制度的有入官、补吏、投下、封赠、承荫等目;有关议典则、行征讨、攻取机略、法令制定等大事,则均述诸臣事诸目。

赋典篇记载户口、土地、财赋及国用等,分为版籍、都邑、经理、农桑、赋税、钞法、海运、金银珠玉、铜铁、铅锡、盐法、茶法、酒醋、税商、市舶、宗亲岁赐、百官俸秩、公用钱、常平义仓、惠民药局、赈粜赈贷、恤惠鳏寡等二十三目。

礼典篇分上、中、下篇,上篇包括朝会、燕飨、行幸、符宝、舆服、乐、历、进讲、御书、学校、艺文、贡举、举遗逸、求言、进书、遣使、朝贡、瑞异等十八目。中篇包括郊祀、宗庙、社稷、岳镇海渎、三皇、先农、宣圣、诸神祀典、功臣祀典、谥、赐碑、旌旗等十二目。下篇为释、道二目。

政典篇分为征伐、招捕、军制、军器、教习、整点、军费、责罚、宿卫、屯戍、功役、存恤、兵杂录、马政、屯田、驿传、弓手、急递、祗从、鹰房捕猎等二十目。

宪典篇分为名例、卫禁、职制、祭令、学规、军律、户婚、食货、大恶、奸非、盗贼、诈伪、诉讼、斗殴、杀伤禁令、杂犯、捕亡、恤刑、平反、赦宥、狱空及附录等二十三目。

工典篇分为官苑、官府、仓库、城廓、桥梁、河渠、郊庙、僧寺、道宫、庐帐、兵器、卤簿、玉工、金工、木工、抟埴之工、石工、丝枲之工、皮工、毡罽、画塑、诸匠等二十二目。

《元经世大典》主要采择中朝及各地官府公文加以汇辑而成,但已将蒙古语直译体均改为汉文文言,并删去公文中的繁词套语。其编纂体例,虽参酌唐、宋《会要》而已有所创新;所设之目,亦多有为会要所无者。明初官修《元史》,于是书多有取资,其志、表部分及《外夷列传》,即主要取材于《元经世大典》。今残存十余卷,内容涉及元代社会经济、政治军事、中外交往、工艺技术等方面,至今仍为治元史者所重。

(张荣华)

辽史 〔元〕脱 脱等

《辽史》，一百十六卷。修成于元至正四年(1344)四月。初刻本于1345年在江浙、江西二行省印行，今已失传。后有明南监本、北监本以及清乾隆武英殿本、道光改校本等。商务印书馆1931年百衲本系以元翻刻本为底本，并融汇元明间翻印的各种残本。中华书局1974年标点校勘本，即以百衲本为底本，并吸收了前人的校订成果，为目前通行版本。

契丹族建辽国以后，即在朝廷设置监修国史官，并仿照中原王朝建立起居注、实录等，以记载皇帝的言行和辽朝的重大事件。寿昌六年(1100)由耶律俨纂成《辽皇朝实录》七十卷。此后金朝曾两度纂修辽史，由耶律固、萧永祺修纂的《辽史》七十五卷完稿于皇统八年(1148)，由陈大任等修纂的《辽史》成于泰和七年(1207)。二书均未经金朝正式刊行。入元后曾数次集议再修辽史，皆因义例未定而迁延不行；直至至正三年(1343)确定宋、辽、金"三国各与正统"的方针，始得置局修撰《辽史》。自至正三年四月到四年三月，历十一月修成全书。修史都总裁脱脱，总裁铁木儿塔识、太平、张起岩、欧阳玄、揭傒斯、吕思诚，主要执笔者是纂修官廉惠山海牙、王沂、徐昺、陈绎曾等四人。

脱脱(1314—1355)，字大用，元蒙古蔑儿乞部人。元统二年(1334)，任同知枢密院事。后至元六年(1340)，在顺帝的支持下，脱脱父子发动政变，赶走专权的右丞相伯颜，父子相继任中书右丞相，废除了伯颜旧政，恢复科举，重开经筵，利用儒术来治理国家，史称"脱脱更张"。三史的修撰，就在这一政治背景下开始。脱脱采纳三史各为正统的说法，平息了延续八十多年的争论，使修史工作得以顺利开展；同时，推荐了欧阳玄、揭傒斯等人，并在他们的帮助下初步组成了写作班子；为筹措修史经费，他又下令调用江南三省的贡士庄钱粮，为修史工作奠定了经济基础，三史的修成与脱脱的努力是分不开的。元末，脱脱领军镇压各地起义。至正十五年，死于朝廷内部斗争。其事迹详见《元史》卷一三八本传。

在众多编纂者中，欧阳玄为修三史的主要人物。欧阳玄(1273—1358)，字原功，元浏阳(今湖南浏阳)人。自幼熟读经史百家,尤为精通程朱理学。天历二年(1329),为艺文少监,奉诏与修《经世大典》。元统元年(1333)任翰林直学士,参与编修四朝实录。至正三年,为翰林学士,任三史总裁,从"发凡举例",初稿修定,以至论、赞、表、奏皆为其属笔。其事迹详见《元史》卷一八二本传。

《辽史》不足一年即告成,是由于辽、金两代的撰作及保存的丰富资料,提供了良好的编写基础,使元修时能"发故府之椟藏,集遐方之瓯献"(《进辽史表》),在前人编撰的基础上增删修订而成。其主要史料来源,一是耶律俨《辽皇朝实录》,系元修《辽史》引证最多的著作之一;二是陈大任《辽史》,元修《辽史》的本纪和《礼仪志》、《刑法志》、《皇族传》、《后妃传》、《公主传》、《方伎传》等,多有采用陈本之处;三是叶隆礼《契丹国志》,元修《辽史》中天祚一朝的本纪、列传内容,多参考和采自叶书。除此之外,《资治通鉴》、前朝各史中的"契丹传",以及《大辽事迹》、《辽朝杂录》、《阴山杂录》等,也是元修《辽史》的重要资料来源。

《辽史》是记载辽朝历史的纪传体史书,依纪、志、表、传排列。纪三十卷,记述开国皇帝太祖阿保机至天祚帝耶律延禧凡九帝的事迹,所占卷数依内容而定:太祖三卷、太宗二卷、世宗一卷、穆宗二卷、景宗二卷、圣宗八卷、兴宗三卷、道宗六卷、天祚帝四卷。志三十二卷,各志目为营卫、兵卫、地理、历象、百官、礼、乐、仪卫、食货、刑法,涉及政治、经济、军事诸制度和民族、天文、地理、音乐、礼仪等各方面内容。表八卷,内容分世系、部族、属国、皇子、公主、皇族、外戚、游幸诸表,篇幅约占全书六分之一。传四十五卷,传目有后妃、宗室、外戚、勋臣、文学、能吏、卓行、列女、方伎、伶官宦官、奸臣、逆臣等,以及《二国外记》(高丽、西夏)、《国语解》各一卷。书首末附有《修三史诏》、脱脱《进辽史表》、《三史凡例》、《修史官员》各一篇。

有关辽朝历史的存世文献极少,《辽史》作为现今仅存的一部比较系统、完整地记载辽朝历史的史籍,其本身资料的珍贵和重要性是研究者所公认的。王国维评曰:"若契丹、若女真,其文化较近,记述亦较多,然因其文字已废,除汉人所编之辽、金二史外,亦几无所谓信史也。"(《南宋人所传蒙古史料考》)本书在保存前人相关著述资料方面也贡献良多,耶律俨《辽皇朝实录》和陈大任《辽史》这两部重要史作久已失佚,其中许多内容记载端赖本书得以流传。

本书编纂特色集中于志、表两部分。志中若干名目为本书新创,如《营卫志》即为其他正史所无,其中记载了契丹早期行营及部族的组织与历史。不少志在内容编排上比较完整合理,如《仪卫志》中舆服内容析作"国舆"和"汉舆"、"国服"和"汉服"分叙,仪仗内容析作"国仗"、"渤海仗"、"汉仗"等,既记叙契丹早期车舆、服饰、仪仗诸制度,也对后来采汉制辇舆、服饰、仪仗的形制和规格等加以论述。《礼志》、《百官志》等在内容上也有类似特色。本书所设立的表,种类之多,所占篇幅之大,为正史中仅见。赵翼亦称赞"其体例最善者,在乎立表之多"(《廿二史劄记》)。本书所附《国语解》一卷,对纪、志、表、传中出现的众多契丹词汇,一一作出译解,是研究契丹语文及其发展史的重要参考资料。

《辽史》成书过于仓促,于文献检校和考订均有不足,导致书中错误之处不一而足,如《四库全书总目》所批评:"潦草成编,实多疏略,其间左支右诎,痕迹灼然。"这些错误大致可分三点归纳。一是记述互相矛盾。如《太祖纪》记耶律阿保机在即位前五年(902)率兵"伐河东、代北",而《食货志》则记"及即位,伐河东,下代北郡县",两处记同一事件而误差五年。《景帝纪》载保宁三年"以北院枢密使贤适为西北路招讨使",然《耶律贤适传》则记"三年,为西北路兵马都部署"。二是史实错误缺漏。如契丹立国建号是辽朝历史中的重大事件,诸如《契丹国志》等史书皆备载辽太宗会同元年建国号为"大辽",圣宗即位改国号为"大契丹",道宗咸雍二年复改国号为"大辽"。然而本书却于此事不作记述,显然是一大疏漏。又如《太祖纪》载"天显元年七月,卢龙行军司马张崇叛,奔唐"。核之《旧五代史》、《资治通鉴》等书记载,张崇反叛之事是在天成三年,即辽天显三年闰八月。类似失误在书中不乏其例。三是译名不统一。书中契丹人名是以汉字写出的契丹语读音,因所用汉字不一致,导致许多混淆和错误。《圣宗纪》载开泰七年"刘晟为霸州节度使,北府宰相刘慎行为彰武军节度使"。刘晟、刘慎行实为一人,在本书中却成了两人。列传中有《杨晳传》、《杨绩传》各一篇,传载二人的出身、经历和封爵均同,实为一人无疑,因采用不同汉字注音,遂造成一人两传的疏忽。类似一人两名的现象在书中实属不少,如萧惠与管宁、萧英与萧特末、耶律张家奴与耶律章奴、萧奉先与萧得里底等。此外书中也存在地名因译音不统一,误一地为两地的现象。

有关《辽史》的研究始于清代。康熙年间厉鹗撰《辽史拾遗》二十四卷,征引数百种史籍资料对《辽史》原文作考订和辑补;其缺陷在于铺陈与辽史无关的史料,而忽略了《大金国志》、《续资治通鉴长编》等重要史籍。此后钱大昕《廿二史考异》、《诸史拾遗》,赵翼《廿二史劄记》等,也对《辽史》作了若干校核工作。清末有李慎儒《辽史地理志考》、陈汉章《辽史索隐》二书先后问世,集中对辽代地理问题作专门考证。20世纪30年代冯家昇撰《辽史初校》、《辽史源流考》二书,从校勘考订入手全面研究《辽史》。张元济《辽史校勘记》、罗继祖《辽史校勘记》等也不乏研究价值。今人傅乐焕《辽史丛考》(中华书局,1984年)一书,系撰者累年研究成果的荟萃,可称辽史研究领域中的佳作。在有关工具书编制方面,值得一提的是曾贻芬、崔文印编《辽史人名索引》(中华书局,1982年),因《辽史》人物姓名极为复杂,舛误甚多,编制者做了大量勘同别异工作,将见于《辽史》中的人名及异名、字、号、封爵、谥号等一一收录,并于名下注明所见卷数、页数,颇便于读者检索。

(陈 墨)

金史 〔元〕脱　脱等

《金史》,一百三十五卷。元脱脱等撰。成于元至正四年(1344)。现存版本,有元至正五年(1345)刻本、明嘉靖八年(1529)南监本、万历三十四年(1576)北监本、清武英殿刻本、道光四年(1824)改校刻本、1935年百衲本、中华书局1975年点校本等。

金自阿骨打立国至哀宗亡国,历时一百二十年,各朝均有实录。元中统元年(1260)、至元元年(1264),当朝的孛儿只斤氏即已议论编纂《金史》一书。由于所谓"义例"问题未决而一再搁置。不久,金正大元年状元、元翰林学士承旨王鹗利用任职之便,撰成《金史》一书,未及付诸梓印。同时,元好问也采摭金代君臣遗言往事,撰成百余万言的《野史》。迨至正三年,始因赵氏、完颜氏"正统,系其年号"的确定,正式开局进行今本《金史》的纂修。其撰写,始于当年四月,终成于翌年十一月。责任者:都总裁脱脱、阿鲁图、别儿怯不花,总裁铁木儿塔识、贺惟一、张起岩、欧阳玄、李好文、王沂、杨宗瑞,纂修官沙剌班、王理、伯颜、费著、赵时敏、商企翁,提调官伯颜、董守简、锁南班、蛮子、丁元、老老、陈思谦、何执礼、仓赤、赵公谅、拜住、李献、秦从龙、路希贤、靳义、顾恕、朱秉彝、赵中等。

脱脱及欧阳玄生平事迹见"辽史"条。

《金史》是一部官修记载完颜氏大金国历史的纪传体著作。本纪十九卷,第一卷为《世纪》,记太祖以前先世,第十九卷为《世纪补》,记追尊诸帝,其他十七卷为太祖、太宗、熙宗、海陵王、卫绍王、世宗、宣宗、章宗、哀宗纪。志三十九卷,内容为天文、五行、河渠、舆服、兵、刑、历、乐、仪卫、地理、礼、食货、选举、百官。其中最有价值的是食货、选举、百官、地理等志。表四卷,内容为宗室、交聘。传七十三卷,包括后妃、将臣、世戚、文艺、忠义、孝友、隐逸、循吏、酷吏、佞幸、列女、宦者、方伎、逆臣、叛臣、外国等传。另有官称、人事、物象、物类、姓氏等合作《金国语解》一卷。卷首附有阿鲁图《进金史表》,卷末附有《修史官员》、《金史公文》等。

《金史》由于有原先金代实录及王鹗《金史》、元好问《野史》及其他著述作基础,历来被认为是同时修撰三史中最佳的一部。《四库全书总目》称:"元人之于此书,经营已久,与宋、辽二史取办仓卒者不同,故其首尾完密,条例整齐,约而不疏,赡而不芜,在三史之中,独为最善。"赵翼也说:"是书叙事最详核,文笔亦极老洁,迥出《宋史》、《辽史》之上。"施国祁则在比较三史及《元史》时评论道:《金史》"文笔甚简,非《宋史》之繁芜;载述稍备,非《辽史》之阙略;叙次得实,非《元史》之讹谬"。其资料来源,主要摭自完颜氏一朝诸帝实录、王鹗《金史》、元好问《壬辰杂编》、刘祁《归潜志》等。由于以上诸书除末者外均已散佚,今本《金史》遂为研究完颜氏一朝历史最为主要、亦最基本的资料。而其缺陷,大体有三个方面:一是总裁失检,表现为纪传有非体、年月有颠倒、依序有不当、附传有不合于例、世系有复漏、一事或数见等;二是纂修有纰缪,表现为文无断限、年次脱误、互传不合、阑入他事、本名叠见等;三是刊写错误,表现在脱载无考、例脱重刊、月舛日讹等。

关于《金史》的研究之作颇多,记载校核类有施国祁《金史详校》十卷、《金源札记》二卷、钱大昕《廿二史考异》、赵翼《廿二史劄记》等。《金史》人名复杂,译名舛异,与《宋史》、《辽史》又常不符,汪辉祖撰《辽金元三史同姓名录》加以厘清。志表补阙类有万斯同《金诸帝位系图》、《金将相大臣年表》、《金宰辅年事》,吴廷燮《金方镇年表》,黄虞稷《辽金元艺文志》,倪璨《补辽金元艺文志》,陈述《金史拾补五种》等。纂修始末和作品评议类有陈学霖《金史纂修考》、邱树森《脱脱与辽金宋三史》、陶懋炳《辽史金史评议》等。

(经 易)

宋史 〔元〕脱　脱等

《宋史》，四百九十六卷。元脱脱等撰。成于元至正五年(1345)。《宋史》的版本较多，最早为元代至正六年杭州路刻本；其他主要有明代成化十六年(1480)本，此本为朱英在广州据元刻本的抄本翻刻，以后诸本多以此为底本；明嘉靖南京国子监本(南监本)，明万历北京国子监本(北监本)；清乾隆武英殿本(殿本)；清光绪浙江书局本；商务印书馆1934年将元至正本与明成化本配补影印为百衲本。中华书局1977年标点本，以百衲本为底本，校以殿本、局本，并参考了叶渭清《元椠宋史校记》和张元济《宋史校勘记》等有关资料，为现行较好的通行本。

《宋史》是一部集体编撰的官修正史。元初，世祖忽必烈即诏令修宋、辽、金三史；仁宗延祐年间，袁桷奏请购求三史遗书；英宗至治年间，又诏令虞集修三史，然而几次修史都停留在议论阶段。对三史的体例，有人认为应以宋为正统，有人认为应按南北史的体例撰写，史官长期争论不休，以致不能进行工作。顺帝至正三年(1343)重开史局，决定宋、辽、金皆为正统，各为一史，命丞相脱脱为都总裁，铁木儿塔识、贺惟一、张起岩、欧阳玄、揭傒斯等为总裁官，参与编《宋史》的总裁还有李好文、王沂、杨宗瑞，及史官二十三人，提调官二十三人。编写时一般由史官撰成初稿，然后由总裁笔削定稿。脱脱于至正四年罢相，仍为都总裁。至正五年书成时，由当时的中书右丞相阿鲁图领衔奏进，但阿鲁图素不读汉文书，实际没有指导编史工作，不过是循例领衔而已。提调官虽列名其中，也不过担任了一些杂务，与史书的编写没有多大关系。《宋史》的编纂主要与都总裁、总裁和史官有关。

脱脱和欧阳玄生平事迹见"辽史"条。

本书上起宋太祖建隆元年(960)，下至赵昺祥兴二年(1279)，记载了两宋三百二十年的历史。计本纪四十七卷，志一百六十二卷，表三十二卷，列传二百五十五卷。在二十四史之中，此书的篇幅最大。在本纪中，北宋九朝不载诏令，南宋间有载之。志占全书的三分之一，每志皆有序，叙其源流、要领，详细反映了当时的政治、军事、经济、文化各方面的情况，其中《地理志》、《职官志》、

《食货志》、《兵志》尤为重要,有不少珍贵的史料。表有两种,即《宰辅表》五卷,《宗室世系表》二十七卷。《宰辅表》分四行,上两行分记宰相任免,下两行载执政除罢。《宋史》的传分为后妃、宗室、公主、群臣、循吏、道学、儒林、文苑、忠义、孝义、隐逸、列女、方伎、外戚、宦者、佞幸、奸臣、叛臣、世家、周三臣、外国、蛮夷共二十二类,首创《外国传》,与《蛮夷传》区分开来。新创《道学传》,收道学家二十四人,以此反映宋代的主导思想。此书的执笔者铁木儿塔识、张起岩、欧阳玄等都深受道学的影响,《宋史》的编撰原则便遵循"先儒性命之说":"先理致而后文辞,崇道德而黜功利。书法以之而矜式,彝伦赖是以匡扶。"(欧阳玄《圭斋文集》卷一三《进〈宋史〉表》)

这样一部卷帙浩繁的巨作,在短短的两年半时间内写成,只能尽量利用宋代已有的史学成果。诚如清赵翼所说:"元修《宋史》,度宗以前多本之宋朝国史。"(《廿二史劄记》卷二三《宋史各传回护处》)宋代的史学非常发达,《宋史》的史料来源包括国史、实录、会要、宝训、别史、笔记、文集等,但由于修史非常仓促,不及仔细考证研究,当时主要是依据宋朝现成的官修史书。本纪除依据国史外,还参考了实录。查《太祖本纪》,凡《续资治通鉴长编》注文载明实录和国史矛盾之处,本纪大都从实录。将《太宗实录》残本与《宋史》相应部分对照,亦可见互异之处。可见,《宋史》并不是专抄一史而成。宁宗朝以前的列传,大多本国史列传删改而成,理宗朝以后的传大约取材于实录、日历的附传及行状、碑志等。元代修史所根据的史料如今已大部散佚,尽管《宋史》有种种不足,但正是由于元史官疏于剪裁,反而保存了原始史料的本来面目,具有较高的史料价值,因此,后代所编的诸宋史都不能取而代之。

宋史资料如此浩繁,修史却非常粗略,所以历代对《宋史》的批评是最多的,概括起来说有以下几个方面。一是详略不当,编次混乱。由于战乱的影响,宋代国史的修纂,南宋不如北宋,理宗以后更没有来得及修纂,所以,"《宋史》纪传,南渡后不如东都之有法,宁宗以后又不如前三朝之粗备"(清江藩《汉学师承记》卷五《邵晋涵传》)。特别到理宗以后,记载最为疏略,各传多空列职衔,很少事迹,以致一些重要人物,如刘克庄、姜夔、郑思肖等都无传。此外,还有诸如一人两传、一文数见、次序颠倒、义例不一等错误。二是本文存在许多记事的错误,包括地理、人名、官职、年月、事实等等,至于自相矛盾的难解之处更比比皆是,这都是由疏于考证造成的。三是褒贬失当。宋国史如神宗朝的实录、国史受到当时政治的影响,曾几度改修,有些传甚至四次修改,带有浓厚的政治偏见。而且,"宋国史又多据各家事状、碑铭编缀成篇,故是非有不可尽信者"。《宋史》对此多不加考订,未能全面反映传主的为人。

对于《宋史》的谬误,前人考辨甚详,如钱大昕的《廿二史考异》、《十驾斋养新录》、《宋辽金元四史朔闰考》,赵翼的《廿二史劄记》、《陔余丛考》皆可备参考。近代主要有丁谦《宋史外国传地理考证》、邓广铭《宋史职官志考证》、陈乐素《宋史艺文志考证》、龚延明《宋史职官志补正》、梁太济和包伟民《宋史食货志补正》、汤勤福和王志耀《宋史礼志辨证》、聂崇岐《宋史丛考》、顾吉辰《宋史比事质疑》等。《二十五史补编》收入清倪灿《宋史艺文志补》等七书，主要是对《宋史》进行辑佚补编。《宋史》的索引亦有多种：日本佐伯富编《刑法志》、《兵志》、《职官志》索引；俞如云编《宋史人名索引》(上海古籍出版社,1992年)。

（程　郁）

岛夷志略 〔元〕汪大渊

《岛夷志略》,又名《岛夷志》,一卷。元汪大渊撰。元至正九年(1349)或略早毕稿。现存版本有《四库全书》本、《知服斋丛书》本、彭氏知圣道斋藏本、丁氏竹书堂藏本等。

汪大渊(1311—?),字焕章,龙兴路南昌县(今江西南昌市)人。生平事迹不详,惟知他曾在元至顺元年(1330)、后至元三年(1337)前后两次浮海游历东西洋诸国。稍晚,归返,寓居于泉州路晋江县(今福建泉州市)。《岛夷志略》初附吴鉴至正《清源续志》书后,再于作者故里单独付梓。

《岛夷志略》所载一百条,除末条《异闻类聚》系节录前人所作而成外,余皆以当时东西洋各国家或地方名录为目进行天时、地理、民俗、物产等方面的相关介绍。其目为:澎湖、琉球、三岛、麻逸、无枝拔、龙涎屿、交趾、占城、民多朗、宾童龙、真腊、丹马令、日丽、麻里鲁、遐来勿、彭坑、吉兰丹、丁家卢、戎、罗斛、东冲古剌、苏洛鬲、鑯路、八都马、淡邈、尖山、八节那涧、三佛齐、啸喷、浡泥、明家罗、暹、爪哇、重迦罗、都督岸、文诞、苏禄、龙牙犀角、苏门傍、旧港、龙牙菩提、毗舍耶、班卒、蒲奔、假里马打、文老古、古里地闷、龙牙门、昆仑、灵山、东西竺、急水湾、花面、淡洋、须文答剌、僧家剌、勾栏山、特番里、班达里、曼陀郎、喃哑哩、北溜、下里、高郎步、沙里八丹、金塔、东淡邈、大八丹、加里那、土塔、第三港、华罗、麻那里、加将门里、波斯离、挞吉那、千里马、大佛山、须文那、万里石塘、小呗喃、古里佛、朋加剌、巴南巴西、放拜、大乌爹、万年港、马八儿屿、阿思里、哩加塔、天堂、天竺、层摇罗、马鲁涧、甘埋里、麻呵斯离、罗婆斯、乌爹。此外,卷首、卷末分别具张翥、吴鉴及作者所作前、后序。

由于作者"当冠年附舶东西洋,所遇辄采录其山川、风土、物产之诡异,居室、饮食、衣服之好尚,与夫贸易赍用之所宜"的非凡经历,以及"非身所游览、耳目所亲闻见,传说之事则不载"的严肃态度,本书内容之丰富、广博,超过了此前周去非《岭外代答》、赵汝适《诸蕃志》和此后马欢《瀛涯胜览》、黄信《星槎胜览》等同类作品。因此《岛夷志略》可说是我国中古时期关于太平洋西岸、印度洋北岸区域地理的最为杰出的著作。

有关《岛夷志略》的研究论著较多,评传类有苏松柏《中国历代地理学家评传·汪大渊》等,考订类有美国洛克赫尔《十四世纪中国与南洋群岛及印度洋诸港往来贸易考》等,笺证类有沈曾植《岛夷志略广证》、日本藤田丰八《岛夷志略校注》、苏继庼《岛夷志略校释》等。

(王 颋)

南村辍耕录 〔元〕陶宗仪

《南村辍耕录》，三十卷。元末陶宗仪撰。成书于元至正二十六年(1366)或稍前。有至正二十六年刻本、明成化(1465—1487)刊本和明末毛晋编印的《津逮秘书》本、中华书局《元明史料笔记丛刊》断句本等。

陶宗仪，字九成，号南村，台州路天台县(今属浙江)人。生卒年不详。少工举子业，后缘数次不第弃去。元至正十一年，浙东道宣慰司都元帅府辟为幕官，未就。稍晚，游历浙西，避乱居于松江府华亭县(今上海松江)。明洪武六年(1373)，由所在地方荐征，仍以病辞。另著有《元掖庭记》、《书史会要》等。《书史会要》卷末附有孙作撰《南村先生传》。

《南村辍耕录》是记载当朝或前代逸闻杂识的史料笔记。该书序作者孙作称陶宗仪"避兵三吴间，有田一廛，家于松南。作劳之暇，每以笔墨自随。时时辍耕，休于树阴，抱膝而啸，鼓腹而歌。遇事肯綮，摘叶书之，贮一破盎，去则埋于树根，人莫测焉。如是者十载，遂累盎至十数。一日，尽发其藏，俾门人小子萃而录之"。可知本书是积十余年撰写，然后编定的。

本书内容丰富，上至天文地理、皇室奇闻，下至民间风俗、俚讴谣谚，无所不收。涉及政治者，于吏制有《公宇》、《置台宪》、《宣文阁》、《答剌罕》、《官制资品》等，于刑律有《五刑》、《平反》、《鞫狱》等，于礼仪有《朝仪》、《云都赤》、《皇族列拜》等，于人事有《朱张》、《志苗》、《越民考》、《纪隆平》、《发宋陵寝》、《权臣擅政》等；涉及经济者，于赋役有《检田吏》、《趁办官钱》等，于工商有《银工》、《瑞应泉》、《乌蜒户》等；涉及文化者，于宗教有《全真教》、《旃檀佛》等，于风俗有《亲家》、《嘲回回》、《浙江候潮》、《妇女曰娘》等，于戏曲有《院本名目》、《杂曲名》等，于书画有《兰亭集刊》、《写山水诀》等。而其余《大元宗室世系》、《圣聪》、《正统辩》、《角端》、《赵魏公书画》、《文章宗旨》、《御史五常》、《写像诀》、《园池记》、《中书鬼案》、《忠烈》、《淳化阁帖》、《陶氏二谱》、《古铜器》、《叙画》、《脉》、《纳音》、《圣门弟子》、《书画裱轴》、《结交重义气》、《论秦蜀》、《传国玺》、《四位配享封爵》、《非程文》、《印章制度》等，总计五百八十五条。清代学者朱彝尊在《静志居诗话》中称此书"有裨史学"。"元代朝野旧事,实借以存"。

由于陶宗仪书法造诣较深,对绘画极感兴趣,本书所保存的画论、画史资料尤为珍贵。如全文转载黄公望《写山水诀》和王绎《写像秘诀并彩绘法》,使得这些难得的著述流传后世,供人学习研究。书中还记载了许多当时和历代画师的趣闻佚事,诸如赵孟頫、黄公望、王绎、郑思肖等书画名家事迹,均有记载。此外,还有装裱技术和分类、画家分科介绍、工艺美术史料等等。陶宗仪的记载,并非完全不加整理的照抄,而是有所甄别研究的,如《叙画》一篇,详细阐述了自唐张彦远《历代名画记》到元夏文彦《图绘宝鉴》的历代画史著作,包括这些著作的内容概要、长处和缺陷等,在客观叙述的同时,又不时缀以自己的评判。如批评《画纪补遗》和《续画纪》:"仅可考阅姓名,无足观也。"他又褒扬夏文彦的"三品说",称"扩前人所未发","真知画者"。详细精确的叙述和扼要明晰的评说,使这篇《叙画》具有"元以前画史著作综合提要"的性质。书中记载画家事迹,大多不是正规立传,而是记录一些趣事,从中可以了解生活中真实的画家形象,了解画家真实的思想和行为,例如《狷洁》中写郑思肖异乎常人的举动及其书画,《女谏买印》里龚开买印而又辞印、终于沉溺水中的故事,还有《戏题小像》中张雨书赠黄公望的小诗,都是形象而又难得的史料。

本书还涉及书画材料器具,如砚、墨、纸、绢、印章等的制作历史和演变经过,如《印章制度》,详尽叙述了印章、印文的源起演变;《刻名印》则说,元代的蒙古人和色目人,虽位居高官,但大多不会执笔写字,所以采用印章代替签名,印章的使用频率和范围因此大大增加,由此看来,赵孟頫撰《印史》,吾丘衍编《古印文》,以及元代书画家开始自己治印,并且在书画作品上盖印,都非偶然。《辍耕录》中类似记载颇能给人以启示。此外,陶宗仪嗜好篆书,因此有关书法碑帖、摹刻和鉴赏的内容也不在少数,较重要的有卷五《碑志书法》,卷六《兰亭集刻》、《法帖谱系》、《评帖》、《淳化祖石刻》,卷十五《淳化阁帖》、《日书三万字》和卷二十《碑刻印识》。

有关陶宗仪生平事迹和本书的研究著作主要有昌彼得《陶南村先生年谱初稿》和巴黎大学北平汉学研究所《辍耕录通检》。前者载于台湾《图书馆学报》七期、八期,后者据1923年陶湘覆元刊本编撰,1950年出版。

(王　颋　孙小力)

宋辽金元编

语言、文学类

语 言

龙龛手鉴 〔辽〕行 均

《龙龛手鉴》,四卷。原名《龙龛手镜》,为避宋太祖赵匡胤祖父赵敬庙讳而改"镜"为"鉴"。又名《新修龙龛手鉴》。辽行均编。成书于辽统和十五年(997)。有山西省文物局藏高丽影印辽刻本、北京师范大学藏乾隆三十一年(1766)经井斋钞本、道光二十年(1840)汪氏刊《正谊斋丛书》本、1934年上海涵芬楼影印江安傅增湘双鉴楼藏宋刊本(《四部丛刊续编》本)、1985年中华书局影印高丽本、1986年台湾商务印书馆影印《文渊阁四库全书》本等。此外,1988年中华书局出版潘重规主编的《龙龛手鉴新编》,以《四部丛刊续编》本为底本,而将原书重新作了编排,甚便检索。

行均,辽幽州(今北京)僧人,字广济,俗姓于。事迹于史无载,据沙门智光于统和十五年(997)为《龙龛手镜》所写的序,说他"派演青、齐,云飞燕、晋;善于音韵,闲于字书",可见行均不但是在北方很有影响的僧人,而且是一个文字学家。

《龙龛手鉴》是一部辨正字形兼注音释义以帮助僧徒识字念经的字书。卷首有智光所写的《新修龙龛手镜序》,对行均编集此书的目的、经过以及该书的书名由来、体例、价值均有所述评。

隋唐五代之时,印刷术尚未盛行,书籍的流传主要靠人工抄写,而在抄写过程中,俗字讹体流行甚烈,或偏旁更易,或繁简殊方,或笔画屡变。这无疑给僧徒阅读佛经带来了极大的困难。当时虽有窥基的《妙法莲华经音义》、慧苑的《华严经音义》,以及玄应与慧琳的《一切经音义》等可供参考,但对这些俗字、误字,都仍难对付。正如智光序所云:"郭迻但显于人名,香严唯标于寺号。流传岁久,抄写时讹。寡闻则莫晓是非,博古则徒怀惋叹。"有鉴于此,行均才"五变炎凉",于"统和十五年"编成了这部字书。序中所提到的"郭迻"、"香严"等音义之作皆为《龙龛手鉴》注文所引。此外,行均还引用了《川韵》、《随函》、《江西随函》,以及基法师(窥基)、应法师(玄应)、琳法师(慧琳)等的音义之作;至如先儒字书韵书《说文》、《尔雅》、《玉篇》、《释名》、《切韵》等亦皆为取资。此书所收罗的字形,则除取诸上述种种外,注中还提及《旧藏》、《新藏》、梁《弘明集》、《广弘明集》、《西域记》、《百缘经》、《辩正论》、《道地经》等等。由此可知,行均为了帮助僧徒在阅读佛经时排除俗字、讹字的困扰,更好地理解字义、领悟经义,广泛收集了过去各种字书、韵书、佛经音义以及各种写本经卷中的文字,作了辨正字形、标明音读、诠释字义的工作,花了五年时间,终于编成此书。

关于此书的命名,智光序有云:"矧以新音编于龙龛,犹手持于鸾镜,形容斯鉴,妍丑是分,故目之曰《龙龛手镜》。"同时,该书成书后,由于当时"契丹书禁甚严,传入中国者,法皆死",所以,直到宋神宗熙宁年间(1068—1077)才"有人自敌得之"(沈括《梦溪笔谈》),从而得以在中原广泛流传。今本除高丽版影印辽刻本作《龙龛手镜》外,其余源自宋刻者皆作《龙龛手鉴》。

该书编制体例较为独特。全书收字二万六千四百三十余字,若不计各种异体、误字,则有字头一万九千零十五个。其注文凡十六万三千一百七十余字,全书总计十八万九千六百一十余字。行均将二万六千余字分为二百四十二部。其分部原则基本上是按各字的楷体偏旁,只有最后一个"杂部",收录难以按偏旁归类的杂字。二百四十二部以各部首的声调分为平、上、去、入四卷。卷一收部首为平声的字,有"金"、"人"、"言"等九十七部;卷二收部首为上声的字,有"手"、"虫"、"水"等六十部;卷三收部首为去声的字,有"见"、"面"、"又"等二十六部;卷四收部首为入声的字,有"木"、"竹"、"系"等五十九部。由于卷三篇幅甚小(辽刻本为十四页,宋刻本仅九页),所以宋刻本将三、四两卷合为一册,版心皆为"龙三",页码连贯而下(见《四部丛刊续编》本),故《文献通考》误记此书为"三卷"。

此书对于每个部首所隶属的字,再按其声调的平、上、去、入依次排列。如卷一言部先列"诒"、"谚"等平声字,再列"讵"、"谄"等上声字,再列"谬"、"谴"等去声字,再列"谑"、"诚"等入声字。其他三卷,虽然其部首为上、去、入各声之字,但各部所隶之字仍依四声排列,如上声卷二水部先列"淹"、"洴"等平声字,再列"沈"、"涌"等上声字,再列"济"、"泳"等去声字,再列"泆"、"滑"等入声字。对于书中所收的字,则尽量列出所有形体,并分别注明"正"、"同"、"或作"、"变体"、"通"、"今"、"古"、"俗"、"误"等,然后用反切或直音注明音读,再加简明扼要的释义,最后用一个数字标明该字共有几个形体。有时还注明该字之出处或列出其异体。如:

鏠俗鏒或作鏔正鋒今。芳容反。兵刃端也。四。

釴古鈞今。决匀反。均也,法也,陶也。陶、法、均,平无等差也。又,三十斤曰一也。二。

鎁鉺鏗口耕反。一铿,金石声也。三同。

痕痕二俗。知亮反。满也。正作脹。

陦误。音倾,侧也,在《西域记》第六卷。

睯《江西经》音"含"、"视"二音,《香严》音呼含反,《新藏》作"贻",《音义》作"眝",音含。

书中所谓"正",是指规范的合乎传统文字学原则的写法,即标准字形。所谓"同",表示其规范程度相同。所谓"或作"或"变体",是指该字的另一种通俗写法。所谓"通",是指经过使用已初步得到社会公认并已通行于民间的字形。所谓"俗",是指流行于民间但还未得到社会的公认、还没有正式通行的写法。所谓"今",是指当时的通常写法,它的规范化程度也较强。所谓"古",是指通行于古代而在当时已不通行的写法。所谓"误",是指必须纠正的错误字形。当然,并不是每个字都有以上各种形体,该书收录的很多字也都只有一种写法。由此可见该书在收集和辨正字形方面成绩显著,可以当作一部辨正字形的异体字字典。

此书成书后,褒贬不一。褒者说它"音韵次序,皆有理法"(沈括《梦溪笔谈》),"灵光巍然,洵希世之珍也"(钱曾《读书敏求记》),"虽颇参俗体,亦间有舛讹,然吉光片羽,幸而得存,固小学家所宜宝贵矣"(《四库全书总目》)。贬之者则曰:"其中'文'、'攴'不分,'曰'、'臼'莫辨,……'乔'、'歪'、'甭'、'孬',本里俗之妄谈;'崩'、'惫'、'尘'、'卡',悉鱼豕之讹字。而皆繁征博引,污我简编。指事、形声之法,扫地尽矣!"(钱大昕《潜研堂文集·跋龙龛手鉴》)"此书俗谬怪妄,不可究诘,全不知形声偏旁之谊,又转写讹乱,徒淆心目,转滋俗惑,直是废书,不可用也。"(李慈铭《越缦堂读书记》)其实,钱、李两人之指责,虽有一定的道理,但都不明了该书的编写目的和作用,不知当时俗字讹文之实情,所以不免有点信口雌黄。此书虽有缺点,但却有着其他字书所没有的独特的学术价值,略述如下。

一、广收当时写本中的俗字、讹字,这对于当时僧徒阅读佛经写卷以及今人阅读敦煌出土的写本经卷具有十分重要的实用价值。例如李氏所指出的"瓠"、"瓢"、"瓣"等字,当时写本又写作"瓠"、"瓢"、"瓣",行均为了便利读者按形索字,于是将从"瓜"的字归入瓜部,从"爪"的字归入爪部,并在"瓜"字下注明:"瓜部与爪部相滥。"在"爪"字下注明:"爪部与瓜部相滥。"在"瓢"字下还注云:"正从瓜。"可见,此书并非"不知形声偏旁之谊"。又如敦煌写本中的汉字偏旁,如"礻"与"衤"、"爿"与"牛"、"日"与"月"、"亻"与"彳"、"广"与"疒"、"文"与"攴"等往往相混,今天的读者利用《龙龛手鉴》,往往能按形索字,获其音义。更为珍贵的是,敦煌写本中的有些俗字,其他字书不载,而为《龙龛手鉴》所独有。如其生部有"甥"字,注"音外",敦煌《伍子胥变文》"子胥有两个外甥",斯坦因三二八卷正作"子胥有两个甥甥"。又如变文《韩朋赋》:"宋王即遣人拴之。""拴"字其他字书无载,读者不得其解,查《龙龛手鉴》可知,此字音"其月反",与《广韵》"掘"字反切相同,可知即"掘"之俗字,以解赋文,词义豁然(参潘重规《龙龛手鉴新编引言》)。

二、收罗繁富,详列各种字形,对其正体、俗体、误字等一一加以辨别,这对于了解唐代前后的文字使用情况和规范化程度,对于研究汉字字形的演变,具有重要的价值。这种工作虽然唐代颜元孙的《干禄字书》早已做过,但颜书内容十分单薄,价值难能与《龙龛手鉴》相比。

三、广征博引,对古籍的校勘和研究,也有一定的参考价值。正如《四库全书总目》所云:"虽行均尊其本教,每引《阿含经》、《贤愚经》中诸字以补六书所未备,然不专以释典为主。"他所引先儒典籍也不少,保存了很多宝贵资料,可供后人利用。如卷四页部"頤"字条引《说文》"面前頤"为解,虽脱一"頤"字,但正可证今本《说文》之"面前岳岳"为误。清代沈涛《说文古本考》既据《说文》体例,又据此本所引,断"岳"字乃二徐妄改,这就有力得多了。又如此书卷四食部"餤"字条引《尔雅》"甘之进也",较今本《尔雅》多"甘之"二字,也为郝懿行研究《尔雅》提供了宝贵的线索,使他对"餤"字的疏解更为深入了(见《尔雅义疏·释诂上》"进也"条)。

四、虽多解单字,但有时也把双音词的两个字排在一起进行解释,如金部有"鎼鏃"、"鎡錤",人部有"偓佺",车部有"輆軮",舟部有"舴艋"等等。这就使它不仅仅是一部字典,而且也在一定程度上具有了词典的功用。

五、在编排体例上有所改革,例如简化了《说文》部首,将《说文》五百四十个篆文部首改为二百四十二部,而且加以楷化,又多为常用字,易读易记,便于掌握。又如设立"杂部"收录难以按偏旁归部之字,"杂部"实际即相当于一个"难检字表"。

该书的缺点是对字形的辨正或有失误与疏漏。如金部以"鎽"为"鋒"的正字等。同时其编排文字尚未完善。该书虽将部首法与音序法加以综合利用,进一步增强了各字位置的确定性,但同卷中各个部首的排列,同一部中同一声调的各个文字的排列,仍无规律可循,所以检索甚不方便。还有,心部先集中排列从"忄"之字,然后再排列从"心"之字,这本来可以看出此书编排上的苦心,但其他部首,却没有按此体例加以分列,如衣部将"褎"、"袍"、"裴"等字混同排比,不免自乱其例。

有关此书的研究,可以参看张涌泉《汉语俗字研究》(岳麓书社,1995年)、郑贤章《龙龛手镜研究》(湖南师范大学出版社,2004年)等。

(张　觉)

汗简 〔北宋〕郭忠恕

《汗简》三卷。宋郭忠恕编著。成书于北宋初,具体年代不明。有国家图书馆藏康熙四十二年(1703)汪立名刻本、杨氏海源阁旧藏抄本、《四部丛刊》影印明弘光元年(1644)冯舒抄本、中华书局1983年影印本。

郭忠恕(？—977),字恕先,又字国宝。河南洛阳人。宋画家、文字学家。生年不明。据《宋史》卷四四二关于郭氏"弱冠"时"汉湘阴公召之"的记载,以及《东都事略》卷一一三"汉湘阴公镇徐州,辟为从事"等记载推算,郭氏约生于公元929—930年。郭氏善画山水屋木楼观台榭,精妙高古。又工篆隶,凌轹魏晋。《画史会要》推崇郭氏书画"俱为当时第一","所列神品"。少善属文及史书小学,通九经。五代时曾仕后汉为从事,因与同僚不和而弃官。后周广顺年中(951—953)周太祖郭威召为宗正丞兼国子书学博士。宋太祖赵匡胤灭周,郭氏仍任博士,因触朝规,被贬官削籍。宋太宗赵光义登基后又召其进京,在太学刊定历代字书,授国子监主簿。太平兴国二年(977)因批评朝政被杖,贬流登州,行至齐州临邑卒,年约五十。著作除《汗简》外,尚有《佩觽》三卷见存。

《汗简》原缺作者姓名,宋代目录书如《崇文总目》、《郡斋读书志》、《直斋书录解题》等都未存录,《宋史·艺文志》始载"《汗简集》七卷"。北宋李建中定为郭忠恕作。今本《汗简》卷首李建中题记云:"《汗简》元阙著撰人名氏,因请见东海徐骑省铉,云是郭忠恕制。复'歸'、臼字部末'舳'字注脚、'趙'字下俱有'臣忠恕'字,验之明矣。"李氏所述,颇有理据。同时郭忠恕在后周时即任书学博士,宋太宗时更受诏专职刊定历代字书,他有条件看到一般人所看不到的秘籍,因此以"古文科斗字"作为收字对象的《汗简》成于郭氏之手,不应有什么问题。《汗简》的成书年代,原书也无明确记录,由李建中题记后的小引中"臣顷以小学莅官"一语来分析,郭氏编撰《汗简》乃在宋太宗命他专职刊定历代字书之时,即太平兴国元年(976)。次年他贬死齐州,来不及将此书上进朝廷,所以《汗简》一书在宋代鲜为人知。

今本《汗简》分上、中、下三卷,每卷各分为二,末有"略叙目录",所以或称《汗简》三卷(如《四库全书总目提要》、《辞海》),或称七卷(如《宋史·艺文志》)。郭忠恕名此书为"汗简",取典于古人所谓"杀青书简",说明书中所收"古文"乃古人用以书简的文字。《汗简》正编前的《引用书目录》列书达七十一种,如《古文尚书》、《古月令》、《义云切韵》、《卫宏字说》等。所引之书大多已散亡,现仅存《说文》、《石经》和《碧落文》三种。据清人郑珍研究,七十一种引书中,有的书是异名重出,但正编引用过的书有的却失载于《目录》,《目录》列书与正编引书略有出入。《汗简》所收古文,大致出自《说文》和《石经》包括籀文和别体,还有部分篆文和晚出俗字。值得注意的是,《汗简》所引用的《说文》与今天所见的大徐本、小徐本《说文》并不全同,所引用的《石经》与《隶续》所收《正始石经》残字也有差异。

郭氏在卷首小引中自述其编书体例及释文原则为:

> 咨询鸿硕,假借字书,时或采掇,俄成卷轴。乃以《尚书》为始,《石经》、《说文》次之,后人缀辑者殿末焉。遂依许氏各分部类,不相间杂,易于检讨。遂题出处,用以甄别。仍于本字下直作字样之释,不为隶古,取其便识。

体例基本模仿《说文》,"始一终亥",各分部类仅较《说文》少一"半"部,为五百三十九部。正编收字先列出一个点画两端尖锐的古文,然后注上释文及出处,间或有在释文与出处之中注明反切的(如"珊"字)。释文不作隶定,因此所写的楷体字样常常不是所释古文的本字,而是所释古文的通假字、今字或异体字,如:

  簋。郭显卿《字指》。

"簋"是所列古文的释文,"《字指》"是此古文的出处。此古文从木、九声,当隶定为"杋",郭忠恕为了"取其便识"而省去了"隶古"这一步骤,而直接以"簋"字作释文。

《汗简》一书历来不受人重视,吾邱衍《学古编》中曾批评夏竦据《汗简》作成的《古文四声韵》说:"所载字,多云某人集字,初无出处,不可遽信。且又不与三代款识相合,不若勿用。"这正是宋以来学者轻视《汗简》的代表性看法,即因为《汗简》所收古文出处不明,与铜器铭文不合,所以被认为不可信。至清代汉学复兴,阎若璩考订《古文尚书》乃伪书,所谓"古文"更是启人疑窦,加上《说文》地位日高,《汗简》的地位就更为低下。因此相当长一段时间里有关《汗简》研究的专著,只有清人郑珍的《汗简笺正》。而郑珍研究此书的目的是攻难,是为了证明《汗简》"不可遽信"、"不若勿用",他认为《汗简》所收的《说文》、《石经》以外的古文,大都是眩人耳目的妄托。但是近年来有关战国文字的考古资料如铜器、简帛、玺印、货币等大量出土,发现《汗简》所收古文每与战国文字相合或相似,《汗简》所收古文的字形对考释战国文字常有启示,其中有的形体还相当古朴原始,甚至可以从甲骨文、金文中找到其来源,因此《汗简》正越来越受到文字学家的重视。近年来有关的研究有黄锡全《汗简注释》(武汉大学出版社,1990年)、何琳仪《战国文字通论》(江苏教育出版社,2003年)等。

(叶保民)

广韵 〔北宋〕陈彭年等

《广韵》,全名《大宋重修广韵》,五卷。宋陈彭年、丘雍等编。成于宋大中祥符元年(1008)。《广韵》的版本极多,主要有张氏泽存堂本、《古逸丛书》覆宋本、涵芬楼覆宋巾箱本(收入《四部丛刊初编》)、曹寅扬州使院《楝亭五种》本、《古逸丛书》覆元泰定本、《小学汇函》内府本等,前四种为详注本,后两种是元人删削而成的简注本,以详注本为善。

陈彭年(961—1017),字永年,宋抚州南城(今江西南城)人。十三岁时著《皇纲论》成名,为后主李煜召入宫中。曾师事徐铉,深得其传。雍熙进士,任江陵府司理参军,官至兵部侍郎。除《广韵》外,又与吴锐、丘雍等人重订《玉篇》,成《重修大广益会玉篇》。另有《文集》一百卷、《唐纪》四十卷等。丘雍生卒年月及事迹无考。

自从东汉输入佛教以后,由于翻译佛经的启发,我国对文字声韵的研究亦随之而兴,一时间,反切大行,韵书蜂出。而《切韵》问世以后,由于它的完整性、系统性,因而"时俗共重,以为典规"(王仁昫《刊谬补缺切韵》序),从唐朝到五代,人们相继做过一些韵书,如《刊谬补缺切韵》、《唐韵》、《广切韵》、《广唐韵》等,也都是就《切韵》作部分增订修改。宋景德四年(1007),因旧本偏旁差讹、传写漏落、注解未备等原因,朝廷又命重修。同年崇文院上校定《切韵》五卷,依例颁行,至大中祥符元年(1008),改名《大宋重修广韵》。此书旧本未列编者之名,从丁度等人所编《集韵》中考知为陈彭年、丘雍等。前此,句中正、吴铉、杨文举等曾奉诏编纂《雍熙广韵》一百卷,开始于宋太平兴国二年(977),完成于宋端拱二年(989)。因《雍熙广韵》修订在前,故陈彭年、丘雍之修订名曰"重修"。

《广韵》共五卷,平声因字多分上、下两卷,上、去、入声各一卷,收字二万六千一百九十四,较陆法言《切韵》增加一万四千零三十六字。注文十九万一千六百九十二字,比较陆氏原书为详。全书分二百零六韵,其中一百九十三韵从陆氏《切韵》而来,两韵(俨韵、酽韵)从王仁昫《刊谬补缺切韵》而来,十一个韵(谆、准、稕、术、桓、缓、换、末、戈、果、过韵)采自天宝本《唐韵》。这二百零六韵,包括平声五十七韵(上平声二十八韵,下平声二十九韵)、上声五十五韵、去声六十韵、入声三十四韵。全书平、上、去、入韵数不等,是因为去声泰、祭、夬、废四韵没有平、上、入声相配,冬韵、臻韵的上声因字少而附入肿韵、隐韵,臻韵的去声仅一字,附入焮韵,痕韵的入声因字少而附入没韵,没有单独列出韵目来。二百零六韵韵目的排列次序,则采自李舟《切韵》。

《广韵》相应的平、上、去、入各韵之间,具有相承相类的关系,如东、董、送、屋四韵,东、董、送三韵包含的韵母相同,仅声调有别,而这三韵与屋韵韵头、韵腹相同,韵尾相类。因此,《广韵》虽然有二百零六韵,如不计声调,便只有六十一韵。《广韵》韵部为诗歌押韵而分,诗歌押韵不计韵头,只求韵腹和韵尾相同,因此,《广韵》的一个韵部可能包含一个、两个、三个甚至四个韵母。这样,六十一韵实际包含的韵母有一百一十多个。

《广韵》韵目下注有同用、独用之例,同用即这些相近的韵作诗押韵时可以通用,独用则不能与他韵通用。唐封演《闻见记》曾云:"隋朝陆法言与颜、魏诸公定南北音,撰为《切韵》,……先、仙、删、山之类分为别韵,属文之士共苦其苛细。国初,许敬宗等详议,以其韵窄,奏合用之。"为此,有人认为同用之例的形成是由于韵窄,实际并非如此。如支韵,四百字左右,可谓大韵,然却和脂、之韵同用;微韵才一百多字,是小韵,却为独用。所以同用、独用之例,应与当时的实际语音有关。不过,今本《广韵》同用、独用例有所讹乱,戴震曾有《考定广韵独用同用四声表》,较为可信,为音韵学家所遵用,所以现在一般音韵学著作所列《广韵》韵目表,和《广韵》原书韵目表略有差异。

《广韵》虽然作于宋代,但由于《广韵》继承了《切韵》、《唐韵》的音系和反切,而《切韵》、《唐韵》等韵书在相当长的时间内未被发现,所以《广韵》很自然地成为研究汉语中古音的重要材料。陈澧作《切韵考》、瑞典汉学家高本汉研究中国隋唐时代中古音,依据的都是《广韵》。由此可见《广韵》在汉语音韵学上的重要性。不仅如此,《广韵》的价值,还在于它是上溯汉语上古音的必经桥梁,下推汉语近代音的必由之路。此外,汉语现代方言的研究,也往往需要借用《广韵》的声韵系统来做方音的寻根溯源、方音之间的特征比较等工作。

《广韵》是宋代的官韵,而且是历史上第一部官修的韵书,但是此书又不仅是韵书,由于它收字、训解都增加很多,因此可以说《广韵》又是一部按韵编排的字典。清潘耒曾云:"此书之作,不专为韵也。取《说文》、《字林》、《玉篇》所有之字而毕载之,且增益其未备,厘正其字体,欲使学者一览而声音、文字包举无遗。""凡经史子志、九流百家、僻书隐丛,无不摭采","不惟学者可以广异闻,资多识,而《世本》、《姓苑》、《百家谱》、《英贤传》、《续汉书》、《魏略》、《三辅决录》等古书数十种不存于今者,赖其征引,班班可见,有功于载籍亦大矣。"(《重刊古本〈广韵〉序》)

《广韵》收集的内容较多,就语言研究而言,固然是一个优点,而就当时一般人作为工具书来看,却太繁杂了。如东韵"公"字下,所载古代姓氏人名多达七百余字,其中称东宫得臣为齐大夫等,亦多纰缪。不仅如此,《广韵》还收有很多冷僻字,一般人更无用处。因此为了供一般人使用,宋戚纶等曾奉皇帝之命,编写过一部《景德韵略》,内容省减甚多。

有关《广韵》的研究著述主要有戴震《声韵考》,陈澧《切韵考》,高本汉《中国音韵学研究》(赵元任等译,商务印书馆,1940年),张世禄《广韵研究》(商务印书馆,1933年),周祖谟《广韵校本》(商务印书馆,1937年,中华书局重印),沈兼士主编《广韵声系》(中华书局,1985年重版),方孝岳、罗伟豪《广韵研究》(中山大学出版社,1988年),朴现圭、朴贞玉《广韵版本考》(学海出版社,1986年),严学宭《广韵导读》(巴蜀书社,1990年),葛信益《广韵丛考》(北京师范大学出版社,1993年),陈新雄《广韵研究》(学生书局,2004年)、《黄侃手批广韵》(中华书局,2005年),辻本春彦《广韵切韵谱》(日本临川书店,2008年),余迺永《新校互注宋本广韵》(上海人民出版社,2008年定稿本),赵少咸《广韵疏证》(巴蜀书社,2010年),范祥雍《广韵三家校勘记补释》(上海古籍出版社,2011年)等。

(王　立)

礼部韵略 〔北宋〕丁 度等

《礼部韵略》，五卷，简称《韵略》。宋丁度等编。成书于宋景祐四年(1037)。有增订本北宋《附释文互注礼部韵略》和南宋毛晃增注、毛居正校勘重增的《增修互注礼部韵略》。

丁度(990—1053)，字公稚，祥符(今河南开封)人。宋代文字音韵学家。大中祥符中(1012)登服勤词学科，官至观文殿学士、尚书右丞，除《集韵》、《礼部韵略》外，还著有《迩英圣览》、《龟鉴精义》等书。

宋景德四年(1007)，在审定《切韵》、改撰《广韵》的同时，礼部曾颁行《韵略》一书，史称《景德韵略》。《景德韵略》是专为科举考试所作，为《广韵》的略本，故称"韵略"。到景祐四年(1037)，丁度、李淑等奉诏编修《集韵》，并依《集韵》"刊定窄韵十三处"之例，改《景德韵略》为《礼部韵略》。《礼部韵略》于当年完成，《集韵》则迟二年完成。戴震《声韵考》云："景祐四年，更刊修《韵略》，改称《礼部韵略》；刊修《广韵》，改称《集韵》。《集韵》成于《礼部韵略》颁行后二年，是为景祐、宝元间详略二书，独用、同用例非复《切韵》之旧，次第亦稍有改移矣。"因此，《礼部韵略》可称为《集韵》的略本。

《礼部韵略》仍分二百零六韵，对《广韵》所代表的语音系统没有大的改动。但收字比《广韵》大为减少，只收录常用之字，共九千五百九十字。注释也从简，一般只注一个常用的或基本的意义，而有些最常用的字干脆不注。

《礼部韵略》的修订本很多，主要有两种：《附释文互注礼部韵略》和毛晃增注、毛居正校勘重增的《增修互注礼部韵略》。《附释文互注礼部韵略》共五卷，不注作者，可能是集体编撰的官书。有清曹寅扬州使院《楝亭五种》本、商务印书馆《四部丛刊续编》影印铁琴铜剑楼藏宋本、《四库全书》本等。此书每个字下的注释先列"官注"，这通常是传统的一般解释，为主考官和应试举子所应共同遵守的(如是常用字，意义为人所共晓，则不加"官注")；后列释文，大致是对"官注"的疏解或者补充说明，但只是起到一个普通的参考作用，如：

同	徒红切。释云：合会也。亦作"仝"。
橦	木名。释按：字书橦木花可为布。
枝	释云：木别生条。一曰：枝梧，小柱为枝，邪柱为梧。
胡	洪孤切。释云：何也，亦胡虏也。《说文》：牛领垂也。

毛晃父子的《增修互注礼部韵略》简称《增韵》，共五卷，曾于宋高宗绍兴三十二年(1162)表进，大约此书亦成于此时。此书的修订工作主要有四点，一、增字。毛晃增加二千六百五十五字，毛居正增加一千四百零二字。二、增圈。《礼部韵略》的体例是，某字有别体或别音的，它的四周都有墨圈作为标志。毛晃认为，另有一千六百九十一字应该圈而未圈，他一一为之补足。三、正字。订正字体，共四百八十五条。四、修订注释。经过毛氏父子修订过的注释，得到后人很高的评价，故而以后刘渊的《壬子新刊礼部韵略》、宋濂等的《洪武正韵》，多以毛晃父子之书为主要参照资料。毛氏父子之书现有宋淳祐四年(1244)高衍孙刊本、元至正十二年(1352)徐氏一山书堂刊本、《四库全书》本等。

《增修互注礼部韵略》，曾受到清《四库全书总目》的批评，说它"不知古今文字之例，又不知古今声韵之殊"。但是从音韵学研究的角度看，正是因为毛晃父子"不知古今声韵之殊"，才不受正统韵书的束缚，说出了一些反映当时实际语音的情况。如毛晃在微韵后的一段案语："所谓一韵当析为二者，如麻字韵自'奢'以下，马字韵自'写'以下，祃字韵自'藉'以下，皆当别为一韵，但与之通可也。盖'麻、马、祃'等字皆喉音，'奢、写、藉'等字皆齿音，以中原雅音求之，夐然不同矣。"作者的意思是，"麻、马、祃"等字读为 a 韵，"奢、写、藉"等字读为 e 韵，当一分为二。可见麻韵之分为二，在宋代已经如此。

此外，宋淳祐壬子(1252)年间，曾出现过一部《壬子新刊礼部韵略》，作者刘渊，江北平水人。此书已佚，但从元熊忠的《古今韵会举要》一书的记载中可知刘书有以下要点：(一) 分韵一百零七韵，基本上按《礼部韵略》同用例归并而成；(二) 在《增修互注礼部韵略》基础上增加了一些字；(三) 注释基本采用《增修互注礼部韵略》。

有关《礼部韵略》的研究著作有赵诚《中国古代韵书》(中华书局，1979 年)，李新魁、麦耘《韵学古籍述要》(陕西人民出版社，1993 年)，宁忌浮《古今韵会举要及相关韵书》(中华书局，1997 年)等。

（王　立）

集韵 〔北宋〕丁　度等

《集韵》,十卷。宋丁度等编。成书于宋宝元二年(1039)。有钱氏述古堂影宋抄本、毛氏汲古阁影宋抄本、曹楝亭扬州使院刊本、上海古籍出版社1985年影印述古堂本和中国书店1983年影印曹楝亭扬州使院本等。

丁度生平事迹见"礼部韵略"条。

《广韵》刊行三十一年以后,宋景祐四年(1037),太常博士直史馆宋祁、太常丞直史馆郑戬认为陈彭年、丘雍所编的《广韵》"多用旧文,繁略失当"。于是皇帝诏宋祁、郑戬与国子监直讲贾昌朝、王洙同加修定,刑部郎中知制诰丁度、礼部员外郎知制诰李淑典领,并令"撰集务从该广"。两年后成书,名为《集韵》(《集韵·韵例》)。

《集韵》一书平声四卷,上、去、入声各二卷,共十卷,收五万三千五百二十五字。其体例和《广韵》相似,分二百零六韵,每韵下面分列同音字组;每组同音字首列一个反切,并注明同音字字数。

《集韵》在历史上的地位远不如《广韵》,这主要是因为卷帙繁重,难于流行,同时《礼部韵略》又代替它成为考试用韵,因而使用不多。但到了清代,戴震和桂馥谈文字,每取《集韵》互订,段玉裁注《说文》亦颇事采用,并谓:"丁度等此书兼综条贯,凡经史子集、小学方言,采集殆遍,虽或稍有纰缪,然以是资博览而近古音,其用甚大。"此后,此书在研究语音、词义、文字等方面的价值,逐渐为人们所认识。其价值主要有以下几点。

一、《集韵》是收字最多的韵书。《集韵》的收字原则是"凡古文见经史诸书可辨识者,取之;不然,则否",因此一个字无论它有多少种不同的写法,无论古体、或体、俗体等等,只要有根有据,一概收入。这样,书中所收之字,一般都有二体、三体,许多字还有四体、五体,竟至八体、九体。如:

箕甘笄晨囡 其匲 其翼

《集韵》收字五万三千五百二十五字,如不计算这些不同的写法,也不过三万来字,因此此书可说是按韵编排的异体字字典,对方言本字的考证工作也颇有用处。

二、《集韵》对字的看法不同于《广韵》,有《广韵》认为是一个字的不同写法,而《集韵》却认为是两个字的。如"麟"与"麐",《广韵》以为同字,训仁兽,《集韵》以"麟"为大牝鹿,以"麐"为牝麒。又有《广韵》认为是两个字,而《集韵》则认为是一个字的不同写法的。如"蚍"与"蠙",《广韵》以"蚍"为珠,以"蠙"为珠母,《集韵》以为同字,训珠。虽然不能说《集韵》必定正确,但至少在一些字上是弥补了《广韵》的不足。

三、《集韵》把《广韵》的注释作了适当的删除,避免了释文内容繁简失当。例如《广韵》"公"字下繁征博引达八百七十多字,其中七百多字是有关姓名的记录,《集韵》把它删至二十八字。《集韵》的删改,最明显的是在姓氏、地理沿革方面,《广韵》的大量引证大多不用。不过,也有《广韵》释文简略,而《集韵》则加以增补的。如:

《广韵》:穹,高也。

《集韵》:穹,《说文》:穹也。《尔雅》:穹苍,苍天。郭璞曰:天形穹隆然。

四、《集韵》的注释较《广韵》为可靠。《集韵》的释文一般先依照《说文》,其次以其他字书、义书作补充,并注明出处。而不见经传和一般口头流传的意义则总是放在后面,并用"一曰"来注明。《集韵》这样做的结果,自然把《广韵》中一些不可靠的注释都修订或删改了。如:

《广韵》:枫,木名,子可为式。《尔雅》云:枫有脂而香。孙炎云:欇,欇生江上,有奇生枝,高三四尺,生毛,一名枫。子,天旱以泥泥之,即雨。《山海经》曰:黄帝杀蚩尤,弃其桎梏,变为枫木,脂入地千年,化为虎魄。

《集韵》:枫,《说文》:厚叶弱枝,善摇,一名欇。

五、《集韵》的韵目用字、部分韵目的次序和韵目下所注同用、独用例,跟《广韵》相比都有一些差异。其中韵目用字的差异,如平声看韵改为爻韵、去声恩韵改为圂韵、入声物韵改为勿韵,大多是由于《集韵》喜用古字。其韵目次序的变动则与同用、独用例的改变有关。景祐年间,贾昌朝曾奏请"韵窄者十三处,许令附近通用"。据钱大昕考证,这十三处是:

殷与文同用,隐与吻同用

焮与问同用,迄与物同用

废与队、代同用,严与盐、添同用

凡与咸、衔同用,俨与琰、忝同用

范与豏、槛同用,酽与艳、㮇同用

梵与陷、鉴同用,业与叶、帖同用

乏与洽、狎同用

这种同用、独用例的改变,应该说大多与当时的实际语音的变化有关。

六、《集韵》改变了《广韵》许多反切用语。这种改变,首先是改类隔切为音和切,如:

卑,《广韵》府移切,《集韵》宾弥切

便,《广韵》房连切,《集韵》毗连切

胝,《广韵》丁尼切,《集韵》张尼切

其次,这种改变表现为反切上字跟反切下字的尽量和谐。如:

东,《广韵》德红切,《集韵》都笼切

锺,《广韵》职容切,《集韵》诸容切

谆,《广韵》章伦切,《集韵》朱伦切

孙,《广韵》思浑切,《集韵》苏昆切

改,《广韵》古亥切,《集韵》己亥切

先,《广韵》苏前切,《集韵》萧前切

由此可见,《集韵》的反切上字尽可能地照顾到开合口的分别、声调的分别。同时,《广韵》的反切上字以一、二、四等为一类,三等为一类,《集韵》则一、二、三等为一类,四等为一类。这些改变都反映了宋代语音的实际变化。

七、凡一字有两种以上读音的,《集韵》虽然不像《广韵》那样一一注明,但是实际上它的又音比《广韵》更多。有的字《广韵》只有一读,《集韵》却有两读、三读,如"四",《广韵》息利切,《集韵》息利切,又息七切;"天",《广韵》他前切,《集韵》他年切,又铁因切。《集韵》又音大为增加主要有两个原因,一是收录古音,如"天"字铁因切一读;二是兼顾方音,如"四"字息七切一读。

不过,《集韵》某些字的归韵比较杂乱,这主要表现在谆、准、稕、魂、混、缓、换、戈、果诸韵,《广韵》只有合口呼,《集韵》则兼有开口呼;隐、焮、迄、恨诸韵,《广韵》只有开口呼,《集韵》则兼有合口呼。在反切用语方面,反切下字应与其所切之字同韵,而《集韵》则常常违背这个原则。如"盡,在忍切","忍"在轸韵而"盡"在准韵;"運,王问切","问"在问韵而"運"在焮韵。

有关研究《集韵》的著作有王力《中国语言学史》(山西人民出版社,1981年)、赵诚《中国古代韵书》(中华书局,1979年)、方成珪《集韵考正》、陈准《集韵考正校记》、邱棨鐊《集韵研究》(学生书局,1974年)、赵振铎《集韵研究》(语文出版社,2006年)与《集韵校本》(上海辞书出版社,2013年)、张渭毅《中古音论》(河南大学出版社,2006年)、邵荣芬《集韵音系简论》(商务印书馆,2011年)等。研究论文有黄侃《集韵声类表》(开明书店,1936年)、白涤洲《集韵声类考》(《中央研究院历史语言研究所集刊》第3本第2分,1931年)等。

(王 立)

群经音辨 〔北宋〕贾昌朝

《群经音辨》,七卷。宋贾昌朝撰。成书于宋康定二年(1041)。有北宋国子监原刻本、南宋绍兴九年(1139)临安府重印本、清康熙二十二年(1683)《泽存堂五种》本,并收入《粤雅堂丛书》、《铁华馆丛书》、《畿辅丛书》等。

贾昌朝(997—1065),字子明,北宋真定获鹿(今河北石家庄鹿泉区)人。精通小学,天禧(1017—1021)初年赐同进士出身,除国子监说书。历官宜兴、东明县令,为官清正,曾谏遣返西域僧所献佛骨和铜像。转任吏部,迁开封府知府、御史中丞兼判国子监,力主用旧将、练士卒,以备边事。庆历三年(1044)拜同中书门下平章事、昭文馆大学士,监修国史。嘉祐元年(1056)进封许国公。英宗即位(1064)徙凤翔节度使,进封魏国公。治平二年(1065)卒,谥号"文元"。著有《群经音辨》七卷,《通纪》、《时令》、《奏议》、《文集》一百二十三卷。《宋史》卷二八五有传。

天禧初年,贾昌朝任国子监说书,"尝患近世字书摩灭,惟唐陆德明《经典释文》备载诸家音训,先儒之学传授异同,大抵古字不繁,率多假借,故一字之文,音诂殊别者众,当为辨析"(《自序》)。因此,对经传中的多音多义字,"每讲一经,随而录之",历时二十余年,遂成《群经音辨》一书,于宝元二年(1039)由中书门下牒崇文院雕版印行。

《群经音辨》共分七卷五门。卷一至卷五为"辨字同音异"。仿张守节《史记正义》发字例,据许慎《说文解字》的部首排列。卷一列四十四部,卷二列七十部,卷三列五十四部,卷四列四十六部,卷五列四十六部,五卷共为二百六十部。举凡经典有一字数用者,均类以篆文,释以经据;凡先儒"读曰、读如、读为"之类,均备载无遗。如"余,舒也。式诸切。《尔雅》:'四月为余。'物生枝叶,故曰舒。"(卷一)又如:"哨,颅小也。音稍。郑康成说《礼》'大胸燿后'。燿读为哨。又苏尧切。"(卷一)卷六为"辨字音清浊"、"辨彼此异音"、"辨字音疑混"。所谓"辨字音清浊",是指在文字使用中,凡"形用未著,字音常轻;……形用既著,字音乃重"的字,均参考经故,为之训说。如"衣"(平声)施诸身曰"衣"(去声)、"冠"(平声)加诸首曰"冠"(去声)。所谓"辨彼此异音",是指

"一字之中,彼此相形,殊声见义"。如取于人曰"假"(上声),与人曰"假"(去声)。所谓"辨字音疑混",是指文字的"随声分义,相传已久"。如"上"(去声)"上"(上声)、"下"(上声)"下"(去声),声调不同,字义也不同。卷七为"辨字训得失",如"冰、凝"同字,"汜、氾"异音等语言现象,"学者昧之,遂相淆乱。既本字法,爰及经义,从而敷畅,著于篇末"。全书共收录多音多义字一千一百二十三个。所谓"五门",指作者划分群经之中多音多义字的五种情况,即字同音异、字音清浊、彼此异音、字音疑混、字训得失。书后附有王观国《后序》。

《群经音辨》是中国古代第一部专释多音多义字的辞书。贾氏之前,经籍未尝无音,但无音辨,所谓"汉唐《艺文志》笺注之书,有曰音隐,有曰音略,有曰音义,有曰音训,有曰音钞,有曰释音,是其于音未必能辨;有曰辨证,有曰辨疑,有曰辨嫌,有曰辨惑,有曰辨字,有曰注辨,是其所辨未必皆音"(王观国《后序》)。而《群经音辨》专辨多音多义字,实为首创。丁度等人修订《集韵》也曾参考此书。

《群经音辨》从古经传注疏中收集了丰富的异读材料,包括古今字和通假字。如:"莫,夜也,音暮。"(卷一)"罢,困也,音疲。"(卷三)此为古今字中的古字。再如:"衡,横也,胡觥切。《礼》:'金勺衡四寸。'古多借衡为横。"(卷二)"家,种也,音嫁。《诗》:'好是家穑'。今文作稼。"(卷三)此为通假字。同时,某些字的异读及义训,是以前未尝著录而见于此书的。如:"正,税也,音征。《礼》:'司书掌九正。'"(卷一)"是,月边也,徒兮切。《春秋传》:'是,月边,鲁人语。'"(卷一)这些音读和训释,"正"字,《集韵》收其音而未收其释义;"是"字,《集韵》收其义而未录其音。凡此种种,均赖此书补充保存。

《群经音辨》反映了词性转换时的声调变化,揭示了文字形、音、义三者之间的联系。贾昌朝认为"一字之中,彼此相形,殊声见义",故"一字之文,音诂殊别者众,当为辨析"(《自序》)。所以,此书反映了汉语的名词与动词、名词与形容词、形容词与动词的互相转换,以及数词转化为量词、自动词转化为他动词的词性变化过程中,原字的声调变化。王力《汉语史稿》认为这就是古汉语词汇的形态变化。从上古一直到中古早期,这种用声调变化来表示词性变化的方法是很盛行的。

此书体例较为淆乱。如卷六名为"辨字音清浊",实际上包括了声调、声母不同的各种情况,而声母的清浊只是其一。在收录的各词中,亦间有失误之处。如"典欣"(卷二)条下,混合两个单字为一词,殊为失考。

(陈 崎)

皇极经世声音唱和图 〔北宋〕邵 雍

《皇极经世声音唱和图》，一名《皇极经世天声地音图》，简称《皇极经世图》，四卷，载于《皇极经世》一书中。北宋邵雍著。有《四库全书》本，涵芬楼影印《道藏》本，文物出版社、上海书店和天津古籍出版社 1988 年重印《道藏》本。

作者生平事迹见"皇极经世"条。

《皇极经世》其律吕声音之部共四卷，每卷四篇，四卷共十六篇；每篇之首，上列声图，下列音图，十六篇共三十二图，声图音图之后，又以各种声音与六十四卦相配合，是为声音唱和图。此图排列字音，全不依传统的等韵图表，而是依据当时的口语语音，因而在音韵研究上具有重要的价值。

图中所谓声，是指韵类；所谓音，是指声类。声有十大类，音有十二大类。每一大类声中，又有辟、翕和平、上、去、入之分；所谓辟，就是开口，所谓翕，就是合口。每一大类音中，又有清、浊和开、发、收、闭之别；所谓开、发、收、闭，大致相当于等韵学上的一、二、三、四等，不过等韵学上四等专属韵母，邵氏开、发、收、闭则附属于声母，例如 k/a（一等）列在开，ki/a（三等）列在收。又图中以上下分天地，上为天之用声，下为地之用音，天唱地和，乃生出无数声音。图中许多空位，乃是作者以为虽然实际口语无此语音，但是根据阴阳之数，天地间当有此音。故凡有音无字者，以口标志，有声无字者，以〇标志，无声无音者，以■和●标志。至于以天之四象日、月、星、辰配平、上、去、入四声，以地之四象水、火、土、石配开、发、收、闭四等，乃是术数家之附会，无关音理。

邵氏原图十分繁琐，难以阅读研究，今参考宋蔡季通等所作的《正声正音总图》，将原图天声地音整理如下，并附今人所构拟音值：

    平上去入   开发收闭
    日月星辰   水火土石
一声 辟日 多可个舌 a, aʔ 一音 清水 古甲九癸 k

		翕月	禾火化八	ua, ua?		浊火	□□近揆	g
		闢星	开宰爱〇	ai		清土	坤巧丘弃	k'
		翕辰	回每退〇	uai		浊石	□□乾虯	g
二声		闢日	良两向〇	aŋ	二音	清水	黑花香血	χ
		翕月	光广况〇	uaŋ		浊火	黄华雄贤	ɣ
		闢星	丁井亘〇	əŋ		清土	五瓦仰□	ŋ
		翕辰	兄永莹〇	uəŋ		浊石	吾牙月尧	ŋ
三声		闢日	千典旦〇	an	三音	清水	安亚乙一	〇
		翕月	元犬半〇	uan		浊火	□爻王寅	j
		闢星	臣引艮〇	ən		清土	母马美米	m
		翕辰	君允巽〇	uən		浊石	目皃眉民	m
四声		闢日	刀早孝岳	au, ɔ?	四音	清水	夫法□飞	f
		翕月	毛宝报霍	au, uɔ?		浊火	父凡□吠	v
		闢星	牛斗奏六	əu, u?		清土	武晚□尾	ɱ
		翕辰	〇〇〇玉	iu?		浊石	文万□未	ɱ
五声		闢日	妻子四日	əi, iə?	五音	清水	卜百丙必	p
		翕月	衰〇帅骨	uəi, uə?		浊火	步白葡鼻	b
		闢星	〇〇〇德	ə?		清土	普朴品匹	p'
		翕辰	龟水贵北	uəi, ə?		浊石	旁排平瓶	b
六声		闢日	宫孔众〇	oŋ	六音	清水	东丹帝■	t
		翕月	龙甬用〇	uoŋ		浊火	兑大弟■	d
		闢星	鱼鼠去〇	o		清土	土贪天■	t'
		翕辰	乌虎兔〇	uo		浊石	同覃田■	d
七声		闢日	心审禁〇	əm	七音	清水	乃妳女■	n
		翕月	〇〇〇十	əp		浊火	内南年■	n
		闢星	男坎欠〇	am		清土	老冷吕■	l
		翕辰	〇〇〇妾	ap		浊石	鹿荦离■	l
八声		闢日	●●●●		八音	清水	走哉足■	ts
		翕月	●●●●			浊火	自在匠■	dz
		闢星	●●●●			清土	草采七■	ts'

九声	翕辰	●●●●	九音	浊石	曹才全■	dz
	闢日	●●●●		清水	思三星■	s
	翕月	●●●●		浊火	寺□象■	z
	闢星	●●●●		清土	□□□■	
	翕辰	●●●●		浊石	□□□■	
十声	闢日	●●●●	十音	清水	■山手■	ʂ
	翕月	●●●●		浊火	■土石■	ʐ
	闢星	●●●●		清土	■□耳■	ȵ
	翕辰	●●●●		浊石	■□二■	ȵ
			十一音	清水	■庄震■	tʂ
				浊火	■乍□■	dʐ
				清土	■叉赤■	tʂ'
				浊石	■崇辰■	dʐ
			十二音	清水	■卓中■	tɕ
				浊火	■宅直■	dʑ
				清土	■坼丑■	tɕ'
				浊石	■茶呈■	dʑ

表中一声日月两行是果、假两摄,星辰两行是蟹摄;二声日月两行是宕摄,星辰两行是曾梗两摄;三声日月两行是山摄,星辰两行是臻摄;四声日月两行是效摄,星行是流摄;五声日月辰三行是止摄,但"妻"是蟹摄齐韵字;六声日月两行是通摄,星辰两行是遇摄;七声日月两行是深摄,星辰两行是咸摄。各声的先后次第,由果、假开始,至深、咸结束,由开口度最大的韵逐渐趋于开口度最小的闭口韵,立意甚精。表中没有江摄字,大概是跟宕摄合并了。又表中除七声月辰两行外,入声全都配阴声韵,入声配阳声韵是《切韵》以来的传统,此书以入声配阴声韵,表明入声的 t、k 尾已经变成 ʔ,唯 p 尾还存在着。表中十二音各有二清二浊,水行为全清,土行为次清。十二音共四十六个声类(九音缺二类),这四十六声类中,一至十为牙喉音,十一至二十为唇音,二十一至二十八为舌音,二十九至三十四为齿头音,三十五至四十二为正齿音,四十三至四十六为舌上音。跟传统的守温三十六字母比较,则非敷已合,泥娘已合,床禅已合。表中疑、明、微、泥、来、日六母都分清浊两类,清音都是上声字,浊音都是非上声字,可能反映了这几个声母在上声和非上声中有不同的音位变体。又非、奉、微母字"夫、父、文、武、法、凡、万、晚"四音都列在开、发类,表明这几个字都已经失去 i 介音;而"丹、大、贪、覃"原是一等字,音六列在发类,"帝、弟、天、田"原是四等

字,音六列在收类,又表明当时一、二等已混、三、四等已混,如此等等,对于宋代语音的研究,启示甚多。此外,一、五、六、八、十一、十二音中,中古全浊声母群、並、定、从、床、澄都一分为二,其仄声配全清,平声配次清。对于这种分别,李荣认为是全浊送气与全浊不送气(如 b' 与 b)之别,周祖谟、陆志韦认为是全浊声母清化,即全浊仄声字读同全清(如 b>p),全浊平声字读同次清(如 b>p')。

有关本书的研究著作有周祖谟《问学集》(中华书局,1966 年)、李荣《切韵音系》(科学出版社,1956 年)、陆志韦《记邵雍皇极经世的"天声地音"》(《燕京学报》第 31 期,1946 年)等。

(杨剑桥)

类篇 〔北宋〕司马光等

《类篇》,四十五卷。旧题宋司马光撰,实由王洙、胡宿、掌禹锡、张次立、范镇、司马光相继修纂而成。通行版本有清康熙四十五年(1706)曹寅扬州使院《楝亭五种》本、光绪二年(1876)姚觐元据楝亭本重刻《姚刊三韵》本、《四库全书》本,以及中华书局1984年影印《姚刊三韵》本。

司马光生平事迹见"潜虚"条。

王洙(997—1057),字原叔,北宋宋城(今河南商丘)人。中进士甲科,官至侍读学士兼侍讲学士。通经史,兼及音韵训诂,旁及图纬、方技、五行等。参与纂修《集韵》、《礼部韵略》等。

胡宿(995—1067),字武平,北宋常州晋陵(今江苏常州)人。官观文殿学士。

掌禹锡(992—1068),字唐卿,北宋许州郾城(今河南郾城)人。官至尚书工部侍郎。

张次立,字号籍里不详,官至殿中丞,曾作《说文解字系传补》。

范镇(1007—1087),字景仁,号长啸。北宋成都华阳(今四川成都东南)人。举进士,调新安主簿。试学士院,补馆阁校勘。哲宗时,官至端明殿学士,提举中太一官兼侍侯,以银青光禄大夫致仕,累封蜀郡公。卒赠金紫光禄大夫,谥忠文。著有《国朝韵对》等。

宋宝元二年(1039),丁度等人修成《集韵》一书,因增字甚多,不能和顾野王《玉篇》相互参照,乃上表奏请:"乞委修韵官,将新韵添入,别为《类篇》,与《集韵》相副施行。"于是由王洙奉诏编撰《类篇》。嘉祐二年(1057)王洙卒,由胡宿继编,次年,掌禹锡、张次立参与校正。嘉祐六年(1061)范镇接替胡宿。书成,治平三年(1066),由司马光接替范镇,负责进一步整理缮写,至治平四年(1067)全书完成。丁度等所编的《集韵》,是按韵编字,本书是按部首编字,两书相辅而行。

此书按照《说文解字》的编排体例,分为十四篇,又书末外加《目录》一篇,共十五篇。每篇分上、中、下三卷,合为四十五卷。全书的部首为五百四十部,完全参照《说文解字》,各部的排列顺序也几乎没有变动,但各部所收之字则依韵排列。每字先注反切,后释义。如卷三十九土部:"域,越逼切,邦也。又乙六切,区处也。《庄子》:'无所畛域。'文一。重音一。"对部首则先释义,再释形,最后注反切,实际上只是转录《说文解字》对每个部首的全部解释。如卷三十九男部:"男,丈夫也,从田从力,言男用力于田也。凡男之类皆从男。那含切。文一。"对每部所属字的解释则仿《玉篇》,注重音义,并不都逐字分析形体结构。但对文字有异体的,则注在本字下面,间或附列篆文。如有异义或异读,则在解释字义后再作说明。

书首有苏辙所撰《序》。《序》中提到本书的编纂条例有九项,即:一、凡是同音而异形的字,分别收入两部。如"呐"和"肉"虽同为奴骨切,但一在口部,一在肉部。二、凡同义而异声的字,只收在一个部首,不再两见。如"天"虽有他年切(先韵)和铁因切(真韵)但字义相同,故只在一部。三、凡是分部的理由不可知的字,仍按《说文解字》之旧,不作改动。如艸部"莊"的古字作"牂",因形体不明,不知应归何部,故仍置"莊"字下。四、凡是今字改变了《说文解字》的部首而另有意义的,即按今字部首分部,不从许慎。如"雰",《说文》为"氛"字重文,收在气部,作"祥气"解;本书则因《诗经》毛传另有"雪貌"义,故入雨部。五、凡是今字改变《说文解字》的部首,而失去原来形体意义的,仍从《说文解字》。如"壶",《说文》从口,今字形虽有改变,而仍入口部。六、凡是后出的没有根据的异体字,附在本字之下,不另行标出。如"人"的异体"生"为武则天所制,无所依据,故附在"人"字注中,不立字头。七、凡是假借甲字为乙字,形体传写讹误的,都加以说明。如"玉"本作"王",像"三玉之连",故作说明:"今隶文或加点。"八、凡《集韵》漏收的字,全部收入。如"智",《说文》有古字作"矯",《集韵》失收,《类篇》附于"智"下。九、凡无部可归的,则依以类相聚的原则,排在一起。如"藥"为桑实,形体不从叒,因与"桑"有关,而归入叒部。

上述第八项条例为"凡《集韵》之所遗者皆载于今书也"。但是《集韵》所收字的总数为五万三千五百二十五个,此书所收五万三千一百六十五个,较《集韵》反而少三百六十字。这是因为《集韵》重文颇杂滥,此书凡字之后出而无据者,皆不另立条目。所以所删之数多于所增之数。此书收字较《集韵》为慎重,但对唐宋间产生的新字有所采录,所增之字,约为《玉篇》的二分之一。以上字数统计资料据《四库全书总目》。

《类篇》虽然出自众人之手,但其体例前后一致,比较谨严。一方面它继承《说文解字》和《玉篇》的传统,着重探讨字源,阐明文字的形、音、义及其演变,另一方面也收录《玉篇》之后孳乳的新字。所以此书不仅可以用作一般的字典,而且对于研究汉字在唐宋间的演变也是极重要的参考资料。

有关《类篇》的研究著作有胡朴安的《中国文字学史》(商务印书馆,1937年)、孔仲温的《类篇研究》(学生书局,1987年)、蒋礼鸿《类篇考索》(山东教育出版社,1996年)等。

(游汝杰)

埤雅 〔北宋〕陆　佃

《埤雅》，二十卷。初名《物性门类》。宋陆佃撰。成书于北宋哲宗年间(1086—1100)。有明建文二年(1400)林瑜、陈大本刻本；嘉靖二年(1523)王俸刊本，1988年北京书目文献出版社收入《北京图书馆古籍珍本丛刊》；天启六年(1626)郎奎金《五雅全书》本；商务印书馆《丛书集成初编》本等。2008年浙江大学出版社出版了王敏红校点本。

陆佃(1042—1102)，字农师，号陶山，北宋越州山阴(今浙江绍兴)人。好学而家贫，夜无灯则映月光读书。为求师，步行千里至金陵，受学于王安石。熙宁三年(1070)进士，授蔡州推官，官至中书舍人给事中。同王子韶修订《说文》，精研《礼》学，宋神宗誉为"自王、郑以来，言《礼》未有如佃者"。曾以修撰《神宗实录》进礼部尚书，旋改知颍州、邓州及江宁府。绍圣(1094—1097)初年，因属王安石门人而遭贬。宋徽宗即位(1101)召为礼部侍郎。迁吏部尚书，出使辽国。拜为尚书右丞。后被目为元祐余党，名入党籍，罢为中大夫，知亳州，数月而卒，追封为资政殿学士。陆佃一生勤学好思，精于《礼》及名物训诂之学，有《礼象》、《春秋后传》、《诗讲义》等，均佚。存世的有《尔雅新义》二十卷、《埤雅》二十卷。《宋史》卷三四三有传。

北宋神宗元丰(1078—1085)年间，陆佃曾任集贤校理、崇政殿说书，为皇帝进讲经疏。神宗言及物性，探求得名之所以然，深恨古来未有专书。陆佃乃进先时所作《说鱼》、《说木》二篇，神宗大为激赏。此后陆佃补外官，临政之暇，又加笔削，初名为《物性门类》。待《尔雅注》完稿后又大加修改、增补，"不独博及群书，而农父牧夫、百工技艺，下至舆台皂隶，莫不谘询。苟有所闻，必加试验，然后纪录"(陆宰序)，历时四十余年始成，改名为《埤雅》，取辅翼《尔雅》之义。

《埤雅》共八篇二十卷，不释语词，专释名物。卷一和卷二为《释鱼》，收词三十条；卷三至卷五为《释兽》，收词四十四条；卷六至卷九为《释鸟》，收词六十条；卷十和卷十一为《释虫》，收词四十条；卷十二为《释马》，收词十五条；卷十三和卷十四为《释木》，收词三十一条；卷十五至卷十八为《释草》，收词六十四条；卷十九和卷二十为《释天》，收词十三条。凡二百九十七条，其中动物名词为一百八十九条;植物名词九十五条;天文名词十三条。《释天》卷末注"后阙",可知其书未完。书前有其子陆宰序和张中重刊序。

《埤雅》虽自称辅翼《尔雅》,但它的内容和形式均与《尔雅》不同。首先,收词只限于动植物方面,纯语言的"释诂"、"释训"、"释言"不载。其书所诠释的重点,不在训诂而在名物,寓训诂于名物之中,大大区别于《尔雅》的体例,富有自己的特色。其次,此书对于名物的诠释,释义全面,引征系统,于古文献则广征博引。作者精于《诗》、《礼》之学,故所释名物,多据《诗》、《礼》旧注,大抵推阐《诗》义,详明精审;诠释诸经,颇据古义。而其所援引,多今所未见之书,古代散佚者,多赖是书以存。例如《尔雅·释鱼》云:"鲨,鮀。"郭璞注:"今吹沙小鱼,体圆而有点文。"均过于简略,《埤雅》则内容十分详尽,其文谓:"今吹沙小鱼,常张口吹沙,故曰'吹沙'也。鲨性善沉,大如指,狭圆而长,有黑点文,常沙中行,亦于沙中乳子。故张衡云'县渊沉之鲨鰡'也。《字指》云:'鰡,鲨属。'《诗》曰:'鱼丽于罶。'鰋鲨、鲂鳢、鳏鲤。盖鰋也、鲂也、鲤也,其性浮;鲨也、鳢也、鳏也,其性沉。而罶则嫠妇之笱,其用功寡,又以待鱼之自至。今鱼丽于罶,鰋鲨、鲂鳢、鳏鲤,浮沉、小大、美恶与其形色之异具有,则馀物盛多可知也。俗云'鲨性沙抱',《异物志》曰:'吹沙,长三寸许,背上有刺,螫人。'《海物异名记》曰:'鲨,似鲫而狭小。'"

陆佃此书深受王安石《字说》的影响,往往寻究偏旁,比附形声;依据旧说,附会物种取名之由,故多凿空之谈。如其释"猫",谓:"鼠善害苗,而猫能捕鼠,去苗之害,故猫之字从苗。"又释"麋",谓:"麋之文从鹿从米,则以麋性善迷故也。"又陆氏此书立目分类,颇多随心所欲。如"八月断壶"之"壶",即"瓠"之借字,而《释草》中"壶"、"瓠"分为二条,而"壶"字条中又言及壶尊之类,则与《释草》之名,又不相合矣。另外,陆佃此书在引证古籍中,往往引古籍不出篇名,引古人不明出处,对于后人的复核原文,多有不便。

研究《埤雅》的著作有钱剑夫《中国古代字典辞典概论》(商务印书馆,1986 年)等。

(陈 崎)

突厥语词典 〔突厥〕马赫穆德·喀什噶里

《突厥语词典》,原名 Kitabu Diwani Lughatit Turki,八卷。11 世纪中国维吾尔族马赫穆德·喀什噶里编。成书于回历四六六年(1074)。原本已佚,今有波斯人穆罕穆德·本·阿布拜克尔 1266 年的手抄本存世,藏于土耳其伊斯坦布尔的民族图书馆,该抄本除有 1942 年土耳其影印本外,又有 1917 年土耳其学者阿合迈德·里弗阿特的阿拉伯文译本、1928 年德国学者卡·布洛克曼的德语摘译本、1943 年土耳其学者贝希姆·阿塔莱伊的土耳其文译本、1963 年苏联学者萨力赫·穆特里甫的乌兹别克语译本、1984 年新疆人民出版社的维吾尔族语译本等。

马赫穆德·喀什噶里(1020—1090),新疆喀什噶尔(今属新疆疏附)人,突厥语语言学家。父亲侯赛因曾任巴儿思罕的汗,故马氏是喀喇汗王室的王子,少受业于著名学者侯赛因·伊本·海莱弗·喀什噶里,学习阿拉伯语和波斯语。回历四五〇年(1058)开始作长达十五年的学术旅行,在巴格达著成《突厥语词典》。晚年回到故乡喀什噶尔,其陵墓被称为"海兹里提·毛拉姆陵墓",意为尊敬的学者之墓。

公元 11 世纪,正当突厥族黑韩王朝和塞尔柱王朝的鼎盛时期,西迁的塞尔柱突厥人占领了阿拉伯地区,阿拉伯人开始与突厥人在政治、经济、文化上互相接触,交融影响。为了沟通阿拉伯人与突厥人的语言文字,为了向阿拉伯世界介绍突厥族的文化,马氏花费数年时间,深入到现在的新疆及中亚各地,详细地调查突厥各部落的语言和社会生活,收集了大量资料,最后参考阿拉伯辞书的体例,在巴格达编成《突厥语词典》。本词典问世以后直到 14 世纪,曾多次为伊斯兰学者所称引,但以后就逐渐不为世人所知。直到 1914 年,伊斯坦布尔一个出身于奥斯曼帝国大臣纳吉甫·贝伊家族的女人,因生活所迫,把穆罕穆德·本·阿布拜克尔的手抄本低价卖给热心于学术的阿里·埃半里,本词典才重新面世。

本词典共收词目七千多条,按词的语音结构分为八卷,每卷又分静词(名词)和动词两个部分。各部分的词又按单词词根的多寡——二根词、三根词、四根词等等分门别类,每类词根再按字形、语音特征和词尾字根顺序排列。书中词目、例句,所引诗歌、民谣和谚语等均为突厥语,注释则用阿拉伯语。

本词典采撷的条目极为广泛,大凡天文、地理、身体、饮食、衣服、器用、鸟兽、虫豸、草木、金石,以及动作行为、状态等等,无不应有尽有。有关地域变迁、民族徙移、山川脉络、关隘形势、都邑方位、道路远近、风土人情、轶事掌故,也都广泛搜寻,阐明原委,俨然是一部小型百科全书。本词典的释义十分详尽,例如:

> 桃花石——摩秦国名。此国与秦相距四个月的路程。实际上,秦有三个:(一)上秦在东,是桃花石;(二)中秦为契丹;(三)下秦为八尔罕,八尔罕即喀什噶尔。但现今桃花石被称为摩秦,契丹被称为秦。(桃花石)也用于汗的称号。"桃花石汗"意为"国家古老而又伟大的汗"。

本词条有两个义项,一为国名,一为称号。作为国名的"桃花石"(Tabghac)原是我国少数民族拓跋(takbuat)的音译,这里指上秦(宋朝),阿拉伯语称为"摩秦"。作者详细地说明了"秦"(中国)分为三个部分,即宋、契丹和喀什噶尔,并指出这些名称被误用了。

本词典卷首有作者序言一篇,详细叙述了编纂目的、材料来源、词典的体例、突厥语的构词法、回鹘字母、突厥各部落的分布和语言特点。词典又附有突厥地区圆形地图一幅。地图受伊斯兰舆图的影响,采用简单的彩色几何图形来表示山川湖海,以东为上,西为下,南为右,北为左。这是迄今为止最早的完整的中亚舆图,对于考证古代中亚地理具有重要价值。

本词典是世界上最早的突厥语辞书,是考释古代突厥及其方言,考证后来的察合台文、老维文和现代维吾尔文源流的重要文献。同时,由于作者的广泛调查和详尽记载,本词典又是考证古代中亚地区诸民族文化、宗教、历史、地理等情况的不可替代的重要文献,是世界突厥学者必备的参考书。

关于本词典的研究著述有:中国民族古文字研究会编的《中国民族古文字研究》一书(中国社会科学出版社,1984年)的有关文章、张广达《关于马合木·喀什噶里的〈突厥语词汇〉与见于此书的圆形地图》(《中央民族学院学报》1978年第2期)一文等。

(杨剑桥)

历代钟鼎彝器款识法帖 〔南宋〕薛尚功

《历代钟鼎彝器款识法帖》，二十卷，宋薛尚功撰。宋绍兴十四年(1144)刻石，元以后，石刻散佚，现仅存宋拓本残叶。木刻本有明万历十六年(1588)万岳山人硃印本、崇祯六年(1633)朱谋垔校刊本、清嘉庆二年(1797)阮元刻本、嘉庆十二年(1807)平津馆临宋写本、缪荃孙藏康熙五十八年(1719)陆桐亮据汲古阁本抄校本。其中以朱谋垔刻本为最佳，有中华书局1986年影印本。缪氏藏本则有辽沈书社1985年影印本。2012年，浙江古籍出版社影印出版了于省吾择诸本之佳者配套而成的汇本。

薛尚功，字用敏，钱塘(今浙江杭州)人。宋绍兴年间(1131—1162)以通直郎佥定江军节度判官厅事。嗜古好奇，深通篆籀之学。《历代钟鼎彝器款识法帖》(以下简称《法帖》)之外，还著有《重广钟鼎篆韵》七卷，《宋史·艺文志》著录，今不传。

《法帖》一书，据南宋曾宏父《石刻铺叙》谓，乃"绍兴十四年甲子六月，郡守林师说为镌置公库，石以片计者二十有四"。可知初为石刻本，故有"法帖"之名。又因后世通行者乃木刻本，遂简称《历代钟鼎彝器款识》。

《法帖》问世于金石之学大盛的宋代，是一部研究钟鼎铭文的著作。此书据钟鼎原器款识，依样摹写，有释文，有考说，对原器的出土地点和收藏也多有记载。如卷九《周器款识》有"圆宝鼎"二，除摹勒、释文之外，又考说云："二铭一同得于安陆之孝感。上一字乃'十有三月'合成一字。不显其名，而曰'用吉金自作宝鼎'者，乃周之君自作此鼎而用之耳。"

宋代集录彝器款识以此书为富，全书凡录夏器二、商器二百零九、周器二百五十三、秦器五、汉器四十三，共五百十一器。《郡斋读书志》称其详备，洵不虚也。其主要依据为吕大临《考古图》和王黼《宣和博古图》，但并不以二书为限。查检王国维《宋代金文著录表》，得《法帖》所录溢出二书之外者，计一百三十一器，为二书及《金石录》、《东观余论》、《广川书跋》、《啸堂集古录》、《续考古图》、《绍兴内府古器评》、《复斋钟鼎款识》等宋代金石名著均未收者，则有九十六器。二者分别占总数四分之一强,仅此一端,即可见《法帖》的价值。

薛书对铭文的考释,"能集诸家所长而比其同异,颇有订讹刊误之功,非钞撮蹈袭者比也"(《四库全书总目》)。例如吕大临《考古图》释"虿鼎"以为周景王十三年郑献公虿立,此书独从《宣和博古图》,以为商鼎。此类例子尚多,其立说皆有依据。比之宋人同类著作,薛书对铭文的摹勒颇精,编次条理也井然有序。在吉金铭文研究的草创阶段,《法帖》的这些创获对古代金文的搜罗考释是有很大贡献的。

当然,其考释在古文字研究长足发展的今天看来,尚有纰缪可见。即以《四库全书总目》所谓"笺释名义,考据尤精"者为例,以《夔鼎》上一字为"夔"字,《父乙泓》末一字为"彝"字,《册命鼎》(《四库全书总目》误属《召夫泓》)释"家刊"二字,说均未确。至于以《父甲鼎》"立戈"为"子",则是以不误为误了。此外,如所称夏器乃是吴、越之物,商器中有不少周器,周器中的石鼓文,近人考定当为秦器,"大夫始鼎"、"卦像卣"等乃是伪器。

(宜荣卿)

韵补 〔南宋〕吴 棫

《韵补》,五卷,宋吴棫撰。有辽宁省图书馆所藏宋乾道间(1165—1173)刻本、《古逸丛书》本、明嘉靖元年(1522)陈凤梧刊本、清光绪九年(1883)邵武徐氏刊本、渭南严氏《音韵学丛书》本、《丛书集成》本、中华书局1987年影印本等。

吴棫(1100？—1154),字才老,或以其为建安(今福建建瓯)人,亦有不同意见。宋代音韵训诂学家。宋宣和六年(1124)中进士,召式馆职不就,绍兴年间被授以太常丞官职。后因代妻兄写谢表得罪秦桧,贬为泉州通判。绍兴二十二年(1152),离开福建,不久去世。著有《韵补》五卷、《书裨传》十三卷、《诗补音》十卷、《论语续解》十卷、《论语考异》一卷、《论语说例》一卷,还有《字学补韵》、《楚辞补音》等。这八部书中有四部是讲音韵的,足见他一生的主要精力放在音韵学方面。遗憾的是,除《韵补》外,其他七部书都已亡佚。事迹可参看张民权《宋代古音学与吴棫〈诗补音〉研究》(商务印书馆,2005年)第七章《吴棫生平事迹考证》。

《韵补》何年成书,文献无记载。有学者根据此书徐蒇序"才老以壬申岁出闽,别时谓蒇曰,吾书后复增损,行远不暇出"的话,推论此书成于吴棫离开福建之前,即绍兴二十二年(1152)之前。

《韵补》是一部考求古音的专著,取古代韵文,如《易》、《诗》、楚辞等以求古音,据古人用韵以求《广韵》二百零六韵在古代的分合。书首列出了《韵补》里所引的书目,从《书》、《易》、《礼》、《诗》以下到宋代欧阳修、苏轼文集,计有五十种。全书分上平声、下平声、上声、去声、入声五卷。至于所收古韵字范围,吴棫说:"其用韵已见《集韵》者皆所不载;虽见韵书而训义不同或诸书当作此读而注释未收者,载之。"对每个古韵字,先用反切注出古音,解释字义,再举出例证,如:"降,胡公切,下也。《毛诗》:'我心则降。'屈原《离骚》:'帝高阳之苗裔兮……惟庚寅吾以降。'"然后将这些古韵字按古音,分归于中古二百零六韵韵部之下,实际上是归入了三十五个韵部,即上平声的东、支、鱼、真四韵,下平声的先、萧、歌、阳、尤五韵,上声董、纸、语、轸、铣、篠、哿、养、有九韵,去声的送、真、御、震、翰、霰、啸、个、祃、漾、宥十一韵,入声的屋、质、月、药、合、洽六韵。另一百七十一个韵部则无归字,而是注明古通某、古通某或转入某、古转声通某,如:"二冬,古通东。三锺,古通。四江,古通阳或转东。"

吴棫认为古人用韵较宽,可以通转,便把古韵归为九类:

一东　　冬锺通,江或转入。

二支　　脂之微齐灰通,佳皆咍转声通。

三鱼　　虞模通。

四真　　谆臻殷痕耕庚清青蒸登侵通,文元魂转声。

五先　　仙盐沾严凡通,寒桓删山覃谈咸衔转声通。

六萧　　宵肴豪通。

七歌　　戈通,麻转声通。

八阳　　江唐通,庚耕清或转入。

九尤　　侯幽通。

吴棫所谓的"通"和"转",据顾炎武解释,"通"指全韵皆通,"转"则指"改此声以就彼之韵,如才老所注'佳'为坚奚切,'来'为陵之切之类是也"(见《韵补正》上平声五支注)。读音相近,不必改读的为"通",读音相去较远,须改读才能相通的为"转"。南北朝以后,人们读以《诗经》为代表的韵文时,感到有不少的韵不和谐,由于不知道语音是发展的,于是以为某字应该临时改为某音,这就是"叶音"说。唐陆德明不赞同此说,认为"古人韵缓,不烦改字",即古人用韵比较宽,对于不合韵的字,则不必临时改读。吴棫的通转说既接受了陆德明"古人韵缓"的看法,也接受了"叶音"说。吴棫看到了古人用韵与后人不同,却也没有认识到语音是发展的。所以,他的古韵九类,也只是对古韵简单的归纳,本质上还不能反映古韵部。也正是这一点,他才在作为古音证据的五十种引书中包括了唐宋文人的作品,以致受到后人的批评。这也是他那个时代古音研究的致命弱点。一直到明末陈第提出"时有古今,地有南北,字有更革,音有转移"的论点后,这一弱点才被克服,古音学才走上了科学的道路。

不过,吴棫作《韵补》在古音学史上是有贡献的。有人在总结古音研究方法时,认为求古音之道有八个方面:谐声、重文、异文、音读、声训、叠韵、方言、韵语。这八个方面有六个是主要的,即:韵语、谐声、异文、方言、音读、声训。追本穷源,这六个方面全是吴棫发明的,在《韵补》中都可以找到例证。《韵补》还提供了不少很有用的具体的古音研究材料和结论,这些往往为后来的古音学家所引用。另外,他所用的反切也是研究南宋语音的好材料。

研究《韵补》的论著有顾炎武《韵补正》(收入渭南严氏《音韵学丛书》、商务印书馆《丛书集成初编》中)、周祖谟《问学集》(中华书局,1966年)、李思敬《论吴棫在古音学史上的光辉成就》(《天津师大学报》1983年第2期)、金周生《吴棫与朱熹音韵新论》(洪叶文化事业有限公司,2005年)中的相关部分等。

(沈榕秋)

隶释 〔南宋〕洪 适

《隶释》，二十七卷。南宋洪适撰。成书于南宋乾道二年(1166)。有明万历十六年(1588)广陵王云鹭刊本，1935年上海涵芬楼《四部丛刊三编》影印明万历刻本，清同治年间泾县晦木斋《隶释》、《隶续》、黄丕烈《汪本隶释刊误》合刻本，中华书局1986年影印晦木斋合刻本等。

洪适(1117—1184)，初名造，后更今名，字景伯，号盘洲。饶州鄱阳(今属江西)人。是《松漠纪闻》著者洪皓的长子，以父出使金国，恩补修职郎。绍兴十二年(1142)中博学鸿词科，除敕令所删定官。与弟洪遵、洪迈有"三洪"之称，文名满天下。次年，其父使金归，忤秦桧，谪官，安置英州。洪适受牵连出为台州通判，复以论罢。遂往来岭南省侍其父，历时九年。直到秦桧死后，才被起用，知荆门军，后改知徽州，不久又提举江东路常平茶盐。孝宗时，任司农少卿，官至尚书右仆射，兼枢密使。居相位仅三月，即罢去。卒谥文惠。一生好收藏金石拓本，据以证史传之误，考核颇精。所著除《隶释》、《隶续》外，诗文都为《盘洲集》。《宋史》卷三七三、《宋史新编》卷一四一、《南宋书》卷三七有传。

《隶释》二十七卷，卷一至卷十九，荟萃汉魏碑碣一百八十三种(洪迈跋、喻良能跋并作一百八十九，疑为传写之讹)。每种依据隶字笔画以楷书写定，继而考释。本书对碑碣石刻中汉隶文字的说明最有价值。由于"汉人作隶，往往好假借通用"，如卷十"幽州刺史朱龟碑"，以"礌落"为"磊落"、以"庭电"为"霆电"、以"壹缊"为"纲缊"，《隶释》皆作注解。汉时隶书在字形结构上与后世楷体往往差异很大，笔画"或加或省，或变或行，奇古谲怪，中杂篆籀"，不加注解，通人难识。凡此，《隶释》多以某即某之形式于碑文、跋尾之中径加注明。如卷九"故民关仲山碑"，所注"叀即弃"即其例。此书不但注明字形，而且兼及字音，如卷八"博陵太守孔彪碑"条注云："𤥨，大奚切；㤄，与而切。"以反切注音，卷十"安平相孙根碑"条注云"阇读为闉，傧读为宾"，则音义兼顾。《隶释》对汉字书体演化问题也有真知灼见，如"孙根碑"条跋尾指出"秦汉时分，隶已兼有之"，并以此断定"孙根及华亭碑为汉人八分无疑矣"。

《隶释》对碑碣的说明颇详尽，对史实则加考证。凡碑之居处、所立年代可考者，均明白交代。如卷二"东海庙碑"条跋尾："右东海庙碑，灵帝熹平元年立，在海州。"碑文有磨灭处，则注明"缺"

或"缺几字"。如卷五"司隶校尉杨孟文石门颂"条对人名进行了考证。书中根据蜀中晚出"杨淮碑"云:"司隶校尉杨君阙讳淮。"而知杨淮碑与杨孟文碑"皆以'阙'为语助",又根据《华阳国志》坐实杨君之名为"杨涣",纠正欧阳修《集古录》、赵明诚《金石录》均以"阙"为杨氏名讳的错误。又如卷十三"不其令董恢阙"条对地名作考证。《汉书·地理志上》曰:"不其属琅邪。"如淳注:"其音基。"而《后汉书·郡国志四》东莱郡下则云:"不期侯国,属琅邪。"不其、不期,同地而异名,是否因归属不同而更名?《隶释》根据《后汉书·循吏传》童恢(即董恢)除不其令,后为青州所举,迁丹阳太守事,断定既为青州举,则其时不其已脱离琅邪而属青州。若有更名之事,"董恢阙"不应仍称之为"不其令"。可见《后汉书》旧本作"不期"是错误的。

卷二十至卷二十七为附录,以资参证之用。卷二十录《水经注》中东汉至三国魏正始(240—248)以前的碑目,卷二一至二二录欧阳修《集古录》中汉魏隶书碑目,卷二三录欧阳修之子欧阳棐《集古录目》中汉隶碑目,卷二四至二六录赵明诚《金石录》中汉魏隶书碑目,卷二七录无名氏《天下碑录》中汉魏碑目。

《隶释》既成,洪适又辑录续得诸碑,仍《隶释》之体例而成《隶续》,凡汉魏晋之碑碣、石经《仪礼》、《左传》之遗文、磨崖石阙神道之题字、石壁石室之画、宅舍墟墓之砖、各种器物之铭识,莫不网罗,都为二十一卷。除与《隶释》合刻者外,别有单刻行世。

本书亦间有意所未到之处。如卷六"郎中郑固碑"条,洪氏以为其中"逡遁退让"一语出自《史记·秦本纪》所引贾谊"逡巡遁逃"之文。其实"逡遁"一词,最早见于《管子·戒》:"桓公蹴然逡遁。"《汉书·平当传赞》:"平当逡遁有耻。"注云:"遁,读与巡同。"盖"巡"与"循"同,而"循"转为"遁"。《集古录》云:"遁当为循。"欧公之说甚协,而洪氏以不误为误,训为遁逃,殊未谛。

宋代以降,对《隶释》(也包括《隶续》)的研究代不乏人,虽往往是题跋之类的短篇零什,散见于各家著述,然而对了解和研读洪氏之书却甚有助益。至于纠谬勘误之作,则有清人朱文藻《隶释校订存疑》、著名校勘学家黄丕烈所撰《汪本隶释刊误》、近代学者张元济撰《四部丛刊三编》本《隶释校勘记》等。

石刻为古人所重,始于汉代。历六朝而至唐,其间著录考证,已屡见不鲜。然而专辑成书,并且传于后世者,则自天水一朝始。欧阳修《集古录》、赵明诚《金石录》皆以己身所见,著之简编;考索有得,附以题识。然而欧、赵之书只专注于存目、跋尾二事,洪适《隶释》则首开具录金石全文之例,具有超迈前人的价值自不待言。《四库全书总目》云:"自有碑刻以来,推是书最为精博。"洵非虚语。《隶释》无疑是研究汉字流变、石刻碑拓、汉魏历史的珍贵资料。

(宦荣卿)

尔雅翼 〔南宋〕罗　愿

《尔雅翼》,三十二卷。宋罗愿撰。成书于南宋孝宗淳熙元年(1174)。有罗氏家刻本、宋咸淳六年(1270)王应麟刻本、元延祐七年(1320)附洪焱祖音释本。

罗愿(1136—1185),字端良,号存斋,南宋徽州歙县(今属安徽)人。以父荫补承务郎。乾道二年(1166)进士,通判赣州;知南剑州事,迁官知鄂州;卒于官,治官有政声。为人博学好古,辞章效法秦汉,高雅精练,朱熹特称重之。有《小集》七卷、《尔雅翼》三十二卷存世。《宋史》卷三八〇《罗汝楫传》后附传。

《尔雅翼》,书名取义于《尔雅》之辅翼。全书依据《尔雅》,将名物分为六种,即草、木、鸟、兽、虫、鱼;而各大类又析为若干卷,即卷一至卷八为《释草》,收词一百二十条;卷九至卷十二为《释木》,共六十条;卷十三至卷十七为《释鸟》五十八条;卷十八至卷二三为《释兽》七十四条;卷二四至卷二七为《释虫》四十条;卷二八至卷三二为《释鱼》五十五条,共四百零七条。

其分卷,每依其性能、特点、作用的相似或相近,归入同一卷。如卷一《释草》所收"黍、稷、稻、粱、麦、䴬、麻、菽、秬、秠、苽"等,均为粮食作物,以其功用近似,故归入同卷。

其体例,与《尔雅》略异,以一字为一条,原原本本,详加考辨。凡考据,则考于书传,参以目验,精深广博,足以解疑释惑。如卷四《释草》"蕨"字条:

> 蕨生如小儿拳,紫色而肥。《诗》及《尔雅》、《说文》皆云:"蕨,虌也。"郭氏曰:"江西谓之虌。"《草木疏》云:"周秦曰蕨,齐鲁曰虌。俗云其初生似虌脚,因以名焉。"《召南》"陟彼南山",先蕨而后薇,蕨、薇盖贱者所食尔。今野人今岁焚山,则来岁蕨菜繁生。其旧生蕨处,蕨叶老硬敷披,人志之,谓之"蕨萁"。《广雅》云:"蕨,紫萁。""萁"岂"其"之转耶?"厥"、"其"二字古皆以为助语互用,或当同名以物,但加草以为志尔。今道路负荷转移者皆不肯食,云令人脚弱。盖见其形似拘挛之状,亦或其性自当尔,未可知也。名之从蕨,盖谓蹷矣。薇犹礼家用之,蕨不复用,当知其贱。

又如卷五《释草》"葱"字条下,先书以目验之词,复引《尔雅》之文,详加诠释,再引《礼记》、《诗经》及《史》、《汉》之书以证之,又旁及葱岭,以为"上悉生葱,故以名焉"。考据了葱的形状、作用、栽种食用的历史等,赅博详明。

罗愿对《诗》、《礼》之义,颇为熟稔。据其所引,说明《诗》义者一百二十章,说明三《礼》之义者一百四十章,而《易象》、《春秋传》等亦颇有之。

《尔雅翼》引书均注明出处,极便复核,或有穿凿臆误之处,亦在所难免。关于《尔雅翼》的参考书有胡朴安的《中国训诂学史》(商务印书馆,1939年)等。

(陈　崎)

班马字类 〔南宋〕娄 机

《班马字类》，五卷。又称《史汉字类》、《字类》。宋娄机撰。成书于南宋淳熙八年(1181)。版本有上海涵芬楼1935年影印汲古阁影宋写本(《四部丛刊三编》)、台湾商务印书馆1986年影印《文渊阁四库全书》本。

娄机(？—1209)，字彦发，嘉兴(今属浙江)人。南宋乾道二年(1166)进士，曾任盐官尉、西安知县、饶州通判、太常博士、秘书省著作郎、监察御史等，因阻韩侂胄开边而去职。侂胄败，为吏部侍郎兼太子左庶子，迁礼部尚书兼给事中，擢同知枢密院事兼太子宾客，进参知政事。以资政殿学士知福州，力辞，提举洞霄宫以归，卒赠金紫光禄大夫。娄机清尚修洁，乃当时俊士，在官守法度，惜名器，称奖人才，不遗寸长。又善书法，所写尺牍人多藏弄。所著《班马字类》五卷、《汉隶字源》六卷皆传于世，《广干禄字书》、《历代帝王总要》则已亡佚。生平事迹见《宋史》卷四一○，《宋史新编》卷一四七，《南宋书》卷四一，《宋大臣年表》卷二八，《南宋馆阁续录》卷七、八、九。

娄机自述撰作《班马字类》之缘由云："世率以班固《汉史》多假借古字，又时用偏旁，音释各异，然得善注易晓，遂为据依。机谓固作《西汉书》，多述司马迁之旧论，古字当自迁《史》始。因取《史记正义》、《索隐》、《西汉音义》、《集韵》诸书订正，作《班马字类》。"又自述其体例云："二史之字，第识首出，余不复载，或已见于经、子者，则疏于下，庶几观者知用字之意也。"可见，《班马字类》是一部专门收录《史记》、《汉书》中假借字、古字，并考释音义、考辨本字和今字的文字训诂学著作。

此书之《四部丛刊》本内容依次如下：洪迈《班马字类序》、娄机所写二则附记、李曾伯所写关于《班马字类》补遗的说明、正文及补遗、张元济《跋》及《校勘记》。此书之《四库全书》本内容依次如下：清乾隆皇帝《御制题影宋钞班马字类》诗、纪昀等所写《班马字类提要》、楼钥《班马字类原序》、正文、娄机所写二则附记。娄机之附记，《四部丛刊》本在前，《四库全书》本在后，故有人称之为"序"，有人称之为"跋"，其实一也。《班马字类》正文，按各字之声调分卷，卷一为上平声(即平声上),卷二为下平声(即平声下),卷三为上声,卷四为去声,卷五为入声。一卷之中,再依《集韵》所规定的独用、同用韵部分类排列,如卷一分为以下十五类:一东,二冬,三锺,四江,五支六脂七之,八微,九鱼,十虞十一模,十二齐,十三佳十四皆,十五灰十六咍,十七真十八谆十九臻,二十文二十一欣,二十二元二十三魂二十四痕,二十五寒二十六欢,二十七删二十八山。盖该书将班固《汉书》、司马迁《史记》之假借古字依韵分类排列,故名《班马字类》。

《班马字类》收录、考辨文字大致有以下几种情况:

一、收录古之通假字,辨明其本字,所用术语有"读为"、"音"、"即"、"与……同"等,其旨意相同。如:

桐:《汉书·礼乐志》:"—生茂豫。"读为"通",达也。《武五子传》:"毋—好逸。"音"通",轻脱之貌。(卷一·一东)

空同:《史记·赵世家》:"其后娶——氏。"《正义》云:"即崆峒。"(同上)

童:《汉书·项籍传赞》:"舜重—子。"目之眸子,与"瞳"同。(同上)

二、收录古文奇字,指出其相应的常用字。如:

𡰥:《史记·高祖纪》:"司马—将兵北定楚地。"古"夷"字,《汉纪》同。(卷一·五支六脂七之)

𢪊:《汉书·司马相如传》:"仰—橑而扪天。"古"攀"字。橑,椽也,音老。(卷一·二十七删二十八山)

𠫓:《汉书·艺文志》:"大—三十七篇。"古"禹"字。(卷三·九麌十姥)

三、收录异体僻字,指出其常用字。如:

衡:《史记·郦生传》:"陈留,天下之—。"与"衝"同。(卷一·二冬三锺)

逞:《汉书·扬雄传》:"——离宫,般以相烛兮。"古"往"字。(卷三·三十六养三十七荡)

四、收录特殊的古代异读字,标明音读。如:

氏:《史记·建元年表》:"月—。"音"支"。(卷一·五支六脂七之)

龟兹:《汉书·地理志》:"——。"音"丘慈"。(卷二·十八尤十九侯二十幽)

总而言之,该书对《史记》、《汉书》中所见形、音、义特殊的古文僻字、古代异读字、假借字多加收录,并引用原注,或附以考订,分别注明其常用字、古之音读、通用之本字等等。洪迈序其书云:"不必亲见扬子云然后能作奇字,不必访李监阳冰然后能为文词,学班、马氏固未有如此者。"观洪氏之言,察该书以四声排列之实,而推作者初衷,则此书可能为学子选字为文提供参考而作。但正如《四库全书总目》所说,该书"虽与《文选双字》、《两汉博闻》、《汉隽》诸书大概略同,而考证训诂、辨别音声,于假借通用诸字,胪列颇详,实有裨于小学,非仅供词藻之掇拾"。故此书为后世小学家所注重。

此书亦有所缺憾。一是有些字重复收录,颇显累赘。如《汉书·司马相如传》"外发夫容"之"夫容",既收入卷一之"二冬三钟",又收入该卷之"十虞十一模"。二是考辨或有失误,如卷二"六豪"韵下之"蒲陶"条云:"《史记·司马相如传》:'樱桃——。''——可作酒。'《汉传》同。《汉书·西域传》:'大宛以——为酒。'与'桃'同。"其实,"蒲陶"即"葡萄",与"桃"并不同。三是其自述体例虽云:"二史之字,第识首出,余不复载。"但很多首出之字却被忽略了,对此,李曾伯之"补遗"所补甚众,可参考。另外,《四库全书总目》也指出,其中有些字可以不加收录,有些字不得以《史记》、《汉书》为出典,也有一些字有讹误。

《班马字类》成书后,洪迈称该书于《史记》、《汉书》之假借古字"字字取之毋遗",其实不然。所以南宋时李曾伯与王楘又考论二史,补其遗阙共一千二百三十九字,补注文五百六十三条,刻入原书中,冠以"补遗"字样。补字条的,附于每一韵之末,例如卷一于"一东"末冠以"补遗"两字,然后补了"空侯"、"同"、"桐"等九字。至于补注的,则附于原字条之后,如:

鸿:《史记·河渠书》:"禹抑——水。"补遗:首《五帝本纪》:"鲧治——水。"(卷一·一东)

旹:《汉书·叙传》:"皆及——君之门阑。"又:"——暗而久章。"音"时"。补遗:即古"时"字。

(卷一·五支六脂七之)

前一例是补正原书所谓"二史之书,第识首出"之例的,所谓"首《五帝本纪》",即指"鸿"字初见于《史记·五帝本纪》,而非初见于《史记·河渠书》。后一例以为"旹"为"时"之古字,显然比原书解为通假字要准确。可见,李氏的"补遗"对原书的完善作出了很大的贡献,故甚为后人所重。清道光年间,海昌蒋氏曾据玉兰堂文氏写本刊印过附有李氏补遗的《班马字类》,但有所残逸。1935年,上海涵芬楼又取汲古阁影宋写本影印了附有李氏补遗的《班马字类》,该本原已经毛扆校过,影印时张元济又取宋刊《史记》、《汉书》以及蒋氏刊本复为雠订,写成《校勘记》一卷,对《班马字类》的进一步完善有所贡献。该本与《四库全书》本相校,文字差异颇多,且互有短长,故《班马字类》之校理还须进一步深入。

(张 觉)

四声等子 〔宋〕佚 名

《四声等子》,一卷。作者不详。有国家图书馆藏文津阁本、《粤雅堂丛书》本、《咫进斋丛书》本和商务印书馆《丛书集成》本等,一般认为,《咫进斋丛书》本是从杭州的《四库全书》文澜阁本抄出,又经姚觐元校刊,因此各本中以《咫进斋丛书》本为善。

关于《四声等子》的作者和著述年代,历来说法不一。清钱曾《读书敏求记》云:

> 古有《四声等子》一卷,即刘士明《切韵指南》,曾一经翻刻,冠以元人熊泽民序而易其名。
> 相传《等子》造于观音,故郑夹漈云:"切韵之学,起自西域。"今僧徒尚有习之者,而学士大夫论及反切,便瞠目无语,相视以为绝学矣。

钱氏之说颇相矛盾,依其前半所言,似《四声等子》为元刘鉴的作品;依其后半所言,则《四声等子》似又远出于郑樵之前,两者不能自圆。且比较《四声等子》与《切韵指南》,它们关于音和、类隔等门法的叙述,详略显晦迥然不同;关于图摄的名称和列图方法也小有差别;关于唇音和喉音声母的宫商分类也不相似,则《四声等子》非《切韵指南》明矣。清陈澧《切韵考·外篇》则云:

> 《四声等子》无撰人姓名,《玉海》有僧宗彦《四声等第图》一卷,盖即此书。

陈氏此说如果是事实,则《四声等子》乃是12世纪末叶以前的作品;惜《四声等第图》早已亡佚,陈氏之说竟无法证实。今人赵荫棠《等韵源流》根据《四声等子》曾经附于《龙龛手鉴》之后刊行,而智光《龙龛手鉴序》云:"又撰《五音图式》附于后。"今本《龙龛手鉴》既无《四声等子》,又无《五音图式》,因谓《四声等子》即《五音图式》。同时,根据《四声等子》序文"《切韵》之作,始乎陆氏;关键之设,肇自智公",认为"关键"是指《四声等子》所载之门法,"智公"则是指智光。《龙龛手鉴》原名"龙龛手镜",系辽僧行均所作,燕台悯忠寺沙门智光为之序,时在辽统和十五年(宋至道三年,即997年),如果赵说成立,则《四声等子》在公元997年即已问世。但是,从《四声等子》所反映的语音情况及其收字情况看,此书的产生绝不能如此之早,赵说恐不可从。

今案《四声等子》序言与《切韵指掌图》董南一序有一段关于门法的文字几乎完全相同,而其中"以三十六字母约三百八十四声"一句与《四声等子》的列图相合,与《切韵指掌图》的列图不相合(《四声等子》三十六字母分列二十三行,乘上四声四等共十六格,得三百六十八格,再加韵目十六格,总为三百八十四声;而《切韵指掌图》三十六字母分列三十六行,乘十六格,再加十六格,总为五百九十二声),据此可确认,是董序抄录《四声等子》,而不是《四声等子》抄录董序,董氏非音韵学者,摘抄数句他书的门法亦属可能。董序作于嘉泰三年(1203),则《四声等子》之作必在此前。证之元熊泽民至元丙子(1336)《切韵指南序》"古有《四声等子》,为流解之正宗"的话,这一推测当不误。又《四声等子》的收字有大批不见于《广韵》,而见于《集韵》,如通摄内一"揰、嶊"等字,宕摄内五"髲、愧、碻、儣、逌"等字,这说明此书受《集韵》影响很大,其著述年代不会早于《集韵》。如此,《四声等子》的著述年代应在《集韵》(1039)之后,《切韵指掌图》董序(1203)之前,它是我国中期等韵图的代表作之一。

《四声等子》一书共分二十图,《韵镜》、《七音略》等早期韵图分列数图者,往往被并为一图、二图。如《韵镜》第一、第二两图,载东、冬、锺三韵(以平赅上去入),但《四声等子》合为一图(通摄内一),并注云:"东、冬、锺相助。"又如《韵镜》第四、第五、第六、第七、第八、第九、第十共七图,载支、脂、之、微、废五韵(以平赅上去入),但《四声等子》合为两图(止摄内二[开口呼],止摄内二[合口呼],废韵除外)。由于《四声等子》每图的列图方式仍然是以声母为经,以韵母为纬,三十六字母分列二十三行,韵母四声四等共十六格,因此并图之后,必然有许多原来在《韵镜》、《七音略》等早期韵图中分列的字,在《四声等子》中无法全部占有它们的位置。例如《韵镜》第一图端、透、定母平声一等"东、通、同"三字跟第二图端、透、定母平声一等"冬、炵、彤"三字分列,而在《四声等子》中只见"东、通、同",不见"冬、炵、彤"。这样处理是实际语音中已经无法区别的缘故。

《四声等子》又于每图之首标明摄名。所谓摄,具有总括、总摄的意义,是根据实际语音的进一步简化、合流,而把主元音相同或相近、韵尾相同或相类的转合在一起。《四声等子》并《韵镜》四十三转为十六摄,这十六摄是:通、江、止、遇、蟹、臻、山、效、果、假、宕、梗、曾、流、深、咸。不过此书二十图实际只列十三摄,其余三摄江、梗、假分别依附在宕、曾、果摄之中;这种依附,当然也是表明当时实际语音中,它们分别跟被依附的摄读音相同或相近。如果说在此后一百多年的《中原音韵》中,正是把江(江摄)、阳、唐(宕摄)合为江阳韵部,把庚、耕、清、青(梗摄)、蒸、登(曾摄)合为庚青韵部,那么这种合并在《四声等子》中已经是初露端倪了。

《四声等子》列图的另一个特点是入声韵兼配阴阳,例如第一图入声韵屋、沃、烛配阳声韵东、冬、锺,第五图入声韵屋、沃、烛又配阴声韵鱼、模、虞。这种现象跟早期等韵图《韵镜》、《七音略》不同,而跟中期等韵图《经史正音切韵指南》、《切韵指掌图》等相同。韵图这种处理实在是说明当时的实际语音中,入声韵尾[k]、[t]已经变为[ʔ],只有收[p]尾的入声韵并未兼配阴阳,似乎表明

[p]尾仍然保存着。

不过,《四声等子》在反映当时实际语音的变化方面并不彻底,它依然承袭旧习,分韵母为四等;但是实际语音中至少许多三等韵和四等韵已经不能分辨,于是不得不另外加注说明。例如第二图的"萧并入宵类",虽然表面上仍然立有三等和四等,实质已经毫无区别。

《四声等子》四等四声的安排与《韵镜》有所不同,它以四等分四大栏,每栏之中又分四声。每图所标的"重"字,表示开口呼,"轻"字表示合口呼。全书之首还立有等韵门法数条,这是等韵图中最早出现的门法,其主要内容是解释因列图方式的限制所造成的声韵拼切问题。例如"辨窠切门"云:"知母第三为切,韵逢精等、影、喻第四,并切第三等是也。如中遥切朝字。"这是说知母三等字"中"为反切上字,喻母四等字"遥"为反切下字,被切字"朝"应是三等字。事实上,"遥"本是三等字,只是等韵学上规定喻四声母的字必须置于四等的格子中,才造成了这种声韵拼切的例外。在所列的门法中,有一些内容并不能跟本书切合,如"辨广通局狭例"中的"居容切恭字,居悚切拱字","容、悚"两字均不见于图中,它们应处之位均是空格,"居"字也不见于图中,其应处之位有"拘"字。由此可见,这些门法并不是作者所编,而是从他处移植而来的。另外,《四声等子》中有少数字不见于其他韵书,只见于《五音集韵》,如通摄内一的"㬟"字、宕摄内五的"䰻"字、深摄内七的"怎"字等,它们大概是《四声等子》成书以后,由后人添入的。

研究《四声等子》的主要著述有赵荫棠《等韵源流》(商务印书馆,1957年)、李新魁《汉语等韵学》(中华书局,1983年)等的有关章节,以及唐作藩《〈四声等子〉研究》(载《语言文字学术论文集——庆祝王力先生学术活动五十周年》,知识出版社,1989年)等论文。

(杨剑桥)

切韵指掌图 〔宋〕佚 名

《切韵指掌图》,二卷。旧题宋司马光撰。附《检例》一卷,明邵光祖补正。此书版本极多,有上海涵芬楼《四部丛刊续编》影印瞿氏铁琴铜剑楼藏宋写本、同文书局石印影宋本、清四库馆辑《永乐大典》本、《十万卷楼丛书》本、1930年渭南严氏《音韵学丛书》本、中华书局1986年影印宋绍定三年(1230)刊本等。

《切韵指掌图》一书的成书年代及其作者,人们早有怀疑。《四库全书总目》谓:"第光《传家集》中,下至《投壶新格》之类,无不具载,惟不载此书。"反映当时就有怀疑此书并非司马光所作。到了清末,邹特夫发现《切韵指掌图》的《自序》与孙觌《切韵类例序》文字雷同,传统的司马光作《切韵指掌图》一说便发生了根本的动摇。因为孙氏也是深负名望的人,杨中修作《切韵类例》,请他为序,他总不至于写不了序,而去抄另一个极有名望的人的文章,所以唯一的可能,便是有人作了《切韵指掌图》,抄了孙氏的序文,而冒司马光之名广为推行。此外《切韵指掌图》《自序》中也有断非司马光所作的证据,《自序》云:

仁宗皇帝诏翰林学士丁公度、李公公淑增崇韵学,自许叔重而降凡数十家,总为《集韵》,而以贾公昌朝、王公洙为之属。治平四年,予得旨继纂其职。

当年纂修《集韵》的人之中,绝没有司马光。治平四年司马光奉诏续修的也不是《集韵》而是《类篇》,当时《集韵》早已完成。此序如确系司马光所作,不应有此谬误。相反,孙氏序文亦有相似的一段,但在"集韵"之上多"类篇"二字,显然是《切韵指掌图》的作者抄漏了。

不过,宋代孙奕等人曾引述《切韵指掌图》,内容与今传本未有不合,尤其是孙奕《示儿编》辨"不"字应作"逋骨切",唯与《切韵指掌图》相合,因此今本《切韵指掌图》在孙奕时代已经问世是无疑的。这样,虽然《切韵指掌图》的作者现在尚不清楚,但其成书年代却已经可以确认在孙觌(1081—1169)作《切韵类例序》之后、孙奕《示儿编》(1205)成书之前。

《切韵指掌图》并不是图解陆法言《切韵》之作,也不是图解《广韵》之作,其"切韵"二字已不是隋唐时代的含意。在隋唐时代，"切韵"二字是切正语音、规范语音之意；而到了唐末宋初，"切韵"二字就是反切的别名，"切"指反切上字，"韵"指反切下字。因此，《切韵指掌图》的写作目的是，在一定程度上照顾到当时实际语音的演变，而对中古韵书中的反切重新加以图解。

《切韵指掌图》既然要照顾到当时的实际语音，其列图体例便不能完全等同于《韵镜》、《七音略》等早期韵图。它只列二十图，图中既没有"摄"和"转"的称呼，也不注明"内外"和"轻重"。它仍以开合口作为分图的依据，但把没有开合口对立的图称为"独(韵)"。每图先以平上去入四声分成四个横栏，每栏又以四个横格表示四等，并在图的最右一行标明平上去入四声，在图的最左一行标明每等的韵目；每图的声类用三十六字母标示，但分二纸列成三十六纵行。同时，《切韵指掌图》要照顾到当时的实际语音，其收字列位也就不能完全依据《广韵》。在二十图中有四十五字为《广韵》所无而是采自《集韵》，如第一图的"鱃"、第六图的"𪘀"等。有许多字在《广韵》和《集韵》中所属的韵部不同，图中的韵部标目恰与《集韵》相同，如第四图"刺"标属栉韵，《集韵》同，《广韵》在质韵，第十图"泯"标属准韵，《集韵》同，《广韵》在轸韵等。有些字在《广韵》和《集韵》中反切上字不同，而图中的地位又恰与《集韵》同，如第十五图"𩏡"列溪母下，《集韵》苦弘切，《广韵》胡肱切。还有些字的写法不合于《广韵》，而合于《集韵》等其他韵书，如第五图"帀"，《广韵》、《集韵》作"帀"，《礼部韵略》作"匝"，第十八图"迤"，《广韵》作"迆"，《集韵》作"迤"。

《切韵指掌图》是研究宋代实际语音的重要资料，它所反映的宋代语音特点主要有以下几点。

一、并中古十六摄为十三摄。《切韵指掌图》虽然没有"摄"的名称，但是有"摄"的观念。其《检例·辨独韵与开合韵例》云："总二十图，前六图系独韵，应所切字不出本图之内。其后十四图系开合韵，所切字多互见，如'眉箭'切'面'字，'面'字合在第七干字图内明字母下，今乃在第八官字图内明字母下，盖干与官二韵相为开合。"如果把相为开合的图作为一摄，则十四图可得七摄，加上独韵六图为六摄，共为十三摄。与十六摄比较，此书的不同主要在以江摄附于宕摄、以曾摄附于梗摄、以假摄附于果摄。

二、三等韵和四等韵相混。《切韵指掌图》虽然仍采用《广韵》二百零六韵部，但是许多同等的韵部已经合并，如东一和冬、东三和锺、鱼和虞、尤和幽、覃和谈、衔和咸、严和盐凡等。不但如此，许多三等韵也和四等韵合并在一起，如第一图三等宵韵字"焦、锹、樵"和四等萧韵字"萧"排在同一横列，第五图四等韵帖韵从母本有"𦡱"字，却为三等韵叶韵的"捷"字所代替。

三、梗、蟹两摄的一等韵和二等韵相混。第十五图为梗摄合口，图中以二等韵庚、耕两韵置于一等的格子，以一等韵登韵置于二等的格子，入声一等韵德韵的"国、或"等字跟二等韵麦韵的"蟈、馘"等字排在同一横列。第十七图是蟹摄开口，一等韵咍韵的"姟"字、海韵的"佁"字跟二等韵皆韵的"排、埋"、蟹韵的"摆、买"等字排在同一横列。

四、舌尖前元音[ɿ]已经产生。第十八图是止摄开口,精系之韵字和支韵字"兹、雌、慈、思、词"等都被置于一等的格子中,由于韵图一等不可能有"i"音,因此这一处置说明现代汉语[ɿ]音当时已经产生。

五、入声韵兼配阴阳。与十三摄相配的入声只有七类,有的一类承一摄,如第五图入声韵合、盍等只跟咸摄阳声韵覃、谈等相配;有的一类承阴、阳两摄。如第一图和第十三、十四图,入声韵铎、觉、药等既跟效摄阴声韵豪、肴、宵、萧相配,又跟宕摄阳声韵唐、江、阳相配。入声韵兼配阴、阳声韵,说明当时的入声韵尾已由[p、t、k]演化为[ʔ]。

六、在三等韵中,知系声母与照系声母相混,为近代汉语知、照合流之开始。如第一图澄母字"肇"在澄母和床母下重出;第二图澄母字"重"在澄母和床母下重出;第八图知母字"转"、澄母字"篆"在照母和床母下重出,等等。

七、照系二等和照系三等声母相混。如第八图审母二等字"栓"被置于审母三等的格子中、第十二图穿母二等字"碎"被置于穿母三等的格子中、第十九图穿母三等字"吹"被置于穿母二等的格子中,等等。在《广韵》中,照系二等和照系三等属于两组不同的声母,到中古三十六字母时合流,《切韵指掌图》反映了这一合流的过程。

八、喻三和喻四声母相混。所有的等韵图都把喻三和喻四这两个声母合称为喻母,而把喻三字列在三等的格子中,喻四字列在四等的格子中。《切韵指掌图》虽然在形式上也照此办理,但实际多有混淆。如第十六图喻四声母字"蝇"和"盈"被分别置于三等和四等的格子中、第十八图喻四声母字"移"和"颐"也被分别置于三等和四等的格子中,这说明韵图的作者已经不能区分这两类声母。

由此可见,《切韵指掌图》在反映实际语音的演变方面的确是表现得相当彻底。据研究,此书的平声韵母四十三个,入声韵母二十四个,如果连上、去声都计算在内,一共有一百五十三个韵母。《广韵》的韵母,四声在内,共三百十多个,到《切韵指掌图》时已经减少了一半左右。

《切韵指掌图》旧有《检例》一卷,明邵光祖以为"全背图旨,断非司马文正公之所作",于是自撰《检例》,附于书后,原本旧例则渐次亡佚。邵光祖字宏道,自称洛邑人,生平未详。《江南通志·儒林传》谓"元邵光祖,吴人,研精经传,讲习垂三十年,通三经,所著有《尚书集义》",当即其人,洛邑或其祖籍。王行《检例》后序作于洪武二十三年(1390),称其没已数年,则邵为元之遗民,入明尚在也。

邵氏《检例》可分为两大部分。第一部分主要叙述检图之法和等韵门法。例如"检例上"云:"先求上切居何母,次求引韵去横搜(且如德红切东字,须先求德字,记在端字母下,次求红字,横过至端字下,即是东字)。"这是告诉读者,如何根据反切寻找被切字。又云:"见字偶然又不识,平上去入可寻求(东董冻督是也)。"这是告诉读者,如果遇到冷僻难认之字,可以利用平上去入四声相承的字音声韵相同,仅声调不同的特点来识读。如第二图端母一等,平上去三声为"东、董、冻"三字,入声为"縠"字,此字不识,只要读"东、董、冻"的入声调即可。又如"辨检类隔切例"云:"以符代蒲,其类奉並;以无代模,其类微明;以丁代中,其类知端;以敕代他,其类透彻。"这是告诉读者,如果用"符"字代替"蒲"字做反切上字,那么就属于奉母和並母类隔;如果用"无"字代替"模"字做反切上字,则又属于微母和明母类隔;余类推。

  第二部分是"检图之例"。邵氏云:"按《广韵》凡二万五千三百字,其中有切韵者三千八百九十,文正公取其三千一百三十定为二十图,而以三十六字母列其上,了然如指诸掌也。馀有七百六十字应检而不在图者,则以在图同母同音之字备用而求其音。"邵氏以为《切韵指掌图》是为图解《广韵》而作,这显然是不对的;但他把《广韵》所有而《切韵指掌图》未立的字音全都列出,并指明它们在图中的音韵地位,这对于我们研究古代语音提供了极大的方便。

  关于《切韵指掌图》的研究著作主要有赵荫棠《等韵源流》(商务印书馆,1957年)、董同龢《董同龢先生语言学论文选集》(食货出版社,1981年)、李新魁《汉语等韵学》(中华书局,1983年)等书的有关章节。

(杨剑桥)

五音集韵 〔金〕韩道昭

《五音集韵》,十五卷。金韩道昭撰。成书于金泰和八年(1208)。有金崇庆元年(1212)新雕本、元至元二十六年(1289)新雕本、明成化六年(1470)重刊本、弘治十七年(1504)重刊本、正德十年(1515)重刊本和万历十七年(1589)重刊本等,而以明成化六年重刊本为善。这一版本的刊印者对于韩道昭原本有所修订补充,此后的版本也大多以它为底本。

韩道昭(约1170—约1230),字伯晖,号昌黎子,真定松水(今河北灵寿)人。金代文字音韵学家。韩道昭是当时大学者韩孝彦之子,自幼秉承家学,通晓音韵、文字、算术。曾改编其父韩孝彦的《五音篇》为《四声篇海》(一名《重编改并五音篇》,又名《五音增改并类聚四声篇》),又著有《五音集韵》。

《五音集韵》原名《改并五音集韵》。此前,金皇统年间(1141—1149),有荆璞字彦宝,真定洨川(今河北省赵县)人,"善达声韵幽微,博览群书奥旨"(韩道升《改并五音集韵序》),用三十六字母重新编排《广韵》、《集韵》二百零六韵的所有小韵,编成《五音集韵》,"五音"乃指三十六字母。至13世纪初,韩道昭在荆氏的基础上重新编纂,做了大量增改删并工作,"引诸经训,正诸讹舛,陈其字母,序其等第"(韩道昭《改并五音集韵序》),遂成《改并五音集韵》,雕版印行。此书刊行后,荆书渐次失传,至元代,《改并五音集韵》遂简称为《五音集韵》。

《五音集韵》全书共十五卷,上平声、中平声、下平声各二卷,上声、去声、入声各三卷。此书在语言学上的价值主要有以下几点。

一、并《广韵》、《集韵》二百零六韵为一百六十韵,以平声韵为例,它并支、之韵入脂韵,并佳韵入皆韵,并臻韵入真韵,并删韵入山韵,并仙韵入先韵,并萧韵入宵韵,并耕韵入庚韵,并幽韵入尤韵,并谈韵入覃韵,并添韵入盐韵,并衔韵入咸韵,并严韵入凡韵。全书共归并四十六韵。书前目录中凡归并韵目都加圆圈表示。

值得注意的是,这种归并并不是完全依照《广韵》的同用之例,两相比较,有《广韵》同用而此书仍为同用者,如冬韵和锺韵;有《广韵》同用而此书并为一韵者,如佳韵和皆韵;有《广韵》三韵同用而此书两韵并为一韵、另一韵仍为同用者,如耕韵、庚韵和清韵;又有《广韵》同用而此书反为独用者,如文韵和殷韵。应该说,韩氏的这种处理必定与当时的实际语音有关。

韩氏此书的并韵早于金人王文郁的《平水韵略》(1229),是历史上把《切韵》一派韵书的韵部加以合并的第一部书。

二、今本《广韵》平、上、去、入最后六韵的排列次序和同用之例如下:

盐添同用	琰忝俨同用	艳㮇酽同用	叶帖同用
添	忝	㮇	帖
咸衔同用	俨	酽	洽狎同用
衔	豏槛范同用	陷鉴梵同用	狎
严凡同用	槛	鉴	业乏同用
凡	范	梵	乏

而《五音集韵》则并忝于琰、并槛于豏、并俨于范;并㮇于艳、并鉴于陷、并酽于梵。这可以证明原本《广韵》上、去两声的最后六韵也是两韵同用,跟平、入两声相同,其次序则俨、酽两韵当在范、梵两韵之前,槛、鉴两韵之后,今本《广韵》有误。

又今本《广韵》诸本所载同用、独用之例略有出入,如张氏泽存堂本文韵,注欣韵同用,《古逸丛书》本则文韵、欣韵俱独用;元泰定本目录吻韵,注隐韵同用,而其正文吻韵、隐韵则均独用。今《五音集韵》殷、隐、焮、迄四韵不与文、吻、问、物四韵同用,正可订正《广韵》诸本之误。

三、《广韵》各韵部中同音字组即小韵的排列凌乱无序,《集韵》始以同部位声母的小韵相对集中,排列稍见次序,《五音集韵》处置小韵,则完全依七音三十六字母"见、溪、群、疑、端、透、定、泥……"的次序排列,并且做到开合口相对,一、二、三、四等都加以注明。如一东韵公小韵前用黑底白字的"见一"两字表示属于见母一等,弓小韵前用黑底白字的"三"字表示属于见母三等。这种别开生面的做法,不仅有利于读者的查检,而且给音系的研究提供了方便,实在是韵书与韵图结合的创举。以后《韵略易通》、《五方元音》等群起仿效,不能不说是《五音集韵》的功劳。

四、从韩道昭对于旧韵书的增订补改,可以看出当时实际语音的变化。如"挏",《玉篇》他孔切,透母,《五音集韵》徒总切,定母,可见韩氏口语中全浊声母已经清化,定母字读同透母字。又如"囷",《广韵》去伦切,《五音集韵》去君切,可见韩氏口语中谆韵和文韵已经相混,故以文韵字"君"作谆韵字"囷"的反切下字。

关于《五音集韵》的研究著作有张世禄《中国音韵学史》(上海书店出版社,1984年重版)、赵诚《中国古代韵书》(中华书局,1979年)、宁忌浮《校订五音集韵》(中华书局,1992年)等书的有关章节。

（杨剑桥）

蒙古字韵 〔元〕佚 名

《蒙古字韵》,二卷。作者无考。成书于元至元六年(1269)至元贞三年(1297)之间。原书已佚,现仅存元至大元年(1308)朱宗文校订本,藏于英国大不列颠博物馆。朱本有1956年日本关西大学东西学术研究所刊行的《大英博物馆藏旧钞本蒙古字韵二卷》影印本,科学出版社1959年刊行的罗常培、蔡美彪《八思巴字与元代汉语[资料汇编]》摹写影印本(中国社会科学出版社2004年增订本),以及民族出版社1987年刊行的照那斯图、杨耐思《蒙古字韵校本》。

13世纪中叶,蒙古贵族统一中国以后,曾经进行了一次重大的文字改革。这次文字改革,首先是元中统元年(1260)由国师八思巴奉皇帝忽必烈之命,仿效藏文的体式而创制八思巴字,又叫"蒙古新字";然后,(1269)至元六年忽必烈把八思巴字作为"国字"颁行于全国,用以取代蒙古族原来使用的回鹘式蒙古文,并且拼写全国境内各民族的语言,以达到"书同文"的目的。一时间,在官方文书、官印、牌符、钱钞、花押、秤权、碑刻上,八思巴字的使用相当普遍,用八思巴字拼写的汉语也随处可见;同时,全国各地又到处设立八思巴字学校,称为"蒙古字学",大量训练语文人才,开展八思巴字译写汉语的业务。通过一段时间的译写工作,当时就形成了一个统一的译写规范,这个译写规范后来用韵书的形式加以确认,就形成了《蒙古字韵》一书。

《蒙古字韵》最初出现于何时,已不能确知。现据熊忠的《古今韵会举要》明言依《蒙古字韵》来改定声类或韵类,则《蒙古字韵》的撰写必在八思巴字的颁行(1269)之后,《古今韵会举要》的成书(1297)之前。至于《蒙古字韵》的作者亦已不可考,清《四库全书总目提要》以为元朱宗文所撰,不确。刘更替朱宗文校订本所作的序云:"今朱伯颜增《蒙古字韵》,正《蒙古韵》误,亦此书之忠臣也。""朱伯颜"又作"朱巴颜",为朱宗文的蒙古语别名,刘序只言"增"、"正",则朱宗文非此书的原作者明矣。

《蒙古字韵》的体制与传统的韵书不同,它分汉字为十五个韵部(东、庚、阳、支、鱼、佳、真、寒、先、萧、尤、覃、侵、歌、麻),每一个韵部又分若干韵类,每一个韵类中,又按一定的声母顺序排列小韵;每一个小韵全都换行另起,上面标有八思巴字头,下面列举汉字,两相比照对音,有类于对照字汇,以供当时的人们译写或学习汉字、八思巴字之用。由于八思巴字是一种拼音文字,而汉字是表意文字,因此一个八思巴字头之下,往往会有几个甚至十几个同音汉字与之对音;又由于蒙古语没有声调,八思巴字也不标声调,因此一个八思巴字头之下,又往往会有平上去入四声的汉字与之对音。此书无论是八思巴字头,还是汉字,都没有释义,因此,它实在是一本蒙汉字音对照手册。

此书的朱宗文校订本分上、下两卷,内容包括刘更序、朱宗文序、《蒙古字韵》总括变化之图、校正字样、字母、篆字母、韵书正文、回避字样等,全书收八思巴字八百五十个左右,汉字九千四百五十个左右。其中"《蒙古字韵》总括变化之图"和"校正字样"为朱宗文所增,并非原书所有;原书所收的字数也比校订本少一些。

《蒙古字韵》的编纂目的并不是用于吟诗押韵,而是用于识字、正音,因此,它所反映的汉语语音必定是当时的标准读音,是汉语共同语语音;同时,由于此书采用八思巴字这种拼音文字来注音,因此这种元代汉语共同语语音的具体音值也可以考证出来。《蒙古字韵》的价值首先就在于此。另外,元代留传下来的文物,有不少刻有八思巴字的铭文,《蒙古字韵》又可以作为考释、解读这些铭文的重要参考资料。

《蒙古字韵》所反映的汉语语音系统,跟其后四五十年出现的另一部著名韵书《中原音韵》十分接近。从韵部看,此书比《中原音韵》的十九部少四部,但这主要是分韵的宽狭问题。从声母看,此书虽然使用三十六字母,但是从卷首的字母表看,知、彻、澄与照、穿、床相同,因此只有三十三个声母;而这三十三个声母中,全浊声母是否确实存在,也相当可疑,如果去除全浊声母不计,则此书的声母系统亦与《中原音韵》相类。

《蒙古字韵》无疑是八思巴字汉语对音资料中最重要的一种,但是现存的朱宗文校订本,乃是清乾隆年间的手抄本,在八思巴字字母的书写方面,字体不正和笔画差误的现象甚多,所录汉字也有不少讹舛,在内容方面,又缺损十五麻的一部分和"回避字样"的一半,因此在使用时宜加注意。

有关《蒙古字韵》的研究著作有李新魁《汉语音韵学》(北京出版社,1986年)、杨耐思《中原音韵音系》(中国社会科学出版社,1981年)、宁忌浮《古今韵会举要及相关韵书》(中华书局,1997年)、李立成《元代汉语音系的比较研究》(外文出版社,2002年)中的有关章节。

(杨剑桥)

古今韵会举要 〔元〕熊 忠

《古今韵会举要》,三十卷。元熊忠编。成书于元大德元年(1297)。有清光绪九年淮南书局本、《四库全书》本等,又2000年中华书局影印明嘉靖十五年(1536)刻本,附有宁忌浮的校记、索引,甚便使用。

熊忠,字子中,昭武(今福建邵武)人。元代音韵训诂学家,生卒年月不详。元至元二十九年(1292),宋末元初音韵训诂学家黄公绍编成《古今韵会》一书。此书收集的资料极为丰富,"大较本之《说文》,参以籀古隶俗,《凡将》、《急就》,旁行敻落之文,下至律书方技,乐府方言,靡所不究。而又检以七音六书,凡经史子集之正音、次音、叶音、异辞、异义,与夫事物伦类制度,纤悉莫不详说而备载之,浩乎山海之藏也"(熊忠《古今韵会举要序》)。当时在黄家坐馆的熊忠,得以先睹此书,但"惜其编帙浩繁,四方学士不能遍览"(同上),于是删繁举要,补收阙遗,改编成《古今韵会举要》一书。

《古今韵会举要》共收字一万二千六百五十二字,其中采自《礼部韵略》九千五百九十字,加上《礼韵续降》、《礼韵补遗》补《礼部韵略》的二百四十四字,毛晃《增修互注礼部韵略》所增的二千一百四十二字,以及熊氏自增的六百七十六字。

此书首载《凡例》,包括"韵例"、"音例"、"字例"和"义例"。《凡例》是熊氏此书的总纲,其要点如下。

一、"旧韵所载,本无次序,今每韵并分七音四等,始于见终于日,三十六母为一韵。"这是说旧时韵书中,各韵的小韵排列无序,今此书每韵中先以四等分列小韵,然后同等的小韵又依照声母从见到日顺次排列。例如东韵的小韵为"公、空、东、通、同、浓、蓬、蒙、风、丰、冯、瞢、夒、匆、丛、中、终、充、忡、崇、翁、烘、洪、笼、弓、穹、穷、嵩、虫、融、隆、戎、雄",从"公"到"笼",是一等开口韵母,声母是见、溪、端、透、定、泥……从"弓"到"戎",是三等开口韵母,声母是见、溪、群、心……最后"雄",是三等合口韵母。

二、"旧韵所载,考之《七音》,有一韵之字而分入数韵者,有数韵之字而并为一韵者,今每韵依《七音》韵,各以类聚,注云,已上案《七音》属某字母韵。"这是说按照旧时韵书,元代读为同一韵母的字却被分入数韵之中,而分在数韵之中的字元代又有读为同一韵母的。今此书虽然仍以旧时一百零七韵编排,但每韵之中相同韵母的小韵排列在一起,并于最末注明:以上小韵属于元代哪一韵母。例如东韵"笼"小韵后注:"已上案《七音》属公字母韵。""戎"小韵后注:"已上属弓字母韵。"

三、"音学久失,韵书讹舛相袭,今以司马温公《切韵》参考诸家声音之书,定著角徵宫商羽半徵商半商徵之序,每音每等之首并重圈,注云某清音某浊音。"这是说同等的小韵,按照声母为角(牙音)、徵(舌音)、宫(唇音)、商(齿音)、羽(喉音)、半徵商(半舌音)、半商徵(半齿音)的次序排序,每个小韵前加双圈,以为醒目,并在首字下注明声母名称。例如东韵公小韵"公"字下注:"沽红切,角清音。"空小韵"空"字下注:"枯公切,角次清音。"

四、"有切异音同而一韵之内前后各出者,今并归本音,并单圈,注云音与某同。"这是说旧时韵书中,异切同音而在一韵之中者,合并一处,并加圈,注明与何字音同。例如东韵蒙小韵首字"蒙"下注:"谟蓬切。"又"曹"下注:"谟中切,音与蒙同。"又曰:"有切异音同而别韵出者,不再定音,注云音与某韵某字同。"这是说异切同音而在两韵之中者,其一不再注明元代声母和韵母,只注明与另一处同。例如冬韵"攻"字下注:"沽宗切,与东韵公同。"

五、"经史有字虽异而注音同者,别为一类,附于本字音义之后。"这是说古代典籍中有与字头非同一字,但读同字头者,则亦列于后。例如东韵"公"字下注:"《汉·吕后纪》:'未敢讼言诛之。'注:讼音公。"又曰:"世俗音读有相承而误者,今注云俗作某音非。"这是说元代读音有误者亦加注明。例如覃韵"酣"字下注:"胡甘切,音与含同。……俗作呼甘切,音非。"

六、"变隶以降,字学浸失其初。今先述《说文》本字,以明其正,注云本作某,其从隶从籀从篆从俗,以明其变。"这是说此书所收字体,以《说文》为本,然后列出其篆、籀、隶、俗体,以明字体流变。

七、"制字之始,本于六书,今每字并依《说文》,先定六书之义,凡象形、指事、会意之字,并存篆体,离析可辨。"这是说此书以《说文》为据,指明造字的结构,凡象形、指事、会意之字附以篆体,以便读者省识。又曰:"凡谐声字注云从某某声,上字是形,下字是声。"这是说谐声字必注明形符声符,例如东韵"攻"字下注:"从攴工声。"又曰:"凡假借字,注云《说文》注见某韵某某切。"这是说假借字必注明其本字在何处。例如东韵"冯"字下注:"符风切,次宫浊音。《说文》:马行疾。注见蒸韵皮冰切。"蒸韵凭小韵(皮冰切)"冯"字下注:"《说文》:马行疾,从马仌声。《周礼》:冯相氏。郑云:冯,乘也;相,视也,世登高台,以视天文。又东韵。"

八、"制字之初,各有其义,施用浸广,训释日繁。……今每字必以《说文》定著初义,其一字而数义者,《广韵》、《玉篇》、《尔雅》、《说文》、《字书》、《释名》,以次增入。其经史训释义异者,皆援引出处本文,仍加又字,以发其端。凡经史子选、文集谱志、诸家杂说、道梵之书,有关义训,靡有不录。凡天文、地理、人物、草木、鸟兽、郡国、姓氏,与夫器物、制度、名数,并详载之。凡诸儒考论异同、正讹辨惑之说,亦全文备述于本字音义之后。"这是说此书释义的收录范围,包括《说文》所著的本义,其他字书、典籍中的引申义、假借义,以及学者的有关考证等。

根据以上凡例可以看出,熊氏此书虽然已将黄氏之书删繁就简,但是仍然包罗万象,可谓集元代以前字书、韵书的大成。这样做的优点自然是"援引浩博,足资考证;而一字一句,必举所本,无臆断伪撰之处,较后来明人韵谱,则尚有典型焉";但同时又产生了缺点,即"所注文繁例杂,亦病榛芜"(《四库全书总目》)。

熊氏此书形式上虽然仍然依照刘渊《壬子新刊礼部韵略》的一百零七韵编排,而在实质上却隐含着元代的韵母系统。关于元代的韵母系统,可以从此书之首的《七音》(又名"古今韵会举要韵母"、"礼部韵略七音三十六母通考")一文中查得。《七音》是按一百零七韵编制的小韵表,每一个字代表一个小韵。小韵代表字之前有两个并列的小字,分别表示小韵的声类和韵类。例如平声一东、二冬、三江:

  一东独用

_{见公}公 _{溪公}空 _{端公}东 _{透公}通 _{定公}同 _{泥公}浓 _{明公}蒙 _{非公}风 _{敷公}丰 _{奉公}冯 _{微公}曹 _{精公}㚂 _{清公}怱 _{知公}丛 _公中 _{彻公}终 _公充
_{彻公}忡 _{澄公}崇 _{影公}翁 _{晓合}烘 _{匣公}洪 _{来公}笼 _{溪弓}弓 _{群弓}穹 _{心弓}嵩 _{澄弓}虫 _{喻弓}融 _{日弓}隆 _{匣雄}戎 雄

  二冬与锺通

_{见公}攻 _{端公}冬 _{定公}彤 _{泥公}农 _{非公}封 _{敷公}丰 _{奉公}逢 _{精公}宗 _{心公}菘 _公賨 _{知公}钟 _{彻公}冲 _{审公}蹱 _{禅公}春 _公醲 _公鳙 _{匣合}碻 泽
_{来公}䃯 _{见弓}恭 _{溪弓}銎 _{群弓}蛩 _{鱼弓}顒 _{精弓}纵 _弓枞 _{从弓}从 _{心弓}松 _{知弓}重 _{影弓}邕 _{喻弓}胸 _弓容 _{来弓}龙 茸

  三江独用

_{见江}江 _{溪江}腔 _{疑江}岘 _{匣江}肛 _{帮冈}降 _{滂冈}邦 _{并冈}胮 _{明冈}庞 _{知冈}龙 _{彻光}椿 _{审光}窗 _{澄光}愫 _{澄光}双 _{澄光}幢 _{来光}泷 泷

由此可见,东韵中包含三个韵母:公、弓、雄(书中称为"公字母韵"、"弓字母韵"、"雄字母韵",下同),冬韵中包含两个韵母:公、弓,江韵中包含三个韵母:江、冈、光。而东韵和冬韵的公字母韵和弓字母韵相同,可见当时东韵和冬韵中许多字韵母已经混同。把此文平、上、去、入声各韵检查一番,可知当时共有平声韵母六十六个,上声韵母六十一个,去声韵母六十个,入声韵母二十九个。同时,根据《七音》小韵代表字前的小字(声类代表字),又可以知道熊忠此书的声母系统。今将书中的宫商、清浊名称和声类代表字对照排列如下:

| 角 | 清音 | 见 | | 浊音 | 群 |
| | 次清音 | 溪 | | 次浊音 | 疑 |

	次浊次音	鱼			浊	音	从
徵	清 音	端			次浊 音	邪	
	次清 音	透		次商	清 音	知	
	浊 音	定			次清 音	彻	
	次浊 音	泥			次清次音	审	
宫	清 音	帮			浊 音	澄	
	次清 音	滂			次浊 音	娘	
	浊 音	并			次浊次音	禅	
	次 音	明		羽	清 音	影	
次宫	清 音	非			次清 音	晓	
	次清 音	敷			次清次音	幺	
	浊 音	奉			浊 音	匣	
	次浊 音	微			次浊 音	喻	
商	清 音	精			次浊次音	合	
	次清 音	清		半徵商	音	来	
	次清次音	心		半商徵	音	日	

跟中古三十六字母比较,此书的声母系统少了照、穿、床三母,这三母分别并入知、彻、澄三母;多了鱼、幺、合三母,鱼母来自疑母三等和喻母三等,幺母来自影母,合母来自匣母,因此,此书的声母仍为三十六个。熊氏此书的声韵系统对于研究元代语音具有重要的参考价值。特别是此书仍然存有全浊声母和入声字,而与其后二十来年问世的《中原音韵》大不相同,这可能是反映了当时南方汉语的语音实际。

有关研究《古今韵会举要》的著作有张世禄《中国音韵学史》(上海书店,1984年重版)、王力《汉语音韵学》(中华书局,1956年)、赵诚《中国古代韵书》(中华书局,1979年)、竺家宁《古今韵会举要的语音系统》(台湾学生书局,1986年)、宁忌浮《古今韵会举要及相关韵书》(中华书局,1997年)、王硕荃《古今韵会举要辨证》(河北教育出版社,2002年)等。

(杨剑桥)

中原音韵 〔元〕周德清

《中原音韵》,二卷。元周德清著。初稿成于元泰定元年(1324),定本大约刊印于元统元年(1333)。有常熟瞿氏铁琴铜剑楼藏元刊本、明程明善《啸余谱》本(万历四十七年[1619]初刻,清康熙元年[1662]覆刻)、明正统六年(1441)讷庵跋本,又有《古今图书集成》本、《四库全书》本、《重订曲苑》本等。

周德清(1277—1365),字挺斋,江西高安(今属江西)人。元代音韵学家、戏曲家。一生颇好交游,曾盘桓于庐山、浔阳、大都、安吉等地,常与朋友、歌妓欢宴,作曲吟唱。精通音律,擅长词曲,所制小令散套,卓有大家风格。时人皆谓:"德清之韵,不但中原,乃天下之正音也;德清之词,不惟江南,实天下之独步也。"(明贾仲明《录鬼簿续编》)著作除《中原音韵》外,元杨朝英的《朝野新声太平乐府》中收有他的小令二十五首、套数三套,今人隋树森的《全元散曲》收有他的小令三十首、套数三套和残曲六段。

周氏作为一个散曲作家,对于北曲的创作和演唱都有着比较深入的研究。他鉴于当时一些作家和艺人不讲究格律,戏台上存在不少混乱现象,诸如"平仄不一,句法亦粗"、"逢双不对,衬字尤多"、"合用阴而阳,阳而阴"、"歌其字,音非其字"(《中原音韵·自序》)之类,同时为使北曲发挥更高的艺术效果,使其体制、音韵、语言等都具有明确的规范,于是他把当时著名戏曲作家关汉卿、马致远等人作品中的韵字汇编成韵谱,并根据自身的体验,总结了一套创作方法,写成了《中原音韵》一书。

据《中原音韵·正语作词起例》云:"《中原音韵》的本内,平声阴如此字,阳如此字。萧存存欲锓梓以启后学,值其早逝。泰定甲子以后,尝写数十本,散之江湖。其韵内平声,阴如此字,阳如此字,阴阳如此字。夫一字不属阴则属阳,不属阳则属阴,岂有一字而属阴又属阳也哉!此盖传写之谬。今既的本刊行,或有得余墨本者,幸毋讥其前后不一。"本书初稿完成后,曾有数十本抄本在社会上流传,抄本的体例是平声分为"阴"、"阳"和"阴阳"三类。以后周德清对初稿加以增删修订,形成了定本。定本由罗宗信刊印,刊印的具体年月已不可考。虞集替《中原音韵》所作的序云:"余还山中眊且废矣。"虞集谢病归家是在至顺四年(1333),则此书的刊印不能早于此。

《中原音韵》,共分两大部分。(一)韵谱。韵谱收集了曲子里常用作韵脚的五千多字,按照当时北方话的语音系统加以分类编排。(二)《正语作词起例》。这是关于字音的辨别、用字造语的方法、宫调和曲牌等的说明,以及对于北曲作品的评论。

《中原音韵》是历史上第一部以当时口语为描写对象的韵书。在此以前,《切韵》一系的韵书都是把当时甚至前代的文学语言的读书音作为自己的描写对象,而读书音总是跟当时流传在人民群众口头上的活生生的口语有着一定的距离。周德清则不然。他批评"动引《广韵》为证"的人是"泥古非今,不达时变",他指出,"上自缙绅讲论治道,及国语翻译、国学教授言语,下至讼庭理民,莫非中原之音"(《中原音韵·正语作词起例》),"欲作乐府,必正言语;欲正言语,必宗中原之音"(《中原音韵·自序》)。同时,周氏一再申明他的书是根据"前辈佳作",而十三四世纪的北曲正是在北方口语的基础上产生的,北曲语言是极为接近当时口语的,由此可见,周氏之书实在是当时中原雅音的忠实记录。

由于《中原音韵》是当时中原雅音的忠实记录,所以周氏之书就成为音韵学家研究13、14世纪近世语音的最重要的史料。《中原音韵》在近代语音史上的地位,比起《切韵》在中古语音史上的地位,也许是有过之而无不及。

《中原音韵》一书共分十九韵部,即东锺、江阳、支思、齐微、鱼模、皆来、真文、寒山、桓欢、先天、萧豪、歌戈、家麻、车遮、庚青、尤侯、侵寻、监咸、廉纤;每一韵部中又以四声分类,即平声阴、平声阳、上声、去声;在每一声调中,又以同音字分组,同音字组之间用圆圈隔开。此书不立入声韵,入声字分别附在平声阳、上声和去声之后。

根据《中原音韵》所记载的内容,可以求出它所代表的语音系统。例如此书的某一同音字组中的字,如果分属中古三十六字母的两个或三个声母,就可以确认这两个或三个声母在周德清当时已经合而为一;又此书的某一同音字组中的字,如果分属《广韵》两个或三个韵部,则也可以认定这两个或三个韵部的一些字在周德清当时已经合而为一。经过学者们的研究,一般认为,此书包含声母二十一个、韵母四十六个、声调四个或者五个。其中最重要的语音现象是:

一、浊音清化。中古全浊声母普遍清声母化,如果这个全浊声母是塞音或塞擦音,那么在平声字中变为相应的送气清声母,在仄声字中变为相应的不送气清声母,如果这个全浊声母是擦音,则变为相应的清擦音。

二、平分阴阳。中古的平声依据声母的清浊分为阴、阳两调,凡清声母字为阴平调,凡浊声母字为阳平调。

三、浊上变去。随着全浊声母的清化,全浊上声字全部变成去声字,跟中古的去声字合流。

四、入派三声。入声字分别派入阴声韵的平声阳、上声、去声之中。

五、中古三十六字母的非、敷、奉三母已经合并为一类,音值为[f],微母仍然分立,音值是[v]。

六、中古影母、喻三和喻四合并为一类声母,音值为[∅]。

七、来自中古止摄各韵开口呼的精系、章系、庄系字以及日母字和少数几个知系字,构成支思韵部,与齐微韵部分立,为现代普通话[ɿ]、[ʅ]韵母的前身。

八、中古一、二等韵开口字,大多已经合流,唯有牙喉音字一、二等仍然对立,表明二等牙喉音字的[i]介音已经产生。

现存的元代北曲韵书,除《中原音韵》以外,还有元卓从之的《中州乐府音韵类编》。《中州乐府音韵类编》也分十九韵部,韵部名称除"皆莱"、"哥戈"、"寻侵"外,其余与《中原音韵》相同。值得注意的是,一、两书大部分小韵中的字的出现次序基本相同;二、卓氏之书的平声分为"阴"、"阳"、"阴阳"三类,跟周德清在《中原音韵·正语作词起例》中的话正相符合,因此卓氏之书很可能就是周氏之书的初稿,或者是初稿的改编本。

《中原音韵》又是历史上最早的一部曲韵著作。其中的有关理论和创作方法都是从当时北曲的实际出发,根据实际材料归纳出来的,因而此书在戏曲史上具有很高的权威性,对于北曲的创作和演唱发挥了很强的规范作用。周德清所开创的曲谱研究工作,以后在明清时代形成了一整套系列,如朱权的《太和正音谱》、李玉的《北词广正谱》、沈璟的《南词全谱》和王奕清等的《钦定曲谱》等。周德清的《正语作词起例》从造语、用事、平仄、声韵和修辞等几个方面论述了作曲的技法,并以四十首杰出曲作为范例,进行具体的分析和评论。所论相当精彩,并开创了曲话的先河。周德清所确定的审音定韵规则,后人甚至"兢兢无敢出入"(明王骥德《曲律·论韵》)。即使在北曲衰替、南曲勃兴的时候,南曲韵书如范善溱的《中州全韵》、王鵕的《中州音韵辑要》、周少霞的《增订中州音韵》等,也无不承袭《中原音韵》的编写体例。有人因此认为《中原音韵》实在是一书而兼有曲韵、曲论、曲谱、曲选四种作用。

《中原音韵·正语作词起例》的具体内容主要有三。

一、关于字音的辨别。如提出"《广韵》入声缉至乏,《中原音韵》无合口,派入三声亦然,切不可开合同押"。《阳春白雪集·水仙子》以合口字"村"与开口字"名、清、今"等同押,不妥。又如提出"知有之,痴有眵,耻有齿",这是说"知、痴、耻"读 tʂi、tʂʻi、tʂʻi,"之、眵、齿"读 tʂʅ、tʂʻʅ、tʂʻʅ,两组字音不同,不可混用。又如提出《点绛唇》首句韵脚必须用阴平字,如以"天地玄黄"为句,则阳平字"黄"必然唱成阴平字"荒"。

二、关于用字造语的方法。如提出"造语必俊,用字必熟,太文则迂,不文则俗","不可作俗语、蛮语、谑语、嗑语、市语、方语",不可有"语病、语涩、语粗、语嫩",不可用"生硬字、太文字、太俗字"等。又如提出套数"每调多则无十二三句,每句七字而止,却用衬字加倍,则刺眼矣"。又如提出"要知某调、某句、某字是务头,可施俊语于其上"等。

三、关于宫调和曲牌。如将三百三十五支北曲曲牌分为十二宫调,并提出不同宫调的音乐适应于不同的声情,所谓"仙吕调清新绵邈,南吕宫感叹伤悲"等等。又如指出各曲牌末句的平仄规则等。

综上所述,《中原音韵》不但是中国音韵学史上的重要文献,而且是中国戏曲史上的重要经典著作。当然,《正语作词起例》也有一定的不足之处,如论述较为支离破碎,对于形式技巧注意过多,而忽视内容风格等。

关于《中原音韵》一书的研究,明清时代已经开始,如王骥德《曲律·论韵》、吕坤《交泰韵·辨五方》和毛先舒《声韵丛说》等,都对周氏之书是否真正代表中原语音之正有过讨论。20世纪20年代以后,语言学界关于《中原音韵》的研究逐渐深入,而到60年代以后,这一研究更趋热烈。有关著作和论文不计其数,主要有日本金井保三的《关于中原音韵》(载《东洋学报》第三卷第三号,1913年)、满田新造的《中原音韵分韵概说》(载《艺文》第九卷十二号,1918年)、石山福治的《考定中原音韵》(《东洋文库论丛》1,1925年),中国罗常培《罗常培语言学论文选集》(中华书局,1963年)、董同龢《汉语音韵学》(台北广文书局,1968年)陆志韦《陆志韦近代汉语音韵论集》(商务印书馆,1988年)、陈新雄《中原音韵概要》、杨耐思《中原音韵音系》(中国社会科学出版社,1981年)、李新魁《中原音韵音系研究》(中州书画社,1983年)、赵荫棠《中原音韵研究》(商务印书馆,1936年)、宁继福《中原音韵表稿》(吉林文史出版社,1985年)、任中敏《中原音韵作词十法疏证》(中华书局,1924年)、郭绍虞《中国文学批评史》(上海古籍出版社,1979年)、叶长海《中国戏剧学史稿》(上海文艺出版社,1986年)、王洁心《中原音韵新考》(台湾商务印书馆,1988年)、高福生等《中原音韵新论》(北京大学出版社,1991年)、李立成《元代汉语音系的比较研究》(外文出版社,2002年)、耿振生等《近代官话语音研究》(语文出版社,2007年)等。各家讨论的主要焦点是:(一)声母的数量和音值。罗常培认为有二十类声母,赵荫棠认为有二十五类,陆志韦主张二十四类,杨耐思主张二十一类。这里关键在于中古知、章、庄三系和见系声母拟为一套还是两套声母,以及疑母是否独立。(二)入声的存在与否。陆志韦认为周氏之书仍有入声,王力以为当时实际语言中已无入声,董同龢认为周氏自己的方言中还有入声。(三)周氏之书的音系基础。王力认为音系基础是元朝大都话,陆志韦主张《中原音韵》不是现代北京音系的祖语,李新魁认为音系基础是以洛阳为代表的河南方言。

(杨剑桥)

语助 〔元〕卢以纬

《语助》,一卷。元卢以纬撰。有明嘉靖年间《奚囊广要丛书》本和万历年间胡文焕《格致丛书》本。前者有泰定元年(1324)胡长孺写的序,后者更名为《新刻助语辞》,删去胡序,代以胡文焕写的序,并删去奚囊本结尾处六个条目。黄山书社1985年出版刘火桂等据日本藏本点校的《助语辞》,书中还有后人增补的《助语辞补义》、《助语辞补》、《助语辞补义附录》。

卢以纬,字允武,元永嘉(今属浙江)人。生卒年月和生平事迹不详。从胡长孺的序中可以知道卢以纬是一位教书先生,《语助》是为了教学生写文章而编写的。

《语助》篇幅不长。全书共有六十六个条目,这些条目的排列是任意的,看不出有内在的联系。每个条目所收虚词数也不一样,有的条目只有一个虚词,有的条目则包括了很多虚词。比如第一条收"也、矣、焉",第二十七条则收"今夫、且夫、原夫、故夫、盖夫、嗟夫"等六条。全书所收单音虚词和复音虚词共一百二十多个。据统计,《语助》除序言外,全文只有三千五百六十一字。

卢以纬是为写作古文而研究虚词的。胡长孺在序中说:"是编也,匪语助之与明,乃文法之与授。"这里所谓的"文法",是指作文之法。他们认为要学习作文,就要学会运用虚词。后来胡文焕在《助语辞序》中也特别强调了这一点。他说:"助语之在文也,多固不可,少固不可,而其间误用更不可,则其当熟审也明矣。苟非熟审之,是未勉(免)为文累,虽琬琰锦绣奚益哉!古谚有之云:'之乎者也已焉哉,用得来的好秀才。'盖谓此易晓而不易用也。"卢以纬比较系统地探讨了虚词所表示的语气、感情、意志、关联等作用,适应了作文的需要。《语助》流传到明代还一再刊刻,流传日本,可见影响的长远。

《语助》以辨析词义的细微差别见长。有的条目沿用葛洪的方法,从声音去探求语义。如第一条:

"也"、"矣"、"焉",是句意结绝处。"也"意平,"矣"意直,"焉"意扬。发声不同,意亦自别。

此书又常用对比的方法分析虚词。作者受刘勰的启示,从句中分布位置的不同去考察。如第二十六条:

> "夫"字在句首者,为发语之端,虽与"盖"字颇相近,但此"夫"字是为将指此事物而发语为不同;有在句中者,如"学夫诗"之类,与"乎"字似相近,但"夫"字意婉而声衍;在句末者为句绝之余声,亦意婉而声衍。

卢氏还用区分语气轻重缓急的方法去分析虚词。如第四十一条:

> "呜呼",嗟叹之辞,其意重而切。"吁",其咨嗟之辞,其意稍轻。此皆先叹息而后发语。

《语助》还开了以口语解释文言虚字的先例,如:

> 若云"俨然"、"晬然"、"盼盼然"、"瞭瞭然",却是形容之语助,实有"怎地"之意。"哗尔"之"尔"字,"翕如"之"如"字,"沃若"之"若"字,义皆类此。

"形容之语助",即现在所说的形容词词尾。卢氏认为"然"、"尔"、"若"都是形容词词尾,这是正确的。

《语助》虽未对虚词进行分类研究,但在分析个别虚词时所作出的某些结论,和今天的分类有很多一致的地方。如"或"作为文言虚词可以用作代词、副词、连词。书中指出:

> 或,有带疑辞者;有带未定之意者;有不指名其人指名其事,但以"或"字代之者;有未有此事,预度其事物设若如此者;有言其事之多端,连称几"或"字以指陈之者。

这里所谓"带疑辞者"、"带未定之意者",属于副词。"有不指名其人指名其事,但以'或'字代之者"和"有言其事之多端,连称几'或'字以指陈之者"是"或"的代词用法。"未有此事……设若如此者"则是"或"的连词用法。

《语助》的个别条目,发前人之所未发,很有创见。如一般认为是瑞典学者高本汉在《〈左传〉的真伪及其性质》里最先提出,"于"多用在地名之前,"於"多用在人名之前。实际上卢以纬在六百多年前就指出:"'於'字俗语是'向这个(个)'之意,'于'是指那事物或地名之类而言,故着一'于'字以指定之,与'於'字相类,微有轻重之别。'于'比'於'意略重。"

《语助》还保存了一些元代的俗语资料,它的实际价值已超出了文言虚词的范围。比如:

> "者。……或有俗语'底'字意。"(第四条)

> "凡'之'字多有'底'字意。"(第五条)

在这里,卢以纬揭示了"底"与"者"的关系、"底"与"之"的关系,为研究近代汉语语法中"底"的来源问题提供了宝贵的材料。

《语助》是虚字研究的草创之作,有些地方搜罗不全、体例不周。清代《助字辨略》、《经传释词》等书相继问世之后,《语助》也就渐渐不为人注意。但是,《语助》是第一本从训诂学、辞章学里分离出来,独立进行虚词研究的著作,它的草创之功不可泯灭。

主要的研究著作有王克仲的《助语辞集注》(中华书局,1988年)。

(徐川山)

经史正音切韵指南 〔元〕刘 鉴

《经史正音切韵指南》,简称《切韵指南》,一卷。附《门法玉钥匙》一卷。元刘鉴撰。成书于元至元二年(1336)。有《四库全书》本、《碧琳琅馆丛书》本和《芋园丛书》本。

刘鉴,字士明。关中(今陕西中部)人,元音韵学家。生卒年及事迹不详。

《切韵指南》是继《四声等子》和《切韵指掌图》之后出现的又一等韵著作。在韵图的制作体例上,它因袭《四声等子》的旧法,也分十六摄,注明内外转,但各摄的排列次序与《四声等子》略有不同。《四声等子》的次序为:通、效、宕(江)、遇、流、蟹、止、臻、山、果(麻)、曾(梗)、咸(深);本书的次序为:通、江、止、遇、蟹、臻、山、效、果(假)、宕、曾、梗、流、深、咸。两相比较,本书的排列更为合理。同时,本书除假摄仍附于果摄以外,其余各摄全部独立,因而全书分二十四图,比《四声等子》多出四图。在声母的排列上,本书与《四声等子》一样,始"见"终"日",分二十三列,端组与知组、帮组与非组、精组与照组都合并在一起。图中以一、二、三、四等分四大格,每一大格中又分平、上、去、入四小格。然后以声母为经,韵母为纬,在声韵交会处列字音。由于韵部简化,图中韵部多有合在一起者,如东董送屋与冬宋沃、谆准稕术与文吻问物合并,又有注明并韵者,如云"代韵宜并入泰韵"、"祭韵宜并"等等。又由于入声韵尾的简化,入声韵分属阴声韵和阳声韵,如质韵字既见蟹摄,又见臻摄。

根据作者自序,本书是依照金韩道昭的《五音集韵》来编排字音的,与《五音集韵》相为表里,互为体用,因此本书的字音多有取自《五音集韵》的,如通摄的"岫"等。早期等韵图如《韵镜》、《七音略》,都是图解《广韵》、《集韵》之作,但在宋元时代,实际语音已与《广韵》、《集韵》大相径庭,《切韵指南》取则于并二百零六韵为一百六十韵的韩氏之书,显然是其优点。但是也正由于此书是依据于在它之前一百多年的《五音集韵》,因此与当时的实际语音仍有较大的距离。从1324年周德清所作的《中原音韵》可知,元代汉语已有"平分阴阳"、"浊上变去"和"入派三声"等许多重大的变化,但是《切韵指南》卷首却仍在要求人们"分五音"、"辨清浊"、"明等第",这就未免脱离现实过远。此书卷首又有"交互音"歌诀云:"知照、非敷递互通,泥娘、穿彻用时同,澄床、疑喻相连属,六母交参一处穷。"作者把这十二母称为六母,显然当时口语中这些声母早已两两合并了。而其卷末"声韵歌"云:"梗曾二摄与通疑,止摄无时蟹摄推,江宕略同流参遇,用时交互较量宜。"这也表明当时口语中许多韵摄已逐渐混同,而本书却一反《四声等子》的并摄做法,将它们一一独立,这些都是作者过于保守的地方。

原本《经史正音切韵指南》之后,又附有刘氏所作《门法玉钥匙》一卷。等韵门法的产生,原是为了解释等韵图繁难复杂的体式形制和实际语音与韵图描写脱节的矛盾。在刘氏之前,门法的内容单纯,数量较少,而且门法与韵图是分别行世的。《四声等子》开始将门法与韵图结合起来印行,但仅载门法九门。刘氏此书收集了前人所作的大部分门法,并把门法同等韵的其他条例如"双声叠韵"等加以分离,最后整理成门法十三门。从此等韵门法的条目大体齐备,文字叙述也大为清晰。《四库全书总目》谓:"至于开合、二十四摄、内外八转,及通广局狭之异,则鉴皆略而不言,殆立法之初,已多挂碍纠纷,故姑置之耶?"其实是冤枉刘氏了。

刘氏所定门法十三门及其含义是:一、音和门,指被切字与反切上字在韵图同属一母,与反切下字同列一等之内者。二、类隔门,指反切上字在韵图属端组,反切下字属二、三等,则被切字应为知组字;或者反切上字在韵图属知组,反切下字属一、四等,则被切字为端组字。三、窠切门,指反切上字在韵图知组,反切下字是列在四等的喻母、影母或精组字,则被切字应为知组字。四、轻重交互门,指反切上字在韵图中属帮组,反切下字属东、锺、微、废、虞、文、元、阳、尤、凡十韵而列在三等之内,则被切字应为非组字;或者反切上字在韵图属非组,反切下字列在一、二、四等,则被切字应为帮组字。五、振救门,指反切上字为精组,反切下字在韵图中列三等,则被切字必列在韵图四等。六、正音凭切门,指反切上字为庄组(照二),反切下字在韵图中不论列三等还是四等,被切字都列在韵图二等。七、精照互用门,指反切上字为精组,反切下字在韵图中列二等,则被切字必列在韵图二等;或者反切上字为庄组(照二),反切下字在韵图中列一等,则被切字必列在韵图一等。八、寄韵凭切门,指反切上字为章组(照三),反切下字在韵图中不论列一等还是四等,被切字都列在韵图三等。九、喻下凭切门,指反切上字为于母(喻三),反切下字在韵图中不管列于何等,被切字都是于母;或者反切上字为以母(喻四),反切下字在韵图中不管列于何等,被切字都是以母。十、日寄凭切门,指反切上字为日母,虽然反切下字在韵图中列于一、二、四等,被切字都在三等。十一、通广门,指反切上字为唇、牙、喉音字,反切下字是支、脂、祭、真、谆、仙、清、宵的来、知、章母(照三)字,则被切字必在韵图四等中。十二、局狭门,指反切上字为唇、牙、喉音字,反切下字是东、锺、阳、鱼、蒸、尤、盐、侵、麻韵的精组和影母、以母(喻四)字,则被切字必在韵图三等中。十三、内外门,指反切上字是唇、牙、喉、舌、半舌、半齿音字,反切下字如是外转各摄的庄组

(照二)字,则被切字必在韵图二等中,反切下字如是内转各摄的庄组字,则被切字必在韵图三等中。

有关《切韵指南》的研究著作有李新魁《汉语等韵学》(中华书局,1983年)、董同龢《等韵门法通释》(载《中央研究院历史语言研究所集刊》第十四本,1949年)等。

(杨剑桥)

说文字原 〔元〕周伯琦

《说文字原》,一卷。元周伯琦编注。成书于元至正九年(1349)。有明崇祯四年(1631)太监宋晋刊本、崇祯七年(1634)序十竹斋刊本、《四库全书》本、1917罗振玉《吉石盦丛书》影印微波榭影钞元刊本。

周伯琦(1298—1369),字伯温,号玉雪坡真逸,鄱阳(今属江西)人。自幼随父亲游于京师,入国学,为上舍生,成绩优秀。泰定二年(1325)荫授南海县主簿,累迁翰林修撰。至正元年(1341)擢宣文阁授经郎,除崇文监丞,又以近臣而特命金广东廉访司事。十二年(1352)除兵部侍郎,拜监察御史。二十四年(1364)以南台御史致仕,归鄱阳。周伯琦博学工文章,而尤以篆、隶、真、草擅名当时。著有《说文字原》一卷、《六书正讹》五卷、《近光集》三卷、《扈从集》一卷等。事迹可参《元史》卷一八七、《七修类稿》卷三七、《宋元学案补遗》卷九二,以及《宋文宪公全集》卷三一之《元故资政大夫江南诸道行御史台侍御史台侍御史周府君墓铭》。

《说文字原》是一本订注《说文解字》部首以明造字本原的著作。《说文解字叙》云:"仓颉之初作书,盖依类象形,故谓之文;其后形声相益,即谓之字。字者,言孳乳而浸多也。"这种文字"孳乳"之说对后世影响很深。由于过去所能见到的较古的文字系统,只有《说文解字》所存的篆文,而《说文解字》又将所收录的九千三百五十三字分为五百四十部,每部立一字为部首,以统率部内之字,因此,学者多以为这五百四十字就是文字制作之源,其余的八千八百十三字都不过是从这些部首孳生而成的。这样,学者们纷纷注意研究《说文》的部首。从唐代开始,还出现了单行抄录和研究《说文》部首的专书,如唐贞元五年(789)李腾篆《说文字原》一卷、后蜀林罕编《字源偏旁小说》三卷、宋代僧人梦英有《偏旁字源》,至清代有蒋和的《说文字原集注》等。周伯琦编注《说文字原》,也是基于这样的认识。他在序言中说:"盖文字之初,止此五百四十而已,余字八千八百一十又三系于各部者,胥此焉出。……先君汝南公研精书学逾四十年,尝谓许氏之书,虽经李阳冰、徐铉、锴辈训释,犹恨牵于师传,不能正其错简,强为凿说,紊然无叙,遂使学者昧于本原,六书之义郁而不彰,苟非更定,何以垂世。伯琦……缅惟画卦造书之义,参以历代诸家之说,质以家庭所闻,未敢厘其全书,且以文字五百四十,定其次叙,撰述赞语,以著其说。复者删之,阙者补之,点画音训之讹者正之。字系于文犹子之随母也,分为十又二章,以应十又二月之象,疏六书于下。于是许氏之学渐有可考,不待翻其全书而思过半矣。名之曰《说文字原》,留之家塾,以授蒙士,或小学之一助云。"这一段话,十分清楚地说明了他编注《说文字原》的缘由,以及该书的体例、内容和作用等。

此书卷首刊有宇文公谅至正十五年(1355)的叙、周伯琦至正九年(1349)的叙和《说文字原目录》。微波榭影钞元刊本在正篇之前还刊有周伯琦的《叙赞》,在卷末还有吴当至正十二年(1352)所写的《后叙》,其他本子则把这些内容删去了。

此书对《说文》部首所做的工作有以下几个方面。

一、增删《说文》原有的部首。与《说文解字》的五百四十个部首相较,该书增入了"廿"、"丁"、"㠯"、"母"等十七部,删去了"薅"、"辛"、"皕"、"鼓"等十七部。

二、改动《说文》部首的笔划。如改"五"为"×"、改"危"为"广"、改"畫"为"画"、改"裘"为"求"、改"禿"为"兊"等等。

三、改变《说文》部首的原有次序,并分为十二章。《说文》的五百四十个部首,据许慎的说法,其次序的安排是遵循"据形系联"的原则,但后代的字书,大多改变了它的次第,即使承用《说文》部首次第的《说文系传》,其中专论《说文》部首排列之由的《部叙》一篇,也对其次序稍有改变。周伯琦秉承家学,以为大、小徐仍"牵于师传,不能正其错,强为凿说,紊然无叙",所以他重新定其次序,自"一、二、三、丨、丄、四"等开始,至"子、孓、巳、孨、申、亥"结束,虽也是始"一"终"亥",而且也遵循据形系联、以类相从的原则以明辗转孳生之义,但与《说文》部首的次序已不大相同了。另外,周伯琦又根据其形义把这五百四十个文字分为十二章,这样,其类别就更清楚了。

四、根据六书原则对五百四十个文字的形、义作了解说,并用反切注明每个文字的音读。在解释之前,还先注明该字的楷体,有时还辨明该字俗书之误,或隶化后的字形或孳生之字。如:

支,人之手足一体也。手足具曰四支,人身为干,手足为支,竹木之支同。象形。章移切。别作"肢"、"枝",并非。

丁,步止也,反彳为丁,转注。厨玉切。彳丁,小步之状,俗作踯躅,非。

此书对《说文》部首的改动以及对本书各个文字的解说,或本《说文》,或出于己见,或取他人之说,颇有误从、臆说之处。如他增加"爿"部,乃取李阳冰之说。而李氏之说,徐锴在《说文系传》卷十一"牀"字注中早就驳斥过了,现周氏从阳冰之说而增立爿部,实不足取。胡重曾批评此书说:"爿外加爿,匚中杂匸,又指西为酒,而别出亞部,以豈为鼓,而并删鼓、豈二部,此以意妄改而不足信也。"(《说文字原韵表引》)至于该书的解释也是如此,如解"支"为"人之手足一体……象形",这与《说文》解为"去竹之枝也,从手持半竹"相比,显然逊色多了。但该书也并非没有精到之处,如把"三"解为"画如其数",比《说文》解为"天、地、人之道也"显然正确。而部首以"一、二、三"相次,也比《说文》以"一、丄、示、三"相次为优。《四库全书总目》说该书"推衍《说文》者半,参以己见者亦半,瑕瑜互见,通蔽相妨,不及张有《复古编》之精密,而亦不至如杨桓《六书统》之糅杂"。这样的评价是较为公允的。

该书于至正十五年(1355)刻成,曾名重一时,流传颇广。清代蒋和撰集《说文字原集注》,对该书多有采摭与辨正。

(张 觉)

文海 〔西夏〕佚 名

《文海》，作者不详。约成书于 12 世纪中叶。原本残卷藏于苏联科学院东方学研究所列宁格勒分所，影印本收入 1969 年苏联柯萍等所著《文海》一书中，又收入我国史金波等所著《文海研究》一书中，并附校勘本、汉文译本和索引等。

公元 11 世纪初，我国西北部的少数民族党项族在今天的宁夏、甘肃一带建立了西夏王朝（1038—1227），西夏国王李元昊在立国称帝之际下令大臣野利仁荣创制"国字"，是为西夏文，史称"蕃文"、"蕃书"。由于西夏王朝的大力推行，西夏文得到了广泛的使用和流布，其时，"凡国中艺文诰牒尽易蕃书"（清吴广成《西夏书事》），各种法律、文书、文学、医籍、钱币、印章、佛典等等，无不用西夏文写成。与此同时，朝廷和各州都设立蕃学，大量培养西夏语言文字专门人才，一时间，西夏文和西夏语的研究普遍开展，达到了相当高的水平，编印了多种不同类型、不同规模的西夏文字典辞书。而在所有的西夏文字典辞书中，编写质量最好、学术价值最高的是《文海》。

传世的《文海》是一个残卷。这是沙俄文物盗窃分子柯兹洛夫于 1908 年从我国黑水城（今内蒙古自治区额济纳旗）遗址盗走的，现藏于列宁格勒。同时被盗走的还有其他大批西夏珍贵文物和文献资料，其中包括另一部著名的西夏文、汉文双解字典《番汉合时掌中珠》。《文海》残卷前缺序言，后无跋尾，故此书的作者和著述年代不清楚。苏联学者克恰诺夫等根据残卷页面背后有"宣和七年"、"建炎二年"等汉文字样，推测此书作于公元 1124 至 1128 年之间。但是我国学者史金波等根据残卷页面背后的汉文多有被截断的痕迹，认定此书乃是使用宋代旧纸抄成，故其著述年代当更晚于建炎二年（1128）。

根据《文海》残卷，我们可以知道此书共分"平声"、"上声"和"杂类"三个部分，各部分分别编排页码。平声和上声之首列有韵目，平声分九十七韵，上声分八十六韵。每一韵部首列韵目代表字，代表字下注明韵部序次。然后以声母为序排列各小韵，各小韵之间用圆圈隔开。同一小韵中的字是同音字，各字的释义包括两个内容，一是诠释字形构造，二是诠释字义，而小韵首字的释义之后,又列有反切注音和本小韵的字数。从这些体例中,可以看出《文海》深受汉族《说文》、《广韵》等书的影响。由于西夏语语音与汉语有所不同,所以书中除平声、上声两部分以外,又立杂类一部,凡是不宜收入平声和上声部分的字都归入杂类,因此杂类实在是平声和上声的补遗。杂类也分平声和上声两个部分,每字的释义方式也跟平声和上声完全一致,不过杂类中的字不分韵部,而是依据声母来分类,如牙音、喉音、齿头音、正齿音、舌齿音等。

　　本书诠释西夏文字形构造时,通常使用四个字,分两行直书,每行两个字。每行第一字是字头的构成字,第二字是对构成字的构成方式的说明。如西夏文"稗"字,其字形结构是取"草"字的左半,加上"布"字的右半。用作字形构造说明的术语共有十二个,即:左、右、头、下、内、圈、全、减、脚、中、做、是。其中"头"、"下"和"内"分别指取字的上部、下部和中部,"圈"和"全"分别指取字的半圈和全部,"减"和"脚"分别指减去字的一小部分和取字的左部加下部拐脚,"脚"和"中"连用指把字的下部置于拐脚之中,"减"与"做"连用指减去字的一部分,"是"是对使用某一成分表示肯定。《文海》关于字形构造的这些说明,不但方便了当时的人们认识和使用西夏文,而且给后人研究西夏文字构造原理和规律、识读西夏文创造了极好的条件。明代中叶以后,随着党项族的消亡,西夏文成为死文字,长期以来无人能识。而西夏文字形极为复杂,素来为西夏学者所苦。今据《文海》,可知西夏文有单纯字、会意合成字、音意合成字和反切合成字等的区别。所谓单纯字,相当于汉字的独体字,是指从字音和字义上都无法再分的单位,其中有一些是象形字;所谓会意合成字,相当于汉字的会意字,是指用两个或三个字的部分或全部组成的新字,新字和构成字之间有意义上的联系;所谓音意合成字,相当于汉字的形声字,是指用两个或三个字的部分或全部组成的新字,新字与一个构成字读音相同相近,与另一个或两个构成字有意义上的联系;所谓反切合成字,是用两个字的部分或全部组成的新字,而新字的读音恰好等于两个构成字的声韵的拼合。由此可见,西夏文的创制也是深受汉字字形构造的影响,而反切合成字在汉语中极为罕见,可能是西夏学者的独创。

　　本书的注音采用反切法,如西夏文"蠢"字读如"都",其反切注音为"得路切"(最后一个"四"字是该小韵的同音字字数)。有时反切之末又注明"平"、"上"、"合"、"清"、"浊"等字样,以表示其发音特点。根据《文海》所列的反切,可以使用清代陈澧所创的反切系联法,来寻求西夏语的声类和韵类。同时,《文海》各韵部中的小韵是按声母的类别来排列的,这些类别是唇音、舌音、牙音、齿音、喉音、半舌音、半齿音,这样的排列,对于研究西夏语的声母系统也有很大的便利。据研究,西夏语的声类为二十三,但实际声母数略多于此数:

帮 p	非 f	端 t	照 tɕ	见 k	精 ts/nts	影喻 ɣ/ɣg
滂 pʻ	敷 fʻ	透 tʻ	穿 tɕʻ	溪 kʻ	清 tsʻ	
明 m/mb	微 m̥	泥 n/nd	日 ʑ	疑 ŋ/ŋg		
来 l/l̥/ld/r		娘 n̥	审 ɕ	心 s	晓 h	

西夏语的韵类为九十七，但实际韵母数也不止于此，如第十七韵有 a、ua、ia 三个韵母，第二十五韵有 an、uan 两个韵母。

从《文海》所收录的西夏文字和它对这些文字所做的解释，还可以了解到西夏社会当时的政治、经济、文化、军事等各方面的情况。例如本书有"婚价"一词，释云："结婚取女价，向亲戚、叔舅等馈物之谓。"反映了当时的买卖婚姻。又如书中有"烧尸"一词，释云："火上烧化尸体之谓。"反映了当时的火葬风俗。由此可见，《文海》实在是非常宝贵的古代文献。

有关研究《文海》的著作甚多，最早研究和介绍此书的是苏联学者聂历山，1927 年他在日本撰写并发表了《关于西夏文字典》一文。以后 1930 年我国学者罗福成在《国立北平图书馆馆刊》西夏文专号中也介绍了《文海》的概况。1960 年聂历山在莫斯科出版《西夏语文学》一书，对《文海》研究甚勤，但未能进行系统的整理。1964 年，日本学者西田龙雄著《西夏语的研究》一书（座右宝刊行会刊行），构拟了西夏语语音体系，但因未见原书，研究不能无误。以后，1963 年苏联索弗罗诺夫和克恰诺夫著《西夏语语音研究》、1968 年索弗罗诺夫著《西夏语语法》、1969 年柯萍等著《文海》，都做了大量有益的探讨。但是他们虽然有使用原书之便，却因对反切上下字辨认不准确、对西夏文字形分析有违原意、对字典释义的理解也多有不妥，故研究中错失甚多。1983 年，我国学者史金波、白滨和黄振华著《文海研究》（中国社会科学出版社出版），在纠正前人错失的同时，又有大量创获，为研究《文海》之最佳参考著作。

（杨剑桥）

文 学

太平广记 〔北宋〕李 昉 等

《太平广记》,北宋李昉等编。五百卷,目录十卷。书成后于太平兴国六年(981)正月奉旨雕版刊印。后因言者谓其非后学所急,乃收版藏太清楼,故此书的流传并不广。明嘉靖、隆庆间,无锡人谈恺于此书用力甚多,据钞本校订补遗而三刻其书,此书才得以广泛流传。后明清之际的刻本多从此出。现可见最早的本子便是谈刻本。宋本无传,只有从明陈鳣校宋本中还能了解一些宋本的情况。此书另有明沈氏野竹斋钞本、明许自昌刻本、清黄晟刻本等。目前的通行本是人民文学出版社 1959 年出版的汪绍楹点校本,此本 1961 年中华书局重印时又作了修正。2011 年,北京燕山出版社出版了张国风的《太平广记会校》。

李昉(925—996),字明远,深州饶阳(今属河北)人。五代后汉乾祐间举进士,为秘书郎。后周显德间侍世宗,仕至屯田郎中、翰林学士。入宋,由中书舍人,历知贡举、翰林学士、中书侍郎,拜平章事。政绩不著,而长于文词,曾受诏与修《太祖实录》。

太平兴国二年(977)三月奉宋太宗之命,李昉、吕文仲、吴淑、陈鄂、赵邻几、董淳、张洎、宋白、徐铉、汤悦、李穆、扈蒙十二人开始编纂《太平广记》,次年(978)八月书成,八月十三日进表,八月二十五日奉敕送史馆。其书因编纂于太平兴国年间而得名。关于此书编纂之由,李昉曾称"伏以六籍既分,九流并起,皆得圣人之道,以尽万物之情,足以启迪聪明,鉴照今古。伏惟皇帝陛下,体周圣启,德迈文思,博综群言,不遗众善。以为编秩既广,观览难周。故使采摭菁英,裁成类例"(《太平广记表》)。知此书之编意在张扬太宗文治和提供博览群书之便。谈恺则称"按宋太平兴国间,既得诸国图籍,而降王诸臣,皆海内名士,或宣怨言,尽收用之。置之馆阁,厚其廪饩,使修群书",更透露出宋初统治者借编书笼络人心、粉饰太平之意。

《太平广记》是一部以辑录古小说为主的大型类书,它取材于上自汉代下迄宋初的野史、传记、地理志、小说及释藏、道经诸书。其所收材料,以类编排。全书共立九十二大类,又分一百五十余细目。书前置目录十卷,标明每卷类别及所收材料。内容尤以神仙、鬼怪、传奇、志异等为多。现将其卷数在五卷以上者罗列于下,以见一斑。

神仙(五十五)、女仙(十五)、道术(五)、方士(五)、异人(六)、异僧(十二)、报应(三十三)、征应(十一)、定数(十五)、贡举(七)、书(五)、诙谐(八)、嘲诮(五)、嗤鄙(五)、梦(七)、神(二十五)、鬼(四十)、妖怪(九)、精怪(六)、再生(十二)、宝(六)、草木(十二)、龙(八)、虎(八)、畜兽(十三)、狐(九)、水族(九)、昆虫(七)、杂传记(九)、杂录(八)。

中国古小说滥觞于神话,历秦汉之神仙、方士传及六朝之志怪、志人小说,至唐代传奇而臻顶峰。《太平广记》于此可谓是做了一次总结性的清理。其编排门类涵盖了古小说的全部题材,其所录内容体现了古小说的主流。在中国小说研究史上,本书具有划时代的意义。

《太平广记》被称为"古小说之林薮",它保留了大量宋以前的小说史料。旧刻本曾列了一个本书引用书目,有三百四十五种。然据相关研究,引书当在四百种以上,邓嗣禹《太平广记篇目及引书引得》称达四百七十五种。且《太平广记》在编纂时,一般较尊重原著,多实录少删改,篇幅小的则全文钞录,故其史料价值较高。此书所引之书许多已失传或散佚,端赖此书,我们才能了解一些原书的内容、风貌;对于那些存书,此书的材料亦可资校勘、辑佚。唐传奇《李娃传》、《柳氏传》、《霍小玉传》、《莺莺传》(杂传记)等多仅见于此书,《柳毅传书》(龙)、《任氏传》(狐)、《南柯太守》(昆虫)等则是现存最早的本子。鲁迅辑录《古小说钩沉》、《唐宋传奇集》时便充分利用了此书。又牛僧孺《玄怪录》为唐代著名的传奇集,原书十卷,现仅残存四卷。后人于《太平广记》中辑出该书佚文多则补入,使《玄怪录》得以更完整的面貌呈现于读者面前。

《太平广记》"虽多谈神怪,然采摭繁富,名物典故,错出其间,词章家恒所采用,考证家亦多所取资"(《四库全书总目》)。今人于此书爬梳剔抉获唐诗篇什凡三十九(见陈尚君《全唐诗补编·全唐诗续拾》卷五七,中华书局,1992年),丰富了唐诗这一诗歌宝库,可见此书对于诗歌辑佚也颇有益。

除了保存了大量小说、诗文的史料外,《太平广记》的另一个功绩则是在中国小说、戏曲的发展中产生了较大的影响。在南宋,说话人便"幼习《太平广记》"(罗烨《醉翁谈录》)。宋、元、明、清的许多小说、戏曲的题材都来源于《太平广记》,如元代著名的杂剧《倩女离魂》即本于此书神魂类中所收录的唐陈玄祐所撰传奇《离魂记》。

由于《太平广记》影响广泛,历代多有节录、改编本,如宋蔡蕃节录其书而成《鹿革事类》、《鹿革文类》各三十卷,明冯梦龙则改编为《太平广记钞》八十卷等。甚至还有窜乱本书而假托他名行于世者,如明代《古今说海》、《五朝小说》,清代《说郛》(陶珽重编本)、《唐人说荟》等。

《太平广记》亦有不少缺憾,尤其是书中于材料出处、作者,所注多有错误。如卷四八九错署《周秦行纪》作者为牛僧孺,而实为韦瓘。卷二七九"周延翰"条,误注出《广异记》,而实出《稽神录》。卷三九四"元稹"条,误注出《剧谈录》,实出《酉阳杂俎》等。且有书名之误或一书而多名者。《传奇》误作《传记》,《传异志》又作《博异记》、《博异传》、《传异记》等。鲁迅曾说:"我以为《太平广记》的好处有二,一是从六朝到宋初的小说几乎全收在内,倘若大略的研究,即可以不必别买许多书。二是精怪,鬼神,和尚,道士,一类一类的分得很清楚,聚得很多,可以使我们看到厌而又厌,对于现在谈狐鬼的《太平广记》的子孙,再没有拜读的勇气。"(《破〈唐人说荟〉》)这段话正道出了本书优劣相间的特点。

研究本书的论著,有程毅中《太平广记》(春风文艺出版社,1999年)、牛景丽《〈太平广记〉的传播与影响》(南开大学出版社,2008年)。鲁迅《中国小说史略》有关章节、岑仲勉《跋历史语言研究所藏明末谈刻及道光三让本太平广记》(《中央研究院历史语言研究所集刊》第十二本,1948年)、程毅中《太平广记的几种版本》(《社会科学战线》1988年第3期)等。

有关本书的工具书,有邓嗣禹编《太平广记篇目及引书引得》(哈佛燕京学社,1934年)、《太平广记索引》(中华书局,1982年),王秀梅、王泓冰编《太平广记索引》(中华书局,1996年)等。

(林德龙)

文苑英华 〔北宋〕李　昉等

《文苑英华》一千卷，北宋李昉等编。现存最早的版本，是南宋嘉泰元年至四年（1201—1204）周必大校刻本，惜仅残存一百四十卷（其中一百三十卷藏北京图书馆；余十卷原为国内私家收藏，1995年经北京嘉德公司拍卖售出）。南宋以后唯一雕版刊刻且千卷不缺流传至今的本子，是明隆庆元年（1567）胡维新、戚继光刻本。清修《四库全书》，所钞《文苑英华》即以隆庆本的万历重印本为底本。此外尚有六部明钞本传世，它们或卷帙不全，或间配清钞，其中一部还改名为《蓬海珠丛》，未知何据。本书目前的通行本，是中华书局1966年版影印本，该本以原商务印书馆缩印宋刊配明刊本的印样为基础，合宋刻残本一百四十卷与明刻本八百六十卷影印而成，1982年、1990年曾两度重印。

《文苑英华》是宋太宗敕纂的一部大型总集。始纂于太平兴国七年（982），完成于雍熙三年十二月（987年1月）。最初受命编纂本书的，是李昉、扈蒙、徐铉、宋白、贾黄中、吕蒙正、李至、李穆、杨徽之、李范、杨砺、吴淑、吕文仲、胡汀、战贻庆、杜镐、舒雅等十七位阁僚词臣。其间李昉、扈蒙等十三人"并改他任"，续替编纂的，是苏易简、王祐、范杲、宋湜与原班人马中的宋白、徐铉、贾黄中、杨徽之等。这前后二十一位文学词臣中，对编纂本书起了较重要作用的，是李昉、宋白、杨徽之三人。

李昉生平事迹见"太平广记"条。

宋白（936—1012），字太素，大名（今属河北）人。北宋建隆二年（961）擢进士甲科，乾德、开宝间，历知玉津、蒲城、卫南诸县。太宗即位，由左拾遗累迁至翰林学士，加礼部侍郎、知贡举。景德间以兵部尚书致仕。少善属文，好谈谑，喜聚书，曾编有类书《建章集》。是《文苑英华》编纂后期的实际负责人。

杨徽之（921—1000），字仲猷，建州浦城（今属福建）人。五代后周显德中举进士甲科，官著作佐郎、右拾遗。宋初知天兴、峨眉、全州等地，与宋白有文辞酬唱。太平兴国年间迁侍御史，官至翰林侍读学士。家世尚武,而擅文翰。以"精于风雅",在《文苑英华》纂修时被"分命编诗",成卷凡一百八十。

以李昉、宋白、杨徽之等为主于雍熙三年底编成的《文苑英华》一千卷,原预备与《文选》合刊,但因发现原稿仍有不少问题,迟至宋真宗景德四年(1007)仍对之"芟繁补阙"而未付梓。此后北宋大中祥符年间与南宋孝宗时又各进行了一次校订,而质量问题仍未完全解决,故南宋著名文人丞相周必大(1126—1204)于庆元初致仕后,复与胡柯、彭叔夏等文士再次校订本书,并予刊行,那便是今天所能见到的本书现存的最早版本。

《文苑英华》在编纂之初所设定的目标便是上继《昭明文选》,因此它在体制、编例方面与《文选》有着诸多联系(书取"文苑英华"为名,似亦受昭明太子所纂《文章英华》、《古今诗苑英华》的启发而来):它也是一部通代分体的诗文合编的总集,所收作品的上限为萧梁,正与《文选》相衔接,而下限在晚唐五代。它同样首先依文体分为三十八大类,这三十八类与《文选》的三十七类相比,有继承的类目,也有新创的名称,依次为赋、诗、歌行、杂文、中书制诰、翰林制诰、策问、策、判、表、笺、状、檄、露布、弹文、移文、启、书、疏、序、论、议、连珠、喻对、颂、赞、铭、箴、传、记、谥哀册文、谥议、诔、碑、志、墓表、行状、祭文。每一大类下,则又依题材、内容等分为若干部,如卷一五一至三三〇这一百八十卷"诗"中,便分天部、地部、帝德、应制、应令、省试、朝省、乐府、音乐、人事、释门、道门、隐逸、寺院、酬和、寄赠、送行、留别、行迈、军旅、悲悼、居处、郊祀、花木、禽兽等二十五部。部下再分小类,像"隐逸"一部,就又列徵君、居士、处士、山人、隐士五个子目;"居处"一部,则有上阳宫、九成宫、华清宫、宫、苑、殿、楼、台、阁、堂、亭、园斋、别业、村墅、山庄、田家十六子目。各子目下所收诗文,大致依作者所处时代前后排列,但同题之作,仍聚于一处,以"第二"、"第三"或"同前"标题。综计全书,共选录了萧梁迄五代约两千两百位作家的近两万篇作品,其中百分之九十皆为唐人之作,而赋、诗、歌行三体作品相加即占了全书近三分之一的卷数。

从文学研究的角度说,本书的主要价值,在于保存了相当丰富的唐代及唐以前的文学作品。这些作品汇聚于一书,一方面为后人辑集那些别集已经失传的作家作品提供了材料,另一方面又为后人校勘古代文学作品提供了方便。由前一方面论,宋初编纂《文苑英华》时所能见到的唐代及其前作家别集自然比宋以后要多,随着时间的推移,其中一部分逐渐散佚,但它们的主要篇章却由于本书的选录而得以留传下来,所以本书也就成了明清两代及近人重辑前人尤其是唐人别集、新编大型总集的一个重要的资料库。像明代张燮所辑初唐四杰之一王勃的《王子安集》十六卷,除诗赋出于嘉靖年张逊业所刊两卷本《王勃集》外,其余"文"的部分几乎全部录自《文苑英华》;崇祯间闵齐伋所刊刻的唐人刘蜕所著《刘拾遗集》,据近人傅增湘考证,"要其所采,当不越《英华》、《文粹》诸书"(《藏园群书题记》卷十二"明崇祯本《刘拾遗集》跋")。而唐代著名诗人李商隐的文集,则自宋以后即以稀见而终至不传,到清初才由朱鹤龄从《文苑英华》等书中辑得五卷;五卷之中,朱氏又漏辑"状"一体,于是徐炯又为之补辑,来源则依然是《文苑英华》,因此今天流行的《樊南文集》,虽成于众人之手,而其来源多半仍为本书。至清修《四库全书》,编《全唐诗》、《全唐文》,对本书亦颇加利用,严可均辑《全上古三代秦汉三国六朝文》,录自本书的篇章也有不少。从后一方面看,因为传世的本书宋刊、明刊本均保留有南宋周必大、胡柯、彭叔夏当年用别集或他种总集对书中所收篇章所作的校勘记(以双行小字"一作某某"或"集作某某"随正文注于行间;又宋本还有次校记于卷末之例,如卷二九一"诗·行迈"卷末列杜甫《早发射洪县》等诗校勘记,如"复侵星"校记云"复,川本作乃"等),而周氏诸人当时所用以校勘的书籍,至晚即为南宋刊本,因此这些校勘记也就真切地反映了某篇作品与某家别集在南宋流传时因版本不同而呈现文字差异的实况,考虑到今天宋刊本亦已甚为稀见,所以这些校勘记便同时又成为今人校勘现存唐代及其以前的文学作品的重要依据;而通行本影印的一百四十卷宋本,由于保存了南宋刻本原貌,更显宝贵。

本书的另一价值,在全书以文体、题材、内容等层层分类,其汇聚一类的作品,偶也会因其汇聚角度的独特,而成为后人研究古典文学的好题目。例如卷一八〇至一八九为"诗"大类中的"省试"部,附有"州府试"诗,其中搜罗完备的各体试帖诗,便为研究唐代的科举与文学提供了颇佳的题目与素材。又如前述"诗"大类"隐逸"部下有"山人"一小类,所录皆吟咏赠答"山人"之作,取之为史料以研究作为一种职业身份的"山人"群体在宋以前的衍变及其文学呈现,亦不失其独到与新颖。

本书自然也有其不足乃至比较明显的缺点。从分类上看,过于繁复,时有类别不清、叠床架屋之病。从选目上看,虽名"英华",而所取仍不乏糟粕,像大量选录应制之作,便颇无聊。此外由于书成众手,卷帙浩繁,钞录费工,也造成了书中出现较多的文字讹误、缺失以至整段错简等毛病。

研究本书的论著,最著名的是南宋彭叔夏的《文苑英华辨证》十卷(《文苑英华》影印本后附印了《辨证》,所用底本为清代广东翻刻的《武英殿聚珍版书》本)。其后有清人劳格的《文苑英华辨证拾遗》(版本同前)与《四库全书总目》本书提要。近代以来研究本书的文字,则有罗振玉《宋椠文苑英华残本校记》(1929年《北平北海图书馆月刊》二卷5期)、段琼林《宋椠文苑英华辨证校记》(1930年《女师大学术季刊》第3期)、傅增湘《文苑英华校记》(北京图书馆出版社,2006年)以及《校本文苑英华跋》《范履平临叶石君校本文苑英华跋》(均收入《藏园群书题记》卷十二)、岑仲勉《文苑英华辨证校白氏诗文附按》(1948年《中央研究院史语所集刊》第十二本)、日本花房英树《〈文苑英华〉的编纂》(《文苑英華の編纂》,1950年《东方学报》京都版十九号),以及中华书局

1966 年本书影印本卷首"出版说明"、William H. Nienhauser, Jr. 的"A structural reading of the *Chuan* in the *Wen-yüan ying-hua*"(载 *The Journal of Asian Studies*, XXXVI. nos 3. 1977)、何法周《〈文苑英华〉、〈唐文粹〉的编选情况相互关系及其他》(《河南大学学报》1986 年第 5 期)、陶敏《唐代诗文的渊薮——大型总集〈文苑英华〉介绍》(《古典文学知识》1993 年第 4 期)、凌朝栋《文苑英华研究》(上海古籍出版社,2005 年)等。

(陈正宏)

西昆酬唱集 〔北宋〕杨 亿

《西昆酬唱集》二卷，北宋杨亿编。有明嘉靖十六年(1537)张绖玩珠堂刻本、清康熙四十七年(1708)苏州朱氏辨义堂刻本、《四库全书》本、《粤雅堂丛书》本等。未经整理而版本较佳的读本，是民国间商务印书馆出版的《四部丛刊》第二次影印本，该本所收本书，以明嘉靖本为底本。已经整理的诸本，以王仲荦撰注、中华书局1980年出版的《西昆酬唱集注》最好，该本虽以清代通行本子为底本，但正文多据《四部丛刊》影明嘉靖本及清代诸善本校改并出校记，可信程度较高。

杨亿(974—1020)，字大年，建州浦城(今属福建)人。是宋初著名词臣杨徽之的侄孙。七岁能属文，年十一诏赴京师试词艺，以文才授秘书省正字。淳化年间，以献赋受试翰林，赐进士及第。后为赵恒(即后来的宋真宗)东宫僚属。真宗即位，与修《太宗实录》。景德中，又与王钦若负责编纂《册府元龟》。官至翰林学士，兼史馆修撰，判馆事。才思敏捷，下笔千言，不加点窜，而喜奖掖后进，故为北宋前期文坛的领袖人物。著作除本书外，传世者尚有《武夷新集》十二卷。

《西昆酬唱集》是杨亿编录的一部北宋前期台阁词臣唱和诗集。据本书卷首序署"翰林学士户部郎中知制诰杨亿述"，而《宋史·杨亿传》记杨氏"大中祥符初，加兵部员外郎、户部郎中"；又本书所收诸诗，有明确纪年而时间最后者为卷下之《戊申年七夕五绝》，戊申当宋真宗大中祥符元年(1008)，可推知杨氏编成此书的时间不会早于是年。又据杨氏序所云"予景德中，忝佐修书之任"及当时与钱惟演、刘筠等"历览遗编，研味前作，发于希慕，更迭唱和，互相切劘"诸语，可知书中所收大都皆景德二年(1005)《册府元龟》开始编纂后诸词臣唱和之作。由于创作的背景与作者均与书册所藏之府即《山海经》、《穆天子传》等旧籍所称的西方昆仑群玉之山有关，故其书取"西昆"为名，称作《西昆酬唱集》。

《西昆酬唱集》全书共分上、下两卷，通行本卷首除杨亿自序外，尚有"西昆唱和诗人姓氏"，列书中所收参与唱和的十七位诗人的姓名、官衔及本书录诗首数。正文上下卷均以诗题编次各家唱和之作，不同诗人的同题唱和之作排系于一处，原唱在前，和诗在后；诗题前后排次亦似以创作时间先后为序。综计全书共收录五、七言律诗二百五十首(其中上卷一百二十三首,下卷一百二十七首),其作者则为如下十七位北宋前期的词臣:杨亿、刘筠、钱惟演、李宗谔、陈越、李维、刘骘、丁谓、刁衎、任随、张咏、钱惟济、舒雅、晁迥、崔遵度、薛映、刘秉(王仲荦疑"刘秉"当为"张秉"之讹)。该十七家诗中,以杨亿、刘筠、钱惟演三人原唱为主,书中录诗最多的前三名亦即此三家,依次为七十五、七十三、五十四首,三家合计二百零二首,占全书录诗总数的五分之四有余;其余十四家各录诗一至七首不等。

由于是在一个特定的生活境遇里互相唱和而诞生的作品,因此本书所收诗有两个比较明显的特征:一是艺术上都比较追求表现个人的才学,讲究典故的充分运用;二是除了一部分作品意在讽谏当朝政事或表露个人心迹,大部分主要是比较纯粹的文字游戏,带有文学实验的意味,故不以表现深刻的主题为目标。而从总体风格看,书中所录的诗作,有相当部分是继承了晚唐名家李商隐的诗歌风貌的。

由书中所收的具体作品而论,则无论是用典、文字游戏,还是学李商隐的风格,都因作者才学的高下与个人感情注入诗中程度的深浅而呈现不同的面貌。如同样是以《夕阳》为题的咏物诗,杨亿所和的"夕籁起汀葭,秋空送目赊。绿芜平度鸟,红树远连霞。水阔迷归棹,风清咽迥笳。高楼未成下,天际玉钩斜",就相对而言要比同是和作的钱惟演写的那首"远色连高树,回光射迥楼"更有意境。而同样是以《南朝》为题的咏史诗,李宗谔的以"惆怅雷塘都几日,吟魂醉魄已相寻"为结句的那首,由于古典之中寓含讽喻性的"今典",也显然较同题的杨亿、钱惟演之作更深刻些。至书中卷上所录杨亿、刘筠、钱惟演三人唱和的《宣曲二十二韵》三诗,题旨涉及当日内廷秘事,杨亿等后来被以"属词浮靡"的罪名而遭"严谴",即因该诗,故其对于研究北宋词臣与最高当局的关系别具价值,自不待言。而卷下所收杨亿《偶怀》、《因人话建溪旧居》二诗,其间较多流露出诗人内心对仕途险恶的慨叹,在集中独现与众不同的风貌,则又是研究杨亿其人其诗的第一手材料。

《西昆酬唱集》的出现,从宋代文学的发展历程来说,是对宋初诗坛过分尊崇白居易通俗诗风的一种反拨。书中所收均为才学之士的作品,讲究典故的运用,追求诗歌的艺术技巧的表现,同时在一定程度上注意到了表现相对而言较为深厚而非直露的意蕴,凡此均对宋诗的发展具有一定的促进作用。"西昆体"在文学史上占一席之地,即起源于本书。但也因为其中相当一部分作品缺乏较为深刻而自然的题旨,用典过多,类同堆垛之物,故自北宋中期开始遭到文坛的猛烈抨击。直到清代前期,才在一部分学者中重新获得较高的评价。

有关本书的研究论著,除前面已经介绍的王仲荦撰《西昆酬唱集注》,还有清人周桢、王图炜合撰的本书注本(有上海古籍出版社1985年影印本),近人郑再时撰《西昆酬唱集笺注》(齐鲁书社,1986年),以及丰田穰《论李商隐的诗与〈西昆酬唱集〉》(《李商隠の詩と〈西崑酬唱集〉に就いて》,日本《汉学会杂志》七卷二号,1939年)、杨牧之《〈西昆酬唱集〉刍议》(《读书》1982年第4期)、方智范《杨亿及西昆体再认识》(《华东师范大学学报》2000年第6期)、张明华《从〈武夷集〉到〈西民集〉——西昆体形成期与成熟期作品比较》(《文学遗产》2002年第4期)等。

(陈正宏)

时贤本事曲子集 〔北宋〕杨 绘

《时贤本事曲子集》,简称《本事曲集》、《本事集》、《本事曲》,北宋杨绘编撰。原书已散佚。现传本为今人赵万里辑本,一卷,收入赵氏《校辑宋金元人词》(1931年中央研究院历史语言研究所排印本)第五册。本书赵辑本目前较易得的本子,是唐圭璋编《词话丛编》(中华书局,1986年)第一册所收本。

杨绘(1017—1088),字元素,绵竹(今属四川)人。皇祐初进士及第,通判荆南,徙知兴元府。神宗立,召修起居注,由知谏院迁翰林学士、御史中丞。以与王安石政见不合,罢为侍读学士,出知亳州、杭州等地。元祐初,复官天章阁待制,再知杭州。其人生性疏旷耿直,能文擅词,与张先、苏轼等同时文坛名流颇有交往。《宋史》称其有集八十卷。

《时贤本事曲子集》是杨绘编撰的一部兼有词话与词总集性质的词学著作。其书的纂集经过,由元丰五年(1082)苏轼所撰《与杨元素书》略可窥知:"近一相识录得明公所编《本事曲子》,足广奇闻,以为闲居之鼓吹也。然窃谓宜更广之。但嘱知识间,令各记所闻,即所载日益广矣。辄献三事,更乞拣择。传到百四十许曲,不知传得足否?"参以《欧阳文忠公集》卷一三二《欧阳文忠公近体乐府》二《渔家傲》词小注,引及《京本时贤曲子后集》,一般认为《时贤本事曲子集》一书当有前、后两集,前集可能于元丰年间已编就,集中涉及词一百四十首左右;后集则是此后杨绘接受苏轼的建议续编的,编撰工作可能得到过友人的协助,但成集的具体时间与规模已不可考。

赵辑本《时贤本事曲子集》共载南唐中主、孟蜀后主、林逋、范仲淹、欧阳修、苏轼六目,计九则(其中苏轼有四则),分别辑自《苕溪渔隐丛话》、《敬斋古今黈》、《欧阳文忠公近体乐府》、毛晋校本《东坡词》等书(其中出自《欧阳文忠公近体乐府》和《东坡词》的五则,最早是梁启超发现的)。赵辑尚不能称完备,其后吴熊和著《唐宋词通论》,即指出《事物纪原集类》、《王状元集百家注分类东坡先生诗》、《能改斋漫录》、《中吴纪闻》诸书中颇有引及《时贤本事曲子集》者;孔凡礼《全宋词补辑》,亦从《词渊》中辑得杨书所载佚词一首。

由诸家所辑《时贤本事曲子集》佚文看,杨绘编纂的这部词学著作,体制上一般是先叙解词的本事,继钞录全词,但也有只记录词坛逸闻而不录全词的。书中涉及的词人,大多是所谓的"时贤",即北宋作家,但也编录了一些五代大词人的作品及逸闻。至本书的价值,约有如下三端。其一,保存了北宋中叶以前一些著名作家的词作。如林逋、范仲淹二家,能词而作品流传甚少。赵辑本里所载林逋、范仲淹二则,全文引录了林逋的《点绛唇》和范仲淹的《定风波》,便为更加全面地研究两家词提供了珍贵的材料。其二,记录了不少北宋名家词作的本事,为后人更深入地解读这些词作创造了有利的条件。由于杨绘与苏轼曾于熙宁年间一同任职杭州,来往密切,所以对苏轼的创作颇有了解,本书中叙解的一批苏词的本事,因此具有独特的史料价值。像赵辑本的如下一则:"董毅夫名钺,自梓漕得罪归鄱阳,遇东坡于齐安,怪其丰暇自得。曰:'吾再娶柳氏三日而去官,吾固不戚戚而忧,柳氏不能忘怀于进退也。已而欣然同忧患,如处富贵,吾是以益安焉。'乃令家僮歌其所作《满江红》。东坡嗟叹之,次其韵。"即完整地记录了苏轼《满江红》的写作缘起,据此苏词中"何似伯鸾携德耀,箪瓢未足清欢足"诸句的内涵,便可迎刃而解。其三,书中所记的一些词史逸闻,对后人考索有关问题不无启发。像《事物纪原集类》引本书文字,中有一则云:"近传一阕,云李白制,即今《菩萨蛮》,其词非白不能及,信其自白始也。"杨绘有关《菩萨蛮》的结论也许并不正确,但他的叙说,却是迄今为止发现的较早记载《菩萨蛮》词的文字。如果将杨绘的记载、本书编纂的年代及词在北宋的发展态势联系起来考察,则我们对《菩萨蛮》的真正诞生时代,或许会有一个比较接近事实的看法。

《时贤本事曲子集》就其体制与内容而言,堪称"最古之宋词总集"和"最古之词话"(梁启超语)。由于它的出现,词苑里逐渐兴起编纂词总集和撰写词话的热潮。从体制上看,后来《词林纪事》一类的著作,其形式的源头,亦可追溯至本书。但因为是词学研究的早期成果,所以本书也不免有讹误缺陷。书中记宋词本事,如赵辑本"孟蜀后主"条,将苏轼《洞仙歌》序已解说清楚的本事,仍讹传为钱塘老尼能诵后主诗(其实当为眉山朱姓老尼能诵蜀主词),即疏漏颇甚。

研究本书的论著,有梁启超《记时贤本事曲子集》(作于1928年,文载《饮冰室合集》文集之四十四,中华书局,1932年)、吴熊和《唐宋词通论》(浙江古籍出版社,1985年)有关章节、饶宗颐《词集考》(中华书局,1992年)本书提要等。

(陈正宏)

楚辞补注 〔南宋〕洪兴祖

《楚辞补注》十七卷,南宋洪兴祖撰。善本有明翻刻宋本、明钞本、清初毛氏汲古阁刻本。后收入《四库全书》、《四部丛刊》、《四部备要》、《丛书集成》等丛书,其中《四部丛刊》所收即据明翻刻宋本影印。本书目前的通行本,是中华书局1983年出版的据汲古阁本标点、参校《四部丛刊》等本的排印本,2006年又出版了重印修订本。

洪兴祖,字庆善,镇江丹阳(今属江苏)人。北宋政和年间(1111—1118)登上舍第,为湖州士曹,改宣教郎。南渡后授秘书省正字,复任职太常博士。后出知真州、饶州。以曾为已故龙图阁学士程瑀《论语解》作序,语涉怨望,触犯秦桧,被编管昭州。其人好古博学,著作除本书外,尚有《老庄本旨》、《周易通义》、《系辞要旨》、《古文孝经序赞》、《楚辞考异》等。

《楚辞补注》是洪兴祖为补东汉王逸《楚辞章句》而撰的一部《楚辞》注本。原书有序,后缺失。据南宋陈振孙《直斋书录解题》,本书的撰著经过为:"兴祖少时从柳展如得东坡手校《楚辞》十卷,凡诸本异同,皆两出之。后又得洪玉父而下本十四五家参校,遂为定本。始补王逸《章句》之未备者。书成,又得姚廷辉本,作《考异》附古本《释文》之后。其末又得欧阳永叔、孙莘老、苏子容本于关子东、叶少协,校正以补《考异》之遗。"由此可知,洪兴祖的这部《楚辞补注》,所用的《楚辞》版本实为一择善而从的本子;而洪氏的《楚辞考异》,本是附在古本《楚辞释文》之后,单独为一书的。后来宋人并刻王逸《楚辞章句》、洪兴祖《楚辞补注》,将《考异》散入《补注》前,才有了今本《楚辞补注》的面目。

今本《楚辞补注》卷首有"楚辞目录",十七卷篇目及卷次全同《楚辞章句》,但于《离骚经》末,除原有王逸叙外,加班固《离骚赞序》二篇(《章句》本置《天问》、《九叹》之后)及刘勰《辨骚》。又于各卷卷目下,加注《楚辞释文》的原卷次,如"《九章》第四"下,即注"《释文》第五";"《九辩》第八"下,又注"《释文》第二",等等。而《目录》之末,有洪氏跋云:"按《九章》第四,《九辩》第八,而王逸《九章》注云'皆解于《九辩》中',知《释文》篇第盖旧本也,后人始以作者先后次叙之尔。"洪氏对

《释文》的这一看法,无疑是富于启发性的。

本书卷一正文前,又有洪氏所撰小字叙文一节,略述隋唐以来《楚辞》研究小史,既论著作,亦叙历代楚辞读音。正文则在《楚辞》原文、王逸《章句》、《楚辞考异》后,用"补曰"二字引出所撰补注。但王逸《章句》与《考异》之文间无区别标志,仍须对照《章句》原本方可知"补曰"前之注文何者为王逸原有,何者为后续。至洪氏《补注》的内容,大致而言有以下几个方面。

一、补遗。有补王逸未注及有注不详两种情况。前者如《天问》"康回冯怒"句,王逸仅注"康回,共工名也",下引《淮南子》共工怒触不周山之典,而于"冯怒"之"冯"不加注解。《补注》则云:"冯,皮膺切。《列子》曰:帝凭怒。注云:凭,大也。《春秋传》曰:震电冯怒。注云:冯,盛也。《方言》云:凭,怒也,楚曰凭。注云:恚盛貌。引康回凭怒。然则冯、凭一也。"后者如《离骚》"女嬃之婵媛兮"句中"女嬃"一词,王逸注仅谓:"女嬃,屈原姊也。"《补注》则先引《说文》"嬃,女字也,音须",继引贾侍中说"楚人谓女曰嬃,前汉有吕须,取此为名",最后再转引《水经》所引袁崧语,说明"秭归"之名与传说中屈原有贤姊,曾在屈原归故里时劝喻乃弟情节的联系。

二、申说。主要是在文句方面阐发王逸原注未及拓展的内容。其特点之一,是"以楚辞解楚辞"。如《离骚》"余独好修以为常",王逸注仅作语体的翻译,云:"我独好修正直以为常行也。"《补注》则采用《离骚》原文加以进一步的解说:"下文云:汝何博謇而好修。又曰:苟中情其好修。皆言好修自洁也。"不仅"以骚释骚",还以《天问》释《离骚》,如解"羿淫游以佚畋兮,又好射夫封狐",即引《天问》"帝降夷羿,革孽夏民。冯珧利决,封豨是射"为补注。相似的情形,还有用《离骚》释《湘君》、用柳宗元《天对》释《天问》等多处。而《天问》"并驱系翼,何以将之"句补注引《六韬》"翼其两旁,疾系其后"为解,并注明"系翼,盖兵法也",则又将申说的引用史料范围拓展至王逸未曾注意的兵家之书。《补注》申说的另一特点,是注意到了文体的历史与名物制度的演变。如《离骚》首句"帝高阳之苗裔兮",王逸注重在解释本文,而洪氏补注则引刘知幾《史通》"作者自叙,其流出于中古"云云,从文体流变的角度阐释了《离骚》起首自道身世写法的缘由。又如补注《离骚》"巫咸将夕降兮",引《书序》、《汉书·郊祀志》、《说文》、《山海经》、《淮南子》、《庄子》等史料说明巫咸产生、发展及演化的历史,也较王逸注仅谓"巫咸,古神巫也,当殷中宗之世"一语更为详确。

三、归纳。王逸原注通常只是就本文作注解,洪氏补注则时就某一文句对《楚辞》某类典范性的词句作归纳性的解说。如王逸注《离骚》"恐美人之迟暮"句中"美人"一词,但云:"美人,谓怀王也。人君服饰美好,故言美人也。"补注则归纳说:"屈原有以美人喻君者,'恐美人之迟暮'是也;有喻善人者,'满堂兮美人'是也;有自喻者,'送美人兮南浦'是也。"

四、存异。王逸注已有用"或曰"、"一云"标示与己说不同的注文,洪氏补注承之,也时录与王注不同而又不见于《章句》的异说。如《天问》"水滨之木,得彼小子。夫何恶之,媵有莘之妇"一问,王逸《章句》原注以伊尹母梦神女告臼灶生蛙的故事,洪氏补注复引《列子》"伊尹生乎空桑"的古传说,并注明:"与注说小异,故并录之。"《天问》"化为黄熊,巫何活焉"一问的补注也类似,原王逸注仅注鲧死化为黄熊的神话,补注则分别引《左传》、《国语》,谓"黄熊"一作"黄能",而能是三足鳖,据《说文》又为熊属,参以"东海人祭禹庙,不用熊肉及鳖为膳"的实情,推测其源出自《左传》与《国语》的不同文本,所以"兼存之也"。值得注意的是,《补注》的存异说,基本上都注明出典,这就较王逸《章句》的体制更为严格了。

五、纠谬。王逸原注讹误处,洪氏补注也多有纠正。如《天问》末"吾告堵敖以不长"句中"堵敖"一名,王注谓是"楚贤人"。补注引《左传》"楚子灭息,以息妫归,生堵敖及成王也"之文,判定王注为"大谬"。《离骚》"曰勉升降以上下兮"句,王逸解"上下"为"上谓君,下谓臣",失之穿凿,洪氏补注即云:"升降上下,犹所谓经营四荒,周流六漠耳,不必指君臣。"

然而《楚辞补注》本身也不无可纠之谬。较典型的例子如因为《离骚》"曰黄昏以为期兮,羌中道而改路"两句王逸无注,"羌"字释义又见于下文,而怀疑此二句为后人所增。事实上删除此二句,上下文意反不通贯。

但《楚辞补注》在《楚辞》研究史上,仍不失为王逸《楚辞章句》之后,《楚辞》注本的佳作之一,受到宋代及以后研究者的普遍宗尚。南宋朱熹撰《楚辞集注》,虽然篇目取舍上与《补注》颇有不同,而章句诠释实多取其说。

研究本书的论著,有日本桑山龙平《洪兴祖和〈楚辞补注〉》(《洪興祖と楚辞補注》,《天理大学学报》第十九号,1955 年)、姜亮夫《楚辞补注》提要(载《楚辞书目五种》,上海古籍出版社,1993 年)、《洪庆善〈楚辞补注〉所引释文考》(《南开学报》1980 年第 3 期)等。此外,日本学者自 1988 年起,在国学院大学的《汉文学会会报》上,从第三十四号起,开始连载他们有关本书的综合研究成果《〈楚辞补注〉译注稿》。

有关本书的工具书,有日本竹治贞夫编纂的《楚辞索引》,收于台湾中华书局 1972 年出版的《楚辞补注·楚辞索引》一书中。

(陈正宏)

韩子年谱 〔南宋〕洪兴祖

《韩子年谱》五卷,南宋洪兴祖撰。最早收录于南宋庆元年间魏仲举编的《新刊五百家注音辨昌黎先生文集》所附《韩文类谱》中。传世的《韩文类谱》有两种版本,一种是收录吕大防、程俱、洪兴祖三家谱记的七卷本,另一种是增收樊汝霖和方崧卿两家年谱而成的十卷本。从存世的版本看,源于七卷本的有清雍正七年(1729)马氏小玲珑山馆覆宋刻《韩柳年谱》八卷本(第八卷为柳宗元年谱)、咸丰五年(1855)《粤雅堂丛书》本、光绪元年(1875)隶释斋摹刻仿宋本等。源于十卷本的是民国时期上海商务印书馆的影宋刊本。《韩子年谱》目前的通行本,是收录在徐敏霞校辑的《韩愈年谱》(中华书局,1991年)一书中的本子,该本以商务印书馆影宋本《韩文类谱》所收本谱为底本。

作者生平事迹见"楚辞补注"条。

《韩子年谱》是一部考录唐代著名文学家韩愈(768—824)生平事迹和文学作品的编年体传记。在《韩子年谱》之前,已有吕大防撰著的《韩吏部文公集年谱》与程俱编纂的具有年谱性质的《韩文公历官记》。吕谱是韩愈年谱的开山之作。但全文仅五百余字,列条目三十一条,其中约八条未予系事,仅列年份,余者也只是简短记录事件及部分重要作品的写作年代。据吕大防自序,他的本意是通过本谱,"略见其(韩愈)为文之时,则其歌诗伤世、幽忧窃叹之意,粲然可观"。然谱文过于简略,又多有误。而稍后于吕谱的《韩文公历官记》,虽然开列条目更少,仅十余条,然每条下都有较翔实的考证文字,更具学术价值。从现存情况看,洪谱兼具两者之长,并且比两者详赡。

洪兴祖是在参稽多家韩集校本校定韩文的同时,"考岁月之先后,验前史之是非",编撰《韩子年谱》的。其初稿至迟于宋徽宗宣和四年(1122)已经完成。此后又参据朋友提出的意见,重新修改补充,于宣和七年(1125)完成修订稿。

年谱全文一万七千余字,本为一卷,后厘为五卷。卷首有洪兴祖自序,卷末有孙伯野的跋语和洪兴祖的后记。正文第一部分是世谱,主要是根据多种材料考证韩愈的籍贯身世,并列有家世表,表中每人均附有小传。第二部分为年谱本文,每年均出条。但有十四年因无事可系,所以只开列年份,它们大多属于韩愈的早年。其余所系事目以韩愈本人生平和诗文作品的考录为主。同时采录与谱主经历相关的时事,如元和十二年(817)征伐淮西节度使吴元济,元和十四年(819)唐宪宗派使者往凤翔迎佛骨等。总的来说,作者基本上是在对谱主别集中可考年月的作品排比系年的基础上,考录谱主生平事迹的。

《韩子年谱》的主要特点是作者进行了比较翔实的考证,解决了谱主生平中的部分疑点,同时还纠正一些前人记载的失实之处。作者的考据之功着重体现在三方面。第一,他通过对谱主别集各种版本异同的考订,考证谱主的生平及作品的系年。如德宗贞元十一年乙亥(795)条,作者据韩集某本中《感二鸟赋序》所言记录了本年五月韩氏东归一事。同时列举另两种版本所录该文的不同文字,指示东归时间别有贞元五年说和十五年说,并参据《复志赋》、《上崔虞部书》等文章,否定了五年说与十五年说,将韩氏东归定于贞元十一年。又顺宗永贞元年(805)条记韩氏此年作《五箴》,作者罗列两种版本的序言,一作"余生三十有八年",另一本作四十八年,两者相差十年,孰是孰非,作者据《祭老成》一文中"吾年未四十,而视茫茫,而发苍苍,而齿摇动"及贞元十八年(802)的《与崔群之书》中"左车第二牙脱去,两鬓半白,头发五分亦白其一"等记载和《五箴》中的说法相比较,得出韩氏年未四十而屡有年老之叹的结论,由此确定《五箴》当作于永贞元年韩氏三十八岁时。

第二,作者通过对韩氏别集中可考年月的诗文的排订,考证韩氏生平,并以之讨论前史记载之是非。如贞元八年(792)条记有韩氏在梁肃举荐下登进士第一事,作者便引用韩氏《上邢君牙书》"二十五而擢第于春官"、《欧阳詹哀词》"八年春,遂与詹文辞同考试登第"、《赠李观》"我年二十五,求友昧其人。哀歌西京市,乃与夫子亲"及《与陆员外书》"往者,陆相公司贡士,愈亦幸在得中,其后一二年,所与及第者,皆赫然有声。由梁补阙肃、王郎中础佐之,梁举八人,无有失者,其余则王皆与谋焉"等多篇诗文的记载确证此事,同时也证明唐史记载的正确。又如宪宗元和十二年丁酉(817)条,作者以《平淮西碑》"十月壬申(注:壬申即十六日),愬用所得贼将,自文城,因天大雪,疾驰百二十里,用夜半到蔡,破其门,取元济以献"为主要证据,参据其他一些记录,推断入蔡当在十六日,则平蔡在十七日。由此推论《旧唐书》所记己卯(二十三日)入蔡,以及《裴度传》、《吴元济传》中十日至蔡、十一日擒元济的记载是错误的。

第三,作者在资料采用上,除韩氏本人作品外,也开始有意识地征引其他材料,如《元和姓纂》、《资治通鉴》、他人别集等各类材料,和韩氏作品互证,考辨韩氏生平和作品系年问题。例如元和四年己丑(809)条记韩氏本年有送李翱诗,作者便是征引李翱《来南录》中"元和三年十月,受岭南尚书公之命。四年正月去东都,韩退之、石濬川假舟送予到景云山居,诘朝登上方,南望嵩山,题名姓纪别"一段文字与韩诗互证。元和十四年己亥(819)条记韩氏有《泷吏》诗,对其中"南行逾六旬,始下昌乐泷"一句,作者引用欧阳修的考证,即"《韶州图经》:乐昌县西一百八十里武溪,惊湍激石,流数百里。按武水源出郴州临武,其俗谓水湍峻为泷。刘仲章者,前为乐昌令,余初以韩集云昌乐泷,疑其误,乃改从乐昌。仲章云不然,县名乐昌,而泷名昌乐,其旧俗所传如此,韩集不误也",以此证明诗文的正确。

除此之外,作者在年谱中还将议论与考证结合,文字间寄寓褒贬。如作者针对柳宗元直呼韩愈姓名,而韩氏"道子厚不容口"一事,发表议论,以为以此小事即足见两人为人之高下。

《韩子年谱》也有一些缺陷。主要是体例不纯,正文条目和注文区别不够明显,致读者阅读时不能一目了然。而且本谱在考证上亦有失实之处。如贞元十八年壬午(802)条中洪氏记谱主本年调授国子四门博士,而实际上根据唐制规定和韩愈《上京兆尹李实书》、《与崔群之书》、《论停选举状》等有关文字,韩愈除四门博士当在十七年秋或冬首。又永贞元年(805)条所录《和张十一忆昨行》一诗中的"杜公",洪氏以为指杜佑,事实上,据方崧卿考证"杜公礼罢元侯回"一句中"杜公"古本作"社公",元侯指裴均,其意谓裴均罢社而享客。

但《韩子年谱》在中国文学研究史上依然有重要的地位。它是第一部审慎系统地考辨韩愈生平、并对韩氏作品较为细心地加以系年的年谱,是宋人研究韩愈生平事迹的一部成功之作。谱中提供了不少有关韩愈生平的可靠材料,为后人的进一步研究打下了扎实的基础。同时,从年谱编撰史看,这也是一部较早较优秀的著作,对后世的年谱撰述不无启迪之功。

研究《韩子年谱》的论著,主要是宋人方崧卿的《〈韩子年谱〉增考》。原书已佚。现存《韩子年谱》中加有四十余条按语,据清人陈景云等人考证,认为便是方崧卿增考洪谱的文字,魏仲举在编《韩文类谱》时采录有关条目收入洪谱中。我们今天只能从这些按语略窥原书之崖略了。在此附带指出的是,洪谱中另有一段按语似是误入正文,从文字上看又不像方氏所记,不知是谁人所作,又如何收入正文中的。此外尚有杨国安《洪兴祖〈韩子年谱〉在宋代韩学中的地位和价值》(《河南教育学院学报》2006年第4期)。

(吕海春)

石林诗话 〔南宋〕叶梦得

《石林诗话》，又称《叶先生诗话》，南宋叶梦得撰。此书版本有一卷、三卷本之别。一卷本有《津逮秘书》本、《四库全书》本等。三卷本有元陈仁子刻本、明重刻《百川学海》本、《唐宋丛书》本、《说郛》本、清叶廷琯校影元抄本、《历代诗话》本等。此书资料以《叶石林遗书》本最为完备，书后附有石林后裔清叶廷琯所辑《拾遗》、《附录》及民国叶德辉所辑《拾遗补》、《附录补遗》，并汇辑诸本序跋。中华书局上海编辑所1958年曾影印元陈仁子刻本。排印本有中华书局1981年出版的《历代诗话》中所收本。2011年，人民文学出版社出版了逯铭昕的《石林诗话校注》。

叶梦得(1077—1148)，字少蕴，晚号石林居士，吴县(今属江苏)人。绍圣四年(1097)登进士，调丹徒尉。徽宗朝，由婺州教授召为议礼武选编修官。大观年间除起居郎，迁翰林学士，知汝州。政和间知蔡州，移帅颍昌府，发常平粟赈民。高宗时，除户部尚书，迁尚书左丞。绍兴初起为江东安抚大使兼知建康府，后除江东安抚制置大使兼知建康府、行宫留守。致力于防务，兼总四路漕计以供军饷。后移知福州，兼福州安抚使。晚年居湖州，以读书吟咏自娱。卒后赠检校少保。其人历仕哲宗、钦宗、徽宗和高宗数朝，精熟掌故。著有《礼记解》四卷、《老子解》二卷、《石林居士建康集》八卷、《石林燕语》十卷、《玉涧杂书》一卷、《岩下放言》三卷、《避暑录话》三卷、《石林诗话》三卷、《石林词》一卷及《石林遗事》三卷等。

《石林诗话》是叶梦得所撰的一部诗话著作。书中主要记载、评品了北宋诸诗家诗作及轶事，兼及宋代以前的诗坛情况。全书分上、中、下三卷，书后附"拾遗"、"附录"若干则。关于此书的成书年代，后世有两种看法。其一认为是书作于靖康(1126)之前。褚逢椿序叶廷琯校刻本云："少蕴公卒于绍兴年间，而是书不及南渡后人，当作于靖康以前。史言公因蔡京见用，乃诗话推尊苏黄，不遗余力，岂犹党人碑未立时之说耶？"按党人碑立于崇宁元年(1102)，而禁元祐学术实在宣和五年(1123)。第二种看法倾向于成书于建炎初年。《四库全书总目》称此书"论诗推尊王安石不一而足"，而于欧阳修诗、苏轼诗皆有所抑扬于其间，且谓叶氏"本为绍述余党，故于公论大明之后,尚阴抑元祐诸人"。建炎二年(1128)恢复以诗赋取士,"公论大明之后"正其时也。上述两者的分歧,在有关此书对元祐党争的态度问题上,存有不同的认识。以党争的角度来看待此书,始于元人方回。方回《瀛奎律髓》云:"少蕴以妙年出蔡京之门,靖康初守南京,当罢废。胡文定公以其才,奏谓不当因蔡氏而弃之。实有文学,而诗似半山。然《石林诗话》专主半山而阴抑苏黄,非正论也。"(卷二四)考叶梦得事迹,梦得外祖晁君诚、舅晁无咎皆元祐中人。他虽以蔡京而见用,然其对蔡氏并非一意阿附,《宋史》本传便记载有他曾反对蔡京重用童贯事。在《石林诗话》中,梦得虽推崇王安石诗,但在肯定其晚年之诗作时,亦指出其早年诗歌之失,于欧、苏多有称扬处,且多持平之论,又书中常苏、王同论,如论诗用双字之佳作、前辈诗材预为储蓄条及以古人诗语误用为己语条等。可见对于此书之论说,实不必从党争的角度来看待。

叶梦得诗学旨趣在于"天然工妙"、"浑然天成"、"深婉不迫"、"涵蓄"。《石林诗话》曾云"诗语固忌用巧太过,然缘情体物,自有天然工妙,虽巧而不见刻削之痕"(卷下)。论王安石诗曰:"(安石)少以意气自许,故诗语惟其所向,不复更为涵蓄……直道其胸中事。后为群牧判官,从宋次道尽假唐人诗集,博观而约取,晚年始尽深婉不迫之趣。"(卷中)叶氏言其独爱"初日芙蕖"、"弹丸脱手"两喻诗之语,认为"'初日芙蕖'非人力所能为,而精彩华妙之意,自然见于造化之妙……'弹丸脱手'虽是输写便利,动无留碍,然其精圆快速,发之在手……"(卷下)。叶氏主张诗歌应去雕琢刻削之痕,追自然造化之妙,缘情体物而贵含蓄。同时他论诗亦多重"用意"、"气格"。其评杜诗曰:"然读之浑然,全似未尝用力,此所以不碍其气格超胜。"(卷下)"自汉魏以来,诗人用意深远,不失古风,惟此公为然,不但语言之工也。"(卷上)其论王安石诗"细数落花因坐久,缓寻芳草得归迟",云"但见舒闲容与之态耳。而字字细考之,若经檃括权衡者,其用意亦深刻矣"(卷上)。评欧阳修诗,云其"诗始矫'昆体',专以气格为主,故其言多平易疏畅,律诗意所到处,虽语有不伦,亦不复问。而学之者往往遂失之于快直,倾困倒廪,无复余地。然公诗好处岂专在此? 如《崇徽公主手痕诗》:'玉颜自古为身累,肉食何人与国谋。'此自是两段大议论,而抑扬曲折,发见于七字之中,婉丽雄胜,字字不失相对,虽'昆体'之工者,亦未易比。言意所会,要当如是,乃为至到"(卷上)。明言欧诗之得失,亦可知其持论非自党争出。

叶梦得论六朝谢灵运诗"池塘生春草,园柳变鸣禽"之妙,谓"此语之工,正在无所用意,猝然与景相遇,借以成章,不假绳削,故非常情所能到。诗家妙处,当须以此为根本……自唐以后,既变以律体,固不能无拘窘,然苟大手笔,亦自不妨削镂于神志之间,斫轮于甘苦之外也"(卷中)。又评杜甫曰"惟老杜变化开阖,出奇无穷,殆不可以形迹捕……此皆工妙至到,人力不可及,而此老独雍容闲肆,出于自然,略不见其用力处。今人多取其已用字模放用之,偃蹇狭陋,尽成死法。不知意与境会,言中其节,凡字皆可用也"(卷中)。梦得深知诗歌创作之甘苦,这些议论可谓有感而发,切中当时诗坛的一些弊病。又《石林诗话》云:"禅宗论云间有三种语:其一为随波逐浪句,谓随物应机,不主故常;其二为截断众流句,谓超出言外,非情识所到;其三为函盖乾坤句,谓泯然皆契,无间可伺。其深浅以是为序。余尝戏谓学子言,老杜诗亦有此三种语,但先后不同。"(卷上)此实为严羽《沧浪诗话》以禅喻诗之滥觞。

在江西诗派重诗语出处、提倡"夺胎换骨"之时,《石林诗话》能这样从艺术审美视角来认识、鉴赏诗歌,实比前者要高明得多。

《石林诗话》保存了一些较有价值的宋代文学史料,如欧阳修以知贡举力革"为文尚奇涩"之风气等。书中不仅记载了许多文坛掌故,还涉及了诗人诗作、词语的考辨,如论诗之声律对偶出于自然,驳钟嵘《诗品》之陶渊明诗出于应璩说,论嵇康与阮籍行事之别,"咄嗟"之辨等,都很值得重视。《四库全书总目》谓"梦得诗文,实南北宋间之巨擘。其所评论,往往深中窾会,终非他家听声之见,随人以为是非者比"。由《石林诗话》看,此说是合乎实际的。

从学术的角度来审视,《石林诗话》还是存在着一些不足的。它还未摆脱"以资闲谈"的诗话窠臼,谈诗论艺多为片段、零散之言,缺少系统性。

研究此书的论著,有元方回《瀛奎律髓》相关部分、《四库全书总目》本书提要、郭绍虞《宋诗话考》(中华书局,1979年)上卷《石林诗话》条、袁行霈等《中国诗学通论》(安徽教育出版社,1994年)、顾易生等《宋金元文学批评史》(上海古籍出版社,1996年)二书的有关章节,以及朱良志《叶梦得和他的〈石林诗话〉》(《古代文学理论研究》第17辑)、潘殊闲《叶梦得研究》(巴蜀书社,2007年)有关章节等。

(林德龙)

诗话总龟 〔北宋〕阮　阅

　　《诗话总龟》前集五十卷、后集五十卷,题宋阮阅编。阮阅原编名《诗总》,凡十卷。至南宋绍兴年间,闽中已有刊印,然此书已为人增益窜乱,更其名曰《诗话总龟》。《也是园藏书目》著录有一前集十卷、后集五十卷本者,这个十卷本的前集当最接近于阮阅原编。但此本已不存。此后最为流行的是明嘉靖二十四年(1545)由明宗室月窗道人(宪王朱厚㷛)刊印的九十八卷本。此本舛误颇多,前集缺"寄赠"门中、下两卷,故只四十八卷,且各卷内亦有脱佚,甚至连阮阅亦改称为阮一阅。其他版本主要有莫棠、丁丙所跋之两种百卷明抄本(前集五十卷、后集五十卷),佚名增订并评点之清抄本(前集四十八卷、后集五十卷),《四库全书》本、《四部丛刊》本等。目前的通行本,是人民文学出版社1987年出版的周本淳校理百卷排印本。

　　阮阅字闳休,一字美成,号散翁,又号松菊道人,舒城(今属安徽)人。北宋元丰年间进士,知巢县。政和间官于宜春,宣和间为郴州守。建炎元年(1127)以中奉大夫知袁州。后致仕,寓居宜春,吟讽自适,时号阮绝句,能为长短句,见称于世。所著有《郴江百咏》、《巢令君阮户部词》、《松菊集》、《阮户部诗集》和《诗总》,今多已散佚。

　　《诗总》是现存最早一部以分门别类形式编纂的诗话总集。关于此书的编纂经过,胡仔《苕溪渔隐丛话》所录阮阅写于宣和五年(1123)的序称:"余平昔与士大夫游,闻古今诗句,脍炙人口,多未见全本及谁氏作也。宣和癸卯春,来官郴江,因取所藏诸家小史、别传、杂记、野录读之,遂尽前所未见者。至癸卯秋,得一千四百余事,共二千四百余诗,分四十六门而类之。……但类而总之,以便观阅,故名曰《诗总》。"(《苕溪渔隐丛话》前集卷十一)可知此书之编起因于阮阅对古今诗句的钦慕,书成于宣和五年(1123)。又阮阅序中言:"倦游归田,幅巾短褐,松窗竹几,时卷舒之,以销闲日,不愿行于时也。"(同上)据此推断是书编成后并未刊印。至南宋绍兴年间刊刻时,已被人窜乱、增益。胡仔曰:"闽中近时又刊《诗话总龟》,此集即阮阅所编《诗总》也。……其《诗总》十卷,分门类编。今乃为人易其旧序,去其姓名,略加以苏黄门诗说,更号曰《诗话总龟》,以欺世盗名耳。"(同上)作伪者还以阮阅之名伪作了一篇序,称:"戊辰春,余宦游闽川,因得书市诸家诗话与夫小史、僻书,补余之所无者。归于公宇,慨然患其丛帙之挚乘;退食之隙,编而类之,哀为一集,共二千四百余诗,分为四十九门。……一日示之博物,亢声曰:'奇哉斯书!胡不用殷践猷故事以总龟目之乎?否则,未见其称也。'余善其知言,遂以是名冠于篇首。既而不欲秘藏,乃授诸好事者攻木以行,与天下共之,孰云其不可哉!绍兴辛巳长至日散翁序。"(见明抄本卷首)考阮阅本事,其为元丰(1078—1085)年间进士。至绍兴十八年(戊辰,1148)至少已入八旬之龄,断不可能再"宦游闽川"。此序显系伪作。后此书遂以《诗话总龟》替代《诗总》之名,而其前、后两集百卷的形制乃成定型。

今本《诗话总龟》的前集,题作《增修诗话总龟》,凡十五卷,所设门类有圣制、忠义、讽谕、达理、博识、幼敏、志气、知遇、狂放、诗进、称赏、自荐、投献、评论、雅什、苦吟、警句、留题、纪实、咏物、宴游、寓情、感事、寄赠、书事、故事、诗病、诗累、正讹、道僧、诗谶、纪梦、讥诮、诙谐、乐府、送别、怨嗟、伤悼、隐逸、神仙、艺术、俳优、奇怪、鬼神、佞媚、琢句等四十六门。后集题作《百家诗话总龟》,所设门类有御制、赓歌、御燕、荣遇、忠义、孝义、宗族、仁爱、友义、幼敏、志气、述志、求意、讽谕、达理、博识、狂放、称赏、称荐、投献、评谕、评史、辨疑、正讹、隐逸、恬退、警句、句法、苦吟、留题、寄赠、故事、书事、感事、用事、纪实、用字、押韵、效法、节候、咏物、咏茶、格致、效法、诗病、乐府、伤悼、寓情、游宴、怨嗟、讥诮、箴规、诙谐、神仙、歌咏、鬼神、释氏、丽人、饮食、器用、技艺、拾遗等六十二门。从阮阅原序及今本的情况来看,前集较多地保留了《诗总》原来的面目,其间羼入了一些元祐时期的诗话,所引之书多为北宋人所著。后集所采则多为北宋及南宋初期之诗话,主要为《苕溪渔隐丛话》、《碧溪诗话》(后集卷首引用书目作《黄常明诗话》)、《韵语阳秋》三书拼凑而成。比较而言,前集的价值远较后集要高。

《诗话总龟》在学术上的特点大致有二:一是具有较高的史料价值。《诗话总龟》前集卷首列有所引之书目一百种。其中虽有凑数的,如前集中并未采录《碧溪诗话》的内容,但此书却列在卷首的引用书目中。但书中所采录的书籍实超过此书目。其资料之丰富历来为人称道。缪荃孙言此书于"北宋诸名家诗集、佚事,搜采无遗"(《艺风堂文漫存》卷五《诗话总龟跋》),《天禄琳琅书目》则称其"在诗话中荟萃最为繁富",《四库全书总目》认为"二书(指《诗话总龟》和《苕溪渔隐丛话》)相辅而行,北宋以前之诗话大抵略备矣"。而且其所引用的著作,很多现已散佚,故其资料之价值是非常值得重视的。近人郭绍虞《宋诗话辑佚》中的许多材料便取自《诗话总龟》。

二是开创了分门别类编纂诗话总集这一体制。这种体制虽为胡仔所反对,但对胡著《苕溪渔隐丛话》中之"长短句"、"丽人杂记"等以类聚之的编排形式当不无启发,至魏庆之的《诗人玉屑》,更兼取《诗话总龟》和《苕溪渔隐丛话》两书编纂体例之长。

关于《诗话总龟》在学术上的不足,《四库全书总目》所言甚明,指出其"多录杂事,颇近小说","惟采摭旧文,无所考正",故"不甚见重于世"。

研究《诗话总龟》的论著,有元方回《桐江集》卷七《诗话总龟考》、清《四库全书总目》本书提要、劳格《读书杂记》卷十一有关内容、近人傅增湘《明宗室月窗道人刊本诗话总龟跋》(收入所著《藏园群书题记》卷二十,上海古籍出版社,1989年)、罗根泽《阮阅〈诗总〉考辨》(《师大月刊》二十六期,1930年6月。此文又收入上海古籍出版社1985年版《罗根泽古典文学论文集》)、郭绍虞《宋诗话考》(中华书局,1979年)上卷《诗总》条,以及赫艳华、洪涛《新辑〈永乐大典〉所载〈诗话总龟〉佚文》(《文献》2005年第4期)、张健《从新发现〈永乐大典〉本看〈诗话总龟〉的版本及增补问题》(《北京大学学报》2006年第5期)等。

(林德龙)

乐府诗集 〔北宋〕郭茂倩

《乐府诗集》一百卷,北宋郭茂倩辑。现存宋刻残本两种:一较全,仅卷十九至二十六、卷九十六至一百配以元至正刻本,卷二十七至三十四配以清钞本,1955年文学古籍刊行社曾据以影印出版,2010年人民文学出版社亦以"傅增湘藏宋本"为名影印出版;一残缺甚多,仅存卷五十八至六十一、卷八十四至八十八共九卷。另有元至正元年(1341)集庆路儒学刻本及其递修本、明末毛氏汲古阁刻本等。目前的通行本,是中华书局1979年出版的以文学古籍刊行社影宋本为底本、校以汲古阁本及他书的排印本。

郭茂倩(1041—1099),字德粲,郓州须城(今山东东平西北)人。北宋翰林侍读学士郭劝之孙,职方员外郎郭源明之子,元丰年间曾任河南府法曹参军。余不详。

《乐府诗集》是一部汇辑上古至唐五代乐府诗歌的著名总集。乐府之名,始于西汉,汉惠帝时有"乐府令"一官;至汉武帝时始建立"乐府"官署,专掌朝会宴飨、道路游行时所用的音乐,兼采各地民间诗歌及乐曲。后世所谓的乐府诗,主要就是指乐府官署所采制的乐歌,以及魏晋至唐可以入乐的诗歌与仿乐府古题创作的徒诗。《乐府诗集》所收的,也就是这后起意义上的包罗甚广的乐府诗。

全书一百卷,大别为十二类:卷一至卷十二为专用于祭祀的"郊庙歌辞",卷十三至卷十五为专用于宴会的"燕射歌辞",卷十六至卷二十为用短箫铙鼓伴奏的军乐歌曲"鼓吹曲辞",卷二一至卷二五为用鼓角在马上吹奏的军乐歌曲"横吹曲辞",卷二六至卷四三为本是汉代街头歌谣、后逐渐有丝竹相和伴奏入乐的"相和歌辞",卷四四至卷五一为在古调"相和三调"基础上形成于中原而又传于江南的歌曲"清商曲辞",卷五二至卷五六为有伴舞的歌曲"舞曲歌辞",卷五七至卷六十为谱入古琴弹唱的"琴曲歌辞",卷六一至卷七八为并载各种不能归入以上类别而又流传有绪的歌曲的"杂曲歌辞",卷七九至卷八二为专收隋唐杂曲的"近代曲辞",卷八三至卷八九为专收徒歌、谣、谶及谚语等的"杂歌谣辞",卷九十至卷一百为专收唐代拟作乐府的"新乐府辞"。十二大类之下,又各有小类,如"相和歌辞"中,即又分"相和六引"、"相和曲"、"吟叹曲"、"四弦曲"、"平调曲"、"清调曲"、"瑟调曲"、"楚调曲"、"大曲"九个小类。大类、小类皆有解题,引述前人著作,间阐己见,以明曲调源流。小类下以歌曲题分列,每曲先列古辞或较早之诗,继列后人拟作及类似之曲,曲前也时有解释该曲来源的解题。

郭茂倩为本书各大类、小类及古辞近曲所写的解题,均旁征博引,穷极源流,具有很高的学术价值。如卷二十一"横吹曲辞"大类的解题,即先总括云:"横吹曲,其始亦谓之鼓吹,马上奏之,盖军中之乐也。北狄诸国,皆马上作乐,故自汉已来,北狄乐总归鼓吹署,其后分为二部,有箫笳者为鼓吹,用之朝会、道路,亦以给赐。汉武帝时,南越七郡,皆给鼓吹是也。有鼓角者为横吹,用之军中,马上所奏者是也。"继引《晋书·乐志》所载横吹有双角(胡乐)及汉李延年因胡曲造新声二十八解事,及《古今乐录》所载南北朝横吹曲多述战阵事,终述隋以后及唐横吹用之卤簿,与鼓吹列为四部或五部的衍化之迹。又如"清商曲辞"中"吴声歌曲"一小类的解题(卷四四),虽亦仅引《晋书·乐志》及《古今乐录》二书为说,但选材得当,由历史而及乐器,由乐器而及乐曲,曲中又兼述历史演变,堪称条理明晰。再如"相和歌辞"大类下"相和曲"小类中《陌上桑》一曲的解题(卷二八),则既列其异称《艳歌罗敷行》、曲调"歌瑟调",复采崔豹《古今注》与《乐府解题》,谓其本事来源有二说,指出后拟者与古辞"始同而末异",别又检示《采桑》一曲,谓"亦出于此",文辞要言不烦,而大要具在。

从本书的编排体例上说,其颇具远见处又在于将同一曲目曲调的古辞、拟作依撰写时代前后统排在一起,使读者能很直观地看出其演变的轨迹与文辞的异同。如卷三八"相和歌辞"十三"瑟调曲"三中所列的《饮马长城窟行》一曲,即首列秦汉以来所传"古辞"("青青河畔草,绵绵思远道")一首,继分别列示魏文帝、陈琳、傅玄、陆机、沈约、陈后主、张正见、王褒、尚法师、隋炀帝、唐太宗、虞世南、袁朗、王翰、王建、僧子兰等人的拟作,使这首本为征夫之妇哀怨之词的古曲在后代的各种诗体重构与阐述,系统地展示在了研究者眼前。又如卷六六"杂曲歌辞"六中收《结客少年场行》一曲,虽然起首所列为鲍照一诗,但解题则远征《乐府广题》,谓"汉长安少年杀吏,受财报仇,相与探丸为弹,探得赤丸斫武吏,探得黑丸杀文吏。尹赏为长安令,尽捕之。长安中为之歌曰:'何处求子死,桓东少年场……'"云云,且引曹植《结客篇》中"结客少年场,报怨洛北邙"为解,卷内又于鲍照诗后依次列梁刘孝威、北周庾信、隋孔绍安、唐李白等多家同题之作,从而形成了本题诗作源流的完整序列,也从而显现了李白名作中"托交从剧孟,买醉入新丰。笑尽一杯酒,杀人都市中"那样的奇异诗句的文学渊源。

本书在中国文学研究史上影响一直很大。《四库全书总目》谓"宋以来考乐府者无能出其范围",并誉之为"诚乐府中第一善本"(卷一八七集部总集类二《乐府诗集》提要)。明代梅鼎祚编纂

《古乐苑》,虽于本书驳难颇多,而究其书编纂实际,则受惠于本书处实不少。他如冯惟讷汇辑唐以前诗为《诗纪》,各朝乐府诗也几乎全出于本书。

本书的缺点,在分类上有层次重叠处,如"舞曲"与"郊庙"、"燕射",分部上前者可分归入后两类;个别诗作者有误置,及本非乐府诗而误收。但瑕不掩瑜,从总体上说,本书仍是历代总集中编纂较成功的一部名著。

有关本书的研究论著,20世纪较早的有孟真《宋郭茂倩之乐府诗集》(1919年《新潮》一卷一期)、王伯祥《读乐府诗集》(《学灯》1923年6月号)。30年代又有罗根泽《郭茂倩乐府诗集跋尾》(1931年《国学丛编》一卷三期)、余冠英《乐府诗集作家姓氏考异》(《语言与文学》,1937年)、彭丽天《乐府诗集古辞校正》(1937年《清华学报》十二卷一期)以及日本高仓克己《论乐府诗集的本辞》(《楽府詩集の本辞に就いて》,1937年《立命馆文学》四卷五号)。50年代以来,国内主要在利用本书研究乐府诗方面成果较多,近年又有朱我芯《郭茂倩〈乐府诗集〉关于唐乐府分类之商榷》(《北京大学学报》2002年第1期)、崔炼农《〈乐府诗集〉"本辞"考》(《文学遗产》2005年第1期)、尚丽新《陆贻典校本〈乐府诗集〉的价值》(《河北大学学报》2005年第3期)、喻意志《郭茂倩与〈乐府诗集〉的编纂》(《音乐研究》2006年第4期)。在日本,则先后有增田清秀发表《郭茂倩的乐府诗集编纂》(《郭茂倩の楽府詩集編纂》,载1952年《东方学》第三号),中津滨涉出版《乐府诗集研究》(《楽府詩集の研究》,东京汲古书院,1970年)等。在法国,则有桀溺《驳郭茂倩——论若干汉诗和魏诗的两种文本》(中译本载《法国汉学》第四辑,中华书局,1999年)等。

(陈正宏)

碧鸡漫志 〔南宋〕王 灼

《碧鸡漫志》，南宋王灼撰。有五卷本与一卷本两种版本，而一卷本的内容，均见于五卷本，可知其实是五卷本的删节本。五卷本传世有明天一阁钞本、《知不足斋丛书》本；一卷本甚多，主要有宛委山堂《说郛》本、《学海类编》本、《四库全书》本等。本书通行而又整理较佳的读本，是《中国古典戏曲论著集成》（中国戏剧出版社，1959 年）第一册所收以《知不足斋丛书》本为底本的校点本。

王灼，字晦叔，号颐堂，又号小溪，遂宁（今属四川）人。宋政和至绍兴年间在世，曾为幕官。著作除本书外，尚有《颐堂先生集》五卷、《糖霜谱》一卷。

《碧鸡漫志》是一部专论声歌词曲的著作。其写作的经过，据卷首绍兴十九年己巳(1149)自序说，是绍兴十六年(1146)夏秋作者寄居成都碧鸡坊的妙胜院时，与邻居友人王和先、张齐望日置酒相乐，听伎讴歌，归而笔录当日歌曲及所见所闻，兼记平时论说与有关考释，置诸群书中。绍兴十八年(1148)秋，作者开箧偶得旧稿，便将之整理增补成五卷之书，且取所居地名为书名，谓之"碧鸡漫志"。

全书五卷，大致分为三部分：卷一讨论歌曲的起源与上古迄宋歌曲的演变，兼及古来善歌者等话题；卷二述评宋各家词，兼论唐末五代乐章；卷三至卷五则考证了三十种唐代乐曲曲名起源、音律特点及其与宋词的联系，其目为：霓裳羽衣曲、凉州、伊州、甘州、胡渭州、六么（以上卷三）、兰陵王、虞美人、安公子、水调歌、河传、万岁乐、夜半乐、何满子、凌波神、荔枝香、阿滥堆（以上卷四）、念奴娇、雨霖铃、清平乐、春光好、菩萨蛮、望江南、文溆子、盐角儿、喝驮子、后庭花、西河长命女、杨柳枝、麦秀两岐（以上卷五）。

作者指出，诗与歌密不可分，歌曲的起源，在"人莫不有心"，"有心则有诗，有诗则有歌，有歌则有声律，有声律则有乐歌"。所谓"诗言志，歌永言"，"永言"就是诗，并非再到诗外求歌。而"今先定音节，乃制词从之，倒置甚矣"。谈到历代乐歌的发展与歌、词的联系，书中有一段简要的叙述,辨别源流颇为明晰:"古人初不定声律,因所感发为歌,而声律从之,唐、虞禅代以来是也,余波至西汉末始绝。西汉时,今之所谓古乐府者渐兴,晋、魏为盛,隋氏取汉以来乐器、歌章、古调并入清乐,余波至李唐始绝。唐中叶虽有古乐府,而播在声律则鲜矣;士大夫作者,不过以诗一体自名耳。盖隋以来,今之所谓曲子者渐兴,至唐稍盛,今则繁声淫奏,殆不可数。古歌变为古乐府,古乐府变为今曲子,其本一也;后世风俗益不及古,故相悬耳。而世之士大夫,亦多不知歌词之变。"然而作者也并未因此一味地颂古贬今,而是比较理智地看出这种变化背后有习俗变化的原因,是"势使然也"。所以当回答有人提出的一个现实问题,即宋人辖束于音律,一字一拍,不敢辄加增损,何致于跟古人因事作歌的情况如此相违背时,他明确地说:"皆是也。今人固不及古,而本之性情,稽之度数,古今所尚,各因其所重。"由此肯定了宋词在声律发展上的独特地位。

在具体评品宋代词人词作时,本书则于苏轼词颇多推崇,而谓柳永词是"野狐涎"。卷二称:"东坡先生以文章余事作诗,溢而作词曲,高处出神入天,平处尚临镜笑春,不顾侪辈。"而以后学者,或得其七八分,或得其六七分,皆不能及。贺铸、周邦彦、晏幾道等则各尽其才力,自成一家:"贺、周语意精新,用心甚苦";"叔原(晏幾道)如金陵王谢子弟,秀气胜韵,得之天然,将不可学"。惟柳永则最不为作者所称道,评之为"浅近卑俗",比之为"都下富儿",谓其"虽脱村野,而声态可憎"。与此相联,作者对"侧艳"之词颇不以为然。如述李清照词,即谓其"作长短句,能曲折尽人意,轻巧尖新,姿态百出。闾巷荒淫之语,肆意落笔,自古搢绅之家能文妇女,未见如此无顾籍也"。比之温飞卿,温虽号多作侧辞、艳曲,也不敢如此云云。同时又记载了万俟咏初分其词集为"雅词"、"侧艳"两体,后"以侧艳体无赖太甚,削去之"的故事,且有"田不伐才思与雅言抗行,不闻有侧艳"的赞辞,从一个侧面反映了宋人当时并不视"侧艳"之词为词体当然正宗的实情。

王灼是一位深通音律又长于考据的学者,因此在本书后三卷有关声歌词曲曲名的考释中,也颇不乏创见心得。像卷三起首考证《霓裳羽衣曲》的源流,其结论为:"西凉创作,(唐)明皇润色,又为易美名。其他饰以神怪者,皆不足信也。"并从音律曲拍的角度,辨证史家所称王维由乐图标识出该图所绘为"霓裳"第三叠最初拍的记载必伪,因为"霓裳"第一至第六叠实无拍,无拍则不舞,而乐图表现该曲,又必绘舞女,否则画师但绘乐师或吹或弹,是根本看不出"霓裳"一曲的特点的。这一成果,即被《四库全书总目》誉为"持论极为精核"。又如卷五辨《清平乐》与李白《清平调》词三章实为两事,记《后庭花》与《玉树》或是两曲,也颇可资启发。

《碧鸡漫志》也留下了一些作者当时不能解决的课题。如卷五论《文溆子》一曲,涉及唐代俗讲,即称"不可晓",而今天我们已可从当代学者向达、孙楷第的有关论文(见《敦煌变文论文录》,上海古籍出版社,1982年)中详细了解唐代俗讲的知识。本书同时也存在着一些缺点,如对柳永、李清照词的评价,就为倡"雅"道而失之偏颇。

本书的价值,在于从声律的角度为后世保存了不少歌曲词调的原始材料,同时比较生动地向后人展示了宋人对同时代人词作的具体看法。就前者说,本书为后世的声诗研究开辟了道路,如近人任中敏撰著《唐声诗》,即是继承了本书的学术传统;就后者言,词学史的研究者,从中尚可以发掘不少有价值的史料。

研究本书的论著,有《四库全书总目》卷一九九本书提要、郑振铎《碧鸡漫志》(1923年《小说月报》十四卷一号)、《中国古典戏曲论著集成》第一册本书提要、饶宗颐《词集考》(中华书局,1992年)外编卷十一本书提要等。

(陈正宏)

山谷内集诗注外集诗注别集诗注

〔南宋〕任　渊　史　容　史季温

《山谷内集诗注》二十卷,南宋任渊撰。《山谷外集诗注》十七卷,南宋史容撰。《山谷别集诗注》二卷,南宋史季温撰。前两种初为单行本,其中任渊注本现存宋绍定五年(1232)刻本《山谷诗注》、元刻及明刻本《山谷黄先生大全诗注》,均二十卷;史容注本现存明初刻本,书名卷数同于通行本。至明弘治九年(1496)始有合刻三书之本出现。清代又一并收入乾隆间武英殿活字印聚珍版丛书中。较通行的本子,有《四库全书》、《四部备要》及《丛书集成初编》本。2003年上海古籍出版社和中华书局同时分别出版了《山谷诗集注》和《黄庭坚诗集注》,是目前并行的整理本。

任渊,字子渊,新津(今属四川)人。南宋绍兴十五年(1145)以文艺类试有司,获蜀中第一,仕至潼川提刑,著作除本书外,尚有《后山诗注》十二卷、《沂庵集》四十卷。史容(约1128—约1217),字公仪,号芗室居士,眉州青神(今属四川)人。曾知彭州,仕至太中大夫。史季温,字子威,史容之孙。绍定五年(1232)进士,嘉熙四年(1240)以太府丞除秘书郎,宝祐中(1253—1258)官秘书少监。

本书是北宋著名文学家黄庭坚(1045—1105,号山谷)诗歌的笺注本。黄庭坚生前曾仿《庄子》体例分自撰诗文为内、外篇,内篇为晚年之作。南宋建炎年间其甥洪炎(字玉父)为编别集《豫章集》,所收大致即黄氏"内篇"之作。绍兴年间任渊为山谷诗集作注,所据即洪氏所编《豫章集》中的诗作而略加增益。嘉定前后史容继而为山谷诗作注,所据则为不收入《豫章集》的"外集"之诗,源出黄氏所分的"外篇"。其后史容之孙史季温又踵其祖之注本作"别集"诗注,所收之诗则为"外集"亦无者。后人合刊三家注,故复题任渊所注之本为"山谷内集诗注"。由于内外二集诗注均是编年之本,内集所收诗,多为黄庭坚后半生之作,所以实际上外集中的诗作,从创作时间上论,有不少反而写在内集所收诗之前。

《山谷内集诗注》二十卷,卷首有绍兴年间鄱阳许尹所撰《豫章后山诗解序》(此据元刻本《山谷黄先生大全诗注》,通行本该序题改为《黄陈诗注原序》,且删去了该序末许尹郡望"鄱阳"前表示撰序年代的"绍兴"二字)。序后为目录,目录兼代"年谱",依年编录各卷诗题,题下大多有考释本诗撰写时间的文字,而于目录起首处列一小叙,称本书编次"以事系年,校其篇目,各如本第;其不可考者,即从旧次,或以类相从,诗各有注"。正文注通行本以双行小字列于题下或文间。其取材源于四部诸书、佛典道藏,又多征引黄庭坚诗别本(如所谓"黄氏本")、黄氏手迹、黄诗未知名的"元注"以及宋朝《实录》等当代史料。注释体例为尽量备举字词句出典,然后加以简略按语,间通释文意,偶也略作发挥。注释方法上则比较重视由不同版本解释诗歌本事及语辞,善于利用黄庭坚本人序跋及同时师友如苏轼等相关作品作注,实证性较强。

　　任渊注黄庭坚诗,其形式与成效上颇值得注意的,是其抓住了黄诗"夺胎换骨"、"点铁成金"的基本特征,由黄氏倡导的"无一字无来历"去探寻诗句的"来历"。《山谷内集诗注》卷一《古诗二首上苏子瞻》第一首注中即云:"山谷诗律妙一世,用意高远,未易窥测。然置字下语,皆有所从来。孙莘老云:'老杜诗无两字无来历。'刘梦得论诗亦言:'无来历字,前辈未尝用。'山谷屡拈此语,盖亦以自表见也。第恨浅闻未能尽知源委,姑随所见,笺于其下,庶几因指以识月。象外之意,学者当自得之。"再看该诗的具体笺注,如首二句"江梅有佳实,托根桃李场",注文先引《文选》古诗"冉冉孤生竹,结根太山阿",谓黄诗"此句效其体";继引杜甫《江梅》诗、寒山子诗,谓"此句并摘其字"。接下来二句"桃李终不言,朝露借恩光"注,则又分别引《汉书·李广传》中赞云"桃李不言,下自成蹊",以及《文选》乐府诗"入门各自媚,谁肯相为言"两条材料,称黄诗对前者是"借用,言江梅为桃李所忌",对后者则是"用其意"。又如同卷《送王郎》诗中"江山千里俱头白,骨肉十年终眼青"一联,任氏注曰:"山谷此对极有妙处,前辈多使之。"然后引杜诗"别来头并白,相对眼终青"以及苏轼"读书头欲白,相对眼终青"、"身更万事已头白,相对百年终眼青"、"看镜白头知我老,平生青眼为君明"、"故人相见尚青眼,新贵如今多白头"、"江山万里将白头,骨肉十年终眼青"五联为证,以明其脱胎所自。卷十一《谪居黔南十首》,诗题下首注:"摘乐天句。"继引曾慥《诗选》所载张耒指示潘大临黄氏诗出于白居易诗一节,虽以世传黄氏"敷衍剪裁"白诗之说为非,而各诗注中又一一列出黄氏之句见于白集某卷,原文为何,则实际上坐实了黄诗裁取白诗的说法。而这对于真切地了解黄庭坚"夺胎换骨"、"点铁成金"理论与实践的具体内容,无疑是十分有益的。

　　由于黄庭坚后期诗歌颇涉及北宋党争与黄氏本人及友人被贬谪的特殊经历,因而任渊所撰《山谷内集诗注》,在发抉有关时事方面又颇为用心。如卷四《奉和文潜赠无咎篇末多见及以既见君子云胡不喜为韵》诗的笺注,谓第二首"谈经用燕说,束弃诸儒传"是"指熙宁经学穿凿之弊","滥觞虽有罪,末派弥九县"乃"言非特荆公之罪,诸儒穿凿,遂至失其本原",即有点明诗旨之功。而卷十九《晚泊长沙示秦处度湛范元实温用寄明略和父韵五首》第二首"范公太史僚"下,备注元祐间范温之父范祖禹修史实况,及绍圣间坐史事安置永州等事,间及黄庭坚同时获罪诸节,又堪称"以史笺诗"的成功实例。尤其是任渊前此已在目录兼年谱中对黄氏诗的编年史事作了较周详的考订,前后照应,更显作者在此一方面着力甚多。

与任渊的《山谷内集诗注》相比,史容的《山谷外集诗注》形式上明显依前者而立体制。全书十七卷,卷首有嘉定元年(1208)钱文子所撰《芗室史氏注山谷外集序》(此据明本,通行本改题《山谷外集诗注原序》)、淳祐十年(1250)史季温序(该篇序通行本不载)。其下亦有目录附年谱,目录起首亦有小叙,但目录中于各诗作时不加考辨,而入有关文字于正文诗注中。注文所据,除与《山谷内集诗注》所用相类者外,又间采黄㽦所编黄庭坚年谱之说。其笺注能注意到山谷内外集的联系,如卷三《次韵外舅谢师厚病间十首》的第一首注中关于"贝锦不足歌"的笺释,即在引《诗经·小雅·巷伯》的小序及"萋兮斐兮,成是贝锦"句后,复引宋《实录》熙宁五年五月夺谢景初(字师厚)两官事条,而谓:"今观此诗,盖必有织成其罪者。"下再引山谷《内集》中《和邢惇夫秋怀》诗(见任渊注本卷四)"谢公蕴风流……石交化豺虎"诸句为证。同时于山谷诗中有关时事的篇章也多所在意,如卷四《和谢公定征南谣》、卷六《同尧民游灵源庙廖献臣置酒用马陵二字赋诗二首》的笺注,便对诗中述及的神宗时攻交州事,以及王安石为相时治河事详加说明,以见黄诗缘起。另外像卷九《闻致胡朝请多藏书以诗借书目》中末句"愿公借我藏书目,时送一鸱开锁鱼"的注文,由俗语"借书一痴,还书一痴"进而考证"痴"本作"瓻"又作"鸱",皆指盛酒之器,亦颇可见史容注诗的细致。

史容之孙史季温的《山谷别集诗注》上下两卷,正文前后无序跋,注则除征引四部典籍外,又多引黄氏年谱为据,间也引外集诗。总体上看注释太浅,成就不如任渊注,亦不及史容注。

以上三家山谷诗注,其不足大致在注诗多注重字面意义,而较少探求诗人赋诗心曲。又征引诗句之出典,有时为注而注,字比句附,不顾文意,失之过凿。

《山谷内集诗注外集诗注别集诗注》的价值,则主要在比较完整地笺注了在宋代就被认为是难读的黄庭坚诗,为后人全面准确地理解宋诗大家、江西派诗风乃至整个宋诗的成就,提供了较为可靠的基础材料。从文学作品笺释的历史看,由于其中的《山谷内集诗注》是宋代专家笺注宋人诗作而又完整保留至今的最早一部著作,其中反映的宋代学者对于诗的理解颇可资后人启发;而其开创的笺释当代诗作的诸种方法又有实际的后继者,因此任渊注山谷诗与其注后山诗同样,在宋代文学研究史和古典文学笺注史上均具有重要的地位。

研究本书的论著,有元方回《瀛奎律髓》,清《四库全书总目》,现代陈永正、何泽棠《山谷诗注续补》(上海古籍出版社 2012 年)及钱锺书《谈艺录》中的有关篇章等。

(陈正宏)

文则 〔南宋〕陈 骙

《文则》,南宋陈骙撰。此书有一卷本、二卷本之别。一卷本主要有明成化刻本、明末毛晋汲古阁影元钞本、《唐宋丛书》本、宛委山堂《说郛》本等。二卷本主要有明万历间《宝颜堂秘笈》本、《四库全书》本、《丛书集成初编》本、《台州丛书甲集》本(附清人所撰校语一卷)等。目前的通行本,是人民文学出版社1960年刊行的校点本。

陈骙(1128—1203),字叔进,一字叔晋,台州临海(今属浙江)人。绍兴二十四年(1154)进士第一。累官至权礼部尚书、同知枢密院事、参知政事。因与权臣韩侂胄不协,出为外官,后告老,授观文殿学士,提举洞霄宫。历仕高宗、孝宗、光宗、宁宗四朝。卒赠少傅,谥文简。陈骙论时政得失多切中时弊。主要著述有《中兴馆阁录》十卷、《文则》二卷等。

《文则》是陈骙撰写的一部有关文章体式、作文之法的著作。它的撰述缘由,陈骙在《自序》中云其弱冠便从人学文,至"窃第而归,未获从仕,凡一星,终得以恣阅故书,始知古人之作。叹曰:文当如是。且《诗》、《书》、二《礼》、《易》、《春秋》所载,丘明、高赤所传,老庄、孟、荀之徒所著,皆学者所朝夕讽诵之文也。徒讽诵而弗考,犹终日饮食而不知味。骙窃每有考焉,随而录之,遂盈简牍。古人之文,其则著矣,因号曰《文则》"。其撰写的时间,当在绍兴二十四年(1154)陈氏登第之后。书名《文则》,则是因为作者认为古人作文法则已明白昭示于此书中,可为今人作文之准则。

《文则》分上、下二卷,上卷六十三则,下卷二十九则。卷首有陈骙《自序》一篇,未署作序之时间。

陈骙论文崇尚六经,认为六经之文是自然、典雅与完美的体现。谓"古人之文,发于自然,其协也,亦自然";"六经之道既曰同归,六经之文容无异体"。故其论文多准经以立制。《文则》在评判诰文文体之变时,更表露出陈骙所持的文乃代衰的思想,所以他主张作文当"博采经传",师法古人。

陈骙在《文则》中又强调文章应"文简"与"理周"相统一。他说:"事以简为上,言以简为当。

言以载事,文以著言,则文贵其简也。文简而理周,斯得其简也。读之疑有阙焉,非简也,疏也。"并提出文以协为尚与"以蓄意为工"的观点,谓:"夫乐奏而不和,乐不可闻;文作而不协,文不可诵,文协尚矣。""文之作也,以载事为难,事之载也,以蓄意为工。"而认为那些意随语竭之文"不容致思"。可见其非常重视对文章含蓄之美的追求。陈骙还称:"《诗》、《书》之文有若重复,而意实曲折者。"云"观《檀弓》之载事,古简而不疏,旨深而不晦"。又评《考工记》之文具"雄健而雅"、"宛曲而峻"、"整齐而醇"之三美。此皆可见《文则》论文之倾向。

《文则》卷下云:"鼓瑟不难,难于调弦,作文不难,难于练句。"可知陈骙也非常重视文章的练句。他认为文句应是文字有机的结合。"文有上下相接若继踵然",称赏"《檀弓》文句长短有法,不可增损",指出"文有数句用一类字,所以壮文势,广文义也,然皆有法",并归纳了或法、者法等数十种用法。在用辞上,陈骙认为"辞以意为主",而"辞有缓,有急,有轻,有重,皆生乎意也"。提出学习、借鉴古人,不可生搬硬套,"文出于己,作之固难,语借于古,用亦不易",而应"言有宜也",并借古语"麠子在颊则好,在颡则丑"为喻,说明作文当求其合宜,否则不但不美,反而生丑。

《文则》中另一值得重视之处,是陈骙对于文章修辞作用的论述。如其言助辞之作用,称:"文有助辞,犹礼之有傧,乐之有相也。礼无傧则不行,乐无相则不谐,文无助则不顺。"并认为助辞不仅具有完整构建文句的功能,而且还能使句子产生一种力量。又云"诗人之用助辞,辞必多用韵",以营造一种和谐之美。又如论及比喻,陈骙说:"易之有象,以尽其意;诗之有比,以达其情;文之作也,可无喻乎?"并从经传中总结出直喻、隐喻、类喻、诘喻、对喻、博喻、简喻、详喻、引喻、虚喻十种比喻手法。此外,《文则》还论述了各文体的形成及其风格,并从作文的角度对文章进行了分类,如载事、载言之文等,阐释了其结构、格式、作法。

从学术的角度来说,《文则》的论述还缺少系统性,且陈骙论文只取经传,而于秦汉以后文章则几无论说,取材实狭。然书中对于古文修辞的论述是很有价值的,至今仍为研究者所关注。陈望道《修辞学发凡》中便多有引称。《四库全书总目》评此书云:"其不使人根据训典,镕精理以立言,而徒较量于文之增减,未免逐末而遗本。又分门别类,颇嫌于太琐太拘,亦不免舍大而求细。"其说不无失当之处。

研究《文则》的论著,有蔡宗阳《陈骙〈文则〉新论》(文史哲出版社,1993年)、《四库全书总目》本书提要、郑子瑜《中国修辞学史稿》(上海教育出版社,1984年)有关章节,陈亚丽《主张"文尚自然"、"文贵其简的〈文则〉》(《文史知识》1995年第8期)、王敏《论〈文则〉的"文尚协"原则》(《语文论丛》第8辑,2004年1月)、慈波《陈骙〈文则〉与文章批评》(《石家庄学院学报》2006年第5期)等。

(林德龙)

后山诗注 〔南宋〕任 渊

《后山诗注》十二卷,南宋任渊撰。善本有宋刻本、元刻本、明弘治十年(1497)袁宏刻本、嘉靖十年(1531)梅南书屋刻本、清乾隆间武英殿活字印聚珍版丛书本等多种。通行本也有《四库全书》、《四部丛刊》、《丛书集成初编》本三种。其中《四部丛刊》本据高丽活字本影印,而据傅增湘《藏园群书题记》考证,高丽本乃宋刻再传之本,讹误少于其他通行本,故此本较佳。

任渊生平事迹见"山谷内集诗注外集诗注别集诗注"条。

本书是北宋诗人、江西诗派代表作家陈师道(1053—1102,号后山居士)诗歌的笺注本。由撰者任渊的另一部著作《山谷内集诗注》卷首所存南宋绍兴年间鄱阳许尹所撰《豫章后山诗解序》,可知这部《后山诗注》也完成于绍兴年间,且宋时曾与《山谷内集诗注》合刻行世。因而从体例到方法等多方面,两书均有相类之处。

《后山诗注》卷首有陈师道门人魏衍写于政和五年(1115)的《彭城陈先生集记》和次年王云所撰序。下有任渊所编《后山诗注目录》(年谱附),《目录》起首有小叙一篇。由此篇小叙,参以卷首魏、王二序,知任渊注陈师道诗,所据底本为魏衍据陈氏手稿编定的六卷编年诗,而任渊对其编年"略加绪正",并作诗注,又分原来的每卷为上下两卷,重编卷数,便成了现在的十二卷本。

任渊认为"读后山诗,大似参曹洞禅,不犯正位,切忌死语"(见卷首《后山诗注目录》小叙),因而其笺注后山诗,除跟他注黄庭坚诗同样,比较注重陈氏用典出处外,还特别注意笺释陈氏诗歌用典背后的"用意深处"(亦小叙中语)。如卷二《猴马》诗中有"异类相宜亦相失,同类相伤非所及"之句,原为诗人借沐猴戏马之事而发的感慨,笺注于此,则不仅指出其借用《文选》李陵书中语以及《孔子世家》中"君子讳伤其类"的原典,而且在诗末点题云:"后山自徐学除太学博士,以言者罢,既而移颍州,故有'同类相伤'与'志行万里困一误'之语。"从而揭示了本诗的实际寓意。又如卷一《妾薄命二首》,卷首目录既已据陈氏自注"为曾南丰(巩)作"考证其必作于元丰六年;正文注中于"忍着主衣裳,为人作春妍"句,又特为表出曰:"此句及下篇'向来一瓣香,敬为曾南丰'之句,皆以自表见其不忍更名他师也ољ接着引白居易《燕子楼诗》"钿晕罗衫色似烟"诸句,谓"后山盖用此意,而语尤高古"。这里提及的"向来一瓣香,敬为曾南丰"句,见于本书卷三的《观充文忠公家六一堂图书》。而据该诗中的有关笺注,"后山以东坡(苏轼)荐得官,作此诗时东坡政为郡守,终无少贬阿附之意,可谓特立之士矣"。两注参读,可见撰者对于陈氏诗中所蕴"深意"的提示,又并非臆测,而多持实据。

本书的另一特色,是较多地关注陈师道诗中所表现出的个人境遇实况和个性特征,通过笺注塑造出了一位血肉比较丰满的诗人形象。陈师道家境困窘,致妻子常寄食外家,见于卷一《送外舅郭大夫概西川提刑》等诗注;陈氏又喜持佛戒,曾自比维摩诘,卷十一《礼武台坐化僧》等诗注亦已指出。又如卷二《送苏公知杭州》一诗的笺注,题下先注其本事为:苏轼出知杭州,取道南京(应天府,今河南商丘南)赴任,时陈师道为徐州教授,向徐州守孙觉请示去见苏轼,但不被批准。陈氏便索性托疾告假,专程赴南京为苏轼送行,同舟东下,至宿州而归,结果遭到弹劾。继又注正文中"放麑诚不忍"典出《韩非子》所载秦西巴因不忍而放归孟孙所猎得之麑,并转引唐陈子昂《感遇》诗"吾闻中山相,乃属放麑翁。孤兽犹不忍,况以奉君终",以见其用意。最后感叹:"呜呼!观过可以知仁。后山越法出境,以送师友,亦放麑之类也。"由此生动地显现出陈师道为人的特异之处:他不会因为朋友有恩于己而背离师门(如前所引"向来一瓣香,敬为曾南丰"注所谓的不阿附苏轼,改换门庭);但当朋友遭遇逆境时,他又会不顾一切地去支持对方。

作为一部文学作品的笺注本,本书在一定程度上也注意到了诗歌文学特性的发抉。如卷一《丞相温公挽词三首》第三首中"辍耕扶日月,起废极吹嘘"的笺注,即于注司马光生前行事的实典外,并称:"日月、吹嘘,字虽不对而事势气象实相等,此诗人之妙也。"卷二《送苏公知杭州》中"放麑诚不忍"(即前引句)注引《韩非子》典前,又谓:"此句与上句(按指"岂不畏简书"句)若不相属,而意在言外,丛林所谓活句也。"卷六《老柏三首》之二"辉辉垂重露,点点缀流萤"注云:"以露比流萤,此体谓之影对。"并举无可诗"听雨寒更静,开门落叶深",以及"微阳下乔木,远烧入秋山"二联,指出其"以落叶比雨声"、"以微阳比远烧",其例相同。又卷十一《颜市阻风二首》第一首注中也提及"影对"。凡此种种,皆体现出撰者任渊在笺注陈师道诗时,已开始比较具体地注意诗的特性及其相关问题,从而使宋代的笺注之学显露出一些前代未有的新气息。

但本书也存在漏注、误注、硬注及曲解的缺点。如卷六《登快哉亭》诗,注谓《栾城集》有《快哉亭记》,亭在黄州,"不知此诗属何处",而实当为彭城之快哉亭。卷二《次韵春怀》诗"尘生鸟迹多"注引《世说》晋简文帝为抚军时"见鼠行迹,视以为佳"事为解,而"鼠迹"与"鸟迹"并不相干。诸如此类,皆受到后来学者的指摘。

《后山诗注》与《山谷内集诗注》同为宋人笺注宋诗而又完整流传至今的代表作品,由于其出现时代要较《施顾注苏诗》、《王荆文公诗李壁注》均早,因此从笺释学的历史看,其价值是颇高的。书中通过笺注以显现陈师道个性风貌及行事大略的方法,在其后的《王荆文公诗李壁注》一书中就得到了进一步的发挥,并成为后代文学笺注名著的一个共同的优点。从陈师道诗及宋代文学研究的角度论,本书的意义也不小。《四库全书总目》即举书中诗句多联,谓"非(任)渊一一详其本事,今据文读之,有茫不知为何语者"。而由其"援证古今,具有条理",推断它与"所注山谷集可并传不朽"。

研究本书的论著,有元代方回的《读后山诗注跋》(《桐江集》卷三)、清卢文弨的《后山诗注跋》(《抱经堂文集》卷十二)、《四库全书总目》本书提要、余嘉锡《四库提要辨证》本书辨证,以及民国冒广生《后山诗注补笺》(有学生书局1967年影印本和中华书局1995年标点本)等。

(陈正宏)

韵语阳秋 〔南宋〕葛立方

《韵语阳秋》，又称《葛常之诗话》、《葛立方诗话》，二十卷，南宋葛立方撰。现存最早的版本，为宋乾道二年(1166)刻本(有上海古籍出版社1984年影印本)。其后有明正德二年(1507)葛湛重刻本、《四库全书》本、《历代诗话》本、《学海类编》本、《常州先哲遗书》本、《丛书集成》本等。目前的通行本，有上海古籍出版社1979年排印本、中华书局1981年版《历代诗话》所收本。

葛立方(？—1164)，字常之，号懒真子，丹阳(今属江苏)人，后徙吴兴(今浙江湖州)。自高祖密至立方，皆举进士，世以儒学名家。葛立方绍兴八年(1138)登科第，官至吏部侍郎。绍兴二十六年(1156)罢官归故里。其人有文名，善属词，著有《西畴笔耕》(已佚)、《韵语阳秋》、《归愚集》。

《韵语阳秋》是葛立方撰写的一部诗话。徐林《韵语阳秋序》曰："隆兴元年，常之由天官侍郎罢七年矣，于是《韵语阳秋》之书成，贻书谓余叙之，会予以病未暇也。明年常之卒。"葛立方《自序》亦云："懒真子既上宜春之印，归休于吴兴，泛金溪，上我先人之弊庐，归愚识夷涂，游宦泯捷径，湛然胸次，不挂一丝。而多生习气，尚牵蠹简……独喜读古今人韵语，披咏紬绎，每毕景忘倦……隆兴甲申中元，丹阳葛立方书。"甲申为隆兴二年(1164)，据上可知此书当始撰于绍兴二十六年葛氏罢官之后，而成书于隆兴元年(1163)。

此书《自序》称："凡诗人句义当否，若论人物行事，高下是非，辄私断臆处而归之正。若背理伤道者，皆为说以示劝戒。"沈洵《韵语阳秋序》则言此书"自汉魏以来，诗人篇咏，咸参稽抉摘，以品藻其是非，不以名取人，亦不以人废言，质事揆理，而唯当之为贵。至于有益名教，若悖理伤道者，则反复评论，折衷取予，以示劝戒。振六义于古诗既亡之后，发奥赜于灵均未睹之先，又岂世之评诗者，徒揣其句语之工拙、格律之高下，而屑屑于月露风云、花木虫鱼形状之间而已哉。"可见此书在评论诗作、品藻人物的同时，还质事揆理，以兴传统之诗道，并欲"有益于名教"，为人"示劝戒"。书名曰《韵语阳秋》，用晋人褚裒"皮里阳秋"之意，言其于所论"心存泾渭"。

《韵语阳秋》全书共四百二十二则，分二十卷，卷首有宋人徐林、沈洵两序及葛立方自序。各卷不设门类名目,然大致还是以类聚。各卷内容大抵为一、二两卷论诗法诗格,三、四两卷论诗之本事,五、六两卷重在考证,七、八两卷多涉用事,九、十两卷多评史之作,十一卷论仕宦升沉之况,十二卷述死生达观之理,十三卷重在地理,十四卷多论书画,十五卷述歌舞音乐,十六卷述花鸟虫鱼,十七卷述医卜杂技,十八卷论人识鉴,十九、二十两卷述岁时风俗饮食妇女之属。

葛立方在本书中,表露了他自己的诗学旨趣。他主张"作文以气为主",在评宋米芾《不及陪东坡往金山作水陆诗》、《柄云阁》两诗时,认为诗中所体现出的"迈往凌云之气"使其远高于一般诗作水准,其"殆出翰墨畦径之表,盖自迈往凌云之气流出,非寻规索矩者所可到也",可见"气"在葛氏评诗中的重要性。葛氏又提出诗歌创作应"用思深远",要求"作诗者兴致先自高远"。针对当时诗坛多不敢"兴"的情形,葛氏引《古今诗话》语曰:"自古工诗者,未尝无兴也。观物有感焉,则有兴。今之作诗者,以兴近乎讪也,故不敢作,而诗之一义废矣。"并认为"作诗者苟知兴之与讪异,始可以言诗矣"。于诗歌风格,葛氏崇尚"平淡之境",谓"平淡而到天然处,则善矣"。推尊陶渊明等诗人之诗"平淡有思致,非后来诗人怵心刿目雕琢者所为也",以为"大抵欲造平淡,当自组丽中来,落其华芬,然后可造平淡之境";并斥时人"多作拙易语,而自以为平淡"之见,以为未得真识。然葛氏并不一味反对雕琢,他引《王直方诗话》曰"作诗贵雕琢,又畏有斧凿痕",意谓雕琢而无痕,近于自然可也。对为求去陈腐之语而为怪为奇之习,葛氏指出:"陈腐之语,固不必涉笔,然求去其陈腐不可得,而翻为怪怪奇奇不可致诘之语以欺人,不独欺人,而且自欺,诚学者之大病也。"

《韵语阳秋》品评、考订了众多诗人诗作,如考唐《钱起集》中杂有他人之诗作,品说杜甫好高自称许等。书中还保存了一些已失传的甚或当时人别集中已失收的作品,如卷三所录苏轼论作文之法及赠葛延之献龟冠诗等。

此书还广涉书画、乐舞等诸多内容,如卷十四所记王维绘孟浩然像事、韩干画马事、石鼓文年代之考辨,卷十五所载霓裳羽衣舞等,对于研究中国传统书画、乐舞与文学的因缘,都是很有价值的材料。

从学术的角度而言,《韵语阳秋》还是有其缺憾与不足之处的。其一为材料出处有误,如以江淹《杂拟》"赤玉隐瑶溪"句为谢灵运诗,以苏轼"老身倦马河堤永,踏尽黄榆绿槐影"句为杜甫诗,以李白"解道澄江静如练,令人长忆谢玄晖"句为袭郑谷之语等。其二为引他书有注出处亦有未注者,如卷十七载杜甫见病疟者事曰出《古今诗话》,而卷二引该书"自古工诗者未尝无兴也"云云则未言出处等。其三为评说、考辨不当不精,如卷三非议李商隐《韩碑》语之失当,卷四因韦应物《逢杨开府诗》而附会以为其悸韦后宗族,同卷中对《七哀诗》题之曲解等。其四为坚执理学一端而强为评说,如卷八对商鞅变法的否定,议屈原自沉为狷狭,以"灭天理而穷人欲者"评说李商隐其诗其人等。

　　研究此书的论著,有赵与时《宾退录》、吴曾《能改斋漫录》、王士禛《池北偶谈》《香祖笔记》相关部分,以及《四库全书总目》本书提要、郭绍虞《宋诗话考》(中华书局,1979年)上卷《韵语阳秋》条、吴睿辉《宋朝诗话一鸿篇》(《社会科学家》1990年第6期),以及束景南、郝永《论〈韵语阳秋〉文艺美学"意"本体论》(《江南大学学报》2007年第2期)等。

(林德龙)

诗集传 〔南宋〕朱 熹

《诗集传》,南宋朱熹撰。宋刻本二十卷,明中叶以后刊本并为八卷。二十卷本一系较易见到的本子,是《四部丛刊三编》所收影宋本,其底本为日本静嘉堂文库所藏,原本有残缺,已经前人据别本影钞补全。又上海古籍出版社 1980 年出版的排印本,其底本据称也为宋本。八卷本一系目前的通行本,是影印文渊阁藏《四库全书》本。

作者生平事迹见"朱子语类"条。

《诗集传》是朱熹于淳熙四年(1177)前后撰著的一部《诗经》注本。原本二十卷,分国风、小雅、大雅、颂四部,各部所占的卷数及顺次,同于《郑笺》(参见"毛诗郑笺"条),各部之中的分次,除小雅外,余均同《毛传》,其类亦为三十(参"毛诗故训传"条)。卷九至十五的小雅一部,由于对《南陔》、《白华》、《华黍》、《由庚》、《崇丘》、《由仪》六篇笙诗所处位置据《仪礼》重新安排,故形成"鹿鸣之什"等八什的篇次有所改动,"鹿鸣之什"以下七什的名称,也相应地变成"白华之什"、"彤弓之什"、"祈父之什"、"小旻之什"、"北山之什"、"桑扈之什"、"都人士之什"。至八卷本,则是将原本卷二至卷四前半(王风)合并为卷二,卷四后半(郑风)至卷八合并为卷三,改卷九为卷四,卷十至十五为卷五,卷十六、十七合作卷六,卷十八改为卷七,余下两卷为卷八而成。

《诗集传》在外部形式上与其前的一些著名《诗经》注本最大的不同,是取消了影响甚大的"诗序"。对于"诗序"的怀疑,是宋代《诗经》学界的一大特点。在朱熹之前,欧阳修《诗本义》已对其展开批评,苏辙《诗集传》则删存首句,而郑樵《诗辨妄》、王质《诗总闻》更是攻之不遗余力,至斥为村野妄人所作。朱熹继承了宋代《诗经》研究者的这种疑"序"的传统,在总体上对"诗序"采取否定的态度,不再列之于《诗经》各篇之首。而在具体笺注诗篇时,又持一种审慎的态度,对"诗序"的说法作了必要的分析讨论。如卷三(二十卷本,下同)鄘风《蝃蝀》、《相鼠》、《干旄》三篇末,朱熹注云:"此上三诗,小序皆以为文公时诗。盖见其列于《定中》、《载驰》之间故尔,他无所考也。然卫本以淫乱无礼、不乐善道而亡其国,今破灭之余,人心危惧,正其有以惩创往事而兴起善端之时也,故其为诗如此,盖所谓生于忧患、死于安乐者。小序之言,疑亦有所本云。"便从事理的角度,指出"诗序"的说法不无合理成分。卷十一小雅祈父之什《节南山》篇末,则由本诗"家父作诵"诸语,而考证说:"序以此为幽王之诗。而《春秋》桓十五年有家父来聘于周,为桓王之世,上距幽王之终已七十五年,不知其人之同异。大抵序之时世皆不足信,今姑阙焉可也。"虽举信史驳序,且推论"诗序"系年不足信,但具体结论仍留有余地。

《诗集传》在注诗内容上最引人瞩目的,是判定国风中有不少的诗篇为男女相悦之作,并标明了二十四首"淫诗"。八卷本卷首有淳熙四年(1177)朱熹所撰序,其中称:"吾闻之,凡诗之所谓风者,多出于里巷歌谣之作,所谓男女相与咏歌,各言其情者也。"这一观点与否定"诗序"的基本原则相结合,《诗集传》在诠解《诗经》十五国风有关诗篇时,便得出了与前人迥然不同的结论。如邶风《静女》篇,"小序"谓其旨在"刺时",是说"卫君无道,夫人无德"。《毛传》解"静女其姝,俟我于城隅",谓"静女"是"女德贞静而有法度";说"城隅"是"以言高而不可逾"。郑笺进一步发挥说:"女德贞静,然后可畜美色,然后可安;又能服从,待礼而动,自防如城隅,故可爱之。"愈解而附会愈多。朱熹则一破诸说,卷二本篇注直截了当地指出:"此淫奔期会之诗也。""静女"、"城隅"也没有什么特别的寓意,而只是指"闲雅"之女与"幽僻之处"。并以此为始,对鄘风的《桑中》,卫风的《木瓜》,王风的《采葛》、《丘中有麻》,郑风的《将仲子》、《遵大路》、《有女同车》、《山有扶苏》、《萚兮》、《狡童》、《褰裳》、《丰》、《东门之墠》、《风雨》、《子衿》、《扬之水》、《出其东门》、《野有蔓草》、《溱洧》,陈风的《东门之枌》、《东门之池》、《东门之杨》、《月出》共二十四篇诗的内容作了相似的判定,或曰"此亦男女相悦而相念之辞"(卷七《月出》),或曰"此淫女之词"(卷四《萚兮》),虽然价值评判仍合乎传统,却在《诗经》题旨的揭示方面显示了强烈的背叛传统的面貌。

《诗集传》在研究方法上颇受后人称道的,则是它继《毛诗故训传》"独标兴体"之后,进一步对各篇诗的各章标示赋、比、兴三体,并对这三种创作方法的特点作了比较准确的说明与界定。《毛传》只标"兴也",而"兴也"一般只在首句。本书则不仅标"兴也",而且标"赋也"、"比也";不仅单独标赋、比、兴三体,还时常标"兴而比也"、"赋而比也"、"赋而兴也"等等。其标示也不限于首句,而涉及全篇。至赋、比、兴的定义,朱熹称:"赋者,敷陈其事而直言之者也。"(卷一《葛覃》篇注)"比者,以彼物比此物也。"(卷一《螽斯》篇注)"兴者,先言他物,以引起所咏之词也。"(卷一《关雎》篇注)而在定义之外,书中对赋、比、兴及其交互使用的实例,也有扼要的解说。如卷四郑风《野有蔓草》篇"野有蔓草,零露漙兮。有美一人,清扬婉兮。邂逅相遇,适我愿兮"一章,朱熹注云:"赋而兴也。"并接着解释道:"男女相遇于野田草露之间,故赋其所在,以起兴。"

由于《诗集传》有上面几个鲜明的特点,而这些特点又是《诗经》研究发展到南宋所必然产生的结果——对"诗序"的否定,其历史渊源前已述及;判定国风多男女相悦之作,则是取消"诗序",

就诗论诗的自然结论;而赋、比、兴三体的并标,又是对毛传研究方法的继承和发展——加上以《毛诗正义》为代表的《诗经》汉唐学派著作过于繁琐且多附会,《诗集传》的出现,得到了广泛的欢迎,并成为以疑"序"为特征的《诗经》宋学派的代表作。

从中国文学研究史的角度论,《诗集传》的价值,主要在于它采取了就诗论诗的方法,指示了《诗经》国风的民歌特征与情诗部分,客观上为后人从文学的角度研究《诗经》开辟了道路。它的"集传"形式,使前代(尤其是宋代)各种有关《诗经》的片断研究成果得以保留,则又为《诗经》研究史提供了珍贵的史料。而其注释诗歌要言不烦、文字明白的特点,又向后来的笺注家提示了一条文学作品笺释兼顾学术性与大众化的新途径。

《诗集传》的缺点,在作者坚持道学家的立场,随时注意从理学的角度阐发引申诗义,虽脱离旧说的附会,而又入以道论诗的歧途。尤其是已经独具慧眼地揭示了《诗经》中部分情诗的真面目,却又同时从道德评判的角度对其大加挞伐,贬之为"淫奔"、"淫女"之辞,从而失去了正确判断展示有关诗作文学价值的极好机会,这是非常令人遗憾的。

研究本书的论著,有《四库全书总目》本书提要、傅斯年《宋朱熹的〈诗集传〉和〈诗序辨〉》(1919年《新潮》一卷四期)、周予同《朱熹》(商务印书馆1929年初版,又收入《周予同经学史论著选集》,上海人民出版社,1983年)、莫砺锋《朱熹文学研究》(南京大学出版社,2000年)的有关章节、日本目加田诚《论诗集传》(《詩集伝に就いて》,1938年《汉学会杂志》六卷一号)、韩国李再薰《朱子〈诗集传〉考》(1984年《中国语文学》第八辑),以及张宏生《朱熹〈诗集传〉的特色及其贡献》(《运城师专学报》1987年第2期)、张祝平《〈诗集传〉体例特征》(《古籍整理研究学刊》1993年第1期)、莫砺锋《从经学走向文学:朱熹"淫诗"说的实质》(《文学评论》2001年第2期)、徐鼎一《朱子〈诗集传〉浅说》(《北京大学学报》2003年第1期)、檀作文《朱熹诗经学研究》(学苑出版社,2003年)等。

(陈正宏)

楚辞集注 〔南宋〕朱 熹

《楚辞集注》，南宋朱熹撰。有人民文学出版社 1953 年影印宋端平二年(1235)朱鉴刊本、民国间扫叶山房影印元至元二年(1336)建安傅氏刊本、《古逸丛书》据元至正二十三年(1363)高日新刊本覆刻本，以及明嘉靖十四年(1535)袁褧仿宋刊本、天启六年(1626)蒋之翘评校本、清《四库全书》本等多种版本。目前的通行本，是上海古籍出版社 1979 年出版的据人民文学出版社影宋本标点、参校扫叶山房本与《古逸丛书》本的排印本。

作者生平事迹见"朱子语类"条。

此书撰集于南宋庆元年间朱熹罢官退居建阳时。其撰集的起因，一方面由于流行的王逸《楚辞章句》、洪兴祖《楚辞补注》仅详于名物训诂，而未及彰显楚辞的微言大义；另一方面则因朱熹有感于庆元党禁与赵汝愚被逐而死的事变，欲借注书以"寓宗臣之贬"，"抒故旧之悲"(《四库全书总目》语)。

全书包括《集注》八卷、《辨证》二卷、《后语》六卷。《集注》所收楚辞，与前此通行本颇有不同，其卷一至卷五录屈原所作《离骚》、《九歌》、《天问》、《九章》、《远游》、《卜居》、《渔父》凡七题二十五篇，总题之为"离骚"。卷六至卷八录宋玉等所撰《九辩》、《招魂》、《大招》、《惜誓》、《吊屈原》、《服赋》、《哀时命》、《招隐士》，凡八题十六篇，定名为"续离骚"。其间删去旧本原载的《七谏》、《九怀》、《九叹》、《九思》，以其"词意平缓，意不深切，如无所疾痛而强为呻吟者"；登录贾谊《吊屈原》、《服赋》二篇，则因"贾傅之词，于西京为最高"，"而二赋尤精"(语均见所撰《楚辞辨证》卷上)另于《集注》卷首目录末列扬雄《反离骚》之名，而注其见录于《楚辞后语》。至其所以录《反离骚》，自谓扬雄为《离骚》罪人，著之"以明天下之大戒也"(见《楚辞后语》目录末所列"叙")。

《集注》首列八卷目录，目录后为一自叙，表屈赋之价值，述《集注》撰述的缘起。卷一《离骚经》序末，又有一段小叙，以《诗经》六义相比附，谓赋比兴、风雅颂的论诗标准亦可施之于《楚辞》,而在《离骚》等篇的集注中则数度加以示范。其注往往列于一节正文后,注分两部分,中以一空格相隔。前者为注音,间或注文字版本异同;后者为释义,起首多标示该节为"赋也"、"赋而比也"、"兴也"等等,继注字词,末述大要。注中于前人注虽未一一标明,而实多概括王逸、洪兴祖诸家注参以己意而成,故名谓"集注"。篇之末,常以数语作小结,于旧说间有驳正。《天问》篇注,以本文奇诡,通篇提问,故于注中屡屡作答,而所答多本之于"理"。或有不能答者,则谓"此无稽之言,不答可也"。综观所注,盖于发明屈原忠君爱国之思多所致意,如谓《九歌》"诸篇皆以事神不答而不能忘其敬爱,比事君不合而不能忘其忠赤",谓《惜诵》"其言作忠造怨遭谗畏罪之意,曲尽彼此之情状,为君臣者皆不可以不察",等等。而每篇探寻微言大义,终亦难免有附会之词。

《楚辞辨证》二卷,卷首有庆元己未(五年,1199)序,略云:"余既集王、洪骚注,顾其训故文义之外,犹有不可不知者。然虑文字之太繁,览者或没溺而失其要也,别记于后,以备参考。"其间所道,虽为短简小语,而考证辨疑,时见新解。如谓《离骚》"以香草比君子",则"椒兰"例当为比拟之物,不当坐实为人名(卷上);又洪兴祖《补注》多引《山海经》、《淮南子》为说,古今说《天问》者亦皆本此二书,《辨证》则疑"此二书皆缘解此问而作"(卷下)。此外,朱熹注《楚辞》时的心境于其中也颇有反映,如卷上称赏洪兴祖补注中"知死之不可让,则舍身而取义可也。所恶有甚于死者,岂复爱七尺之躯哉"诸语,谓"其言伟然可立懦夫之气",而对"近岁以来风俗颓坏,士大夫间遂不复闻有道此等语者"的情形深表忧虑,曰"此又深可畏云"。凡此均可证本书确非无的放矢之作。

书末所附《楚辞后语》六卷,是朱熹删补晁补之所编《续楚辞》、《变离骚》二书而成的,所收为先秦至宋骚体之作五十二篇,篇有小序,而朱子又于各篇内为之撰注。至其选择标准,据《后语》卷首目录后自叙称,因屈赋为"穷而呼天,疾而呼父母之词",所以《后语》所录也均是"出于幽忧穷蹙、怨慕凄凉之意"之作,而其中又以与屈赋"无心而冥会者为贵"。

本书在《楚辞》研究史上是开一代风气之作。朱熹以集注、辨证的形式,推究屈赋中隐含的微言大义,使《楚辞》研究在字句训诂之外,又有了一片新的天地。而其寓一己的时事感慨于古典注释之中,也使旧籍具有了活的生命力。尽管字句必求忠君爱国之意的诠释方法不尽可取,但《楚辞集注》对于宋代以来以至当代《楚辞》学界的影响,却是显而易见的。

明代以后,曾有个别研究者怀疑本书非朱熹所撰,如夏大霖《屈骚心印参评》、朱天闲《离骚辩》等,以朱子平生萃力尽在《四书》,且其文辞不甚相类为说。但本书于朱熹生前已经刊版,宋本多存,疑其伪者实无道理。

研究本书的论著,有姜亮夫《楚辞集注》提要(载所著《楚辞书目五种》,上海古籍出版社,1993年)、日本林田慎之助《从历代楚辞评价的流变看朱熹〈楚辞集注〉撰述的动机》(《朱熹〈楚辭集注〉

制作の動機——歴代楚辞評価の流れにたって——》,1963年《九州中国学会报》第九号)、小南一郎《朱熹〈楚辞集注〉考》(日本《中国文学报》第三十三号,1981年)、林维纯《略论朱熹注〈楚辞〉》(《文学遗产》1982年第3期)以及韩国金学主《朝鲜刊〈楚辞集注〉简说》(朝鲜时代刊行中国文学关系书研究之四,韩国《东亚文化》第二十七辑,1989年)等。

(陈正宏)

白石道人诗说 〔南宋〕姜　夔

　　《白石道人诗说》一卷,或称《诗说》、《姜氏诗说》,南宋姜夔撰。有《四库全书》集部《白石诗话》所附本、《四部丛刊》影印江都陆氏本《白石道人诗集》所附本、乾隆间刊《白石道人四种》本、《历代诗话》本、《丛书集成初编》本等多种版本。目前的通行本是人民文学出版社1962年出版、1983年重印的校点本,题《白石诗说》,与《六一诗话》、《滹南诗话》合刊一册。

　　姜夔(约1155—约1209),字尧章,因所居邻于苕溪之白石洞天,人称白石道人,饶州鄱阳(今属江西)人。早年旅居扬州,往来江淮间。后依诗人萧德藻,寓居湖州。一生未仕,而足迹遍历鄂、赣、皖、苏、浙等地,与杨万里、范成大、张鉴等交游。晚岁寓居杭州,且卒葬其地。姜夔能诗词,工音律,尤以填词擅名,所作清空绝俗,音韵谐美,颇受后人推崇。著有《白石道人诗集》、《歌曲》、《绛帖平》、《续书谱》及本书等。

　　《白石道人诗说》约撰于南宋孝宗淳熙十三年(1186)。卷首有自序一篇,略谓该年夏游南岳,遇一长生不老者名"若士",授《诗说》与己。所谓"若士",当出于假托,其文实为姜氏自著。全书篇幅甚短,仅三十则,但举凡作诗时的辨体、布置、立意及具体技巧均有涉及,而常为后人征引的,有如下数则。

　　第二十七则:"诗有四种高妙:一曰理高妙,二曰意高妙,三曰想高妙,四曰自然高妙。碍而实通,曰理高妙;出事意外,曰意高妙;写出幽微,如清潭见底,曰想高妙;非奇非怪,剥落文采,知其妙而不知其所以妙,曰自然高妙。"在四种"高妙"中,姜氏尤其推崇"自然高妙",这与他在自己诗集的"自叙"中所说的创作当"不求与古人合而不能不合,不求与古人异而不能不异,其来如风,其止如雨,如印印泥,如水在器",是一脉相承的,看重的都是文学创作中的感悟,这种感悟不可以固板的创作规则去解说,因而带有某种不可言状的神秘意味。

　　第十七则:"语贵含蓄。东坡云:言有尽而意无穷者,天下之至言也。山谷尤谨于此。清庙之瑟,一唱三叹,远矣哉! 后之学诗者,可不务乎? 若句中无余字,篇中无长语,非善之善者也;句中有余味,篇中有余意,善之善者也。"这是抓住了中国传统诗歌尤其是小诗文简意繁的特长,对诗歌创作者提出的忠告。所谓"句中有余味,篇中有余意",是要求篇句融贯,无论从单句看还是由全篇论,均有言意不尽之妙。而所谓"余字"、"长语",又并非字面上实际的多字、长句,而指在有固定格式的诗歌字句中能借助一定的意象传达出比字面意义更丰富的含义。

第七则:"难说处一语而尽,易说处莫便放过;僻事实用,熟事虚用;说理要简切,说事要圆活,说景更微妙。多看自知,多作自好矣。"这一则其实讲了三方面的内容:其一是做诗过程中"反其道而行之",以求出奇的功夫;其二是理、事、景三者在诗中的不同处理;其三是前两方面的具体操作办法。由于出奇制胜以及"简切"、"圆活"、"微妙"均是只可意会而难以言传的,所以实际上姜氏所能教给后学的,只有"多看"、"多作"两条老生常谈。但这又与其崇尚"自然高妙"不无关联。为了对这种说诗的难以捉摸性进行补充、纠偏,书中第三则又提出"诗之不工,只是不精思耳"的观点,欲以深思熟虑来引导学者领悟作诗正途。而若"思有窒碍",那是"涵养未至也,当益以学"(第二十则)。

除此以外,《白石道人诗说》还谈及诗的气象、体面、血脉、韵度等内容,所谓"气象欲其浑厚,其失也俗;体面欲其宏大,其失也狂;血脉欲其贯穿,其失也露;韵度欲其飘逸,其失也轻"(第一则)即是。具体评价了前代诗作,如"陶渊明天资既高,趣诣又远,故其诗散而庄,澹而腴,断不容作邯郸步也"(第十六则)等等。

《白石道人诗说》的最末一则说:"《诗说》之作,非为能诗者作也,为不能诗者作,而使之能诗;能诗而后能尽吾之说,是亦为能诗者作也。"可见本书的宗旨在教人作诗。但教人作诗以反常规、求妙悟为标志,则其实际的价值仍在昭示作者自我的一套说诗理论,而初学者则恐难于因之而得其径。

不过本书在中国文学批评史上的影响却颇为深远。南宋后期严羽在所著《沧浪诗话》中提出"妙悟"之说,其近因即可溯至本书的"自然高妙"之说。而以后清代王士禛提倡"神韵"理论,《白石道人诗说》的有关观点也为其理论基础之一。另一方面,从文学史的角度看,由于姜夔的时代正是江西诗派以学为高理论余波未息的阶段,本书却提倡悟入、精思与含蓄,不讲用典、议论,则客观上有纠正当时诗歌创作偏颇的作用。

研究本书的论著,有秋斋《白石道人〈诗说〉之研究》(连载于1936年10月13至30日《北平晨报》)、唯我室圣《白石道人〈诗说〉》(1947年《学术丛刊》一卷一期)、黄海章《评姜白石〈诗说〉》(收入所著《中国文学批评论文集》,岳麓书社,1983年)缪钺《姜白石之文学批评及其作品》(收入所著《诗词散论》,上海古籍出版社,1982年)、赵晓岚《〈白石道人诗说〉与江西诗派之关系》(《文艺理论研究》2002年第1期)等。

(陈正宏)

苕溪渔隐丛话 〔南宋〕胡 仔

《苕溪渔隐丛话》,前集六十卷,后集四十卷,南宋胡仔纂集。现知最早的刊本为南宋光宗绍熙五年(1194)万卷堂刻本。现存的宋刻本有两种,一为北京图书馆藏宋刊残本(存前集卷十五至四十五,卷一至十四配明钞本),另一为北京大学图书馆所藏残宋本(存后集卷一至二、卷五至四十,凡三十八卷)。其他主要的版本有元翠岩精舍刊本(存前集卷一至卷五十)、明嘉靖七年(1528)徐梁钞本、明钞本(存前集卷一至二十、卷三一至六一,后集卷一至七、卷三十至三六,凡六十四卷)、明钞本(存后集卷一至十六)、清乾隆五年至六年(1740—1741)杨佑启耘经楼重刊宋本(即依现藏北京图书馆的宋本为底本)、清吕氏南阳讲习堂钞本、《四库全书》本、《海山仙馆丛书》本、《丛书集成》排印本、《四部备要》排印本等。目前的通行本,是人民文学出版社1962年出版的廖德明校点本(1981年再版时又作了修订)。

胡仔(？—1170),字元任,徽州绩溪(今属安徽)人。据《苕溪渔隐丛话》前后集之序、《徽州府志》、《绩溪县志》及方回《桐江集》等载,胡仔父舜陟,字汝明,号三山老人,官至徽猷阁待制、广西经略。其于南北宋之交力诋投降,两次帅军守庐州(今安徽合肥市),是"文臣之善用兵者"。绍兴十三年(1143)为秦桧所忌,冤死于静江府(今广西桂林)狱中。北宋末年,胡仔以父荫授迪功郎,后历任浙东提刑司干办公事、广西提刑司干办公事。绍兴六年(1136)侍亲赴官广西,居岭外七年。父丧后,卜居吴兴苕溪,投闲二十载,自号"苕溪渔隐"。绍兴三十二年(1162)赴官闽中,任福建转运司干办公事,三年任满后复归居苕溪。后转奉议郎知常州晋陵县,未赴。

《苕溪渔隐丛话》是胡仔纂集的一部以各家评论历代诗人的诗论为主的文学资料集。其纂集之由,胡仔在"前集序"中道:"绍兴丙辰,余侍亲赴官岭右,道过湘中,闻舒城阮阅昔为郴江守,尝编《诗总》,颇为详备。行役匆匆,不暇从知识间借观。后十三年,余居苕水,友生洪庆远、从宗子彦章获传此集。余取读之……考(阮)编此《诗总》,乃宣和癸卯,是时元祐文章禁而弗用,故阮因以略之。余今遂取元祐以来诸公诗话,及史传小说所载事实,可以发明诗句,及增益见闻者,纂为一集。"据此知胡仔纂此书,乃志在续阮阅《诗总》之编,补其不载元祐以来诸家诗话的缺憾。前集编纂于其卜居苕溪时,成书于南宋高宗绍兴十八年(1148),遂名曰《苕溪渔隐丛话》。后集纂于自闽中返归以后,成书于孝宗乾道三年(1167),前后历时二十载。

《苕溪渔隐丛话》分前、后集。前集六十卷,所收诗话品藻对象上自《诗经》国风,下迄南宋初年诸家,编纂体例主要以人物为系,以时间先后为序,按国风、汉魏六朝、陶渊明、李白、杜甫、韩愈、白居易、欧阳修、梅尧臣、王安石、苏轼、黄庭坚、秦观、宋朝杂记、僧道、神鬼、长短句、妇人诗等排列,于诗人凡属大家均出其名,或独立一卷至数卷,或数人合一卷,琐闻佚句则或附录、或类聚。后集四十卷,编纂体例与前集相类,评论楚汉以降至宋南渡之初诸家。两集中诗家列名者达百余人。于所录诗家,尤重宋代,有关宋代诗人诗作的共计四十八卷,近全集的一半篇幅。但《诗总》已收的材料,此书不再录入。故《四库全书总目》称"二书相辅而行,北宋以前之诗话,大抵略备矣"。总体来说,此书有以下几方面的特点。

其一,在诗歌理论与创作上推崇杜甫、苏轼,大力鼓吹元祐诗学。胡仔于诗,尊崇唐之李白、杜甫,宋之苏轼、黄庭坚,认为"开元之李、杜,元祐之苏、黄,皆集诗之大成者"(前集自序)。在这四家中尤重杜甫和苏轼,坦言"余纂集《丛话》,盖以子美之诗为宗"(前集卷十四),并称"近时学诗者,率宗江西,然殊不知江西本亦学少陵者也……余为是说,盖欲学诗者师少陵而友江西,则两得之矣"(前集卷四九)。他主张学诗贵有创新、变化,谓:"学诗亦然,若循习陈言,规摹旧作,不能变化自出新意,亦何以名家?鲁直诗云:'随人作计终后人。'又云:'文章最忌随人后。'诚至论也。"(同上)

其二,此书虽是继阮阅《诗总》而作,然却与阮书分类编辑、多立名目之编纂体例有很大不同。胡仔自言:"或者谓余不能分门纂集,如阮之《诗总》,是未知诗之旨矣。昔有诗客,尝以神圣工巧四品,分类古今诗句,为说以献半山老人。半山老人得之,未及观,遽问客曰:'如老杜"勋业频看镜,行藏独倚楼"之句,当入何品?'客无以对,遂以其说还之,曰:'尝鼎一脔,他可知矣。'则知诗之不可分门纂集,盖出此意也。余今但以年代人物之先后次第纂集,则古今诗话,不待捡寻,已粲然毕陈于前,顾不佳哉。"(前集自序)此说颇具识见。书中所收材料以人分编,以作者年代先后为序,体例明晰,避免了重收、失收之弊;诗词分辑,尤便于读者。

其三,所录材料以"论文考义者居多,去取较为谨严","且多附辨证之语,尤足以资参订"(《四库全书总目》)。胡仔曾谓其书所录重在"可以发明诗句及增益见闻者"(前集自序),故史料价值较高。宋南渡之初不少重要的论词之作先后散佚,而本书长短句一门中多有征引,赖此而得以存其说之梗概。如后集卷三十三中所载之晁无咎《评本朝乐章》、李清照《词论》等,并多为后之词家所征引。又如前集卷十六之论琴诗,引证了韩愈、欧阳修、苏轼、黄庭坚的听琴诗和《西清诗话》之评说,并参以己说。此于研究诗歌与音乐的艺术关系提供了很好的资料。而且胡仔在编纂中还就诗歌作者、诗人生平、诗义、文集版本等诸多问题作了大量的辨证工作,"一诗而二三其说者,则类次为一,间为折衷之;又因以余旧所闻见,为说以附益之"(前集自序)。如前集卷十一辨张骞乘槎事出于附会,卷十二解杜甫《峡中诗》中之"乌鬼"为"鸬鹚",卷十五考韦应物生平,后集卷二八考苏轼文集之版本等,多精当之论。当对各说不能确定其是非时,则存而不断,持论谨慎。正因为具有上述优点,故此书"诸家援据多所取资焉"(《四库全书总目》),是宋代诗话集中质量最高、资料最丰富的一部纂著。

然而在学术上,此书也存在着一些不足。辨证不严、发论不当的情况亦有所见。如后集卷三三中所附对李清照《词论》之批评,便有失公允。胡仔还将许多自己的诗作编入此书,然其诗却未见高明,因而多为后人所讥。

研究此书的论著,有《四库全书总目》本书提要、日本船津富彦《〈苕溪渔隐丛话〉札记》(《苕溪渔隐丛话の觉书》,《东洋大学纪要·文学部篇》,1973 年 12 月)、郭绍虞《宋诗话考》(中华书局,1979 年)上卷《苕溪渔隐丛话》条、莫道才《胡仔及其苕溪渔隐丛话论略》(《广西师范大学学报》1992 年第 3 期),以及聂巧平《论〈苕溪渔隐丛话〉的宋诗史观》(《文学遗产》2004 年第 3 期)、沈乃文《胡仔及〈苕溪渔隐丛话〉历代版本》(《文献》2006 年第 3 期)等。

(林德龙)

经进东坡文集事略 〔南宋〕郎　晔

《经进东坡文集事略》六十卷，南宋郎晔撰。现存宋刻残本一部，存三十二卷。较通行的版本，是《四部丛刊》影宋本和民国间上海蟫隐庐据宋本校勘的排印本，两本所据底本同，而仍缺卷四十一至四十五卷及卷六十末数叶，故该五卷有余的郎晔注文已不可见。

郎晔，字晦之，临安（今浙江杭州）人。早年从同邑著名理学家张九成（号横浦居士）学，以儒学知名。九成卒，为编语录集《横浦日新》及《横浦先生集》，以传其学。南宋淳熙十四年（1187），以荐举授迪功郎、绍兴府嵊县主簿，未任事。绍熙二年（1191），表进所注《陆宣公奏议》与三苏文集，不报。未几即谢世。著作数种，以《陆宣公奏议注》十五卷及本书最为知名。

《经进东坡文集事略》是一部北宋著名文学家苏轼（1037—1101，号东坡居士）所撰文章的选注本。因为郎氏选注本书的目的是进奉给皇帝看的，故书名中有"经进"二字，书内目录及各卷正文首也均署"迪功郎新绍兴府嵊县主簿臣郎晔上进"。郎晔选注苏文上进的动机，由于本书无撰者自序自跋，不可直接知晓；但卷首所列乾道九年（1173）宋孝宗书赐苏峤的《御制（苏轼）文集序》并赞、《苏文忠公太师制》，以及当为郎氏所作的《东坡先生言行》（其末言及"至尊寿皇圣帝乾道六年，谥（苏轼）曰文忠，从眉州宋何耆仲之请也；未几御制文集序赞，特赠太师"），已足以说明本书必是乾道、淳熙间苏轼的文化地位得到南宋最高当局确认后的时代产物。本书的完成年代，则不晚于绍熙二年（1191）。其根据是本书卷一《前赤壁赋》首句"壬戌之秋"下注云："时元丰五年也，公方四十七岁。距绍熙辛亥已一百十年矣。"绍熙辛亥即绍熙二年，郎氏特注此年份，其意自是要让读其上进之作的皇帝有一今昔对照的时间概念，但换个角度看，这也就同时证明了郎氏上进本书之年必在绍熙二年；又现存郎晔所撰《陆宣公奏议注》前有署"绍兴（据考兴为熙字之讹）二年八月初七日进呈"的《经进唐陆宣公奏议表》，而据考，郎氏上进《陆宣公奏议注》的同时也上进了三苏文集，本书即其中之一。两证相参，可知郎氏完成本书的年份，也一定不会晚于其上进之年即绍熙二年。

全书六十卷,分体编文,书前有总目,各卷首又有分卷目录。卷一卷二为赋,卷三为"南省讲三传十事",卷四至卷十四为论(其中有五卷"进论",一卷"程试论"),卷十五至卷二三为进策、进策别、进策断、策、策问,卷二四为《上神宗皇帝万言书》,卷二五、二六为表,卷二七、二八为启,卷二九至卷三六为奏议,卷三七至卷四十为内制、外制、书状附札子,卷四一至四七为书,卷四八至五三为记,卷五五至卷六十为碑、叙、"迩英进读"、杂说、拟作、铭、赞、杂著。诸体皆备,统计全书共选录苏轼文章近五百篇,苏氏的代表性作品大致已囊括其中。郎晔注形式上分题注与句注两种,均双行小字排于相应篇题下或正文间。题注以释题意及撰述缘起为主,句注则除注出典外,又颇重注文中所涉及的时事。综合而言,郎氏所撰苏文笺注,大致有如下三方面的特点。

首先,郎氏注不以铺张典故出处为务,注文相对而言比较简要,剪裁得当,体例也比较规整。本书卷首虽无"凡例"一类的文字,但从篇中注释,仍可见郎氏的笺注,在形式上有其既定的规则。如卷二十四《上神宗皇帝万言书》中言及唐宇文融检责漏田事,有注云:"事见融本传。凡所引本传正文详悉者,不复重注,他皆仿此。"卷三五《乞郡札子》于正文所述汉宣帝杀盖宽饶、唐太宗杀刘洎事下,又注"事各见本传。凡引据首尾详明者,不复重述,它皆仿此"。此二例皆可见郎注颇重简要。同时在征引文献时,郎氏对直接引用与转述两者又有所区分,前者概以"某书曰"起首,后者则多缩改原文,先述事,后以"见某书"作结。尽管书中仍有个别地方出现前后同一事而重复出注的情形,但从总体上看,那样的例子毕竟不是很多。而这在宋人笺注诸作中,是比较少见的。

在这样一个简明扼要、体例规整的框架内,郎注显现出来的第二个与众不同的特点,是保留了相当丰富的宋代史料。郎注是宋人注宋文,而据考,郎晔的生年大致推算起来,距苏轼之卒不过二十年(见罗振常《郎氏事辑》),因此其书引宋代史实解说东坡文章,可谓取之近身,得心应手。这在当时虽不能算是十分困难之事,在今日则所注文字便成为读解苏文的可信依据,具有极高的史料价值。像卷二十三策问《汉唐不变秦隋之法近世乃欲以新易旧》中屡引宋仁宗嘉祐年间诸诏书以释苏文,便不仅有利于读者真切地了解苏氏文章的写作背景,同时还为后代保留了第一手的宋代官方文书。郎氏注又颇喜称引当时人的语录笔记,这些材料中有相当一部分今已散佚,而其所反映的围绕苏轼而呈现的宋代文坛、政坛实况,今天看来仍颇鲜活且富于启发性。如卷二十五《湖州谢表》末,注引王庠《甲申杂记》所载苏轼下狱后,其政敌李定主审,而不得不叹称"苏某诚奇材也","虽三十年所作文字诗句,引证经传,随问即答,无一字差舛",便从一个特殊的角度,生动地展示了苏轼才与文的独特以及当时的反响。由于像《甲申杂记》以及注中引及的何伦所撰苏轼《年谱》、王直方《诗文发源》、李方叔《师友谈记》、王定国《随手杂记》、赵伯山《中外旧事》、佚名《遗事别录》、《乌台诗话》(疑与朋九万所撰《乌台诗案》为二书)等多种宋人著作今多已不可复见,因此即便单从文献征存的角度说,郎注也堪称今人辑录宋人著述的一大渊薮。

最后，从学术性的方面考察，郎注所具有的第三个较为明显的特点，是注文不仅叙时事、征出典，同时也有颇为细密的考证与抉发微旨的阐释。考证则既有从文字校勘入手纠正一字之讹的小成绩，也有由史料勘比判定诸说是非的较大成果。前者如卷一《后赤壁赋》"梦一道士"句下注，谓"诸本多云'梦二道士'，'二'当作'一'，疑传写之误"，并引《苕溪渔隐丛话》从本赋上下文判断道士为一人作解；后者像卷二六《谢赐对衣金带马表》"枯羸之质，非伊垂之，而带有余；敛退之心，非敢后也，而马不进"诸语下，注引赵德麟《五侯鲭》所称此数语作于苏轼再召入院，除承旨时，而驳之曰："然公自入翰苑与除承旨，凡两被赐，至以龙学知颍州，复拜此赐，故后表中有四年三赐之语。今德麟谓之除承旨时者，误也。"由于赵德麟（名令畤）是苏轼门人，所述苏门事迹多为后来研究者称引，而其中不确之词易为人忽略，所以郎氏从苏文本身所作的这种考辨，不仅纠正了《五侯鲭》的失误，同时也为审慎地运用基本史料诠释文学作品作了一次相当有说服力的示范。至考证之外，郎注对于苏文深意的发抉，也不乏精到之处。如卷三九外制《王安石赠太傅》一文，末注云："此虽褒词，然其言皆有微意，览者当自得之"；又卷十四《商鞅论》题注引苏轼诸语，而谓"此论亦为荆公发也"，文中并引王安石诗"时人莫要非商鞅，商鞅能令政必行"二句，以释苏轼论中"汉以来学者耻言商鞅、桑洪（弘）羊，而世主独甘心焉，皆阳讳其名而阴用其实，甚者名实皆宗之"等语，指出苏氏所谓"名实皆宗之"者，即王氏。或引而不发，或详为阐说，于理解苏文原旨均极有裨益。

但具有如上三个突出特点的《经进东坡文集事略》在南宋刊行后，至元明两代即以流布不广而鲜为人知。至清代，由于季振宜、张金吾等学者的著录介绍，才引起学界的注意。张金吾《爱日精庐藏书志》称其"钩稽事实，考核岁月，元元本本，具有条理，可与施元之、王十朋诗注相颉颃"。日本学者岛田翰也对其书"抉择之谨严，校订之精审"颇加赞辞（见所著《古文旧书考》）。而从文学作品的笺注与苏轼研究两方面论，由于郎注既是宋代笺注家笺注当代作品的早期典范作品，又是现存最早的苏轼作品的笺注本，其在学术史上的地位是不言而喻的。至于原创性著作所存在的种种不足，本书自也难免；加上现存宋刊并不十分精致，其中不乏混原文入注文之例，一定程度上也影响了本书的可读性。

研究本书及撰者的论著，除前已述及者外，尚有罗振常《重校本郎注东坡文集序》和《郎氏事辑》（均收入罗氏所刊《经进三苏文集事略》）等。

（陈正宏）

文苑英华辨证 〔南宋〕彭叔夏

《文苑英华辨证》十卷，南宋彭叔夏撰。现存宋刻元修本、明万历四十二年(1614)熊祺刻本、《知不足斋丛书》本、《武英殿聚珍版书》本等刊本，以及包括《四库全书》本在内的数部清钞本。目前的通行本，是附录于中华书局1966年版《文苑英华》影印本后、据广东翻刻《武英殿聚珍版书》所收本书为底本的影印本。

彭叔夏，庐陵(今江西吉安)人。南宋绍熙三年(1192)中乡举。余不详。

《文苑英华辨证》是一部以《文苑英华》为中心，用文献学方法考辨前代诗文正讹的专著。自北宋雍熙三年十二月(987年1月)诸词臣编就《文苑英华》一千卷后，由于质量问题官方多次派人对原书加以校勘，但到南宋周必大辞官接手重校时，遗留问题仍不少。彭叔夏是周必大校勘《文苑英华》时所邀的主要参校人员之一，本书即是他于校书同时撰就的一部专门释证《文苑英华》所录篇章中存在的诸如字句正讹、文本异同等具体问题的著作。

全书十卷。卷首有嘉泰四年(1204)撰者自序，序中言及其撰述本书的缘起，是受命校勘《文苑英华》，"考订商榷，用功为多"，但有关的考订成果，"散在本文，览者难遍"，所以他别撰本书，"荟粹其说，以类而分；各举数端，不复具载。小小异同，在所弗录。原注颇略，今则加详；其未注者，仍附此篇。勒成十卷，名曰文苑英华辨证"。其十卷正文，分用字、用韵、事证、事误、事疑、人名、官爵、郡县(地名附)、年月、名氏、题目、门类、脱文、同异、离合、避讳、异域、鸟兽、草木、杂录二十类。各类又依所录内容性质，分若干节或不分节，如卷一收用字、用韵、事证三类，用字分三节，用韵分两节，而事证不分节。由类下分节实况通观全书，可知撰者自序所称"各举数端"，即用归纳举例的方式，去导引读者正确地阅读《文苑英华》一书。而各类经归纳所得的通则，《四库全书总目》已指为"承讹当改、别有依据不可妄改、义可两存不必遽改"三条。当然具体至某一类，则本书的分析可能更为细致，如"人名"类下，便分"凡用事有人名与他本异不可轻改者"、"其有舛讹当是正者"、"人名有与经传集本异不可轻改者"、"其有讹舛质于史传当是正者"、"其有与史集异同当并存者"五节。至各节实际内容,则除起首均有一句述本节所引例子概况(如上引"其有舛讹当是正者"之类)外,下即征引《文苑英华》所收诸诗文中相关的典型例子数则,逐一加以考证,最后再以一导读提示语作结。结语与前述通则相应,一般也为三种,"承讹当改"者,结以"此类览者所宜详也";"别有依据不可妄改"者,结以"此类当以《文苑》为正";"义可两存不必遽改"者,则结以"此类并注于本文之下"、"此类并仍其旧或注一作"或"凡此者皆未详也"等。

从总体上说,本书最主要的成就,自然是以归纳举例的形式,勘正了《文苑英华》原编的大量失误。以"门类"、"脱文"两类为例,两者均涉及《文苑英华》编者对所收诗文原作的理解能力与校读作风,而为彭叔夏揭出的"凡门类混淆当是正者"的典型例子,即有十四例;"凡有脱文见于他本者"又有十七例。其中像皇甫湜《顾况诗集序》,《文苑英华》编者未校本集而又脱一"诗"字,遂误次该文于"文集门";崔国辅等人咏长信宫诗,编者误列之于"长门怨"类,不知长门、长信分属陈后、班婕妤二人,未可混同;又如萧子显《日出东南隅》、王褒《燕歌行》,《文苑英华》所录,用郭茂倩《乐府诗集》相校,脱漏句子甚多;而隋文帝《求贤诏》,《隋书》所载原文凡五百余字,到《文苑英华》只剩百余字,诸如此类,一方面自然说明《文苑英华》诸编者从事编事时颇为草率且学力欠缺,另一方面也反映出彭叔夏在学术功底与治学态度两方面的确有超越前人之处,本书因此也就不是一部附骥式的普通的校勘之作,而是一部用严谨的考据方法对《文苑英华》作全面检核的出色的研究著作。

同时如果从文学研究的角度来衡量本书的价值,则书中以《文苑英华》所收作品为中心,用实证方法清理诸多宋以前文学文本,进而探讨某些文学史问题的努力,也颇值得重视。书以"辨证"为名,但实际并非仅仅着意于纠正《文苑英华》原编之失,而是重在探讨《文苑英华》所涉及的诸作的文本之"真"与"是",所以书中除了纠误,也有肯定《文苑英华》文本为正确与存疑待考之处。由于《文苑英华》所收基本上包括了萧梁迄晚唐五代尤其是唐代的名篇,因此本书运用文献学方法对这些名篇作求真求是的文本考索,实际上也就从一个侧面为后人研究中国文学史尤其是宋以前的文学提供了重要的依据。不仅如此,本书的某些小节里还有由某一具体例证而生发论及文学史问题的例子,如卷五"名氏二"考《文苑英华》所收刘长卿《宕子怨》实为隋薛道衡《昔昔盐》诗,即不仅举诸证据证明《文苑英华》之误,同时更引洪迈之说,说明"盐"与吟、行、曲、引之类同样是一种入乐的歌诗体裁,南宋南岳庙乐曲"黄帝盐"即其体,而俗改其名为"黄帝炎"实非。这是颇能体现彭氏撰著本书的基本立意的。

此外值得一提的,还有书中偶尔显露的撰者对文学本性的较真切的把握。本书总体上是一部考据著作,对所涉及的文学作品基本不作艺术性的分析。但在必要的地方,撰者仍能充分考虑研究对象的文学特点,而不下拘执的断语。例如卷九"杂录三"论李百药《少年行》,《文苑英华》所收该诗,两处出现"少年子"一短语,分别居于每四句后;而《唐文粹》等书所收本诗,相关部分已皆改成与全诗合一的五言。彭氏"详上下词意",认为《唐文粹》"殆不如《文苑》"。这里彭氏所据以下判断的标准,明显已是两者艺术表现力的高下了。

本书也有不足之处,主要是个别例子的考辨未中款要。如卷六独孤及《陈留郡文宣王庙碑》本文已云"命客卿陈兼志之",是陈兼受命记录的明证,而彭氏却以独孤及门人梁肃所称独孤氏作此碑,因存"岂及命兼代作,或及自作以兼为名乎"的疑问,不知此二假设皆难成立,此碑实为独孤及命意,陈兼记录,故当视为二人合作。此外过于疑而不断的情形,也偶有出现。

研究本书的论著,有《四库全书总目》本书提要、顾广圻《书文苑英华辨证后》(《思适斋集》卷十五)、段琼林《宋椠文苑英华辨证校记》(1930年《女师大学术季刊》第三期)、岑仲勉《文苑英华辨证校白氏诗文附按》(1948年《史语所集刊》第十二本)等。

(陈正宏)

注东坡先生诗 〔南宋〕施元之 施 宿 顾 禧

《注东坡先生诗》四十二卷,南宋施元之、施宿父子与顾禧合撰。俗称"施顾注苏诗",旧时也简称"施注苏诗"。现存宋刻残本四部,其中三部为嘉定六年(1213)初刻本,分别存十九卷半、四卷、二卷;另一部为景定三年(1262)补修本,现存三十二卷。目前较好的读本,是台北艺文印书馆1980年出版的《增补足本施顾注苏诗》。该本由郑骞、严一萍编校,书中影印了由美国翁万戈收藏的景定本三十二卷;所缺各卷,则据台湾"中央"图书馆所藏嘉定残本及其他资料拟补。虽所补未尽可据,影印的景定残本却使人得以了解原本的基本内容与面貌。

施元之,字德初,长兴(今属浙江)人。绍兴二十四年(1154)进士,乾道二年(1166)除秘书省正字,历官著作佐郎、起居舍人、左司谏、左正言等。乾道五年(1169),因与起居郎兼权中书舍人林机合谋奏沮李垕独试制科事,并被放罢。七年起复,以左宣教郎权发遣衢州军州。后升赣州太守,又因急于绳吏而遭提刑辛弃疾弹劾,再次免官。早年即以绝识博学闻名,后致力于苏轼诗歌的笺注,颇得陆游好评。

施宿(1164—1214),施元之之子,字武子。绍熙四年(1193)进士。庆元间,知余姚县,买田置书,教诲学者。升绍兴府通判,累迁知盱眙军、知吉州等职。晚任提举淮东常平茶盐公事,以取淮东仓司官帑刻印本书,被劾罢官。平居嗜金石书法,曾刻碑谱法书数种。著作除本书外,尚有《会稽志》二十卷,《东坡先生年谱》一卷。

顾禧,字景繁(一作景蕃),吴郡(今江苏苏州)人。出身官宦世家,少任侠,长而折节读书,隐居不仕。绍兴间,郡以遗逸荐。闲居五十年不出,名重乡里。与《楚辞补注》撰者洪兴祖交游唱和。著作除本书外,尚有《志道集》一卷。

《注东坡先生诗》是北宋著名文学家苏轼(1037—1101,号东坡居士)诗歌的笺注本。在施元之等笺注苏诗之前,已有所谓"蜀人所注八家"通行于世。但施元之认为这些注本都有"缺略未究"的毛病,因乘闲居而重为之注释,并在句解方面得到学问广博的顾禧的协助。积数年之功,终成本书初稿,时在淳熙年间。嘉泰二年(1202),施宿持此由其先父与顾禧合撰的苏诗注本请陆游撰序。陆游序之,一方面对其稿颇加褒扬,谓之"于东坡之意盖几可以无憾矣";另一方面又备述自己辞范成大之请而不敢为苏诗作注一事,寓苏诗旨趣不易尽观遽识之意。施宿因思乃父书成而不轻出示他人,且有生前已语及而未能撰入书中处,便再加考索,将有关苏轼交游、篇章本事、诗句微旨等内容补撰为各篇题注,别撰苏轼年谱一卷作为附录,于嘉定二年(1209)编定全书。此后他又请同乡善写欧体字的书法家傅稚书其版,并于嘉定六年(1213)刊刻全书。

据现存的本书残卷、日本旧抄本《东坡先生年谱》(施宿撰)以及《直斋书录解题》等书目,施顾合注的这部苏诗全帙包括正文四十二卷,年谱、目录各一卷,卷首有陆游撰于嘉泰二年的《施司谏注东坡先生诗序》、施宿撰于嘉定二年的《注东坡先生诗跋》,卷末有嘉定六年施宿跋。正文每卷大题为"注东坡先生诗卷第几",下署撰者"吴兴施氏、吴郡顾氏"。起首均标"诗若干首",下小字注此若干首诗的创作起讫时间,如卷四起首标"诗四十七首",下即有注云:"起自京口,尽通守钱塘。"各篇诗注,分为题注及句注两类,题注又有题下注及题左注之别。题注以注释诗人交游生平、题旨、本事、史事等为主,兼及版本文字异同;句注分列诗句之下,以注解文辞出典为主。题注与句注相参证,苏诗旨意得以毕显无遗。

从诗歌笺注的历史来看,本书独具特色的地方主要表现在征引史料与笺注方法两方面。就征引史料言,本书十分突出的特点便是材料丰富,涉及面广。书中的句注部分,除了引述一般比较出色的作品笺注本都曾利用的经籍诸子、山经地志、佛藏道书、总集别集、前代诗文外,还注意称引苏轼本人的题跋、"手泽"等属于本证的史料。此外针对苏诗取材甚广、出语多奇的特点,相应地引述传奇、小说乃至俗语、曲谱等材料为注解,也成为句注超越一般笺注本的一大特色。如卷十四《次韵舒教授寄李公择》诗末有"细思还有可恨时,不许蓝桥见倾国"一联,注即引唐代裴铏的《传奇》一书中裴航秀才遇玉女云英于蓝桥驿一则,再转述东坡所云"公择有婢名云英,屡欲出不果",使读者对于苏诗用典之广与切有了生动的把握。相似的例子还有卷二一《歧亭五首》之四的"何从得此酒,冷面妒君赤"两句,注以"俗谚有'无钱吃酒,妒人面赤'之语"为解;卷二二《徐大正闲轩》,引王子年《拾遗记》、东方朔《十洲记》为注;卷二七《书林次中所得李伯时归去来阳关二图后》第二首,取"曲谱《小秦王》入腔"为说,凡此均显现出注家取材的广博与圆通。题注部分则特别注意述引苏轼交游诸人的履历与相关史事,时常为显现诗作题旨而不惜笔墨,详载有关人事的来龙去脉,其书面出处尽管未一一明注,但由于是宋人注宋诗,史料价值之高也是不言而喻的。

就笺注方法而言,本书引人注目的地方,在于以题注尤其是题左注的形式,通过史实的抉发,将苏诗中比较隐蔽的寓意揭示了出来;同时运用第一手的文献资料,对苏诗的用典及文字异同作了比较扎实的考辨。如卷十二《司马君实独乐园》,题左注即在缕述司马光一生出处大略的框架下,对熙宁六年其买田造园一事尤加描写,谓以反对王安石施行"新法"而退归独乐园的司马光自后"绝口不论时事",而"天下望以为相,虽四夷亦知敬仰"。而后再注云:"此诗末章云:'拊掌笑先生,年来效喑哑。'盖东坡犹望公极言以救时政之失。"这样便将苏轼此诗的大小背景及句中寓意都清晰地呈现了。又如卷二四《送陈睦知潭州》的题左注,在记述陈睦的履历时特别注出时人对其仕途侥幸的评语,以及苏诗另一首赠诗涉及的陈氏断案严酷的本事,然后比较本诗,谓:"兹送和叔(陈睦字和叔),所述者止少时登临相从而已,正无一语及其人,则东坡不与之意可见。"这就更进一步,不但注本事,而且探微旨。此外像卷十七《次韵周开祖长官见寄》题注引苏氏墨迹考出原诗经过修改,卷三七《又次韵惠守许过新居》题注据真迹改正诗集刻本合本诗与下一首诗题为一之误,卷二三《次韵张琬》题注考辨此张琬似非当时同名的两位张琬中的一位,等等,则又是采用文献校证的方法所取得的笺注成果。相似的方法运用及其成果在句注中也偶有出现,如卷十五《与舒教授张山人参寥师同游戏马台书西轩壁兼简颜长道》诗中,有"路失玉钩芳草合,林亡白鹤古泉清"两句,句注即引《桂苑丛谈》、陈师道《诗话》等史料,以辨苏诗实误用典故。

由于《注东坡先生诗》在笺注上有如上这些比较鲜明的特点,自南宋以来它一直受到学者的推崇。如清代著名的文献学家钱曾,即将本书与任渊注黄山谷、陈后山诗并列,谓之"皆注家之绝佳者"(见《读书敏求记》卷四)。而另一位清代学者吴骞,则从比较传世宋人笺注苏诗诸家优劣的角度,指出"宋施德初父子及顾景蕃注东坡诗甚详,较王龟龄集百家注胜之远矣"(见《拜经楼诗话》卷一),肯定了本书在苏诗研究方面高于另一部流传甚广的宋人注苏诗——伪王十朋集百家注苏诗。

本书原刻传本一向甚少。清康熙间,宋荦得到一部残本,交邵长蘅等整理,成《施注苏诗》四十二卷、《总目》二卷,并附冯景撰《续补遗补注》二卷、邵氏撰《王注正讹》一卷、王宗稷撰《东坡先生年谱》一卷,是为清代以来一直被一般人误为保存本书原貌的"施注苏诗"通行本。然而事实上,该本乃邵长蘅等妄加删补施顾原注而成,其中不仅丧失了原笺注的不少精华,且多有以伪王十朋注冒充施顾注之处。因而从清代到现代,这本《施注苏诗》不断受到有识之士的严厉批评。叶德辉《郋园读书志》即判之为"无知妄作,厚诬古人",傅增湘《藏园群书题记》更谓:"施注经宋邵诸公之手,虽谓几显而复亡可也。"

研究本书的论著,有郑骞《宋刊施顾注苏东坡诗提要》(收入艺文印书馆《增补足本施顾注苏诗》)、《宋刊施顾注苏东坡诗概述》(台湾《"国立中央"图书馆馆刊》三卷一期,1970年)以及刘向荣《宋刊〈施顾注苏诗〉考》等。其中郑骞所撰《提要》分八节详细考证了本书的撰者、价值、刊刻、收藏等情况,并附有一个搜罗历代有关本书的研究资料颇全的《参考资料汇编》,是迄今为止研究本书最全面的一项成果。

（陈正宏）

王荆文公诗李壁注 〔南宋〕李 壁

《王荆文公诗李壁注》五十卷,南宋李壁撰。原刊本已亡佚。元明以来流行的版本,是经南宋刘辰翁删节又加评点的本子,现存元大德五年(1301)王常刻本、明初刻本残本、清乾隆六年(1741)张宗松清绮斋刻本等。其中又以张宗松本最为通行,中华书局上海编辑所1958年曾据以出版《王荆文公诗笺注》排印本。与此流行版本系统不同的本子,现存仅有日本蓬左文库所藏的朝鲜古活字本一部。该本保存的李壁注文,比通行的刘辰翁删节本所存李壁注文多一倍左右,又有李壁"补注"及宋人所作"庚寅增注",也收录刘辰翁评语,是最接近原书全貌的本子,现有上海古籍出版社于1993年影印本。2010年上海古籍出版社出版了高克勤点校的《王荆文公诗笺注》,亦以朝鲜古活字本为底本,是目前最好的版本。

李壁(1159—1222),字季章,号雁湖,眉州丹棱(今四川丹棱)人。是南宋著名史学家、《续资治通鉴长编》作者李焘的第六子。以父任入官,登进士第。自宁宗时始,由著作佐郎兼刑部郎,累迁至参知政事,兼知枢密院事。后因附和韩侂胄,被劾削三秩,谪居抚州。晚复除端明殿学士、知遂宁府。平居嗜学,尤熟典章制度。著作除本书外,尚有《雁湖集》、《涓尘录》、《中兴战功录》、《中兴奏议》等多种。时人以其父子及弟李𡑞均以文章学术知名,比之"三苏"。

本书是北宋著名作家王安石(1021—1086)诗歌的笺注本,因为王氏晚年退居江宁时受封荆国公,死后又谥文,所以本书题"王荆文公诗注"。李壁笺注王诗的时间,在开禧三年(1207)至嘉定二年(1209)他谪居王安石家乡抚州临川时。特殊的境遇与时地,使他当时尤其爱读王安石诗,遇有会意处,便随笔笺疏于原诗之下,积以时日,则有了本书的初稿。其后李壁又为之作"补注",随刊随补,但终其一生仍未改定,故流传至今的本书,在体例、注文等方面尚不尽严整,而多留存未定稿面貌。

朝鲜古活字本《王荆文公诗李壁注》五十卷,卷首有南宋嘉定七年(1214)魏了翁原序,元大德十年(1306)毋逢辰、大德五年(1301)刘辰翁之子刘将孙为删节本所撰序,并附詹大和所撰《王荆文公年谱》一卷。正文前列目录上、中、下三卷,卷一至卷二一为"古诗",卷二二至卷五十为"律诗"。李壁注以双行小字次于正文诗题及诗句下,同一句诗有多条注,则以"○"号加以间隔。刘辰翁评语也杂于李注中,以"评曰"标出。每卷之末又有补注本卷诗句之文,则先以"补注"二字标示,下列诗题诗句及双行小字补注;又时在正文诗题下等处刊补注之文,体例不一。各卷后另页起大都有"庚寅增注第几卷"字样,所列为南宋绍定三年庚寅(1230)时人为本书所作增注。

由朝鲜古活字本《王荆文公诗李壁注》,可见李氏笺注王诗,除与任渊注山谷及后山诗、施顾注苏诗同样注重语词出典外,其特点还在详征宋代文史材料,以证王诗本事,且多由地、时、人、事四方面加以考辨,由注王诗而显王安石一生行事、交游、个性等方面大略。如卷十五《寓言十五首》第三首首句"婚丧孰不供,鼠鼠免尔萦"句下,除引《周礼》有关记载外,归结云:"荆公此言乃后日青苗张本也。平昔所论如此,一旦得位,自宜举而措之。当时独公是先生刘贡父素与公善,一书争之,最为切至。"下即备引刘氏论青苗书全文。又如卷九《酬王詹叔奉使江东访茶法利害见寄》诗,笺注先于题下引述嘉祐年间开茶禁、立茶法史事详节,继又在诗末注曰:"按公集(指王安石别集)有议茶法一篇,与诗意多同,今附注于此。"下即详录其文。在涉及王氏交游的诗篇中,笺注又十分注意显现个人交往方面的特出之点及前后变化。如卷一《与吕望之上东岭》,题下注:"望之,嘉问也。市易诸法悉其建明,误公多矣,而公终厚之不替也。"卷三三《送陈舜俞制科东归》诗末,则笺云:"舜俞初忤介甫,晚乃翻悔青苗,真负此诗矣。然介甫初以古人期舜俞,洎俞极论新法,乃亦不能容之。"而卷二十《寄赠胡先生》诗首句"先生天下豪杰魁"下,笺注更扩展而通论云:"按公初于前辈宿儒犹有尊事之意,故如(王)昭素与(胡)安定皆以先生呼之。其后诋排诸老,略不少假,此意无复存矣。"此外,笺注对于王氏诗中所涉地理的考据颇为周详,也是一大特长。如卷四《题半山寺壁二首》注,历述半山寺由王安石故宅而建事,卷二八《张侍郎示东府新居诗因而和酬二首》诗末注考证宋朝建执政居舍东西府之来历,等等,不仅释诗,且亦由释诗而显史事。至直接笺释史事的例子,典型的如卷二十的《澶州》一诗的注文,则不仅在题下释澶渊之盟本事,将君臣间议价讨论之辞生动记录在案,且在诗句笺释中随诗点出其盟之渊源及宋金关系的变化,与诗本身皆颇具史料价值。

本书的另一特点,是从文学的角度对王安石诗歌作了尝试性的笺释;同时通过引述有关史料,反映了王安石的文学倾向、诗歌创作特征以及宋代文坛实况,并保存了一批宋代诗话原文。笺注常引前人或同时人诗句与王氏诗作比较,而谓之"皆佳句"、"诗意类"等等。笺注律诗,则时以对仗精确为说。如卷二二《赠上元宰梁之仪承议》诗中"粉墙侵醉墨,怊怅绿苔滋"一联注,称:"上言侵醉墨,下言绿苔滋,盖以苔滋而侵墨,上句起意而下句乃成其谊,此文章之妙。"由此可见前代章句之学在本书中的延续与发展。卷四一《随意》诗注,其末句"迷鸟羁雌竞往来"中,"竟"字下小字注"真本作'觉'字";全诗末又注云:"杜诗'无人觉来往,疏懒意何长'。俗本改'觉'作'竞'字,便无意思。"在注出典的同时并注诗的韵味优劣所在,又较前人注诗略有新意。卷三三《奉酬永叔见赠》诗中注"他日若能窥孟子,终身何敢望韩公"一联,则云:"河东王俦尚友尝为予言:观介父'何敢望韩公'之语,是犹不愿为退之,且讥文忠之喜学韩也。然荆公于退之之文步趋俯仰,盖升其堂,入其室矣。而其言若是,岂好学者常慕其所未至而厌其所已得耶?"由作者的文风好尚释其诗,堪称别辟蹊径。而卷六《读墨》题下注引友人李郛所云"介父《读墨》诗终篇皆如散文,但加押韵尔",特为标出其体非创于王安石,"韩公谢自然谁氏子诗已如此",又从文体的角度指出了王氏诗作特征的文学渊源。诸如此类从文学角度所作的笺注,在本书中虽不甚多,却显示了宋代笺释之学的新趋向。而与之相关,由于本书中征引了不少宋人诗话,如《王直方诗话》、《蔡宽夫诗话》、《高斋诗话》等,其原书或残或佚,因而笺注的引用也就为中国文学批评史研究保存了一份难得的史料。

此外,李壁笺注王安石诗,偶尔亦由本诗牵连考释王氏诗之外的文史旧典,或评说历史人物。如卷一《闻望之解舟》诗末句"修门归有期,京水非汨罗"注,即由注"汨罗"之典而引自撰长诗并附案语,考辨屈原自投汨罗江诸事;卷十二《韩信》诗末,又以大段之文比较韩信与诸葛亮政绩长短。这类注文一方面呈现了李壁广泛的文史研究成果,另一方面也反映出本书的未定稿本色。从专门的笺释著作角度论,则难免遭芜杂之讥。至书中好引王安石之后人所作诗入注,亦颇失章法。

但从总体上看,《王荆文公诗李壁注》仍堪称为任渊注山谷后山诗、施元之等注苏诗后,宋人笺注宋诗的又一部优秀之作。它发扬了任、施二家之长,又有所创新,为宋代文学笺注学的历史写下了充实而又重要的一页。而它至今仍为王安石诗笺注本的最通行最主要读本的地位,又说明了作者李壁在中国传统诗文笺释的实践性工作方面,的确作出了十分突出的贡献。

研究本书的论著,主要集中在对本书注文的勘误补正与本书版本研究两个方面。前者有元代方回的《瀛奎律髓》、清代沈钦韩的《王荆公诗集李壁注勘误补正》四卷,以及钱锺书《谈艺录》有关章节等。后者有清严元照《书宋版王荆公诗注残卷后》(《悔庵学文》卷八)、缪荃孙《注王荆文公诗残宋本跋》(《艺风堂文漫存》卷四),以及日本高津孝《关于蓬左文库本〈王荆文公诗笺注〉》(《蓬左文库本〈王荆文公诗笺注〉について》,《东方学》第六十九号,1985年1月)、王水照《记日本蓬左文库所藏〈王荆文公诗李壁注〉》(《文献》1992年第1期)、巩本栋《论〈王荆文公诗李壁注〉》(《文学遗产》2009年第1期)、高克勤《王荆文公诗笺注·前言》及该文后所附王水照"补记"等。又《四库全书总目》有据本书张宗松刻本所撰的提要,亦可参阅。

(陈正宏)

沧浪诗话 〔南宋〕严 羽

《沧浪诗话》一卷，南宋严羽撰。现存最早的版本，是列于严氏《沧浪吟卷》第一卷的明正德间尹嗣忠校刻本。单刊本则以万历刻本为较早，题《沧浪严先生诗谈》一卷。本书自明代起又屡被收入各种丛书，以汲古阁本《津逮秘书》第五集与宛委山堂本《说郛》弓八十三所收最为流行。亦有选刊者，如南宋魏庆之《诗人玉屑》、明嘉靖间结绿囊刻《名家诗法》等。目前的通行本是人民文学出版社1983年出版的郭绍虞《沧浪诗话校释》；最新注本有2012年上海古籍出版社出版的张健《沧浪诗话校笺》。

严羽(1192?—1248?)，字仪卿，一字丹丘，号沧浪逋客，邵武(今属福建)人。少时隐居莒溪。曾应试，不中而转做谒客，往来江楚间，与戴复古等游处。著作传世有《沧浪吟卷》。

《沧浪诗话》是严羽撰写的一部文学批评专著。其撰述目的，在批驳当时盛行的江西诗派的诗歌创作理论与方法，且为后学作诗评诗提供一作者自认为正确的门径。全书分"诗辨"、"诗体"、"诗法"、"诗评"、"考证"五章，末附《答出继叔临安吴景仙书》。"诗辨"为全书中心所在，主要展现作者有关学诗评诗的理论见解。"诗体"胪列由先秦迄宋代以时、以人或以不同内容、句式等形成的各种诗歌体裁，且用小注简略说明各体之名的含义。"诗法"指示初学者作诗的一些基本技巧与方法，"诗评"品评《楚辞》以来各家诗作的优劣等次。"考证"一篇，则主要用鉴赏的手段考证具体诗作的真伪，旁及版本异同。书末所附《答出继叔临安吴景仙书》，可视为本书的一篇自序，其中对何以撰述本书及书中有关见解有颇为生动的阐释。

《沧浪诗话》在后代影响最大的，是它"以禅喻诗"的批评方式和提倡"妙悟"的诗歌理论。"以禅喻诗"并非由严羽首创，北宋时韩驹即已有"诗道如佛法，当分大乘小乘，邪魔外道，惟知此者可以语此"的说法(见《陵阳室中语》)。范温《潜溪诗眼》亦云："学者先以识为主，禅家所谓正法眼，直须具此眼目，方可入道。"严羽继承了此一方法，并将之贯彻于《沧浪诗话》全书中。"诗辨"一章不仅点明"定诗之宗旨，且借禅喻诗"为本书论诗的基本原则，且具体示范道："禅家者流，乘有小大,宗有南北,道有邪正;学者须从最上乘,具正法眼,悟第一义。若小乘禅,声闻辟支果,皆非正也。论诗如论禅:汉魏晋与盛唐之诗,则第一义也。大历以还之诗,则小乘禅也,已落第二义矣。晚唐之诗,则声闻辟支果也。学汉魏晋与盛唐诗者,临济下也。学大历以还之诗者,曹洞下也。大抵禅道惟在妙悟,诗道亦在妙悟。且孟襄阳学力下韩退之远甚,而其诗独出退之之上者,一味妙悟而已。惟悟乃为当行,乃为本色。然悟有浅深,有分限,有透彻之悟,有但得一知半解之悟。汉魏尚矣,不假悟也。谢灵运至盛唐诸公,透彻之悟也;他虽有悟者,皆非第一义也。"这一段示范,由于其中有明显违背佛学基本概念处,如割裂本为一事的小乘与声闻辟支,将本无轩轾的禅家临济、曹洞二宗分出优劣,所以在后代曾受到严厉的批评。而若究严羽本意,不过在借禅为喻,告诫学诗者当取法盛唐以上,而勿随南宋盛行的永嘉四灵专以晚唐为模本。同时考虑到诗歌创作中直觉领悟的重要性,而这种领悟又较难用理性化的文字加以表述,所以也借禅家之悟为说,名之为诗的"妙悟"。只是严氏本人佛学功底不深,而又欲借南宋禅悦之风以畅其诗学,故论证难免不甚贴切。

与"妙悟"说相关联,本书又提出诗的"别材"、"别趣"问题,并进而对江西诗派以文字、才学、议论为诗的做法进行了抨击。严氏写道:"夫诗有别材,非关书也;诗有别趣,非关理也。""所谓不涉理路,不落言筌者,上也。诗者,吟咏情性也。盛唐诸人惟在兴趣,羚羊挂角,无迹可求。故其妙处透彻玲珑,不可凑泊,如空中之音,相中之色,水中之月,镜中之象,言有尽而意无穷。"这其中推崇盛唐诗歌时所持的基本观点与所用的语辞,与《二十四诗品》中的某些章节颇为相似,从中也可看出严氏本人对诗歌风格中某一类型的特殊偏好。但《诗话》中如此推崇"别材"、"别趣",强调诗的"兴趣"的一面与"言有尽而意无穷"的特色,又并非仅出于一己之嗜好。严氏接着写道:"近代诸公乃作奇特解会,遂以文字为诗,以才学为诗,以议论为诗。夫岂不工,终非古人之诗也。盖于一唱三叹之音,有所歉焉。且其作多务使事,不问兴致;用字必有来历,押韵必有出处,读之反复终篇,不知着到何在。其末流甚者,叫噪怒张,殊乖忠厚之风,殆以骂詈为诗。诗而至此,可谓一厄也。"这一段议论自为江西诗派"无一字无来历"的理论而发。不过联系上下文看,它同时又在提示人们注意为诗与为学是两条不同路途这一具有普遍意义的问题,是用正反对照的方式,凸现作为一种艺术的诗的特殊性,说明学诗需要悟性,作诗需要感性化思维,从而为使诗歌回到"吟咏情性"的艺术本位,纠正宋诗重理偏向做出了理论上的贡献。

本书撰述的一个重要宗旨,是教人如何写诗评诗,因而在诗学入门方面,严氏又标举了一些基本的方法,如"诗之法有五,曰体制,曰格力,曰气象,曰兴趣,曰音节";"诗之品有九:曰高,曰古,曰深,曰远,曰长,曰雄浑,曰飘逸,曰悲壮,曰凄婉。其用功有三:曰起结,曰句法,曰字眼。其大概有二:曰优游不迫,曰沉着痛快。诗之极致有一,曰入神。"这些方法或有所本,或自创而不甚有新意。其中最主要又最令严氏自鸣得意的,则是如何"辨体"。本书起首即云:"夫学诗者以识为主:入门须正,立志须高;以汉魏晋盛唐为师,不作开元天宝以下人物。"又云:"辨家数如辨苍白,方可言诗。"那么如何"识"、"辨"不同的家数与诗体呢?书中除以"诗体"一篇罗列不同体名外,又在"诗评"篇中对历代名家诗进行了品评。但所论或笼统,如"唐人与本朝诗,未论工拙,直是气象不同";或连描述性的阐释亦无,像"五言绝句:众唐人是一样,少陵是一样,韩退之是一样,王荆公是一样,本朝诸公是一样",实于初学无甚教益。而"考证"篇中作者主要以一己的"识力"辨诗真伪,亦颇不中款要。但因要辨体,且作者于盛唐诗情有独钟,故书中分唐诗为"唐初"、"盛唐"、"大历"、"元和"、"晚唐"五体的做法,启示了后来的唐诗研究者,明高棅纂《唐诗品汇》,分唐诗为初、盛、中、晚四段,即源自本书。而后来人们视李、杜等大家均为盛唐诗人当然的代表,也与本书一再推崇,且不分李、杜轩轾不无关联。

《沧浪诗话》在中国文学批评史上,是一部以总结前人论说见长,而又使之系统化的著作。它出现于南宋后期那样一个特殊的年代,有其纠正诗坛以学问为诗偏弊的正面效用。但它一方面强调诗的"别材"、"别趣",另一方面又谓好诗的标准是"试以己诗置之古人诗中,与识者观之,而不能辨,是真古人矣",这种自相矛盾的看法,无疑削弱了其自身的理论价值。至"以禅喻诗"的方式,虽因其标新立异而在后代赢得俗世声名,但在论证上的不圆满,也是显而易见的。

但《沧浪诗话》在宋以后尤其是明清文坛却影响颇大。明代前后七子讲求"格调"、推崇盛唐诗歌的文学主张,即可追溯到本书。清代王士禛继严氏"妙悟"说之后,复提出"神韵"说,又将严氏偏爱而又未在本书中过于强调的唐诗恬淡空灵一路风格推崇到极致。其后袁枚倡"性灵"说,虽取径与严氏不尽同,立论则与本书不无关联。而另一方面,鉴于本书自明以来在士子中甚为流行,钱谦益等明末及清代学者又攻之不遗余力,致出现了专门批驳本书的《严氏纠谬》(冯班著)。

有关本书的研究论著,清代即有王玮庆《沧浪诗话补注》和胡鉴《沧浪诗话注》。进入20世纪以来,又相继出现了胡才甫《沧浪诗话笺注》(上海:中华书局,1937年)、郭绍虞《沧浪诗话校释》(中华书局,1961年)、张健《沧浪诗话研究》(台北:五南图书出版公司,1966年)和李锐清《〈沧浪诗话〉的诗歌理论研究》(香港中文大学出版社,1992年)等四部专著。新世纪以来又陆续有程小平《〈沧浪诗话〉的诗学研究》(学苑出版社,2006年)、柳倩月《诗心妙悟——严羽〈沧浪诗话〉新阐》(黑龙江人民出版社,2009年)、洪树华《〈沧浪诗话〉诗学体系及批评旨趣》(北京师范大学出版集团、安徽大学出版社,2010年)、王术臻《〈沧浪诗话〉研究》(学苑出版社,2010年)等专著。中外学者撰写的有关论文则更多,自20世纪40年代以来主要有:朱东润《沧浪诗话参证》(《文哲季刊》第二卷第四号)、日本船津富彦《沧浪诗话源流考》(《东洋文学研究》第七号,1959)、朱东润《沧浪诗话探故》(写于1964年,后收入《中国文学论集》,中华书局,1983年)、日本横山伊势雄《沧浪诗话的研究》(《滄浪詩話の研究》,东京教育大学文学部纪要第六十二号《国文学汉文学论丛》第十二期,1967)、Yip Wai-lim 的《严羽与宋代的诗论》("Yen yü and the Poetic Theories in the Sung Dynasty",载 *Tamkang Review* 第一卷第二号,1970)、日本荒井健《〈沧浪诗话〉和〈潜溪诗眼〉》(《滄浪詩話と潜渓詩眼》,京都《东方学报》第四十四号,1973)、韩国车柱环《严羽的诗论》(连载于《心象》第一、二、四号,1975)、王运熙《全面地认识和评价〈沧浪诗话〉》(《古典文学论丛》1981 年第 2 期)、日本林田慎之助《严羽的诗学》(《厳羽の詩学》,《小尾博士古稀记念中国学论集》,1983)、王达津《再论严羽妙悟说》(《福建论坛》1986 年第 1 期)、张健《〈沧浪诗话〉非严羽所编——〈沧浪诗话〉成书问题考辨》(《北京大学学报》1999 年第 4 期)、周裕锴《〈沧浪诗话〉的隐喻系统和诗学旨趣新论》(《文学遗产》2010 年第 2 期)等。另可参阅程国斌《二十世纪严羽及其〈沧浪诗话〉研究》(《文献》1999 年第 2 期)。值得一提的是,德国早在 1962 年即在威斯巴登(Wiesbaden)出版了本书的德文译本,译者是德邦(Günther Deban)。日本则于 1976 年由东京明德出版社刊行本书日文本,译者为市野泽寅雄。

(陈正宏)

唐诗纪事 〔南宋〕计有功

《唐诗纪事》八十一卷,南宋计有功辑撰。最初由怀安假守王禧刊于南宋嘉定十七年(1224),但这个被后人称为"怀安初本"的原刊本今已亡佚。现存最早的刊本,是明代嘉靖二十四年(1545)由洪楩和张子立据"怀安初本"分别翻刻的两种本子,其中以洪氏清平山堂刻本较为流行,有《四部丛刊》影印本。明末毛晋汲古阁也于崇祯五年(1632)刻一本,据考可能以张氏本为底本。传另有一明钞本,未详所出。清钞则有《四库全书》本。本书目前的通行本,是中华书局上海编辑所1965年出版、以洪氏本为底本参校汲古阁本等整理的标点本(1987年重印)。

计有功,字敏夫,号灌园居士,邛州临邛郡安仁县(今四川大邑)人。宣和三年(1121)进士(一说绍兴元年即公元1131年进士)。出身临邛望族,本人是南宋名相张浚的从舅。绍兴年间以右承议郎知简州提举两浙西路常平茶盐公事,因向高宗献所著《晋鉴》颇得赞许,升直徽猷阁,提举潼川府路刑狱公事。历知眉州、嘉州等职。现存著作除本书外,尚有文七篇,见录于傅增湘编《宋代蜀文辑存》卷六三。

在计有功辑撰本书之前,以总集形式选辑唐诗与记载唐诗本事及诗人史料的著作均有不少,前者如唐代殷璠的《河岳英灵集》、姚合的《极玄集》、韦庄的《又玄集》,后者如唐末孟棨的《本事诗》、范摅的《云溪友议》。但能从唐诗发展的全局着眼,结合总集与纪事两种体制而别创一新体的断代文学研究专著体裁者,却未曾出现。计有功生当南宋,有感于"唐人以诗名家,姓氏著于后世,殆不满百,其余仅有闻焉,一时名辈,灭没失传,盖不可胜数",故"寻访三百年间文集、杂说、传记、遗史、碑志、石刻,下至一联一句,传诵口耳,悉搜采缮录",排比考订,撰成本书。书取"纪事"为名,则不仅意指书中辑录有事可纪之诗,同时也以其中详录诗人史料,"庶读其诗,知其人"(以上引文皆本书卷首计有功自序中语)。

《唐诗纪事》全书八十一卷,以人系诗,共录约一千一百五十家。其中卷一卷二收唐历朝皇帝诗与事;卷三除前小半录后妃外,余及以下至卷七一,大致依时代前后排列诸诗人;卷七二至卷七七收僧侣道士,卷七八、七九为女子,卷八十为无名氏、新罗、南诏等,卷八一则专录"毛仙翁赠行诗"。卷内各家名下所列,包括诗人小传、所选该诗人诗作、诗本事、旧籍所记诗人轶事、别家所赋有关该诗人的诗作等多项。各项前后排列无一定次序,如诗人小传有不少列于每家记载最末,但也不乏次于中间及起首的例子;辑自他种典籍的记事之文,有注出处,亦有不注出处;录诗则概以"某某(诗题)云"起首,不另行标题;编者自注及相关考订文字,或以与本文相同字体列于本文后,或以小字注呈现,颇不易区别。从局部形式看,尚存宋代流行的诗话体著述排次随意的特征。

《唐诗纪事》的价值,首先在它以诗人为单位汇聚了南宋以前有关唐代文学的丰富史料。其中既有大家的年谱,如卷十八的杜甫,卷三四的韩愈,卷三九的白居易,都收录了以诗作系年为主的年谱,而白居易年谱又出于今已亡佚的某种旧谱;又有不甚知名的小家传记,像卷二六所录的李纾,本人已无作品存世,但因为李嘉祐、戴叔伦都有诗相寄,所以本书仍单列其名,简要地记述了其历官与一则逸事,并将李嘉祐、戴叔伦的诗全文照录于后。从录诗的角度看,书中虽然存在对大家名作把握不准,未能辑入甚至只字未提像杜甫《哀江头》、《望岳》那样有事可纪的名作,而过于注重诸家应制倡和之句,但为了存人而录诗,书中对于那些普通诗人作品的搜辑却的确做到了不遗余力,残篇断句往往登录不弃。像卷四二全卷录王涯、令狐楚、张仲素三家诗,末注:"右王涯、令狐楚、张仲素五言七言绝句共作一集,号《三舍人集》,今尽录于此。"《三舍人集》今已失传,本书的"尽录",实际上亦就是为后人保存了一部完整的唐诗合集。此外,本书还颇注意辑录唐代的文学批评史料。如卷三八白居易条下,就全文转录了著名的《与元九书》;卷六五张为条下,又收入了所撰《诗人主客图》的"序"。后者尤其重要,因为《诗人主客图》原书已散佚,具体内容本来只能从《唐诗纪事》所录诸家诗末所注"张为取为《主客图》"之类注文中窥得一斑,本书同时把这篇重要的"序"保存下来,使读者得以悉知张氏《主客图》中六"主"及其各主之"客"(上入室、入室、升堂、及门等)的具体人选,从而也就从整体结构上了解了《诗人主客图》这部唐末文学批评论著的基本情况。

本书的另一个价值,是它首创了"诗纪事"这一文学研究著述体裁,而这一体裁的最大优点,是能用资料汇辑的形式,以某一诗人为中心,从各个不同的角度凸现其生平、思想、创作、作品流传及反响一系列综合的情形,从而在表面未脱离传统著述方式的外观下,拓展了原有断代或分体文学研究的方向。以卷十五张九龄条下所列为例,其中既有其小传及出自中书舍人姚子颜为撰"行状"的诗本事,又选了张氏《在郡秋怀》二首及《感寓》诗七首,还录了杜甫《八哀诗》之中专咏张氏的一首,同时辑录了柳宗元的《叙杨评事文集》(中有涉及张九龄创作的文字)和释皎然《读曲江集诗》等史料,尽管对这些史料的条列还显得随意无序,但从全局的方面看,却不能不说是编者在当时已尽其所能,为读者提供了有关张九龄文学创作的多侧面的资料,并比较真实地反映出张氏在唐代文坛上的实际地位。又如卷十八李白条下,引宋人东蜀杨天惠《彰明逸事》所记李白传闻,虽被《四库全书总目》卷一九五《唐诗纪事》提要斥为"俳谐猥琐,依托显然",但换个角度看,又未始不是研究李白形象变迁史的重要资料。至如卷二五张继《枫桥夜泊》诗下小注云"此地有夜半钟,谓之无常钟,继志其异耳。欧阳以为语病,非也"之类,则又可见编者在广征旧典以凸现诗人诗作的各个侧面时,并非全然不顾及史料的考辨。

在中国文学研究史上,《唐诗纪事》有颇为深远的影响。由于该书提供了大量有关唐代诗人诗作的宝贵史料,后来学者研究唐代文学尤其是唐诗,便将其作为必读著作之一,即便像《全唐诗》那样名重一时的总集,在撰写诗人小传辑录唐人逸诗时,有不少地方也是明显承袭了本书的。另一方面,由本书开创的"诗纪事"体裁,在后代也不乏继承者。清代厉鹗辑撰的《宋诗纪事》,便是本书体裁的最早也是最成功的后继,对其后如清末民初陈田的《明诗纪事》,近人陈衍的《元诗纪事》、《辽诗纪事》、《金诗纪事》,邓之诚的《清诗纪事初编》,令人钱仲联《清诗纪事》,也都有相当的影响。这一体裁同时还跨越了"诗"的界限,而为研究其他文体的学者所采纳。清嘉庆时,陈鸿辑撰的《全唐文纪事》,编例上虽不同于《唐诗纪事》的"以人系诗",但其汇辑有唐一代文章故事的宗旨,却依然是受《唐诗纪事》启发而来,故书仍取"纪事"为名。另一位清人张宗橚辑撰的《词林纪事》,则是将本书的体制施用于通代的词人词作研究的一种比较成功的尝试。

《唐诗纪事》的不足,一是作为一部学术著作,其体裁尚不够规整;一是书中还存在一些误置诗人时代,分同一人为二人、错认隋人为唐人等失误(1965年中华上编版标点本前"出版说明"及王仲镛《唐诗纪事校笺》[中华书局,2007年]均已指出不少,可参阅)。

研究本书及其作者的论著,除前已述及者,尚有陆心源《仪顾堂题跋》卷十三本书跋、余嘉锡《四库提要辨证》卷二四本书条、富寿荪为《中国大百科全书·中国文学》所撰本书提要(几全同于中华上编版"出版说明")以及魏际昌《喜见傅山批点汲古阁崇祯本〈唐诗纪事〉残卷有纪》(《河北大学学报》1987年第2期)、杨明《〈唐诗纪事〉中计有功本人的说明与评论》(《复旦学报》1997年第6期)等。

(陈正宏)

绝妙好词 〔南宋〕周　密

《绝妙好词》七卷,南宋周密辑。现存较好的版本,有清初毛氏汲古阁钞本、康熙二十四年(1685)柯崇朴小幔亭刻本、康熙三十七年(1698)高士奇清吟堂刻本。清中叶以来的通行本,是带有清代学者查为仁、厉鹗笺注的《绝妙好词笺》。这个笺注本现存最早的版本是清乾隆十五年(1750)查氏澹宜书屋刻本,以后屡有翻印;目前较易得的版本,是上海古籍出版社1984年据清道光八年(1828)徐楙爱日轩刻本影印的平装本。

周密(1232—1298),字公谨,号草窗、苹洲、萧斋、弁阳老人。祖籍济南,曾祖随宋室南渡,因寓居吴兴(今浙江湖州)。吴兴有苕溪、余不溪、前溪、北流四水,别称四水,周密生于此,故又取"四水潜夫"为其别号。宋宝祐间尝任义乌令,景定初为浙西帅司幕官。宋亡隐居不仕。擅诗词,能书画,好著述。除本书外,还撰有《齐东野语》、《癸辛杂识》、《武林旧事》、《澄怀录》及《草窗韵语》、《草窗词》等多种。

《绝妙好词》是周密选辑的一部南宋词选。据考证,书中所收词,写作年代最晚的是卷六张炎的《甘州·饯草窗西归》,作于元成宗元贞元年(1295),而周密卒于元大德二年(1298),上距张炎撰此词不过三年,因此可以断定《绝妙好词》一书的编纂年代,必在元成宗元贞元年至大德二年数年间。

其书今传本皆为七卷,而明末清初学者黄虞稷所编《千顷堂书目》卷三十二诗曲类则云"周密《绝妙好词选》八卷"。书名多一"选"字,卷数较通行本多一卷,参照清朱彝尊《曝书亭集》卷四三《书绝妙好词后》所称"第七卷仇近仁残阙,目亦无存,可惜也",后人因疑该书在清初刻本流传前已有缺佚。

今通行本《绝妙好词》收录了自张孝祥起,迄仇远止,共一百三十二家的近四百首词作。以人系词,各卷及卷内作者排次,大致依词家生活年代先后为序,但不十分严格。辑者周密于各家名下未撰小传,全书首尾亦未见其序跋。但通过书中所选,仍可清晰地看出其编纂本书的旨意。

首先是周密试图通过编选词总集的形式,为后世存一份南宋绍兴以来的词坛名家的比较完备的名单。在书中,除了像张孝祥、范成大、陆游、辛弃疾、姜夔、吴文英、张炎等名家外,也收录了不少后世已不甚知名的南宋词家之作,如韩疁、周晋、锺过、曾揆、江开、谭宣子、陈逢辰、史介翁、周端臣、朱昴孙等等,卷二甚至还选入了金朝"萧闲老人"蔡松年的《鹧鸪天·赏荷》和《尉迟杯》两首词。因此书中有的词人尽管只选一两首,从文献征存的角度看却是功德无量。《四库全书总目》便称赞它说:"宋人词集,今多不传,并作者姓名亦不尽见于世。零玑碎玉,皆赖此以存,于词选中最为善本。"(卷一九九《绝妙好词笺》提要)

其次是周密力图以本书所选,展示其所推崇的南宋婉约清雅的词风精髓。在《绝妙好词》现存的七卷中,若以各家入选词的数量来排次,则列于前十位依次是周密本人(二十二首)、吴文英(十六首)、姜夔(十三首)、李莱老(十三首)、李彭老(十二首)、史达祖(十首)、卢祖皋(十首)、高观国(九首)、陈允平(九首)、王沂孙(九首)。这十位词人,人数上在全书所收词家中所占比例不足十分之一,而所选词的数量(一百二十三首)却占了全书收词数量的将近三分之一,可见辑者对其人其作的偏爱。而探究其之所以于此有特殊的爱好,则除了私人因素(如把本人词作大量选入,以及将友人李莱老、李彭老之作多加选收)外,不容忽视的一点即是吴文英、姜夔的词是南宋主流词派的一大宗,周密本人即为此宗的传人。因此本书所选的词,不仅于上述十家及其分支羽翼各家中都无疑是取句琢字炼、讲究音律、风貌婉雅之作,即便是像辛弃疾那样典型的豪放派,也只取具有婉约风致的《摸鱼儿》("更能消几番风雨")、《瑞鹤仙·梅》、《祝英台近》("宝钗分")三首,而片言未及其"想当年,金戈铁马,气吞万里如虎"(《永遇乐·京口北固亭怀古》)之类的壮词。即便如此,自宋代以降,它的这种带有明显偏向的择词标准仍一再受到词学界的称誉。如宋元之际词学家张炎在所著《词源》卷下中便云:"近代词人用功者多,如《阳春白雪集》,如《绝妙词选》,亦自可观,但所取不精一。岂若周草窗所选《绝妙好词》之为精粹。"清初学者朱彝尊也说:"词人之作,自《草堂诗余》盛行,屏去激楚阳阿,而巴人之唱齐进矣。周公谨《绝妙好词》选本,虽未全醇,然中多俊语,方诸《草堂》所录,雅俗殊分。"(《曝书亭集》卷四三《书绝妙好词后》)直到近代,才有个别学者持相反意见,如王国维即谓:"自竹垞(朱彝尊)痛贬《草堂诗余》而推《绝妙好词》,后人群附和之。不知《草堂》虽有亵诨之作,然佳词恒得十之六七。《绝妙好词》则除张范辛刘诸家外,十之八九,皆极无赖之词。"(《人间词话删稿》三十四)

本书因原板无存,在元明两朝皆沉晦不彰,至清康熙间柯煜据钱曾所藏钞本刻板刊行,学界方识其真面目。此后经朱彝尊、厉鹗等倡导鼓吹,"绝妙好词"之名遂家喻户晓。清代浙西词派的发展,便受到本书的深远影响。此外清代嘉庆、道光间,余集、徐楙两位好事者又从宋人杂著中辑录了周密未收的南宋词各一卷,作为本书的《续钞》和《又续》,刊入通行本《绝妙好词笺》后。

有关本书的研究论著,除上已述及者外,还有郑文焯《绝妙好词旁证》(稿本藏复旦大学图书馆)与《绝妙好词校录》(有辽宁教育出版社 2001 年刊罗济平校点本)各一卷,吴熊和《唐宋词通论》(浙江古籍出版社,1985 年)第六章"词籍"有关本书一节,饶宗颐《词集考》(中华书局,1992 年)卷九本书解题等。

(陈正宏)

诗人玉屑 〔南宋〕魏庆之

《诗人玉屑》，又名《诗益嘉言》，南宋魏庆之编。现存版本大致有二十卷本和二十一卷本两系。有清周春跋之宋刊残本、元刻本，为较早期的二十卷本。明清两代，又有明武林思山谢天瑞校正本、明嘉靖六年(1527)洪都潜仙刻本、明汪元臣刻递修本、明处顺堂刻本、清古松堂重刻宋本、《格致丛书》本、《四库全书》本等。二十一卷本有日本正中(1324—1326)刻本、朝鲜世宗二十一年(1439)集贤殿复刻日本正中本、日本宽永十六年(1639)刻本。二十卷本多有阙叶。日本宽永刻本则卷帙完整，并将二十卷本之卷二十中的"灵异"、"诗余"两门移出，增以黄昇的《中兴诗话》，独立成卷二一。故此本为学者所重。古典文学出版社1958年刊行的王仲闻校勘本，乃以古松堂本为底本，校以宽永本等，更正了不少错误，并补二十卷本之阙，是一较佳的读本，后中华书局及上海古籍出版社多次重版。

魏庆之，字醇甫，号菊庄，建安(今属福建)人。生活于南宋时期，生卒年代无考。黄昇谓其"有才而不屑科第，惟种菊千丛，日与骚人佚士，觞咏于其间"(《诗人玉屑》序)。《四库全书总目》则断其属宋末江湖一派。

《诗人玉屑》是魏庆之编纂的一部宋代诗论资料集。其编辑之起因，黄昇在序中称：宋"诗话之编多矣，《总龟》最为疏驳，其可取者惟《苕溪丛话》；然贪多务得，不泛则冗，求其有益于诗者，如披砂简金，闷闷而后得之，故观者或不能终卷。友人魏菊庄，诗家之良医师也，乃出新意，别为是编"。可知魏庆之是因不满于当时诗话编纂之弊，而创意编辑此书的。黄昇序写于南宋理宗淳祐四年(1244)，则书盖成于此时。韦居安《梅涧诗话》称"魏醇父所著《诗人玉屑》，编类精密，诸公多称之"，则知此书在当时已颇为流行。

《诗人玉屑》全书共二十一卷，可分为前后两部分。卷一至卷十一论诗歌特征、创作方法、体裁格律、诗歌风格及评论方法等，具体门类为：诗辨、诗法、诗评、诗体、句法、唐人句法、宋朝警句、风骚句法、口诀、初学蹊径、命意、造语、下字、用事、压韵、属对、煅炼、沿袭、夺胎换骨、点化、托物、讽兴、规诫、白战、含蓄、诗趣、诗思、体用、风调、平淡、闲适、自得、变态、圆熟、词胜、绮丽、富贵、寒乞、知音、品藻、诗病、碍理、考证。卷十二以下主要按诗家年代之先后为序,评论自《诗经》至南宋之诗人诗作。

魏庆之的新意主要体现于此书的编排体例上。该书之编不再以"资闲谈"为要,而是吸收了当时诗学的成果,从诗艺、体裁、创作、鉴赏和品藻,即从诗论的角度来组织编排,间采阮阅《诗总》和胡仔《苕溪渔隐丛话》两书体例之长,这种编排便于读者了解当时诗学的情况。

《诗人玉屑》收录了大量南宋人的诗话诗论,这是此书的另一个特点。黄昇序谓此书:"既又取三百篇、骚、选而下,及宋朝诸公之诗,名胜之所品题,有补于诗道者,尽择其精而录之。"其中姜夔《白石道人诗说》、严羽《沧浪诗话》几乎全文收录,另外书中收录的朱熹、杨万里、赵南泉、吴可、敖陶孙、赵威伯、黄昇、陈知柔等数十家诗话、诗论很多已无传本。郭绍虞辑《宋诗话辑佚》时便充分利用了此书。故《四库全书总目》称:"(胡)仔书作于高宗时,所录北宋人语为多,庆之书作于度宗(误,当为理宗)时,所录南宋人语较备。二书相辅,宋人论诗之概亦略具矣。"

但在学术上,《诗人玉屑》还是有一些不足之处。其一,卷一至卷十一的编排过重于学诗作诗之法,不免重蹈唐人诗式诗例之辙,且名目之设置过于繁琐。其二,在所录资料上,此书还有庞杂不清、鉴别不够严谨的情况,有部分史料未注出处,同时也存在引征之误。与胡仔《苕溪渔隐丛话》之"多附辨证之语"不同,《诗人玉屑》纯以汇集编排资料为主,魏庆之于诗于所录材料皆不置一词,故此书只能算是一部资料汇编。

研究此书的论著,有《四库全书总目》本书提要、郭绍虞《宋诗话考》(中华书局,1989年)上卷《诗人玉屑》条、耘庐《诗人玉屑的成书年代》(《学术研究》1983年4月)等。

(林德龙)

后村诗话 〔南宋〕刘克庄

《后村诗话》,南宋刘克庄撰。有一卷本与十四卷本两种版本。一卷本仅见于宛委山堂本《说郛》引八十一。十四卷本一系,以宋刻五十卷本《后村居士集》卷十七、十八两卷所录(即十四卷本的首二卷)为最早;卷帙完整而又较常见的,则有《四库全书》本、《适园丛书》本以及《四部丛刊》本《后村先生大全集》中所收本,以经过张钧衡校勘的《适园丛书》本为佳。目前的通行本,是中华书局1983年出版的以《适园丛书》为底本的校点本。

刘克庄(1187—1269),初名灼,字潜夫,号后村,莆田(今属福建)人。嘉定二年(1209)以门荫补将仕郎。宝庆初知建阳县,遇"江湖诗祸"。淳祐中,赐同进士出身。官至工部尚书兼侍读,以龙图阁学士致仕。是南宋江湖诗派的代表人物,也是继真德秀之后的宋代文章名家。著作传世有《后村先生大全集》。

《后村诗话》十四卷,分前、后、续、新四集。其撰写的时间,据通行本新集卷六之末所附跋,"前、后集各二卷,六十岁至七十岁间所作。续集四卷,乃公告老归后所作,时近八十。新集凡六卷,专采唐之新警者。咸淳戊辰(四年,1268)五月夏间也,时年已八十二矣",可知四集皆是刘氏晚年之作。四集的内容,除新集六卷专门选评唐诗外,其余前、后、续三集统评先秦迄宋人诗,兼及历代文史杂事,而以论唐宋文学为主。

书中对于唐代诗人,李、杜之外,独推陈子昂。前集卷一谓:"唐初王、杨、沈、宋擅名,然不脱齐梁之体。独陈拾遗首倡高雅冲澹之音,一扫六代之纤弱,趋于黄初、建安矣。太白、韦、柳继出,皆自子昂发之。"并举"世人拘目见,酣酒笑丹经。昆仑有瑶树,安得采其英"等诗句为例,谓其"读之使人有眼空四海,神游八极之兴"。新集卷一,又首标"陈拾遗"之目,将陈氏《感遇》诗悉数录入。由于推崇陈子昂的《感遇》诗,因而对李白的诗,亦独看好《古风》六十八首,称其"与陈拾遗《感遇》之作笔力相上下",而谓"唐诸人皆在下风"。又因为陈子昂是站在六朝诗风的对立面,故本书对于选辑六朝诗歌的总集如《玉台新咏》等颇有贬词。像前集卷一说:"徐陵所序《玉台新咏》

十卷,皆《文选》所弃余也。六朝人少全集,虽赖此书略见一二,然赏好不出月露,气骨不脱脂粉,雅人庄士见之废卷。昔坡公笑萧统之陋,以陵观之,愈陋于统。如沈休文《六忆》之类,其亵慢有甚于《香奁》、《花间》者。然则自《国风》、《楚辞》而后,故当继以《选》诗,不易之论也。"便十分明确地反映了作者的文学价值取向。

论及宋代诗人诗作,本书又善于从宏观上揭示诗歌流派及其风格,条析各家利弊,而标举所倾心的大家。作者认为:"本朝诗,惟宛陵(梅尧臣)为开山祖师。宛陵出,然后桑濮之哇淫稍息,风雅之气脉复续。""元祐后,诗人迭起,一种则波澜富而句律疏,一种则煅炼精而性情远,要之不出苏、黄二体而已。及简斋(陈与义)出,始以老杜为师。"而简斋的佳作多是"建炎以后避地湖峤,行路万里"时的成果,其特点是"造次不忘忧爱。以简严扫繁缛,以雄浑代尖巧",所以"第其品格,故当在诸家之上"。至评价"近岁诗人",作者又独推崇陆游。其说曰:"近岁诗人,杂博者堆队仗,空疏者窘材料,出奇者费搜索,缚律者少变化。惟放翁记问足以贯通,力量足以驱使,才思足以发越,气魄足以陵暴。南渡而后,故当为一大宗。"(以上均见前集卷二)

除了以较多的篇幅对唐宋文学进行批评,本书也运用传统的考证方法对前代及当代作品作了必要的辨证。如前集卷一指出《洛神赋》是曹植"寓言","好事者乃造甄后事以实之",并从事理及前人诗两个方面提出证据,便是一例。卷二纠补李壁注王安石诗,谓"归肠一夜绕钟山"句,典出《吴志》孙坚母怀妊孙坚时梦肠出绕吴门之事,而非本于韩愈"肠胃绕万象"诗,亦颇有据。此外《诗话》记录了不少诗人轶事,对于文学史的研究不无参考价值。如续集卷二所载陆游婚姻不幸及《沈园》诗缘起,便是有关记录中较早的一条文字。而书中大量辑录历朝诗文,其中不乏未见收于各家总集、别集者,如续集卷三所引蔡邕所制推举董卓宜为相国之表,便未被《全上古秦汉三国六朝文》辑入,因此本书又成为一部辑佚的原始资料书。

本书的缺点,在前后立场不一致,评论偶也失之偏颇。如前集卷一抨击《玉台新咏》,所言本多偏见,至续集卷一对同样题材的《玉台后集》(唐天宝间李康成所选,"皆徐陵所遗落者"),则一反前态,多加选登,前后矛盾如此。又如新集卷二论杜甫《茅屋为秋风所破歌》,云:"溪柟、茅屋为风所拔,不以草堂茅屋飘飘为忧,方有惜古木、庇寒士之意,其迂阔如此!"所评亦不得要领。

研究本书的论著,有《四库全书总目》本书提要、朱东润《中国文学批评史大纲》有关章节、孙克宽《刘后村诗学述评》(台湾《东海学报》七卷一期,1965年)等。

(陈正宏)

昌黎先生集注 〔南宋〕廖莹中

《昌黎先生集注》，南宋廖莹中辑注。最早的版本，为南宋咸淳年间廖莹中世彩堂刻本。此本原刊本今流传甚罕。至明万历年间，长洲徐时泰翻刻了世彩堂本，除将廖本版心及每卷末的世彩堂牌记易成徐氏东雅堂牌记外，其余版式及内容与世彩堂本完全一样。这就是为后世所熟知的东雅堂本。民国十七年（1928），蟫隐庐主人罗振常访得杨氏海源阁藏世彩堂原本影印行世，遂使宋椠本原貌昭然于世间。而目前较为通行的，是民国二十五年（1936）中华书局排印的《四部备要》本，《备要》本据东雅堂本排印。

廖莹中（？—1275），字群玉，号药洲，邵武军（今福建邵武）人。少负隽材，文章古雅。登进士第，为权臣贾似道门客。贾似道威权独揽，莹中深为其所信任，朝廷政事，往往决于莹中。宋恭帝德祐元年（1275），似道率师抵御元兵入侵，败绩，得罪南谪。莹中知不免，一夕自戕而亡。其人依附权贵，人品自不可取，但他以世彩堂的名义，募善工镌刻淳化阁帖、绛贴及多种书籍，皆精致逼真，堪称宋季私家刻书之典范，极为后人所宝。关于他的生平详节，可参阅清陆心源《宋史翼》及《宋人轶事汇编》。

自北宋开始，由于古文运动的再度兴起，作为唐代古文运动发起者的韩愈（768—824，以其自称郡望为昌黎，世因称之为韩昌黎），其诗文尤为时人所推重。由他的门人李汉所编的集子在民间流传甚广，现在所知最早的刻本，当属北宋真宗大中祥符间杭州国子监本。至宋仁宗嘉祐年间，又有蜀州刻本。此时的钞本也很多，欧阳修甚至认为有些钞本要优于刊本。南宋初，官方的秘阁得到民间的钞本，校正付梓，就是所谓的"馆阁本"。以上的几种本子，今天都已失传。孝宗淳熙间，南安军判官方崧卿据祥符杭本、嘉祐蜀本及馆阁本，进行参合互校，折中同异，整理出一个校本，并附有《举正》十卷、《外集举正》一卷。这个校定本今天也已亡佚，惟有《举正》尚存。之后，朱熹又在方氏校本的基础上详加考订，另附《考异》十卷，这便是后世所称的"朱文公校昌黎先生集"本，也是对昌黎集第一部较详细的集注。宁宗庆元中，建阳书贾魏仲举刊《五百家注本》，可算作昌黎集的第二部集注。廖莹中之所以重新对韩集进行辑注，主要是看到魏氏的《五百家注本》过于冗复，而对于方崧卿的《举正》及朱熹的《考异》则未予附入，故以朱熹校本考异为主，又删取诸家注文编成这部辑注。

本书有正集四十卷；正集之外，尚有外集十卷，遗文一卷，"朱子校昌黎先生集传"一卷。集前首有韩愈门人李汉所撰的《昌黎先生集序》，序后为廖氏所辑宋时诸儒对韩文的评说。之后是廖莹中自订的"重校昌黎集凡例"十条，从这些凡例中，颇能看出廖注之意旨所在。正文卷端大题作"昌黎先生集卷第几"，下不署撰集名氏，篇题及正文皆单行大字书写，注文则以双行小字列于它们的下方。每篇注文又分题注及句注两类。题注主要是题下注，间亦有题左注。题注主要释题旨、本事、史事及与作者有关的交游生平等，间有文字异同之考辨。句注主要以文字的辨证为先，偶尔亦注典故之出处、文字之音义及汇引一些名家的评说。

廖氏辑注在对昌黎集内文字的辨误与考证方面，主要吸取了朱熹的成果。朱熹所撰的十卷《韩文考异》，原本是于集外单行的，廖氏辑刻此书，将其分别散入正文之下。凡注文中"○"标记下以"今按"起首的，完全是考异原文。如卷一《感二鸟赋》"曾不得名荐书"句下，廖氏注引朱熹校文并考异云："方从阁本，名上有'列'字，名下有'于'字。今按：嘉祐杭本与谢本并无此二字，语简而意已足，方本非是。"像朱熹这样的考释，几乎贯串于韩集全文之中，而且着重于纠正方崧卿本的错误。

另外，廖莹中辑注本中对韩愈集内有关名物、地理、史事、典故等的具体注释，多本乎魏仲举《五百家注》本，《五百家注》主要是以宋代洪兴祖、樊汝霖、孙汝听、韩淳、刘崧、祝充六人的注为主。廖氏辑注对此六人的注解，征引尤多。在涉及有关唐代时政大事时，辑注还参考了新、旧《唐书》及《登科记》等载籍。其注文中有一点十分值得肯定，那就是选引了许多宋代古文大家对韩文的辨议。如《闵己赋》中引用苏轼、司马光的评说，《元和圣德诗》引张栻的一段议论，来阐发韩文中的微旨。这对于阅读韩集，诚然有一定的指示作用。

尤其值得注意的，是集内篇题下的一段注文。这段注文一般较长，具有提纲挈领的作用。通过细细阅读这段注文，就可以比较清晰地了解韩愈作文的时间、地点，以及作文的背景和其文所欲表达的意义。如卷十二《进学解》之题下注，首先指出这篇文章"出于东方朔《客难》、扬雄《解嘲》"，并认为韩文较前人诸作有过之而无不及。东方朔及扬雄的两篇文章都是带有自嘲性质的"解穷"之作，因此可以看出韩愈此作虽名"进学解"，其实也是自嘲所处的穷乏境遇。接着又引唐孙樵的评论说："韩吏部《进学解》，莫不拔地倚天，句句欲活。读之如赤手捕长蛇、不施鞿勒骑生马，急不得暇，莫不捉搦。"将韩愈此文之妙处、佳处，生动形象地比喻出来。末引《唐书》本传标明作文之时为元和八年三月二十三日，及作文之后为执政所赏而迁官的经过。这段注文，可谓把此作之来龙去脉全部揭出,颇有利于读者理解此文。又如卷三十《平淮西碑》之题注,首引《旧唐书》,将元和十二年裴度领军平淮蔡后,韩愈受诏撰碑文而多叙裴度功,不及武将李愬,唐宪宗怕重失武臣心,故将韩碑推倒而令段文昌重撰的这段史实揭出。复引李商隐、苏轼、秦观、陈师道等著名文人的论赞及诗文,使读者不仅对中唐时期的政治背景有所了解,而且通过诸位名家的详论,不难看出韩碑之文学水准远过于后作之段碑。

廖莹中的这部辑注也存在一些缺陷。清代学者陈景云就曾指出,廖氏的辑注存在遴择失当、文义多舛之病。如《复志赋》"将就食于江南"句下注全采洪兴祖《韩子年谱》中语,但多"贞元元年"四字。陈景云据韩愈所作《欧阳詹哀辞》中所称"建中、贞元间,余就食江南"语,指出此四字当删去。又廖氏辑注既引用了各家注文,非但不予注者列名,而且对原注多有删改,只要取魏仲举《五百家注》本及朱熹的校本与之互勘,就很容易发现这一点。

虽然如此,廖莹中辑注于韩集各家注本中,仍然具有它自己的长处及特色,尚不失为一部较为可信的韩集注本。

对廖氏辑注进行研究的论著,主要是清代雍正间的学者陈景云据东雅堂刊本所作的《韩集点勘》,陈著对辑注的失当处及谬误,是正颇多。《四部备要》本后附录此作,可资参阅。又今人童第德潜心研究历代韩集校笺成果,撰成《韩集校诠》(中华书局,1986年),此书对于廖注的研究,亦具一定的参考价值。

(眭　骏)

分类补注李太白诗

〔南宋〕杨齐贤 〔元〕萧士赟

《分类补注李太白诗》二十五卷,南宋杨齐贤原注,元萧士赟补注。现存最早的版本,是元至大年间建安余氏勤有堂刻本。明刻本存世颇多,但除部分刊本保留元刻本杨、萧二氏注原貌外,大都为删节本,其中嘉靖二十二年(1543)郭云鹏宝善堂刻本较流行,有《四部丛刊》影印本,《四库全书》本也出于此本;又有嘉靖二十五年(1546)玉几山人刻本,删节原注较郭本稍少。

杨齐贤,字子见,宁远(今属湖南)人。少颖悟,登庆元五年(1199)进士。试制科第一,再举贤良方正,多受时人推重,官至通直郎。平生喜著书,但存世者甚稀。

萧士赟,字粹可,号粹斋,以其父萧立等号冰崖,又自署冰崖后人。宁都(今属江西)人。笃学工诗,与元理学名家吴澄友善,澄常服其议论,称其观书如法吏精明,情伪立判。著有《粹斋庸言》廿余篇。

《分类补注李太白诗》是现存最早的唐代大诗人李白(701—762,字太白)诗作的注释本。唐诗向以李(白)杜(甫)并称,杜诗注本在元代以前已出很多,见于著录而又较有名的,宋代即有王洙、王彦辅、赵次公、鲁訔、郭知达等数家。而李诗注在杨齐贤之前,却似乎很少有人做过。杨注单行本今已不存,其书名,明代高儒编于嘉靖年间的书目《百川书志》卷十四谓作《集注李白诗》,清代王梓材、冯云濠合辑的《宋元学案别附》卷二则作《李太白集集注》,未知孰是。而考早于高、王二书的萧士赟《分类补注李太白诗序》及弘治《永州府志》卷四杨齐贤传,二者述杨注李白诗均未言及"集注"事,又今本《分类补注李太白诗》中所录杨氏注,虽已经萧氏删节,但删存文内绝不见引他家注李诗之辞,则杨氏原本即便取"集注"为名,恐亦无"集注"之实。至其书卷数,则以萧士赟序中语焉未详,已难考实。不过由萧序中"一日得巴陵李粹甫家藏左绵所刊舂陵杨君齐贤子见注本"云云,可知杨注本至元代至少有一种刊本行世,这种"左绵所刊"的杨注单行本即是萧士赟补注的底本。萧氏认为杨注"博而不能约","至取唐广德以后事及宋儒记录诗词为祖,甚而并杜注内伪作苏东坡笺事已经益守郭知达删去者,亦引用焉",所以对杨注进行了删节、补充,同时为原本无注的八篇赋加了注,并重定书名为"分类补注李太白诗",这便是今天所能见到的本书元刊本。

元刊《分类补注李太白诗》卷首有至元二十八年辛卯(1291)萧士赟"序"及"目录"。正文以类次诗,共分二十二类,类目及所在卷数依次为:古赋(卷一)、古风(卷二)、乐府(卷三至卷六)、歌吟(卷七卷八)、赠(卷九至卷十二)、寄(卷十三卷十四)、留别(卷十五)、送(卷十六至卷十八)、酬答(卷十九)、游宴(卷二十)、登览(卷二一)、行役、怀古(以上卷二二)、闲适、怀思(以上卷二三)、感遇、写怀、咏物(以上卷二四)、题咏、杂咏、闺情、哀伤(以上卷二五)。各类中所收诗,其诗注分题注及诗句注两种,均以双行小字列于诗题或诗句下,二家注分别以"齐贤曰"、"士赟曰"相区别,同一句(或段或篇)诗有杨萧二氏注,则杨在前,萧次后。

由书中所存注文看,杨齐贤注李白诗,重在注其诗题出典、用词所原及诗中涉及的典章制度、地理等项,偶尔兼注诗意。如所周知,李白诗歌与齐梁文学的关系颇为密切,鲍照等前代诗人的作品对其创作有多方面的影响;另一方面,李白自身的教育背景,又使他在诗中好用杂家之说。这两方面的情形,在杨氏注中均有较全面的反映,它既准确地征引南朝作品如鲍照等家诗来注释李白诗题诗句,同时又广泛地采择包括子书、佛典、道教神仙之著在内的诸类文献以解李诗之辞。此外比较引人注目的,是杨氏注还"以李注李",用李白本人的作品解释其诗。如卷三《将进酒》"天生我材必有用"至"会须一饮三百杯"一段,"齐贤曰"即引李白《上裴长史书》为说;同卷《春日行》"三十六帝欲相迎"下数句,"齐贤曰"又引李白《送权十一序》作注。释意在杨注中虽不占主要地位,但所释仍不乏精当处,如卷二《古风五十九首》之二"蟾蜍薄太清"一首,杨氏笺诗旨云:"按《唐书》,王皇后久无子,而武妃有宠。后不平,显诋之,遂废。武妃进册为惠妃,欲立为后。太白诗意似属于此。"其说即颇为后来笺注李白诗者称引。

萧士赟注的特点,一是补充或更正杨注,一是串讲全诗并着重探索诗中微言大义,而以后者尤为引人注目。由补充或更正杨注一方面看,萧氏征引材料的范围并未比杨氏有太多的扩充,如乐府类诗题下萧注,屡引杨注未及的《乐府遗声》,但亦仅此而已。其纠正杨注之失,也多从文意入手。如卷十一《流夜郎赠辛判官》诗中"函谷忽惊胡马来,秦宫桃李向明开。我愁远谪夜郎去,何日金鸡放赦回"数句,杨注谓"桃李指公卿归禄山也",萧注即驳之为非,认为:"太白诗意是指同时侪类如辛判官之辈,因兵兴之际,不次被甲(当是"用"字之讹),为人桃李,我独遭谪也。向明者,向阳花木之义。详观末句,诗意显然。倘如子见所言,殊失大礼。"而由探索李白诗中微言大义一面论,萧注又可谓得失参半。其长在诠释诗句能融入个人感受,抉发出李白诗歌的独特意蕴。如卷四《鞠歌行》末"士赟曰"中有一段总结说:"此诗深叹今之人无知人之鉴,卒之无可奈何,唯双目送飞鸿以寄兴耳。太白负才而不用于时,岂亦有感而作乎?"即其例。其失在有时过于穿凿附会,像同卷的《古朗月行》,本是一首优美的咏月诗,萧氏却强解曰"此诗借月以引兴。日,君象;月,臣象。盖为安禄山之叛兆于贵妃而作也",便是索隐过甚而致误的一个典型例子。此外萧氏注还好辨伪,时将其认为非李白真作的诗列置一卷之末,但因所用以辨别真伪的标准是注家本人所定的语意是否错乱颠倒之类,随意性太大,所以辨伪并不成功。像卷十九《答王十二寒夜独酌有怀》一诗,萧氏斥之"选语叙事,错乱颠倒,绝无伦次",又谓诗中"董龙一事,尤为可笑",但迄今大多数研究者仍认为该诗并非后人伪作。

萧氏注在形式上还偶留有注家与他人就李诗相互诘难辩答的文辞,于此可见萧氏笺诗实况。如卷三《蜀道难》诗注末有"士赟笺事已,有客曰"一大段,详记"客"就前人所称本诗为"为房与杜危"及"讽章仇兼琼"二说征求萧氏意见,萧氏断"其说皆非"的往复辩答,虽萧氏最终的别解("是为太白初闻禄山乱华,天子幸蜀所作也")同样不正确,但论辩的过程却生动地显现出作为笺诗家的萧士赟运用逻辑方法立论释证时的机智。

《分类补注李太白诗》在唐代文学研究史上有其特殊的地位。在清代王琦注李白诗之前,还没有一部李诗注本能够替代它。王琦注本流行后,它的影响也并未完全消失,至现代,甚至有著名学者如日本的吉川幸次郎等认为其价值还在王琦注本之上。从笺注学的角度说,本书的萧士赟注为后人提供了较为少见的元人笺注文学作品的一个实例,而萧氏笺释李白诗意的得与失,又从侧面说明了古诗诠解中注意原诗寓意与注家个人意愿间的距离具有十分重要的价值。

研究本书的论著,有《四库全书总目》本书提要,杨守敬《日本访书志补》(王重民辑本)中有关本书诸版本的解题,以及日本芳村弘道《关于元版系统的〈分类补注李太白诗〉》(《元版系统の〈分類補注李太白詩〉について》,1990年《学林》第十四、十五号)、《元版〈分类补注李太白诗〉与萧士赟》(詹福瑞译,载《河北大学学报》1993年第2期)等。

(陈正宏)

词源 〔南宋〕张 炎

《词源》二卷,南宋张炎撰。有明钞本、清嘉庆十五年(1810)秦氏享帚精舍刻本、《守山阁丛书》本、《粤雅堂丛书》本、《四部备要》本等。本书目前的通行本,是唐圭璋编《词话丛编》(中华书局,1986年)第一册所收本。又人民文学出版社1963年刊行的《词源注·乐府指迷笺释》一书中所收本亦流传颇广,但该本非《词源》全帙,而为一删节本。

张炎(1248—?),字叔夏,号玉田,又号乐笑翁,为宋南渡时著名将领张俊六世孙。临安(今浙江杭州)人。张炎前期过着"承平故家、贵游少年"的生活。随着元人的入侵,南宋的灭亡,他感受到了国亡家破的痛苦,以宋朝遗民自视,游迹于杭州地区,过着落寞的生活。其间曾一度北上,后失意而归。卒年不详。《词源》卷末所录钱良祐作于丁巳之跋,云乙卯岁曾与张炎聚会于钱塘。乙卯为元仁宗延祐二年(1315),时张炎为六十八岁。丁巳为延祐四年(1317),钱氏于张炎之卒年未涉一词,则张炎当年过七十。在文学上,张炎受其家学影响颇大。其曾祖、父皆晓畅音律,善属词,与同时代许多著名文士多有交往。曾祖张镃著有《南湖集》、《玉照堂词》,父张枢著有《寄闲集》。张炎亦善词,与姜夔被并称为"姜张";精通音律,于词论首倡"清空"之说。其著作传世者,除本书外,尚有《山中白云词》八卷。

《词源》是张炎撰著的一部有关声律、作词要义的著作。关于此书撰著之原因,张炎曾云其"生平好为词章,用功逾四十年,未见其进。今老矣。嗟古音之寥寥,虑雅词之落落,僭述管见,类例于后,与同志者商略之"(《词源》下卷序)。据此可知《词源》一书为张炎晚年所作。在南宋沦亡之后,词与词乐处于衰落不振的境地,张炎欲努力发扬之、总结之。

《词源》分上、下二卷。上卷缕述声律,间配有图示,所列目次有五音相生、阴阳律吕合声图、律吕隔八相生图、律生八十四调、古今谱字、四宫清声、五音宫调配属图、十二律吕、管色应指字谱、宫调应指谱、律吕四犯、结声正讹、讴曲指要。下卷主要论述作词之法则、要义,所列目次为音谱、拍眼、制曲、句法、字面、虚字、清空、意趣、用事、咏物、节序、赋情、离情、令曲、杂论。音谱、拍眼当属声律范畴。下卷卷首有张炎"自序",卷后附杨守斋《作词五要》一卷及钱良祐、陆文圭、江藩、秦恩复等人跋。

《词源》一书的主要内容及特点有以下几个方面。

其一,此书缕述律吕、宫调、管色犯声、讴曲旨要等有关音律及词乐诸事。如卷上所载之"古今谱字",与姜夔《白石词集》之旁谱同,而这是仅存的二例词谱;另如"音谱"、"拍眼"等,对词乐的讨论亦颇具体。在词乐既亡之今日,《词源》为研究、探寻词乐的本来面目提供了非常有价值的资料。

其二,张炎论词尤重协音,认为不协音、不可歌则不为词。他说:"词以协音为先。音者何?谱是也……述词之人,若只依旧本之不可歌者一字填一字,而不知以讹传讹,徒费思索。当以可歌者为工,虽有小疵,亦庶几耳。"(卷下"音谱")又记其父作词之情形曰:"每作一词,必使歌者按之,稍有不协,随即改正。"受此影响,张炎于词乐、音谱探究甚深,连深谙音律的周邦彦之词,在他看来也"于音谱且间有未谐"。

其三,《词源》独尊姜夔,词取"雅正",并倡"清空"之说。"雅正"体现了在内容、风格上张炎对词的基本要求:"词欲雅正。志之所之,一为情所役,则失其雅正之音。"(卷下"杂论")而"雅正"的标准,一是去情感及情感表达上的"浮艳"。"赋情"谓陆雪溪《瑞鹤仙》、辛稼轩《祝英台近》"皆景中带情,而存骚雅。故其燕酣之乐、别离之愁,回文题叶之思,岘首西州之泪,一寓于词。若能屏去浮艳,乐而不淫,是亦汉魏乐府之遗意"(卷下)。而汉魏乐府在张炎眼中是雅正的体现,卷下"序"云:"古之乐章、乐府、乐歌、乐曲皆出于雅正。"另一是去生硬字在词中的运用,以体现"古雅"、"和雅"之风。他说:"盖词中一个生硬字用不得,须是深加锻炼,字字敲打得响,歌诵妥溜,方为本色语。"(卷下"字面")

在崇"雅正"的基础上,张炎又首倡"清空"说。卷下"清空"云:"词要清空,不要质实。清空则古雅峭拔,质实则凝涩晦昧。姜白石词如野云孤飞,去留无迹。吴梦窗词如七宝楼台,眩人眼目,碎拆下来,不成片段。此清空质实之说。"并举吴梦窗《唐多令》词,云"此词疏快,却不质实";而谓"白石词如《疏影》、《暗香》、《扬州慢》、《一萼红》、《琵琶仙》、《探春》、《八归》、《澹黄柳》等曲,不惟清空,又且骚雅,读之使人神观飞越"。又云"词以意趣为主,不要蹈袭前人语意",下举东坡中秋《水调歌》与夏夜《洞仙歌》、王荆公金陵怀古《桂枝香》、姜白石《暗香》《疏影》,谓"此数词皆清空中有意趣,无笔力者不易到"("意趣")。"清空"之意谓词当"清刚疏宕,结体于虚",为张炎言词之最高境界。而姜夔,正因其词作体现了张炎论词的主张,故《词源》极力尊崇之。

从学术上看,《词源》的一些认识、观点还是有不足之处的。如卷下"音谱"中云大曲"唐时鲜有闻",即失考。宋洪迈《容斋随笔》、蔡居厚《蔡宽夫诗话》皆言宋代所传之大曲均出自于唐。又词名冠柳,乃王观事,而《词源》误为晁无咎。张炎以雅正、协音取词,独尊姜夔,而于其他词人,所论不无失当之处。如云"辛稼轩、刘改之作豪放词,非雅词也。于文章余暇戏弄笔墨,为长短句之诗耳"(卷下"杂论");又云"康、柳词亦自批风抹月中来。风月二字,在我发挥,二公则为风月所使耳"(同上)。张炎强调作词以协音为先,甚或有将词意落入"第二义"之嫌。卷下"音谱"记载了其父张枢在作《惜花春起早》一词时,因不协音,而将"琐窗深"之"深"字,改为"幽",再改定为"明"。为了协韵,而不顾及词意的改变,未免顾此而失彼。

尽管有上述的不足,作为词论著作,《词源》仍具有其重要的地位。陈廷焯《白雨斋词话》云:"自温、韦以迄玉田,词之正也,亦词之古也。元明而后,词之变也。"(卷七)点明了唐宋词与元明以后之词是分属两个不同的发展阶段的。《词源》一书可以说是对词在前一个发展阶段的总结。在体制上,较诸同时代的词论,本书也更具系统性与完整性。而张炎提出的"清空"一说,亦对后世之词作词论产生了极大的影响。此书记载和保留的有关词乐的资料,又为词乐既亡之后人们研究相关问题提供了宝贵的材料。

有关《词源》研究的论著,有近人蔡桢《词源疏证》(金陵大学中国文学研究所排印本,1985年9月中国书店影印),夏承焘《读张炎〈词源〉》(收入《月轮山词论集》,中华书局,1979年),王延龄《〈词源〉八十四调名笺释》(《北方论丛》1982年第4期),刘庆云、谢国荣《试论张炎〈词源〉对后世词论的影响》(《湘潭大学学报》1990年第3期),杨海明《论〈词源〉的论词主旨——兼论南宋后期的词学风尚》(《文学遗产》1993年第2期),以及日本青山宏《玉田词论稿》(收入王水照、保苅佳昭编选《日本学者中国词学论文集》,上海古籍出版社,1991年;又见程郁缀译青山宏《唐宋词研究》,北京大学出版社,1995年)、松尾肇子《〈词源〉和〈乐府指迷〉》(《〈詞源〉と〈樂府指迷〉》,《日本中国学会报》三十七号,1985年10月;中译亦见王水照、保苅佳昭编选《日本学者中国词学论文集》)等。

(林德龙)

滹南诗话 〔金〕王若虚

《滹南诗话》三卷，金王若虚撰，收入其《滹南遗老集》中。《滹南遗老集》的主要版本有元大德三年(1299)重修庐陵兴贤书院本、明澹生堂钞本、清顾沅艺海楼钞本、清吴氏绣谷亭钞本等。另有将《滹南诗话》与王氏所撰之《文辨》四卷从集中选出，合并为一册流传者。其版本有清初钞本，鲍廷博校、刘喜海跋之清钞本，清乾隆钞本等。《滹南诗话》单行本则有《知不足斋丛书》本、《龙威秘书》本、《古今说部丛书》本、《历代诗话续编》本、《丛书集成》本等。目前的通行本，是人民文学出版社1962年版《六一诗话·白石诗说·滹南诗话》中所收校点本。2006年辽海出版社出版了胡传志、李定乾校注的《滹南遗老集校注》，可供参考。

王若虚(1174—1243)，字从之，号慵夫，晚号滹南遗老，藁城(今属河北)人。金章宗承安二年(1197)擢经义进士。历管城、门山县令，皆有惠政。为国史院编修官，曾奉使西夏国。金哀宗正大初参与修《宣宗实录》。历官平凉府判官、左司谏、延州刺史、直学士。金亡后，微服北归镇阳故里，隐居不仕。后卒于游泰山途中，时年七十。元好问称其"滑稽多智，而以雅重自持。谋事详审，出人意表。人谓从之于中外繁剧，无不堪任"(《中州集》卷六)。王若虚曾从学于其舅周昂，为文求自然平易，好论辩，主要成就在经史考据和文学批评方面，著有《慵夫集》(今佚)、《滹南遗老集》等。

《滹南诗话》是王若虚撰写的一部诗歌评论著作。由于对金前期崇尚工丽雅致的风气不满，金中后期文坛转向了师古。刘祁在《归潜志》中称当时"士人多为古学，以著文作诗相高"，出现了文多崇奇古、诗多学风雅的风尚。王若虚《滹南诗话》便是针对当时诗坛的诸多现象有感而发的。

《滹南诗话》分上、中、下三卷。上卷列二十一条，中卷列三十一条，下卷列三十七条。

王若虚主张诗歌应抒发性情之"真"，提出"哀乐之真，发乎情性，此诗之正理也"。认为这种情感在诗歌中的表现是自然而非刻意求之的。他引用苏轼的《南行唱和诗序》，曰："昔人之文，非能为之为工，乃不能不为之为工也。山川之有云，草木之有华，充满勃郁而见于外，虽欲无有，其可得耶!"又承其舅周昂之说,认为"文章以意为主,字语为之役"。提出"彼无真见,而妄意求之,宜其缪之多也"。提倡"辞达理顺",谓"古之诗人,虽趣尚不同,体制不一,要皆出于自得。至其辞达理顺,皆足以名家"。故王若虚于当时诗坛同声反对白居易诗之"俗"时,独树其帜,推崇白诗。其言曰:"乐天之诗,情致曲尽,入人肝脾,随物赋形,所在充满,殆与元气相侔。至长韵大篇,动数百千言,而顺适惬当,句句如一,无争张牵强之态。此岂撚断吟须、悲鸣口吻者之所能至哉?而世或以'浅易'轻之,盖不足与言矣。"认为白居易诗语虽涉浅易,但却真切地表达了丰富的情感,体物贴切自然,实较那些以苦吟出奇争胜者高明,因宣称:"不求是而求奇,真伪未知。"并认为文学描写当不害于自然之理。

王若虚对江西诗派,尤其是黄庭坚的诗歌理论及创作,进行了激烈的批评。认为黄氏以句法绳人非诗之真理,直斥其夺胎换骨法为"剽窃之黠者",谓黄诗之奇峭"元无一事",其弊在于"浑然天成如肺肝中流出者,不足也"。同时指出,黄庭坚诗与其所宣称宗法的杜甫诗,在本质上是不同的。

对于当时人滥用苏轼"赋诗必此诗,定非知诗人"之意,王若虚指出"论妙在形似之外,而非遗其形",即应在"形似"的基础上,达到更高层次的"神似"之妙。

王若虚于诗歌持发展的观点,反对一味崇古。他说:"近岁诸公以作诗自名者甚众,然往往持论太高,开口辄以'三百篇'、'十九首'为准;六朝而下,渐不满意;至宋人,殆不齿矣。此固知本之说。然世间万变,皆与古不同,何独文章而可以一律限之乎?就使后人所作可到'三百篇',亦不肯悉安于是矣。何者?滑稽自喜,出奇巧以相夸,人情固有不能已焉者。宋人之诗,虽大体衰于前古,要亦有以自立,不必尽居其后也。遂鄙薄而不道,不已甚乎!"

《滹南诗话》中的这些观点都是很有见地的。诚如《四库全书总目》所言:"统观全集,偏驳之处诚有,然金元之间学有根底者,实无人出若虚右。吴澄称其博学卓议,见之所到,不苟于众。亦可谓不虚美矣。"

研究《滹南诗话》的论著,有《四库全书总目》本书提要、霍松林为校点本《滹南诗话》所撰前言(《六一诗话·白石诗说·滹南诗话》,人民文学出版社,1962年)、林明德《中国传统文学探索》第二卷第四章"王若虚的文学批评"(台北巨流图书公司,1981年)、中国内地出版的诸种中国文学批评史的有关章节,以及胡传志《〈滹南诗话〉与南宋诗论的联系与差异》(《中国诗学研究》第3辑,2004年)等。

(林德龙)

中州集 〔金〕元好问

《中州集》，又名《中州鼓吹翰苑英华》、《翰苑英华中州集》，正文十卷，附《中州乐府》一卷，金元好问辑。现存最早的版本，是元至大三年(1310)曹氏进德斋刻本的残本及其递修本的全本。明刊本有弘治九年(1496)李瀚刻本与明末毛氏汲古阁刻本。本书较好的读本，是中华书局上海编辑所1959年出版的标点本，该本据诵芬室影元本排印，并用汲古阁本校正误字，惜印数较少，流传不广。故目前的通行本，仍为《四部丛刊》所收以诵芬室影元刊本为底本的影印本。

元好问(1190—1257)，字裕之，号遗山，秀容(今山西忻州)人。祖系出自北魏拓跋氏，传为唐诗人元结后裔。七岁能诗，少从金著名学者郝天挺学，兴定五年(1221)进士及第，正大元年(1224)中博学宏词科，授儒材郎、国史院编修。金亡前夕，任行尚书省左司员外郎等职。天兴二年(1233)，金都汴京为蒙古军占领，因随被俘官民北渡黄河，"羁管"于山东聊城。晚年寄居冠氏县(今山东冠县)，往来四方，采摭遗文，以编纂金代历史为己任。是有金一代最为杰出的文学家，诗文质实苍劲而不乏表现力，感情深沉而遣辞奇崛，颇受后世推崇。著作除本书外，尚有《遗山先生文集》与《遗山乐府》等。

《中州集》是元好问编纂的一部金代诗歌总集。其编纂的缘起，见于本书卷首元氏所撰的《中州鼓吹翰苑英华序》。据序称，在《中州集》编纂之前，已经有一部魏道明原编、商衡补录的《国朝百家诗略》钞本存世，只是这部钞本仅藏于钞辑者商氏家中，世人无从窥见。天兴元年(1232)，元好问入京任尚书省掾，阁僚中颇有人建议其编纂金诗总集，但因当时京都被蒙古军围逼甚急，国家存亡之际，元氏不暇顾及此事。次年京城降，元氏也被羁管于聊城，杜门深居，时以翰墨自遣，于是当日友朋的建议，重新浮现于心头，考虑到"百余年以来，诗人为多，苦心之士，积日力之久，故其诗往往可传。兵火散亡，计所存者才什一耳。不总萃之，则将遂湮灭而无闻，为可惜也"，因或传钞摘选，或凭记忆，开始了编选本书的工作。适此时商衡之子商孟卿携钞本《国朝百家诗略》来访，元好问便将自己所选与钞本合为一书，题其名曰"中州集"。其序撰于天兴二年(1233)十月二十二日,序末有"嗣有所得,当以甲乙次第之"之语。今考书中既以甲集至癸集题次十卷正文,卷十"滕奉使茂实"小传又详记滕氏诗稿发现经过,中有"庚子春,(好问)自山东还乡里,值乡先生雁门李钟秀挺,求秀颖(滕茂实字秀颖)诗文"云云,庚子当南宋嘉熙四年(1240)。据此《中州集》的编纂,始于公元1233年;编定的年月,则不会早于公元1240年春。书以"中州"为名,大约是由于中原为金朝政治文化中心,而书中所选录的诗家,又多聚于中州一带之故。

《中州集》共收录了二百五十一位诗人的两千零六十二首诗作。其书卷首有"总目",正文卷一前列"圣制",录金显宗、金章宗诗各一首,以下卷一至卷十,依天干排序,自甲集至癸集,每集一卷。各集之首,又分置集内所录诗家名氏及诗歌数。然后以人系诗,人各有小传。其中卷一至卷七大致依诗人时代前后排次。卷八第一人"邢内翰具瞻"小传前,则有"别起"二字,卷中所收诗家,亦重新自金初起排次,但与卷一至卷七所收人诗不重复。至卷九后部大半与卷十前部,所录又改为以类相从,计有"诸相"、"状元"、"异人"、"隐德"、"三知己"、"南冠五人"六类,卷十末"附见"赵滋及元好问父亲与其兄诗。书中小传,大多每人一篇,间有数人合为一传,如卷九"隐德"即合薛继先、高仲振、张潜、王汝梅、宋可、曹珏六人小传为一篇。传后所录各家诗,亦多寡不一。其录诗数较多的前十家,依次为周昂(一百首)、刘迎(七十六首)、党怀英(六十五首)、赵秉文(六十三首)、蔡松年(五十九首)、宇文虚中(五十首)、蔡珪(四十六首)、元德明(元好问之父,四十四首)、边元鼎(四十二首)、完颜璹(四十首)。其下则有王若虚、朱弁(各三十八首)诸人。至各家诗后,偶附录他人之作,如卷五庞铸《田器之燕子图诗》末,小字附杨之美等人同题诗,即其例。

《中州集》的优点,首在为后世保存了一大批金代文学作品及其作者史料。书中所选,不仅仅限于名家名作,而且及于二三流诗人,且主在选辑能代表诗人个人风格之作,因此它对于后代学者研究金代文学尤其是金代诗歌,具有极高的文献价值。同时,元好问为每位作者所撰写的小传,或细述诗人生平,或详记诗家论诗主张,或评析各人诗风,或状摹传主个性,内容丰富生动,亦为金代文学研究者提供了难得的第一手资料。如卷一宇文虚中小传所记宇文以宋黄门侍郎奉使金朝被留滞北地后,虽仕金为翰林学士,而仍有被奉为帅"夺兵仗南奔"事,便不见于《金史》与《宋史》的宇文本传,对于彻底澄清宇文被害的真实缘由颇有帮助。卷四周昂小传所记昂论文见解,诸如"文章以意为主,以字语为役,主强而役弱,则无令不从。今人往往骄其所役,至跋扈难制,甚者反役其主,虽极辞语之工,而岂文之正哉",尽管是零篇碎语,却保留了金代中叶文学批评的重要素材。又如卷三赵秉文小传剖析赵氏文风,谓:"大概公之文出于义理之学,故长于辨析,极所欲言而止,不以绳墨自拘。七言长诗笔势纵放,不拘一律。律诗壮丽,小诗精绝,多以近体为之。至五言大诗,则沉郁顿挫学阮嗣宗,真淳简澹学陶渊明,以他文较之,或不近也。"则既述传主文学风貌,又探求其根源,不为无见。至卷六雷渊小传状写雷氏"为人躯干雄伟,髯张口哆,颜渥丹,眼如望羊。遇不平则疾恶之气见于颜间,或嚼齿大骂不休。虽痛自摧折,然猝亦不能变也",卷七刘昂霄小传描绘刘氏"为人细瘦,似不能胜衣。好横策危坐,掉头吟讽,幅巾奋袖,谈辞如云,四座耸听,噤不得语",刻画诗人性格作风,亦可谓入木三分。

《中州集》的另一优点,是借诗存史,为学界提供了不少金史史料。从诗作方面看,像卷三所录刘迎《淮安行》、《修城行》、《河防行》诸诗,便堪称金朝淮安筑"鸡粪"城墙及黄河泛滥的实录。从诗人小传方面看,像卷八韩玉小传详记大安三年(1211)金与西夏交战及战败经过,又从一个侧面揭示了臣僚内讧实为金亡的内因。

此外像卷二祝简传中考证王源叔未尝注杜诗,卷十辛愿传里载评金南渡以来诗风不淳语,从学术史与文学史的角度论,也都是精辟的见解。

《中州集》的不足,是卷七以下体制稍紊,某些小传文字虽多,却只字不言传主文学特征,亦略显偏题。

从总集编纂的历史上看,《中州集》的影响是巨大的。后来的总集名作,像明末清初钱谦益所辑《列朝诗集》,无论排次形式还是选诗宗旨,都明显受到本书的深刻影响。近人编选断代诗词总集,也颇有取之作范本的。

研究本书的论著,有全祖望《重定中州集序目》(《鲒埼亭集外编》卷三一)、《四库全书总目》卷一八八本书提要、陈学霖《元好问与〈中州集〉》(载《饶宗颐教授南游赠别论文集》,香港,1970年)、梅津贺子《元遗山的〈中州集〉》(《元遗山の〈中州集〉》,《九州中国学会报》第二十三号,1981年2月)、詹杭伦《元好问编选〈中州集〉的宗旨》(《四川大学学报》1992年第1期)、胡传志《〈中州集〉的流传与影响》(《文学遗产》1994年第3期)、周惠泉《金代文学学发凡》(东北师范大学出版社,1994年)有关章节、薛瑞兆《〈中州集〉小传校札》(《学习与探索》2005年第3期)等。

(陈正宏)

唐才子传 〔元〕辛文房

《唐才子传》十卷，元辛文房撰。有元刊本(清光绪间遵义黎庶昌曾以珂罗版影印)、14世纪后期日本禅林翻雕中土刊本的五山本(有东京汲古书院1972年影印本)、日本享和二年(1802)天瀑山人据五山本活字重排收入《佚存丛书》本，以及清嘉道间以"佚存"本为底本的陆氏三间草堂本、《指海》本等。又有《四库全书》所收八卷本，乃当时国内原书已佚而辑自《永乐大典》者。本书目前经过整理的读本颇多，其中傅璇琮主编《唐才子传校笺》(五册，中华书局，1987—1995年)较佳，该本以遵义黎氏影元本为底本，参校诸本，并有详细笺注。

辛文房，字良史，西域人。与元代著名诗人张雨(1277—1348)同时。有诗名，与杨载等并为时人所称。著有《披沙集》，已亡佚。今仅存《苏小小歌》、《清明日游太傅林亭》二诗，见收于元苏天爵所编《国朝文类》。

《唐才子传》撰成于元大德八年(1304)。据卷首辛氏自撰"引"，其撰述本书的动机，是有感于唐代"章句有焦心之人，声律至穿杨之妙，于法而能备，于言无所假"，但欲对唐代作家"究其梗概行藏"，则史料"散见错出"，而令人有"览于述作，尚昧音容；洽彼姓名，未辨机轴"之憾。所以他乘暇"游目简编，宅心史集"，编成本书，"以悉全时之盛，用成一家之言"。由于有唐一代文化的"全时之盛"，集中表现为唐诗的繁荣，故辛氏的"一家之言"，联系书中文字，主要也就是表述唐代著名诗人的行迹逸事而品评其才艺，"唐才子传"之名，盖即由此而得。

全书十卷，主体以人名标篇目，以"才子"所处时代前后为顺次，共计二百七十八篇；又各篇传记中时附录相关诗人传记，合计附录一百二十家，故已标目传主与附录传主两者相加，全书实收录了三百九十八位唐及五代诗人的传记。此外卷一起首置"六帝"一篇，颂唐代太、玄、宪、德、文、僖六宗好诗之事；卷十末列"鬼"一目，而斥前代杂传记所述鬼神灵怪之词"影响所托，理亦荒唐"。各篇传记所述，除姓名、字号、籍贯、科第、职官外，多记诗人传闻逸事；传末又时有撰者辛氏评论语，或以"〇"号、或以"论曰"提示以下为评论文字。

本书作为一部断代作家传记集,在编例方面最引人注目的,是基本依照诗人时代前后来排次,而不再依惯例将道释女子等单列置于另卷,从而客观上比较完整地勾勒出一代诗坛才人辈出、诗风衍化的历史轨迹。以卷六为例,全卷从白居易、元稹二家始,至杜牧止,计二十六篇,合附录三家,共收录了二十九位诗人的传记。这二十九位诗人大致生活于中唐元和至大和年间,其中既有不少历科进士,也有清塞、无可一类的高僧乃至薛涛那样的女"校书"。撰者于白居易等人传中已述及中唐士人的好佛,在清塞、无可传中又记录了二僧与贾岛(传在卷五)、姚合(传亦在本卷)的交游,在薛涛传中既载录元稹与这位成都乐妓的因缘际会,于张祜、杜牧传里又摹写了他们"题诗倡肆"、"心赏名姬"的风流行踪,从而多侧面地凸现了中唐元和至大和年间诗人喜与僧侣交往及渐次沉醉于声色的时代特征。同时作为这种变更传统的做法的补充,书中也以附录及"论曰"的方式,对诸如闺媛、僧人、仙道之类的诗歌流变,作了相对集中的反映与阐述,如卷二李季兰下附录二十三位女诗人,卷三道人灵一下附录四十五家诗僧,两处均系"论曰"分评唐代诗界才女及禅门诗者源流特点,即其例。

本书的又一特征,是好记各家遗闻逸事,即便失实亦不顾,而着力于以生动的事例,活画出唐代诸才子的个性与风致。撰者著此书,取材颇广,如《新唐书》《唐诗纪事》,为其常采之源;而诸家笔记小说,亦时见摘录。其长处在描摹生动,如卷五李贺传,取李商隐《李贺小传》《唐摭言》、《新唐书·李贺传》等文综合组织,既写出传主自幼才高之实,也展示了其人"纤瘦,通眉,长指爪"的奇异状貌与"呕出心乃已"的创作风格。其短处在以讹传讹,时堕荒诞不经之境,如卷二记李白"乘酒捉月,沉水中",杜甫暴食"牛炙白酒"而卒之类,便是过于猎奇而致失实的典型例子。但书中所记的这类传闻,若视之为研究元代以前唐著名诗人形象变迁的史料,则仍不乏其价值。至各家传记中因此而录载的诗家别称与诗坛美誉,像令狐楚自称"白云孺子"(卷五),郑谷因赋《鹧鸪》诗而得"郑鹧鸪"之号,且名列"芳林十哲"(卷九)等等,又为后人理解唐诸家诗提供了具体而又丰富的背景材料。

在涉及诗人作品风格与创作特色的部分,撰者辛文房也显示了其个人擅长对诗作准确的理解与体认、并成功地用文字加以表达的才能。如卷二评常建"属思既精,词亦警绝",而用一比喻,谓之"似初发通庄,却寻野径,百里之外,方归大道",便巧妙地把常氏诗歌"旨远兴僻"的特色传写出来。而卷九高蟾传称其诗"气势雄伟,态度谐远,如狂风猛雨之来,物物竦动",则又声形并举,导引读者于文辞之外想象一个音画并呈的诗境。但辛氏本人的文学理论观点没有特出之处,仍以诗教为门面,而杂取宋代严羽《沧浪诗话》等家之说。如卷八周繇传下所称"尝谓禅家者流,论有大小乘,有邪正法,要能具正法眼,方为第一义"云云,即与严羽诗禅说如出一辙。卷十殷文圭传下斥"唐季文体浇漓,才调荒秽",而判晚唐诸诗人"皆气卑格下",亦为承前人之说。

本书的缺点，除上已述及者之外，尚有张冠李戴、论断失实等数端。如卷二高适传中将本为高仲武所编《中兴间气集》列为高适著作，卷九唐彦谦传谓"唐人效杜甫者，惟彦谦一人而已"，皆为失误之明显者。其余可参见《四库全书总目》本书提要、近人周本淳《唐才子传校正》(江苏古籍出版社，1987年)"前言"等文。

但本书在中国文学研究史上仍有其特出的地位。它比宋代计有功《唐诗纪事》体制上更为规整，提供唐代诗人传记资料更为集中详细，尤其是其中辑录了大量唐人登第年份，为唐代文学研究提供了十分宝贵的资料，因而至今仍为唐诗研究者必读的入门书之一。另一方面，它又是现存最早一部断代作家传记合集，与稍后出的专收元代曲家传记的《录鬼簿》成为传统学术界中专为作家立传的双璧，充分体现了元代学者在撰述取材方面独到的眼界与识力，为中国文学研究中作家传记一科脱离常规的正史文苑传模式单独发展，做出了重要的贡献。

现代学者对于《唐才子传》的研究，20世纪五六十年代比较引人注目的，是日本布目潮沨为本书所撰注，连载于日本《西京大学学术报告》(人文科学)及《立命馆文学》等刊物(1954年至1962年)。至1972年，布目潮沨又与中村乔合著了《唐才子传之研究》一书，由丰中亚细亚史研究会刊行；在同年由汲古书院出版的《唐才子传》五山版影印本中，布目氏又为之撰写了"解说"。其间中国国内仅于1957年由古典文学出版社据《佚存丛书》本刊印了本书。80年代以来，国内有关本书研究逐渐形成高潮，相继出现了王大安校订本(黑龙江人民出版社，1986年)、周本淳"校正"本(江苏古籍出版社，1987年)、舒宝璋校注本(中州古籍出版社，1987年)、傅璇琮主编《唐才子传校笺》、孙映逵《唐才子传校注》(中国社会科学出版社，1991年)、周绍良《唐才子传笺证》(中华书局，2010年)等多种整理注释本，并有王水照为《中国大百科全书·中国文学》所撰本书提要、张国光《元代西域诗评家辛文房的〈唐才子传〉评介》(《新疆师范大学学报》1987年第2期)、漆绪邦《辛文房〈唐才子传〉的理论价值》(《北京师范学院学报》1987年第1期)等论文。

（陈正宏）

录鬼簿 〔元〕锺嗣成

《录鬼簿》，元锺嗣成撰。现存早、中、晚三个系统的版本：一、早期不分卷本，有明钞明无名氏辑《说集》本和明刊明末孟称舜编《古今名剧合选·酹江集》所附本；二、中期由作者本人重订的两卷本，以清初尤贞起钞本和康熙间曹寅刊《楝亭藏书十二种》本为代表；三、晚期经明人贾仲明增补的两卷本，有明天一阁蓝格钞本。目前的通行本，是《中国古典戏曲论著集成》（中国戏剧出版社，1959年）第二册所收校点本。该本以曹寅本为底本，校以《说集》本、孟称舜本、贾仲明增补本等，又附录底本与上述三种主要校本所收作家对照表，是一个较完备的整理本。

锺嗣成（约1279—约1360），字继先，号丑斋，原籍大梁（今河南开封），寄居杭州。屡试明经不第，又不屑为胥吏，因杜门著述。除本书外，尚撰有《冯骥收券》、《诈游云梦》、《钱神论》、《斩陈余》、《章台柳》、《郑庄公》、《蟠桃会》七种杂剧及文集数卷，今皆亡佚。仅存散曲数十首。

《录鬼簿》是一部专载元代戏曲家生平及其杂剧、散曲创作概要的传记合集。据卷首自序及所署"至顺元年龙集庚午月建甲申二十二日辛未古汴锺嗣成序"，知本书至晚在至顺元年（1330）已完成初稿。此后撰者多次修订其书，目前能大致确定修订年代的，即有元统二年（1334）后与至正五年（1345）后两次，前者的相关证据见载于本书《说集》本"方今已死名公才人相知者"一部周仲彬小传，后者则勘比《说集》本、《古今名剧合选》本与《楝亭藏书十二种》本的乔吉甫条文字多寡即可知。书取"录鬼"为题，盖因撰者认为人生斯世，已死者为鬼，未死者亦鬼，而且古及今，自有不死之鬼在；本书所录的作家，虽"门第卑微，职位不振"，但"高才博识，俱有可录"，故撰者立意使此等"已死未死之鬼，作不死之鬼，得以传远"，"录鬼簿"之名，即得于此。

通行本《录鬼簿》分上下两卷，卷中又各依作家存殁、所擅创作体裁、与撰者本人相知与否分为若干部分，计有："前辈已死名公，有乐府行于世者"、"方今名公"、"前辈已死名公才人，有所编传奇行于世者"（以上卷上）、"方今已亡名公才人，余相知者，为之作传，以《凌波曲》吊之"、"已死才人不相知者"、"方今才人相知者，纪其姓名行实并所编"、"方今才人，闻名而不相知者"（以上卷下)共七大部,收录元曲作家一百五十二人,附录作品名目四百余种。各部登录作家传记的格式,大致是以作家名字为标题,次小字或换行低格记叙作家字号、籍贯及生平大略,又次换行再低格录该作家所撰作品(主要是杂剧传奇)名。卷下"方今已亡名公才人,余相知者,为之作传,以《凌波曲》吊之"一部中,录作品名后,还换行再低格各题《凌波曲》一首,在七部中为特有。各部的末尾,又多有小结,简评所述的人事,偶尔也有两部合撰一段小结的情况,如卷上的第一、二部与卷下的一、二部。全书卷末,则有元至顺元年(1330)朱凯所撰"后序"、邵元长跋及书赠锺氏《湘妃曲》、周诰题《折桂令》,以及至正二十年(1360)朱经题曲等。

《录鬼簿》的长处,首先在于它是以元代当时人的所闻所见撰著而成的一部记录元代戏曲作家生平创作情况的资料性专著,具有极高的史料价值。书中所录的一百五十余位元曲作家,大部分都是名不见经传的文士才子,因为本书的记载,后人对这批曾经对中国文学的发展作出了特殊贡献的文学家才有了最基本的了解。像卷上"前辈已死名公才人,有所编传奇行于世者"中,有关关汉卿的传记虽仅有"大都人。太医院尹。号已斋叟"寥寥数字,却至今仍是学界研究关氏生平的最主要的依据;又由于本书将关氏列于"前辈已死名公才人"之列,《录鬼簿》的编纂年代也成为推考关汉卿卒年的一个重要佐证。至于关汉卿条下收录的五十八种"传奇"名目,更是研究关氏戏曲创作的极为宝贵的资料。值得一提的是,《录鬼簿》所具有的这种颇高的史料价值,不仅表现在个别著名元曲作家的传记里,同时也体现于本书以个别传记的汇聚而呈现的整个元代戏曲创作概况中。书中作家小传里有关籍贯及生活地的记录,反映出北方的元大都与南方的杭州同为元代戏曲发达的重要城市;小传中对于作家与巫医卜筮及绘画音乐因缘的描绘,说明了元曲家或是在职业方面或是在个人爱好方面与流外诸技的密切联系。各家小传后所附作品目录,若统聚类别,则从中又可看出元代戏曲创作在题材上的某些偏向,以及某些文学母题在元代的发展状况——以"黑旋风"为主题的《水浒》戏曲在书中的频繁出现,便是一例。

本书的另一个长处,是它作为一部传记,善于用洗练的笔墨,传神地描摹出传主的生活经历与个性特征,从而使本书在常规的史料价值之外,又具有了很强的可读性。这一特点在卷下"方今已亡名公才人,余相知者,为之作传,以《凌波曲》吊之"一部中表现得尤为突出。如写睢景臣"自幼读书,以水沃面,双眸红赤,不能远视",而又"心性聪明,酷嗜音律",并在吊词中谓之"吟髭撚断为诗魔,醉眼慵开为酒酡";写鲍天祐"平生词翰在宫商,两字推敲付锦囊,耸吟肩有似风魔状",就画出了两位容貌举止特异的勤奋作家的活姿态。又如沈和的传记,记其"字和甫,杭州人。能词翰,善谈谑。天性风流,兼明音律。以南北调合腔,自和甫始,如'潇湘八景'、'欢喜冤家'等曲,极为工巧。后居江州。近年方卒。江西称为'蛮子关汉卿'者是也",一方面为后世保存了"南北调合腔"始于沈氏的珍贵史实，另一方面又以转述的形式，使沈氏这位江南戏曲家的个性才华通过"蛮子关汉卿"五字而毕现无遗。此外像卷下"方今才人相知者，纪其姓名行实并所编"一部中，称陆登善"为人沉重简默"却"能词、能讴"，谓王晔"体丰肥，而善滑稽"，这种以极简洁的文字，刻画一位作家对照强烈而又相反相成的两个侧面，也颇显撰者的机巧与功夫。

作为一部作家传记，本书对所述作家的作品自也不无点评。由于撰者本人亦为同时代的戏曲家，故这些点评又不乏精当之论。如批评郑光祖"惜乎所作，贪于俳谐，未免多于斧凿"，赞赏廖毅制曲"发越新鲜，皆非蹈袭"，俱持论有故而颇中肯綮。

《录鬼簿》除了撰者生前数次修订而流传的几种版本外，到明代初期还出现了一种增补本。增补本编者为元末明初戏曲家贾仲明。贾仲明(或作贾仲名，1343—1422后)，号云水散人、云水翁，淄川(今山东淄博)人。曾为明燕王(即后来的永乐帝)朱棣侍从，擅长杂剧创作，现存作品尚有《玉梳记》等五种。其增补改编《录鬼簿》的年月，据天一阁蓝格钞本卷首贾氏撰"书录鬼簿后"，约在明永乐二十年(1422)前后。其增补改编的形式，据校勘，主要是给原著中没有吊词的自关汉卿至李邦杰共八十二家一一加补了《凌波仙》挽曲，同时将原著上下卷所分的七大部简化合并为"前辈名公"、"前辈才人"、"方今才人"三部，而全书收录的元曲作家数并无增多。

《录鬼簿》增补本之外，尚有《录鬼簿续编》一卷，原附天一阁蓝格钞本《录鬼簿》后，传亦为贾仲明所编。其书共收录自锺嗣成至戴伯可共七十一位元末至明初的戏曲家的传记，附录杂剧有名氏、无名氏各七十八目，体例颇类《录鬼簿》，但传记及作品名目后无吊词。此书目前较易见的经过整理的版本，亦为《中国古典戏曲论著集成》第二册所收本。

现代学者对于《录鬼簿》进行整理研究，始于王国维的《新编录鬼簿校注》(有《王国维遗书》本)。其书撰于1909至1910年间，以《楝亭藏书十二种》本为底本，参校了当时所能见到的别本及《太和正音谱》与《元曲选》等戏曲选集，同时以小字案语的形式，对原书中的作家作品作了颇为翔实的注解。此后马廉又以天一阁蓝格钞本为底本，撰著了《录鬼簿新校注》，连载于1936年《北平图书馆馆刊》十卷一至五期上(有文学古籍刊行社1957年单行本)。20世纪50年代后，元代戏曲再次成为学界关注的热点，有关《录鬼簿》的研究也有了较大的进展。除《中国古典戏曲论著集成》第二册(1959年版)"录鬼簿提要"、"录鬼簿续编提要"及其二书校勘记，及孙楷第《沧州集》(北京，1965年)中所收《释录鬼簿所谓次本》一文外，80年代以来又相继有张人和《〈点鬼簿〉与〈录鬼簿〉》(《戏曲研究》1984年第11期)、齐森华《〈录鬼簿〉散论》(《华东师范大学学报》1985年第1期)、周维培《一种独特的曲论形式——读贾仲明为〈录鬼簿〉增补挽曲》(《南京大学学报》1986年第4期)、范志新《〈点鬼簿〉即〈录鬼簿〉辨》(《戏曲研究》第21辑，1986年)、季国平《〈录鬼簿〉编纂体例发微》(《江海学刊》1988年第6期)、张志合《〈录鬼簿〉版本新证》(《许昌师专学报》1989年第3期)、周维培《〈录鬼簿〉成书考》(《东南文化》1993年第3期)、陆林《锺嗣成〈录鬼簿〉外话三题》(《戏曲研究》1998年第5期)和《继承和影响——试论〈录鬼簿〉历史地位》(《戏剧》1999年第2期)、徐朔方《评〈录鬼簿〉的得与失》(《文学遗产》2001年第1期)等多篇论文发表。1996年,巴蜀书社又出版了浦汉明撰《新校录鬼簿正续编》。

(陈正宏)

宋辽金元编

艺术类

音 乐

唐会要·乐类 〔北宋〕王 溥

《唐会要·乐类》，三卷。北宋王溥编撰。载于《唐会要》卷三十二至卷三十四。《唐会要》共一百卷，完成于宋太祖建隆二年(961)，即宋朝开国次年正月。1990年和1991年，中华书局和上海古籍出版社曾分别将其排印发行。此外通行本有清武英殿刻本、1936年《丛书集成初编》本。

作者生平事迹见"唐会要"条。

《唐会要·乐类》共十六目，所述如下。

雅乐。叙唐代雅乐的沿革及用乐情况。

太常乐章。叙太常祭祀、礼仪所用乐章。

凯乐。凯乐是唐代军乐、献功之乐。叙唐凯乐沿革和用乐情况。

宴乐。叙唐代宴享音乐的沿革及用乐情况。其中记载了唐九部乐、十部乐和坐部伎、立部伎的情况。

清乐。叙清商乐的历代沿革和在唐代的状况。

散乐。叙散乐的历代沿革和在唐代的状况。

破阵乐。叙《秦王破阵乐》编制及表演情况。

庆善乐。叙《功成庆善乐》编制及表演情况。

诸乐。叙唐代宫廷所表演的法曲、琴歌、太常供奉诸曲等重要乐曲。其中较详细地记载了天宝十三年太乐署供奉诸曲及改诸乐名情况。

四夷乐。此为下面四目的总叙，言唐代"音声歌舞杂有四方"。

东夷二国乐(高丽、百济)。叙此二国音乐传入中国的情况及表演情况。

南蛮诸国乐(扶南、天竺、南诏、骠国)。叙此四国音乐传入中国的情况及表演情况。

西戎五国乐(高昌、龟兹、疏勒、康国、安国)。叙此五国音乐传入中原的情况及表演情况。

北狄三国乐(鲜卑、吐谷浑、部落稽)。叙此三国音乐传入中原的情况及表演情况。

论乐。记万年县法曹孙伏伽、监察御史马周、始平县令李嗣真、给事中严善思、清源县尉吕元泰、太子舍人贾曾、吏部尚书颜真卿等人上书论乐事。

杂录。录宫廷音乐杂事。

《唐会要》属典志体断代史范畴,但分类上比正史的书、志更细密,史料更丰富,所以在浩如烟海的史籍中,占有重要地位,历来受到学者们的重视。《乐类》中的内容也是如此。如"诸乐"目,记载了天宝十三年太乐署所供奉的二百一十一曲,以及它们改换名称的情况,以律名声名组合的调名和时号调名一一对照,颇为详尽,为新、旧《唐书》所无,是研究唐代俗乐宫调及曲名源流的珍贵史料。又如"雅乐"、"论乐"目,记载了一些名人官吏们对音乐事务的上疏、上表,及皇帝的诏令,是研究唐人音乐思想的重要史料。

(王誉声)

琴 史 〔北宋〕朱长文

《琴史》,六卷。北宋朱长文撰,成于元丰七年(1084)。有南宋绍定六年(1233)刊本、乾隆三十一年(1766)刊本、瞿氏铁琴铜剑楼抄本、《四库全书》本和汪孟舒编《乐圃琴史校》本(中国音乐研究所,1959年)等。

朱长文(1039—1098),字伯原,号乐圃,吴县(今属江苏苏州)人。其祖父朱忆是宋太宗时的刑部尚书。朱长文年未冠举进士,因坠马伤足家居二十年。其间在家乡饱览群书并从事教学、写作。元祐中以荐为苏州州学教授,后召为太学博士,绍圣间改为宣教郎,官终于秘书修编。一生著述甚多,除《琴史》外,尚有《春秋通志》二十卷、《乐圃文集》一百卷、《吴郡图经续记》三卷、《苏州续图经》五卷以及《琴台志》、《墨池编》等著作。《宋史》卷四四四有传。其生平事迹亦见于《吴郡志》、《吴中人物志》、《吴都文粹续集》、《乐圃余稿》附系《乐圃先生墓志铭》等。

《琴史》按照史书列传的写法,按人综述,以有关琴的叙述为主。史料多采自古代文献,作者在引用的同时也常根据对各方面资料的综合分析作出自己的判断并加以论说、辨析和存疑。前五卷以人立目,写琴人、琴事,按时代顺序从帝尧先秦开始,到北宋与其同时代的赵阅道为止,共立一百四十六目,记载琴人一百五十五人。第一卷收二十六目,二十六人;第二卷收三十一目,三十一人;第三卷收三十一目,三十六人,其中"四皓"包括四人,"三阮"包括三人;第四卷收四十九目,五十三人,其中"李氏王氏"和"二柳"各指二人,"三戴"包括二人,第五卷收九目,九人。前五卷条目的篇幅和写法多种多样,取舍不一。叙述方法一般是首先说人,而后叙述与琴有关的事迹。所收条目涵括各种与琴有关的历史人物,既有历代帝王将相,也有普通文人百姓和专业琴家。第六卷的琴论部分共分十一个专题,分别是莹律、释弦、明度、拟象、论音、审调、声歌、广制、尽美、志言和叙史。前八个专题主要涉及古琴的音律,后三个专题涉及古琴美学,是十分重要的琴论文献。其中许多论述被后来多种琴论著作加以引用。

《琴史》是现存最早的一部琴史专著,也是保存北宋以前材料最为丰富、流传最为久远的一部琴史专著,它甚至可以说是中国器乐乃至整个中国音乐的第一部专史,具有极高的史料价值。该书的作者将历代散见的有关琴史资料首次进行汇集和整理,按特定的体系编辑成书,并提出不少有价值的见解,成为宋代以来琴史研究的主要参考著作。因此,从其首刻至今,刊本不断,并引出多种续书。如元代袁桷的《琴述》、近代周庆云的《琴史续》和《琴史补》等,便是在该书基础上的补充和发展。

(喻 辉)

梦溪笔谈·乐律 〔北宋〕沈 括

《梦溪笔谈·乐律》,三卷。北宋沈括著。前两卷为《梦溪笔谈》之卷五、卷六,后一卷是和《故事》、《辩证》的合卷本,为《补笔谈》之卷一。《梦溪笔谈》成书于北宋元祐年间(1086—1093);《补笔谈》三卷成书稍后于《梦溪笔谈》。二书原各为单本,明人马元调始将其合刊为一书,并补入《续笔谈》十一篇。《梦溪笔谈》的通行本有南宋乾道二年(1166)扬州州学刊本、明弘治八年(1495)徐瑶华容刊本、明崇祯四年(1631)马元调刊本(清番禺陶氏爱庐刊本据此本重校)、清嘉庆十年(1805)《学津讨原》本、1934年《四部丛刊续编》本、中华书局1959年胡道静校注本(上海古籍出版社1987年本据此本1962年新一版影印)等。单行本有人民音乐出版社1979年《〈梦溪笔谈〉音乐部分注释》和黑龙江人民出版社1986年《〈梦溪笔谈〉艺文部校注》。

沈括(1031—1095,一说1033—1097),字存中,杭州钱塘(今浙江杭州)人。北宋嘉祐进士。至和元年(1054)初仕沭阳县(今属江苏)主簿,次年任东海县(今属江苏)令,其后一直从政,曾参与王安石变法,官至翰林学士、龙图阁直学士。元丰五年(1082),因永乐城(今陕西省米脂县西)失陷而受连累,被贬为团练副使。元祐二年(1088)由于奉诏完成编修之《天下州县图》有功,次年得旨许择地隐居,乃迁居润州梦溪园(今江苏镇江东郊)至终。《宋史》卷三三一有其传,称他"博学善文,于天文、方志、律历、音乐、医药、卜算,无所不通,皆有论著"。但他的著作大多已散佚,存见者除《梦溪笔谈》外,尚有《孟子解》、《图书歌》、《苏沈良方》以及残缺的《乙卯入国奏请》、《忘怀录》、《长兴集》等;散佚的音乐著作中有《乐论》一卷、《乐器图》一卷、《三乐谱》一卷、《乐律》一卷。

《乐律》三卷是以笔记形式写成,共六十八条(按胡道静校注本标记条次,前二卷为第八十二至一百十五条,后一卷为第五百零八至五百四十一条),所论内容相当广泛,主要有以下几个方面。

一、从科学的角度解释音乐中的声学原理。沈括在我国历史上首次提出了"声学"这一概念。书中记述他"友人家有一琵琶,置之虚室,以管色奏双调,琵琶弦辄有声应之,奏他调则不应,宝之以为异物"。而沈括则认为这是一种"声同者即应"的共振现象,"人见其应,是以为怪,此常理耳。此声学至要妙处也!"对于这种同声相应的现象,他又以琴、瑟为例来说明:"欲知其应者,先调诸弦令声和,乃剪纸人加弦上,鼓其应弦,则纸人跃,他弦即不动。声律高下苟同,虽在他琴鼓之,应弦亦震。"此外,沈括还沿用北宋琴学家崔遵度称琴徽为"天地自然之节"的学说,进而认为古琴十三徽上所发出的泛音乃是一种自然现象,不论弦长弦短均具十三泛音,即所谓"盈丈之弦,其节亦十三;盈尺之弦,其节亦十三"。而且沈括还发现,作为发音体振动而产生的泛音列,"不独弦如此,金石亦然"。此外,北宋教坊燕乐的乐声日渐变低,沈括分析其原因是由于以铁制方响为准定音的缘故。因"铁性易缩,时加磨莹,铁愈薄而声愈下",故沈括又提出定音应"取其不为风雨燥湿所移"的石制或铜制乐器为准。沈括还注意到圆钟和扁钟因振动模式不同而产生不同的余音:"钟圆则声长,扁则声短。"若用圆钟来演奏节奏短促的乐曲,则"急叩之多晃晃尔,清浊不复可辨",故此等乐曲应该用扁钟演奏。沈括还对古籍中一些违反科学的言论提出了尖锐的批评。如斥汉志中将三分损益法求十二律之律数称作"阴阳合德,化生万物"者为"近乎胫庙";斥唐李亢《独异志》所载李嗣真据铎的回声从地下掘石求得散失的徵音磬为"妄说";斥《国史纂异》所录张率更叩一玉磬便知尚有一具在地下一事为"欺诞之甚",等等。

二、在律学方面提出了"阴阳纪"和"阳中有阴,阴中有阳"的理论。我国在春秋战国时期已发明三分损益法,并将十二律分为六律六吕,律为阳,吕为阴,阳律和阴吕相间。沈括发现《汉书·律历志》所载"八八为伍"的三分损益法生律程序,若全以"一上生与一下生相间","则大吕以后,律数皆差,须自蕤宾再上生,方得本数"。因应钟生蕤宾亦是"上生",而蕤宾生大吕再上生,就非上生、下生相间。只有采用"蕤宾再上生",才能使三分损益十二律在一个八度之内;否则,就会像《史记·律书》所载的"生钟分"那样,大吕、夹钟、仲吕三律成了非正律而为半律。故沈括提出:"自黄钟相生,至于中吕而中,谓之'阳纪';自蕤宾相生至于应钟而终,谓之'阴纪'。""凡阳律、阳吕,皆下生;凡阴律、阴吕,皆上生。"沈括还注意到在六个阴吕中三吕(大吕、仲吕、南吕)和三钟(夹钟、林钟、应钟)相同,故在理论上又把"三吕"作"阴中之阳",把上述"三钟"作"阴中之阴";在六个阳律中亦分作阴阳相间的三阳三阴。沈括用这一理论又解释了《汉书·律历志》所载的"律娶妻,吕生子"的"纳音之法"和《周礼·大司乐》所载的宫、商、徵、羽四调等。

三、对于宫调和调弦法的探讨。一般文献对于唐宋时期盛行的燕乐声律和宫调体系,仅记录其二十八个调名,但沈括在《乐律》中不仅比较了北宋和唐代的燕乐声律("传闻国初比唐乐高五律。近世乐声渐下,尚高两律"),而且又首次用工尺谱字记录了燕乐二十八调各调的音阶和主音,成了现存文献中燕乐调最为详细而又准确的记录。对于唐代元稹诗"琵琶宫调八十一,三调弦中弹不出",时人对此已不解其意。沈括从唐贺怀智《琵琶谱序》中"琵琶八十四调,内黄钟、太簇、林钟宫声,弦中弹不出,须管色定弦,其余八十一调皆以此三调为准,更不用管色定弦"的记载,终于获得了答案。书中又最早提出了按三分损益法的古琴调弦法:"凡下生者隔二弦,上生者隔一弦取之。"此外,书中对于"敦、掣、住三声"的记载,也为我们了解其时音乐的节奏提供了可靠的依据。

四、关于演奏和演唱艺术的评述。沈括对于器乐演奏和声乐演唱,都强调要达到声情并茂和字正腔圆。他指出:"乐有志,声有容,其所以感人深者,不独出于器而已。""哀声而歌乐词,乐声而歌哀词","语虽切而不能动人,由声意不相谐故也。"他解释了古之善歌者所谓"声中无字,字中有声"的含义:"当使字字皆轻圆,悉融入声中,令转换处无磊魄,此谓'声中无字'";"如宫声字而曲合用商声,则能转宫为商歌之,此'字中有声'也。"又指出:"不善歌者,声无抑扬,谓以'念曲';声无含韫,谓之'叫曲'。"此外,书中还高度赞扬了越州僧人义海"意韵萧然,得于声外"的琴技和教坊伶人徐衍演奏嵇琴时断弦而"只用一弦终其曲"的技艺。

五、有关乐器的形制、制作材料以及部分乐曲的考释。书中所录其形制或加考释的乐器有杖鼓、拱辰管、甬钟、笪、雅笛、羌笛等。其中的"笪",见于汉马融《笛赋》,唐李善注谓"笪,马策也"。而沈括则认为"此说非也"。他据西晋潘岳《笙赋》"修笪内辟,余箫外透",释其为"管"。此外,沈括还据他所见的几张名琴,提出了制琴材料要"轻、松、脆、滑"的"四善"。他又对《柘枝曲》、《霓裳羽衣曲》、《广陵散》等古曲进行了考释。

《乐律》六十八条虽然是作者有感而发的随记,各条所论相对独立,前后并不一定有密切联系,故并非是一部具系统性的学术论著。但从其各条内容来看,已经涉及了音乐学的诸多方面;再从各条论述所具的科学性、准确性和独创性来看,它们不愧是出于一位优秀科学家兼乐律学家的手笔,为我们提供了珍贵的音乐史料,故所论常被现代中国音乐史论著所征引。

(陈应时)

乐书 〔北宋〕陈 旸

《乐书》,二百卷。北宋陈旸编著。通行本有南宋庆元五年(1199)刊本,元至正七年(1347)刊本,明朱载堉、张溥翻刻本,清《四库全书》文溯阁抄本,清光绪二年(1876)广东方氏刊本等。

陈旸,字晋之,福州闽清人。在北宋哲宗绍圣元年(1094)荣登制科,被授予顺昌军节度推官。宋徽宗建中靖国元年(1101),陈旸将《乐书》并目录二百二十卷分一百二十册随《进乐书表》一同进献给徽宗,因此晋升为太常丞、进驾部员外郎和讲议司参详礼乐官。后官鸿胪太常少卿、礼部侍郎、以显谟阁待制提举醴泉观。其间曾因事而罢官又复之。六十八岁时去世。

《乐书》进献给徽宗之后,朝廷以先出《礼书》(陈旸兄陈祥道编著)为由,暂将《乐书》搁置。至南宋时,陈岐寻此书多年,最后在陈旸家中求得此书的副本,并得到宁宗时通议大夫宝文阁待制杨万里的支持,杨万里欣然为此书撰序,于庆元五年(1199)才首次出版,上距成书之时已近一百年。

《乐书》原应由陈旸之兄、太常博士、秘书省正字陈祥道编著。但当时陈祥道正在编著《礼书》一百五十卷,他曾想同时编著《乐书》,然力不能及,故将此事交予其弟。陈旸"闭孙敬之户余四十年,广姬公之书成二百卷"(《进乐书表》)。虽然进献的《乐书》未被立即出版,但朝廷颇为重视,吏部对陈旸特别嘉奖,并将其所考定之音律送交讲议司,令知音律之人相度施行。

《乐书》是一部二百卷巨著,分"训义"和"乐图论"两部分。它总括历代所闻,引据浩博,辨论极精。其前九十五卷为"训义",专引前人经典之文论乐,其中包括《礼记》、《周礼》、《仪礼》、《诗经》、《尚书》、《春秋》、《周易》、《孝经》、《论语》和《孟子》。其后一百零五卷为"乐图论",专论律吕本义、乐器、歌、舞、杂乐以及吉礼、凶礼、宾礼、军礼和嘉礼等五礼,并附有许多乐器图。其乐器的分类通过两种方式:一为"雅部"、"胡部"和"俗部",按民族、乐器起源地和音乐风格来分类;二为"八音"分类,即以"金、石、土、革、丝、竹、匏、木"等乐器制作材料来分类。"雅部"共记载一百二十四种乐器名称,"胡部"共记载一百零六种乐器名称,"俗部"共记载二百三十三种乐器名称。其中

"金"制乐器名八十一种,"石"制乐器名二十二种,"土"制乐器名二十一种,"革"制乐器名八十九种,"丝"制乐器名一百零六种,"竹"制乐器名八十九种,"匏"制乐器名二十七种,"木"制乐器名二十八种。

如此一部巨著,又采用如此的编著顺序,对此,陈旸是有其良苦用心的。他在《乐书》序中写道:"总为六门,别为三部。其书冠以经义,所以正本也;图论冠以雅部,所以抑胡、郑也。经义已明,而六律六吕正矣。律吕已正,而五声八音和矣。然后发之声音而为歌,形之动静而为舞,人道性术之变盖尽于此。"从此短文中可见陈旸推崇传统音乐思想——经义;推崇传统音乐形式——雅乐。

陈旸的《乐书》不失为中国古代音乐史上一部优秀的巨著,它全面地展示了古代音乐的风采,是研究中国古代音乐必不可少的史料。南宋楼钥著有《乐书正误》(1202年自序),以纠书中之误。

(戴 宁)

通志·乐略 〔南宋〕郑　樵

《通志·乐略》，二卷。是《通志》的第四十九与第五十卷。南宋郑樵撰。《通志》全书二百卷，据顾颉刚《郑樵著述考》，脱稿于南宋绍兴三十一年(1161)。现存最早的版本是元刊本，有元大德间(约1300)三山郡库刻元明递修本，至治二年(1322)福州刻本。今通行本有商务印书馆《十通》合印本，中华书局1987年曾据以重印。另二十略亦以《通志略》之名单行，有明陈宗夔校刊本，清于敏中、汪启淑曾予重刻。今通行本为商务印书馆《国学基本丛书》本、《万有文库》本、中华书局《四部备要》本以及上海古籍出版社影印世界书局排印本。1995年中华书局出版《通志二十略》王树民点校本，最便读者。

作者生平事迹见"通志"条。

《通志》是一部纪传体的通史，分五部分：帝纪、后妃传、年谱、略、列传，全书精华在二十五略五十二卷，"略"相当于正史的"志"。郑樵在总序中说："总天下之大学术，而条其纲目，名之曰略……百代之宪章，学者之能事，尽于此矣。"《乐略》二卷，在前代乐志及唐杜佑《通典》等著作的基础上发挥整理，概括了上古至唐代的音乐理论与实践。《乐略·第一》专论乐府，前有总序，后有《正声序论》、《遗声序论》、《祀飨正声序论》、《祀飨别声序论》及《文武舞序论》五分序。各分序后隶以五十三类乐府约九百曲，并有简明扼要的题解。所划分的五十三个类目是：一、短箫铙歌，二、汉鞞舞歌，三、拂舞歌，四、鼓角横吹，五、胡角，六、相和歌，七、相和歌吟叹，八、相和歌四弦，九、相和歌平调，十、相和歌清调，十一、相和歌瑟调，十二、相和歌楚调，十三、大曲，十四、白纻歌，十五、清商曲，十六、琴操——以上为正声，除琴操在总序中被称为正声之余外，其余的都被比作风、雅之声；十七、古调，十八、征戍，十九、游侠，二十、行乐，二十一、佳丽，二十二、别离，二十三、怨思，二十四、歌舞，二十五、丝竹，二十六、觞酌，二十七、宫苑，二十八、都邑，二十九、道路，三十、时景，三十一、人生，三十二、人物，三十三、神仙，三十四、梵竺，三十五、蕃胡，三十六、山水，三十七、草木，三十八、车马，三十九、龙鱼，四十、鸟兽，四十一、杂体——以上为遗声,"不得其声,则以义类相属",被比作逸诗之流;四十二、班固东都诗,四十三、梁武帝雅歌,四十四、唐雅乐十二和——以上为祀飨正声,被比作颂声;四十五、汉三候之章,四十六、汉房中祠乐,四十七、隋房内曲,四十八、梁武帝述佛法之曲,四十九、陈后主之曲,五十、北齐后主之曲,五十一、唐七朝之曲——以上为祀飨别声,"非正乐之用也";五十二、文武舞,五十三、唐三大舞——以上舞曲为别声之余。内中所收乐府资料较完备,分类上指导思想近于唐吴兢的《乐府古题要解》。以汉乐府的相和歌辞作为主流,将清乐民歌比作风、雅之正声,表现出其进步性。但是,在分类标准上不能严格按音乐性定位,且分得太烦琐,有的一类仅二曲,则是其明显的弊病。

下面摘要介绍一些作者的论述。《乐府总序》中说:"乐以诗为本,诗以乐为用……古之诗,今之辞曲也,若不能歌之,但能诵其文而说其义,可乎?"强调了诗与音乐的关系,对于乐府诗的音乐文学性质有深刻的体会,很难得。他指出自汉魏以来,"始则风、雅不分,次则雅、颂无别,次则颂亡,次则礼亡",对我们认识乐歌发展的过程,颇有帮助。又谓"古者丝竹与歌相和,故有谱无辞,所以六诗(指笙诗)在三百篇中,但存名耳",所见亦超卓。他如"琴之有辞自梁始","舞之有辞自晋始"之论,都有参考价值。《正声序论》中说:"古之诗曰歌行,后之诗曰古、近二体,歌行主声,二体主文,……凡歌行虽主人声,其中调者,皆可以被之丝竹,凡引操吟弄虽主丝竹,其有辞者,皆可以形之歌咏,盖主于人者,有声必有辞,主于丝竹者,取音而已,不必有辞,其有辞者,通可歌也。"所述诗、歌辞、曲调、声乐、器乐之间的关系,很有启发性。而他一面慨于后人不明古乐府题意,以致"用古题不用古义",一面却道"使得其声,则义之同异,又不足道也",也使我们对乐府诗的音乐首要性有所领会。

《乐略·第二》专论声律,有《十二律》、《五声八音名义》、《五声十二律相为宫》、《五声十二律相生法》、《历代制造》、《权量·八音》等六节,基本上采择前人律志乐志诸书,尤其是唐杜佑的《通典·乐典》,发明不多,但经过精简,在不长的篇幅中比较全面地作出论述,使读者得提纲挈领之效,仍不失其意义。

《通志·乐略》在音乐学史上的地位,主要是由论乐府的《乐略·第一》决定的,它是联系现存梁沈约《宋书·乐志》与北宋郭茂倩《乐府诗集》有关乐府论述的桥梁。郑樵的《乐略》从南齐王僧虔的《伎录》中采撷了一些内容,而《伎录》一书已佚,其中收录的比较丰富的古乐府资料,靠《乐略》(以及略晚的《乐府诗集》)才得以灵光不灭,这也是《乐略》的价值之一。

对《乐略》的研究,多集中于其关于乐府的论述。张永鑫的《汉乐府研究》(江苏古籍出版社,1992年)辟专章介绍《通志·乐略》和《乐府诗集》的乐府分类。

(庞　坚)

琴律说 〔南宋〕朱 熹

《琴律说》,一篇。南宋朱熹撰,约成于绍熙六年(1190)。收入《朱文公文集》第十六卷。通行本有《声律通考》本、《四部丛刊》本(商务印书馆民国二十五年据上海涵芬楼藏明嘉靖间刻本影印)以及《琴书大全》本(收入中华书局1980年版《琴曲集成》第五册)。

作者生平事迹见"朱子语类"条。

"琴律学"是专门研究古琴律制的一门学科,它既是琴学的一个分支,又是律学的一个分支。当代学者一般认为《琴律说》的问世,是琴律学正式成为一门独立学科的标志。《琴律说》的基础是北宋科学家沈括的"十三泛韵"说和"自然之节"说。它的问世又给予后来的琴律研究以巨大影响,如南宋徐理于公元1286年撰写的《琴统》一书,其中的"十则"论就是以《琴律说》所定之琴弦长,探明了一条弦所包含的"自然之节"(泛音音位)共三十一个,从而创立了世界科技史上最早的分音列理论。

由于深受传统三分损益律理论的影响,朱熹在《琴律说》中基本上是以三分损益律的理论来解释琴律的。但他在文中所提出的两种调弦法却是一种接近纯律,另一种接近三分损益律。在对琴律的具体解说中也有许多矛盾之处,如开始的一段话:"太史公五声数曰九九八十一以为宫,散声;三分去一得五十四以为徵,为九徽;三分益一得七十二以为商,为十二徽;三分去一得四十八以为羽,为八徽;三分益一得六十四以为角,为十一徽。"这段话中对古琴八徽、十一徽和十二徽三个纯律徽位的解释是有矛盾的,混淆了纯律和三分律两种不同律制之间的区别。

关于明代和明代以前古琴律制的运用情况,学术界一直存有争议。《琴律说》的问世不仅从理论上确立了琴律学的学科地位,也为现代学者研究明代和明代以前古琴律制的运用状况提供了一份不可多得而极其重要的旁证材料。

(喻 辉)

律吕新书 〔南宋〕蔡元定

《律吕新书》，二卷。南宋蔡元定撰。通行本有明《性理大全》本、明《苑洛乐志》韩氏注本、清《四库全书》本。

蔡元定(1135—1198)，字季通，又称蔡西山。建州建阳(今属福建)人。幼承父志，博览群书。曾从师于朱熹。朱熹爱其学问，以师友论。时遇韩侂胄禁"伪学"，打击理学党徒，被谪道州，但仍不忘课徒授业。后卒于春陵。其乐律学著作有《律吕新书》、《燕乐原辩》。后者又称《燕乐书》，已佚，仅《宋史·乐志》存其大要数百字。这是蔡元定独具己见的重要学术成果。《宋史》卷四三四有传。

《律吕新书》是中国乐律学史上的重要论著。其上卷为律吕本原。以蔡氏撮举、论述的乐律学基本理论为主。篇目有：黄钟第一，黄钟之实第二，黄钟生十一律第三，十二律之实第四，变律第五，律生五声图第六，变声第七，八十四声图第八，六十调图第九，候气第十，审度第十一，嘉量第十二，谨权衡第十三。其下卷为律吕辨证，是对上卷史料的补充和辨析，以及理论阐述上的深入。篇目为：造律第一，律长短围径之数第二，黄钟之实第三，三分损益上下相生第四，和声第五，五声大小之次第六，变宫变徵第七，六十调第八，候气第九，度量权衡第十。

《律吕新书》所论乐律学内容如下。

一、"三分损益十八律"。它是截取汉代京房三分损益六十律中前十八律而形成的一种律制体系。其十二正律之外又增加六变律，分别称作：黄钟变、太簇变、姑洗变、林钟变、南吕变、应钟变。蔡元定认为："变律者，其声近正，而少高于正律也。"因此，六变律分别比与之对应的正律高出一个古代音差。由于六个变律的运用，"三分损益十八律"可在以十二正律分别为宫时，所有十二均均能构成准确的三分损益律七声音阶。

二、蔡氏考校历代律管容受，认为"夫律以空围之同，故其长短之异可以定，声之高下而其所以为，广狭长短者莫不有自然之数，非人之所能为也"。可见其主管律同径之说。

三、就律学计算理论而言,蔡元定推出《史记·律书》和《淮南子》的律数计算已在运用"一寸九分,一分九厘,一厘九毫,一毫九丝"的"九进制"运算法则。这一记载早于朱载堉对于"九进制"律学计算的认识。

四、校刊《史记·律书》中三分损益律的律数。

五、在"八十四声"和"六十调"的乐学理论中,用"之调式"系统与"为调式"系统交织推衍,为理解宋人的旋宫观念提供了可资探讨的材料。

有关《律吕新书》的研究著作有许珍编《律吕新书分注图纂》十三卷(1541年)、明李文察撰《律吕新书补注》一卷(约1545年)、清周模撰《律吕新书注》三卷(1724年)、清汪烜撰《乐经律吕通解》卷二卷三"汪氏注本"(约1743年)、清罗登选撰《律吕新书笺义》二卷(1755年)、清张琛撰《律吕新书初解》二卷(1812年)、清文藻翔撰《律吕新书浅释》(1896年)。

(郭树群)

白石道人歌曲 〔南宋〕姜 夔

《白石道人歌曲》,四卷,别集一卷。南宋姜夔撰,成于嘉泰二年(1202)。书中收录带谱的琴歌一首、《越九歌》十首、词调歌曲十七首,凡二十八曲。《白石道人歌曲》版本达三十余种,通行本有清乾隆八年(1743)陆钟辉刊本、清乾隆十四年(1749)张亦枢刊本、1913年朱孝臧刻《彊村丛书》本、上海商务印书馆1922年《四部丛刊》本、商务印书馆1937年《丛书集成初编》本、人民文学出版社1959年《白石诗词集》本等。

姜夔生平事迹见"白石道人诗说"条。他精音律,在湖南、湖北、江西、浙江、江苏、安徽诸省漂泊时,以作词谱曲论乐为业。生前曾于庆元三年(1197)进《大乐议》于朝,论列古今乐制,提出改进宫廷音乐的意见,两年后又献《圣宋铙歌鼓吹曲》十四首,均未被朝廷采纳。姜夔的论乐著作甚多,但大都已散佚,今有《白石道人歌曲》传世,另有《宋史·乐志》所录其《大乐议》、《五弦琴图说》、《七弦琴图说》、《九弦琴图说》等论乐著作的片断文字。

《白石道人歌曲》是一部词曲专集。卷一录《圣宋铙歌鼓吹曲》十四首、《越九歌》十首、琴曲《古怨》一首。卷二录令词三十三首。卷三录慢词二十首。卷四录自制曲十三首。别集一卷录《小重山令》等十八首。

《白石道人歌曲》中带有曲谱的词共二十八首。其中《越九歌》十首为祀神曲,用律吕字谱记录曲调。今存律吕字谱歌曲首见于朱熹《仪礼经传通解》所录宋赵彦肃传唐开元时的《风雅十二诗谱》,《越九歌》十首则是我国第二批律吕字谱的早期实例。琴曲《古怨》是今存最早的一首琴歌,用古琴减字谱记录曲调。古琴减字谱虽在唐代中期已经形成,但无曲谱留存,故琴曲《古怨》又是迄今古琴减字谱的最早的实例。此外,姜夔在此曲曲谱前的文字说明中,详细论述了此曲所用的"侧商调"调弦法,这也是我国古琴的首例有文字记载的纯律调弦法。余十七首词调均用俗字工尺谱记录。工尺谱至迟在北宋时已经形成,但仅见此时文献的单个谱字记录而无完整的曲谱留存,故姜夔的十七首用俗字工尺谱记录的词调,又是我国工尺谱最早的曲谱实例。在这十七首词调中，《醉吟商小品》和《霓裳中序第一》由姜夔据旧谱填词，《玉梅令》由范成大作曲，姜夔填词，余十四首均为姜夔自度曲。由于宋代词乐曲谱大都散佚，因此姜夔的二十八首歌曲，成了迄今所存宋代词乐仅有的曲谱资料，其中《霓裳中序第一》可能是唐代著名大曲《霓裳羽衣曲》中的一段。这批曲谱不论对于中国音乐史学或词学的研究，都具有较高的参考价值。

有关《白石道人歌曲》的研究著作有杨荫浏、阴法鲁《宋姜白石创作歌曲研究》(音乐出版社，1957年，人民音乐出版社1979年再版)，丘琼荪《白石道人歌曲通考》(音乐出版社，1959年)，赵如兰《宋代音乐资料研究》(哈佛大学出版社，1967年)，夏承焘《姜白石词编年笺校》(中华书局上海编辑所，1958年，上海古籍出版社多次再版)等。

(陈应时)

事林广记 〔南宋〕陈元靓

《事林广记》,全称《新编纂图增类群书类要事林广记》,四十二卷。南宋陈元靓编成于宋绍定(1228—1233)以后至宋亡(1297)之前。入元以后曾被多次修订翻刻。通行本有:一、1990年上海古籍出版社影印《和刻本类书集成》所收日本元禄十二年(1699)翻刻的元泰定增补本;二、1963年中华书局影印椿庄书院元至顺增补刊本;三、北京大学图书馆藏元至元庚辰(1340)郑氏积诚堂刊本。

陈元靓,宋末元初人,原籍福建崇安,除《事林广记》外还编有《岁时广记》、《博闻录》等书。

《事林广记》收录很多与当时民间生活有关的资料,并开拓了类书附载插图的体例。成书后流传广泛。全书分前集十三卷、后集十三卷、续集八卷、别集八卷。

《事林广记》的音乐资料主要收录在该书的音乐类、音谱类和文艺类的各卷中。其资料价值主要体现在以下四个方面。

一、宋代"唱赚"研究。在"文艺类·三锦门庭"所附的"酒令"内有一套用俗字谱记写的宋元民间酒宴时所用的唱赚谱——《愿成双》,以及为唱赚伴奏的鼓板谱一套,名为《全套鼓板棒数》。书中保存有《圆里圆》唱赚歌词一套。歌词前的"遏云要诀",讲述唱赚的规则和唱法;"遏云致语"中的《鹧鸪天》,为唱赚演唱所用的曲牌名。此外还收录有唱赚蹴球图一幅。这些记载和图谱为了解宋代唱赚和音乐及表演情况,提供了宝贵的资料。

二、古谱研究。《事林广记》除收录有用俗字谱记载的唱赚《愿成双》一套和《全套鼓板棒数》一套外,在《管色指法》中,还收有用俗字谱、工尺谱记录的官笛、羌笛、夏笛、小孤笛、鹧鸪、凰圣、七星、横箫和竖笛九种管乐器的按孔指法。这一记载为现代学者确认俗字谱十个基本谱字所代表的相对音高提供了有力的佐证。

三、乐调研究。书中第九卷的《乐星图谱》,用俗字谱符号说明八十四调各调所用音阶,并对照排列了雅乐调名和燕乐调名,也为今人研究宋代乐调理论提供了可靠的线索。《乐星图谱》主要由两部分构成,主要部分是用宋俗字谱标明宫调七声符号的八十四调图谱,另一部分为说明图谱性质的总叙诀与图谱使用法的三种口诀。近代学者潘怀素先生的研究成果《宋代"乐星图谱"研究》(中国音乐学院中国音乐研究所 1965 年油印本)较有影响。此外收录在该书《宫调结声正讹》中通过变化"结声"而犯调的实例以及《总叙诀》、《八犯诀》、《四犯诀》、《寄煞诀》等,均为研究古代犯调理论的重要资料。

四、琴乐研究。该书第七集上卷音谱类中收录有琴谱总说、右手指谱、左手指谱、琴谱直解和琴曲六首,曲后附有论琴杂著十三则。六首琴曲分别为《开指黄莺鸣》(谱旁附有歌词)、《宫调》、《商调》、《角调》、《徵调》和《羽调》,均不分段,是现存最早的一套琴曲小品集。

该书所收音乐资料极其广泛,对研究宋代及宋代以前的中国古代音乐有着重要的资料价值。但由于不同时期翻刻本的内容常不一致,且许多资料具有片段摘录性质,故使用时应注意不同版本之间以及与其他文献的参照比较。

(喻　辉)

都城纪胜·瓦舍众伎 〔南宋〕灌圃耐得翁

《都城纪胜》，又名《古杭梦游录》。一卷。南宋灌圃（一作"灌园"）耐得翁撰，成于端平二年（1235）。通行本有上海古典文学出版社1956年《东京梦华录（外四种）》校点本。此外本书亦见载于《楝亭藏书十二种》、《四库全书》、《武林掌故丛编》等丛书。

作者姓赵，生平事迹失载。据历代书目，耐得翁另撰有《清略录》六卷、《山斋愚见十书》一卷。曾游历南宋都城临安（今杭州），并在临安居住多年。因而写下这部记载都城街坊店铺、园林建筑、风俗游艺的著作。书中关于杂技说唱的部分，是备受历来艺术研究者关注的部分。

本书音乐资料集中于《瓦舍众伎》一篇，录有以下的一些曲艺和戏曲剧种。

叫声。"叫声，自京师起撰，因市井诸色歌吟、卖物之声，采合宫调而成也。"

嘌唱。"嘌唱，谓上鼓面唱令曲小词，驱驾虚声，纵弄宫调，与叫果子、唱耍曲儿为一体，本只街市，今宅院往往有之。"这种根据已有小型歌曲，如令词小曲，经过变奏加工而成的歌曲，在它演唱时，有鼓伴奏。它和叫声相近，又有区别。两者都可单独演唱，但也可在叫声的前面加上嘌唱，结合成另一种歌曲形式出现。

小唱。"唱叫小唱，谓执板唱慢曲、曲破；大率重起轻杀，故曰浅斟低唱；与四十大曲舞旋为一体，今瓦市中绝无。"它从大型歌舞大曲中，选其慢曲、引、近、曲破等歌唱部分，进行清唱；唱时用板打着拍子；歌唱中运用强弱的变化，来加强抒情的效果。小唱是一种艺术性相当高的传统形式的歌曲。

唱赚。"唱赚在京师日，有缠令、缠达：有引子、尾声为缠令；引子后只以两腔互迎，循环间用者，为缠达。"唱赚是在北宋缠令、缠达的基础上发展起来的一种说唱艺术。南宋绍兴（1131—1162）年间，杭州勾栏艺人张五牛根据"鼓板"（即鼓、笛、拍板的合奏）中的"太平令"重新改造了"赚"的声腔与唱法，使唱赚兼收各种乐曲的长处，错落有致。所以唱赚在南宋广泛流行。"今又有'覆赚'，又且变化前月下之情及铁骑之类"，可见覆赚唱的是完整的故事。唱赚发展成覆赚是在绍兴以后,覆赚既可铺叙故事情节,又可用若干套的同宫调的曲子连续歌唱。"凡赚最难,以其兼慢曲、曲破、大曲、嘌唱、耍令、番曲、叫声诸家腔谱也。"唱赚的音乐有很高的艺术性,演唱时也有较大的难度,因为它体现了劳动人民在音乐艺术上的创造才能,因而受到了广大市民的欢迎,成为一代新声。

诸宫调。"诸宫调本京师孔三传编撰传奇、灵怪,入曲说唱。"孔三传是汴京勾栏里说唱艺人,他创作过《耍秀才诸宫调》。隔了几十年,上述那位在绍兴年间创造"赚"的张五牛,也曾创作过一部《双渐苏卿诸宫调》。

说话。在宋人著述中,耐得翁《都城纪胜》对"说话四家"记述较为明确。据其所述,说话可分:一、小说(又称银字儿);二、说公案、说铁骑儿;三、说经、说参请;四、讲史书尤其是小说,更能显示民间说唱艺术的风貌。

傀儡。研究宋代的戏曲音乐,可以先附带地研究一下傀儡与影戏。宋代的傀儡,据本书记载有悬丝傀儡、杖头傀儡、水傀儡和肉傀儡。除了表演故事外,有时也模仿人的歌唱、器乐演奏、歌舞等。

影戏。"凡影戏乃京师人初以素纸雕镞,后用彩色装皮为之。其话本与讲史书者颇同,大抵真假相半,公忠者雕以正貌,奸邪者与之丑貌,盖亦寓褒贬于市俗之眼戏也。"

杂剧。"散乐传学教坊十三部,唯以杂剧为正色。"宋代,杂剧在各种音乐艺术中已占有首要地位,我国古代音乐的发展,这时已进入以戏曲音乐为主体的时期。

合生。宋代盛行的说唱伎艺,也作"合笙",以谈说为主,间或夹唱。耐得翁说的"合生与起令、随令相似,各占一事"指每一节目中包括若干段令词,内容互不连属。宋人的"合生"又称"唱题目",后在宋金杂剧中发展成"题目院本",成为由艺人扮演脚色来演唱的形式。

商谜。宋代瓦舍中以猜谜形式为特征的滑稽风趣的说唱艺术。"商"是任人商略的意思。耐得翁所说的这种"隐语",是由"商者"、"来客"两方表演的。双方有问有答,反复斗智。

此外,《都城纪胜》还记录有"清乐社(此社风流最胜)"(《社会》篇)等器乐团体,瓦舍中流行的几种民间器乐合奏"细乐"、"清乐"、"小乐器"等(《瓦舍众伎》篇),宫廷的"马后乐"、"小乐器"中的"单拨十四弦"等乐种。

(蔡国梁)

梦粱录·元宵等篇 〔南宋〕吴自牧

《梦粱录》,二十卷。南宋吴自牧撰。据其书序末所署"甲戌岁中秋日"等文字,当成于咸淳十年(1274)八月。通行本有上海古典文学出版社 1956 年《东京梦华录(外四种)》点校本。1982 年,中国商业出版社据此用简体字重印,但删去了点校本中的若干校勘、考订文字,仅可供一般读者阅读。此外本书亦载于《四库全书》、《知不足斋丛书》、《学津讨原》、《学海类编》、《武林掌故丛编》、《丛书集成初编》等丛书。

吴自牧,南宋钱塘(今浙江杭州)人,生平已无从查考。

本书体例仿《东京梦华录》,材料来源多为作者耳闻目睹,部分取自《淳祐临安志》。南宋都城临安(今杭州)的山川景物、郊庙宫殿、时序土俗、公廨物产、市肆乐部,无不详载,书中颇多民间曲艺的资料。本书与周密的《武林旧事》详略互见,均可稽考遗闻。其中关于乐舞、戏曲艺术的有:

卷一《元宵》篇,记舞蹈、戏曲、杂耍、歌唱、器乐演奏的盛况。

卷三《宰执亲王南班百官入内上寿赐宴》篇记宫廷寿宴,从"第一盏进御酒"叙至"第九盏进御酒",详记宴饮仪式,备叙歌舞、戏曲、乐队演出情况,其隆重典雅与卷一《元宵》篇之热闹活跃景象迥异。

卷二十《妓乐》篇记教坊十三部之部、色、舞队、杂剧、细乐、小唱、大曲、诸宫调、唱赚、货郎儿等艺术品种。"散乐传学教坊十三部,唯以杂剧为正色。"这揭示我国戏曲艺术在宋代步入新纪元,在各种艺术形式中杂剧一跃为众伎之长。从本书和同时的笔记所录可以窥见,随着市民音乐的繁荣,在歌曲、说唱、歌舞、器乐等艺术形式的相互影响下,宋代的戏剧音乐获得了滋养,迅速地成长起来。

"大凡动细乐,比之大乐,则不用大鼓、杖鼓、羯鼓、头管、琵琶等,每只以箫、笙、觱篥、嵇琴、方响,其音韵清且美也。"南宋民间称市井流行的、所用乐器种类较少的为"细乐",以与宫廷教坊所奏的"燕乐"即"大乐"相区别。

"更有小唱、唱叫、执板、慢曲、曲破,大率轻起重杀,正谓之'浅斟低唱'。若舞四十六大曲,皆为一体,但唱令曲小词,须是声音软美,与叫果子、唱耍令不犯腔一同也。"

本篇记载汴京说唱艺人孔三传首创诸宫调,编有传奇灵怪一类唱本,流传影响颇广。本篇还记载诸宫调的演唱,和唱赚相仿,主要用鼓、板和笛三种乐器,"若不上鼓面,止敲水盏,谓之'打拍'",可见它唱时所用伴奏乐器比较灵活,随环境与条件而定。

关于唱赚,本篇揭示,它本为北宋流传的"缠令"、"缠达"。到了南宋绍兴年间(1131—1162),艺人张五牛吸取一种叫"鼓板"的说唱艺术,创造了一种称为"赚"的新的曲艺形式。唱赚的音乐,范围很广,既含传统的艺术歌曲,也有当时汉族和少数民族的民间歌曲。南宋中叶以后,唱赚又发展成为"覆赚",如本篇所述,已将"唱赚"的形式用于歌唱爱情和英雄等故事,即把几套唱赚连接起来演唱长篇故事。从本篇所记的临安勾栏唱赚艺人之多,足见其盛。

所记货郎儿是宋、元时期由"叫声"发展而成的一种歌曲和说唱艺术。其所唱的腔调不断被加工定型而称为"货郎儿"或"货郎太平歌"、"转调货郎儿",逐渐发展成为说唱艺人专用的曲牌,被杂剧吸收入套曲中。

卷二十《小说讲经史》篇记宋代瓦舍勾栏的说唱艺术。本篇记有"小说"、"谈经"、"说参请"、"说诨经"、"讲史书"等,宋代民间艺人中,以小说艺人为最多。小说在当初是有唱词的,是说唱音乐或讲唱艺术,但至南宋以后,歌唱成分渐减。

本书不仅可补《宋史》之不足,且历来为各类专业史所引述,成为考证宋代乐舞、戏曲、杂技、民俗等的主要史料之一。

(蔡国梁)

武林旧事·圣节等篇 〔南宋〕周　密

《武林旧事》，十卷(一作十一卷)。南宋周密撰，成书于元代初年。通行本有上海古典文学出版社 1956 年《东京梦华录(外四种)》点校本、西湖出版社 1980 年排印本、浙江人民出版社 1984 年排印本。此外见载于《四库全书》、《知不足斋丛书》、《武林掌故丛编》等丛书。

作者生平事迹见"绝妙好词"条。

《武林旧事》系作者仿孟元老《东京梦华录》体例而成，书中追忆乾道、淳熙(1165—1189)以来南宋都城临安(武林，今浙江杭州)旧事，"凡朝廷典礼、山川风俗，与夫市肆节物、教坊乐部，无不备载"(《知不足斋丛书》本鲍廷博跋)。尤对宫廷乐舞、民间说唱和戏曲艺术等，记述颇详。如卷一《圣节》篇列宋理宗(1225—1264)朝禁中寿筵乐队，其间乐队演奏贯穿始终，并穿插歌舞戏曲演出，足窥乐队、杂伎分工细密，演出秩序井然，"庶可想见承平之盛观也"。

卷二《元夕》篇记元宵灯市盛况，新曲迭奏，百艺竞呈。本卷《舞队》篇记各类杂伎品种。其中《大小全棚傀儡》一条，列有"查查鬼"等七十个傀儡戏戏目。民间傀儡的发展，也影响到宫廷，卷一《圣节》篇所记宋理宗的寿筵上，傀儡戏的演出，竟有三次之多。本卷《御教》篇录有《随军番部大乐》，参本卷《御教仪卫次第》篇，知乾道二年(1166)至淳熙十年(1183)宫廷阅兵时所用"随军番部大乐"，用拍板二、哨笛四、番鼓二十四、大鼓十、札子九、哨笛四、龙笛四、觱篥二，整个乐队需五十余人，反映了宫廷器乐合奏的多样与规模。

卷三《社会》篇记民间音乐团体的社名，如以唱赚著名的"遏云社"与清乐见长的"清音社"。

卷四《乾淳教坊乐部》篇记各部、色器乐演奏姓名及杂伎演员姓名。南宋偏安一隅，教坊乐队的规模已相应缩减，但记载中提到姓名的仍有四百九十名之多。

卷六《瓦子勾栏》篇在列出瓦子名后说："或有路歧，不入勾栏，只在耍闹宽阔之处做场者，谓之'打野呵'，此又艺之次者。"记的是说唱艺人演出的场所。"打野呵"，宋代露天演出百戏伎艺的市语。《酒楼》篇："又有吹箫、弹阮、息气、锣板、歌唱、散耍等人，谓之'赶趁'。"《歌馆》篇茶肆中列有"清乐茶坊","赶趁只应扑卖者亦皆纷至"。《诸色伎艺人》篇记述影戏、唱赚、小唱、嘌唱、鼓板、杂剧、杂扮、弹唱姻缘、唱京词、诸宫调、唱耍令、唱拨不断、说诨话、商谜、傀儡、清乐、吟叫、合笙等艺术品种及说唱艺人的姓名。

卷七《乾淳奉亲》篇："淳熙十一年(1184)……上领圣旨,遂同至飞来峰看放水帘……后苑小厮儿三十人,打息气唱道情。太上云:'此是张抡所撰鼓子词。'"鼓子词系宋代流行的说唱伎艺,唱道情,用渔鼓伴奏,鼓子词或许因此而得名。宋代由于道家思想的影响,士大夫颇醉心于鼓子词的创作。张抡所作甚多,其中如《踏莎行·山居》十首、《蝶恋花·神仙》十首等,大都是道家之言。可见这种说唱伎艺,和宋以来的唱道情有密切联系。

卷八《皇后归谒家庙》篇记赐筵乐次。

卷十《宫本杂剧段数》篇列《争曲六么》等二百十个杂剧曲目,其中并有两种诸宫调曲目:《诸宫调霸王》、《诸宫调卦册儿》。

(蔡国梁)

文献通考·乐考 〔元〕马端临

《文献通考·乐考》,二十一卷。元马端临著。《文献通考》全书共三百四十八卷,《乐考》载在卷一二八至卷一四八。约成于元大德十一年(1307)。此书在元泰定年间(1324—1328)即已刊行,有泰定年间西湖书院刻元明递修本。通行本有中华书局校点本。

作者生平事迹见"文献通考"条。

《文献通考·乐考》在全部二十四考中位次《王礼考》,居第十五,讲了音乐制度的变迁,乐器、乐理的发展等等。第一卷到第三卷,为"历代乐制",前二卷基本上取材于正史乐志及杜佑《通典》,后一卷论述宋代乐制,较有文献价值,可与稍后撰成的《宋史·乐志》等相参证。在对宋诸朝乐制进行考察后,马氏说:"尝试论之,乐之道虽未易言,然学士大夫之说则欲其律吕之中度,工师之说则不过欲其音韵之入耳,今宋之乐虽屡变,……然则学士大夫之说卒不能胜工师之说,是乐制虽曰屡变,而元未尝变也。盖乐者,器也,声也,非徒以资议论而已。今订正虽详而铿锵不韵,辨析虽可听而考击不成声,则亦何取焉。"阐明研究古代音乐的不可取处,对今人颇有启发性。第四卷为"历代制造律吕",篇幅相对较长,从黄帝说起,讲到宋徽宗。与前数卷不同的是,本卷主要论述律吕宫调的测定及其变化,从中可以看到对"三分损益法"的不同理解与运用。其间宋代的内容所占比重较大,也较有参考价值。马氏总结宋代求古律的尝试说:"以古往今来观之,未有千年而同一度量衡者也,盖随世立法,随地从宜,取其适用,而初无害于事,固不必尽同也;至律则差之丝忽,不能以谐声;声不谐,不足以为乐……后之儒者病律之不和,议欲更律,而更律之法,或取之积黍,或求之古之度量。"分析了由度量衡缺乏固定性而导致的律吕在各朝代众说纷纭。第五卷为"律吕制度",首引朱熹《仪礼经传通解钟律篇》,说明五声十二律三分损益法及旋宫法,所述极细。第六卷为"度量衡",考历代与定音律有关的度量衡器。

卷七至卷十三为乐器、乐悬。第七卷为乐器"金之属"。本于《通典》而加以推衍,分雅部、胡部、俗部三类,雅部所述,颇引宋陈旸《乐书》之说为证,比较引人注意的是"编钟"条所引有关宋代乐器编制的资料,颇能考见燕乐高度发达情势下雅乐的状况。而"青赤黄白黑钟"条,记宋徽宗时铸景钟事,亦足证古代政治与音乐的微妙关系。"金錞、錞于"条记錞于形制,引洪迈《容斋随笔》中所录考古发现以与古文献参证,尤为难得。胡部所述,除《通典》讲到的方响、铜钹、铜鼓外,另有高昌的铜角、南蛮的铜钲以及铁拍板、铜锣等。俗部所述,杂取前人著述中有关记载。如戴延之《西征记》中"博山钟"、虞喜《志林》中"古文钟"之类,是钟的掌故,与乐器分类无关;而如铁笛、铜琵琶、刁斗、铜铁磬、铁簧等,则是地道的实用乐器。其中记华歆与管宁锄园得金管,并认为这也是一种乐器,显然有误,盖读《世说新语》句读弄错,"得金"之金与"管宁"之管合成了"金管"。第八卷为乐器"石之属"、"土之属"。亦分雅、胡、俗三部,多引陈旸《乐书》,述其乐理,而所录乐器则较《通典》为广,然较为杂乱。石属除专论编磬之制外,征引多种文献,所列有《梁州记》中的玉笛、《续齐谐记》中的玉琴、《杜阳杂编》中的玉方响等,而《石钟山记》中的石钟则显然不是乐器。又纬书所记玉鼓、黄帝献西王母之玉琯当然更不足信。土属俗部记民间用九瓯(或十二)盛水击之成乐,颇值得治音乐史者注意。另记埙的孔数、缶的编阶,以及阮咸墓中瓦琵琶、宋约书中瓦腰鼓诸条,亦有参考价值。卷九为乐器"革之属"。雅部基本上引《乐书》之说成文,多为古礼书所见所用上古乐器。胡部所列与《通典》基本相同,多鞉牢一种,另引《左传》有密须鼓,似较迂曲。俗部所列名目繁多,有搁鼓、羽葆鼓等,基本上形制没什么大的不同,主要是鼓架、鼓饰及应用上有些差异。第十卷为乐器"丝之属"。雅部琴、瑟都分列大、中、小数种,除引《乐书》外,又引《容斋随笔》考证李商隐《锦瑟》诗,并述姜夔定瑟之制。胡部所列,与《通典》无大区别,惟更细密,除论形制外兼及故事,有胡琴、奚琴、匏琴、大小箜篌及竖箜篌、凤首箜篌、挡琵琶及大小琵琶、秦汉琵琶、昆仑琵琶、蛇皮琵琶、屈茨琵琶、卧筝、弹筝。俗乐部列各种弦数不等的琴、瑟、琵琶、筝,内容繁杂、虽记事颇足参考,然如"素琴素瑟"条引陶渊明抚无弦徽之素琴事,则与音乐史无关,"静瑟"条引《拾遗记》,又怪诞无稽,似不必采入。第十一卷为乐器"匏之属"、"竹之属",前者胡部、俗部之笙与雅部实无大别,管数增减而已,分部似无意义,所当留意者为葫芦笙,亦即瓢笙,另有击竹一器,恐以列入"竹之属"较好。后者所列雅、胡、俗三部乐器,大类并没有超出《通典》范围,但在采撷资料上丰富得多,尤喜征引陈旸《乐书》。然引《洞冥记》中"霜条笓"之类,未免好奇过甚,而记合两管有簧饰凤之"双凤管",曲竹制成头如骆驼之"骆驼管"等,则有助于研究者考察乐器的发展史。第十二卷为乐器"木之属"及"八音之外"。所列木类乐器比《通典》多出木腰鼓。而八音乐器材料之外的螺、蠡、骨管、牙管、玳瑁笛等,亦为《通典》所未及录,不过将一些钟鼓架名称列入,似不妥。卷十三为"乐悬"。特辟卷目述古代各种身份各等级的人,在各种场合的音乐活动中,符合礼制的乐器组合配置、悬挂情况,并附有"堂上堂下乐图"、"判悬之图"、"特悬图"、"宫悬之图"、"轩悬之图",所记宋人乐悬情况,尤足重视。

卷十四至卷十六为"乐歌"。由《尚书》中所记古歌、《诗经》乐歌始,经汉魏六朝乐府,讲到唐宋燕乐乐歌,多次征引《通志·乐略》,于宋代并特设整卷篇幅叙述。不过唐宋两朝所录多郊庙燕射歌曲,唐声诗和杂言歌辞以及宋曲子词的乐调曲名很少收录,这无疑是个缺点。而他针对《乐书》谓唐玄宗天宝末年下诏选调法曲与胡部新声合作,遂及安禄山之难,实为有所感召,则曰:"然成周之时,未尝不以夷乐参用于祭享之间也,迹明皇所以召釁稔祸者,自有其故,岂皆入破合奏致之乎?"所见极为通达。

卷十七、卷十八为"乐舞"。从黄帝"云门"乐舞说起,似嫌迂远,然记"帗舞"、"羽舞"、"旄舞"、"干舞"等条则足资参考,又记"舞器"、"舞衣"及"舞缀兆"(队列)数条均值得重视。另宋代舞制亦可从中查得。卷十九为"俗部乐",由清乐之始清商三调始,一直讲到宋教坊和大晟府乐曲、乐队的沿革情况。引《中兴四朝乐志叙》所述,颇有文献价值。卷二十为"散乐百戏",多取自《通典》,略增唐宋时资料,而所述多为杂技艺术。可注意者为"鼓吹"条:"《鼓吹》与《铙歌》自是二乐,其用亦殊,似汉人已合而为一。"又说:"盖《铙歌》上同乎国家之雅颂,而《鼓吹》下侪乎臣下之卤簿。"今人萧涤非《汉魏六朝文学史》辨之非是,诚然。第二十一卷为"夷部乐"及"彻乐",前者亦本于《通典》,记东夷、西戎、南蛮、北狄之乐,所列国名有所增广,多出新罗、日本、牂牁、南诏、弥臣等。缺点在于没有历史概念,将不同时期、不同朝代的国名、种族名混在一起叙述,显得比较乱。不过,其中仍有珍贵史料可考见中原(国)与外族(国)的音乐交流情况。后者记因种种原因罢乐的历史事件及有关论述,与音乐本身没多大关系。

《文献通考·乐考》是具有相当文献价值的一部音乐制度论著,《四库全书总目》评其全书"条分缕析,使稽古者可以案类而考,又其载宋制最详,多《宋史》各志所未备,案语亦多能贯通古今,折衷至当,虽稍逊《通典》之简严,而详赡实为过之",对于《乐考》同样适用。

(庞　坚)

唱论 〔元〕芝 庵

《唱论》,一卷。元芝庵撰。此书最早见于杨朝英所编《乐府新编阳春白雪》卷首,其最早刻本刊于元至正间,故《唱论》应作于元惠宗至正以前。作者生平事迹无考,据《阳春白雪》本《唱论》所署"燕南芝庵先生撰"题款,应为燕南(今河南延津县)人。此书今有较详备的整理本,即周贻白《唱论注释》,载《戏曲演唱论著辑释》,中国戏剧出版社 1962 年出版。其他通行本有《中国古典戏曲论著集成》本,中国戏剧出版社 1959 年出版;傅惜华辑《古典戏曲声乐论著丛编》本,人民音乐出版社 1957 年出版;任讷辑《新曲苑》本,1940 年上海中华书局排印;《南村辍耕录》本,有中华书局 1980 年校点本;《阳春白雪》本,有中华书局 1957 年排印《新校九卷本阳春白雪》;《元曲选》本,有中华书局 1979 年重印本。

《唱论》是我国古代论述金元时期戏曲的一部古典戏曲声乐的著作,共二十七节(条),节不标题,未排序号,极为简略,不足二千字,内容却很广泛。包括:

(一)几位古代音乐家、唱歌家的姓名。(二)道、僧、儒三教所唱不同。(三)唱奏比较,人声胜于丝竹。即所谓"丝不如竹,竹不如肉","取来歌里唱,胜向笛中吹"。(四)歌唱要注意"歌之格调","歌之节奏","声有四节","声要圆熟,腔要彻满"。(五)大乐(大曲)的名目,及不同地区所唱不同的曲调。(六)换气的方法:"有偷气,取气,换气,歇气,就气,爱者有一口气。"(七)歌曲门类,有曲情、铁骑、故事、采莲、击壤、叩角、结席、添寿;有宫词,禾词,花词,汤词,酒词,灯词;有江景,雪景,夏景,冬景,秋景,春景;有凯歌,棹歌,渔歌,挽歌,楚歌,杵歌。(八)歌曲内容,有"桃花扇、竹叶樽、柳枝词……雨窗雪屋,柳外花前"。(九)歌之宫调,六宫十一调,共计十七宫调。(十)词曲关系,"有字多声少,有声多字少"。(十一)唱者各不相同,"有学唱的,有能唱的,有会唱的"。"男不唱艳词,女不唱雄曲。""凡人声音不等,各有所长。"有的不合箫管。"有唱得雄壮的","唱得蕴拭的","唱得轻巧的","唱得本分的","唱得用意的"。有的歌者有"节病","声病","添字节病"。

(刘国杰)

书 法

墨池编 〔北宋〕朱长文

《墨池编》，朱长文编。有明隆庆薛晨刊本、明万历李时成刊本，俱作六卷。清康熙宝砚山房刊本、雍正朱氏刊本、《四库全书》本，则为二十卷。

作者生平事迹见"琴史"条。

书中多采辑前人书法论著，少数为朱长文自撰。内分字学、笔法、杂议、品藻、赞述、宝藏、碑刻、器用等八门。在每卷末或篇末，时有评论，对前代遗文亦借此考证，鉴核得失。

字学门收有汉许慎《说文序》、宋徐铉《校定〈说文〉表》、晋江式《论书表》、王愔《古今文字志录目》（上卷录三十六种书体，中、下卷录秦汉魏吴晋宋齐梁陈能书者共一百四十七人）、唐颜元孙《干禄字书序》、唐李阳冰《上李大夫论古篆书》、唐唐玄度《论十体书》、唐韦续《纂五十六种书》、唐林罕《小说序》（论篆隶之变）、宋句中正《三字孝经序》、宋僧梦英《十八体书》（述十八种书体由来及特点）。

笔法门收有《秦李斯用笔法》、《汉萧何蔡邕笔法》、《魏钟繇笔法》、《晋卫恒四体书势》、晋王羲之《笔阵图》《笔势论》《书论四篇》《天台紫真笔法》《用笔赋》《草书势》、唐僧怀素《草书歌行》《唐太宗论书》、唐太宗《笔法》《指意》《笔意》、唐虞世南《笔髓》、唐欧阳询《传授诀》《用笔论》、唐颜真卿《传张长史十二意笔法记》（又名《述张长史笔法十二意》）、唐徐浩《书法论》（又名《论书》）、唐张怀瓘《玉堂禁经》、唐李阳冰《笔法》、唐陆希声《传笔法》、唐雷简夫《听江声帖》。

杂议门收有汉赵壹《非草书》、晋王羲之《自论》、齐王僧虔《答录古来能书人名》《答齐太祖论书启》《论书》《论书启》、梁陶弘景《上武帝论书启》五篇、梁武帝《答陶弘景论书》四首、宋虞龢《论书表》《叙二王书事一首》、梁庾元威《论书》、梁萧子云《论书启》、《唐太宗高宗书故事》、唐虞世南《书旨述》、唐张怀瓘《文字论》《议书》《书估》、唐韩愈《送高闲上人序》、唐刘禹锡《论书》、唐柳宗元《报崔黯秀才书》、宋欧阳修《论书法》《与石守道书二首》。

品藻门收有梁武帝《书评》、梁庾肩吾《书品兼略论》、唐李嗣真《后书品》《九品书人论》、唐张怀瓘《书断》（上、中、下三篇）、灊溪（即朱长文）《续书断序》及《续书断》（上、下二篇）。

赞述门收有晋索靖《书势》、吴杨泉《草书赋》、晋刘邵《飞白书势》、齐王僧虔《书赋》、梁庾肩吾《谢东宫古迹启》、梁元帝《上东宫古迹启》、梁简文帝《答湘东王上王羲之书》、唐太宗《制王羲之传赞》、唐窦臮《述书赋》（上、下二篇，并序。附窦蒙《〈述书赋〉语例字格》）、唐杜甫《题殿中杨监见示张旭〈草书图〉》《赠李潮八分小篆歌》、唐僧怀素《藏真自序》、唐崔备《壁书飞白萧字记》、唐李约《壁书飞白萧字赞》、唐张谂《萧斋记》、唐韩愈《蝌蚪后记》《石鼓歌》、唐欧阳詹《吊九江驿碑材文》、唐舒元舆《玉箸篆志》、唐沈颜《碎碑说》、唐司空图《书屏记》、唐誓光大师《草书歌》、宋郑文宝《题峄山碑》、宋翰林白贲《赠南岳宣义大师梦英诗》、宋尹师鲁《题杨少师书后》、宋韩琦《谢杜丞相草书诗》、宋苏轼《墨妙亭诗》。

宝藏门收有陈僧智永《题右军乐毅论后》、唐褚遂良《王羲之书目》《拓本乐毅论记》、唐王方庆《进书疏》、唐何延之《兰亭始末记》、唐韦述《开元记》（出《集贤记》）、唐武平一《徐氏法书记》、唐徐浩《古迹记》、唐张怀瓘《二王书录》、唐张彦远《释二王记札》（记所存二王书迹内容，并标明书体）、宋欧阳修《集古录序目并跋》。

碑刻门，又分为周碑、秦碑、汉碑、魏碑、吴碑、晋碑、宋齐梁陈碑、后魏齐周碑、隋碑、唐碑、唐颂、唐碣、唐铭、唐志、唐记、唐佛家碑、唐佛铭、唐佛记、唐道家碑、道家铭颂记、祠庙、宫宇、题名、艺文、传模、宋碑、元碑、国碑等类。记历代碑刻之名目，及碑刻所在之地、铭文撰书者姓名。

器用门，分为笔、砚、纸、墨四类，讲述文房四宝由来、制作、产地、用法及异闻逸事之类。

此书主在广搜博采，即使唐以前论书诸篇有不甚可信者，亦不轻意指斥为伪，不为删芟，以求多识博闻。虽著录有可疑之篇，然得多失少，可供学人备考。虽在此书后有《书苑菁华》诸书，亦有所增益，但终未超出此书范围。《四库全书总目》谓此书"皆引古人成书而编类之"，殊不尽然。除卷末或篇末时有评论外，品藻门中《续书断》及碑刻、器用二门，皆朱长文自撰。此书条理赅贯，论述精到。如在宝藏门中选录欧阳修《集古录》，议及论书之文，则别成一篇，所言得当。又如前人所撰碑帖、金石诸书，在处理鉴赏、考证、书法三者关系时，往往杂出，难于检阅。此书则尽取金石、碑帖各书，悉加审定。在考证中涉及史学、小学的，均各为一类；在鉴赏中有关拓本新旧及辨别真伪者又各为一类，专论书法者又为一类。论书法之书设有分类，自此书始。

此书碑刻门末所载宋碑、元碑、国碑，是明朝万历年间重刊时所增。《四库全书总目》谓"明人窜乱古书，往往如是。幸其妄相附益，尚有踪迹可寻"。

（侯占虎）

墨池编·续书断 〔北宋〕朱长文

《续书断》位于朱长文《墨池编》一书第九、第十两卷。朱长文撰。有《四库全书》本、《述古丛书》本、《艺术丛书》本、《藏修堂丛书》本、上海书画出版社《历代书法论文选》本。

作者生平事迹见"琴史"条。

《续书断》序中言及编撰《墨池编》及《续书断》的缘由:"夫书者,英杰之余事,文章之急务也。……若夫尺牍叙情,碑板述事,惟其笔妙则可以珍藏,可以垂后,与文俱传;或其缪恶,则旋即弃掷,漫不顾省,与文俱废,如之何不以为意也!予虽不能,每怅然为之叹息。于是集古今字法书论之类为《墨池编》。其善品藻者得三家焉:曰庾肩吾,曰李嗣真,曰张怀瓘,而怀瓘者为备。然自开元以来,未有纪录,而唐初诸公,或虽有其传而事迹缺略,或未尝立传,于此编为缺。于是用怀瓘品例,缀所闻见,断自唐兴以来,以至于本朝熙宁之间,作《续书断》,庶近时抱艺君子于此俱见,而不学者观之亦思勉焉。"《续书断》一书将唐至北宋时期的书家按上、中、下(神、妙、能)三品一一评论,以补张怀瓘《书断》之缺。

上卷首列神品三人:颜真卿、张长史、李阳冰;妙品十六人:唐太宗、虞世南、欧阳询、欧阳通、褚遂良、陆柬之(高正臣附)、徐峤之、徐浩、释怀素(怀仁附)、柳公权、沈传师、韩择木、徐铉(弟锴及李无惑附)、石延年、苏舜钦、蔡襄。

次为"品书论"篇,介绍庾肩吾、李嗣真、张怀瓘品评历代书家的方法,并说明其中得失及所撰《续书断》之体例,认为怀瓘讨论古今,人为一传,兼王、袁之评,庾、李之品,而附以名字、郡邑、爵位之详,为学者之便。然也有叙古人之行事未备,其未尽完美之处,"于是续而补之"。对所谓"神、妙、能"者,是"言乎上、中、下之号而已",即"杰立特出可谓之神,运用精美可谓之妙,离俗不谬可谓之能"。

再次为"宸翰述"篇,评述宋代皇帝翰墨,多有奉承之辞。余绍宋《书画书录解题》认为,此犹效张彦远《历代名画记》所谓尊上之义。然朱氏于篇中亦指出:"尝观自古君天下者,功成则逸,治久则气骄,至于恣畋游,迩声色,穷天下之欲,极天下之乐,以至太甚而阶危乱者多矣",是朱氏有所用心之语,或为存心讽谏劝勉之辞,殊为可贵。

其后为"神品"、"妙品"二篇,分别为前列二品人物立传,记其名号、里籍、爵位、事迹、人品。张怀瓘述及者,本书叙述皆较《书断》为详。怀瓘未叙者,朱氏则详加评述。

下卷"能品"篇,言"能品六十六人",实为六十四人。有唐高宗、唐玄宗、唐顺宗、汉王元昌、临川公主、杨师道、裴行俭、魏叔瑜、宋令文、王绍宗、王知敬、卢藏用、岐王范、李邕、钟绍京、韦陟、萧诚、张廷珪、贺知章、司马子微、王维、吕向、郑虔、梁昇卿、史惟则、褚廷诲、胡霈然、张怀瓘、张从申、段季展、韩滉、归登、邬彤、郑余庆、韩愈、韩梓材、裴潾、李德裕、牛僧孺、李绅、裴休、唐玄度、卢知猷、于僧翰、宋钱忠懿王、钱惟治、钱昱、李煜、王著、郭忠恕、句中正、释梦英、李建中、宋绶、杜衍、范仲淹、王洙、周子发、邵𬭨、章友直、唐彦猷、雷简夫、张公达、慎东美,下附孙过庭、薛稷、刘禹锡、柳宗元、欧阳修等三十四人,实为三十三人。

卷后"系说"篇,记述同时列于廊庙的台阁之臣,有韩琦等十三人,以"予固未量其所至,安敢品次"之由,未予论次。朱氏对此申明"以俟来哲",且坚信"后之与我同志者,固当搜而次之"。

关于《继书断》的研究著作有王宏生《北宋书学文献考论》(上海三联书店,2008年),姚淦铭注评《朱长文〈续书断〉》(江苏美术出版社,2009年)。

(侯占虎)

书 史 〔北宋〕米 芾

《书史》,又名《米海岳书史》,一卷。有《百川学海》本、《说郛》本、《美术丛书》本、《王氏书画苑》本、《湖北先正遗书》本、《书学汇编》本、《四库全书》本、《丛书集成初编》本。

米芾(1051—1107),初名黻,中年始改今名。字元章。号鹿门居士、无碍居士、襄阳漫士、海岳外史、家居道士等。襄阳(今湖北襄樊)人,徙居润州(今江苏镇江)。其母曾侍奉宣仁后于旧邸,米芾蒙恩补为浛光尉,徽宗时召入宫,任书画学博士,擢礼部员外郎,故人称"米南宫"。后以言事罢知淮阳军。好蓄奇石,有洁癖,举止狂放,世称"米颠"。擅长诗文,尤妙于书画,且精鉴赏。书得王氏父子笔意,与蔡襄、苏轼、黄庭坚合称"宋四家"。善画山水花卉,晚年亦作人物。风格天真烂漫,气韵生动,多以水墨点染,不求工细。其子友仁继承发展,创为"米派",自称"墨戏",对后世文人画影响极大。著有《宝晋英光集》、《宝章待访录》、《书史》、《砚史》等。其生平事迹见明人范明泰《米襄阳外纪》、《宋史》卷四四四、《宋人轶事汇编》和清人翁方纲《米海岳年谱》。

《书史》一书所著录法书,皆其亲眼所见,详载印章跋尾、纸绢装褙及出处;一一考订真伪,叙其流传渊源,兼及逸闻轶事;时有评论,皆自叙心得,不随声附和。如:

"余临大令法帖一卷,在常州士人家。不知何人取作废帖装背,以与沈括。一日,林希会章惇、张询及余于甘露寺净名斋,各出书画。至此帖,余大惊,曰:'此芾书也。'沈勃然曰:'某家所收久矣,岂是君书?'芾笑曰:'岂有变主不得认物耶?'余居苏,与葛藻近居,每见余学临帖,即收去,遂装黏作二十余帖,效名画记所载印记,作一轴装背,一日出示,不觉大笑。葛与江都陈奭友善,遂赠之,君以为真,余借不肯出。今在黄材家。"

"王羲之《桓公破羌帖》,有开元印,唐怀充跋,笔法入神。在苏之纯家。之纯卒,其家定直,久许见归,而余使西京未还。宗室仲爰力取之,且要约曰:'米归,有其直见归。'即还,余遂典衣以增其直取回。仲爰已使庸工装背剪损,古跋尾参差矣。痛惜!痛惜!"

此书是品藻翰墨、辨别与研究古代书法名迹的较早的重要述作。惟卷中论印章时,注谓三省篆文皆反戾,无一宰相不被罪;御史台印左戾,史字倒屈入,故少有中丞得以免罪,认为"私印大主吉凶也"。《四库全书总目》对其印关吉凶、卜官休咎之说,斥之为"谬为附会,徒为好异而已"。余绍宋《书画书录解题》则认为此事原无关宏旨,"《四库》此斥未免过当",并誉此书有独见,不似他书"但事著录,依样葫芦"。相关研究可参看2008年上海三联书店版王宏生《北宋书学文献考论》米芾章中的《书史考辨》等。

(侯占虎)

东观余论 〔北宋〕黄伯思

《东观余论》,二卷,附录一卷。北宋黄伯思撰,其子䌹编定刊行。通行本有《王氏书画苑·书苑》本、《津逮秘书》本和《四库全书》本。

黄伯思(1079—1118),字长睿,别字霄宾,自号云林子。邵武(今属福建)人。祖父黄履,北宋徽宗朝官拜尚书右丞,加大学士。伯思元符三年(1100)中进士,官至秘书郎。工于诗文,书画均佳,曾纵观册府藏书,博通经史百家,尤其嗜好古文奇字,各类钟鼎彝器款识体制,皆能识别辨正。曾校定《杜甫集》二十二卷、《楚辞》十卷。生平事迹见宋李纲撰《黄公墓志铭》(载《东观余论》书后)和《宋史》卷四四三。

据黄䌹宋绍兴十七年(1147)正月编定本书后所撰跋文,当时黄䌹在福建路转运司主管文字,公务之暇,将先父所著《法帖刊误》、《秘阁古器说》和论、辨、题、跋汇成一编,共计十卷,总目之曰《东观余论》,并刻版于建安漕司。只是今本多为二卷,疑有脱漏。

本书共计二百十二篇,前十篇为《法帖刊误》,其后是论、辨、序、跋和古器说等各种文字,大多涉及碑帖书法。书后附李纲为黄伯思《校定杜工部集》所撰序文、叶梦得《题跋索靖章草急就篇》、许翰撰祭文、翁挺《读许太史祭黄长睿文》诗、李纲撰墓志铭、黄䌹跋文和楼钥、庄夏南宋嘉定三年(1210)校读后所撰跋文各一。

本书以考证细密、纠谬辨伪见长,其《法帖刊误》颇受后人称道。作者在北宋大观二年(1108)所撰《法帖刊误序》中说:"淳化中,内府既博访古遗迹,时翰林侍书王著受诏绪正诸帖。著虽号工草、隶,然初不深书学,又昧古今,故《秘阁法帖》十卷中,瑶珉杂糅,论次乖讹。世多耳观,遂久莫辨。故礼部郎米芾元章,笔翰妙荐绅间,在淮南幕府日,尝跋卷尾,作数百语,颇有条流。但概举其目,疏略甚多。"可见作者对王著、米芾的书学都表示不满。他自认是一个书法不高妙的学书人,但"善书不鉴,善鉴不书",因此对自己的鉴赏能力颇为自负,称"自幼观古帖至多,虽豪墨积习未至,而心悟神解,时有所得","凡论真伪皆有据依,使钟、王复生,不易此评"。此《法帖刊误》十篇,分别考订前世留传的历代帝王书迹,汉、魏、吴、晋、宋、齐等历代法帖,以及王羲之、王献之父子书迹。其中纠正旧说甚多,尤其对米芾跋语,作了许多纠正和补充。除此之外,《记与刘无言论书》、《记石经与今文不同》、《鹳雀赋辨》、《王敬武书辨》、《汝州新刻诸帖辨》、《跋四皓碑后》、《跋干禄字碑后》、《跋汉小黄门谯君碑后》、《跋黄庭经后》、《跋玉笥山清虚馆碑后》、《跋陈碧虚所书相鹤经后》、《跋瘗鹤铭后》和《论汉晋碑》等篇,都有较为细致精妙的考证。

考证之外,书中有关书家品评、书法理论、技法和历史的论述也有不少。重点品评的有《论书八篇示苏显道》、《论书六条》、《论张长史书》、《跋崇宁所书真诰册后》、《跋大涤翁论书帖后》、《跋王大令帖后》、《跋张闳道草书后》、《跋陶华阳书后》、《跋开弟所藏张从申书慎律师碑后》、《跋李西台书后》等篇。其评书之优劣,重在不失古法古意,故时有惊世骇俗之论:"篆法之坏,肇李监;草法之弊,肇张长史;八分之俗,肇韩择木。此诸人书非不工也,而阙古人之渊原,教俗士之升木,于书家为患最深。夫篆之方稳,草之颠放,八分之纤丽,学便可至,而天势失矣。彼观钟彝文识、汉世诸碑,王、索遗迹,宁不少损乎!"(《论书八篇示苏显道之四》)

由此观之,黄伯思论书重视法度,所谓"纵心而不逾规矩,妄行而蹈乎大方"(《论张长史书》)。堪称楷模的代表人物,他认为是三国两晋书家:"凡书横难从易,方正在二者间。不悟书意而作衡法,不斜则浊。此体惟钟、索、逸、献真知也,宋、齐、梁人似之,陈、隋至唐,皆不近也。"(《论书八篇之六》)也正是基于这种观点,他在书中多次批评米芾而褒赏章惇,谓"近世书人,惟章申公能传笔意,虽精巧不迫唐,而笔势超超,意出褚、薛上矣。比来襄阳号知古法,然但能行书,正、草殊不工,爱观古帖而议论疏阔,好摹古帖而点画失真"(参见《论书六条》、《跋米元章摹平章帖后》)。与当时普遍褒"米"的态度明显不同。

书中涉及书法理论技法的篇章不是太多,较重要的有《论飞白法》、《论临摹二法》,以及《论书八篇》中的有关章节。倒是许多论、跋都议及有关书法史的各类问题,虽然不是洋洋洒洒的分体宏论,却因其借题发挥,常有简明清晰的效果。如《跋陈碧虚所书相鹤经后》因述及陈碧虚所效仿的隋代书家丁道护,遂将隶、楷的演变发展作了一番梳理:"自秦易篆为佐隶,至汉世去古未远,当时正隶体尚有篆、籀意象。厥后魏锺元常、士季及晋王世将、逸少、子敬作小楷法,皆出于迁就。汉隶运笔结体既圜劲淡雅,字率扁而弗椭,今传世者若锺书《力命表》、《尚书宣示》,世将《上晋元帝》二表、逸少《曹娥帖》、大令《洛神帖》,虽经摹拓而古隶典刑具存。至江左六朝若谢宣城、萧挹辈,虽不以书名世,至其小楷若《齐海陵王志》、《开善寺碑》,犹有锺、王遗范。至陈、隋间正书结字渐方,唐初犹尔。独欧率更、虞永兴易方为长,以就姿媚。后人竞效之,邈不及二人远甚,而锺、王楷法弥远矣。隋世善书者多,其间丁道护者,不今不古,遒媚有法。"当然,黄伯思所谓欧阳询、虞世南"易方为长而坏楷法"的观点有失偏颇,但这一段文字却将隶、楷的变化叙述得非常清楚。此外,《跋王大令帖后》谓王献之行草初师其父而后法锺繇,《记与刘无言论书》述历代书家称谓及其风格、时尚风俗,《跋章草急就补亡后》记章草诸家,皆令人一目了然。

本书也有若干篇论及绘画,语虽不繁,颇有见地。如《跋滕子济所藏唐人出游图》谓古人作历史人物画,未必据实描写,因为"昔人深于画者,得意忘象,其形模位置有不可以常法观者"。《跋案乐图后》谓唐代周昉并非仅仅擅长仕女图,其出名始于道、佛像和写真。《跋郭忠恕所摹案乐图后》则谓郭忠恕临摹周昉此图时,将自己的形像亦画入图中。还有一些篇章重在考证,或考画中内容,如《跋滕子济所藏貘图后》、《跋步辇图后》;或辨作者,如《跋吉日图后》、《跋王晋玉所藏桓宣武画像后》。还有《跋辋川图后》、《跋宗室爵竹画轴后》诸篇,品评相当精妙。

本书考证细密,论议不苟,问世以来,颇得后人好评。南宋嘉定三年(1210),四明(今浙江宁波)楼钥在跋文中称:"本朝始自欧阳公《集古录》千卷,赵德父《金石录》至二千卷,考订甚工,然犹未免差误。惟云林之书为尽善。"他也指出了书中的某些疏误,因而慨叹"考古著书之不易",但同时又由衷赞叹"云林寿止四十而精博如此"等等,可见推崇之至。

据黄䚵跋文,本书初刻于福建,为十卷本。但今本多为二卷,有人怀疑并未脱漏,只是合并而使卷数减少。然据李纲撰《黄公墓志铭》,知黄伯思曾撰《法帖刊误》二卷、《古器说》凡四百二十六篇。黄䚵汇辑成书时,未加删削,而今本"古器说"仅存二十余篇,可见必有脱漏。又据庄夏跋文,谓建本讹误极多,于是借得楼钥手校善本,又用蜀本、三刘本参校,于南宋嘉定三年秋校毕。庄夏跋文后又有题记曰:"是书刊于庚午之秋,明年正月得公书,又校示一百五十五条。"此"庚午"或即嘉定三年庚午,或许庄夏校定后即刊板流传。只是不知题记中"公书"究竟指哪个本子。而且据明、清两代多种藏书志,著录宋版《东观余论》或明代覆宋本,均为二卷,不知是否从十卷本删削修订而成。

1988年中华书局出版《宋本东观余论》,据《古逸丛书三编》影印。上海书画出版社《中国书画全书》1992年整理本,以《津逮秘书》本为底本,用影宋本、《四库全书》本参校并断句排印。2004年北京图书馆出版社出版《东观余论》,据上海图书馆藏宋嘉定三年刻本影印。2009年江苏美术出版社出版《黄伯思〈东观余论〉》选本,由赵彦国注评。相关研究可参看2008年上海三联书店王宏生《北宋书学文献考论》中的《黄伯恩书学文献考论》章等。

(孙小力)

宣和书谱 〔北宋〕佚 名

《宣和书谱》，二十卷。不著撰者姓名，疑是宋徽宗时内臣奉敕而撰。是书所载皆宣和时御府所藏墨迹。有宋刊本、明嘉靖庚子（1540）杨慎刊本、《津逮秘书》本、《学津讨原》本、《四库全书》本、《丛书集成初编》本、上海书画出版社《中国书学丛书》顾逸校点本。

全书分为"历代诸帝王书"、"篆书"、"隶书"、"正书"、"行书"、"草书"、"八分书"、"制诏诰命（补牒附）"各篇，分别介绍御府所藏书迹及其作者。除"历代诸帝王书"篇外，其他篇皆有叙论。篆、隶、正、行、草、八分各篇叙论，论述各书体源流及书法传承。"制诏诰命"篇叙论，论述制、诏、诰、牒文体的政治作用和艺术效果，以及二者的关系。除"制诏诰命"篇外，各篇均先列举历代有关书家，上自帝王，下至臣僚学者、僧人道士，也包括女书法家；然后分别介绍其字号、里籍、生平事迹、学书经历、所习书体，并品评其优劣；最后记录御府所藏各人墨迹名目。

卷一"历代诸帝王书"，列举晋武帝、唐太宗、唐明皇、唐肃宗、唐代宗、唐德宗、唐宣宗、唐昭宗、武则天、梁太祖及末帝、周世宗等十二个帝王书法及御府所藏墨迹六十四幅。卷二分为"篆书"、"隶书"两篇。"篆书"篇列举了唐李阳冰、卫包、唐元度、释元雅四人，宋益端献王、徐铉、章友直三人，共七人，记所藏墨迹十八幅。"隶书"篇列举唐韩择木一人，记所藏墨迹四幅。卷三至卷六为"正书"篇，列举魏锺繇一人，南朝宋萧思话一人，南朝齐王僧虔一人，隋薛道衡一人，唐褚遂良、颜真卿、徐浩、元稹、李商隐、柳公权、萧遘、陆扆、李碛、詹鸾、顾绍孙、陆希声、杨钜、崔远、张颜、郑宾、戎昱、赵模、许浑、张钦元、杨庭、景审、钮约、释昙林、女仙吴彩鸾、道士杜光庭、道士梁元一二十七人，五代钱镠、李璟、薛贻矩、卢汝弼、豆卢革、王仁裕、杨邠七人，宋宋绶、蔡襄、石延年、陆经、王子韶、道士陈景元、释法晖、山人蒲云八人，共四十六人，记所藏墨迹一百四十二幅。卷七至卷十二为"行书"篇，列举了晋王衍、谢奕、桓温、谢安、谢万、陆玩、张翼、王濛、王徽之、王遂十人，南朝宋孔琳之一人，南朝梁陶弘景、王筠二人，南朝陈陈叔怀、蔡凝二人，唐虞世南、欧阳询、欧阳通、陆柬之、李邕、吴通玄、李白、张籍、裴潾、杜牧、李景让、崔龟从、白居易、裴休、司空图、卢知猷、吴融、韩偓、任畴、林藻、徐凝、韦荣宗、苏灵芝、妇人薛涛、道士鱼又玄、释怀仁、释行敦、释齐己二十八人,五代罗隐、韦庄、张徐州、潘佑、孙昭祚、释应之六人,宋李煜、李建中、苏舜钦、王安石、蔡京、蔡卞、刘正夫、米芾、岑宗旦九人,共五十八人,记所藏墨迹二百八十七幅。卷十三至卷十九为"草书"篇,列举了汉张芝一人,三国魏曹植一人,三国蜀诸葛亮一人,三国吴皇象一人,晋张华、杜预、卫恒、王浑、王戎、陆机、索靖、郗鉴、郗愔、王廙、王敦、王导、王恬、王洽、王珣、王珉、谢尚、庾翼、王羲之、王献之、詹思远二十一人,南朝宋王昙首、羊欣、谢灵运、薄绍之四人,南朝齐刘珉一人,南朝梁沈约、萧子云、阮研三人,南朝陈陈伯智、蔡景历、蔡证、陆缮、毛喜(一作熹)、江总、郑伯、陈逵八人,隋释智永一人,唐裴行俭、贺知章、徐峤之、张旭、孙过庭、周崟、李霄远、张仲谋、裴素、韦权、张庭范、胡季良、章孝规、释怀素、释亚栖、释高闲、释窅光、释景云、释贯休、释梦龟、释文楚二十一人,五代杜荀鹤、薛存贵、杨凝式三人,宋钱俶、杜衍、周越、钟离权四人,共七十人,记所藏墨迹六百四十一幅。卷二十分"八分书"、"制诰诰命"篇。"八分书"篇列举了唐于僧翰、张彦远、贝冷该、释灵该四人,记所藏墨迹十五幅。"制诰诰命"篇记所藏唐、五代时制、诏、诰、牒墨迹五十一幅(书中言"御府所藏八十有一",而实列五十有一)。全书所列举书家一百九十八人,记录御府所藏墨迹一千二百二十二幅。

  各书体篇之叙论部分,博采前人之说,亦述已见,且多为允当之辞。篆书叙论论及小篆缘起曰:"若夫小篆……实自李斯始。然以秦穆公时《诅楚文》考之,则字形真是小篆。疑小篆已见于往古而人未之宗师,而独李斯擅有其名。按秦初并天下,丞相李斯欲罢其不与秦文合者,当时字画惟古文与大篆耳,岂李斯别为小篆以异之耶?"隶书叙论论及隶书缘起曰:"秦并六国,一天下……故以李斯变大篆,以程邈作隶文……此隶所由作。初,邈以罪系云阳狱,覃思十年,变篆为隶,得三千字,一日上之,始皇称善,释其罪,而用为御史……然而后人发临淄冢,得齐太公六世孙胡公之棺,棺之上有文隐起,字同今隶。按胡公先始皇时已四百余年,何为已有隶法? 岂是书元与篆籀相生,特未行于时耶? 若邈者,既知此体,乃自作一家法而上于秦,特以解云阳之难耳,不然,何胡公之棺有是哉?"作者以事实说明,篆、隶之体非李斯、程邈个人凭空独创,而是往古已有,他们只是"自作一家之法","擅有其名"而已。正书叙论曰:"字法之变,至隶极矣,然犹有古焉,至楷法则无古矣。""所谓楷法者,今之正书是也。""此书既始于汉,于是西汉之末,隶字石刻间杂为正书,若属国《封阳茹君》等碑,亦班班可考矣。"说明隶书是古字和今字的过渡体,楷体才真正脱离了古文字;书体的演变不是截然改观的,而是交错进行的。

  《宣和书谱》一书,为后世保存了丰富的书法史料,且其中议论亦多辨证得体,因此是研究书迹流传、书学史及书法理论的必备之书。有关《宣和书谱》的研究有余绍宋作《〈宣和书谱〉撰人辨记》,余嘉锡《四库提要辨证》亦曾考证该书作者,王宏生著《〈宣和书谱〉考论》(载《北宋书学文献考论》,上海三联书店,2008年),桂第子译注《宣和书谱》(湖南美术出版社,1999年)等。

(侯占虎)

书苑菁华 〔南宋〕陈 思

《书苑菁华》,二十卷。陈思编。有宋刊本、汪氏振绮堂本、《翠琅玕丛书》本、《述古丛钞》本、《四库全书》本、《藏修堂丛书》本、扫叶山房石印本、2006年北京图书馆出版社影印宋刻本。

陈思,宋代临安(今浙江杭州)人,人称临安鬻书人。南宋理宗时,曾以成忠郎任缉熙殿国史实录院秘书省搜访。编著有《宝刻丛编》、《海棠谱》、《书苑菁华》、《书小史》、《小字录》、《两宋名贤小集》等。

此书辑录古人论书著作及言论,卷首有鹤山翁题语一篇。全书共分三十三类。收文一百三十余篇,歌诗三十余首。卷一、卷二分别为"书法"类上、下,共十三篇:《秦汉魏四朝用笔法》(集李斯、萧何、蔡邕、锺繇等人之论)、晋卫夫人《笔阵图》、王羲之《题卫夫人〈笔阵图〉后》、王羲之《笔阵图》、王羲之《笔势论十二章并序》、唐虞世南《笔髓论》、《叙笔法》(未题撰者)、《翰林密论二十四条用笔法》(未题撰者)、《永字八法》(未题撰者)、《永字八法详说》(未题撰者)、唐张怀瓘《论用笔十法》、《翰林禁经九生法》(未题撰者。宋晁公武《郡斋读书志》曰唐李阳冰撰)、唐欧阳询《八法》。卷三为"书势"、"书状"、"书体"、"书旨"四类。"书势"类有二篇:晋卫恒《四体书传并书势》、索靖《叙草书势》。"书状"类有二篇:晋中书令王珉《行书状》、梁武帝《草书状》。"书体"类有二篇:韦续《五十六种书并序》、成公绥《隶书体》。"书旨"类有一篇:虞世南《书旨述》。卷四为"书品"类,有二篇:庾肩吾《书品》、李嗣真《书品后》。卷五为"书评"、"书议"、"书估"三类。"书评"类有四篇:梁武帝《评书》、袁昂《古今书评》、唐人《书评》、唐遗名子吕总《续书评》。"书议"类有一篇:张怀瓘《书议》。"书估"类有一篇:张怀瓘《书估》。卷六为"书断"类,有一篇:张怀瓘《十体书断》。卷七为"书录"类,有五篇:张怀瓘《二王等书录》、张怀瓘《古贤能书录》(又名《三品书断法》或《书品》)、《唐朝叙书录》(未题撰者)、唐韦述《叙书录》(又名《书述记》)、卢元卿《法书录》。卷八为"书谱"、"书名"二类。"书谱"类有一篇:孙过庭《书谱》。"书名"类有二篇:《古来能书人名》(未题撰者,案语曰:为王僧虔条疏上呈之文)、《传授笔法人名》(未题撰者)。卷九、卷十"书赋"类,共二

493

篇：窦臮《述书赋》(分上、下)、窦蒙《〈述书赋〉语例字格》。卷十一、卷十二分别为"书论"类上下，共九篇：赵壹《非草书》、王羲之《自论书》、王僧虔《论书》、庾元威《论书》、徐浩《论书》、张怀瓘《文字论》、张怀瓘《六体书论》、蔡希综《法书论》、张怀瓘《评书药石论》。卷十三为"书记"类，共八篇：何延之《兰亭记》、褚遂良《拓本乐毅记》、武平一《徐氏法书记》、徐浩《古迹记》、崔备《壁书飞白萧字记》、张宏靖《萧斋记》、权德舆《唐太宗文皇帝飞白书记》、韩愈《蝌斗书后记》。卷十四前半为"书表"类，有二篇：江式《论书表》、虞龢《论书表》。卷十四后半及卷十五前半为"书启"类，有十五篇：王僧虔《答太祖论书启》、萧子云《又启》、陶弘景《与梁武帝论书启》、梁武帝《答书》、陶弘景《与梁武帝书》、梁武帝《答陶隐居论书》、陶弘景《与梁武帝论书启》、梁武帝《答陶隐居书》、陶弘景《与梁武帝论书启》、梁武帝《答书》、陶弘景《论书启》、梁简文帝《答江东王上王羲之书启》、梁元帝《上东宫古迹启》、庾肩吾《谢东宫古迹启》、顾野王《上〈玉篇〉启》。卷十五下半为"书笺"、"书判"二类。"书笺"类有二篇：李峤《为凤阁侍郎王方庆上书法笺表》、李峤《为纳言姚璹等御赐飞白书笺表》、李峤《为王相公请改六书笺表》。"书判"类又分"字诂判"、"署书题阁判"、"学书判"、"佣书判"、"丹书判"五种，收录十二人所作十二篇，此处不详列举。卷十六为"书"、"书序"二类。"书"类有二篇：许冲《上〈说文解字〉书》、李阳冰《上采访李大夫书》。"书序"类有七篇：许慎《〈说文解字〉序》、颜元孙《〈干禄字书〉序》、张参《〈五经文字〉序》、贾耽《〈说文字源〉序》、唐元度《〈九经字样〉序》、林蕴《拨镫序》、林罕《〈字源偏傍小说〉序》。卷十七为"书歌"、"书诗"二类。"书歌"类有二十首：杜甫《李潮八分小篆歌》、李白《赠怀素草书歌》、王邕、戴叔伦、朱达、鲁收、窦冀、任华、苏涣、释贯休等各一首同名作《怀素上人草书歌》、释皎然《张伯高草书歌》《陈氏童子草书歌》、顾况《萧郸草书歌》、权德舆《马秀才草书歌》、释贯休《誓光大师草书歌》、吴融《赠誓光上人草书歌》《赠广利大师歌》、贾耽《虞书歌》、姚赞《八分书歌》、史邕《修公上人草书歌》。"书诗"类有二十一首：岑文本《奉述飞白书势》、杜甫《送顾八分文学适洪吉州》《殿中杨监示张旭草书图》《观薛稷少保书画壁》、李白《送贺监》《王右军》、李颀《贻张旭》、高适《醉后赠张旭》、钱起《送外甥怀素上人》、刘禹锡《洛中寺北楼见贺监草书》《答柳柳州三首》、孟郊《送草书献上人归庐山》、温庭筠诗一首(序曰："秘书省有贺知章草题诗，笔力遒健，风尚高远，拂尘寻玩。因有此作。")、陈陶《题赠高闲上人》、陆希声《寄誓光大师》、韩偓《草书屏风》、释可明《观梦龟草书》、释亚栖《对御书后一绝》、李建勋《送八分书与友人继以诗》。卷十八为"书铭"、"书赞"、"书叙"、"书传"四类。"书铭"类有三篇：刘劭《飞白书势铭》、鲍照《飞白书势铭》、陆龟蒙《书铭》。"书赞"类有三篇：李约《壁书飞白萧字赞》、权德舆《秘阁五绝图贺监草书赞》、《笔意赞》(未题撰者。《图书集成》作齐王僧虔撰)。"书叙"类有四篇：释怀素《自叙》、韩愈《送高闲上人叙》、沈亚之《叙草书送山人王传乂》、司空图《送草书僧誓光归越》。"书传"类有三篇：王羲之《笔势传》、《晋王羲之别传》、陆羽《唐僧怀素传》。卷十九为

"书诀"、"书意"、"书志"三类。"书诀"类有五篇：蔡邕《九势八字诀》、白云先生《书诀》、《变通异诀》（未题撰者）、唐太宗《笔法诀》、卢隽《临池妙诀》。"书意"类有三篇：梁武帝《观锺繇书法十二意》、颜真卿《述张长史笔法十二意》、杜光庭《字书优劣体意》。"书志"类有二篇：王愔《古今文字志目》、舒元舆《玉箸篆志》。卷二十为"杂著"类，共十五篇：杨泉《草书赋》、王僧虔《书赋》、吴融《览皆光上人草书想贺监赋》、陶弘景《论杨许三仙君真迹》、释智果《心成颂》、释智永《题右军〈乐毅论〉后》、唐太宗《书〈王羲之传〉后》、虞世南《劝学篇》、刘禹锡《论书》、李华《论书》、司空图《书屏记》、韩方明《授笔要说》、杜光庭《辨隶书所起》、南唐后主李煜《书述》、《翰林传授隐术》（未题撰者。案语曰："《书画谱》题下注：《宋史·艺文志》作李训撰。"）。

此书辑录务求宏博，故编次丛杂，不免疏误。后学以为所录必有所本，很少加以深察详审，遂使书中所录伪书辗转传播，谬种流传。《四库全书总目》称此书较张彦远《法书要录》赅备，并认为："其裒录绪家诸言，荟粹编排，以资考订，实始于是编。钦定《佩文斋书画谱》中论书一门多采用之。"虽也指出"思书规模草创，万不及后来之精密"，或"殊无根据"，"尤为不知体制"，但又谓此书"造始之功，固亦未可泯焉"。余绍宋《书画书录解题》则认为《四库》此评，是"徒以其曾经御题，又经《佩文斋书画谱》采录，故不能不为之回护"；而"《法书要录》采录甚严，正是其精审处，非不问真伪，务为滥收"。此书前有魏了翁题辞。

（侯占虎）

书小史 〔南宋〕陈 思

《书小史》，十卷。宋陈思撰。有汲古阁影刊宋本、《四库全书》本和《美术丛书》本。

作者生平事迹见"书苑菁华"条。

本书与《书苑菁华》相辅而并行，后者编集古人论书之语，本书则专辑历代书家小传。自上古伏羲至五代书家，共计五百余人。其中卷一为纪，载历代善书帝王。卷二记后妃、才女和诸侯王。卷三至卷十依次为三代、秦、汉、魏、吴、蜀、晋、宋、齐、梁、陈、后魏、北齐、后周、隋、唐和五代书家小传。

谢愈修序文中说："自伏羲画卦以至五代，上下数千百年之间，字体变化如浮云，纪传所载以书名者，代不乏人。而人之贤否、艺之高下，虽妙迹不能尽传于世，观此亦可概见其万一。道人（即陈思）趣尚之雅、编类之勤，可谓不苟于用心矣。予之识五十余年，每一到都，必先来访，证订名帖，饱窥异书，愈久而愈不相忘，亦未易多得也。"由此可见，本书重在生平事迹记载，兼作品评。由于陈思积数十年"证订名帖、饱窥异书"的功力，因此本书记载较有特色。

一是搜罗详尽。陈思编撰此书，前人并未给他提供现成的基础，诚如清《四库全书总目》所说："自张彦远《名画》、《法书》各有记录，嗣后品录画家者多，品录书家者少。思搜罗编辑，汇为斯编，亦足以为考古者检阅之助也。"陈思能不避繁难，从大量杂编异书中寻觅到如此多的书家生平资料，确属不易，虽然其中有些冠为"书家"似乎勉强。

二是笔法求实。大凡前人作传，多喜褒扬而不作批评，陈思则不然，如记南朝宋高祖刘裕，谓"帝素拙于书。刘穆之曰：'此虽小事，然宣被四远，愿公少复留意。'帝既不能措意，又禀分有在，穆之乃曰：'公但纵笔为大字，一字径尺亦无嫌大。既足有所包，且其势亦美。'武帝从之，一纸不过六七字便满"。此传与其说是品评刘裕的书艺，不如说是突出刘穆之循循善诱的魅力。又如记齐世祖萧赜，谓其"刚毅有断，工行草书"，但"欲擅书名，故王僧虔不敢显其迹，常用拙笔书，以此见容"。显然对萧赜的滥施淫威极为不满，且能秉笔直书，既肯定其书艺，又抨击其为人。如此作传,足以取信于人。

三是探异钩深,重视书家有关遗闻佚事的采辑。本书记载一般较为简略,甚至短到记一人仅用七字,如:"王洽妻荀氏,善书。"但无话则短,有话则长,凡是作者认为应该记载的,即使与传主书艺关系不大,也不略去。如记南朝陈后主曰:"善行草书。陈室富有书画,隋文帝即位,以晋王广为元帅平之,命元帅记室参军裴矩、高颎收其书画,得八百余卷。于东京观文殿起二台,东曰妙楷,藏自古法书;西曰宝迹,收自古名画。"其余如梁世祖萧绎焚烧古画法书及典籍十四万卷,且欲自焚;东晋敬仁之母以锺繇《尚书宣示帖》作为儿子的陪葬等等,因为能借以展示某个时期的书画收藏,或告知某些名帖的下落,所以都给予记录。至于与书家书艺直接有关的趣闻轶事更多,如唐代萧诚自造五色斑文纸临写王羲之书帖,竟将李邕蒙蔽;贺知章与张旭游于人间,随处兴发而书等等,不胜枚举。

至于品评书艺,陈思很少能直抒己见,这是本书的一大缺点。由于作者编有《书苑菁华》,对历代有关书论极其熟悉,因此本书品评,大多直接援引张怀瓘《书断》、《书议》,庾肩吾《书品》、李嗣真《续书品录》、窦臮《述书赋》、袁昂《古今书评》和梁武帝、梁鹄、卫瓘、王隐、王僧虔、虞世南、欧阳询、徐浩、吕总等人的书论,有些重要书家还附录数家评议。陈思摘引前贤书评,大多注明出处,由此也能窥见他求实客观的撰述态度,同时为后人辑佚校勘工作也提供了方便。

据清陆心源《仪顾堂题跋》记载,本书宋刊本卷首有谢奕修手书序(今本"奕修"作"愈修")。明末毛晋汲古阁得宋残本,又影写一至五卷并刊行。上海书画出版社1992年《中国书画全书》本以丁氏嘉惠堂刊《武林往哲遗书》本作底本,参校《四库全书》本断句排印。

(孙小力)

续书谱 〔南宋〕姜 夔

《续书谱》,一卷。有《百川学海》本、《说郛》本、《王氏书画苑》本、《佩文斋书画谱》本、《四库全书》本、《丛书集成初编》本、《历代书法论文选》本、邓散木《书法学习必读——续书谱图解》(中国古典艺术出版社,1958年;人民美术出版社,1989年)本。

姜夔生平事迹见"白石道人诗说"条。他擅长书法,极为当世和后代推崇。《书史会要》评其书艺为"迥脱脂粉,一洗尘俗"。宋谢采在《续书谱序》中称"白石生好学,无所不通。书法得魏、晋古法,运笔遒劲,波澜老成。尤好临《定武兰亭》"。

此书名《续书谱》,似是续补孙过庭《书谱》而作。然实非续编,而是对孙氏《书谱》作了开发性的阐述,挖掘孙书精髓,提要钩玄,以简明易懂的文字语言,用具体明确的例证,就书法中若干基础知识和技法予以论证。全书分总论、真书、用笔、草书、用笔、用墨、行书、临摹、方圆、向背、位置、疏密、风神、迟速、笔势、情性、血脉、书丹等十八节。《书苑补益》本与《佩文斋书画谱》本,"临摹"之前八节次序相同,以下次序先后小殊。"燥润"、"劲媚"二节有目无文,且"燥润"题下注曰"见用笔条",而"用笔"在"真书"、"草书"两节之后各出现一节,究属见哪节"用笔"不明;"劲媚"题下注曰见"情性"条,却反映在真书用笔之中,此注当有舛误。"草书"之后的"用笔",亦非论草。《四库全书总目》疑为有伪。全书包括"总论"实列十八节,或题为"二十篇",盖包括有目无文之"燥润"、"劲媚"。是书大旨,乃宗元常、右军,谓大令以下用笔多失,唐宋以下更不待言。此持论未免过偏。鉴于孙书对书法源流、派别、书家主客观条件等都做有一般分析和评介,但因是用骈体文写的,文字较艰涩,理论也较高深,并皆为概括性的叙述,令人不易读懂和理解。姜白石此书,遂用通俗散文体,并结合自己的实践,对各种书体的书写、学习方法、技巧、用笔、用墨、结体、临摹等都做了科学分析,实为《书谱序》的注解,也是它的发展。因对书法艺术诸多方面有较深广的论述,向为书家所重。其论真书,认为"以平正为善"之说,乃"世俗之论"。要潇洒纵横,各尽字之真态,不以私意参之,则自不尘俗,详析真书用笔八法,要至精至熟,然后能之。因此,视古人遗墨之一点一画所得,皆昭然绝异者,以其用笔之精妙所至之故。对草书一体的分析,如"人坐卧行立,揖逊忿争,乘舟跃马,歌舞擗踊,一切变态,非苟然者"。指出草书用笔之法,要"所欲不逾矩","变化多端,而未尝乱其法度"。对各体用墨法均有不同要求。凡作楷,墨欲干,不可太燥;行草,则燥润相杂,以润取妍,以燥取险。要求行书"贵乎秋纤间出,血脉相连,筋骨老健,风神洒落,姿态备具"。对临摹,提出"临书易失古人位置,而多得古人笔意,摹书易得古人位置,而多失古人笔意"。其他各节如方圆、向背、位置、疏密,均有要论。如谓方圆是真书和草书的形体本像和书写效果的统一,但不可过于显露。向背要相逐相奔,发左应右,起上伏下,位置不宜太密太巧。欲具风神者,则一须人品高,二须师法古,三须笔纸佳,四须险劲,五须高明,六须润泽,七须相背得宜,八须时出新意。每字各任其态,长如秀整之士,短如精悍之徒,瘦如山泽之癯,肥如贵游之子,劲如武夫,媚如美女,欹斜如醉仙,端楷如贤士。论迟速,指出迟以取妍,速以取劲。论笔势,分析搭锋、折锋、藏锋,指出折搭多精神,平藏多含蓄,要兼之则妙。论情性,评列五乖五合,"艺之至,未始不与精神通"。论血脉,要"字中有笔","各有其势"。论书丹,要求"以瘦多奇"。所论皆心得之言。

(张潜超)

书法钩玄 〔元〕苏　霖

《书法钩玄》，四卷。元苏霖撰。有元刊本、明刊本、《王氏书画苑》本。

苏霖(1291—?)，字子启，号虚静道人。镇江(今属江苏)人。元至正十年官任德平县尹。著作除《书法钩玄》之外，又有《官龟鉴》十九卷。其生平事迹散见于《山村遗集》附录和《济南金石志》卷二。

此书卷首有作者元统甲戌(1334)自序，曰："攻书贵乎得法，其来尚矣……余于书不工，粗知有法，前人论议靡不搜访抄录，以备讲习。积之累年，遂成巨帙。又虑多涉浮华，无益学者，故特纂其要言为一编，凡四卷，目之曰《书法钩玄》。后生初学或加观省，未必无小补焉。"全书仿照并取材于唐张彦远《法书要录》、宋朱长文《墨池编》及宋陈思《书苑菁华》编纂而成。卷一录有扬雄《论书》、蔡邕《书说》、锺繇《论笔说》、卫夫人《笔阵图》、王右军《说书》及《论书》二篇、白云先生《书诀》、王僧虔《笔意赞》、梁武帝《答陶隐居论书》、庾元威《论书》、释智果《心成颂》、唐太宗《论笔法》、虞世南《笔论》、欧阳询《八诀》与《付善奴诀》及《书三十六法》三篇、褚遂良《论书》。卷二录有孙过庭《书谱》、张怀瓘《用笔十法》《论执笔》《评书》《十体书断》四篇、李阳冰《论古篆》、徐浩《论书》、颜真卿《述张长史笔法》、蔡希综《法书论》、韩方明《授笔说》、李华《论书》、卢隽《临池诀》、柳公权《笔谏》、林蕴《拨镫序》、释亚栖《论书》、韦荣宗《论书》《论执笔》二篇、李后主《书述》。卷三录有米元章《论书》、苏东坡《书说》、黄山谷《书说》、刘正夫《论书》、钱若水《叙陆希声笔法》、朱文公《书字碑》、姜尧章《续书谱》、赵子固《论书法》《论间架墙壁》二篇。卷四录有《翰林密论用笔法》、《翰林禁经永字八法》、《永字八法详说》、《翰林粹言》、王僧虔《论书》、梁武帝《评书》、唐太宗《书王右军传后》、韩愈《送高闲上人序》、《唐人书评》、吕总《续书评》、钮约《评书》、米元章《评书》《又评书》二篇、苏东坡《题六家书后》《评书》二篇、黄山谷《评书》、陈景元《评书》、朱文公《评书》、张南轩《评书》、倪文正《评书》、刘须谿《评书》。全书共六十五篇。虽编纂无一定义例，但所选皆精要。

（侯占虎）

雪庵字要 〔元〕李溥光

《雪庵字要》，又名《雪庵大字书法》，一卷。元李溥光撰。有《涵芬楼秘笈》本。

李溥光，字玄晖，号雪庵，山西大同人。头陀教宗师。善书，元大德、至大年间以楷书大字闻名，被封为昭文馆大学士，赐号玄悟大师，自署作圆悟慈慧禅师。

李溥光自称此书传陈宏道之法。叶圣序云："此书由叶氏等整理而成。"前有詹恩、叶圣序，后附詹恩、俞洪跋。正文分为"捽襟字原"、"大字说"、"大字评"、"歌诀"、"永字八法说"、"图解"几个部分。书中内容有作者自撰的，也有采自他人之书的。

"捽襟字原"录唐张旭语。"捽襟"即"捽衣襟浸墨而书"之意，后指以布书大字之法。"大字说"为作者自撰，主张学书要严规矩，极宗"永字八法"。对于学书次第，主张"凡学书大字，首必当学书小字端楷，而无偏促黏滞之病，然后自小而渐大"，与一般主张先大后小之说迥异。强调"亦当学颜柳之帖为最，欧帖次之"，大字要达到"如王者之尊，冠冕俨然，有威严端厚之福相也"。"大字评"部分，录贝自强评语，举唐虞世南、柳公权、宋朱熹、张即之、米芾、元李溥光等人，仅以数语概括各家书法艺术风格及如何学书，疑为节录，或有佚文。"歌诀"部分，分把笔、用笔、把布、用布、捽襟、捽襟六法、八法、三十二形势、八善、八美、八忌、八病、去取等。"把笔"即执笔。把笔有八法，即落、起、走、住、叠、围、回、藏。"三十二势"包括"永字八法"及其变化。"永字八法"为侧（又名怪石）、勒（又名玉案）、努（又名铁柱）、趯（又名蟹爪）、策（又名虎牙）、掠（又名犀角）、啄（又名鸟啄）、磔（又名金刀）。八法又变化出二十四法，分别为悬珠、垂珠、龙爪、瓜子、杏仁、梅核、石楯、象简、垂针、象笏、曲尺、飞雁、龙尾、凤翅、狮口、蚕钩、宝盖、金锥、悬戈、飞带、戏蝶、蟠龙、吟蚩、游鱼，合之永字八法，共三十二法。"八忌"为浓淡、疏密、大小、长短，及软嫩、粗俗、开散、歪斜。"八病"为牛头、鼠尾、蜂腰、鹤膝、竹节、棱角、折木、柴担。"永字八法说"部分以八法为纲，下系口诀及诸家有关论述。"图解"部分，分为把笔法图、用布法图、三十二形势图、八病图、十六字格图，大抵为以上各歌诀之图示。虽然歌诀有"巧立名目"之嫌,然各附以图示,使之具体,成为全书的重点。

(侯占虎)

学古编 〔元〕吾丘衍

《学古编》，二卷。元吾丘衍著。全书分《三十五举》、《合用文籍品目》附录两部分，书后又有附录数章。成书于元大德四年(1300)。有《夷门广牍》本、《宝颜堂秘笈》本、《唐宋丛书》本、《学津讨原》本、《四库全书》本和《篆学琐著》本等。因翻刻、传抄甚多，时有舛误。

吾丘衍(1268—1311)，一作吾衍，字子行，号竹素、竹房，别署贞白居士、布衣道士。浙江衢州人，侨寓杭州。学识广博，精六书，工篆、隶书。篆印与赵孟頫齐名。时印章承唐宋九叠文之习气，篆文大都谬误，吾氏力矫积弊，一以玉筯小篆入印，印学为之一变。传其学者有赵之奇、吴睿（孟思）。著有《周秦刻石释音》、《学古编》、《印式》、《续古篆韵》、《竹素山房诗集》等。

《学古编》上卷为《三十五举》。此为本书主要部分。论述书体之正变及书篆摹刻之法。一举至三举为识篆之要，指出学篆字必须博古，能识古器，则可知古字象形、指事、会意等未变之笔皆有妙处，于《说文》始知有味矣。四举至十二举为习篆，以《说文解字》为依据，强调小篆为正法，如以鼎文大篆杂用，亦要用小篆法写，以不落杂凑痕迹为上。十三举至十五举为书篆，提出具体写法，包括执笔法、悬腕法。十六举至二十举论隶法，指出由隶变而生"摹印篆"，汉魏官印都以摹篆作白文印。二十一举和二十二举论三字印、四字印章法。二十三举至二十八举述唐代以后出现斋馆印，是印章用途的新发展。又论姓名表字印之章法及用字原则，对印章边框处理提出自己的观点。指出白文印必逼于边，不可有空；朱文印不可逼边，须当以字中空白得中处为相去。二十九举和三十举就历史上有关印章使用发表自己的意见。三十一举至三十五举再次论述印章有关章法。

下卷为《合用文籍品目》。计收简论四十六则，分为小篆品、钟鼎品、古文品、碑刻品、附器品、辨谬品、隶书品、字源七辨等八目。附录收录李阳冰《摹印四妙》、《汉印钮制》、《世存古今图印谱式》、洗印法、印油法、取字法、金石叙略及跋文三篇。

《学古编》在印学史上享有很高声誉，是印学史上最早的一部印论经典著作，尤以其中《三十五举》,初创印论体例,是历史上最早研究印章艺术的专论,对后世篆刻理论发展及篆刻实践产生了深远影响。作为早期印论著作,《学古编》始终未能超出写篆、写印稿的范围,是其不足之处。

（洪敬辉）

衍极并注 〔元〕郑杓

《衍极》，五卷，卷各一篇，凡五篇。郑杓撰。有明成化刊本、弘治刊本、万历沈氏刊本（附考释一卷）、《十万卷楼丛书》本（各本卷数相同，均有刘有定注文）、《说郛》本、《宝颜堂秘笈》本（以上二本均一卷无注）、《四库全书》从《永乐大典》辑出本（二卷，各句附刘有定注）、上海书画出版社《历代书法论文选》本（有刘注）等。

郑杓，字子经，莆田（今属福建）人。元泰定（1324—1328）中曾征聘为南安县学教谕。明字学，善书法，著有《衍极》、《书法流传之图》、《学书次第之图》、《论题署书》、《论古文》等。

《衍极》各篇摘其篇首二字为篇名。

全书自仓颉至郑杓所处的元代，广集古人篆籀以至书法之变，皆在所论。书内以篇分述。卷一至朴篇，略述汉字起源、发展及书体的流变，记载了历代在文字史和书史上有贡献的人物，如仓颉、大禹、史籀、李斯、程邈、蔡邕、张芝、钟繇、伯英、元常、王羲之、李阳冰、张旭、颜真卿、蔡襄等，介绍了他们的成就和作用。

卷二书要篇，论及文字六书、书体流变、书迹碑帖的辨识、书法及书法传承等。指出书体源于自然，"隶之八分变为飞白、行草"，"草本隶，隶本篆，篆出于籀，籀始于古文"，都不失为至论。篇后讲了字有九德，以人之九种品德作比。

卷三造书篇，论书道当有师法。"自秦以来，知书者不少，知造书之妙者为独少，无他，由师法之不传也。""法者书之正路也。正则直，直则易，易则可至。人偝（背）则邪，邪则曲，曲则难，于是转脱淫夸，以枭乱世俗。"记述了历代书法家书法的流传及其师法作用，并对唐代以来的书法著作和碑铭加以介绍品评。

卷四古学篇，篇首论书法，认为"执笔贵圆，字贵方；篆贵圆，隶贵方。圆效天，方法地；圆有方之理，方有圆之象。篆不篆，隶不隶，不知其为书也。"篇中广泛介绍了晋唐以来各代书家的书法、著述及书法理论，并评论其优劣成败。

卷五天五篇,讨论书体兴衰衍变之迹,记载和考辨十几种碑帖全书,讲述指、掌、腕、肘等执笔法。

卷末曰:"或问'衍极',曰:'极者,中之至也。''曷为而作也?'曰:'吾惧夫学者之不至也。'"即是说,书名"衍极"二字之意,是演述书道至言,而著此书目的是为学书者指明路径,以免误入歧途。《衍极》一书,所论博洽,不乏真知灼见,可为研究书史之重要参考,然而其文古奥难懂,内容错杂少序,持论多有偏激。此书溯源古文、籀、篆、隶、八分,折中锺、王,议论固属必要,但于书家,在唐仅推张旭、颜真卿、李阳冰三家,于宋则推蔡襄、黄庭坚、程颢、朱熹、王埜,其他不录,确为不足。

由于郑杓原书文字极简,晦涩难解,遂有刘有定为之作注。刘有定,字能静,号原范,与郑杓同时同郡人。生平事迹不详。《衍极》一书,今人疑为作者日常所记心得,缀串成篇,全书叙次无系统,且遣词又务简古,赖有刘有定之注尚可循文得义。刘注逐条诠释,实为读《衍极》时必不可少之参考,何况刘注常常不拘泥于原文,阐发相当广泛深入。如《至朴篇》中,原文"五代而宋"一句仅十二字,刘注则自蔡邕述至宋朝欧阳修、蔡襄,凡五百余字。刘注更重要的价值是保存了书史上珍贵资料。刘注征引采遗,所用资料中如王愔《文字志》、郑樵《书衡》、汪达《淳化阁帖辨记》、赵必晔《续书谱辨妄》等书,皆为他书所未见。

(侯占虎)

翰林要诀 〔元〕陈绎曾

《翰林要诀》，一卷。元陈绎曾撰。有《格致丛书》本、《书法正传》本、《美术丛书》本、《历代书法论文选》本。

陈绎曾（约 1286—1345），字伯敷，处州（今浙江丽水县）人。元统中举进士，官至国子助教。口吃而聪敏异常，诸经注疏多能成诵，文辞汪洋。善书法，尤善真、草、篆三体。著有《文说》、《文筌》、《诗小谱》、《法书论》、《论八分》、《论章草》、《论行书》、《论隶书》及《翰林要诀》。

《翰林要诀》共分十二章，论述学书诸法。

第一，执笔法。又分三部分。一、指法，分㧑、捺、钩、揭、抵、拒、导、送八种。虽与李煜《书述》中所言拨镫七字法大致相同，但有其注释，如"右名拨镫法。拨者，笔管著中指名指尖，圆活易转动也。镫即马镫，笔管直则虎口间如马镫也。足踏马镫浅，则易出入；手执笔管浅，则易转动也"。此种对"拨镫"的解释可备一说。二、腕法，介绍枕腕、提腕、悬腕三法。三、手法，谓"大凡学书，指欲实，掌欲虚，管欲直，心欲圆"。四、变法，介绍撮管、㩜管、捻管、握管四法。执笔法中，实包括运笔法。

第二，血法。在分别讲述蹲、驻、提、捺、过、抢、衄七法后，于章末又详述"字生于墨，墨生于水。水者，字之血也。笔尖受水，一点已枯矣。水墨皆藏于副毫之内，蹲之则水下，驻之则水聚，提之则水皆入纸矣。捺以匀之，抢以杀之、补之，衄以圆之。过贵乎疾，如飞鸟惊蛇，力到自然，不可少凝滞，仍不得重改"。

第三，骨法。讲述提、纵二法，并加注释说："字无骨。为字之骨者，大指下节骨是也。……提者，大指下节骨下端小竦动也；纵者，骨下节转轴中筋络稍和缓也。"

第四，筋法。又分二部分。一、字法，讲述藏、度二法。又言："字之筋，笔锋是也。断处藏之，连处度之。藏者首尾蹲抢是也，度者空中打势，飞度笔意也。"二、指法："中指下贯上，左贯右，笔中柔。名指上贯下，右贯左，笔中韧。"实为对执笔法中指法的补充和强调笔中柔韧。

第五,肉法。讲述捺满、提飞等写字法:"字之肉,笔豪是也。疏处捺满,密处提飞;平处捺满,险处提飞。提满即肥,提飞则瘦。"后论用笔、纸、砚及磨墨之法。

第六,平法。讲述平画的偃、仰、平、勒四种用笔法,并强调"凡平画忌如算子。终篇展玩,不见横画,始是书法"。

第七,直法。讲述竖画中垂露、悬针、向、背、努、僵等用笔之法。

第八,圆法。讲述曲画、侧画中侧、联飞、烈火、曾头、其脚、啄、掠、撇、波、拔、逴、策、磔、挫、打、打勾、趯下、背抛、大背抛、挑、戈、勾裹、双包、双裹、平方、飞方等用笔之法。各名词之下还有笔画示意。

第九,方法。讲述八面、九宫、结构、均方四种构字布阵之法。结构条中曰:"随字点画多少,疏密各有停分,作九九八十一分界画均分布之。先于钟、王、虞、颜法帖上以朱界画印,印讫,视帖中字画分数,一一临拟。仍欲察其屈伸变换本意,秋毫勿使差失。四家字体既熟,方可旁及诸家。"此对初学者不失为有效之法。

第十,分布法。讲述布方、映带、变换、体样、字间、行白、篇段七种构字用笔之法。

第十一,变法。讲述字的情、气、形、势四要素。这是此著中重要的理论分析。如喜怒哀乐之情,各有分数和轻重,其对书法之舒、险、敛、丽的养成影响则有浅深。如气对作字之清、和、肃、奇、丽、古、澹等交相为用,变化无穷。如形为字形八面,迭递增换,一面、两面、三面以上变化不可胜数。如势,虽形不变,而势所趋背各有形态。

第十二,法书。介绍历代真行书法帖,并对后人摹勒前人之诸法帖加以介绍和评论。

书末言:"右十二章,大要笔圆字方,傍密间豁,血浓骨老,筋藏肉洁,笔笔造古意,字字有来历。日临名书,毋吝纸笔,工夫精熟,久自得之矣。"此书是作者对前人书法的研究和总结,也有个人读书临池的体会。后人凡论书者,多予重视。然余绍宋《书画书录解题》批评此书涉于繁琐,徒令学者目眩神昏,不知所主。

(侯占虎)

书史会要 〔元〕陶宗仪

《书史会要》,九卷。另有补遗一卷,续编一卷。元末明初陶宗仪撰。续编为明朱谋垔补。有崇祯刻本、三续《百川学海》本,无卷数。今有上海书店1984年据1929年武进陶氏逸园景刊明洪武本影印本(无朱谋垔续编)。

陶宗仪生平事迹见"南村辍耕录"条。续编者朱谋垔生平事迹见"画史会要"条。

是书前八卷载上古三皇至元末书家小传,有详有略,详者达千字以上,略者仅七八字或十几字。其各卷内容为:卷一,三皇至秦;卷二,汉、三国;卷三,晋;卷四,宋、齐、梁、陈、北齐、隋;卷五,唐、五代;卷六,宋;卷七,元;卷八,辽、金;卷九为书法则,录有李斯、蔡邕、卫夫人、王羲之、僧智果、欧阳询、孙过庭、颜真卿、张怀瓘、虞世南、黄庭坚、姜夔、陈绎曾等论书之法,各文中间附字例示意。卷末有补遗和考详一篇。书前有宋濂序、自序、曹睿(新民)叙和引用诸书书目一百余种。书后有孙作所撰《南村先生传》、郑真后序,陶珙校注。后人对陶宗仪此书评为"摭采至为繁富,文笔简当,间加评述,贵有褒贬。惟其所采之书,间有未及改正者"。对卷九所录书法论述,评谓"杂采古来书家绪论,真伪杂淆,殊不足取"。对朱谋垔《续编》则评为"多托于评者之言",少有个人见解。

(王剑冰)

绘 画

五代名画补遗 〔北宋〕刘道醇

《五代名画补遗》,一卷。北宋刘道醇撰。成书于宋仁宗嘉祐四年(1059),有明毛晋汲古阁影摹宋刻本、《王氏书画苑》本、清《四库全书》本,今人于安澜编《画品丛书》收入《五代名画补遗》(上海人民美术出版社,1982年)。

刘道醇(生卒年不详),大梁(今河南开封)人,生平无考,著有《五代名画补遗》、《宋朝名画评》。

《五代名画补遗》系刘道醇为补胡峤《广梁朝名画目》阙坠而作。胡著始自尹继昭,终于刘永,共记有画家四十三人。刘道醇将其书漏略者叙而编之,共补二十四人,撰成是书。全书分为人物、山水、走兽、花竹翎毛、屋木、塑作、雕木七门,其中人物画家十人,山水画家二人,善画走兽的二人,画花竹翎毛的四人,长于画屋木的二人,塑作三人,雕木一人。并且按照神品、妙品、能品三品,对所记画家作了品评。

刘道醇在记录五代画家画迹之时,对这些画家的作品也作出自己的评价,反映出他的鉴赏标准与当时的审美时尚。如其评论关仝的山水画说:"仝之画也,坐突巍峰,下瞰穷谷,卓尔峭拔者,仝能一笔而成。其疏擢之状,突如涌出,而又峰岩苍翠,林麓土石,加以地理平远,磴道邈绝,桥彴村堡,杳漠皆备。故当时推尚之。"其评述胡瓌善画"番马"说:"或随水草放牧,或在驰逐弋猎,而又胡夫惨冽,沙碛平远,能曲尽塞外不毛之景趣,信当时之神巧,绝代之精技欤?""予观瓌之画,凡握笔落墨,细入毫芒,而器度精神,富有筋骨。"其评论赞华画马则说:"骨法劲快,不良不驽,自得穷荒步骤之态。其所短者,设色粗略,人物短小,此其失也。"

《五代名画补遗》还记录了画家的作画故事以及画家的诗作。如跋异"败于张将军"、"取捷于李罗汉"故事,反映出当时画家角逐之烈。荆浩的诗:"恣意纵横扫,峰峦次第成。笔尖寒树瘦,墨淡野云轻。岊石喷泉窄,山根到水平。禅房时一展,兼称苦空情。"为研究荆浩的山水画创作保留下珍贵的历史资料。

晁公武《郡斋读书志》对《五代名画补遗》有录,但将作者误为刘道成,将陈洵直序误记成符嘉祥序。陈振孙《直斋书录解题》将此书书名误记为《五代名画记》。近人余绍宋《书画书录解题》说,五代战乱不已,"盖天下汹汹,文艺堕地几尽",刘道醇的记载,可谓"硕果仅存","可胜叹哉"。

(高若海)

宋朝名画评 〔北宋〕刘道醇

《宋朝名画评》,亦名《圣朝名画评》,三卷,北宋刘道醇著。晁公武《郡斋读书志》有录,成书年代无考,通行版本有《王氏书画苑》本、《四库全书》本,今人于安澜编《画品丛书》收入《宋朝名画评》(上海人民美术出版社,1982年)。

是书卷首有序,据《四库全书总目》分析:"首有叙文,不著名氏,其词亦不类序体,疑为书前发凡,后人以原书无序,析出别为一篇也。"余绍宋《书画书录解题》认为此说"良是"。在这篇发凡中,刘道醇提出识画的"六要"与"六长"。"夫识画之诀在乎明'六要'而审'六长'也。""所谓'六要'者,气韵兼力,一也;格制俱老,二也;变异合理,三也;彩绘有泽,四也;去来自然,五也;师学舍短,六也。所谓'六长'者:粗卤求笔,一也;僻涩求才,二也;细巧求力,三也;狂怪求理,四也;无墨求染,五也;平画求长,六也。既明彼'六要',是审彼'六长',虽卷帙溢箱,壁版周庑,自然至于别识矣。""六要"从气韵、格制、变异、赋彩、自然、舍短等方面品评绘画作品的优劣,"六长"则强调粗豪奔放仍需讲究用笔技巧,冷僻凝敛仍应有才思法度,细密纤巧中需显现力量,狂放怪诞中应求合理,无墨处亦求渲染,简笔处亦求有形象,反映出刘道醇对艺术法则的辩证掌握。他提出观赏图画宜有一定的条件,"天气晦冥,风势飘迅,屋宇向阴,暮夜执烛,皆不可观"。"必在平爽霁清,虚室面南,依正壁而张之,要当澄神静虑,纵目以观之。且观之法:先观其气象,后定其去就,次根其意,终求其理,此乃定画之钤键也。"

刘道醇将画作归为三品,"三品者,神、妙、能也"。全书所记画家,均按三品区分为不同的品第。第一卷为人物门,收有神品六人,妙品十五人,能品十九人。第二卷为山水林木门与畜兽门,前者神品二人,妙品六人,能品十人;后者神品一人,妙品六人,能品十二人。第三卷共有三门,花木翎毛门神品四人,妙品九人,能品九人;鬼神门神品一人,妙品一人,能品二人;屋木门神品二人,妙品二人,能品三人。画家品第的评定,严格按照每人的作品实际,如山水画的神品有李成、范宽,花卉翎毛画的神品有徐熙、唐希雅、黄筌、黄居寀。以善画鹤的黄筌为例,在花木翎毛门被列为神品,在人物门被列为妙品,在山水门则只列为能品。可见刘道醇的品评是符合黄筌实际的。

全书共收录九十余人。每人均有小传或合传,传后加以评语,或二三人并为一评,说明所以列入各品的理由。这些品评,反映了作者的绘画见解和美学思想,是全书精彩之处。李成、范宽都是北宋山水画大师,刘道醇在两人小传内对他们的山水画成就给予高度肯定,同时阐发了自己"宗师造化"的美学思想。他说:"成之为画,精通造化,笔尽意在,扫千里于咫尺,写万趣于指下。""评曰:成之命笔,惟意所到,宗师造化,自创景物,皆合其妙。耽于山水者,观成所画,然后知咫尺之间,夺千里之趣,非神而何?故列神品。"其写范宽为"对景造意,不取繁饰,写山真骨,自为一家"。"评曰:范宽以山水知名,为天下所重。真石老树,挺生笔下,求其气韵,出于物表,不资华饰。在古无法,创意自我,功期造化;而树根浮浅,平远多峻,此皆小瑕,不害精致,亦列神品。"从中可见刘道醇强调以造化为师,以创意自我、自成一家为贵,以意在笔先、笔尽意在为神,实为北宋时期绘画成就的理性概括。

刘道醇认为绘画应表达出所画对象的"真体"、"真骨"、"生意",他在评赵光辅画马时说:"善观画马者,必求其精神筋力,精神完则意出,筋力劲则势在。"他评论赵邈卓画虎说:"善画虎,多气韵,具形似。夫气韵全而失形似,虽活而非;形似备而无气韵,虽似而死。"他在评析徐熙、唐希雅的花竹翎毛画时说:"江南绝笔,徐熙、唐希雅二人而已。极乎神而尽乎微,资于假而迫于真,象生意端,形造笔下。"

《宋朝名画评》是北宋时期重要画品著作。《四库全书总目》称其评论平允,言之有据:"黄休复《益州名画录》列黄筌及其子居寀于妙格下,而此书(指《宋朝名画评》)于人物门则筌、居寀并列入妙品,花木翎毛门则筌、居寀又列入神品,盖即一人,亦必随其技之高下而品骘之,其评论较为平允。其所叙诸人事实,词虽简略,亦多有足资考核者焉。"余绍宋《书画书录解题》亦说:"词简而意备,洵佳构也。""其发明识画之诀,在明'六要',审'六长',亦千古不易之论。"

(高若海)

益州名画录 〔北宋〕黄休复

《益州名画录》,又名《成都名画记》,三卷。北宋黄休复著。书前有李畋于宋景德三年(1006)所作序,可知成书约在此时。通行版本有明朱氏等校刻《王氏书画苑》本、清《四库全书》本、人民美术出版社《中国美术论著丛刊》本(1964年版)、四川人民出版社何韫若、林孔翼注本(1982年版)。

黄休复(约1001年前后在世),字归本,江夏(今湖北武昌)人。通晓《春秋》学,校《左传》、《公羊传》、《穀梁传》,撰有《茅亭客话》。喜好绘画艺术,善访名画,深得其中乐趣。五代时,益州(今四川成都及其周围地区)多名画,富视他郡,善画之士,也多到此地作画。至宋初伐蜀时,寺观壁画大都保存完好无损。到了淳化年间,才由盛转衰,可观者十仅二三。对此,黄休复心郁久之,遂著成《益州名画录》,将珍贵的画史资料以文字形式保存下来。

《益州名画录》是益州地区的绘画品评著作。记录了自唐乾元初年(758)至北宋乾德年间(963—968)五十八位画家的生平事迹与代表作。全书分为三卷,上卷记有孙位、黄筌等二十人,中卷记有李昇、黄居寀等二十六人,下卷记有陈若愚等十二人,并附有"有画无名"与"有名无画"等画史资料。

黄休复将画品分为逸、神、妙、能四格,并推崇逸格,认为它是四格之首。在《益州名画录》目录中,他对四格的区分作了具体解释:"画之逸格,最难其俦。拙规矩于方圆,鄙精研于彩绘,笔简形具,得之自然,莫可楷模,出于意表,故目之曰逸格尔。""大凡画艺,应物象形,其天机迥高,思与神合。创意立体,妙合化权,非谓开厨已走,拔壁而飞,故目之曰神格尔。""画之于人,各有本情,笔精墨妙,不知所然。若投刃于解牛,类运斤于斫鼻。自心付手,曲尽玄微,故目之曰妙格尔。""画有性周动植,学侔天功,乃至结岳融川,潜麟翔羽,形象生动者,故目之曰能格尔。"

逸、神、妙、能四格,以能格地位最低。所谓能格,是指画家对山川鸟兽的观察精细,再现技巧高超,达到形象生动、功夫奇巧的地步。黄休复称滕昌祐"攻画无师,唯写生物,以似为工";称张询画早、午、晚三时山景,"貌吴中山水,颇甚工"。前者被归为能格中品,后者列入能格下品,可见黄休复对"形似"是看得较低的。妙格是指"笔精墨妙",所创造的形象能够超出有限的物象,体现出哲学意蕴,达到"曲尽玄微"、妙不可言的地步。黄休复记载李昇"得张璪员外山水一轴,玩之数日,云未尽妙矣。遂出意写蜀境山川平远,心思造化,意出先贤,数年之中创成一家之能,俱尽山水之妙"。李昇被列为妙格下品。神格是指画家创造的意象符合大自然的造化神工,达到"妙合化权"、天然神化的境界。黄休复称赵公祐"天资神用,笔夺化权,应变无涯,罔象莫测,名高当代,时无等伦"。赵公祐被列为神格。然而神格仍不及逸格。黄休复所说的逸格,具有"得之自然"、"笔简形具"的特点,达到这一境界的画家,尽管鄙视精研彩绘,拙于规矩方圆,却能创造出"莫可楷模,出于意表",独具艺术个性的作品。黄休复所提倡的这种美学品格,到元代发展成倪云林等元四家"写胸中逸气"的画风。

《益州名画录》不仅记录了蜀中画家的画迹,而且收有关于绘画的诗文。如黄筌名下,收有欧阳炯撰述的《蜀八卦殿壁画奇异记》;在黄居寀名下,录有徐光溥《秋山图歌》,这些诗文为研究画家的作品提供了珍贵史料。《四库全书总目》称:"其书叙述颇古雅,而诗文典故所载尤详,非他家画品泛题高下无所指据者比也。"

(高若海)

图画见闻志 〔北宋〕郭若虚

《图画见闻志》,六卷。北宋郭若虚著。成书于北宋熙宁七年(1074)后。传世版本有明翻南宋陈道人刊本、《津逮秘书》本、《学津讨原》本、《四库全书》本及《四部丛刊》、《丛书集成》本。

郭若虚(生卒年不详),太原(今山西太原)人。熙宁三年(1070),官供备库使,七年以西京左藏库副使,副宋昌言为辽国贺正旦使,八年为文思副使。祖父曾官至司徒,与丁谓、马知节同为宋初显官,"蓄书画均,故画府称盛焉"。其父去世较早,但也精于鉴赏。其秉承二世之好,对绘画有着较深的理论修养和鉴赏能力。每获佳作,则"宴坐虚庭,高悬素壁,终日幽对,愉愉然,不知天地之大,万物之繁","又好与当世名士,甄明体法,讲练精微,凡所见闻,当从实录"。清陆心源所撰的《仪顾堂题跋》,对郭若虚的生平事迹有考。

《图画见闻志》是继张彦远《历代名画记》后又一部重要的画史著作。《历代名画记》记载迄于唐会昌元年(841),《图画见闻志》则自会昌元年续起,止于宋神宗熙宁七年,记载其间二百三十多年的画家、画迹,也记有郭若虚对画理的阐述和对画家的评述。全书共分六卷,第一卷为《叙论》,共十六篇,记载了有关绘画的著作、收藏、作用和题材含义,论述了绘画创作的源泉、流派和风格、古今优劣。第二至四卷为《纪艺》上、中、下,按时代先后为序,逐个介绍画家的生平事迹、创作活动及传世作品。第五卷为《故事拾遗》,采拾宋以前有关绘画的遗闻轶事。第六卷为《近事》,记述北宋初年的绘画史料。

集中体现郭若虚绘画理论的是《叙论》十六篇。《叙制作楷模》强调画家精细地观察生活。他说:"大率图画风力气韵,固在当人,其如种种之要,不可不察也。""画龙者……分成九似,(角似鹿,头似驼,眼似鬼,项似蛇,腹似蜃,鳞似鱼,爪似鹰,掌似虎,耳似牛也。)穷游泳蜿蜒之妙,得回蟠升降之宜。""画水者,有一摆之波,三折之浪,布之字之势,分虎爪之形;汤汤若动,使观者浩然有江湖之思为妙也。"《论气韵非师》指出:"六法精论,万古不移。""凡画必周气韵,方号世珍,不尔,虽竭巧思,止同众工之事,虽曰画而非画。"认为画家的人品决定画品。"人品既已高矣,气韵不得不高;气韵既已高矣,生动不得不至。所谓神之又神,而能精焉。"《论用笔得失》指出"凡画气韵本乎游心,神彩生于用笔","画有'三病',皆系用笔,所谓'三病'者:一曰版,二曰刻,三曰结。"强调"意存笔先",他说:"意存笔先,笔周意内,画尽意在,象应神全。"

《纪艺》上、中、下,记载画家二百九十二人。其中唐末和五代画家一百十八人;北宋建隆元年(960)至熙宁间画家一百七十四人。郭若虚突破了"诸家画记,多陈品第"的传统,不是机械地把画家简单地区分为不同品第,而是根据每人的艺术风格和特长,以实记之。正如其在卷首序中所说:"今之作者,各有所长,或少也嫩而老也壮,或始也勤而终也怠,今则不复定品。"郭若虚的这些记载,不仅为唐末宋初画史提供了丰富的史料,而且反映出他的美学思想与绘画见解。如其记北宋画家易元吉:

> 尝游荆湖间,入万守山百余里,以觇猿狖獐鹿之属,逮诸林石景物,一一心传足记,得天性野逸之姿。寓宿山家,动经累月,其欣爱勤笃如此。又尝于长沙所居舍后,疏凿池沼,间以乱石丛花、疏篁折苇,其间多蓄诸水禽,每穴窗伺其动静游息之态,以资画笔之妙。

强调画家观察事物,研究物理,并对这样的画家给予高度评价。他称赞黄居寀"默契天真,冥周物理",徐熙"学穷造化,意出古今",认为张璪画松能特出意象,是其"外师造化,中得心源"的结果。

《图画见闻志》在画论、画史研究上的价值,历代学者都给予高度肯定,并将其与张彦远《历代名画记》相媲美。明毛晋在《隐湖题跋》中说:"郭若虚生熙宁之盛时,就所见闻,得若干人,以续彦远之未逮,但有编次,殊乏品骘,政弗欲类谢赫之低昂太著、李嗣真之空列人名耳。"《四库全书总目》云:"就其所载论之一百五、六十年之中,名人艺士、流派本末,颇称赅备,实视刘道醇《画评》为详。"清周中孚在《郑堂读书记》中亦说:"以作者互有短长,不复定品,惟笔其可纪之能、可谈之事,暨诸家画说及古今事迹,采拾略备,所论亦多深解画理,诚足以上继爱宾,而下接公寿矣。"

近人余绍宋所著《书画书录解题》,具体分析了是书的缺欠:"其叙述事实固佳,然以较张氏则少逊。"第五卷《故事拾遗》所记张璪事,"《历代名画记》已有其文,不知缘何又收入也?"但对郭氏所著此书的意义,还是颇为肯定的,"续前人之书,而不袭其旧式,亦是书之长处也。自来言画之书,义例每嫌芜杂,是编首叙诸家文字,意在著录前人论述,以明其述作之渊源,末一篇叙述画,斥方术怪诞之谬,以明画道之正轨,章法谨严,得未曾有"。

《图画见闻志》的研究著作有邓白注《图画见闻志》(四川美术出版社,1986年)、俞剑华注释《图画见闻志》(江苏美术出版社,2007年)、米田水译注《图画见闻志·画继》(湖南美术出版社,1999年)等。

(高若海)

林泉高致 〔北宋〕郭 熙 郭 思

《林泉高致》，又名《林泉高致集》，六篇。北宋郭熙撰，其子郭思续补。前四篇《山水训》、《画意》、《画诀》、《画题》为郭熙所作，郭思作注；后两篇《画格拾遗》、《画记》出自郭思之手。据卷首翰林学士河南许光凝于政和七年(1117)序可知，此书首刻于宋徽宗时。元惠宗至正八年(1348)豫章欧阳必学重刻，附入王维和李成《山水诀》、荆浩《山水赋》、董羽《画龙辑议》各一篇。通行版本有：明詹景凤万历十八年(1590)年所编《画苑补益》本、《四库全书》本、《画论丛刊》本以及2010年中华书局与山东画报出版社分别出版的排印本。

郭熙(1020？—1100？)，字淳夫，河阳温县(今属河南)人。宋神宗熙宁元年(1068)宰相富弼判河阳，奉旨征调郭熙入京。曾任御画院待诏、艺学等，后任翰林待诏直长，深得神宗宠遇。其山水画宗李成而又能突破其法，善画寒林，长于表现云烟出没和峰峦隐现，晚年艺术造诣更高，画风雄健。是李成、范宽后北宋中期一位重要的山水画家。精于鉴赏，宋神宗曾谓其"画鉴极精"，"可将秘阁所有汉晋以来名画尽令郭熙详定品目"。郭熙将前人的艺术创作传统和自己的创作心得融汇为一体，著成《林泉高致》。

郭思，字得之，宋神宗元丰五年(1082)进士，官至徽猷阁待制，秦凤路经略安抚使。善杂画，工画马。自云"卯角时侍先子游泉石，每落笔必曰画山水有法，岂得草草。思闻一说，旋即笔记，今收拾纂集"，"用贻同好"。其在为《山水训》作注时说："平昔见先子作一、二图，有一时委下不顾，动经一、二十日不向，再三体之，是意不欲。""又每乘兴得意而作，则万事俱忘，及事汩志挠，外物有一，则亦委而不顾，委而不顾者，岂非所谓昏气者乎？""已营之，又撤之；已增之，又润之；一之可矣，又再之；再之可矣，又复之，每一图必重复终始，如戒严敌，然后竟，此岂非所谓不敢以慢心忽之者乎？"其所作《画格拾遗》，记述郭熙生平与绘画真迹，《画记》则记载郭熙在神宗朝所受到的宠遇。

《山水训》为《林泉高致》中最重要的一篇，是北宋时期山水画美学的最重要的著作，也是古典画论中的名篇。篇中对山水画的作用和美学意义给予高度肯定。篇首即提出："君子之所以爱夫山水者,其旨安在？丘园养素,所常处也;泉石啸傲,所常乐也;渔樵隐逸,所常适也;猿鹤飞鸣,所常观也;尘嚣缰锁,此人情所常厌也;烟霞仙圣,此人情所常愿而不得见也。"但是,这种"林泉之志",并非随时随地皆可满足,于是山水画的作用就尤为可贵了。"今得妙手,郁然出之。不下堂筵,坐穷泉壑;猿声鸟啼,依约在耳;山光水色,滉漾夺目。斯岂不快人意实获我心哉？此世之所以贵夫画山水之本意也。"郭熙进一步分析山水的用处无非是"可行"、"可望"、"可游"、"可居",其中又以"可游"、"可居"最为难得。"君子之所以渴慕林泉者,正谓此佳处故也。故画者当以此意造而鉴者又当以此意穷之,此之谓不失其本意。"

郭熙总结自己作画的切身体会,对山水画的创作提出了一些相当精辟的见解。他提出山水画欲达到"夺其造化"的地步,"则莫神于好,莫精于勤,莫大于饱游饫看"。"好",即热爱,不仅仅是一般的爱好,而且要全身心注入,使画家的身心与山川融而为一,才能把握山水的性灵。"身即山川而取之,则山水之意度见矣。"郭熙这一名言,深刻揭示了山水画的创作绝不仅仅是简单地描摹自然的过程,而是画家的"林泉之心"与自然景物的交融,是画家对"山水意度"的体验与把握。

这种体验与把握,离不开对山水的"饱游饫看"。《山水训》中,记有作者对祖国壮丽山河的精细观察,并记有郭熙对不同季节山水云气、烟岚的生动描述。"真山水之云气,四时不同:春融怡,夏蓊郁,秋疏薄,冬黯淡,画见其大象而不为斩刻之形,则云气之态度活矣。""真山水之烟岚,四时不同:春山艳冶而如笑,夏山苍翠而如滴,秋山明净而如妆,冬山惨淡而如睡,画见其大意而不为刻画之迹,则烟岚之景象正矣。"他又说:"山,春夏看如此,秋冬看又如此,所谓四时之景不同也。山,朝看如此,暮看又如此,阴晴看又如此,所谓朝暮之变态不同也。如此是一山而兼数十百山之意态,可得不究乎？"

郭熙在《山水训》中提出了"山形步步移"、"面面看"的观察方法。他说:"山,近看如此,远数里看又如此,远数十里看又如此,每远每异,所谓山形步步移也。山,正面如此,侧面又如此,背面又如此,每看每异,所谓山形面面看也。"郭熙还提出了著名的"三远"和"三大"说。"三远"是望山有"高远"、"深远"、"平远"之别,"自山下而仰山巅谓之高远","自山前而窥山后谓之深远","自近山而望远山谓之平远","高远之色清明,深远之色重晦,平远之色有明有晦。高远之势突兀,深远之意重叠,平远之意冲融"。"三大"是画山、树、人要"皆中程度",他说:"山有三大,山大于木,木大于人。山不数十重如木之大,则山不大;木不数十百如人之大,则木不大。"

郭熙重视山水画的诗意追求。他在《画意》中说:"'诗是无形画,画是有形诗',哲人多谈此言,吾人所师。"他强调山水画的"景外意"。在《山水训》中,他阐述"景外意"说:"看此画,令人生此意,如真在此山中,此画之景外意也。"诸如"见青烟白道而思行,见平川落照而思望,见幽人山客而思居,见岩扃泉石而思游,看此画令人起此心,如将真即其处,此画之意外妙也"。

郭熙认为要画好山水画,画家应对自身的修养提出较高的要求。"养欲扩充"、"览欲淳熟"、"经之众多"、"取之精粹",是其在《山水训》中关于画家修养的精彩概括。所谓"养欲扩充"就是画家要有广博的文化修养;所谓"览欲淳熟",是指画家应熟悉艺术表现的种种技巧,并能运用自如,达到炉火纯青的地步;所谓"经之众多"是指博采众长,融会贯通,而后独树一帜,自成一家;所谓"取之精粹",是指画家对艺术素材的选取,务求精致。他认为有些画家之所以画不出山水画的佳作,原因就在于"所养之不扩大,所览之不淳熟,所经之不众多,所取之不精粹"。他说:"千里之山,不能尽奇;万里之水,岂能尽秀?太行枕华夏,而面目者林虑;泰山占齐鲁,而胜绝者龙岩,一概画之,版图何异?凡此之类,咎在于所取之不精粹也。"

郭熙《林泉高致》的出现,标志着中国山水画理论和山水美学思想走向成熟,在山水画的创作与古典美学思想的发展中,有着重要的意义。

关于《林泉高致》的研究著作有叶朗《宋元书画美学》(《中国美学史大纲》,上海人民出版社,1985年)、敏泽《北宋的美学思想》(《中国美学思想史》第二卷,齐鲁书社,1989年)、张同标等《郭熙〈林泉高致〉研究》(《北派山水画研究》,人民出版社,2006年)等。

(高若海)

德隅斋画品 〔北宋〕李 廌

《德隅斋画品》，又名《德隅堂画品》、《李廌画品》、《画品》，一卷。北宋李廌撰。通行本有明嘉靖年间《顾氏文房小说》本、明末《王氏书画苑·画苑补益》本、《宝颜堂秘笈》本和《四库全书》本、《丛书集成初编》本。

李廌(1059—1109)，字方叔，号济南、太华逸民。原先世居郓城(今属山东)，其先人徙居华州(陕西华县)，遂为华州人。李廌年轻时即颇有文才，曾获苏轼赏识，可惜无缘亲手荐引，终于未登仕途。中年无意功名，一心交友撰述，认为颍州(河南许昌)历来是英才荟萃之地，于是徙居所属之长社，并终老于此。李廌喜论古今治乱，撰文落笔如飞，曾上书朝廷，出谋献策，纵论国事，天下闻名。苏轼称其笔墨澜翻，文有飞沙走石之势，寄予厚望。后人尊为"苏门六君子"之一。著有《济南集》、《师友谈记》等。其生平事迹见《宋史》卷四四四、《宋元学案》卷九九和《宋人轶事汇编》。

据南宋陈振孙《直斋书录解题》，谓本书成于北宋元符元年(1098)，是李廌在襄阳(今属湖北)品评赵德麟藏画所题写的文字。今按书中《补陀观音像》条曰："予尝与德麟雨后望襄阳凤林诸山。"《长带观音》条谓德麟所藏赵大年画，皆属大年平时所得意者。可见陈振孙所言必有依据，只是陈振孙将"德隅斋"题作"德隅堂"，《四库全书总目》已据邓椿《画继》证明陈氏之误。

赵德麟，名令畤，与书画名家赵大年同属赵宋宗室子弟。德麟曾因与苏轼交往而入党籍，故与李廌志同道合，十分亲密。李廌年长两岁。

本书既是将品题赵德麟藏画文字汇集而成，而且当时德麟在襄阳任官，行囊中收藏不多，因此评论必然不成系统，难以完备。不过由于李廌见多识广，德麟所藏又多属精品，故所涉绘画题材较为宽泛，持论颇具代表性。全书以画立目，共计二十二幅，二十二目。然末尾泛论赵大年画附于《李伯时长带观音》之后，虽未立目，实应另立一条，故当为二十三条。《四库全书总目》称"是编所记名画，凡二十有二人"，不确。

书中所载名画,若以题材区分,大致可分为四类。一是释道鬼神,有唐代范琼《大悲观音像》、张南本《火佛像》、赵公祐《正坐佛》,五代石恪《玉皇朝会图》、厉归真《渡水牛出林虎》、勾龙爽《补陀观音像》、张图《紫微朝会图》、无名氏《荧惑像》《被发观音变相》,宋孙知微《雪钟馗》、李公麟《长带观音》等十一幅;二是花鸟禽兽,有五代徐熙《鹤竹图》、锺隐《棘鹞柘条铜嘴》、黄筌《寒龟曝背图》,宋包鼎《乳虎图》、赵昌《菡萏图》等五幅;三是山水楼阁,有五代孙位《春龙起蛰图》、关仝和胡翼合作的《仙游图》,宋郭忠恕《楼居仙图》、戚化元《归龙入海图》等四幅;四是人物,有梁元帝《番客入朝图》、无名氏《灵惠应感公像》等二幅。此外还概括述评了宋代赵令穰的五色山水花鸟。

本书名为"画品",却不着眼于分别等第,比较优劣,而是就亲眼所见加以评述,描写生动细腻,阐发合情合理。时常以所评对象与当时同类作品比较,或与同一作者的其他画作比照,并借以概括特色风格,故所论其实不局限于这二十余幅画。

如评李公麟《长带观音》,述及当时士大夫舆论,谓其鞍马逾于韩幹、佛像可近吴道玄、山水似李思训、人物似韩滉。然李廌却认为,除此之外,李公麟最大的特点还在于"出奇炫异"。他画观音,绅带特长一身有半是出奇;他还曾画观音卧于石上,以前从未有过这种样式,当然也是为了出奇。又如论石恪《玉皇朝会图》,述及其《翁媪尝醋图》、《鬼百戏图》,从石恪纵逸绳检之外的豪放风格,窥视其滑稽玩世、奇倔不羁的性情。又如评论唐人赵公祐所作《正坐佛》,"慈悲威重,有巍巍堂堂天人师之容",与世俗常见的西域相、妇人相迥异,由此可见佛菩萨像自唐至宋,风格上已有极大变化。

李廌涉猎甚广,故书中所述,常能补画史阙漏。如五代黄筌花鸟画素以秾丽工精著称,而李廌所见《寒龟曝背图》独为水墨。"笔墨老硬,无少柔媚",表现的是"春雷已动,余寒未去,负朝阳以曝其背"时的情景,"其趣甚乐"。可见著名画师的手法风格是根据需要变化的,后人评述不可拘泥。又如五代后梁的张图,作画未经师授,泼墨山水享有盛名,而李廌所见张图道释人物,更为奇崛。其"作衣纹,不思吴衣当风、曹衣出水之例,用浓墨粗笔如草书,颤掣飞动,势甚豪放;至于作面与手,及诸服饰仪物,则用细笔轻色,详缓端慎,无一欹侧"(《紫微朝会图》)。这种创新手法对后世人物画的影响,不容低估。

除了具体画作的品评以外,李廌对绘画的整体看法,书中亦有所涉及。如《长带观音》一文中曰:"唐阎立本、杨炎能画,不害其为贵人;王维、郑虔能画,不害其为贤士;国朝燕龙图穆之、宋郎中复古,与(李)伯时皆能画,何愧于古耶?"由此可知当时社会舆论或许仍视绘画为小道,士人中大多也不学丹青,恐有"玩物丧志"之嫌。而以苏轼及其弟子为代表的文人士大夫,才真正开始大倡文人学画之风。

本书今日所见较早的刊本是宋左圭所辑、明佚名重辑的《百川学海》本和明嘉靖中顾元庆辑刊的《顾氏文房小说》本。此后又有明末詹景凤所辑《王氏书画苑、画苑补益》本和清初陶珽重校《说郛》宛委山堂刊本。詹氏《补益》本和《说郛》本先后次序不同，《补益》本少《感应公像》一条，然末有李廌自跋及赵令畤跋文。今人于安澜编《画品丛书》收入此书，用《顾氏文房小说》本作底本，以《百川学海》本和《宝颜堂秘笈》本参校，书后附有校勘记。上海书画出版社1992年《中国书画全书》本，以民国十年李之鼎辑刊《宋人集》丙编《济南集》附本为底本，参校《顾氏文房小说》本并断句排印，后附李廌和赵德麟跋文各一，所述本书撰写源委较详。

研究著作有王宏生《苏轼〈东坡题跋〉考论》(载《北宋书学文献考论》，上海三联书店，2008年)等。

（孙小力）

东坡题跋 〔北宋〕苏 轼

《东坡题跋》,六卷。北宋苏轼撰。通行本有《津逮秘书》本和《丛书集成初编》本(据《津逮秘书》本影印)。

苏轼生平事迹见"东坡易传"条。苏轼诗文书画,俱为一代宗师。其文如行云流水,明白畅达,为"唐宋八大家"之一。词开豪放一派,与辛弃疾并称"苏辛"。其书天真烂漫,人称当代第一,与黄庭坚、米芾、蔡襄并称"宋四家"。善画竹、枯木、怪石、佛像,创意作"朱竹",效仿者众多。

《东坡题跋》不知成于何时。今日所见最早刊本是明崇祯年间(1628—1644)毛晋编辑并刊印的《津逮秘书》本,题作:"宋眉山苏轼撰,明虞山毛晋订。"可能是毛晋根据旧本修订的。

《东坡题跋》六卷,有关书法艺术的题跋集中在卷四,题画文字大多在卷五,卷一至卷三大多是读诗文、史传的心得,卷六则是评论笔墨纸砚等器具的杂记,以及游览名胜古迹时的题记。书后有毛晋跋文一篇。

苏轼以行书、楷书见长。人称其用笔丰腴跌宕,有天真烂漫之趣,他本人论书也颇重神韵。他曾说:"书必有神、气、骨、肉、血,五者阙一,不为成书也。"(《论书》)又说:"颜鲁公平生写碑,惟《东方朔画赞》为清雄,字间栉比而不失清远。其后见逸少本,乃知鲁公字字临此,书虽小大相悬,而气韵良是。非自得于书,未易为言此也。"(《题颜公书〈画赞〉》)可见苏轼认为,评价书之工拙,字体字形以外,精神气韵是最重要的。

苏轼认为,书迹能反映作书人的风格情趣,虽然不能说一定从中窥知他的为人,但"人之字画,工拙之外,盖皆有趣,亦有以见其为人邪正之粗云"(《题鲁公帖》)。正如"人貌有好丑,而君子小人之态不可掩也"(《跋钱君倚书〈遗教经〉》)。因此,晋武帝、唐太宗书迹,甚有英伟气;而俗人冒名卫夫人所作书迹,一望即知赝品,因为它们不具备"晋人风流"。当然,苏轼这种赏鉴法,有时不免失之武断,所以他也曾感叹道:"辨书之难,正如听响切脉,知其美恶则可,自谓必能正名之者,皆过也。"(《辨法帖》)

苏轼提倡学书要精勤刻苦,矢志不渝,但也不必拘泥于书,有时留意其他事物,往往也能获得书法真谛。文与可说:"余学草书凡十年,终未得古人用笔相传之法。后因见道上斗蛇,遂得其妙。乃知颠、素之各有所悟,然后至于此耳。"苏轼因此感叹:"留意于物,往往成趣。"(《跋文与可论草书后》)不过苏轼又曾断言,并非一切现象都能令艺术家触类旁通,受到启发:"古人得笔法有所自,张(旭)以剑器,容有是理。雷太简乃云:闻江声而笔法进;文与可亦言:见蛇斗而草书长。此殆谬矣。"(《书张少公判状》)此言不仅与上述说法自相矛盾,而且失之武断。艺术家从大自然各种现象中悟得书法原理,都是可能的。何况观剑器和闻江声、见蛇斗,相距并不太远。

苏轼认为,书法臻于妙境,应当是随心所欲,无所依傍:"张长史草书必俟醉,或以为奇,醒即天真不全。此乃长史未妙,犹有醉醒之辨。若逸少,何尝寄于酒乎?仆亦未免此事。"(《书张长史草书》)不过这种随心所欲,并非胡乱涂抹,而是纵笔挥洒又暗合规矩。用苏轼的话来说,就是"浩然听笔之所之,而不失法度,乃为得之"(《书所作字后》)。

苏轼还提出了评价书法优劣的标准。一是首论楷法:"余评近岁书以君谟(蔡襄)为第一,而论者或不然,殆未易与不知者言也。书法当自小楷出,岂有未能正书而以行草称也!君谟年二十九,而楷法如此,知其本末矣!"(《跋君谟书赋》)可见苏轼已经采用这个标准在为当代书家作出评判。二论书贵于难:"凡世之所贵,必贵其难。真书难于飘扬,草书难于严重,大字难于结密而无间,小字难于宽绰而有余。"(《跋王晋卿所藏莲华经》)举其所难,那么所贵也就明显可知了。

本书还评述了历代书家及其书作。诸如魏晋书家、唐代帝王和著名书家,以及五代、宋初的书家书作,甚至无名氏的作品,都有评说,虽然不成系统,但多有独到见解。如结合唐代取士制度阐说唐代书坛书人状况,结合作书人的境遇性格述其书风等等。其中《评杨氏所藏欧蔡书》历评杨凝式、李建中、欧阳修、蔡襄四位书家,《书唐代六家书后》评判释智永、欧阳询、褚遂良、张旭、颜真卿和柳公权等唐代书家的风格特色,《论沈辽米芾书》论述同时书家沈辽、米芾和王巩的优劣,均是苏轼论书文字中的名篇。

苏轼门人黄庭坚认为,书画以韵为主。苏轼不仅表示赞同,而且论画常常首先标举神韵气格。其论画文字中,称赏吴道子和文与可最多,就因为文与可的墨竹展露风节,而吴道子的人物最为传神。他说"(吴道子)出新意于法度之中,寄妙理于豪放之外,所谓游刃余地,运斤成风,盖古今一人而已"(《书吴道子画后》)。他称赏金陵艾宣的花鸟画,"虽不复精匀,而气格不凡"(《跋艾宣画》)。最重要的是表现神韵。

不过,虽然追求神似,但也不能违背自然真实,不能随心所欲地作画,否则难免贻笑大方。例如五代擅画花鸟的黄筌,所画飞鸟却与实际姿态相去甚远;唐代以画水牛闻名的戴嵩,其《斗牛图》却遭牧童拍手讥笑。苏轼因此感叹说:"君子是以务学而好问也。"(见《书黄筌画雀》、《书戴嵩画牛》)认为画家应该仔细观察生活,然后才能真实反映。

苏轼论画题跋中最重要的部分是对于士人画的褒扬。他说:"观士人画如阅天下马,取其意气所到。乃若画工,往往只取鞭策皮毛、槽枥刍秣,无一点俊发,看数尺许便倦。"(《又跋汉杰画山》)那么,士人画和画工画的区别,是否仅仅是追求神韵或形似呢?苏轼没有详加阐说。不过他的许多题跋,其实都或多或少地涉及这一问题,我们给予综合归纳,大致包括这样几个方面。

一是士人画为自己而作,画工为他人绘制,因此士人画在本质上与画工画不同,它追求自遣自适的效果:"文以达吾心,画以适吾意而已。"(《书朱象先画后》)又如文与可的墨竹为什么是典型的士人画?因为他作画是"意有所不适,而无所遣之,故一发于墨竹"(《跋文与可墨竹李通叔篆》)。

二是士人画大多蕴含深意,即有"思致"(见《书许道宁画》)。故往往描绘不求细腻,与画工琐细的画风明显不同。他曾赞扬赵云子画"笔略到而意已具,工者不能"(《跋赵云子画》),就是褒扬士人画率意疏略的风格。

三是士人画追求清新的格调,与画工秾艳的风尚迥异,用苏轼的话说,就是"离画工之度数,而得诗人之清丽也"(《跋蒲传正燕公山水》)。

苏轼的"士人画"理论在我国画坛画史上具有重要地位,对后世的文人画发展产生了积极影响,元代的文人画理论和明末董其昌的"南北宗"说,都是在此基础上延伸扩展的。不过苏轼的欣赏趣味与后世的文人画师仍有较大区别,例如他不贬低着色山水,被董其昌等人称作北宗之祖的李思训,苏轼以为与王维同样出色:"唐人王摩诘、李思训之流,画山川峰麓自成变态,虽萧然有出尘之姿,然颇以云物间之,作浮云杳霭与孤鸿落照,灭没于江天之外,举世宗之,而唐人之典刑尽矣。"(《又跋汉杰画山》)

(孙小力)

山谷题跋 〔北宋〕黄庭坚

《山谷题跋》,九卷(或作四卷)。北宋黄庭坚撰。通行本有《津逮秘书》本、清周心如辑《纷欣阁丛书》本(此本附于《山谷老人刀笔》二十卷之后,为四卷)、《丛书集成初编》本(据《津逮秘书》本影印)及上海远东出版社版屠友祥校注本。

黄庭坚(1045—1105),字鲁直,号涪翁、山谷道人、黔安居士、八桂老人等。分宁(今江西修水)人。幼年聪颖好学,治平四年(1067)中进士,历任知县、校书郎、著作佐郎、起居舍人、知州等职。绍圣年间(1094—1098),遭章惇、蔡卞排挤,贬为涪州别驾,偃蹇以终。门人私谥文节先生。黄庭坚诗文皆有成就,早年从学于苏轼门下,与张耒、晁补之、秦观并称"苏门四学士"。诗尤为出色,故又与苏轼并称,号为"苏黄"。诗风奇崛硬朗,讲究修辞炼句,被江西诗派奉为宗师,影响深远。工于书法,擅长行、草,最初师法当代书家周越,后上溯颜真卿、怀素,自成格调,与苏轼、米芾、蔡襄并称为宋代书坛四大家。著有《山谷集》。其生平事迹见《山谷先生别传》(载《黄文节公文集》卷首)、其从孙黄𡽪所编《山谷先生年谱》(载《山谷内集》后)和《宋史》卷四四四。

本书不知成于何时。目前所见最早刊本是明末毛晋汲古阁所刊《津逮秘书》本,题作"宋豫章黄庭坚撰,明海虞毛晋订"。毛晋是明季著名藏书家,其编刻《津逮秘书》十五集,大多为宋、元以前旧帙。本书卷九《书朱晖传后》一文,是黄庭坚书赠友人黄润父的,后附小字注曰:"右真迹藏于润父孙朴。"此注显然是本书编者的手笔。由此推知,本书成于黄庭坚身后,可能是南宋间人搜罗抄录黄庭坚书迹汇编而成。明末崇祯年间(1628—1644),毛晋收入《津逮秘书》时又作了修订,成为通行本。《丛书集成初编》本即据《津逮秘书》本影印,与《魏公题跋》合为一册。

本书是黄庭坚各种题语跋文的汇编,内容较杂,既有为前辈或当代诗文书画所作题语,有游览古迹名胜所题诗文,有书赠友人诗文后所作跋语,有谈纸说笔等诸多杂论,也有对自己书法技艺及作品的评说。其中有关书画艺术的内容很多,编排则无次序,题画诗文主要集中于卷三,论书法的题跋则散见于各卷。书后有明季毛晋跋文两篇。

黄庭坚学书数十年，颇有成就，故于书法心得尤多。试作归纳，大致包括以下内容。

一是倡"韵"戒"俗"。所谓"韵"就是"有超轶绝尘处，以意想作之"（卷四《跋张长史草书》），所谓"俗"，就是拘泥于法度，只有规矩，没有创意。因此他鼓吹魏晋风流气骨，推崇颜真卿、张旭、怀素和杨凝式，对唐代大师欧阳询、虞世南、褚遂良等人却不以为然。他曾多次为颜真卿书帖题语，说颜字"奇伟秀拔，奄有魏、晋、隋、唐以来风流气骨。回视欧、虞、褚、薛（稷）、徐（浩）、沈（传师）辈，皆为法度所窘，岂如鲁公萧然出于绳墨之外，而卒与之合哉！"（卷四《题颜鲁公帖》）又说王羲之父子书法，富含逸气，而破坏于唐代正书四大家欧、虞、褚、薛，待到徐浩、沈传师之流，几无逸韵可言，惟有颜真卿、杨凝式和本朝苏轼，与王氏气骨相近（见卷五《跋东坡帖后》）。他认为书法之佳，常常非刻意求之所能得，率意之作，多有韵味。故书中不时褒扬所谓笔短意长之作，甚至说李后主的草稿，也大大优于他本人的精心之作（见卷四《跋李后主书》）。

二是求"韵"必先养心。黄庭坚认为，书法韵味，并非能从摹仿中获得，那些从"永"字八法中寻觅书法诀窍的人，不可能成功。所谓养心，从根本上说，就是学做人。其实不论学书学画，功夫首先应花在书画之外："学书要须胸中有道义，又广之以圣哲之学，书乃可贵。若其灵府无程，致使笔墨不减元常、逸少，只是俗人耳！"（卷五《书缯卷后》）他褒扬苏东坡为当代书家第一人，是着眼于东坡的为人以及多方面的素养。他贬讥宋儋，是因为宋儋文词芜秽，虽然他也承认宋书笔墨精劲，但终究难以久传（卷四《跋法帖》）。而败壁片纸能传数百年，人们首先不是为了保存书迹，而是为瞻仰作者（卷四《书右军帖后》）。

养心是为去俗，一旦俗气消失，即使笔画有所不工，也不失为佳作。他评论王观复的书作说："此书虽未及工，要是无秋毫俗气。盖其人胸中块磊，不随俗低昂，故能若是。今世人字字得古法而俗气可掬者，又何足贵哉！"（卷七《题王观复书后》）

三是介绍学书经验。书中多次援引古人论书语："大字无过《瘗鹤铭》，小字莫学痴冻蝇。随人学人成旧人，自成一家始逼真。"自称"老夫之书本无法也。但观世间万缘，如蚊蚋聚散，未尝一事横于胸中，故不择笔墨，遇纸则书，纸尽则已，亦不计工拙与人之品藻讥弹"（卷五《书家弟幼安作草后》）。其实，黄庭坚所谓"无法"，是希望学书人不受法规拘束，勇于创新，自成一家，而这也正是他本人多年学书的体会。他说："予学草书三十余年，初以周越为师，故二十年抖擞俗气不脱。晚得苏才翁子美书观之，乃得古人笔意。其后又得张长史、僧怀素、高闲墨迹，乃窥笔法之妙。"（卷七《书草老杜诗后与黄斌老》）可见黄庭坚的"法"，是众家笔法。博采众家之长，以成自己之美，才是学书正道。

他还说："草书妙处，须学者自得。然学久乃当知之。"（卷四《题虞永兴道场碑》）如何学呢？

不必逐笔逐字摹仿,尤应学古代书家笔意。他认为:"凡学书,欲先学用笔。用笔之法,欲双钩回腕,掌虚指实,以无名指倚笔则有力。古人学书,不尽临摹,张古人尽于壁间,观之入神,则下笔时随人意。学字既成,且养于心中无俗气,然后可以作,示人为楷式。凡作字,须熟观魏、晋人书,会之于心,自得古人笔法也。"(卷五《跋与张载熙书卷尾》)为何观书比摹仿更重要呢?因为书意与笔法,其实"皆非人间轨辙",即无从因袭,唯有经过认真自我消化咀嚼,才能得心应手,自成一格。另外,他还主张作书要拙多于巧(卷七《李致尧乞书书卷后》),主张从纷繁变化的大自然中寻觅书法奥秘。即使是《兰亭序》这样的真、行书之典范,也不必一笔一画以为准绳(卷四《跋兰亭》)。

四是评论历代和当代的书家书作。黄庭坚博识多闻,书中鉴赏语涉及历代众多名书家。他还喜欢用比较的方式评说风格相近的作者,如谓张旭草书工于肥,怀素工于瘦;王羲之草书不如其子献之,羲之草入能品,而献之入神品。另外,比较苏子美和苏叔才,以东坡书作与自己作品对照评说等等,都能一针见血,给人留下深刻印象。

黄庭坚工于诗文。因此常借用文章比喻书画,或以文理阐说书理和画理。他说王羲之草书与王献之相比,前者如《左传》,后者似《庄子》,这或许是他将二王草书分别归属于能品、神品的最佳注脚(卷四《跋法帖》)。他说绘画与作文同一奥秘,即无法可依,妙在独出心杼(卷三《题摹燕郭尚父图》),也是强调一切艺术贵在创新。

黄庭坚晚年嗜佛,故论书多用禅语。他说书作贵在有韵,韵味则须作书人多年细观古人书作,用心不杂,才能悟得,犹如参禅一般。他还说:"字中有笔,如禅家句中有眼。"(卷四《题绛本法帖》)又说:"禅家云:法不孤起,仗境方生。"认为诗文书画的任何创新变革都是时势造就的(卷四《跋翟公巽所藏石刻》)。他还借用三种禅僧喻评三位书画家说:"王著如小僧缚律,李建中如讲僧参禅,杨凝式如散僧入圣。"(卷四《跋法帖》)惟妙惟肖地描画出书家的三种境界、三个层次。

书中还有不少评论绘画作品的题跋,特别是为同时代人如苏轼、李伯时、赵令穰、赵令松、黄斌老等人所题的文字,提供了不少他对当代画坛的看法以及他们之间的交游情况。他说:"余初未尝识画。然参禅而知无功之功,学道而知至道不烦。于是观图画悉知其巧拙功俗,造微入妙。"(卷三《题赵公佑画》)可见黄庭坚对于绘画的认识,正是在不断的鉴赏过程中获得的。

黄庭坚的书学理论,与其师苏东坡一脉相承,都主张学习古人书法,应入而能出,然后自创一格。黄庭坚尤其强调书贵在无法,随心所欲而又暗合规矩。这显然是针对唐代以后书坛重视笔法和家数风气的抵制,同时也突出了他以书写意的书学观。另外,他的双钩悬腕的握笔法、学书须先养心的理论,在当时有着不可低估的影响。他的有关俗、韵的理论,促使后世评论家将书法格调与书家人品结合起来给予评判,如《钝吟书要》评黄庭坚和周越书作就说:"(黄庭坚)纯学《瘗鹤铭》,其用笔得之周子发,故遒健。周子发俗,山谷胸次高,故遒健而不俗。"

研究著作有王宏生《黄庭坚〈山谷题跋〉考论》(载《北宋书学文献考论》(上海三联书店,2008年)等。

(孙小力)

画史 〔北宋〕米 芾

《画史》,又名《米海岳画史》《襄阳画学》,一卷(或作二卷)。北宋米芾撰。通行本有明末毛晋辑刊的《津逮秘书》本、清初《说郛》宛委山堂刊本和《四库全书》本、《丛书集成初编》本。

作者生平事迹见"书史"条。《画史》前有《自序》一篇,曰:"故叙平生所睹,以示子孙,题曰《画史》。"又说:"余平生嗜此,老矣,此外无足为者。"可见此书为其晚年所撰。

《画史》收录作者家藏或目睹的古今名画,论其特色风格,辨其错讹谬误,亦涉及赏鉴收藏、天文音韵等杂事。多属记录心得的札记,并非专门画史著作,因此编排相当随意,略分为《晋画》、《六朝画》、《唐画》(五代、宋朝附于后)三目。若从内容着眼,其实可分为名画品评、通论绘画、论赏鉴、论装裱、杂记等五个方面。其中绝大部分是对于名画的评析。

本书历来为鉴赏家所重视,因为它忠实记录了米芾对于名家名画的认识,其中颇具真知灼见,是作者数十年鉴赏和创作经验的精华,对后世的收藏和鉴赏有着指点迷津的作用。例如同以人物画见长的顾恺之和张僧繇,张氏所画"天女宫女面短而艳,顾乃深靓为天人相"。又如同以山水闻名的李成、范宽、关仝、董源、巨然和荆浩,书中评曰:"李成淡墨如梦雾中,石如云动,多巧少真意。范宽势虽雄杰,然深暗如暮夜晦暝,土石不分,物象之幽雅,品固在李成上。关仝粗山,工关河之势,峰峦少秀气。董源峰顶不工,绝涧危径,幽壑荒迥,率多真意。巨然明润郁葱,最有爽气,矾头太多。荆浩善为云中山顶,四面峻厚。"诸人优劣及其特征,一一分明。即使是同一个人的作品,不同时期的手法和风格也多有变化:比如范宽山水用墨"太多,土石不分"的毛病,是晚年才有的;又如巨然年轻时多作矾头,晚年则天真清润,平淡趣高。凡此种种,辨析既多且细,均属经验之谈。

书中对绘画用具、材料和印章使用等常人难以辨认、容易忽略的问题,也有较为细致的阐说。例如作画用的绢,唐初以前皆用生绢,吴道子、周昉和韩幹以后才"以热汤半熟,入粉捶如银板",故张僧繇、阎立本传世之作皆是生绢,而南唐画均用粗绢,徐熙所用则似布。又如用砚,晋、唐皆用凹砚,因此古书画用笔自然锋圜;而宋代始用平底砚,故字画皆扁。又如收藏鉴赏家的用印,李文定丞相家画分三等,上等用名印,中等用字印,下等押字而已。至于米芾本人,亦有印章百余枚,分别用于不同的书画,对此本书叙述较详。此外对于历史人物画服饰装束的形制、色彩,当时人大多随意绘制,书中也作了详细说明和纠谬。因此有人认为,创作历史画的画家,不能不仔细阅读书中有关章节。

　　本书可贵之处还在于不厚古薄今,对同时代名画师的收藏和创作风格,多有述及。如谓苏轼画枯木,枝干虬屈无端,石皴硬亦怪怪奇奇无端,如其胸中盘郁;画墨竹则运思清拔,从地一直起至顶,中间不分节,还振振有词地说:"竹生时何尝逐节生?"此段记载后世传为美谈。其余如李公麟、赵令穰、武宗元、关中小孟、文同、易元吉、赵昌、王友、王端、孙知微、燕肃、宋迪、刘明复、王诜、蒋长源、章友直等,以及释、道中善画之人,均有记载。

　　书中对收藏也提出了许多看法。一是说收藏的对象。米芾以为书画不可论价,也不必久藏,而应不时换取新品。其收藏的标准为:"鉴阅佛像故事图,有以劝戒为上;其次山水有无穷之趣,尤是烟云雾景为佳;其次竹木水石;其次花草。至于士女翎毛,贵游戏阅,不入清玩。"另外,有些画家的作品适合收藏,有些则不必购藏,如"黄筌画不足收,易摹"。而徐熙画不可摹,想必当收。二是谈收藏的方法,书中对裱褙、装匣、展玩的注意事项颇多介绍。

　　米芾擅长山水,故书中对山水画作和山水画家记载较多,同时也有自身创作山水的体会。他自称好写山水,是因为"山水古今相师,少有出尘格者。因信笔作之,多烟云掩映树石,不取细,意似便已"。他褒扬平淡天真的风格,故尤推崇董源山水。他以为"大抵牛马人物,一模便似;山水摹皆不成。山水心匠自得处高也"。由此可见宋代山水画昌盛的理论基础,以及文人之所以钟情山水的心理原因。

　　至于天文、音韵两条,《四库全书总目》以为本属图谱之学,不在丹青之列,是援引张彦远《历代名画记》兼收之例,今按此《晋画浑天图》和《五声音六律十二宫旋相为君图》,分别以主要篇幅叙述其研究天文和音韵的心得,可见其主要目的还在于藉此显露才学,何况实用图谱与绘画艺术的区分,当时并不严格。

　　据近人邵懿辰、邵章《增订四库简明目录标注》记载,本书有宋刊本和明翻宋本。又据宋人晁公武《郡斋读书志》,谓米芾有《书画史二卷》,疑最初《画史》与《书史》是合刊本。今人于安澜编《画品丛书》收有此书,以《津逮秘书》本为底本,用《百川学海》本、《说郛》本和《湖北先正遗书》本参校,书后附校勘记。

(孙小力)

山水纯全集 〔北宋〕韩 拙

《山水纯全集》,又名《韩氏山水纯全集》、《纯全集》,一卷(或作五卷、四卷。)北宋韩拙撰。有《王氏书画艺·画苑补益》本、《函海》本、《四库全书》本和商务印书馆排印《说郛》本。

韩拙,字全翁,一作纯全,号琴堂。南阳(今属河南)人。幼年即喜作丹青,北宋绍圣年间(1094—1098)游学京师,获都尉王晋卿赏识。徽宗即位,授予翰林书艺局祗候之职,累迁为直长秘书待诏,擢忠训郎。然不以仕进为喜,独倾心于山水,落笔惊世。生平事迹见宋张怀《山水纯全集后序》(载《山水纯全集》书后),元夏文彦《图绘宝鉴》卷三,明朱谋垔《画史会要》卷二。

本书前有韩拙北宋宣和三年(1121)季夏所撰序文一篇,曰:"愚集山水人物,已为岁久,所得山水之趣,粗以为法,不敢为卓绝之论。虽言无华藻,亦使后学之士,顿为开悟。因述十论,各随品目以附于后。"可见当时书刚定稿。书后有张怀同年十月所作《后序》一篇,叙述韩拙生平画艺,对其耽于山水的精神,颇加称扬,并略述本书书名的涵义:"信乎公之论画,如珠玉之秘于此焉,如公之画,纯于古,不杂于后代,故其立论集曰'纯全'。"

全书共分十篇:一论山,二论水,三论林木,四论石,五论云雾、烟霭、岚光、风雨、雪雾,六论人物、桥彴、关城、寺观、山居、舟船、四时之景,七论用笔墨、格法、气韵之病,八论观画别识,九论古今学者,十论三古之画过与不及。

本书积作者数十年作画经验,为后学者撰写,故十分强调规矩法度,要求以前贤格法作为准则。其《论山》起首就说:"凡画山言丈、尺、分、寸者,王右丞之法则也。山有主客尊卑之序、阴阳逆顺之仪。其山各有形体,亦各有名,习山水之士,好学之流,切要知也。"当然,韩拙也主张写生:"画若不求古法,不写真山,惟务俗变,采合虚浮,自为超越古今,心以自蔽,变是为非,此乃懵然不知山水格要之士。"(同上)不过,若以"古法"与"写生"比较,他认为古法更为重要:"若不从古画法,只写真山,不分远近浅深,乃图经也,焉得其格法气韵哉!"(《论用笔墨格法气韵之病》)

韩拙还夸张地描述了绘画的功能:"古云:画者,圣也。盖以穷天地之不至,显日月之不照。

挥纤毫之笔,则万类由心;展方寸之能,则千里在掌,岂不为笔补造化者哉?"(自序)尤其是山水画,其格清淡,其理幽冥,至于千变万化,并非寡学浅识、名利熏心者可以涉足。真正优秀的山水画,应该是气质俱盛,从心中流出的自然之笔:"夫画者,笔也。斯乃心运也。索之于未状之前,得之于仪则之后,默契造化,与道同机。握管而潜万象,挥毫而扫千里。故笔以立其形质,墨以分其阴阳,山水悉从笔墨而成。"(《论用笔墨格法气韵之病》)或许因为"心运"之理幽冥莫辨,而笔墨法则较易描述,因此本书也只能强调格法。

韩拙论画之高下,重视气韵生动,他说古人观画,先看风势气韵,次究格法高低。他认为山水有八格:石老而润,水净而明,山要崔嵬,泉宜洒落,云烟出没,野径迂回,松偃龙蛇,竹藏风雨。他认为山以林木为衣,以草为毛发,以烟霞为神采,以景物为妆饰,以水为血脉,以岚雾为气象,作画必须求得这些生机勃勃的面貌。他还认为画水不但要画出四时之色,还应画出四时之气,要能表现"春水微碧,夏水微凉,秋水微清,冬水微惨"的感觉。

至于山水易犯的毛病,他分别从用墨和用笔方面给予归纳:"盖墨用太多,则失其真体,损其笔而且浊;用墨太微,则气怯而弱也。过与不及,皆为病耳。切要循乎规矩格法,本乎自然气韵,必全其生意。得于此者备矣,失于此者病矣。""用笔有三病,一曰板,二曰刻,三曰结。"而诸多毛病之中,惟俗病最大,例如画人物,不可粗俗。山水中人物贵纯雅而幽闲,其隐居傲逸之士,当与村居耕叟、渔夫辈体貌不同。又如学习前贤格法,犹如习字;颜、柳不可同体,篆、隶不能同攻,切不可搀杂诸体,否则必然不伦不类。

韩拙十分推崇五代画家荆浩,《论山》、《论林木》、《论用笔墨格法气韵之病》和《论观画别识》等章都直接引用了荆浩的山水画论,例如峰、顶、峦、岭、岫、崖、岩、谷、峪等等不同形状的差异,气、韵、思、景、笔、墨的"六要"原则,甚至具体品评吴道子"有笔无墨"和项容"有墨无笔",都是直接采自荆浩的理论。他还褒扬荆浩说:"尝谓道子山水,有笔而无墨;项容山水,有墨而无笔,此皆不得全善。惟荆浩采二贤之能以为己能,则全矣。"能够抵制一贯的厚古薄今风气,胆敢贬低人们心目中的大师吴道子,可见作者学习前贤格法并非盲目,而是有主见、有选择的。

不过总的来看,本书强调规矩法度,创见较少,论俗病、论写生的某些观点,失之偏颇。《四库全书总目》认为,本书旨在介绍院画之体,"所谓逸情远致、超然于笔墨之外者,殊未之及","盖院画之体如是,然未始非画家之格律也"。

本书历代传刻本多为九篇,而卷首自序明言有"十论",《四库全书总目》疑佚去一篇,近人余绍宋《书画书录解题》干脆说第十篇由于传钞传刻的缘故,次序紊乱,已散入九篇之中。清瞿镛《铁琴铜剑楼藏书目录》著录有旧抄本《纯全集》四卷,为明人沈辨之抄藏本,末篇《论三古之画过与不及》,为别本所无。商务印书馆排印《说郛》本也是十篇,不知是否从沈辨之抄本补入。今人于安澜《画论丛刊》本(人民美术出版社,1960年)以《王氏书画苑·画苑补益》本为底本,用《说郛》本、《佩文斋书画谱》本、《图书集成》本和《函海》本参校,书后附校勘记。因不知商务印书馆排印《说郛》本末篇《论三古之画》出自何本,未敢遽行补入,因此也不是全本。又有民国孙毓修校订《山水纯全集》五卷,收入《美术丛书》四集第十辑。沈子丞编《历代论画名著汇编》(文物出版社,1982年)收入此书,熊志庭、刘城淮、金五德译注的《宋人画论》(湖南美术出版社,2000年)亦收入此书。

(孙小力)

广川画跋 〔北宋〕董逌

《广川画跋》,六卷。北宋董逌撰。有明嘉靖年间杨慎刊本、明末詹景凤《王氏书画苑·画苑补益》本、《四库全书》本、清末陆心源《十万卷楼丛书》本和《丛书集成初编》本。

董逌,生卒年不详。字彦远,东平(今属山东)人。北宋末靖康年间(1126—1127)任国子监祭酒,南宋初年官至中书舍人,充徽猷阁待制。撰有《广川藏书志》、《广川诗学》和《广川书画跋》等。生平事迹见《宋史翼》卷二七。

董逌在北宋宣和年间,与黄伯思俱以考据赏鉴闻名于世。本书收录题跋一百三十六篇,皆引经据典,广搜博考。或考故事图画的内容出处,或辨佳作名画的收藏流传,或证作者之真伪,或析技法之传承,考证详核,议论朴实。

董逌题跋,多属侍奉北宋徽宗时,于秘殿赏鉴批勘之语,即奉皇帝之命整理书画时所作考证结果。其崇宁五年(1106)所撰《上王会图叙录》说:"臣等幸以文墨论议见收,俾得画铅刻椠。至于论著国制,考合典则,参论是非,职所当也。"(卷二)也就是说,董逌之职责,就是整理宫中珍藏的书画。而唐以前的画大多没有作者的题款,后人根据画面内容、技法特点等书写跋语,推断标题和作者,往往臆测失实,以讹传讹,却又很难辨清。董逌等人的任务,就是正本清源,还其本来面目,有的还需重新定名。最后呈送徽宗御览,由徽宗决定究竟是亲自收藏,还是贮存于秘府,或者挑选一部分,令画师摹写后流传。

本书考证缜密,不论是辨作者真伪,还是考画面内容,多能广泛援引史籍记载和传闻,并且结合画面细节、历代绘画著录等小心求证。如证明《汉武帝会西王母图》应是《唐武宗仙乐图》(卷一《书武皇望仙图》),确认《萧翼取兰亭叙图》应为《陆羽点茶图》(卷二),为《牧羊图》阐明故事出处(卷三),辨张孝师与吴道子孰先孰后(卷一《书杨杰摹地狱变相后为王道辅跋》)等等,皆有根有据,令人信服。因此后人赞叹说,若非学有本源、博闻强记之人,绝对无此功力。《四库全书总目》对之也颇加称扬。

董逌撰写题跋，主要是因为历史故事画许多不易看懂，故加以阐释，能为当时人所理解。另外，因为许多画是准备呈送皇帝的，所以他经常结合画面内容，不失时机地旁敲侧击或正面劝谏，这也是参与政治的一种方式。如卷二《书锁树谏图》和卷三《书穆宗打球图》等都属此类。此外，许多细致描述解释古代礼仪制度的题跋，也是希望皇帝有所借鉴和采纳。至于一些涉及古代外交和"夷狄"外族的画跋，他更是直言坦陈了对皇纲渐紊、国土日削的忧虑和愤慨。

　　本书考证较深较广，常常涉及画面内容的原始出处、文化背景、服饰风俗和礼仪制度。如《书封禅图后》详考历代封禅仪式（卷一）；《书月宫图后》讲明月借日光的科学道理和月兔的由来（卷二）；书李子西《兵车图》从古兵车失传的现实，论述《兵车图》的实用和古代兵车制度（卷二）；《书摄摩腾取经图》《书西升经后》（卷二）、《书化胡经后》（卷三）和《书玄奘取经图》（卷四）等则从佛教现实和史籍记载，探讨佛法流传渊源。不过，知之为知之，不知为不知，对于许多一时难以弄清的问题，他总是说明情况，坦言："余不能知也。"（卷五《书吴生画驴》）

　　本书也记载了一些神话鬼话、奇闻轶事。董逌说："神仙事，儒学者不道，然不可谓世无此事。故余每于异书见之，亦不能废，或谓好奇之弊也。"（卷一《书马嵬图》）因此他记载韩幹遇鬼使后画技出神入化的奇事（卷五《跋韩幹马后为龙眠居士书》），详述神仙韦山甫和仙药石硫黄（卷三《书韦山甫画像后》）。此外，《书东丹王千角鹿》记各种神奇的鹿（卷一），《书以妾换马图后》载魏人曹彰用美妾换骏马事（卷一），《书马嵬图》述杨贵妃成仙的传说（卷一），以及《再书马图》说汉武帝所获汗血马之奇闻（卷六），都能帮助后人更好地理解画面内容。

　　本书也涉及一些有关绘画的认识问题和理解问题。如针对有人认为作画藏画赏画会导致"玩物累心"，董逌表示了不同意见（卷一《书惠禅师松林图》）。对似乎已成定论的"画神鬼易，画犬马难"的看法，书中也明确表示异议（卷二《书犬戏图》）。此外还有多篇题跋涉及"形似神似"的关系问题。书中论山水画不足十篇，似乎与当时山水画兴盛的局面不相适应，其原因或许在于董逌本人不擅长绘画，而且本书重在考论故事画，故于山水难免不甚重视。即使如此，董逌的山水画论仍不乏真知灼见。

　　《书李伯时县雷山图》："伯时于画，天得也。尝以笔墨为游戏，不立寸度，放情荡意，遇物则画，初不计其妍媸得失。至其成功，则无毫发遗恨。此殆进技于道，而天机自张者耶？"（卷五）《书燕龙图写蜀图》又说："山水在于位置，其于远近广狭，工者增减，在其天机。务得收敛众景，发之图素。惟不失自然，使气象全得，无笔墨辙迹，然后尽其妙。故前人谓画无真山活水，岂此意也哉？"（卷五）可见董逌认为，画山水应逾于规矩，不论技法，信手为之，不拘泥于真山真水，然后胸中丘壑自然发之于画，必定巧夺天工。值得一提的是，董逌的山水画理论和鉴赏经验，还得益于当时的画师朋友，如卷六的《书时记室所藏山水图》，就是摘录画师赵令穰的评语，二人合作撰成这一题跋。

本书收录并评论了展子虔、王维、吴道子、范宽、李伯时、宋徽宗等北宋以前四十余位画师的作品,另外还有许多无名氏的画作。董逌论画,重实不重名,如评唐代画家陈惟岳说:"画者陈惟岳,作《送穷图》,当唐僖宗咸平二年(注:僖宗无咸平年号,疑误)七月。惟岳于画书不载,然妙于形似,状简古,至有余意,尽藏笔画内,使人以意测者,随求得之无穷尽,信非庸工俚师所能造也。"(卷三《送穷图》)其他评无名氏画多有此类赞誉。不过总体看来,本书并非重在品评,故明人何良俊《四友斋丛说》曰:"(此书)不甚评画之高下,俱论古今之章程仪式,可谓极备。"

据董逌之子董弅南宋绍兴二十七年(1157)所撰《广川书跋序》,曰:"先君生而颖悟,刻苦务学,博极群书,讨究详阅,必探本原。三代而上钟磬鼎彝既多有之,其款识在秘府若好事之家,必宛转求访得之而后已。前代石刻在远方若深山穷谷河心水滨者,亦托人传摹墨本。……爰自南渡,乡关隔绝,先世所藏,莫知存亡。……今所存得于煨烬之余,年来为裒集在者,得书跋厘为十卷、画跋六卷,缮写藏诸家庙,别录以示子孙。"可见《广川书跋》、《广川画跋》二书或许由董弅整理而成,且绍兴以前没有刊本。宋人陈振孙《直斋书录解题》著录本为"五卷",疑误。本书今存最早刊本为明嘉靖年间杨慎所刊,是从馆阁本录出,脱文及错讹不少。《四库全书》本采自元末华亭(今上海松江)孙道明钞本,孙氏钞自宋末书生传写本。清光绪年间,刘晚荣搜罗数本比勘,撰有《广川画跋校勘记》六卷,收入《藏修堂丛书》第四集。今人于安澜编《画品丛书》(上海人民美术出版社,1982年)本以近人黄任恒《翠琅玕馆丛书》本作为底本,用明末詹景凤《王氏书画苑·画苑补益》本和清末陆心源《十万卷楼丛书》本互校,后附有校勘记。

(孙小力)

画继 〔南宋〕邓 椿

《画继》,十卷。南宋邓椿撰。有明翻宋本、《王氏书画苑》本、《津逮秘书》本和《四库全书》本。

邓椿,字公寿,一作公度,双流(今属四川)人。其祖父洵武(1055—1119)官拜少保,封莘国公。邓椿早年自京归蜀,官至郡守。嗜好书画,精于鉴赏。生平见《画继》卷首《自序》和清陆心源《宋诗纪事补遗》卷五二。

本书之所以取名《画继》,是因为它继唐代《历代名画记》和北宋《图画见闻志》而作,其撰述缘由和宗旨,邓椿南宋乾道三年(1167)所撰《自序》说得十分明白:"自昔赏鉴之家留神绘事者多矣,著之传记,何止一书。独唐张彦远总括画人姓名,品而第之,自轩辕时史皇而下,至唐会昌元年而止,著为《历代名画记》。本朝郭若虚作《图画见闻志》,又自会昌元年至神宗皇帝熙宁七年,名人艺士,亦复编次。……每念熙宁而后,游心兹艺者甚众,迨今九十四春秋矣,无复好事者为之纪述。于是稽之方册,益以见闻,参诸自得,自若虚所止之年,逮乾道之三祀,上而王侯,下而工技,凡二百一十九人。或在或亡,悉数毕见。又列所见人家奇迹爱而不能忘者,为铭心绝品,及凡绘事可传可载者,衰成此书。分为十卷,目为《画继》。"也就是说,本书辑录了北宋熙宁七年(1074)至南宋乾道三年(1167)共计九十四年的画坛人物,以及有关见闻,堪称南、北宋间近一百年的绘画活动实录。

本书卷一至卷七为画家传记。其中卷一至卷五根据画家身份的不同分卷记载:卷一《圣艺》,其实仅载徽宗赵佶一人;卷二《侯王贵戚》,录皇室成员及其后代中擅长丹青之人;卷三《轩冕才贤》,著录苏轼、李公麟、米芾、晁补之、宋子房、米友仁、朱敦儒等十七人,又有"岩穴上士"六人,二者虽皆享有盛名,但有出仕和隐逸的不同;卷四《搢绅韦布》,身份与卷三人物相似,然不甚著名;卷五记载道人衲子和世胄妇女,宦官附于其后。卷六和卷七则依照绘画题材的不同分类记录,卷六是仙佛鬼神、人物传写、山水林石、花竹翎毛;卷七为畜兽虫鱼、屋木舟车、蔬果药草、小景杂画,分别记载各个领域的杰出画师。卷八《铭心绝品》,是邓椿亲眼所见私家收藏中的佳作目录。所载收藏家共计三十七人,所录作品却不是很多,因为都是作者精心删选以后剩下的精品,邓椿曰:"右前所载图轴,皆千之百、百之十、十之一中之所择也。若尽载平日所见,必成两牛腰矣。然不载者,皆米元章所谓惭惶杀人之物,何足以铭诸心哉!"卷九、卷十为《杂说》,卷九"论远",评前代画论画事;卷十"论近",述本朝遗闻轶事。

不论是本书的体例编排,还是书中各种议论品评,都明显反映出作者对于文人画师的推崇,以及对于逸品画的偏爱,其中最重要的论断集中在卷九。首先,邓椿认为唯有文人才能成为出众的画家或鉴赏家:"画者,文之极也。故古今之人颇多著意。张彦远所次历代画人,冠裳太半。唐则少陵题咏,曲尽形容;昌黎作记,不遗毫发。本朝文忠欧公、三苏父子、两晁兄弟、山谷、后山、宛丘、淮海、月岩,以至漫仕、龙眠,或评品精高,或挥染超拔,然则画者,岂独艺之云乎!……其为人也多文,虽有不晓画者寡矣;其为人也无文,虽有晓画者寡矣。"这是北宋苏轼等人褒扬士人画以后,文人画家和画工的风尚日趋分离的结果,从中也能看出诗、画结合的形式当时已被认可,而且文人画已渐占上风。其次,作者以为只有文人画师,才能画出生动传神的佳作,尤其是表现人物以外的对象时。"画之为用大矣,盈天地之间者万物,悉皆含毫运思,曲尽其态。而所以能曲尽者,止一法耳。一者何也?曰:传神而已矣。世徒知人之有神,而不知物之有神,此(郭)若虚深鄙众工,谓虽曰画而非画者。盖止能传其形,不能传其神也。故画法以气韵生动为第一,而若虚独归于轩冕岩穴,有以哉!"可见五代、北宋以后,文人画师对花鸟、山水的偏爱和实践,已经积累起了足以自傲的资本。

邓椿自称:"予作此录,独推高、雅二门。"高雅之中,又首推逸品。这一品评标准是不容否定的,即使是皇帝大人的更动,他也不肯赞同:"自昔鉴赏家分品有三:曰神,曰妙,曰能。独唐朱景有撰《唐贤画录》,三品之外,更增逸品。其后黄休复作《益州名画记》,乃以逸为先,而神、妙、能次之。景真虽云'逸格不拘常法,用表贤愚',然逸之高,岂得附于三品之末?未若休复首推之为当也。至徽宗皇帝,专尚法度,乃以神、逸、妙、能为次。"对皇帝不能妄作批评,不过其态度显然不言自明。至于逸品画,他尤其垂青唐代孙位的作品,而谓后来的石恪、孙太古、贯休等人,或狂肆粗鄙,或无所忌惮,病在放纵。

邓椿先祖曾在徽宗朝任职,亦喜书画,被苏轼称为"真士人画"的宋子房,当初入选画院博士,就是因为有邓椿先祖的引荐。因此有关徽宗赵佶的书画才艺、当时画院学画的情况,以及画院画师的待遇等等,经常通过先祖的口授由邓椿记录在本书中。如卷一记徽宗的收藏和画技、画学兴起的缘由、画院试题(如著名的"野水无人渡,孤舟尽日横"、"乱山藏古寺"等等)和应试的情况等等,记载颇为详尽。又如卷十述徽宗对于花鸟习性的细致观察,十分生动;记宋代对于画院中人的优待,亦使后人对宋代宫廷绘画的兴盛增添许多感性认识。

本书对郭若虚《图画见闻志》的阙漏有所补充,如王凝、僧修范、刘贞白等熙宁以前的名家,卷九载有他们的小传。对郭若虚仅凭耳闻而轻率下笔,邓椿表示不满:"盖见者方可下语,闻者岂可轻议?"可见他著述态度相当严谨,没能亲眼目睹的画作,绝对不加评议。如此一来,书中围绕作者的活动足迹展开评议,有关蜀地的画家画作就记载较多。

除了文人雅士,本书还记载了一些工匠和妇女画师。尤其卷五记录的二十二位道士和尚,使人们对当时宗教界画师的情况有所了解。值得注意的是,当时的道士和禅僧大多并不倾心于宗教壁画,而嗜好常见于文人笔下的花卉山水题材,画面也趋于小型,如惠洪用皂子胶画在绢扇上的梅、竹,又如衡州花光山仲仁的墨梅,均极富创新意识。此外,记吴道子和杨惠之较艺、郭熙所创山水壁新塑法等,皆有史料价值。

本书是研究南、北宋之间画史画风的绝好资料。特别是邓椿改变北宋院派画家重视格法的风气,大力提倡气韵的生动和才情的高雅,强调人品和艺术天赋,鼓吹晓画者唯有文人等等,对后世产生了深刻影响。元代杨维祯等人的诸多画论,就是源于本书。

本书作者邓椿,《四库全书总目》以为乃邓名世之子(见《古今姓氏书辩证》一条),误。邓名世,江西临川人,子曰椿年。本书最早版本,据《天禄琳琅书目续编》载有南宋临安府陈道人书籍铺刊本。又有铁琴铜剑楼所藏明嘉靖间刻本,今藏国家图书馆。而《王氏书画苑》本凡指称宋代帝王处及讳字,均照旧抬头及阙笔,或许是以宋刻本为底本翻刻的(参见黄苗子《画继简介》)。

今有人民美术出版社《中国美术论著丛刊》之《画继》与《画继补遗》合刊本(1963年),以明末《津逮秘书》本为底本,用《王氏书画苑》本、《学津讨原》本和明嘉靖刻本参校,由黄苗子点校。上海书画出版社1992年《中国书画全书》本,则以南宋临安府陈道人书籍铺刊本断句排印。

(孙小力)

云烟过眼录 〔南宋〕周 密

《云烟过眼录》,四卷(或作二卷、一卷)。南宋周密撰。《续录》一卷,元汤允谟撰。有《宝颜堂秘笈》本、《四库全书》本、《十万卷楼丛书》本和《丛书集成初编》本。

周密生平事迹见"绝妙好词"条。

汤允谟,字仲谋,逢泽(今河南开封)人。生平事迹不详。今观其《续录》,称"余家旧藏"等等,知汤氏颇好收藏。又录有"山居太史杨瑀"和"张伯雨"家藏珍品,知允谟必寓居江浙,与杨瑀、张雨等交游。

本书记录作者亲眼目睹的历代书画名迹和古器皿等,以书画为多。编排采用实录收藏家藏品的方式,共收录赵与懃、乔篔成、焦敏中、鲜于枢、王芝、郭天锡、庄肃、赵孟𫖯、姚燧、廉希贡等近四十人的藏品,包括所见南宋秘书省的佳品和周密自家的珍藏。著录的收藏家大多是元人,其记赵孟𫖯的藏品时称:"赵子昂孟𫖯乙未(元成宗元贞元年,1295)自燕回,出所收书画古物。"可见是入元以后才编撰完成的。汤允谟《续录》编撰体例遵依周密原书,仅记三十九条,略补原书之阙。

本书以实录为主,间作品评,相当简略,很少考证。评语多为一、二字,曰妙、佳、好、古、平、弱、绝妙、甚佳等。有时也述及收藏源流。如记庄肃所藏孙太古《上真》曰:"其上作山水,甚古。怪木盘石,神坐石上,其像甚佳。侧有捧剑天女绝佳。下瞰海水,有龙神足蹑巨鳌,手捧琉璃方座,上有龟蛇;又有一龙捧剑炉灶香,上有小树数十株,猴数十枚,甚奇。题云:'彭山孙知微笔。'元杨澄之物,后为和英之所得,今归庄蓼塘。"对于重要的题跋印记,书中也据实记录,包括题款印章的位置。如记庄肃所藏王晋卿《长江远岫着色山水》:"前一带山水可喜,中题杜诗云'门泊东吴万里船'之句。前后皆蔡京书,后有山东东路转运使印、安平府印,甲午九月。"又如记郭忠恕《飞阁晴峦》曰:"明昌题,宫殿四角皆有款,上有御题。"

周密开创的这种重记录、不重品评的书画著录方式,对于后人的收藏和鉴赏具有不可低估的实用价值。虽然囿于社会环境,本书所载仅限于江南民间藏品,但因为江浙富家士人素有收藏嗜好,加上南宋宫中藏品有不少流入社会,所以本书所载佳品颇多。到了明代中叶,朱存理《珊瑚木难》,继承并发展了这种著录方式,不仅记录有哪些题跋款识,而且全文钞录,当然也就更为完备实用。

周密的《云烟过眼录》和汤允谟的《续录》,编撰都较为草率。如周书既已著录《廉端甫希贡号芗林所藏》,后面却又有《廉端甫所藏》。汤氏《续录》也有这种一人拆作二人的错误,既录《山居太史杨瑀所藏》,却又有《杨元诚家所藏》(杨瑀,字元诚,号山居,瑀与元诚实属一人)。之所以出现这些疏漏,或许是因为此书撰成之后,曾以钞本形式流传很久,点勘整理者不乏一二,他们根据自己的见闻给予增补,却又有所疏忽,以致有此差错。此外,周书中出现不少汤允谟和叶森、元末文璧的题语,《四库全书总目》已经指出,这是因为他们曾"点勘是书,各为题识",而"传写者误合为一"。如王子庆所藏《宋太祖御批三卷》条末尾曰:"今第三卷只有二件,疑有脱误,当参考《志雅堂杂钞》。"而《志雅堂杂钞》其实也是周密所著,不应自谓"当参考"。可见也是误将校正之语当作了正文。

周密的《云烟过眼录》和《志雅堂杂钞》内容大致相同,只是详略稍异,因此有人怀疑《杂钞》是本书的初稿(见清瞿镛《铁琴铜剑楼藏书目录》卷十六《志雅堂杂钞》条所载明人姚咨识语)。本书明末以前无刊本行世,明末陈继儒《宝颜堂秘笈》本和清《四库全书》本均为四卷,附《续录》一卷;清末陆心源《十万卷楼丛书》本则是二卷,《续录》一卷(《丛书集成初编》本即据陆本排印)。而据清初钱曾《读书敏求记》记载,元至正二十年(1360)夏颐手抄本仅为一卷本,无《续录》;清周中孚《郑堂读书记》则记有明中叶都穆手钞《续录》一卷。或许后世四卷本、二卷本皆据抄本分卷后刊行。今人于安澜编《画品丛书》(上海人民美术出版社,1982年)所收此书,以《十万卷楼丛书》本作底本,用《宝颜堂秘笈》本对校,后附校勘记。

(孙小力)

画继补遗 〔元〕庄 肃

《画继补遗》，二卷。元庄肃撰。有清乾隆五十四年(1789)海盐(今属浙江)黄锡蕃醉经楼刊本和1963年人民美术出版社《中国美术论著丛刊》本。

庄肃，生卒年不详。字恭叔，一作幼恭，号蓼塘，上海县青龙镇(今上海青浦东北)人。宋末为秘书小史，入元家居不仕，大德二年(1298)尚存活于世。好收藏，为当时江南著名收藏家。壮岁以前嗜画成癖，每见佳画奇作，不思财力是否允许，倾囊倒箧，必得之而甘心，否则怅然若失，数日不乐，故藏画极富。明人汪珂玉《珊瑚网》卷二三载其藏画目。亦喜藏书，积至数万卷，多手钞本。经史子集、山经地志、医卜方技、稗官小说，无所不具。其生平事迹见庄肃自撰《画继补遗序》(载本书卷首)和元陶宗仪《辍耕录》卷二七《庄蓼塘藏书》。

庄肃自序作于元大德二年立夏日，其时业已成书。然本书明代以前并无正式刊本，以致作者姓名险遭湮灭，元末陶宗仪说："又有《画继补遗》一卷，不知谁所撰。"(《辍耕录·叙画》)可见元代传钞本可能与清人所见不同。清乾隆五十三年(1788)秋，黄锡蕃于查氏顾顾斋借得明人罗凤钞本，始知作者为庄肃，次年与《英山砚石图》合刊为一册，即今日通行之本。

本书为续宋人邓椿《画继》而作，属书家传记类著作。全书分上、下两卷，卷首有庄肃自序一篇，书后有清乾隆五十四年吾进、黄锡蕃跋文各一篇。

作为《画继》的续集，本书始自南宋绍兴(1131—1162)初年，终于德祐年间(1275—1276)，收录了这一百四十余年间的著名画师八十余人。其中上卷二十余人，"载搢绅暨诸僧道士庶"画家；下卷六十余人，"载画院众工"。南宋有名画师，已网罗殆尽。

本书虽以记录生平事迹为主，但于画家优劣，也有所评论。尤其庄肃阅历较广，常能结合所见所闻给予评说，故较为中肯。如谓南宋画梅名家杨无咎之侄扬季衡，"画墨梅得家法，又能作水墨翎毛。补之画梅，须于枝杪作回笔，似有含苞气象，季衡欠此生意耳"。若无丰富的鉴赏经验，显然难有如此真切的品评。又如记画院画师李唐："予家旧有唐画《胡笳十八拍》，高宗亲书刘商辞,每拍留空绢,俾唐图画。亦尝见高宗称题唐画《晋文公复国图》横卷,有以见高宗雅爱唐画也。"另外于宋高宗、赵伯驹、萧照等人,皆能利用家藏画作给予评说,足以取信于人。

庄肃自序说:"第恨炎宋中兴以后,画手率多务工取巧,而行笔傅彩,不逮前人。然姓氏科目,安可废而不书。矧唐有画录、画品、画断,五代有画补,宋有画评、画志、画史、画谱、画继,不特徒识姓名,其间亦寓贬奖。"可见庄肃对南宋画家的总体评价并不高,但又认为作为一代画史,不可有所阙略,因此书中不论身份尊卑,上自帝王,下至皂隶,均予收录。甚至对曾经流入太行山为"盗"的萧照,仍赞其"笔法潇洒超逸";谓充当赵伯驹、赵伯骕皂隶的赵大亨和卫松,能摹仿二赵图写,足以乱真。当然,书中评价地位卑贱的画师,字里行间仍明显带有偏见,如评"少为木工"的李嵩说:"虽通诸科,不备六法。特于界画人物,粗可观玩,他无足取。"又论僧法常的画作说:"枯澹山野,诚非雅玩,仅可僧房道舍,以助清幽耳。"这些评价未必准确。

书中对宋高宗、赵伯驹、赵伯骕、马和之、李唐、梁楷等著名人物评价颇高,而对当时深得众人好评的马远、夏珪却不感兴趣,甚至极力诋斥。如谓马远在自己画作上伪题其子名字,欲使儿子得到称誉,而马远所画山水人物,其实并不出色。还抨击夏珪说:"(夏珪)画山水人物极俗恶。宋末世道凋丧,人心迁革,珪遂滥得时名,其实无可取,仅可知时代姓名而已。"将开创一代画风的"南宋二大家"说得一无是处,显然有失公允。

书中较为注意画派渊源的叙述,诸如杨补之梅派、赵伯驹、伯骕兄弟及其师徒、李唐弟子、郭熙传人等等,均给予说明和品评。说明当时门派之分比较明显,也有利于后人加以研究。

由于此书记载较简,故长期以来不受重视,陶宗仪甚至说它"仅可考阅姓名,无足观也"(《辍耕录·叙画》)。其实本书并非仅记姓名,而且它追随邓椿《画继》,使得唐代张彦远《历代名画记》、宋代郭若虚《图画见闻志》和邓椿的记载有所延续,南宋一百四十余年间的重要画家事迹得以流传,功不可没。元末夏文彦编撰历代画家小传《图绘宝鉴》,其中南宋画家史料,大多采自本书。

本书采辑编排存在错讹,如蔡肇、赵令穰、赵令松均属北宋人,却也纳入书中;庄肃《自序》明言"下卷载画院众工",但卷末毕生、冯生诸人,却又似乎不是画院中人,不知何故。

清初黄虞稷《千顷堂书目》和清《浙江采集遗书总目》著录有"《画继补遗》二卷",然均谓"明嘉兴吴景长"所撰,后者还附有注:"记宋代画家凡九十九人,元代诸家附焉。"今吴本《画继补遗》无从得见。疑吴本与庄氏此本并无渊源关系,纯属同名而已;或为增补庄本而成,亦未可知。

本书因无别本可以对照,故无校勘整理本。今天通行的《中国美术论著丛刊》之《画继·画继补遗》是由黄苗子根据清人黄锡蕃醉经楼刊本标点的。

(孙小力)

竹谱 〔元〕李 衎

《竹谱》，原名《竹谱详录》，又名《息斋竹谱》、《李息斋画竹谱》，十卷（或作一卷、七卷）。元李衎撰写并绘图。有《四库全书》本、《知不足斋丛书》本。

李衎（1245—1320），字仲宾，号息斋，蓟丘（今北京）人。幼孤贫，青年时代曾在掌管礼乐祭祀事务的太常寺任卑职。元至元十九年（1282）任江浙行省左右司员外郎，改江淮省，后召入京城，任都功德使司经历。元成宗即位之初，李衎以礼部侍郎一职出使安南，回京授嘉兴路同知，迁婺州路，擢为常州路总管。皇庆元年（1312），升任吏部尚书，超拜集贤大学士。致仕后寓居扬州。延祐七年卒，享年七十六。追谥文简。李衎是元代画家中官职最高的，与赵孟頫同级。曾奉诏画宫殿、寺院之壁，颇得褒宠。其画作今存《修篁树石图》、《双钩竹石图》、《墨竹图》和《沐雨图》等。生平事迹见元苏天爵《故集贤大学士光禄大夫李文简公神道碑》（《滋溪文稿》卷十）、李衎《竹谱详录自序》（《竹谱》卷首）和《新元史》卷一八八所载传文。

李衎一生专工写竹，既擅长墨竹，亦能画青绿设色竹。起初学习金代书画家王庭筠，后又效法北宋文同与南唐李颇。且注重写实，深入南方竹乡，观察各类竹子色彩形态，颇有心得。早年有感于各类《竹谱》记载疏简不精，试图撰一部《竹史》，弥补阙憾。然公务繁忙，无暇撰述。晚年查阅众多方志山经、笔记小说，结合多年阅历所得，终于在大德三年（1299）五十五岁时撰成此书。但他感到仍有不少疏漏，故不敢名"史"，改称"竹谱详录"。

《竹谱》总结阐述前辈画竹名家的经验，以及作者自身心得体会与技法，忠实记录描摹各色竹子形状、色彩与神态，还论述了画竹艺术与自然环境的关系。要而言之，"此录论墨竹之法与其病，凡竹之别族殊名、奇形诡状，莫不谱其所自出"（清钱曾《读书敏求记》卷三）。

本书卷首有元延祐六年（1319）柯谦所撰序文、大德十一年（1307）牟应龙序文及大德三年李衎《竹谱详录自序》，自序叙说本书撰写的缘由与甘苦。卷一起始部分亦为李衎自述，自述学习画竹的经历与体会，以下为《画竹谱》，卷二是《墨竹谱》，卷三《竹态谱》，卷四至卷十为《竹品谱》。

《画竹谱》主要介绍设色竹的画法与程序,包括落笔之前画纸画绢的处理,以及大体完成后的局部收拾加工。李衎十分重视法度,说:"故学者必自法度中来始得之。画竹之法:一位置、二描墨、三承染、四设色、五笼套(即收尾处理)。五事殚备而后成竹。粘帧矾绢,本非画事,苟不得法,虽笔精墨妙,将无所施,故并见附于此。"可见叙述相当周到细致。尤其"位置"一节,历述画竹所忌"十病",诸如"冲天撞地"、"偏重偏轻"、"前枝后叶"、"对节"、"排竿"等等,既有文字说明,又有插图补证,令人一目了然。而"描墨"一节叙述握笔用笔法则,又能从意念与理论上强调画外的功夫:"握笔时澄心静虑,意在笔先,神思专一,不杂不乱,然后落笔。……若待设色而后成竹,则无复有画矣。"后人以为李衎此书"尽得文湖州不传之秘",或许就是说从《竹谱》里能学到许多有效的方法和法则。

《墨竹谱》论述画墨竹的技法,包括画竿、节、枝、叶四部分。墨竹画法,作者以为文同当属楷模,故所述皆"文氏法则"。并褒扬文同说:"笔如神助,妙合天成,驰骋于法度之中,逍遥于尘垢之外,纵心所欲,不逾准绳。故一依其法,布列成图。庶后之学者不陷于俗恶,知所当务焉。"此谱亦载于明人吴永所辑《续百川学海》,伪题"管道升撰"。

《竹态谱》列举各种竹子名目、不同环境、条件下相应的姿态,以及用笔的方法。李衎以为:"凡欲画竹者,先须知其名目,识其态度,然后方论下笔之法。"因此作画前,须对竹子常态、异态和动态有基本认识,方能由此及彼,绘写竹子妙趣与神姿。此卷还分别介绍了散生之竹、丛生之竹、笋、常竹、瘁竹、枯竹,以及微风、疾风、乍雨、久雨等各种自然条件下的竹态。其中"笋"还细分为地生、崖生、半笋,"常竹"细分为一年、二年、三年、四年期等,皆配有插图。

《竹品谱》共分全德品、异形品、异色品、神异品、似是而非竹品、有名而非竹品六个小目。所谓"品",其实指"类",例如"似是而非竹品",即指表面似竹,事实上不是竹子的那一类植物。本谱是作者多年辛勤考察的总结和记录,恰如他在《自序》中所陈述的:"盖少壮以来王事驱驰,登会稽,涉云梦,泛三湘,观九疑,南逾交、广,北经渭、淇。彼竹之族属、支庶不一而足,咸得遍窥。"《竹品谱》中著录的许多奇异珍贵品种,正是李衎历尽艰辛所得。

本书主要为学画竹者撰写编绘,其功用在于"指点门径"。据李衎本书卷一自述,他年少就喜画竹,但见过数十人的作品,皆不满意,"叹息舍去,不欲观之"。后来见到王曼庆的"竹",感觉与众不同,决意效仿。后又得知"曼庆竹"出自其父王庭筠,王庭筠又是师法北宋著名画师文同的,故对文同极感兴趣,却又险些被赝品所误。至元二十二年(1285)和次年,李衎两次到杭州,观赏了数幅文同真迹,并且广览唐代王维、萧悦、释梦休,南唐李颇,宋黄筌父子、崔白兄弟、吴元瑜等历代写竹名家的真迹,悉心揣摩,苦心研究,最终选定以文同和李颇作为楷模。所谓"著色竹应学习李颇,墨竹当师法文同"的结论,是他数十年探索的体会。本书传授的技法,主要就是李颇、文同的笔法和他本人的心得,正如他在卷一自述中坦言的那样:"悉取李颇、文湖州两家成法,写予畴昔用力而得之者,与夫命意位置、落笔避忌之类,一一详疏卷端,无所隐秘。"

元人高克恭曾批评李衍的"竹":"仲宾写竹,似而不神。"也有人对《竹谱》表示不满,说过于讲求法则规矩。其实,强调写实和法度,正是李衍及其《竹谱》的特征。李衍曾批评放笔纵抹、不求形似的画法,说:"人徒知画竹者,不在节节而为,叶叶而累,抑不思胸中成竹从何而来。慕远贪高,逾级躐等,放弛情性,东抹西涂,便为脱去翰墨蹊径,得乎自然?"李衍认为,成熟的风格和超脱飘逸的笔法源自严谨的规范,遵守法度,或许导致呆板,但对初学者有益无害:"(守法)纵失于拘,久之犹可达于规矩绳墨之外。若遽放佚,则恐不复可入于规矩绳墨,而无所成矣。故学者必自法度中来。"(《画竹谱》)为了使学画者对法度有深入认识,本书有谱有图,精美的插图使读者对文字说明增进感性认识,否则,众多竹子类别、各种形色神态,以及用笔、用墨、用色的技法,缺少图谱是难以了解详尽的。当然,作者提供这些有文字说明的插图,就是向初学者提供各种基本法则。

本书除了提供学画者以画竹技法之外,还有其他用途,"俾封植长养、灌溉采伐者识其时,制作器用、铨量才品者审其宜,模写形容、设色染墨者究其微。由古逮今,博载事辞,积累成编,雅俗兼资,庶几备方来之传,补往昔之遗"(《竹谱详录自序》)。这是因为作者原本是打算撰写《竹史》的,这也是本书与一般绘画技法书籍不同的地方。

本书明代流传的一卷本,系摘抄而成。清修《四库全书》,从《永乐大典》中采辑著录此十卷本,才使后人得以窥见全貌。

(孙小力)

松雪斋集 〔元〕赵孟頫

《松雪斋集》，又名《松雪斋文集》，十卷，外集一卷（或作七卷、十卷，外集与续集各一卷）。元赵孟頫撰。有《四部丛刊》影印元顺帝至元五年（1339）花溪沈璜刊本、元至正元年（1341）建安余氏务本堂刊本和元至正年间（1341—1368）刊本。

赵孟頫（1254—1322），字子昂，号松雪道人。宋宗室子弟，其五世祖赵秀为南宋孝宗祖父，赐第居湖州（今属浙江），故为湖州人。天性聪明，未及冠即试中国子监，然不及出仕而宋亡。元至元二十三年（1286），征聘入朝，次年授予兵部郎中，四年后改任集贤直学士，曾参与修订《世祖实录》和金书《大藏经》，任江浙儒学提举，官至翰林学士承旨。延祐六年（1319）请老归。至治二年卒，追封魏国公，谥文敏。

赵孟頫父亲喜好书画，收藏甚富，赵孟頫自幼受此熏陶，书画造诣极高。所画山水、人物、鞍马、花鸟皆佳，墨竹和鞍马尤其出类拔萃。他主张学习五代、北宋法度，变革南宋院体格调，用飞白法画石，以书法笔意写竹，开创了元代新鲜的画风。书法亦令人叹绝，篆、籀、隶、草、行、楷，样样精妙，所书碑版很多，人称"赵体"。此外，在音乐、篆刻、古器物鉴定等诸方面都堪称行家。传世画迹有《重江叠嶂图》、《鹊华秋色》、《秋郊饮马图》等。其著述另有《玄元十子图》。其弟子杨载所辑《松雪斋谈录》二卷已佚。其生平事迹见《松雪斋集》卷末杨载《赵公行状》、元欧阳玄《圭斋文集》卷九《赵文敏公神道碑》和《元史》本传。

赵孟頫生前将所撰诗文自编为《松雪斋文集》，然未刊行，逝世后由其次子赵雍分类编排整理并保存。元顺帝至元五年（1339），沈璜借赵雍藏本，校正后镂板刊行。

本书收有赵孟頫所撰诗文五百余篇，按文体分类编排，卷一为赋；卷二、卷三古诗；卷四、卷五律诗和绝句；卷六杂著和序；卷七至卷九记、碑志；卷十制、批答、策题、赞、铭、题跋和乐府。外集又有诸体文字十九篇。卷首有《谥文》一篇、戴表元大德二年（1298）序文和何贞立至元五年（1339）序文各一篇，书后附至治二年（1322）杨载《赵公行状》一篇。

赵孟頫博学多才，超凡绝伦，元仁宗曾极力称赏："(赵孟頫)有人所不及者数事：帝王苗裔，一也；状貌昳丽，二也；博学多闻知，三也；操履纯正，四也；文词高古，五也；书画绝伦，六也；旁通佛老之旨，造诣玄微，七也。"(见《行状》)赵孟頫的艺术视角较开阔，论画不为绘画所拘，经常能从其他艺术领域窥探绘画奥秘，甚至高屋建瓴，从整体上把握文艺方向。

赵孟頫认为文艺应当复古，无论诗文、书法，还是绘画，都应学习古人的笔法，追求古人的笔意。他以为学文当以《六经》为师，学诗亦应遵守古法："盖今之诗虽非古之诗，而六义则不能尽废。由是推之，则今之诗犹古之诗也。"(卷六《南山樵吟序》)论治印，他推崇"汉、魏而下典刑质朴之意"，主张"异于流俗，以求合乎古者"(卷六《印史序》)。论乐器，他重视琴，"琴也者，上古之器也。所以谓上古之器者，非谓其存上古之制也，存上古之声也"(卷六《琴原》)，因此强调正声。至于绘画，他认为作画贵有古意，假如古意缺乏，画面再精巧，也称不上好画。他曾极力贬低宋代人物画，自称刻意学唐人，试图尽弃宋人笔墨，但对金人王庭筠为老父所作肖像却赞不绝口，不仅因为王庭筠是写竹名家，关键是此图富有古意："仙人紫霞衣，危坐古松间。玉色映流水，不动如丘山。平生黄华老，得意每相关。九原如可作，与君相对闲。"(卷三《题黄华为其父写真》)可见意境的复古，赵孟頫认为至关重要。

其次，赵孟頫以为作画和写诗一样，主要功用并非状物描景，而是抒情寄兴。他说："夫鸟兽草木，皆所寄兴；风云月露，非止于咏物。"(卷六《南山樵吟序》)他对李衎的竹情有独钟，因为他知晓李衎写竹富有深意：野竹屈抑，表示其托根不得所愿；青竹高耸，象征此君自有高节(卷五《题李仲宾野竹图》、《题仲宾竹》)。赵孟頫曾以画马享誉当世，各种栩栩如生的骏马图，其实常常隐寓着他的豪气或感慨(见卷三《燕脂骢图歌》)。他在寄赠友人的画卷上题诗说："故人赠我江南句，飞尽梅花我未归。欲寄相思无别语，一枝寒玉澹春晖。"(卷五《题所画梅竹赠石民瞻》之一)画以写情，他不仅极力提倡，而且始终实践。

复次，赵孟頫不将书画视作小技，而是看成应该毕生付出努力的事业，不仅使它享誉当代，而且留传后世。六十三岁时，他在《自警》诗中述其志向："齿豁头童六十三，一生事事总堪惭。唯余笔砚情犹在，留与人间作笑谈。"在《题苍林叠岫图》中又说："桑苎未成鸿渐隐，丹青聊作虎头痴。久知图画非儿戏，到处云山是我师。"可见他在学习古人笔法的同时，也向大自然探寻绘画的奥秘，为的是要像晋人顾恺之一样醉心于丹青，并且永垂不朽。

本书还收录了许多题画诗跋，从中可以了解赵孟頫作画时的心态、他对前辈名作和同时代画师作品的评判鉴赏，以及他与同时代画师的交往情况。例如，赵孟頫曾师法董源笔法，因此对董源的山水画感悟颇深，这一切往往凝聚于他题在董源画作的诗文中。他与画友钱舜举、高克恭、李衎等人的交往，题画诗中都有反映。

对于绘画,赵孟頫没有专门的理论著述,所有观点或见解,均散见于各体文字之中。遗憾的是,他的许多极有价值的题跋,本书未能收录,散见于后世各种书画录著作。2010年上海书画出版社出版了任道斌辑校的《赵孟頫文集》。2012年,浙江古籍出版社出版了钱伟彊点校的《赵孟頫集》。

有关赵孟頫生平及其书画理论的研究著作主要有伍蠡甫的《赵孟頫》(载于《伍蠡甫艺术美学文集》,复旦大学出版社,1986年)、岑其的《赵孟頫研究》(西泠印社,2006年)及上海书画出版社编的《赵孟頫研究论文集》(上海书画出版社,1995年)等。

(孙小力)

写山水诀 〔元〕黄公望

　　《写山水诀》，又名《大痴画诀》，一卷。元黄公望撰。有清光绪二十六年(1900)徐文清辑《清瘦阁读画十八种》丛刊本，又有民国二十六年(1937)北平中华印书局排印于海晏辑《画论丛刊》本。潘运告主编《元代书画论》，辑集《写山水诀》，湖南美术出版社2002年出版。

　　黄公望(1269—1354)，字子久，号一峰、大痴道人，晚年号井西道人。本姓陆，名坚，世居平江常熟(今属江苏)，幼年出继永嘉(今属浙江)黄氏。黄氏年九十得子，于是有"黄公望子久矣"之语，并改姓易名。黄公望幼有神童之称，博闻强记，经史百家之学，无不通晓。元贞(1295—1297)初年，聘为浙西宪司掾，以经理钱粮获罪，免职。延祐年间(1314—1320)游于京师，任御史台察院掾，忤权豪下狱。出狱遂不复为官，入"全真教"，黄冠野服，往来吴中、杭州诸地，卖卜为生。黄公望通晓音律，诗词散曲，无一不佳，尤其擅画山水，师法五代董源、巨然，又能悉心揣摩自然山水，写生不倦，自成一家，为元季画家之冠，与吴镇、倪瓒、王蒙合称"元四大家"。黄公望所撰词曲大多散佚，略存一二，散见于后人编选的词曲集中。诗有《大痴道人集》，多为题画之作，载于清初顾嗣立编《元诗选》二集。又有《纸舟先生全真直指》、《抱一子三峰老人丹诀》、《抱一函三秘诀》，题作"元黄公望传"。画作留存至今的有《富春山居图》、《天池石壁图》等十余件。生平事迹见元钟嗣成《录鬼簿》下、杨维祯《西湖竹枝词》、夏文彦《图绘宝鉴》卷五、陶宗仪《辍耕录》卷八和明王鏊《姑苏志》卷五十六所载小传。

　　本诀共三十则，主要论述山水画技法，包括山水树石的用笔、用墨、皴法、着色与布景等。其一生经验与学问，皆存此中。元代末年，陶宗仪于《辍耕录》中全文转载，此诀始广为人知。

　　全书为札记式的信笔记录，随感而发，未作归纳分类。今试作分析，大致为五个方面。

　　一是立意。书中强调画山水需于落笔前有完整的构思，应力求表现一个主题，若只为画山水而画山水，即无意趣。"或画山水一幅，先立题目，然后着笔。若无题目，便不成画。"又说："先命题目，此为之上品。古人作画，胸次宽阔，布景自然。合古人意趣，画法尽矣。"还提出用象征方法表现山水画的深层意境,如画松树不露根,隐喻有德之人甘愿退隐或不受重用;杂树峥嵘,则表示卑鄙小人猖獗一时。

二是合理。作画须符合常理,不能随心所欲违背自然法则。"作画只是个理字最紧要。吴融诗云:良工善得丹青理。"因此,小到一树一石,大至四季景色,都应如实表现。如春天万物发生,夏季树木繁冗,秋天万象肃杀,冬季则给人烟云黯淡和天色模糊的感觉。

三为风格。公望以为作画须有士人气,要表现超脱峻拔的高风,决不能俗。"作画大要,去邪、甜、俗、赖四个字。"如画一棠一石,若逸墨撇脱,挥洒自如,就有士人家风;笔墨累赘,过于工致,则流于画工匠气。

四是技法介绍,诸如树、石、山、水的用笔、用墨和设色,其中不乏经验之谈:"远水无湾,远人无目";"山水中唯水口最难画"。此外,山的三远、石的形象,树的身份,以及风雨欲来的夏山、白雪迷漫的冬景,具体画法书中都有介绍。黄公望尤其重视山水画的"生气",建议在山坡中安置房舍,河流中点缀小艇,另外山下的水潭亦不容忽视,谓潭周若以树木簇拥,"生意"顿现。书中还分析了前辈名家的用笔用墨,说众人效仿董源、李成笔法,却不知董、李二人所画树石各不相似,学习时应对照区别,寻找特征,画技才有长进。董源麻皮皴的山石和李成的湿厚画法,作者也有具体阐述。这种个例的细腻分析,对学画、对鉴赏都有帮助。

五是提倡写生。学画者皮袋中置描笔在内,"遇好景处见树有怪异,便当模写记之"。董源画山,坡脚多有碎石,山中常见云气,这是金陵山景的真实写照。黄公望本人也常终日枯坐于荒山乱石和丛木深篆之中,认真揣摩山色景致的微细变化。大自然千姿百态,能激发想象,帮助画家创造高于现实的艺术形象,按黄公望的说法:"(自然景色)分外有发生之意。"例如登楼仰望,天上空阔处翻腾舒卷的云图就像山头的景物,北宋名家李成、郭熙,就皆用画云法画山石,"郭熙画石如云,古人云天开图画者,是也"。写生也提供了练笔机会,"(作画)大概与写字一般,以熟为妙"。熟能生巧,画山水尤其需要巧妙构思和随机应变,大量写生可以积累素材,是必不可少的学画手段。

此外,本书还介绍了绢和纸的不同特点,特别说明了绢的处理方法。

明代中期以后,随着沈周、文徵明等吴派山水画家的崛起,他们的好恶也影响了当时的风气,黄氏山水更为风靡。特别是晚明董其昌等人提出"画分南北宗",以为"元四家"是文人画嫡传,上接董源、巨然和米芾父子,下启沈周和文徵明。一直到清代,"元四家"声名始终不衰。而元四大家中,吴镇、倪瓒和王蒙都没有专门的山水画技法理论著述传世,因此本书显得弥足珍贵。

就立论而言,黄公望以前,专论山水画的重要著作有宋人韩拙《山水纯全集》和郭熙《林泉高致》,然韩、郭二书皆强调法度规矩,本书则提倡"士人家风",主张"立意",正由于此,本书才受到文人画家的高度评价。

有关黄公望生平及其艺术的研究著作主要有今人孙楷第《元曲家考略》乙稿《黄子久》和1974年台湾中国文化学院艺术研究所蔡长盛撰写的《黄公望的生平和艺术》,美国普林斯顿大学韩庄(John Hay)1978年撰写的《论黄公望》,俞剑华《中国绘画史》(东南大学出版社,2009年)中《元四家之山水画》。

（孙小力）

文湖州竹派 〔元〕吴 镇

《文湖州竹派》,又名《竹派》,一卷。元吴镇撰。有明人冯可宾辑《广百川学海》本、明人陶珽辑《说郛续》本和明末陈继儒辑《宝颜堂秘笈》本,以上三本皆题"明释莲儒撰"。又有清人曹溶辑、道光十一年(1831)活字排印的《学海类编》本,署作者名为"吴镇"。

吴镇(1280—1354),字仲圭,号梅花道人、梅沙弥、梅花庵主等。嘉兴(今属浙江省)人。饱读诗书,不求闻达。曾于村塾授学为生,亦曾往来于杭州、嘉兴诸地,卖卜糊口。一生清贫,然所居之处遍植梅花,赏梅、赋诗、作画以自适。相传吴镇曾与画师盛懋为邻,盛懋名盛于世,四方携金帛前来求画者众多,吴镇门前却无人问津。吴镇妻不免讥嘲,吴镇并不气馁,数十年后,果然声名鹊起。吴镇擅长山水、墨竹,诗、文、书亦佳,每作画,喜题文字,有诗、书、画"三绝"之妙。传世画迹有《秋江渔隐图》、《渔父图》、《嘉禾八景图》等,笔法质朴潇洒,随意变化。其画风在明、清两代影响很大,被尊称为"元四大家"之一,尤其明人沈周、文徵明、董其昌等,对他十分推崇。其著述另存《墨竹谱》一卷(文字不多,有图二十幅)、《梅花道人遗墨》二卷。生平事迹见元夏文彦《图绘宝鉴》卷五、明赵文华《嘉兴府图记》卷二十、明徐学聚《两浙名贤录》卷四四和清顾嗣立《元诗选》二集。

本书属传记类著作。"文湖州"指北宋书画名家文同,文同精于画竹,为后人所仿效,本书即搜集了宋、元两代学习文同而又卓有成就的二十五位画家的生平事迹,以小传形式汇编成册。由于都以文同为师,又皆以绘竹见长,故称"竹派"。

本书记载较简,有关生平事迹往往仅著录姓名、字号、籍贯、官职而已,至于艺术师承、风格造诣等等,或详或略,视需要而定。例如苏轼,或许由于苏轼与文同的中表亲戚关系、苏轼的生平事迹等世人皆已熟知,故未多费笔墨,而文同的入室弟子程堂,或许知之甚少,故铺叙较多。

也许因为吴镇本身是一个民间画师的缘故,书中比较重视那些名声不大的画师,如黄彝、文氏、李氏、程堂等,都是在历代画史著作中被忽视的,而本书叙述相对那些名家来说,反而更为细致和生动,从中可以窥见作者偏重无名画师的心态。

　　本书传主,包括文湖州的嫡亲、友人、学生、再传弟子和那些纯粹从其传世画迹中摸索技巧的画家。书中罗列了许多文同亲友中的绘画人才,如文氏,是文同第三女;张昌嗣,文同外孙;黄斌老和黄彝,文同妻侄;程堂,文同入室弟子。可见吴镇比较重视宗匠门户的独特技法和风格,书中提到秘诀传授,正是为了强调家传的魅力。本书对传主绘画风格和特色叙述很少,一般仅说明渊源所自,只是少许较为特殊的人物,才述及性格特点或风格特征。例如张昌嗣与众不同,故特意介绍说:"(昌嗣)笔法既有所授,每作竹必乘醉大呼,然后落笔。"又如苏轼,所画竹石为后人典范,故不能不介绍他的特色。"(苏轼)作成林竹甚精。作枯木,枝干虬屈无端,石皴硬,亦怪怪奇奇无端,如其胸中盘郁也。"

　　本书明刊本多题作"明释莲儒撰",故有人认为此书非吴镇所作。据我考察,即使本书不是出自吴镇笔下,也决非明人著述。以下试以书中有关文字和元末撰成的《图绘宝鉴》作一比较:

　　夏文彦《图绘宝鉴》中"程堂"小传曰:"程堂,字公明,眉人。善画墨竹,宗文湖州。好画凤尾竹,其梢极重,作回旋之势,而枝叶不失向背。尤善写园蔬,极佳。"本书则曰:"程堂,字公明,眉人。举进士,为驾部郎中。善画墨竹,宗派湖州,出湖州之门者,独公明入室也。好画凤尾竹,其梢极重,作回旋之势,而枝叶不失向背。又登峨眉山,见菩萨竹,有结花于节外之枝者,茸密如裘,即写其形于中峰乾明寺僧堂壁间,俨如生也。又像耳山有《苦竹》、《紫竹》、《风竹》、《雨竹》,好事者已刻之石。成都笮桥观音院,亦有所画竹,且题绝句云:'无姓无名逼夜来,院僧根问苦相猜。携灯笑指屏间竹,记得当年自手栽。'又作园蔬,尝见《紫芬》、《紫茄》二轴,夺真也。"可见本书记载较充实,《图绘宝鉴》所载,似经摘取剪裁而成。又如"盛昭"一条,本书曰:"盛昭,字克明,扬州人。竹石师文湖州。侨寓嘉兴,与余比邻而居,最称莫逆。"《图绘宝鉴》则将"侨寓嘉兴"以下三句删去。本书所载元代画家,其中不少人如李衎、周尧敏等,传文与《图绘宝鉴》完全一样。《图绘宝鉴》是钞撮众书而成的,显然也参考了此书。此外,本书所记周尧敏、姚雪心、盛昭、苏大年、李衎父子等,或者家居浙东,或者侨寓、客游钱唐周围,均是吴镇身边人物。说本书是后人托名之作,显然证据不足。

(孙小力)

梅花道人遗墨 〔元〕吴 镇

《梅花道人遗墨》，又名《梅道人遗墨》，二卷（或作一卷），元吴镇撰。通行本有《四库全书》本、《啸园丛书》本和《美术丛书》本。

作者生平事迹见"文湖州竹派"条。

吴镇诗文生前未曾结集梓行，故大多散佚不存。明代末年，其乡人钱棻搜罗吴镇书画墨迹，抄录荟萃成编，即为本书。

本书卷首附有钱棻序文和《梅花道人本传》。正文二卷按文体分类编排，依次为诗、词、偈和题跋。计凡五古三首，七古七首，五律一首，七律三首，四言一首，五绝三十二首，七绝二十一首。以上为上卷。下卷有词十三首，偈三首和题跋十九篇。

吴镇作画喜题文字，生前即以诗、书、画"三绝"享誉当世。从这些题诗跋语中，后人可以窥见其涉足的绘画领域、学画作画的心得和部分绘画理论。

吴镇工于墨竹、山水、梅、石、兰和菜等绘画题材，尤以墨竹见长，故书中有关墨竹的记载最夥。卷下《竹谱》曰："墨竹位置，如画干、节、枝、叶四者，若不由规矩，徒费工夫，终不能成画。濡墨有浅深，下笔有轻重。逆顺往来，须知去就；浓淡粗细，便见荣枯。仍要叶叶着枝，枝枝着节。山谷云：'生枝不应节，乱叶无所归。'使笔笔有生意，面面得自然，四向团栾，枝叶活动，方为成竹。"以凝练的语言，概括墨竹成功的秘诀，在于干、节、枝、叶的位置、用笔和用墨。另外，他还略述了画墨竹常犯的毛病、叠叶的画法与禁忌等等。

吴镇以为："墨竹虽一艺，而欲精之，非心力之到者不能。"（卷下《竹谱跋》）学者若欲超凡入圣，脱去工匠气息，须先得成竹于胸中。然吴镇尤其厌恶那些慕远觅高、逾级躐等、放驰性情、东抹西涂的画法，他强调学习墨竹，应当遵守法度，必先有法，然后才能弃法。"故当一节一叶，措意法度之中，时习不怠，真积力久"，而后才能"脱去翰墨蹊径，得乎自然"，"故学者必自法度中来始得"（卷下《竹卷跋》）。吴镇《竹谱》，受本朝李衎《息斋竹谱》启发，专为初学者撰写，其特点在于注重讲授的形象性,故文字极简,专以图谱说明。吴镇认为,学习墨竹最为直截有效的方法是揣摩效仿前辈名家的真迹,例如学习堪称"古今一人"的文与可。然而文与可真迹稀少,世上流传多为赝品,吴镇此谱,凝聚了他数十年画竹的功力,自称略得文与可之竹法竹趣,初学者由此入手,可不致为赝品所误。

吴镇布衣终身,生平事迹后人知之甚少,作为后世享有盛名的"元四大家"之一,其艺术生涯颇受关注。本书作为了解吴镇生平的第一手资料,其中透露了不少吴镇作画学画的经历。例如墨竹,除了文与可外,他临摹苏东坡的石刻,观赏李息斋的墨迹,特别是他和高克恭的渊源关系,值得重视。他说:"古今墨竹虽多,而超凡入圣脱去工匠气者,惟宋之文湖州一人而已。近世高尚书彦敬甚得法,余得其指教甚多。此谱(即其《竹谱》)一一推广其法也。"可见吴镇墨竹,虽上溯文与可,实得力于高克恭为多。此外,于董源山水,他亦用心临摹,赞为"笔法苍劲,世所罕见"。

吴镇题诗跋语,或重在发掘画面意境,或袒露其胸中感慨,集中展现了元代绘画高度文学化的倾向。本书所收俱为其题画之作,少则两句,多则洋洋洒洒一百余言,精妙之语随处可见。如他尝谓写竹乃陶写性情之手段,故其题竹诗曰:"动辄长吟静即思,镜中渐见鬓丝丝。心中有个不平事,尽寄纵横竹几枝。"其《写菜》诗曰:"菜叶阑干长,花开黄金细。直须咬到根,方识淡中味。"诗意隽永,颇耐人寻味,难怪明人曾热衷效仿吴镇诗画,吴门画派代表人物沈周晚年尤其醉心于吴镇。明季陈继儒曰:"梅花和尚写《竹谱》二十幅,在项又新家。其中草草跋语,皆得画竹篆法,而画竹又带草书法。"(《太平清话》卷一)可见吴镇从题材到形式的选择,均切合后世文人画师的口味。

本书之整理结集,距吴镇的时代已有数百年之久,故难免疏漏舛误。《四库全书总目》已指出书中有所误收,如将吴镇书写的鲜于枢诗作,当作吴镇的诗收入集子。然《四库全书总目》单纯从所谓题材的荒谬、用词的庸俗等断言《沁园春·题画骷髅》和《题句》等皆属伪作,则证据不足,失之武断。须知早在元初,吴兴钱选所作《锦灰堆》即以垃圾入画,元人荒诞滑稽的创作倾向,常常是正统的清代学者难以想像的。不过以钱棻一人之力,确实难以将吴镇诗文尽数网罗。吴镇作画,多有题记,其诗义全编尚待今人搜集整理。

(孙小力)

竹斋诗集 〔元〕王 冕

《竹斋诗集》,三卷,续集一卷,附录一卷。元王冕撰。有《四库全书》本。又有清抄本,系清人所辑,附有补遗一卷。

王冕(? —1359),字元章,号煮石山农、饭牛翁、会稽外史、梅华屋主等。诸暨(今属浙江)人。幼年家贫,牧牛为生,然读书尤勤。早年有用世志,出游北上。抵大都(今北京),士大夫争相称誉荐举,然未见用。至正八年(1348)南归,游东南诸地,与名士顾瑛、杨维桢、郑元祐等交往酬唱,声名鹊起。不久返乡,隐居读书,授学为生。至正十九年(1359),朱元璋属将胡大海率部攻克诸暨,王冕为朱元璋出谋划策,望天下太平,早日一统。不久病逝。

王冕诗画俱佳,诗风犹如其为人,澹泊超逸,遒劲孤傲。绘画精于花卉,尤善画梅。曾在其隐居地九里山种梅千株,朝夕相伴,故妙得梅花神韵,以胭脂作没骨体自王冕始。又精于治印,首先采用花乳石作印章材料,可谓中国篆刻史上一大功臣。其著述另有《梅谱》传世。生平事迹主要见于元人韩性《竹斋记》(载中华书局影印《永乐大典》卷二五四〇),明人宋濂《王冕传》(《宋文宪公全集》卷二七)、张辰《王冕传》(《竹斋诗集》卷首)、清朱彝尊《王冕传》(《曝书亭集》卷六四)和《明史》本传。

《竹斋诗集》正集三卷由王冕之子王周编定。据吕升《故山樵王先生行状》,知王周于明永乐五年(1407)谢世,可见正集在此之前已经成书。续集、附录各一卷,王冕外孙骆居敬所辑。《四库全书》所收即上述五卷本。其后,清无名氏辑补遗一卷,载于嘉惠堂丁氏所藏清抄本《竹斋诗集》。

本书前三卷为诗。"续集"兼收杂文与诗,其中诗歌均属王冕自题画梅之作。"附录"乃吕升所撰王周行状。"补遗"则是从《元诗选》、《玉山草堂雅集》等诗歌总集中辑佚而成。卷首除了宋濂、张辰所撰《王冕传》各一篇,又有刘基《王元章诗集序》。

虽然王冕不是收藏家,但他阅历颇广,书中收录的大量题画诗文,忠实地记载了他对前辈画师画作的看法和对当代画坛的印象,我们从中可以了解他的绘画观、他的好恶,以及他书画同道的状况。

如卷三《宣和殿画山水鹁鸽图》、《宣和殿画驴图》反映了宋代院画面貌,卷一《题米元晖画》、卷三《松雪画马图》、《赵千里夜潮图》、《题温日观蒲萄》、《息斋双竹图》、补遗《题巨然画》等则以文字表现了米友仁、赵孟頫、赵伯驹、温日观、李衎、僧巨然等著名画师的作品,同时也作出了自己的评价。在《题温日观蒲萄》这首诗中,他绘形绘影地描画了作品中采用的技法和风格,同时又用生动酣畅的语言颂扬了温日观——这位元初和尚画家的风范,吐露了仰慕之情:"日观大士道眼空,佯狂自唤温相公。浩然之气塞天地,书法悟入蒲萄宫。有时泼墨动江浦,叱喝怒骂生风雨。草圣绝倒张伯英,春蚓秋蛇何足数?⋯⋯只今相去数十年,看书看画心茫然。安得美酒三百船,与君大醉西湖天!"由此可见赵孟頫力倡的"书画同法",当时并非仅此一家的绝唱,而是有广泛基础的,就连僧人也自觉地在运用草书笔法作画。

又如卷一《挽吴孟思》、卷三《曹云西画山水图》、《赠写照陈肖堂》、《赠杨仲开画图引》、《柯博士画竹》、《明上人画兰图》、《题金禹瑞画松图》、《司马氏藏唐子华山水扇画》等,反映元季画坛尤其两浙画家画作的成就,包括他们的交游情况和共同崇尚的画风。如卷三《卫生画山水》诗说:"国朝画手不可数,神妙独数高尚书。尚书意匠悟二米,笔力固与常人殊。⋯⋯于今绝响三十年,尚书笔法谁能传?片藤尺素不易得,使我感慨心茫然。吴兴老赵蓟丘李,两地清风俱委靡⋯⋯"以王冕为代表的元季文人画师显然对元初山水画家高克恭和北宋米芾父子的画风情有独钟,其中师承和渊源关系值得进一步探究。

题画诗文作品还集中展示了王冕的绘画风格、题材和审美情趣。例如他曾作画《梅花屋》,并在图上赋诗作跋,跋文曰:"饭牛翁即煮石道者。闲散大夫,新除也。山农,近日号。老邨、南园种菜时称呼。元章字,冕名,王姓。今年老,异于上年。须发皆白,脚病,行不得。不会奔趋,不能诏佞,不会诡诈,不能干禄仕,终日忍饥过。画梅作诗,读书写字,遣兴而已。自喝曰:'既无知己,何必多言!'呵呵!"(此跋文采自《铁网珊瑚》。《四库》本仅录诗,且题为《九里山中》。)可见无论写诗,还是作画,王冕认为都是自怡自乐或抒情遣兴的手段,正所谓"写梅作诗,其来一也,名之虽异,意趣实同","画之得意,犹诗之得句,有喜乐忧愁而得之者,有感慨愤怒而得之者,此皆一时之兴耳"(《梅谱》,载《永乐大典》卷二八一二)。此外,这跋文洋洋洒洒一百余言,嬉笑怒骂,酣畅淋漓,反映了元季江浙文人敢笑敢怒、滑稽幽默的风格,实为难得。虽说元季文人画家在画上题诗作跋已成为风气,但大多较为规矩,如此行文自由别致的还不曾见到,由此可见王冕的创新意识。

王冕以画梅著称,本书续集和补遗集中采录了大量自题画梅诗作,分成"素梅"、"墨梅"、"红梅"等类别,便于读者揣摩欣赏。我们从中可以窥见王冕的爱梅情结,其根缘在于以梅花自比自况。或以道傍野梅比作不受赏识的人才:"绣衣骢马金陵道,谁把梅花仔细看?"(卷一《偶书》)或用深山素梅表示自己的困窘:"嗟哉梅花太清苦,不与杏桃同媚妩。"(卷三《题墨梅送宋太守之山东运使》)至于那首著名的《墨梅》诗:"我家洗研池边树,朵朵花开淡墨痕。不要人夸好颜色,只留清气满柴门。"(续集)更是生动展示了他的人格和画风。

其实,不仅是画梅,王冕笔下的许多形象都含有深层韵味。他画自家的老猫,是感叹自身的孤独困苦(卷二《画猫图》);他画湖畔的渔夫,是讴歌贯酸斋抛弃富贵甘愿穷隐的壮举(卷三《芦花道人换被图》);他画江南秀美的山河,是因为身居繁华京师而怀念家乡的清逸(卷一《山水图》);他画醉酒的隐士,是感叹屈原爱国忧民的徒劳(卷一《醉贤图》)……画面难以表现的,就在题跋中肆意吐露。那么,这些题画诗文都有助于我们完整深刻地认识王冕其人其画,有助于了解元季文人画师的创作手法和习惯。

本书尚无完整的校点整理本。上海古籍出版社 1990 年出版的《全明诗》第一册,收有王冕现存全部诗作。此本以嘉惠堂丁氏原藏清抄本为底本,并据《四库全书》本和顾嗣立《元诗选》等校补,较为精善。

(孙小力)

东维子文集 〔元〕杨维祯

《东维子文集》，又名《东维子集》，三十卷，附录一卷。元杨维祯撰。有《四库全书》本、《四部丛刊》本。

杨维祯(1296—1370)，字廉夫，别号众多，其中铁崖、铁笛道人、铁冠长老、抱遗道人和东维子等较著名。诸暨(今属浙江)人。杨维祯是元季著名诗文作家、书法家和书画鉴赏大师。元泰定四年(1327)三十二岁时中进士，任浙江天台县尹，因得罪豪强免官，数年后转任钱清盐场司令。父卒，回乡守丧，后补官不成，遂携妻儿浪迹江浙诸地，授学为生。至正十年(1350)以友人荐举得官，官至江西等处儒学提举，然因战乱未赴任，徙家松江，退隐逍遥。明洪武三年(1370)，朝廷聘至京师修礼乐书，数月后肺疾发作病逝。杨维祯擅长诗文，诗与文风格迥异，文章朴实，诗风奇崛。提倡以情为诗，且极力奖掖后进，故以铁崖派领袖著称。又精于鉴赏，为前代名家珍迹和同时书画作品所撰题跋极多，不时染翰挥洒，尤以行书被后人称道。其著述据宋濂墓志记载，多达数百卷，今存另有《铁崖文集》、《丽则遗音》、《铁崖先生古乐府》、《铁崖先生复古诗集》、《铁崖先生古乐府补》、《铁崖先生诗集》等，诸本多有重复。其生平事迹见宋濂所撰墓志铭(载《宋学士文集·銮坡后集》卷六)，以及其门生贝琼《铁崖先生传》(载《清江文集》卷二)、《明史·文苑传》。

本书明初由铁崖弟子整理而成，是铁崖部分诗文的汇编。按文体分类编排，卷一至卷十一是"序"，卷十二至二一"记"，卷二二"志"，卷二三至二六"碑铭文"，卷二七"书"、"说"、"论"，卷二八"传"，卷二九、三十为"歌"、"诗"、"杂文"。卷三一是"附录"，收有杨维祯门生和友人所撰诗文。书前有明人松江孙承序文一篇，书后载万历十七年(1589)王俞于本书梓行之时所撰跋文。

杨维祯有关书画艺术的理论观点，散见于诗文中间，至今尚无人认真搜罗整理，甚至也还没有一部较为完备的杨维祯诗文全集。其佚文散篇，在明清间编撰的书画录、金石文字记和地方志中还有不少。不过，《东维子集》毕竟是目前收录铁崖作品最多的一部文集，从中探讨其艺术理论，虽难免疏漏，但仍能获得大概认识。

首先，杨维桢强调"书画同一"，认为文人士大夫工于绘画，必然擅长书法，因为绘画技法其实渊源或借用于书法的技巧法则。值得注意的是，杨维桢强调书法对于绘画的重要性，并非只是主张采用书法笔法作画，而主要是强调绘画作品应蕴含文人气质。杨维桢认为，愚人庸夫不可能有优秀画作，因为他们缺乏包括书法造诣、文学修养在内的文化素质，因为他们不懂得鉴赏，"故能诗者必知画，而能画者多知诗，由其道无二致也"。也就是说，有文学修养的人必然懂画，而真正善画者也应具有文学素养，文学素养的高低，是创作优秀绘画作品的关键（参见卷十一《无声诗意序》《图绘宝鉴序》）。由此可见杨维桢的文人画理论是较深入的。

其次，绘画需要天资。文化素养固然重要，但具有良好素养的人并不一定能创作神妙佳作："画之积习虽有谱格，而神妙之品出于天质者，殆不可以谱格而得也。故画品优劣关于人品之高下，无论侯王贵戚、轩冕才贤、山林道释、世胄女妇，苟有天质超凡入圣，即可冠当代而名后世矣。其不然者，或事模拟，虽入谱格，而自家所得于心传神领者则蔑矣。"（《图绘宝鉴序》）也就是说，只要有天赋，能够表现心性，不论是哪个阶层、从事何种职业的人士，都能绘出名品佳构。将帝王贵戚和道释妇女等同看待，承认下层人物也有绘画天赋，强调绘画的优劣取决于作者的悟性，这和前面所述"文化素养"并不矛盾，因为杨维桢始终认为，文艺首先应该是传达心声的产物。

三是学习古人。和"学古复古"的文学主张一致，杨维桢认为书画也应效法古人，由宋而唐，由唐而晋而魏，努力寻根溯源，上求古代英杰创造的法则。然而这种学习，不是仅仅刻意摹仿名家笔墨，也不是绝对遵从画谱画格，而是首先遵循古人不假雕饰、传达自我心性的艺术原则。他说："诗者，心声；画者，心画，二者同体也。"（《无声诗意序》）诗以表情，画以写心，杨维桢尤其推崇晋代画师顾恺之，因为他的画不仅传形，而且传神。当然，传神没有一定的谱格，杨维桢说，顾恺之为裴叔则脸颊添三毫，将谢幼舆画在岩石中间，看似随心所欲，其实是在探索传神的艺术奥秘（卷十一《送写神叶清友序》）。

此外，本书还有一些篇章涉及书画材料，如卷九《送墨生沈裕序》，清晰而又简略地阐明了墨的优劣评判标准；《赠笔史陆颖贵序》则叙述了各种毛笔的制作历史、特点、选择和使用。杨维桢说，笔有不同，用笔的人也各有差异，不同的笔适合不同的人，而"大手笔"的笔自然也是与众不同。

中年以后的杨维桢浪迹杭州、平江（江苏苏州）、吴兴、昆山和松江等地，与当时的书画名家、鉴赏收藏家颇多交往，如元季四大家中的黄公望、倪瓒、王蒙，都曾与杨维桢往来，诗酒酬唱之作尚留存于其诗文集中。杨维桢还结交了一大批当时尚未成名的艺术家和青年学子，甚至下层工匠。通过他的评论、鉴赏和奖掖，使默默无闻的人逐渐为人所知，下层工匠制作的书画用具获得世人青睐，书画艺术得以发扬光大。元季东南地区的艺术活动十分活跃，和杨维桢的努力是分不开的。《东维子集》的贡献,正在于忠实记录了这一切。

近人傅增湘曾以《东维子文集》的明初刊本、明钞残本与鸣野山房钞本对校,《校勘记》刊载于《四部丛刊》本《东维子集》之后。有关铁崖生平事迹及其创作成就,可参看孙小力《杨维祯年谱》(复旦大学出版社,1997年)。

(孙小力)

清闷阁全集 〔元〕倪 瓒

《清闷阁全集》,又名《云林诗集》、《倪云林先生诗集》、《清闷阁遗稿》等,原为六卷,后增广为十五卷、十二卷。通行本有《四部丛刊》影印明天顺四年(1460)蹇曦刻本、明末汲古阁刊本、《四库全书》钞录清康熙五十二年(1713)曹培廉刊本。

倪瓒(1301或1306—1374),初名珽,字泰宇,后取字元镇。别号众多,因家有"云林堂",号云林子。其先世为西夏人,五世祖徙居无锡,遂为无锡(今属江苏省)人。早年家境富饶,读书作画,赋诗撰文,不问世事。中年大兴土木,建清闷阁、萧闲馆等大量园林建筑,广交诗朋画友。后突然尽弃家业,徜徉五湖三泖间,明洪武七年十一月于友人家中病逝。倪瓒酷好读书,家有藏书数千卷、鼎彝古玩与名人书画无算,故博学多识。工诗善画,诗趣淡雅,画擅长山水,逸笔草草,苍劲潇洒,为"元四大家"之一,其"简中寓繁"的画风,对明清文人画影响极大。历代著录其画作近三百幅,今存公认真迹三十余幅,《雨后空林图》、《豀山图》、《修竹图》等较著名。其生平事迹见明人周南老《元处士云林先生墓志铭》、王宾《元处士云林倪先生旅葬墓志铭》、张端《云林倪先生墓表》(均载《清闷阁全集》卷十一)、《元史类编》卷三六和《明史》卷二九八本传,以及今人孙楷第《元曲家考略》甲稿(上海古籍出版社1981年增订本)。

倪瓒生前即有诗名,句曲张雨、钱塘俞和曾缮写其诗稿珍藏,然未刊行。明天顺四年(1460),蹇曦得王景昇整理的家藏《云林诗集》,刊板行世。此本六卷,皆是诗;附录一卷,为其书画题跋和所撰词曲,以及倪瓒友人题赞文字。明万历年间(1573—1620),倪瓒八世孙珵编刻《清闷阁遗稿》十五卷,附《世系图》一卷,流传不广。明末毛晋汲古阁刊行《元人十种诗》,收有倪瓒诗六卷,集外诗一卷。清康熙五十二年(1713),上海曹培廉重为编定校勘,刊行《清闷阁全集》十二卷。

本书为倪瓒的诗文全集,其中前八卷为诗,包括其友人唱和之作。卷九、卷十为词曲和杂文。末二卷"外纪",上卷列遗事、传铭并赠答吊挽之作,下卷专载诸家品题倪瓒诗、画语。

本书于倪瓒题画诗、跋,以及尺牍、杂文,不避琐碎,收罗较全,因此能多侧面地反映倪瓒的绘画观、他对前辈名家与本朝画师的看法,以及与当时书画大师的交游情况等等。

倪瓒认为绘画贵在抒情,当求逸韵,至于形似与否,工拙与否,则不在关心之列。如其友人张雨素不善画,偶尔醉墨戏写奇石,却颇有一种逸韵,倪瓒于其画上题诗:"书画不论工与拙,颜公米帖岂图传!"(卷八)又曾自跋所画竹曰:"余之竹,聊以写胸中逸气耳!岂复较其似与非、叶之繁与疏、枝之斜与直哉!或涂抹久之,它人视以为麻为芦,仆亦不能强辨为竹,真没奈览者何。"(卷九《跋画竹》)在倪瓒看来,绘画为了自娱,亦可用作解闷:"排闷不须千日酒,聊将小笔画龙蛇。"(卷七《为骞原道题竹木图》)至于图写景物,作细腻描摹;或遵人之嘱,画命题之作,倪瓒毫无兴趣,尝谓:"仆之所谓画者,不过逸笔草草,不求形似,聊以自娱耳!近迂游,偶来城邑,索画者必欲依彼所指授,又欲应时而得。鄙辱怒骂,无所不有。冤矣乎,讵可责寺人以髯也!是亦仆自有以取之耶!"(卷十《答张藻仲书》)倪瓒这些典型的文人画理论,对明、清画坛影响极大。

倪瓒家富收藏,交游颇广,故所见前辈名家珍迹很多,与同时书画大师的交流也相当频繁,他题写在这些画幅之上的诗歌跋文,就忠实记录了他们的交游情况,以及他对前辈佳作的品评和对当时画坛的评价。如他与"元四家"中另外三家黄公望、吴镇、王蒙均有交往,王蒙还为倪瓒画过像,据明人何良俊说,画面上部"作层峦疏木林木,下一人趺坐,神意殊远。妙品也"(卷十二《阅云林画题》)。倪瓒对黄、吴、王三人亦极力称赏,谓黄公望"虽不能梦见房山、鸥波,要亦非近世画手可及"(卷八《题大痴画》);谓吴镇"弄翰自清逸,歌诗更悠长"(卷二《题吴仲圭诗画次韵》);称王蒙"临池学书王右军,澄怀观道宗少文。王侯笔力能扛鼎。五百年来无此君"(卷八《题王叔明岩居高士图》)。另外书中题画诗文包括对前辈许多名家,诸如李伯时、夏圭、郑思肖、黄华父子、赵孟頫夫妻、高克恭等人传世画作的鉴赏品评,更多的是为同时画师黄公望、吴镇、王蒙、柯九思、朱德润、曹云西、宋克等人所作的题画文字。

这些题跋除了抒发感慨或对某一位画师、某一幅作品的评价以外,有时还作一些历史概括或横向比较,据此可以了解倪瓒对历代画史和当代画坛的分析与评价。如他在夏圭一幅传世山水上题字说:"夏圭所作《千岩竞秀图》,岩岫萦回,层见叠出,林木楼观,深邃清远,亦非庸工俗史所能造也。盖李唐者,其源亦出于荆、范之间,夏圭、马远辈又法李唐,故其形模若此。便如马和之人物犬马,未尝不知祖吴生而师龙眠耳!"(卷九《题画》)其品评本朝山水画家说:"本朝画山林水石,高尚书之气韵闲逸,赵荣禄之笔墨峻拔,黄子久之逸迈,王叔明之秀润清新,其品第固自有甲乙之分,然皆予敛衽无间言者。外此则非予所知矣。"(卷九《题黄子久画》)凡此种种,虽较零散,却不乏真知灼见。

书中述及各种画作,许多今已不存,但从题画诗跋可以了解作品内容,以及当时人的评价。如倪瓒友人张雨题于《春山岚霭图》的次韵之作曰:"元镇此幅又入巨然之室,谓二米所不迨也。

秀色云林墨未干，一峰天柱倚苍寒。玉人只隔轻烟霭，三尺图中正面看。"(卷八)结合倪瓒原诗以及他人唱和诗作，此画风格与内容大致能够知晓了。此外，倪瓒早年画作今已无存，其生平事迹于各种传文、墓志中叙述亦不详尽精确，书中有关诗文可以帮助我们进一步认识倪瓒其人其画。如《为方崖画山就题》曰："摩诘画山时，见山不见画。松雪自缠络，飞鸟亦闲暇。我初学挥染，见物皆画似，郊行及城游，物物归画笥……"(卷二)可知倪瓒学画亦从写实入手，且相当勤勉。

本书末卷收录品题倪瓒诗、画文字，起自元代，讫于明末，采自各类诗文集、书画录与笔记诗话等杂著，从中可以较完整地了解倪瓒诗画的成就、影响和不同时期的评价。

"元四家"中，其余三家的诗文大多散佚，唯有倪瓒的诗文集通过历代许多人士不断地搜罗整理，保存最为完备。元、明之际动乱年代画坛的盛衰概貌，从中可窥见一斑，故弥足珍贵。

有关倪瓒生平及其书画作品研究的著作主要有朱仲岳《倪瓒作品编年》，上海人民美术出版社1991年出版。此书前有《试述倪瓒生平及其绘画艺术》一文，后附《著录倪瓒书画书目》和《研究倪瓒专著论文》等资料。陈雨杨著《倪瓒》，除撰述生平事迹、艺术历程外，尚辑有倪瓒论艺选录、后世评论辑录，亦附有年表、主要传世作品目录，由河北教育出版社2003年出版。

（孙小力）

画鉴 〔元〕汤 垕

《画鉴》，又名《古今画鉴》，一卷。元汤垕撰。有《说郛》本、《四库全书》本、《学海类编》本和《画品丛书》本等。

汤垕，字君载，自号采真子。丹阳(今属江苏省)人。其父炳龙尝任庆元市舶提举，博学工诗。汤垕自十七八岁时便雅好书画，见佳作，赏玩不忍去手；见精于赏鉴之人，即孜孜求学。早年任绍兴路兰亭书院山长，元至顺年间(1330—1333)在京师，与鉴书博士柯九思等交往，不久辟为都护府令史，卒于官。汤垕精于书画赏鉴，且颇喜著述。曾不满于《宣和画谱》之体例，欲重修，未果。又撰有《法帖正误》一卷，专纠宋人米芾、黄伯思之失误。又有《画论》一卷，今尚存世。其生平事迹参见《画鉴》卷首句曲外史题词、元戴表元《剡源文集》卷一《临池亭记》、《至顺镇江志》卷十九所载小传与《画论》有关章节。

本书旧题"宋东楚汤垕君载撰"。《四库全书总目》已有考辨，证汤垕为元人无疑。又按本书卷首句曲外史所作"题词"曰："采真子妙于考古，在京师时，与今鉴书博士柯君敬仲论画，遂著此书，用意精到，悉有据依。惜乎尚多疏略，乃为删补，编次成帙，名曰《画鉴》。后有高识，赏其知言。采真子，东楚汤垕君载之自号也。句曲外史题。"柯敬仲九思于至顺元年(1330)任鉴书博士，知汤垕其时与之论画，且因此促成此书。然据此《题词》所言，今存《画鉴》并非至顺年间汤垕所撰原貌，而是句曲外史删补编次的成果。句曲外史是元代道士张雨的别号，张雨工诗善文，尤以书法闻名于元季。张雨至正十年(1350)于钱塘去世，则此书最后编定当不迟于至正十年。

本书评述元代以前画坛名家及其佳作，以时代先后为序，始自三国，终于元初，历评吴、晋、南北朝、唐(五代附)、宋(元初附)和外国的一百数十位名家。

汤垕博学多闻，精于赏鉴。因此本书绝少泛泛之论，多以作者亲眼目睹的佳作为例，剖析名家用笔用墨用色特点，阐发其独到的见解，故本书实为作者多年读画的心得总结。如评六朝人物画大师陆探微，即以其传世画迹《文殊降灵图》为例，曰："陆探微与恺之齐名，余平生止见《文殊降灵》真迹;部从人物共八十人,飞仙四,皆各有妙处。内亦有番僧手持髑髅盂者,盖西域俗然。此卷行笔紧细,无纤毫遗恨,望之神采动人,真稀世之宝也。今藏秘府。后见《维摩像》、《观音像》、《摩利支天像》,皆不迨之。张彦远谓'体运遒举,风力顿挫,一点一拂,动笔新奇',非虚言也。"此外,以《夏山图》言董源天真烂漫的山水,用《收宫女图》介绍周文矩妙得闺阁之态的仕女画等等,形象真切,叙说生动,颇富感染力。

除了单个画家的介绍以外,书中时有综述性质的阐说,如论唐、宋花鸟画大师,历述十六人;论唐、宋仕女各家,又介绍五位仕女画大师。另外还有"评唐人画龙"、"论唐画气象"和"论南宋各家"等等。

书中不乏汤垕积多年鉴赏经验的辨画"秘诀",对于提高后人鉴别能力具有指点迷津的作用。如谓张萱工于仕女人物,与周昉不相上下,其区别在于张萱画妇人以朱色晕染耳根。又如僧巨然和刘道士齐名,且同师董源山水,然刘画将道士置于前列,巨然则将僧人画在前面。又如周文矩画人物效仿周昉,但多颤掣笔,是学南唐后主笔法,至于其仕女画,则不用颤笔。汤垕尤其欣赏董源的山水画,屡次述及董画特色,谓其山水在唐、宋诸大家之中,实属上乘,"树石幽润,峰峦清深,早年礬头颇多,暮年一洗旧习"。又说董源山水其实有两种迥然不同的风格,一为水墨矾头,疏林远树,平远幽深;一为着色山水,皴纹甚少,用色秾古,然二者皆不失为佳作。所持观点与后人一味推崇董源水墨山水显然不同。书中还提到对外国画的鉴赏,如曰:"高昌国画,用金银箔子及朱墨,点点如雨,满洒在纸上。画翎毛如中国,花草亦佳。"凡此种种,均属作者真知灼见。

然本书于本朝画家叙述极简,仅录元初龚开、陈琳二人,另外论述花光长老"墨梅"时说到赵孟頫学其枝条画法,其余元代画师一概不提,似有厚古薄今之嫌。另外标目亦有讹误,将本属"六朝"的吴、晋单列,"陆探微"以下则冠以"六朝"名目,《四库全书总目》已注明其误。

本书整理本有于安澜编校的《画品丛书》本,1982年上海人民美术出版社出版,以《学海类编》本为底本,校以《说郛》本,且有校勘记附于卷后。潘运告主编《元代书画论》收入,湖南美术出版社2002年出版。研究论文有周永昭《汤垕〈画鉴〉版本之流传及汤著之影响》(《故宫博物院院刊》2004年第6期)等。

(孙小力)

画论 〔元〕汤垕

《画论》,一卷。元汤垕撰。有重辑《百川学海》本、《唐宋丛书》本、宛委山堂《说郛》本、《美术丛书》本和《画论丛刊》本等。

作者生平事迹见"画鉴"条。

本书成书年月及经过均不详。

全书凡三十三则,内容包括画的鉴赏、辨伪、收藏等知识,均属作者平生经验之传授。

首论观画之法。作者以为:"看画如看美人,其风神骨相,在肌体之外者。"正确的看画方法,应该是先观气韵,次观笔意,然后看骨法、位置、傅染,最后形似,此即"六法"。"若观山水、墨竹、梅、兰、枯木、奇石、墨花、墨禽等游戏翰墨,高人胜士寄兴写意者,慎不可以形似求之。先观天真,次观意趣,相对忘笔墨之迹,方为得之。"作者鄙视以形似论优劣的观画法,"盖拘于形似位置,则失神韵气象"。他尤其赞同苏东坡论画诗中的观点,且从中感悟到总体的艺术精神:"今人看画,多取形似,不知古人最以形似为末节……东坡先生有诗云:论画以形似,见与儿童邻。作诗必此诗,定知非诗人。余平生不惟得看画法于此诗,至于作诗之法,亦由此悟。"

次论鉴赏需要积累,应多看、多读、多问、多思,即遍观名画,多读画史著作,勤问饱学精鉴之士,有所发现或遇到疑难处,则留心思考。他说:"初学看画,不可不讲明要妙,观阅纪录,否则纵鉴精熟,见画便知阿谁,诘以美恶之由,泚然无对。"他批评当时人"不经师授,不阅纪录,但合其意者为佳,不合其意者为不佳"的评定法,并总结自己多年学习鉴赏的经验说:"见鉴赏之士,便加礼问。遍借纪录,仿佛成诵,详味其言。历观名迹,参考古说,始有少悟。若不留心,不过为听声随影,终不精鉴也。"

其次论古画鉴定和收藏。汤垕以为,看画本属士大夫适兴寄意之雅事,其人可分两类:有财力者收购,有目力者鉴赏。书中于古画鉴定叙述较简较散,然均为作者经验之谈,包括六朝画作、唐人画卷,以及画绢等绘画材料的特点和鉴定。如曰:"观六朝画,先观绢素,次观笔法,次观气韵,大概十中可信者一二。有御府题印者,尤不可信。"汤垕强调看画不能轻信他人之说,要提防轻薄子觊觎掠夺而生造毁谤。对于通常贵古贱今的收藏法,作者也表示了异议:"今人收画,多贵古而贱今。且如山水花鸟,宋之数人,超越往昔,但取其神妙,勿论世代可也。只如本朝赵子昂,金国王子端,宋南渡二百年间无此作。(米)元章收晋、六朝、唐、五代画至多,在宋朝名笔,亦收置称赏。若以世代远近,不看画之妙否,非真知者也。"作者于米芾收藏鉴赏之道,相当推崇,故论及"收画之法",即直接引用了米芾的理论,认为诸画种之中,道释人物为上,其次山水,其次花草,其次画马,"若仕女番族,虽精妙,非文房所可玩者"。所言未免迂腐。

书中所言,多为作者心得,故时有迥异常人的看法。如谓界画并非易事:"世俗论画,必曰画有十三科,山水打头,界画打底,故人以界画为易事。……近见赵集贤子昂教其子雍作界画云,诸画或可杜撰瞒人,至界画未有不用工合法度者。此为知言也。"此外,言古人粉本当珍藏之,因为草草不经意处,有自然之妙。言古人论画有迂缪其说以求奇者,并非正论。言古画东移西掇拼补成章之弊,始自宋高宗朝等等,都值得重视。

本书原先独立成书与《画鉴》一同收入明人锺人杰所编《唐宋丛书》及《说郛》宛委山堂本等。后或将本书并入《画鉴》,成为其中一章,取名《杂论》,内容稍有阙失。整理本有于安澜编校的《画论丛刊》本,以明人汪珂玉《珊瑚网》所录为底本,校以《说郛》本。1937年中华书局初版,1960年人民美术出版社重版时有所修订。潘运告主编《元代书画论》收入,湖南美术出版社2002年出版。

(孙小力)

写像秘诀 〔元〕王 绎

《写像秘诀》,一卷。元王绎撰,有《画论丛刊》本。收入潘运告主编《元代书画论》(湖南美术出版社,2002年版)。

王绎(约1333—?),字思善,自号痴绝生。其先世居睦州(今浙江建德),徙家钱塘(浙江杭州),遂为钱塘人。父王晔,工诗文,擅长编写杂剧,今存《桃花女》一本。王绎幼年从学于槜李(浙江嘉兴)叶广居,学诗为文之余,于绘画无师自通。年仅十二、三,即能画微型肖像,小像面部仅如铜钱大小,却不乏细腻生动。后师从吴中顾逵,顾逵以人物肖像闻名,山水亦佳,而王绎专攻人物,尤其小像妙绝。《图绘宝鉴》称王绎所画肖像,"不徒得其形似,兼得其神气"。今存画迹仅《杨竹西小像》一幅,纯用白描,笔法流畅简洁,神态生动。其生平事迹见陶宗仪《辍耕录》卷十一《写像秘诀》之序言,以及夏文彦《图绘宝鉴》卷五小传。

元季,王绎将其所著《写像秘诀》并《彩绘法》授予友人陶宗仪,陶宗仪则全文转录于《辍耕录》卷十一中。民国二十六年(1937),北平中华印书局刊行《画论丛刊》,将上述二作单列一卷。

《写像秘诀》并非从画论或画史的角度探讨肖像画的奥秘,而是着重传授画像的具体程序和技法,实即一篇画像的经验总结。

首先,王绎认为画像应当通晓相面之法:"凡写像,须通晓相法。盖人之面貌部位,与夫五岳四渎,各各不侔,自有相对照处,而四时气色亦异。"其中"五岳",指人面部五个凸起的部位:额、双颧、鼻和颏;"四渎",指四处下陷或开裂的地方:人中沟、鼻唇沟、眼裂和口裂。大意说人的面貌各有不同,而画肖像,起始就应从总体上把握每人的特征。而且,即使是同一张脸,随着一年四季气候的更替,面部气色也会改变,作画人对此不可忽视。

其次,王绎认为写真须有生气,而求得生动的最好途径,莫过于在寻常生活中默默窥视对象的神态:"彼方叫啸谈话之间,本真情性发见,我则静而求之,默识于心。闭目如在目前,放笔如在笔底。"将被画人的音容笑貌铭刻于心之后,一挥而就。

王绎还叙说了画肖像的具体步骤：先用淡墨大致定一下位置，然后从鼻梁两侧落笔。自鼻子开始，依次是人中、嘴巴、眼眶、眼睛、眉毛、额头、脸颊、发际、耳朵、头发，最终钩勒面部轮廓，脸部就绘成了。王绎最后还批评了通常那种要求被画人正襟危坐、面对面写生的画像法，因为如此一来，画面上人像必然犹如泥塑，毫无生气。

相对《写像秘诀》来说，附在后面的《彩绘法》篇幅反而较长，具体介绍人物画配色和染色方法，诸如人物面部色彩的渲染，颜色的调配，妇女面部的基本色调，不同面色的不同处理方法，口角、口唇、眼睛、鼻子、须髯、头发、指甲的设色和钩勒，表现笑脸时口角和眼睛的描绘方法，甚至还有面部雀斑画法、白纸和丝绢的不同上色步骤等等。然后，作者又介绍了服饰器具的上色，共罗列并说明了经常用于描绘服饰器具的四十九种颜色及其调和法。最后还简单叙述了二十八种经常用于配色的颜料。

画人像，是古代民间画师赖以生存的谋生手段，其经验往往师徒父子相传，多秘不示人。王绎将其摸索多年的心得公布于众，对我国人物画的发展具有一定推动作用。

"写像"亦称"写真"，又叫"传神"。不论后世肖像画技法如何纷繁完备，王绎提倡的"默写以求神似"的画法仍然是中国传统人物画不可废弃的最大特色。当然，此默写法并非王绎所创，但长期以来，一般画像师只能面对被画者，令对方正襟危坐而作画，因此画像总是呆板无生气。正是针对这一弊病，王绎才在具体叙述作画步骤之前，就极力宣扬"默识于心"的好处。只有掌握默写法，肖像画才能彻底改变形似而僵死的面貌。而王绎的写像之所以博得同时代人交口称赞，就是因为他能妙得其神。

本书为我国较早的一篇人物画技法专论，在此之前，虽然东晋顾恺之和北宋苏轼等人都有过关于"写神"的论述，但或者仅存片言只语，或者比较抽象宽泛，不像本书从具体技法和程序上阐述，比较实用。

（孙小力）

闻过斋集 〔元〕吴 海

《闻过斋集》，又名《吴朝宗先生闻过斋集》，八卷（一作四卷）。元吴海撰。通行本有《四库全书》本、《丛书集成初编》本和《嘉业堂丛书》本。嘉业堂本八卷，附遗诗一卷。

吴海（？—1386），字朝宗，闽县（今福建闽侯）人。早年多病力学，元季以学行称。明洪武初年，守臣欲荐诸朝，力辞免。不久欲征至史局，复力辞。终生未踏仕途。曾言杨、墨、释、老、管、商、申、韩诸书，贼害人心，妨碍圣道。宜厘定书目，使学子不涉异闻，于是著《书祸》一编，发明其说。其生平事迹见《明史·隐逸传》。吴海生前诗文未曾结集刊行，明建文三年（1401），距吴海谢世已十五年，其友人之子、门生王偁整理刊行，以吴海曾取斋名曰"闻过"，谓"有过而人告之，幸也；过而不闻，不幸也"。遂以此斋名冠其书。

本书为吴海文集，凡一百余篇，依文体编次。卷一、卷二序，卷三、卷四记，卷五墓志铭和行状，卷六尺牍和传文，卷七、卷八为箴、铭、题、跋、赞、祭文等杂著。其中有关绘画的理论阐发，集中于卷七若干书画题跋。

吴海对于绘画的见解多属有感而发之随笔，归纳分析，约有数端。其一与其对待书籍之观点一致：文艺首要作用在于有益世道人心，艺术性则在其次。故谓同以人物画闻名的阎立本、吴道子、李龙眠，以李龙眠为最高："李龙眠善画，固其一癖。尝见《诗豳风图》、《离骚九歌图》、《商山四皓图》、此《孝经图》，皆有益于世。士大夫游戏翰墨，亦不可苟。世俗但称其描写之工，安知其用意之远，是岂立本、道子辈可比耶？"（卷七《孝经图跋》）吴海题画文字，或多或少总要从画面中挖掘一些道德方面的深意，给士大夫以警惕或借鉴（参见卷七《醉道士图跋》、《题醉图》），可见十分重视艺术的教化作用。

其二谓画以寄意，以抒写兴趣精神为上。曾谓："画以兴趣、韵度、精神为佳，三者不足而位置徒善，则模搭古人者耳。"（《醉道士图跋》）又谓："尝观李伯时画《商山四皓图》，意趣幽远，笔力精妙，宛然千数百载，如见其人。"（《题商山四皓图》）尤其山水画，更以写意为佳，故吴海以为米芾父子实属我国山水画之功臣："前代画山水,至两米而其法大变,盖意过于形,苏子瞻所谓得其理者。"(《题刘监丞所藏海岳庵图》)他高度评价"信笔作之,意似便已"的米派山水,作为一个素有山水癖的游记作家,他相信,画山水和写山水一样,"胸次非有万斛风雨,不能下笔"。

吴海素以诗文作家、隐逸之士闻名,其于画虽较少创见,亦颇有心得。

（孙小力）

图绘宝鉴 〔元〕夏文彦

《图绘宝鉴》,又名《画髓玄诠》,五卷。元夏文彦撰。有元刊本。又有明正德十四年(1519)刊本(附明人韩昂续编一卷)和明天启年间(1621—1627)卓尔昌刊本。潘运告主编《元代书画论》(湖南美术出版社,2002年)摘录了此书部分。

夏文彦,字士良,号兰渚生。元末明初时人。其先吴兴人,徙家华亭(今上海松江)。文彦曾任余姚州(今属浙江)同知。精于绘事,博雅好古,尤嗜书画。家有藏书万卷,名流书画一百余家,仍孜孜购藏不倦,平日朝夕把玩,鉴赏品评,毫发不爽。生平事迹见《图绘宝鉴》卷首《自序》,杨维祯《东维子文集》卷十五《文竹轩记》和明董斯张《吴兴备志》卷二五。

文彦于博览群书之时,发现历代画史、画录卷帙浩繁,难以尽读,就有意将历代画师事迹,辑为一书,力求简明,又不使遗漏。因此参考了唐张彦远《历代名画记》、宋郭若虚《图画见闻志》、宋邓椿《画继》、宋陈德辉《续画继》,以及《宣和画谱》、《南渡七朝画史》等南北朝以来诸家画录和各类传记杂著,于元至正二十五年(1365)撰成此书。

本书给历代画师立传,属画史著作。叙述个人生平事迹时不求详尽,述其特点而已,然以人物搜罗详赡著称。自上古至元顺帝至元年间,共著录一千五百余人。其中南宋末年以前为一千二百八十余人,另外女真画师三十人;元朝开国至顺帝至元二年(1336),收录两百余人。本书其实是一部公元1336年以前我国的"画家总览"。

然而书中又并非全是传文。卷一可谓"杂说",内容包括绘画技法理论、鉴赏知识、装裱格式技巧等。分为"六法三品"、"三病"、"六要"、"六长"、"制作楷模"、"古今优劣"、"粉本"、"赏鉴"、"装裱书画定式"诸小节。末尾还有"叙历代能画人名"一节,收录上古至唐代一百九十三位善画者,由于画迹后世不传,故不详叙。画家小传自卷二始,卷二为三国至五代,卷三北宋,卷四南宋与金,卷五元代画家小传,并附有日本和高丽等外国绘画情况简介。末附"补遗",上起南朝刘宋,下迄元代。韩昂《续编》起于明初,下迄正德(1506—1521)初年,一百五十余年里,共采辑一百零七人。

本书正德刊本前有杨维祯元末序文、夏文彦元至正二十五年(1365)自序,以及明代翰林院编修滕霄序文与钦天监副韩昂自序。书后有僧人宗林明正德十四年(1519)跋文。

搜罗繁富,网罗殆尽,是本书最大特色。本书没有通常此类著作那种"贵远贱近"、"厚古薄今"的陋习,作者能根据自身体验,客观地评判历代画家,尤其能不鄙薄同时代人,不轻视下层人物,将不少不入流的民间画师纳入画中,这是历代画史著作中不多见的。例如卷五专收元代画家,短短九十来年,就采录了两百余人,其中不乏作者身边的人物,诸如华亭曹知白、张远、沈月溪、张中、张观、释时溥,以及寓居华亭周围的赵云岩、李升、边鲁、张渥等等,都是作者熟悉的乡邻。又如夏汲清,是曹知白的仆人;沈月溪,是棱作匠,由于具有出色画技,作者也不嫌出身微贱,同样给予好评。书中为一位民间无名画师作传说"牛老,大名人。自少居市廛间,作丝绢牙郎,号窝丝牛。能画墨竹,得于巧性,不师古人,亦粗可观"。由此可见本书采选人物时所持的客观标准。

书中立传并非一味褒扬,尤其对同时代画师,往往既肯定其长处,又指明缺陷。如张渥是元季活跃于东南的人物画家,书中称赞他"善白描人物",也批评他"笔法不老,无古意";又如僧人雪窗的兰花和柏子庭的枯木、菖蒲,元末风靡平江(江苏苏州),文彦却以为"止可施之僧坊,不足为文房清玩"。

宋、元以后,山水、花鸟画渐盛,于是画史、画传多有轻视人物肖像画的现象,本书却广收博采,著录了不少民间的人物画师,包括许多宗教人物画家和僧侣画师,如北宋工画罗汉的吴僧法能,善画观音的成都僧人祖鉴、智平等等。书中还记录了一些作者目睹鉴赏过的实物珍迹,说明作者并非仅仅从古代典籍中寻觅资料,如北宋道士萧太虚之传:"(太虚)画墨竹墨梅、松柏杂树。每画须用浓墨作枝梢,其上干晕梅花,有山林清幽气象。题名作阴文篆字于石上,如石刻然。自作一格,清奇可爱。"这一段文字,于后人研究中国画题款的流变,颇为重要。又如北宋道士林灵素传中写道:"善作墨竹,湖州玄妙观有石刻一枝尚存。"可见作者对绘画遗迹相当重视。

小传以外,卷一杂说概括了作者书画创作鉴赏的切身体会,尤为当时人所称道。文彦友人陶宗仪曾评论且摘引此书:"余友人吴兴夏文彦……其家世藏名迹,鲜有比者。朝夕玩索,心领神会,加以游于画艺,悟入厥趣,是故鉴赏品藻,万不失一。""所论画之三品,盖扩前人所未发。论曰:'气韵生动,出于天成,人莫窥其巧者,谓之神品;笔墨超绝,传染得宜,意趣有余者,谓之妙品;得其形似而不失规矩者,谓之能品。古人画,墨色俱入绢缕,精神迥出,伪者虽极力仿佛,而粉墨皆浮于缣素之上,神气亦索然。盖古人笔法圆熟,用意精到,初若率意,愈玩愈佳。今人虽极工致,一览而意尽矣。唐及五代,绢素粗厚,宋绢轻细,望而可别也。御题画,真伪相杂,往往有当时名笔临摹之作。故秘府所藏临摹本,皆题为真迹,惟明昌所题最多。具眼自能识也。'吁,可谓真知画者哉!"(《辍耕录》)卷十八《叙画》)卷一所述多属经验之谈,使人阅过之后,对古代绘画的大致情况,包括构图用笔法则、古今画作优劣和赏鉴诀窍等等,能有清晰的认识。如论及粉本,说粉本即古人画稿,或者草稿,但先辈却十分珍视这些不成熟的画作,精心收藏,因为"草草不经意处,有自然之妙"。

《四库全书总目》称此书"搜罗广博,在画史之中最为详赡",同时也指出体例上的某些不足,如各代人物,不以时间先后为序,往往倒置。明人郎瑛《七修类稿》也批评本书立传过简,往往只是记录姓名和师从某人,未能从绘画技法和风格上给予介绍。其实,以夏文彦一人之力,又处于元季战乱纷争之时,要想编撰一部体大思精之作是不可能的。本书最大贡献,在于填补了画史著作自宋末至元末的一段空白,后人也正是主要通过本书,才得以了解元代画师的概况。

夏文彦编撰此书,是以唐代张彦远《历代名画记》等著作为楷模的。《历代名画记》收录上古至唐会昌元年(841)之间的名画家,北宋郭若虚《图画见闻志》起于唐会昌元年,止于北宋熙宁七年(1074),南宋邓椿《画继》延续至南宋乾道三年(1167)。此后,又有无名氏(实即元人庄肃)《画继补遗》,著录南宋乾道至理宗、度宗之间的八十余位画师;陈德辉《续画记》记录南宋初年至末年的一百五十一位画家。但上述二书极为简略,且互有重复。而本书虽上起远古,其实主要贡献还在于较详尽地记录了南宋至元末间,众多知名或不著名的画师,其中南宋与金,共收录四百余人,比《画继补遗》与《续画记》所录总和还增加许多。在此之后,明人韩昂《图绘宝鉴续编》和毛大伦《增广图绘宝鉴》,又将此项工程延伸至明代。

(孙小力)

元代画塑记 〔元〕佚 名

《元代画塑记》，一卷。元佚名撰。有1916年《广仓学宭丛书》刊本、1964年《中国美术论著丛刊》本。

本书原为元代官书《经世大典》工典中的"画塑门"。《经世大典》早已失传，民国初年，文道希从《永乐大典》中抄出此段文字，取名《元代画塑记》，辑入姬佛陀主编的《广仓学宭丛书》第二集，此书始为人所知。

本书主要记录元代元贞元年(1295)至天历三年(1330)间，宫廷艺术家绘织帝王贵族肖像、塑造佛道神像所用工料。虽不是专门为艺术撰写，但因如实记录了当时宫廷的此类艺术工程，故对元代宫廷艺术家及其塑绘活动的研究具有史料价值。

本书大致分成四部分：一是《御容》，记载皇宫御用画师工匠奉命绘制织造皇帝、皇后和王妃等人肖像之事，以及所耗材料的详细清单。二为《儒道像》，记绘制孔子像和神道像。三是《佛像》，主要记录寺庙内佛像塑造和庙内装饰，并附有地形绘图和卷轴画装裱的记载。四为《杂器用》，仅载一条，是铸造挂幡铜竿等所用材料记载。每一部分均依年代顺序记录。

本书记载了元代著名宫廷艺术家的艺术活动。由于元代取消画院，宫廷中以绘画雕塑谋生的艺术家均被视作工匠，故有关记载很少。如刘元，据《辍耕录·精塑佛像》一条记载，刘元曾为道士，精通中国传统绘塑艺术，元初又从尼波罗国的阿尼哥学西天梵相，"神思妙合，遂为绝艺"，但究竟塑造了哪些佛像却无从得知。本书则提供了具体的资料，如延祐四年(1317)塑青塔寺山门内四天王，五年塑香山四天王，而此一年间，刘元的身份也从学士变为总管。有关著名的雕塑家、西域尼波罗(今尼泊尔)人阿尼哥的记载也不少，阿尼哥大德十年(1306)逝世，而大德九年十一月，还在为中心阁铜佛像的铸造操心，他还为道观塑造过三清圣像。此外传神李肖岩、阿尼哥之子阿僧哥、刘元弟子张提举，以及尚提举、吴同金、禀搠思哥、斡节儿八哈失等中外艺术家的活动及其作品，均有记载。

本书对宫廷绘塑工程的细致记录,还有助于我们了解元代佛寺、道观的布局和艺术风范。如延祐五年(1318)命吴同佥在青塔寺后殿正面塑大师菩萨,西壁塑千手钵文殊菩萨、东壁塑千手眼大慈悲菩萨、山门内塑天王。至大三年(1310),阿僧哥等人提议在新建寺后殿内塑佛,应遵从佛经之法,由此可见元代讲究仪轨的西天梵相颇为盛行。元代佛像既有"皆具光焰"的银佛,"岁久不坏"的铜佛,"以布裹漆为之"的夹纻佛,也有普普通通的泥佛,这些佛像的用料情况以及安置方位,书中也有介绍。如能参照现存元代石窟、寺观的雕塑和壁画实际,无疑能对元代绘塑艺术有更深入的了解和研究。

书中对绘塑用料的记载极详,如天历二年(1329)铸银佛九身,耗费白银四千五百零八两、赤金九十二两六钱九分、水银三十二斤……从中可以窥知元代政府从事此类活动是如何奢侈。当然,花费大量金钱力量的结果,是刺激了绘塑艺术的发展。这些用料的详细清单,当时是作为政府提供的塑绘用料的准则,供后人参照遵守,今天则可用来研究古代塑绘材料的具体配伍和运用。

书中某些记载,还透露了元代政府对艺术的态度。例如人们通常认为,元代前期帝王均不重视中华传统书画,然本书却告诉我们,早在大德四年(1300),就已从秘书监贮藏的书画中挑选了六百余件佳作,专程送往杭州,命巧工精心裱褙,并用江南佳木制成不油木匣和漆匣收藏。此中缘由,值得探究。

本书民国五年(1916)初版时,书后附有王国维跋文一篇,简述此书由来和内容。

(孙小力)

建筑园林

长安志 〔北宋〕宋敏求

《长安志》，二十卷。北宋宋敏求撰。记述唐都长安宫城、坊市及属县的专著。该书宋代刻本久已失传，后有《长安志》八卷明刊本、十卷影钞元刊本、二十卷明刊本，传世的有明成化四年(1468)邵阳书堂刊本、明嘉靖刊本，均与元朝李好文的《长安志图》三卷合刻，但脱误极多。流传较广的是清毕沅校刻本。

宋敏求(1019—1079)，字次道，北宋赵州平棘(今河北赵县)人。父、祖皆为显宦，家中藏书三万余卷，敏求好学，熟悉朝廷典故。宋仁宗时，赐进士及第，为馆阁校勘。曾参与修《唐书》，后出知亳州。治平年间，召为《仁宗实录》检讨官，同修起居注，知制诰，判太常寺。曾补撰唐武宗李炎以下六朝实录四十三卷，编集《唐大诏令集》。神宗时，因议典礼失误，贬知绛州，后被召回。后加龙图阁直学士，命修两朝正史。遍搜史部实录、传记、古志、碑刻等，于熙宁九年(1076)撰成《长安志》。作者还著有开封古地方志《东京记》三卷，晁公武认为《东京记》对开封的坊巷、寺观、官廨、私第诸多故事，考核均极为精博，可惜今已佚亡。另纂《河南志》二十卷，原书已佚，后经清代人辑佚，现有《永乐大典》辑本、灵岩山馆本、缪荃孙《藕香零拾》丛书本等。此志不是宋书原版，而是杂入了元代的资料，所以清代沈垚说"是书实出元人之手，而宫殿坊市则直录宋敏求之书，间加改窜"(见《落帆楼文集》)。此志与《长安志》为我国现存最早的两部以记述古都建筑为主的专书。《玉海》中的一段话，可以说综合了宋代人对这两本书的评价："唐韦述为《两京记》，宋敏求演之为《河南》、《长安》志。凡其废兴迁徙及宫室城郭、坊市茅舍、县镇乡里、山川津梁、亭驿庙寺陵墓之名数，与古先之遗迹、人物之俊秀、守令之良能、花卉之殊尤，靡不备载。考之韦《记》，其详十余倍，真博物之书也。《长安志》二十卷，熙宁九年二月五日赵彦若序。《河南志》二十卷，元丰六年二月戊辰司马光序。"

《长安志》主要记述唐、宋时雍州、京都、京兆尹及所属之长安、万年、咸阳、兴平、武功、鄠县、临潼等二十四县地理、人口、物产，特别是长安古迹，凡城郭、宫室、官府、山川、道里、津梁、邮驿，以至风俗、物产、宫室、寺院等,都有详细记载,其坊市曲折,及唐时士大夫第宅所在,皆一一能举其处,有赡博明晰之称。

《长安志》全书前有原序,说明写作此书的目的是为了给人们提供较详的长安都城的演变概貌,而体例上则以唐开元时韦述的《两京新记》长安部分为本而大事增益。

卷一分为"总叙"、"分野"、"土产"、"土贡"、"风俗"、"四至"、"管县"、"杂制"等内容。概述了长安的古今名称变化及官府设置情况、所处地域的不同变化、货物土产、贡进珍品、区域范围、民风习俗等。而"管县"条下则考证记叙了汉、晋、隋、唐等不同时期长安所辖县名称、人口等。"杂制"中记述了从汉代至唐代皇帝庙宇及其位置。

卷二记述了雍州、京都、京兆尹、府县官四部分内容。其中"雍州"、"京都"、"京兆尹"分述了三地的名称来源、位置、变迁,"府县官"则记述了官吏设置情形。

卷三至卷六为"宫室",遍考周、秦、汉、魏、晋、唐宫室,既有对局部建筑如城门、宫门、明堂、辟雍的详细考证,又有对整体宫殿如阿房宫、上林苑、未央宫、长乐宫等的记述,考其名称、沿革、方位、建筑形制等,极为详细。

卷七至卷十为"唐皇城"和"唐京城","唐皇城"记述了唐代皇城的城门方位、规制及每一城门周围的官府、宫室等机构设置情况。"唐京城"记述了唐代长安城的规模、历代的名称沿革、各城门名称(以及外城、坊间的形制、名称)、街道、城市宫殿建筑及名称、豪富宅第、宗教寺观、祠堂、府廨、家庙、市井等。

卷十一至二十为县记,计有万年、长安、咸阳、兴平、武功、临潼、鄠县、蓝田、醴泉、栎阳、泾阳、高陵、乾祐、渭南、蒲城、盩厔、奉天、好畤、华原、富平、三原、云阳、同官、美原二十四县,备述每一县的地理人口、民俗物产、山川道里、宫室寺院、邮驿作坊等的历史沿革、规制概貌,以及所辖村镇,完备而又详尽。特别是其中宫殿建筑的方位、形制、构建、规模等的记述,对于研究中国建筑史,有很大帮助。

中国历史上最早记述隋唐长安城坊的专著,是唐代开元年间韦述的《两京新记》,而在《长安志》中,作者以《两京新记》为蓝本而大事增益,除详细备述唐代长安城坊及宫室、第宅、寺观等建筑物外,还上溯周秦,旁及京兆府所属二十四县,详记其沿革风貌。由于《两京新记》现今仅存卷三残帙,因之该书就成为了后世研究唐及唐以前长安地理、建筑的主要依据,同时也是研究唐代历史和文化的必备参考书。

《长安志》对后来的史志书籍的编纂,产生了深远的影响。元朝骆天骧采用该书的体例和资料,削繁分类,于元贞二年(1296)编纂成《类编长安志》十卷,除采用《长安志》的资料外,作者还增补了金、元时的重要史料。书末增编石刻一目,著录长安及其附近的一百四十多种碑刻,有重要的参考价值。清朝徐松撰的《唐两京城坊考》，其中长安部分完全承袭了该书的体例和内容，只是略加增补而已。

元代李好文著有《长安志图》三卷（一名《长安图说》），在《长安故图》的基础上编成二十二图，常被附刻于宋敏求的《长安志》前，如元刊本、明刊本、清乾隆经训堂本等。清代周中孚在《郑堂读书记补逸》中赞其"为一方民生国计立论"。但值得引起人们注意的是，《长安志》与《长安志图》在内容上没有直接承接、相互解释的关系。《四库全书总目》中说《长安志图》"列于宋敏求《长安志》之首，合为一编，然好文是书本不因敏求而作，强合为一，世次紊越，既乖编录之体，且图与志两不相应，尤失古人著书之意"。

《长安志》为研究中国古代历史文化名城的建制、历史沿革、建筑规模、城市规划等提供了重要的资料，其关于周围所辖府县的地域、土产、民情风俗、人口等情况的记载，对于研究古代都城与周边关系、都城发展沿革历史，皆有重要的史料价值。而且《长安志》是中国文化史上最系统完整地记录并被保存下来的关于长安城坊的专著，不仅对于研究中国古代的都城建筑，而且对于研究中国古代文学、历史、艺术等，都有重要的参考价值。日本著名学者平冈武夫在《唐代的长安与洛阳》一书中收入了《长安志》，并给予很高的评价。国内对其研究、引用具体资料者多，而进行专书研究者较少。

（林少雄）

洛阳名园记 〔北宋〕李格非

《洛阳名园记》，一卷，北宋李格非撰。本书撰于绍圣二年(1095)。有《百川学海》本、《宝颜堂秘笈》本、《津逮秘书》本、《四库全书》本等。

李格非，生卒年不详，字文叔，山东济南人。李清照之父。曾任礼部员外郎。为著名学者，工于词章。《宋史》称其曾以文章受知于苏轼，主张"文不可以苟作"。宋绍圣元年(1094)，宰相章惇主张编纂元祐年间排斥"新法"及持不同政见者的章疏，以为贬斥他们的证据，李格非"洁身自好"而未参与，遂亦被列入"元祐奸党"之列，由此可见其政治态度。

《洛阳名园记》记有北宋时期洛阳名园十九处，这十九处名园分别如下。

富郑公园：即宋仁宗、神宗两朝宰相富弼(封郑国公)所筑私园，记中称此园"景物最胜"、"曲有奥思"。

董氏西园：宋真宗朝工部侍郎董俨(字望元，洛阳人)所筑私园，园内建筑"屈园甚邃"，有所谓"迷楼"之称。

董氏东园：与董氏西园相对。此园除植奇花异木、筑楼阁厅堂外，尤以水趣取胜。

环溪：宋天圣八年状元、宣徽南院使王拱辰宅园。此园亭台楼榭，"宏大壮丽"，"洛中无逾者"。

刘氏园：疑为《宋史》所传刘元瑜(官拜右司谏)所筑私园，此园"凉堂"建筑规制严谨，契合于宋喻浩《木经》所定，时人称此园"制度适惬可人意"、"尤工致"。

丛春园：宋绍圣年间门下侍郎安焘购得尹氏私园，此园特点，以大亭"丛春亭"、高亭"先春亭"为主景，"岑寂而乔木森然"。

天王院花园子：以植洛阳牡丹闻名天下。"凡园皆植牡丹"，园中"盖无他池亭，独有牡丹数十万本"。

归仁园：原为唐穆宗、文宗朝宰相牛僧孺私园，宋时为绍圣年间中书侍郎李清臣所有，园址在洛阳归仁坊,故名。此园"多大园池",为洛阳名园之冠。

苗帅园:原为北宋开国初年宰相王溥旧园,宋元祐年间节度使苗授重修。"园既古,景物皆苍老,复得完力藻饰出之"。此园以亭轩、池水、竹趣为佳构。

赵韩王园:北宋开国功臣、被追封为韩王赵普的宅园,李格非称其"高亭大榭,花木之渊薮"。

李氏仁丰园:唐代宰相李德裕所作洛阳遗园,原名为"平泉山居"。该园集天下花木之盛,以亭筑为主景。

松岛:原为唐节度使袁象先私园,转而为宋真宗、仁宗两朝宰相李迪所有,终而为李格非在世时洛阳富户吴氏(名字与生平待考)所居。此园的最大特点,"南筑台、北构堂",独以遍植天下奇松取胜。

东园:宋仁宗宰相文彦博宅园,原为药圃,地处洛阳东城。此园重在水景,"水渺渺甚广,泛舟游者如在江湖间"。

紫金台张氏园:在文彦博"东园"之北,洛阳富户张氏所筑,"园亦绕水而富竹木,有亭四"。

水北胡氏园:地处洛阳北邙、瀍水之北,为胡氏所筑,有二园相邻。此二园构筑精雅,所谓"天授地设,不待人力而巧者,洛阳独有此园耳"。

大字寺园:原为唐代大诗人白居易私园,即洛阳履道里宅园。白居易称其"五亩之宅,十亩之园。有水一池,有竹千竿"。园景清雅。因履道里后为大字佛寺,故名,宋时为官宦张君清得其半而重筑,亦称"会隐园","水竹尚甲洛阳"。

独乐园:北宋司马光宅园。司马光因对王安石"新法"持异议而被排斥闲居洛阳十五年,筑园自娱。园名"独乐",典出《孟子》"独乐乐,与人乐乐,孰乐";"与少乐乐,与众乐乐,孰乐"语。司马光在"园记"中说,孟子所言"众乐","此王公大人之乐,非贫贱者所及也"。故取名"独乐园",以"贫贱"自比,"独善其身"之意。北宋熙宁四年,司马光举家迁居洛阳,熙宁六年置田二十亩,筑此园于尊贤坊北关。此园特点在于小而雅,有书卷气。

湖园:原为唐宪宗元和年间宰相裴度宅园。李格非称:"园圃之胜不能相兼者六:务宏大者,少幽邃;人力胜者,少苍古;多水泉者,艰观望。兼此六者,惟湖园而已。"

吕文穆园:北宋太宗朝宰相吕蒙正所筑私园。建于伊水上流,木茂而竹盛,以亭桥之构筑取胜。

从以上所述洛阳名园十九处分析,其中多为官宦、名门私园,园之造景往往兼得皇家园林的灿烂与文人园林的疏雅,可居、可游、可悟。此书所记,均为作者逐一访观所得,不逞词藻华美而崇尚实录,故此书在中国园林文化史上具有重要史料价值。

此书卷尾有"论",为全书总结。认为"园圃之废兴,洛阳盛衰之候也";而"洛阳之盛衰者,天下治乱之候也"。所以在此书对洛阳名园的记述中,表达了作者对洛阳兴废、天下治乱的关切与深沉的文化历史意识。

(王振复)

葬书 〔北宋〕佚 名

　　《葬书》，一作《葬经》，一卷。分内篇、外篇、杂篇。旧题晋人郭璞撰，但在宋代以前有关郭璞著作的记载中，均未有此书，至《宋史·艺文志·五行类》始见记载。当为北宋托名之作。此后，有方技之家、好事者竞相粉饰增华，遂成一卷二十篇。南宋蔡元定病其芜杂，删存八篇。元人吴澄又病蔡氏未尽蕴奥，择至纯者为内篇、精粗纯驳相半者为外篇、粗驳当去而姑存者为杂篇。故《葬书》通行本的内、外、杂篇体例，源自吴澄旧本。主要版本有：元刊二卷本；刘江东家藏善本，此本前署明洪武四年秋八月朔金华胡翰序及宋濂、张齐、吴沉序，此本后载于《丛书集成新编》，为元吴澄删定，明郑谧注；《四库全书》本。此外，《地理大全》、《学津讨原》与《津逮秘书》等丛书均收录此书。

　　《葬书》内篇提出"葬者，乘生气也"这一著名的陵墓建筑文化总观念。为建筑风水下一定义，即"气乘风则散，界水则止。古人聚之使不散，行之使有止，故谓之风水。风水之法，得水为上，藏风次之"。外篇叙述墓穴选址。强调考察山峦形势，认为相地择吉可以夺神功而改天命。相地须"藏风"、"界水"，以乘生气。所据之土要求细腻、滋润，高爽而近水，依东青龙、西白虎、南朱雀、北玄武"四象"之则定"吉凶"。

　　杂篇继述陵墓建筑"风水"之法。认为"占山之法，以势为难而形次之，方（方位）又次之"。看风水须先觅"龙脉"。"龙脉"是一种山势起伏连绵的远观效果，比较难得，以山势葱郁、雄伟、幽远者为佳；地形须平正、广厚，能藏风而气韵流动，有水怀抱；方位必符八卦方位之则。

　　《葬书》篇幅简短，宋以后不断有人为之作注。元有吴澄弟子刘则章注本，明有郑谧注本、黄慎校订本、张希元注本，清康熙间又有叶泰注本刊行，以明初郑谧注本最为风行。书中内、外、杂篇三部分内容有重复，在讲求建筑风水迷信观念的同时，一定程度上保存了中国古代关于建筑生态学、环境学的朴素思想。

（王振复）

艮岳记 〔南宋〕张 淏

《艮岳记》,一篇。南宋张淏编撰。通行本为《古今说海》本。

张淏(生卒年未详),字清源,曾居浙江绍兴。著有《云谷杂记》、《会稽续志》等。

北宋末年,宋徽宗登基之初,信方士之言,于政和七年(1117)在京都开封东北隅平地之上起造"万岁山",为皇家御园主景,费时五年,至宣和四年(1122)筑成,赐名"艮岳"。艮者,指《周易》八卦方位中的艮卦,即指东北方位。张淏《艮岳记》开头即记述方士之言,"京城东北隅,地协堪舆,但形势稍下,倘少增高之,则皇嗣繁衍矣",说明"艮岳"的起造,是皇家笃信"风水"说的产物。

此文由两部分组成。

一、作者记述"艮岳"建造经过,包括选址、"花石纲"的采运以及亭台楼观的建造、奇花异木、珍禽异兽的栽植与圈养等。记中称此"万岁山"天下奇珍,"莫不毕集","飞楼杰观,雄伟瑰丽,极于此矣"。最后记述"艮岳"建成四年之后,金人入侵,京城沦陷,"艮岳"被毁情形。

二、编纂徽宗御制《艮岳记》与四川僧人祖秀《华阳宫记》之要略。

御制《艮岳记》,颇为详细地记述"艮岳"诸多胜景的建造与形势。该御制《艮岳记》曾载王明清《挥麈后录》。

四川僧人祖秀《华阳宫记》详述"艮岳"叠石经过及高超的"花石"艺术。据《宋史·地理志》,北宋宣和六年(1124),传闻"艮岳"产出金芝,信奉道教的宋徽宗以为乃皇运吉兆,遂改"艮岳"为"寿岳",别称"华阳宫"。靖康元年(1127),祖秀有缘游"艮岳",撰此《华阳宫记》,此文原载《东都事略》。

张淏在辑录御制《艮岳记》与祖秀《华阳宫记》时,删去丽辞浮文,保留实录原文。

(王振复)

吴兴园林记 〔南宋〕周 密

《吴兴园林记》,一卷。北宋周密撰。原为作者《癸辛杂识》一书部分内容,标题《吴兴园圃》,后人易名为《吴兴园林记》。通行本为《津逮秘书》本。

作者生平事迹见本编"绝妙好词"条。

《吴兴园林记》记述作者"常所经游"的湖州(吴兴)园林凡三十六处。卷首简述湖州为自然胜景、人文荟萃之地,略叙作"记"原因。然后分述吴兴园林之面貌特征。

南沈尚书园:南宋绍兴年间兵部尚书沈介宅园,园近百余亩,尤以湖石取胜。其址在城南。

北沈尚书园:南宋户部尚书沈作宾私园,居于城北,园三十余亩,以水景为主要特色,"极有野意"。

章参政嘉林园:作者外祖父章良能(南宋嘉定六年为参知政事)宅园,依南城而筑,有"嘉林堂"、"城南书院"之称,富于书卷氛围。

牟端明园:南宋端明殿学士牟子才于兵部侍郎李宝谟处购得。有"硕果轩"、"元祐学堂"、"万鹤亭"、"南漪小隐"等胜景。

赵府北园:原为安僖旧园,后归观文殿学士赵德渊父子,"葺而居之",有"东蒲书院"、"桃花流水"、"薰风池阁"、"东风第一梅"等佳构美景。

丁氏园:丁总领(名字待考)私园,"后依城,前临溪",合万元亨"南园"、杨氏"水云乡"二园而成。

莲花庄:湖州富户赵氏宅园,四面皆水,以莲为盛。

赵氏菊坡园:原为赵氏莲花庄,分其半筑为新安郡王私园,"其中亭宇甚多,中岛植菊至百种,为菊坡"。

程尚书园:南宋吏部尚书程大昌之私园,园主爱吴兴山水之胜而卜居于此。

丁氏西园:原为北宋熙宁年间进士丁葆光故居,后称"丁家茅庵",为一时天下名士兴会之地。

倪氏园：尚书倪文节私园，"四至傍水"，秀然成趣。

赵氏南园：观文殿学士赵德渊的又一处园林，在南城，"处势宽闲，气象宏大"，"崇楼之类，甚壮"。

叶氏园：叶梦得左丞相族孙叶溥所筑，"多竹石之胜"。

李氏南园：南宋参知政事李性传所居，"中有杰阁"。

王氏园：王子寿使君宅园，"规模虽小，然回折可喜"。

赵氏园：原为端肃和王家居，园池传为唐代湖州刺史颜真卿园古迹。

赵氏清华园：新安郡王赵师揆的又一处园林，主景为"清华堂"、"静深可爱"。

俞氏园：南宋刑部侍郎俞澄（字子清）筑于湖门。"假山之奇，甲于天下"。

赵氏瑶阜：南宋嘉定年间进士赵兰坡别业。"景物颇幽"，以家传书法珍品《瑶阜帖》刻石为园景特色。

赵氏兰泽园：赵氏的又一处园林，内修佛寺、墓地，"牡丹特盛"。

赵氏绣谷园：原为新安郡王祖传居第，后属赵忠惠所有，"一堂据山椒"，"尽见一城之景，亦奇观也"。

赵氏小隐园：园址在北山法华寺后，"有古意，梅竹殊胜"。

赵氏蜃洞：赵忠惠的又一处园林，有岩洞"深不可测"。

赵氏苏湾园：新安郡王的又一处园林，在城南关三里，以太湖形胜为远景，楼亭尤美。

毕氏园：南宋嘉定间保康军承宣使毕最遇所修，三面皆溪，南临丘山，后归赵忠惠所有。

倪氏玉湖园：倪文节别业。"内有藏书楼，极有野趣"。

章氏水竹坞：章良能兄良肱北山别业，"有水竹之胜"。

韩氏园：昔为韩侂胄之兄弟子侄辈的旧园，后归属于湖州富户余氏，尤以三峰太湖石闻名。

叶氏石林：南宋左丞相叶梦得故居，在弁山之阳，万石环之，故名。此园历史悠久。周密访观于此时，园景失养而"皆没于蔓草"。

钱氏园：湖州富户钱氏所居。"在城东北五里"，"岩洞秀奇"，"下瞰太湖，手可揽也"。

程氏园：南宋吏部尚书程大昌别业，离城数里，园景静雅，筑藏书楼，藏书数万卷。

孟氏园：湖州孟无庵第二子即赵忠惠婿别业，"有极高明楼，亭宇凡十余所"。

该书记南宋湖州园林之盛衰，有一定史料价值。

（王振复）

禁扁 〔元〕王士点

《禁扁》，五卷。元代王士点撰。成于元至顺元年(1330)，《四库全书总目》说："考何晏《景福殿赋》云：'爰有禁楄，勒分翼张。'注引《说文》：扁从户册者，署门户也。扁与楄同。此书详载历代宫、殿、门、观、池、馆、苑、籞等名，故取义于此。"主要版本有扬州曹氏刊本、坊刊本、明抄本、旧抄本、《四库全书》本。

王士点(？—1359)，字继志，元代东平(今属山东)人。元至顺元年，为通事舍人，历翰林修撰。至正二年(1342)，迁秘书监管勾，累官淮西宪佥，升四川行省郎中，改四川廉访副使。十九年(1359)，刘福通部将李喜喜率红巾军自陕入蜀，继志被俘，绝食而死。除撰有《禁扁》五卷外，与商企翁合编《元秘书上监志》十一卷，汇集元代秘书监中文件，具有较高史料价值。

《禁扁》原书为甲、乙、丙、丁、戊五卷，存目一百一十六篇，十五部分。卷首有欧阳玄至顺元年序，认为为人君者得此书，可以"因名号而文质，思制度之奢俭"，而为人臣者得之，"其在朝廷设顾问，则可以无召对寡陋之虞；退而闲居，偶有题榜，则可以无重复嫌疑之犯"。同时还附有虞集至顺癸酉(1333)的序文，其中称继志"见闻异于常人，又以强记博学称于时"，此书甚为详赡，具有较高的价值。

全书从传说中的三皇五代始，遍录商、周、秦、前后汉、魏、蜀、西晋、六朝、北齐、北周、隋、唐、宋、辽、金、元各个朝代中的建筑物及景观名称，分为宫、室、苑、囿、圃、落、园、田、庄、坊、院、宅、巷、营、场、栅、屯、堋、殿、堂、堂皇、寝、舍、屋、亭、房、夹、序、厢、个、轩、庐、庑、廊、墀、庭、阶、除、垂、楼、阁、台、榭、坛、省、馆、部、寺、卫、监、胶、学、司、署、局、所、府、库、藏、仓、御廩、闲、厩、皂、圈、山、岩、屿、岛、岳、岭、嶂、谷、壑、洞、冈、峰、巇、麓、崖、磴、陂、道、石、池、陂、塘、沼、江、海、湖、河、渠、沟、涧、泉、洲、渚、汤、舟、桥、闸、井、门、阙、观、塾、阁、闳、城等，广为收录，并给予简要的辩正解释。

本书是中国文化史上专收各类建筑物名称第一本系统的专书。因此对研究中国古代各类建筑物名称及其历代沿革具有重要意义,可由此考证各个建筑物在不同历史时期的不同名称,对于历史上只记载建筑物或至今仍保留有建筑遗存但失去名称者,可起到补充或正名作用。其次,作为中国文化史上第一部收录各类建筑物名称的专书,从中可以见出中国建筑物命名规律,不仅具有史料价值,更具有艺术价值,通过不同时代对不同建筑物的命名,可以看出不同时代人们的社会理想、伦理观念、审美情趣和宗教情结,对于进一步研究中国建筑与中国哲学、美学、宗教、文学的关系,都具有一定的史料价值。

(林少雄)

宋辽金元编

经济类

旧五代史·食货志 〔北宋〕薛居正等

《旧五代史·食货志》,一卷。《旧五代史》原名《梁唐晋汉周书》,略称《五代史》。其后欧阳修撰《五代史记》出,故称此名。《旧五代史》共一百五十卷。北宋薛居正等编修。成于开宝七年(974),不久即刊行。司马光修《资治通鉴》时多取薛史。金泰和七年(1207)诏学官削去《旧五代史》,只用《新五代史》,于是《旧五代史》渐废。清四库馆臣邵晋涵等从《永乐大典》辑出已割裂淆乱的《旧五代史》,并从《册府元龟》、《太平御览》、《五代会要》等书中辑补,于乾隆四十年(1775)成今本《旧五代史》,为《四库全书》本。有武英殿本。1921年南昌熊氏曾影印《四库全书》本出版。现存的《旧五代史》刊本皆据武英殿本。此外还有乾隆间卢文弨抄本等,内容大致和邵氏原辑本相同。1925年刘承幹之嘉业堂以卢本为底本,经过校补,刊印发行。1935年商务印书馆的百衲本据刘本影印。1975年中华书局出版的点校本是以熊氏影印本为底本,参校他本整理而成。2005年复旦大学出版社出版的陈尚君《旧五代史新辑会证》,是最完整的《旧五代史》新辑本。

薛居正(912—981),字子平,浚仪(今河南开封)人。少年时好学,有大志。后唐清泰元年(934)进士。后晋、后汉时累任官职,后周时为刑部侍郎。北宋初任户部侍郎,又加兵部及吏部侍郎,参知政事。开宝五年兼淮南、湖南、岭南等道水陆发运使。六年拜门下侍郎、平章事。太平兴国(976—984)初,加左仆射、昭文馆大学士,并进位为司空。卒谥"文惠"。薛居正有政绩,居家俭约,为人宽达有度量。其养子惟吉将他的文章结集,共三十卷,宋太宗赐名为《文惠集》。《宋史》、《宋史新编》、《东都事略》等书有传。

开宝六年四月,宋太祖命修梁、唐、晋、汉、周五代书,以薛居正为监修,参加编撰的有卢多逊、扈蒙、张澹、李昉、刘兼、李穆、李九龄等七人。这些人多为当时著名史官,熟悉五代史事,五代各朝实录等原始资料较齐全,并以建隆年间(960—963)昭文馆大学士范质的《五代通录》为稿本,故费时一年半便成书。

《旧五代史》记述梁开平元年(907)朱温称帝至周显德七年(960)共五十三年的史事。仿《三国志》体例,五代各自为书,有本纪和列传,内容详细,史料丰富。同时并立称雄的十国史事分载于《世袭》《僭伪》两传中,较为简略。选用史料较客观,反映了五代战祸动乱的实际情况。《旧五代史》的志,对天文、历法、五行、礼、乐、食货、刑法、选举、职官、郡县的兴废沿革都记载较详,可同《五代会要》对照来看。

《旧五代史》记述五代田赋、税收和货币制度,今本颇多残缺。卷首引《旧五代史考异》按语说:"《薛史·食货志序》,《永乐大典》原阙,卷中唯盐法载之较详,其田赋、杂税诸门,仅存大略,疑明初《薛史》已有残阙也。今无可采补,姑存其旧。"《旧五代史新辑会证》则加按语说:"《考异》所述欠周允。今存志文含赋税、钱制、盐法、转输、曲法诸端。与《五代会要》相较,虽未及者尚多,然大端已备。"现择要分述如下。

一、田赋制度。后梁朱温鉴于唐末农民起义的教训,采取"外严烽候,内辟污莱(荒地),厉以耕桑,薄以租赋"的政策,因而"士虽苦战,民则乐输,二纪(十二年为一纪)之间,俄成霸业"。及至后梁末帝时,"河南之民,虽困于辇运,亦未至流亡,其义无他,盖赋敛轻而丘园可恋故也"。可是后唐庄宗灭梁后,实行"峻法以剥下,厚敛以奉上"的搜括政策,以至"民产虽竭,军食尚亏。加之以兵革,因之以饥馑,不三四年,以致颠陨,其义无他,盖赋役重而寰区失望故也"。由此可见赋敛厚薄所造成的不同后果。后唐统治者曾多次明令不征附加税。同光三年(925)下令:"本朝征科,唯配有两税,至于折纽,当不施为……应逐税合纳钱物斛斗盐钱等,宜令租庸司指挥,并准元(原)征本色输纳,不得改更,若合有移改,即须具事由奏闻。"天成元年(926)又下令:"应纳夏秋税,先有省耗,每斗一升,今后止纳正税数,不量省耗。"四年规定"百姓今年夏苗,委人户自通供手状,具顷亩多少,五家为保,委无隐漏,攒连(连同)手状送于本州,本州具状送省,州县不得迭差人检括。如人户隐欺,许令陈告,其田倍令并征。"此时按户清查田亩,意在增加财政收入。到长兴三年(932),三司提出复行折纳的建议:"诸道上供税物,充兵士衣赐不足。其天下两税所纳斛斗及钱,除支赡外,请依时折纳绫罗绢帛。"结果使赋税日趋沉重。

后晋天福四年(939)正月,规定各道节度刺史"不得擅加赋役及于县邑别立监征。所纳田租,委人户自量自概"。允许纳租人亲自检校计量,以防止浮收。后周显德三年十月,对两税的征收日期作了明确的规定:夏税六月一日、秋税十月一日起征,永为定制。后周为了稳定政权,采取了整顿两税,招还逃户,均定田租等措施,对恢复中原经济起了很大作用,为北宋的统一奠定了基础。

二、货币制度。唐朝末年通行以八十文为百的省陌制度,后唐时仿行。同光二年宣示各府州县镇:"军民商旅,凡有买卖,并须使八十陌钱。"当时对钱币作用的认识,只偏重于流通手段,认为"钱者,古之泉布,盖取其流行天下,布散人间,无积滞则交易通,多贮藏则士农困"。因此既不准富家多藏货币,亦不准商人带至境外。要求各级官府"常须检察,不得令富室分外收贮见钱,又工人销铸为铜器,兼沿边州镇设法钤辖,勿令商人般(搬)载出境"。当时流通钱币中有许多"是江南纲商挟带而来"的"锡镴小钱",于是"令京城、诸道,于坊市行使钱内,点检杂恶铅锡钱,并宜禁断。沿江州县,每有舟船到岸,严加觉察,不许将杂铅锡恶钱往来换易好钱,如有私载,并行收纳"。为了防止销钱铸铜器以求厚利,天成元年下诏:"如元旧系破损铜器及碎铜,即许铸造器物。仍生铜器物每斤价定二百文,熟铜器物每斤四百文,如违省价(官价),买卖之人,依盗铸钱律文科断。"后晋天福二年禁止铜器买卖,铜镜由官铸出卖,然后由民间买卖。后周因钱少,曾设立机构采铜铸钱。对私自买卖铜器的,"所犯人不计多少斤两,并处死","其告事人给与赏钱一百贯文"。但关于铸钱的情况,《食货志》内未载。

三、盐税管理。五代时盐利是国家财政的重要收入,因而对盐税管理极为重视。后唐同光二年下诏:"会计之重,咸鹾居先,矧(况)彼两池,实有丰利。"两池指安邑、解县两盐池,是朝廷掌握的产盐地。五代的食盐大致是官卖与商销并行,在乡村偏僻处,才允许商运商销。因恐官销不畅,实行按户俵配办法。后晋天福时行折钱收税,言官建议将"食盐钱于诸道州府计户,每户一贯至二百,为五等配之,然后任人逐便兴贩,既不亏官,又益百姓"。此法施行后,"盐货顿贱,去出盐远处州县,每斤不过二十文,近处不过一十文"。掌事者奏请重制盐场税以归利于官。天福七年,规定对"往来盐货悉税之,过税(向行商征税)每斤七文,住税(向坐商征税)每斤十文"。这样重复课税,"民甚苦之"。后周广顺元年(951),修改盐法,规定"凡犯五斤已上者处死,煎咸盐犯一斤已上者处死"。三年减轻曾一度提高的盐税,"每青盐一石,依旧抽税钱八百文,以八十五为陌,盐一斗;白盐一石,抽税钱五百,盐五升"。

四、酒税管理。后唐天成三年规定:乡村人户"每亩纳曲钱五文足陌,一任百姓自造私曲,酝酒供家,其钱随夏秋征纳";城镇"买官曲酒户,便许自造曲,酝酒货卖"。根据天成二年一年内买曲钱数缴纳十分之二,以充榷酒钱。其余诸色人亦许私造酒曲供家,如私自出卖,"依中等酒户纳榷"。在坊村则不受限制。长兴元年曲钱减为每亩三文。考虑到农民平时忙于田头劳作,不常酿酒,故于次年规定由官府造酒减价一半出卖,"除在城居人不得私造外,乡村人户或要供家,一任私造"。后周时又停罢官酒。

清辑本《旧五代史·食货志》附有从《五代会要》、《旧五代史考异》、《文献通考》辑录的资料作为补充。《旧五代史新辑会证·食货志》有更多采自《五代会要》、《册府元龟》的附文,并对原附文的误采、误接之处作了订正。

有关《旧五代史·食货志》的研究主要有王雷鸣《历代食货志注释》第二册有关部分,王永兴《隋唐五代经济史料汇编校注》(第一编)有关章节等。

(徐培华)

册府元龟·邦计部 〔北宋〕王钦若等

《册府元龟·邦计部》，二十九卷。《册府元龟》共一千卷。北宋王钦若等奉敕编。成于大中祥符六年(1013)。宋刻本已残。有抄本流传。明有刻本。清有《四库全书》本。1960年中华书局出版明刻本的影印本。2006年凤凰出版社出版了《册府元龟》校订本，是目前最好的版本。

王钦若(962—1025)，字定国，临江军新喻(今江西新余)人。淳化进士。咸平四年(1001)累官至左谏议大夫、参知政事。景德元年(1004)契丹侵宋，王钦若出判天雄军(治今河北大名东北)，提举河北转运司。订立澶渊之盟后，罢为刑部侍郎，资政殿学士。不久判尚书都省，修《册府元龟》。又改兵部，升大学士。迎合真宗意旨，造天书，献符瑞，劝帝封泰山，祀汾阴，大中祥符五年升枢密使、同平章事。天禧元年(1017)为左仆射、同平章事。后罢相出判杭州。仁宗即位(1022)，封冀国公，进司徒，再任相职。卒赠太师、中书令，谥"文穆"。为人奸邪，与丁谓、林特、陈彭年、刘承珪交结，时人谓为"五鬼"。著作多佚，仅存《翊圣保德真君传》。《宋史》、《东都事略》、《宋史新编》等书有传。

景德二年，真宗命王钦若、杨亿、钱惟演、陈彭年、夏竦等十五人修《历代君臣事迹》，由王钦若总纂。至大中祥符六年完成，真宗作序并题为《册府元龟》。"册府"为典籍之渊薮；"元龟"即大龟，古人用来占卜，以问吉凶。书名"册府元龟"，意为这是一部可供君臣鉴戒的大书，并可作为将来的典法。它与《太平御览》、《文苑英华》、《太平广记》合称宋代四大部书。

《册府元龟》史料丰富，取材严谨，以正史为主，兼及六经诸子，小说家之言不录。隋以前引自正史的史料据宋初以前古本，故可以据以校史或补史。唐五代部分是全书精华所在，许多史料出自今人已看不到的唐五代诏令、奏疏、实录之中，具有重要史料价值。

《册府元龟》分门编纂，共三十一部，一千一百零四门。每部有《总序》，每门又各有小序。《总序》和小序由杨亿定稿。这样分门按时间顺序记述，自上古至五代，"使数千年事无不条理秩然"(《四库全书总目》卷一三五)。

《邦计部》所记为经济史料，自卷四八三至卷五一一，分选任、材略、褒宠、经费、济军、输财、户籍、迁徙、赋税、蠲复、山泽、田制、河渠、漕运、钱币、平籴、常平、屯田、榷酤、关市、丝帛、俸禄、鬻爵赎罪、重敛、希旨、交结、旷败、诬调、贪污二十九门。有的一卷数门，有的一门数卷。其中《蠲复》、《俸禄》各有四卷，《钱币》有三卷，《赋税》、《山泽》、《河渠》各有二卷。其余一卷或不到一卷。

编者认为，"为国家者本乎邦计。故自炎汉而下必慎选其材"（《材略》序），"敛天下而无刻"（《选任》序）是理想的理财人选。因而将《选任》、《材略》、《褒宠》三门合为一卷，置于本部之首。以下各门都是经济史料。"兵革之后，必有凶年"（《蠲复》序），《蠲复》各卷辑录了从战国到后周显德六年(959)的救荒史料；"国非贤不乂，贤非后(君)不食"（《俸禄》序），《俸禄》各卷辑录了从周武王初定天下到显德六年的历代俸禄制度和俸禄数额。这两门前史记录不详，《邦计部》对此大书特书，为后人留下了许多宝贵史料。《赋税》两卷主要讲田赋，隋以前六十三条，唐五代八十四条，详近略远，是五代以前中国赋税史的简编。《河渠》两卷收录了从夏禹治水到后周末年的历代水利建设史料。《户籍》将户籍管理制度和户口数融为一体。《迁徙》辑录了从周武王迁殷顽民到唐宝历元年(825)的移民史料。《田制》卷不仅辑录了土地制度文书，而且还有历代田亩数目。《漕运》、《山泽》(盐铁)、《钱币》、《平籴》、《榷酤》等为经济史典籍的传统内容，《邦计部》将叙述时间延伸到了五代末年。《济军》、《输财》、《丝帛》、《重敛》、《贪污》等则为新增加的内容，史料十分丰富。同其他部一样，《邦计部》的经济史料也以唐五代时期为最宝贵。

（华林甫）

富国策 〔北宋〕李　觏

《富国策》,十篇。北宋李觏著。成于宝元二年(1039)。收于《直讲李先生文集》(又名《盱江集》)卷十六。现存《直讲李先生文集》的最早版本为明成化左赞刻本(《四部丛刊》本据此本影印)。以后有明正德孙甫本、万历孟庆绪本,清光绪谢甘棠本等。王国轩以《四部丛刊》本为底本,参校他本,校点后定名《李觏集》,1981年由中华书局出版。

李觏(1009—1059),字泰伯,南城(今属江西)人。出身寒微,自小好学,年轻时已开始著书。康定二年(1041)郡举应"茂材异等"考试,不第。回乡以教书为业,倡立盱江书院,学者常数十百人,人称盱江先生。皇祐二年(1050),范仲淹荐为太学助教,后升直讲,并授海门主簿。嘉祐四年(1059)权同管勾太学,回家迁葬祖母时死于家。《宋史》有传,《直讲李先生文集》中附有年谱。

李觏一生主要从事学术,以文章知名,指望通过著书立说发扬圣人之法,拯救王道之纲。他精通儒家经典,但对孟轲的论点多有批评,并且很注意吸收九流百家思想的精华。把礼作为治国的最高准则,认为礼实际上是法制的总名。这一观点与荀况相似。他提出仁义不应和利欲对立,但言利言欲要符合礼义,礼义本身就是一种利。李觏在政治上拥护庆历新政,认为应该根据事物的变化,量时制宜,采取改革措施,但仁、义、忠、信等基本伦理道德原则是永远不变的。对佛、道二教,他极力排斥。

《富国策》是李觏的经济著作之一。"富国策"一词由他第一个提出,到近代被用作经济学的最早中译名。《富国策》中的经济思想主要包括以下一些内容。

一、以财用为治国之本。《富国策第一》指出:"儒者之论,鲜不贵义而贱利,其言非道德教化则不出诸口矣。然《洪范》八政,'一曰食,二曰货'。孔子曰:'足食足兵,民信之矣。'是则治国之实必本于财用。"认为有了财用,"礼以是举,政以是成,爱以是立,威以是行。舍是而克为治者,未之有也"。这里说的财用只是指国家的财政收入,所以以财用为本的思想实际上就是把财政收入作为一国政治、军事、外交、道德、文化的基础的思想。因此,李觏认为富国是治国的首要目标:

"是故贤圣之君、经济之士,必先富其国焉。"但他又指出:"所谓富国者,非曰巧筹算,析毫末,厚取于民以媒怨也,在乎强本节用,下无不足而上则有余也。"也就是说,只有增强国家经济实力,才能增加财政收入,才能治理好一个国家。这是一种广义的富国思想。

二、主张尽地力和开垦荒地。《富国策第二》提出:"民之大命,谷米也。国之所宝,租税也。天下久安矣,生人既庶矣,而谷不益多,租税不益增者,何也?地力不尽,田不垦辟也。"把提高农业生产力作为富国首策。李觏认为地力不尽和田不垦辟的原因在于土地占有状况的不合理,许多农民由于丧失土地而不再从事农业生产,于是出现"田广而耕者寡",劳动力投入不足,无法充分利用地力。同时,"贫者则食不自足,或地非己有",无力开垦荒地;"富者则恃其财雄,膏腴易致",对开垦也没有兴趣。他提出的解决办法是限田:"限人占田,各有顷数,不得过制。"认为此策一行,"兼并不行","土价必贱","田易可得",农民得到土地,便能"一心于农,一心于农则地力可尽矣"。再加上大批佃农,"耕者多则地力可尽矣"。为了鼓励开垦,他还建议仿汉代晁错"纳粟拜爵"的办法,根据垦田多少赏爵,富人便会"以财役佣务垦辟矣"。

三、抑末驱游民。李觏主张抑制末业,反对奢侈品的生产和流通。《富国策第四》指出,古时"工不造雕琢,商不通侈靡",因而"用物有限,则工商亦有数"。而现时"工以用物为鄙而竞作机巧,商以用物为凡而竞通珍异。或旬月之功而朝夕敝焉,或万里之来而坠地毁焉。物亡益而利亡算,故民优为之,工商所以日多也"。"欲驱工商,则莫若复朴素而禁巧伪。"李觏提出要驱的游民,不但包括逐末的工商业者,还包括冗食者。他把和尚道士、官府冗吏、巫医卜相者和歌舞杂戏帮闲之人都称为冗者,认为必须驱他们归农。

四、主张改革平籴、盐法、茶法。《富国策第六》提出一个和传统的谷贱伤农、谷贵伤末不同的观点,认为"贱则伤农,贵亦伤农。贱则利末,贵亦利末"。因为农民不仅在收获后要粜粮,而且到青黄不接时又需要籴粮。商人利用季节粮价变动,"以制民命",因此更需要实行平籴,防止"蓄贾专行"。李觏指出现行平籴有不少弊病,必须增加粮食收购量,将粮仓从郡治下设到县,并选用廉能官吏经办,才能使平籴发挥作用。《富国策第九》对国家食盐专卖制度提出批评,指出由于管理不善,舞弊成风,使"公盐贵而污,私盐贱而洁",结果官盐滞销,私盐难禁。解决的办法"莫如通商",由官府粜盐给商人,由商人自行出售。《富国策第十》对国家茶专卖提出批评,认为由于专卖机制不灵,私茶已不能禁绝,这是"势之所运",不如主动采取"一切通商"的办法,国家只"籍茶山之租,科商人之税","利国便民,莫善于此"。而且,李觏还认为盐茶通商有利于驱末。他说:"昔之未通商也,文峻而网密。富厚重慎之子罔游其间,故蚩蚩细民以身易财者入焉。若法通商,则大贾蓄家射时而趋,细民何利焉? 非逐末之路也。"利用少数大商人的力量迫使众多细民小贩因无利可图而返归农业,在理论上有一定道理。

五、货币思想。《富国策第八》提出李觏对货币起源的看法:"昔在神农,日中为市,致民聚货,以有易无。然轻重之数无所主宰,故后世圣人造币以权之。"认为货币是为了解决物物交换时缺少价值尺度的困难而被圣人创造出来的。李觏认为物价高低和货币数量有关,"大抵钱多则轻,轻则物重;钱少则重,重则物轻。物重则用或阙,物轻则货或滞,一重一轻,利病存乎民矣。"但是从国家财政考虑,他认为还是钱多为好,而当时货币流通中存在的严重问题,正是钱少不够用。造成钱少的原因很多,主要是:第一,法钱被奸人改铸成恶钱。"销一法钱,或铸四五,市人易之,犹以二三,则常倍息矣。"而"恶钱终不可为国用,此钱所以益少也"。第二,寺观僧道熔钱铸佛像和铜器。第三,铜钱外流。"蛮夷之国,舟车所通,窃我泉货"。他强调搞好钱法是"有国之急务"。

此外,《富国策第一》对军费开支日益增加影响国家财政问题作了论述。《富国策第七》对建立义仓制度作了论述。

有关《富国策》经济思想的研究主要有胡寄窗《中国经济思想史》下册、赵靖主编《中国经济思想通史》第三卷、叶世昌《古代中国经济思想史》、谢善元《李觏之生平及思想》有关章节等。

(施惠康)

新唐书·食货志 〔北宋〕欧阳修　宋　祁等

《新唐书·食货志》，五卷。《新唐书》原名《唐书》，共二百二十五卷。北宋欧阳修、宋祁等编修。成于嘉祐五年（1060）。现存最早的版本是成书时即刊行的嘉祐本。南宋本、明国子监本、汲古阁本均作《唐书》。《四库全书》本作《新唐书》。后有武英殿等多种版本。1935年商务印书馆百衲本据几种宋刻本影印。1975年中华书局出版点校本是以百衲本为底本，参校他本整理而成。

欧阳修的生平事迹见"新五代史"条。宋祁生平事迹见"新唐书"条。

庆历初仁宗曾诏王尧臣、张方平等重修《唐书》未成。庆历四年（1044），仁宗复命欧阳修、宋祁续其事，参加编撰的有范镇、王畴、宋敏求、吕夏卿等人，曾公亮负责监修。宋祁先写成列传，后由范镇、吕夏卿等人编写志、表，最后由欧阳修续写本纪，改定志，并审定全书。前后十多年方告完成，仁宗命刊布于天下。

《新唐书》记叙武德元年（618）至天祐四年（907）共二百九十年的史事。除以《旧唐书》为底本外，搜集资料十分广泛，对内容安排、体系结构也作了变动。本纪部分经大量删减，只有《旧唐书》的三分之一，显得简明扼要。重新安排了表系，是继司马迁、班固之后第一次恢复了纪、表、志、传体裁的完整性。以后各代史书多循此成规，对查检有关史事甚为方便。志的内容更充实，扩大到十三项，资料丰富，体例上也有所创新。其中仪卫、选举、兵三志是以前各史所没有的。《食货志》按租庸调、两税法、漕运、盐铁（包括货币）、俸禄等扩大为五卷。在时间范围上，旧志赋税止于大和四年（830），新志记至大中七年（853）；旧志盐法止于大中四年，新志记至光启元年（885）；旧志榷酤止于会昌六年（846），新志记至天复元年（901）；旧志税茶止于大中六年，新志记至咸通七年（866）；旧志钱法止于会昌六年，新志记至昭宗末年（904）。增加了不少晚唐财政经济史料，有些现已不见于他书。《新唐书》体例严谨，文字雅洁，但《旧唐书》的史料价值更高。两书各有长短，宜互相参阅。

《新唐书·食货志》在全文之前有一序言,归纳了中国古代的"三量"理财原则:"量人之力而授之田,量地之产而取以给公上,量其入而出之以为用度之数。是三者常相须以济而不可失,失其一则不能守其二。"强调反对财利之说和聚敛之臣,指出:"聚敛之臣用,则经常之法坏,而下不胜其弊焉。"各卷的主要内容如下。

一、租庸调。内容比《旧唐书》增加了对唐前后期财政变化的比较分析:"唐之始时,授人以口分、世业田,而取之以租、庸、调之法,其用之也有节。"天宝以后,用度不能节,"经常之法,荡然尽矣。由是财利之说兴,聚敛之臣进。盖口分、世业之田坏而为兼并,租、庸、调之法坏而为两税"。贞观时(627—649)的租庸调制度实行得比较好:"配租以敛获早晚、险易、远近为差。庸、调输以八月,发以九月。同时输者先远民。皆自概量。州府岁市土所出为贡,其价视绢之上下,无过五十匹。异物、滋味、口马、鹰犬,非有诏不献。有加配,则以代租赋。"开元二十五年(737),"以江、淮输运有河、洛之艰,而关中蚕桑少,菽粟常贱,乃命庸、调、资课皆以米,凶年乐输布绢者亦从之。河南、北不通运州,租皆为绢,代关中庸、课(调)"。代宗时,实行以亩定税。大历元年(766),"以国用急,不及秋,方苗青即征之,号'青苗钱'",每亩税钱十五。又有"地头钱",每亩税钱二十,通名为"青苗钱"。这是不待秋熟而征田赋附加税的开始。五年又规定:"夏,上田亩税六升,下田亩四升;秋,上田亩税五升,下田亩三升;荒田如故;青苗钱亩加一倍,而地头钱不在焉。"

二、两税法。安史之乱后,户籍、地籍与实际情况严重不符,租庸调制已失去存在意义。德宗建中元年(780),宰相杨炎提出实行两税法。《食货志二》对实行两税法的确切时间未作记载,内容的叙述亦简要。贞元十年(794),宰相陆贽上《均节赋税恤百姓六条》,本卷作了较详细节录。十二年,河南尹齐抗指出两税不征钱有六利,并说:"今两税出于农人,农人所有,唯布帛而已。用布帛处多,用钱处少,又有鼓铸以助国计,何必取于农人哉?"陆贽、齐抗的主张都未被采纳。齐抗的奏议不见于他书。元和十五年(820)穆宗即位,户部尚书杨於陵分析了物轻钱重的一些原因,并提出"两税、榷酒、盐利、上供及留州、送使钱,悉输以布帛谷粟"。讨论结果,两税、上供、留州等都改征布帛、丝纩,盐酒仍征钱。两税征钱的办法实行四十年后终于取消。

三、漕运管理。唐都长安,因"土地狭,所出不足以给京师,备水旱,故常转漕东南之粟"。唐初水陆漕运每年不过二十万石。高宗以后,"岁益增多,而功利繁兴,民亦罹其弊矣"。《食货志三》记开元十八年和二十一年裴耀卿建议改进漕运事,比旧志简略。增加了陕郡太守李齐物于开元二十九年"凿砥柱为门以通漕"和韦坚修运渠凿广运潭的简要记载。有关刘晏主持漕运事,内容比旧志精炼,事迹突出。广德二年(764),"以刘晏颛领东都、河南、淮西、江南东西转运、租庸、铸钱、盐铁,转输至上都,度支所领诸道租庸观察使,凡漕事亦皆决于晏"。他致力于盐法、漕运的改革。本卷还记载了江淮水陆转运使杜佑疏鸡鸣冈之议;贞元初以崔造为相增运南方米粮;陕虢观察使李泌"凿集津仓山西径为运道";淮南节度使杜亚"浚渠蜀冈,疏句城湖、爱敬陂,起堤贯城,以通大舟";节度使李吉甫筑平津堰;诸道盐铁、转运使卢坦汰冗官革漕运;刑部侍郎王播、判度支皇甫镈、盐铁转运使柳公绰议漕运;咸阳县令韩辽议疏通兴成堰;判度支王彦威"置县递群畜"、"使路傍民养以取佣,日役一驿,省费甚博"等诸史事,旧志均未载。故马端临《文献通考·国用考》漕运部分全录本卷有关内容。本卷还记载了营田屯垦及和籴的内容。

四、榷盐、酒及征茶、漆等税。唐初食盐产销任商民经营,开元后始征盐税,后改为官收官售的榷盐法。中唐以后,时局动荡,财政困难,盐价飞涨。大兴盐利,成为财政收入的一个重要来源。改革盐法的主要人物有第五琦、刘晏、裴休等。刘晏最为有名。他治盐不只从税利考虑,还以发展盐产来开拓税源。"自淮北置巡院十三",首创缉私制度,"奸盗为之衰息"。开始时盐利一年四十万缗,大历末达到六百余万缗。"天下之赋,盐利居半,宫闱服御、军饷、百官禄俸皆仰给焉。"穆宗时,罢河北榷盐,户部侍郎张平叔建议由国家直接售盐给民户,被公卿否定。唐初无酒禁,广德二年"定天下酤户以月收税"。大和八年罢京师榷酤。建中四年,"税天下茶、漆、竹、木,十取一,以为常平本钱"。穆宗时,盐铁使王播"增天下茶税,率百钱增五十"。武宗即位(840),盐铁转运使崔珙又增江淮茶税。金属矿产亦都有税。

五、货币。关于唐代铸钱及禁恶钱等货币流通情况,新旧《唐书·食货志》各有详略,可互相补充。《新唐书·食货志四》还提到史思明据洛阳时曾铸得一(应作"壹")元宝和顺天元宝。又记载了唐代产生的汇兑。"时(当为元和元年)商贾至京师,委钱诸道进奏院及诸军、诸使富家,以轻装趋四方,合券乃取之,号'飞钱'。"当时曾予以禁止。旧志也提到"便换",但无此等文字,而且禁便换的时间系于六年。后来(当为七年)许商人于户部、度支、盐铁三司飞钱,每千钱收费百钱,商人不愿,又改为免费飞钱。

六、俸禄制度。包括文武官员岁禄的等级分配,职分田、永业田的等级分配,官员考级给禄,俸料钱等级分配,职事官的服役人数,公廨本钱定额,开元末年百官的月俸和禄米额,以及李泌主张再增俸料,李吉甫议减俸料,唐末百官俸钱岁支数额等。记载详明,都是旧志所没有的。

总之,《新唐书·食货志》增加史料颇多。但有的时间不明确,有的因删减原文而失去了历史的真实性,也给后世研究者造成了困难。

有关《新唐书·食货志》的研究主要有谭英华《略论新唐书食货志的编纂方法和史料价值》、

王雷鸣《历代食货志注释》第一册有关部分、王永兴《隋唐五代经济史料汇编校注》第一编有关章节等。

(徐培华)

吴中水利书 〔北宋〕单 锷

《吴中水利书》,一卷。北宋单锷著。成于元祐三年(1088)。元祐六年苏轼曾进呈此书,故《东坡集》中全文收录。原有《三州江湖溪海图》,未进呈,故佚。后人从《东坡集》中录出,刊于有关志书中。后又从志书录出刊行。清有《四库全书》本、《墨海金壶》本、《守山阁丛书》本等。《丛书集成》本据守山阁本排印。

单锷(1031—1110),字季隐,常州宜兴(今属江苏)人。嘉祐四年(1059)进士,一生未仕。著作除《吴中水利书》外,另有《诗》、《易》、《春秋》诸经义解,今佚。《宋史翼》有传。

宋代的"吴中"和"三吴"是同一个概念,即指太湖流域的苏州、常州、湖州等地。太湖流域在宋代已是一个相当重要的经济区。它的形成和发展,与水利的开发有极其密切的关系。但是,随着社会经济的发展,人口的增加和人类活动的频繁,对自然环境的消极影响也逐步显露出来。尤其是一些错误的水利方略和措施,不但没有改善农业生产条件,反而遗祸后世。到北宋时,太湖流域水利出现严重危机,水患频繁,广大圩区长年处于洪涝淹漫的状态中。河道埋塞,田地荒芜,人民流亡,国家的田赋收入锐减。正如单锷在书中所说:"三州之水,为患滋久,较旧赋之入,十常减其五六。"(《苏轼文集》卷三二《录进单锷吴中水利书》)这一局势,激起朝野许多有识之士探究治理方略的兴趣。单锷的《吴中水利书》就在这样的形势下诞生。他中进士后,不去做官,回到家乡专意探究吴中水利。独自乘小舟在太湖流域河道港汊中来回考察,尽得苏、常、湖三州沟渎源流和治理方法,经过三十年的努力,以自己所见所闻所历著成本书。元祐四年,苏轼知杭州,和单锷研讨治水方略,对此书大为赞赏,具疏代奏于朝,不久苏轼遭人诬陷,单锷的建议也没有被采纳。

单锷在《吴中水利书》中论述了对太湖洪涝的治理见解。首先分析水患的原因。他认为以往治水之所以收效不大,主要原因在于缺乏调查研究,不明了水患的症结。"朝廷屡责监司,监司每督州县,又间出使者寻按旧迹,使讲明利害之原。然而西州之官求东州之利,目未尝历览地形之高下,耳未尝讲闻湍流之所从来。"凭主观想像,匆匆上马,水利工程兴建不少,却只能收一时一方之利,不能根本改变局面。前人对太湖水患的根源虽已有所考察,如认为塘浦圩田解体,削弱防洪能力;出水港浦淤塞,排水不畅;吴江长堤壅阻湖水;溧阳五堰毁坏;荆溪百渎堵塞,都有一定道理,但是只强调一点,不及其余,就失之偏颇。单锷认为太湖水患是各种因素综合影响的结果,"知其一而不知其二,知其末而不知其本,详于此而略于彼"都不行,必须从全局着眼,才能弄清症结所在。他将吴中地区看作一个整体:"自西五堰,东至吴江岸,犹之一身也。五堰则首也,荆溪则咽喉也,百渎则心也,震泽则腹也,傍通太湖众渎,则络脉众窍也,吴江则足也。"病的症结是"纳而不吐",就像一个人被"桎其手,缚其足,塞其众窍,以水沃其口,沃而不已,腹满而气绝"一样。这一形象的比喻,实际是从水量平衡关系来探究洪涝原因,有独到之处,揭开了来水、去水和库容三者之间的密切联系。

单锷认为破坏太湖水量平衡的主要原因有二条:一是五堰的毁坏,"今上废五堰之固,而宣、歙、池、九阳江之水不入芜湖,反东注震泽",使湖水大增;一是吴江筑岸,"下又有吴江岸之阻,而震泽之水积而不泄",使去水减少。两者相比,后者影响更大。他说:"盖治之有先后。且未筑吴江岸已前,五堰其废已久,然而三州之田,尚十年之间,熟有五六,五堰犹未为大患。自吴江筑岸已后,十年之间,熟无一二。欲具验之,阅三州岁赋所入之数则可见矣。"

单锷提出的治理方案是:一、掘掉吴江岸土,改造千座木桥,"共开水面二千丈,计一十一里四十步",使去水畅通。为了使太湖下泄更快,江尾茭芦之地要先开通,并迁沙村之民,运走所涨之泥,然后凿岸造桥。二、修复五堰。五堰是胥溪运河上的五座堰坝,即银林、分水、苦李、何家、余家五堰,位于今江苏省高淳县东坝至定埠之间。其作用是控制西水东泄,并分级节制水流,以利航运。五堰在北宋已经毁坏,结果使皖南山区的水大部分东流注入太湖。单锷主张复五堰,就是要使西水不入荆溪,而由分水、银林二堰直趋太平州的芜湖,使太湖进水量减少。三、开通夹苎干渎。夹苎干渎位于今江苏武进、金坛、宜兴一线,西通滆湖、长荡湖,南接荆溪,北接南运河。单锷指出,"倘开夹苎干渎通流,则西来他州入震泽之水,可以杀其势,深利于三州之田也"。这一设想要导太湖以西的水北入长江。四、疏排积水,修复圩田。以围田来治水,在单锷之前,郏亶已有建议。不过,单锷很不赞成郏亶先修圩后排水的主张。他说:"昔郏亶尝欲使民就深水之中叠成围岸。夫水行于地中,未能泄积水而先成田围以狭水道,当春夏满流浩急之时,则水当涌行于田围之上,非止坏田围,且淹浸庐舍矣。此不智之甚也。"他的主张是先排积水,"水既泄矣,方诱民以筑田围"。这才是稳妥顺序之法。五、修复运河堰埭和蓄水陂塘,以利航运和灌溉。运河上原有节水埭堰,年久失修,多有毁坏,单锷建议一一修复,维持运河水量,保证航运。高亢之地灌溉主要靠蓄水陂塘,不及时修理,也会耽误农田水利之需要。六、次第开浚宜兴百渎;苏州茜泾、白茅、七鸦、福山、梅里诸浦；江阴下港、黄田、春申、季子、灶子诸港。

《吴中水利书》是一部全面论证太湖流域水利的专著。全书重点突出而兼及其他，对围垦、治田、灌溉、航运及水利经费人役的征发都有论述。书中的主张虽未付诸实施，但对后世产生了很大的影响。明永乐年间(1403—1424)夏元吉疏吴江积水，正统年间(1436—1449)周忱修筑溧阳二坝，都采纳了单锷水利书中的建议。明清两代多次刻印此书，三吴地区的方志和水利论著中或全文或摘要征引，充分反映后世对它的重视。

由于认识上和实践上的局限，《吴中水利书》对某些问题的看法不免失之片面。后世对其方略的评价则有褒有贬。反对意见集中在修复五堰和开凿吴江岸上。如明归有光认为，修复五堰对太湖西部地区不利；王同祖认为，决去吴江岸，会使吴江、昆山、常熟等地受水灾侵袭。赞赏的意见则将它和郏亶治水理论相比较，单锷的主张包含治理太湖洪水的一系列措施，比单强调围田治水的郏亶主张显得更成熟。清初陆陇其说："亶之说可以防一时之害，而锷之说可以规百世之利。故急则宜从亶，而缓则宜从锷，二者相时而举之可也。"（《三鱼堂外集》卷四《东南水利》）

（施正康）

蚕书 〔北宋〕秦 观

《蚕书》，一卷。北宋秦观著。有《百陵学山》本、《夷门广牍》本、《知不足斋丛书》本、《龙威秘书》本、《清照堂丛书》本、《农学丛书》本等。《丛书集成》本据知不足斋本排印。《四库全书》本附在陈旉《农书》后。

秦观(1049—1100)，字少游、太虚，号淮海居士，高邮(今属江苏)人。北宋著名词人，"苏门四学士"之一。元丰进士。为定海主簿、蔡州(今河南汝南)教授。元祐初，受苏轼推荐，除太学博士，累迁秘书省正字兼国史院编修官。坐元祐党籍，通判杭州，后编管雷州(治今广东海康)。徽宗立，召为宣德郎，卒于途中。著作有《淮海集》、《逆旅集》。《宋史》、《宋史新编》、《东都事略》等书有传。

《蚕书》全文一千余字，简明地叙述了从浴种到缫丝的全过程，还涉及缫车的结构、用法。作者说："予游济河之间，见蚕者豫事时作，一妇不蚕，比屋詈之。故知兖人可为蚕师。今予所书有与吴中蚕家不同者，皆得之兖人也。"据此可知作者所记乃兖州(今属山东)人的蚕法，而且是从直接观察得来的。文虽简略，但仍极可贵。后世多种丛书均将此书收入。《蚕书》是现存最早的叙述蚕丝的专书。它为了解北宋时期兖州地区的养蚕生产技术状况提供了一份很可贵的历史资料。

《蚕书》分十目，前有作者序，末有孙镛跋。《种变》、《时食》、《制居》、《化治》四目简要叙述了养蚕乃至煮茧的具体操作方法及注意事项。如《种变》说："腊之日，聚蚕种，沃以牛溲，浴于川，毋伤其籍，乃悬之。始雷，卧之五日，色青，六日白，七日蚕，已蚕尚卧而不伤。"《化治》说："常令煮茧之鼎，汤如蟹眼，必以筯。其绪附于先引，谓之喂头。毋过三系，过则系粗，不及则脆，其审举之。"《钱眼》、《锁星》、《添梯》、《车》四目介绍缫丝的技术和缫丝工具。如《添梯》，谓其为"二尺五寸片竹也。其上揉竹为钩以防系，窍左端以应柄，对鼓为耳，方其穿以闲添梯。故车运以牵环绳，绳簇鼓，鼓以舞鱼，鱼据添梯，故系不过偏"。其《车》则谓："制车如辘轳，必活其两辐，以利脱系。"《祷神》记述农家祭祀蚕神的传统仪式。《戒治》则以《唐史》所载西域于阗国治茧的失误告诫世人。

《蚕书》与陈旉《农书》下卷之蚕桑五篇互有补充之处。中国的农书《氾胜之书》、《齐民要术》、《四时纂要》中都只保存种桑养蚕的条文,而唐代的两种《蚕经》和五代孙光宪的《蚕书》均已失传,因此秦观的《蚕书》更显其宝贵价值。

关于《蚕书》的作者,亦有定为秦观之子秦湛(字处度)著的。近人余嘉锡指出:"陈振孙、王应麟在宋时所见《淮海集》,已将《蚕书》编入,则《馆阁书目》之作秦处度者……不足为据。汪纲刻本亦题作秦观,孙镛跋直指为秦淮海,不云处度。则此书之不出于湛,居然可知。"(《四库提要辨证》卷十一)

有关《蚕书》的研究著作主要有黄世瑞的《秦观〈蚕书〉小考》等。

(王国忠　林其锬)

泉志 〔南宋〕洪 遵

《泉志》,十五卷。南宋洪遵著。成于绍兴十九年(1149)。首先提到《泉志》的是南宋陈振孙《直斋书录解题》。《宋史·艺文志》亦有著录。宋、元仅有抄本留传。现存最早版本是明万历年间(1573—1620)胡震亨、毛晋刻本,由徐象梅摹图并题跋,即《秘册汇函》本。以后有《津逮秘书》本、《学津讨原》本、洪氏晦木斋本等。《丛书集成》本据《秘册汇函》本影印,缺页据《津逮秘书》本补足并校勘。编入《续修四库全书》,上海古籍出版社2002年出版。

洪遵(1120—1174),字景严,鄱阳(今属江西)人。南宋著名钱币学家。工文词,与兄适、弟迈,并称"三洪"。父亲洪皓于建炎三年(1129)以礼部侍郎充大金通问使之职赴金,被扣留长达十余年。绍兴十年,洪遵承父荫补修职郎。十二年,魁博学宏词科,赐进士,擢秘书省正字。后出任常州、婺州、越州等地通判。三十年起,历官吏部侍郎、翰林学士承旨、同知枢密院事、江东安抚使等,累进资政殿学士。卒谥"文安"。著有《泉志》、《翰苑群书》、《订正史记真本凡例》、《谱双》等。《宋史》、《宋史新编》、《南宋书》等书有传。

洪遵爱好收集钱币,"尝得古泉百有余品"。他很推崇顾烜《钱谱》,说:"秦汉而降,制作相踵。岁益久,类多湮没无传。梁顾烜始为之书。凡历代造立之原,若大小重轻之度,皆有伦序,使后乎此者可以概见。"(《序》)在此书的启发下,洪遵发现金光袭、李孝美、董逌等人的钱币著作述事援据颇有疏略,遂考疑征信,厘订《泉志》。全稿撰成时,年仅三十岁。

《泉志》是一部汇集北宋以前的钱币研究成果和作者本人的论述著作。全书收录先秦至五代钱币三百四十八枚,分为正用品、伪品、不知年代品、天品、刀布品、外国品、奇品、神品、厌胜品九类。它在钱币学上的重大贡献主要有以下四方面。

一、保存古代已佚钱币学许多珍贵的文献资料。洪遵引用《刘氏钱谱》二则,顾烜《钱谱》三十四则,封演《续钱谱》四则,张台《钱谱》二十八则,陶岳《货泉录》三则,李孝美《历代钱谱》五十余则,董逌《钱谱》十三则及其他钱谱六十余则,凡自南朝至北宋的各种重要钱币著作多有辑录。这些早期问世的钱币著作都已失传,其内容梗概全赖《泉志》得以窥见。

二、内容充实,比较可信。洪遵治学严谨,博采各种史料多达九十余种,叙述钱币井然有序,所引文字先据正史,后为笔记,再后为钱谱,但不作依附之论。他在阐明自己的研究观点时,用"余按"二字表示区别,见解精审,多作记实之言。罗伯昭赞誉说:"我国钱谱,自梁顾氏以降,代有著作,惜既不传。传者唯《泉志》,以是足贵。观其旁征唐宋旧说,多为正史所遗,真有一字千金之概。"(《洪文安公年谱》)

三、注意著录少数民族钱币。洪遵叙述的辽钱与西夏文钱在十种以上,绝大多数是他本人收藏。这不仅扩大了钱币学研究的范围,而且对开创少数民族钱币的研究有筚路蓝缕之功。

四、重视搜集外国钱币。洪遵叙述的外国钱币有六七十种,约占全书钱币总数的五分之一,其中日本、朝鲜、越南等国的古钱币均属首次记载。钱币学研究向有兼收并蓄中外钱币的优良传统,《泉志》实际上起着促进作用。

《泉志》主要缺陷是:一、钱图失真,多半出于臆绘,毫无根据。又有不少方孔圆钱只具形状,没有文字,无法区别为何种钱币;二、分类杂淆互见,缺乏科学性,丁福保指出:"如五代十国,同一偏安,而或列正品,或列伪品。其不知年代品与奇品,既多混淆,而天品、神品迹近于诬。是分类未为悉当也。"(《泉志菁华录》)三、考证有疏漏之处,表现在抄录史料承袭旧说的某些错误,以讹传讹,如列有虞、夏、商钱,以《汉书·食货志下》为据,肯定周景王铸宝货钱等。

《泉志》是中国现存最早的独立成书的钱谱著作,具有很高的学术价值,被许多钱币学家奉为经典。它是提供钱币学起源和早期研究情况的唯一典据,并对钱币学的进一步发展产生深远的影响。后世的张端木《钱录》、瞿木夫《泉志补政》《泉志续编》、宋振誉《续泉志》、宋庆凝《续泉志续补》等钱币著作,都是在《泉志》基础上进行补充与扩展的续作。

数百年来,《泉志》也受到一些人的批评,重点是钱图失真问题。如四库馆臣批评洪遵画出虞、夏、商钱等是"以意而绘形,则其诞弥甚矣"(《四库全书总目》卷一一六)。其实,《泉志》附图系徐象梅所绘,与洪遵本人无关,但徐图毕竟是《泉志》的疵瘢。至于《泉志》原本有无钱图,尚存在着不同意见。翁树培、倪模认为原书无图,彭信威却主张:"《泉志》原来应当是有图的,但因一直没有刊行,长期间转相传抄,到明代万历年间才有刻本,所以原图已失传。"(《中国货币史》)

有关《泉志》的研究主要有:倪模《历代谱录·洪遵泉志十五卷》、罗伯昭《洪文安公藏泉表》、彭信威《中国货币史》有关章节等。校本主要有翁树培校点《泉志》、金嘉《泉志校误》,其中金嘉依据嘉庆以后的诸家学说,对《泉志》所误多加校正。丁福保的《泉志菁华录》,为《泉志》整理删节本。

(潘连贵)

陈旉农书 〔南宋〕陈 旉

《陈旉农书》,原名《农书》。三卷。宋陈旉著。成于绍兴十九年(1149)。书由真州(今江苏仪征)地方官洪兴祖刊刻,但陈旉认为"传者失真,首尾颠错,意义不贯者甚多。又为或人不晓旨趣,妄自删改,徒事绨章绘句,而理致乖越";"故取家藏副本,缮写成帙,以待当世君子采取以献于上,然后锲版流布"(《跋》)。此本有影写本流传,《四库全书》本即据此。后有《知不足斋丛书》本、《龙威秘书》本、《函海》本、《农学丛书》本等。《丛书集成》本据知不足斋本排印。

陈旉(1075—?),号西山隐居全真子、如是庵全真子,江苏人。曾隐居西山(可能是扬州西山)。生平事迹不见记载,唯洪兴祖《后序》说他"平生读书,不求仕进,所至即种药治圃以自给";"于六经诸子百家之书,释老氏、黄帝、神农氏之学,贯穿出入,往往成诵"。

《陈旉农书》卷上讲述经营与栽培总论,共十四篇:《财力之宜篇》、《地势之宜篇》、《耕耨之宜篇》、《天时之宜篇》、《六种之宜篇》、《居处之宜篇》、《粪田之宜篇》、《薅耘之宜篇》、《节用之宜篇》、《稽功之宜篇》、《器用之宜篇》、《念虑之宜篇》、《祈报篇》和《善其根苗篇》。卷中记叙水牛的牧养役用和疾病医治,共三篇:《牛说》、《牧养役用之宜篇》和《医治之宜篇》。卷下论蚕桑,共六篇:《蚕桑叙》、《种桑之法篇》、《收蚕种之法篇》、《育蚕之法篇》、《用火采桑之法篇》、《簇箔藏茧之法篇》。全书着重写作者自己的心得体会,内容比较切实,编次有序,互有联系,体现出较完整的体系。作者相当博学,加之多年亲自参加农业经营,用心观察,对农业有丰富的知识与实际经验,写作时抱着"非苟知之,盖尝允蹈之,确乎能其事,乃敢著其说以示人"(《自序》)的严肃态度,所以体例谨严,切合实用。在土地利用和改良土壤、肥源、保肥和施用方法,水稻秧田育苗等方面,比起前人确有不少新的发展。

《陈旉农书》的经济思想丰富,经营思想尤为突出,主要表现如下。

一、经营农业要充分利用天时地利。陈旉说:"故农事必知天地时宜,则生之,蓄之,长之,育之,成之,熟之,无不遂矣。"(《天时之宜篇》)这里的"知天地时宜"就是要掌握自然规律。又主张

"耕稼盗天地之时利"(同上)。对于土壤,他说:"虽土壤异宜,顾治之如何耳。治之得宜,皆可成就。"他不同意"田土种三五年,其力已乏"的观点,指出:"斯说殆不然也,是未深思也。若能时加新沃之土壤,以粪治之,则益精熟肥美,其力常新壮矣,仰何敝何衰之有?"(《粪田之宜篇》)就是说,人能掌握并运用自然规律,改造自然。陈旉的"其力常新壮"说正和西方的"地力渐减论"成鲜明对比,充分体现了中国传统农业的精神。

二、量力而为的经营思想。《财力之宜篇》说:"凡从事于务者,皆当量力而为之,不可苟且,贪多务得,以致终无成遂也。"十分强调经营规模要和财力相称。认为只有"财足以赡,力足以给",才能"优游不迫,可以取必效";否则,"贪多务得,未免苟简灭裂之患,十不得一二,幸其成功,已不可必矣"。所以他引农谚说:"多虚不如少实,广种不如狭收。"提出"农之治田,不在连阡跨陌之多,唯其财力相称,则丰穰可期也"的经营原则。

三、经营要有整体观念通盘规划。《念虑之宜篇》指出"凡事豫则立,不豫则废",认为"农事尤宜念虑者也"。有了周密的规划,目标明确,思想专一。"惟志好之,行安之,乐言之,念念在是,不以须臾忘废,料理缉治,即日成一日,岁成一岁,何为而不充足备具也。"《地势之宜篇》专门讨论土地利用规划:"夫山川原隰,江湖薮泽,其高下之势既异,则寒燠肥瘠各不同。"从分析土地的自然面貌和性质开始,进而区别土地寒暖肥瘠,再分别提出农田整治和利用的办法。

四、重视稽功和器用。陈旉指出"勤劳乃逸乐之基",故要"稽功会事,以明赏罚"(《稽功之宜篇》)。主张采取法律手段赏勤罚懒,实现"地无遗利,土无不毛"的目标。在发挥农民劳动积极性的同时,还要注意改进农业器具。他说:"工欲善其事,必先利其器。器苟不利,未有能善其事者也。利而不备,亦不能济其用也。"所以"要当先时豫备,则临时济用矣。苟一器不精,即一事不举,不可不察也"(《器用之宜篇》)。

五、提倡节用和量入为出。《节用之宜篇》反复强调节用藏储以备非常的重要,认为"冢宰视年之丰凶以制国用,量入以为出,丰年不奢,凶年不俭",是正确的"理财之道"。治家也是这样,不能"见小近而不虑久远,一年丰稔,沛然自足,弃本逐末,侈费妄用,以快一日之适"。陈旉赞成孔子所说的"礼与其奢也,宁俭"的原则。他说:"俭虽若固陋,然不犹愈于奢而不孙(逊)为恶之大者耶?"指出:"以谓理财之道,在上以率之,民有侈费妄用则严禁之,夫是之谓制得其宜矣。"即要求当权者以身作则,从上面做起。

《陈旉农书》对古代农学发展也有贡献,其表现如下。

本书最早地总结了江南水稻栽种经验。它在阐述水稻从播种到收获时,一反以往农书不分主次轻重的平铺直叙,而是区别轻重缓急,先抓主要矛盾。其在论述江南水田整地时,分别四种不同情况,采取不同的措施。《薅耘之宜篇》对中耕除草、烤田和稻田水的控制等技术均有详细的科学论述。如中耕除草,他认为,杂草"于春始生而萌之,于夏日至而夷之,谓夷划平治之,俾不茂盛也。日至谓夏时草而以长,须日日用力。于秋绳而芟之,谓芟刈去其实,无俾易种于地也。于冬日至而耜之,谓所种者已收成矣。即并根荄(草根)犁锄转之,俾雪霜冻沍(凝结),根荄腐朽,来岁不复生,又因得以粪土田也。"他肯定贾思勰的《齐民要术》有关烤田措施的好处,并总结出与自下而上的耘田相结合的方法。《善其根苗篇》则首创培育壮秧、防止烂秧的研究:"凡种植先治其根苗,以善其本,本不善而末善者鲜矣。欲根苗壮好,在夫种之以时,择地得宜,用粪得理,三者皆得,又从而勤勤顾省修治,俾无旱干水潦虫兽之害,则尽善矣。根苗既善,徙植得宜,终必结实丰阜。若初根苗不善,方且萎悴微弱,譬孩孺胎病,气血枯瘠,困苦不暇,虽日加拯救,仅延喘息,欲其充实,盖亦难矣。今夫种谷必先修治秧田。"强调培育壮秧是水稻增产的关键之一,它比稻田土壤耕作和田间管理更显重要。

《农书》第一次用专篇系统地论述土地的利用,《地势之宜篇》讨论了土地利用规划,率先提出对土壤看法的两个基本原则:一是土壤虽有多种,好坏不一,但只要治理得法,都能适合于栽培作物。对不同的土壤可实施不同的治理方法,例如黑土过肥,穗而不实,要用生土混合。二是只要使用得当,土壤可以经常保持新壮。作者在《粪田之宜篇》中指出,如果能常给农田添加新而肥沃的土壤和施用肥料,则可使土壤越来越"精熟肥美",地力将"常新壮"。

作者在书中多处专门论述施肥问题,并有不少创新和发展。他一方面提出制造火粪、堆肥发酵、粪屋积肥、沤池积肥等新肥源,千方百计地开辟肥源,多积肥,增进肥效,避免损失;另一方面强调"用粪得理"(《善其根苗篇》)和重视多次施用追肥,如种小麦"宜屡耘而屡粪"(《六种之宜篇》),较此前的《氾胜之书》和《齐民要术》只注重基肥有新的发展。并总结了在桑园种苎麻,对苎麻施肥,桑树也可获得肥效的一举两得施肥法。此外,本书在畜牧、养蚕等方面,提出了不少富有科学价值的见解。全书具有相当完整的理论体系,在我国传统农学中占有重要地位。

有关《陈旉农书》的研究主要有万国鼎《陈旉农书校注》(其中有《〈陈旉农书〉评价》)、石声汉《中国古代农书评价》的有关部分、李长年《陈旉及其〈农书〉》(《农史研究》第八辑)、[日]寺地遵《陈旉〈农书〉版本考》(《中国农史》1982年第1期)、赵靖主编《中国经济思想通史》第三卷有关章节等。

(林其锬　王国忠)

救荒活民书 〔南宋〕董煟

《救荒活民书》,三卷,《拾遗》一卷。南宋董煟著,现存最早版本为明南监本。清有《四库全书》本、《墨海金壶》本、《珠丛别录》本等。《丛书集成》据《墨海金壶》本排印。又清俞森于康熙二十九年(1690)辑成《荒政丛书》,将《救荒活民书》题名《救荒全书》摘编为卷一。有始刻本及《四库全书》本、《墨海金壶》本、《守山阁丛书》本、《瓶华书屋丛书》本等。元张光大曾对《救荒活民书》进行增续,清朱熊成《救荒活民补遗书》三卷。

董煟(?—1217),字季兴,号南隐,德兴(今属江西)人。自幼聪颖好学,师承二程弟子程迥。绍熙四年(1193)进士(《四库全书总目》说是"绍熙五年进士"),授新昌(今江西宜丰)尉。他自己说"半生奇塞,晚叨一第"(《救荒活民书·序》),可见当时已五十岁左右。调成都征商。秩满,因灾荒,赴行在上所著《救荒活民书》,受到宁宗的褒奖,升通议郎,将此书颁行州县。后任应城令,调郢州(治今湖北钟祥)文学。改知瑞安,因得罪上司和巨室,被劾归。又知辰溪,死于任所。著作还有《抱膝稿》、《寿国脉书》、《南隐集》等,均佚。生平事迹见程珌《董知县墓志铭》(《洺水集》卷十),《德兴县志》卷八亦有简传。两者有不一致处,当以前者为准。

北宋庆历八年(1048),黄河于澶州商胡埽(今河南濮阳北)决口,河北、京西诸路大水,流民涌入青州(今属山东)。知青州兼京东路安抚使富弼全力以赴拯救饥民,活民五十余万。董煟深为此事所感动,立下了从政后要"少摅(舒展)活民之志"(《序》)的心愿。他身处下层,目睹人民疾苦,了解民间利病,于是编次历代荒政,写成《救荒活民书》。据书中提到"近岁温台衢婺流民,过淮甸者接踵于道","近年江浙流移之民,过淮上者接踵于道"(卷一)和庆元六年(1200)六月臣僚札子的情况(卷二),可知本书大约成书于嘉泰年间(1201—1204)。

本书是现存荒政类典籍中年代最早的一本政书。书前有《序》。卷一(或卷上)考古以证今,卷二(或卷中)条陈作者的救荒之策,卷三(或卷下)备述本朝名臣贤士的救荒议论和实施。《拾遗》一卷以补三卷的不足。

卷一缕述舜、禹至南宋孝宗淳熙九年（1182）的历代荒政，共七十七条，其中宋代的占了三十条。作者几乎在每条后面都加按语，对照当时情况发表看法。例如，《周礼》中的荒政以散利、薄征居其首，董煟在按语中指出："今之郡县专促办财赋而讳言灾伤……非不识古人活人之意，顾亦迫于诸司之征催，有所不暇计虑耳。"讲到储备粮食，指出只计国家储粮，"不知国富民贫，其祸尤速"；当时民间无积蓄，"然官之所蓄，又各有司存而不敢发，驯致积为埃尘"。在引唐太宗批评隋炀帝"恃其富饶，侈心无厌，卒亡天下"条下，董煟指出："蓄积藏于民为上，藏于官次之，积而不发者又其最次。"批评"近世救荒，有司鄙吝，不敢尽发常平之粟。至于丰储、广惠等仓，又往往久不支动，化为埃尘，谅未悉太宗之意"。他还批评南宋的和籴"务求小利以为功，殊忘敛散所以为民之意"。凡此种种，不一而足。另一方面，董煟也对本朝的某些做法予以肯定。如说："本朝常平之法遍天下，盖非汉唐之所能及也。""本朝列圣，一有水旱，皆避内殿，减膳彻乐，或出宫人，理冤狱。此皆得古圣人用心。孝宗尤切倦倦焉，宜其享国长久，恩德在人，虽千百世而未艾也。"一正一反，都是为了表达自己的救荒主张。

卷二条陈作者自己的救荒之策，为本书的中心内容。董煟列举的救荒之法有常平、义仓、劝分、禁遏籴、不抑价、检旱、减租、贷种、恤农、遣使、弛禁、鬻爵、度僧、治盗、捕蝗、和籴、存恤流民、劝种二麦、通融有无、借贷内库等二十条，最后还有《守臣到任预讲救荒之政》一节。二十条中，最重要的是前面五条，董煟认为"能行五者，则亦庶乎其可矣"。

一、常平。须按李悝办法视年岁丰歉逐年籴粜，不可使储粮闭为埃尘。收籴时，宁每升按时价高一二文，以鼓励人们出售粮食。旱伤州县用常平钱于丰熟处循环收籴，以济饥民，待结束后再归还常平，不必事先报批，以免贻误。赈粜须遍及乡村，运费可每升增价一文，以资补偿。

二、义仓。义仓是民间储蓄以备水旱的，故"一遇凶歉，直当给以还民，岂可吝而不发，发而遽有德色哉"。义仓应散贮民间，不能聚于州县，以使"山谷之民皆蒙其惠"。赈济支米宜行于大荒年份，如荒歉不十分严重，则以支钱最省便，更无伪滥之弊。也可钱米兼支，以防支钱减克之弊。

三、劝分。董煟说："人之常情，劝之出米则愈不出，惟以不劝劝之，则其米自出。"方法是劝诱上户、富商巨贾出钱，由官府派人向丰熟地区购粮运回本地，结束后归还本钱。也可由乡人买粮自粜，官不抑价。"利之所在，自然乐趋。富室亦恐后时，争先发廪，则米不期而自出矣。"

四、禁遏籴。董煟批评了那种怕粮食出境会影响本地粮食供应的观点，指出：邻郡因饥荒而来告籴，义所当恤，应"差人转籴，循环籴贩，非惟可活吾境内之民，又且可活邻郡邻路之饥民"。如禁米出境，他处米亦不来，"一有饥馑，环视壁立，无告籴之所，则饥民必起而作乱，以延旦夕之命，此祸乱之大速者也"。

五、不抑价。抑价则客米不来，境内乏食，上户的积米也愈不敢出。饥民有钱买不到粮食，就会起而为乱。如不抑价,则外地米源源流入,上户亦争先发粜存粮,反而使米价降低。

其余十五条,十四条都是救荒的补助方法,只有遣使一条,董煟指出"王人之来,所至烦扰,未必实惠及民,而先被其扰者多矣",故主张"不若勿遣之为愈"。

卷三是《救荒杂说》,首先列举了人主所当行的救荒措施六条,宰执所当行的救荒措施八条,监司所当行的救荒措施十条,太守所当行的救荒措施十六条,县令所当行的救荒措施二十条;接着记载了宋代名臣贤士的救荒议论和行事四十二条;最后是《救荒报应》四条。所引名臣贤士有田锡、毕仲游、滕达道、吴遵路、文彦博、韩琦、彭思永、吕公著、曾巩、范祖禹、苏轼、程珦、王曾、谢绛、范镇、程颐、李之纯、王尧臣、刘彝、晁补之、刘安世、范纯仁、折克柔、苏昺、上官均、王孝先、黄实、张咏、向经、扈称、富弼、程迥、赵抃、冯檝、洪浩、赵令良、徐宁孙、赵雄、苏次参等三十九人。以《富弼青州赈济行道》一条最详。

《拾遗》补充隋末至宋代有关荒政的事例多条,并加按语。又辑录南宋淳熙年间的《除蝗条令》,提出捕蝗法,还辑录朱熹的社仓奏请及崇安、金华、清江的社仓条规。在《鄱阳赈救法》一条中提到"丁卯(开禧三年,1207)鄱阳旱暵,宪使李珏招臣措置荒政",可见《拾遗》是成书后补充而成的。本卷内容杂乱,不像前三卷那样有严谨的体例。

从董煟的救荒主张中可以看出,他的解决粮荒政策立足于疏导而不是单纯依靠政治的强制干预。他要充分利用富商大贾的牟利动机以达到粮食从丰收地区流向灾荒地区,从而使灾荒地区有粮可买而且粮价不致太高。这是符合经济规律的要求的。

《救荒活民书》"在南宋人著述之中,最切于实用"(《四库全书简明目录》卷八)。宋宁宗称之"为南宋第一书"(《德兴县志》卷八)。书中劝分之法、淳熙恤灾令格等内容可补史书之缺。

有关《救荒活民书》的研究主要有胡寄窗《中国经济思想史》下册、赵靖主编《中国经济思想通史》第三卷、叶世昌《古代中国经济思想史》有关章节等。

(华林甫　叶世昌)

历代制度详说 〔南宋〕吕祖谦

《历代制度详说》,十五卷。南宋吕祖谦著。元泰定三年(1326)刊行。原本已佚。传抄本多有缺漏,经清四库馆臣据《文献通考》所引,补为十三卷,为《四库全书》本。胡宗楙家藏抄本系据八千卷楼藏本抄录,为十五卷。他据《四库全书》本校补后刊行,为梦选楼本。此为最完备的版本,但仍有缺字。

作者的生平事迹见"东莱集"条。

《历代制度详说》是类书。一卷一目,分别为科目、学校、赋役、漕运、盐法、酒禁、钱币、荒政、田制、屯田、兵制、马政、考绩、宗室、祀事等。每卷各分《制度》和《详说》两部分。《制度》部分列举北宋以前的有关史事,再在《详说》部分进行议论和评价。

《历代制度详说》以经济制度为重点。《详说》反映吕祖谦的经济思想,主要包括以下一些内容。

一、赋役的复古主张。吕祖谦认为赋役之重,与军费供给的负担加大有关。三代赋役轻微,究其原因,是由于"当时寓兵于农,所谓贡赋不过郊庙、宾客之奉,都无养兵之费,故取之于畿甸而足",无须重敛就可满足财政支出的要求。他赞赏那种"无事则为农,有事则征役"的不伤民力、致力务农的做法。唐代的租庸调制"承习三代、汉、魏、南北之制,虽或轻或重,要之规摹尚不失旧"。赋役制度的最大变化是杨炎施行的两税法。吕祖谦认为:"两税之法既立,三代之制皆不复见。"因此,他批评杨炎"变古乱常",是"千古之罪人"。

吕祖谦主张恢复古赋役制度,而其前提则是恢复古田制和兵制。他说:"田制不定,纵节用薄敛……惟能惠有田之民,不能惠无田之民。""寓兵于农,赋役方始定。"在井田难以猝复的情况下,他赞同限田,以求"使其上下受田各有数,亦可自此复井田之法"。在寓兵于农的兵制难以猝复的情况下,他赞同府兵制,因为"府兵之制出于农,有事则征役,无事则散归田野"。

二、对盐禁榷批评而不否定。吕祖谦分析了盐禁榷产生的历史过程。他说:"三代之时,盐虽入贡,与民共之,未尝有禁法。自管仲相威公,当时始兴盐筴(策)以夺民利,自此后盐禁方开。"直到汉武帝时孔仅、桑弘羊效法管仲,盐始禁榷。元帝时曾罢而复建。"自此之后,虽盐法有宽有急,然禁榷与古今相为终始。以此知天下利源不可开,一开不可复塞。"他指出,禁榷是"计近功浅效,夺民利"的政策。但考虑到国家的财政利益,他又没有对禁榷持完全否定的态度。他分析了宋代盐法实施的情况,指出不同产盐区实行禁榷的效果不一。井盐、解池之盐和海盐都可以禁榷,只有黄河以北情况不同。其地甚广,难以监管封禁,加之"河北风俗慓悍,盐又易成,人人图利,所以不体朝廷之法,遂轻来相犯"。吕祖谦认为可以从盐榷中获利,但不能过度,应"取之欲宽,不尽其利"。如果索取过急,则"必有官刑,此见小失大,盐法所以不行"。

三、酒禁的三种意图。吕祖谦将历代实行酒禁的意图归为三种:"最初禁酒,恐人沉湎浸渍,伤德败性,不过导迪民彝,防闲私欲之意。"后来,"恐有用为无用之物,耗米谷,民食不足",着重于节约,并有"敦本抑末之心"。及至桑弘羊实行榷酒,则"与往昔大相反,不过榷其利,佐武帝用兵,兴宫室之侈靡"。与前两种情况截然不同,是"多设利网,为罔利之具"。如同盐禁一样,利孔一开,中止就难了,"虽有贤君良臣,多是因循不能变"。宋太祖时犯酒禁至一石即死,有人认为处罚过严,对此,吕祖谦认为应历史地看待问题。宋初上承五代,这一刑法较之五代时已宽。以后的几代宋帝则渐渐放宽,取消了死刑。放宽酒禁之法,应有步骤地进行,"不可骤减,减之必以其渐"。

四、货币思想。吕祖谦关于货币的论述可分为以下几点。

一是货币的起源和作用。吕祖谦指出:"泉布之设,乃是阜通财货之物,权财货之所由生者。"这是说货币既是流通手段,又是价值尺度。他援引《管子·轻重》、《周礼》和周景王时单穆公的话来证明货币"为救凶荒而设,本非先王财货之本虑"。从历史发展的情况看,"三代之人多地著,不为末作……用钱甚少,所以钱之权轻"。至汉武帝时国用不足,行告缗之法,"自此古意渐失,钱币方重"。这分析不甚正确,但作为一种历史趋势看则是对的。

二是反对取消货币。吕祖谦不同意贡禹废钱的主张,批评这是"见害惩失,矫枉过直之论"。他说:"大抵天下之事,所谓经权、本末常相为用,权不可胜经,末不可胜本。若徒见一时游手末作之弊,欲尽废之,如此则得其一,不知其二。"魏文帝时不用钱,"遂有湿谷薄绢之弊,反以天下有用之物为无用。其意本要重谷帛,反以轻谷帛"。企图用"废钱"来达到重本轻末的目的是不切实际的。

三是主张坚持钱币的质量标准。吕祖谦反对从铸钱中取利。他说:"论财计不精者,但以铸钱所入多为利。殊不知铸钱虽多,利之小者;权归公上,利之大者。南齐孔𫖮论铸钱不可以惜铜爱工。若不惜铜,则铸钱无利。若不得利,则私铸不敢起。私铸不敢起,则敛散归在公上,鼓铸权不下分,此其利之大者。"他分析了铸钱"小利"与"大利"产生的影响,认为如果贪图小利,"钱便薄恶",同时"利孔四散,乃是以小利失大利"。他对孔颛"不惜铜爱工"论倍加赞扬,称之为"不可易之论"。

四是认为纸币非经久之制。吕祖谦对宋代纸币的成因和作用进行了研究。他说:"当时之券会生于铁钱不便,缘轻重之推移,不可以挟持。交子之法出于民之所自为,托之于官,所以可行。铁钱不便,交子却便。"在用铜钱地区就不必用纸币,"昔者之便,今日之不便"。他认为纸币"可以权一时之宜",但不是"经久可行之制"。

五是提出荒政三策。吕祖谦评价了历代荒政的优劣。他认为:"大抵荒政统而论之,先王有预备之政,上也;使李悝(平籴)之政修,次也;所在蓄积,有可均处,使之流通,移民移粟,又次也;咸无焉,设糜粥,最下也。"这里所说的上策"预备之政"即"以三十年之通制国用,则有九年之蓄",但行之不易。他抨击王安石行青苗法,认为其"取三分之息,百姓遂不聊生……虽得一时之利,要之竟无根底"。视其举措为危及长远之计的短期行为。

从以上内容可以看出,吕祖谦处处认为古胜于今,这本是儒家的通病。基于这一思想,他对两税法持彻底否定态度,作出了不公正的评价。在具有复古倾向的同时,吕祖谦也注意从实际出发,对一些经济政策的弊端作出了较为深刻的分析。在货币思想上,他持金属主义观点。

马端临对《历代制度详说》颇为重视。他在《文献通考》中大量引用"东莱吕氏"的话,就出于本书,但文字略有异同。

(詹亮宇)

建炎以来朝野杂记 〔南宋〕李心传

《建炎以来朝野杂记》,甲乙二集,各二十卷。南宋李心传著。甲集成于嘉泰二年(1202),乙集成于嘉定九年(1216)。张端义《贵耳集·序》称,李心传的《朝野杂录》已写至戊、己集,为家人所焚。有宋成都辛氏刊本,已佚,有影宋本留传。有《四库全书》本、《函海》本、《丛书集成》本、2000年中华书局版徐规点校本。

作者生平事迹见"建炎以来系年要录"条。

北宋灭亡后,朝廷的许多重要典籍散失。南宋建立后,亟需修订国史。李心传遂对建炎至嘉泰二年七十余年间,凡有关一时之利害,一人之得失,一事之源流,一物之因革的史料,都加以搜集,分门编类,共记六百零五事,是为《建炎以来朝野杂记》。

《建炎以来朝野杂记》虽名杂记,体例实同会要,与《建炎以来系年要录》互相经纬,彼此补充。其中对高宗、孝宗、光宗、宁宗四朝的礼乐、刑政、职官、科举、兵农、食货记载尤为完备,很多内容不见于《文献通考》及《宋史》诸志,是"南渡以来野史之最详者"(《文献通考·经籍二十四》)。甲集分上德、郊庙、典礼、制作、朝争、时事、杂事、故事、官制、取士、财赋、兵马、边防十三门。乙集少郊庙一门,而末卷别出边事,亦为十三门。

《建炎以来朝野杂记》一书中有关经济的内容主要集中在甲乙两集的财赋门中。在其他各门也有一些相关内容,如甲集卷十一《官制二》有《发运使》、《经制使》、《都转运使》、《总领诸路财赋》、《提点铸钱》、《提举常平茶盐》等条目,直接或间接地反映了经济制度的情况,仍有一定参考价值。

甲集卷十四至卷十七为《财赋》。

《财赋一》有《国初至绍熙天下岁收数》、《景祐、庆历、绍兴盐酒税绢数》、《两浙岁入数》、《东南折帛钱》、《两川畸零绢估钱》、《四川上供绢绸绫锦绮》、《两川激赏绢》、《两川绵估钱》、《西川布估钱》、《广西折布钱》以及各地盐、矾、茶、酒等条目,保存了不少相当有价值的史料和统计数字。

《财赋二》有《常平苗役之制》、《义仓》、《经制钱》、《总制钱》、《经总制钱额》、《四川经总制钱》、《田契钱》、《称提钱》、《月桩钱》、《折估钱》、《免行钱》、《曲引钱》、《身丁钱》、《僧道士免丁钱》、《田四厢钱》、《市舶司本息》、《祠部度牒》、《东南军储数》、《四川军粮数》、《行在诸军马草》、《关上诸军马料》、《都下马料》等条目,细述各类赋税名目及军事费用。

《财赋三》记述有关田制、坑冶、货币制度的情况。关于货币制度有《东南诸路金钱增损兴废本末》、《铸钱诸监》、《川陕铸钱》、《淮南铁钱》、《东南会子》、《湖北会子》、《两淮会子》、《四川钱引》、《钱引兑监界》、《关外银会子》、《铁钱会子》等条目。

《财赋四》分述国库管理使用及户口人丁情况,并通过统计数字的比较,分析了"本朝视汉唐户多丁少之弊"(引文为条目名)。

乙集卷十六《财赋》,对甲集财赋门作了大量补充,涉及盐法、货币、田制、赋役、军费、国用等多方面,对货币的叙述尤多,有《东南收兑会子》、《四川收兑九十界钱引本末》、《四川收兑九十一界钱引本末》、《四川总领所小会子》、《四川行当五大钱事始》等条目。

《建炎以来朝野杂记》为研究南宋制度沿革提供了大量的文字和数据资料。尽管其中有道听途说的成分,但仍不失为一部有价值的史料书。宋元之际周密曾指出其中所载赵师䰠犬吠,许及之屈膝,费士寅狗窦事都非其实,"李心传蜀人,去天万里,轻信纪载,疏舛固宜"(《齐东野语》卷三)。然后人大多对其评价较高。清王士禛称其"于宋南渡后朝章国故,大纲细目,粲然悉备,史家巨擘也"(《居易录》卷八)。四库馆臣亦指出:"盖掇拾群言,失真者固亦不免。然于高、孝、光、宁四朝礼乐刑政之大,以及职官、科举、兵农、食货无不该具,首尾完赡,多有马端临《文献通考》、章俊卿《山堂考索》及《宋史》诸志所未载。"(《四库全书总目》)

(李向民)

玉海·食货 〔南宋〕王应麟

《玉海·食货》，十一卷。《玉海》共二百卷，另附《辞学指南》四卷。南宋王应麟著。元至元三年(1266)浙东初刻，原本已不存。至元六年有庆元路儒学本。明正德、嘉靖、万历年间递有修补，为南京国子监本。清康熙二十六年(1687)、乾隆三年(1738)又修补刊刻过。现通行的是嘉庆十一年(1806)江宁布政使康基田以浙东初刻本为底本的校刻本。另有光绪九年(1883)浙江书局本，该本以《四库全书》本为底本，并校以元明诸本，是现存较完好的版本，1988年江苏古籍出版社与上海书店联合影印出版。

作者生平事迹见"困学纪闻"条。

《玉海》是一部记述历代典章制度的类书。名为《玉海》，或谓系仿梁武帝所集《金海》之例而变称之，亦可能自诩其书字字金玉之意。全书分目编类不同于一般类书，多录典章制度和吉祥善事，引书极广。尤其重视宋代史事、掌故，多采自现已失传的《日历》、《国史》、《实录》、《会要》等，十分珍贵。全书内容丰富，正如《元刻玉海序》所说："其为书也，至显而至微，至精而至密，至高而至深，至博而至约。凡天地山川、古今事物、道德性命、律历制度、文章礼乐、刑政、兵农、食货，靡不毕备。"称赞它是"天下奇书"。清四库馆臣说它"贯穿奥博，唐宋诸大类书未有能过之者"(《四库全书总目》卷一三五)。从对社会经济的重视程度而言，《玉海》不及《通典》和《文献通考》。杜佑及马端临把食货放在首位，而《玉海》则置于第十九。

《玉海》记事起上古迄南宋。引录书史，多用提要、概述的形式撮叙事实，并常略作考证，异说亦多注明。全书共分二十一门，分别为：天文、律历、地理、帝学、圣文、艺文、诏令、礼仪、车服、器用、郊祀、音乐、学校、选举、官制、兵制、朝贡、宫室、食货、兵捷、祥瑞。每门又各分子目，共二百四十一类。每类按年代先后分若干细目。

《玉海》中涉及社会经济内容的，有《律历》中的度量衡，《地理》中的河渠、州镇、户口、陂塘、堰湖、堤埭、泉井、道途、关塞，《礼仪》中的耕耤、观稼、亲蚕，《兵制》中的马政，《朝贡》中的贡献方物、锡予外夷,《宫室》中的桥梁、邸驿等。最主要的是《食货》,分《田制》、《屯田》、《职田》、《农官》、《农书》、《农器》、《贡赋》、《钱币》、《盐铁、茶法》、《漕运》、《府库、武库》、《仓庾》、《会计》、《理财》等十一卷。内容择要分述于下。

一、田制。作者在《田制》卷首概述古代土地制度的演变说:"古者井田之兴,必始于唐虞,夏商葺治,至周大备。因口之众寡以授田,因田之厚薄以制赋。画沟洫,谨步亩,严版图,经界既定,仁政自成。其法自春秋时已坏。晋作爰田,则赏众以田,易其疆畔矣。鲁初税亩,则履其余亩,十取其二矣。"秦孝公隳经界,开阡陌,兼并僭逾兴。到汉唐之际,"其授田有口分、世业,皆取之于官;其敛民财有租庸调,皆计之于口"。变为两税后,"贫急于售田,则田多税少;富利于避役,则田少税多。侥幸一兴,税役皆弊。既无振贫之术,又许之卖田,后魏以来弊法也"。

作者叙述田制,追溯至传说中的"黄帝丘井法"、"尧垦田"、"禹丘甸法"。书中详引有关井田的资料。对于均田制,作者摘要介绍了北魏至隋、唐的简况,后引北宋刘恕的话来说明均田制兴起与崩溃的原因。刘恕说:"魏齐周隋兵革不息,农民少而旷土多,故均田之制存。至唐承平日久,丁口滋众,官无闲田,不复给授,故田制为空文。"南宋林勋进一步指出:"周制步百为亩,百亩仅得唐之四十余亩耳。唐之口分人八十亩,几倍于古。盖贞观之盛,户不及三百万,永徽惟增十五万。若周则王畿千里已有三百万家之田,列国不与焉。是以唐制受田倍于周,而地亦足以容之。狭乡虽裁其半,犹可当成周之制。然按一时户口而不为异日计,则后守法难矣。"认为授田过多是均田制不能继续维持的一个原因。

二、屯田和营田。作者提出:屯田"成于昭宣,广于魏晋,而极盛于唐。大抵汉之屯田以兵,唐之屯田以民,历代或民或兵,盖不一也"。书中记述了汉武帝至南宋时的屯田情景。引录唐李翰《苏州嘉兴屯田纪绩颂》的序说:连年战乱,"编户三耗其二,归耕之人百无其一……圣上所以旰食宵兴,求古今令典,可以济斯难者,莫出乎屯田"。广德(763—764)初,相国元载倡议,要求诸道各级官吏"择封内闲田荒壤人所不耕者为屯。求天下良材善政,以食为首者掌其务……田有官,官有徒,野有夫,夫有伍,上下相维如郡县,吉凶相恤如乡党。有诛赏之政驭其众,有教令之法颁于时,此其所以为屯也"。这里已把屯田设想成类同井田的兼有社会管理制度的职能了。南宋隆兴元年(1163),臣僚言营田十说:择官必审,募人必广,穿渠必深,乡亭必修,器用必备,田处必利,食用必充,耕具必足,定税必轻,赏罚必行。认为"凡此十者,营田之制尽矣"。

三、贡赋。作者指出:"赋出于田,自上税下;贡出于土,从下献上。"以此点明贡、赋之不同。对古代传说尧制赋,禹始为九州贡法、赋法之说,作者引孔颖达《尚书正义》正之:"贡赋之法,其来久矣。治水之后,更复改新,非禹始为贡也。此所贡与《周礼·太宰》九贡不殊,其赋与《周礼》九赋全异。不言作赋而言作贡,取下供上之义。"他阐述了对贡、助、彻的看法。关于彻,他以朱熹

《四书集注》为依据解释说:"彻,通也,均也。周制一夫受田百亩,而与同沟共井之人通力合作,计亩均收。大率民得其九,公取其一,故谓之彻。"王应麟认为孟子的"国中什一使自赋"主张是因为据《周礼》,园廛二十税一,故以什一而宽之。又据《集注》补充说:"世禄常制之外又有圭田,以厚君子;百亩常制之外又有余夫之田,以厚野人。公田以为君子之禄,而私田野人之所受,先公后私,以别君子野人之分。"

唐代行租庸调法。《唐六典》载:"唐赋役之制有四:一曰租,二曰调,三曰役,四曰杂役。"《食货志》载:"唐授人以口分、世业,取之以租庸调之法。凡授田丁,岁输粟二斛,稻三斛,谓之租。丁随乡所出,岁输绢二匹,绫绝二丈,布加五分之一,绵三两,麻三斤。非蚕乡则输银十四两,谓之调。用人力,岁二十日,闰加二日,不役者日为绢三尺,谓之庸。有事而加役,二十日免调,三十日者租调皆免,通正役不过五十日。"又引陆贽称赞租庸调和杨炎作两税法的资料。

宋代有公田、民田、城郭、杂变和丁口等五赋。"凡赋入州县有籍,岁一置,谓之'空行簿',以待岁中催科。闰年别置,谓之'实行簿',藏有司。"以簿记来催科征税,"实行簿"在宋代时有兴废。

四、钱币。对货币品类的演变,作者摘引《通典》说:"夏商以前,币为三品。太公立九府圜法。周景以母子相权。秦为上下二等。汉为八铢、荚钱、白金、赤仄、八铢、五分。王莽又为数十品。公孙述始作铁钱。魏文谷帛相贸,刘备以一当百,孙权以一当千。理道陵夷,有鹅眼、线环之别。王纲解纽,有风飘、水浮之异。"《通典》谈汉钱本有错误,如两次提到"八铢",而未提到五铢(八铢、五分都为半两钱)。《玉海》亦沿袭其误。书中摘录了单穆公"子母相权",西汉贾谊禁铜"七福",西汉贡禹反对"以金钱为币",东汉刘陶反对铸大钱,东晋孔琳之反对"废钱用谷",南朝宋何尚之反对大钱以一当两,唐刘秩反对"纵民铸钱"等言论。宋代有铸铜、铁钱的史料。另外还记载了钱谱、钱监等。

北宋时产生纸币。"初,蜀民以铁重,私为券,谓之交子,以便贸易。"天圣元年(1023)十一月,置益州交子务。大观元年(1107),改交子为钱引。绍兴元年(1131)六月,"张俊始置见钱关子,后行于淮南、江东"。六年二月,"置行在交子务,造百五十万缗充籴本"。五月改为关子。三十一年二月立会子务,印造会子,分一千、二千、三千三等。

在《盐铁》一卷,作者首先摘引吕祖谦《历代制度详说》中论盐的话:"大抵生民日用不可一日阙,所以天地间无处不有……三代盐虽入贡,与民共之,未尝有禁。自管仲相桓公,始兴策夺民利。自后盐禁方开。汉兴,除山泽之禁。武帝时,孔仅、桑弘羊祖管仲之法,始禁榷……此后法虽有宽有急,然禁榷与古今相为终始。以此知天下利源不可开,一开不可塞。"又引胡寅的话:"盐为天地自然之利,尽捐之民,则纵末作,资游惰;尽属之官,则夺民日用,公室有近宝之害。官为厉禁,俾民取之而裁入其税,则政平害息。"这些话放在卷首,代表了作者的观点。

在漕运方面,作者认为"三代之前漕运之法不备","秦汉而下漕法始详"。故在《漕运》一卷中,史料节录自汉代关中转漕起,至北宋元丰(1078—1085)清河辇运止。其中对三国时诸葛亮的木牛流马运,唐裴耀卿、刘晏的漕运理论和实践等,都综合了古籍中已有的重要史料,作了较为详细的介绍。

《玉海·食货》中专设《会计》一卷,是中国历代正史、政书、类书等古籍中论述经济内容方面的首创。《宋史·食货志》虽也安排有《会计》一卷,但成书在《玉海》之后。《玉海·会计》中,从《周礼》司会、岁会、月要、月成、计簿到汉代上计,都作了简要摘录。唐代"一岁一造计帐,三年一造户籍,县成于州,州成于省,户部总而领焉"。书中记录有唐元和国计簿、太和国计以及宋景德、祥符、庆历、皇祐、治平、元祐、宣和、绍兴、乾道、绍熙、庆元、端平会计录等,可看作一部简要的南宋以前古代会计管理发展史。

(徐培华)

农桑辑要 〔元〕大司农司

《农桑辑要》,七卷,元大司农司编修。成于至元十年(1273),初刻于至元二十三年。现存的最早版本为延祐元年(1314)刻本。此书于元、明两代多次刊刻,均佚。清《四库全书》本系从《永乐大典》辑出。今本都以武英殿本为祖本。有《渐西村舍》本、《丛书集成》本、《四部备要》本等。1988年农业出版社出版了缪启愉的《元刻农桑辑要校释》。

关于《农桑辑要》的实际作者,明徐光启《农政全书》卷三五有孟祺《农桑辑要》引文;同卷又说:"《农桑辑要》作于元初,当时便云木棉种陕右,行之其他州郡,多以土地不宜为解。独孟祺、畅师文、苗好谦、王祯之属,能排贬其说。"这里孟祺、畅师文、苗好谦三人,显然被认为《农桑辑要》的作者。《元史·畅师文传》有"上所纂《农桑辑要》书"的记载。王圻《续文献通考·经籍考》说:"《农桑辑要》、《农桑图说》俱苗好谦撰……又畅师文……所著亦有《农桑辑要》。"他认为苗好谦、畅师文各有《农桑辑要》,实际上应属同一部书。

孟祺(1231—1281),字德卿,宿州(今属安徽)人。任国史院编修官。迁从仕郎,应奉翰林文字,兼太常博士。"一时典册,多出其手。"(《元史·孟祺传》)至元七年授承事郎、山东东西道劝农副使。参加《农桑辑要》编纂完全可能。十二年任承直郎、行省咨议。后迁郎中。卒谥"文襄"。《元史》、《元史新编》、《元书》等书有传。

畅师文(1247—1317),字纯甫,南阳(今属河南)人。历任右三部令史、东川行枢密院都事、潼川路治中、佥四川道提刑按察司事等官。至元二十三年拜监察御史,上所纂《农桑辑要》。二十四年迁陕西汉中道巡行劝农副使,教民种艺法。官至翰林学士。谥"文肃"。可能是参加刊印前修改定稿者。《元史》、《元史新编》、《元书》等书有传。

苗好谦,生卒年不详,城武(今山东成武)人。延祐三年为司农丞,勤于职务。可能参与《农桑辑要》的修订补充工作,书中的蚕桑部分,可能同他有关系。《新元史》有传。

《农桑辑要》是中国现存最早的一部官颁农书,分十目。书前有翰林学士王磐序。卷一《典训》、《耕垦》,卷二《播种》,卷三《栽桑》,卷四《养蚕》,卷五《瓜菜》、《果实》,卷六《竹木》、《药草》,卷七《孳畜》,末有《岁用杂事》。内容以耕植栽培为主,兼及禽畜、蜂、鱼饲养,亦倡棉花、苎麻的栽培。蚕桑虽各只一卷,但篇幅约占全书三分之一,足见其地位的突出,可知当时蚕丝生产十分发达。书中大部分是辑录古代及当时农书的材料,但也有作者新添的,标明"新添"字样,约占全书十分之一。

《典训》旁证博引经史子集上的有关资料,阐述农本思想,包括农功起本、蚕事起本、经史法言和先贤务农等内容。如《白虎通》上神农"因天之时,分地之利,制耒耜,教民农作";《汉书·食货志》嘉谷、布帛"二者,生民之本,兴自神农之世"。

《耕垦》引用《齐民要术》、《氾胜之书》、《种莳直说》、《韩氏直说》等资料,总述土地整理利用问题。认为:"凡耕之本,在于趋时、和土、务粪泽,早锄早获。""凡人家营田,须量己力,宁可少好,不可多恶。"

《播种》分别论述了谷物、油料、纤维三类基本农作物的耕作栽培技术。特别值得重视的是,作者增添了当时新引入中原的多种作物栽种法,如"新添栽种苎麻法"、"新添栽种木棉法"、"论九谷风土及种莳时月"、"论苎麻木棉"等。《论苎麻木棉》说:"苎麻本南方之物,木棉亦西域所产。近岁以来,苎麻艺于河南,木棉种于陕右,滋茂繁盛,与本土无异。二方之民,深荷其利。遂即已试之效,令所在种之。悠悠之论,率以风土不宜为解。盖不知中国之物,出于异方者非一:以古言之,胡桃、西瓜是不产于流沙、葱岭之外乎?以今言之,甘蔗、茗芽是不产于牂牁(在今贵州)、邛(在今四川西昌一带)、筰(在今四川汉源一带)之表乎?然皆为中国珍用,奚独至于麻、棉而疑之?"认为"托之风土"没有根据,关键在于种艺谨而得法,便能用人力改变自然,使植物易地而种,扩大和发展农业生产。此论突破了风土限制说。

《栽桑》引用《齐民要术》、《士农必用》、《务本新书》的文献,论述了桑种、种椹、地桑、移栽、压条、栽条、修莳等技术。

《养蚕》详细汇辑了养蚕生产中蚕事预备、修治蚕室、变色生蚁下蚁、凉暖饲养分抬、养四眠蚕、簇蚕缫丝等方法。

《瓜菜》罗列了历代农书中三十余种瓜类、蔬菜,其中新添的瓜菜有西瓜、菠薐(即菠菜)、莴苣、同蒿、人苋(苋菜)、莙荙(即莙菜)等。这些蔬菜今天是北方地区的主要品种,而自该书始见著述。

《果实》汇集了历代农书中梨、桃、李、梅、杏等二十种水果的栽种法。

《竹木》介绍了除竹以外的二十一种树木的栽种法。

《药草》记载了紫草、红花、蓝、栀子等二十六种药草,其中关于栀子、甘蔗、薏苡、藤花、薄荷等均为新添的内容。

《孳畜》介绍了九种牲畜与家禽的畜养和医治方法，认为畜养之法，"务在充饱调适而已"。

《岁用杂事》记述各月生活及操作安排重要事项，是一年农家工作的月程表。

《农桑辑要》在思想体系和项目安排上是以《齐民要术》为范本的。它继承了《齐民要术》注明资料正确来源和谨守原文的优良传统，引文有谨严的时代次序。中国北方生产所需的重要事项，已大致包罗无遗。《四库全书总目》卷一百二称其"详而不芜，简而有要，于农家之中最为善本"，在中国农学发展史上占有重要地位。

有关《农桑辑要》的研究主要有刘毓璂《〈农桑辑要〉的作者、版本和内容》、石声汉《农桑辑要校注》、[日]天野元之助《关于元司农司撰〈农桑辑要〉》、赵靖主编《中国经济思想通史》第三卷有关章节等。

（林其锬　王国忠）

农桑衣食撮要 〔元〕鲁明善

《农桑衣食撮要》，又名《农桑撮要》、《养民月宜》。二卷。元鲁明善著。成于延祐元年（1314），重刻于至顺元年（1330）。清《四库全书》本系从《永乐大典》辑出，题名《农桑衣食撮要》。后有《墨海金壶》本、《珠丛别录》本、长恩书屋本、半亩园本、清风室本、《清芬堂丛书》本、《农学丛书》本等。《丛书集成》本据《墨海金壶》本排印。1962年农业出版社出版王毓瑚的校注本。据王毓瑚考证，《千顷堂书目》将此书书名题作《农桑机要》；《补元史艺文志》题为《农案机要》，皆系讹误。

鲁明善，生卒年不详，名铁柱，以其父字鲁为姓。维吾尔族人。延祐时任寿阳（今安徽寿县）郡监。在作于至顺元年的《自序》中，他说是为"钦承上意，而教民务本"，取所藏《农桑撮要》刊之学官的。

《农桑衣食撮要》分为十二个月，按月列举应做的事及如何做法。内容包括农作物、蔬、果、竹木之栽培，家畜、家禽、蚕、蜂之饲养，农产品的加工、贮藏和酿造，其中有造酪、晒干酪、造酥酒等，显然受到游牧民族的影响。形式似《四民月令》，但内容无礼俗、买卖条文，亦未提及纺织，行文简要，内容明晰，适合一般农家实际应用。

《农桑衣食撮要》的经济思想主要如下。

一、农本思想。《自序》指出："农桑衣食之本。务农桑则衣食足，衣食足则民可教以礼义，民可教以礼义则国家天下可久安长治也。"又说："苟为民者人习其业，则生财足食之道，仰事俯育之资，将随取而随足，庶乎教可行而民安于下矣，固久安长治之策也。"为了"生财足食"、"家给人足"，所以此书以一般农家为对象，凡涉及一般农家生产实际所需，都予以重视，而不以"农圃细事而忽之"。

二、综合经营思想。鲁明善虽是少数民族，但他继承了中国汉族农家多种经营农业的传统。"凡天时地利之宜，种植敛藏之法，纤悉无遗，具在是书。"（《自序》）不仅经营种植，而且经营蚕桑、畜牧、渔业和农产品加工。单就种植而论，不仅有粮食、桑麻，而且包括果、蔬、经济林木、药材等。这种综合经营是以自给自足经济为前提的。作者不谈商业，并且说"游末是趋，舍是书而不务，以自取贫困"(同上)，多少有重本轻末的倾向。但书中讨论了众多的农产品加工，在客观上仍具有商品经济的意义。

三、计划经营思想。本书"分十二月令，件系条别，简明易晓，使种艺敛藏之节，开卷了然"(《四库全书总目》卷一〇二)。可谓是一般农家全年农业生产计划大纲。这种计划是以农业生产的特点为基础的。

《农桑撮要》对于农学的贡献主要是辑录古代农书中各种作物的种植敛藏之法，以及回民日用切近之事，均有巨细无遗的记载。如在"三月"项内，记载收荠菜花、种大豆、犁秧田、浸稻种、种粟谷、种山药、种葵菜、种香菜、种芋子、种苎麻、种紫草、种秋黍、种蓝、种靛、种姜、种甜瓜、种茭笋茈菰、种红豇豆白豇豆、种芝麻、种黑豆、种木绵、种茴香、移栀子、锄蒜、种枸杞、种百合、移石榴、养蚕法、生蚁、下蚁、凉暖总论、饲养总论、分抬总论、初饲蚕法、头眠饲法、停眠饲法、大眠饲法等。在"十月"项内，记载了腌萝卜、腌咸菜、收莙荙菜、收冬瓜、藏收诸色果子、壅苎麻、耘麦、包裹木瓜石榴诸般等树、割蜜、收猪种、造牛衣、泥饰牛马屋等。作者有意将元代司农司所编《农桑辑要》的内容加以精简，以较通俗的文字，并照"月令"的体裁重编成书，目的在于提高书的实用价值，故《四库全书总目》评曰："盖以阴补《农桑辑要》所未备，亦可谓留心民事讲求实用者矣"。

有关《农桑撮要》的研究主要有万国鼎《〈农桑撮要〉考略》(《图书馆学季刊》第五卷第一期)、沈津《〈农桑撮要〉书名和版本问题初探》(《农史研究》第五辑)、赵靖主编《中国经济思想通史》第三卷有关章节等。

(林其锬　王国忠)

河防通议 〔元〕赡 思

《河防通议》，又名《重订河防通议》。二卷。元赡思（清译"沙克什"）著。成于至治元年(1321)。《四库全书》本系从《永乐大典》辑出。《守山阁丛书》本即据此本，又收入《丛书集成》。另有明辨斋本《重订河防通议》，为一卷本。1936年中国水利工程学会将其收入《中国水利珍本丛书》第一辑出版。

赡思(1278—1351)，字得之。祖父鲁坤为大食（阿拉伯帝国）人，任蒙古真定、济南等路监榷课税使，迁居真定（今河北正定）。赡思小时求学于翰林学士承旨王思廉门下，博览群书，注重笃实之学。泰定三年(1326)，被征召上都（今内蒙古正蓝旗东闪电河北岸），因不愿依附权臣倒剌沙，以养亲辞归。天历三年(1330)入为应奉翰林文字，上所著《帝王心法》，得文宗赞赏，诏预修《经世大典》。后历任御史，佥浙西、浙东廉访司事，江东肃政廉访副使，整肃官风，颇有政绩。卒谥"文孝"。赡思通晓儒家经典，尤精于《易》，对天文、地理、音律、算数、水利及外国书籍都有研究。著作还有《四书阙疑》、《五经思问》、《奇偶阴阳消息图》、《老庄精诣》、《镇阳风土记》、《续东阳志》、《西国图经》、《西域异人传》、《金哀宗记》、《正大诸臣列传》等。《元史》、《元史类编》、《元史新编》等书有传。

赡思年轻时曾得到金都水监《河防通议》一书，内容分十五门，不著作者，像胥吏的记录，称"监本"。以后，他又得到北宋屯田员外郎沈立在庆历八年(1048)所著的《河防通议》，即"汴本"，以及南宋周俊在建炎二年(1128)所著的《河事集》。汴本不分门类，条目详细不如监本，但援引经史，措辞稍文，记事略备，又胜监本一筹。赡思决定将三者合一，取长补短，删冗去繁，考订舛讹，整理出一个新本，故书名又叫《重订河防通议》。

《重订河防通议》分六门，门各有目。卷上三门：《河议》概略介绍黄河水患和治河起源、堤埽利弊、黄河水文特征及金代河防令等；《制度》叙述开河、闭河、定平（水准测量）、修砌石岸、卷埽、筑城等制度和方法；《料例》开列修筑堤岸、安置坝闸、卷埽、造船等工程所需的物料和工具。卷下三门：《功程》介绍土石方工程的施工定额计算原则和方法；《输运》记载施工运输中各种定额的计算方法和原则；《算法》介绍河防施工中各种断面形状方量以及施工用料的计算，分杂法、积垛、竹索积寸、卷埽、开河等目，各举有实际例题、答案和计算方法。书前有《原序》，书后有至元四年(1338)和元升跋。

《河防通议》总结了宋、金、元三代治理黄河的理论和经验，是中国全面记述河工技术的第一部著作，是13世纪中国河工技术水平和水利建设水平的代表作，也是中国古代治理黄河的重要文献之一。书中除介绍大量河工应用性技术方法外，还贯穿了以下一些观点。

一、驳斥河患是天意、非人力能治的谬论，认为修政并不能使灾变自除，必须注重治河。

二、认为河患日益严重的原因在于战国以后采用修筑堤防的治河方针劳民伤财，遗祸未来。惟一的良策是"复金堤故道，则劳费自减其半矣"（《河议·堤埽利病》）。

三、注意施工管理，包括水利专职机构的建置，役夫作息时间的安排，工作量标准的制定等。

四、注重治河的实际方法，包括工程技术，材料选用，质量标准。治河不仅要懂得治水之道，而且要掌握治水之方。作者编纂此书的目的即在于让担任河务的官吏学习借鉴，推广应用。

《河防通议》对元代水利的发展起了较大的促进作用。其影响不仅在治理黄河，也扩及各地农田水利建设。嘉兴路总管兼管内劝农事和元升，在真定路为官时已得此书，深受其益。到江南后，觉得书中的内容对三吴水利也有借鉴意义，便刻印散发，进一步扩大了该书的影响。

有关《河防通议》的研究不多，20世纪30年代茅乃文所撰《中国河渠书提要》和40年代南京水利实验处所拟《中国水利图书提要》均提及此书。

（施正康）

治河图略 〔元〕王 喜

《治河图略》,一卷。元王喜著。成于至正四年(1344)。原本早佚,清《四库全书》本系从《永乐大典》辑出。另有《墨海金壶》本。《丛书集成》本据此本影印。

王喜,生平不可考。至正四年,黄河决白茅堤和金堤,造成严重水灾。朝廷派大臣访求治河方略,王喜作此书以上。

《治河图略》的重点在于通过考证论述古今河流变迁的原故,来寻求正确的治河方案。所以卷首先列六图,即禹河图、汉河图、宋河图、今河图、治河图、河源图。每幅图后均有说明。然后有专论两篇,即《治河方略》和《历代决河总论》。书前有序。

《治河图略》是应征所献的策论。开始先以河图说明,较容易讲清所献策略的依据。作者通过夏、汉、宋、元四个时期黄河河道比较,分析各自的利弊得失,然后提出自己设计的治河之图,他说:"盖河之末流水势浩大,非一川能容。不浚则势不顺,不分则患不息,是皆历代已行之明效,而非一口之空言。臣故图此以见其有可行之理耳。"(治河图说明)

《治河方略》是对治河图的进一步阐明。王喜治河的基本原理是"息灾弭患者,必本于理势之自然";基本方案是浚旧河,导新河;基本方法是专委任,优工役。具体有四条。一、先治旧河,开掘上游淤塞处,挑出沙土令深。二、顺势导新河,从北清河入梁山泊合御河入海,又分道入南清河合泗水入淮,使下游分流。三、选在朝大臣一员总领河防使,授以全权。选有学识有才干的官员为下属,同心讲究,兼采众长,取人为善,参酌审量,以保证河工成功。四、募民择丁壮为河夫,雇工钱应稍优,使人乐从,尽力工作。

《历代决河总论》讨论了汉代两位治水家李寻和贾让的不同主张。王喜肯定了李寻"因其自决之势,顺其自然之性,别导一川"的建议。他对贾让的三策不完全同意,认为上策"徙民放河,北流入海"难以实行,中策"多穿漕渠,分杀水怒,其说近是",下策"随决随塞"确实不能考虑。

《治河图略》对元代治河有较大影响,后来贾鲁以疏塞并举,使黄河东行以复故道的方法与王喜之说十分相近。但王喜的治河理论和方略并不完善,尤其是他的河源图错误很多。

(施正康)

宋史·食货志 〔元〕脱 脱等

《宋史·食货志》,两篇十四卷。《宋史》共四百九十六卷。元末脱脱等编修。成于至正五年(1345)。至正六年杭州路刻印。明成化十六年(1480)朱英按元刻本的抄本刻印成化本,以后诸版本大多以此为底本。有明嘉靖南京国子监本、万历北京国子监本、清武英殿本等、1935年商务印书馆百衲本、1977年中华书局出版的点校本。

作者生平见"辽史"条。

元初,世祖曾令修辽、金、宋三史。因当时对三朝谁为正统议而未决,以至久未成书。顺帝时确定三朝各为正统,使三史的编撰得以顺利进行。至正三年三月,脱脱以丞相身份为都总裁,主持宋史的修撰工作。铁木儿塔识、贺惟一、张起严、欧阳玄、揭傒斯等七人任总裁。于至正五年十月全书修成,仅费时两年半。其原因一是参加的人员多,共三十八人,二是宋代的国史、实录、会要及杂史笔记等为元所保存,编撰获得极大方便。《宋史》完成时,脱脱先已辞去相位,由当时中书右丞相阿鲁图领衔上表奏进。

《宋史》记述自建隆元年(960)至祥兴二年(1279),包括北宋和南宋共三百二十年的史事。在二十四史中,《宋史》篇幅最为庞大,以卷帙浩繁著称。它体例完备,材料丰富,本纪部分繁简适宜,列传中有专传的达二千多人,比《旧唐书》列传多了一倍,为研究宋史提供了大量人物传记。在李觏、范仲淹、王安石、欧阳修、司马光、吕祖谦、辛弃疾、林勋和蔡京等众多人物传中,记载的经济活动和经济思想,为了解当时有关经济改革和经济发展情况提供了有一定价值的资料。志的部分分十五个门类,篇幅占全书的三分之一,为诸史之冠。《食货志》是《旧唐书·食货志》的七倍。由于《宋史》成书仓促,在纪、传方面南宋理宗后简略,甚至缺而不载。有些重要人物失传,有的人却有两传。但总体上眉目清楚,极富参考价值。

《宋史·食货志》记述两宋农业、手工业和商业等社会经济的发展状况,并对土地、赋税、货币等制度的沿革变化作了较详的介绍。上篇六卷,下篇八卷。上一为《农田》。上二为《方田》、《赋税》。上三为《布帛》、《和籴》、《漕运》。上四为《屯田》、《常平》、《义仓》。上五为《役法上》。上六为《役法下》、《振恤》。下一为《会计》。下二为《钱币》。下三为《会子》、《盐上》。下四为《盐中》。下五为《盐下》、《茶上》。下六为《茶下》。下七为《酒》、《坑冶》、《矾》，附《香》。下八为《商税》、《市易》、《均输》、《互市舶法》。其中《会计》、《互市舶法》两目为首创。

《食货志上一》先肯定《洪范》的"农用八政""以食货为先"，强调食、货是国家施政和一切活动的基础。作者赞赏"唐杜佑作《通典》，首食货而先田制，其能推本《洪范》八政之意"。认为"大国之制用，如巨商之理财，不求近效而贵远利"。国家用财，最根本的一条是"生之者众，食之者寡，为之者疾，用之者舒"。

《食货志》的内容丰富，以下仅择要述其一二。

一、农业生产和土地制度。北宋初，太祖制定了鼓励农民开垦土地、发展农业生产的措施，"命官分诣诸道均田，苛暴失实者辄谴黜"。要求百姓种田植树，按等级种一定数量的桑枣和杂树等，凡"伐桑枣为薪者"都要治罪乃至处死。太宗也鼓励农民垦荒，曾要乡里"分画旷土，劝令种莳，候岁熟共取其利"。设置农师，组织农户进行农耕，"为农师者蠲税免役"。农户"所垦田即为永业，官不取其租"。为保证农业生产的正常进行和国家的赋税收入，太宗时规定"出息不得逾倍，未输税毋得先偿私逋，违者罪之"。同时注重推广水稻，改良农具，补充耕牛，促进了农业经济的发展。

至道二年（996），太常博士、直史馆陈靖针对"地之垦者十方二三，税之入者又十无五六"的状况，请行授田之法。按土地好坏分为三品："上田人授百亩，中田百五十亩，下田二百亩，并五年后收其租，亦只计百亩，十收其三。"一家有三至五丁者，按丁数加授田，"七丁者给五丁，十丁给七丁；至二十、三十丁者，以十丁为限。若宽乡田多，即委农官裁度以赋之"。有关住宅、蔬韭及桑枣、榆柳种植之地，"每户十丁者给百五十亩，七丁者百亩，五丁者七十亩，三丁者五十亩，不及三丁者三十亩。除桑功五年后计其租，余悉蠲其课"。未实行。仁宗时，因"赋役未均，田制不立"，下诏限田："公卿以下毋过三十顷，牙前将吏应复役者毋过十五顷，止一州之内，过是者论如违制律，以田赏告者。"但不久亦废。明道二年（1033），已是"势官富姓，占田无限，兼并冒伪，习以成俗，重禁莫能止焉"。庆历三年（1043），参知政事范仲淹请以重臣兼管农田。嘉祐年间（1056—1063），唐州（今河南唐河）守赵尚宽在唐、邓（今河南邓县）一带，推行开渠种稻取得成效，为各方所称道。

南宋建炎元年（1127），"命有司招诱农民，归业者振贷之，蠲欠租，免耕牛税"，以安定民心，恢复生产。三年，广州州学教授林勋上《本政书》，提出"仿古井田之制"的土地方案，主张一夫占田五十亩，十六夫为一井，每井赋二兵一马，并取"什一之税"。林勋提出的是一种限田的办法。在

《宋史·林勋列传》和罗大经的《鹤林玉露》中对他的土地方案有详细记载。绍兴十二年(1142),左司员外郎李椿年提出经界法,主张清查田亩,核实税额,"要在均平,为民除害,不增税额",得以推行。绍熙元年(1190),朱熹也请在泉、漳、汀(今福建长汀)三州行经界法,认为"经界最为民间莫大之利,绍兴已推行处,公私两利"。因遭豪家的反对而作罢。淳祐六年(1246)谢方叔指出:"今百姓膏腴皆归贵势之家,租米有及百万石者;小民百亩之田,频年差充保役,官吏诛求百端,不得已,则献其产于巨室,以规免役。小民田日减而保役不休,大官田日增而保役不及。"对土地兼并造成农民破产作了深刻揭露。

二、赋税制度。豪强兼并,隐瞒丁口,不纳租税,使政府的赋税收入不断减少。北宋熙宁五年(1072)实行方田均税法:"以东西南北各千步,当四十一顷六十六亩一百六十步,为一方。"每年九月由官府派人丈量土地,按肥瘠分为五等定税。至元丰八年(1085)因"官吏扰民"而废止。崇宁三年(1104)又曾实行"方田均税",因在丈量和定税方面问题很多,时行时止。至宣和二年(1120)"诏罢之"。

宋代共有五种岁赋:一是"公田之赋",农民耕种官田所交纳的租税;二是"民田之赋",民有田亩向国家交纳的赋税;三是"城郭之赋",拥有城内店宅和园地应交纳的税;四是"丁口之赋",按身丁以钱米形式上交的税;五是"杂变之赋",各地土特产的税。这五种岁赋,交纳的实体形式可分为四类,即谷,帛,金,铁,物产。

田赋亦分夏秋两季征收。还采取"支移"和"折变"的纳税方式。所谓"支移",即原先"其输有常处,而以有余补不足,则移此输彼,移近输远"。所谓"折变",即原先"其入有常物,而一时所须则变而取之,使其直轻重相当"。虽然禁止抑配"非土地所宜"者,实际上执行不严,往往随意定价,借"折变"增税。如书中记载了四川的折变之弊,使"民破产者众"。

三、徭役制度。宋代徭役承五代积弊,大量征用民间丁夫为官府服役。其数初有常额,但官府结构不断增设,官员人数不断加多,故服役者亦不断增加。民间供役轻重按土地、资产的多少确定。宋初民户分为五等,后"定诸州户为九等,著于籍,上四等量轻重给役,余五等免之,后有贫富,随时升降"。由于官吏、僧道等均可免役,不少人入僧寺避役,沉重的徭役便都落到老实的百姓身上。熙宁四年王安石实施"免役法",规定衙前等各种差役,由"当役人户,以等第出钱",随夏秋两税交纳"免役钱"。原来不负担差役的官户、僧道、未成丁户等也要按定额的半数交纳"助役钱"。又增取二分以备水旱,名"免役宽剩钱"。实行免役法后,进入了役法长期争论的时期,书中对各方的观点作了较详细的记载。

四、会计制度。本内容为以前各朝正史《食货志》所未有。宋初实行财政管理的重大改革。乾德三年(965),下令"诸州支度经费外,凡金帛悉送阙下,毋或占留"。各州官员到任,"皆须躬阅帐籍所列官物,吏不得以售其奸"。淳化元年(990)下令"三司自今每岁具见管金银、钱帛、军储等簿以闻"。四年改三司为总计司,"左右大计分掌十道财赋。令京东西南北各以五十州为率,每州军岁计金银、钱、缯帛、刍粟等费,逐路关报总计司,总计司置簿,左右计使通计置裁给,余州亦如之"。不久,总计司改为盐铁、度支、户部三部,分别设使。三司使丁谓著《景德会计录》,记载了当时的收支情况。神宗时,王安石议置三司条例司。熙宁三年,同平章事韩绛建议:"三司总天下财赋,请选官置司,以天下户口、人丁、税赋、场务、坑冶、河渡、房园之类租额年课,及一路钱谷出入之数,去其重复,岁比较增亏、废置及羡余、横费。计赢阙之处,使有无相通,而以任职能否为黜陟,则国计大纲可以省察。"于是设立三司会计司,不久因事务繁复,效率迟滞,又被撤销。徽宗时挥霍无度,以致出现财政危机。书中记载了蔡京恣意朝廷挥霍、私侵的情况。南宋时财政支绌,征敛更甚。宣和末年,发运使兼经制使陈遘统管七路财赋饷糈,增加酒税、印契钱、头子钱。因经制使所为,故称"经制钱"。"绍兴五年,参政孟庾提领措置财用,请以总制司为名,又因经制之额增析而为总制钱"。这是经总制钱的由来。

五、货币制度。宋代货币制度较为复杂。铸币有铜铁钱,各有小平钱和大钱。后来又产生了纸币。太祖时铸造"宋通元宝。凡诸州轻小恶钱及铁镴钱悉禁之"。太宗以后铸钱大多用年号,如"太平通宝"、"淳化元宝"等。徽宗时蔡京当政,铸行夹锡钱。"真宗时,张咏镇蜀,患蜀人铁钱重,不便贸易,设质剂之法,一交一缗,以三年为一界而换之。六十五年为二十二界,谓之交子,民卞六户主之。"这是中国纸币的起源,但不尽准确,如交子创自民间,并非张咏所首创;三年一界也有误,实为二年一界。仁宗时(当为天圣元年,1023)交子改由政府发行。后来发行渐增,以致贬值。崇宁四年改交子为"钱引"。南宋发行多种纸币,主要为"会子"。纸币贬值后,政府设法维持其币值,称为"称提"。

有关《宋史·食货志》的研究主要有梁太济、包伟民《宋史食货志补正》,王雷鸣《历代食货志注释》第二册有关部分,叶世昌《〈宋史〉交子起源析误》(《中国经济史学论集》)等。

(徐培华)

辽史·食货志 〔元〕脱　脱等

《辽史·食货志》，二卷。《辽史》共一百一十六卷。元末脱脱等编修。成于至正四年(1344)。次年刻印了一百部，此本已佚。《永乐大典》所收《辽史》可能出自初刻本。有明嘉靖南京国子监本、万历北京国子监本。清乾隆武英殿本据北监本校刻。道光武英殿本据《四库全书》本改译人名、官名等，有失原书面目。1935年商务印书馆的百衲本，1974年中华书局出版的点校本。

脱脱生平事迹见"辽史"条。

《辽史》记述自唐天复元年(901)辽太祖耶律阿保机任契丹部落夷离堇(酋长、统兵主帅)至保大五年(1125)宋、金联合灭辽，共二百二十五年的史事。其中兼叙辽建国以前契丹族和辽末耶律大石所建西辽的历史。本纪和志的内容较充实，占全书一半以上。《太祖本纪》叙述契丹族的兴起，在太祖耶律阿保机的祖父匀德实时，"始教民稼穑，善畜牧"；太祖父亲撒剌的时，"始置铁冶，教民鼓铸"，"始兴板筑，置城邑，教民种桑麻，习织编"。反映了辽代早期的经济情况。《辽史》立表很多，是史书中最为精细的。其中《部族表》、《游幸表》均为前史所无。列传过于简略。《辽史》附有《国语解》一卷，对纪、传、表、志中出现的许多有关官制、地名、部落、物产、人事、姓氏称谓等契丹词汇作了译解，对研究契丹的语言文字及其历史具有珍贵的参考价值。由于成书仓促，书中内容前后重复、矛盾、缺误之处甚多。如对更改国号这样的大事竟然失记。一人误作两人，一事当成二事，与《宋史》、《金史》相矛盾或脱节等亦不少。但因辽代的历史文献极端缺乏，耶律俨的《实录》和陈大任的《辽史》皆已失传，辽代史料赖《辽史》得以保存。

《辽史·食货志》主要记述辽代畜牧业和农业等发展的简况以及赋税、货币制度的沿革变化，内容甚为简略。在《食货志》卷首，极其简要地概述了辽代经济由游牧到定居，重视食货和理财的过程。"契丹旧俗，其富以马，其强以兵。""马逐水草，人仰湩(乳汁)酪，挽强射生，以给日用，糗粮刍茭，道在是矣。"说明游牧民族从事狩猎，居处不定，以草原和畜产品为生。建国以后，"经费日广，上下相师，服御浸盛，而食货之用斯为急矣。于是五京及长春、辽西、平州置盐铁、转运、度支、钱帛诸司,以掌出纳",建立起相关的理财制度。主要内容分述如下。

一、畜牧业和农业。契丹原是以畜牧渔猎为主要生产的民族,建立了群牧制度。皇祖匀德实为大迭烈府夷离堇时,受汉族的影响,"喜稼穑,善畜牧,相地利以教民耕"。太祖阿保机的叔父述澜曾"饬国人树桑麻,习组织"。阿保机平定诸弟之乱后,也曾提出"弭兵轻赋,专意于农","程(考核)以树艺"。不过,真正有开垦农田的明确记载,还是自太宗开始。会同(938—947)初,"诏有司劝农桑,教纺绩",并命部落迁居,向北部地区推广农业生产,如"以乌古之地水草丰美,命瓯昆石烈居之,益以海勒水(黑龙江省海拉尔河)之善地为农田"。会同八年,"诏征诸道兵,仍戒敢有伤禾稼者以军法论"。这是解决军事行动与农业生产相矛盾的重要诏令,说明契丹统治者对农业的重视。统和六年(988)天旱,下令"择沃壤,给牛、种谷"。"十三年,诏诸道置义仓。岁秋,社民随所获,户出粟庤(储)仓,社司籍(登记)其目。岁俭,发以振民。"十五年"禁诸军官非时畋(打猎)牧妨农"。开泰元年(1012),发仓救荒,给牛、种帮助田园荒废者。

景福元年(1031),兴宗针对"力办者广务耕耘,罕闻输纳;家食者全亏种植,多至流亡"的贫富悬殊情况,下令"通括户口",以实现赋税负担均平。道宗时(1055—1101),"辽之农谷至是为盛"。在东京(治今辽宁辽阳)五十余城和沿边诸州各有和籴仓,许民自愿借贷,收息二分。道宗中期以后,随着各种社会矛盾日益加深,农业渐趋衰落。辽末天祚帝流离迁徙时,耶律敌烈等逼立梁王雅里,因人户运粟侵耗,议籍产赔偿。雅里自定其值:"粟一车一羊,三车一牛,五车一马,八车一驼。"当时市价一羊值粟不到二斗,有人认为这定价太低,雅里说:"民有则我有。若令尽偿,众何以堪?"此处可见当时粮食与牛羊等牲畜的比价。

二、赋税制度。辽初尚无赋税制度。太祖任用政事令韩延徽,始制国用。太宗时,曾"籍五京户丁以定赋税"。乾亨五年(983),针对富裕大户"善避徭役,遗害贫民",放高利贷,规定凡利息已和本钱相等的"悉送归官,与民均差"。太平七年(1027),下令"在屯者力耕公田,不输税赋";"余民应募,或治闲田,或治私田,则计亩出粟以赋公上"。统和十五年,募民开垦滦河旷地,十年后收租。辽代在对外征战中,所属各部首领及大臣,可把俘获的人口归其所有,建立头下军州(一种地方行政区划)。头下军州内,官位九品以下及井邑商贾之家所缴纳的税额,"各归头下(本主),惟酒税赴纳上京"。至于租税的征收形式,"南京(治今北京城西南)岁纳三司盐铁钱折绢,大同岁纳三司税钱折粟。开远军(今辽宁凤城)故事,民岁输税,斗粟折五钱,耶律抹只守郡,表请折六钱"。辽代徭役繁重,特别是边戍。"西北之众,每岁农事,一夫侦候,一夫治公田,二夫给纠官之役。"一家要有四丁去应役,给百姓增添了沉重的负担。

三、商业与盐铁管理。辽自太祖置羊城(今河北沽源)于炭山北,始设立管理贸易和收税的机构,以利各商市贸易。太宗夺取燕(今河北、山西北部)后,设置南京,城区北部是商业贸易中心,

"命有司治其征"。其余四京及其他州县"货产懋迁之地,置亦如之"。雄州(今河北雄县)、高昌(今新疆吐鲁番东)、渤海等处"亦立互市,以通南宋、西北诸部、高丽之货"。当时对外贸易以土特产为主。统和元年,燕京留守司因"民艰食,请弛居庸关税,以通山西籴易"。又规定"布帛短狭不中尺度者,不鬻于市"。二年,因南北府市场人少,下令"率当部车百乘赴集。开奇峰路以通易州(今河北易县)贸易"。二十三年,在振武军(今内蒙古和林格尔)及保州(今朝鲜新义州附近)等地置榷场,由官府管制市场贸易。至天祚帝时,"赋敛既重,交易法坏,财日匮而民日困矣"。

辽代盐业发展较早。炭山南的汉城"有盐池之利",当时契丹"八部皆取食之"。后在盐湖取盐,"盐益多,上下足用"。会同初占领燕、云十六州后,"始得河间煮海之利,置榷盐院于香河县"。"产盐之地如渤海、镇城、海阳、丰州、阳洛城、广济湖等处,五京计司各以其地领之。"

辽代矿冶业创始自太祖。天显元年(926),太祖把渤海铁利府改名铁利州,即今鞍山,是辽代一个冶铁基地。因冶铁业主要在东京道,故在东京置户部司以总坑冶。太平七年(1027),"于潢河北阴山及辽河之源,各得金、银矿,兴冶采炼。自此以迄天祚,国家皆赖其利"。

四、货币制度。《食货志》说撒剌的为夷离堇时始造钱币。但辽代矿冶有明确记载是从太祖开始。太宗时,始"置五冶太师,以总四方钱铁"。此时铸钱的数量很少。景宗时,铸乾亨新钱。圣宗时,"凿大安山,取刘守光所藏钱,散诸五计司,兼铸太平钱,新旧互用"。开泰时,禁止各地贩卖铜铁,"以防私铸,又禁铜铁卖入回鹘,法益严矣"。道宗时,"钱有四等:曰咸雍,曰大康,曰大安,曰寿隆,皆因改元易名"。到天祚帝时,"更铸乾统、天庆二等新钱,而上下穷困,府库无余积"。货币制度及国家财政已趋崩溃。

有关《辽史·食货志》的研究主要有王雷鸣《历代食货志注释》第三册有关部分、傅乐焕《辽史丛考》有关章节等。

(徐培华)

金史・食货志 〔元〕脱　脱等

《金史·食货志》，五卷。《金史》共一百三十六卷。元末脱脱等编修。成于至正四年(1344)。次年与《辽史》同时刊刻。后有明嘉靖南京国子监本、万历北京国子监本、清武英殿本、商务印书馆1935年的百衲本、中华书局1975年出版的点校本。

脱脱生平事迹见"辽史"条。

《金史》是元修三史之一。中统二年(1261)议修辽、金、宋史，对三朝谁为正统与采何体例议论不决，未能修成。至正三年三月，在确定三朝各为正统的前提下，由丞相脱脱主持《金史》的编修工作。参加编撰的有铁木儿塔识、贺惟一、张起严、欧阳玄等十七人，其中欧阳玄是最后定稿者。《金史》以金代历朝实录、元中统三年王鹗《金史》及刘祁《归潜志》、元好问《壬辰杂编》等为依据撰成。

《金史》记述自收国元年(1115)至天兴三年(1234)蒙古灭金，共一百二十年的史事。全书体例严整，史料充实，首尾完密，在辽、金、宋三史中，历来得到好评。在体例上，于《本纪》开头创立《世纪》，以追叙从始祖函普、德帝乌鲁至康宗乌雅束等十世事迹，记录女真族早期历史发展过程。《本纪》记述自太祖至哀宗九朝史事，许多资料不见于其他史籍。《金史》独设《交聘表》，以表格的形式记录金与宋、西夏、高丽等交聘情况。《志》比较详备。《金史》也存有错误和缺点，特别是在《列传》部分，有应立传的没有立，人名译文舛异，不易辨别是否是同一人。译名的不统一造成一些混乱，并与《辽史》、《宋史》、《元史》歧异。

《金史·食货志》记述金代社会财政经济发展状况及有关货币制度的沿革。分《户口》、《通检推排》、《田制》、《租赋》、《牛具税》、《钱币》、《盐》、《酒》、《醋》、《茶》、《诸征商》、《金银税》、《榷场》、《和籴》、《常平仓》、《水田》、《区田》、《入粟》、《鬻度牒》五卷。卷首有一篇前言，论述食货的重要性："国之有食货，犹人之有饮食也。人非饮食不生，国非食货不立。"但社会上食货有限，必须把握消费的尺度。"善裕国者初不事货殖，而食货自不乏焉，故能制丰约之节，可以弊少而长治。"作者概述了金代食货的发展过程,认为"金于食货,其立法也周,其取民也审(慎重)"。自金立国以来,"所谓食货之法,荦荦大者曰租税、铜钱、交钞三者而已。三者之法数变而数穷"。主要内容分述于下。

一、户籍制度。"金制,男女二岁以下为黄,十五以下为小,十六为中,十七为丁,六十为老,无夫为寡妻妾,诸笃废疾不为丁。"由年长的任户主。"有物力者为课役户,无者为不课役户。"原规定"民以五家为保",泰和六年(1206),仿唐制改为"五家为邻,五邻为保,以相检察。京府州县郭下则置坊正,村社则随户众寡为乡置里正,以按比户口,催督赋役,劝课农桑"。在村社还按户数多寡设主首若干,协助里正工作,并"置壮丁,以佐主首巡警盗贼"。

金原有称作猛安谋克的社会基层组织。猛安为女真部落的军事首长,谋克是氏族长。猛安谋克中的男子,平时从事耕牧,战时出征打仗,因此这一组织又是军事上的基层编制。金灭辽时统治江淮广大地区,为防范汉人,便将猛安谋克户大量迁入中原。天辅七年(1123),"尽徙六州氏族富强工技之民于内地"。大定二十年(1180),要求"猛安谋克人户,兄弟亲属若各随所分土,与汉人错居,每四五十户结为保聚,农作时令相助济"。书中记载了大定二十三年猛安谋克户口、垦地、牛具之数,大定二十七年、明昌元年(1190)、明昌六年和泰和七年的全国户、口数。

二、通检推排。所谓"通检",就是估定财产;推排,即查勘、评定。大定四年,针对正隆(1156—1161)时"兵役并兴,调发无度,富者今贫不能自存,版籍所无者今为富室而犹幸免",派员分路通检民户物力,规定等级,作为征发赋役的根据。这是通检的开始。通检时官吏往往"以苛酷多得物力为功",五年下令"再以户口多寡、贫富轻重,适中定之"。后又定"通检地土等第税法"。十五年九月,针对大定四年进行通检以来"贫富变易,赋调轻重不均",又派官员"分路推排"。在猛安谋克户内,也有"富贫差发不均"的现象。二十二年八月,召集耆老"推贫富,验土地牛具奴婢之数,分为上中下三等"。原定十年举行一次,后来时常进行通检,推排时多为官吏土豪所操纵,使农民加重赋役负担。

三、土地制度。金代的田制"量田以营造尺,五尺为步,阔一步,长二百四十步为亩,百亩为顷"。民田可自由买卖。对种植桑枣有明确的规定:"民户以多植为勤,少者必植其地十之三,猛安谋克户少者必课种其地十之一,除枯补新,使之不阙。"猛安谋克及贫民都可申领官田,"宽乡一丁百亩,狭乡十亩,中男半之"。申请耕种荒地,"以最下第五等减半定租,八年始征之。作己业者(世代耕种)从第七等减半为税,七年始征之。自首冒佃比邻地者,输官租三分之二。佃黄河退滩者,次年纳租"。为了劝农耕作,常派官员往各地查视。大定二十一年,山东、大名等路猛安谋克户往往令汉人佃种土地取租。为此派官员前去"阅实户数,计口授地,必令自耕,力不赡者方许佃于人"。二十二年又规定有田"不种者杖六十,谋克四十,受租百姓无罪"。当时女真贵族及豪强兼并土地的情况很严重,如大定二十七年,各地官豪之家以"请占官地,转与他人种佃,规取课利"。二十九年,因平阳路(治今山西临汾)"地狭人稠",下令"计丁限田,如一家三丁已业止三十亩,则更许存所佃官地一顷二十亩,余者拘籍给付贫民"。又招集他路流民前往河南垦种。"如愿作官地则免租八年,愿为己业则免租三年,并不许贸易典卖。若豪强及公吏辈有冒佃者,限两月陈首,免罪而全给之,其税则视其邻地定之,以三分为率减一分,限外许诸人告诣给之。"在鼓励农业生产方面,明昌五年定判:"能劝农田者,每年谋克赏银绢十两匹,猛安倍之,县官于本等升五人(阶?)。三年不怠者猛安谋克迁一官,县官升一等。田荒及十之一者笞三十,分数加至徒一年,三年皆荒者,猛安谋克追一官,县官以升等法降之。"

四、租税与牛具税。金朝规定"官地输租,私田输税"。一般田分为九等,"夏税亩取三合,秋税亩取五升,又纳秸一束,束十有五斤"。夏税征于六至八月,秋税征于十至十二月。泰和五年改秋税为十一月初开始;北方地区的夏税改为七月初开始,以便利农户在收获后纳税。对田园、邸舍、车乘、牧畜、种植之资及藏镪之数征钱,谓之"物力钱"。征收时,"必按版籍,先及富者,势均则以丁多寡定甲乙。有横科(杂征),则视物力,循大至小均科"。

猛安谋克女真户所缴纳的税称"牛具税"或"牛头税"。"其制每耒牛三头为一具,限民口二十五受田四顷四亩有奇,岁输粟大约不过一石,官民占田无过四十具。"天会四年(1126),改为"每牛一具赋粟五斗"。送粮道路远的可以减轻税额:"凡输送粟麦,三百里外石减五升,以上每三百里递减五升。粟折秸百称者,百里内减三称,二百里减五称,不及三百里减八称,三百里及输本色槁草,各减十称。"金朝汉民的负担远重于女真人。女真人耒牛一具可受田四百零四亩,仅输田赋五斗,最多不过一石。汉民则每亩输夏秋税五升三合,以此计算,汉民每四百零四亩田须纳税二十一石四斗多。

在徭役方面,按规定授职的官吏,"并免杂役,验物力所当输者,止出雇钱"。有名无职的官员、司吏译人、举人、学生等免本人徭役。"三代同居,已旌门则免差发,三年后免杂役。"天会元年,令"有司轻徭赋,劝稼穑"。大定二年,令"凡有徭役,均科强户,不得抑配贫民"。虽有这些规定,但执行不力。贞祐三年(1215),御司田迥秀指出:"有司不惜民力,征调太急,促其期限,痛其箠楚。民既罄其所有而不足,遂使奔走傍求于它境,力竭财殚,相踵散亡,禁之不能止也。"

五、货币制度。金初用辽、宋旧钱,未自铸。贞元二年(1154)迁都之后,由户部尚书蔡松年主持推行纸币交钞,与铜钱并用。交钞分大钞和小钞,每期以七年为限。章宗即位(1189)后取消了七年厘革制度。正隆三年始在中都(今北京城西南)、京兆(治今陕西西安)共设铸钱监三,铸造正隆通宝(应为"正隆元宝"),其"轻重如宋小平钱,而肉好字文峻整过之,与旧钱通用"。大定十八年,在代州(今山西代县)设监铸大定通宝,其"字文肉好又胜正隆之制"。"时民间以八十为陌,谓之短钱,官用足陌,谓之长钱。"规定官私都以八十为陌,遂为定制。泰和四年铸泰和重宝当十钱(另有泰和通宝未载)。

承安二年(1197),铸造承安宝货银铤,自一两至十两,分五等,每两折钱二贯。三年,因交钞贬值,下令"一贯以上俱用银钞、宝货,不许用钱,一贯以下听民便"。五年,私铸承安宝货者日多,遂停止使用。

贞祐二年,交钞最高面值增造至千贯。同年金朝南迁之后,币值更加下落。三年,"钞每贯仅值一钱,曾不及工墨之费"。于是禁止现钱流通。这一年废止了交钞,改纸币为贞祐宝券。五年发行贞祐通宝,一贯当贞祐宝券千贯。兴定五年(1221)印造兴定宝泉,于次年发行,一贯当贞祐通宝四百贯。元光二年(1223)印造元光重宝和绫制的元光珍货。元光重宝一贯当通宝(可能是兴定宝泉)五十贯。元光珍货则是银的价值符号。正大年间(1224—1232)民间多以银为交换媒介。天兴二年金灭亡前夕,还在蔡州(今河南汝南)印造代表银的新纸币天兴宝会。金朝末年纸币急剧贬值,其贬值程度为中国古代纸币之冠。而据《归潜志》卷十,金末纸币可能还不止这几种。

《食货志》还叙述了盐、酒、茶、曲、醋、香、矾、丹、锡、铁等货物的管理。在对盐实行专卖时,贩运私盐者不少,但猛安谋克犯者的治罪很轻,仅受杖责而已。金初禁止私酿酒,大定二十七年"改收曲课,而听民酤"。茶原本自宋输入,承安四年实行引法,"买引者,纳钱及折物,各从其便"。大定二十年定商税法:金银百分取一,其他各物百分取三。后有变动。至于农田管理、常平、和籴之法等,大多效法宋人,施行并不成功。

有关《金史·食货志》的研究主要有王雷鸣《历代食货志注释》第三册有关部分等。

(徐培华)

宋辽金元编

科技类

真元妙道要略 〔北宋〕佚　名

《真元妙道要略》,一卷。原题郑思远撰。然炼丹家郑氏为三国时人,而书中曾提及《神农玉石本草》李绩添注、《玄纲论》和五代烟萝子等,可知其成书年代不可能早于五代;据推测本书为宋人依托郑氏之名而作。通行本有明《正统道藏》本。

《真元妙道要略》是一部兼述外丹和内丹的著作。书名中的"真元"指的是"三一元精",即天、地、人(物)"三才合一"之精。它是"天地之根、还丹之宗、万物之母、七宝之精、大道之体、日月父母、五行元首,始名真一"。作者引老子《德经》言,"天得一而清,地得一而宁,万物得一而生"。所以"真元"即"真一","元"就是"一",是宇宙万物的原始本源。真元妙道,乃炼丹术的根本机理和法则。作者引古歌诀云:"圣人夺得造化意,手搏日月安炉里,微微腾倒天地精,攒簇阴阳走神鬼。日魂月华若个识,秘经云志当归一,精义无二此是也,识者便是真神仙。"这首歌诀可以说是对炼丹家所谓"真元妙道"的最好注脚。

全书由《黜假验真镜》、《证真篇》、《炼形篇》三篇构成。书中多谈玄理,但也有相当篇幅讲到化学炼丹术的内容。作者认为,炼丹之要,秘在铅汞,"铅汞识真,万物穷矣"。但实际上,以往学人,"错修铅汞,损命破家,其数不可备举"。由此作者略举三十余例佐证。当然,所谓"黜假验真",是以当时作者的标准为绳,今天似无细究的必要。但从化学史角度看,却也留下了一些宝贵的历史信息。其中有　例谈到:

"有以硫黄、雄黄合硝石并蜜烧之,焰起,烧手面及烬屋舍者。"硫黄、硝石和蜜(含碳)三者放在一起,就构成了黑火药的配方,而"烧手面"乃至"烬屋舍",可知在某种条件下,当时发生过黑火药的爆发性燃烧。书中还提到"硝石宜佐诸药,多则败药,生者不可合三黄等烧,立见祸事"。没有烧过的硝石即"生硝石"就是硝酸钾,而"三黄"均含有硫。硝酸钾在一定条件下会发生爆炸("立见祸事"),这是当时炼丹家在实验中已熟知的事实。黑火药由中国古代的炼丹家所发明,上述材料再次佐证了这一点。

书中还略举"铜、铁、锡变银",有"铁银"、"锡银"、"铜银"之说以及"曾青一两,结得四两水银,结出停止一宿,硬如坚石,其色如黄金"等言,尚有待于参照其他炼丹术文献作进一步研究。

有关本书的研究,有任继愈、锺肇鹏等《道藏提要》,赵匡华、周建华《中国科学技术史·化学卷》的有关部分。

(闵龙昌)

颅囟经 〔北宋〕佚 名

《颅囟经》,二卷(又作一卷),作者不详。约成于北宋初年。通行本有《四库全书》本、《当归草堂医学丛书》本、《陈修园医书全集六十种》本、《中西医学群书》本、《古今医学会通》本、《国医小丛书》本、《函海》本、《丛书集成》本、1956年人民卫生出版社本等。

作者有感于当时庸医对婴儿疾病乱施攻疗,致多枉死,"遂究古言,寻察端由",而撰成是书。以"颅囟"名书者,古已有之,东汉有《小儿颅囟方》,隋巢元方《诸病源候论》卷四五更有"中古有巫方立《颅囟经》"之说。余嘉锡以为"盖晋宋以前,自有《颅囟经》,此本则后人所作,以其述古人之言,遂以其名名之"(《四库提要辨证》卷十二)。书名"颅囟",据作者称:"夫颅囟者,谓天地阴阳,化感颅囟,故受名也。"(本书原序)。四库馆臣则谓"首骨曰颅,脑盖骨曰囟,殆因小儿初生,颅囟未合,证治各别,故取以名其书"(《四库全书总目》卷一○三)。本书在《新唐书·艺文志》以前的历代史志中皆不见著录,《宋史·艺文志》始有师巫《颅囟经》二卷。参以原序,当即本书。后长期亡佚,幸赖《永乐大典》收录。四库馆臣即据以辑出,仍承《宋志》析为二卷,其余各本,均依此翻刻。

《颅囟经》系儿科专著。有作者原序、四库馆臣序、陈鳣序等。卷上分脉法和病证两部分,病证部分列小儿鹅口撮噤、夜啼、下利、目赤、温热、惊痫、呕吐、客忤、诸疳(包括肝疳、骨疳、肺疳、筋疳、血疳、心疳、脾疳)、痢疾、疟疾、脑顶风、腹痛、脾冷、内热疳痨、行走迟、鼻流青涕或鼻下赤痒等,后载方若干,重点是惊痫、疳痢的治疗。卷下为火丹证治,开列"伊火丹"等火丹名目十五种,并述其证候及治疗,后又附杂证方若干首。

本书从小儿的生理病理特点出发来辨证施治。认为"凡孩子三岁以下,呼为'纯阳',元气未散"(卷上《脉法》)。正因有"纯阳"的特点,所以小儿的脉候至数之法与大人不同:"若有脉候,即须于一寸取之,不得同大人分寸。"(同上)又如关于"变蒸"的论述,《诸病源候论》首创此说,指出这是小儿生长发育过程中的一种生理现象,并确定自初生日起,以三十二天为一个小蒸周期,六十四天为一个大蒸周期,至五百七十六天,大小蒸全部完毕。本书则以六十天为一个变蒸周期,指出其间出现的上唇起泡、发热等症状并非病态,至多服些退热药,"不宜别与方药"。对小儿其他疾病的证治也都立足于其本身特点,大都要言不烦,颇中肯綮。其中分火丹为十五类来论其证治,更为他书所未见。

《颅囟经》是我国最早的儿科专著,书中关于"纯阳"、"变蒸"的理论为后世医家所采用,对中医儿科理论的发展起了积极的推动作用。宋代儿科医学家钱乙"始以《颅囟方》著名",虽不必全得诸本书,但总与本书的影响分不开。

有关本书的研究,主要见于《四库全书总目》、余嘉锡《四库提要辨证》、日本丹波元胤《医籍考》、廖育群等《中国科学技术史·医学卷》中的有关论述。

(林建福)

太平圣惠方 〔北宋〕王怀隐等

《太平圣惠方》,一百卷,北宋王怀隐等辑。成于北宋淳化三年(992)。通行本有清光绪年间抄本、日本据宋本抄本、日本永正十一年(1514)抄本、1958年人民卫生出版社本。

王怀隐,字号及生卒年不详。宋州睢阳(今河南商丘)人。初为道士,住京城建隆观,善医诊。太平兴国初(约977)诏令还俗,命为尚药奉御,三迁至翰林医官使。生平事迹见《宋史》卷四六一。

据说宋太宗即位前即留心医术,藏名方千余首,即位后又命翰林医官院征集宋以前方书及当时的民间验方,达万余首。于是,于太平兴国三年(982),诏令王怀隐与副使王祐、郑奇、医官陈昭遇四人参对编类,历时十年,成书一百卷。每部以隋太医令巢元方《病诸源候论》冠其首,而方药次之。书成,太宗御制序,赐名《太平圣惠方》。仍令镂板颁行天下,诸州各置医博士掌之。

《太平圣惠方》是一部官修古医方总集。规模宏大,其性质类似唐代《千金方》和《外台秘要》,是以收录方剂为主的综合性医著。共分一六七〇门,录方一六八三四首。具体内容:卷一至卷二,为总论部分,阐述诊法及处方、用药等一般理论;卷三至卷七,论五脏六腑之病及治方,以虚、实、风、冷、热等为论证的纲领;卷八至卷十八,论伤寒、时气和热病及其治方;卷十九至卷三一,论风病和痨病;卷三二至卷三七,论眼、口、齿、咽喉、耳、鼻等病;卷三八至卷三九,为服石和解毒;卷四十至卷五九,为头面、胸腹及脚气、霍乱、消渴、水病、黄疸、淋痢等杂病;卷六一至卷六八,为痔、痈、皮肤、瘰疬、损伤等外科病;卷六九至卷八一,为妇人病;卷八二至卷九三,为小儿病;卷九四至卷九八,为神仙、丹药、食治、补益等;卷九九至卷一〇〇,为明堂针灸。

书中对外伤科病证有较详细的载述,计占八卷。包括论述痈疽、癣、恶疮、瘰疬、从高坠下、伤折、金疮、汤火伤等内容。指出痈"由六腑不合所生"(卷六一),疽乃"五脏不调所生"(卷六二),并最早提出"五善七恶"说,对外科痈疽病的辨别详加阐述。所谓"七恶":"烦躁时嗽,腹痛渴甚,或泄利无度,或小便如淋,一恶也;脓血大泄,肿焮尤盛,脓血败臭,痛不可近,二恶也;喘粗短气,恍惚嗜睡,三恶也;目视不正,黑睛紧小,白睛青赤,瞳子上视者,四恶也;肩项不便,四肢沉重,五恶也;不能下食,服药而呕,食不知味,六恶也;声嘶色脱,唇鼻青赤,面目四肢浮肿,七恶也。""七恶见四必危。"所谓"五善":"动息自宁,饮食知味,一善也;便利调匀,二善也;脓溃肿消,色鲜不臭,三善也;神采清朗,四善也;体气和平,五善也。""五善见三则差。"(卷六一)还指出痈疽与服石有关,以及有上代服石遗传影响下代的,如称:"发背者,服五石、寒石更生散所致。亦有单服钟乳而发者,又有平生不服石药,而自发背者,皆是上代有服之者。"(卷六二)在治疗上,则采取不同方法,有内服、外敷者,还记载了许多膏药方。

本书关于五官科病的记载,有六卷内容。其中眼科占二卷,包括九十余门,一千余方。认为人体脏腑有病,均会通过眼目来反映。"五脏有病,皆形于目。目色赤病在心,目色白病在肺,目色青病在肝,目色黄病在脾,目色黑病在肾。"眼分五轮:风、血、气、水、肉。水轮为"四轮之母",亦即瞳仁,能视万物,一旦生病,即"雾气昏昏"。另外,凡心脏之疾,多应于血轮,病即"胬肉渐渐沾睛";脾脏之疾,多应于肉轮,病即"睑内肿痛";肺脏之疾,多应于气轮,病即"忽如云飞遮日"(卷三二)。

更可贵的是,书中首次详细记录了针拨内障术。指出:"凡内障之眼,形候甚多,好恶非一,有冰,有涩,有滑,有散。"须按翳状的浮沉、老嫩,选用不同的针具及针刺手法。"老障者可用小针,嫩薄者须用大针,障浮者,去乌珠下针之;障沉者,须远下针……","翳若沉,下针近拨之……翳若浮,下针远拨之"等(卷三三)。并已注意使用青箱子、菟丝子、决明子、地黄、枸杞、菊花、羊肝、羚羊、葳蕤、黄连等眼科常用药。

在口齿、咽喉方面,对牙疼、牙疳、龋齿、牙出血等,及喉痹、咽喉卒肿、咽喉中如有物妨闷、悬壅肿、误吞异物、口舌生疮等,都有记载和治方。在耳病方面,谈到耳内生疮、百虫入耳等。其他鼻病,则包括鼻衄不止、鼻中息肉等。对鼻衄的治疗,当时已注意使用炭药,如绯帛灰、乱发灰、釜下墨、蒲黄等。对鼻中息肉,则已使用轻度腐蚀剂,如白矾、羊踯躅、藜芦等药。

此外,书中对儿科病证亦有相当的记载。如宋以前细疹与豆疮的分辨不很清楚,而书中则称:"腑热生于细疹,脏热生于豆疮。"(卷八五)对小儿惊风的辨识,指出有急、慢之分。急惊风多因"气血不和,夙有实热";证状是"遍身壮热,痰涎壅滞,四肢拘急,筋脉相掣,项背强直,牙关紧急"。而慢惊风属于"乳哺不调,脏腑壅滞",其病"乍静乍发,心神不安,呕吐痰涎,身体壮热,筋脉不利,睡卧多惊,进退不定,荏苒经时"(卷八五)。一急一缓,在临床实践中确属常见,但其析分缘由颇详。

总之,本书采用按脏腑和各科病证分类的体例,先论后方,方随证设,药随方施,并论述了病因病机、证候与方剂药物的关系,强调治病必须分明阴阳、虚实、寒热、表里,辨证施治。在每门下先引《诸病源候论》的理论为总论,间亦引《内经》、《难经》、《伤寒论》、《千金方》等,然后汇集方药,体现了理、法、方、药较完整的辨证论治体系,很有临床实用价值。书中选用的药物,品种繁多,有些是前代罕用或不用的,故宋人蔡襄说书中多有"异域瑰奇"之品。此外,对经络、俞穴及针灸、治法等方面,也大都在"采摭前经"的基础上,"研复至理",有所提高发挥。从反映当时的医学情况和保存医学文献来说,有不少积极的意义。

有关《太平圣惠方》的研究著作有:宋何希彭节录《太平圣惠方》六千首实用药方而成的《圣惠选方》六十卷、今人严菱舟《关于〈太平圣惠方〉》、廖育群等《中国科学技术史·医学卷》等。

(邵祖新)

笋谱 〔北宋〕赞 宁

《笋谱》,一卷。北宋赞宁撰。成于至道二年(996)之前。通行本有《四库全书》本、《百川学海》本、《说郛》本、《山居杂志》本、《唐宋丛书》本等。

赞宁(919—1001),俗姓高,浙西路德清县(今属浙江)人。出家于杭州祥符寺,精研律学。淳化二年(991)充史官编修,至道二年(996)补左街讲经首座,掌洛京教门事。咸平元年(998),承诏入职汴京右街僧录,寻迁左街僧录。著作尚有《宋高僧传》三十卷、《大宋僧史略》三卷等。生平事迹见南宋志磐《佛祖统纪》卷四四等。

《笋谱》是一部介绍竹笋的著作。约二万字。全书分为"名"、"出"、"食"、"事"、"杂说"。

"名",除列举笋之别名外,还记述了笋的栽培方法。

"出",讲笋的品种、产地,有笆竹笋、箭笋等九十多种。

"食",记述笋的食用、药用及保藏方法。

"事",记述历代文士,包括神农、周公、庄周直至范旻共六十人的有关竹与笋的记载。

"杂说"中提及他著有《物类相感志》。

其标题仿照陆羽《茶经》。前三个部分有注,有一定参考价值。《四库全书总目》评价说:"援据奥博,所引古书多今世所不传,深有资于考证。"

(孙兆亮 徐维统)

海潮论 〔北宋〕燕 肃

《海潮论》，又名《海潮图论》，一篇。北宋燕肃撰，成于仁宗天圣三年(1025)。无单行本。见收于下列诸书：一、姚宽《西溪丛语》，通行本有《稗海》本、《津逮秘书》本、《四库全书》本、《学津讨原》本、《啸园丛书》本、《涵芬楼秘笈》本、《笔记小说大观》本、《丛书集成初编》本；二、清俞思谦《海潮辑说》(录其大半)，通行本有《艺海珠尘》本、《丛书集成初编》本；三、1980年科学出版社版《中国古代潮汐论著选译》。

燕肃(961—1041)，字穆之，又字仲穆。祖籍青州益都(今山东青州)，石晋时其父燕峻迁居曹州(今山东曹县西北)。早年孤贫，举进士后，历任今河南、四川、浙江等地州县官，有政绩。迁直昭文馆。任职尚书刑部时，建议州郡对疑案及案情可悯者判死刑，须上报中央，经批准后方可施行。此议为朝廷采纳，泽及当时。后由寇准推荐，任著作郎。擢龙图阁待制，权知审刑院。迁左谏议大夫、龙图阁直学士，官至礼部侍郎致仕。博览群书，精巧多才艺。知明州(今浙江宁波)时，绘《海潮图》(佚)，著《海潮论》。入判太常寺，校正钟磬声律。著《莲花漏法》(佚)。依法所造漏壶，计时精密，为各地所采用；又造指南车、欹器等奇异器械，对我国机械，尤其是自动机械技术的传承起承前启后的作用。喜为诗，有《燕肃诗》二卷(佚)。长于绘事，写人物牛马肖似，图山水意象微远，尤善为古木折枝。作品多佚，传世有《春山图》、《寒岩积雪图》等。生平事迹见《宋史》卷二九八《燕肃传》。

真宗大中祥符九年(1016)冬，燕肃奉诏按察岭外，曾由合浦，沿钦州湾海岸，东过海康、陵化、恩平而至广州。其后又自惠州抵潮州。继之出守越州、明州。所至之地，俱为滨海，日见潮汐而读前人所论，感其"源殊派异，无所适从"，决定"索隐探微，宜伸确论"。于是，旦暮观望，思考不已；又以所制莲花漏记其时间。积十年之研究，成《海潮图》和《海潮论》。为防佚失，还将《海潮论》刻石立碑。两宋间姚宽得石碑，录于《西溪丛语》卷上，不分篇。碑文不署作者，经宋人王仲言考定，为燕肃所作。

燕肃在《海潮论》中认为，海潮之生，就其根本而言，是"元气嘘翕,天随气而涨敛;溟渤往来,潮随天而进退者也"。其大小与日月相关:潮"随日而应月,依阴而附阳,盈于朔望,消于朏魄,虚于上下弦,息于辉朒"。潮汐来临时间,在一月之内的逐日后退规律,大月三十天每天三点七二刻,小月廿九天每天三点七三五刻,平均合今四十四分半。他又探索浙江潮特大的原因。前人认为浙江夹岸有山,岸狭势逼遂至潮水涨怒。燕肃否定此说,而将原因归之于入海口地形:"今观浙江之口,起自纂风亭,北望嘉兴大山,水阔二百里。""以下有沙潬,南北亘连,隔碍洪波,蹙遏潮势。""潮来已半,浊浪堆滞,后水益来,于是溢于沙潬,猛怒顿涌,声势激射",乃成他处未有之壮观。

燕肃在潮汐成因上,强调潮汐变化与月相之变在时间上的对应关系,而无一语及于太阳。他对潮汐逐日后退时间,在理论推算上的精确度之高,使李约瑟深感惊讶。又发现钱塘江河口拦门沙及其对暴涨潮形成的作用。这些重要贡献,有益于潮汐学说的发展。但他否定喇叭形河口在暴涨潮形成中的作用,是错误的。

《海潮论》最初的研究者,似为宋人姚宽。他指出此文"论海潮依附阴阳时刻极有理"(《西溪丛语》卷上),然当时不知作者是谁。其后,宋王明清根据《真宗实录》考定作者"为燕肃无疑"(《挥麈前录》)。今人论述,见于英国李约瑟《中国科学技术史》第四卷《天学》、中国科学院自然科学史研究所地学史组《中国古代地理学史》、日本寺地尊《唐宋时代潮汐论的特征——以同类相引思想的历史变迁为例》、唐锡仁和杨文衡《中国科学技术史·地学卷》。

（贺圣迪）

铜人腧穴针灸图经 〔北宋〕王惟一

《铜人腧穴针灸图经》,又名《新铸铜人腧穴针灸图经》,三卷。北宋王惟一撰。成于北宋天圣四年(1026)八月。通行本有明刊本、明金陵三多斋刻本(其一部与徐氏《针灸大全》合刻)、明书林宗文堂绣梓本、清康熙三年(1664)刻本等。

王惟一(约987—1067),一作王惟德。精医药,尤擅针灸。历任太医局翰林医官、朝散大夫、殿中省尚药奉御等职。著作尚有《集注黄帝八十一难经》。生平事迹见《读书后志》。

北宋天圣初年(1023),王惟一奉诏编修针灸书,以纠正先前经络、腧穴部位紊乱的情况。他系统地整理了前人有关的针灸文献,又殚精竭虑,详加考订,对经络和腧穴一一辨析,于天圣四年(1026),撰写成书,题名《新注铜人腧穴针灸图经》。又认为"传心岂如会目,著辞不若案形"。(《夏序》)于是仁宗复命王氏铸铜人以为模型。翌年十月,铸成两个人体铜模,全身有穴孔。文与铜模两者相得益彰。为便于保存,同年开始将《图经》勒石成碑,三年方成。天圣七年(1029)初,又将铜人和图经颁至各州,遂传于天下。

《铜人腧穴针灸图经》是一部针灸学专著。书前有天圣四年(1026)夏竦序。明刊本中有明正统八年(1443)宋英宗御制序、金大定本跋及清宣统年间曹元忠跋。原书三卷,后屡经刊刻,增补至五卷。今传本为金大定二十六年(1186)刊本(五卷)。书中首载《黄帝内经》云云,后分别手足经络脉之图、肺经诸穴之图、小肠经诸穴之图、大肠经诸穴之图、肝经诸穴之图、胆经诸穴之图、肾经诸穴之图、心经诸穴之图、心包经诸穴之图、膀胱经诸穴之图、胃经诸穴之图、三焦经诸穴之图、脾经诸穴之图,又列针灸避忌之法图像十幅及傍通十二经络流注孔穴之图,凡二十五图,再论及脉络和孔穴。共载有穴名三百五十四个,总穴位达六百五十七个。与《甲乙经》相比,增加了"青灵"、"厥阴俞"、"膏肓俞"三个双穴,督脉的"灵台"、"阳关"两个单穴。全书条理分明,形式略与近代图解相似,详述了各个针灸穴位间的距离长短,针刺的深浅尺度,以及主治功能等。

王惟一又以"铜人为式,分脏腑十二经,旁注腧穴"的研究方法,对前代经穴学说作了订正。

王氏创制的铜模异常精巧,夏序中说,它"内分腑脏,旁注溪谷,井荥所会,孔穴所安,窍而达中,刻题于侧,使观者烂然而有第,疑者涣然而冰释"。在当时用于针灸科考试。考试时,先在铜人体表涂蜡,体内注入水银或水。被考者按指定穴位进针,下针准确,则蜡破而水银泻出,若稍有差池,则针不可入,考试亦不及格。

该书对历代针灸脉络学说的考订多有发明之功,见识卓越。虽不免芜杂,但删去了许多关于针灸避忌日神等的迷信内容。其图经、铜人的问世,不仅使针灸经络腧穴有了统一规范,而且开创了世界上最早的生理模型,有很高的学术价值。今天中医学和临床工作的针灸经穴人体模型即由此发展而来。它对后世针灸学的发展影响亦甚大,如元代忽泰必所著、其子光济诠次编定的《金兰循经取穴图解》即源于此。后滑寿的《十四经发挥》又本诸《金兰循经取穴图解》。王氏的图经还传入日本、朝鲜等国。

有关本书的研究,有明徐三友校正金无名氏《新刊补注铜人腧穴针灸图经》、廖育群《中国科学技术史·医学卷》。

(邵祖新)

酒谱 〔北宋〕窦 蘋

《酒谱》,一卷。北宋窦蘋撰。约成于宋仁宗(1023—1063)时。通行本有《百川学海》本、《唐宋丛书》本、《说郛》(宛委山堂)本、《四库全书》本。

窦蘋,字子野,汶上(今山东济宁)人。晁公武《郡斋读书志》载窦蘋有《新唐书音训》四卷,并称其"学问精博,盖亦好古之士"。

《酒谱》为有关酒的各种故事的叙录。每件故事前均冠以题名,其中参有一些制酒造曲的技艺、原料等,可见当时制酒业之一斑。如《安石榴》中说:"顿孙国有安石榴,取汁停盆中,数日成美酒。"《昆仑觞》中谈古时有人"善别水,尝乘舟于黄河中流,以匏瓠接河源水七八升,经宿,色如绛,以酿酒,名昆仑觞,芳味绝妙"。《刘白堕》一节中谈到此人"善酿。六月,以罂盛酒于日中,经旬味不动而愈香美,使人久醉。朝士千里相馈,号'白鹤觞',亦名'骑驴酒'"。卷中对酒器的记载也颇有特色,如"瘿本杯"是用"本节为之";"莲子杯"则为周穆王时古物,至唐代则登峰造极,所制酒杯十分精美;而复有以竹根为饮器者,作者引用杜甫《少年行》中"醉倒终同卧竹根"句,加以考释,认为"竹根"一词源出于南朝江淹的诗句,实为古时流传下来的一种饮酒器具。从书中对一些史实故事的记录,保存了宋代之前有关我国传统的酒文化的一些资料,可资今人在研究时参考。

有关本书的研究,有赵匡华、周嘉华《中国科学技术史·化学卷》。

(曾 抗)

洛阳牡丹记 〔北宋〕欧阳修

《洛阳牡丹记》,一卷。北宋欧阳修撰。成于景祐元年(1034)。收入《欧阳文忠公全集》。通行本有:《四库全书》本、《百川学海》本、《说郛》本、《群芳清玩》本、《丛书集成》本等。

作者的生平事迹见"新五代史"条。

《洛阳牡丹记》是一部记叙洛阳牡丹情况的著作,分三部分:一、花品序。先叙洛阳牡丹的盛况,再叙作者在洛阳四年的概况,最后为花品叙,列举著名的牡丹花二十多种。二、花释名。先叙"姚黄"、"魏花"等二十四种牡丹精品的名称、特征,接着讲述这些花的来历,有的是根据产地、花色,有的是根据栽培者的姓氏而来,见出名贵的品种是人们长期精心培育的结果。三、风俗记。先叙洛阳人爱花的嗜好。如春天,城中不分贵贱皆插花,连推车挑担者也不例外,至牡丹花时竞相前往观赏。接着介绍牡丹的栽培技术,以及当时园艺的成就。是我国现存最早的关于牡丹的专著。

关于牡丹的专著,除欧著外,尚有北宋周师厚的《洛阳牡丹记》一卷,此书把欧阳修所记二十多种增为四十多种。南宋陆游的《天彭牡丹谱》,记蜀地牡丹七十多种,文章结构全仿欧阳修的《洛阳牡丹记》。此外还有明代薛凤翔的《亳州牡丹史》、清代钮琇的《亳州牡丹述》、余鹏年的《曹州牡丹谱》、苏毓眉的《曹南牡丹谱等》。

有关本书的研究,见姚德昌《从中国古代科学史料看观赏牡丹的起源和发展》、中国植物学会编《中国植物学史》。

(孙兆亮　徐维统)

武经总要 〔北宋〕曾公亮 丁 度

《武经总要》,四十卷。北宋曾公亮、丁度等奉敕编修。成于北宋庆历五年(1045)。通行本有《四库全书》本等。

曾公亮(998—1078),字明仲,泉州晋江(今福建晋江)人。仁宗时举进士甲科,官至吏部侍郎、同中书门下平章事、集贤殿大学士。《宋史》卷二九有传。

丁度,字公雅。祖籍恩州清河(今河北清河县),后徙居祥符(今河南开封)。自幼勉力学问,好读《尚书》。大中祥符中,登服勤词学科。官至尚书右丞。另有《庆历兵录》五卷、《赡边录》一卷及《备边要览》等著述。《宋史》卷二八有传。

《武经总要》是北宋官修的一部兵书。北宋康定元年(1040),仁宗赵祯鉴于"武备懈弛",为提高将帅们的军事武备知识水平,特下敕命由曾公亮、丁度负责,组织一批学者编撰《武经总要》。经广采博录、考察引证,用了五年时间完成此书,宋仁宗亲自为书作序,称该书"凡军旅之政,讨伐之事,经籍所载,史册所记,祖尚仁义,次以钤略,至若本朝戡乱、边防御侮、计谋方略,咸用概举"。

《武经总要》在兵器制作部分有很多反映宋代手工业与科技发展水平的资料,又有插图,对于研究科技史与经济史有着重要参考价值。在卷二弓法、弩法,卷十攻城法,卷十一水攻、火攻,卷十二守城,卷十三器图中,对兵器制造有着详细具体的介绍。如在弓弩法部分,描写了三弓斗子弩射二百步,双弓张弩则用五或七人至十人张弩射击,一人管瞄准,一人管槌发,射程达一百二十步;又有手射弩,二十人张弩,射程为二百五十步。在卷十三器图中,介绍了各类兵器的制造及使用方法,包括射远器——弓弩,各种长短兵器,各种防护装备盔甲,盾牌、各种战车等等。如对具有实战价值的炮楼(四轮高架炮车)、行炮车(四轮炮车和二轮炮车)、折叠桥、游艇、蒙冲、楼船、走舸、斗舰、海鹘等舰艇作了细密精致的述说。对火攻器具设备如火禽、喜雀、火兽、火船以及行炉、猛火油柜等说明其不同场地条件下的各种用途。对旋风炮特别是旋风五炮的介绍尤值得注意。据书中记载,炮楼、行炮车都是抛石机,而旋风炮是可以向任何方向发射的抛石机,旋风五炮则将所抛之石呈立体多角型,具有致敌死命的强大杀伤力。

我国的火药配方最早出现于唐代,至宋代则不断加以改进。本书卷十一《行烟》,卷十三《守城》等部分记载了多种火药配方,如用十三种成份可制成"毒药烟球",用十种成份可制成"蒺藜火火球",用十四种成份制成"火炮火药"等等。如"火炮火药"的配方是:晋州硫黄十四两、窝黄七两、焰硝二斤半、麻茹一两、干漆一两、砒黄一两、定粉一两、竹茹一两、黄丹一两、黄腊半两、清油一分、桐油半两、松脂十四两、浓油一分。这是我国古代军事科技方面极其宝贵的资料,是记载宋代军事家掌握火药技术领先于世界各国的重要文献。

北宋晁公武在《郡斋读书志》中评价《武经总要》"所言阵法战具,其制弥详,其拘牵弥甚",认为其书有关行军布阵和兵器形制构造的记载十分详尽,然而也有很多地方失之于牵强附会,但又说此书"备一朝之制度,具历代之得失",是一部较为完备的反映我国宋代之前的军事战略、科技的巨著,具有不容忽视的参考价值。

有关本书的研究,有王兆春《试论〈武经总要〉中的技术问题》、《曾公亮》(见杜石然主编《中国古代科学家传记》)等。

(曾 抗)

桐谱 〔北宋〕陈翥

《桐谱》，一卷。北宋陈翥撰。成于皇祐元年(1049)。通行本有《说郛》本、《唐宋丛书》本、《适园丛书》本、《丛书集成》本等。

陈翥(约1009—1061)，字子翔，号咸聱子，又自号桐竹君，安徽铜陵人。自称：吾虽布衣，但心亦有所好。他在家宅后西山之南种植桐、竹，设想：俟桐茂竹盛，要在桐、竹之下安放石凳，交友，谈诗书，论古今。使旁人知道"陈子(自称)虽无桑子起家之能，亦有虚心待凤之意"。他有感于"茶有经，竹有谱"，于是乃述自己植桐之事十篇，合为一卷，取名为《桐谱》。生平事迹见《桐谱·记志》。

《桐谱》是一部梧桐科植物专著。全书分为十篇，依次为：叙源、类属、种植、所宜、所出、采斫、器用、杂说、记志、诗赋。书中首先对各种桐树进行分辨，指出前人将桐与椅混为一谈是不对的(椅又叫山桐子，大风子科落叶乔木，与梓大同小异)。然后对桐树的品种和形态作了描述；在种植方法中，对施肥、栽种、移植、田间管理等都作了介绍；还介绍了桐树的习性和土壤环境，指出"其性喜虚肥之土"，所以应勤锄地、多施肥。"桐之性恶阴寒，喜明暖"，所以要选向阳之地种植。书中还介绍了桐树的采伐，桐木的利用以及有关典故，如焦尾琴的来历等，最后记述了作者植桐的经历以及自己的志趣。

有关本书的研究，见张企增《陈翥的〈桐谱〉和我国泡桐栽培的历史经验》、罗桂环《陈翥》(收于杜石然主编《中国古代科学家传记》)等。

(孙兆亮　徐维统)

茶 录 〔北宋〕蔡 襄

《茶录》,二卷。北宋蔡襄撰。成于北宋皇祐(1049—1054)年间,治平元年(1064)刻石。通行本有《百川学海》本、《说郛》本、《百家名书》本、《格致丛书》本、《五朝小说》本、《艺术丛编》本、《丛书集成》本及《中国历代茶书汇编》本等。

蔡襄(1012—1067),字君谟,兴化军仙游(今属福建)人。天圣年间进士。工书法。庆历间,知谏院,支持范仲淹改革。后出为福建转运使。历知制诰、知开封府、福州,后改知泉州,主持建造万安桥。召为翰林学士、三司使,后知杭州卒。除《茶录》外,还著有《蔡忠惠集》、《荔枝谱》等。生平事迹见《宋史·蔡襄传》。

作者在谈到撰书原因时说:其"任福建转运使日,所进上品龙茶,最为精好。臣退念草木之微,首辱陛下知鉴,昔处之得地,则能尽其材。若陆羽《茶经》,不第建安之品,丁谓《茶图》,独论采造之本。至于烹试,曾未有闻。臣辄条数事,简而易明,勒成二篇,名曰《茶录》"(《茶录》序)。

《茶录》是专论福建建安茶烹试的茶书。全文一千余字,其内容以品茶为主,不谈生产技术。全书分上下两篇,上篇论茶,有色、香、味、藏茶、炙茶、碾茶、罗茶、候汤、熁盏、点茶十条;下篇论茶器,论及茶焙、茶笼、砧椎、茶钤、茶碾、茶箩、茶盏、茶匙、汤瓶。书前书后有作者撰序各一。作为论茶的专著,本书记载了一些有趣之事,如上篇《论茶》中说:"茶色贵白,而饼茶多以珍膏油其面,故有青黄紫黑之异。"又说:"茶有真香,而入贡者,微以龙脑和膏,欲助其香。建安民间试茶皆不入香。"并认为"茶味杰于甘滑"。下篇《论茶器》中的"汤瓶"相当于陆羽所说的"鍑"。汤瓶取代鍑,乃因茶末越来越细。宋代已不再煮茶末,而是加入适当热汤,在茶碗中用金属制的茶匙频频搅动,直到将茶泡好。从而"候汤"(看汤候)也与过去有所不同,"前世谓蟹眼者,过熟汤也"。同时,茶器也比唐代变得更为讲究,"椎"、"茶钤"用金或铁制成,"茶碾"用银或铁制成,"茶匙"用黄金、银、铁等制成,"汤瓶"用黄金、银、铁或瓷、石制成。此外,"茶箩以绝细为佳,箩底用蜀地东川鹅溪画绢之密者,投汤中揉洗以幂之"(天野元之助《中国古农书考》)。由此可见,作者对茶道观察之精细,研究之深刻。《茶录》真实地记录了品茶及茶器至宋代的演变情况,是研究茶史的重要资料。

有关本书研究,见郑培凯、朱自振主编的《中国历代茶书汇编》中的校注及金秋鹏《蔡襄及其科学贡献》、毛爱华《茗香雅韵》等论著的有关部分。

(王国忠)

荔枝谱 〔北宋〕蔡　襄

《荔枝谱》，一卷。北宋蔡襄撰。成于嘉祐四年（1059）。收入《蔡忠惠集》。通行本有：《四库全书》本、《百川学海》本、《说郛》本、《山居杂志》本、《丛书集成》本、《艺圃搜奇》本等。

作者生平事迹见"茶录"条。

蔡襄是福建人，曾任职于福州、泉州等地，又喜爱福建特产荔枝，凡遇到特别好的荔枝树，就请人写生记下，日久渐多，于是将积累的有关荔枝知识写成了这本《荔枝谱》。

《荔枝谱》是一部介绍荔枝的著作。全书不足三千字。分为七篇，依次为：原本始、标尤异、志贾鬻、明服食、慎护养、时法制、别种类。书中所记以福州、兴化（辖境相当于今莆田、仙游两县）、漳州、泉州四郡荔枝为主，福州所出为最多，兴化所出最为奇特。而兴化的荔枝以"陈紫"最为名贵。"陈紫"是姓陈人家种的荔枝。每年果熟之时，有钱人家如没有吃到"陈紫"，"虽别品千计"，亦"不为满意"。陈家摘果的时候，总是关闭门户，欲购者"隔墙入钱"，"得者自以为幸，不敢较其值之多少也"。"陈紫"所以如此名贵，是因为"其树晚熟，其实广上而圆下，大可径寸有五分，香气清远，色泽鲜紫，壳薄而平，瓤厚而莹"，"食之消如绛雪"。且甜度适中，恰到好处，所以为"天下第一"。福州种植的荔枝最多，其景色非常美："暑雨初霁，晚日照曜，绛囊翠叶，鲜明蔽映，数里之间，焜如星火，非名画之可得"。每年荔枝成熟后，商人就采购运往京师，还远销至漠北、西夏，甚至海运到新罗（今韩国）、日本、琉球、大食（今阿拉伯）等地。

关于荔枝的种植，作者指出，"初种畏寒"，所以头五六年，在冬天要加以遮盖，免遭霜寒之害。另外，书中还介绍了病虫害的防治和加工贮藏的方法。最后详细地记述了各种荔枝品种的不同特点，介绍极为生动。

据学者研究，我国古代农书、植物书约有五百多种，约有一半失传，现存的不少是综合性、地方性的农书、植物书，专记一种植物的专书不多，然而记述荔枝的专书却有十多种，在蔡襄之前有北宋初年郑熊的《广中荔枝谱》，但已失传，其记述的二十几种荔枝品种辑录在北宋吴曾的《能改斋漫录》中。在蔡襄之后则有明代屠本畯的《闽中荔枝谱》(1597)、徐𤊹的《荔枝谱》(1597)、邓庆寀的《闽中荔枝通谱》(1628),清代陈鼎的《荔枝谱》、吴应逵的《岭南荔枝谱》等等。而蔡襄的《荔枝谱》则是今存最早的一部荔枝专著。现已被译为英、法等文字,流播海外。

关于本书的研究,见金秋鹏《蔡襄及其科学贡献》、梁家勉《中国农业科学技术史稿》、吴存浩《中国农业史》等论著的有关部分。

(孙兆亮　徐维统)

东溪试茶录 〔北宋〕宋子安

《东溪试茶录》,一卷。北宋宋子安撰。约成于北宋皇祐(1049—1054)年间,或稍后,晚于蔡襄《茶录》。通行本有《百川学海》本、《说郛》本、《格致丛书》本、《茶书全集》本、《丛书集成》本、《中国历代茶书汇编》本等。

作者生平不详。东溪是建安的一个地名。本书论茶以东溪为限,对丁谓的《北苑茶录》和蔡襄的《茶录》作了补遗,所谓"集拾丁、蔡之遗",故撰成是书。

《东溪试茶录》是一部专论建安东溪茶的专著。全文共三千余字,分总叙、焙名、北苑、壑源、佛岭、沙溪、茶名、采茶、茶病八目。书前有作者序。

本书前五目历叙诸焙,认为茶在草木中最有灵性,指出"去亩步之间,别移其性,或相去咫尺而优劣顿殊"。因此对于名焙的距离远近叙述得极为详尽。在《茶名》目中,介绍了白叶茶、柑叶茶、早茶、细叶茶、稽茶、晚茶、丛茶的形状、树高及生长环境。《采茶》、《茶病》两目对于采茶和治茶的技术,作了很细致的叙述。如论采茶,其曰"凡采茶必以晨兴,不以日出,日出露晞,为阳所薄,则使芽之膏腴出耗于内茶及受水而不鲜明,故常以早为最。凡断芽必以甲不以指,以甲则速断不柔,以指则多温易损"。其《茶病》则指出:"试茶、辨味必须知茶之病,"故论述了"叶梗丰则受水鲜白,叶梗短则色黄而泛";"不去乌蒂,则色黄黑而恶;不去白合,则味苦涩;蒸芽必熟,去膏必尽;蒸芽未熟,则草木气存;去膏未尽,则色浊而味重;受烟则香夺,压黄则味失"等茶叶加工的注意点。《东溪试茶录》是研究我国茶史,尤其是建安茶的重要史料。《宋史·艺文志》有吕惠卿《建安茶用记》二卷、章炳文《壑源茶录》一卷、刘异《北苑拾遗》一卷,今俱失传,所可考见建安茶崖略者,惟本书与熊蕃《宣和北苑贡茶录》、赵汝砺《北苑别录》,故显得格外珍贵。

有关本书的研究,见郑培凯、朱自振主编的《中国历代茶书汇编》中的校注及王毓瑚《中国农学书录》、毛爱华《茗香雅韵》的有关部分。

(王国忠)

蟹谱 〔北宋〕傅肱

《蟹谱》,二卷。北宋傅肱撰。成于嘉祐四年(1059)。收入《古今事文类聚后集》。通行本有《四库全书》本。

傅肱,字子翼,自号怪山。会稽(今浙江绍兴)人。其他事迹不详。

《蟹谱》是一部关于蟹的著作。书前有前言、总论。上卷的篇目如下:离象、有臣、仄行、蝤蛑、走迟、虫孽、性躁、左持、捕鼠、不唼、郭索、螃蜞、诛解系、蛙矜、侈味、琐琚、介虫之孽、无肠公子、天文、食证、异名、诫嗜、兵异、集鼠、鲨类、浦名、画、输芒、蛉腹、同鼠孽、为笛、玉篇、月令、图经、琴声、唐韵、说文、长生、食艮、斩王摅、药证。

下卷的篇目是:孝报、殊类、贪化、采捕、泉比、兵证、贡评、风虫、郁洲、食品、怪状、断弊、蟹杯、令旨、蟹石、酒蟹、白蟹、荡浦摇江、纪赋咏。

除总论有蟹的形态、生态记述外,大多是摘录有关蟹的典故、辞藻。作者在前言中解释说:"蟹之为物,虽非登俎之贵,然见于经,引于传,著于子史,志于隐逸,歌咏于诗人,杂出于小说,皆有意谓焉,故因益以今之所见闻,次而谱之。"

(孙兆亮 徐维统)

图经本草 〔北宋〕苏 颂

《图经本草》,原名《本草图经》,二十卷,另附目录一卷。北宋苏颂撰。成于北宋嘉祐六年(1061)。原书已佚,主要内容保存在《证类本草》和《本草纲目》之中。现有1988年福建科学技术出版社版胡乃长、王致谱辑注本。

苏颂(1026—1101),字子容,泉州南安(今属福建)人。庆历二年(1042)进士。曾任集贤校理、度支判官、右仆射兼中书门下侍郎等职。学识渊博,著作丰富,可考知者有十一种。传世六种:《苏魏公文集》七十二卷,《新仪象法要》三卷,《本草图经》二十卷,目录一卷,《魏公题跋》一卷,《苏侍郎集》一卷。另《嘉祐补注神农本草》(合著)、《浑天仪象铭》、《元祐详定敕令式》、《华戎鲁卫信录》、《迩英要览》已佚。生平事迹见《宋史·苏颂传》。

在编修《嘉祐补注神农本草经》(简称《嘉祐本草》)的同时,掌禹锡、苏颂等人鉴于唐《新修本草》除文字部分外,复有《图经》相辅而行,图以载其形色,经以释其异同,因而建议别撰《图经》,与《嘉祐本草》并行,获朝廷批准。嘉祐三年(1058),宋仁宗诏令全国一百五十余州郡,将其所产药物包括动、植、玉石等,皆一一画成图谱,并附说明文字和实物标本,送至汴京(今河南开封)校正医书局;凡进口药物则询问收税机关和商人,辨清来源,选出样品,亦送交京都。复命苏氏任全书编排体例、统一文字的工作。苏氏先对各地所呈药物品种类聚诠次,使其粗有条目;对各种药物,有一物而杂出诸郡者,有同名而形类全别者,则参用古今之说,相互证明。其次在整理各州郡送呈的药图和原始说明文字时,对所载形态描述,如茎梗粗细、花实荣落等均予著录。有些虽与旧说相背,亦予以保留。其说明文字不足者,则援引《本草经集注》、《新修本草》等前代本草著作,加以诠释,或旁引经史百家及方书小说的有关记载,以明本原。还将前代医方书中所载之简而要者、前人已述其明验、今世又常用之药方,附于相应的药物条目下。书成于嘉祐六年(1061)十月。次年十二月进呈并镂板,与《嘉祐补注神农本草经》同时颁布。绍圣三年(1096),又由国子监刻成小字本印行天下。

《图经本草》是我国药学史上第一部由政府编绘成的刻版药物图谱。书前有苏氏自序一篇,书末附嘉祐三年十月校正医书所关于《图经本草》编撰的奏敕一篇。全书将收集到的药物,按玉石、草部、木部、禽兽部、虫鱼部、果部、菜部,以及本经外草类、木蔓类的内容分列。卷一至卷三,为玉石上、中、下三品;卷四至卷九为草部,分上品之上和之下、中品之上和之下、下品之上和下品之下;卷十至卷十二为木部,亦分上、中、下三品;卷十三为禽兽部;卷十四、十五为虫鱼部;卷十六为果部;卷十七为菜部;卷十九为本经外草类;卷二十为本经外木蔓类。

全书载药共七百八十种,其中新增民间草药一百零三种,并在六百三十五种药名下绘制药图九百三十三幅。所绘药图力求形态逼真,文字亦力求准确精当。凡不能分辨者,则兼收并存。对药物的产地、采收季节、形态性状、炮炙方法、主治功用等,考释详尽,条理分明。如对药用植物的描述,一般按苗、茎、叶、花、果、实、根的次序,对花萼、子房、种子的形态也有不同程度的描述。又将药物与方剂有机结合起来,对常用药物均列出了以其为主药的重要配方。书中还收载了不少历代名医的经方,以及大量的民间验方和单方。

《图经本草》保存了北宋中叶全国药物普查的丰硕成果,在编撰体例上将辨药与方剂结合起来,载录了大量的经方、验方和单方,同时旁征博引近二百种经典文献,其中绝大多数为宋以前的,对研究宋代以及宋以前的药物学,有很高的学术价值。特别是该书所附的木刻药物标本图在中国医药史上,更具有特殊的重要地位。英国著名科学史家李约瑟先生在谈到这点时,赞叹地说:"这是附有木刻标本说明图的药物史上的杰作之一。在欧洲,把野外可能采集到的动、植物,加以如此精确地木刻并印刷出来,这是直到十五世纪才出现的大事。"(转引自颜中其、管学成主编《中国宋代科学家苏颂》第160页,吉林文史出版社,1986年)

关于本书的研究,见胡乃长、王致谱的辑注本。又见傅维康主编《中药学史》,中国植物学会编《中国植物学史》,薄树人、蔡景峰《苏颂》等论著的有关部分。

(邵祖新)

新仪象法要 〔北宋〕苏 颂

《新仪象法要》，三卷。北宋苏颂撰。成于北宋绍圣(1094—1097)初年。通行本有：清《四库全书》本、《守山阁丛书》本、《中西算学丛书初编》本、《丛书集成初编》本等。

作者生平事迹见"图经本草"条。

元祐元年(1086)，苏颂受命检验当时太史局使用的各架浑仪(天文观察仪器)，在检验过程中他逐步萌思到应有演示的装置与浑仪配合使用。次年，经其荐举，起用一介小吏韩公廉，与其一起主持正式设计、制造浑仪浑象。由苏颂任总负责，韩公廉具体设计、制造。元祐三年底，大木样制造成功。元祐四年，大木样检验合格，遂制为铜器。至元祐七年六月，新仪全部竣工。北宋有著名的"四大浑仪"，按制作的年号命名，分别为：韩显符主持制造的至道仪、舒易简主持制造的皇祐仪、沈括主持制造的熙宁仪，以及苏颂主持制造的元祐仪。其中成就最高的便是苏颂的这台元祐仪。绍圣(1094—1097)初年，苏颂对元祐仪的总体与各部件逐一绘图、说明，由此形成了《新仪象法要》一书。

《新仪象法要》上卷叙浑仪，分浑仪六合仪、三辰仪、四游仪、天经双环、阴纬单环、天常单环、三辰仪双环、赤道单环、黄道双环、四象单环、天运单环、四游仪双环、望筒单环、龙柱、鳌云、水趺十七节；中卷叙浑象，分浑象、浑象六合仪、浑象地柜、浑象赤道牙、浑象紫微垣星图、浑象东北方中外官星图、浑象西南方中外官星图、浑象北极星图、浑象南极星图、四时昏晓加临中星图、春分昏中星图、春分晓中星图、夏至昏中星图、夏至晓中星图、秋分昏中星图、秋分晓中星图、冬至昏中星图、冬至晓中星图十八节；下卷叙水运仪象台，分水运仪象台、运动仪象制度、木阁昼夜机轮、机轮轴、天轮、拨牙机轮、木阁第一层、昼时钟鼓轮、木阁第二层、昼夜时初司辰轴、木阁第三层、报刻司辰轮、木阁第四层五层、夜漏金钲轮、夜漏司晨轮、枢轮退水壶、铁枢轴、天柱、天毂、天池平水壶、天衡、升水上下轮、河车天河、仪象运水法、浑仪圭表二十五节。

苏颂、韩公廉所造新仪乃集古代浑仪、浑象与报时装置于一身而又以水运推动的大型天文仪器,很相似于近代的大型天文台。据书所叙,总高达十二米左右、宽达七米左右,以铜、木为材质(用铜量即达二万余斤),上狭下广,呈正方形塔台式结构。其总名为"水运仪象台"。

水运仪象台共分三层,自上而下,最上层为铜制浑仪。本器浑仪与以前的不同之处,在于中间的三辰仪上加了黄道双环、四象单环、天运单环,并以齿牙与转轴连接之辰仪一起转动,功用在于能更好地观测太阳运动,是后世赤道仪中转仪钟的前身。其中,安装浑仪的屋顶可以自由摘脱。

中台是浑象演示室。浑象球半安装于地柜内,半露出于地柜面上,也有齿牙、轮轴等与总体水运装置相连接,使其运转与实际天象变化相同步、协和。浑象标明当时实测所得的恒星位置。自唐代一行编制《大衍历》后的很长一段时期内,一直未再进行过恒星全天位置的实测。至北宋,则有五次大规模的全天恒星位置实测。第四次在宋神宗元丰年间(1078—1085),其结果就分别记录在苏州石刻星图与本书中卷的浑象星图中。

《新仪象法要》星图,载于北宋苏颂所撰该书的"卷中",为与苏颂主持创制的水运浑天仪象相配合而绘制,是用于表述其中浑象上所布之星的科学星图。苏颂谓:"浑象,人居天外,故俯视之。星图,人居天里,故仰视之。二者相戾,盖俯仰之异也。"图中对三家星官的表现,分小圆圈(示石申和巫咸诸星)和黑点(示甘德诸星)两种。经考证认为,此星图是依照北宋元丰年间(公元1078年至1085年)于开封实测的天文资料所绘,适用于开封及同纬度的相近地区。由传世的善本考查,星图实绘有二百八十一星官、1457星,与晋代陈卓整理过的三家星官相较缺内厨、右更二星官计7星(潘鼐《中国恒星观测史》,学林出版社,1989年)。星图共有5幅。

第1幅为"浑象紫微垣星之图",是包括恒显圈内诸星(以北极为中心)的圆形星图。图后语:"右紫微垣星图一,凡三十七名,一百三十八星。布列浑象之北上规,……北斗七星在垣内,所以正时也。"宋钞本的直径约16.8厘米。

第2幅为"浑象东、北方中外官星图",第3幅为"浑象西、南方中外官星图",包括恒显圈外赤道上下可见范围内的诸星,两图中均绘有赤道及与之相垂直的二十八宿宿度线,是与"敦煌星图甲本"中按正圆柱投影同法绘制的长方形横图。两图后语:"右浑象中外官星图二,凡二百六十四名,一千二百八十一星。分布于四方,周遍天体。惟南极入地,常隐不见,紫微宫常见不隐。余星近日而伏,远日而出,四时互见。二十八宿,为十二次,三百六十五度有畸,日月五星之所舍也。"尺寸约为20×27厘米。

第4幅为"浑象北极星图",第5幅为"浑象南极星图",两者为圆形星图,是把南、北两半天球(依赤道为分界线)按极方位等距投影而分别绘制,天球南极恒隐圈内未画星为空白,自赤道至恒显、恒隐两圈亦各绘有二十八宿宿度线。直径各约为18.5厘米。

在这5幅星图中,以第1、2、3幅为一组,其中圆形星图(即盖图)与正圆柱投影法绘制的星图(即横图)可相互配合说明,苏颂分析了两者的优缺点:"古图有圆纵二法:圆图,视天极则亲,视南极则不及;横图,视列宿则亲,视两极则疏。"第4、5幅两圆图为另一组,其中分别画出南、北半球的全天星图,以便与第1、2、3幅星图一起更吻合星空实际,为又一特色。苏颂认为:"今仿天形为覆仰两圆图,……两图相合全体浑象,则星宫阔狭之势,与天吻合,以之占候,不差毫厘矣。"这种采用极方位等距投影法的赤道南北两半球星图,以此两图为最早,比西方于十五世纪后期才兴起的同类法图要早很多。另外,还有九幅中星图,为确定春分、夏至、秋分、冬至四时节令与昏、晓时刻所用。

《新仪象法要》星图,完整地保存了晋代陈卓整理三家星官所编绘的标准星图的内容和形式,并赋予以科学化的性质,是世界上留存至今完备的最早的一份科学星图,在世界天文学史上有着重要的地位和研究价值。国际科学史界认为:"直到十四世纪末,除了中国的星图外,再也举不出别的星图了。"英国李约瑟在引述此评价后说:"欧洲在文艺复兴以前,可以和中国天图制图传统相提并论的东西,可以说很少,甚至简直就没有。"(《中国科学技术史》第三卷《天学》,科学出版社,1975年)

水运仪象台的下层为报时装置与全台的水运动力装置。报时装置面南安装,分五层木阁,形如塔层。第一层设三门,各有一木人,逢时初、时正、每刻之时,三木人分别以摇铃、打钟、击鼓以报。第二层设一门,有二十四个手抱时辰牌的木人按时出现以报。第三层设一门,有九十六个木人执牌按刻以报。第四层设一门,有一木人于夜间按更、筹击钲以报。第五层设一门,有木人三十八个,分别着红、绿服饰执牌以报更、筹数。所有这些报时装置,也皆以机械与水运动力装置相连。

仪象台的水运动力装置以直径达三米多的枢轮为中心,上设七十二条木轴与三十六个水斗及钩状铁拨子,顶部及边上有一组杠杆装置。这些装置的作用,在于使枢轮的运转能匀速而有间歇运动。枢轮的转动,又通过另一些装置与天柱相连接,带动整个仪器运转。在枢轮边上,又设有机轮退水壶、受水槽与打水装置,使水能循环利用来作为整个仪器的动力。

以水为动力的此类"水运浑象仪",早在东汉时期的张衡即创制成功。此后,虽曾失传过,但三国时的葛衡、南北朝刘宋钱乐之、梁代陶弘景、唐代梁令瓒、北宋张思训等皆有制作并不断发展,而苏颂、韩公廉的制作则水平更高。它异于前人之处凡有三点:一、浑仪安装处的屋顶可以自由拆装,可以说是现代天文台活动屋顶之祖。二、浑仪中的三辰仪与天柱相连,与天球一起一昼夜转一圈,可以说是现代转仪钟(今天文观测仪器的跟踪装置)之祖。三、报时装置与枢轮的杠杆装置(包括"天关"、"天锁"等),又相当于现代钟表的关键部件之一"擒纵器"。所有这些,都充分体现我国古代天文学家的聪明才智,因而受到了中外学术界的高度的评价。

《新仪象法要》共叙及机械零件一千五百多个,有插图六十余幅。这些插图有全图、分图与详图,多为透视图或示意图。它们可以说是我国古代流传至今的最早的一份机械图纸,极为珍贵。根据这些图纸,今人王振铎先生主持复制成一件原大五分之一的"水运仪象台"模型(今藏中国历史博物馆)。

关于本书的研究,有颜中其、管成学《中国宋代科学家苏颂》,潘鼐《中国恒星观测史》,薄树人、蔡景峰《苏颂》等论著的有关部分和王振铎《宋代水运仪象台的复原》、《中国最早的假天仪》,胡维佳《宋代水运仪象台研究和复原中的两个问题》等文。

(王贻梁　锺守华)

芍药谱 〔北宋〕刘 攽

《芍药谱》,一卷。北宋刘攽撰。成于熙宁六年(1073)。收于宋代祝穆编写的《古今事文类聚·后集》卷三十《花卉部》中。

刘攽(1023—1089),字贡父,临江军新喻(今江西新余)人。熙宁六年(1073),到广陵(今江苏扬州)观赏芍药,"时正四月花时","历览人家园圃及佛舍所种三万余株",于是写成此谱。

《芍药谱》是一部介绍芍药的著作。书中共记扬州芍药三十一种,分三品七等。其中,上品和中品各分上、下两等,下品分上、中、下三等。时称"天下名花,洛阳牡丹,广陵芍药",广陵即今扬州,在宋代以盛产芍药闻名天下。本书所记即是当时的盛况和名贵的芍药品种,原谱曾请画工把这三十一种名贵芍药绘成图,附于谱中,但已失传。

在刘攽之后,孔武仲撰《芍药谱》一卷。书中共记扬州芍药品种三十三种,并附有插图,今存于北宋吴曾《能改斋漫录》之中;王观撰《芍药谱》一卷(又称《扬州芍药谱》),除了记述扬州芍药的盛况外,还简单地介绍了芍药的栽培技术(尤其是分根技术)。作者把刘攽的三十一个品种收入谱中,称旧谱三十一种;把自己新收集的八个品种列在后面。

《四库全书总目》称:"宋《艺文志》载为之谱者三家,其一孔武仲,其一刘攽,其一即(王)观此谱。而观谱最后出,至今独存,孔、刘二家则世已无传。"指的就是上述情况。据此,刘攽的《芍药谱》应是我国现存最早的芍药专谱。

明代高濂的《遵生八笺》中有"花竹五谱",其中之一为"芍药谱"。记有芍药的种植和修剪方法。可作为以上"芍药谱"的补充。

关于本书的研究,见王毓瑚《中国农学书录》、中国植物学会编《中国植物学史》的有关部分。

(孙兆亮 徐维统)

品茶要录 〔北宋〕黄　儒

《品茶要录》，一卷。北宋黄儒撰。成于北宋熙宁八年(1075)。通行本有《说郛》本、《夷门广牍》本、《五朝小说》本、《茶书全集》本、《四库全书》本、《中国历代茶书汇编》本等。

黄儒，字道辅，福建建安人。北宋熙宁六年(1073)进士，后职司贡茶。博学善文，不幸早亡。

《品茶要录》是一部专门叙述"建茶"的茶书。其正文约一千三百字，共分采造过时、白合盗叶、入杂、蒸不熟、过熟、焦釜、压叶、渍膏、伤焙、辨壑源沙溪等十目。本书前后各有总论一篇，《四库全书》本有《书黄道辅〈品茶要录〉后》一文。

《品茶要录》的内容主要是介绍"建茶"的采制、烹试方法，并指出制茶的疵病及售茶的欺诈。如《采造过时》目曰："茶事起于惊蛰前，其采芽如鹰爪，初造曰试焙，又曰一火，其次曰二火，二火之茶已次一火矣。故市茶芽者，惟同出于三火。前者为最佳，尤喜薄寒气候，阴不至于冻，时不至于暄，则谷芽含养约勤，而滋长有渐，采工亦优为矣。凡试时泛色，鲜白隐于薄雾者，得于佳时而然也。有适于积雨者，其色昏黄，或气候暴暄，茶芽蒸发，采工汗手薰渍，楝摘不分，则制造虽多，皆为常品矣。试时色非鲜白，水脚微仁者，过时之病也。"其《过熟》目曰："茶芽方蒸，以气为候视之，不可以不谨也。试时色黄而粟纹大者，过熟之病也，然虽过熟，愈于不熟，日香之味胜也。故君谟论色，则以青白胜黄白，予论味则以黄白胜青白。"其《渍膏》目则曰："茶饼光黄，又如荫润者，榨不干也。榨欲尽去其膏，膏尽则有如干竹什之色，唯饰首面者，故榨不欲干，以利易售。试时色虽鲜白，其味带苦者，渍膏之病也。"作者通过茶叶生产的各道工序的具体操作以及细致观察发现，总结出上述这些可贵的经验，并在"茶病"方面，大大地补充了他书的不足。《四库全书总目》说：本书"大旨以茶之采制烹试，各有其法。低昂得失，所辨甚微。园民射利售欺，易以淆混。故特详著其病以示人。与他家茶录惟论地产、品目及烹试器具者，用意稍别。惟《东溪试茶录》内有'茶病'一条，所称乌蒂白合蒸芽必熟诸语，亦仅略陈端绪，不及此书之详明。录存其说，亦可以互资考证也"。可见本书之实用价值。

关于本书的研究,有郑培凯、朱自振主编《中国历代茶书汇编》中的校注及王毓瑚《中国农书要录》、毛爱华《茗香雅韵》等书的有关部分。

(王国忠)

洛阳花木记 〔北宋〕周师厚

《洛阳花木记》，一卷。北宋周师厚撰。成于元丰五年(1082)之前。收入元末陶宗仪编辑的《说郛》卷一〇四之中。

周师厚，字敦夫，浙江鄞县人。他在《洛阳花木记》前言中称："予少时闻洛阳花卉之盛，甲于天下，……元丰四年予莅官于洛吏，事之暇，因得博求谱录。"《洛阳花木记》就是他根据唐代李德裕《平泉花木记》、北宋欧阳修《洛阳牡丹记》等花谱，加上自己的见闻写成的。

《洛阳花木记》是一部植物类著作。书中共收牡丹一百零九种(包括重瓣和复瓣品种)，千叶黄花有姚黄等十种，千叶红花有状元红等三十二种，千叶紫花有双头紫等十种，千叶绯花有潜溪绯一种，千叶白花有玉千紫等四种；多叶红花有鞓红、大红等三十二种，多叶紫花有泼墨紫等十四种，多叶黄花有丝头黄等三种，多叶白花有玉醱白一种。芍药四十一种；杂花(包括"瑞香"、"川海棠"等)八十二种；果子花一百四十七种(包括"桃"三十种，"梅"六种，"杏"十六种，"梨"二十七种，"李"二十七种，"樱桃"十一种，"石榴"九种，"林檎"六种，"柰"十种，按："柰"与"林檎"，俗名都称"花红"，只是"柰"的果实比"林檎"稍大，亦名"沙果")；木瓜五种；刺花三十七种；草花八十九种；水花十七种；蔓花六种。后附"四时变接法"，记花种嫁接、栽培的适宜季节；"接花法"记述花的嫁接方法；"栽花法"记述花的种植方法；"种祖子法"是讲牡丹种子的播种方法；"打剥花法"记述花的剪枝整理方法；"分芍药法"记芍药的分根技术。

《洛阳花木记》的可贵之处，在于最早较全面地记述花木的繁殖与种植技术，给后世以深远的影响。

关于本书的研究，有王毓瑚《中国农学书录》、中国植物学会编《中国植物学史》的有关部分。

(孙兆亮　徐维统)

营造法式 〔北宋〕李　诚

《营造法式》,三十六卷。北宋李诚编纂。是北宋官方颁布的一部有关建筑设计和施工的规范书,也是中国文化古籍中论述和保存最完整的一部建筑技术专书。最早的版本为北宋的六卷抄本,于哲宗元祐六年(1091)成书。元符三年(1100)修成新编《营造法式》三十六卷,后合并为三十四卷,于崇宁二年(1103)正式刊行全国,今已失传。南宋绍兴十五年(1145)曾重刊,然亦未传世。南宋后期平江府曾刊,但仅留残本,且经元代修补。1919年朱启钤在南京江南图书馆(今南京图书馆)发现丁氏抄本《营造法式》(后称"丁本"),完整无缺,据以缩小影印为石印小本,第二年由商务印书馆按原大本影印,为石印大本,这是常用的版本。1925年陶汀以丁本为主,参以《四库全书》文渊、文溯、文津各本校勘,并按宋代残叶版式和大小刻版印行,称为"陶本"。后由商务印书馆根据陶本缩小影印为《万有文库》本,并于1954年重印为普及本。

李诚(?—1110),字明仲,郑州管城(今河南郑州)人。元丰八年(1085)替父亲河北转运使李南奉表致方物,补郊社斋郎,调曹州济阴县尉。元祐七年(1092)任将作监主簿,累迁将作监丞、少监至监。在将作前后十六年,朝廷大营建,如兴建五王邸、尚书省、龙德宫、棣华宅、朱雀门、景龙门、九成殿、开封府廨、钦慈太后佛寺等,都由他主持,并圆满完工。为此屡次受到朝廷褒奖。大观二年(1108)因父丧告归,服除,以中散大夫知虢州,颇有政绩。四年病故。李诚博学多艺,书画并精,藏书数万卷,手抄数千卷,著作还有《续山海经》、《续同姓名录》、《古篆说文》、《琵琶录》、《马经》、《六博经》等,均已失传。程俱《北山小集》卷三三有李诚墓志铭。

北宋前期的土木工程建筑都按照太宗时著名木工喻皓《木经》施工。随着社会经济的繁荣,土木建筑也日趋复杂精密,《木经》中的某些部分逐渐显得陈旧。

北宋建国后,在百余年间大兴土木,宫殿衙署、庙宇园苑的建造遍及全国,造型豪华精致,形制大肆铺张。都城开封为了适应当时手工业和商业的需要,废除了汉代以来都城常用的封闭式坊里制度,更为大兴土木提供了宽广的背景。土木兴建,势必引起建筑技术的革新和进步,所以这一时期在桥梁建造、室内装修、木砖石结构、木构架的设计与施工、建筑群的布局等方面,都取得了不少经验,并日益规范化,这就需要在技术上总结以往的经验。另一方面,随着建筑规模的越来越大,工程管理日益混乱,加之整个社会的制度腐败,负责工程的各级大小官吏贪污成风,加上铺张浪费,致使国库无法应付庞大的开支。因此,建筑的各种设计标准、规范和有关材料、施工定额、指标等迫切需要制定,这样,明确房屋建筑的等级制度、建筑物的整体布局以及严格的料例工限,并将其规范化、制度化,以杜绝贪污盗窃和铺张浪费,就成为迫切需要解决的问题。熙宁(1068—1077)中,神宗敕令将作监官编修《营造法式》,至元祐六年成书。但这本书编纂得相当粗疏,质量很差,书中所载"营造位置尽皆不同,临时不可考据,徒为空文,难以行用"(《营造法式·看详》)。于是,在绍圣四年(1097)朝廷命李诫重新撰辑一部《营造法式》。李诫受命后,检寻考究经史等群书,又与诸作诸会工匠反复商讨研究,并根据自己多年主持大工程建筑的经验,分类立目,编写新书。经过四年努力,终成一部面貌一新的《营造法式》巨著。新修本详细周密,适于实际操作使用,被朝廷刊印推广,成为宋代建筑营造业的法定施工标准书。

《营造法式》现存三十四卷。分为:《总释》、《总例》二卷,《制度》十三卷,《功限》十卷,《料例》三卷,《图样》六卷。全书三百五十七篇,三千五百五十五条。书前有李诫所撰《札子》及《进新修营造法式序》各一篇,书后附有《补遗》和《看详》。

第一至二卷是总释和总则。总释考证了每一个建筑术语在古代各类文献中的不同名称和当时通用的名称,从而确定书中所用的正式名称并订出总例。考证的术语是宫、阙、殿、楼、亭、台、榭、城、墙、柱础、定平、取正、材、拱、飞昂、爵头、枓、铺作、平坐、梁、柱、阳马、侏儒柱、斜柱、栋、两际、抟风、柎、椽、檐、举折、门、乌头门、华表、廊八藻井、钩阑、拒马叉子、屏风、槏柱、露篱、鸱尾、瓦、涂、彩画、阶、砖。总例则是全书的通用定例,并包括测定方向、水平、垂直的法则,求方、圆及各种正多边形的实用数据,广、厚、长等常用词的含义,以及有关计算工料的原则等。

卷三至卷十五中所述的各种土木工制度是本书的重点。包括壕寨制度、石作制度、大木作制度、小木作制度、雕作制度、施作制度、锯作制度、竹作制度、瓦作制度、泥作制度、彩画作制度、砖作制度、窑作制度等十三种。这些制度实际上是营造制作的各种规格和质量标准。如《壕寨制度》中的筑城之制规定:"每高四十尺,则厚加二十尺,其上斜收减高之半。若高增一尺,则其下厚亦加一尺,其上斜收亦减高之半。或高减者亦如之。"筑墙之制规定:"每墙厚三尺,则高九尺,其上斜收比厚减半。若高增三尺,则厚加一尺,减亦如之。"书中对各种类型的房屋建筑,在间数、椽数、立柱数、铺砖数、垒瓦数及其他构件的数量上,都有严格的统一规定。这些制度一方面反映出宋代建筑业专业分工的细致;另一方面反映出宋代对建筑工程质量管理的高度重视,制作者不能违反制度,一定要按标准营造,以保证工程质量。

为了保证建筑质量，《营造法式》所载的各种制度中同时还包括了对原材料的选用。各种类型的建筑有不同的要求，选材也有不同的标准。无论是取用木材的长短厚薄，砖瓦的大小轻重，还是涂墙泥灰所含的成分比例，或是建筑用钉的尺寸粗细等，都有明确的统一规定。《大木作制度一》提出，"材有八等，度屋之大小，因而用之"。因材施用，达不到规格的材料会降低建筑质量，超标准用材则要造成大材小用等的浪费，必须严格执行选材用材的规定，才能既保证质量又做到节约。

第十六至第二五卷分为壕寨功限、石作功限、大木作功限、小木作功限、诸作功限，按照各作制度的内容，规定了各工种的构件劳动定额和计算方法，各工种所需辅助工数量，以及舟、车、人力等运辅所需装卸、架放、牵拽等工额。最可贵的是其中记录下了当时测定各种材料的容重。

第二六至二八卷为"料例"，规定了各工种的用料定额和有关工作质量的规定。其中或以材料为准，或例举当时木料的各种规格，注明适用于何种构件；或以各种工程项目为准，如粉刷墙面为红色，每一方丈干后厚1.3厘米，需要石灰、赤土、土朱各若干公斤。还有诸作用钉料例，说明各类不同营作用钉的大小尺寸数量，以及大体方位。第二八卷卷末还附有"诸作等第"，将各项工程按其性质要求、制作难易、分为上、中、下三等，以便施工调配，适合工匠。

卷十六至卷二八的《功限》和《料例》，进一步反映了宋代官手工业管理的精细和效率。计量观念在人工和原材料管理中得到充分体现。《营造法式》中将按各个营造项目具体计算并确定出所应消耗的人工数和原材料数称为"本功"。这种"本功"非常像现代工业成本管理中的计划成本。然后，把实际完成功限的多少，照本功的标准进行增减，其方法又如现代工业的成本分析。这种早期的成本核算思想和方法，虽然并不具有现代经济管理的意义，但它不仅可以较准确地计算出生产经营所需要的成本费用，而且对防止施工人员浪费材料或虚报假账也有明显的作用。

第二九至第三四卷都是图样，篇幅几乎占全书的一半。列目总例图样、壕寨制度图样、石作制度图样、大小木作制度图样、雕木作制度图样、彩画作制度图样、刷饰制度图样。图样包括了上列各目的测量工具图、地盘平面图、柱架断面图、木构件详图，以及各种雕饰与彩画图案。图样不仅工笔细腻清晰、形象逼真，而且所列甚详，基本上将宋以前及宋代建筑方面取得的成就进行了形象说明。它对研究社会史、经济史、科技史、文化史都颇有价值。

《营造法式》可以称之为中国古代建筑的百科全书，从内容上看，有很大的特点。首先是制定和采用了模数制。书中详细说明了"材分制"，并以"材"为权衡的基本单位。对于"材"与"栔"的规定为：（一）凡构屋之制，皆以材为祖，材有八等，度屋之大小因而用之。（二）栔广六分厚四分，材上加栔者谓之足材。（三）凡屋宇之高深，名物之短长，曲直举折之势，规矩绳墨之宜，皆以所用材之分以为制度焉。以这三条规定为基础，结合书中其他章节，可以认为材指的是断面高厚相当于拱木高厚的方木，八种材的具体尺寸包括了当时各种等级各种规模的官式房屋使用的木材种类。材厚度的十分之一叫做一分，以此可度量大木各种构件。栔是比材高厚都小一些的方木，位于拱与拱之间或拱与枋之间。在《营造法式》中，无论是尺寸、做法，常常利用材、栔、分来作为衡量标准。这是中国建筑历史上第一次明确模数制的文字记载。其次是设计具有灵活多样性。各种营作制度虽然在书中有严格而又繁复的规定，但是并没有具体限定建筑物群体组织的布局和单体建筑的平面尺寸，且往往在各种制度的条文下附有"随宜加减"的小注，这就使设计者在大的规制下可以根据不同地域、不同功用及不同财力的具体条件，对构件的比例尺度发挥自己的创造性。在具体的操作上，也表现了其灵活性。如书中规定了对梁枋的加工手段，就有精细之分，主要建筑物如殿堂等的梁枋采用"月梁"，加工精致；次要建筑物如常行散屋等，其梁枋则采用"直梁"，加工就较粗糙。另外，室内有天花板的建筑，梁栿又有"明栿"和"草栿"的区别，天花以下露明的梁栿就要采取"明栿"的做法，工整精丽，砍割卷杀都有一定的做法；天花以上不外露的则采取"草栿"的做法，只对梁栿一般加工而已。至若采用"彻上明造"，亦即不用天花板时，梁栿等屋架构件的加工也就很粗疏了。由此可见其具体操作的灵活多样性。此外，全书归纳和总结了大量的古建筑技术经验。如根据传统的木构架结构，规定凡立柱都有"测角"及柱"升起"，这样就使得整个构架向内倾斜，大大地增加了构架整体的稳定性；在横梁与立柱交接处，用斗拱承托以减少梁端的剪力，并总结了偷心的做法，即如果斗拱向外挑出的各层出踩上，也就是向外挑出的各层翘头或昂身上，都依建筑物面宽方向出拱，但仍继续出踩或出昂的方法，这种做法在辽、宋、金的建筑遗物实例中运用相当普遍。书中还叙述了砖、瓦、琉璃的配料比例和烧制方法，以及各种彩画颜料的配色方法，从中我们可以知道当时的彩画主要有两种，一种是以暖色为基调，有丹粉刷饰和五彩遍装法；另一种是以冷色为基调，即碾玉装，从中可以见出当时建筑物的装饰及人们的审美情趣。第四，结构与装饰的和谐统构件结构上所需形制大小及各自不同的构造方法的同时，也规定了它们各自艺术加工的方法。如梁、柱、斗拱、椽头等构件的轮廓和曲线，就是采用"卷杀"的方法制作的。该手法充分地利用和发挥了结构构件的功能，并加以适当的艺术加工，发挥其装饰作用，成为中国古典建筑的重要特征之一，从而奠定了中国古代建筑在世界建筑史上的独特地位。

《营造法式》不仅总结了各种经验，而且更重要的是在当时调解大兴土木与工料缺陷之间的关系，起到了重要作用。北宋王安石执政期间，为了杜绝贪污浪费、根除腐败现象，制定出了一系列财政和经济的法令和条例，该书也可看作其中之一，因此书中以大量的篇幅叙述工限和料例。例如对劳动定额的计算，首先按四季白天时间的长短，将春、秋分为中工，夏季分为长工，冬季分为短工，工值以中工为基准，长短工各增减百分之十，并且对军工和雇工也规定了不同的定额。

其次，对每一工种的构件，按照运输距离的远近、水流方向的顺逆、加工木材的软硬等级、大小和质量要求，规定了不同的工值计算方法。料例部分中，则对于各种材料的消耗都有详尽而具体的定额。所有这些规定，都为编造预算和施工组织制定出了严格的标准，既便于生产，也便于检查，从而有效地杜绝了土木工程中贪污盗窃现象的发生。

《营造法式》将唐代已形成的以材为模数的设计方法、各工种的做法和工料定额首次完整系统地作为一种定制固定下来，并附以图样，较为系统、完整地反映了当时中原地带建筑设计、施工、形式结构和装饰样式等方面的技术成就和艺术水平，成为流传下来的中国古代最重要的建筑专书，也是研究宋代并上溯隋唐、下及金元建筑演变的重要史料。特别是其中揭示的北宋时期大量的宫殿、寺庙、官署、府第等木构建筑所用的方法，使我们能在实物遗存保留较少的情况下，对当时的建筑有非常详细的了解，从而为研究中国古代建筑发展史提供了重要史料。通过书中的记述，我们还了解了现存建筑所不曾保留的、今天已不使用的一些建筑设备和装饰，如檐下铺竹网以防鸟雀筑巢，室内地面铺编织的花纹竹席，橡头用雕刻纹样的圆盘，梁栿用雕刻花纹的木板包裹等。

《营造法式》作为一部建筑学的资料汇编，是对中国古代建筑技术和建筑观念的总结和升华，从中不仅可以见出中国古代建筑规模和各种技术数据，而且还可以通过其探索中国建筑文化的特有品位及其中蕴含的文化精神。特别是其中总结概括出来的"材"的模数，可以说概括出建筑物一切构件的尺度和建筑各部分的关系，便于施工和管理，同时更重要的是，使中国建筑具备了形式美的法则，如具有实用功能的台基、础柱、斗拱、窗棂、彩画、瓦饰等，同时又有重要的艺术装饰作用。而在具体创作中，虽然大量建筑都是程式化的形式，但却极少有完全相同的建筑，因为匠师们在运用总体程式的过程中，同时注入了自己的艺术构思和审美情趣，不断创新。这就使中国建筑艺术既有严格的定型，又有丰富微妙的变化；既是简单的结构实体，又充满了无穷的空灵韵味，而所有这些，在本质上又是同中国文化和艺术精神相通的，所以《营造法式》为研究中国特有的建筑艺术，从而进一步理解和把握中国艺术精神，提供了一份系统、详尽而又珍贵的第一手资料。

《营造法式》是宋代建筑技术向标准和定型方向发展的标志。它科学地记录和系统地总结了北宋之前建筑学方面的"工作相传，经久可用之法"，表明了我国建筑工程的严密化、完善化趋势，对我国建筑事业的发展产生了重要的作用，也是研究中国古代建筑和修复古建筑的重要著述，其影响力不止我国，就是在当时世界上也是屈指可数的建筑学专著。1920年，江苏图书馆重刊该书，使之流传到欧美和日本诸国，在国际建筑业范围内引起了普遍重视。

关于本书的研究，校注有陶湘校刊、梁思成注释；论著有梁思成《营造法式注释序》、乔迅翔

《〈营造法式〉功限、料例的形式构成研究》,以及郭黛姮《论中国古代木构建筑的模数制》、《李诫》,及 S. P. 铁摩辛柯著、常振楫译《材料力学史》,贺圣迪《〈营造法式〉与宋元时期的建筑技术思想》(见袁运开、周瀚光主编《中国科学思想史》)的有关部分。

(林少雄 施正康 曾 抗)

禹迹图 〔北宋〕沈 括

《禹迹图》,一幅。北宋沈括绘,成图于元丰三年(1080)五月至五年(1082)十月间。宋时有元丰五年左右长安本、元符三年(1100)正月依长安本重刊本。稍后,据以刻石,有刘豫阜昌七年(1136)刻石,金天会十四年(1136)刻石、南宋绍兴十二年(1142)刻石。现藏于西安碑林博物馆、镇江博物馆。

作者生平事迹见"梦溪笔谈·乐律"条。

熙宁九年(1076),沈括奉命绘制《守令图》,元祐二年(1087)完成。其间自元丰三年(1080)五月至五年十月,他外任知延州和鄜延路经略使,绘成小图一轴,即《禹迹图》。

本图是元丰初年的国内古今山水地名图。图的长、宽各约0.77米,绘有"禹贡山川名,古今州郡名,古今山水地名"。全图用计里画方法绘制,有方五千一百十。每方折地百里,相当于一百五十万分之一。

图中绘有黄河、淮河、长江等河流,其中标名的近八十条;积石山、岷山、桐柏山等山脉七十多座;行政区名三百八十个。河流以粗细不等的细条表示,山脉直接用文字示其所在。海洋部分,阜昌七年刻石未用符号,绍兴十二年刻石用水波纹表示。

图上长江、黄河、淮河等许多河流的位置与形状,海岸线的轮廓,比较接近实际。南部较大河流多未绘上。辽东半岛和山东半岛西部宽度不足,杭州湾之南多出一个大弯曲,海南岛东西过宽,台湾岛未绘。作者深受《禹贡》影响,以积石山为河源,又将黑水分绘于西北和西南两角,而南入于海。但也有突破成规的,如以金沙江为长江上游。

《禹贡图》所反映的地理知识与绘制地图技术对后世有所影响,其水平大大超过同时代的欧洲。它是研究北宋政区、地学成就、制图技术的重要文献。

有关本图的研究,主要有曹婉如《论沈括在地图学方面的贡献》、《再论〈禹迹图〉的作者》、《华夷图和禹迹图的几个问题》,李裕民《〈禹迹图〉的作者不是沈括》,以及李约瑟《中国科学技术史》,

王成组《中国地理学史》,地学史组《中国古代地理学史》,陈正祥《中国地图学史》,唐锡仁、杨文衡主编《中国科学技术史·地学卷》的有关部分。

(贺圣迪)

梦溪笔谈 〔北宋〕沈 括

《梦溪笔谈》,三十卷(包括《笔谈》二十六卷、《补笔谈》三卷及《续笔谈》一卷)。北宋沈括撰。约成于元祐年间(1086—1093)。通行本有南宋乾道二年(1166)扬州州学本、明弘治八年(1495)徐瓒刊本、商濬《稗海》本、毛晋《津逮秘书》本、崇祯四年(1631)马元调刊本、清张海鹏《学津讨原》本、光绪三十年(1906)番禺陶氏刊本、1987年上海古籍出版社版胡道静《梦溪笔谈校证》本等。

作者生平事迹见"梦溪笔谈·乐律"条。

《梦溪笔谈》是一部笔记类著作,是沈括晚年在梦溪园回顾总结自己一生经历和科学活动以及与人交谈中有价值之内容的忠实记录。其《自序》说:"予退处林下,深居绝过从,思平日与客言者,时纪一事于笔,则若有所晤言,萧然移日。所与谈者,唯笔砚而已,谓之《笔谈》。"全书包括《笔谈》二十六卷,分故事、辩证、乐律、象数、人事、官政、权智、艺文、书画、技艺、器用、神奇、异事、谬误、讥谑、杂志、药议十七门;《补笔谈》三卷(亦有作二卷或一卷),分补《笔谈》中故事、辩证、乐律、象数、官政、权智、艺文、器用、异事、杂志、药议十一门;《续笔谈》一卷,不分门。共计有六百零九条笔记,内容涉及科学、历史、哲学、政治、军事、文学、艺术等各个方面。其中有关科学技术的笔记约有二百五十五条,占了全书条文的五分之二强。

《梦溪笔谈》中的科技内容非常丰富,如按现代科学的学科来分,计有数学十二条,物理学四十条,化学九条,天文学二十六条,地学三十七条,生物学和医学八十八条,工程技术三十条,以及自然观十三条,堪称宋代自然科学的百科全书。书中不仅保存了当时的许多重要科技史料,而且在各个学科领域都提出了不少创造性的见解,从而对宋代科技的发展作出了杰出的贡献。

在数学方面,本书的主要贡献是给出了"隙积术"和"会圆术"。"隙积术"是求解垛积(即用瓮、缸、瓦盆之类堆积而成的一种长方台形体)问题,属于高阶等差级数求和问题。沈括在书中创立了一个正确的求解公式,并由此而开辟了一个数学研究的新方向。以后南宋的杨辉和元代的朱世杰在此基础上进一步研究,将它推广发展为更一般的高阶等差级数求和的"垛积术"。"会圆术"是已知圆的直径和弓形的高,求弓形的弦长和弧长的方法。沈括在书中给出的两个求解公式,也是中国数学史上的重要创举。以后元代郭守敬在《授时历》计算中所用的"弧矢割圆术"即源出于此。除此之外,书中在论述天文学计算问题时还提出"圆法"和"娄法",涉及球面三角学的问题;又用数学知识研究军粮的运输,其中含有运筹思想的萌芽;还运用组合数学的方法计算围棋棋局总数,其中用到了指数定律。

在物理学方面,本书对光学、声学、磁学等均有深入的研究。如关于光学,书中记载了凹面镜成像的实验过程,指出正像和倒像的形成与焦距有关;研究了古代透光镜的制造方法,用铸镜时冷却速度的不同来解释透光镜能反射背面花纹的原因;记录了当时"红光验尸"的方法,这是我国关于滤光应用的早期记载;对于海市蜃楼和雨雾见虹等大气光象也有忠实而细致的观察记录等等。关于声学,书中记载了沈括所做的共振实验:"琴瑟弦皆有应声,宫弦则应少宫,商弦即应少商,其余皆隔四相应。……欲知其应者,先调诸弦令声和,乃剪纸人加弦上,鼓其应弦,则纸人跃,他弦则不动。声律高下苟同,虽在他琴鼓之,应弦亦震。"(《补笔谈》卷一)这种利用纸人所做的演示实验,比西方的同类实验要早六百多年。关于磁学,书中研究了磁针的四种支挂方法,即水浮法、置在指甲上或碗边上、丝悬法,并得出"缕悬为最善"的结论;提出用天然磁石磨钢来进行人工磁化的方法;最早发现地磁偏角,认为磁针指南"常微偏东,不全南也"(《笔谈》卷二四),比西方早四百多年。此外,对于雷电、潮汐等自然现象,书中也有许多科学的观察和分析。

在化学方面,本书对石油开发、胆水炼铜、制盐及冷光等一系列问题均有科学的论述。《笔谈》卷二四中记录了沈括在延州(今陕西延安)为官时,曾亲自考察了当地人民开采石油的情况,并已经注意到其资源丰富,"盖石油至多,生于地中无穷",还预料到"此物后必大行于世"。他首次提出的"石油"这一科学命名,一直沿用至今。卷二五中说:"信州铅山县有苦泉,流以为涧,挹其水熬之,则成胆矾,烹胆矾则成铜;熬胆矾铁釜,久之亦化为铜。"这实际上记述了一个化学置换反应,即硫酸铜溶液和铁作用后生成硫酸亚铁和铜,是胆水炼铜的化学原理。卷三中记述了山西解池的制盐技术,并就浊水(胶体溶液)对食盐结晶的破坏作用作了描述和分析。卷二一中则对化学发光和生物化学发光两种自然现象进行了详细的观察和记录。

在天文学方面,本书也有许多创见,如发现真太阳日有长短,认为十二次斗建当随岁差迁徙等,其中最有价值者,当推"十二气历"的提出。书中在批评了传统的阴阳合历因置闰而产生"气朔交争,岁年错乱,四时失位,算数繁猥"的缺点后,明确提出用纯粹的阳历来代替传统的阴阳合历,即用节气定月而不管月亮的圆缺:"今为术,莫若用十二气为一年,更不用十二月。直以立春之日为孟春之一日,惊蛰为仲春之一日,大尽三十一日,小尽三十日,岁岁齐尽,永无闰余。……如此历日,岂不简易端平,上符天运,无补缀之劳?"(《补笔谈》卷二)沈括所设计的这个历法确实是比较科学的,它以太阳视运动为计算依据,既符合天体运行的实际,又有利于农业活动的安排。现在世界各国采用的公历,实际上也就是阳历,与沈括"十二气历"的基本原理是完全一致的。正如沈括在书中所预见的:"今此历论,尤当取怪怒攻骂,然异时必有用予之说者。"(同上)

在地学方面,本书对地质、地形、地理、地图等均有精彩的论述。卷二四中说:"予奉使河北,遵太行而北,山崖之间,往往衔螺蚌壳及石子如鸟卵者,横亘石壁如带。此乃昔之海滨,今东距海已近千里。所谓大陆者,皆浊泥所湮耳。……凡大河、漳水、滹沱、涿水、桑干之类,悉是浊流。今关陕以西,水行地中,不减百余尺,其泥岁东流,皆为大陆之土,此理必然。"这是对海陆变迁之地质现象的早期科学论述以及对华北大平原成因的最早科学解释。同卷又说:"予观雁荡诸峰,皆峭拔险怪,上耸千尺,穿崖巨谷,不类他山,皆包在诸谷中,自岭外望之,都无所见,至谷中则森然干霄。原其理,当是为谷中大水冲激,沙土尽去,唯巨石岿然挺立耳。"这是关于流水侵蚀作用构造地形的科学见解。此外,书中还论及植物化石、地形测量、地图绘制及木质立体地理模型的制作等。

在生物学和医药学方面,本书也有许多可贵的记述,涉及动植物的地理分布、形态描述和分类,生物的生理、生态现象,药物和药理作用,生物防治,人体解剖生理学以及古生物学等各个方面。如卷二一中记述了长吻鳄与扬子鳄在形态上的区别,并指出其卵生的特点;卷十三中以有人调教山鹊为例子,说明动物的许多习性与生活环境有关,人工可以对其施加影响而改变其习性;卷四中记述了牡桂对植物生长的抑制作用,卷二四中记述了黏虫的天敌步行虫,揭示了自然界存在的生物相互制约的规律;卷二六中批评了当时医学界认为人有三喉的错误观点,较详细地论述了食物、药物和空气进入人体以后的运转过程和人体新陈代谢的基本原理;同卷中又论述了地势、气候、土壤、植物种性及耕作措施等各种因素对植物生长发育所起的作用,提出了植物生理生态学和药材学方面的一系列科学见解。

在工程技术方面,本书保存了许多极其珍贵的科技史料。如卷十八中记载:"庆历中,有布衣毕昇,又为活板。其法用胶泥刻字,薄如钱唇,每字为一印,火烧令坚。先设一铁板,其上以松脂腊和纸灰之类冒之。欲印则以一铁范置铁板上,乃密布字印。满铁范为一板,持就火炀之,药稍熔,则以一平板按其面,其字平如砥。若止印三二本,未为简易;若印数十百千本,则极为神速。"这是迄今为止关于活字印刷术的发明者毕昇的唯一原始资料,全赖此书的记载,才使我们今天得以了解我国印刷术由雕版印刷发展到胶泥活字印刷的历史过程。其他还有关于水工高超用三节压埽法巧合龙门的记载(卷十一),关于喻皓《木经》中"材分制"的记载(卷十八),关于古代弩机上瞄准器"望山"的记载(卷十九),关于西夏羌族冷作金属硬化法的记载(卷十九)等等,都是中国古代科技发展的重要历史资料。

在自然观方面，本书表现了沈括朴素唯物主义和朴素辩证法的元气论自然观。如卷二六中说："天地之气，贯穿金石土木，曾无留碍。"卷七中说："日月，气也，有形而无质。"这都是用物质性的"气"来说明天地、日月和万物的客观存在。卷七中又说："大凡物理有常有变。运气所主者，常也；异夫所主者，皆变也。常则如本气，变则无所不至。"这是用气的常变来解释事物的规律性和偶然性。书中在论到数学时说："大凡物有定形，形有真数。"（卷七）在论到医学时说："医家有五运六气之术，大则候天地之变，寒暑风雨，水旱螟蝗，率皆有法；小则人之众疾，亦随气运盛衰。"（卷七）这些都反映了沈括朴素唯物主义的元气论自然观对其科学研究实践的指导作用。

《梦溪笔谈》在各个科技领域内都取得了如此重大的成就，这在中国科技史上是无与伦比的。如果说宋代是中国科技发展的"黄金时代"的话，那么《梦溪笔谈》就是这一时代最具代表性的集大成的科技著作。目前，此书的价值正在越来越广泛地受到国内外学术界的注目。日本近代数学史家三上义夫在研究了沈括及其《梦溪笔谈》后认为："沈括这样的人物，在全世界数学史上找不到，唯有中国出了这样一个。"（《中国算学之特色》）英国科学史家李约瑟在他的《中国科学技术史》第一卷中，把此书称为"中国科学史上的坐标"，把沈括称为"中国整部科学史中最卓越的人物"。美国科学史家席文则称沈括为"中国科学与工程史上最多才多艺的人物之一"（《为什么中国没有发生科学革命？》，载《科学与哲学》1984 年第一辑）。

《梦溪笔谈》中有许多有价值的经济史料，主要有以下几方面内容。

一、关于北宋农业发展的情况。（一）是实行淤田法的情况。淤田是农田建设的一个重要方面，《梦溪笔谈》卷二四《杂志一》中记载"熙宁中，初行淤田法"，并考察了淤田的历史来源，引证《汉书·沟洫志》关于"泾水一斛，其泥数斗，且粪且溉，长我禾黍"和唐人石碑，提出"淤田之法，其来盖久矣"。这里的"粪"即淤田之意。

（二）是记载了扩大耕地，提高产量的做法。同卷记述："予熙宁中奉使镇定（今河北定州），时薛师政为定帅，乃与之同议，展海子直抵西城中山王冢，悉为稻田。引新河水注之，清波弥漫数里，颇类江乡矣。"

（三）是记述北宋年间潴水为塞的措施，认为此法兼有屯田之利。卷十三《权智》中载，自用此法以来，"深、冀、沧、瀛间，惟大河、滹沱、漳水所淤，方为美田"，"自为潴泺，奸盐遂少，而鱼、蟹、菰、苇之利，人亦赖之"。

（四）是提供了重要的经济作物茶的生产和销售状况。卷二五《杂志二》记述了被前人忽视的建茶，指出"建茶胜处曰赫源、曾坑，其间又'岔根'、'山顶'二品尤胜"。为后人研究中国福建茶业的发展提供了参考。

二、关于水利的情况。（一）是记载了有关黄河灾害的情况。北宋时，黄河每年决口改道，沈括在卷十一《官政一》记录了庆历年间(1041—1048)人民同黄河水害作斗争的事迹,歌颂了水工高超巧合龙门的创举。

(二) 是记录了治理汴渠的水利工程情况。汴渠是促进北宋经济发展的重要交通命脉,汴水治理是北宋水利建设的一项重要工程。卷二五较详细地记载了汴水治理的历史以及采用分段筑堰测量的方法等。表明通过这些工程,重新沟通了京、洛和东南的河运。

(三) 是记录了中国古代传统的水利工程设施——溷柱的重要作用。卷十一载:"钱塘江,钱氏时为石堤,堤外又植大木十余行,谓之'溷柱'。"其作用是保护堤坝,防止水患。一旦溷柱遭破坏,则"石堤为洪涛所激,岁岁摧决",给人民财产带来损失。

三、关于交通航运方面的情况。卷十二《官政二》描述了真州(今江苏仪征)复闸的情况。复闸是水利航运中的一项重要工程,可以调节水位高差以解决船只通行的困难。真州复闸与现代船闸原理相一致,反映了中国古代在航运工程中的一大创造。卷十三记载为解决江南水乡的陆上交通,嘉祐年间(1056—1063),人们创排水取土、筑堤为路的方法,"每三四里则为一桥以通南北之水"。反映了古代人民的聪明才智。

四、记述了许多北宋茶法、盐法、漕运等情况。卷十一对算茶的"三说法"进行了考证,指出人们误以为现钱、犀牙香药、茶为三说,实为"三分法"。三说是指博籴、便籴、直便。沈括对三说法的作用作了分析,肯定其为"良法"。同卷又记载了食盐的种类,产地分布与政府税收的情况,指出盐的种类,"中国所出,亦不减数十种,今公私通行者四种",即末盐、颗盐、井盐、崖盐。"运盐之法,凡行百里,陆运斤四钱,船运斤一钱,以此为率。"又记述了北宋创行盐钞法的情况:"兵部员外郎范祥始为盐钞法,令商人就边郡入钱四贯八百售一钞,至解池请盐二百斤,任其私卖。得钱以实塞下,省数十郡般运之劳。异日辇车牛驴以盐役死者,岁以万计,冒禁抵罪者,不可胜数,至此悉免。"后于京师置都盐院。"京师食盐斤不足三十五钱,则敛而不发,以长盐价;过四十,则大发库盐,以压商利。使盐价有常,以钞法有定数。行之数十年,至今以为利也。"

五、记载了唐代刘晏的粮价管理办法。卷十一说:"刘晏掌南计,数百里外物价高下,即日知之。"办法是令各产粮郡县将数十年来的粮食收购价和购粮数各分成五等上报。以后各地以此为依据,视当地粮价高下决定收购量:第一等价格按五等数量收购,第二等价格按四等数量收购,依此类推。免去了各地先呈报价格,再等候批示等繁文缛节,大大提高了效率,且抓住了收购的有利时机,使国家有效地控制了粮价。这一重要的中国古代经济管理经验因《梦溪笔谈》而得以保存。

六、记载了范仲淹利用高消费以救荒的思想。皇祐二年(1050),吴中大饥。知杭州的范仲淹用各种办法救荒。他"纵民竞渡"、"日出宴于湖上,自春至夏,居民空巷出游",又鼓励佛寺主"大兴土木之役"，并修理粮仓官舍，"日役千夫"。当受到弹劾时，他自陈说这是"欲以发有余之财，以惠贫者。贸易饮食工技服力之人仰食于公私者，日无虑数万人。荒政之施，莫此为大"（卷十一）。范仲淹的这种救荒思想后来得到推广，"募民兴利，近岁遂著为令"。

七、记载了一些货币史资料。如卷二一《异事》说："寿州八公山侧土中及溪涧之间，往往得小金饼，上有篆文'刘主'字，世传'淮南王药金'也。得之者至多，天下谓之'印子金'是也。""刘主"是对"郢爰"（"爰"或释"再"）的误识。这是有关战国时楚国金币郢爰的第一次文字记录。

沈括的哲学思想主要表现在他的自然科学研究中，通过《梦溪笔谈》一书可以归纳为以下几个方面。

一、以"气"为本的自然观。沈括说，"阴阳消长，万物生杀变化之节，皆主于气而已"，认为世界的本原是物质性的"气"，而不是精神性的"理"。他从物理、化学的角度，对"气"作了进一步的说明："如细研硫黄、朱砂、乳石之类，凡能飞走融结者，皆随真气洞达肌骨，犹如天地之气，贯穿金石土木，曾无留碍。"这段话虽为药理作用而发，但明确地肯定物体分割之后，"犹如天地之气"，可以"贯穿金石土木"，这和当今人们所了解的物质微粒和连续性的场有某些相似之处。物质经过研磨之后，并没有化为乌有，而只是改变了存在的状态，这是对元气学说合乎科学的说明。沈括认为，这个构成万物本原的"气"，表现为金、木、水、火、土这"五行"，即构成宇宙万物的五种基本元素，或五种基本的物质形态。并且运用"五行"学说来解释天文、气象、物理、化学、乐律、医药等，立足于观察和实验，适当运用想象和猜测，较少生搬硬套、牵强附会，或诉诸天意、妄加比附，得出了许多有价值的结论。沈括还认为，"理"是事物的内在规律，"凡变化之物，皆由此道，理穷玄化，天人无异，人自不思耳。深达此理，则养生治疾，可通神矣"。这种看法显然是唯物主义的。

二、朴素辩证法的发展观。沈括认为，自然界是发展变化的。他说："大凡物理，有常、有变。运气所主者，常也；异夫所主者，皆变也。常则如本气，变则无所不至。"这里所说的"物理"是指自然界事物发展变化的规律，有稳定性，也有可变性。运气占主导地位，规律是稳定的；运气不占主导地位，规律是可变的。稳定的规律符合本气，变化的规律则无所不在，即有无限转化的可能。对于自然界发展变化的原因，他说："阴阳相错，而生变化"，"阴阳合德，化生万物者也"。他还认为"阴中之阳"，"阳中之阴"，阴阳上下"相对"，主宾"相间"，也就是说，事物的阴阳两个方面既是互相联系、互相依赖，又互相矛盾、互相对立，由此才能发生变化、化生万物。沈括还指出，"物盈则变"，并设譬说："朱砂至良药，初生婴子可服。因火力所变，遂能杀人。以变化相对言之，既能变而为大毒，岂不能变而为大善？既能变为杀人，则宜有能生人之理。"指出朱砂这种东西的药性在不同的火力下会发生突变，生动地说明了事物辩证转化的道理。在这里，不同的火力就是朱砂药性转化的条件。他这种矛盾发展到一定限度就会引起事物变化的认识，已经初步形成了量变引起质变的思想。沈括还进一步把这种辩证的发展观同他的自然观相结合,指出:"阳顺阴逆之理,皆有所从来,得之自然,非意之所配也。"说明阴阳两个方面的对立统一,是客观的自然现象,不是主观精神或意志所能支配的。他的这一精辟论述,在当时实在是难能可贵的。

三、"观象以求"的可知论。沈括认为自然界的"理"、"法"、"形"、"数"都是可知的。他说:"来往常相代,而吾所以知之者一也。故藏往知来,不知怪也。圣人独得之于心而不可言喻,故设象以示人。象安能藏往知来,成变化而行鬼神?学者当观象以求。"这就是说,客观现象之间往来相代,存在着"一"即道,即普遍的规律性,这种规律性是可以求知的。他还坚持用自然界本身的原因来说明自然界所发生的各种现象,对日月蚀、雷电、地震、陨石、虹、海潮、海市蜃楼等自然现象作了较为科学的说明,驳斥了神学迷信。他处处强调"穷理"、"求法"、"与微"、"入神"、"致知",就是坚信这些"理"、"法"、精细的规律、现象后面的本质是可知的。

四、科学思维与科学方法。沈括注意从各学科之间的相互联系和相互渗透上,去研究问题。例如,他用冶金学原理解释古剑的锻制方法,指出"剂钢"(即高碳钢)淬火后而质硬且脆适于制刃,"柔铁"(即熟铁)韧而不脆,可用作剑的中脊,同现代考古学家用化学分析的结果符合;用光学原理解释古镜,指出镜面曲度同呈像大小的关系;用勾股弦的几何学关系解释"弩机"上"望山"的用法,用度量衡学来研究古今长度和容量单位的演变;用地形高低解释气温变化;用民族学的材料来解释古衣冠和祭器。在进行科学研究时,善于运用比较推理来获得认识,比如他在太行山崖之间,看到大量螺蚌壳和卵石,像带子一样横贯石壁,从而推断这里过去曾是海滨。

有关《梦溪笔谈》的研究著作,有胡道静的《梦溪笔谈校证》、中国科技大学和合肥钢铁公司《梦溪笔谈》译注组的《梦溪笔谈译注(自然科学部分)》、王洛印《梦溪笔谈译注》、杭州大学宋史研究室编的《沈括研究》、金秋鹏《沈括》(见杜石然主编《中国古代科学家传记》)等。

(周瀚光　张　毅　徐仪明)

苏沈良方 〔北宋〕沈 括 苏 轼

《苏沈良方》，又名《内翰良方》《苏沈内翰良方》，十卷。北宋沈括、苏轼撰。成书年月不详。初刊于神宗熙宁八年(1075)。通行本有明嘉靖刊本、清乾隆三十九年(1774)刊本(八卷)、《四库全书》本、清光绪十九年(1893)聚珍版、1925年上海千顷堂石印本(名《内翰良方》)等，又有清程永培校刊《六醴斋医书》十种本(1794年刊，包括《苏沈良方》)、清乾隆癸丑(1793)鲍廷博校刊本、清光绪二十三年(1897)武强贺氏仿知不足斋本校印。

沈括生平见"梦溪笔谈·乐律"条;苏轼生平见"东坡易传"条。

《苏沈良方》非沈、苏当时合著之书。疑原为沈氏所撰《良方》(十卷)，后人附入苏说，合成十五卷，原书遂微。《永乐大典》始有《苏沈良方》名目。因几经传抄，误字疏漏甚多，近不可读，后人为之重订。

《苏沈良方》是一部古医方书。书中有沈氏自序、永嘉道士林灵素序各一篇，在不同刊本中还有程永培跋、鲍廷博跋。书的体裁近似医药随笔，论述范围很广，包括本草、疾病治疗、养生、针灸、杂说等。于妇、儿、风、眼诸科疾病专而裁之，又记载汤、散、丸的各自功效。卷一，有论病序、苍耳说、记菊、记海漆、论脏腑、论采药、论山豆根等篇。卷二，有论风病、治诸风上攻头痛方等篇。卷三，有论圣散子、金液丹等篇。卷四，有服茯苓说、服茯苓赋并序、治脏腑冷极木香散等篇。卷五，有与翟东玉求地黄、解暴热化痰龙胆丸等篇。卷六，有问养生、论修养寄子由(苏轼弟)、养生说、续养生说、书养生论后、养生偈、神仙补益、书辟谷说、金丹诀等篇。卷七，有治眼齿、治内障眼等篇。卷八，有治水气肿满法、疗痢血方等篇。卷九，有疮疡久不合治诸鲠等篇。卷十，有治妇人产乳百疾泽兰散治小儿热嗽等篇。

书中内容虽然驳杂，然其剖析病机病理，执论立方，亦多独辟蹊径者，时而神验。如说："受疾者必有邪奸其间，随腑以作难，属经分而为愿。"故医者诊病施药，须"斟酌五内之重轻"，"窥测表里之先后"，"如捕盗者，密搜其在以系获之"(沈序)。对内、外、妇、儿、眼等科疾病，均记载简易有效的疗法。所载方药,亦大多附以验案,以明疗效。其中针灸法一项,详论主治病症及取穴方法,不但切实可行,且又是对某些慢性病患的一种特殊疗法,值得深入研究。

对药物性味、功效乃至炮炙、采收等的辨析,有些相当精辟。诸如像分析金樱子止遗泄,取其温涩。流水和止水有所不同。汤、散、丸剂型的药物功效各异。对细辛、枳实等药物存在的"一物多名"、"一名多物"及"名实错乱"的问题作了精心考订。对《神农本草经》等古书记载山豆根等药物性味的错误则作了纠正,指出:"山豆根极苦,本草言味甘者,大误也。"(卷一《论山豆根》)故而后世本草书,如寇宗奭的《本草衍义》、李时珍的《本草纲目》等均引用本书的观点。又说:"药至贱而为世要用,未有如苍耳者",此药无分"南北、夷夏、山泽、斥卤、泥土、沙石,但有地则产。其花、叶、根、实皆可食,食之如菜亦治病……使人髓满、肌理如玉,长生药也"(卷一《苍耳说》)。"茯苓自是仙家上药,但其中有赤筋脉若不能去,服久不利人眼或使人眼小。"(卷四《服茯苓说》)其炮炙法则当去皮,切为方寸块,于银石器中清水煮,待酥软解散时,入细布袋中以冷水揉作葛粉状,澄去粉而筋脉留布袋中弃去不用,然后再和以蜜,蒸过食之尤佳。另外,但凡"一物而性理相反"者,不可妄用。

关于药材采收,书中指出:"古方采草药,多用二、八月,此殊未当。"应据所用是根、芽、叶、花、实而在不同时候采集,并要根据产地、气候、品种、个体差异和种植条件的不同而不同,"岂可拘以定月哉?"(卷一《论采药》)

书中卷六《秋石方》、《阳炼法》、《阴炼法》中,还记载我国早在11世纪,便成功地从大量人尿中提取相当纯净的性激素结晶,并用于临床有很好的疗效的事例。提取过程中用皂荚汁(即皂甙)沉淀甾体(即类固醇)这一特异性反应。比西方医学在1909年才有报导和1927年才发现孕妇尿中含大量性激素要早八百多年。

《苏沈良方》以辨药、治病、立方三者相结合,虽内容博杂,然由于不少见解精辟,是以亦成一家之书,在医学史上产生一定影响。其关于我国在11世纪前就通晓从人尿中制备秋石(性激素结晶制剂)的记载,为世界医学化学之重大成就。书中亦有些不实夸大之处,如苏轼的圣散子方,经临床疗效不佳,因而引起后人的微词。

关于本书的研究,有张家驹《沈括》、杭州大学宋史研究室《沈括研究》、金秋鹏《沈括》(见杜石然主编《中国古代科学家传记》)及诸家中国医药史中的有关部分。

(邵祖新)

物类相感志 〔北宋〕苏　轼

《物类相感志》，一卷。北宋苏轼撰。通行本有《宝颜堂秘笈广集》本、《唐宋丛书·别史》本、《说郛》本、《丛书集成初编》本等。

作者生平事迹见"东坡易传"条。

《物类相感志》分为身体、衣服、饮食、器用、药品、疾病、文房、果子、蔬菜、花竹、禽鱼、杂著等十二篇，共计四百四十八条。卷首冠以总论，举凡六种物事、日用起居等为记。所谓物类相感，即自然界中物与物之间产生的各种作用，而本书偏重于日用小常识。

如"身体"类中"饮酒后欲口中无酒气，用理中汤调气散合和一处，干服少许"、"冬月唇燥裂痛，不可以津润，只用香麻油抹之，二三日便可，酥油尤妙"；"衣服"类中"夏月衣蒸，以冬瓜汁浸洗，其迹自去，一云大蒜亦妙"、"酒、醋、酱污衣，藕擦之则无迹"；"饮食"类中"煮老鸡以山里果煮就烂，或用白梅煮亦好"、"蛤蜊馄饨，以蛤蜊洗净，安桶盘内，月下露之，令口开，以真粉研料物盐，以蛤蜊纳之，则口闭，少时便用斗窜之去壳，真粉在壳内外如馄饨"；"器用"类中"酒瓶漏者，以羊血擦之则不漏"、"碗口上有垢，用盐擦之自落"；"药品"类中"服茯苓勿食醋"、"疮药中用硫黄气者，以竹叶烧烟熏之则不臭"；"疾病"类中"霍乱吐泻不止饮米醋半盏即止"、"蜂叮痛，以野苋菜捣敷之"；"文房"类中"肥皂浸水磨墨，可在油纸上写字"、"桦皮烧烟熏纸作故色，胜如黑泥"；"果子"类中"藏金橘于绿豆中，则经时不变"、"橄榄与盐同食，则无苦味"；"蔬菜"类中"茄子以炉灰藏之，可至四五月"、"吃菜多腹胀，以醋解之"；"花竹"类中"种牡丹芍药花，日间簪瓶中，晚间置地湿处以蒲包盖之，可多开三五日。如经雷时，则时零落"、"花树虫孔，以硫黄末塞之"；"禽鱼"类中"鸡食盐哮者，以香油灌之，或用香油搽冬瓜叶喂之，仍以香油数滴灌之"、"金鱼浮水面上者，则雨必至，盖其水底如沸汤也"；"杂著"中"米醋结为盖，取出以盐淹之复为醋，可治发背"、"真香油以少许擦手心，闻手背香者真"等等，均是日常生活用得着的知识。

另外还有一些有关冶炼、化学方面的浅识，如"总论"中的"磁石引针"、"酸浆入盂水垢浮"、

"撒盐入火炭不爆","杂著"中的"锡铜相和硬且脆,水淬之极硬"、"银铜相杂、亦易熔化"、"金遇铅则碎"等,包含有当时人对这些自然物质的粗浅认知。

对于本书作者,历来说法不一,宋代已有人议论其为伪托之作,元人范椁在本书卷首序言中也说"此属假托无疑"。

(曾 抗)

华夷图 〔北宋〕佚 名

《华夷图》一幅。长宽各为3.42尺。除图上注记,四周有文字说明千余字。北宋佚名绘制,成于北宋元丰四年(1081)至绍圣元年(1094)之间,刘豫阜昌七年、金天会十四年(1136)刻石。现存西安碑林博物馆。

《华夷图》是宋人以唐贾耽《海内华夷图》为底本,将其缩小十倍,根据当时政区状况,改绘而成的。于其他国家,"取其著闻者载之,又参考传记,以叙其盛衰本末"。数以百计的国家地区,因"不通名贡而无事于中国"被省略不载。它是宋代国内政区和对外关系图。

图名刻于上方中央。四边注东、南、西、北四方,与现在的右东左西上北下南相同。图上绘有山川湖海、长城、宋代州府军及邻国。标注地名国名约五百个,河流十三条,湖泊四个,山体十座。长江、黄河、洞庭湖与山东半岛以南至广东的海岸线轮廓大致正确。然而,山东、辽东、雷州三半岛未绘成突出海上的陆地,江河上游不正确,河南洛阳、东京开封与黄河间的距离被夸大,岭南水系缺载很多,对海南岛的绘制不正确。

图的四周绘有边陲各族与境外各国,并用文字注出名称及其与宋关系。左下角西南夷,注有"宋乾德(963—968)以来,酋领皆请内附"。南方驩州日南,注上"即越棠林邑之地,汉马援植铜柱以表汉界,酋领皆请内附"。东面,刻有"东夷,海中之国",列有日本、倭国、琉球等名称,均未表明位置,略叙与日本关系。朝鲜半岛部分,东北书沃沮,东南写新罗,西南与西北分别注百济与高丽平壤,还有如下说明:"辽海之东,周封箕子于朝鲜,汉置乐浪等四郡。高丽在辽东之东千里,东晋以后居平壤,世受中国封爵,禀正朔。"北面书"契丹即今大辽国,其姓耶律氏"。宋辽间的西夏,其说明为:"夏国自唐末拓跋思慕赐姓李氏。"宋端拱(988—989)初赐以国姓,至宝元元年(1038)昊始僭号。左上角的文字是:"宋自建国以来,通国者于阗、高昌、龟兹、大食、天竺。"其位置表示极不正确。也许弱水蒲昌海、于阗河水系部分,如王成组先生所说,是两幅与正图未曾分开的附图。

《华夷图》是我国现存最早的石刻地图之一。它对后世地图绘制有一定影响,用以表示长城的符号一直袭用至今。据此,可了解北宋地图水平,并用以推测贾耽《海内华夷图》的状况。

有关本图的研究,有曹婉如《华夷图和禹迹图的几个问题》。另外,王庸《中国地理学史》、李约瑟《中国科学技术史》第五卷《地学》,王成组《中国地理学史》,地学史组《中国古代地理学史》,卢良志《中国地图学史》,金应春、丘富科《中国地图史话》,唐锡仁、杨文衡主编《中国科学技术史·地学卷》等均有所论及。

(贺圣迪)

证类本草 〔北宋〕唐慎微

《证类本草》，原名《经史证类备急本草》，三十卷，又作三十一卷、三十二卷（包括目录一卷）。北宋唐慎微撰。初稿撰于元丰五年（1082），元符元年（1098）增订成书。通行本有《四库全书》本、《武昌医学馆丛书》本、《四部丛刊》本、人民卫生出版社本（1957年版）等。

唐慎微（1056?—1093?），字审元，蜀州晋原（今四川崇庆）人。元祐间（1086—1093）蜀帅李端伯召至成都。貌寝陋，举措语言朴讷而中极明敏。医术高超，尤精经方，其治病百不失一。语证候不过数语，再问辄怒不应。于人不以贵贱，有召必往，虽寒暑雨雪不避。为人疗病不取一钱，但求名方秘录为酬。故士人每于经史诸书中得一药名、一方论，必录以告。尚书左丞蒲传正欲奏与一官，拒而不受。曾于元祐间为翰林学士宇文虚中父治风毒，预言某年某月将再发，因缄药方嘱其发病时启封按方服药，后果如所言。二子及婿皆承其艺，为成都名医。生平事迹见金宇文虚中所作本书跋。

本书撰成后，首刊于大观二年（1108），由仁和县（今浙江杭州）尉艾晟校正，并逐条补入陈承《重庆补注神农本草并图经》（书中简称"别说"）的文字，改名为《经史证类大观本草》（简称《大观本草》），书三十一卷，目录一卷。其后又有改"大观"为"大全"者。政和六年（1116），医官曹孝忠奉敕主持重加校订，将第三十一卷置于第三十卷前，合为一卷，共三十卷，又改名为《政和新修经史证类备用本草》（简称《政和本草》）。绍兴二十七年（1157），医官王继先等再次校定《大观本草》，增补了少数新药（记以"绍兴新添"）及部分注释（记以"绍兴校定"），再次改名为《绍兴校定经史证类备急本草》（简称《绍兴本草》，原附《音释》一卷）。由此形成此书的三个系统。其中绍兴刊本自宋以后在国内已失传，日本尚存残抄本若干种。大观、政和二本的重刻及增补重刻本则层见叠出，最早且影响最大者当推淳祐九年（1249）张存惠的增补重刻本。张氏将《本草衍义》所载药物逐条增入《政和本草》中，并定名为《重修政和经史证类备用本草》。

本书系本草学著作。有宋政和六年曹孝忠序、元至大二年（1309）麻革序，及金皇统三年

(1143)宇文虚中跋。书前开列征引书目。卷一、二为序例,收载宋以前著名本草著作的序言、凡例及有关药物理论。卷三至五为玉石部。卷六至十一草部。卷十二至十四木部。卷十五人部。卷十六至十八兽部。卷十九禽部。卷二十至二二虫鱼部。卷二三果部。卷二四至二六米谷部。卷二七至二九菜部。以上十部药物除《人部》外,均按上、中、下三品次序排列。卷三十收《本草图经本经外草类》、《本草图经本经外木蔓类》及《有名未用》三类药物。前二类是指收入本书而原载于《(嘉祐)本草图经》的九十八种药物的原文和图形。第三类是指收入本书而原载于《神农本草经》及《名医别录》的关于一百九十四种药物的介绍原文,因后世已不详这些药物的用途,故名之曰"有名未用"。

每种药物的本文部分,以白色大字记《神农本草经》原文,以黑色大字记《名医别录》原文。《新修本草》、《开宝本草》、《嘉祐本草》的原文也记以黑色大字,然分别注以"唐附"、"今附"、"新补"等字样。作者新增药物原文则在药名之下用"墨盖"(一ヘ)作为标记。注文部分先载《别录》旧注(不作标记),以下依次载陶弘景注(记以"陶隐居云")、《新修本草》注(记以"唐本注")、《开宝本草》注(记以"今注")、《嘉祐本草》注(记以"臣禹锡等谨按×××"字样及其后的白色小字标题)。作者续增的内容(均在"墨盖"以下)中有《雷公炮炙论》原文、该药的临床处方应用及文史著作中有关该药的论述等。

本书以《嘉祐补注神农本草》和《(嘉祐)本草图经》为基础,广收博采历代医籍及经史传记、佛书道藏中的有关资料,征引书籍达二百四十七种之多。其中许多书如《小品方》、《范汪方》、《玉函方》、《深师方》、《古今录验方》、《崔氏方》、《必效方》、《兵部手集方》、《梅师方》、《丹房镜源》、《古今录验养生必用方》、《斗门方》、《胜金方》等均已亡佚,唯赖《外台秘要》、《千金方》及本书方得以保存。且此书引文均为客观摘录,既保持了文献的原貌,也提高了本身的史料价值,后世学者从中辑复了一批医学古籍。此外,书中所载每药均附图,并对药物的性味、主治、鉴别、产地、炮制、采集等详加论述、考订,还作了不少补充。又在药后附方三千余首、方论一千余条,由此形成药物的名称、图形、论述、验方紧密结合的特色,为后世本草学著作的编写提供了范例。

《证类本草》是宋代最著名的药物学著作,它集宋以前药物学之大成,在《本草纲目》问世前的五百年间,于本草学领域中产生着极大的影响,并远传至朝鲜、日本。

有关本书的研究,有马继兴《关于〈证类本草〉的一些问题的商榷》、赵燏黄《唐慎微及其著作〈证类本草〉》、傅维康主编《中国医学史》、胡志钧《历代中药文献精华》、王致谱《唐慎微》(见杜石然主编《中国古代科学家传记》)的有关部分等。

(林建福)

寿亲养老新书 〔北宋〕陈 直 〔元〕邹 铉

《寿亲养老新书》，四卷。前一卷为北宋陈直所撰，成于元丰八年(1085)以前，本名《养老奉亲书》(又作《奉亲养老书》、《寿亲养老书》)。后三卷为元邹铉(一作邹鈜)续增，成于大德十一年(1307)，并更为现名。通行本有元至正浙江刊本、明万历刊本、《格致丛书》本、清同治刊本、《四库全书》本、1985年广东高等教育出版社本、1990年上海古籍出版社《气功养生丛书》本。

陈直，宋神宗元丰年间任泰州兴化县(今江苏兴化)令，其生平无考。邹铉，号冰壑、敬直老人，泰宁(今属福建)人，曾官泰宁总管。

本书系老年养生之作，书首有元危彻孙、明石茂华、清绍诚序。各卷主要内容如下。

卷一，十五篇。第一至七篇分论老年饮食调治、形证脉候、医药扶持、性气好嗜、宴处起居、贫富祸福、戒忌保护等问题。第八至十二篇收录老年四季通用药方及各季摄养专用药方。第十三篇论老年食疗。第十四篇列老人食疗方。第十五篇为老人备急药方。

卷二，除述老年保养、服药、贮药及保持居室干燥之法等问题外，主要收录老年药、食疗方，附收妇女、儿童食疗方。

卷三，首列"太上玉轴六字气诀"，系摘自邹铉叔祖邹应博《炎詹集》。此诀详述以六字气诀治疗五脏六腑之病的方法。其法"以呼而自泻出脏腑之毒气，以吸而自采天地之清气以补之"。呼有六字，它们是：呵、呼、呬、嘘、嘻、吹，吸则一法而已。其他则谈老年人饮食起居中的养生之道，或述各种补酒茶汤的制作，或列晨朝补养药糜方，或介绍各种植物(多系药材)的种植方法。

卷四，自经史传记中采录古今嘉言善行七十二则以激发人们孝爱之心，其中有杂记长寿老人之言行事迹者。

本书集医理与伦理于一体，熔治疗和养生于一炉，较全面地探讨了老年人的调理保养和老年疾病的防治。其中的一个显著特点，是特别重视食疗的作用，并将其当作老年养生的主要手段之一。陈直认为，老人"皆厌于药而喜于食"，且食疗"贵不伤其脏腑"，如采取合理的食疗方法，其效果可"倍胜于药"。他主张"凡老人有患,宜先以食治;食治未愈,然后命药",此为"养老人之大法"。故卷一所列二百三十一首处方中,食疗方多达一百六十九首,其中七十九首又专为老年而设。第二、三卷亦以突出的篇幅收了大量的食疗方。邹铉指出,这些具有治疗保健作用的饮食,"老人平居服食,可以养寿而无病,可以消患于未然;临患用之,可以济生而速效也"。缺点是卷四连篇收录祝寿诗词,不免失之冗杂。

《寿亲养老新书》是宋金元时期较突出的一部养生著作,后来明代高濂《遵生八笺》中的《四时调摄笺》所录诸方,大抵本于陈直所撰的第一卷。其影响所及,甚至远播日本、朝鲜。

有关本书的研究,有广东高等教育出版社1985年版校注本。

(林建福)

菊谱 〔北宋〕刘 蒙

《菊谱》，一卷。北宋刘蒙撰。成于崇宁甲申(1104)。通行本有《四库全书》本、《百川学海》本、《说郛》本、《香艳丛书》本等。

刘蒙，彭城(今江苏徐州)人，其他事迹不详。

刘氏《菊谱》是一部关于菊花的著作。下分"谱叙"、"说疑"、"定品"、"杂记"等篇。

"谱叙"主要记述写作的由来。崇宁甲申(1104)九月，刘蒙到龙门游玩，拜访隐居在伊水之滨的刘元孙，看到那里种了许多菊花，因而相与切磋菊花的品种与栽培技术。作者有感于牡丹、荔枝、笋、茶、竹、砚墨等都有人作谱，而现在刘元孙种的菊花已多达三十几种，于是"类聚而记之"，写成此书。

"说疑"中最值得注意的是，刘蒙认为变异可以形成花的新品种。他说："花大者为甘菊，花小而苦者为野菊。若种园蔬肥沃之处，复同一体，是小可变而为甘也。如是则单叶变而为千叶，亦有之矣。"

"定品"共记菊花品种三十五种。在每种菊花的名下，首先记述它们的别名，如龙脑第一，指出"龙脑一名小银台"；新罗第二，指出"新罗一名玉梅、一名倭菊"，等等。然后对花、蕊、叶、枝的形态、颜色的特点进行描述，兼及产地，颇称详尽，但忽略栽培技术。

"杂记"补叙了闻而未见的菊花品种二种以及野生菊花二种。值得注意的是，他在"补意"中又提到了变异可以形成新品种。他说："……如吾谱中所记者，疑古之品未若今日之富也，今遂有三十五种。又尝闻于莳花者云，花之形色变易如牡丹之类，岁取其变者以为新。今此菊亦疑所变也。今之所谱，虽有谓甚富，然搜访所有未至，与花之变易复出，则有待于好事者焉。"这里作者明确指出，如牡丹之类花的形状与颜色经常在变，只要每年选择有变异的，积累后就可以形成新品种("岁取其变者以为新")。这种认为变异可以形成新品种的思想，反映了我国古代已有生物进化观念的萌芽。

刘蒙的《菊谱》虽对栽培技术有所忽略,但它是古代保存至今的第一部菊花专著。其后出现的菊谱有南宋史正志的《史氏菊谱》、范成大的《范村菊谱》,明代周履靖的《菊谱》、黄省曾的《艺菊书》,清代叶天培的《菊谱》、陆廷灿的《艺菊志》等近四十种。

关于本书的研究,有张明姝《中国古代菊花谱录研究》(见《中国菊花研究论文集》〔2002—2006〕),王子凡、张明姝、戴思兰《中国古代菊花谱录存世现状及主要内容的考证》(《自然科学史研究》2009年第1期)中的有关部分。

(孙兆亮　徐维统)

北山酒经 〔北宋〕朱 肱

《北山酒经》，三卷。北宋朱肱著。成于北宋政和(1111—1118)年间。有汲古阁影宋本、《四库全书》本、《知不足斋丛书》本等。

朱肱，字翼中，号大隐。壮年时退出士林，在杭州西湖畔经营酒坊。逢朝廷大兴医药，讲求神仙道教，聘请懂道术者为官师。被朝廷征聘为博士。次年坐书写苏轼诗被贬达州(今四川达县)。一年后以宫祠还。《北山酒经》是他在杭州经营酒坊时，根据实地观察、亲身体验而写成的专著。著作还有《类证活人书》。上述生平简况见李保写于政和七年(1117)的《北山酒经》题词。李保是朱肱任博士时的同僚。

《北山酒经》卷上是有关酒的总论，卷中介绍制曲法，卷下介绍酿酒法。本书是研究中国古代酿酒手工业史和科技史的重要参考资料。

卷上简述中国的制酒史和饮酒史。提出"天之命民作酒，惟祀而已"，"酒之于世也，礼天地，事鬼神"的观点，强调酒的社会功能，认为酒是因为人类社会活动的需要而产生的。又指出后世因酒误事引起祸害，是因为失去节制，而酒是没有错的。书中追述了酒曲的发展历史及以嗜酒闻世的魏晋人刘、殷、嵇、阮之徒，陶渊明等人，并认为"酒虽以曲药乐为之，而有圣有贤，清浊不同"，举出了《周官·浆人》中有关佳肴美酒的记载，《春秋纬》及一些药书中有关饮酒治病的记录，如"神农氏赤小豆饮汁，愈酒病。酒有热，得定为良"。同时也告诫世人："酒味甘辛，大热，有毒。虽可忘忧，然能作疾，所谓腐肠烂胃溃髓蒸筋"者是也。而在制酒技艺上，当时则停留在"心手之用，不得文字，因有父子一法而色味不同，一手自酿而色泽殊绝。此虽酒人，亦不能自知也"的原始初级阶段，尚无一定规范和操作程序。朱氏则对制酒业中的具体做法作了一些系统理论的阐说。

卷中、卷下为制曲造酒的具体技艺。如用于酿酒的酒曲就分罨曲、风曲、小曲三类，每类中又分若干不同的品种，如罨曲中有顿递祠发曲、香泉曲、香桂曲、杏仁曲等；风曲中有瑶泉曲、金波曲、滑台曲、空花曲；小曲中有玉友曲、醴酒曲、自醪曲、真一曲等，详细地介绍了各种酒曲的发酵制作方法。如"瑶泉曲"的制作需"白面六十斤（要上蒸笼使熟），糯米粉四十斤"，先将粉面拌匀，然后再加入"白术一两，防风五钱，白附子五钱，官桂二两，瓜蒂一分，槟榔五钱，胡椒一两，桂花五钱，丁香五钱，人参一两，天南星五钱，茯苓一两，香白芷一两，川芎一两，肉豆蔻一两"，将这些药项碾为细末，与粉面拌和，待干之后，再加入"杏仁三斤，去皮尖，磨细，入井花水一斗八升调匀"，然后再经过粗筛、实踏、裹盛等流程操作，悬于屋顶上二十七日，两个月之后便成为"瑶泉曲"。

书中介绍了制酒时从"卧浆、淘米、煎浆、汤米、蒸醋䉺、用曲、合酵、酴米、蒸甜䉺"的具体方法，对各类酒器、煮酒技巧等作了详细的描绘性说明。非熟识酒性之个中人，不能道出如此精妙之言。

关于本书的研究，有袁翰青《酿酒在中国的起源与发展》（见袁著《中国化学史论文集》），赵匡华、周嘉华《中国科学技术史·化学卷》的有关部分。

（施正康　曾　抗）

修炼大丹要旨 〔北宋〕佚 名

《修炼大丹要旨》,二卷。北宋佚名撰。通行本有明代《正统道藏》本等。

《修炼大丹要旨》是道教外丹著作。卷上,以"丹"为纲,论述"论"、"法"、"诀"等。其"丹"有"火龙玄珠大丹(金丹)"、"神雪丹阳四皓丹"以及"神符白雪丹"等七种;其"论"有二:"金丹论"、"炼朱灵去硫存汞成宝论";其"法"、"诀"计二十余种,其中有"分庚(金)银法"、"朱砂取汞法",其实验操作以密封提炼为法,有其特色。卷末"火田农务"篇之篇名也有特色,将炼丹喻为农务,称经过多次浇汞(相当于灌溉),匮中(亦称为"丹田")出芽并生长,最终可得"长有二三寸"之"硬芽",是为"长生匮浇汞一绝"。

卷下,主要叙述"混元九转金丹诀",讲九转之法、"朱砂鼎方"(讲铸鼎之法)、"九华丹"、"通神丹"、"至宝诀"等。其铸鼎法提到蜡模浇铸,属先进的铸造工艺。

作者认为,"黄白之物虽产于天地,造化之妙亦利于人养生之道,变化之妙也"(卷上)。乃以利人济物为"铅汞相姤之道"宗旨(卷上)。说铅汞配合得造化之机,生生无穷之妙。其术"以铅为本,以汞为元"(卷上),"全在乎形气"(卷上),具体过程为"山泽之物,以硫炒坚,用元为匮,养死为铅。既得真铅,用汞方全,朱砂同研,再养以元。其砂既死,是谓大全"(卷上)。意即铅硫在加热作用后生成真铅,与朱砂相和合,研为细末。再加热使朱砂生成真汞,与真铅养炼成丹。然而,金丹之成,尚须以德配求。卷下《昔人不轻易授受》篇说:"贺知章谒卖药王老,问黄白术,持一大珠遗之。老人得珠,即令易饼与贺。贺心念宝珠何以市饼。王老曰:"悭吝未除,何丹由成!""

又记以信石、硇砂、硼砂、乳香炼制红铜,名为"丹华丹法"。其术云:"好金脚人言(信石)四两为末,硇砂、硼砂、乳香各半钱,入水火鼎,升于鼎盖下。临用时,入轻粉,以黄蜡油和丸,每二两可点十两重赤毛入真宝。"(卷下)用药量以两计,甚至有以钱为单位者,当为实验记录。

叙实验时,又详记反应室、装置及操作步骤。《朱砂取汞法》说:"朱砂十两,研细,用松炭和之,装在大坩埚内至六分,用松炭末盖之。上用小瓦片装,(在)〔再〕上用铁线结成一团片,盖在坩口,用铁线缚之。打一土窟,先安小瓶在窟内,瓶内用水。将坩埚盖覆转在瓶口,用泥封口,四围砌砖。上面用大火一煅,再加半炉火,每米一两可得真汞七钱。在瓶内去水洗净。"(卷上)这种上火下水的炼丹术,在朱砂内添入炭末,作硫化汞的还原剂,是技术上的重大革新和进步,为后世所承袭。如成书于元明间的《墨娥小录》卷十一所载未济式抽汞法,大体与上述所叙相同。

本书尚有不少论述值得从化学史角度进一步探讨。如书中说"外丹之术,全在乎形、气",又说"甑得秘密(密闭),硫气不出,汞气不飞",作者对气的强调,是否意味着在炼丹家那里,气已不是哲学上的抽象的概念,而是实在的物质形态(硫气是否指白色烟雾状的东西)? 还有"某得养灵砂之妙旨,亦得师付之法利,在点化之妙,止于丹阳","丹阳之法换骨,与世宝争衡放世,岂为易事耶?"依作者之意,何谓"换骨"? 也值得探讨。

《修炼大丹要旨》是北宋丹家的实验记录,在某些技术上取得重大进展,为后世所遵循,表明技术上的成熟与定型。

关于本书的研究,有任继愈等《道藏提要》,赵匡华等《我国金丹术中坤白铜的源流与验证》,赵匡华《我国古代"抽砂炼汞"的演进及其化学成就》,赵匡华、周嘉华《中国科学技术史·化学卷》等论著的有关部分。

(贺圣迪　闵龙昌)

小儿药证直诀 〔北宋〕钱 乙

《小儿药证直诀》，又名《小儿药证真诀》、《钱氏小儿药证直诀》、《钱氏小儿方》，三卷(一作八卷)。北宋钱乙著，阎孝忠(一名季忠)编集。通行本有《武英殿聚珍版书》本、《惜阴轩丛书》本、《保赤汇编》本、《周氏医学丛书》本(1955年人民卫生出版社据以影印出版)、《丛书集成》本等。

钱乙(1032—1113)，字仲阳，郓州(今山东东平)人。为吴越王钱氏宗属。三岁时母亡。父颢擅针医，嗜酒喜游，东游海上不归。遂由姑父吕氏收为养子，并从吕氏学医。及长，以精究《颅囟方》著名于山东。元丰中(1078—1085)，长公主女有疾，召使视之，有功，授翰林医学。明年，皇子仪国公病瘛疭，乙进黄土汤而愈，擢太医丞。后以病去职。哲宗复召入，宿值禁中。久之，复辞疾告归。为方博达，不名一师，各科皆通，尤擅儿科，又精本草之学。所著尚有《伤寒指微》五卷、《婴孺论》百篇，均佚。生平事迹见书前北宋刘跂《钱仲阳传》、《宋史》卷四六二《方技传》。

阎孝忠五六岁时，曾患惊疳、癖瘕等病，屡至危殆，均被钱乙治愈，因得其十余方。大观(1107—1110)初，复得钱氏说证数十条。六年后，再得杂方。后又在京师发现"别本"。孝忠感钱乙所作"然旋著旋传，皆杂乱，初无纪律，互有得失"(阎孝忠《序》)。因以己所搜集者进行参校，"其先后则次之，重复则削之，讹谬则正之，俚语则易之"(同上)，编成是书三卷。

本书系儿科学著作，有阎孝忠原序。卷上《脉证治法》，包括小儿脉法、诊断、儿科疾病的诊治等八十一篇。卷中《记尝所治病》，列医案二十三则，皆钱氏所治危重疑难病证，其中多有为他医误治，后经钱氏救治得愈者。卷下《诸方》，共载方一百二十余首。书后附阎孝忠《阎氏小儿方论》及董汲《董氏小儿斑疹备急方论》。

作者认为小儿脏腑因"成而未全"，"全而未壮"，故其生理特点表现为"脏腑柔弱"，"气血未实"，病理特点表现为"易虚易实，易寒易热"，由此确定了慎用"痛击"、"大下"、"蛮补"，而以柔润为主的治疗原则。书中告诫医家，"小儿易为虚实，脾虚不受寒温，服寒则生冷，服温则生热，当识此勿误也"(卷上《虚实腹胀》)。故腹胀倘是虚证则不可妄下，否则"脾虚气上，附肺而行，肺与脾子母皆虚"(同上)。又指出,"小儿之脏腑柔弱,不可痛击,大下必亡津液而成疳";确实应下者,亦须"量大小虚实而下之,则不至为疳"(卷上《诸疳》)。在用药上也根据小儿特点,不用当时医家习用的香燥辛热之剂,而改用柔润之剂,如六味地黄丸、异功散、白术散、益黄散、泻白散、导赤散、泻青散等。上述诸方,皆是作者结合自己的临床经验,化裁古方而创制的,因而更适合小儿病证特点。

本书运用前人脏腑辩证理论于儿科临床,将儿科病证同五脏联系起来,提出了五脏辨证的方法。如"心主惊,实则叫哭发热,饮水而搐;虚则卧而悸动不安。肝主风,实则目直大叫、呵欠、项急、顿闷;虚则咬牙、多欠……脾主困,实则困睡,身热饮水;虚则吐泻生风。肺主喘,实则烦闷,喘促,有饮水者,有不饮水者;虚则哽气、长出气。肾主虚……惟疮疹"(卷上《五脏所主》)。继而又具体论述了五脏疾病的诊治。

诊断方面,本书也从小儿的实际情况出发,在简化脉诊方法的同时,又提出了"面上证"和"目内证"两种简便易行的望诊方法。"面上证"分面部为若干区域,揭示其与相关脏腑的联系及主病意义:"左腮为肝,右腮为肺,额上为心,鼻为脾,颏为肾。赤者热也,随证治之。"(卷上《面上证》)"目内证"则从目内色泽来判断疾病、拟用药:"赤者,心热,导赤散主之。淡红者,心虚热,生犀散主之。青者,肝热,泻青散主之……黄者,脾热,泻黄散主之。无精光者,肾虚,地黄丸主之。"(卷上《目内证》)

此外,本书对各种儿科常见病,特别对麻、痘、惊、疳四大证,都作了详细的描述。其中有不少创见。

钱乙之书"该括古今,又多自得"(阎孝忠《序》),对我国儿科医学的发展具有深远的影响,尤其是书中有关小儿生理、病理特点的论述以及相应的治疗原则的确立,对儿科临床有着重要的指导意义。

关于本书的研究,校注主要有明薛铠、薛己《校正小儿药证直诀》,明熊宗立《类证注释钱氏小儿方诀》,张山雷《小儿药证直诀笺证》(上海科学技术出版社,1959 年),俞景茂《小儿药证直诀类证释义》(贵州人民出版社,1984 年),孙华士《小儿药证直诀译注》(山西科学教育出版社,1986 年),张灿玾、郭君双点校《小儿药证直诀》(人民卫生出版社,1991 年)等;论说见廖育群等《中国科学技术史·医学卷》。

(林建福)

圣济总录 〔北宋〕徽宗敕编

《圣济总录》，又名《政和圣济总录》，二百卷。北宋徽宗敕纂。成于政和年间(1111—1118)。通行本有人民卫生出版社 1962 年排印本。

本书系征集民间及医家所献医方，结合内府所藏秘方整理编集而成。因遭靖康之变，镂板后未及刊行，便被携往北地。曾于金大定年间(1161—1189)和元大德四年(1300)两次刊印。后世所刊，大都依据大德四年刊本。1962 年，人民卫生出版社以现存善本与元刻残本作互校增补，加句排印，其中删去卷三的《补遗》、卷一五八中《产妇推行年等法并安产图》、卷一九五至一九七《符禁门》，仅存其目。

《圣济总录》系医方书。有以宋徽宗赵佶名义所撰《政和圣济总录序》及元焦养直《大德重校圣济总录序》。卷一、卷二，运气。卷三，序例、补遗。卷四，治法。卷五至卷十八，诸风门。卷十九、卷二十，诸痹门。卷二一至卷三三，伤寒门。卷三四至卷三七，中暍门、疟病门。卷三八至卷四十，霍乱门。卷四一至卷五四，脏腑十一门。卷五五至卷一百，心痛、心腹、消渴、黄疸等杂病二十六门。卷一〇一至卷一二四，面体、髭发、眼目、耳、鼻等七门。卷一二五至卷一四五，瘿瘤、瘰疬、痈疽、伤折等外科病七门。卷一四六至卷一四九，杂疗门。卷一五〇至卷一六六，妊娠等三门。卷一六七至卷一八二，小儿门。卷一八三、卷一八四，乳石发动门。卷一八五至卷一八七，补益门。卷一八八至卷一九〇，食治门。卷一九一至卷一九四，针灸门。卷一九五至卷一九七，符禁门。卷一九八至卷二〇〇，神仙服饵门。全书凡六十八门，载方约两万首，每门前有总论，下分若干病证，每一病证均先列病因、病理，次列方药治疗。所载病证涉及内、外、妇、儿、五官、伤骨、针灸、养生等。

因宋徽宗尚"五运六气"之说，故本书前列"运气"一篇，在逐一推算六十年甲子的同时，论述了运气与疾病治疗的关系。如自乙丑年大寒日申初至丙寅岁春分日午初，"凡六十八日八十七刻半，主位太角木，客气少阴火，中见水运，木火相加，以奉司天少阳而行春令，地气迁，风胜乃摇，寒乃去,候乃大温,草木早荣,寒来不杀,温病乃起。其病气怫于上、血溢目赤,咳逆头痛,血崩胁满,肤腠中疮。其法宜治少阴之客,以咸补之,以甘泻之,以酸收之,岁谷宜丹,间谷宜豆"(卷一《运气》)。

本书的好处在于搜罗齐全,切于实用。书中所论,既广引前代著作,又博采当世学说;所载方药,除"符禁"、"神仙服饵"等少数荒诞无稽者外,大多疗效确切。

《圣济总录》是宋代一部百科全书式的医学巨著,以其内容丰富、便于翻检而颇受后世医家重视。其中有关运气的论述,为我国古代医学运气理论的发展作出了很大贡献。同时代沈括、寇宗奭、陈言等人已确信此说,其后金代刘完素的《运气要旨论》,明代石震的《运气化机》、董说的《运气定论》、汪机的《运气图说》、钱宝的《运气说》,清代《医宗金鉴》中的《运气要诀》等无不受其影响。

有关本书的研究有赵璞珊《中国古代医学》、傅维康主编《中国医学史》、廖育群等《中国科学技术史·医学卷》等书的有关部分。

(林建福)

宣和北苑贡茶录 〔北宋〕熊 蕃

《宣和北苑贡茶录》，又名《北苑贡茶录》，一卷。北宋熊蕃撰。约成书于北宋宣和三年(1121)至宣和七年(1125)。通行本有《说郛》本、《五朝小说》本、《四库全书》本、《读画斋丛书》本、《茶书全集》本及《中国历代茶书汇编》本等。

熊蕃，字叔茂，号独善先生，建宁建阳(今属福建)人。学宗王安石，善诗文。北宋宣和间，因建茶名闻天下，北苑茶岁为贡物，遂撰成是书。淳熙九年(1182)前后，其子熊克将贡茶的形态和尺寸一一图示，"写其形制"，附图数十幅，并将其父的"御苑采茶歌"十首并序辑入出版。

《宣和北苑贡茶录》是一部叙述建安茶园采焙入贡法式的专著。全书一千七八百字，附图三十八幅，旧注约一千字。书末附有其子熊克所撰论贡茶形制一文，以及熊克跋。

本书详细记述了建茶的摘采、焙制、进贡的法式，茶芽的等级，并列举了贡茶四十余种的名称及其制造的年份。如述茶芽的等级曰："凡茶芽数品，最上曰小芽，如雀舌鹰爪，以其劲直纤锐，故号芽茶。次曰中芽，乃一芽带一叶者，号一抱一旗。次曰紫芽，其一芽带两叶者，号一抱两旗。其带三叶、四叶皆渐老矣。芽茶早春极少。景德中建守周绛为补《茶经》，言芽茶只作早茶，驰奉万乘，尝之可矣，如一抱一旗，可谓奇茶也。故一抱一旗号拣芽，最为挺特。"

《宣和北苑贡茶录》在当时颇有影响，作者的门生、福建路转运使主管账司赵汝砺，丁淳熙十三年(1186)撰成《北苑别录》一书，以补熊著之不足。记述北苑贡茶之书传世者当推熊、赵二书最具价值，其"于当时任土作贡之制，言之最详。所载模制器具，颇多新意，亦有可以资故实而供词翰者"(《四库全书总目》)。

有关该书的研究著作有郑培凯、朱自振主编的《中国历代茶书汇编》中的校注，日本青木正儿《中华茶书》中的译注。

(王国忠)

宣和奉使高丽图经 〔北宋〕徐　兢

《宣和奉使高丽图经》，一名《使高丽录》，四十卷。北宋徐兢撰，成于北宋宣和六年（1124）。通行本有《四库全书》本、《知不足斋丛书》本、《万有文库》本、《丛书集成》本。又《百川学海》、《说郛》委宛山堂本，有简本《使高丽录》一卷。

徐兢（1091—1153），字明叔，号自信居士。和州历阳（今安徽和县人），迁居平江府吴县（今江苏苏州）。年十八，入太学。政和四年（1114），任通州司刑曹事。受徐禋辟，任东南九路坑冶宝货干办公事，又破静江黄麟伪引大理国入贡案。摄知雍丘、原武，皆有治绩。宣和六年（1124），以国信所提辖礼物官随使臣出使高丽，在彼月余，归国后著《高丽图经》，上于朝廷。徽宗阅后，召对便殿，赐同进士出身，擢知大宗正丞事，兼掌书学。累官至朝散大夫。绍兴二十三年（1153）告退，至吴门，旋病卒。生平处事，大小皆妙有思致，为他人所不及。周人之难急于谋身，脱亲友于忧患者颇多。治学鄙夷章句，重在探颐提要，于五经、诸史、佛道、医药、音律、兵书、方言、小说，靡不贯通，尤重舆地之学。发扬《周礼》"掌天下之图，以掌天下之地"；"辨其邦国都鄙，四夷八蛮、七闽、九貉、五戎、六狄之人民，周知其利害"的思想，研究国内外地理。善诗文，下笔衮衮不能自休，尤长于歌诗。工书画，兼擅诸体，尤精篆书；画入神品，山水人物俱冠绝。生平事迹见本书所附南宋张孝伯《宋故尚书刑部员外郎徐公行状》。

宣和六年，徐兢随使臣前往高丽。他认为使者务必记载所使之国情况，"用以复命于王，俾得以周知天下"（《自序》），归国后叙"其建国立政之体，风俗事物之宜"，而成是书。原书有图，靖康之乱后已不见。

《宣和奉使高丽图经》是一部关于高丽地理、社会的著作，论叙高丽山川、风俗、典章、制度、器物、社会、礼仪，及北宋高丽海上交通、外交关系。

卷一，建国。卷二，世次。卷三，城邑。卷四，门阙。卷五至卷六，宫殿。卷七，冠服。卷八，人物。卷九至十，仪物。卷十一至卷十二，仗卫。卷十三，兵器。卷十四，旗帜。卷十五，车马。

卷十六,官府。卷十七,祠宇。卷十八,道教、释氏。卷十九,民庶。卷二十,妇人。卷二一,皂隶。卷二二至卷二三,杂俗。卷二四,节仗。卷二五,受诏。卷二六,燕礼。卷二七,馆舍。卷二八至卷二九,供张。卷三十至卷三二,器皿。卷三三,舟楫。卷三四至卷三九,海道。卷四十,同文。书前有作者自序、南宋徐蒇序,书后有南宋张孝伯《宋故尚书刑部员外郎徐公行状》、清鲍廷博跋。

本书的主要内容如下。

一、记载高丽的地理位置、疆域与邻国。"高丽南隔辽海,西距辽水。北接契丹旧地,东距大金;又与日本、琉球、聃罗、黑水、毛人等国,犬牙相制。"当时的国都,"正与登莱滨隶相望"。高丽原先的疆域,"东西二千余里,南北一千五百余里。今既并新罗、百济,东西稍广"(卷三)。

二、叙其山川形势。其东南滨海。有"鸭绿之水,源出靺鞨。其色似鸭头,故以名之。去辽东五百里,经国内城,又西与一水合,即盐难水也。二水合流,西南至安平域入海。高丽之中,此水最大。波澜清澈,所经津济,皆舣巨舰。其国恃此以为天险,水阔三百步,在平壤城西北四百五十里"。其西四百八十里为辽水,由"白浪黄岩二水,自颇利城行数里,合流"(卷三)而成,南下入海。

三、述其都城在国中位置、城郭形势及城内布局。王城置开成府,在鸭绿水之东南千余里。"其城北据崧山,其势自乾亥来。至山之脊,稍分为两岐,更相环抱。……来岗亥落,其右一山屈折。自西而北,转至正南,一峰特起,状如覆盂。"外复一山,其高一倍,坐向相应。有一河流"发源自崧山之后,北直子位,转至艮方,委蛇入城,由广化门稍折向北,复从丙地,流出已上"。城东南为众水所会之地。从崧山山腰俯瞰全城,"左溪右山,后岗前岭,林木丛茂,形势若饮润苍虬"。随地形筑城,周围六十里,有门十二。城内"西南隅,王府宫室居之。其东北隅,即顺天馆"。"自京市司,至兴国寺桥,由广化门以迄奉先库,为长廊数百间,以其民居隘陋,参差不齐,用以庶蔽。"城内"官府、宫祠、道观、僧寺、别宫、客馆皆因地势,星布诸处。民居十数家,共一聚落"(卷三)。

四、写其王城布局。王府内城在城西南隅,有十三门,"惟广化门,正东通长衢"(卷五)。分别记叙会广、乾德、长和、元德、万龄、长龄、长庆、延英、临川、左春等宫殿的位置、地势、建筑、使用等情况。

五、略陈其行政区划。在聚落繁处,建立郡县,以宋代的标准来衡量,"实不副名"。以西京为最盛,城市略如王城。又有三京、四府、八牧。又为防御郡一百一十八,为县、镇三百九十,为洲岛三千七百,皆设守令监官治民(卷三)。

六、物产与经济。"高丽依山瞰海,地瘠而硗,然而有稼穑之种,麻枲之利,牛羊畜产之宜,海物唯错之美。"(卷二三)居民多于山门治地,因其高下耕垦,远望如梯磴,适宜于种植黄粱、黑黍、寒粟、胡麻与二麦。所产大米有秔而无稬,粒特大而味甘美。水果有含桃、来禽、青柰、梨、枣等品,水产有鲭鲍、蚌珠、母虾、王文蛤、紫蟹、蛎、房脚龟以至海藻、昆布之类。国内各地的著名特产,如广、扬、永三州多大松,春州产人参、茯苓、硫黄,罗州产白附子、黄漆。手工业品主要为铜器、螺钿、墨、黄毫笔、纸、缬、绣、漆器、扇。

七、宋朝与高丽的交通线。陆上,自宋朝燕山道起程,"渡辽而东之其境,凡三千七百九十里。若海道,则河北、京东、淮南、两浙、广南、福建皆可往"(卷三)。由于这次出使从明州(浙江宁波)出发,徐兢详载这一条海上交通线,"由明州定海放洋,绝海而北。舟行皆乘夏至后南风。风便不过五日,即抵"(卷三)高丽礼成港。途经招宝山、虎头山、沈家门、梅岑、海驴焦、蓬莱山、半洋焦、白水洋、黄水洋、黑水洋、夹界山、五屿、排岛、白山、黑山、月屿、阑山岛、白衣岛、跪苫、春草苫、槟榔焦、菩萨苫、竹岛、苦苫苫、群山岛、横屿、紫云苫、富用山、洪州山、鸦子苫、马岛、九头山、唐人岛、双女焦、大青屿、和尚岛、牛心屿、聂公屿、小青屿、紫燕岛、急水门、蛤窟、分水岭等地。于航海的船舶、设施、技术也有所记载。

八、记述当时的海洋地理知识。以洋来命名各小海区,并叙其状况。如"黄水洋,即沙尾也。其水浑浊且浅。舟人云,其沙自西南而来,横于洋中千余里,即黄河入海之处"(卷三四)。所说为海岸推积地形。于所记岛屿加以分类:"可以合聚落者,则曰洲;十洲之类是也。小于洲亦可居者,则曰岛;三岛之类是也。小于岛,则曰屿。小于屿而有草木,则曰苫;如苫屿。而其质纯石,则曰焦。"(卷三四)对各洲、岛、屿、苫、焦、门,分别记其地形、居民生物、海中水流等情况。如竹岛,"其山数重、林木翠茂,其上亦有居民,民亦有长;山前有白石焦数百块,大小不等,宛如堆玉"。还谈到海潮时刻,季风时节海船种类、指南针导航等方面。

《宣和奉使高丽图经》记载高丽山川、城郭、物产、经济、民俗、宗教、制度,使宋代及其后的中国人民对朝鲜的自然环境和社会状况有了一个全面的了解。所记海道及航海事宜,总结了以往成就,对海洋地理知识发展,航海和海外贸易的扩展,都有积极意义。并为研究12世纪时的高丽及其与北宋关系,提出了可贵资料。

有关本书的研究,尚无专论,仅在地学史组《中国古代地理学史》,唐锡仁、杨文衡主编《中国科学技术史·地学卷》中有所论及。

(贺圣迪)

糖霜谱 〔南宋〕王 灼

《糖霜谱》,《颐堂先生糖霜谱》的略称。一卷。宋王灼著。有《四库全书》本、棟亭本、《学津讨原》本、《美术丛书》本、《丛书集成》本等。

作者生平事迹见"碧鸡漫志"条。宋代遂宁地区的制糖手工业相当发达,王灼生于此地,熟悉内情,故作谱以传世。

《糖霜谱》是一部记载中国古代制糖工业的专著。全书分为七篇。原书首篇题为《原委第一》,以下各篇仅以次序名。四库馆臣据书中内容,概括以下各篇内容为:以蔗为糖始末,种蔗,造糖之器,结霜之法,糖霜或结或不结似有运命,糖霜之性味及制食诸法。书末有绍兴二十四年卧云庵守元跋。

《糖霜谱》对宋代制糖业的情况记述甚详,主要有以下四个方面的内容。

一、糖霜的起源和主要产地。据作者考证,糖霜的制造始于唐大历年间(766—779),由一僧人邹和尚传授开来。到宋代糖霜户还画邹像供奉,视为该业始祖。糖霜产地主要有福唐(今福建福清)、四明、番禺、广汉、遂宁五处,而其中以遂宁最为重要。遂宁有缴山,"山前后为蔗田者十之四,糖霜户十之三"(第三)。山下近三百家,家家制糖霜,山左山右也有近百家。每年糖霜、糖水的产量相当可观,专业化程度较高。

二、种植甘蔗时对水土、肥料、季节的要求和限制。其具体操作为"凡蔗田十一月后深耕把捞,燥土纵横,摩劳令熟",并要有充沛的水溉和肥料:"开渠阔尺余,深尺五,两傍立土垅。上元后二月初,区种行布相傀,灰薄盖之,又盖土不过二寸。清明及端午前后,两次以猪牛粪细和灰簿盖之。"(同上)书中还介绍了杜蔗、西蔗、劳蔗、红蔗四种不同颜色的蔗类及其功用。

三、制作糖霜的器具和制作方法。糖霜户器用主要是蔗削、蔗镰、蔗凳、蔗碾、榨斗、枣杵、榨盘、榨床、漆瓮等。书中介绍了它们的形制和作用。制糖霜法分四步:一为治蔗,在十月至十一月把蔗削皮锉碎入碾;二为蒸泊,蒸透入榨;三为煎糖水,把糖水煎熬得十分稠,插竹遍瓮中,灌入稠糖水;四结霜,糖水入瓮后逐渐结块,至次年五月结完,斥出糖水,取霜沥干即成。整个制造过程季节性很强,劳动力投入也很集中。如治蔗时,"上户削锉至一二十人。两人削,供一人锉"(第四)。需要分工协作,而且有雇工(季节短工)。书中特别详述了制成糖霜的最后一道,也是关键性的工序,结成糖霜的要诀,以及其贮藏方法:"糖水入瓮两日后,瓮面如粥文,染指视之如细沙。上元后结小块。或缀竹梢如粟穗,渐次增大如豆,至如指节,甚者成座如假山……至五月,春生夏长之气已备,不复增大,乃沥瓮。"并告诫道:"过初伏不沥,则化为水。下户急欲前四月沥。"制作出来的糖霜,其品质形色亦各不同:"一瓮中,堆叠如假山者为上,团枝次之,瓮鉴次之,小颗块次之,沙脚为下。紫为上,深琥珀次之,浅黄色又次之,浅白为下。"因"沙霜性易销化,畏阴湿及风",故收藏亦须得法:"干大小麦铺瓮底,麦上安竹笩,密排笋皮,盛贮绵絮,复箬簰箕覆瓮。寄远即瓶底着石灰数小块,隔纸盛贮,原封瓶口。"(第五)其制作收藏之精心细密如此。

四、糖霜户的贫富分化和政府的剥削。作者发现,"糖霜户治良田,种佳蔗,利器用,谨土作一也,而收功每异。自耕田至沥瓮,殆一年半。开瓮之日,或无铢两之获,或数十斤,或近百斤,有暴富者。村俗以卜家道盛衰"(第六)。当时还没有认识到生产技术和经营方法对糖霜业效益的重要作用,把成功者称为暴富,认为是命运好坏的结果。遂宁地区糖霜户的分化较明显,上户一次可有数十瓮同时生产,下户只有一二瓮。而且生产工具缺乏,以舂代碾,效率低下。宋王朝对遂宁糖霜业的征取很重。"宣和初,宰相王黼创应奉局,遂宁常贡外岁进糖霜数千斤。……州县因之大扰,败本业者居半。"(第六)政府的过度剥削又影响生产技术的改进。书中记载当地"巧营利者"有一种可使结霜增加数倍的技术,但"惧州县强索,无以应"(同上),便放弃了这种新技术。

除了上述四方面内容外,书中还简述了中国用蔗制糖的简史。从春秋时楚国制蔗浆,三国时吴国制蔗饧,到唐太宗时从摩揭陀国引进熬糖法,开始了中国蔗糖生产的历史。先是生产砂糖,以后又生产糖霜,到宋代形成一大行业。又介绍了糖霜和其他食品合而制之的方法。如"糖霜、干山药等分,细研",曰"对金汤";"糖霜饼"的做法为"糖霜一斤,细研,别研吴氏龙涎香七分,饼和之。糖霜饼不以斤两,细研,劈松子或胡桃肉,研和匀如酥蜜,食模脱成。模方圆雕花各随意,长不过寸"。而且要严格选择糖块:"必择颗块者,沙脚即胶粘不堪用。"(第七)

《糖霜谱》问世后受到时人的好评。人们将它和范尉宗的《香谱》,蔡襄的《荔枝谱》、《茶录》相提并论。但后世对它的研究很少,无专述专著。《糖霜谱》保存了中国古代制糖业及传统民间食品工艺的重要资料,对中国经济史、中国手工业发展史以及古代饮食文化的研究,均有重要的参考价值。

关于本书的研究,有李治寰《中国食糖史稿》,赵匡华《我国古代蔗糖技术的发展》,赵匡华、周嘉华《中国科学技术史·化学卷》的有关部分。

(施正康 曾 抗)

耕织图 〔南宋〕楼 璹

《耕织图》，二卷。南宋楼璹编绘。约成于南宋绍兴二年(1132)至四年(1134)。通行本有《知不足斋丛书》本、《龙威秘书》本、《艺苑捃华》本、《丛书集成》本等。

楼璹(1090—1162)，字寿玉，一字国器，明州鄞县(今浙江宁波)人。宋高宗时任临安於潜县令，他"笃意民事，概念农夫蚕妇之作苦，究访始末，为耕织二图"(楼钥《攻媿集》卷七六)，并进呈高宗。绍兴中，"初除行在审计司，后历广闽舶使，漕湖北、湖南、淮东，摄长沙帅，维扬持麾节，十有余载。在乡兴办义庄，宗党被赐者近五百，则其居时，惠利之及民者多矣"(曹昭《格古要论》卷十三)。《耕织图》于南宋后即佚亡，流传下来的是所附的四十五首诗。楼璹的生平事迹见《耕织图》书后楼洪跋、楼钥后序及其《攻媿集·跋扬州伯父耕织图》。

《耕织图》是我国第一部完整记载和描绘农桑生产全过程的诗画配合著作。《耕织图》包括"耕图"与"织图"两大部分。耕图包括浸种、耕、耙耨、耖、碌碡、布秧、淤荫、拔秧、插秧、一耘、二耘、三耘、灌溉、收割、登场、持穗、簸扬、砻、舂碓、筛、入仓等二十一幅；织图包括浴蚕、下蚕、喂蚕、一眠、二眠、三眠、分箔、采桑、大起、捉绩、上簇、炙箔、下簇、择茧、窖茧、缫丝、蚕蛾、祝谢、络丝、经、纬、织、攀花、剪帛等二十四幅，每图皆配以一首五言律诗。楼钥称它是"农桑之务，曲尽情状"，"虽四方习俗间有不同，其大略不外于此"(《攻媿集》)。

《耕织图》系统而又具体地描绘了当时江南地区农耕和蚕桑生产的各个环节，成为后人研究宋代农业生产技术最珍贵的形象资料。它较重视推广先进的生产工具和技术，如宋代始出现的起秧工具——秧马，其"插秧"诗曰"我将教秧马，代劳民莫忘"，认为它能减轻起秧的劳动强度。又如平整田地所用的碌碡，既能减轻劳动强度，提高生产效率，又利于精耕细作。《耕织图》还反映了劳动人民男耕女织的勤劳和生活之艰难，如楼钥所说："此图此诗诚为有补于世。夫沾体涂足，农之劳至矣，而粟不饱其腹。蚕缲丝织，女之劳至矣，而衣不蔽其身，使尽如二图之详劳……"(《攻媿集》)

宋、元时期编绘的耕织图,除楼璹的之外,还有南宋刘松年编绘的《耕织图》。元代程棨的《耕织图》,图数同楼璹者,基本摹自该图。明代天顺六年(1462)宋宗鲁曾重刊《耕织图》,原因可能在明后失佚,现仅存全部诗文。明万历间的《便民图纂》首次将《耕织图》稍加改绘后全部收入其中,并将其所配诗改写成农家喜闻乐见的竹枝词。清初康熙帝玄烨命焦秉贞重绘《耕织图》,以作为统治阶级劝民重视"农桑"的宣传品,并作为艺术品欣赏。至清雍正、乾隆等朝也都令画工重绘翻刻楼璹的《耕织图》。15世纪以后,《耕织图》传入日本、朝鲜等国,引起有关国家的关注。《耕织图》这种直观的艺术形式对后世的农书产生了深刻影响,在后来的《王祯农书》、《天工开物》、《农政全书》及《授时通考》等农书中,图谱均占有显著地位,足见其影响之深远。

有关《耕织图》的卓有成就的研究,当推日本农史专家渡部武先生的一系列成果,如其《中国农书〈耕织图〉的流传和影响》(1987年版)以及他近年来在中国大陆发表的诸多论文如《〈耕织图〉流传考》、《中国农书〈耕织图〉的起源与流传》、《"探幽缩图"中的〈耕织图〉与高野山遍照尊院所藏〈耕织图〉》等。此外,研究论文还有中国蒋文光的《从〈耕织图石刻〉看宋代的农业和蚕桑》(《农业考古》1983年第1期)、赵雅书的《关于〈耕织图〉之初步探讨》(台湾《幼狮月刊》1976年第5期),以及梁家勉《中国农业科学技术史稿》中的有关部分。

(王国忠)

云林石谱 〔南宋〕杜绾

《云林石谱》，三卷。南宋杜绾撰。通行本有《唐宋丛书》本、《四库全书》本、《知不足斋丛书》本、《学津讨原》本、《丛书集成初编》本等。

杜绾，字季阳，号云林居士。山阴（今浙江绍兴）人。幼受父训，雅爱奇石，成人后，兴趣不改。客颍昌时，曾在杜钦益家欣赏一石，于石罅中见"有道"二字，扣之有声，认为是唐李德裕所藏平泉石之一。居永州零陵时，见土人家有石板，上面多磊魂如燕形者。又听说附近某山有石燕，遇雨则飞，便前往考察。上高岩见"石上如燕形者颇多，因以笔识之。石为烈日所暴，偶骤雨过，凡所识者一一坠地"。由此得出石燕盖寒热相激，"自石中迸落，不能飞尔"的结论。南至郴、洊、连、广诸州，常游石灰岩洞穴。每见乳汁点成的石龟、蛇、蟾、蟹、蝮、蜓及果蓏等，取归家中。见远方奇石，就出资收购，黄龙府柏子玛瑙石、兰州黄河中兰州石，都曾收藏。爱石而不吝啬。藏品中有一钟乳石，"大如拳，高数寸，若二龙交尾缠绕，鳞鬣爪甲悉备，中有数窍，因植溪荪"。后为友人索去，他只淡淡说"为好事者求去"。著有《云林石谱》。生平事迹见《宋史》卷三一〇《杜衍传》、《云林石谱》。

杜绾见茶、酒、竹、木"皆有谱，惟石独无，为可恨也。于是采其瑰异，第其品流，载都邑之所出，而润燥者有别，秀质者有辨，书于简编"，而成是书。"且曰幅员之至远，闻见或遗；山经地志，未能淹该遍览，尚俟访求，当附益之。"（孔传《云林石谱序》）

《云林石谱》是一部品石专著。作者于所记诸石，各叙其名称、产地、采法、形状、大小、颜色、光泽、声响、用途等方面，又为之品评高下。

全书一一六目，有灵璧石、太湖石、昆山石、形石、石笋、萍乡石、鱼龙石、穿心石、零陵石燕、玛瑙石、于阗石、柏子玛瑙石、端石、红丝石、石绿、礜石、钟乳、饭石、墨玉石、石镜、雪浪石、浮光石等。大多以产地名石。同一石名，往往有石数种，所记之石不止一一六品。

《石谱》记载各种石品的产地、采法、形状、光洁度等物理化学性能、加工技术以及品评优劣。如"太湖石，产洞庭水中，性坚而润，有嵌空穿眼宛转崄怪势。一种色白，一种色青而黑，一种微青。其质纹理纵横,笼络隐起"。石面偏多坳坎。扣之,微有声。石在水中,"采人携锤錾入深水中,颇艰辛,度其奇巧取凿,贯以巨索,浮大舟,设木架,绞而出之"。此石高度在十数尺至三五丈间,用于装治假山。偶尔有尺余者,用于植立轩槛。

所叙一百数十种石,大多用于假山、园林、盆景。用于其他方面,如制作容器、用具、砚、墨、镇纸、假玉、琉璃、带胯、棋子、试金、印材、磨刀石、工艺品、屏风等。

内有鱼类两栖类动物化石,并解释其成因。"潭州湘乡县山之颠,有石卧生土中。"石之"两边石面有鱼形,类鳅鲫,鳞鬣悉如墨描";"数尾相随游泳。或石纹斑剥处,全然如藻荇"。又说陇西鱼龙也有这种鱼形石。他探索成因,认为当地为"古之陂泽,鱼生其中。因山颓塞,岁久土凝为石,而致然屿!"鱼龙石成为商品,乡人因此作伪。杜绾又提出鉴定真伪的方法:"但刮取烧之,有鱼腥气,乃可辨。"

又探讨某些石品特性的形成。说太湖石石面偏多坳坎。盖因风浪冲激而成,谓之弹子窝。"衢州常山县于巉岭怪岩窦中出石简,或欹斜纤细,互相撑柱之势。盖石生溪中,为风水冲激,融结而成奇巧。"登州海岸沙土中,有洁白莹彻的石子,粒粒圆熟如茨实。究其原因,"久因风涛刷激而成"。

叙说某些岩石的质地变化。说青州石"在穴中性颇软,见风即劲。凡采时易脆,不宜经风"。又"无为军石产土中,性甚软。凡就土揭取之,见风即劲"。

论述石灰岩地形。说袁州万载县去县十余里,石无数,出田野间。其质嶙峻,微青色,间多峰峦,岩窦四向。又于石罅中,上下生小林木,蓊郁可喜,或高三四尺,或五六尺,全如一大山气势。经行凡数百步,不断目。乱石丛中的这一景观,当地农民因其"占地垅,有妨布种,恨不去之"。他着眼于景致宜人,发出"惜乎地远,人无知者"的感叹。还注意袁州地区的洞穴。说分宜县郊"十里,有石洞,名洪阳。游者持炬以入,凡十有六室,诡怪百状。又有石乳、石田、牛、羊、钟、鼓及仓廪、床榻之类。石高数丈,段段有边幅,有如船樯驾帆饱疾风状"。"洞上有篙撑船声。"还记载饶州乐平县东山乡的洪岩三洞。对于石灰岩洞穴中的景物,一再强调"乳汁点成","钟乳点化而成","因知钟乳点化无疑"。

杜绾总结直至北宋的地质矿石知识,加上自己实地考察所得,汇为专著,在宋代文化中别树一帜。他重视检验的科学精神,也是值得肯定的。

有关本书的研究,有李约瑟《中国科学技术史》第五卷《地学》,杜石然等编著《中国科学技术史稿》,王子贤、王恒礼《简明地质学史》、唐锡仁、杨文衡主编《中国科学技术史·地学卷》的相关部分及杨文衡《试述〈云林石谱〉的科学价值》等。

(贺圣迪)

庚道集 〔南宋〕蒙轩居士

《庚道集》，九卷。南宋蒙轩居士辑。通行本有明代《正统道藏》本等。

蒙轩居士，南宋人。姓名年里不明，尝寓南岳铨德观等地，辑集外丹著作，有《庚道集》传世。

蒙轩居士在研究前人丹书时，"略去余方，录其尤异者"，又记录"口口相传"（卷二）与本人实验成果，将其辑集成书。后人续有辑补，据集中所收《月桂长春丹法》，其下限为元末明初。增补者于全书内容生疏，所增补者或为集中已有著作，如卷八之《升仙大丹九转灵砂诀》、卷九之《九转十六变灵砂大丹》，皆与卷三之《太上灵砂大丹》内容基本相同，文字大同小异。再如卷九之《青霞子十六转大丹》，与卷七《葛仙翁九转灵砂金丹》完全相同，只有个别文字相异。

《庚道集》是外丹术选集。按五行学说，将天干甲乙丙丁戊己庚辛壬癸与木火土金水（相生序）五行相配，得甲乙木，丙丁火，戊己土，庚辛金，壬癸水之配对形式。其中金对庚辛，故本书书名中的"庚道"指的就是炼制金丹之道。全书共收经书二十一篇，还有许多的丹方，约六万九千字，是《道藏》所收最长的外丹术经集。从时间跨度看，所收经书从唐代至元，长达数百载，可以说是中国古代炼丹术的集成之作。集中详细记载炼丹器具、药物配伍、剂量、制作顺序、操作方法及所发生的化学现象，反映古代化学和药物学的重要成果。

卷一，《砒匮养丹阳法》、《文真子金丹大药宝诀》、《寒林玉树涌泉匮法》三篇。据陈国符《道藏经中外丹黄白法经诀出世朝代考》考证，《寒林玉树涌泉匮法》之成书年代同《圣鼎长生涌泉匮法》，为唐人所作。《文真子金丹大药宝诀》注明"绍兴甲子中元蒙轩居士书"，按绍兴甲子年即是公元1144年，故该经写于南宋，《砒匮养丹阳法》则无考。

卷二，《月桂长春丹》、《刘浪仙感气大丹》、《神仙大药四神匮》、《蒲真人上品大药》四篇。其中《月桂长春丹》其出世年代不会早于元朝。

卷三，《太上灵砂大丹》、《黄芽金鼎九转法》二篇。《太上灵砂大丹》正文前有宋人杨勤写的序，称该经"始自太上"，自古至今，历经传授。《黄芽金鼎九转法》有副题《李洞玄神丹妙诀》，其实验方法虽与其他丹经类同,但其名称更为神秘,如云"脱凡入圣"、"移魂合魄"之类。

卷四,《东坡三黄匦法大有力验》、《太上洞玄大丹诀》二篇。

卷五,前部分列煅、伏朱砂的各种丹法,后部分为《独体朱砂灵验》。

卷六,《丹阳术》。注明此术为广德沈先生传华亭张道人,广德为府,将广德与华亭并列,当华亭亦已设府,而这是元代以后的设置,故传授一事最早应发生在元代。

卷七,前部分列多种丹方经诀之法,后部分为《葛仙翁九转灵砂金丹》。

卷八,《升仙大丹九转灵砂诀》、《青霞子十六转大丹》二篇。《升仙大丹九转灵砂诀》据陈国符推测为唐人所撰,题有注曰"许真君"(许逊)系伪托。此篇与本书卷三之《太上灵砂大丹》内容基本相同,而后者为宋人所撰,由此可推断《升仙大丹九转灵砂诀》是母本。《青霞子十六转大丹》与本书卷七之《葛仙翁九转灵砂金丹》两篇丹法完全相同,只是用词上有所差别,如前者之《紫粉别入神室变化大丹法》,即后者之《紫粉入神室转变法》等等。据考证,前者较后者要古,而前者文字,最早为唐人所为。按青霞子为隋炼丹家苏元明之号,然此青霞子为唐人,故不是苏元明,而是另有其人。

卷九,《西蜀玉鼎真人九转大丹》、《葛仙翁长生九转灵砂大丹》、《葛仙翁宝硝秘法》、《九转十六变灵砂大丹》、《三圣法亦名小九转》等五篇。

本书认为修仙之道,固然要精通丹术,更要有高尚德行。王君锡《太上资圣玄经内四神匦》说,得到金丹之后,需"秘之!秘之!不可妄传,济贫积行方可"。甘可大《神仙大药四神匦》说:"得之,须多济人利物,慎勿妄用轻泄。秘之!秘之!"杨勤《太上灵砂大丹》说:"得之者,全在积功累行,利物救人。"编者择要而录,保留这些话,表明继承道教如下传统:德行法术并重,两者都不可或缺。

又阐述丹药何以能使人长生不死。《神仙大药四神匦》认为人具有至简至易"夺天地造化"之能力与法术。他在天地之间,"按天地四时之气,用草木金石相辅"(《制伏先取血膏后洁肌成体妙用》),将所"采天地之精、日月之华"炼成大药。认为以火烧阴而破毒,吸之则强壮筋骨,补髓填精,杀九虫,断三尸,聪耳明目;返老还童,回骸起死,延年益寿等。作者强调合内外丹为一。《太上灵砂大丹》说:"世人好外而不能成内,达人修内而不肯为外。内外两全,其惟丹砂乎。"丹砂又称灵砂,之所以有此功力,因为"论其要妙合天地之造化,言其功绩成圣贤之修养,推其义同《周易》之八卦,原其理符老氏之九转,是以变化出没,无所不在;纵横曲直,无所不合"。

书中还详述外丹术的种种方法。不仅记其药物配伍、剂量,还述说前后次序、操作方法。如《砒匦养丹法》:"用不夹石明净者半斤,碎作小豆粒大,尤好。以二两作一包,白纸包入粗布袋内。依时采夏枯草,阴干烧灰,沸汤淋浓汁。瓷罐悬胎煮,频添汁。五六日,布袋渐轻,汁渐浓。火上试之,有烟乃以药煮出汁内。煮至七八日,药已在汁内。如些少不下,是石脚也,不必尽。却将药汁,别用一罐,徐徐煮之。待甘作一块褐黑色,乃伏也。慢焙,十分干,无湿气,方入鼎。封固,下灰池,顶火一两半,离半寸,养三日;渐加二两,养三七日。取看合子不损动,至三十五日开看。灰白色,上如水湿,成矣。烧看作汁,如有烟未断魂,以铁匙下乳碎,入好合封。再养一月又开看,如黄色渐干不湿,火上烧之作汁无烟,全死也。未真死,再依前法封养一月,其药白色光泽,火烧不作汁,如石,乃真死了。乃灰霜,被火养去。全砒体真死,碎为玉粒,作匮用。"所描述化学反应,大体如下式:$As_4O_6 + 6K_2CO_3 \longrightarrow 4K_3AsO_3 + 6CO_2 \uparrow$。这是砒霜与草灰的反应,可得含砷量最低的盐 K_3AsO_3(所谓"砒匮"),其实验过程描述十分仔细,当视为实验记录。《庚道集》中类似这样的操作性描述还有不少,值得深入加以研究,以便发扬光大我国古代的化学成就。

所载各丹术,多有成熟接近实际者。如其轻粉制法,以水银、明矾、食盐等为原料,又使用火硝,气化作用强,升成粉霜的反应较完全,原料用量少,操作方法简便。其用药量,虽有论斤者,但一般以两或钱作单位。如制轻粉的一种,原料为水银一两、明矾二两、食盐一两、火硝六钱。且有以分为计者,如《制伏先取血膏后洁肌成体妙用》中所列药物:"陈土一分,食盐、卢甘石、北硝各三分。"

还记载众多的炼丹器具用品:匮、玉田匮、龙虎匮、水火鼎、明离炉、未济炉、已济炉、磁罐、甘锅、盒、砂钵、缸子、灰池、碗盏、瓷器大鬶、细眼篮、硅、六一泥、灯盏、铁匙、铁线、铁铫、铁三脚架子、粗布袋、白纸、昆仑纸、纸筋、竹筋、帛、扇等等。对于其中的某些器具,还记有制造方法,如造匮法、作华池法、造炉法之类。

《庚道集》辑选二十余种外丹黄白术著作及众多丹方,保存外丹术衰微前的实验成就,是古代化学和药物学的重要资料。其中的某些制法,如轻粉即气化亚汞方法简便,用量少,接近理论数据,是成熟而稳定的技术。有些制法为《本草纲目》所采用,表明它对宋金以来医药发展起过有益作用。本书值得深入研究,模拟所记实验并非徒劳无益。

关于《庚道集》的研究,有曹元宇《中国化学史话》,张觉人《中国炼丹术与丹药》,赵匡华、周嘉华《中国科学技术史·化学卷》等著作的有关部分。

（贺圣迪　闵龙昌）

普济本事方 〔南宋〕许叔微

《普济本事方》，又名《类证普济本事方》、《许学士类证普济本事方》，简称《本事方》，十卷。宋许叔微撰。成于南宋绍兴二十年(1150)。通行本有《四库全书》本、日本享保廿年向井八三郎刊本、上海科学技术出版社排印本等。

许叔微(1079—1154)，字知可，真州(今江苏仪征)人。绍兴二年(1132)进士，历仕徽杭二州教官、集贤院学士。业儒之外，刻苦钻研医术。他医德高尚，凡有病者，无论贵贱，一律精心诊治，且不取报酬。建炎(1127—1130)初，真州城中疾疫大作，他不辞辛劳，挨户给药。其间有无家可归者，则以车载至己家中，亲为疗治。针对当时医界重方药、轻理论的偏向，许氏在大量实践的基础上，也极其重视理论研究，于《伤寒论》心得尤多。著作尚有《伤寒百证歌》五卷(一名《伤寒歌》)、《伤寒发微论》二卷(一名《翼伤寒论》)、《伤寒九十论》一卷(一名《治法八十一篇》)及《仲景脉法三十六图》、《辨类》五卷，后二书今不存。又有题许氏所撰《普济本事方续集》十卷(一名《续本事方》)者，其真伪尚待证实。生平事迹见宋刘宰《本事方序》、清陆心源《宋史翼》卷三八。

作者十一岁时，父因时疫，母因气中，百日之间，双双去世。他痛感当地无良医，以致束手待尽。及长，遂"刻意方书，誓欲以救物为心"(本书自序)。至晚年，乃广收已试之方并补充了新的研究所得，撰成是书。因书中所载方剂均经作者亲自验证，且附有大量治疗实例，故仿唐人孟棨《本事诗》之例，亦以"本事"命名。

《普济本事方》系方剂学著作，有作者自序、宋刘宰序、清四库馆臣序等。卷一，中风肝胆筋骨诸风方。卷二，心小肠脾胃病方、肺肾经病方及补益虚劳方、头痛头晕方等。卷三，风寒湿痹白虎历节走注诸病方、风痰停饮痰癖咳嗽方、积聚集凝滞五噎膈气方、膀胱疝气小肠精漏方等。卷四，翻胃呕吐霍乱方、脏腑泄滑及诸痢方、虚热风壅喉闭清利头目方、肿满水气蛊胀方、肾脏风及足膝腰腿脚气方等。卷五，肠风泻血痔漏脏毒方、衄血劳瘵吐血咯血方、眼目头面口齿鼻舌唇耳方等。卷六，诸嗽虚汗消渴方、金疮痈疽打扑诸疮破伤风方等。卷七，诸虫飞尸鬼疰方、腹胁疼痛方、杂病方等。卷八、卷九,伤寒时疫方。卷十,妇人诸疾方、小儿病方等。书后附《治药制度总例》一篇(一本此篇在书前)。全书按病分为二十五门,收方三百余首,许多方剂下还附载病例、考论病证,并介绍药物炮炙修治方法。

本书虽为方书,但在理论上也颇多发挥,论方结合、理论与实践并重,此点在书中体现得尤为明显。

在治疗原则上,本书强调祛邪为先。书中在引述《黄帝内经》"邪之所凑,其气必虚"的说法后,将其引申为"留而不去,其病则实",并作了进一步的阐述:"故必先涤所蓄之邪,然后补之。"(卷三《膀胱气戒热药论证》)治疗实践中也贯串了这一原则,如一病人膀胱气作疼不可忍,前医以刚剂与之而疼愈甚,小便三日不通,脐下虚胀。作者见其面赤黑,脉洪大,诊断为"投热药太过,阴阳痞塞,气不得通"(同上),因以五苓散、连发葱、茴香等治之,夜下小便如墨汁者一二升,即刻脐下宽松,卧寝安稳,脉亦随之而平。事后他总结道:"大抵此疾因虚得之,不可以虚而骤补药"(同上),须先攻后补。

对于伤寒,书中主张以表里虚实为纲,认为"伤寒先要辨表里虚实,此四者为急"(卷九《伤寒脉证总论篇》),并指出伤寒表症、里症皆有虚有实,临床上须仔细审察辨析。

对于脾肾虚弱,书中依据脾恶湿、肾恶燥的思想,坚持辨证施治。主张补肾宜用滋润之药,如以地黄为主的"八味丸";补脾当用燥烈之药,如苍术等。倘脾肾皆虚,则当先补肾。如有病人全不进食,服补脾药皆不验。作者分析道:"此病不可全作脾虚,盖因肾气怯弱,真元衰劣,自是不能消化饮食。譬如鼎釜之中,置诸米谷,下无火力,虽终日米不熟,其何能化?"(卷二《补脾并补肾论证》)故服以"二神丸"(破故纸、肉豆蔻),病人便欣然能食。此书对于气中与中风作了细致的区分,揭示了气中的发病机理是"暴喜伤阳,暴怒伤阴,忧愁不意,气多不逆"(卷一《气厥与中风论证》)。若作中风处理,则"多致杀人"。作者用苏合香丸治之,很快奏效。

《普济本事方》采方简要,论理清晰,是一部精炼实用的方书,受到后世医家的重视,誉之为"枕中秘"、"海上仙方"。

有关本书的研究,主要有清代叶天士《本事方释义》、傅维康主编《中药学史》的相关部分。

(张　沁)

丹房须知 〔南宋〕吴悮

《丹房须知》,一卷。南宋吴悮撰。成于南宋隆兴元年(1163)。通行本有明《正统道藏》本。

吴悮,号高盖山人、自然子。道教学者,兼习内外丹。高宗绍兴末,遇淮南王先生,受《金碧经》,而生平于学重郑思远。本郑氏"受气若足,为人聪明;受气不足,为人暗昧"(《渔庄邂逅论》)之论,解说人之才智不齐。于炼丹理论,亦祖述郑氏之说:"虎者,银也,金公是也,属水也、金也。龙者,汞也,姹女也,属木也、火也。金生水,水生木,木生火,火生土,道在土矣。"(《指归集》卷二)绍兴年间(1131—1162),选诸家炼丹精要,编为一册,名曰《指归集》。他强调长生术,"唯丹砂一味,能存神与形"。因为"水银感阴阳之气,八百岁而成砂,三千岁而成银,八万岁而成金。愈久愈坚,千变万化。圣人运水火,法阴阳之气而毕其功"(《指归集序》)。他如"先内后外之论"以及"遍寻灵草,煅炼金石"(同上)之说,皆不合理。意有未尽,于隆兴元年复著《丹房须知》。乾道八年(1172),与虞仲谋、刘先生相逢于渔庄,结为丹友。事后,吴悮记当时论说、试炼之事,而成一书,名曰《渔庄邂逅录》。生平事迹详《指归集》与《渔庄邂逅录》。

吴悮幼慕丹术,及长漫游各地,访录群说,晚年"因集诸家之说,以为《指归》,可谓深切著明矣。犹虑学者未悟,复编进真铅、真汞、华池沐浴、鼎炉法象、火候次序,凡诸家互说不同者,推戴其理,若合符契,谓之《须知》。皆出古人之传,曾非臆说"。

《丹房须知》是道教外丹著作。它融会《参同录》、《火龙经》、《金碧经》、《混元经》,以及魏伯阳、阴真君、葛仙翁、青霞子、如云子、司马子微所论,简述炼丹术及炼时的注意事项。

全书分择友、择地、丹室、禁秽、丹井、取土、造炭、添水、合香、坛室、采铅、抽汞、鼎器、药泥、燠养、中胎、用火、沐浴、火候、开炉、服食等二十一项。附有坛式、抽汞、未济炉、既济炉灶、研钵五图。这些附图既反映了当时化学仪器的成就和化学实验所达到的水平,又给后人以十分清晰的感觉印象,说明炼丹术后期虽日趋衰落,但其技术层面仍有所发展。

书中某些实验操作与现象的描述是相当科学的。如用铅制得黄色氧化铅(黄芽),书云"投白虎(铅)二两,韛(焙?)之,须臾有物状如云母,黄色,晶光夺目"。又如抽汞之法注云:"鼎上盖密泥,勿令泄炁(气),仍于盖上通一炁管,令引水入盖上盆内,遮,汞不走失矣。"这是用泥或水来达到密封的目的,不使汞蒸气外泄。又"开炉"篇云,"所飞鼎上白者紫金丹,赤者龙虎丹,鼎四周面者为大丹,中间白如鱼鳞片者名神符白雪"。如此描述当不会全伪,值得进一步研究。

书中叙说丹房布置道:"炉下有坛。坛高三层,各分八面而有八门。"然据书中附图,为三层四面,面各二门。坛之"南面,去坛一尺埋朱汞一斤,钱五寸,酢拌之;北面埋石灰一斤;东面埋生铁一斤,西面埋白银一斤。上去药鼎三尺,垂古镜一面。布廿八宿、五星,灯前用纯剑一口。炉前添不食井水一盆,七日一添。用桃木板一片,上安香炉"。布置停当后,"安心守炉,致祈祷之词"。

他强调炼丹要注意时间长短和水火候度:"金炁圆时,蟾光盛满,是炼丹之时候。炼时须八月。许真君曰:'冬养子。'八月下手,以九鼎取黄芽,至十月之内。全在水火停匀,阴阳得所,自然化出灵芽。若是水火不匀,盗过铅脚透入灵芽,不堪用也。亦须受气满足。若气不足,丹亦不伏。"

吴悮之术以黑铅丹砂为原料,经采抽之法而得真铅真汞。将此二物研成细末,放入炉内,令其相制,养之以火。认为"药在鼎中,如鸡抱卵,如子在胎,如果在树,但受炁满足,自然成熟"。开炉取丹,不可即服,须去除丹毒,方得服之长生。

其于仪器创制亦有贡献。书中所给未济炉图,炉内有一上下大腰部小且有管通向外部空间的鼎器。鼎器下部贮水,上部盛药。其外自上至下以灰土相围,做成可燃炭火之炉。认为鼎若无炉如人之无宅,何以安居。炭火燃烧,使所贮之水温度升高,作用药火,蒸气自管之一端佚出,管之另一端则补充所失之水。其抽汞之图,为蒸馏头往下凸入蒸馏罐内的密封器。上器中部,有一管通向置于近旁的另一器。下器有可供燃烧炭火的炉口,置丹砂于内。炉口升火,使丹砂分解为硫与汞。汞蒸气上升,经管通往旁置之器,冷却后得汞。

《丹房须知》简要叙说炼丹过程和注意事项,且在仪器制作上有所贡献,在炼丹史上有一定地位。

关于本书的研究,有张觉人《中国炼丹术与丹药》,袁翰青《从道藏里的几种书看我国的炼丹术》,任继愈等《道藏提要》,赵匡华《我国古代"抽砂炼汞"的演进及其化学成就》,赵匡华、周嘉华《中国科学技术史·化学卷》等论著的有关部分。

(贺圣迪　闵龙昌)

三因极一病证方论 〔南宋〕陈 言

《三因极一病证方论》，原名《三因极一病源论粹》，简称《三因方》，十八卷（一作八卷）。南宋陈言撰。成于南宋淳熙甲午（1174）。通行本有南宋刻配补元麻沙复刻本、元刻本、《四库全书》本、道光二十三年（1843）青莲华馆刊本，1957年人民卫生出版社排印本。

陈言，字无择，号鹤溪道人，青田（今属浙江省）鹤溪人，一说莆田（今福建莆田）人。绍兴（1131—1162）、淳熙（1174—1189）间在世。另著有《依源指治》。

作者曾与友人汤远、汤庆论及揭示病因对于治疗的重要性，又鉴于汉晋以来，医方虽多，但有"不识时宜"之病，"或诠次混淆，或附会杂糅。古文简脱，章旨不明。俗书无经，性理乖误。庸辈妄用，无验有伤"，遂削除繁芜，考辨前论，撰成是书。

《三因方》系综合性医书。书前有作者自序。全书分为一百八十门，收方一千五百余首。所述病证涉及内、外、妇、儿、五官等各科。每类有论有方，结构完整，条理清晰、论述简要而细密。卷一论脉辨证，为总论。卷二前半部分仍属总论性质，自后半部分起至卷十八，则分类述病证、论病因、列医方。

本书的重点在于阐述"三因致病"的理论。作者认为，致病之因，不外乎三：寒、暑、燥、湿、风、热六淫"先自经络流入，内合于脏腑，为外所因"；喜、怒、忧、思、悲、恐、惊七情"先自脏腑郁发，外形于肢体，为内所因"；饮食饥饱、叫呼伤气、尽神度量、疲极筋力、阴阳违逆，乃至虎狼毒虫、金疮压溺等，皆"有背常理"，为"不内外因"（卷二《三因论》）。在论三因时，他特别重视脉诊的作用，强调"辨因之初，无逾脉息"，故"以人迎候内因，气口候外因，其不应人迎气口，皆不内外因"（自序）。作者又指出，三因既可单独致病，"更有三因备具"（卷二《五科凡例》），即交互成病者。所以须"因脉以识病，因病以辨证，随证以施治"，予以审慎地辨证求因。

书中充分强调了"三因"学说在辨证施治中的重要意义，指出："不知病因，施治错谬，医之大患，不可不知。"（卷十《消渴叙论》）"医事之要，无出三因。……傥识三因，病无余蕴。"（自序）"三

因既明,则所施无不切中。"(卷十六《头痛证治》)

《三因方》全书都贯串着这一重要思想。对于心痛病,卷九《九痛叙论》总论该病云:"若十二经络外感六淫,则其气闭塞,郁于中焦。气与邪争,发为疼痛。属外所因。若五脏内动,汩以七情,则其气痞结,聚于中脘。气与血搏,发为疼痛。属内所因。饮食劳逸,触忤非类,使脏气不平,痞隔于中,食饮遁疰,变乱肠胃,发为疼痛。属不内外因。治之当详分三因……随其所因,无使混滥。"所以接着便分三因论证治。至于三因叠侵而为病者,卷十二揭示淋证之因曰:"多因淫情交错,内外兼并,清浊相干,阴阳不顺,结在下焦,遂为淋闭。"准确地揭示了造成淋闭的多种因素。他如论失血、霍乱、滞下、腰痛、眼疾等,无不渗透"三因致病"说。

全书论"三因"紧密结合病证、医方,不仅构成一个较为严密完整的体系,而且具有重要的临床意义。书名"三因极一",即是"分别三因,归于一治"的意思。

"三因"之说肇端于《内经》,发扬于《金匮》,但陈言之书在前人的基础上,作了更为全面而深入的论述,从而使这一观点发展成为独立的中医病因学说,其在整个中医理论体系中的重要地位也由此而确立。

有关本书的研究主要有《四库全书总目》和傅维康主编《中国医学史》的有关部分。

(林建福)

桂海虞衡志 〔南宋〕范成大

《桂海虞衡志》,一卷。南宋范成大撰。成于淳熙二年(1175)。后收入《石湖大全集》。自宋以来《桂海虞衡志》的抄本及各种丛书本不下二十种之多。通行本有《百川学海》本、《知不足斋丛书》本、《说郛》本、《永乐大典》本、《四库全书》本、1986年四川民族出版社本(胡起望、覃光广《桂海虞衡志辑佚校注》)等。

范成大(1126—1193),字致能,号石湖居士。苏州市吴县人。绍兴二十四年(1154)进士。乾道六年(1170)奉命出使金国,谈判修订《隆兴和约》,《宋史》称"初进国书,词气慷慨",金太子"欲杀成大,越王止之,竟得全节而归"。乾道九年(1173)三月,范成大到桂林,出任广西经略安抚使。淳熙二年(1175)正月离广西,赴成都任四川制置使。工于诗词散文,著作尚有《范石湖集》、《揽辔录》、《吴郡志》、《吴船录》、《范村梅谱》、《范村菊谱》等。

《桂海虞衡志》是一部记述我国南方(主要是广西)的地理、特产、动植物及民情习俗的著作。书名中的"桂海"即南海,泛指我国南方(也有称因广西之地多桂,故称广西为桂海)。"虞衡"是古代官名,"掌山泽之官,主山泽之民者"(见《周礼·天官大宰》注)。清人檀萃在《滇海虞衡志》序中解释《桂海虞衡志》书名时说:"虞衡志者,盖合山虞、泽虞、林衡、川衡以为名,土训(负责向帝王陈报山川地势、土质好坏及土地所宜生产的官员)之书也。"书前有作者自序,主要是介绍成书的经过。正文分为十三篇。

第一篇:志山,主要记述桂林的岩洞。第二篇:志金石,记述可作方药的南方矿物、化石。第三篇:志香,记述产自南方的香料。第四篇:志酒,记述南方的名酒。第五篇:志器,记述南方的兵器、乐器、纺织品以及其他生活用品,是现存的记述广西及西南少数民族手工业的较早著述。第六篇:志禽,记述南方的鸟类,计有孔雀、鹦鹉、白鹦鹉、乌凤、秦吉了、锦鸡、山凤凰、翻毛鸡、长鸣鸡、翡翠鸟、灰鹤、遮鸹、水雀等。第七篇:志兽,记述象、马、猿、犬、羊、麝、狸、懒妇、山猪、石鼠、香鼠、山獭等动物。第八篇:志虫鱼,记述蚌珠、车磲(一种贝类)、蚺蛇(亦称蟒蛇)、蟳蝐、蜈蚣、青螺、鹦鹉螺、贝子、石蟹、鬼蛱蝶、黑蛱蝶、嘉鱼、虾鱼、竹鱼、天虾等水产及其他生物。第九篇：志花，记述南方的花卉，计有上元红、白鹤花、南山茶、红豆蔻、泡花、红蕉花、枸那花、史君子花、水西花、裹梅花、玉修花、象蹄花、素馨花、茉莉花、石榴花、添色芙蓉花、侧金盏花等。第十篇：志果，记述南方的果品，"录其识且可食者五十五种"。第十一篇：志草木，记述除花卉、果品外的南方植物。因作者所识不多，故仅二十七种。第十二篇：杂志，记述岭南风土，有雪、风癸水（即"漓江"）、瘴、桂岭、俗字、卷伴、草子等条。第十三篇：志蛮，记述宋代南方少数民族的情况，是研究南方宋代少数民族及邻国情况的重要史料。

从生物学的角度讲，《桂海虞衡志》是继《南方草木状》后记述华南地区植物的一部重要著作，除了植物外，还增加了动物。李时珍的《本草纲目》曾引该书有二十多处，并作为可靠材料来更正前人的谬误。

《桂海虞衡志》成书后，一直很受学者重视，范成大好友周去非仿照《桂海虞衡志》写成《岭外代答》一书。宋末元初，马端临著《文献通考》，其中"四裔考"引证《桂海虞衡志》的文字就达万字，保存了非常珍贵的佚文。明代，林富、黄佐修《广西通志》，苏浚修《万历广西通志》等都大量引用了《桂海虞衡志》的材料。清代王士性的《桂海志续》、檀萃的《滇海虞衡志》等都是仿照《桂海虞衡志》写成的。

关于本书的研究，校注有齐治平《桂海虞衡志校补》，严沛《桂海虞衡志校注》；论述有齐治平《校补前言》，唐锡仁、杨文衡主编《中国科学技术史·地学卷》，汪振儒主编《中国植物学史》的有关部分。

（孙兆亮　徐维统）

吴船录 〔南宋〕范成大

《吴船录》，一卷。今本为二卷，昌彼得谓"疑明人所分析也"（见昌著《说郛考》卷四一）。南宋范成大撰，成于南宋淳熙四年（1177）。通行本有《续百川学海》本、《裨乘》本、《说郛》本、《宝颜堂秘笈》本、《四库全书》本、《知不足斋丛书》本、《丛书集成初编》本等。

作者生平事迹见"桂海虞衡志"条。范成大历南宋高宗、孝宗、光宗三朝，以病弱之身游宦四方，为他提供了考察地理的广阔的场所和时机。黄震称其"踪迹遍天下，审知四方风俗"。他不仅写了三部著名的有丰富地理内容的游记——《揽辔录》、《骖鸾录》、《吴船录》，而且有《桂海虞衡志》、《太湖石志》、《吴郡志》、《菊谱》、《梅谱》等专著。

淳熙四年（1177），范成大自四川制置使召还，离开巴蜀，取水程赴家乡吴县。他根据沿途经历，按日记的形式，著成《吴船录》一书。书名取杜甫"门泊东吴万里船"句意。

今本全书始于淳熙丁酉五月戊辰（二十九日）离成都，迄十月己巳（初三）晚入盘门，计一百零八条，历时四个月零四天，途经八路二十四州府，包括今四川、重庆、湖北、江西、安徽、江苏六个省市。此书内容丰富，既有对长江沿岸各大城市进行地理描述并作对比研究，又有对高山植被和气象气候的观察与描述，更有对三峡水文情况的记载，还有关于沿途地貌、建筑、水利、聚落变迁、地方病等方面的内容。今择其要叙说于下。

一、对高山植被和山地气候的观察描述，是《吴船录》的一个特色。山地景观常常表现为山地降水多于平地，形成溪泉、瀑布或积雪。山地自然植被保存完好，植物种属多样，因此环境污染少，空气清新。范成大为读者展现了峨嵋山上多样化的生物。"大抵大峨之上，凡草木禽虫，悉非世间所有；昔固传闻，今亲验之。……草药之异者，亦不可胜数。山高多风，木不能长，枝悉下垂，古苔如乱发鬖鬖挂木上，垂至地，长数丈。又有塔松，状似杉而叶园纫，亦不能高，重重偃蹇如浮图，至山顶尤多。"指出了山顶大风对植物生态的影响。峨嵋山上，气温的垂直变化很大，这点范成大也有亲身体验。上山时，"初衣暑绤，渐高渐寒；到八十四盘则骤寒。比及山顶，巫挟纩两重,又加毳衲驼茸之裘,尽衣笥中所藏,系重巾,蹑毡靴,犹凛栗不自持,则炽炭护炉危坐"。

二、范成大对大气光象进行了考察,首次完整而详细地记载了峨眉山的佛光。山顶空气湿度大,常常多雾,形成所谓的佛光。作者对其作了生动的描述:"俄氛雾四起,混然一白。僧云银色世界也。有顷,大雨倾注,氛雾辟易。僧云洗岩雨也,佛将大现,兜罗绵云,复布岩下,纷郁而上,将至岩数丈辄止。云平如玉地,时雨点有余飞。偏视岩腹,有大圆光偃卧平云之上,外晕三重,每重有青、黄、红、绿之色。光之正中,虚明凝湛,观者各自见其形现于虚明之处,毫厘无隐,一如对镜,举手动足,影皆随形,而不见旁人。僧云摄身光也。此光既没,前山风起云驰,风云之间,复出大圆相光,横亘数山,尽诸异色,合集成彩,峰峦草木,皆鲜妍绚蒨,不可正视。云雾既散,而此光独明,人谓之清观。"这一段文字是古代对佛光,即大气光象中的透视现象,最为详细的描写。他通过仔细观察,指出宝光形成条件以及它同当时天气变化密切关联。"凡佛光欲现,必先布云,所谓兜罗绵世界,光相依云而出。"这里说的"兜罗绵世界"就是浓密的云层。峨眉山位于四川省,当地雨水充沛,空气潮湿,云雾弥漫。阳光透过层层云雾,便形成了透镜现象。

三、有关三峡的水文情况,范成大也有很详细的记述。沿途河水的含沙量,范成大很注意观察,并作了记录。如峨眉山下的龙门峡"峡中绀碧无底,石寒水清,非复人世。"在涪州,"大江怒涨,水色黄浊;黔江乃清冷如玻璃,其下悉是石底。自成都登舟至此,始见清江。"在汉口,"汉水自北岸出,清碧可鉴,合大江浊流,始不相入;行里许,则为江水所胜,浑而一色。"描述之后,又对长江及其支流的水色清浊,说出所以然:"凡水自两岸出于江者皆然,其行缓,故得澄莹。大江如激箭,万里奔流,不得不浊也。"这些记载,不仅为我们研究河水含沙量的历史变迁提供了资料,而且也说明了南宋以来自然环境的变化。又记水流与通航情状。"黑石滩最号险恶,两山束江骤起,水势不及平;两边高而中洼下,状如茶碾之槽,舟揖易以倾侧,谓之茶槽齐,不万不可行。"三峡中的一些滩险,其也有所记述。如东奔滩"高浪大涡,巨舮掀舞,不当一槁叶;或为涡所使,如磨之旋,二老挽招竿,叫呼力争以出涡。""白狗峡,山特奇峭,……三十里至新滩,此滩恶名豪三峡;汉晋时,山再崩塞江,所以后名新滩,石乱水洶,瞬息覆溺。上下欲脱免者,必盘博陆行,以虚舟过之。两岸多居民,号滩子,专以盘滩为业。"

四、有关交通地理的记载,也是本书的一个重要内容。作为一部长江纪行,《吴船录》详细记载了以长江为主的水运交通线路。他经岷江入长江,沿江东下,再由运河抵苏州。同时,对于自己亲历的、作为水运补充的陆路交通情况,范成大也有所涉及。在江汉平原上,范成大为避开长江主流的激浪而走长江支汊——沌水的记录,就对交通地理的研究有很大作用。据《吴船录》所记,南宋时沌水的西口在当时的石首以东一百七十里的鲁家袱。"(八月)丁丑,发石首。百七十里至鲁家袱。自此至鄂渚两途,一路遵大江,过岳阳及临湘、嘉鱼二县。岳阳通洞庭处,波浪连天,有风即不可行,故客舟多避之。一路自鲁家袱入沌。沌者,江旁支流,如海岬,其广仅过运河,不畏风浪。"此外,记载有宋初中印度的交通线。如宋太祖乾德二年(964)至开宝九年(976),释继业等奉命往西方求舍利及贝多叶书的路程,不见于他书。范成大敏锐地意识到这些记录的价值,将继业所记,转录于本书中。从而为我国中外交通史的研究提供了宝贵的资料。

五、《吴船录》中还保存了一些有关南宋时区域经济地理的资料。从《吴船录》的记载中可以看出,一个城市的形成和发展通常与区域地理条件、区域经济发展状况密切相关。历史上开发较早的江南地区、江汉平原地区仍是南宋时期的重要城镇所在地,经济发展较快。如鄂州,其位于江汉平原东缘,水陆交通便利,南宋时又由于对金作战军事驻防的需要,鄂州成为长江中游的军事重镇,同时也是数路的交通和商业中心。就范成大所见,"邑屋鳞差","沿江数万家,廛闬甚盛,列肆如栉,酒垆楼栏尤壮丽,外郡未见其比"。号称"川、广、荆、襄、淮、浙贸迁之会,货物之至者无不售,且不问多少,一日可尽,其盛壮如此"。而鄂西山区,由于地理荒僻,是南宋时期开发较迟的地区,其长江沿岸的州县,其县治、州治的功能基本限于政治、军事方面,经济职能相当弱,因此城市的发展也就相当有限,如归州、夔州等就属于这种类型。以归州为例,"地望形势,正在峡中",全州一年的税收"止二万绪",州城"满目皆茅茨,惟州宅虽有盖瓦,缘江负山,逼仄无平地"。农业资源及其开发的有限,使得鄂西沿江居民有不少人从事与河川交通运输相关的职业,据范成大所见,从归州到峡州之间的新滩,"两岸多居民,号滩子,专以盘滩为业"。

六、《吴船录》对地方病等方面的记载,也有医学地理的价值。《吴船录》中曾多次提到峡民生瘿的情况。在恭州时写到:"恭为州乃在一大磐石上,盛夏无水,土气毒热,如炉炭燔灼。山水皆有瘴,而水气尤毒,人喜生瘿,妇人尤多。自此至秭归皆然。"又语夔州"峡江水性大恶,饮辄生,妇人尤多。前过此时,婢子辈汲江而饮,数日后发热,一再宿,项领肿起,十余人悉然,至西川月余方渐消散"。将生瘿的原因,视为三峡地区的生态地理环境,是范成大的一个贡献。中国很早就认为环境、气候与疾病有密切的关系,炎热潮湿的气候尤不适于健康。《淮南子·墬形训》亦说"暑气多夭,寒气多寿"。从中可以看出一定区域的各种自然要素、社会经济条件和地区生活习惯与人类健康的关系。这为我国医学地理的发展研究提供了借鉴。

范成大的地理学成就还见于他的其他著作,对中国古代地学的发展有多方面的贡献。《吴船录》作为其最出色的一部旅行日记,对于南宋时期长江沿岸地区的历史地理研究具有多方面的价值。

有关本书的研究,校注有孔凡礼《范成大笔记六种》;论述有杨果《〈吴船录〉对湖北历史地理研究的价值》,傅晓琪《〈吴船录〉所见巴蜀民俗文化》,张邦炜、陈盈洁《〈吴船录〉所见四川旅游资源》及杨文衡《范成大的地理学成就》等。

(戴小珏)

太湖石志 〔南宋〕范成大

《太湖石志》，卷数不明，南宋范成大撰。原书早佚，今本为孔凡礼辑，见收于孔凡礼《范成大佚著辑存》之杂文部分。有中华书局 1983 年版排印本。

作者生平事迹见"桂海虞衡志"条。

范成大好游，所到之处，每於暇日，登临山水，观赏峰峦、洞石、草木、禽兽、亭台、屋庐。晚年归休，植梅品菊，探洞赏石，读书撰述。笔录家乡之石，成《太湖石志》。孔凡礼说："亦有可能，《太湖石志》属成大专著，如《桂海虞衡志》之类。"

今本十五条，其第一、二、三、十三、十五条内，有低三格之文，辑佚者说："似为后人所加。"

首条总论，叙石之出处、成因、纹理、温润、棱边、形状、光滑、色泽、用途。其下十四条，以每种石品为一条，有鼋山石、小洞庭、鸡距石、神钲石、石板、鹰头石、玄龟石、石屋、龙舌石、石壁、仙人石、鼋壳石、蟹壳石、龙床石。每石所说，间有总论未及事项，如别名、坚脆、发声、大小、传说、用途。

本书贡献主要在：一，揭示太湖石的成因；二，首次全面记述西洞庭各处的湖石。

太湖石，何时引起人们注意不明。至迟在唐，已有人为欣赏而收集。入宋，此风益炽。南宋初，杜绾《云林石谱》论其成因说："性坚而润，有嵌空、穿眼、宛转、嶮怪势……其质文理纵横，龙络隐起，于石面偏多拗坎。盖风浪冲激而成谓之弹子窝。"杜绾山阴（今浙江绍兴）人，于范成大为前辈学者。吴县地近山阴。范成大受云林影响，继《云林石谱》而作《太湖石志》。对此，可在《太湖石志》中找到内证："石生木中者良。岁久，波涛冲激成嵌空，石面鳞鳞作屫，名曰弹窝，亦水痕也。"对湖石成因，在继承前说的基础上，有所创新。他认为"多因波涛激啮而为嵌空，浸濯而为光莹。"前一句义同杜绾所论，受制于水的机械浸蚀。后一句自立新说，归因于石灰岩溶蚀于水的化学作用。郑锡煌先生说："这样的解释，显然比杜绾对太湖石生成原因的描述，较深入完善，堪称宋代石谱著作中的上乘之作。"（唐锡仁、杨文衡主编《中国科学技术史·地学卷》）

范成大逐处记述西洞庭地区的太湖石,重在质地、形态和用途。他说:"鼋山石"一名旱石。《苏州志》云:"坚润如玉"。他以鸡距、鹰头、玄龟、龙舌、鼋壳、蟹壳,石板、石屋、石壁、龙床,仙人描述石之形状,且用以命名,实是以其为景点,起着导游的作用。其中的某些景石,还起导航作用:"舟人往来,恐有触突之患,故语云:东抵鼋壳,西抵鼋山,两舟连网,悭过中间。"又引谚云:"石蛇一半露,鼋头微微出。行舟见两山,下有龙床没。"此外,"击之有声",其声清越之石,可饱耳福,可制乐器和玩具。坚润之石,可刻碑、制础、作柱、造碱、压埸。重视用途是范成大对云林的又一继承。

关于本书的研究,有孔凡礼辑集《太湖石志》的案语,以及唐锡仁、杨文衡主编《中国科学技术史·地学卷》中的有关部分。

(贺圣迪)

橘录 〔南宋〕韩彦直

《橘录》，又名《永嘉橘录》，三卷。南宋韩彦直撰。成于淳熙五年（1178）。通行本有《四库全书》本、《百川学海》本、《说郛》本、《山居杂志》本、《农学丛书》本、《丛书集成》本等。

韩彦直，字子温，陕西延安人。南宋名将韩世忠长子。绍兴十八年（1148）登进士第，曾任工部尚书，兼知临安府。后进龙图阁学士，提举万寿观，转光禄大夫致仕。著作有《水心镜》一百六十七卷，《橘录》三卷。生平事迹见《宋史·韩世忠传》后附。

韩彦直曾在温州做过官，因该地柑橘甜美，非常喜爱。他在《橘录》序中说："橘之美，当不减荔枝，荔枝今有谱，得与牡丹、芍药花谱并行"，但却无人为橘写谱，于是继欧阳修、蔡襄之后于淳熙五年撰写成《橘录》一书。

《橘录》是我国现存最早的柑橘类专著。上、中两卷记述了当时温州一带所产柑橘凡二十七种。上卷，记柑八种。中卷，记橘十四种、橙五种。对柑橘的种类和品种的基本特征、特性有生动而正确的描述，并交代了各品种命名的依据，这些至今在柑橘分类学上仍有一定意义。下卷，记述了橘的栽培、管理和加工利用方法，分种治、始栽、培植、去病、浇灌、采摘、收藏、制治、入药九个方面。对柑橘的种植、移栽、嫁接、治虫、果实收藏及加工制作等都有较详细、科学的叙述。

在有关柑橘的专著中，《橘录》不仅是我国现存最早的，而且也是世界上最早的柑橘专著。李约瑟指出："当时（指宋代）最有特色的是无数关于动植物的专著，其中公元1178年韩彦直所著的《橘录》，可以认为是典型的代表作，这部书中详细地叙述了柑橘属种植术的各个方面。这是任何一种文字中讨论这一专题的最早著作。"（《中国科学技术史》第一卷第一分册，科学出版社，1975年）

关于本书的研究，有汪振儒主编《中国植物学史》、梁家勉《中国农业科学技术史稿》的有关部分。

（孙兆亮　徐维统）

地理图 〔南宋〕黄 裳

《地理图》，一幅。高六尺七分，上宽三尺一寸五分，下宽三尺二寸五分。图下有跋。南宋黄裳绘、撰，成于南宋淳熙十六年(1189)至绍熙元年(1190)之间，淳祐七年(1247)刻石。现存苏州博物馆。

黄裳(1146—1194)，字文叔，隆庆普成(今四川梓潼东北)人。学识丰富，于诸子百家、天文地理无所不通。乾道(1165—1173)进士。任通江尉时，作《汉中行》，讽谕总领李繁假和籴之名强取于民。历官嘉王邸翊善、国子博士、太子博士、给事中，而至礼部尚书兼侍读。每为宁宗讲读，援引前人训诂义理，联系时政民情，事该理尽，循循善诱。著有《王府春秋讲义》、《八图》(太极、三才本性、皇帝王伯学术、九流学术、天文、地理、帝王绍运、百官)、《兼山集》等。生平事迹见《宋史》卷三九七。

孝宗末，黄裳任嘉王府翊善，辅导嘉王学习，绘《八图》以为教材。《地理图》为其中之一，"披图则知祖宗境土半陷于异域而未归"(《宋史》本传)。

《地理图》是宋代政区地图。

图上方正中有"地理图"三字。上图下文，图有注记。全图有行政区名四百一十个左右，山脉一百二十多座，江河六十多条。山名和政区名，均套有方框。各路首府及少数驻军地用阳文，一般地名用阴文。水名套椭圆圈。山脉用近于现代地图的自然描景法表示，山岳上所加平行直线表示松林。在大兴安岭南部，还注有"平地森林，广数千里"八字。江河、海岸轮廓大致正确，但河流线条太细，朱崖以西海岸线延伸过长。河套之西的凉州、甘州等地，与实际距离大相径庭，可能是几幅插图。

图下有跋。略述周秦至五代的王朝更替与疆域变迁，并论北宋统一过程及未能收复幽云等地，又叙徽钦二帝失关以东、河以南"绵亘万里之地"于金。而后指出地图的军事功能。黄裳冀望嘉王永记创业艰难，以此图为恢复中原龟鉴，表达他以地理地图为政治服务的思想。

《地理图》的河流、海岸线轮廓,都比《华夷图》精确,还在地图上第一次反映东北地区的地理状况。就使用符号而言,巧妙地使直观写景与抽象平面相结合;设计多种符号表示地名等级,使复杂的内容在层次上有所区别,而收到图内要素虽多而不紊乱的阅读效果。这在宋代舆图中居于先进地位,有利于我们了解宋代政区和地图学成就及思想。

有关本图的研究,主要有王成组《中国地理学史》,地学史组《中国古代地理学史》及卢良志《中国地图学史》,唐锡仁、杨文衡主编《中国科学技术史·地学卷》等书的有关部分。

(贺圣迪)

苏州石刻天文图 〔南宋〕黄　裳　王志远

《苏州石刻天文图》，图碑刻石原立于苏州府学，现收藏于苏州文庙。图刻于高216厘米、宽108厘米的石碑，碑额题写"天文图"三字，碑石上部为一幅圆形全天星图，星图下面刻有文字说明。图碑刻石于南宋淳祐丁未年（公元1247年），由"提点浙西刑狱公事"的王致远主持摹图、书文和刻碑，其所依据的天文原图和文字说明，是黄裳于绍熙元年（公元1190年）任嘉王府"翊善"（嘉王赵扩的教师）时，为了利于对嘉王的教育，依据他人现成的星图复绘或改绘而成并撰写了说明。南宋王应麟在《玉海》中称此图为"黄裳天文图"。与天文图碑同时刻石的还有"地理图"、"帝王绍运图"及另一已佚名之图。

黄裳生平事迹见"地理图"条。

石刻天文图，是一幅中国古代典型的圆形盖图，即是以天球北极为圆心、用三个同心圆来表示：星图本身的圆形直径（外规）约为85.3厘米，涵括着天球赤道南约55°以内的恒星，即北宋京城开封府可以见到的恒星的边界线，图中绘有横跨着的银河界线；中圆（中规）直径为52.5厘米，为天球赤道；内圆（内规）直径为19.9厘米，相当于约北纬35°（即约为开封府的纬度）地方的恒显圈。与此三圆正向相交着二十八条辐射线（由恒显圈至边界圈），为通过二十八宿距星的宿度线（因各宿度不同故各线距离不相等），于每条辐射线的端点处（在外规边界线外），注有二十八宿的宿度。其注有的二十八宿宿度，与《文献通考》和《元史》所载北宋元丰年间（公元1078年至1085年）的实测天文数据相同，因此，与《新仪象法要》星图同样采用北宋元丰年间的实测天文数据，两者可以相互对照研究。图中还绘有一个与中圆赤道相交且直径大致相等的圆，为黄道，黄赤道交角约24度。星图的外圈是由两个相距较密近圆圈组成的"重规"，直径约为91.5厘米，圈内交叉写着与二十八宿相配合的十二辰、十二次及十二个州国分野的名称。星图采用《步天歌》的三垣二十八宿体系，共刻绘有恒星1 436颗。

星图下面的文字说明，亦标题为"天文图"，正文分41行，共计刻有2 140字（包括文中的双行

注),内容叙及太极、天体、地体、南北极、赤道、日、黄道、月、白道、经星、七政五星、天汉、十二辰、十二次和十二分野等,概述了当时所认识到天文知识。

苏州石刻天文图,是南宋遗留下来的一件重要的实物天文星图,为世界上最古老的石刻天文图之一。

关于苏州石刻天文图的研究论文,主要有高均《宋淳祐石刻天文图记》(《中国天文学会刊》1928年第5期)、陈遵妫《石刻星图》(载《中国古代天文学简史》,上海人民出版社,1955年)、席泽宗《苏州石刻天文图》(《文物参考资料》1958年第7期)、潘鼐《苏州南宋天文图碑考释》(载《中国古代天文文物论集》,文物出版社,1989年)。

(锺守华)

医说 〔南宋〕张　杲

《医说》,十卷。南宋张杲撰。成于南宋嘉定十七年(1224)。通行本有宋刊本、明嘉靖二十二年(1543)张子立刻本、明万历十三年(1585)刻本、《四库全书》本、1911年文明书局排印本、1984年上海科学技术出版社影印陶风楼本。

张杲(约1149—1227),字季明,南宋新安歙县(今属安徽)人。三世业医,博闻强记。

张杲起初想集古今医案勒一千例为一书,后因不易完成,遂据其见闻所及,凡涉于医者录为一书。初成于淳熙十六年(1189),后继续搜访、增补,至嘉定十七年(1224)定稿刊行,前后历时三十五年。

《医说》是一部医学史料类书,记载与历代医家、医书、医术有关的典故、传说等。有罗颀、冯彬、顾定芳、诸葛兴序,彭方、江畴、徐杲、李以制跋各一篇。计十卷,四十九门。

前七门(卷一至卷三的前部分),为总叙。叙述古来名医、医书及针灸、诊视之类。其中,卷一《三皇历代名医》门,列自太昊伏羲氏、炎帝神农氏、黄帝起,至华佗、孙思邈、王冰等,凡历代名医一百一十四人;卷二《医书》门论及黄帝与岐伯问难、《素问》、《难经》、医之起、方书所出等内容。《本草》门则包括百药自神农始、药有君臣佐使、用药增减、药有宣通补泄、药有阴阳配合、药名之异等。《针灸》门谈针灸之始、明堂、针法、九针、刺误中肝等。《神医》门录奇疾险证,有尸厥、死胎、华佗医疾、破腹取病等;卷三前部分为《神方》、《诊法》两门。

次三十门(卷三的后部分至卷七的前部分),为杂证。下分伤寒、诸风、劳瘵、鼻衄吐血、头风、眼疾、口齿喉舌耳、骨硬、喘嗽、翻胃、心疾健忘、膈噎诸气、消渴、心腹痛、诸虐、癥瘕、诸虫、脏腑泄痢、肠风痔疾、痛疽、脚气、漏、肿瘿、中毒、解毒、积、擷扑打伤、奇疾、蛇虫兽咬犬伤、汤火金疮等。

再次六门(卷七后部分至卷九前部分),为杂论。下分食忌、服饵并药忌、疾证、论医、养生修养调摄、金石药之戒等。

最后五门为妇、儿等证。下分妇人、小儿、疮、五绝病、疝瘴、痹,而以医功报应终。

本书广集南宋以前多种文史著作中有关医学典故、传说等资料,内容丰富,涉及面广,所搜资料皆注明出处,多可依据,有助于扩耳目,增见识。所录奇疾险证,亦可供临床时参考,史料价值较高。开医话之先河,在医学史上有一定的影响。

书中虽也有少量神怪驳杂之处,然终因作者"盖三世之医,渊源有自,固与道听途说者殊矣!"(《四库全书总目》)其内容无非假托鬼神以辨证处方,崇扬医德,且有值得研讨之病因病机等,不无警世之意。

有关本书的研究,校注有明嘉靖二十五年(1546)沈藩校刻本、明新安吴勉学师古校刻本、《医说钞方》(作者佚名,此书从《医说》中删去神怪及时医所不能者)等;论说有盛亦如《医说》(见《中国医学百科全书·医学史》)。

(邵祖新)

诸蕃志 〔南宋〕赵汝适

《诸蕃志》,又名《诸蕃记》,二卷。南宋赵汝适撰,成于南宋宝庆元年(1225)。通行本有:《学津讨原》本、《丛书集成初编》本、中华书局1956年版冯承钧校注本、1996年版杨博文校释本等。

赵汝适,宋代宗室。南宋嘉定(1208—1224)至宝庆(1225—1227)年间,官朝散大夫,任福建路市舶提举。他认为对外贸易,在于"宽民力而助国朝",反对以其为"贵异物穷侈心"(《自序》)的手段。著有《诸蕃志》二卷。生平事迹详《诸蕃志》。

赵汝适任福建路市舶提举时,以不知海外各国情况为耻。于是,采访出海商人与来华外商,又据周去非《岭外代答》和记传所载,叙说海外各国道里、风土、物产和贸易,于宝庆元年九月写成本书。原书久佚,今本系清四库馆臣根据《永乐大典》辑录而成。

《诸蕃志》卷上为《志国》,记有交趾、占城、真腊、登流眉、蒲甘、三佛齐、大秦、天竺、大食、白达、弼斯啰、海上杂国、渤泥、流求、新罗、倭国等四十八条,其中海上杂国记有九国,凡五十六国。卷下为《志物》,所叙四十七条。其中四十六条分记脑子、乳香、没药、血竭、金颜香、鹦鹉、龙涎、玳瑁、黄腊等物。第四十七条叙海南历史、地理。

本书为叙说海外见闻,兼及海南与南海诸岛的地理著作。所记东起日本,西至摩洛哥凡五十余国。书前有自序、清李调元序。

本书记述了各地山川、地形、气候、生物。所记南海石床,长塘之险,为海中珊瑚地形。斯加里野国"有山穴至深,四季出火,远望则朝烟暮火,近观则火势劣甚。国人相与扛舁大石,重五百斤或一千斤,抛掷穴中。须臾爆出,碎如浮石。每五年一次,火从石出,流转至海边复回,所遇林木皆不燃烧,遇石则焚爇如灰"。乃意大利西西里火山。勿里斯国"有江水极清甘,莫知其源所出。岁旱,诸国之水皆消减,唯此水如常"。即埃及尼罗河。该国又多旱,"人至有七八十岁不识雨者"。弼琶罗国"多骆驼,绵羊"。"又产物名骆驼鹤,身顶长六七尺,有翼能飞,但不甚高。兽名徂蜡,状如骆驼,而大如牛;色黄;前脚高五尺,后低三尺;头高向上;皮厚一寸。又有骡子,红白黑三色相间,纹如经带。"所谓骆驼鹤,盖鸵鸟也。

叙说经济及其他状况。如中理国"每岁常有大鱼死,飘近岸,身长十余丈,径高二丈余。国人不食其肉,唯取脑髓及眼睛为油,多者至三百余瓷,和灰修舶,或用点灯。民之贫者,取其肋骨作屋檐,脊骨作门扉,截其骨节为臼"。又记国内合浦一带的采珠技术和采珠人的悲惨遭遇,自徐闻至海南的航程、海南政区、澎湖在行政上隶属福建。书中强调在航海中运用海图,要求舟师以海图指导航海。

《诸蕃志》记载南宋时期的海外诸国,并对前所缺载的南洋东部地区有所反映。它扩大了国人的视野,对后世海上贸易的开拓与海上地理知识的发展都有积极作用;也为当今研究这一时期沿海国家与地区的地理、历史、经济、文化及其与南宋关系提供了丰富资料。

有关本书的研究,校注方面国内早年有冯承钧《诸蕃志校注》,近年有杨博文的《诸蕃志校释》,国外有夏德、罗志意等注释本;论述见地学史组《中国古代地理学史》,唐锡仁、杨文衡主编《中国科学技术史·地学卷》的有关部分。

(贺圣迪)

平江图 〔南宋〕李寿朋

《平江图》，一幅。高2.76米，宽1.41米。图中平江城南北长1.67米，东西宽1.025—1.065米。南宋李寿朋主持其事，绘于绍定二年（1229）七月。石碑原在苏州文庙，今藏苏州博物馆。

李寿朋，南宋人。理宗绍定元年（1228）十二月，官平江府。二年十月，迁荆湖北路转运判官。嘉熙元年（1237）三、四月间，知黄州，兼淮西安抚使，本路提刑。因被命三月，还家而不赴任，于六月诏削秩三级，押送建昌军。绘有《平江图》。生平事迹见《宋史》卷四二《理宗本纪》、范成大《吴郡志》卷十一《牧守》。

北宋时，苏州城"郛郭填溢，楼阁相望，飞杠如虹，栉比棋布"（《吴郡图经续记》卷上），为东南之冠。南宋高宗建炎（1127—1130）以来，金兵南侵，城中坊市悉夷为平地。宋金议和后，渐次复兴。绍定元年十二月，李寿朋任平江郡守后，新建六十五坊。至二年七月，绘制《平江图》。

《平江图》是用形绘法绘制的南宋平江城市地图。

图上北下南右东左西。按比例不同，可分为城外、大城、子城三个部分。城外部分未按比例绘制、大城部分平均为二千分之一，子城则是一百七十分之一。合乎古代地图"城外取容，城内折地"（吕大防《长安城图题记》）和突出中心部分的原则。

图上有水文、地貌、植被三项自然地理要素。水文有运河、护城河、城河、湖、河口、荡、塘、汇、湾、池等十种水体，基本上反映苏州水文景观特征。地貌有山、丘和平原等类型。山基本上在城外，尤其在城西，一般都注名称。丘分布于城内，不注名称。植被有山丘森林、园林与官府、公馆等建筑物内外树木以及城市绿化区。人文地理要素有城市结构特征、交通路线、寺庙、官府、兵营。城内河道纵五条、横十二条，相互垂直，表现水陆相邻河路平行的双棋盘式城市格局。城平面四端不成直角。城内偏东南中心处，有子城一座，为府治所在。子城外的城坊，无墙与门，垮街建有坊表，是开放型的街巷。城市交通由河流和街道形成水陆两路，三百零五座桥梁连贯被城河断开的街道。城内有府县两级政府及其所属各机构的官署，也有少数如高丽亭、县尉司在城外。

全城由平江军负责治安防卫,军营主要分布在北南两处。城墙和护城河是最大的军事设施。

在绘制手法上,以对原景物有所取舍和概括的"制图综合"思想作指导,用形绘法制作,具有下列特点：一、同类景物有相同图形,如水体、建筑物；二、建筑物中单体的庙、亭、堂等,有统一的图式,群体的,只绘主体建筑,略去次要部分；三、桥、亭、街道、河港绘法,基本上成为现代意义的图式。

《平江图》记有自然地理与人文地理因素约六十种,注记各类地名六百一十四个,准确性很高,是我国城市地图的成熟作品。它真实地反映宋代绍定二年秋之前的苏州面貌,为研究平江府城和南宋地图制作提供宝贵资料,对后世城市地图的绘制也有相当影响。至于大城与子城实际方向的往南偏差七度多,城区南北与东西比例不一,建筑物有缺载和疑误等方面,是次要的。

有关本图的研究,有南宋王謇《平江城坊考》,钱墉《平江图碑》,阮仪三《我国最早的城市平面图》,杜瑜《从宋〈平江图〉看平江府的规模和布局》,汪前进《〈平江图〉的地图学研究》以及卢良志《中国地图学史》,金应春、丘富科《中国地图史话》,唐锡仁、杨文衡主编《中国科学技术史·地学卷》的有关部分等。

（贺圣迪）

金漳兰谱 〔南宋〕赵时庚

《金漳兰谱》，三卷。南宋赵时庚撰。成于绍定六年（1233）。通行本有《四库全书》本、《说郛》本、《群芳清玩》本、《香艳丛书》本等。

赵时庚，号澹斋，为赵宋宗室。《四库全书总目》称"以时字联名推之"，应为魏王廷美之九世孙。

赵时庚喜爱兰花，他在《金漳兰谱》序中称"每见其花，目不能舍，手不能释，即询其名，默而识之。是以酷爱之心，殆几成癖"，于是"欲以续前人牡丹、荔枝谱之意，余以是编"，遂成此谱。

《金漳兰谱》是我国现存最早的兰科专著。上卷分"叙兰容质"、"品兰高下"、"天地爱养"三篇。中卷分"坚性封植"、"灌溉得宜"二篇。下卷为"种兰奥诀"。书中记载了约四十个品种兰花，如"陈梦良"、"潘花"、"金棱边"、"鱼繙兰"等，对各种兰花品种的特点，品质高下以及栽培、管理、灌溉、除虫等方法有详细的记述。

兰花是我国最古老的花卉之一，在我国的文人中间，有爱兰的传统，所以有关"兰"的专书也非常多，其中，南宋王贵学《王氏兰谱》、明代冯京第《兰易》、清代朱克柔《第一香笔记》、屠用宁《兰蕙镜》等都是比较著名的。

关于本书研究，见汪振儒编《中国植物学史》、梁家勉《中国农业科学技术史稿》的有关部分。

（孙兆亮　徐维统）

妇人良方 〔南宋〕陈自明

《妇人良方》，又名《妇人大全良方》、《妇人良方大全》，二十四卷。南宋陈自明撰。成于南宋嘉熙元年(1237)八月。通行本有明正统五年(1440)鳌峰熊氏刻本、正德刻本、嘉靖刻本、万历年间刻本、《四库全书》本、《中国医学大成》本(上海卫生出版社重印)以及1991年由上海科学技术出版社出版的余瀛鳌等的《妇人良方校注补遗》等。

陈自明(约1190—1270)，字良甫，临川(今江西抚州)人。曾官至建康府明道书院医学教授。祖辈三世业医。陈氏幼承家学，攻读医籍，博览群方，行医遍及东南各地。尤擅诊治妇、外科疾病。主要学术著作有《妇人良方》及《外科精要》。

在中医妇科领域，虽前有仲景《金匮要略》的妇人篇、孙思邈《千金要方》的妇人方、昝殷《产宝》、李师圣《产育宝庆集》、陆子正《胎产经验方》等，但大抵卷帙简略，流传亦鲜，且"纲领散漫而无统"。陈氏因感不足，遂收集历代有关医书三十多种，采撷众说，并结合他的家传经验方，经过整理，撰成本书。

《妇人良方》是一部内容较完备的早期妇科学专著。书前有陈氏自序一篇。全书重在提纲挈领，以为立法治疗的依据。既全面掌握，又突出重点。对个别重大问题，还作了一些重要的经验总结。书分妇、产两部，将妇产科病证归纳为八个门类。妇科包括调经、众疾、求嗣三门；产科包括胎教、妊娠、坐月、难产和产后五门。每门首载论述，其论皆据《内经》而发，亦有不少病因出诸巢氏书。陈氏对巢氏论述推崇备至："世更有明之者，亦未有过于巢氏之论，余因述其说。"(《妇人良方》卷十)总二百六十余论，论后附方及医案，每门各数十证。

作者认为，"凡医妇人，先须调经"(卷一《调经门》)。又说："经脉不调，众疾生焉。"(卷二《众病门》)妇女月经，又称"天癸"，"天谓天真之气，癸谓壬癸之水，故云天癸"。凡其生理病变无一不与冲任两脉密切相关。"冲为血海，任主胞胎，二脉流通，经血渐盈，应时而下。""经血常以三旬一见，若遇经行，最宜谨慎。"(卷一)如劳伤体虚，伤及冲任，引起冲任失调，月经便异常，"忽然暴下"

而"不能制约"。同时,"经脉不行,多致劳瘵等疾"(卷一)。

对劳伤气血,风寒客于胞内,冲任失调而经来腹痛者,陈氏主张温通冲任,用温经汤、桂枝桃仁汤治之;若血结成块,则用万病丸(干漆、牛膝、生地为丸)。对月经不断,淋漓腹痛,或因劳伤气血而损及冲任,或因经行而合阴阳,以致外邪客于胞内、滞于血海者,则主张以调养元气为主;若暴怒气逆,经闭不行,则当用行气破血之剂。

此外,陈氏认为,不仅月经病证与冲任有关,其他多种妇科疾病也莫不为冲任劳损所致。

对月经不通证,除以冲任两脉为立说依据,陈氏还注重肝、脾两脏,认为肝脾两脏的损伤亦当是其重要原因。书中指出:"妇人月水不通,或因醉饱入房,或因劳役过度,或因吐血失血,伤损肝脾,但滋其化源,其经自通。"(卷一)肝脾两脏是月经的化源。脾为气血生生之本,肝为藏血之脏,若肝脾损伤,脾不生,肝无藏,化源断绝,月经自然不通利了。治疗的方法是"滋其化源"。如脾虚而不行者,当补而行之;脾郁而不行者,当解而行之;怒伤肝而不行者,当行气活血;水不涵木而经闭者,当滋肾养肝。情志过剧也会引起经闭,"思虑过度,多致劳损,男子则神色消散,女子则月水先闭"(卷二〇)。这时,除药物治疗外,还需怡养性情。

对带下病,书中指出:"人有带脉,横行腰间,如束带之状,病生于此,故名为带。"(卷一)带色分青、红、黄、白、黑五种。妇人带下病因多为"经行、产后,风邪入胞门,传于脏腑所致"。"若伤足厥阴肝经,色如青泥;伤手少阴心经,色如红津;伤手太阴肺经,形如鼻涕;伤足太阴脾经,黄如烂瓜;伤足少阴肾经,黑如衃血。"(卷一)叙述甚详,然未有治方。

书中还记载男女伤寒在一般情况下同治,但妇女妊娠时须照顾其特点,不能按一般方法立方遣药;胎儿躁动不安有多种原因;若产后虚羸,腹中痛,头眩晕,则以黄雌鸡汤补之;求嗣双方须讲究优生,先察有无劳伤痼疾,而依方调治,使内外和平;月经后一至六日为受精期,劳伤气血,经血闭涩,或崩漏等为不育症的原因,治疗时以养血、补血为主;对妇女月经不行已三月,又无其他反应,欲验有胎、无胎,则可用药物验胎法,如"腹内微动则有胎"等内容。

《妇人良方》对我国12世纪前的妇产科经验作了全面总结,反映了宋代在妇科学方面的水平。

有关本书的研究著作,主要有明熊宗立《妇人良方补遗大全》、薛己《校注妇人良方》(现今通行本,但对陈氏书的原貌已有改损)、王肯堂《女科证治准绳》(以陈氏书为蓝本,兼采各家之说。曾力图恢复陈氏书的旧观,但不理想)等。论述有孔淑贞《妇产科学家陈自明》、蔡景峰《中国医学妇产科学奠基者陈自明》、原洪武娅《陈自明》(见杜石然主编《中国古代科学家传记》)、廖育群等《中国科学技术史·医学卷》的有关部分。

(邵祖新)

四明它山水利备览 〔南宋〕魏岘

《四明它山水利备览》，二卷。南宋魏岘撰，成于淳祐二年(1242)。通行本有《四库全书》本、《守山阁丛书》本、《丛书集成初编》本、《四明丛书》本、《四明四六文志》本等。

魏岘，庆元府鄞县(今浙江宁波)人。南宋嘉定(1208—1224)年间，官朝奉郎，提举福建路市舶。坐事罢官，家居研究水利。嘉定四年，它山乌金碶废坏，魏岘请朝廷重建。嘉定己亥(按嘉定无己亥年，当为二年己巳或八年乙亥之误)，"旱势如焚，田亩将槁"。岘受地方官委任，随宜浚流，田获沾溉。淳祐元年，河中"沙淤尤甚，高出水面至四五尺"，"凡五百余丈，舟楫不通"。他被委提督浚治，取得成功。淳祐(1241—1252)年间，任吉州军事，兼管内劝农使。著有《四明它山水利便览》二卷。

魏岘罢官归乡，家居"十余年，日与田夫野老，话井里旧事。且州家尝属以任修碶淘沙造闸之责，益得以讲源委，究利病。又考图记所载及前哲记文，粗知兴造增修之縣，参以己见，编为一帙，目曰《四明它山水利便览》。庶几讲明水政者，又见此或易为力云"(《自序》)。

本书是水利类地学著作。上卷记它山水系及其水利工程的规划、修造始末；下卷汇集有关文献，有碑、记、题咏、诗歌等二十余篇。

全书主要篇目如下：它山水源、置堰、堰规制作、梅梁、三碶、日月二湖、广德湖仲夏堰已废并仰它山水源，淘沙、防沙、前后修堰、护堤、开水口、古小溪港、洪水湾、北山下古港、水喉食喉气喉、积年沙淤气、王侯名爵侯封庙额、建回沙闸、回沙闸外淘沙、洪水湾筑堤等。书前有自序、崇祯辛巳陈朝辅序及《四库全书总目》的介绍。

魏岘认为，治水必须明源。为此记叙它山水系"它山之水，源自越山。委蛇绵历，几二百里。系上虞县分水岭，百余里，然后历大小皎、密岩、樟树、桓村、平水，此其大派也，又一派出杖锡山，并合众山之流会于大磜，至于它山"(《它山水源》)，而入江通海。关于大磜、它山间的形势，《置堰》篇说："大磜之南，沼流皆下。其北则皆平地，至是始有小山，虎踞岸旁。以其无山相接，故谓它山。"南岸亦有山俯瞰临江。"二山夹流，钤锁两岸。其南有小峙二，屹然中流，有捍防之势。"唐代王元㬒在此筑堰,截断咸汐,水道发生如下变化:"导大磜之流,自堰之上,北入于磜百余丈,折而东之。"二水至新堰合流,流至甬水门,潴为日、月两湖。

魏岘在叙述水系时,提出了水系集水面积观念:"每岁在秋,万山之间,洪水暴涨,湍激迅捷,极目为山海。"(《堰规制作》)所说的万山之间,极目为山海,就是它山水系的集水面积;并从集水面积的广度,论述河水径流率的增大及流速的加快。又论森林与土壤侵蚀河道淤积关系:"四明水陆之胜,万山深秀。昔时巨木高深,沿溪平地,竹木亦皆茂密。虽遇暴水湍急,沙土为木根盘固,流下不多,所淤亦少,开淘良易。"(《淘沙》)森林保持土壤,泥沙流失不多,河道淤积缓慢,淘沙容易。如果两岸竹木等天然植被遭到破坏,便会水土流失,河道淤积,酿成灾害。他说:"近年以来,木值价高,斧斤相寻,靡山不童,而平地竹木,亦为之一空。大水之时,既无林木少抑奔湍之势,又无根缆以固沙土之积,致使浮沙随流而下,淤塞溪流,至高四五丈,绵亘二三里;两岸积沙,侵占溪港,皆成陆地。其上种木,有高二三丈者。繇是舟楫不通,田畴失溉。"(《淘沙》)

他所汇集的水利文献中,也反映了一些人的水文思想。如唐僧元亮《它山歌诗》说"识得水源知利病",在河流研究上重视河源。又说:"连接大江通海水,咸潮直到深潭里。"提出注意海水上灌河流的咸潮上限。

书中着重论述它山水系的水利工程。所记水利工程有:唐贞元十一年(795),刺史任侗所修广德湖仲夏堰;太和七年(833),邑令王元㬒所修它山偃等水利工程及其所带来的效益;以及魏岘在嘉定、淳祐年间所兴修工程。他说:"夫言水利者,不必言其流衍之时,而当言其旱涸之际。"(《广德湖仲夏偃已废并仰它山水源》)但防治旱涸的水利工程,却要在流衍之时兴作:"淘沙当于未旱之先,又当弃之空闲无用之地。"且要运沙远去,防止其复流入河中,"闾浚之时,先宜雍住上流,然后从下流为始,庶得沙干,不先为水所浸,役夫易以用力"(《淘沙》)。最根本是要防止植被破坏,保持水土,勿使流失。

魏岘在论述它山水系和兴修水利中,表达了他的人地关系思想。他认为人应当维护对自己有利的地理环境。不能因一时小利,而毁去生存环境。改造环境使之适合人的需要,不应祈求神灵,只能依靠官府和贤才来组织人民开展水利建设。

《四明它山水利备览》在水文地理上,提出了前人所未道及的知识,又是研究宁波地区历史、地理、水利建设的重要文献。

有关《四明它山水利备览》的研究,校注方面有清徐时栋《四明它山水利备览校勘记》、《四明它山水利备览释文》;论述方面有地学史组《中国古代地理学史》,唐锡仁、杨文衡主编《中国科学技术史·地学卷》的有关部分。

(贺圣迪)

菌谱 〔南宋〕陈仁玉

《菌谱》,一卷。南宋陈仁玉撰。成于淳祐五年(1245)。通行本有:《四库全书》本、《百川学海》本、《山居杂志》本、《仙居丛书》本等。

陈仁玉,字碧栖,台州仙居(今属浙江)人。进士出身,历任礼部郎中、浙东提刑等职。

《菌谱》是我国现存最早的菌蕈专著。现存不足一千字。菌蕈是伞菌一类的植物,无毒的如香菇、蘑菇等可食用,富含蛋白质,为美味蔬菜。《菌谱》记述了合蕈、稠膏蕈、栗壳蕈、松蕈、竹蕈、麦蕈、玉蕈、黄蕈、紫蕈、四季蕈、鹅膏蕈等十一类菌蕈。内容包括它们的产地、采时、形态及品味等。在鹅膏蕈后附有误食有毒菌蕈后的解毒之法。

与《菌谱》同类的专书,尚有明代潘之恒《广菌谱》和清代吴林《吴蕈谱》等。

关于本书的研究,见汪振儒《中国植物学史》的有关部分。

(孙兆亮　徐维统)

数书九章 〔南宋〕秦九韶

《数书九章》,又称《数术大略》、《数学大略》、《数学九章》,有九卷本和十八卷本两种。南宋秦九韶撰。成于淳祐七年(1247)。通行版本有《四库全书》本、《宜稼堂丛书》本、《古今算学丛书》本、近代《丛书集成》本等。

秦九韶(约1202—1261),字道古,自称鲁郡(今山东一带)人。幼年时随父亲在四川生活,后到临安(今杭州),曾跟当时朝廷的"太史"学习知识,又跟一个号称"隐君子"的(据今人考证,可能是南宋学者陈元靓)学习数学。时人称他"性极机巧,星象、音律、算术以至于营造等事,无不精究";又"尝从李梅亭学骈俪诗词,游戏、球马、弓剑,莫不能知。"(周密《癸辛杂识续集》)淳祐四年(1244)被任命为通直郎建康府(今江苏南京)通判,后又任沿江制置司参议。宝祐六年(1258)由贾似道荐为琼州守,仅一百多天便离任而去。景定元年(1260)被任命为临江(今江西清江)知军,但不久便因党争的牵连而贬到梅州(今广东梅县),死于梅州任上。因党争之故,时人对秦九韶的评价毁誉参半,对他的人品颇有微词。其生平事迹可参阅《数书九章》自序、《癸辛杂识续集》(南宋周密)及《后村先生大全集》(南宋刘克庄)卷八一。

《数书九章》是宋元时期最重要的数学著作之一。卷首有秦九韶"自序"一篇,开宗明义地论述了他"数与道非二本"的思想:

> 周教六艺,数实成之,学士人大所从来尚矣。其用本太虚生一,而周流无穷,大则可以通神明、顺性命,小则可以经世务、类万物,讵容以浅近窥哉!若昔推策以迎日,定律而知气,髀矩浚川,土圭度晷,天地之大,囿焉而不能外,况其间总总者乎?爰自河图洛书,闿发秘奥;八卦九畴,错综精微;极而至于大衍皇极之用,而人事之变无不该,鬼神之情莫能隐矣。……要其归,则数与道非二本也。

并在最后表示了他不计世俗议论、执着钻研数学的决心:

> 倪曰艺成而下,是惟畴人府史流也,乌足尽天下之用,亦无薈焉!

《数书九章》仿《九章算术》的体例,亦采取问题集的形式。全书八十一道算题,分为九类,每类九题。每题分"问"(问题)、"答"(答案)、"术"(算法)、"草"(具体演算步骤)四个部分,重点题目则还有图示。所分九类的具体内容如下:

第一大衍类,主要论述"大衍求一术"(即一次同余式组解法),列出蓍卦发微、古历会积、推计土功、推库额钱、分粜推原、程行计地、程行相及、积尺寻源、余米推数九个算题。

第二天时类,主要讨论有关天文、历法及雨雪量等问题,列出推气治历、治历推闰、治历演纪、缀术推星、揆日究微、天地测雨、圆罂测雨、峻积验雪、竹器验雪九个算题。

第三田域类,主要论述田亩面积的计算,列出尖田求积、三斜求积、斜荡求积、计地容民、蕉田求积、均分梯田、漂田推积、环田三积、围田先计九个算题。

第四测望类,主要论述勾股、重差及其他测量方法,列出望山高远、临台测水、陡岸测水、表望方城、遥度圆城、望敌圆营、望敌远近、古池推元、表望浮图九个算题。

第五赋役类,主要讨论田赋和户税等问题,列出复邑修赋、围田租亩、筑堤均劳、宽减屯租、户田均宽、均科绵税、户税移割、移运均劳、均定劝分九个算题。

第六钱谷类,主要讨论征购米粮与仓储问题,列出折解轻赍、算回运费、课籴贵贱、囤积量容、积仓知数、推知籴数、分定纲解、累收库本、米谷粒分九个算题。

第七营建类,主要讨论建筑施工问题,列出计定城筑、楼橹功料、造计石坝、计浚河渠、计作清台、堂皇程筑、砌砖计积、竹围芦束、积木计余九个算题。

第八军旅类,主要讨论兵营布置与军需供应等问题,列出计立方营、方变锐阵、计布圆阵、圆营敷布、望知敌众、均敷徭役、先计军程、军器功程、计造军衣九个算题。

第九市易类,主要讨论商品交易与利息计算等问题,列出推求物价、均货推本、互易推本、菽粟互易、推计互易、炼金计直、推求本息、推求典本、僦直推原九个问题。

《数书九章》在数学上的重大贡献,主要有以下两项。

(一) 从理论上对中国古代一次同余式组的解法作了系统的总结。一次同余问题最早起源于古代历法中关于"上元积年"的推算,以后《孙子算经》中的"物不知数"问题则给出了最早的一次同余式组的解法。秦九韶在此基础上继续前进,不仅给出了解一次同余式组的一般程序和完整理论,而且将其推广到了模数并非两两互素的一般情况。因其中最关键的问题是要通过"求一"而得到"乘率",所以秦九韶将其称为"大衍求一术"("大衍"二字则取自《周易》"大衍之数"一语)。至此,一次同余式组才有了一个普遍的解法,并真正上升到了"中国剩余定理"的高度。

(二) 发展并完善了高次方程的数值解法。北宋初年的贾宪在作"开方作法本源图"(即"贾宪三角")时,就已发明用随乘随加的"增乘方法"来进行任意高次幂的开方。以后的数学家又在此基础上不断发展,至秦九韶在《数书九章》中提出"正负开方术",终于将其推广为任意高次方程的数值解法。在《数书九章》中,方程的次数最高达十次;系数有正、有负、有整数、有小数,在有理数范围内已没有限制;还涉及运算过程中的某些特殊情况如"换骨"(常数项由负变正)、"投胎"(常数项绝对值增大)等。这样一种完备的高次方程数值解法,要比18世纪英国数学家霍纳(W. G. Horner)的同类方法早五百多年。

除此以外,《数书九章》在几何测量方面也取得了一些成果,其中重要的有"三斜求积公式"(即由三角形不等三边计算三角形面积的公式)等。

《数书九章》是对《九章算术》以后中国数学的重大发展,它概括了两宋时期中国数学的主要成就,不仅标志着中国古代数学的高峰,而且代表了中世纪世界数学发展的主流和水平。特别是其中的"大衍求一术"和"正负开方术",对后世数学影响极大。美国科学史家萨顿(G. Sarton)称秦九韶是"他那个民族、他那个时代,并且确实也是所有时代最伟大的数学家之一",诚不过分。

历代对《数书九章》的研究著作颇多,如清焦循的《大衍求一释》、《开方通释》,张敦仁的《求一算术》、《开方补记》,李锐的《开方说》,骆腾凤的《开方释例》,时曰醇的《求一术指》,黄宗宪的《求一术通解》等。1973年比利时鲁汶(Leuven)大学数学教授李倍始(U. Libbrecht)在美国出版了他的《十三世纪中国数学》(*Chinese Mathematics in the Thirteenth Century*)一书,主要内容即为介绍和评述秦九韶的《数书九章》,由此而引起了国际学术界对《数书九章》研究的兴趣。1987年北京师范大学出版社出版了吴文俊主编的《秦九韶与〈数书九章〉》一书,则是中国科技史界研究此书的最新成果。其后又有向绍庚《秦九韶》(见杜石然主编《中国古代科学传记》、孔国平《秦九韶评传》、贺圣迪《秦九韶的科学思想》(见袁运开、周瀚光主编《中国科学思想史》中册)。

(周瀚光)

全芳备祖 〔南宋〕陈景沂

《全芳备祖》，五十八卷。南宋陈景沂撰。约成于宝祐元年（1253）。宋刻本只有日本残卷。以抄本流传，收入《四库全书》。1982年收入《中国农学珍本丛刊》，由农业出版社出版。

陈景沂，号肥遁，浙江天台人。据书前韩境序，陈景沂曾"客游江淮，纵观宇宙山川之盛"。好读书，"独致意于草木蕃庑，积而为书"。

《全芳备祖》是我国现存最早的植物类书。分前后两集。前集二十七卷，所记皆花。后集三十一卷，分七个部分：卷一至卷九为果部，卷十至卷十一为卉部，卷十二至卷十三为草部，卷十四至卷十九为木部，卷二十至卷二二为农桑部，卷二三至卷二七为蔬部，卷二八至卷三一为药部。每卷有若干门，如后集卷一果部分"荔枝"、"龙眼"二门，每门又按"事实组"和"赋咏组"两部分记述，"事实组"大致有碎录、纪要、杂著等几类；"赋咏组"大致有散句、古诗、绝句等几类。主要是汇集有关花草树木谷物等故事、杂著、诗赋等辑录而成。条理分明，收罗宏富。据其《自序》称："独于花果草木，尤全且备。所集凡四百余门，非全芳乎？凡事实、赋咏、乐府，必稽其始，非备祖乎？"所以称为《全芳备祖》。

本书对后世影响颇大，如明代王象晋作《群芳谱》就是以此为蓝本的。所以也有人称它为"世界上最早的植物学辞典"。但由于草创较早，实际上所集欠全，稽始欠备，类次也欠明确。

（孙兆亮　徐维统）

详解九章算法 〔南宋〕杨　辉

《详解九章算法》,又称《详解黄帝九章》,原十二卷,现传本不分卷。南宋杨辉撰。成于景定二年(1261)。主要版本有清《宜稼堂丛书》本、近代《丛书集成》本等。

杨辉,字谦光,钱塘(今浙江杭州)人。其生平事迹无从详考,主要学术活动约在13世纪60年代至70年代。据其友人陈几先为其《日用算法》一书所写的序言说:"钱塘杨辉以廉饬己,以儒饰吏,吐胸中之灵机,续前贤之奥旨。"可知杨辉曾以儒学学者的身份担任过地方行政官吏。又据其在著作中自述的一些点滴材料,推测其可能曾在台州(今浙江临海)当过官,且足迹遍历苏州、杭州一带。著作尚有《日用算法》二卷(今佚)、《乘除通变本末》三卷、《田亩比类乘除捷法》二卷、《续古摘奇算法》二卷。后三种为杨辉后期著作,又合称为《杨辉算法》。

《详解九章算法》是一部详细解释并深入研究《九章算术》及其历代注文的数学著作。据杨辉在其《续古摘奇算法》一书的序言中说:"《九章》为算经之首,辉所以尊尚此书,留意详解。"在此书的"纂类"卷中则说:"辉尝闻学者谓《九章》题问颇隐,法理虽明,不得其门而入。于是以答参问,用草考法,因法推类。"其所详解的《九章算术》的本子,是称为《黄帝九章算法》的一种,其中不仅包括有魏刘徽和唐李淳风的注文,而且还包括了北宋初年贾宪的细草。

《详解九章算法》原为十二卷,包括《九章算术》原有的九卷以及杨辉新增添的三卷。新增的三卷中一卷为图,一卷讲乘除算法,一卷为纂类。但图与乘除算法两卷都已失传。其他除"盈不足"、"勾股"及"纂类"这三卷外,也都残缺不全。杨辉自序称此书乃取《九章算术》二百四十六个问题中的八十个进行详解,但今本既非全帙,又编排错乱、合为一卷,题数也不相符。从残本的体例来看,杨辉的详解由三个部分组成:一是"解题",即对原题作简要的解释和评论;二是"细草",包括图解和算草,故又称"图草";三是"比类",即选取《九章算术》之外与原题算法相同、或步骤类似、或算理相近的例题作比照分析。至于附在全书最后的"纂类",则是将《九章算术》原有的二百四十六个问题按解题方法由浅入深的顺序重新加以分类,这在当时是一项创造。

《详解九章算法》记载并保存了许多宋代数学史料,其中最重要的是北宋初年贾宪的"开方作法本源图"及其"增乘开方法"。所谓"开方作法本源图"(见图)即为二项式定理系数表,现称"贾宪三角"(一称"杨辉三角"),它比西方同类的"帕斯卡三角"要早三四百年。所谓"增乘开方法",则是贾宪在进行任意高次幂开方时所发明的随乘随加的新方法,以后被推广发展为任意高次方程的数值解法。贾宪的数学著作今已不传,其成就惟赖杨辉此书才得以保存。

不仅如此,此书在继承中也有创造。如在高阶等差级数求和问题上,它继承了北宋沈括的"隙积术"而将其发展为"垛积术",得到了三角垛、四隅垛、方垛垛等一些新的求和公式。

《详解九章算法》是一部承前启后的数学著作,对后世数学影响很大。特别是其所载"开方作法本源图",以后屡见于元、明、清代的一些重要数学著作中。此书后来还曾传入朝鲜。

后世研究《详解九章算法》的著作,有清宋景昌《详解九章算法札记》、华罗庚《从杨辉三角谈起》及孔国平《杨辉评传》的有关部分等。

开方作法本源图

(周瀚光)

乘除通变本末 〔南宋〕杨 辉

《乘除通变本末》，三卷。上卷称《算法通变本末》，中卷称《乘除通变算宝》，下卷称《法算取用本末》。南宋杨辉撰，下卷与史仲荣（生平事迹不详）合撰。成于咸淳十年（1274）。通行本有清《宜稼堂丛书》本、近代《丛书集成》本等。

作者生平事迹见"详解九章算法"条。

关于此书的编撰目的，杨辉在其《续古摘奇算法》一书的序中曾有一个说明："《九章》为算经之首，辉所以尊尚此书，留意详解。或者有云，列启蒙之术，初学病之，又以乘除加减为法，称斗尺田为问，目之曰《日用算法》。而学者粗知加减归倍之法，而不知变通之用，遂易代乘代除之术，增续新条，目之曰《乘除通变本末》。"这是说《乘除通变本末》旨在论述加减乘除的"变通之用"，其所谓"代乘代除之术"，即为乘法和除法的简便算法。

中国古代数学历来追求算法的简便化，主张"见简即用，见繁即变"。南宋时期因为社会经济和商品经济的发展，重复计算的大量增多，更对简化重复计算、加快计算速度提出了迫切的要求。《乘除通变本末》继承了宋代《指南算法》（今已失传）一书的某些成果，创立了一套快速、简便的"乘除捷法"，来处理繁琐复杂的多位数乘除运算。其主要方法有：（一）以加减代乘除，即把多位数的乘除法化作一位或两位数相乘除的积或商进行加减的方法，有"加减一位"、"加减二位"、"隔位加减"、"重加减"等一系列具体算法。（二）以归除代商除，即把一位除法的"九归"口诀发展为两位以上除法的"归除"口诀。例如当除数为八十三时，杨辉的口诀是：见一下十七 $\left(100\div 83=1\frac{17}{83}\right)$，见二下三十四 $\left(200\div 83=2\frac{34}{83}\right)$，见三下五十一 $\left(300\div 83=3\frac{51}{83}\right)$……（三）化乘除之首位为一，然后再用加减代乘除，有"求一乘"和"求一除"诗括来概括其中的变化规律。书中还有"单因"、"重因"、"身前因"、"相乘"、"重乘"、"损乘"等多种具体的简捷算法。

此书的上卷开头还列有一份"习算纲目"，为初学数学者指出了一条循序渐进、不断深入的学习道路。即先进行乘除计算的基本训练,然后再培养用已经学得的基本知识解应用题的能力,再学乘除法的简便运算,再学分数,学开方,然后在此基础上全面学习《九章算术》,最后学复杂深奥的"重差术"(勾股测量)和"正负开方术"(高次方程数值解法)。这反映了杨辉诲人不倦的教学态度和循序渐进的教育思想。

《乘除通变本末》是现存较早的系统总结简便算法的数学著作,其所保存和创造的数学诗括和口诀,不仅为简便算法的推广创造了条件,也为以后传统筹算向珠算的发展打下了基础。此书以后还传入了日本和朝鲜等国。

后世对此书的研究,有清宋景昌的《杨辉算法札记》、李迪《中国数学通史》等。

(周瀚光)

田亩比类乘除捷法 〔南宋〕杨 辉

《田亩比类乘除捷法》，略称《田亩算法》，二卷。南宋杨辉撰。成于德祐元年(1275)。通行本有：清《宜稼堂丛书》本、近代《丛书集成》本等。

作者生平事迹见"详解九章算法"条。

此书卷首有杨辉《自序》一篇，其中说："中山刘先生作《议古根源》……引用带从开方正负损益之法，前古之所未闻也。作术愈远，罔究本源，非探颐索隐，而莫能知之。辉择可作关键题问者，重为详悉著述，推广刘君垂训之意。"即是说此书主要是对宋刘益《议古根源》(已佚)一书中的"正负开方法"(高次方程数值解法)作进一步的推广和发扬。全书采取问题集的形式，其中上卷三十七问，下卷二十七问，每一种算法先用田亩面积的计算问题来说明，然后再用与原题算理相通但计算对象不同的问题来作比类，如用斤、匠、斛来比类"步法直田"等等。有的"比类"题则是在原题算法的基础上作进一步的推广，如在讨论"梯田法"时，先给出三个梯田面积公式，然后再提出十四种图形来比类梯田，把梯田面积公式的应用推广到箫田、墙田、圭垛、梯垛、腰鼓田、鼓田、三广田、曲尺田、环田、方箭、圆箭、大梯垛、箭笞田、箭翎田等与梯田有关的各种特殊平面的面积计算中去。这种附加"比类"题的体例，是杨辉以前的算书中所没有的，反映了杨辉触类旁通、举一反三的科学思想方法。卷下还对《五曹算经》中的一些错误进行了批评和修正。

《田亩比类乘除捷法》对后世数学颇有影响。特别是其"比类"方法在中国数学史上是一个创造，以后的数学著作中常出现有"比类"的内容(如明代吴敬的《九章算法比类大全》等)，其渊源盖出于此。此书后来还传入了朝鲜和日本。

后世对此书的研究，有清宋景昌的《杨辉算法札记》、李迪《中国数学通史》等。

（周瀚光）

续古摘奇算法 〔南宋〕杨 辉

《续古摘奇算法》，二卷。南宋杨辉撰。成于德祐元年(1275)。有1378年、1433年高丽刊刻本。通行本有清《知不足斋丛书》本、《宜稼堂丛书》本，近代《丛书集成》本等。但通行本各种均非全帙，上卷缺失，仅余下卷。

作者生平事迹见"详解九章算法"条。

《续古摘奇算法》是杨辉收集并汇编当时流传的一些"算法奇题"的数学著作。其序称："一日忽有刘碧涧、丘虚谷携诸家算法奇题，及旧刊遗忘之文，求成为集，愿助工板刊行。遂添撰诸家奇题与夫缮本及可以续古法草，总为一集，目之曰《续古摘奇算法》。"全书分上、下两卷，上卷论纵横图，下卷是对《孙子算经》、《海岛算经》、《张邱建算经》等一些前人算书中的重要问题(如"百鸡问题"、"河上荡杯"、"鸡兔同笼"等)所作的解释和发挥。其上卷所论之纵横图，在中国数学史上有着极其重要的价值。

纵横图即今所谓"幻方"(Magic Squares)。一般地，就是指把从1到n的自然数排成纵横各有$\sqrt{n}$个数，并且使同行、同列及同一对角线上的$\sqrt{n}$个数的和都相等的一种方阵，其中已具有初步的组合数学的思想。中国古代最早的纵横图是汉代的"九宫"数，后来被附会为《周易》的"洛书"，即用1到9这九个数字，排成一个三阶幻方，使每一横行、直列及对角线的三个数字的和都等于15(见图)。然而这个所谓的"洛书"却被历来的象数学派奉为上天启示圣人的神物而蒙上了一层神秘主义的色彩。在中国数学史上，《续古摘奇算法》第一次对纵横图进行了纯粹数学的研究。书中不仅搜集了当时流行的近二十个纵横图，而且对其中部分纵横图还给出了如何构造的规则和方法，从而开创了这一组合数学研究的新领域。

《续古摘奇算法》上卷共列有方形纵横图十三幅，它们是：洛书数(三阶幻方)一幅，四四图(四阶幻方)二幅，五五图(五阶幻方)二幅，六六图(六阶幻方)二幅，七七图(七阶幻方)二幅，六十四图(八阶幻方)二幅，九九图(九阶幻方)

4	9	2
3	5	7
8	1	6

"九宫"数

一幅,百子图(十阶幻方)一幅。其中给出洛书数的构造方法为:"九子斜排,上下对易,左右相更,四维挺出。"四四阴图的构造方法为:"以十六子依次第作四行排列。先以外四角对换,一换十六,四换十三。后以内四角对换,六换十一,七换十。横直上下斜角,皆三十四数。"除了方形纵横图外,书中还给出了一些其他形状的数图,如"聚五图"、"聚六图"、"聚八图"、"攒九图"、"八阵图"、"连环图"等等,这些都属于纵横图的衍化发展。

《续古摘奇算法》对后世数学影响极大。明代数学家程大位、王文素,清代数学家方中通、张潮、保其寿等都受其启发对纵横图作过深入的研究,并在此书的基础上取得了进一步的发展,致有"瓜瓞图"、"立方图"、"浑三角图"、"六道浑天图"等丰富的内容。此书后来还传入朝鲜和日本,并幸赖国外的刊刻本才得以在今天睹其全貌。

清宋景昌的《杨辉算法札记》对此书的下卷作过校理,李迪《中国数学通史》有专节论述约方。

(周瀚光)

桂州城图 〔南宋〕佚 名

《桂州城图》，又名《静江府城图》、《静江府城池图》、《静江府修筑城池记附图》，一幅。高3.21米，宽2.98米。绘于南宋咸淳八年(1272)十二月前，在今桂林城鹦鹉山南麓三面亭后石崖上，已有五分之一面积剥落。

南宋末年，蒙元军队南下攻宋，先后占领合川、襄樊，桂林成为宋政权西部屏障。制置使李曾伯为加强防御，修复城池，规划城防。其后，经略使朱禩孙、赵与霖、胡颖相继不辍。竣工时，由广南西路提点刑狱公事章时发撰《静江府修筑城池记》，并以此图作为附件，俱摩崖刻石，以"用宪于后，祀是役也"。

本图为桂州城池竣工平面图。图上方有章时发所撰《城池记》。

图中绘有山丘、河川、城池、桥梁、渡口、街道、官署、兵营、名胜等内容，而详于军事建筑。制图区域内的某些山水实体被舍弃，如八角塘不见于图，但绘于图上的山体水域形象突出。街道仅有干线，官署只载府、县和转运、提刑四处。重点表示城防建筑，如城墙、暗门、虎蹲门、便门、团楼、硬楼、沿江泊岸石城、兵寨，甚至连破城墙残余城基也被绘于图上。

按现代水准衡量本图，除未表示坐标和施工精度，其他要求均完备无缺。全图应用混合比例尺绘制，纵向为一千分之一，横向为七百五十分之一。这样，长条形的静江府城成为方形，使它接近旅游图和其他示意性地图。但通过突出标注名称的山水实体，强化城体等建筑物特征，和保持地物对应关系等原则，图仍具有明确的区域定位性。这些原则为今天的修饰性地图所应用。地图符号设计采用复杂的平面写真形，其数量多至三十六种，使地物地貌得到充分表现。它使地图从只表达地物、思维物的地理位置及其形态，扩展到由图面勾起人们对制图区域，尤其是图中某些突出要素的联想，是地图史上的重大进步，对今天繁荣地图创作也多有启示。

有关本图及《城池记》的研究，主要有桂林市文物管理委员会《南宋桂州城图》、马崇鑫《试论桂林宋代摩崖石刻〈静江府城池图〉在地图史上的意义》、苏洪济与何英德《〈静江府城图〉与宋代桂林城》、张益桂《静江府城图图版说明》(见《中国古代地图集》),以及清谢启昆《粤西金石录》,今人卢良志《中国地图学史》,唐锡仁、杨文衡《中国科学技术史·地学卷》的有关部分。

(贺圣迪)

诸家神品丹法 〔南宋〕孟要甫

《诸家神品丹法》,六卷。南宋孟要甫辑,成于建炎元年(1127)至祥兴元年(1278)之间。通行本有明代《正统道藏》本等。

孟要甫,号玄真子。宋代道教炼丹家,或以为唐末或五代时炼丹家(参见陈国符《道藏经中外丹黄白法经诀出世年代考》),生卒年里不详。另著有《金丹秘要参同录》(有《玄真子伏汞金法》、《修丹择地仪式》、《换骨留形降雪丹》、《孟要甫亲验》等篇)。生平事迹详《诸家神品丹法》。

孟要甫笃事外丹仙术,亲事烧炼。于是,辑录《抱朴子》、《葛仙翁紫霄丹经》、《孙真人》等书,与其本人的部分作品,编成《诸家神品丹法》一书。

《诸家神品丹法》是道教外丹论著的选集,全书约三万字。各卷内容如下。

《诸家神品丹法》为道教各家丹法的汇编。卷一题《抱朴子内篇》,实际上仅收录了其中的《黄白篇》,少数字句有所更改,如将"作黄金法"一律改成"作庚法",可知"庚"是当时指称黄金的更为通行的炼丹术语。此卷后半部分有《玄真子伏汞金法》、《金丹龙虎经》等篇,似为玄真子孟要甫所述。

卷二题《修丹择地仪式》,侧重论述炼丹术之"火候进退,鼎炉法则",即关于炼丹的一些重要的注意事项。此卷刊明"玄真子孟要甫述",是本书唯一指明作者的卷帙。孟要甫自谓"予以弱冠,因读丹经,稍知旨趣","前后二十余年","方知铅汞",故"将所得真诀,写录于后",又"引先圣丹经,编释其义",号为《金丹秘要参同录》。可以认为该卷是孟要甫炼丹术成就的写照。

卷三至卷六广集各家丹法,虽均无卷首题目,但从内容来看,可推测辑录者依其分类标准,作了尽管十分粗糙,但还是相对明确的区分。如卷四集中讲"五金八石",包括它们的出处、性状以及伏制之法,反映出当时炼丹术的主要化学药品,其中尤以朱砂为重要,此卷所例诸方,都以伏炼朱砂为目的。卷五讲除朱砂以外的其余重要炼丹药品,如汞、硫黄、雄黄、雌黄、胆矾等等,其中又以汞为重要。卷六是黄白杂法,卷三讲炼制丹药。卷六收集各种黄金的制法,而卷三则是利用铅汞制取仙丹。

综览全书,卷一《玄真子伏汞金法》及之后的文字,卷二《金丹秘要参同录》及其他卷中的《换骨留形降雪丹》《玄真子参同录内半两钱伏朱砂法》等诸篇,确系作者孟要甫所撰,而其余内容可认为是辑录者辑录诸家丹法而成,被辑录者除抱朴子葛洪外,著名者还有孙真人孙思邈、葛仙翁葛玄等人。

本书对于研究中国古代炼丹术及其所达到的化学成就,具有不可忽视的重要性。下面根据已有的研究,兹举出几例。

一、众所周知,"还丹"是炼丹上品之药,是炼丹家最追求的东西。在《金丹龙虎经》篇中,孟要甫对于还丹作了十分简洁明了的说明。"还有反归之义,丹者赤色之名也。是将丹砂化出真汞,汞借铅而变化黄芽,黄芽复变作丹砂,丹砂伏火变化还丹也。有如返还之功,故能令老者返壮。"这就从"返丹"的性状(红色)、功能(返老还童)以及制备方法等不同侧面,阐述了"还丹"的含义。从其制法的描述来看,它是某种汞、铅的化合物的混合物,获得该物的主要化学操作是实施下述可逆反应,从原料丹砂(硫化汞或氧化汞)分解出汞,再将汞加热,使其又变成氧化汞或者硫化汞(在含硫物质存在时)。在这里,"还"十分恰当地说明了上述可逆反应的实质。至于"返老还童"的功能,则是炼丹家的附议,它主要是生理学、药理学探讨的课题,超出了化学的范围。

孟要甫以丹砂中水银为真龙,黑铅中所杂白银为真虎。其法,先举行安鼎立坛仪式,而后将自硫化汞中提炼的汞,与来自黑铅之银化合,变作黄芽。黄芽变而为丹砂,丹砂伏火变化还丹。他以黄芽为炼丹关键,还记有其他获取方法,如以山泽银与汞炼养黄芽。

二、孟要甫对汞的描述,也十分贴切。在《金丹秘要参同录》中他指出,"汞本无形,若气之状,性全阳而形全阴,以百斛入于釜中,煎而干之,显兹无质"。这是关于汞蒸发的记录,并作出了解释。所谓"性全阳而形全阴",是对液态汞的解释,"阳"指汞具有金属的性质,如有光泽;而"阴"是指汞的液态之形。但在孟要甫看来,汞化成无形无质的气,才是汞的本质。汞实质上是无形无质的。汞能从无形变有形,从无质变有质,反之亦然,这是古人对气液两相互相转化的一种认识。结合汞这个相变例子,我们可以对古代关于"炁"(气体)、"形"、"质"以及"化"等概念有具体的理解。

三、本书卷五所录《伏火硫黄法》篇,实际上是中国古代火药的一帖配方。该篇云:"硫黄硝石各二两同研。用销银锅或沙罐子入上件药在内。掘一地坑,放锅子在坑内与地平,四面却以土填实。将皂角子不蛀者三个,烧令成性,以钤逐个入之。候出尽焰,即就口上着生熟炭三斤,簇煅之。候炭消三分之一,却去余火不用,冷取之,即伏火矣。"此法是否为最早的三要素的黑火药配方,在化学史界虽有不同意见,但其在火药史上的重要地位是众所公认的。将反应罐置地坑中,是预防燃烧过于激烈以至发生意外的措施。而这一措施显然是由前人的教训所致。

四、本书卷三及卷六两处录有《化庚粉法》篇，这是制取金粉的一种实验方法。书云："用上好庚十两，汞五十两，贮于磁罐内。常用火暖，将庚烧令赤，投汞中，以柳篦子搅化庚尽。用盐花三斤，与金泥同研细，入大铛中匀平。上用盆子勘盖定，泥固济周圆，令密。慢火煅之，令汞飞上盆子，以汞飞尽为度。次用前水沃淘盐味尽，将度庚粉放盘内，日曝干后，细研。"先将黄金与汞成金汞齐，再加上食盐，后将汞蒸发掉，再洗去食盐，就留下粉末状的黄金了。

以上仅为本书所列丹方中的数例，尚有更多的丹方有待于我们"破译"，如卷三《造黄芽法》篇中述及"水银上生黄芽如针形无数"，如此生动形象的描述只可能是某种如实的实验记录，而不可能出于杜撰。这种黄色针形的结晶究竟是什么，这一类的问题是值得我们研究的。

该书所载《太清丹经要诀》有《造赤雪流朱丹法》，提出以铸铁作釜为反应室。其表面涂上三分厚的六一泥，隔绝铁与釜内药物的直接触接，以防止因腐蚀而致穿漏之虞。所说的赤雪流朱是呈丝状的红色雄黄升华的精制品。

又论述炼丹矿物药的成因；如"因太阳日晶降泄，真气入地而生也，名曰汞"；"因太阳月华降泄真气入地而生，名为铅"。按阴阳属性，将矿物分为两大类。在性质上正相对立的银与铅，两相结合变化而成仙丹。

关于本书的研究，有张觉人《中国的炼丹术与丹药》、任继愈等《道藏提要》、赵匡华等《关于我国古代取得单质砷的进一步确证和实验研究》、赵匡华《狐刚子及其对中国古代化学的卓越贡献》、郭正谊《火药发明史料的一点探讨》、赵匡华和周嘉华《中国科学技术史·化学卷》等论著的有关部分。

（闵龙昌　贺圣迪）

种艺必用 〔南宋〕吴怿

《种艺必用》,一卷,南宋吴怿(或吴欑)撰,约成于南宋祥兴二年(1279)以前。附于其后的《种艺必用补遗》,元张福撰。约成于元至元十七年(1280)前。通行本有《永乐大典》本。

吴怿(或吴欑),生平事迹不详。张福(1210—1280),字显祖,济南章邱人。自幼好学,尤喜《左氏春秋》。蒙古南侵,张福曾从张荣朝斡歌歹(窝阔台),参与伐金之谋及攻沛之役。迁镇抚钤辖。权济南府事。蒙古宪宗八年(1258)至九年(1259),即宋宝祐六年至开庆元年从张荣之子邦杰谒忽必烈汗于潜邸,后致仕卒于家,年七十一。生平事迹见柯劭忞《新元史·张福传》、屠寄《蒙兀儿史记》卷五二。

《种艺必用》是南宋的一部笔记体农书。它总结了唐宋以来我国古代南方种植五谷、麻类、桑树、瓜果、蔬菜、竹类等作物的丰富经验,现从《永乐大典》辑得一百七十条,《补遗》七十二条,除树木嫁接经验出自唐代韩鄂《四时纂要》外,其他引文不多,文字简明短小。本书大大地发展了《齐民要术》所论的内容:一、增加了外来的蔬菜、瓜果(如菠菜、莴苣、丝瓜等),以及亚热带果树(如荔枝、橄榄等)的品种与种艺方法;二、详细地记载了竹类的特性和种法;三、对树木的嫁接法和果树栽培法记载也很详细;四、对各种观赏植物的莳艺方法也有很多记载。

本书令人注目地反映了当时域外蔬菜及瓜果传入国内的情况,并把花卉收入书中,且不像过去的花谱只限于园圃栽种,也包括了盆栽和瓶供。另外,其中记载的一些特殊的嫁接组合、重选嫁接等方法都是农学史上的宝贵材料。

有关《种艺必用》的研究著作有胡道静的《种艺必用校注》(农业出版社,1962年)和梁家勉《中国农业科学技术史稿》(农业出版社,1989年)的有关部分等。

(王国忠)

铅汞甲庚至宝集成 〔南宋〕佚 名

《铅汞甲庚至宝集成》，五卷。南宋佚名撰，成书时间不详。通行本有明《正统道藏》本。

本书是道教丹书的汇编，近三万字，收集《涌泉匮法》、《太上圣祖金丹秘诀》、《日华子口诀》、《丹房镜源》、《白雪圣石经》、《黄芽大丹秘旨》等"经"、"诀"十余部。按炼丹理论，铅为日精所凝，汞为月华所结，而"甲庚"，亦为日精月华，尽"日生于甲，重阳之谓"，"月生于庚，重阴之位"而"甲庚成精，结而为砂"，砂为金银之源，金银亦称"至宝"。书名中的"铅汞甲庚至宝"，指的就是外丹黄白之术。

卷一，《涌泉柜法》。包括序言、《见宝灵砂浇林长生涌泉柜》以及《圣鼎长生涌泉柜法》三部分内容。其序称，"予平昔自贫，而怜贫得义；而重义某得遇丹师，仙传干汞之术，名《灵砂浇淋涌泉长生》"。序末注明"岁次丙辰迎富日，知一子赵耐庵书"。据陈国符《道藏经中外丹黄白法经诀出世朝代考》考证，赵应为唐代末年之人。《见宝灵砂浇淋长生涌泉柜》介绍了十种柜法。所谓"柜"，同鼎炉一样，是炼丹术所用的一种基本的加热设备，其特色是使用上下四方"六合之火"，被加热的"盒子"（内装丹药）被放置于柜的中间，四周充以火炭，外周再实以灰保温。一般地说，炉鼎可用以武火或文火，而柜则适用于文火养丹。

《圣鼎长生涌泉柜法》中叙述多种药物的功能。如说"熟铜投苦酒中涂铁皆作铜色，外虽有铜色内质不变"、"汞能消化金银成泥，人以镀物是也"，"石硫黄能化金银铜铁，奇物，可煎炼成汁，以模泻作器"等等，都合乎现代化学知识。

卷二，《虚源九转大丹朱砂银法》、《太上圣祖金丹秘诀》、《九转出尘糁制大丹》。其中《金丹秘诀》篇注明为唐末金华洞炼丹家清虚子撰，其中例有黑火药丹方。

卷三，《子午灵砂法》、《日华子口诀》。日华子，按陈国符考证，其一生当"由五代以及宋初"。由此可推知此卷成书不会早于五代。又《日华子口诀》后附有《十六变》，陈国符考证此为南宋人所撰，故此卷更应推迟至南宋。

卷四，题《丹房制炼药材》，由《赵仲明先生用验六法》、《丹房镜源》、《白雪圣石经》等篇构成。首篇有《金二十种论》一章，例出"雄黄金、雌黄金、曾青金、硫黄金、土中金、生铁金、鍮石金、砂子金、土录砂子金、金母砂子金、白锡金、黑铅金、朱砂金、熟铁金、生铜金"计十五种，还有"还丹金、水中金、瓜子金、青麸金、草砂金"计五种为真金，余者为假金。对金的区分如此详尽，不仅体现了相关的科技知识，更反映出一种文化——炼金术。其中，《丹房镜源》列出多种药品的产地、性能及其有关的反应等。从所提到的州府名称，可推知本书成于唐朝中期。其中"芒硝可伏雌黄"、"滑石可制雌雄二黄"、"砒霜化铜"等项都表明炼丹术士对所述物质化学性质的了解。其中尤其是"石胆"一节，显示当时已掌握了从胆矾即硫酸铜中还原出金属铜的"水法炼铜"的方法。《白雪圣石经》在炼丹文献中占有特殊地位，因其专论"玉石"一类非金属无机物质的冶炼问题，这与多以炼制金银丹宝为宗旨的绝大多数炼丹术材料不同。从经文来看，其中所炼制的无机材料，应是玻璃或类似玻璃的材料，这方面的研究有待于开创。

卷五，题《黄芽大丹秘旨》，有《造丹砂识真铅服之气秘法》、《用分胎出砒去铅通灵法》以及《金丹法》等多篇组成。

纵览全书，可知该《集成》所收丹书丹法，自唐经五代至南宋，历时三四百年。所选丹书，偏重于制取金银，反映出外丹黄白之术在这一时期的重要成就。

关于本书研究，见赵匡华、周嘉华《中国科学技术史·化学卷》的有关部分。

（闵龙昌）

金液还丹百问诀 〔辽〕李光玄

《金液还丹百问诀》，又名《海客论》，一卷。辽李光玄撰，成书时间不详。通行本有明《正统道藏》本。

作者李光玄，渤海人。自述"家积珠金巨万"，"逐乡人舟船往来于青社淮浙之间，货易巡历"，在海上得遇至人启蒙，矢志丹术。二十年后，游嵩岳，遇玄寿先生，通过对谈，先生授以"金丹之论"。临别，师嘱"尔但将我所论，得我所传，流布世间，行于世上"，于是便有本书出世（见本书《自叙》）。

《金液还丹百问诀》是一部用作者与玄寿先生对话的体裁写成的有关金丹理论的著作。书中多理论而少实验操作。所论问题，主要有什么是黄芽、什么是还丹、金液还丹何以能致人长生、诸石药（雄黄、雌黄、硫黄、矾石、磁石、石胆等）有什么功能、烟囱灰是否可作至药、"淮南炼秋石"之"秋石"是什么、用草药能否"结"水银成丹，等等。

作者对这些问题的解答，主要依阴阳五行学说。如谈到诸药的功能时，提出"世间之人，无不禀于五行"，而"还丹者，烧五行之精气，含万象之神光"，故服之能"保固四肢，坚牢五脏，自然长生"。石药亦属五行，但不齐全（"不录一体"），生食有毒，炼之如同瓦砾，只可医小病。草药因四时而变，其化易同霜雪，只能用来理调风湿，岂能比之于大丹？至于反应之原理，亦为"五行是铅汞本类，乃得成丹；若有非类，即不成也；譬如一家父母夫妇，未有别人"。又说"世间之事，乃至纤毫，未有不因其理，制伏相依，种类相反，而成事也"。总而言之，因书中之发问，多针对当时炼丹实际（如说当时许多人以为烟囱灰是"木精"，因而被广泛用于炼丹），故可从中看出当时炼丹所用药物及其主要成果，是了解炼丹化学尤其是炼丹思想的重要文献。

关于本书的研究，见任继愈、锺肇鹏主编《道藏提要》中的有关篇目。

（闵龙昌）

黄帝素问宣明论方 〔金〕刘完素

《黄帝素问宣明论方》，原名《医方精要宣明论》，简称《宣明论方》，十五卷(或作三卷、七卷)。金刘完素撰。成于金大定十二年(1172)。通行本有元刻七卷本(题作《校正素问精要宣明论》)、明正统刻本、明万历十三年(1585)金陵吴氏重刻本、清初绣谷吴氏刻本及清刻本(封面题《宣明论法》，附《刘河间伤寒医鉴》一卷)等。

刘完素(约1120—1200)，字守真，号玄通处士、宗直子、河间处士、锦溪野老。河间(今属河北)人。嗜医好学，自二十五岁起雅好《内经》，发愤攻读，旁及各家医药著作。经三十余年理论钻研与临床实践，深有所悟，终成一家之说，开创寒凉学派，又称河间学派。金章宗三次召其入京，授以官职，皆推辞不就，而行医授学于民间。其学宗《内经》，认为医之法与术，"悉出《内经》之玄机"(《素问病机气宜保命集序》)。据以阐述运气学说和创立火热病机理论。治病以降心火、益肾水为基本原则，善用寒凉药物。著作尚有《内经运气要指论》(佚)、《素问玄机原论式》、《素问病机气宜保命集》、《伤寒直格》(佚)等十余种医书。生平事迹见《金史》卷一三一。

据刘完素《素问玄机原病式》序说，刘氏撰成《内经运气要旨论》后，犹恐医道未尽，后学未有能精贯者，对病临床处置之时或难施用，遂"复宗仲景之书，率参圣贤之说，推夫运气造化自然之理，以集伤寒杂病脉证方论之文，一部三卷，十万余言，目曰《医方精要宣明论》"。

《宣明论方》是一部医方学著作。书前有保定府通判冯惟敏序。书中皆诊病处方用药之法，先论后方。分十三门。卷一至卷二，诸证门，载《内经》所记各病，如煎厥、薄厥、飧泄、䐜胀以及诸痹心疝等，凡六十一证，每证均有主治之方，一宗仲景。卷三，风门。卷四，热门。卷五、卷六，伤寒门。卷七，积聚门。卷八，水湿门。卷九，痰饮门。卷十，燥门。卷十一，妇人门。卷十二，补养门。卷十三，诸痛门。卷十四，眼目门。卷十五，诸病门。每门各有总论，多发明五运六气之理，兼及各家方论。

书中每以火热病机立论，指出多数证候均由火热所致，风、湿、燥、寒诸气在病理变化中，皆能化火生热，因而在治疗上多采用凉寒之药。以湿与热而言，刘氏认为："湿为土气，火热能生土湿"，"湿病本不自生，因于火热怫郁，水液不能宣通，即停滞而生火湿也"（《水湿门》）。以燥、风与热而言，亦不能分开，"金燥虽属秋阴，而其性异于寒湿，而反同于风热，火也"。"金受热化以成燥，涩也，兼火热，致金衰耗液而损血，郁而成燥者，由风能胜湿，热能耗液"（《燥门》）。又说："风为病者，或为寒热，或为热中。"（《风门》）即使中风偏枯者，或表现为腰脊强痛，或表现为耳鸣鼻塞诸证，其病虽异，其名不同，然莫不是"寒闭则热""故气道涩而不利"。大凡"痛痒、疮疡、痈痛肿、血聚者，皆属心火热也"（《诸痛门》）。至于伤寒、感受寒气，除阴盛阳衰而为"中寒"（即里寒）者外，余者如感冒寒邪，或内伤生冷、"冷热相并"等，俱能使"阳气怫郁，不能宣散"而生热，不可便认为寒，"当以成证辨之"（《伤寒门》）。又反证说："夫热病者，伤寒之类也。人之伤于寒则为病，热寒毒藏于肌肤，阳气不行散发而内为怫结，伤寒者反病为热。"（《热门》）

本书虽以火热病机著称，在治疗上多起用寒凉之药，但并不完全局限于此。从书中所载三百四十八首方剂来看，其中属寒凉之剂有三十九方，属温热之剂则有四十四方，其余之方均为寒热并用或药性和平之剂。即使对伤寒病证，也选用了麻黄汤、桂枝汤、小青龙汤、四逆汤等辛热之剂。

刘氏的新论新方，受到当时不少医家的推崇。故《宣明论方》一经问世，迅速在中国北方传播开来，与南宋医界《局方》继续盛行的状况形成南北对峙之势。《宣明论方》对扫除因循守旧的学术风气，推动金元时期医药学的进一步发展有较大的贡献。

有关本书的研究，有余瀛鳌《宣明论方》（见《中国医学百科全书·医学史》）、廖育群等《中医科学技术史·医学卷》等。

（邵祖新）

素问玄机原病式 〔金〕刘完素

《素问玄机原病式》，一卷。金刘完素撰。成于金大定二十二年(1182)。通行本有明嘉靖十四年(1535)刊本、明嘉靖赵宗健校刊本、《四库全书》本、《丛书集成》本、商务印书馆本、人民卫生出版社1956年据《古今医统正脉全书》影印本等。

作者生平事迹见"黄帝素问宣明论方"条。

北宋末及金初，战争频繁，百姓生活困苦，温热疫病流行，威胁着人们的生命安全。但不少医生仍沿用《局方》旧制，往往按证给药，忽视临床实践与医学理论的发展，结果有不少误治者；同时《局方》用药又多辛温刚燥之剂，久服多服势必耗伤阴血，造成"辛燥时弊"。刘氏深为感叹，于是深入研究大量的火热病证，联系自己的临床经验，并结合《内经》运气学说及有关理论，撰成《素问玄机原病式》一书。其自序云："复虑世俗多出妄言，有违古圣之意"，"遂以比物立象，详论天地运气造化自然之理"，共二万余言，独为一本，名曰《素问玄机原病式》。

《素问玄机原病式》是一部论述病因机理的中医学专著。书前有刘氏自序一篇。次有《素问玄机原病式例》一篇，举《内经》及王冰注凡二百七十七字，以为撰书之总纲。书分五运主病与六气为病两部分。在五运主病中，有诸风掉眩、诸痛痒疮疡、诸湿肿满、诸气膹郁病痿、诸寒收引五类病证，其分属肝木、心火、脾土、肺金、肾水五脏五行；在六气为病中，则例举风、热、湿、火、燥、寒类诸种病证。

全书详言五运六气盛衰胜复之理，据《内经·至真要大论》中"病机十九条"旨意，反复阐明大多数疾病的病机、病变均由火热原因引起。书中的主要内容如下。

一、脏腑六气病机学说。刘氏认为，人体脏腑虚实寒热的变化，与五运六气密切相关。"一身之气皆随四时五运六气兴衰而无相反矣。"(《原病式·热类》)同时，人体脏腑本气的兴衰变异、不足以及过度，亦是致病的重要原因，从而全面提出他的脏腑六气病机学说。

所谓脏腑本气，是指人体脏腑的生理特点而言，又称内六气，与外生六气有别。其性质是肺气清、肝气温、心气热、脾气湿、肾气寒。一旦脏腑虚实有别,则相应的脏腑之气也随之发生变化。由脏虚产生病变的性质恰与本气的原有性质相反,如肺气本清,虚则温;心气本热,虚则寒;肾气本寒,虚则热。而脏实所出现病证的性质则是本气的加剧,如肺气本清,肺实则为肺寒;心气本热,心实则为火热等等。这样一来,生理也就成了病理。

另外,某脏腑本气甚衰后,脏腑间统一的生理平衡遭到破坏,由于六气的相互干扰,也可能影响其他脏腑而引起疾病。刘氏剖析中风一证病因机理时说:"中风偏枯者,由心火暴甚,而水衰不能制之,则火能克金,金不能克木,则肝木自甚而甚于火热,则卒暴僵仆。"(《原病式·热类》)这说明中风的症结固然在于"心火炽盛",但同样亦受到"水衰不能制之"和"肝木自甚而甚于火热"的影响。

刘氏阐发的脏腑六气病机学说,以本气特性为纲,其目的在说明每一脏腑的病变各有其特殊性和规律性,是研究人体生理、病理的一条重要途径。

二、亢害承制理论。早在《素问·六微旨大论》中,已阐明亢害承制的性质和规律。而刘氏则把亢害承制引申为剖析疾病的说理工具,从而形成其一种独特的病机学说。刘氏指出:"五行之理,微则当其本化,甚则兼有鬼贼,故经曰亢则害,承乃制也。"(《原病式·热类》)一般情况下,凡脏腑病变与其本气兴衰的表现相符,如心气旺则热,土气旺则湿,肾气旺则寒,亦即所谓"本化"。但如某气过旺,则会出现一种迷惑人的假象,如火旺之极反现寒冷,亦即他所谓的"鬼贼"。假象表现的规律是:"木极似金,金极似火,火极似水,水极似土,土极似木,故经曰:亢则害,承乃制,谓己亢过极则反似胜己之化。"(《素问病机气宜保命集序》)因此在治疗上须泻其过亢之气以治本,而不可为假象所惑误治其标。"俗流未之知,故认似作是,以阳为阴,失其本意,经所谓诛罚无过,命曰大惑。"(《原病式·热类》)

刘氏对亢害承制理论的发挥,主要贡献在对疑似病症的本质与假象作出了深刻分析,为医界提供了一份有益的启迪。

三、玄府闭塞理论。玄府之论,出诸《内经》,是谓"汗空"。刘氏认为,玄府不仅专指汗空,也不独具于人。他把人体各种组织的腠理统称为玄府,营卫、气血、津液在人体腠理的正常生理功能,乃是玄府的"气液宣通"。反之,玄府闭塞,则气血津液不能宣通,脏腑器官也不能维护其正常的生理功能,则将出现种种病理变化。

刘氏把玄府闭塞的原因主要归咎于热气怫郁。他说:"热甚则腠理闭塞而郁结也。""湿热甚于肠胃之内,而肠胃怫热郁结,而又湿主乎痞,以致气液不得宣通,因成肠胃之燥,使饮渴不止。"又说:"热甚客于肾部,干于足厥阴之经,廷孔郁结,热甚而气血不能宣通。"(《原病式·热类》)书中例举阳气怫郁证有二十余种之多,如郁结、痞塞、肿满、泻痢、带下、淋闷、遗尿、结核、喉闭、目盲、耳聋、中风、热厥等等。另外，对感受寒邪亦可造成腠理闭塞，阳气怫郁而为热，刘氏也是用玄府闭塞的原因来解释的。

玄府闭塞理论是刘氏在病机创新方面的一个重要内容，亦是他治病擅用凉寒通导之药的理论依据。

四、火热病机理论。火热病机理论是全书的一个中心。刘氏阐发脏腑六气病机学说、亢害承制理论、玄府闭塞理论，最终无一不归宿到"火热"两字上，均围绕着这一主题而展开。

刘氏发挥《内经》病机十九条纲要，反复说明大多数疾病的病机、病变均由火热而引起。他将《内经》原属火热的十五种病证，扩大到五十六种；并增补燥邪病机一条，所谓燥者，亦无非是水衰火盛而已。

"六气皆从火化"、"五志过极皆为热甚"和"六经传受皆为热证"，是刘氏论证火热病机的三个基本观点或三条途径。"六气皆从火化"言六气最后皆转归火热，而火热又是其他诸气之本原；"五志过极皆为热甚"指情志过剧，妄动而为火；"六经传受皆为热证"谓伤寒六经病变，自始至终都属于热。一言以蔽之，风、湿、燥、寒等均可由热而生，或生热化火。如：呕吐者，风热甚故也；诸痛痒疮疡，皆属心火；大便涩滞，谓之风热结者等等。甚至"外感寒邪或内伤生冷"，也无不由"阳气怫郁不能宣散"而生热。故凡伤寒三阴三阳病证，均属于热。在治疗上，刘氏多起用寒凉之药。这就从病机病变方面形成他的"火热论"主张，被后世学者称为"温病学派之开山"。

《素问玄机原病式》是刘氏主要的医学代表著作，它集中地反映了刘氏独特的医学思想，在病机理论方面尤多创新和阐发。特别是刘氏的"火热论"一说，对促进热病诊治的研究与发展，打破当时沉闷守旧的学术空气，更新医学理论研究风气和揭开金元时期"新学肇兴"的序幕，都起着相当大的作用，因而在医学史上有广泛影响。

有关本书的研究，有元薛时平的《新刊注释素问玄机原病式》、明嘉靖年间赵宗健校刊本。另有张介宾作《景岳全书》，攻刘氏学说最力，不乏持平之论，亦可参考。今人邓铁涛《刘完素》、傅维康主编《中国医学史》、廖育群等《中国科学技术史·医学卷》中的有关部分。

（邵祖新）

素问病机气宜保命集 〔金〕刘完素

《素问病机气宜保命集》，三卷。金刘完素撰。成于大定二十六年(1186)。通行本有《刘河间医学六书》本、明宣德六年(1431)怀德堂重刻本、《四库全书》本、《丛书集成》本、《古今医统正脉全书》本、1937年商务印书馆本、1959年北京人民卫生出版社本等。

作者生平事迹见"黄帝素问宣明论方"条。

本书是一部综合性的中医学著作。内容涉及性命之源、摄生、脉诊、病机、病证、本草、针法、处方用药等。书前有作者自序。但李时珍《本草纲目》与《四库全书总目》俱误认本书为刘氏同时人张元素所撰。丹波元胤《医籍考》及上海中医学院出版社1990年版《中国医籍通考》中均已作了辨正。

本书卷上，九论。分别是：原道、原脉、摄生、阴阳、察色、伤寒、病机、气宜、本草。卷中，十一论。分别是：中风、疠风、破伤风、解利伤寒、热论、内伤、诸虐、吐论、霍乱、泻痢、心痛。卷下，十二论。分别是：咳嗽、虚损、消渴、肿胀、眼目、疮疡、瘰疬、痔疾、妇人胎产、大头、小儿斑疹、药略针法。

本书依宗《内经》、仲景之论，主"五运六气"说，认为人之患病，在阴阳不调，六气逆反，"夫百病之生也，皆生于风、寒、暑、湿、燥、火"(《病机论》)。又力主"火热"一说，认为多数疾病，均由火热的原因引起。如《热论》中举出诸热之属，乃有表热、里热、暴发而为热、服温药过剂而为热、恶寒战栗而热者。又有"虚损之疾，寒热，因虚而感也。……感热则损阴，阴虚则阳盛"(《虚损论》)等等。在治疗上，则主张由表及里，治标必先治本，如"疮疡者，火之属，须分内外，以治其本"(《疮疡论》)；中风者，"风本生于热，以热为本，以风为标"(《中风论》)。在处方用药上，则主张七方十剂，"必本于气味生成而成方焉"，"随五脏之病证，施药性之品味"(《本草论》)。不可偏执一具，然又多用寒凉之剂以泻以通之，"宜服除湿去热之药治之"(《中风论》)。

本书与《原病式》、《三消论》等义理相契,然亦有不少新的创见,是刘氏学术思想的重要组成部分。

有关本书的研究,见廖育群等《中国科学技术史·医学卷》有关章节。

（邵祖新）

儒门事亲 〔金〕张从正

《儒门事亲》，十五卷。金张从正撰。成于金哀宗正大五年(1228)。通行本有元刊本、日人渡边荣明正德(1506—1521)中刊本、《古今医统正脉全书》本、《四库全书》本、《豫医双璧》本、《中国医学大成》本、1958年上海卫生出版社排印本、1959年上海科学技术出版社排印本、1984年河南科学技术出版社校注本等。

张从正(1156—1228)，字子和，号戴人，睢州考城(今河南民权西南)人。兴定(1217—1221)中，召补太医，复从军江淮。后辞官归里，行医民间。其学宗《素》、《难》、《伤寒》，尤推崇刘完素。用药多寒凉，用汗、下、吐三法最精，时称"张子和汗下吐法"，为金元四大家之一。史谓其"所著有六门二法之目存于世"(《金史》本传)，未知是否即本书。生平事迹见《金史》卷一三一。

本书前三卷为作者自撰，其余则是他与学生麻知几、常仲明等"讲求医理"的记录，由麻氏等辑而为书。作者以为"惟儒者能明其理，而事亲者当知医"，故取以为书名。

本书系综合性医书，有日人渡边荣、明邵辅、明闻忠机、清四库馆臣为作序。卷一至卷三为论辩解说，卷四、卷五述临症治法方药，卷六至卷九为医案，卷十、卷十一述五运六气致病及六经辨证，卷十二为方剂，卷十三录刘完素《三消论》，卷十四述病机、辨预后，卷十五述病证及治法。

本书集中体现了作者"攻邪"的思想，认为疾病非人体所固有，乃邪气所致："夫病之一物，非人身素有之也。或自外而入，或由内而生，皆邪气也。"(卷二《汗下吐三法该尽治病诠》)中邪途径有三："天邪"(即风、暑、火、湿、燥、寒。所谓"天之六气")致病多在乎上，"地邪"(即雾、露、雨、雹、冰、泥，所谓"地之六气")致病多在乎下，"人邪"(即酸、苦、甘、辛、咸、淡，所谓"人之六味")致病多在乎中。邪气一旦加诸身，宜"速攻"、"速去"。针对当时喜补恶攻，片面强调"当先固其元气；元气实，邪自去"(同上)的观点，书中指出，"夫邪之中人，轻则传久而自尽，颇甚则传久而难已，更甚则暴死。若先论固其元气，以补剂补之，真气未胜而邪已交驰横骛而不可制矣"(同上)。若先攻邪，则"邪去而元气自复也"(同上)。甚至认为"所谓下者，乃所谓补也。陈莝去而肠胃洁，症瘕尽而荣卫昌。不补之中有真补者存焉"(卷二《凡在下者皆可下式》)。这是颇具辨证意味的见解。凡风寒邪气结抟皮肤之间,藏于经络之内,或发疼痛走注、麻痹不仁及四肢肿痒拘挛,可用汗法。风痰宿食在膈或上脘,宜用吐法。寒湿固冷、热客下焦者,须用下法。三法并不局限于一般的解表、催吐、促泻的内服药,包括范围颇广:"如引涎、漉涎、嚏气、追泪,凡上行者,皆吐法也;灸、蒸、熏、渫、洗、熨、烙、针刺、砭射、导引、按摩,凡解表者,皆汗法也;催生、下乳、磨迹、逐水、破经、泄气,凡下行者,皆下法也。"(同上)根据病情,三法可单用,亦可兼用。三法攻邪的机理是"发表攻里"。书中的大量医案都体现了攻邪为先的思想。

作者虽极力推崇三法,认为可以"该众法",然"未尝以此三法,遂弃众法",而是主张"各相其病之所宜而用之"(同上)。而且使用三法也极为慎重,如用汗法则"凡发汗中病则止,不必尽剂。要在剂当,不欲过也"(卷二《凡在表者皆可汗式》);用催吐剂则"宜先小服,不满积渐加之"(卷二《凡在上者皆可吐式》);用下法则强调少数有毒下药中,毒性"唯巴豆为甚",故须严格控制。书中还明确指出了一系列不宜用三法的病证。这说明作者的学术观点并非如有些人所指责的那样偏激。

此外,作者强调攻邪,但并不一概否定补正,而是主张"养生当论食补,治病当论药攻"(卷二《推原补法利害非轻说》)。处于病中,因"邪未去而不可言补"。病愈后,则"莫若以五谷养之,五果助之,五畜益之,五菜充之,相五脏所宜,毋使偏倾可也"(同上)。他反对用药补,因为"凡药有毒也,非止大毒小毒谓之毒,虽甘草苦参,不可不谓之毒,久服必有偏胜,气增而久,夭之由也"(同上)。这在今天仍有指导意义。

《儒门事亲》是中国医学史上"攻下派"的代表作,奠定了该派的理论基础,丰富了祖国医学中的祛邪学说。

有关本书的研究,有张海岑等《儒门事亲校注》和廖育群等《中国科学技术史·医学卷》等。

(林建福)

医学启源 〔金〕张元素

《医学启源》,三卷。金张元素撰。成于金大定二十六年(1186)之前。通行本有元刻本、明成化八年(1472)刊本、今人任应秋点校本(人民卫生出版社1978年版)等。

张元素(1151—1234),字洁古,易州(今河北易县)人。八岁试童子举,二十七岁试经义进士。因"犯庙讳"下第,遂潜心于医学。刘完素患伤寒,赖其治愈,由此而显名。学术上既重视吸收前人成果,同时反对泥古不化。其治病多不用古方,以为"古方新病,甚不相宜,反以害人",故"每自从病处方,刻期见效。……当时目之曰神医"(本书张吉甫序)。他开创了易水学派,著名医家李杲、王好古等均为其学生。所著《药注难经》及《医方》三十卷已佚,《洁古家珍》、《珍珠囊》为残本,完整者除本书外,尚有《脏腑标本寒热虚实用药式》。生平事迹见《金史》卷一三一。

本书系作者为教门生而撰写的一部综合性医学入门书。有金代张吉甫序。全书凡十二门。卷上,下分天地六位脏象图、手足阴阳(下分三篇)、五脏六腑除心包络十一经脉证法(下分十二篇)、三才治法、三感之病、四因之病、五郁之病、六气主治要法、主治心法(下分十五篇)等九门。卷中,下分内经主治备要(下分四篇)、六气方治(下分六篇)二门。卷下,用药备旨(下分十九篇)一门。

本书卷上以《黄帝内经·素问》为宗旨,吸收《中藏经》以寒热虚实进行脏腑辨证的理论和钱乙五脏虚实辨证理论,参以个人临床经验,在分析脏腑病机的基础上,附以有关脏腑诸病主治的用药心法。如肝虚,以陈皮、生姜之类补之;又可用熟地黄、黄柏补其母肾。如无他证,则以钱氏地黄丸主之。肝实,以白芍药泻之;如无他证,则以钱氏泻青散主之。又可以甘草泻其子心。

卷中、卷下吸收了《素问》中药物气味厚薄、寒热升降及五脏苦欲理论和刘完素《素问玄机原病式》中运用五运六气理论分析六淫病机的内容,并进一步将其扩大到制方遣药上,按六气分方为六类:风(包括防风通圣散等十二方)、暑(白虎汤等十方)、湿(萆薢木香散等九方)、火(凉膈散等十方)、燥(脾约丸等十方)、寒(大己寒丸等十一方);按五运分药为五类:风升生(防风、羌活等二十味)、热浮长(黑浮子、干姜等二十味)、湿化成(黄芪、人参等二十一味)、燥降收(茯苓、泽泻等二十一味)、寒沉藏(黄蘖、黄芩等二十三味)。本书首创药物归经说,如"头痛须用川芎,如不愈,各加引经药:太阳蔓荆,阳明白芷,少阳柴胡,太阴苍术,少阴细辛,厥阴茱萸"(卷上《主治心法》)。还讲究"引经报使",如太阳小肠、膀胱经病,在上用羌活,在下用藁;少阳胆、三焦经病,在上用柴胡,在下用青皮等。

本书于诸脏腑中最重脾胃,认为"胃者,脾之府也……与脾为表里",是"人之根本","胃气壮,则五脏六腑皆壮"(卷上《五脏六腑除心包络十一经脉证法》),并用"补气"、"补血"二法治疗脾虚弱。

《医学启源》的上述见解进一步完善了脏腑辨证理论,对后世药物学、方剂学的发展作出了较大贡献,李杲、王好古、罗天益等人的理论都是在继承其脾胃学说的基础上确立的。

有关本书的研究,主要见任应秋点校本叙言、傅维康主编《中国医学史》的有关部分等。

(林建福)

脾胃论 〔金〕李 杲

《脾胃论》，三卷。金李杲撰。约成于蒙古定宗四年或海迷失后元年(1249)。通行本有《东垣十书》本、《古今医统正脉全书》本、《四库全书》本、《丛书集成》本、人民卫生出版社 1957 年本等。

李杲(1180—1251)，字明之，晚号东垣老人，真定(今河北正定)人。家豪富，以纳资得官，监济源税。母患病，为庸医所误，至死不知何证。杲深感通医理之必要，乃捐千金师事张元素，用心数年，尽得其传。又经刻苦琢磨砥砺，声望成就遂远出元素之上，卓为医家大宗。他擅治伤寒、痈疽、眼科疾病，尤精于脾胃功能的研究，提出了著名的脾胃学说。著作除本书外，尚有《内外伤辨惑论》、《兰室秘藏》、《用药法象》、《医学发明》等。生平事迹见《元史》卷二〇三《方伎传》、元砚弥坚《东垣老人传》。

金末中原扰攘，兵祸频仍，百姓处于颠沛流离之中，饥寒迭侵、忧惧交加，遂致脾胃元气损伤。而当时的一般医家不察病因，往往以风寒外感实证治之，犯了虚虚之戒，使得大批病人因此而死亡。有鉴于此，李杲著《内外伤辨惑论》，以脾胃为中心，对内伤与外感之证详加区别。又恐世医不悟该论之旨，乃复著《脾胃论》以发其微。

《脾胃论》系医学理论著作，有金元好问序、元罗天益后序、清四库馆臣序等。卷上，《脾胃虚实传变论》、《脾胃胜衰论》、《肺之脾胃虚论》等七篇。卷中，《气运衰旺图说》、《饮食劳倦所伤始为热中论》等十二篇。卷下，《大肠小肠五脏皆属于胃，胃虚则俱病论》、《脾胃虚则九窍不通论》、《胃虚脏腑经络皆无所受气而俱病论》、《胃虚元气不足诸病所生论》等十九篇。各篇之下，间附少量方剂。

脾胃受损而致百病，这是《脾胃论》一书的基本观点。书中认为，元气虽系人的生命活动之本，但元气之所以充足，"皆由脾胃之气无所伤"(卷上《脾胃虚实传变论》)；而只有不受损伤的脾胃之气方能"滋养"元气。倘"脾胃之气既伤，而元气亦不能充，而诸病之所由生也"(同上)。

作者又吸收前人看法，认为自然界的阴阳生杀体现于升降浮沉的运动变化规律之中，并将此引申到人的生命活动上，指出人作为万物之一，其元气的运动同样呈现"升已而降，降已而升，如环无端"(卷下《天地阴阳生杀之理在升降浮沉之间》)的特点，而脾胃则是元气升降浮沉运动的枢纽。具体而言,"盖胃为水谷之海,饮食入胃,而精气先输脾归肺,上行春夏之令,以滋养周身,乃清气为天者也。升已而下输膀胱,行秋冬之令,为传化糟粕转味而出,乃浊阴为地者也"(同上)。一旦脾胃受损,则会出现两种基本病理:阳气"或下泄而久不能升……而百病皆起;或久升而不降,亦病焉"(同上)。虽然阳气的下泄不升和久升不降都可致病,但作者更注重阳气的升发,因为只有阳气升发,才能使元气充沛,阴火有所收敛。而"大抵脾胃虚弱,阳气不能生长"(卷上《脾胃胜衰论》),则阴火自然亢盛。

本书详细论述了元气与阴火的关系,指出因脾胃气衰,元气不足,于是"心火独盛"。而"心火者,阴火也",它是"元气之贼","火与元气不两立,一胜则一负"。倘"脾胃气虚,则下流于肾,阴火得以乘其土位"(卷中《饮食劳倦所伤始为热中论》),由此产生一系列的阴火独盛现象。

本书归纳了造成脾胃虚弱、阴火上升的原因。一、"饮食不节则胃病,胃病则气短、精神少而生大热,有时而显火上升独燎其面。……胃既病,则脾无所禀受……故亦从而病焉"(卷上《脾胃胜衰论》)。二、"形体劳役则脾病……脾既病,则其胃不能独行津液,故亦从而病焉"(同上)。三、"喜怒忧恐,损耗元气,资助心火"(卷上《脾胃虚实传变论》),心火胜则脾胃病矣。书中指出,以上三者往往是交互致病,而以精神因素为先导,即"皆先由喜、怒、忧、悲、恐,为五贼所伤,而后胃气不行,劳役饮食不节继之,则元气乃伤"(卷中《阴病治阳,阳病治阴》),这是相当深刻的。

本书的立论虽与《内外伤辨惑论》各有侧重,但仍然对内伤和外感这两类疾病作了简要的辨析,指出二者的病证"颇同而实异":"内伤脾胃,乃伤其气;外感风寒,乃伤其形。"(卷中《饮食劳倦所伤始为热中论》)病证不同,治法亦当随之而异:"伤其外为有余,有余者泻之;伤其内为不足,不足者补之。"(同上)作者谆谆告诫世医:"内伤不足之病,苟误认作外感有余之病而反泻之,则虚其虚也。实实虚虚,如此死者,医杀之耳。"(同上)由于李氏注重脾胃阳气的升发,所以,对因脾胃虚弱、清阳之气下陷而引起的内伤疾病,便主张首先以甘温之剂补中升阳,其次以甘寒之剂泻其火热,从而较好地解决了升阳与泻火的矛盾,是为著名的"甘温除热"法,其代表性方剂便是补中益气汤,他也由此成为"补土派"的先驱人物。虽然一般来说,李氏忌用苦寒药物,但当阴火旺盛之时,也能借以从权施治,并认识到甘温升阳、甘寒泻火同苦寒泻火、解表散火在作用上是相反而相成的。

《脾胃论》是一部杰出的脾胃理论专著,它同《内外伤辨惑论》一起奠定了我国古代脾胃学说的基础,对后世医学发生了重大而深远的影响。

有关本书的研究,有湖南省中医药研究所《脾胃论注释》和廖育群等《中国科学技术史·医学卷》的有关部分。

(张 沁)

阴证略例 〔元〕王好古

《阴证略例》,又名《海藏老人阴证略例》,一卷。元王好古撰。成于元太宗八年(1236)。通行本有《济生拔粹方》本、《景印元明善本丛书十种》本、《十万卷楼丛书》本(1956年商务印书馆据以重印)、《三三医书》本、《丛书集成》本、《中国医学大成》本、江苏科技出版社1985年版校点本等。

王好古(1200—1264?),字进之,号海藏老人,赵州(今河北赵县)人。博能经史,以进士官本州教授,兼提举内医学,晚年退居草堂,杜门养拙。先师从张元素,后受业于李杲,尽得其传。为学注重伤寒阴证研究。著述颇丰,现存者除本书以外尚有《医垒元戎》、《汤液本草》、《此事难知》、《癍论萃英》,亡佚者有《伊尹汤液仲景广为大法》、《活人节要歌括》、《仲景详辨》等。生平事迹见本书元麻革、清汪曰桢序。

作者认为"伤寒,人之大疾也。其候最急,而阴证毒为尤惨。阳则易辨而易治,阴则难辨而难治"(本书麻革序),深恐医家误诊误治,故"积思十余年",三易其稿,撰为此书。

《阴证略例》系伤寒专著。有作者自序、麻革序、汪曰桢序,书后有自题二篇。全书共三十余条,首列《岐伯阴阳脉例》,次叙《洁古老人内伤三阴例》,又举作者《内伤三阴例》,其后按伤在厥阴、少阴、太阴分论之,复续之以伊尹、扁鹊、张仲景、许叔微、韩祗和诸例。各证之后,间附药方。书末载《海藏治验录》一篇,所举八证,均为作者亲历之验证。书中有证有方,有辨有论。

张仲景的伤寒六经辨证理论以伤寒为外感疾病,本书则将其同张元素、李杲的脾胃学说相结合,提出了"伤寒内感阴证"的独到见解。作者认为伤寒三阴证除外感因素外,多系内感寒湿之邪所致。所谓"内感",是指饮食冷物、误服凉药或感受霜露、山岚、雨湿、雾露之气。此类病邪皆由口鼻吸入,使"三阴经受寒湿"而发病。这与病邪自皮毛肌肤侵入的"外感"伤寒显然不同。

本书辨析内感阴证颇为细致。如称伤寒内感阴证患者体内阳气虚亏的现象为"元阳中脱",并分"元阳中脱"为"内消"和"外走"二证:"或有人饮冷内伤,一身之阳便从内消,身表凉,四肢冷,脉沉细,是谓阴证";"若从外走,身表热,四肢温,头重不欲举,脉浮弦,按之全无力",是为"外热内寒证"(《论元阳中脱有内外》条)。并强调,"内消"者"易知",对"外走者",倘医家或病人不察,以解表药或自服蜜茶、沐浴覆盖等方法强令出汗,则死者多矣。又如,同为出血,阴证者因"饮冷大极,脾胃过寒,肺气又寒,心包凝泣,其毒浸渗入于胃中,亦注肠下,所以便血如豚肝"(《论下血如豚肝》条)。而阳证者因"热极妄行",故"下血而为鲜色"(同上)。

因本书着重论阴证,故处方用药主温热辛甘,而多用温药,对附子一类热药的使用则十分谨慎,目的是调补脾胃,即"调中"。

《阴证略例》论伤寒而"独专阴例",这在中国医学史上并不多见。其关于"伤寒内感阴证"的理论和相应的方药运用,为丰富伤寒学作出了很大贡献。

有关本书的研究,有傅维康主编《中国医学史》、廖育群等《中国科学技术史·医学卷》的有关部分。

(林建福)

测圆海镜 〔元〕李 冶

《测圆海镜》，略称《海镜》，十二卷。金元之际李冶撰。成于蒙古定宗三年(1248)。通行本有清《四库全书》本、《知不足斋丛书》本、《白芙堂算学丛书》本、近代《丛书集成》本、1985 年山东教育出版社版白尚恕今译本等。

李冶(1192—1279)，原名李治，字仁卿，号敬斋，死后谥曰文正，真定栾城(今属河北)人。年少时在栾城邻县元氏求学，后师事杨文献、赵秉文，颇有文名，与元好问并称"小元李"。1230 年登金朝词赋进士，旋被任命为高陵(今属陕西)主簿，因当时蒙古军已入陕而未及上任。不久又改任钧州(今河南禹县)知事。1232 年钧州城被蒙古军攻破，乃弃职北走，隐居崞山(今山西太原北)，潜心学问，尤好数学。晚年回元氏县封龙山隐居讲学，与张德辉、元好问号称"龙山三老"。1257 年作为金朝遗老受忽必烈召见，问以天下治理之道，乃提出"立法度、正纪纲"的政治主张。元世祖中统二年(1261)，诏为翰林学士知制诰同修国史，然以老病为由婉言辞绝。至元二年(1265)再诏，乃勉强就职，但一年后又以老病辞归。以后一直在封龙山讲学著述，研究数学，直至病逝。著作尚有《敬斋文集》(已佚)、《壁书丛削》(已佚)、《泛说》(已佚)、《敬斋古今黈》、《益古演段》。事迹见《元史·李冶传》和《元朝名臣事略·内翰李文正公》。

《测圆海镜》是李冶在隐居崞山时，受一部有关"洞渊九容之说"的算书的启发而写的。他在该书的序言中说："余自幼喜算术，恒病夫考圆之术，例出于牵强，殊乖于自然……老大以来得洞渊九容之说，日夕玩绎，而向之病我者，使爆然落去而无遗余。山中多暇，客有从余求其说者，于是乎又为衍之，遂累一百七十问。既成，客复目之'测圆海镜'，盖取夫天临海镜之义也。"他自己对这部书非常珍视，临终前对他的儿子克修说："吾平生著述，死后可尽燔去。独《测圆海镜》一书，虽九九小数，吾尝精思致力焉，后世必有知者，庶可布广垂永乎！"(王德渊后序)

《测圆海镜》是中国古代重要数学典籍之一，主要论述勾股容圆问题，同时在论述中系统地总结和介绍了当时的最新数学成就——天元术。卷首有李冶的自序，其中除了说明本书的写作缘起外,还提出了"数理可知"的科学思想。认为数出于自然,乃自然之理;因此说数理难穷是对的,说数理不可穷则不对;正确的态度应该是"推自然之理以明自然之数",如此才能把握数学的规律并在实践中运用自如。卷一是全书的总纲和基础,其中首先给出一个"圆城图式"(见下图),全书的所有问题都与这一图式有关;其次是"总率名号",即给出图中各勾股形(直角三角形)的名称;最后是"识别杂记",主要阐明各勾股形边长之间的关系以及它们与圆径间的关系,相当于给出六百多个定理或公式。卷二至卷十二都是具体算题,共一百七十题。每题分问、答、法、草四个部分,其中"问"即问题,"答"即答案,"法"是解题的具体方法,"草"则是用天元术对解题方法作详细的论证和说明。正如清四库全书馆的馆员在此书的"案语"中所说:"草者法之本,法者草之用。法使人易于推步,而草则存其义以俟知者。"所讨论的问题大都是已知勾股形而求其内切圆、旁切圆等的直径一类的问题。其中所提出的九种容圆公式(勾上容圆、股上容圆、弦上容圆、勾股上容圆、勾外容圆、股外容圆、弦外容圆、勾外容半圆、弦外容半圆),可能即是李冶在此书序言中所说的"洞渊九容之说"。

《测圆海镜》的最重要的数学贡献,是它系统而概括地总结了当时数学的最新成果——"天元术",从而使中国数学走上了半符号代数的道路。所谓"天元术",即是以文字代表未知数并用来布列方程的方法。其步骤大致如下:首先是"立天元一",相当于现代数学设未知数为 x;然后根据问题的已知条件,列出两个等值的多项式;最后把这两个多项式相减,使成一个一端为零的高次方程。这样的高次方程即称为天元开方式,其表示法为:在一次项系数旁记一"元"字(或在常数项旁记一"太"字),"元"以上的系数表示各正次幂,每上一行增加一次幂;"元"以下一行表示常数,再下一行系数表示负次幂,每下一行增加负一次幂(或"太"以上的系数表示各正次幂,"太"以下的系数表示各负次幂)。例如方程

$$x^3+336x^2+4\,184x+2\,488\,320=0$$

的天元式即为:

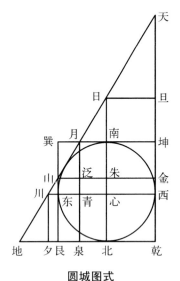

圆城图式

这在中国传统数学发展中是一个重要的创造,是符号代数的开端,在世界数学史上也处于领先地位。全书一百七十题,基本上都是通过列出天元式,来求得勾

股容圆问题的解。

必须指出,天元术并不是李冶第一个发明的。据记载,在李冶之前或与李冶同时,还有几部有关天元术的数学著作,如蒋周的《益古》、李文一的《照胆》、石信道的《钤经》、刘汝谐的《如积释锁》等等,但这些书现在都已不存。《测圆海镜》是现存最早的一部阐述天元术的代表作,对后世数学发展影响很大。历代学者对它评价极高,清阮元称其为"中土数学之宝书",李善兰更认为"中华算书实无有胜于此者"。此书16世纪后又传入日本和朝鲜,对日本和朝鲜的数学发展也起了一定的影响。

研究本书的著作,以清代为多,如张楚钟的《测圆海镜识别详解》、刘岳云的《测圆海镜通释》、叶耀元的《测圆海镜解》、王泽沛的《测圆海镜细草通释》等。1861年,朝鲜数学家南秉哲出版了他的《海镜细草解》。今人白尚恕有《测圆海镜今译》(山东教育出版社版,1985年)。论述有莫绍揆《对李冶〈测圆海镜〉的新认识》、梅荣照《李冶及其数学著作》(见钱宝琮等著《宋元数学论文集》、李迪《中国数学通史》、贺圣迪《李冶的数学思想》(见袁运开、周瀚光主编《中国科学思想史》中册)、孔国平《李冶传》的有关部分。

(周瀚光)

益古演段 〔元〕李 冶

《益古演段》,三卷。金元之际李冶撰。成于蒙古宪宗九年(1259)。通行本有清《四库全书》本、《知不足斋丛书》本、《白芙堂算学丛书》本、近代《丛书集成》本等。

作者生平事迹见"测圆海镜"条。

《益古演段》是一部普及天元术的数学著作。它是李冶在读了蒋周(字舜元,约北宋后期人)的《益古集》(今佚)以后并在此基础上写成的。作者在该书的序中说:"近世有某者,以方圆移补成编,号《益古集》,真可与刘(徽)李(淳风)相颉颃。余犹恨其闷匿而不尽发,遂为移补条段,细缲图式,使粗知十百者,便得入室唉其文,顾不快哉!"至于"演段"的意思,清李锐释为:"所谓演者,演立天元;段者,以条段求之也。"(《益古演段跋》)即用天元术来推演方程,并辅以图解(因图解常为一段一段的条形面积图,故称条段。)

《益古演段》共有六十四个数学问题。上卷二十二题,中卷二十题,下卷二十二题。所讨论的多为方圆组合问题,所求多为圆径、方边、周长之类。每一题包括问、答、法、条段和义五个部分。"问"即问题,"答"即答案。"法"是用天元术布列并推演方程的具体方法,"条段"是用图解的方法给出算式,"义"则是对图解的一个简要说明。其中核心的内容是"法"(相当于《测圆海镜》中每题的"草"),即用天元术详细地布列出该题的方程,同样包含着以下三个步骤:首先是"立天元一",相当于现代数学设未知数为 x;然后根据问题的已知条件,列出两个等值的多项式;最后把这两个多项式相减,使成一个一端为零的高次方程。但是其天元式的表示法与《测圆海镜》中略有不同:《测圆海镜》中的排列顺序以正次幂在上,负次幂在下;而此书的排列顺序刚好颠倒,以正次幂在下,负次幂在上。如同样是方程

$$x^3 + 336x^2 + 4\,184x + 2\,488\,320 = 0$$

在此书中则表示为：

$$\begin{array}{r} \text{‖ 三 Ⅲ 亖 ⦀ = ○} \\ \text{三 | 亠 Ⅲ 元} \\ \text{Ⅲ 三 T} \\ \text{|} \end{array}$$

这种颠倒后的表示法不但更有利于高次方程的开方求解，而且还有利于以后天元术向四元术的发展。

《益古演段》在普及和推广当时数学的最新成果天元术方面，起了重要的作用。元砚坚为该书所写的序言称其为"学者之指南"，"披而览之，如登坦途，前无滞碍。旁蹊曲径，自可纵横而通，嘉惠后来"。在后世，它成为数学家用天元术研究几何问题的模式。清张敦仁仿《益古演段》作《缉古算经细草》便是一例。

研究本书的著作，有清周以南的《益古演段代数解》，今人梅荣照《李冶及其著作》及李迪《中国数学通史》、孔国平《李冶传》的有关部分等。

（周瀚光）

梓人遗制 〔元〕薛景石

《梓人遗制》，八卷。金元间薛景石著。成于中统四年（1263）前。初有抄本流传。明初收入《永乐大典》。今《永乐大典》残本卷一八二四四中仅保存两部分。

薛景石，字叔矩，河中万泉（今山西万荣县）人。出身木匠，长期从事织机修造，制作机械不失古法，又有自己的创造，是中国古代杰出的机械设计师兼制造家。我国古代的纺织工业技术十分发达，除了我国手工业劳动者的技术高明外，纺织机械的发明和不断革新也起了很大的作用。宋元时期，各家各户的织机出自不同木工之手，式样不同，尺寸有异，"各有法式"，这给装配修理织机带来了许多困难，薛景石从长期的织机修造中积累了丰富的经验，总结了各家之长，经过辛勤的实践探索和理论总结，终于完成了《梓人遗制》这部织机制造图文并茂的著述。

薛景石是一个精通木工技术，有较高工艺设计能力的木匠。深感前代木工技术书籍稀少粗疏，影响技术进步和行业发展，便搜求各种木器制成图，标明尺寸，并说明制作方法、用料和工限，以供木匠制作时参照。积累成篇，编为一书。唐以后称木工为梓人，故以《梓人遗制》作书名。

《梓人遗制》原本一百一十条。每条介绍一种木器，按使用性能分类叙述。每类先概述历史，每一木器又分别按其部件逐条叙述，阐说了结构间的相互关系和作用原理。他参考古代器物图和当时制度，绘出总图和分图，所绘立体图十分科学精确，使人一目了然，并注明尺寸和零件的安装部位。"分则各有其名，合则共成一器，规矩尺度各疏其下，使考木者揽焉。"（段成己序）

今残存的《梓人遗制》，一是制车，有圈辇、靠背辇、屏风辇、亭子车四图和五明坐车子的历史、制作、用材、工限，其名称与《金史·舆服志》略有相近，疑为金代遗制；二是纺织机械，有华机子、立机子、罗机子、小布卧机子四种织机和泛床子、经牌子、掉籆座等纺织工具。罗机无筘，为汉唐以来织制"通身绞结罗"的专用织机。立机子盛行于宋元，但后来已失传。

薛景石在实践中创制的各种织机和织具，在山西潞安州名噪一时。潞安州地区由于推广了他制造的织机，原来已经非常发达的纺织业更加发展，并与长江流域的江浙地区齐头并进，形成了"南松江,北潞安"的局面,其地区出产的织布遍及北方、中原广大地区。本书的立体图绘制得十分科学精确,使人一目了然,制造织机的木工对照此图可"所得十之九矣"。

《梓人遗制》是中国古代为数不多的木工技术专著之一。由于它制图详尽,说明清楚,故易解易学,有较大的实用价值。对传播和发展木工技术起了一定的推动作用。该书中保存了大量难得的纺织机械资料,对研究宋元纺织工业史有重要的参考价值。

关于本书的研究,有胡维佳主编《中国古代科学技术史纲·技术卷》、贺圣迪《薛景石段成己的纺织机械思想》(见袁运开、周瀚光主编《中国科学思想史》中册)、赵翰生《薛景石》(见杜石然主编《中国古代科学家传记》)。

(施正康　曾　抗)

授时历 〔元〕郭守敬

《授时历》,二卷。元郭守敬等撰。成于元至元十八年(1281)。载于《元史·历志》。《元史》的通行本有中华书局1976年点校本。

郭守敬(1231—1316),字若思,邢州邢台(今属河北)人。沉静好思,有才智。二十岁不到,就解破燕肃《莲花漏图》并复制成功,勘定并找到达活泉石桥桥基旧址。中统三年(1262),受张文谦的荐举,被忽必烈任为提举诸路河渠。后又任副渠使、都水监兼提调通惠河漕运事、工部郎中、太史院事、太史令诸职。治理河道、兴修水利。主持疏浚的大小河渠即达八十多条,建造闸、坝更是不计其数。又完成了对黄淮水系的测绘与规划,而最著名的,即是修复了"通惠河"。至元十三年(1276),郭守敬受命协助王恂编制新历,以取代原先使用的金大定二十二年(1182)颁行的《金修大明历》,具体负责制仪与观测。在他的主持下,共制造了近二十件天文仪器,最为著名的有圭表、仰仪、简仪等。郭氏所造的圭表,高达四丈,为旧时八尺之表的五倍之高。仰仪乃郭氏的独创,形如仰口之锅,对太阳(包括日食)的观测具有特殊的简便之效。简仪则是对旧时繁复的浑仪的简化改制,同时还加细了刻度以提高观测的精确度(精确到百分)。后来耶稣会士汤若望见此简仰后大为赞赏,认为比西方要早三个世纪,称郭是"中国的第谷"。与此同时,郭氏与其他十三位天文学家在全国二十七个地点同时开始进行多项重要的天文观测(此即历史上著名的"四海测验")。又对汉以来四十余家历书的演变与得失进行了考察,又作了多方面的改革创新,从而编制出了这部集古代历法最高成就的《授时历》(名取于《尚书·尧典》"敬授民时"一语),并在至元十八年(1281)正月初一正式颁布实施。这部新历一直使用了三百六十三年(包括据此历改编的明代《大统历》),在我国古代各部历法中使用时间是最长的。新历的产生,郭氏的测验与推步起了决定性的作用。著作尚有《推步》七卷、《立成》二卷、《历议拟稿》三卷、《转神选择》二卷、《上中下三历法式》十二卷、《时候笺注》二卷、有关《授时历》的《修改源流》一卷、《仪象法式》二卷、《二至晷景考》二十卷、《五星细行考》五十卷、《古今交食考》一卷、《新测二十八舍杂座诸星入宿去极》一卷、《新测无名诸星》一卷、《月离考》一卷等。前后共达一百五十卷,后佚。生平事迹见《元史》。

《授时历》书首有《授时历议》二卷(同载《元史·历志》)。全书分为七章。

第一章《步气朔》,先列元与日周、岁实等十七个基本数据,后分"推天正冬至"、"求次气"、"推天正经朔"、"求弦望及次朔"、"推没日"、"推灭日"六节。

第二章《步发敛》,先列土王策、月闰等五个基本数据,后分"推五行用事"、"气候"、"推中气去经朔"、"推发敛加时"四节。

第三章《步日躔》,先列周天分、周天等九个基本数据,后分"推天正经朔弦望入盈缩历"、"求盈缩差"、"赤道宿度"、"推冬至赤道日度"、"求四正赤道日度"、"求四正赤道宿积度"、"黄赤道率"、"推黄道宿度"、"黄道宿度"、"推冬至加时黄道日度"、"求四正加时黄道日度"、"求四正晨前夜半日度"、"求四正后每日晨前夜半黄道日度"、"求每日午中黄道日度"、"黄道十二次宿度"、"求入十二次时刻"十六节。

第四章《步月离》,先列转终分、转终等十二个基本数据,后分"推天正经朔入转"、"求弦望及次朔入转"、"求经朔弦望入迟疾历"、"迟疾转定及积度"、"求迟疾差"、"求朔弦望定日"、"推定朔弦望加时日月宿度"、"推定朔弦望加时赤道月度"、"推朔后平交入转迟疾历"、"求正交日辰"、"推正交加时黄道月度"、"求正交在二至后初末限"、"求定差距差定限度"、"求四正赤道宿度"、"求月离赤道正交宿度"、"求正交后赤道宿积度入初末限"、"求月离赤道正交后半交白道(旧名九道)出入赤道内外度及定差"、"求月离出入赤道内外白道去极度"、"推定朔弦望加时月离白道宿度"、"求定朔弦望加时及夜半晨昏入转"、"求夜半月度"、"求晨昏月度"、"求每日晨昏月离白道宿次"二十三节。

第五章《步中星》,先列出大都北极、冬至等六个基本数据,后分"黄道出入赤道内外去极度及半昼夜分"、"求每日黄道出入赤道内外去极度"、"求每日半昼夜及日出入晨昏分"、"求昼夜刻及日出入辰刻"、"求更点率"、"求更点所在辰刻"、"求距中度及更差度"、"求昏明五更中星"、"求九服所在漏刻"九节。

第六章《步交会》,先列交终分、交经等十二个基本数据,后分"推天正经朔入交"、"求次朔望入定"、"求定朔望及每日夜半入交"、"求定朔望加时入交"、"求交常交定度"、"求日月食甚定分"、"求日月食甚入盈缩历及日行定度"、"求南北差"、"求东西差"、"求日食正交中交限度"、"求日食入阴阳历去交前后度"、"求月食入阴阳历去交前后度"、"求日食分秒"、"求月食分秒"、"求日食定用及三限辰刻"、"求月食定用及三限五限辰刻"、"求月食入更点"、"求日食所起"、"求月食所起"、"求日月出入带食所见分数"、"求日月食甚宿次"二十一节。

第七章《步五星》,先列历度、历中、历策三个总的基本数据,再分列木星、火星、土星、金星、水星的周率、周日第十二个基本数据与行度表，后分"推五星平合及诸段入历"、"求盈缩差"、"求平合诸段定积"、"求平合及诸段所在月日"、"求平合及诸段加时定星"、"求诸段初日晨前夜半定星"、"求诸段日率度率"、"求诸段平行分"、"求诸段增减差及日差"、"求前后伏迟退段增减差"、"求每日晨前夜半星行宿次"、"求五星平合见伏入盈缩历"、"求五星平合见伏行差"、"求五星定合定见定伏泛积"、"求五星定合积定星"、"求木火土三星定见伏定积日"、"求金水二星定见伏定积日"十七节。

《授时历》作为名历，在历法原理、计算方法、具体数值等方面都有其领先之处。

一、《授时历》吸取了唐末曹士芳《符天历》废弃三统历以来一直沿用的"上元"的做法，而采取了"截元"法。上元积年虽然历来沿用，但"上元"实际上只是一个虚幻的、想象的起点。它对于历法编制非但没有什么必要，反而只是一个累赘(徒增计算分量而已)。

二、《授时历》用招差法推步日月五星运行，比欧洲要早近四百年。隋代刘焯与唐代一行分别创立了等间距二次差内插公式与不等间距二次差内插公式，而郭守敬与王恂又发展、创立了定、平、立三次差的内插公式计算方法。这个创造的意义自然已不限于天文历算，而在数学上同样是一个重大的发展。

三、《授时历》采用了唐代南宫说《神龙历》提出的百进位小数，革弃了在计算中极为麻烦的日法分数计算，使主要的天文数值都采用十进制的计数系统，从而使计算大为方便，并使数值大小对比明了。

四、《授时历》创立了相当于球面三角计算的方法。又吸取了从《九章算术》圆、弦、弧间关系到沈括"会圆术"的经验而进一步推导出一些新的关系式、创造出一些新的历算方法，成功地实现了黄道坐标的换算。

五、《授时历》的主要数据或是自己测算确定，或是选取历史上的最精确者，从而使历法的高度准确性得有保证。如，回归年长度取用南宋杨忠辅《统天历》的 365.2425 日，而西方通用至今的《格里历》到 16 世纪才确定使用这一数值，晚于《统天历》约三四百年。朔望月、近点月数值取用金《重修大明历》，与近代准确值也相当接近。而其自测的二十八宿宿度、距度、去极度都比过去要精确得多(比宋代姚舜辅的观测精度提高了一倍多)，与今测准确值极为密近。新测黄赤交角值为 23°90′30″(《郭守敬传》载为 23°90′)，折合今值为 23°33′34″(或 23°33′23″)，与近代所测值 23°31′58″仅差 1′多。法国拉普拉斯在提出黄赤交角值在逐渐变小的理论时，即曾引《授时历》的此数值为据。

六、《授时历》在解释二十八宿度值变化时说，原因在于前人测量未密与星宿本身"微有动移"。此为后来正式发现恒星位移理论的先声。

我国著名学者钱宝琮曾对《授时历》的贡献作了如下的概括：考正者七事(冬至、岁余、日躔、月离、入交、二十八宿距度、日出入昼夜刻)，创法者五事(用五招差求每日太阳盈缩初末极差、用垛垒招差求月行转分进退及迟疾度数、用勾股弧矢之法求黄赤道差、用圆容方直矢接勾股之法求黄道去极度、用立浑比量求白赤道正交与黄赤道正交之距限)，可谓得之。

关于本书的研究，有钱宝琮《授时历法略论》(见《钱宝琮科学史论文集》)、贺圣迪《〈授时历〉——中国古代历法思想的高峰》(见袁运开、周瀚光主编《中国科学思想史》中册)、邓可卉《〈授时历〉中的弧矢割圆术再探》以及陈美东《郭守敬》、《中国科学技术史·天文学卷》的有关部分。

（王贻梁）

算学启蒙 〔元〕朱世杰

《算学启蒙》，三卷。元朱世杰撰。成于大德三年(1299)。原书明清时失传，现传本系19世纪初据朝鲜刊本翻刻。有清《观我生室汇稿》本等。

朱世杰，字汉卿，号松庭。生平事迹不详，仅知其寓居燕山(今北京附近)，曾以数学名家周游湖海二十余年，踵门而学者云集。著作另有《四元玉鉴》，是宋元时期最重要的数学著作之一。

《算学启蒙》是一部较全面而系统的数学入门书。书首有"总括"十八项，列出九九乘法、筹算制度、正负数四则运算法则、开方法、乘除捷算歌诀、度量衡换算等，作为全书的准备知识。以下采取问题集形式，共分二十门，计二百五十九个问题。其中上卷八门，是为纵横因法、身外加法、留头乘法、身外减法、九归除法、异乘同除、库务解税、折变互差，计一百一十三个问题；中卷七门，是为田亩形段、仓囤积粟、双据互换、求差分和、差分均配、商功修筑、贵贱反率，计七十一个问题；下卷五门，是为之分齐同、堆积还原、盈不足术、方程正负、开方释锁，计七十五个问题。全书从乘除运算起，直到开方法和天元术，由浅入深，循序渐进，并自成系统。书中问题则结合当时实际，反映了元代时期的社会情况。

《算学启蒙》于14世纪以后传入朝鲜和日本，对日本的影响尤大。日本学者对此书的研究成果有久田玄哲的《算学启蒙训点》(1658)、星野实宣的《新编算学启蒙注解》(1672)、建部贤弘的《算学启蒙谚解》(1696)等。国内对此书的研究则有清罗士琳的《算学启蒙识误》等。今人有杜石然《朱世杰研究》(见钱宝琮等《宋元数学史论文集》)、《朱世杰》(杜石然主编《中国古代科学家传记》)、李迪《中国数学通史》等书的有关部分。

(周瀚光)

四元玉鉴 〔元〕朱世杰

《四元玉鉴》,三卷。元朱世杰撰。成于大德七年(1303)。有清《白芙堂算学丛书》本等。

作者生平事迹见"算学启蒙"条。

《四元玉鉴》是宋元时期最重要的数学著作之一,是中国数学史和世界数学史上最早系统论述多元高次方程组解法的宝贵文献。书前有临川莫若的"序",书后有祖颐的"后序"。全书分二十四门,共二百八十八个问题。卷首有"古今开方会要之图"五幅,其中"古法七乘方图"是对北宋贾宪"开方作法本源图"(即贾宪三角)的推广,把二项式的系数展开推广到了八次幂(七乘)。此图又有线条连接各层数字,进一步展示出这些数字产生的规律。卷首又有"四元细草假令之图",分别为天元术、二元术、三元术、四元术(即一元、二元、三元、四元高次方程组)的解法模式。所有这些图均为全书的预备知识。书中在"假令四章"、"或问歌彖"、"两仪合辙"、"左右逢元"、"三才变通"、"四象朝元"六门里,共给出二元、三元、四元高次联立方程组五十三题,并对此作了详细的讨论。

据莫若为此书写的序说:"其法以元气居中,立天元一于下,地元一于左,人元一于右,物元一于上,阴阳升降,进退左右,互通变化,错综无穷。"祖颐的后序也说:"按天地人物立成四元,以元气居中,天勾,地股,人弦,物黄方,考图明之。上升下降,左右进退,互通变化,乘除往来,用假象真,以虚为实,错综正负,分成四式。必以寄之,剔之,余筹易位,横冲直撞,精而不杂,自然而然消而和会以成开方之式也。"这两段话概括地表述了此书中"四元术"的具体内容:

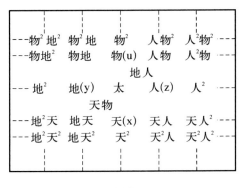

首先是四元术的表示法：其以常数项居中，旁记一个"太"字；天元幂系数居下，地元居左，人元居右，物元居上，但不必记出"天"、"地"、"人"、"物"等字。这里的天、地、人、物即相当于现今代数中的四个未知数 x、y、z、u。其幂次由它们与"太"字的位置关系决定，距"太"愈远，幂次越高。相邻两元幂次之积记入各行列的交叉处。不相邻两元幂次之积则记在夹缝处。（如图）例如方程式

$$x^3 + x^3y + 2x^2y + 4xy - xy^2 - 2y + 3xz - 8u = 0$$

（四元筹式图） 可用如图的等式来表示。一个等式相当于现今的一个方程式，二元方程组列出两个等式，三元方程组列出三个等式，四元方程组则列出四个等式。这是一种多元高次方程的分离系数表示法，对于立方程的步骤和逐步消元，演算过程都十分便利。

其次是四元术的消元法，它与现今代数学解多元高次方程组的消元法大致类似。其具体步骤为：先选择一元为未知数，其他元组成的多项式作为这未知数的系数，列成若干个一元高次方程式，然后用互乘相消法逐步消去这一未知数。重复这一步骤，便可使四元四式消成三元三式，再消成二元二式，最后化成一元一式，即高次开方式，然后用"正负开方法"求出它的数值。

至于四元多项式的加减乘除四则运算，其具体方法则为：四元式的加减法，以常数项为准，将其余相应各项相加减即可。四元式的乘除法，以未知数的整次幂乘除，将整个四元式上升下降、左右进退即可。以四元式中某行乘另一个四元式，等于以该行各项分别乘以四元式之后所得诸四元式之和。四元式乘四元式等于以一式各行乘另式所得诸四元式之和。

以《四元玉鉴》为代表的多元高次联立方程组解法，是我国古代代数学的最高成就。它比西方同类方法要领先近五百年之久，在世界数学史上有着极其重要的地位和价值。由于它是在南宋秦九韶的"正负开方法"和元李冶的"天元术"的基础上的进一步发展，故清代《畴人传续编》的作者称朱世杰"兼包众有，充类尽量，神而明之，尤超越乎秦、李两家之上"。除此之外，《四元玉鉴》在高阶等差级数求和问题上也取得了新的进展，给出了三角垛系统、四角垛系统、岚峰垛系统及四角岚峰垛系统的一系列求和公式，并在此基础上解决了高次差的招差法问题。此书的数学成就现已得到国际科技史界的瞩目和公认，美国科技史家萨顿称《四元玉鉴》是"中国数学著作中最重要的一部，同时也是整个中世纪最杰出的数学著作之一"；并称朱世杰"是他所生存时代的、同时也是贯穿古今的一位最杰出的数学家"。

研究本书的著作，主要有清沈钦裴的《四元玉鉴细草》、罗士琳的《四元玉鉴细草》、易之瀚的《四元释例》及近代崔朝庆的《读四元玉鉴记》等。今人研究状况，见本编《算学启蒙》篇。

（周瀚光）

王祯农书 〔元〕王 祯

《王祯农书》，原名《农书》。原书三十七集，明本三十六卷。元王祯著。《自序》作于皇庆二年(1313)；元成宗于大德八年(1304)下龙兴路(今江西南昌)儒学教授司《刻行〈王祯农书〉诏书》，可见《王祯农书》在此以前即已成书。而刻成此书在皇庆二年后，原因可能有二：一是内容有增益。因为戴表元《王伯善农书序》(《剡源文集》卷七)中说"于是伯善自永丰橐其书曰《农器图谱》、《农桑通诀》示余"，未提及《百谷谱》和《杂录》，这两部分可能为后来所增。二是官刻书手续繁多，出书周期长。有明嘉靖本、万历本。《四库全书》本系从《永乐大典》辑出，二十二卷。有武英殿本。后有农报本、农专本、《万有文库》本等。1956年中华书局据《万有文库》本排印出版。王毓瑚校本以《四库全书》本为主，用嘉靖本校补，并参考其他版本，恢复三十七集，1981年由农业出版社出版。1994年上海古籍出版社出版了缪启愉《东鲁王氏农书译注》。

王祯，字伯善，东平(今属山东)人。元贞元年(1295)任旌德(今属安徽)县尹，"岁教民种桑若干株，凡麻苎禾黍牟麦之类，所以莳艺芟获，皆授之以方。又图画所为钱镈耰耧耙斯诸杂用之器，使民为之"(《王伯善农书序》)。赢得了人民的拥护。六年后调任永丰(今属江西)县尹。他博学多才，关心农业生产，熟悉农业生产技术，所到之处大力提倡农业，积极改良农具。他还是一个出色的工艺学家，第一个命人大量雕刻木活字印书，发明了转轮排字架，详细规定了活字排版的操作方法。著有《农书》、《农务集》。生平事迹见元戴表元《王伯善农书序》。清顾嗣立所编《元诗选》二集中之王祯事迹，亦据戴序所写。

《王祯农书》非作者一时一地所作。据明嘉靖九年(1530)山东布政使司刊本卷首元大德八年(1304)传旨的"抄白"所载：王祯"南北游宦，涉历有年。尝著《农桑通诀》、《农器图谱》及《谷谱》等书"。可知作者在大德年间已完成上述三部各自独立的农学著作。很可能作者最初并无一完整的写作计划，而是分别完成之后，才决定合为一部著作刻印的。

《王祯农书》是一部有着三十六卷、十三万六千余字、插图达二百七十三幅的集农学大成的巨著。全书共分《农桑通诀》、《百谷谱》和《农器图谱》三部分,第三部分是全书的重点与精华所在。《农桑通诀》中有农事起本、牛耕起本、蚕事起本、授时、地利、孝弟力田、垦耕、耙劳、播种、锄治、粪壤、灌溉、劝助、收获、蓄积、种植、畜养、蚕缫、祈报等篇。《百谷谱》分合属、蓏属、蔬属、果属和竹木、杂类、饮食类。《农器图谱》分作二十门:田制、耒耜、钁臿、钱镈、銍艾、杷扒、蓑笠、蓧蒉、杵臼、仓廪、鼎釜、舟车、灌溉、利用、麰麦、蚕缫、蚕桑、织纴、行絮、麻苎,末附"造活字印书法"。每门有图有谱,后附短诗一首。书前有作者的序。

《王祯农书》的《农桑通诀》是农业总论,贯穿了作者的农本观念和天时、地利、人力共同决定农业生产的思想,具体说明农桑的起源,泛论农、林、牧、副、渔各项技术和经验。如耕田时更加强调秋耕,更多地采纳耕后劳耙的搅糯作用,正确地掌握了北方的旱地农法,论述它和水田农法的不同之处,例举籼、粳、糯三种类型的水稻,播种之前如果天气寒冷,就教以温汤浸种的方法。在园艺栽培方面,认为蔬菜以畦种为好,瓜以区种为宜。如有虫害,便教以用苦参根捣碎与石灰水混合撒治。并介绍了六种果树嫁接方法。

《百谷谱》是农作物栽培各论,叙述谷子、水稻、小麦等粮食作物以及瓜、菜、果树的栽培、保护、收获、贮藏、利用等技术和方法。同时还引用了今天已经亡佚的金、元农书,并在书中记载了诸如占城稻、小香稻、西瓜、菠菜、苎麻等比元代《农桑辑要》更为重要的材料。

《农器图谱》记述了耕地、整地、播种、中耕、收获、农产品加工、灌溉等方面的农具七十四种,三百零六幅图。每图都有说明,论述其构造、来源、用法等。其中既有作者自己创新的农具,也有古人发明的农具复原图。如在"灌溉门"中有所谓"皆出新制"的水转翻车,试验阶段的高转筒车,作为秘术公开的水转高车等,可谓是一部论述农具的专著。虽然,它晚于陆龟蒙《耒耜经》、曾之谨《农器谱》,但较前二者为佳。最后记载的"造活字印书法"及"活字板韵轮"则是我国印刷史上的珍贵资料。

《王祯农书》是在前人著作基础上第一次对广义的农业生产知识作了较全面的、系统的论述,提出一个中国传统的农学体系,可以称得上贯通古今、综合南北的农业全书,在农学史上有特殊的地位和研究价值。由于它的内容远远超出农学范围,具有多学科的意义。从经济的角度看,它不仅反映了元代农业的情况,如特殊的土地利用方式,农具向高效率发展的倾向及其中断,风土论的突破,南北方粮食及经济作物的变化等,给经济史的研究提供了翔实的资料。在经济思想方面主要有以下一些内容。

一、农本观念和富国富民思想。本书开头,引经据典叙述了农事、牛耕、蚕事三者的"起本"(即历史来源),又以《授时篇》、《地利篇》与《孝弟力田篇》说明天时、地利的作用与"力田"的重要,反复申述"凡人以食为天","养之者莫重于农","力田者,本业之所当为"的道理。他还在《劝助篇》批评了时政:"今夫在上者不知衣食之所自,惟以骄奢为事,不思己之日用,寸丝口饭,皆出于野夫田妇之手;甚者苛敛不已,朘削脂膏以肥己。"又说:"今长官皆以'劝农'署衔,农作之事已犹未知,安能劝人?借曰劝农,比及命驾出郊,先为文移,使各社各乡预相告报,期会赍敛,只为烦扰耳。"他认为劝农目的在于发展生产,使"地无遗利,民无趋末,田野治而禾稼遂,仓廪实而府库充"。他强调藏富于民,指出:"所为蓄积多而备先具者,岂皆藏于国哉?盖必有藏于民者矣。"(《蓄积篇》)理想的目标是"公私两裕,君民俱足"(同上)。

二、大农业思想。王祯的农业概念不限于狭义农业谷物种植和蚕桑,而是包括了农、林、牧、副、渔。在《百谷谱》中,不仅有谷类十四种,瓜类十种,蔬菜十九种,而且包括了十八种水果,九种经济林,八种麻,还有棉、茶及药材、染料植物的栽培、加工。

三、运用特殊方式利用土地以尽地利的思想。王祯指出:"天下地土,南北高下相半。且以江淮南北论之。江淮以北高田平旷,所种宜黍稷等稼。江淮以南,下土涂泥,所种宜稻秫。又南北渐远,寒暖殊别,故所种早晚不同。"(《地利篇》)他提出根据不同的自然条件,"审方域田壤之异",采取各种特殊的技术措施,用人力改造自然环境,开发土地,利用土地。在《田制门》中,除根据实际情况改进氾胜之的区田之外,又根据前人和实际经验提出梯田、围田、圩田、柜田、涂田、沙田、架田等特殊的土地利用方式,大大拓宽了土地的利用范围,提高了土地的利用率。

四、综合经营和兼利的思想。例如圃田,"结庐于上,外周以桑,课之蚕利,内皆种蔬。先作长生韭一二百畦,时新菜二三十种。……地若稍广,又可兼种麻苎果谷等物,比之常田,岁利数倍"(《田制门》)。又如水利基建,"别度地形",建筑陂塘,既要"溉田亩千万"又"畜育鱼鳖,栽种菱藕之类",实现"鱼稻乡中好度年"(《灌溉门》)。

五、尽力利用科技以提高生产效率的思想。王祯不但主张借助天时地利,按自然规律种田畜养,而且对水力、畜力利用,机械制造都深有研究,有不少创造。他极为重视水力、畜力动力的利用,并以先进的机械配套,以减轻劳动强度,提高生产效率。他对传动机构轮轴机械兴趣特别高,在机械工程技术方面有颇多高水平创造。在《农器图谱》中,记述了几十种轮轴机械的制造、功能和用法。像《灌溉门》中的流水筒轮、水转翻车、牛转翻车、高转筒车,都是"世间机械巧相因",以水力、畜力为动力的省便机械。又如《利用门》的水轮三事、水转连磨等,都是利用水力多机、多用的高效机械。以上这些机械,在当时应该说是相当先进的。可惜由于社会原因,这些高效机械未能得到充分的利用和进一步发展。但由此也更加显示出王祯思想和创造的可贵。

除了上述之外,《王祯农书》中的藏储备荒思想、财政思想、共耕思想等也都很值得重视。

《王祯农书》是我国农学史上一部继往开来的重要著作,尤其是以图文并茂的方式介绍农业器械的性能和构造,这在我国农学史上是仅有的。后来明代徐光启的《农政全书》及清代的《古今图书集成》等书中的农具图谱,多直接引自本书。

有关本书的研究著作有万国鼎《王祯和农书》(中华书局)、《王祯〈农书〉的版本》(《图书馆学季刊》1963年第3期)、日本天野元之助《元代王祯〈农书〉的研究》(京都大学人文科学研究所报告《宋元时代的科学技术史》1967年版)、郭文韬《王祯》(见杜石然主编《中国古代科学家传记》)、贺圣迪《王祯〈农书〉对传统农学思想的总结》(见袁运开、周瀚光主编《中国科学思想史》中册)等。

(林其锬　王国忠)

河源记 〔元〕潘昂霄

《河源记》,又名《河源志》,一卷。元潘昂霄撰,成于元延祐二年(1315)。通行本有《元史·地理志》本、《学海类编》本、《逊敏堂丛书》本、《说郛》本(有宛委山堂本、商务印书馆本)、《丛书集成初编》本等。

潘昂霄,字景樑,号苍崖。济南(今属山东)人。博学工文,为时所重。官翰林侍读学士。元延祐二年,奉使宣抚京畿西道。著有《河源记》《苍崖类稿》《金石例》等书。

元延祐二年春,潘昂霄与翰林学士承旨阔阔出奉使宣抚京畿西道,得知阔阔出之兄都实于至元十七年(1280)奉旨考察河源,"不觉瞿然以骇",详为询问。事后深感"穷河源,去万里,若步闺闼"的丰功伟绩"不可不志",决定记述其事。于当年八月初成《河源记》一篇。

《河源记》为考察河源专著。记都实考察河源始末、经行路线及积石以上黄河的道里、支流、景观、行政建置、民族语言等事项。

全文由受命考察,考察行程及自河源至积石的黄河三部分组成。文前有前言,文后有后记及柯九思跋。

主要内容如下。

一、指出河源所在。"河源在土蕃朵甘思西鄙,有泉百余泓,或泉或潦。水沮洳散涣,方可七八十里,且泥淖溺,不胜人迹。"都实等人因无法在沼泽地行走,未曾走到河源尽头,只得登上近旁山头,视望源头,只见粲若列星。

二、驳斥黄河"重源伏流"和来自"天河"说。"史称河有两源,一出于阗,一出葱岭。于阗水北行,出葱岭河,注蒲类海。不流,潜至临洮出焉。今洮水自南来,非蒲类明矣。询之土人,言于阗葱岭水俱下流,散之沙碛。又有言河与天河通,寻源得织女支机石以归,亦妄也。"

三、记叙积石州以上黄河水系。如自阿剌脑儿以下,自西徂东号赤宾河,汇入亦里出、忽兰、也里术诸水系,"具流寖大,始名黄河,然水清、人可涉。又一二日,歧裂八九股,名也孙斡论,译言九度,通广六七里,马亦可度。又四五日程,水浑浊,土人抱革囊、乘马过之"。其下进入峡谷区,水深莫测。于流向、水色、深宽等方面一一述说。

四、叙述昆仑山地特征。昆仑山自"山腹至顶皆雪,冬夏不消,土人言远年成冰,时六月见之"。昆仑山之西,人口稀少,"山皆不穹峻,水亦散漫。兽有髦牛、野马、狼、狍、羱羊之类。其东山益高,地亦渐下,岸狭隘,有狐,可一跃越之者"。这一带"山皆草山石山。至积石,方林木畅茂"。都实据此否定"昆仑至嵩高五万里,阆风元圃,积瑶华盖,仙人所居"的神话。

五、描述黄河上游的人文景观。当地"人简少,多处山南",以马为交通工具。水上交通工具尚有革囊和独木舟。

《河源记》为《元史·地理志》所转载,又被收入多种丛书,较为广泛地传布了河源、黄河上游及昆仑山区的自然景观与人文状况,对后世影响不小。在河源问题上,驳斥了传说与神话,较唐宋时期有所进步。朱思本所译的别本都实《考察记》,说源头之水东北流百余里汇为星宿海。这与1978年考察所见基本一致,已经以黄河正源喀拉渠(卡日曲)为河源。又以淖来命名现在称为沼泽的水体,在水体形态研究上也是一个进步。

有关本书的研究,有地学史组《中国古代地理学史》,杨正泰《中国历史地理要籍介绍》,唐锡仁、杨文衡主编《中国科学技术史·地学卷》的有关部分。

(贺圣迪)

舆地图自叙 〔元〕朱思本

《舆地图自叙》，一篇。元朱思本撰，成文于元延祐七年(1320)。收于罗洪先《广舆图》。通行本有明万历六年(1578)何镗自刻《修壤通考》本、次年钱岱刊本、清嘉庆四年(1799)章学濂刊本。

朱思本(1273—1333)，字本初，号贞一，江西临川人。幼时志在九州山川，仰慕司马迁周游天下。学道龙虎山。元大德三年(1299)，扈从张仁靖真人前往大都。入京前，"登会稽，泛洞庭，纵游荆襄，流览淮泗，历韩、魏、齐、鲁之郊，结辙燕赵"(《舆地图自叙》)。奉命襄助玄教大宗师吴全节管理江南道教事务，又多次代天子祀祭嵩高、桐柏、祝融而至于海。五十岁时，复至龙虎山，居玉龙宫，后徙万寿宫。著有《舆地图》(佚)、《九域志》(残)、《贞一斋杂著》(佚)、《九域志》(残)、《贞一斋诗文集》。译有《河源记》(残)。生平事迹见《舆地图自叙》、《贞一斋诗文集》。

朱思本精于地理，善制地图，见"前人所作，殊为乖谬，思构以图正之。"(《舆地图自叙》)入京后，又受众官员之嘱，于是绘制新图。他参考前人所著地理图籍，自至大四年(1311)至延祐七年(1320)，费时十年，完成纵广七尺的《舆地图》。为表明本志及制图经过，在延祐七年夏至日写作本文。

《自叙》说他自幼志在"知九州山川"，每至一地，"往往访遗黎，寻故迹，考郡邑之因革，核山河之名实"，从事调查访问与野外考察。认为绘制地图要在实地考察与书本知识结合的基础上，"参考古今，量校远近"，在"既得其说"之后，方可合而为一。图上所表示的山河城郭要"旁通不出，布置曲折，靡不精到"。对于不能详或信的诸蕃异域之地，如"涨海之东南，沙漠之西北"，不当绘于图内。

本文所表明的地理与绘制地图思想，对其后直至清代的地图绘制起过指导作用。

有关本文的研究，有王庸《中国地理学史》，王成组《中国地理学史》，邱树森《朱思本及其〈舆地图〉》,翟忠义《中国地理学家》、唐锡仁、杨文衡主编《中国科学技术史·地学卷》,郑锡煌《朱思本》(见杜石然主编《中国古代科学家传记》)等著作的有关部分。

(贺圣迪)

饮膳正要 〔元〕忽思慧

《饮膳正要》,三卷。元忽思慧撰。成于元天历三年(1330)。通行本有元刊本、明景泰七年(1456)刊本、《四部丛刊》本、人民卫生出版社1986年版点校本等。2009年中央民族大学出版社出版了尚衍斌等的《饮膳正要注释》。

忽思慧,又作"和思辉"。延祐(1314—1320)中任饮膳太医,其他事迹不详。

作者在宫中任饮膳太医时,接触到了大量奇珍异馔、汤膏煎造,因而与大臣常普兰奚参考诸家本草、名医方术,并结合日常所用食物进行了研究,取其中"性味补益"者集成是书。

本书系营养学著作。有元虞集序、忽思慧自序等。卷一,首列《三皇圣纪》、《养生避忌》、《妊娠食忌》、《乳母食忌》、《饮酒避忌》等五篇,次载"聚珍异馔"九十四种。卷二,载"诸般汤煎"五十六种,"诸水"三种,"神仙服饵"二十四种,"食疗诸病"六十一种,并论四时所宜、五味偏走、食物利害、食物相反、食物中毒、禽兽变异等问题。卷三,载"米谷品"三十一种,"兽品"三十一种,"禽品"十九种,"鱼品"二十二种,"果品"三十九种,"菜品"四十七种,"料物"(调味品、香辛料)二十八种。所载肴馔浆汤、鱼肉果菜,均详述其功用、组成、制作方法等。

本书对饮食的保健治疗功能予以充分的重视。鉴于凡药皆有毒,因而主张"先用食禁以存性,后制药以防命"(作者序),认为"五谷为食,五果为助,五肉为益,五菜为充。气味合和而食之,则补精益气"(卷二《五味偏走》)。书中十分注意每种食品的补养医疗作用,如补下元、理腰膝、温中顺气的苦豆汤;治腰背疼痛、骨髓虚损、身重气乏的生地黄鸡;治脾胃虚弱、泻痢久不瘥的鲫鱼羹等。书中所载食品都体现了食、养、医三者的有机结合。

与此同时,本书极其强调饮食卫生问题。规定了妊娠食忌十六种、饮酒避忌三十二项、不可混食的食物五十余种、可引起中毒的食物十八种、形象异常不可食的禽兽二十六种。又指出了各种疾病的饮食避忌:"肝病禁食辛,心病禁食咸,脾病禁食酸,肺病禁食苦,肾病禁食甘。"(同上)还要求对于饮食须"要其精粹,审其有补益助养之谊、新陈之异、温凉寒热之性、五味偏走之病。若滋味偏嗜、新陈不择、制造失度,俱皆致疾"(作者序)。

尤其值得一提的是本书在理论上较深刻地阐述了饮食养生的问题。在养生方面,作者反对过与不及,主张清心寡欲,认为"夫安乐之道在乎保养;保养之道莫若守中,守中则无过与不及之病。……故养生者既无过耗之弊,又能保守真元,何患乎外邪所中也"(卷一《养生避忌》),"善摄生者薄滋味、省思虑、节嗜欲、戒喜怒、惜元气、简语言、轻得失、破忧阻、除妄想、远好恶、收视听、勤内固、不劳神、不劳形。形神既安,病患何由而致也"(同上)。上述基本的养生观体现在饮食上,须"先饥而食,食弗令饱;先渴而饮,饮勿令过。食欲数而上,不欲顿而多"(同上)。即使"五味调和"的珍馐佳肴也不宜纵口腹之嗜,暴饮暴食,因为"多者生疾,少者为益。百味珍馔,日有慎节,是为上矣"(《五味偏走》)。这些意见都是完全符合科学的。

此外,书中记述了许多蒙古族方面的食品名称,如"马思答吉汤"、"赤赤哈纳"、"阿八儿忽鱼"、"咱夫兰"等,为了解蒙族饮食习惯提供了丰富的材料。

《饮膳正要》是我国现存最早的古代营养学专著,因而在营养学发展史上有着重要的地位。

有关本书的研究,有东风《忽思慧对营养学的贡献》、万芳《忽思慧》(见杜石然主编《中国古代科学家传记》)及方春阳等《评我国营养学专著》的有关部分。

(林建福)

熬波图 〔元〕陈 椿

《熬波图》，二卷。元陈椿撰。成于元统二年(1334)。原本已佚，今存的是从《永乐大典》中辑出的《四库全书》本。书中有一些图说阙佚，因世无别本，不可复补。

陈椿，浙江天台人。其他事迹不详。

《熬波图》为记叙熬盐工艺的著作，有图四十七幅(有些已佚)。书中记录了我国元代浙东地区开发海滩，晒盐运输等手工技术的整个过程。对煮海产盐的各个生产环节细悉毕具，每幅图后都附有细致的文字说明，并有一首相应的诗篇，是一部有关古代产盐技术的专门著述。

卷上二十一图，卷下二十六图，从"各团灶座"，即元朝政府为管辖海盐专利而在海边设立官舍兵卫的团厅，以防在产盐过程中出现的种种非法营私行为及海盐事件，其绘图则为官兵驻扎安营房舍的平面图(见图一)。然后，又分别记述了开河通海、坝堰蓄水、就海引潮、筑护海岸、东接海潮、疏浚潮沟、开辟摊场、车水耕平、敲泥拾草、海潮浸灌、削土取平、棹水泼水、担灰摊晒、篘灰取匀、筛水晒灰、扒扫聚灰、担灰入淋、淋灰取卤、卤船盐船、打卤入船、担载运卤、打卤入团、樵斫柴薪、束缚柴薪、砍斫柴生、塌车辖车、人车运柴、辖车运柴、铁盘模样、铸造铁桦、砌柱承桦、排渍盘面、炼打草灰、装泥拌缝、上卤煎盐、捞晒撩盐、干桦起盐、出扒生灰、日收散盐、起运散盐等整个生产过程，图文中显示了当时盐工劳作的繁重、生活的艰辛、产盐器

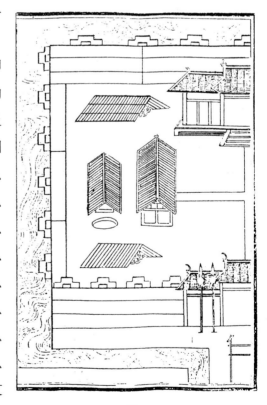

图一

具及盐场管理情况。

全书绘图工整细腻,煮盐情形历历如在目前,如"干栟起盐"(见图二),文字说明道:"卤水淡薄,结盐稍迟,难施撩盐之法,直须待栟上卤干。已结成盐,用铁划起其栟,厚重卒未可,直须待栟上卤干。已结成盐,用铁划起其卤,厚重卒未可,冷丁工着木屐于热卤上行走,以扫帚聚而收之。"其诗则曰:"大栟未冷火初歇,轻轻划栟休划铁。有如昨夜未完月,妖蟆食破圆还缺。又如水晶三角片,又如蒸饼十字裂。正愁天上多苦雾,却喜海滨有醎雪。"又如"日收散盐"(见图三),其说明为:"灶丁接栟煎盐,轮当栟次,周而复始,且如一户煎盐了毕,主户则斛收见数入团内仓房收顿,依验多寡俵付工本、口粮,以励勤惰。"其诗为:"一日煎几何?一日收几多?但忧办不上,不独遭讥诃。日课有工程,官事无蹉跎。月月无虚申,不敢连司觥。"反映了盐工的辛苦。《熬波图》中所反映的元代产盐技术和生产过程,不失为研究我国古代海盐科技及社会状况的可贵资料。

图二

图三

关于本书的研究,有李乔苹《中国化学史》,田秋野、周维亮《中华盐业史》,赵匡华、周嘉华《中国科学技术史·化学卷》的有关部分。

(曾 抗)

世医得效方 〔元〕危亦林

《世医得效方》，十九卷。元危亦林撰。成于元至元三年(1337)。通行本有元至正五年(1345)建宁路官医提领陈志刻本、明初书林魏家刻本、《四库全书》本、1964年上海科学技术出版社点校本等。

危亦林(1277—1347)，字达斋，南丰(今属江西)人。危氏出身医学世家，家中五世业医。其高祖学大方脉，伯祖学妇人、正骨、金镞等科，父亲学小方脉，伯父学眼科及兼疗瘵疾。危氏自己幼而好学，弱冠业医，曾官本州医学教授。对内、外、妇、儿、骨伤、眼、疮肿、咽喉、口齿等科均倾心研究，医术高明，尤擅骨伤科。生平事迹见《撄宁集》。

元时，战争频繁，蒙古人惯于骑射，骨折、脱臼、创伤、外伤等科为习常所用，而在危氏之前的医书中，大多对正骨科的记载一鳞半爪，缺乏系统内容。危氏感到历代方书浩若沧海，卒有所索，目不能周，于是，据五世家传之古方、各家名医诸方，亦收集不少民间的单方和验方，在天历初元(1328年9月至12月)，以十三科名目，"昕夕弗怠，刻苦凡十稔，编次甫成，为十有九卷，名曰《世医得效方》"(《自序》)。

《世医得效方》是一部汇集其高祖以下和危氏本人临床经验而合成的较系统的医方书。书前有危氏自序、王充耘序，以及至元五年(1339)太医院题识各一篇。全书以病为纲，以证为目，并分列各种治法，其中有同病异治者，异病同治者，体现了辨证施治的精神。条理清晰，检索方便，可"纲举而目张，由博以见约"(《自序》)。卷一至卷十，大方脉杂医科，分子目九十一。卷十一至卷十二，小方脉科，分子目七十一。卷十三，风科，分子目十；卷十四至卷十五，产科兼妇人杂病科，分子目三十三。卷十六，眼科，分子目十二。卷十七，口齿兼咽喉科，分子目六。卷十八，正骨兼金镞科，分子目二十九。卷十九，为疮肿科，分子目二十四。

书中对各类疾病辨别详细，尤其是"所载古方至多，皆可以资考据"(《四库全书总目》)。如卷九治水肿的秘传八方，卷十九治痈疽的秘传十方，皆危氏两套家传秘方，赖本书得以保存。还收载了许多民间的单方和验方,如用生清油一盏,灌入喉中,逐出风痰,以治疗暴患痰厥;鼻血不止,则以赤小豆末敷而有效验;对偏头痛的治法,是以莱菔汁一蚬壳,使仰卧,左痛注入右鼻孔,右痛注入左鼻孔,或两孔皆注,等等。这些都是实际而有效的。

书中对骨伤科的贡献最大。危氏在卷十八专辟"正骨兼金镞科"一门,对前代和当时的骨伤科成就作了系统整理,并提出不少创新观点。如将四肢骨折和关节脱位的诸种情况归纳为"六出臼、四折骨"。前者指肩、肘、腕、髋、膝、踝六大关节脱位,后者指肱骨、前臂骨、股骨、胫腓骨四大长干骨骨折。并首次记载了肩关节有前上方脱位和盂下脱位两大类型,同时指出足踝部骨折脱位有内翻和外翻的区别。对邻近关节部位的骨折,或脱位合并骨折(交互相锁)也有一定的认识。这些都大大丰富了中医骨伤科诊断的内容。

危氏强调在诊断骨折、出臼时,须注意辨别触摸骨折移动的方向。他说,大凡"正骨金疮,须看脉候"。如伤脏腑致命处,其脉又虚促,危矣;伤处虽浅,但命脉虚促,亦为后虑;伤至重,然命脉和缓,永无虑也。另外,危氏还特别注重在手术前施行麻醉术。认为凡治骨节损折,肘臂腰膝出臼蹉跌,须用法整顿使之归元,但要"先用麻药与服,使不知痛然后可用手","治伤损骨节不归窠者,以此麻之,然后用手整顿","麻倒不识痛,或用刀割开,或用剪剪去骨锋者,以手整顿骨节归元"。危氏常用的麻醉药有草乌散一方,此方由曼陀罗花、川乌、草乌、木鳖子、皂角、当归、川芎等药组成。按患者的体质、老幼、伤情、出血状况等,适量裁用,和酒调服,效果很好。危氏将其用作骨伤科麻醉药剂,确实是世界麻醉史上的一个先例和佳话,比日本著名外科医生华冈青州曾于1805年使用曼陀罗花作为手术麻醉药要早出四百五十年左右。

对脊椎骨折病人的整治,危氏认为脊椎骨折大多由锉创所致,往往引起压缩性骨折,因此单靠手法整复难以归位,必须要用悬吊的方法使其复位。即"须用软绳从脚吊起,坠下身直,其骨使自归窠,未直则未归窠,须要坠下待其骨直归窠"。危氏首创的这种悬吊复位法,不仅是我国伤科史上的重大发明,也是世界医学史上的一大创举。英国医学家戴维斯在1927年才使用此法,比危氏要晚六百多年。对肩关节脱位,危氏主张运用"杵撑坐凳法"和"架梯法",其复位原理近似唐代的"椅背复位法",但已不需医生的牵引和旋转,仅借助患者自己的身体下坠力而达到复位的目的。对肘部脱臼骨折,除用手法复位外,还提出用夹板予以固定。对足踝关节骨折脱位,则可用牵引、反向复位的方法,并强调复位时要配以揣按手法,以免造成"误人成疾"的严重后果。危氏还十分强调骨折脱位复位后,应进行适当的活动,以防止关节粘连僵滞。如肘关节复位固定后,"不可放定,或时又用拽屈拽直。此处筋多,吃药后若不屈直,则恐成疾,日后曲直不得"。治疗膝关节也指出:"服药后时时用屈直,不可定放。"在用药上,则主张:"伤有浅深,随其吉凶用。"对疮口出血不止者,以止血药敷之。

此外,本书卷十八中还记载"肠肚伤治法",称"只肠全断难医,伤破而不断者,皆可治疗"。其手术方法是"花蕊石散傅线上,轻用手从上缝之,莫待粪出,用清油活稔,放入肚内。肚皮裂开者,用麻缕为线,或捶桑白皮为线,亦用花蕊石散傅线上,须用从里重缝肚皮,不可缝外重皮,留外皮开,用药掺,待生肉"。这缝合技巧较之宋代有进步。

《世医得效方》是研究我国医学,特别是骨伤科学的一部重要著作。但长期以来一直湮没无闻,未引起一些医家的重视。其实,这是危氏五世行医的精华总结,书中有些学术思想不仅在当时独树一帜,而且不少还走到了世界医学的前列。同时,书中还保留了不少的古方、秘方、单方和验方,值得发掘和整理。

有关本书的研究著作,见李经纬等《中医人物辞典》、杜石然等《中国科学技术史稿》、韦以宗《中国骨衹技术史》有关部分,以及于文忠《危示林》(见杜石然主编《中国古代科学家传记》)。

(邵祖新)

格致余论 〔元〕朱震亨

《格致余论》,一卷。元朱震亨撰。成于元至正七年(1347)。通行本有《东垣十书》(医学十书)本、《古今医统正脉全书》本、《四库全书》本、《续金华丛书》本、《丛书集成》本、日本川胜又兵卫刊本等。

朱震亨(1281—1358),字彦修,因世居丹溪旁,故人称丹溪翁。婺州义乌(今属浙江)人。早年习举子业。三十岁时,因母患脾痛,众医束手无策,乃有志于医。三十六岁时,又师从朱熹四传弟子许谦,研究理学。后四年,复致力医学,并受业于刘完素再传弟子罗知悌,尽得其学。又深谙《素问》及张仲景、张从正、李杲等人学说。其为学,师法刘完素"火热论"而又有重大发展,力倡"相火"和"阳有余阴不足"之论。所著除本书外,尚有《局方发挥》、《伤寒辨疑》、《本草衍义补遗》、《外科精要发挥》及后人辑集的《丹溪心法》、《脉因证治》、《丹溪手镜》等。生平事迹见元戴良《九灵山房集》所载《丹溪翁传》及本书自序。

作者看到当时人多酗酒纵欲,精竭火炽,一般医家又偏信《和剂局方》,滥用辛燥刚烈之药而致毙命,其多位亲属"一皆殁于药之误"。他认为,此种情况全在于医家不知"阳有余阴不足"和"相火妄动"的生理病理机制,因撰为是书。自序云"古人以医为吾儒格物致知一事,故目其篇名曰《格致余论》"。

本书为医学理论著作。有作者自序、四库馆臣序等。全书凡四十四篇,主体部分为医论四十篇,另有书前所列《饮食箴》、《色欲箴》二篇及《太仆章句》、《新定章句》二篇。其中《阳有余阴不足论》、《相火论》两篇集中体现了作者的基本学术思想。

阳有余阴不足的理论以"天人相应"的思想为指导,认为"人受天地之气以生。天之阳气为气,地之阴气为血。故气常有余,血常不足"(本书《阳有余阴不足论》)。与此相应,日为阳,月为阴。月需"禀日之光以气明",而人身阴气的消长与月之盈缺密切相关。在人的生长壮大过程中,阴气要"有待于乳哺水穀以养"始能形成。所以,即使在生理情况下,阴气也常处于"难成易亏"的状态。更兼"人之情欲无涯",因而疏泄更多,难以供给正常生理活动的需要。

所谓"相火"系对"君火"而言。书中认为,水木金土,各一其性;唯火有二,一曰君火,二曰相火。天与人皆"恒于动";"恒于动"的原因是"相火之为"。但"相火"的作用表现在两个方面:一方面,它"寄于肝肾二部",又与胆、膀胱、心包络、三焦之下焦相联系,是人体生命活动之根本,"人非此火不能有生"(《相火论》)。另一方面,肝、肾二脏上连于心,心为君火之所寄,受物所感则易动;心动则君火起,相火亦随之而动。正常情况下相火的这种"动"也会导致阴气"暗流而疏泄"(《阳有余阴不足论》)。倘相火一旦"妄动",便会"变化莫测,无时不有,煎熬真阴。阴虚则病,阴绝则死"(《相火论》)。书中借用李杲"阴火为元气之贼"的说法,也称此"妄动"之相火为"元气之贼"。由此主张须使相火动而"中节",唯其如此,方能"裨补造化以为生生不息之运用。"而"中节"的关键又在于遵照周敦颐、朱熹等理学家的说法,做到"人心听命乎道心而又能主之以静"(同上),即清心寡欲。可见作者的"阳有余阴不足论"与"相火论"存在着密切的内在联系,又在一定程度上受着理学的影响。

根据上述病因病机理论,在养生方面,书中主张保护阴精以抑制相火妄动,故专辟《饮食箴》、《色欲箴》、《养老论》、《慈幼论》、《茹淡论》、《房中补益论》等篇,强调饮食宜清淡,情欲须节制,饱暖应有度;在治疗方面,反对滥用攻下之法和辛燥刚烈之药,认为"苟正气实,邪无自入之理"(《张子和攻击注论》),强调"阴易乏,阳易亢,攻击宜详审,正气须保护"(同上)。为此立滋阴降火大法,并创制了大补阴丸等名方。

《格致余论》是朱震亨阐述其学说的一部主要作品,其中所阐述的基本理论对于以"滋阴"为特征的"丹溪学派"的建立有着重要的意义。

有关本书的研究,主要有毛俊同点注本(江苏科学技术出版社,1985年)。论说有清张伯行《濂洛关闽性理集解》、今人赵璞珊《朱震亨》(见杜石然主编《中国古代科学家传记》)、日本丹波元胤《医籍考》、各家中国医学史的有关部分。

(林建福)

丹溪心法 〔元〕朱震亨

《丹溪心法》,一名《丹溪先生心法》,五卷(一作四卷)。题元朱震亨著述,明程充校订。成于明成化十七年(1481)以前。通行本有明弘治刊本、《古今医统正脉全书》本、《丛书集成本》、1959年上海科学技术出版社本。

朱震亨事迹见本书"格致余论"条。程充,字用光,号复庵居士,明休宁(今属安徽)人。业儒精医,深究《内经》《难经》,尤崇丹溪之学。生平事迹见李济仁主编《新安名医考》。

本书由朱氏学生赵以德、刘叔渊、戴元礼等根据其治学心得、讲学内容纂辑而成。初未刊行,明泰定中(1450—1456),杨楚玉首刊于陕右。成化(1465—1487)初,王季瓛附方重刊于西蜀。但陕本有遗漏或重复,且间有误入他人所论者;蜀本所附诸方亦多失朱氏本旨。有鉴于此,程充参阅了多种医籍及朱氏曾孙朱贤的家藏本,去伪存真,删繁补阙,作了一番细致的校订整理,遂成是书。后世即以此本通行。又明吴勉学将本书与作者的《医学发明》、《脉诀指掌》、《金匮钩玄》、《证治要诀》、《活法机要》、《证治要诀类方》等六种著作合为一集,仍名之曰《丹溪心法》。

本书系综合性医书,有明程敏政序、程充序等。书前首列医论六篇:《十二经见证》、《不治已病治未病》、《亢则害承乃制》、《审察病机无失气宜》、《能合色脉可以万全》、《治病必求于本》。卷一,中风、中寒等六篇。卷二,斑疹、疟等二十一篇。卷三,呕吐、恶心等二十八篇。卷四,痿、厥等二十九篇。卷五,痈疽、疔疮等十一篇及《论倒仓法》、《论吐法》、《救急诸方》、《拾遗杂论》、《秘方》等五篇。所论病证以内科杂病为主,兼及外、妇、儿、五官等科,其中外科部分及倒仓法等内容系程氏所补订。书中每述一病证,先录朱氏之论,其下间述戴元礼之说,然后列治疗方剂。各证后又有附录,主要是释病名、述病因、析病机、论治疗。书末附明宋濂《故丹溪先生朱公石表辞》、元戴良《丹溪翁传》。

本书较集中地体现了朱氏"阳常有余,阴常不足"的基本学术思想,临床治疗亦以滋阴为主,如以四物汤治阴虚发热等。但又不偏执于阴,如对于痈疽,一方面肯定"痈疽只是热胜血"(卷五

"痈疽"),即往往表现为阴虚。强调"诸经唯少阳、厥阴经生痈疽,理宜预防,以其多气少血,肌肉难长,疮久未合,必成死症"(同上)。另一方面则又指出此病"有多气少血者,有少气多血者,有多气多血者,不可一概论也"。在治疗上亦应视具体情况而定:"阳滞以寒治之,阴滞以热治之。"(同上)显示了辨证施治的灵活圆熟。

朱氏在气血、痰郁等病的辨证治疗上的精深造诣,在本书也有充分体现,如论中风曰:"中风大率主血虚有痰。治痰为先,次养血行血。"(卷一《中风》)半身不遂者"大率多痰",然又有区别,不遂"在左属死血瘀血;在右属痰,有热,并气虚"(同上),故治左面不遂以滋阴代表方剂四物汤为主,右面者则以二陈汤、四君子汤为主。又如论"六郁"云:"气血重和,万病不生;一有怫郁,诸病生焉。故人身诸病,多生于郁。"(卷三《六郁》)中肯地指出了精神抑郁与疾病的关系。

《丹溪心法》汇集了朱氏多年的学术体会和丰富的临床经验,是研究其学术思想的一部重要著作,其中的内容为后世的内科著述所大量采用。

有关本书的研究,除本书《格致余论》篇所述,尚有李济仁主编《新安名医考·休宁县·程充》。

(林建福)

田家五行 〔元〕娄元礼

《田家五行》，三卷。元娄元礼撰，约成于元至正十八年(1358)以后。通行本有明刻本(作三卷)、《广百川学海》本(作二卷)、《奚囊广要》本(作二卷)、《居家必备》本(作一卷)、《说郛续》本(作一卷)、《屑玉丛谭》本(作一卷)、《申报馆丛书续集》(作一卷)。

娄元礼，字鹤天，号田舍子。元明间吴人。著有《田家五行》、《田家五行拾遗》、《田家五行纪历撮要》。生平事迹详《田家五行》等三书。

娄元礼于至元十八年，因事入吴。他尽心农事，广泛采访方言习俗，了解天气变化以及对年岁丰歉的影响，并加以实地验证。进而辑录并分别注明天气谚语的效验程度或时间地域性，形成了现存最早的较有系统性的农业天气谚语专辑——《田家五行》。

《田家五行》上卷叙正月至十二月的天气，中卷收天文、地理、草木、鸟兽、鳞虫等，下卷收三旬、六甲、气候、涓吉、祥瑞。所叙有天气、气象、物候等。

书中按月日顺序记述占候，又就天象、物象征兆预测天气演变，阐述气候特点及其规律。

载录《冬九九歌》："一九二九，相叫弗出手；三九二十七，篱头吹筚篥；四九三十六，夜眠如露宿；五九四十五，太阳开门户；六九五十四，贫儿争意气；七九六十三，布纳两肩摊；八九七十二，猫儿寻阴地；九九八十一，犁耙一齐出。"(卷上《十二月》)反映自冬至起九这段时间的天气特点，也有益农耕，至今犹在农村广泛传播。

又记载江南的梅雨和时雨。广义的梅雨季节可分为梅雨期和时雨期两个阶段。卷上《六月》说："芒种后雨为黄梅雨，夏至后雨为时雨。"又说："黄梅雨未过，冬青花未破；冬青雨已开，黄梅雨不来。"以夏至为分界的黄梅与时雨说，直至现在仍为江苏农民所采纳。

还记述信风和冷空气南下。前者如"东南风及成块白云起，主半月舶䑨风，水退兼旱"(卷下《气候》)、"元宵前后，必有料峭之风，谓之元宵风"(卷上《六月》)。后者如已注意中秋、立冬两个季节前后，由寒潮或冷空气南下所造成的西北风。

本书总结了元末以前农民在观察天气,适时耕作方面的经验之谈,对农业生产及农业气象的发展都有积极作用。

有关本书的研究,整理有茅樗校本,论著有王毓瑚《中国农学书录》,地学史组《中国古代地理学史》,唐锡仁、杨文衡主编《中国科学技术史·地学卷》的有关部分。

（贺圣迪）

革象新书 〔元〕赵友钦

《革象新书》,五卷。元赵友钦撰。原书本未题撰者,据宋濂《序》而知为赵友钦所撰。传今的本子有两种,一种为原本五卷,收入明《永乐大典》;一种为由明宋濂作序,王祎修治的本子,题为"重修革象新书",分上下两卷,有明正德十五年(1520)、清顺治八年(1651)刻本。原本和修治本均收于《四库全书》,成为通行本。

赵友钦,一说名敬,字子恭,一说字敬夫,自号缘督,人称缘督先生或缘督子,江西鄱阳(今属江西)人,一说德兴人。宋室汉王第十二世孙,因宋朝灭亡为避迫害而隐遁他乡,住德兴、龙游等地,最后定居于龙游东鸡鸣山麓。著作甚丰,注有《周易》、兵书、道书等多种,可惜均早已不存。仅在清黄虞稷《千顷堂书目》、倪灿《补辽金元艺文志》、钱大昕《补元史艺文志》、毛凤飞《赵公仙学源流说》、《龙游县志》卷三五等中可见其所著的一些书目,如《金丹正理》、《盟天录》、《缘督子仙佛同源论》一卷、《仙佛同源》十卷、《金丹问难》、《推步立成》、《三教一源》等。而传世者,唯《革象新书》一书而已。生平事迹见《元史》。

《革象新书》卷一,共九章。"天道左旋",以南、北极喻为天之"磨脐",言天道左旋,因星辰东出西没故也。"日至之景",叙"中昼表景(影)极短之日为夏至,中昼表景极长之日为冬至"。"岁序终始",叙"古人谓三百六十五日四分日之一,盖将一日分与四年为余数,每年得四分之一也"。"闰定四时",叙古人定十九年七闰之闰法。"天周岁终",叙古天周分为三百六十五度余四之一,与一岁天数相等,故曰"天周岁终"。而太阴则日行十三度余十九之七。"历法改革",叙历代之历法改革,即使是一行的《大衍历》也因年岁迁移而积差渐多,不容不改。"星分棋布",天分十二次,每次计三十度四十三分七十五秒,日月星辰分布其间。"日道岁差",叙晋宋以来岁差数值,并以斜卷麻苎的纴团喻岁差之理。"黄道损益",叙黄道宿度与赤道宿度多寡不同与各次之黄道宿度不等的原因。

卷二,共十章。"积年日法",叙前代造历皆逆求上元,终不得天道之真,今《授时历》始用截元之术。"元会运世",叙李淳风、一行之积年日法俱不可求历元之终始,而邵康节《皇极经世》以十二万九千六百年为宇宙之终始实不可准。"气朔灭没",叙《授时历》仿一行之法而"没用气盈而推,灭用朔虚而求"。"日月盈缩",叙刘洪始知月行盈缩,刘焯始知日行亦有盈缩,《授时历》止以常气为定。"月有九行",叙月行黄道内外《授时历》之具体度数。"时分百刻"、"昼夜短长"、"气积寒暑"三章叙一般常识。"天地正中",叙太阳无远近,久照则热,但又袭旧说而以"天顶远而四傍近矣"。"地域远近",叙古以阳城为地中,非四海之中,乃天之下也。

卷三,共四章。"月体半明",以黑漆球映日来喻明月球半明之理。"日月薄食",叙日月交食之原理。"目轮分视",画轮辐辏与纸剪日、月来测量日月距纬之数、明了大小远近之变化。"五纬距合",以磨上之蚁来喻明天体与日月星辰之运行关系及五星顺逆疾迟留退之原理。

卷四,共六章。"盖天舛理"、"浑仪制度"二章分别批驳盖天说而发扬浑天说及浑仪制度。其浑仪以郭守敬的"简仰"为本。"经星定躔",叙如何定星度、日躔。"横度去极",叙测横度法。"占景知交",叙测日、月之景而推交会之期。"偏远准则",叙如何在地中测偏远地之表影。

卷五,共三章。"小罅光景",以匠心独具的小孔成像实验来解释日食等影像成因。"勾股测天",叙如何以勾股法用于测物高。"乾象周髀",叙以圆周率与勾股定理用于天算。

全书以郭守敬《授时历》为本,对各种天文历法原理进行深入浅出的解释,而各种形象生动的实验与比喻,则是本书最大的特点。如以黑漆球映日来说明月体半明之理,以小罅光影的实验来说明日食等影像成因等例,都是脍炙人口的例子。天文学理论大多较为难懂,一般民众也无缘结合浑仪、浑象来学习,故要深入浅出地解释,确是一件很不容易的事。在中国古代天文学史上,能做到像赵友钦这样程度的,确实还没有第二人。赵氏的判断能力同样极强,他在充分肯定《授时历》的优点的同时,也指出了它的不足。另外,还对《授时历》未涉及的一些问题,提出了自己的见解。如旧说皆言日、月之径悉为千里,而赵氏则据日食而判明日径大于月径。又提出测定两颗恒星的上中天"恒星时"时刻差以求它们之间赤经差的新方法。对邵雍《皇极经世》中提出的宇宙循环论多有批判。书中对小孔成像原理的说明,在物理学与光学史上有很高的地位。

有关本书的研究,有清阮元《畴人传》、今人薄树人《中国古代的恒星观测》、刘钝《赵友钦》(见杜石然主编《中国古代科学家传记》、陈美东主编《中国科学技术史·天文学卷》中的有关部分。

(王贻梁)

宋辽金元编

宗教类

佛 教

续一切经音义 〔辽〕希 麟

《续一切经音义》，简称《希麟音义》，十卷。辽希麟撰，约成于统和五年(987)。通行本有《丽藏》本、《频伽藏》本、《大正藏》本等。

希麟，辽燕京崇仁寺沙门，生卒年不详。从本书卷首希麟自序看，他是一位精通儒学、熟谙佛典，通晓文字、音韵、训诂的学问僧。他鉴于唐代玄应、慧琳等撰成《一切经音义》以后，随着时间的推移，又有新的佛教经、律、论翻译成汉文，其中有的尚未作过音训，有的虽经前人训释，但尚有漏略。"自《开元录》后，相继翻传经论，及拾遗律论等。"所以希麟决心根据《慧琳音义》的体例，为之续作。"麟师续撰，一禀琳公家法，撷华成鬟，积壤成山，探颐阐微，克绍前美。"(黎养正《重校一切经音义序》)辽圣宗统和五年(987)告成。

《希麟音义》是《慧琳音义》的续作。对自《开元释教录》成书以后，新译佛教经、律、论及前人训释佛经漏略的文字予以注音、释文。全书十卷，共收录佛典一百十部，二百六十一卷。起《大乘理趣六波罗蜜多经》，尽《续开元释教录》。书前有希麟自序，叙述我国文字发展源流及字学、音训研究动态，介绍《玄应音义》、《慧琳音义》成书经过和重大意义，说明撰述本书动机、内容。"见音义以未全，虑检文而有阙。因贻华翰，见命菲才，遣对曦光，辄扬萤烛。然或有解字广略，释义浅深，唐梵对翻，古今异同。虽依凭据，更俟来英。"其十卷内容编排情况如下。

卷一至卷七：大乘经。始《大乘理趣六波罗蜜多经》，终《金刚顶瑜伽降三世极三密门》。凡一百一部，二百五卷。

卷八、卷九：小乘律。始《根本说一切有部毗奈耶药事》，终《根本说一切有部毗奈耶随意事》。凡七部，五十卷。

卷十：传录。始《护法沙门法琳别传》，终《续开元释教录》。凡二部，六卷。

训释时在每卷之前先开列佛经名目、卷数，然后按经、按卷训释。佛经无字可训者，跳越至下部；卷内无字可训者，跳越至下卷。如卷六《瑜珈念珠经》一卷、《普贤行愿赞》一卷、《大集地藏菩萨问法身赞》一卷、《金刚顶理趣般若经》一卷之下注云："上四经无字可音训。"有的地方还加案说明，如第九卷文后说："右上所音有部杂律文字多有差误者，盖以翻译之时，执笔者随文便上，不根其义也。……恐后览者，不知元始，返怪希麟捡非字误，故此序引云。"

《希麟音义》释文体例，大致与《慧琳音义》相同，采用注音、释义、梵汉音义对照、析字、辨体、正讹等做法。列其代表性释文于下。

"大朴：上徒盖反。《苍颉篇》云：大，巨也。《易》曰：大哉乾元，万物资始。下普剥反。正作朴字。《说文》云：木素也。《声类》云：凡物未雕刻曰朴。王弼云：朴，真也。犹气象未分也。《庄子》云：纯朴不残，孰为牺樽。又曰：夫残朴以为器，工匠之罪也。毁道德为仁义，圣人之过也。"（卷一，《大乘理趣六波罗蜜多经》卷第一）

"奔荼利：古云芬陀利，皆讹也。正云：奔，去声，拏，奴雅反。哩迦，此云白色莲花也。人间无也，出彼池也。"（卷一，《大乘理趣六波罗蜜多经》卷第二）

"枯涸：上康胡反。《考声》云：木干死也。或从歹，作殕，古字也。下河各反。贾注《国语》云：涸，竭也。《广雅》云：尽也。《说文》云：从水，从固声。"（卷二，《新大方广佛华严经》卷四十）

"底哩：上借音，丁逸反。哩，弹舌呼。梵语也。此云三，谓此经中说三种三昧，即金刚、莲花、佛部是也。"（卷五，《底哩三昧耶不动使者念诵经》）

"铄讫底：上书灼反，下丁礼反。梵语也。此《云戟经》中云：手操铄讫底，即威怒王所持戟槊也。下底字，《经文》或作底，音止。非梵语本音。"（卷七，《金刚手光明无动尊大威怒王念诵仪》）

"天利：按《帝年历》：后周武帝立十九年，保定五年，天和七年，建德六年。自建德三年二月普灭佛法也。今传文作天利五年，误书也。应为和字也。"（卷十，《琳法师别传》卷上）

《希麟音义》在训释佛经时，引征了多种古书，有的今已佚失，它为我们保存了珍贵资料。现据本书第八卷统计，其征引书籍有《考声》、《集训》、《释名》、《尔雅》、《郭璞注尔雅》、《苍颉篇》、《毛诗》、班固《汉书》、汉武帝《李夫人赋》、《左传》、《韵集》、《本草》、《方言》、《新字林》、《白虎通》、《说文》、《礼》、《韵略》、《诗》、《字书》、《广韵》、《孝经》、《西域记》、《礼记》、《切韵》、《春秋穀梁传》、《埤苍》、《博物志》、《老子》、《玉篇》、《尚书》、《字林》、《籀文》、《古今正字》、《周易》、《大戴礼》、《孔传》、《洪范》、《郑注礼记》、《论语》、《博雅》、《韵铨》、《山海经》、《字统》、《罗浮山记》、《韵集》、《庄子》、《释亲》、《春秋传》、《世本》、《桂苑珠丛》、《韵英》、《周书》等五十余种之多。可见其旁搜博采，引用甚广。所引之书不少已经佚失，借此得以保存其某些原貌，弥足珍贵。

《希麟音义》成书后，为研读佛经提供了方便。辽道宗咸雍八年（1072）曾赐高丽佛经一藏，其中有《慧琳音义》和《希麟音义》，并由朝鲜传入日本。在中国，由于战乱频繁，入元以后，此书一度失传。至光绪(1875—1908)初年再由日本回传中国,1912年上海频伽精舍根据高丽海印寺藏本重印,颇受文字学家、音韵学家、校勘学家、辑佚学家的重视。

有关本书的研究,主要有徐时仪《一切经音义三种校本合刊》(上海古籍出版社,2008年)。书中收录《玄应音义》、《惠琳音义》、《希麟音义》三书,并作校注。

(来可泓)

宋高僧传 〔北宋〕赞 宁

《宋高僧传》,又称《大宋高僧传》,三十卷。北宋赞宁撰,成于端拱元年(988)。通行本有《宋藏》本、《元藏》本、《明南藏》本、《明北藏》本、《清藏》本、《频伽藏》本、《大正藏》本、中华书局1987年版范祥雍点校本等。

赞宁(919—1001),俗姓高,其先渤海人,生于吴兴德清的金鹅别墅。在杭州祥符寺出家后,精研南山(道宣)律著,时称"律虎"。太平兴国三年(978)召对滋福殿,赐号"通慧"。淳化二年(991)充史官编修。至道二年(996),补左街讲经首座,掌洛京教门事。咸平元年(998),承诏入职汴京右街僧录,寻迁左街僧录。所著尚有《鹫岭圣贤录》(敕撰《三教圣贤事迹》中的佛教部分)、《内典录》一百五十卷、《外学集》四十九卷(以上已佚)、《大宋僧史略》三卷(今存)等。《宋史·艺文志》还著录了赞宁撰的《笋谱》一卷、《物类相感志》十卷、《要言》二卷,可能是《外学集》和《内典录》的一部分。生平事迹见南宋宗鉴《释门正统》卷八、志磐《佛祖统纪》卷四四、元代念常《佛祖历代通载》卷十九和觉岸《释氏稽古略》卷四。

《宋高僧传》是唐代道宣《续高僧传》的续作,也是一部僧人总传。据作者自序说,所收"正传五百三十三人,附见一百三十人"。但根据各卷标题下的小注所提供的数字累计,正传实收五百三十一人,比前序所说的少二人。附见实收一百二十五人,比前序所说的少五人。是作者计数有差错,还是在流传过程中有遗落,已无从辨察。

《宋高僧传》的体例,一如《续高僧传》,分为十篇,篇题下有解说性质的小注。

一、译经篇(卷一至卷三),"变梵成华,通凡入圣,法轮斯转,诸佛所师";二、义解篇(卷四至卷七),"寻文见义,得义忘言,三慧克全,二依当转";三、习禅篇(卷八至卷十三),"修至无念,善恶都亡;亡其所亡,常住安乐";四、明律篇(卷十四至卷十六),"严而少恩,正而急护,婴守三业,同彼金汤";五、护法篇(卷十七),"家有良史,守藏何虞,法有名师,外御其侮";六、感通篇(卷十八至卷二二),"逆于常理,感而遂通,化于世间,观之难测";七、遗身篇(卷二三),"难舍易捐,施中第一,以秽漏体,回金刚身";八、读诵篇(卷二四、卷二五),"十种法师,此为高大,染枸橼花,果时瓤赤";九、兴福篇(卷二六至卷二八),"为己为他,福生罪灭,有为之善,其利博哉";十、杂科声德篇(卷二九、卷三十),"统摄诸科,同归高尚,唱导之匠,光显佛乘"。

每篇之末有论,提纲挈领,总括一篇大旨,与《续高僧传》相同;但一些人物的传记之末,附有"系",作为对该传所记人和事的评论,抒发作者的观点,则为前传所无。

《宋高僧传》所收人物的时限也绍接《续高僧传》。大体是始于唐高宗乾封二年(667),即卷十四所载道宣的卒年,终于宋太宗雍熙四年(987),即卷七所载义寂的卒年,也就是说,截止于成书前一年,前后凡三百二十年。但这中间有一些例外,如卷十八载后魏(西魏)西凉府檀特师(一名慧丰),晋阳河秀师,陈新罗国玄光,隋江都宫法喜、洺州钦师;卷二四载隋行坚、天台山法智;卷二九载刘宋钱塘灵隐寺智一、元魏(北魏)洛阳慧凝。此九人分别属于感通、读诵、杂科声德三篇,就其佛教上的地位而言并非十分重要,但也是稍有名气的,为《高僧传》和《续高僧传》所阙载。作者在卷十八《钦师傅》末的"系"中解释说:"或曰:魏、齐、陈、隋与宣(道宣)师耳目相接,胡不入《续传》(《续高僧传》)耶? 通曰:有所不知,盖阙如也。亦犹大宋文轨既同,土疆斯广,日有奇异,良难遍知。纵有某僧也,其奈史氏未编,传家无据,故亦阙如弗及录者,留俟后贤者也。"

由于《宋高僧传》撰于宋初,距北宋开国仅二十八年,故所收绝大多数为唐代僧人,其次为五代,再次才是宋代。五代、宋代僧人见录于卷七、卷十三、卷十六、卷十七、卷二二、卷二三、卷二五、卷二七、卷二八、卷三十,总计正传收五代彦晖、归屿、贞辩、虚受、可周、可止、宗季、智闲、师备、本寂、桂琛、文益、慧则、景霄、希觉、惟劲、行瑶等七十四人,附见十四人。正传收宋代皓端、傅章、继伦、义楚、晤恩、义寂、德韶、行满、延寿等二十七人,附见七人。换而言之,全书五分之四的僧传是记载唐代僧人的,其他的仅占五分之一。

中国佛教数唐代为最盛,而佛教的兴盛又是通过僧人的活动体现出来的。虽然《续高僧传》已载唐初高僧,但毕竟受撰者生存年代的限制,无法记叙身后之事。《宋高僧传》纵贯唐代的绝大部分年代,将其间的主要僧人尽行阑入,其史学价值可想而知。

如卷一的义净,仰法显之雅操,慕玄奘之高风,泛海南行,巡礼天竺三十余国,是唐代著名的旅行家和佛经翻译家;卷二的实叉难陀(觉喜)是《华严经》八十卷本的翻译者,此经后来极为流通,成为华严宗常习的经本;卷三的菩提流支是《大宝积经》一百二十卷的翻译者,此经乃大乘经藏五大部之一;卷一的金刚智和他的弟子不空,卷二的善无畏,开元年间曾在洛阳、长安两京,传授金刚界密法和胎藏界密法,人称"开元三大士",为密宗的创始人,而卷五的一行钦尚密教,他的《大日经疏》阐释了此宗的主要教理,极有影响;卷四的窥基躬事玄奘,糅译《唯识》,造疏张述,人称"百本疏主",同卷的普光则是玄奘大部分译籍的笔受者,圆测虽与窥基同出一门,但见解颇为不同;卷五的法藏绍续杜顺、智俨的学统,为华严宗教观的实际组织者,同卷的澄观因慨《华严》旧疏文繁义约,历时四年新撰《华严经疏》二十卷,又述《华严经随疏演义钞》等,盛行于世,后人称他为"华严疏主",卷六的宗密初从禅师落发,又从律师受具戒,最后受教于澄观,他融会禅、教、律,思想很有特色;同卷的湛然,在禅、华严诸宗兴盛的情况下,撰写天台三大部注疏及其他疏论,"止观之盛始,然之力也"。

此外,卷十四的道宣是南山律宗的创始人。怀素专攻律部,所撰宗萨婆多部(有部),以"相部(相州日光寺法砺创立)无知"、"南山(道宣创立)犯重"而别创东塔宗,从此律宗分为三派。如此等等。

特别是《习禅篇》,分为六卷,正传一百三人,附见二十九人,无论是卷数还是见录的人数均是各篇之最。对唐初至宋初禅宗的研究,提供了丰富的人物资料。如卷八的弘忍、慧能、神秀、神会、玄觉,卷九的义福、行思、普寂、怀让、慧忠、希迁,卷十的道一、灵默、道悟、怀海,卷十一的无业、天然、普愿、昙晟、从谂、灵祐,卷十二的宣鉴、义玄、从谏、良价、道膺、义存、慧寂,卷十三的智闲、师备、本寂、桂琛、文益、德韶等,均是禅宗发展史上的重要人物,其中有的是慧能以下数传后形成的禅宗五家中除云门宗文偃以外的各家开山祖师。虽然所收人物不如后来禅宗自撰的《景德传灯录》等系统和周备,但《传灯录》以记言为主,考察人物的行事及环境,还须凭借《宋高僧传》。而且由于作者并非禅宗人物,故能对一些禅宗纷争的史实直笔叙说,无须隐秘。

如弘忍门下曾分裂成以慧能为代表的顿悟派和以神秀为代表的渐悟派。慧能的门人神会与神秀的弟子普寂等之间,又就谁是达摩正统爆发过激烈的争论。卷八的《弘忍传》中有:"初,忍(弘忍)于咸亨初,命二三禅子各言其志,神秀先出偈,慧能和焉。乃以法服付慧能,受衣化于韶阳,神秀传法荆门洛下,南北之宗自兹始矣。"《神会传》中有:"先是两京之间皆宗神秀,若不淰之鱼鲔附沼龙也。从见会(神会)明心六祖(慧能)之风,荡其渐修之道矣。南北二宗时始判焉,致普寂之门盈而后虚。"

北宋道原的《景德传灯录》虽然也简略地提到南顿、北渐的歧异,但对南北二宗之间的激烈斗争往往是隐去不说的。

在《宋高僧传》十篇之论中,写得最精彩的是《译经篇论》。汉地译经的发展阶次、翻译的"六例"、佛教的"三教三轮"、译场经馆的设置,在这篇论中得到考索、分析和论述。

作者认为,汉地译经大体经历了三个阶段。

"初则梵客华僧,听言揣意,方圆共凿,金石难和。"相当东汉译经初开时的情况。

"次则彼晓汉谈,我知梵说,十得八九,时有差违。"相当于三国、西晋和东晋初、中期译经渐盛时的情况。

"后则猛(智猛)、显(法显)亲往,奘(玄奘)、空(不空)两通","印印皆同,声声不别,斯谓之大备矣"。相当于东晋末年以后译事大盛,译僧往往华梵皆通,文(文辞)理(教理)俱精时的情况。汉地译经事业的进步大致如此。

在译经理论方面,作者继东晋道安的"五失本三不易"、隋彦琮的"八备"、唐玄奘的"五不翻"之后,提出了"六例"说,对译经时出现的不同情况和遇到的各种问题,进行了概括和总结。他说:"今立新意成六例焉。谓译字译音为一例,胡语梵言为一例,重译直译为一例,粗言细语为一例,华言雅俗为一例,直言密语为一例也。"

每一例都分四种情况,称"四句",有解说。第一例说的是翻译时有译字不译音、译音不译字、音字俱译、音字俱不译的四种情形;第二例讨论了五印度用梵言与雪山以北地区诸国用胡语之间的差别;第三例所说的直译,指的是从五印度携梵本来华,直接译成汉文。重译,指的是将梵本译为胡语。如梵语说"邬波陀耶",疏勒语译作"鹘社",于阗语译作"和尚";第四例提出了五印度有言音分明而典正的细语,与言音不分明而讹僻的粗语的区分,前者实际上是书面语,后者实际上是口头语;第五例讨论了华言(汉文)中的雅俗问题,雅指经籍上用的词汇,俗指日常谈吐时用的言语;第六例说,一个句子可以用世俗的言辞来表达,也可以用佛教的术语来表述,如"婆留师",可以翻为"恶口住",也可以翻为"菩萨所知彼岸",前者为直言,后者为密语。虽说作者将每一例均分为四种情况,过于呆板,但对这些与翻译有关的问题进行整理和探讨,本身又是很有意义的。

作者又根据佛教有经典传播、密咒传播和印心直觉传播等不同的方式,提出"三教三轮"说:"夫教者不伦,有三畴类。一显教者,诸乘经律论也(不同《瑜伽论》中显了教,是多分大乘藏教——原注)。二密教者,瑜伽灌顶、五部护摩、三密曼拏罗法也(瑜伽隐密教是多分声闻教——原注)。三心教者,直指人心,见性成佛禅法也。次一法轮者,即显教也,以摩腾(摄摩腾)为始祖焉。次二教令轮者,即密教也,以金刚智为始祖焉。次三心轮者(义加此轮——原注),即禅法也,以菩提达磨为始祖焉。是故传法轮者,以法音传法音;传教令轮者,以秘密传秘密;传心轮者,以心传心。此之三教三轮三祖,自西而东,化凡成圣,流十五代(汉、魏、晋、宋、齐、梁、陈、隋、唐、朱梁、后唐、石晋、刘汉、郭周、今大宋——原注)。"此种分类亦不无可取之处。

最后,作者详细地考察了历代译场经馆的组织体制,并对宋代译场的人员、职司、规模作了记载。据作者所述,译场经馆的设置大致如下。

一、译主。主持译事,"赍叶书(贝叶经)之三藏,明练显密二教者充之"。

二、笔受。又称缀文,"必言通华梵,学综有空,相问委然,然后下笔"。西晋、姚秦以来,设立此员。如沙门道含、玄赜、姚嵩、聂承远父子,帝王中姚兴、梁武帝、武则天、唐中宗也曾挂任过此职。

三、度语。又称译语、传语,"传度转令生解"。如陈真谛翻《显识论》,沙门战陀为译语。

四、证梵本。"求其量果,密能证知,能诠不差,所显无谬矣"。如唐义净译《根本说一切有部苾刍尼毗奈耶》等,东印度居士伊舍罗证梵本。

五、证梵义。"明西义得失,贵令华语下不失梵义也"。

六、证禅义。"沙门大通充之"。证梵义与证禅义二员,有的译场立,有的译场不立。

七、润文。"令通内外学者充之,良以笔受在其油素,文言岂无俚俗,傥不失于佛意,何妨刊而正之"。员数不定。如义净译场中,李峤、韦嗣立、卢藏用等二十余人任润文。

八、证义。"盖证已译之文,所诠之义也"。如北凉浮陀跋摩译《阿毗昙毗婆沙论》六十卷,慧嵩、道朗等三百人考正文义。唐地婆诃罗译《大庄严经》、实叉难陀译《华严经》等,复礼充任证义。

九、梵呗。"法筵肇启,梵呗前兴,用作先容,令生物善"。唐永泰年间始设。

十、校勘。"雠对已译之文"。如隋阇那崛多译经时,彦琮等重对梵本,再审复勘,整理文义。

十一、监护大使。如北周平高公侯伏寿为阇那耶舍译经时的总监检校,唐房梁公(房玄龄)为玄奘译经时的监护。监护也有用僧人的,如隋代明穆、昙迁等十人,曾监掌翻译事,诠定宗旨。

十二、正字。玄奘译经时有之,玄应曾任此职。

关于宋初译经复开的经过及译经院之建立,作者说:"朝廷罢译事,自唐宪宗元和五年,至于周朝(五代时的后周),相望可一百五十许岁,此道寂然。迨我皇帝临大宝之五载(太平兴国五年),有河中府传显密教沙门法进,请西域三藏法天译经于蒲津。州府官表进,上览大悦,各赐紫衣,因敕造译经院于太平兴国寺之西偏,续敕搜购天下梵夹,有梵僧法护、施护,同参其务。"并对证义、证梵字、缀文、笔受、监护、次文润色等任职人员作了叙列。

所有这些,都为译经史的研究提供了极为宝贵的资料。它的价值不啻是一篇重要的佛教文献。

有关本书的研究,主要有陈士强《大藏经总目提要·文史藏》(上海古籍出版社,2008年)、黄敬家《赞宁〈宋高僧传〉叙事研究》(台湾学生书局,2008年)等。

(陈士强)

大宋僧史略 〔北宋〕赞 宁

《大宋僧史略》，略称《僧史略》，三卷。北宋赞宁撰，成于咸平二年（999）。通行本有《大正藏》本等。

作者生平事迹见本编"宋高僧传"条。

《大宋僧史略》是一部采用典志体编撰的、具有重大史学价值的佛教典故集。它以佛教史传的载录及作者的见闻为本，以事为题，类聚条分，详尽地记叙并考证了自东汉初年佛教东传以来，迄北宋初年为止，中国佛教史上六十多项重要的事件和制度的起源及沿革。诸如佛教史上必书的汉传佛教的由来，出家受戒的首例，梵本经律论的创译，注疏讲说的发端，禅观密法的施授，西行求法的肇始，汉地僧制的确立，服章仪礼的变迁，寺院的纲科职事，僧官的设置演化，法社的缔结，度牒的买卖，朝廷对名僧的封爵赐号，僧人对王者的一般称谓，民间与宫廷的佛事活动，佛教与道教的位次争辩等等，都有专条加以诠叙。

原书分为六十门，作者在卷上目录的附语中说："所立仅六十门，止删取集传，并录所闻，以明佛法东传以来百事之始也。"今本分为五十九门，其中最后一门不是佛教事类，而是"总论"，疑它本非一门（也可称"条"）之目，而是附于全书各门之末的论语，故实为五十八门（其中十门有附见条）。所阙二门很可能是今本门目所收附见条中的某二条。各门事类一般都按历史发展的顺序记叙，虽然所言各有所本，但不搞繁琐的引证和引文排比，主要着眼于事实本身的叙述。所以，某书如何说、某书又如何说的情况并不多。除"僧主秩俸"、"管属僧尼"、"僧道班位"、"封授官秩"四门以外，其余各门的末尾均不设作者的"论"。行文中间有一些小注。

卷上，分二十三门。

一、佛降生年代。说有关释迦牟尼降生的年代，有夏末、商末、周昭王时、周平王时、周桓王时、周庄王时、周贞定王时七说。有关生日，有二月八日、四月八日二说。"并众生见闻不同，故时节不等，不宜确执。然则两方（指印度和中国）相接，三藏所传，以周昭王时生，理为长也。"

二、僧入震旦。说"周秦之代已有佛教沙门,止未大兴耳"。汉明帝永平七年,月氏国沙门迦叶摩腾、竺法兰应请入华,"今以为始也。于时佛法虽到中原,未流江表,信受未广,传行未周。洎孙氏鼎分,封疆阻隔,有康僧会者,本康居国人,赤乌年中始化于南土也"。

三、经像东传。说迦叶摩腾、竺法兰赍《四十二章经》及白氎画像来华,为经像东传之始。

四、创造伽蓝(浴佛、行象附)。说最早的伽蓝(僧寺)是汉明帝为腾、兰二人造的洛阳城西雍门外的白马寺等。"寺者,《释名》曰:寺,嗣也。治事者相嗣续于内也。本是司名,西僧乍来,权止公司(指鸿胪寺邸舍),移入别居(指白马寺),不忘其本,还标寺号。僧寺之名始于此也。"后魏太武帝始光元年,称寺为"招提";隋炀帝大业中,称寺为"道场";唐代复称"寺"。至于"浴佛","疑五竺(五印度)多热,僧既频浴,佛亦勤灌耳"。"行像"乃是指在佛诞日将佛像安置在装饰的车辇里,推到大街上巡行,让人瞻仰的活动。

五、译经。说译经始自腾、兰。"次则安清、支谶、支谦等相继翻述。汉末魏初,传译渐盛。"

六、译律。说"汉灵帝建宁三年庚戌岁,安世高首出《义决律》一卷,次有《比丘诸禁律》一卷。至曹魏世,天竺三藏昙摩(一作"柯")迦罗(此曰法时——原注)到许(许昌)、洛(洛阳),慨魏境僧无律范,遂于嘉平年中,与昙谛译《四分羯磨》及《僧祇戒心》。《图纪》云:此方戒律之始也"。

七、译论。说"晋孝武之世,有罽宾国沙门僧伽跋澄,译《杂毗昙婆沙》十四卷,次则姚秦罗什译《大智度》、《成实》,此为译论之始"。

八、东夏出家。说"汉明帝听(允许)阳城侯刘峻等出家,僧之始也。洛阳妇女阿潘等出家,此尼之始也"。

九、服章法式。说"汉魏之世,出家者多着赤布僧伽梨(指比丘三衣中的"大衣"),盖以西土无丝织物,又尚木兰色并乾陀色,故服布而染赤然也"。在西方,各部派僧人穿着的"大衣"的颜色各不相同,萨婆罗部用皂色,昙无德部用绛色,弥沙塞部用青色。北宋时,江表僧人的"大衣"多用黑色、赤色,也有用黄褐色的;东京、关辅僧人崇尚褐色;并部、幽州一带僧人崇尚黑色。原始佛教规定僧衣不应用青、白、赤、黑、黄五种颜色(即"正色"),而应用杂色(即"非正色"),对黑色尤为忌讳。"若服黑色,最为非法也。何耶?黑是上染大色、五方正色也。问:缁衣色何状貌?答:紫而浅黑,非正色也。"

十、立坛得戒。说汉魏之僧,虽然通过剃落须发、披着缁衣,以显示与俗人的差别,但没有受过佛教规定的具足戒。因而受过具足戒的大僧与没有受过的沙弥没有区别。"(昙摩)迦罗以嘉平、正元中,与昙帝(谛)于洛阳出《僧祇戒心》,立大羯磨法。东土立坛,此其始也。"

十一、尼得戒由。说刘宋元嘉十一年春,师子国尼铁索罗(又作《铁萨罗》)等十人,于建康南林寺坛上,为景福寺尼慧果、净音等授戒。"此方尼于二众(指比丘和比丘尼)受戒,慧果为始也。"

之后,比丘尼往僧寺受戒累朝不辍。"近以(宋)太祖敕,不许尼往僧中受戒。自是尼还于一众得本法而已,戒品终不圆也。"

十二、受斋忏法。说佛法东传,事多草昧,如《高僧传》说的"斋忏同于祠祀"。直至东晋道安法师,"始寻究经律,作赴请、僧跋(意为"等施")、赞礼、念佛等仪式"。

十三、礼仪沿革。说西域佛教的礼仪很多,而且各有特定的含义。如"礼拜者,屈己也;旋绕者,恋慕也;偏袒者,亦肉袒也;脱革屣者,不敢安也;和南者,先意问讯也;避路者,尚齿也"。而华夏佛教的礼仪与之有异,究其原因,"今出家者以华情学梵事耳。所谓半华半梵,亦是亦非。寻其所起,皆道安之遗法也。则住既与俗不同,律行条然自别也"。

十四、注经。说"《五运图》云:康僧会吴赤乌年中,注《法镜经》,此注经之始也。又道安重注《了本生死经》云:魏初有河南支恭明,为作注解。若然者,南注则康僧会居初,北注则支恭明为先矣"。

十五、僧讲。说曹魏朱士行,出家后专务经典,于洛阳"讲《道行经》,即僧讲之始也"。

十六、尼讲。说东晋废帝时,洛阳东寺尼道馨,"为沙弥时,诵通《法华》、《维摩》二部。受大戒后,研穷理味,一方道学所共师宗。尼之讲说,道馨为始也"。

十七、造疏科经。说朱士行虽讲经而没有形成文字,造疏科经,"推安公(道安)为首"。

十八、解律。说元魏法聪法师罢讲《僧祇律》而弘《四分律》,"有门人道覆旋抄,渐成义疏。覆公即解《四分》之始也。至宋元嘉中,慧询善《僧祇》、《十诵》,更制条章,即解二律之始也"。

十九、解论。说解论以姚秦沙门僧道的《成实》、《三论》义疏为先。北魏太和年中,"道登尝传论(指《成实论》)于禁中,此北朝之始也"。南齐永明七年,文宣王召集京师硕学名僧五百人,"请定林寺僧柔讲寺,慧欣于普弘寺讲,此南朝之始也"。

二十、都讲。说东晋支遁讲经时,许询为都讲,一问一答,连环不尽。"梁武帝讲经,以枳园寺法彪为都讲。彪公先一问,梁祖方鼓舌端,载索载征,随问随答,此都讲之大体也。"

二十一、传禅观法(别立禅居附)。说禅法滥觞于姚秦,菩提达摩观此土之根缘而倡言"不立文字"。然而,"释迦之经,木也;达磨之言,末也。背本逐末,良可悲哉"(此段为作者的笺语)。关于"别立禅居",百丈怀海以前的禅宗祖师如达摩、道信、慧能等皆随寺而住,所行一依律仪。怀海"创意经论,别立通堂,布长连床,励其坐禅",并制定了一套新的禅寺规制,"凡请新例,厥号丛林。与律不同,自百丈之始也"。

二十二、此土僧游西域。说"魏洛阳朱士行誓往西天,寻求《般若》,僧祐以为东僧西往之始焉。然只在葱岭之北于填(阗)而止。晋法显募同志数十人,游于印度,登灵鹫山,此乃到中天(竺)之始也"。

二十三、传密藏(外论附)。说"密藏者,陀罗尼法也。是法秘密,非三乘境界诸佛菩萨所能游履也"。东晋初,西域僧人帛尸梨密多来建业,"时江表未有咒法,密出《孔雀王咒》,咒法之始也"。北魏的菩提流支、唐代的智通也甚精禁咒。此后,不空三藏广译密藏,多设曼荼罗(即"坛场"),"灌顶坛法始于不空"。关于"外论",作者说,御敌须知敌情,摄伏"外道"(佛教以外的学派和学者)的唯一方法在于精通"外学"。因此,佛允许弟子读外道的文书经籍,但"不许依其见",接受他们的观点。"释子既精本业,何妨钻极以广见闻,勿滞于一方也。"

卷中,分十七门。

一、道俗立制。说东晋道安法师伤戒律之未全,痛威仪之多缺,制定了三则僧尼规范:(一)行香定座上讲经之法;(二)常日六时行道饮食唱时法;(三)布萨差使悔过等法。天下翕然奉行。"支遁立众僧集仪度,慧远立法社节度,至于宣律师(道宣)立鸣钟制度,分五众物仪、章服仪、归敬仪,此并附时傍教,相次而出。凿空开荒,则道安为僧制之始也。"此外,还有俗人制定的僧制。如北魏宣武帝即位后下诏说:"其僧犯杀人以上罪,依俗格断;余犯悉付昭玄(僧官),以内律僧制判之。"南齐文宣王著有《僧制》一卷,梁武帝也曾命法云"创立僧制,用为后范"。

二、行香唱导。关于"行香",作者说,香是用来解秽流芳以请佛来的。"安法师(道安)三例中,第一是行香定座上讲,斯乃中夏行香之始也……(唐)中宗设无遮斋,诏五品以上行香。或用然香熏手,或将香粖遍行,谓之行香。"关于"唱导","唱导者,始则西域。上座凡赴请,咒愿曰:二足常安,四足亦安,一切时中皆吉祥等,以悦可檀越之心也。……《梁高僧传》论云:夫唱导所贵,其四事焉:一声也;二辩也;三才也;四博也。非声则无以警众,非辩则无以适时,非才则言无可采,非博则语无依据。此其大体也。"

三、赞呗之由。说《十诵律》中俱胝耳作三契声以赞佛,《阿含经》中善和罗善讽诵,令影胜大士象马不行,此为"赞呗原始"。"此土则康僧会传《泥洹》赞呗,支谦制连句梵呗。"其人颇多。

四、僧寺纲科。说"西域知事总曰羯磨陀那,译为知事,亦曰悦众,谓知其事悦其众也"。姚秦之世,"秦主敕选僧䂮法师为僧正,慧远为悦众,法钦、慧斌掌僧录,给车与吏力,僧正秩同侍中,余则差降。此土立僧官,秦䂮为始也"。

五、立僧正(尼正附)。关于"僧正",作者说:"所以言僧正者何?正,政也。自正正人,克敷政令,故云也。盖以比丘无法,如马无辔勒,牛无贯绳,渐染俗风,将乖雅则,故设有德望者以法绳之,令归于正,故曰僧正。"僧正自姚秦僧䂮而始,东晋蔑闻此职。刘宋大明中,以道温为"都邑僧正"。昇明中,以法持为僧正。南齐永明中,敕长干寺玄畅和法献为"僧主",分任南北两岸。齐末,又以正觉寺法悦为僧主。梁武帝时,任法超为都邑僧正,法云为"大僧正",慧令也充任过僧正。在北周,阇那崛多曾任益州"僧主"。关于"尼正","北朝立制多是附僧,南土新规别行尼正。

宋太始二年,敕尼宝贤为僧正,又以法净为京邑尼都维那。此则承乏之渐,梁、陈、隋、唐少闻其事"。

六、僧统。说北魏初,太祖于皇始年间征赵郡沙门法果为"沙门统","沙门统之官自法果始也"。复有罽宾沙门师贤,在北魏太武帝毁佛时被迫还俗行医,文成帝即位后复兴佛法,亲为下发,诏为僧统,"僧统之官自师贤始也"。隋代则以智猛为"国僧都"(即"沙门都")、"国统"(即一国的僧统)。

七、沙门都统。说北魏文成帝敕昙曜为"昭玄沙门都统",沙门都统"乃自曜公始也"。北齐则以法上为"昭玄统"、法顺为"沙门都"。后来那提黎耶舍也担任过昭玄统。隋代则以昙延为"沙门大昭玄统",灵藏为"昭玄都"。唐穆宗元和元年,以龙兴寺僧惟英为"翰林待诏兼两街僧统",不久以非宜罢之。

八、左右街僧录。说"至(唐)文宗开成中,始立左右街僧统。寻其人即端甫法师也。……开成后,则云端为僧录也"。宣宗朝,立辨章为左街僧录,僧彻为右街僧录。懿宗朝,立彦楚为右街僧录,清兰为左街僧录。僖宗朝立觉晖、云皓为僧录。

九、僧主副员。说姚秦设立"僧正"制度,虽然没有正副僧正的名称,但已有类似的分工。"及魏世更名僧统,以为正员。置沙门都,以分副翼,则都维那是也。"以后或置或省,出没不定。

十、讲经论首座。说"首座之名即上座也。居席之端,处僧之上,故曰也"。"三教首座则辩章(唐宣宗时人)为始也。朱梁洎周,或除或立,悉谓随时。今大宋有讲经、讲论首座,乃僧录之外别立耳。"

十一、国师。说"北齐有高僧法常,初演毗尼,有声邺下。后讲《涅槃》,并受禅教,齐王崇为国师。国师之号,自常公始也"。陈隋之际的智顗,唐代的神秀、慧忠、知玄,五代时后蜀的光业、吴越的德韶、南唐的文遂等,或时号或敕封为"国师"。

十二、杂任职员。说寺主、上座、悦众是寺院中设置的管理僧众的三种职事("三纲")"(东晋以前)虽无寺主之名,而有知事之事。至东晋以来,此职方盛。故侯景言:以萧衍老翁为太平寺主也。北周则有陟岵寺主,白敕封署"。至于"上座","古今立此位,皆取其年德干局者充之"。如道宣曾被敕封为西明寺上座,地位在寺主、维那之上。"悦众"又称"维那",如唐代沙门玄畅(《僧史略》中保存了他撰写的《三宝五运图》的若干佚文)敕为总持寺维那。"悦众"有时又称"典座"。"典座者",谓"典主床堂,凡事举座一色以摄之,乃通典杂事也。或直岁则直一年,或直月、直半月、直日,皆悦众也"。

十三、僧主秩俸(尼附)。说"自姚秦命僧䂮为僧正,秩同侍中,此则公给食俸之始也。……宋(指刘宋)宝贤为京邑尼僧正,文帝四事供养,孝武月给钱一万,尼正之俸,宝贤始也"。

十四、管属僧尼(祠部牒附)。说"沙门始隶鸿胪(寺)也。西晋无说。后魏有云:初立监福曹以统摄僧伍也,寻更为昭玄寺也"。唐初僧尼皆隶属于司宾。武则天延载元年五月,敕天下僧尼隶祠部,"此乃隶祠部之始也。义取其善攘恶解灾之谓也"。玄宗开元十四年,依中书门下奏,僧尼割属鸿胪寺,十五年正月又敕僧尼由祠部检校。宪宗元和二年二月,诏僧尼道士全隶属于左右街功德使。关于"祠部牒","案《续会要》:天宝六年五月,制僧尼依前两街功德使收管,不要更隶主客,其所度僧尼仍令祠部给牒(原注略)。给牒自玄宗朝始也"。

十五、僧道班位。说佛教和道教在历朝中的先后位次不一。"自晋、宋、齐、梁、陈、后魏、北齐、后周、大隋,僧班皆在黄冠(指道士)之上。"唐贞观十一年,太宗有诏:"自今以后,齐供行立,至于称谓,道士女冠(女道士)可在僧尼之上","自此僧班在下矣"。武则天天授二年四月,诏令"释教在道门之上,僧尼处道士女冠之前",又将这个位次倒过来。睿宗景云元年二月,下诏说"自今每缘法事集会,僧尼道士女冠宜行并集"。即不分先后,齐行并进,僧班在西,道班在东。"朱梁之世,又移厥位。今大宋每当朝集,僧先道后,并立殿廷。僧东道西,间杂副职。若遇郊天,则道左僧右,未知始起也。"

十六、内道场(生日道场附)。说"内道场起于后魏,而得名在乎隋朝"。北魏太武帝始光二年立至神道场。北周宣帝大成元年春正月,诏选"旧沙门中德行清高者七人,在政武殿西安置行道。此内道场之始也"。但当时有其事而无其名。至隋炀帝改僧寺为"道场",若在宫内举行佛事活动,才正式称为"内道场"。唐武后、中宗、睿宗、代宗、文宗以及武宗初年均设有内道场。关于"生日道场",北魏太武帝初年已有其事,"自尔以来,臣下吉祝必营斋转经,谓之生辰道场,于今盛行焉"。

十七、僧籍驰张。说僧人的名籍,"周隋之世无得而知,唐来主张方闻附丽"。唐文宗大和四年正月,"祠部请天下僧尼冒名非正度者,具名申省,各给省牒,以凭入籍。时入申名者计七十万。造帐入籍,自大和五年始也"。

卷下,分十九门。

一、诞辰谈论(内斋附)。说在皇帝生日,诏僧人入殿谈论,或赐食厚嚫(布施),"寻文起于后魏之间"。后魏、后周、隋、唐时期,皇帝常召名僧入内,与儒道对论。"唐自代宗置内道场,每年降圣节召名僧入饭嚫,谓之内斋。"

二、赐僧紫衣。说武则天因僧人法朗、怀义等九人重译《大云经》,矫陈符命(称"则天是弥勒下生,为阎浮提主")有功,封他们为县公,并赐予紫袈裟银龟袋,"赐紫自此而始"。

三、赐师号(德号附)。说"师号"指的是皇帝赐予僧人的某某"大师"的称号。唐懿宗咸通十一年十一月,皇帝赐左街云颢为"三慧大师",右街僧彻为"净光大师",可孚为"法智大师",重谦为

"青莲大师","赐师号,懿宗朝始也"。至于"德号",指的是称某僧为"大德"。"大德"本非朝廷授予的专门称号,魏晋时翻译的律本羯磨文中均有"大德僧"的说法。不过经论中所称的"大德",是指有天生才能或有神通的人,此方传记则称僧人中间的"贤彦"。唐代宗大历六年四月,敕京城僧尼各置"临坛大德"十人,"乃官补德号之始也"。

四、内供奉并引驾。说唐肃宗至德元年,僧人元皎被封为"内供奉","置此官者,元皎始也"。至于"引驾大德"的称号,自唐至宋,"唯端甫称之"。

五、封授官秩。说后魏以赵郡沙门法果为沙门统,因供施不足,又封授官品,赐"转国宜城子忠信侯",不久进"安城公","释子封官自法果始也"。梁、后周、隋、唐均有僧人被授以官阶爵秩,其中阶爵最高的是唐代宗时的不空,他被授予"开府仪同三司肃国公"。

六、方等戒坛。说"此土之有戒坛,起南朝求那跋摩三藏,为宋国比丘于蔡州岸受戒而始也"。代宗朝有"方等戒坛"之名,"禀顺方等(指大乘)之文而立戒坛,故名方等坛也"。

七、结社法集。说"晋宋间,有庐山慧远法师化行浔阳",与雷次宗、宗炳、张诠、刘遗民、周续之等在东林立弥陀像,求愿往生安乐净土,谓之"莲社","社之名始于此也"。〔案:慧远与雷次宗等结成莲社,事在东晋安帝元兴元年(402),而且慧远本人卒于安帝义熙十二年(416),此门谓"晋宋间"是错的。〕

八、赐夏腊。说"夏腊"本是指从僧人出家后受具足戒之日算起,每过七月十五日即算长一岁的出家年龄。天后朝,道士杜乂(即后来写《甄正论》的玄嶷)要求改宗佛教,得到许可。由于他是半途出家,若按实际"夏腊"计算,在僧众中须居下位,于是天后特赐三十夏,"赐夏腊起于此矣"。这种做法在唐穆宗朝、五代的吴越均有,宋代停止。

九、对王者称谓。说此方沙门,自魏晋以来多从师姓,如支道林本姓关,出家后从师姓而改称"支"。东晋道安认为,"从师莫过于佛,佛本姓释,遂通令比丘姓释。东夏称释氏,自安始也"。至于沙门面对帝王时的称谓,"汉魏两晋或称名,或云我,或云贫道",没有定式。由于南齐僧正法献、玄畅在帝前均自称法名,得到赞许,"由是,沙门皆称名于帝王,献、畅为始也"。唐初僧人上表未有"称臣顿首"的,"夫顿首者,拜也,称臣卑之极也"。唐肃宗上元元年三月,诏禅宗沙门令韬入内,"韬表辞年老,遣弟子明象上表称臣。见于史传,自此始也"。至于唐初法琳在上表中有"臣年迫乘榆"语,这里的"臣",恐当是"危迫情切,乍称之耳","又疑传写者错误耳"。

十、临坛法。说唐代宗永泰中,敕京城置僧尼临坛(指戒坛)大德各十人,永为通式,"临坛大德科目自此始也"。

十一、度僧规利。说唐肃宗时,宰臣裴冕奏令卖官爵鬻度牒,以充军费,"鬻度僧道,自冕始也。后诸征镇尤而效焉"。

十二、赐谥号。说后魏沙门统法果,生时已被封官,死后追赠"胡灵公","此僧谥之始也"。后周、隋、唐初皆不行此事,自武则天朝起,神秀、菩提留支、一行、端甫等先后被赐以谥号。

十三、菩萨僧。说蓄发戴冠而称"菩萨僧"非佛制也。北周宣帝时,曾敕令高僧智藏蓄发而为菩萨僧,作陟岵寺主。

十四、得道证果(尼附)。说佛法初传时,迦叶摩腾与道士角法取胜,"踊身虚空说偈","此现通验果证之始也"。东晋尼净捡,"引弟子摄光而去",也是修行而得果报的例子。

十五、大秦末尼。介绍唐贞观五年至五代期间,"影傍佛教"的波斯国摩尼教(大秦末尼)在中国的流传情况。

十六、驾头床子。说"驾头床子"指的是盛放《仁王般若经》的"七宝案",起于唐代宗永泰中。

十七、城阁天王。说"城门置天王者,为护世也",起于唐玄宗天宝元年。

十八、上元放灯。说据《汉法本内传》(据作者在"佛降生年代"门说,是"上统传",即北齐法上撰),汉明帝于正月十五日("上元")敕令烧灯(即"放灯")以表佛法大明,以后或行或不行。

十九、总论。总论作者关于撰《大宋僧史略》的目的,是为了使佛法"久住"。而要使佛法久住,佛教当尊重儒教、道教,与之和睦相处。"信于老君,先圣也;信于孔子,先师也。非此二圣曷能显扬释教,相与齐行,致君(指皇帝)于牺、黄之上乎。""为僧莫若道安,道安与习凿齿交游,崇儒也;为僧莫若慧远,远送陆修静过虎溪,重道也。余慕二高僧,好儒重道。"

《大宋僧史略》的上述记载,大体上是符合史实的,但个别地方也有讹误。如"国师"门中说:"则天朝,神秀领徒荆州,召入京师,中、睿、玄四朝皆号为国师。"神秀卒于唐中宗神龙二年(706),并无睿宗、玄宗尊他为国师之事。又如"东夏出家"门中称汉明帝时的周峻等为"僧之始",阿潘等为"尼之始"。卷下"得道证果"、"上元放灯"门中说迦叶摩腾与角法之事,均是《汉法本内传》中的伪说,而作者当作信史来用。另外,叙述时也有违反历史顺序,将后人后事放在前面的。如"赞呗之由"门中先叙康僧会、支谦,后叙曹植,"都讲"门中先讲梁武帝,后讲东晋的支遁,即是其中的例子。

有关本书的研究,主要有陈士强《大藏经总目提要·文史藏》(上海古籍出版社,2008年)等。

(陈士强)

景德传灯录 〔北宋〕道　原

《景德传灯录》，简称《传灯录》，三十卷。北宋道原撰。成于北宋景德元年(1004)。通行本有《金藏》本、《元藏》本、《明南藏》本、《明北藏》本、《清藏》本、《频伽藏》本、《大正藏》本、成都古籍书店 2000 年版妙音、文雄点校本等。2010 年上海书店出版社出版了顾宏义《景德传灯录译注》。

道原，里籍和生卒年不详。禅宗青原(行思)下第十世、法眼宗(禅宗支派)僧人。嗣法于天台德韶国师，住苏州承天永安寺。北宋李遵勖编的《天圣广灯录》卷二七记载了他的一些机缘语句。

《景德传灯录》是禅宗第一部以"灯录"命名的灯录体著作。灯录是按人物的传承世系编排的，以记录人物的言语为主的一个文体。虽然在《景德传灯录》以前，五代南唐的泉州招庆寺静禅师和筠禅师合编的《祖堂集》二十卷，已经具有灯录的性质，但由于《祖堂集》在中国本土失传很早，于世罕闻，而且它并不自认为是灯录，故学术界一般都把《景德传灯录》看作是禅宗灯录体著作的始祖。

《景德传灯录》所记世次，上起七佛，下至慧能(禅宗六祖)门下南岳怀让法嗣第九世和青原行思法嗣第十一世。总计一千七百十二人，其中九百五十四人有机语见录，七百五十八人只列名字，缺失机语(以上据明代智旭《阅藏知津》卷四十二的统计)。全书没有总目，但各卷目录对"见录"与"不录"都有标注。

卷一至卷二六：按传承的世系，收录禅宗历代祖师和弟子的言语事迹。

卷二七：禅门达者。收录禅宗以外以习禅闻名的僧人，有金陵宝志、婺州善慧、南岳慧思、天台智顗、泗州僧伽和尚、万回法云、天台丰干、天台寒山子、天台拾得、明州布袋和尚十人，并附"诸方杂举征拈代别语"(即诸方禅语)。

卷二八：诸方广语。收录南阳慧忠、荷泽神会、江西道一、药山惟俨、大珠慧海、汾州无业、南泉普愿、赵州从谂、临济义玄、玄沙师备、罗汉桂琛、法眼文益十二人除卷二十六以前各卷所载言语以外的其他语录。

卷二九：赞颂偈诗。收宝志和尚《大乘赞》、《十二时颂》、《觉地颂》、郢州临溪敬脱和尚《入道浅深颂》、白居易《八渐偈》、同安察禅师《十玄谈》、云顶山僧德敷《诗》、僧润《诗》等一百余首。

卷三十：铭记箴歌。收傅大士《心王铭》、僧璨《信心铭》、法融《心铭》、菩提达摩《略辨大乘入道四行》及弟子昙琳《序》、荷泽大师《显宗记》、南岳石头大师《参同契》、杭州五云和尚《坐禅箴》、永嘉真觉大师《证道歌》、石头和尚《草庵歌》、道吾和尚《乐道歌》、苏溪和尚《牧护歌》、泰钦《古镜歌》、潭州龙会道寻《遍参三昧歌》等二十余篇。

《景德传灯录》的学术价值，除了编定了禅宗一千七百十二人的师承法系，刊载了一批禅师的赞颂偈诗、铭记箴歌以外，主要表现在汇载了九百五十四位禅宗人物的有代表性的机语，这些繁复多样、因人而异的机语，充分反映了各位禅师的思维个性和整个禅宗的思维共性。

禅宗的机语，繁复多样，因人而异。据书中所载，主要集中在下列问题上：如何是祖师西来意？如何是佛法大意？祖意与教意是同是别？祖祖相传个什么？如何是三宝？如何是法身？如何是佛？如何是祖？如何是古佛儿？如何是和尚家风？如何是本来面目？如何是学人本分事？如何是学人自己？如何是道？如何是禅？如何是境中人？牛头未见四祖时如何？如何是无缝塔？等等。

就各禅师作答的形式而言，大体上有动作示意和言语酬对两类。其中，少数禅师专示动作而不说禅语，如忻州打地和尚，"自江西（道一）领旨，自晦其名，凡学者致问，惟以棒打地以示之"（卷八）。婺州金华山俱胝和尚，"凡有参学僧到，师惟举一指，无别提唱"（卷十一）。多数禅师是动作和言语交用，对同一个问题，往往作出不同的解答，显示了禅家的不同风尚。

例如对"如何是祖师西来意"这个问题，有僧问道一，道一便打，说"我若不打汝，诸方笑我也"（卷六）；问苏州西山和尚，"师举拂子示之"（卷十）；问香严智闲，"师入手入怀出拳展开与之"（卷十一）；问襄州历村和尚，"师举茶匙子"（卷十二）。以上均属动作示意。此外，还有种种不落窠臼、不着边际的语句解答，如问饶州峣和尚，"师曰：仲冬严寒"（卷十一）；问杭州罗汉院宗彻，"师曰：骨锉也"（卷十二）；问寿州绍宗，"师曰：好事不出门，恶事行千里"（卷十二）；问安州大安山清干，"师曰：羊头车子推明月"（卷十二）；问漳州三平义忠，"师曰：龟毛拂子兔角拄杖"（卷十四）。大旨归于得意忘言，发明本心。所有这些都体现了禅宗离言说相，不著文字，直指人心，见性成佛的思想。

《景德传灯录》对后世的影响极为巨大。后来，北宗李遵勖作《天圣广灯录》，惟白作《建中靖国续灯录》，南宋悟明作《联灯会要》，正受作《嘉泰普灯录》，普济作《五灯会元》，明代居顶作《续传灯录》，文琇作《增集传灯录》，清元贤作《继灯录》，通问作《续灯存稿》，性统作《续灯正统》，超永作《五灯全书》等等，莫不是在《景德传灯录》的直接影响下问世的，灯录体著作也因此而蔚为大观。

《景德传灯录》传世后三十年,北宋光禄大夫行尚书吏部侍郎王随,因感到它卷帙较多,学者携带不便,曾于景祐元年(1034)将之删为十五卷,取名为《传灯玉英集》,今存残卷(载于《宋藏遗珍》之中)。

有关本书的研究,主要有陈士强《大藏经总目提要·文史藏》(上海古籍出版社,2008年)等。

(陈士强)

释氏要览 〔北宋〕道 诚

《释氏要览》,三卷。北宋道诚撰,成于天禧三年(1019)。通行本有《大正藏》本等。

《释氏要览》是一部分门别类地介绍佛教名物制度和修行生活方面的名词术语及事项的著作。作者认为,《华严经》上说"菩萨有十种知","所谓知诸安立,知诸语言,知诸谈议,知诸轨则,知诸称谓,知诸制令,知其假名,知其无尽,知其寂灭,知一切空"(见篇目小序)。而初出家的人,对这些佛教事理又未必了悉。为此,他以"菩萨十种知"为宗旨,以平日阅藏时所作的摘录及闻说为素材,编撰了这部类似"出家须知"的著作。诸如僧人的称谓、寺塔的异名、出家人的事务、师徒间的关系、法衣的种类、受戒的功德、饮食起居的规则、赴请迎送的礼仪、常用的器物、斋节佛事的时日、三宝的内容、僧尼的品学等等,莫不收载。

关于本书的性质,有人认为它是佛教类书,也有人认为它是佛教辞典。从书中对名词术语和事理的解释来看,虽然总的来说,以节录佛典(也有少数是俗典,如《论衡》、《释名》等)文句者为多,但也有不少释文是作者融会佛典文句的意思或者根据自己的见闻编撰的,并不具有原始资料汇编的性质。因此,比较而言,把它定为佛教辞典更为确切。全书共分二十七篇,总计收词目六百七十九条(如果将《姓氏》篇中的"瞿昙氏"、"甘蔗氏"、"日种氏"、"舍夷氏"和"释迦氏"五条,看作是"别姓有五"这一条的具体内容的话,也可算作六百七十四条)。

卷上:九篇,合二百二十六条。

一、姓氏。凡八条。主要有:天竺种姓有四、(释迦)别姓有五、出家人统姓等。

二、称谓。凡四十五条。主要有:沙门、比丘、苾刍、僧、禅师、善知识、长老、大师、法师、律师、上座、头陀、僧录、讲经论首座、僧正、国师、尼、式叉摩那、优婆塞、优婆夷、七众等。

三、住处。凡二十八条。主要有:寺、莲社、兰若、庵、方丈、禅室、香室、造伽蓝法、护伽蓝神、寺院三门等。

四、出家。凡十六条。主要有:出家由、出家以信为首、出家三法、国王父母不听许不得出家、问出家苦乐、出家行、出家事务等。

五、师资。凡十六条。主要有：和尚、律不许度者、师资相摄、师念弟子、弟子事师、教诃弟子、童子等。

六、剃发。凡九条。主要有：祠部牒、剃发、父母拜、才剃发便授十戒、三品沙弥、沙弥行等。

七、法衣。凡三十条。主要有：三衣、大衣有三品九种、五部衣色、紫衣、染色、物体、田相缘起、作法、纳衣、受持衣法、坐具、络子等。

八、戒法。凡三十三条。主要有：三归戒、五戒、八戒、十戒、三聚戒、具足戒、制戒十益二意、受戒次第、熏戒种子、戒体、戒果、受戒始、立坛始、受戒规仪等。

九、中食。凡四十一条。主要有：正食、不正食、斋、斋正时、粥十利、食前唱密语、五观、食法、食量、食戒、施食、乞食、赴请、行香、梵音、咒愿、说法、食后漱口、《中食论》等。

卷中：九篇，合二百三十九条。

一、礼数。凡二十三条。主要有：天竺九仪、合掌、问讯、抽坐具、礼拜式、长幼序、应遍礼、斋会礼拜、互跪、长跪、偏袒、结加(跏)趺坐等。

二、道具。凡二十六条。主要有：六物、钵、锡杖、拂子、尘尾、如意、手炉、数珠、扇、拄杖、净瓶、盖、戒刀、滤水囊等。

三、制听。凡十八条。主要有：画房壁、栽树、养狗、严饰床褥、用外书治佛经、看斗、照镜、歌、饮酒、食肉、食辛、舍身、浴等。

四、畏慎。凡二十一条。主要有：九横、入俗舍五法、息三暴害、八诫、成就威仪四法、受施知节量、四圣种等。

五、勤懈。凡五条。有：勤、精进、懈怠、放逸、魔等。

六、三宝。凡六十三条。主要有：三宝、三身、十号、经、十二分教、律、论、大乘、小乘、三藏、法门、法轮、二谛、四谛、菩萨、声闻、独觉、福田、供养佛、赞佛、念佛、观佛、礼佛、绕佛、造像、师子座、莲花座、雕像始、铸像、画像、浴佛、三宝物等。

七、恩孝。凡二条。有：恩、孝。

八、界趣。凡二十九条。主要有：三界、九地、二十五有、三千大千世界、天趣、人趣、地狱趣、畜生趣、修罗趣、阎罗王、众生等。

九、志学。凡五十二条。主要有：开外学、学书、五备、八备、八能、学者二患等。

卷下：九篇，合二百十四条。

一、说听。凡三十九条。主要有：法师八种言、语有八支、讲堂制、都讲、讲僧始、学者为四事堕落等。

二、躁静。凡二十三条。主要有：五欲、苦、少欲知足、静、三摩提、坐禅等。

三、诤忍。凡十二条。主要有：诤有四种、恶报、忍、以忍止诤、灭瞋五观、祸从口出、缄口慎心等。

四、入众。凡三十五条。主要有：游行人间、入寺问制、挂锡、夏腊、自恣、迦提、经行、扫地、燃灯、礼拜忌、卧法、睡眠、在床忌七事、屏厕、洗净、善品轨则、六和敬等。

五、择友。凡九条。主要有：择友、朋友三要、亲友七法、礼朋友五事等。

六、住持。凡二十四条。主要有：禅住持、禅僧行解、十方住持、长老巡寮、普请、律住持、布萨、僧使、常住、摈治、净人等。

七、杂纪。凡二十四条。主要有：寺院画壁、五趣生死轮、犍稚、寺院击鼓、寺院长生钱、盂兰盆、清斋、法曲子、柳枝净水、纸钱彩绢、三日斋、累七斋、斋七幡子、城门上天王等。

八、赡病。凡二十二条。主要有：赡病人五德、得病十缘、得以酒为药、为病人念诵、沙门不应畏死、沙门以寂灭为乐等。

九、送终。凡二十六条。主要有：安龛柩、服制、哭、行吊、奔丧、葬法、舍利、立塔、志石、忌日、问坟冢间精神有无等。

《释氏要览》对出家者应知应学的佛教基本知识的介绍，主要是通过三种方式来表述的。

一、摘抄型。即摘抄大小乘经律论（尤其是小乘经和小乘律）和史传章疏上的有关文句以作释文。如：

"出家人事务　《僧祇律》云：出家人，当少事少务，莫为世人讥嫌，失他善福。《三千威仪经》云：出家人所作事务有三：一坐禅，二诵经，三劝化。众事若具足三事，是应出家人法。若不行者，是徒生徒死，惟有受罪之因。《观佛三昧经》云：比丘常行四法：一、昼夜六时说罪忏悔；二、常修念佛，不诳众生；三、修六和敬心，不恚慢；四、具修六念，如救头燃。"（卷上，《出家》篇）

"八备　隋彦琮法师云：夫预翻译有八备十条。一、诚心受法，志在益人；二、将践胜场，先牢戒足；三、文诠三藏，义贯五乘；四、傍涉文史，工缀典词，不过鲁拙；五、襟抱平恕，器量虚融，不好专执，沈于道术，淡于名利，不欲高衒；六、要识梵言；七、不坠彼学；八、博闻《苍》《雅》，粗谙篆隶，不昧此文。十条者，一句韵，二问答，三名义，四经论，五歌颂，六咒功，七品题，八专业，九字部，十字声。"（卷中，《志学》篇）

二、糅述型。即根据作者自己的理解，串讲、改述或补充经籍上的有关论述。如：

"十二分教　亦云十二部经。一修多罗（契经——原注），二祇夜（应颂——原注），三和伽罗（授记——原注），四伽他（讽颂——原注），五尼陀罗（因缘——原注），六优陀那（自说——原注），七伊帝目多（本事——原注），八阇陀伽（本生——原注），九毗佛略（方广——原注），十阿浮达摩

(未有——原注),十一婆陀(譬喻——原注),十二优婆提舍(论义——原注)。若小乘,只有九部,无'自说'、'授记'、'方广'等。"(卷中,《三宝》篇)

三、著录型。即作者对见闻所获的事物加以载录和考证。如:

"络子　或呼挂子。盖此先辈僧制之,后僧效之,又亡衣名,见挂络在身故,因之称也。今南方禅僧,一切作务皆服,以相(指衣相)不如法,诸律无名,几为讲流(指义学僧)非之。"(卷上,《法衣》篇)

"解夏草　今浙右僧解夏日,以彩束苑以遗檀越,谓之解夏草。"(卷下,《杂记》篇)

由此可见,《释氏要览》虽然文不过三卷,但叙述有致,言语明白,知识性很强。从它的叙述中,人们不仅可以了解自印度佛教传下来的出家人须知的各类事项,而且也可以了解在中国佛教流布的过程中产生的新的事物及南北方民俗(如络子、解夏草、清斋、累七斋、斋七幡子等)。另外,书中征引的《增辉记》也是一部佚著,颇可注意。因此,后世曾将它与南宋法云的《翻译名义集》、明代圆瀞的《教乘法数》合称为"佛学三书",广为初学者所用。

有关本书的研究,主要有陈士强《大藏经总目提要·文史藏》(上海古籍出版社,2008 年)等。

(陈士强)

辅教篇 〔北宋〕契　嵩

《辅教篇》,三卷。北宋契嵩撰,成于皇祐二年(1050)至嘉祐元年(1056)。通行本有《明南藏》本、《明北藏》本、《清藏》本、《频伽藏》本(收入《镡津文集》之中)、《大正藏》本(同上)等。

契嵩(1007—1072),字仲灵,自号潜子,俗姓李,藤州镡津(今广西藤县)人。七岁出家,十三岁得度落发,十四岁受具足戒,十九岁下江湘、涉衡庐,游方求学。顶戴观音像,日诵其号十万声。得法于洞山晓聪禅师,为云门宗僧人。后迁居杭州灵隐永安兰若著书。赐号"明教大师"。著有《传法正宗记》九卷、《传法正宗定祖图》一卷、《传法正宗论》一卷、《镡津文集》十九卷等。生平事迹见北宋陈舜俞《镡津明教大师行业记》(载于《镡津文集》之首),以及《建中靖国续灯录》卷五、《五灯会元》卷十五、《续传灯录》卷五(但均将他的卒年"熙宁五年"误刊为"熙宁四年")等。

《辅教篇》是宋代有名的佛教护法论著。原由不同时期撰作的《原教》、《劝书》、《广原教》、《孝论》、《坛经赞》五篇文章构成。后来,南宋怀悟在整理编集《镡津文集》时,将《真谛无圣论》也纳入此中,变成了六篇。契嵩在《劝书·叙》中说:"余五书出未逾月,客有踵门而谓曰:仆粗闻大道,适视若《广原教》,可谓涉道之深矣。《劝书》者,盖其警世之渐也。大凡学者必先浅而后深,欲其不烦而易就也。若先《广原教》而后《劝书》,仆不识其何谓也。……(余)即为其命工移乎二说(指将《广原教》与《劝书》的次第对调),增为三帙,总五书而名之曰《辅教篇》。"因此,如果要研究《辅教篇》原貌的话,乃当以五篇为准。

一、《原教》。此论撰出最早。契嵩在《广原教·叙》中说,《原教》撰出七年之后,始著《广原教》。而《广原教》撰于丙申岁,即嘉祐元年,则《原教》成于皇祐二年(1050)。全论不分章节,主要论述佛教的"五戒"、"十善"与儒家的"五常"相通。

二、《孝论》。契嵩在《孝论·叙》中说,在辛卯岁后两年著《孝论》。辛卯岁为皇祐三年,其后二年便是皇祐五年(1053)。《孝论》的篇首有《叙》,下分《明孝》、《孝本》、《原孝》、《评孝》、《必孝》、《广孝》、《戒孝》、《孝出》、《德报》、《孝略》、《孝行》、《终孝》十二章。论中主要说,孝不只是儒家独有的伦理观念,也是佛教的基本思想,甚至可以说佛教比谁都重视"孝道"。以此来驳斥世人关于佛教提倡离俗出家,是"不敬不孝"的非难。如:"夫孝,诸教皆尊之,而佛教殊尊也。"(《孝论·叙》)"孝名为戒,盖以孝而为戒之端也。子与戒而欲亡孝,非戒也。夫孝也者,大戒之所先也;戒也者,众善之所生也。"(《明孝章》)"五戒始一曰不杀,次二曰不盗,次三曰不邪淫,次四曰不妄言,次五曰不饮酒。夫不杀,仁也;不盗,义也;不邪淫,礼也;不饮酒,智也;不妄言,信也。是五者,修则成其人,显其亲,不亦孝乎?是五者有一不修,则弃其身,辱其亲,不亦不孝乎?"(《戒孝章》)

三、《坛经赞》。根据《镡津文集》卷十一收载的《六祖法宝记叙》提供的时间线索推算,它撰于至和元年(1054)。主要记叙契嵩读《坛经》的体会。

四、《广原教》。撰于嘉祐元年(1056)。篇首有《叙》,下分二十五章,但不列标题。主要是充实和发挥《原教》中已经提出的观点的,更具有调和佛、儒、百家的矛盾和冲突,提倡各派学说长期共存,谁也不要压倒对方的思想倾向。如它在最后一章说:"古之有圣人焉,曰佛,曰儒,曰百家。心则一,其迹则异。夫一焉者,其皆欲人为善者也;异焉者,分家而各为其教者也。圣人各为其教,故其教人为善之方,有浅有奥有近有远,及乎绝恶而人不相扰,则其德同焉。……方天下不可无儒、无百家者,不可无佛,亏一教则损天下之一善道,损一善道则天下之恶加多矣。"

五、《劝书》。也撰于嘉祐元年(1056),但时间在《广原教》之后。篇首有《叙》,下分"第一"、"第二"、"第三"三章,主要是劝论君子不要排佛的。

《辅教篇》编成以后,上进朝廷。北宋仁宗对之十分赏识,下敕将它编入《大藏经》,颁行天下,影响延及清代。它是研究儒、释、道三教思想交涉史的重要资料。

有关本书的研究,主要有陈士强《大藏经总目提要·文史藏》(上海古籍出版社,2008年)等。

(陈士强)

广清凉传 〔北宋〕延 一

《广清凉传》，三卷。北宋僧延一撰，成于嘉祐六年(1060)之前。通行本有《大正藏》本、宛委别藏明天顺本、吴县蒋氏双唐碑馆本、金大定寺中版本等。

延一(998—?)，生平事迹不详。据宋神宗熙宁五年(1072)来华日本僧人成寻《参天台五台山记》中称，他于当年一月二十八日到达五台山，曾拜谒过延一大师，时延一已七十四岁。以此推算，则延一生于宋真宗咸平元年(998)，卒年当在1072年之后。从《广清凉传》书中所见，他"纯粹聪敏，博通藏教，讲说记问，靡不精诣"，是一位学问僧。他崇奉《华严经》，为五台山大华严寺住持，住真容院，号妙济大师，为赐紫沙门。

《广清凉传》是在唐慧祥《古清凉传》的基础上，扩大内容，记述五台山佛教发展的史传。据郲济川《广清凉传·序》称：他恐五台山"年纪寝深，简编几坠……因请公(延一)采摭经传，收捃故实，附益祥《传》，推而广之，勒成三卷。首以吉祥降世因地，终以巨宋亲逢化相，名曰《广清凉传》，凡三月而成，授本院主事募工开版"。序写于"宋嘉祐庚子(1060)正月望日"，可见本书撰写目的和经过。从本书篇幅看，比《古清凉传》扩大三倍，约计四万五千字；从内容看，比《古清凉传》丰富翔实。

《广清凉传》所记的五台山为文殊菩萨道场，作者侧重点在于论述文殊菩萨与五台山关系，从而提高五台山在佛教中的地位。全书分上、中、下三卷，三十四章。

上卷：菩萨生地见闻功德、菩萨应化总别机缘、菩萨何时至此山中、清凉山得名所因、五台四埵古圣行迹、五台境界寺名圣迹、释五台诸寺方所，共七章。主要叙述文殊菩萨与五台山。

中卷：菩萨化身为贫女、天女三昧姑、安生塑真容菩萨、牛云和尚求聪明、佛陁波利入金刚窟、无著和尚入化般若寺、神英和尚入化法华院、道义和尚入化金阁寺、照法和尚入化竹林寺、亡身殉道僧俗、州牧宰官归信、高德僧事迹，共十二章。主要叙述文殊菩萨现身超度虔心修行僧俗。

下卷：高德僧事迹之余、高德尼事迹、宋僧所睹灵异、灵异藁木、大圣文殊师利古今赞颂，共五章。主要叙述高德僧尼事迹和五台山灵异。

书前有郗济川撰写《前言》,书后附前代州管内僧正胜行大德沙门明崇撰写《续遗》,记叙僧俗人众朝拜五台山时所遇佛异现象。

其主要内容如下。

一、记叙文殊菩萨与五台山关系,提高五台山在佛教中的知名度。

五台山是佛教圣地,因为这里是文殊菩萨道场。这一点《古清凉传》中写得比较简略,而延一则引经据典,详加考释,把佛经和传说集中起来,作了系统而详细的叙述。(一)反复说明文殊菩萨崇高的地位。说,文殊本来是佛,而且是释迦牟尼的老师,神通广大,法力无边。"大圣曼殊室利曳菩萨久已成佛,示居因位,行菩萨行。"为了教化众生,二佛不并化,所以文殊成为释迦牟尼弟子以菩萨身份出现,普度众生。"我昔能仁师,今为佛弟子,二尊不并化,故我为菩萨。"(二)叙述菩萨降生与凡人不同,"文殊师利有大慈悲,生于舍卫国多罗聚落梵德婆罗门家。其生之时家内室宅化生莲花,从母右胁而生"。(三)叙述文殊菩萨何以来五台山居住。"文殊者,法身大士,诸佛之元帅也。"以此处(五台山)"机缘胜故,又是本所居,金色世界报土在此也"。按佛家说法,佛菩萨修成后,居住在自行受用之净土,称为报土。而五台山则是文殊菩萨的报土,所以要在五台山居住。而且菩萨要教化众生,五台山的机缘胜于别处,因而五台山成为文殊菩萨道场,随同文殊菩萨前来五台山菩萨总数达一万之多。(四)叙述五台山的环境和文殊菩萨多次显圣,普济众生。(五)搜求记载古今赞颂文殊菩萨的像赞,从而提高文殊菩萨和五台山地位。告诫人们要想求得真佛保佑,得道成佛,非上五台山朝拜不可。

二、叙述五台山从唐至宋佛教寺院兴废发展情况。

唐慧祥在唐高宗调露元年(679)后撰成《古清凉传》,至宋延一修《广清凉传》时,已经历三百七十多年。五台山的佛教发生了很大变化。唐代大历、贞元间(766—805),五台山佛教极为兴盛,寺院多达三百余所,成为全国佛教中心。唐会昌四年(844)武宗灭佛,五台山佛教受到惨重打击。进入五代以后,战争不休,五台山佛教随之衰落。宋朝建立,五台山佛教才有所恢复。就中台来说,"有古寺十,大孚灵鹫寺、王子寺、灵峰寺、饭仙寺、天盆寺、清凉寺、石窟寺、佛光寺、宕昌寺、楼观寺"。这是从北魏以来就有的古寺。"今益唐来六寺,竹林寺、金阁寺、安圣寺、文殊寺、玉华寺、圣寿寺。"这是唐代增修的,五代战乱,有的已毁废。至宋仁宗年间"今益二寺,宝山寺、太平兴国寺"。此外还重点叙述了五台山古寺兴废情况。如大孚灵鹫寺,"世传后汉中平所立",然后叙述灵鹫得名之由。指出:"为今真容院所居之基。"说明宋时寺已废毁,在遗址上建了真容院。并倒叙灵鹫寺当年盛况,此寺"乐比摩利天仙,曲同维卫佛国,往飞金刚窟内,今出灵鹫寺中"。可见当时乐声嘹亮,佛寺兴盛,如身临其境,犹登极乐世界。如记清凉寺,"依山立名,托居岩侧,道通涧壑,上接云霓,长安二年(702)五月十五日建安王(武攸宜)仕并州长史,奏重修葺。"因五色云中出现佛手相,武则天大为喜悦,"命工琢玉御容,入五台山礼拜菩萨"。"造塔建碑,设斋供养。"如记东台铜钟寺的铜钟被山神收入金刚窟内,寺僧惠澄将此事勒石为铭,以广传闻。这些记载都可反映出五台山佛教自唐至宋的兴废历程。

三、充实了慧祥《古清凉传》中的有关内容。

有些内容,慧祥已经提到,但不够具体、完整;有些内容则是延一新增的。大致可以分为三类。(一)记载菩萨的化身。如文殊菩萨化身为贫女,试探大孚灵鹫寺主持僧德行。如记天女三昧姑道成升天故事等。(二)记载高德僧尼的德行和见佛成仙的故事。如无著和尚,姓董氏,温州永嘉人,年十二出家修行"寸阴不舍,研穷理性,妙契本源",独自一人到金刚窟去,路逢一位老人,牵牛而行,领其入门,"但见其地平坦,净琉璃色,堂舍廊宇,悉皆黄金"。这里即是金刚窟般若寺,老人即是文殊菩萨化身,说明无著和尚修行坚贞,得遇佛陀。如记尼法空在五台山建安寺出家,发愿苦修,得文殊菩萨指点"汝宜住此修行,决证胜果"。后来果然坐化成仙。(三)记载官吏士俗归信佛教故事。如记开元二十三年代州都督王嗣巡礼五台山寺院,忽遇一伽蓝,为"谈十二空之正理,演十二见之邪宗"。都督大为惊骇,乃顿发愿心,欲斋千僧,以祚胜福。如记蔚州灵丘县人李诚惠,其父母壮而无嗣,朝五台山文殊菩萨后其妻即有娠,月满生男,即李诚惠,归依佛家;到五台山拜真容殿主法顺为师,号降龙大师,终成正果。

关于本书的研究,有今人陈扬炯和冯巧英校注,山西人民出版社1989年出版。

(来可泓)

庐山记 〔北宋〕陈舜俞

《庐山记》,三卷(或作五卷)。北宋陈舜俞撰,成于熙宁四年(1071)至熙宁七年(1074)之间。通行本有《永乐大典》本、《四库全书》本、《守山阁丛书》本、《丛书集成》本、《吉石盦丛书》本、《殷礼在斯堂丛书》本、《说郛》本、《大正藏》本等。

陈舜俞(？—1074),字令举,号白牛居人。北宋湖州乌程(今浙江湖州)人。博学多才,举庆历六年(1046)进士,官明州观察推官。嘉祐四年(1059),又举科制,授秘书省著作佐郎,迁都员外郎。后弃官,寓居秀州白牛村。熙宁三年(1070)复出,以屯田员外郎知山阴县。时朝廷行青苗,而他以为是新增一赋以敝海内,非王道之举,拒不执行,上疏自劾。贬任南康军盐酒税,卒于任。著有《都官集》三十卷、《庐山记》五卷。生平事迹见《宋史》。

陈舜俞贬官南康,与刘涣同游庐山,以六十日尽其山水之胜。尝"问山中塔庙兴废及水石之名,无能为其言者。或有言,往往袭谬失实"(自记)。及读慧远、周景武等所论次,每恨其内容疏略,多有遗漏。"因取九江之图经,前人杂录,稽之本史,或亲至其处,考验铭志,参订耆志,作《庐山记》。其湮泯芜没不可复知者,则阙疑焉。凡唐以前碑记,因其有岁月甲子爵里之详,故并录之,庶或有补史氏云。"(自记)又作俯仰之图,寻山先后之次以冠之。其后,卷四、卷五亡佚,图亦不存。

《庐山记》是一部记叙庐山地区自然与人文景观分布的著作。先总叙庐山,而后将其分为南北东西四篇,详加叙述。其书于"泓泉块石,具载不遗"(《四库全书总目》)。尤详人文,记自始皇、匡裕以来,道佛二家佚事遗迹及寺观分布。全书分为八篇。其中,《永乐大典》和《四库全书》本仅有前三篇(即卷一和卷二),佚后五篇(即卷三至卷五)。《大正藏》本以日本古钞本(《庐山记》的卷一、卷四和卷五),补足宋刻本(卷二和卷三),所刊为八篇。它们是:总叙山水篇、叙山北篇(以上卷一)、叙山南篇(卷二)、十八贤传(卷三)、古人留题篇(卷四)、古碑目、古人题名篇(以上卷五)。

陈舜俞说,庐山"山高二千三百六十丈,圆基周回垂五百里。其山九叠,川亦九派"(卷一)。

又按路程远近,分记各处山水草木。如:"由护国一里至石盆庵。石盆在山上,非镌凿所成。盆中清泉,虽旱不竭。""盖过上化城,山路弥险,中间往往不可行肩舆。直上十里,道中过鸡冠石、次四望石、次泻油石、次香炉峰。此峰山南山北,皆有真形圆耸,常出云气,故名以象形。"(卷二)其记岩石说:"由掷笔峰一里至佛手岩。以石为屋,可容百众。旁有流泉,因石为渠。岩上巨石,偃若指掌,故名佛手。"(卷二)记温泉云:"自康王观由官道十五里,亦至净慧禅院。净慧旧名黄龙灵荡院,有汤泉,四时沸腾,为丹黄之臭,须臾熟生物,病疮人浴之有愈者。"(卷三)记瀑布道:卧龙"庵之西,苍崖四五,禅暴(瀑)中泻,大壑渊深,凛然可畏。有黄石数丈隐映连属,在激浪中,视者眩转若欲蜿蜒飞舞,故名卧龙"(卷三)。说涧湫语:"三峡涧出寺,其源甚远。涧中有龙湫三四,莫知其极。方暑雨之洊至也,山之众壑同下,轰若雷霆。涧石大小,无虑万计,悉填湫中。今古不见小塞,疑下通于海矣。"(卷三)又记山中气候植物:"由天池直下山十五里,同名锦(绳)〔绣〕谷。旧录云谷中奇花异卉,不可殚述。三四月间,红紫匝地,如被锦绣,故以为名。"大林"山高地深,时节绝晚,于时孟夏,如正二月天。山桃始华,涧草犹短,人物风候,与平地聚落不同,初到恍然若别造一世界者"(卷二)。

作者于自然资源的利用也有所论述:"道西有云庆庵,旧名云境,因流泉为池,多畜鲂鲤。岁已久,游泳甚狎。"(卷二)神运殿之后有白莲池,乃谢灵运命人所凿,植白莲池中。"董真人,名奉,字君异,闽中侯官人。少有道术。……后居庐山,治人之疾,不取贽币,使愈者植杏五株。数年郁茂成林。"(卷二)还从游观角度,品评山中景致:"凡游人在二林望上化城,楼阁隐隐,在云霭中,有若图画。"(卷二)"由竹林二里至福源庵,旧名灵真,十有三处,水石无不佳。惟明真岩石玲珑,或欹或立,有洞府之状。坐大石上,对五老峰如宾客,亦此山之最胜处。"(卷三)

叙说山区佛道两教活动状况。以时间论,道教先于佛教。"匡裕,字君平,夏禹之苗裔也。或曰字君孝。父东野王,与吴芮佐汉定天下而亡。汉封裕于鄡阳,曰越庐君。裕兄弟七人,皆好道术,遂寓情于洞庭之山,故谓之庐山。"(卷三)庐山之名因道教而来,道教亦以庐山为立足之地而发展。简寂"观门之(士)〔上〕有朝真阁,殿前有〔陆修静〕先生醮石,高六七尺,方广丈余,其向乾亥,亦名礼斗石。殿之后有《道藏》,石刻目录,列于四壁。(卷三)"但就书中所记,佛教多于道教。其中记慧远遗事不少。"远公与慧永、慧持、昙顺、昙恒、竺道生、慧叡、道敬、道昺、昙诜、白衣张野、宗炳、刘遗民、张诠、周续之、雷次宗、梵僧佛驮耶舍、佛驮跋陀罗十八人者,同修净土之洁,因号白莲社十八贤。"(卷二)历宋、齐、梁、陈、隋而至唐,庐山名僧有智常。"智常,大历中得法于江西道一禅师。道一姓马,僧史谓之马祖。智常之目重瞳,以毒药自按摩之,使目眦俱赤,世号赤眼归宗。"(卷三)又有语及外国旅学僧处:"新罗岩在其下二里,岩石之间,可庇风雨,亦有幽泉可给烹濯。昔东海僧居焉,故谓新罗岩。"(卷二)又载佛道二家关系。刘宋大明五年,陆修静"始置馆庐山。泰始三年,明帝复加诏命,仍使刺史王景文敦劝,屡辞不获,乃至阙。设崇虚馆、通仙堂以待之,仍会儒释之士,讲道于庄严佛寺,久之。(永)〔元〕徽初,启求还山,不许。五年三月二日卒。即之,肤色如生,清香不绝。"(卷三)

  陈舜俞总结前人成果,结合访问、考察、考证,写成《庐山记》,从地理、历史、旅游、宗教四方面叙说,又注意所叙各处的方向距离关系,其成就远过于同时及以往的同类书籍。

  有关本书的研究,有李勤合《陈舜俞〈庐山记〉版本述略》(《图书馆杂志》2010年第10期)等。

(贺圣迪)

林间录 〔北宋〕惠 洪

《林间录》,二卷。北宋惠洪(又作"慧洪")撰,成于大观元年(1107)。通行本有《卍续藏经》本等。

惠洪(971—1128),又作"慧洪",一名"德洪",字觉范,号寂音,筠州新昌(今江西宜丰),俗姓俞。南岳(怀让)下第十三世、临济宗黄龙派僧人。年十四,依三峰靓禅师为童子。十九岁时,试经东都(开封),假天王寺旧籍"惠洪",正式出家。依宣秘律师受《唯识论》。博观子史,以诗鸣于京华缙绅间。后南归,依真净克文禅师研究心法。曾四次入狱,历经坎坷。尚著有《禅林僧宝传》、《智证传》、《冷斋夜话》、《石门文字禅》、《法华合论》、《起信论解义》等。生平事迹见南宋祖琇《僧宝正续传》卷二等。

《林间录》是一部以丛林(原指一切佛教寺院,禅寺兴起后多指禅寺,故又称"禅林")见闻为记述内容的佛教笔记。此类文体的著作在宋代禅宗著述家中颇为流行的,现存的就有好几种,而《林间录》则是其中撰作早、知名度高的一种。它并非是先有一个总体上的设想,然后根据这个设想去组织资料、编集成文的,而是根据作者在与释子名贤抵掌清谈时所作的札记,经过近十年的积累,最后由本明禅师编成的。

由于《林间录》主要是根据平日交游或触事有感的一些札记编成的,故它的特点是泛而杂。所记不限于一人、一事、一时、一地、一科、一类。凡作者认为有意义的,不论是出自缁门尊宿,还是出自名公士夫,本朝还是前代,是他人的一则故事还是本人的一段经历,是见于文字的序赞偈颂还是流于口传的行迹言谈,是对人和事的评议还是读经读论的感受,莫不加以综录。全书共录三百余事,绝大多数是"尊宿之高行,丛林之遗训,诸佛菩萨之微旨,贤士大夫之余论"(见序),即当时禅门流传的各种逸闻轶事,其次是作者的一些杂感。每事均无标题,也不分类,按先录在先,后录在后的顺序自然编排。

卷上,始自"杭州兴教小寿禅师"(原书并无标题),终"嵩明教(契嵩)"。叙及的人物(作者本人不计入内)和著作主要有:栖贤諟禅师、李肇《国史补》、大觉禅师琏公(怀琏)、赞宁《大宋高僧传》、长沙岑禅师、积翠南禅师、唐僧元晓、云居佛印禅师、玄沙备禅师、草堂禅师《笺要》、唐僧复礼、云庵和尚、达观颖禅师、《涅槃经》、《维摩经》、临济大师(义玄)、东京觉严寺有诚法师、晦堂老人、圆通祖印讷禅师、曹山耽章禅师、圭峰《日用偈》、云峰悦禅师、欧阳文忠公(欧阳修)、雪窦禅师《祖英颂古》、首山和尚《传法纲要偈》、永明和尚(延寿)等。

卷下,始自"大觉禅师(怀琏)",终于"王文公(王安石)"。叙及的人物和著作主要有:杜祁公、《首楞严经》、香山居士(白居易)、庐山玉涧林禅师《云门北斗藏身因缘偈》、灵源禅师、衡岳楚云上人、慈明老人、大愚芝禅师、金华怀志上座、杭州上天竺元净法师、汾阳无德禅师、《正宗记》、洞山圆禅师、无尽居士(张商英)、福严感禅师、杨岐会禅师(方会)、景福顺禅师、大本禅师、报本元禅师等。

《林间录》虽然不像一般禅宗史传那样叙事较为系统集中,但它保存了佛教传记、行状、文集、语录、灯录以及作者言行的许多片段,又可作为编写史传之参考。

如五代僧人文偃的个性如何,语录又是怎样编录的,《林间录》中有这样的记载:"云居佛印禅师曰:云门和尚(文偃)说法如云,绝不喜记录其语,见必骂逐,曰:汝口不用,反记我语,他时定贩卖我去。今对机、室中录,皆香林明教以纸为衣,随所闻,随即书之。"(卷上)

北宋中叶时的白云守端禅师,是临济宗杨岐派开创人方会的上首弟子,也是杨岐派发展史上的一个关键人物。因为杨岐派的法脉,就是通过守端传五祖山(黄梅山)的法演,法演传圆悟克勤,克勤传大慧宗杲,一代一代往下传,延绵以迄近代的。《林间录》中有一处记载了守端关于禅寺祖堂应设达摩、怀海尊像的主张:"白云端禅师曰:天下丛林之兴,大智禅师(指百丈怀海)力也。祖堂当设达磨初祖之像于其中,大智禅师像西向,开山尊宿(指寺院的第一任方丈)东向,得其宜也。不当止设开山尊宿,而略其祖宗耳。"(卷上)另有一处记载了他的两首禅偈:"白云端禅师作《蝇子透窗偈》曰:为爱寻光纸上钻,不能透处几多难。忽然撞著来时路,始觉平生被眼瞒。作《北斗藏身因缘偈》曰:五陵公子游花惯,未第贫儒自古多。冷地看他人富贵,等闲不奈幞头何?"(卷下)

再如,自唐以来,禅林盛行用某一独特的行为方式,或不落窠臼的答问,来截断学人通常的思维活动,使之解黏去缚,无所用心,从而达到自见清净本性的参禅效果。对此,《林间录》也有所反映:"古老衲(即老和尚)住山,多托物寓意,既自游戏,亦欲悟人。如子湖之畜犬,道吾之巫衣端笏,雪峰、归宗、西院皆握木蛇。故雪峰《寄西院偈》云:本色住山人,且无刀斧痕。予元符间至疏山,见仁禅师画像亦握木蛇。当有僧问曰:和尚手中是什么物?答曰:曹家女。"(卷下)"南禅师居积翠时,以佛手驴脚生缘问学者,答者甚众。南公瞑目如入定,未尝可否之。学者趋出,竟莫知其是非。故天下谓之三关语。晚年自作偈三首,今只记其二,曰:我手佛手,齐举禅流。直下荐取,不动干戈。道处自然,超佛越祖。我脚驴脚,并行步步,皆契无生。直待云开日现,此道方得纵横。"(卷上)

这些记载生动地描述了禅林风貌。

至于见录于《林间录》的惠洪本人的行事言谈,则比书中收载的任何其他人都多,如惠洪曾读过杨亿的《佛祖同源集序》,发过令人回味的感叹:"予夜与僧阅杨大年(杨亿)所作《佛祖同源集序》,至曰:昔如来于然灯佛所,亲蒙记莂,实无少法可得,是号大觉能仁。置卷长叹:大年士大夫,其辩慧足以达佛祖无传之旨。今山林衲子,反仰首从人求禅道佛法,为可笑也。"(卷上)

所以,倘若是研究惠洪本人的思想,不读《林间录》是不行的。同时,还须看到,由于《林间录》具有随笔性质,因此,书中的有些记载属于道听途说,不能一概视为事实。如唐武宗曾发动过有名的"会昌毁佛"运动,而他一死,继位的唐宣宗立即反其道而行之,复兴佛教,其中的主要原因是出于政治上的考虑。而《林间录》则说:"唐宣宗微时,武宗疾其贤,数欲杀之。宦者仇公武保祐之。事迫,公武为薙发作比丘,使逸游,故天下名山多所登赏。至杭州,监官禅师安公者,江西马祖之高弟,一见异之,待遇特厚,故宣宗留盐官最久。及即位,思见之,而安公化去久矣。先是武宗尽毁吾教,至是复兴之。虽法之隆替系于时,然庸讵知其力非安公致之耶?"(卷上)

这里说的唐宣宗曾当过僧人,恐是社会上的一则传说,未必是真的。此外,《林间录》在称呼僧人时,往往只称法名中的末一个字,或僧人的字、号以至所住的山名、寺名等。这对于当时的人来说,约定俗成是容易知道的。但对于后人来说,则要费一番周折,才能弄清究竟指谁。

有关本书的研究,有陈自力《释惠洪研究》(中华书局,2005年)的相关部分、陈士强《大藏经总目提要·文史藏》(上海古籍出版社,2008年)等。

(陈士强)

碧岩录 〔北宋〕克 勤

《碧岩录》,全称《佛果圆悟禅师碧岩录》,又称《碧岩集》,十卷。北宋克勤著,成于宣和七年(1125)。通行本有《清藏》本、《卍续藏经》本、《大正藏》本等。

克勤(1063—1135),字无著,赐号"圆悟",又号佛果,彭州崇宁(今四川郫县、彭县一带)人,俗姓骆。世宗儒业,幼年依妙寂院自省法师落发出家。初从文照、敏行二师研习经论,后游参禅林尊宿,得法于五祖(山名)法演,为南岳下十四世、临济宗杨岐派僧人。著作尚有《佛果击节录》、《佛果克勤禅师心要》(均存)等。生平事迹见《五灯会元》卷十九、《佛祖历代通载》卷二十等。

《碧岩录》是禅宗评唱体著作的始祖,被禅界誉为"宗门第一书"。所说的"评唱",指的是对禅门颂古或拈古的评析。先是有云门宗高僧雪窦重显从《景德传灯录》等书中摘录了一百则禅宗公案,用偈颂的形式加以品评,编成了《颂古百则》一卷。但由于偈颂文字简洁含蓄,不能把公案的底蕴以及作颂者的看法,通俗而又明白地表述出来,一般人还是不容易理解。为此,克勤又对重显的《颂古百则》进行了解释和评述,撰成了本书。

《碧岩录》共收录禅宗公案一百则,每卷十则。

卷一:圣谛第一义;赵州至道无难;马祖日面佛月面佛;德山挟复问答;雪峰粟粒;云门日日好日;惠超问佛;翠岩眉毛;赵州四门;睦州掠虚汉。

卷二:黄檗瞳酒糟汉;洞山麻三斤;巴陵银碗里雪;云门一代时教;云门倒一说;镜清啐啄机;香林坐久成劳;忠国师无缝塔;俱胝只竖一指;翠微禅板。

卷三:智门莲华荷叶;雪峰鳖鼻蛇;保福长庆游山次;铁磨老牸牛;莲华峰拈柱杖;百丈独坐大雄峰;云门体露金风;南泉不说底法;大隋随他去也;赵州大萝卜头。

卷四:麻谷持锡绕床;定上座伫立;陈操具双眼;仰山不曾游山;文殊前后三三;长沙芳草落花;盘山三界无法;风穴祖师心即;云门花药栏;陆亘天地同根。

卷五:赵州大死底;庞居士好雪片片;洞山无寒暑;禾山解打鼓;赵州七斤布衫;镜清雨滴声;

云门六不取;招庆翻却茶铫;三圣透网金鳞;云门尘尘三昧。

卷六:雪峰是什么;赵州渡驴渡马;百丈野鸭子;云门却展两手;道吾一家吊慰;钦山一镞破关;赵州田库奴;赵州分疏不下;赵州何不引尽;云门拄杖化龙。

卷七:风穴家国兴盛;云门中有一宝;南泉斩却猫儿;赵州头戴草鞋;外道良马鞭影;岩头取黄巢剑;傅大士讲经竟;仰山汝名什么;南泉画一圆相;沩山请和尚道。

卷八:五峰和尚并却;云岩和尚有也;马祖四句百非;金牛饭桶;乌臼屈棒屈棒;丹霞吃饭也未;云门糊饼;开士入浴;投子一切佛声;赵州初生孩子。

卷九:药山尘中尘;大龙坚固法身;云门古佛露柱;维摩不二法门;桐峰庵主作虎声;云门厨库三门;云门药病相治;玄沙三种人;云岩大悲千眼;智门般若体。

卷十:盐官犀牛扇子;世尊升座;大光这野狐精;《楞严》不见;长庆阿罗汉三毒;赵州三转语;《金刚经》罪业消灭;天平行脚;忠国师十身调御;巴陵吹毛剑。

上述公案中,数云门文偃和赵州从谂为最多,前者有十四则,后者有十二则,其他禅师每人只有一则或数则。

《碧岩录》对所收公案(包括重显作的"颂古")的评析,大多是由五大段构成的。

(一)垂示。此为克勤所作。语言简短洗练,一般只有几十个字,长的也不过一百多字,其性质相当于小序、引言或提示,其语气颇似"拈古"(也有些公案之首没有"垂示")。

(二)公案。这是从重显《颂古百则》上摘录下来的原文,公案之首均有"举"字,意为列举、举例。其中,凡是重显原先加的评注(时称"著语"),冠以"雪窦著语云"、"窦云"、"雪窦拈云"等字样,乃用与正文相同的字体刊出;凡是克勤新加的注释,不署名氏,用比正文小的字体刊出。

(三)评唱。此为克勤对公案的评述。内容包括:公案的蕴意、历史背景,所涉人物的言语行事以及克勤的评析等。

(四)颂古。此为重显所作,也是克勤从《颂古百则》上移录的。颂语中夹有克勤的评注("著语")。

(五)评唱。此为克勤对颂古的评述。

例如,对"洞山麻三斤"这则公案,作者作了以下的评唱:"这个公案,多少人错会,真是难咬嚼,无尔下口处,何故淡而无味?古人有多少答佛话,或云'殿里底',或云'三十二相',或云'杖林山下竹箸鞭',及至洞山,却道'麻三斤',不妨截断古人舌头。人多作话会,道:洞山是时在库下秤麻,有僧问,所以如此答。有底(的)道:洞山问东答西。有底道:尔是佛,更去问佛,所以洞山绕路答之。死汉更有一般道:只这'麻三斤'便是佛,且得没交涉。尔若怎么(这么)去洞山句下寻讨,参到弥勒佛下生,也未梦见在。何故?言语只是载道之器,殊不知古人意,只管去句中求,有什么巴鼻。不见古人道：道本无言，因言显道，见道即忘言。若到这里，还我第一机来始得。只这'麻三斤'，一似长安大路一条相似，举足下足，无有不足。这个话，与云门(文偃)'糊饼'话是一般，不妨难会。五祖先师(指法演)颂云：贱卖担板汉，贴秤麻三斤。千百年滞货，无处著浑身。尔但打叠得情尘意想，计较得失是非，一时净尽自然会去。"(卷二)

通过克勤的讲解，本来较为玄奥难懂的《颂古百则》变得通俗易晓了。

《碧岩录》问世以后，曹洞宗人万松行秀对天童正觉的《颂古》加以评唱而作《从容庵录》六卷，行秀的弟子从伦又对投子义青的《颂古》和丹霞子淳的《颂古》分别加以评唱，撰成《空谷集》六卷和《虚堂集》六卷，明人将这四部著作称为"四家评唱"，刊刻后广为流布。

有关本书的研究，有陈士强《大藏经总目提要·文史藏》(上海古籍出版社，2008年)等。

（陈士强）

古尊宿语录 〔南宋〕赜藏主

《古尊宿语录》,初名《古尊宿语要》,作四卷。后经人增补,成四十八卷。南宋赜藏主(守赜)编,约成于绍兴元年(1131)至绍兴八年(1138)之间。通行本有《明南藏》本、《频伽藏》本、《卍续藏经》本、中华书局1994年版萧萐父等点校本等。

《古尊宿语录》是禅宗的一部语录总集。全书共收录唐宋时期三十六家禅宗僧人的语录。主要有《黄檗断际(希运)禅师宛陵录》、《镇州临济慧照(义玄)禅师语录》、《兴化(存奖)禅师语录》、《睦州(道踪)和尚语录》、《汝州南院(慧颙)禅师语要》、《风穴(延沼)禅师语录》、《汝州首山念(省念)和尚语录》、《汾阳昭(善昭)禅师语录》、《慈明(楚圆)禅师语录》、《池州南泉普愿禅师语要》、《赵州真际(从谂)禅师语录》、《云门匡真(文偃)禅师广录》、《袁州杨岐山普通禅院会(方会)和尚语录》、《舒州白云山海会演(法演)和尚语录》、《舒州龙门佛眼(清远)和尚语录》、《鼓山先兴圣国师(神晏)和尚法堂玄要广录》、《襄州洞山第二代初(守初)禅师语录》、《宝峰云庵真净(克文)禅师语录》、《东林和尚云门庵主颂古》、《佛照(德光)禅师奏对录》等。

《古尊宿语录》所收的这些语录的主人,大多数为禅宗五大宗派(临济、曹洞、沩仰、云门、法眼)中临济宗一派的名僧,也有些是云门宗名僧和在五大宗派形成之前的南岳(怀让)、青原(行思)二系的名僧。

所收的各家语录的主体,是各禅师在不同的居住地、不同的场合、以不同的方式所说的法语(如上堂示众、室中垂语、勘辨对机),同时也包括各禅师语录集中收录的偈颂、歌赞、拈古、颂古、短文、行状、塔铭、序等。以卷二七至卷三四收载的《舒州龙门佛眼和尚语录》为例,它除了收有《语录》、《小参语录》、《普说语录》、《室中垂示》等以外,还收有《偈颂(包括诗赞题记)》、《颂古》、《示禅人心要》、《三自省察》、《诫问语》、《佛眼禅师语录序》(豫章徐俯、遂宁冯楫各撰一篇)、《宋故和州褒山佛眼禅师塔铭》(宣教郎李弥远撰)。因此,语录实是一个禅师的主要思想资料的汇编,同时还包括介绍该禅师生平行历、主要事迹的一些附件(如塔铭、行状等)。

如舒州白云山海会法演禅师,是宋代临济宗杨岐派的一位著名人物。《古尊宿语录》卷二十至卷二二刊载了他的语录《舒州白云山海会演和尚语录》。在《偈颂·示学徒四首》中阐述了他对如何才能证得禅法的看法:"学道之人得者稀,是非长短几时亏。若凭言语论高下,恰似从前未语时。""空门有路人皆到,到者方知滋味长。心地不生闲草木,自然身放白毫光。""一片秋光对草堂,篱边全菊预闻香。蝉声未息凉风起,胜似征人归故乡。""终日谈玄第一宗,枯河道里觅鱼踪。直饶祖佛无阶级,须向奇人棒下通。"(卷二二)

又如卷三七刊载的《瓯闽鼓山先兴圣国师和尚法堂玄要广集序》(北宋绍文撰),介绍了神晏禅师的师承、徒众、禅风以及他的语录的大致内容。卷四八的《佛照禅师奏对录》记临济宗的佛照禅师与宋孝宗之间的多次奏对问答。在具体解说如何体证真实、悟道等问题时,佛照禅师都要列举禅门公案,如临济义玄、黄檗希运、赵州从谂等的机缘语句。这些都为了解禅师们的言语行迹提供了翔实可靠的第一手资料,同时对研究政教关系(如佛照禅师对孝宗皇帝称臣,并三呼万岁,而非昔日僧徒以贫道自称,不敬王者)也有参考价值。

《古尊宿语录》的初本《古尊宿语要》(四卷)的续作,有南宋师明于嘉熙二年(1238)编集的《续古尊宿语要》六卷。《续古尊宿语要》收录唐宋禅师的语录八十一家(附出二家),有日本《卍续藏经》本行世。它与《古尊宿语录》同为研究禅宗思想史的重要资料。

有关本书的研究,主要有陈士强《大藏经总目提要·文史藏》(上海古籍出版社,2008年)等。

(印　根)

翻译名义集 〔南宋〕法 云

《翻译名义集》，略称《翻译名义》、《名义集》，七卷。南宋法云编，成于绍兴十三年（1143）。通行本有《明北藏》本、《清藏》本、《频伽藏》本、《大正藏》本等。

法云（1086—1158），字天瑞，自号无机子，赐号普润，俗姓戈，长洲彩云里（今苏州市）人，天台宗僧人。九岁出家，二十岁受具足戒。绍圣四年（1097），发轫参方。首见通照法师，学习天台教义；次投天竺敏法师几下，谛受玄谈；末得法于清辩蕴齐。政和七年（1117），应请住持松江大觉寺，讲《法华》、《金光明》、《涅槃》、《净名》等经，积八年之久。后归故里。绍兴十五年（1145）以后，大兴莲社法会，念佛以期往生净土，士夫名贤及善信四众争先趋之。法云博通经史，囊括古今。尚撰有《金刚经注》、《心经疏钞》、《息阴集》（已佚）。生平事迹见元代普洽《苏州景德寺普润大师行业记》。

《翻译名义集》是一部摘列佛典中梵语音译名词（《宗翻译主篇》收录的法显、智猛、智严、宝云、玄奘、义净等汉地出身的佛经翻译家例外），分类排纂，予以诠释的佛教辞典。全书共分为六十四篇，收词目两千余条。每篇之首均有序言，对篇名、义旨以及有关的事理加以叙释。由于篇序以及词目的释文中又提到了许多梵语音译名词、义译名词、音义合译名词，故书中实际诠译的佛教名词术语约有四千八百条。

卷一：十三篇。有：十种通号篇、诸佛别名篇、通别三身篇、释尊姓字篇、三乘通号篇、菩萨别名篇、度五比丘篇、十大弟子篇、总诸声闻篇、宗释论主篇、宗翻译主篇、七众弟子篇、释氏众名篇。所收的词目主要有：佛陀、弥勒、阿弥陀、释迦牟尼、菩萨、阿罗汉、文殊师利、提婆达多、舍利弗、大目犍连、须菩提、阿难、陈那、支谦、法显、玄奘、义净、和尚、维那等。

卷二：十一篇。有：八部篇、四魔篇、仙趣篇、人伦篇、长者篇、外道篇、六师篇、鬼神篇、畜生篇、地狱篇、时分篇。所收的词目主要有：兜率天、夜叉、补特伽罗、须达多、婆罗门、一阐提、刹那等。

卷三：十四篇。有：帝王篇、皇后篇、世界篇、诸国篇、众山篇、诸水篇、林木篇、五果篇、百华篇、众香篇、七宝篇、数量篇、什物篇、显色篇。所收的词目主要有：因陀罗、波斯匿、阿育、索诃、阎浮提、印度、补陀落迦、菩提树等。

卷四：十篇。有：总明三藏篇、十二分教篇、律分五部篇、论开八聚篇、示三学法篇、辨六度法篇、释十二支篇、明四谛法篇、止观三义篇、众善行法篇。所收的词目主要有：修多罗、毗奈耶、阿毗昙、俱舍、优婆提舍、阿含、首楞严、楞伽、般舟、犍度、瑜伽师地、摩得勒伽、波罗提木叉、三昧、禅那、般若、悉檀、羯磨、布萨、安居等。

卷五：六篇。有：三德秘藏篇、法宝众名篇、四十二字篇、名句文法篇、增数譬喻篇、半满书籍篇。所收的词目主要有：伽陀、舍利、四蛇、五味、六贼、九喻、悉昙章、韦陀、僧佉论、卫世师等。

卷六：四篇。有：唐梵字体篇、烦恼惑业篇、心意识法篇、阴入界法篇。所收的词目主要有：达梨舍那、末那、阿赖耶、萨迦耶萨等。

卷七：六篇。有：寺塔坛幢篇、犍稚道具篇、沙门服相篇、斋法四食篇、篇聚名报篇、统论二谛篇。所收的词目主要有：招提、阿兰若、那烂陀、犍稚、袈裟、安陀会、尼师坛、分卫、波罗夷、僧伽婆尸沙、偷兰遮、波逸提、波罗提提舍尼等。

全书之末有《翻译名义续补》。作者解释说："初编集时，意尚简略，或失翻名，或缺解义，后因披阅，再思索之，复述《续补》，后贤详悉。"所补的主要是十种通号篇、诸佛别名篇、宗翻译主篇、八部篇、五果篇、百华篇、众香篇、法宝众名篇等篇中的近三十条词目，有：明行足、无量寿、译师、提和越、摩偷、尸利夜神、勿伽、末利、解脱、智度、方便、刹摩等。

《明北藏》本和《清藏》本的《翻译名义集》也分为六十四篇（分作二十卷），其中除《大正藏》本中的《皇后篇》，在它们那里名为《后妃篇》以外，其余六十三篇的篇名均相同，但在编次上与《大正藏》本略有出入。

《翻译名义集》对词目的解释，通常包括：列举异译；说明义译；引证；阐释诸项内容。就引证而论，既有引书的，也有引言的。在引书方面，虽然也有不少是汉译的经律论，但数量更多的当推汉地僧人撰作的疏论、记传、音义等，如《辅行》、《光明玄》、《观经疏》、《金刚经疏》、《垂裕记》、《法华疏》、《净名疏》、《四教仪》、《西域记》、《寄归传》、《刊正记》、《止观》、《俱舍音义》、《音义指归》等。此外，也引用了一些俗书和道书，如《声类》、《释名》、《礼记》、《韩诗外传》、《风俗通》、《神仙传》、《抱朴子》等。总计约四百种。

《翻译名义集》的释文总的来说，不满足于某一音译名词的义译的说明，而着眼于词目义蕴的阐发。因此，释文十分详尽，内容极为丰富。如"佛陀"条说："《大论》云：秦言知者，知过去、未来、现在、众生、非众生数、有常、无常等一切诸法，菩提树下了了觉知，故名佛陀。《后汉书·郊祀志》

云：汉言觉也。觉具三义：一者自觉，悟性真常，了惑虚妄；二者觉他，运无缘慈，度有情界；三者觉行圆满，穷原极底，行满果圆故。《华严》云：一切诸法性，无生亦无灭，奇哉大导师，自觉能觉他。肇(僧肇)师云：生死长寝，莫能自觉，自觉觉彼者，其唯佛也。《妙乐记》云：此云知者、觉者，对迷名知，对愚说觉。《佛地论》云：具一切智、一切种智，离烦恼障及所知障，于一切法、一切种相能自开觉，亦能开觉一切有情，如睡梦觉，如莲华开，故名为佛。"(卷一《十种通号篇》)

由于作者广征博引，条解论辨，故不少词目的释文有一千多字，有的达两三千字。最长的是《心意识法篇》中的"阿陀耶"条，将近五千字。这些释文俨然是一篇篇的专题论文。另外，书中保存了唐代玄奘"五种不翻"的翻译理论(见卷一《十种通号篇》"婆伽婆"条)，此为他书均不载的独有的史料。

有关本书的研究，有近代《翻译名义集易检》(上海佛学书局，1935年)、陈士强《大藏经总目提要·文史藏》(上海古籍出版社，2008年)等。

（陈士强）

乐邦文类 〔南宋〕宗 晓

《乐邦文类》，五卷。南宋宗晓编，成于庆元六年(1200)。通行本有《大正藏》本等。

宗晓(1151—1214)，字达先，自号石芝。四明(今浙江宁波)人，俗姓王，为宋代天台宗知礼系僧人，月堂慧询的弟子。著述甚丰，见存的尚有《金光明经照解》、《宝云振祖集》、《三教出兴颂注》、《施食通览》、《法华经显应录》、《乐邦遗稿》等；已佚的有《诸祖赞》、《儒释孝记》、《明良崇释志》、《明教编》、《修忏要旨笺注》等。生平事迹见南宋志磐《佛祖统纪》卷十八。

《乐邦文类》是佛教净土类文献的总集。书名中的"乐邦"指的是西方极乐世界，是佛教净土信仰者平日一心称念(南无)阿弥陀佛名号，以冀死后往生的地方。"文类"意指文献的类编。全书共分经、咒、论、序跋、文、赞、记碑、传、杂文、赋铭、偈、颂、诗、词十四门，收各种文章二百四十七篇(也称"首")，有些文章的末尾还有宗晓的附语。各卷收录的情况如下。

卷一：三门。一、经。摘录《法华经》、《悲华经》、《无量寿经》、《首楞严经》、《鼓音王经》、《阿弥陀经》、《观无量寿经》等经中有关净土的论述四十六处。二、咒。摘录《无量寿修观行供养仪轨》、《乌瑟腻沙最胜总持经》、《不空胃索神变真言经》、《弥陀不思议神力传》中有关净土的咒语十道。三、论。摘录《无量寿论》、《毗婆沙论》、《大智度论》、《大乘起信论》、《思惟要略法》中关于净土的论述六处。卷首有专谈净土的十六种经论传集的介绍，卷末有"阿弥陀佛尊号"。

卷二：三门。一、序跋。凡三十二家(又称"篇")。主要有庐山慧远《念佛三昧诗序》、天台智顗《观无量寿佛经疏序》、慈恩窥基《阿弥陀经通赞疏序》、慈云遵式《往生西方略传序》、飞山戒珠《净土往生传叙》、草堂飞锡《念佛三昧宝王论序》、圆澄义和《华严念佛三昧无尽灯序》、大智元照《净业礼忏仪序》、提刑杨杰《直指净土决疑集序》、侍郎王古《净土宝珠集序》、吴兴元颖《净土警策序》、无功叟王阗《净土自信录序》、独醒居士林镐《明师胜地论跋》、待制陈瓘《宝城易记录序》、府判方棻《称赞净土海众诗序》等。二、文。凡十三家。主要有礼部柳子厚(宗元)《东海若》、僧录赞宁《结社法集文》、慈觉宗赜《莲华胜会录文》、证通师友《西资社同誓文》等。三、赞。凡十七首。主要有翰林李白《金银泥画净土变相赞》、侍郎白居易《绣阿弥陀佛赞》、苏轼《画阿弥陀像赞》、杨杰《安乐国赞三十章》等。

卷三：二门。一、记碑。凡十九首（又称"篇"）。主要有柳子厚《龙兴寺修净土院记》、朴庵清哲《延庆重修净土院记》、牧庵法忠《南岳山弥陀塔记》、法真宋一《澄江净土道场记》、司封钟离松《宝积院莲社画壁记》等。二、传。凡十四篇。主要有《东晋莲社始祖远（慧远）法师传》、《历代莲社继祖五法师（善导、法照、少康、省常、宗赜）传》、《后魏壁谷神鸾（昙鸾）法师传》、《大宋永明智觉（延寿）禅师传》、《大宋龙舒居士王虚中（王日休）传》等。

卷四：一门。收杂文三十三首。主要有智𫖮《维摩疏示四种佛国》、延寿《万善同归集拣示西方》、孤山智圆《西资拣示偏赞西方》、净觉仁岳《义学编论席解纷》、圆辩道琛《唯心净土说》、桐江择瑛《辨横竖二出》、遵式《晨朝十念法》、《念佛方法》、山堂彦伦《念佛修心术》、司谏江公望《念佛方便文》、京师比丘善导《临济正念诀》等。

卷五：五门。一、赋铭。各一家。有延寿《神栖安养赋》、遵式《日观铭》。二、偈。凡六家。主要有苏轼《画阿弥陀佛像偈》、遵式《释华严贤赞佛偈》、妙行法怡《姚行婆日轮见佛偈》等。三、颂。凡二十家。主要有樝庵有严《十六观颂》、元照《劝修净业颂》、草庵道因《念佛心要颂》、法镜若愚《颂净土并辞世》等。四、诗。凡二十二家：主要有白居易《东林寺临水坐》、东溪祖可《庐山十八贤》、祠部张景修《湖州觉海弥陀阁》、西湖居士李济《净土咏史》等。五、词。凡七家。主要有：幻住居士任彪《拟渊明归去来》、北山可旻《赞净土渔家傲》、白云净圆《望江南》等。

《乐邦文类》为研究自东晋至宋代净土宗的历史、人物、述作、教说、仪式、文学、艺术等，提供了极为丰实的资料。其中的许多名作，对当世与后世、本国与海外产生过重大影响。如卷四收载的宋代桐江择瑛的《辨横竖二出》，以"横出"比喻修持净土法门，以"竖出"比喻修持其他法门，被认为是日本净土真宗创始人亲鸾在《教行信证文类》中提出的"二双四重"教判的基础（见日本《大藏经索引·收录典籍解题》）。同卷收载的宋代遵式的《晨朝十念法》被认为与唐飞锡的《念佛三昧宝王论》、北宋江公望的《念佛方便文》等齐名，是有代表性的念佛方法（见宗晓在卷四《念佛方便文》之后加的附语）。

宋代净土信仰深入到社会各个阶层，不仅王公名儒竞相修持净业。结社念佛之风盛行天下，而且佛教中的天台宗、华严宗、律宗、禅宗等宗派的僧人，在修持本宗的教法的同时，也纷纷兼修净业。《乐邦文类》所收录的众多的净土文，在一定程度上反映了这种社会风气。

《乐邦文类》编成后四年，作者宗晓将自己搜集到的未编入前书的一些资料汇编在一起，纂成《乐邦遗稿》二卷，全书共收文一百二十篇；其中大多数是文章中的片段，也有一些是全文。两书刊行之后，广为流布，成为研究净土宗思想史的必读文献。

有关本书的研究，有陈士强《大藏经总目提要·文史藏》（上海古籍出版社，2008年）等。

（陈士强）

五灯会元 〔南宋〕普 济

《五灯会元》，二十卷。南宋普济集，成于淳祐十二年(1252)。通行本有《清藏》本、《卍续藏经》本、中华书局1984年版苏渊雷点校本等。

普济(1179—1253)，字大川，俗姓张，四明奉化(今属浙江)人。临济宗杨岐派僧人。嗣法于径山如琰。著作尚有《大川普济禅师语录》一卷。生平事迹见明代居顶《续传灯录》卷三五等。

《五灯会元》是禅宗五部灯录的汇编。有关它的由来是这样的：自北宋初年，至南宋中叶，禅宗各派僧人相继撰写了五部灯录体著作：(一) 法眼宗道原于北宋景德元年(1004)撰的《景德传灯录》三十卷。(二) 临济宗李遵勖于天圣二年(1024)撰的《天圣广灯录》三十卷。(三) 云门宗惟白于建中靖国元年(1101)撰的《建中靖国续灯录》三十卷。(四) 临济宗悟明于南宋淳熙十年(1193)撰的《联灯会要》三十卷。(五) 云门宗正受于嘉泰四年(1204)撰的《嘉泰普灯录》三十卷。以上合称"五灯"。由于五灯卷帙浩繁，合起来有一百五十卷之多，所刊载的世次、人物和机缘语句层见叠出，重合之处甚多；对禅宗六祖慧能门下南岳、青原二大系世次的计算，以及编录的程序也不尽一致。故一般学人罕能通究。为此，普济召集了一批僧人，以"五灯"为素材，删并整理，编成了这部《五灯会元》。

卷一：七佛；西天祖师(凡二十八祖)；东土祖师(凡六祖)。

卷二：四祖大医禅师(道信)旁出法嗣第一世至第八世；五祖大满禅师(弘忍)旁出法嗣第一世至第四世；六祖大鉴禅师(慧能)旁出法嗣第一世至第五世；末附"西天东土应化圣贤"(文殊菩萨、千岁宝掌和尚)等。

卷三、卷四：六祖大鉴禅师法嗣南岳怀让禅师；南岳让(怀让)禅师法嗣第一世至第五世。

卷五、卷六：六祖大鉴禅师法嗣青原行思禅师；青原思(行思)禅师法嗣第一世石头希迁至第七世(青峰清勉等)；末附"宋世玉音"(太宗、徽宗、孝宗)和"未详法嗣"(实性大师等)。

卷七、卷八：青原下二世(天皇道吾)至九世(隆寿法骞等)。

卷九：沩仰宗。南岳下三世(沩山灵祐)至八世(兴阳词铎等)。

卷十：法眼宗。青原下八世(清凉文益)至十二世(翠岩嗣元等)。

卷十一、卷十二：临济宗。南岳下四世(临济义玄)至十五世(冶父道川等)。

卷十三、卷十四：曹洞宗。青原下四世(洞山良价)至十五世(广福道勤等)。

卷十五、卷十六：云门宗。青原下六世(云门文偃)至十六世(光孝深禅师等)。

卷十七、卷十八：临济宗黄龙派。南岳下十一世(黄龙慧南)至十七世(大沩鉴禅师等)。

卷十九、卷二十：临济宗杨岐派。南岳下十一世(杨岐方会)至十七世(德山子涓等)。

《五灯会元》作为"五灯"所辑录的禅宗世次源流和主要人物的会萃,内容极为丰富。大凡南宋嘉泰四年(1204)以前的禅门人物为启发学人的禅机,而作的正说、反说、庄说、谐说、横说、竖说、显说、密说以及瞬目扬眉、擎拳举指、竖拂拈槌、掀床作拜、持叉张弓、辊球舞笏、拽石搬土、打鼓吹毛、吁笑棒唱等等的举止行为,大多见录其中。这中间包括了后世禅宗经常谈论的许多公案、话头。

如：见于卷二的鸟窠(道林)吹毛、玄觉一宿、南阳(慧忠)无缝塔；见于卷三的南岳(怀让)磨砖、百丈(怀海)竖拂、南泉(普愿)斩猫、归宗(智常)斩蛇、磐山(宝积)肉案、石巩(慧藏)张弓；见于卷四的赵州(从谂)柏树子、秘魔(岩和尚)擎叉、祇林木剑、道吾起拜、俱胝一指；见于卷五的丹霞(天然)烧木佛、夹山(善会)挥剑；见于卷六的禾山(无殷)打鼓；见于卷七的龙潭(崇信)灭烛、德山(宣鉴)行棒、雪峰(义存)辊球；见于卷九的灵祐踢瓶、香严(智闲)击竹、芭蕉(慧清)拄杖、资福(贞邃)刹竿；见于卷十的法眼(文益)香匙；见于卷十五的云门木马嘶、洞山(守初)麻三斤；见于卷十七的黄龙(慧南)三关、兜率(从悦)三语,等等。这些都是后代禅宗的学者编集各种禅宗典故的重要来源。如金代嵩山少林寺沙门志明撰《禅苑蒙求瑶林》三卷,以后又有佚名者作《禅苑蒙求拾遗》一卷,均采录《五灯会元》中的大量故事。

总的来说,《五灯会元》出于"五灯"而胜于"五灯"。因为它综括了"五灯"的主要内容,而且在分卷录次方面作了重大的改进,条理明晰,叙事简要,甚易读览。因此,自问世以来广泛流传,影响极大。

有关《五灯会元》的续作有明崇祯十七年(1644)支提山沙门净柱(曹洞宗人)编的《五灯会元续略》四卷；有关《五灯会元》的节钞有弘治二年(1489)嘉禾沙门如卺(临济宗人)编的《禅宗正脉》十卷。它们均载于日本《卍续藏经》之中。

有关本书的研究,有陈士强《大藏经总目提要·文史藏》(上海古籍出版社,2008年)等。

(陈士强)

佛祖统纪 〔南宋〕志 磐

《佛祖统纪》,五十四卷。南宋志磐撰,成于咸淳五年(1269)。通行本有《明南藏》本、《频伽藏》本、《大正藏》本等。2012年,上海古籍出版社出版了志磐的《佛祖统纪校注》。

志磐,字大石,四明福泉(今浙江宁波一带)人。礼东湖月波山慈悲普济寺住持宗净出家,为宋代天台宗广智(尚贤)系僧人,另著有《宗门尊祖议》(以上据《佛祖统纪》的序言、卷二四、卷五十)。

《佛祖统纪》是志磐以南宋宗鉴的《释门正统》和景迁的《宗源录》(详见《佛祖统纪通例》,今佚)为基础,旁采释儒道各类典籍,覃思极虑,折衷整比,历时十二年,五誊其稿,最后又请法照(赐号佛光)等一班有学识的僧人校正,尔后定稿付印的纪传体佛教史巨著。全书共分本纪、世家、列传、表、志五大类,每一类下又分若干子目。无论是大类还是子目均有小序冠首,叙述撰意。正文中夹有小注。专传之末间附"赞"、"论"(又称"述曰")。由于流传既久,世家、传和志中有些传文已经佚落。

一、本纪(卷一至卷八)。下分:(一) 释迦牟尼佛本纪(卷一至卷四)。记释迦牟尼的生平事迹及有关事项。分:明本迹、叙圣源、名释迦、下兜率、托母胎、住胎宫、示降生、出父家、成佛道、转法轮(分华严、鹿苑、方等、般若、法华涅槃五时)、入涅槃、分舍利、集三藏等十三章。(二) 西土二十四祖纪(卷五)。记天台宗西天二十四祖的事迹,始摩诃迦叶(又称"大迦叶"),终师子。(三) 东土九祖纪(卷六、卷七)。记天台宗东土初祖至九祖的事迹。依次为:龙树、北齐(慧文)、南岳(慧思)、智者(智顗)、章安(灌顶)、法华(智威)、天宫(慧威)、左溪(玄朗)、荆溪(湛然)。(四) 兴道下八祖纪(卷八)。记天台宗东土等十祖至十七祖的事迹。依次为:兴道(道邃)、至行(广修)、正定(物外)、妙说(元琇)、高论(清竦)、浮光(羲寂)、宝云(义通)、法智(知礼)。

二、世家(卷九、卷十)。下分:(一) 南岳旁出世家(卷九)。记慧思的旁出法嗣(即旁传弟子)僧照、大善、慧成、玄光等。(二) 智者大师旁出世家(同上)。记智顗的旁出法嗣真观、法喜、法慎、普明、智晞、柳顾言、毛喜等。(三) 章安旁出世家(卷十)。记灌顶的旁出法嗣弘景、吉藏、智拔等。(四) 天宫旁出世家(同上)。记慧威的旁出法嗣玄觉。(五) 左溪旁出世家(同上)。记玄朗的旁出法嗣神邕、道遵等。(六) 荆溪旁出世家(同上)。记湛然的旁出世家普门、元皓、行满、梁肃、李华。(七) 兴道旁出世家(同上)。记道邃的旁出法嗣守素。(八) 至行旁出世家(同上)。传文已佚。(九) 正定旁出世家(同上)。传文已佚。(十) 妙说旁出世家(同上)。传文已佚。(一一) 高论旁出世家(同上)。记清竦的旁出法嗣悟恩、文备、庆昭、智圆等。(一二) 净光旁出世家(同上)。记义寂的旁出法嗣行靖、顾斋、谛观等。(一三) 宝云旁出世家(同上)。记义通的旁出法嗣遵式、有基、清晓(传文已佚)等。

三、传(卷十一至卷二十二)。下分：(一) 诸师列传(卷十一至卷二十)。卷十一记义通旁支慈云(遵式)、兴国(有基)、钱塘(清晓)三家的法嗣，有祖韶、悟持、遇成(传文已佚)等。卷十二至卷二十为义通嫡支法智(知礼)的法嗣(包括知礼的弟子及其后传)，始"法智第二世"，终"法智第十世"(案：第一世为法智知礼本人；第二世为知礼的弟子；第三世为知礼弟子的弟子，以此类推。卷十二目录将知礼的弟子广智尚贤等称为"四明法智法师法嗣第一世"，与全书总目、卷十和卷十一中有关以直传弟子为"二世"的世次推算原则不合，应更为"四明法智法师法嗣第二世"，并以此类推)。其中"法智第二世"统收知礼的众弟子，有广智尚贤、神照本如、南屏梵臻、三学则全、浮石崇矩、广慈慧才、广严含莹、慧因择交等。"法智第三世"只收广智、神照、南屏、三学、浮石、广慈六家的弟子；"法智第四世"至"第十世"只收广智、神照、南屏三家的后世传人。由于卷十九、卷二十的正文已佚(仅存目录)，故原载的"法智第九世"和"第十世"的传文全阙。(二) 诸师杂传(卷二十一)。记"山家"派法系(即知礼法系)中持"山外"派观点的人物(相对晤恩、庆昭、智圆等"前山外"派，此派又称"后山外"派)，有仁岳、子昉、从义、道因等。(三) 未详承嗣传(卷二二)。记习天台之道而不详师承的人物，有傅翕、僧稠、楚金、飞锡、文举、元颖、志昭等。

四、表(卷二三、卷二四)。下分：(一) 历代传教表(卷二十三)。以年代为序，记叙自梁武帝至北宋仁宗之间，天台宗各祖师讲经、传法、著述、交往的简要行迹。(二) 佛祖世系表(卷二十四)。叙列天台宗的师资传授系统(即"传法世系"、"法系"、"法统")。

五、志(卷二五至卷五四)。共分九志。

(一) 山家教典志(卷二五)。叙列天台宗人的著述(以"山家"派为主，兼收"山外"派)。

(二) 净土立教志(卷二六至卷二八)。记净土宗人物。下分：莲社七祖(慧远、善导、承远、法照、少康、延寿、省常)；莲社十八贤；莲社百二十三人；不入社诸贤；往生高僧；往生高尼；往生杂众；往生公卿；往生士庶；往生女伦；往生恶辈；往生禽鱼等十二传，末附《往生续遗》。

(三) 诸宗立教志(卷二九)。记禅、贤首、慈恩、密、律五宗祖师或重要人物。下分：达摩禅宗

(记达摩、慧可、僧璨、道信、弘忍、慧能六人);贤首宗教(记法顺、智俨、法藏、澄观、宗密、子璿、净源、义和、李通玄九人);慈恩宗(记戒贤、玄奘、窥基三人,其中戒贤有目无文);瑜伽密教(记金刚智、不空、慧朗、无畏、一行五人);南山律学(记昙无德、昙摩迦罗、法聪、道覆、慧光、道云、道洪、智首、道宣、允堪、元照十一人,其中道宣以前的八人有目无文)。

(四)三世出兴志(卷三十)。记三世(过去、见在、未来)中成、住、空、坏各劫的情况。

(五)世界名体志(卷三一、卷三二)。用图文描绘佛教所说的种种方界。有华藏世界图、大千世界万亿须弥图、四洲九山八海图、忉利天宫图、大千三界图、东土震旦地理图、汉西域诸国图、西土五印图(以上三图为历史地图)、八热地狱图等。

(六)法门光显志(卷三三)。记佛教的典故和制度。有雕像、舍利塔、转藏、大士签、放灯、讲经仪、供佛、佛祖忌斋、三长斋、盂兰盆供、水陆斋、挂幡、放生、戒五辛等四十一则。

(七)法运通塞志(卷三四至卷四八)。用编年法记载中国佛教的历史。始周昭王二十六年,终南宋度宗咸淳元年(1265)。其中卷三十四为周、秦;卷三五为两汉、三国;卷三六为晋、宋、齐;卷三七为梁、陈;卷三八为北魏、北齐、北周;卷三九前部分为隋;卷三九后部分至卷四二前部分为唐;卷四二后部分为五代;卷四三至卷四八为宋。今本卷四八之末还记有咸淳癸酉(1273)佛光照法师(即校勘《佛祖统纪》的法照)示寂、宋少帝事迹、元辽金三代佛教史迹等,均为后人添益,非原书所载。

(八)名文光教志(卷四十九、卷五十)。收唐梁肃《天台禅林寺碑》、《天台止观统例》、柳宗元《圣安寺无姓和尚碑》、宋赵抃《法智大师行业碑》、陈瓘《三千有门颂》、晁说之《仁王般若经疏序》、吴克己《与喻贡元书》、智圆《四十二章经疏序》、志磐《宗门尊祖议》等二十四篇。

(九)历代会要志(卷五一至卷五四)。分类汇编佛教故实。收君上奉佛、试经度僧、士夫出家、僧职师号、不拜君父、沙门著书、放生禁杀、祈祷灾异、凤翔佛骨、立坛受戒、建寺造像、西天求法、经目僧数、名山胜迹、三教谈论、僧籍免丁、韩欧排佛等五十六则。

《佛祖统纪》总的特点是博大精深。从史料方面而言,它征引的佛教经律论和僧传集记有七十二种,如《法华经》、《华严经》、《梵网经》、《普耀经》、《付法藏经》、《十二游经》、《长阿含经》、《观佛三昧经》、《四分律》、《大智度论》、《大庄严论》、梁唐宋三部《高僧传》、《西域记》等;天台宗教典二十一种,如《法华文句》、《涅槃玄义》、《法界次第》、《智者别传》、《二师口义》、《国清百录》、《振祖集》、《天竺别集》、《草庵遗事》、《九祖略传》等;天台宗以外的佛教文述二十四种,如《庐山集》、《十八贤传》、《僧镜录》、《净土往生传》、《天人感通传》、《僧史略》、《林间录》、《僧宝传》、《景德传灯录》、《大慧武库》、《湘山野录》、《石门文字禅》、《禅门宝训》等;经史等类著作四十二种,如《孔子家语》、《论语》、《孟子》、《史记》、《三国志》、《晋书》、《南史》、《北史》、《唐书》、《五代史》、《国朝会要》、

《皇朝类苑》、《长庆集》、《酉阳杂俎》、《宣室志》、《东坡文集》、《太平广记》、《夷坚志》、《东都事略》等;道教经典二十种,如《老子》、《列子》、《庄子》、《汉武内传》、《洞冥记》、《十洲记》、《云笈七籤》、《天师家传》、《神仙传》、《集仙传》、《仙苑遗事》、《高士传》、《真诰》、《林灵素传》等。

从体例和内容方面而言,它兼采各种文体,纵横交错,条贯缕析,综括了南宋末年以前整个中国佛教发展的源流势态及各类人物、史事。本纪、世家、传和表,着重介绍天台宗传法世谱和人物事迹,所收的人物要比《释门正统》多出许多倍,所编的世系也要比它细密得多。足以与禅宗的《景德传灯录》(道原撰)、《传法正宗记》(契嵩撰)等颉颃。其中,《释迦牟尼佛本纪》从释迦族的起源,释迦牟尼的一生,一直说到释迦牟尼逝世之后,为纪念他而建造舍利塔,为使他的教法能长久地传下去而结集三藏(经、律、论),是一部采用编年体写成的完整的佛传。虽然其中不无失当之处,但比梁代僧祐的《释迦谱》用单纯摘录经律论上记载的方法编制佛传有长足的进步。

特别是志一类,有三十卷之多,占全书篇幅的一半以上,天台、净土、禅、贤首、慈恩、律、密诸宗并举,各种佛教史迹尽纳,最集中地反映了此书的优点。其中《法运通塞志》用编年的方法记载了中国佛教一千余年的历史,性质与禅宗撰作的编年体佛教史《隆兴编年通论》(南宋祖琇撰)、《释氏通纪》(南宋德修撰,见《佛祖统纪通例》,今佚)、《释氏通鉴》(南宋本觉撰)相同;《名文光教志》类似于佛教文集;《历代会要志》以类排纂佛教史事,犹如北宋赞宁的《大宋僧史略》。此外,作者还用论、述、赞、注的方式对事情和人物发表评论,或进行诠释,这对于研究志磐本人的思想以及所议论的对象也是一类有用的史论。所以,从一定意义上来说,《佛祖统纪》是一部体例最为完备、内容最为丰赡的百科全书式的佛教通史。

例如,在宋代,知礼是天台宗的"中兴教主",而子璿、净源则是贤首宗的中兴人物,允堪、元照是律宗的中兴人物。有关他们的事迹,《佛祖统纪》中均有记载,其中写道:"法师净源,晋江杨氏(子),受华严于五台承迁(迁师注《金师子章》——原注),学《合论》(指李通玄的《华严合论》)于横海明覃,还南听长水(指子璿)《楞伽》、《圆觉》、《起信》,时四方宿学推为义龙。因省亲于泉,请主清凉。复游吴,住报恩观音。杭守沈文通置贤首院于祥符以延之。复主青镇密印、宝阁华亭、普照善住。高丽僧统义天,航海问道,申弟子礼。初华严一宗疏钞久矣散坠,因义天持至咨决,逸而复得。左丞蒲宗孟抚杭,愍其苦志,奏以慧因易禅为教。义天还国,以金书《华严》三译本一百八十卷(晋严观二法师同译六十卷;唐实叉难陀译八十卷;唐乌荼进本,澄观法师译四十卷——原注)以遗师,为主上祝寿。师乃建大阁以奉安之,时称师为'中兴教主'(以此寺奉金经书故,俗称高丽寺——原注)。元祐三年十一月示寂。"(卷二九《贤首宗教》)"律师允堪,锡号智圆。庆元间,主钱唐(塘)西湖菩提寺,撰《会正记》,以释南山之钞(指道宣的《四分律删繁补缺行事钞》)。厥后,照(元照)律师出,因争论绕佛左右、衣制短长,遂别撰《资持记》,于是,会正、资持遂分二家。"

(同卷《南山律学》)

又如,宋高宗出于经济上的考虑,曾下令天下僧道交纳比一般民赋更高的"免丁钱"(又名"清闲钱")。有关此项敕令的大致内容及佛教方面的反映,是这样的:"(绍兴)十五年,敕天下僧道始令纳免丁钱,自十千至一千三百,凡九等,谓之'清闲钱',年六十已上及残疾者所免纳。道法师致书于省部曰:大法东播千有余岁,其间污隆随时,暂厄终奋,特未有如今日抑沮卑下之甚也。自绍兴中年僧道征免丁钱,大者十千,下至一千三百。国四其民,士农工商也。僧道旧籍仕版,而得与儒分鼎立之势,非有经国理民之异,以其祖大圣人而垂化为善故耳。至若天灾流行,雨旸不时,命其徒以祷之,则天地应,鬼神顺,抑古今耳目所常闻见者也。夫苟为国家御灾而来福祥,亦宜稍异庸庶之等夷可也。若之,何遽以民赋?赋且数倍。今天下民丁之赋岁止缗钱三百,或土瘠民劳而得类免者。为僧反不获齿于齐民,以其不耕不蚕而衣食于世也。夫耕而食,蚕而衣,未必僧道之外,人人耕且蚕也。云云。"(卷四七《法运通塞志》)

再如,"经目僧数"是研究每个朝代佛教状况的基本资料,那么,宋代的僧尼究竟有多少呢?据《佛祖统纪》的记载是:"宋真宗:僧三十九万七千六百十五人,尼六万一千二百四十人;仁宗:僧三十八万五千五百二十人,尼四万八千七百四十人;神宗:僧二十二万六百六十人,尼三万四千三十人;高宗:二十万人。"(卷五三《历代会要志》"经目僧数"条)

类似这样有价值的佛教史资料,在《佛祖统纪》中比比皆是。

《佛祖统纪》的续作为《续佛祖统纪》,二卷。题下署:"宋亡名撰。"然而,考此书卷二子实、大佑等传,多出明"洪武"、"永乐"年号,并叙明太祖崇佛事迹,因此当为明人所作。《续佛祖统纪》全是《诸师列传》,无序跋和其他类目。卷一,记法照、文杲、智觉、永清、子仪、允泽、元凯、性澄、蒙润、弘济、本无、允若、善继,凡十三人。卷二,记必才、普曜、正寿、子实、大佑、慧日、子思、普容、祖祢、弘道、友奎、如玘、自朋、大山、良玉、绍宗,凡十六人。全是天台宗僧人。以此推断,作者当是明代天台宗人。

有关本书的研究,有陈士强《大藏经总目提要·文史藏》(上海古籍出版社,2008年)等。

(陈士强)

正理藏论 〔元〕萨班·贡噶坚赞

《正理藏论》，又名《量理藏论》、《量理宝藏》，一册。元代萨班·贡噶坚赞著，撰时不详。藏文原本收于德格版《萨班五祖全集》之中。今人罗炤将本书的前八品译为汉文，收入《中国逻辑史资料·因明卷》，1982年由甘肃人民出版社出版。

萨班·贡噶坚赞(1182—1251)，萨迦派创始人衮乔杰波之孙，萨迦派四祖。蒙古乃马真后三年(1244)曾应成吉思汗之孙阔端邀请赴凉州弘法，为西藏统一于中国版图作出了重要的贡献。他精通大、小五明，获"班智达"称号。藏传因明的中心人物，习惯上概称为"玛、俄、萨"，萨即是萨班。他曾从师于俄·罗丹喜饶的再传弟子促尔·熏奴僧格学习法称的《量抉择论》，又曾向印度那烂陀寺的最后一位座主释迦吉祥贤及其弟子学习《释量论》，故对于法称因明可谓资借丰厚，取精用弘。

《正理藏论》为藏传因明的代表作之一。在黄教(格鲁派)兴起以前一直是藏传因明(又称"藏传量论")的主要经典。它概括了陈那《集量论》和法称七论的因明思想，特别注重阐发法称《释量论》的义理，使藏地因明的研究重点从《量抉择论》转向《释量论》。

全书共分为十一品(章)，分别叙述了境、心、心了境之理以及量之自性等问题，广泛地阐发了佛家的知识论和逻辑论，择要略介如下：

第一品：《观境品》。这一品是讲认识的对象。下分：

（一）"颂"：总述造此论的目的是："为子真实智许说理等，且见若干颠倒分别故，抉择所破与真实义故，而造此论。"

（二）"性相。境性心所用"，说明境即是认识的对象。

（三）"差别。有三"，这是对境本质的三点分析，认为"所量相唯一"，只有自相才是唯一实在的认识对象。

第二品：《观心品》。这是对认识活动的分析，这里的"心"即是"心识"、"量识"之义，是指主体的认识活动及其形式,尚不完全等同于认识的主体自身,故萨班仍把它划归为"所知",而不作为"能知"。本品是从心的本质,心识的分合,非量的界定这三个方面来加以阐述的。

第三、四、五、六品均是对心和境关系的分析,分别从"总、别"、"立、遣"、"相违"、"相属"等哲学范畴来把握对象。佛家唯识论以为作为认识主体的人和作为认识客体的自然界都是由识所派生的,故上述这些逻辑范畴亦是心识对认识对象、认识方法的规定,也可以说是"心识为认识立法"。总和别在因明中就事物而言是指一般与个别的区分,而就概念而言则是一种属和种的外延关系,而萨班这里是指两种不同的遮遣(否定)法。如立"声常"宗,并以"所闻性"这种同类法(事物)为因来遮遣,这就是"别";而如立"声无常"宗,并以"所作性"等异类法来进行遮遣,这就是"总"。成立和遣他则是指现量与比量的两种不同的缘境方式。所诠和能诠则是指事物及指称事物的名言概念:"所诠之性相是名所了知,能诠是能了知义之名。"相属是指概念间的包含和真包含关系,相违则是指概念外延间的反对或矛盾关系。佛家不承认外部世界的实在性,故不认为客观事物本身具有上述区别,而只是以名言假立的主观差别。

第八品至第十一品是进一步从主体的思维、推理等方面来分析认识活动。第八品是《观性相品》:"性者法之自体,在内不改易者,相等,相貌,现于外可分别者。"(《瑜伽师地论》)故佛家所言之性相亦即是现象和本质的统一。在本品中萨班是把性相所表、事相相对应的。事相是指实例之本身,所表是指称事物的概念名言,故这里的性相更接近于逻辑上讲的概念的内涵。第九品是对现量的考察,第十品是讲为自比量,第十一品是对为他比量的分析,据罗炤说:"(上述三品)基本上是复述陈那《集量论》和法称《释量论》的有关论述。"(见《中国逻辑史资料·因明卷》,甘肃人民出版社1982年版)

萨班的弟子乌由巴正理狮子曾为《正理藏论》作注。萨班的四传弟子仁达瓦(童慧)曾为宗喀巴师弟之师,故《正理藏论》对宗喀巴师徒亦有很大的影响。其中克主杰·格鲁贝桑(班禅一世)所著的《因明七论除晴庄严疏》许多观点都与《正理藏论》相近。贾曹杰的《正理藏论释善说心要》则是黄教(格鲁派)对萨迦派量论进行系统性述评的专著。在藏地学者中还有江阳洛德尔旺波所著的《量理藏论笺注七论明灯钞》等研究性著作。《正理藏论》是现存的第一部有影响的藏人量论自著,在藏传因明的发展中起过承先启后的重要作用。

(姚南强)

至元法宝勘同总录 〔元〕庆吉祥等

《至元法宝勘同总录》，简称《至元录》，十卷。元庆吉祥等编。成于至元二十二年(1285)至二十四年(1287)。通行本有《明南藏》本、《明北藏》本、《清藏》本、《频伽藏》本、日本编《法宝总目录》本等。

《至元法宝勘同总录》是一部综括唐代《开元释教录》、《续开元释教录》、宋代《大中祥符法宝录》、《景祐新修法宝录》、元代《弘法入藏录》五录的入藏经(简称"藏经")，拾遗增补，并在梵文佛典的汉译本之下，标注藏文译本("蕃本")的有无异同，而编成的藏经对勘目录。全书所收，"自后汉孝明皇帝永平十年戊辰(应为"丁卯")，至大元圣世至元二十二年乙酉，凡一千二百一十九年。中间译经朝代历二十二代，传译之人一百九十四人，所出经律论三藏一千四百四十部五千五百八十六卷"(卷一)。

这里说的所收大小乘经律论总数"一千四百四十部五千五百八十六卷"，与实际见录的略有误差。因为根据《法宝总目录》(第二册)的编集者在每部经典的上方编的阿拉伯数字序号，从大乘经的第一部《大般若波罗蜜多经》六百卷，至小乘论的最后一部《入对法论集胜义疏》三卷，一共只有一千四百三十部，要比作者说的少十部。而且在大小乘经律论之外，《至元录》还收载了"梵本翻译集传"九十五部(卷九误排为"九十三部")和"东土圣贤集传"一百一十九部，故实际见录的是一千六百四十四部，千字文帙号从"天"字排到"植"字。

《至元法宝勘同总录》卷一的前部分有作者撰的序言(无标题)和对全书纲目的介绍。序言说，元世祖"念藏典流通之久，蕃汉传译之殊，特降纶言，溥令对辩"，"复诏讲师科题总目，号列群函，标次藏乘，互明时代，文咏五录(指《开元释教录》等五录)，译综多家，作永久之绳规，为方今之龟鉴"，于是有《至元录》之作。对全书纲目的介绍分为四节，由于它相当于序言中说的"科题总目"，故又可称为"四科"。它们是："初总标年代，括人法之宏纲"；"二别约岁时，分记录之殊异"；"三略明乘藏，显古录之梯航"；"四广列名题，彰今目之伦序"。其中第一、四科是介绍本书所收佛典的起止年代、译人总数、译籍总数以及大小乘经律论单项所收的部卷的;第二、三科是介绍《开元释教录》(略称《开元录》)、《续开元释教录》(略称《续开元录》)、《大中祥符法宝录》(略称《祥符录》)、《景祐新修法宝录》(略称《景祐录》)、《弘法入藏录》和拾遗编入(后两件合叙)的情况的。

从卷一的后部分起,至卷十毕,均为见录经典的细目,亦即正录。正录的结构如下。

一、契经藏(即"经藏",卷一后部分至卷八前部分)。下分菩萨契经藏(即"大乘经藏",卷一后部分至卷六前部分)和声闻契经藏(即"小乘经藏",卷六后部分至卷八前部分)二项。其中菩萨契经藏又分为二门:(一)显教大乘经,按般若部、宝积部、大集部、华严部、涅槃部、五大部外诸重译经和大乘单译经七目分类编列。(二)密教大乘经,按大乘秘密陀罗尼经和大乘仪轨念诵二目分类编列。

二、调伏藏(即"律藏",卷八的中间部分)。下分菩萨调伏藏(即"大乘律藏")和声闻调伏藏(即"小乘律藏")二项。

三、对法藏(即"论藏",卷八后部分至卷九前部分)。下分菩萨对法藏(即"大乘论藏")和声闻对法藏(即"小乘论藏")二项。其中菩萨对法藏又分大乘释经论和大乘集义论二门。

四、有译有本圣贤传记(卷九后部分至卷十终)。下分梵本翻译集传和东土圣贤集传二项。

《至元法宝勘同总录》的上述分类与《开元录》相比,有两点不同。

第一,《开元录》是先分"乘",后分"藏",类次是:大乘的经律论、小乘的经律论和圣贤集传;而本书是先分"藏",后分"乘",类次是大小乘经、大小乘律、大小乘论和圣贤集传。

第二,《开元录》中没有密教经典的专项,所有密教经典都是与大乘显教经典编在一起的;而本书根据大乘经藏的实际构成,第一次将大乘经区别为"显教大乘经"和"密教大乘经"二门,又将密教大乘经分为"秘密陀罗尼经"和"仪轨念诵"二目,将原先编在《开元录》的《五大部外诸重译经》和《大乘经单译》中的密教经典抽出来,编入其中,并续以新译,从而形成了佛经目录中的密典系统。

由于先分"藏",后分"乘",在本书以前已有先例,如隋代法经等编的《众经目录》就是这样做的,而且这种分法并不比《开元录》高明,因此,本书的真正的特色全在于成立《密教大乘经》一录,除此以外的单项录目,基本上都是依循《开元录》设置的。

本书对每一类经典内部各书的载录(密教经典除外),是按见载的经录分段进行的,依次是:《开元录》、《续开元录》、《祥符录》、《景祐录》、《弘法入藏录》和"拾遗编入"。如果哪一家经录没有著录这一类经典,就略去不叙。如卷一《显教大乘经》中的宝积部,共收经典八十四部一百七十七卷。其中从《大宝积经》一百二十卷(唐菩提流支译)至《毗耶婆问经》二卷(北魏般若流支译)的前八十二部为《开元录》所载,第八十三部《大圣文殊师利菩萨佛刹功德庄严经》三卷(唐不空译)为

《续开元录》所载，第八十四部《大迦叶问大宝积正法经》五卷(宋施护译)为《祥符录》所载。

这中间，属于《至元法宝勘同总录》新收的经典，分别被编在"拾遗编入"和《弘法入藏录》两项之中。卷文中标明为"拾遗编入"(或"今编入录"、"新编入录")的显教大乘经有《佛说大乘菩萨藏正法经》四卷(宋惟净等译)、《佛说大乘入诸佛境界智光明庄严经》五卷(宋西域三藏法护等译)、《大乘智印经》五卷(宋金总持等译)、《父子合集经》二十卷(宋日称等译)、《清净毗奈耶最上大乘经》三卷(宋西夏三藏智吉祥等译)、《大乘随转宣说诸法经》三卷(宋绍德等译)等；密教大乘经有《如意摩尼陀罗尼经》一卷(宋施护译)、《唐梵相对孔雀经》三卷(唐不空译)、《七俱胝佛母准提大明陀罗尼经》一卷(中天竺三藏多罗句钵多译，以上卷四)、《大摧碎陀罗尼经》一卷(宋中天竺三藏慈贤译，以上卷六)等；小乘律有唐义净译的《根本说一切有部毗奈耶药事》二十卷、《破僧事》二十卷、《出家事》五卷、《安居事》一卷、《随意事》一卷(以上卷八)等；大乘论有《大乘集菩萨学论》二十五卷(宋日称等译)、《菩萨本生鬘论》十六卷(宋绍德等译)等；小乘论有《施设论》七卷(宋法护译，以上卷九)等；梵本翻译集传有宋日称等译的《福盖正行所集经》十二卷、《尼乾子问无我义经》一卷、《事师法五十颂》一卷(以上卷十)等。

标明为"《弘法入藏录》所纪"的《东土圣贤集传》中始《一切经音义》一百卷(慧琳撰)，终《演玄集》六卷(北庭翰林学士安藏述)的七十八部著作。就数量而论，最多的是天台宗著作，光智颛一人就有《妙法莲华经玄义》、《妙法莲华经文句》、《摩诃止观》、《金光明经文句》、《金光明经玄义》、《观音经玄义》、《观无量寿佛经疏》、《四教义》、《四念处》、《观心论》等十七部，还有灌顶、湛然、遵式撰的十一部著作；其次是慈恩宗著作，有窥基撰的《成唯识论述记》、《因明正理论过类疏》、《大乘瑜伽劫章颂》、《法苑义林西玩记》、《异部宗轮论疏》等十四部，义忠、清素、崇遇也各有一部；再次是华严宗著作，有灵辩的《大方广佛华严经论》，澄观的《大方广佛华严经疏》、《疏科》、《随疏演义钞》，宗密的《圆觉道场修证仪》等；尔后是禅宗著作，有李遵勖的《天圣广灯录》、智炬的《宝林传》、道原的《景德传灯录》等。此外，还有净土宗延寿的《万善同归集》、非浊的《新编随愿往生集》，密宗行琳的《释教最上乘秘密陀罗尼集》，以及音义、经录、纂集和其他零散的章疏论著。

从表面上看，"拾遗编入"一项收载的是译本，《弘法入藏录》一项收载的是撰著，两者并不相干。但究其源流，"拾遗编入"中的译本即使不是全部，也有大半是从《弘法入藏录》中摘出来的，只是作者没有加以说明罢了。因为《弘法入藏录》相传是元代燕京弘法寺根据本寺收藏的金代解州天宁寺大藏经的旧版，补刻而成的大藏经目录。金代解州天宁寺大藏经，略称《金藏》，由于它的传本是近代在山西赵城县广胜寺发现的，故又称《赵城藏》。在《赵城藏》收录的经典中，就有见于《至元法宝勘同总录》"拾遗编入"之中的《大乘智印经》等。本书卷一说："《弘法入藏录》及拾遗编入，经律论七十五部一百五十六卷。大乘经五十七部一百二十一卷(七帙——原注，下同)，大乘经六部六十一卷（七帙），小乘经一部一十二卷（一帙），大乘律九部五十二卷（五帙），小乘论二部一十卷（一帙）。"这里没有将《弘法入藏录》与"拾遗编入"收录的经典分别计算，也许正是基于上述的原因。由于在"经律论七十五部一百五十六卷"之外，本书还在《东土圣贤集传》中以"《弘法入藏录》所纪"的名义记载了七十八部著作，因此，统而计之，本书较宋代的《景祐录》新收的经典应当是一百五十三部。

由于《至元法宝勘同总录》是汉藏佛典的对勘目录，因此，它在叙录上的特异之处是在梵文佛典的汉译本之下，标注"蕃本"，即藏译本的有无异同，有时还用汉字标注梵音。如：

"《帝释岩成就仪轨经》一卷（或无"经"字。——原注）宋北天竺三藏施护译。

《一切秘密大教王仪轨》二卷（新编入录。——原注）宋北印土三藏施护译。

右二经，蕃本阙。梵云：兮　拔唎啰　单特罗。

《大悲空智金刚大教王仪轨》五卷（新编入录，二十品——原注）。宋天竺三藏法护译。

此经与蕃本同（比西蕃少合字一品。——原注）上三经八卷同帙，'容'字号。"（卷六）

对于一些藏译本有疑问的经本，作者便以"蕃疑，折辨入藏"或"蕃少有疑，折辨入藏"的字样注出，以提醒览者注意。如姚秦鸠摩罗什译的《仁王护国般若经》二卷（见卷一）、刘宋昙摩蜜多译的《观虚空藏菩萨经》一卷（见卷二）、北齐那连提耶舍译的《施灯功德经》一卷（见卷三）、唐怀迪译的《大佛顶如来密因修证了义诸菩萨万行首楞严经》十卷（见卷五）、唐不空译的《成就妙法莲华经王瑜伽观智仪轨》一卷（见卷六）、刘宋沮渠京声译的《治禅病秘要经》一卷（见卷七）、东晋竺昙无兰译的《五苦章句经》一卷（同上）、吴支谦译的《猘狗经》一卷（同上）、宋法天译的《十二缘生祥瑞经》二卷（见卷八）等。这不仅对于重新审核这些经典的藏译本的真伪有提示作用，而且对于人们思考它们的汉译本是否可靠也有启发。

有关本书的研究，有陈士强《大藏经总目提要·文史藏》（上海古籍出版社，2008年）等。

（陈士强）

辩伪录 〔元〕祥 迈

《辩伪录》，全称《至元辩伪录》，"辩"或作"辨"，五卷。元祥迈奉敕撰，成于至元二十八年（1291）。通行本有《明南藏》本、《明北藏》本、《清藏》本、《频伽藏》本、《大正藏》本等。

《辩伪录》为元代佛道斗争史实的叙录。所载，既有实录（纪事），也有专论和有关的历史资料。

卷一和卷二以收载破斥元代道士令狐璋、史志经编写的《老子八十一化图》的专论为主，兼及其他文献。专论没有总标题，论首有祥迈写的一段小序，正文分为十四节。用引一段道士所说的"八十一化"中的第几化的原文，加一段"辩曰"的辩驳文字写成。两卷的情况是：

卷一：天尊伪第一；创立劫运年号伪第二；开分三界伪第三；随代为帝王师伪第四；老子出《灵宝》、《三洞》伪第五；游化九天伪第六。

卷二：偷佛经教伪第七；老君结气成字伪第八；周文王时为柱下史伪第九；前后老君降生不同伪第十；三番作佛伪第十一；冒名僭圣伪第十二；合气为道伪第十三；偷佛神化伪第十四。论末有"论曰"，是作者带有总结性的评论。其中有引元世祖论三教的一段话："今上皇帝尝有言曰：世人将孔老与佛称为三圣，斯言妄矣。孔老之教，治世少用，不达性命，唯说现世，止可称为贤人。佛之垂范，穷尽死生善恶之本，深达幽明性命之道，千变万化，神圣无方，此真大圣人也。自今已后，三教图像不得与佛齐列。"

此论之后是：后记；奉旨禁断的三十九部"道藏伪经"目录，其中有晋王浮的《化胡经》，宋谢守灏的《太山实录》，唐吴筠的《明真辩伪录》、《十小论》、《辅正除邪论》，杜光庭的《辟邪归正议》，梁旷的《龇邪论》，林灵素的《谤道释经》，以及《历代帝王崇道记》、《青阳宫记》、《道佛先后记》、《混元皇帝实录》等；元世祖至元十八年（1281）10月令烧毁除《道德经》外所有"道藏伪经"及印板的圣旨；元宪宗戊午岁（1258）7月令退还被道教侵占的佛教寺院、田地、产业，并焚毁《化胡经》的圣旨。

卷三、卷四：主要记述元代佛道斗争的由来、经过和结局，属于实录性质。

卷五：收载至元二十一年(1284)翰林院唐方、王磐等撰的《圣旨焚毁诸路伪道藏经之碑》，碑文总括元代佛道斗争的情况，与卷三、卷四所叙大致相同，但文字要简约得多；至元十七年(1280)判决将指使人放火烧粮的道教提点甘志泉斩首，余犯或割耳朵鼻子，或流放边远的官碑；至元十八年(1281)大都报恩禅寺林泉伦吉祥长老为奉敕下火焚烧道藏所撰的文辞；祥迈撰的《如意答石介怪记》，文中对宋儒石介(字守道)批判佛教所说的"释氏髡发左衽，不士不农，为夷者半"，"灭君臣之道，绝父子之亲，弃道德，悖礼乐，裂五常，移四民，毁中国之衣冠，去祖宗之祀祭"的一番话，进行了反击；祥迈撰的《圣旨特建释迦舍利灵通之塔碑文》。

在中国佛教护法类著述中，《辩伪录》辑存的史料之多仅次于唐法琳的《辩正论》。特别是《辩伪录》较为详细地叙说了元太祖成吉思汗时，道教中全真教的兴起；元宪宗蒙哥时，全真教对佛教寺庙与其他产业的侵占，以及佛教的反措施；元世祖忽必烈时，焚毁道藏的始末。从而成为研究元代佛道斗争历史的重要资料。

先是金朝正隆(1156—1161)年间，三辅王世雄(即王重阳)悟道出家，兼修禅僧所说的"达性"和儒士所说的"知命"，行丐传道，创立了全真教。弟子丘处机(字通密，号长春子)应诏，从莱州(今山东掖县)出发，行程万余里，到达元太祖在西域的行宫，大受器重。以后东归，被元太祖赐以牌符，掌管天下道教。"(有旨)独免丘公门下科役，不及僧人及余道众。古无体例之事，恣欲施行。……回到宣、德等州，屈僧人迎拜。后至燕城(燕京)，左右鼓奖，特力侵占，使道徒王伯驹从数十，县牌出入，驰欲诸州，通管僧尼。"(卷三，以下同卷)其势之威赫，无人能及。西京的夫子观首先被改为道教的文成观，以后各地道士纷纷效法，占据佛寺，改立道院，荡毁佛像，改塑天尊。虽说成吉思汗以前曾颁布过诏令，保护佛教，说："(军旅)所在形仪，无得损坏，随处寺宇所有田地，水浇上地、水碾、水磨、寺用什物，凡是佛底并令归还，莫得侵占。大小科役、铺马祗应，并休出者。出家僧人是佛弟子，与俺皇家子子孙孙念经告天，助修福者。凡是僧人去住自在，休遮当者。有歹人每倚著气力搔扰佛寺，奏将名姓来者。"但由于其时已倾向于道教，所以对全真道士所为并未干预。

及至元宪宗元年(1251)，丘处机弟子李志常掌管道教事(释教事由僧海云掌管，次年改为西域僧那摩大师)，京城及州县，道士占夺寺舍，侵植田园，磨毁碑幢，打毁佛像等事愈发严重。据作者祥迈所说，"打拆夺占、碎幢磨碑难可胜言，略知名者五百余处，皆李志常之所主行。"道士令狐章、史志经又编撰了《老子八十一化图》，谓释迦为老君弟子所变生。镂板后，由李志常遍散朝廷近臣。乙卯年(宪宗五年，即公元1255年)八月，少林僧福裕等为之上诉朝廷。九月下旨："先生(元代对道士的称呼)住著寺院地面三十七处，并令分付释门。"并令修复被道士打毁的佛菩萨像，烧毁《老子八十一化图》等刻本。丙辰年(1256)九月宪宗又对僧人发表谈话，认为道教与儒教，

"皆难与佛齐":"帝时举手而喻之曰:譬如五指皆从掌出,佛门如掌,余皆如指。不观其本,各自夸衒,皆是群盲摸象之说也。"

丁巳年(1257)秋,宪宗又根据少林僧的要求,下令归还被道士侵占的四百八十二处寺院中的二百三十七处,焚毁被称为"伪经"的道书四十五部。次年又下诏催问此事。

元世祖继位后,奉拔合斯巴(即八思巴)为国师,令他掌管天下释教事,在佛道冲突中,明显地站在佛教一边。至元十八年(1281)九月,世祖召集道教各派首领如正一天师张宗演、全真掌权祁志诚、大道掌教李德和、杜福春等诣长春宫,考证道经真伪。并以道教自谓能"入水不溺,入火不焚,刀剑不伤"为理由,令张宗演等四人佩符入火,自试其术。张等畏惧不敢,只得承认除《道德经》以外的所有道书均为伪书。十月,世祖发布圣旨,下令全面焚毁"道藏伪经"。圣旨说:"今后先生每依着老子《道德经》里行者,如有爱佛经底,做和尚去者。若不为僧道,娶妻为民者。除《道德经》外,说谎做来底道藏经文并印板,尽行烧毁了者。"(卷二)但这道圣旨规定:"民间诸子医药等文书自有板本,不在禁限。"

至此,道教的势力一落千丈。据张伯淳序所说:"自至元二十二年春,至二十四年春,凡三载,恢复佛寺三十余所,如四圣观者,昔孤山寺也。道士胡提点等舍邪归正,罢道为僧者,奚啻七八百人。"

《辩伪录》的不足之处是:卷二将元宪宗戊午年,误为元世祖的"至元戊午年";卷三、卷四往往没有将同一年发生的事放在一起叙述,或以编年的方式排列,而是这里说一点,那里说一点,一些宪宗朝的事在叙说该朝史事时不说,而放到世祖朝作为追叙。所以,若非参照张伯淳的序言,卷二所载的元世祖至元十八年和元宪宗戊午年的两道圣旨,以及卷五的《圣旨焚毁诸路伪道藏经之碑》,要理出一个编年系列和一事之本末,颇为困难。

有关本书的研究,有陈士强《大藏经总目提要·文史藏》(上海古籍出版社,2008年)等。

(陈士强)

三教平心论 〔元〕刘 谧

《三教平心论》，二卷。元刘谧撰。约成于元英宗（1321—1323）时。通行本有《明北藏》本、《频伽藏》本、《大正藏》本。

刘谧，字静斋，元代学士。事迹不详。

《三教平心论》是基于佛教的立场，对儒、道、佛三教的理论、作用和社会地位，作出较为明了的评述的著作。书首有无名氏的《三教平心论序》，说："三教如鼎，缺一不可。诚古今之确论也。嗟乎执迹迷理者，互相排斥，致使先圣无为之道翻成纷争之端，良可叹也。比观静斋学士（指刘谧）所著一理论（指《三教平心论》），言简理详，尽善尽美，穷儒道之渊源，启释门之玄闼，辨析疑惑，决择是非，未尝不出于公论。"全书不分章节，也不立标题，卷上和卷下在文句上连成一气。

卷上，大致包括四层意思。

一、论三教都有劝人止恶行善的作用，不可偏废。作者认为，中国自伏羲氏画八卦，而有儒教；自老子著《道德经》，而有道教；自汉明帝梦金人，而有佛教。天下的理论归结进来，不过善恶二途，而三教的旨意都是劝人归善。如同宋孝宗制《原道辩》所说的："以佛治心，以道治身，以儒治世。"故三教都有存在的必要。

二、判释儒、道、佛三教的社会作用。作者说，由于人各有偏心，结果造成欣慕道教者排斥佛教，归向佛教者排斥道教，以正统自居的儒家又同时排斥道教和佛教，指责它们是"异端"。千百年来三教的是是非非就是这样产生的。所以，作者认为，判别三教不能以"私心"，也不能以"爱憎之心"，而要"平其心念，穷其极功"，即平心静气地讨论三教各自的社会效能，然后才能确定三教的优劣。他判三教为："世之学儒者，到收因结果处，不过垂功名也；世之学道者，到收因结果处，不过长生也；世之学佛者，到收因结果处，可以断灭生死，究竟涅槃，普度众生，俱成正觉也。"

三、批评道教王浮的《化胡经》和佛教法琳的《破邪论》。作者认为，《化胡经》把释迦牟尼、文殊菩萨说成是老子、尹喜的变身，《破邪论》把孔子、颜回、老子说成是佛陀（释迦牟尼）派遣到震旦来传教的三位弟子,这都是"尊己而抑彼","驾空而失实"。

四、破斥唐代傅奕和韩愈的反佛言论,为佛教辩护。傅奕在《上废省佛法表》、韩愈在《原道》、《谏迎佛骨表》中都抨击佛教是"夷狄之教"、"西胡之法",认为它对中国有害而无益,不应供奉。而刘谧则援引刘宋时何尚之答宋文帝时说的,修持佛教的"五戒"、"十善",可以使人淳谨和睦,省息刑罚,以及吕夏卿说的"小人不畏刑罚而畏地狱",认为"释教之有裨于世教也大矣"。

卷下,大致包括三层意思。

一、继续破斥韩愈的反佛观点。认为信佛者并非是"受惑",而是自愿,唐代的名臣名士俱非愚昧,但都信佛。

二、抨击宋代理学家程颢、程颐、朱熹、张载等人的反佛言论。

三、论述佛法不可毁谤,毁谤则有地狱之祸。

纵观《三教平心论》全文,虽然作者处处以"平心"相标榜,但实际上并非不偏不倚,公正平允,而是明显地偏向于佛教。

有关本书的研究,有陈士强《大藏经总目提要·文史藏》(上海古籍出版社,2008年)等。

(陈士强)

佛教史大宝藏论 〔元〕布 顿

《佛教史大宝藏论》，又名《善逝教法史》，通称《布顿佛教史》，一册。元布顿（又译"布敦"）撰，成于至治二年(1322年)。通行本有民族出版社1986年版郭和卿译本。

布顿(1290—1364)，全名"布顿·仁钦朱"，又译"布顿·宝成"，元人译为"卜思端"。早年师从超浦噶举（又译"绰浦噶举"）派僧人仁钦僧格学习教法，对噶当、噶举、萨迦等派的学说均有研究，学识渊博，通贯显密。后被迎入日喀则东南的霞鲁寺，"广兴四本续灌顶密经讲解和要门教授等的讲听之风，经历了很长时间。曾建以《时轮》及《金刚界》为主的瑜伽部曼陀罗仪轨约七十种。其门人有贡松巴·却季白（法祥）、穷勒巴、札泽巴等。宗喀巴大师曾依止上三人听受《时轮》、《胜乐》、《瑜伽续部》诸法"（见清土观《土观宗派源流》）。布顿是藏文大藏经"丹珠尔"（又称"祖部"、"续藏"，与作为"佛部"、"正藏"的"甘珠尔"共为藏文大藏经中的两大部）目录的编纂者，后世流传的"丹珠尔"基本上是依据他所编定的次序刊刻的。有全集二十六函计二百多种述作行世（据德格版藏文大藏经）。生平事迹见《土观宗派源流》第二章第二节中的"几类零散流派的源流"部分等。

《佛教史大宝藏论》是一部集史、论、目录为一书，对印度和西藏地区佛教的源流、教法及典籍作详细记叙的藏传佛教史名著。原书分为四卷，汉译本译为"四总纲"（一总纲并非等于一卷，下详）。书首和书末均有布顿撰写的赞颂。

第一卷：即《第一总纲：明闻、说正法的功德》、《第二总纲：明所闻、说之法》和《第三总纲：如何闻、说及修学法》，论述听闻、宣讲和修持佛法的功德与要求。第一总纲，下分《总述闻、说正法的功德》和《分说闻、说大乘正法的功德》两节，论听受和讲说佛法（即"正法"、"法"）的功德。第二总纲，下分《法字声行境的区别》、《法的字义》、《法的性能》、《详细辨析》四节，论"法"的含义、性能（"证法的性能"和"教法的性能"），特别是它的载体——经律论（"三藏"）。对"十二分教"与"三藏"的关系，"五明"（因明、声明、医方明、工巧明和内明）的性质、内容和要典，"三时教"（四谛法轮、无相法轮、胜义定相法轮)中产生的依显扬"行"区别的六种释论等,进行了详细的辨析。第三总纲,下分《所说法的差别》、《阿阇黎说法的差别》、《弟子闻法的差别》、《师徒修学法文的传授》四节,论阿阇黎(即"导师")如何说法,弟子如何闻法,以及在听闻之后如何思维理解并依此修行。

第二卷:即《第四总纲:所修之法如何而来的情况》所分二节中的第一节《总说世间中佛法如何而来的情况》,记叙印度佛教的历史。下分三小节。一、《总说在何劫中有佛出现于世的情况》。说劫(佛教的时间概念,比千百万年还长)分"光明劫"与"黑暗劫"两种,光明劫中有佛出世,黑暗劫中无佛出世。二、《分说在贤劫中有佛出世的情况》。说在光明劫的贤劫中,有千佛出世。三、《特别是在此娑婆世界中释迦牟尼王佛出现于世的情况》。记述释迦牟尼一生的经历,佛涅槃后的三次结集,佛涅槃后住持教法的著名人物,以及关于佛法将灭的预言。

第三卷:即第四总纲第二节《分说西藏佛教如何而来的情况》所分三小节中的前二小节,记叙西藏佛教的历史。一、《前弘时期西藏佛教的情况》。说藏王脱脱日涅赞六十岁时,从空中落下一宝箧,里面有《大乘庄严宝王经》、《百拜忏悔经》和金塔一座,此为佛教入藏之始。松赞干布执政时,派图弥桑补扎到印度学习文字,参照迦湿弥罗一带的字体,创制藏文,并娶信佛的尼泊尔泊姆赤准公主和汉地文成公主为妃,尔后才开始翻译佛经,兴建佛寺(大昭寺、小昭寺等)。赤松德赞延请印度菩提萨埵(当指"寂护",又译"静命")、莲花生、莲花戒等入藏传教,佛法大行。朗达玛灭佛之后,藏地全无佛法达七十年之久(一说"一百零八年")。二、《后弘时期西藏佛教的情况》(末附"来藏弘法的班智达大师九十三人和译师一百九十二人的名称")。说从前藏和后藏来到垛默(今甘肃西南部)的鲁麦·楚称协饶等十人从贡巴饶色受戒学法,回藏后分别弘传,西藏佛教由此再度复兴,以寺庙为中心,出现了许多宗派。

第四卷:即第四总纲第二节《分说西藏佛教如何而来的情况》中的第三小节《西藏所译出的佛经和论典目录》,叙列西藏译出的显教和密宗的经典(各分"经"和"论"二项)。

一、显教方面。(一)佛经分类:A. 初转"四谛法轮"类经典,收《律本事》等四部律典和《圣正法念处经》等百部小乘经。B. 中转"无相法轮"显经典,收般若经类经典。C. 末转"抉择胜义法轮"类经典,收华严经类、大宝积经类、大乘诸经类、回向发愿吉祥颂赞经典。二、论典分类:A. "(释)佛经个别密意的论典",下分初转、中转、末转法轮的经释三类。其中中转法轮的经释,除收般若经释以外,还收"现观庄严"、"中观"、"入菩萨行"方面的论著;末转法轮的经释,除收本经疏释以外,还收"瑜伽行唯识宗"、"发菩提心,入菩提修学次第"、"杂撰"、"书翰"、"修习次第及禅定"、"佛本生"、"因缘杂记"、"赞颂"、"阿阇黎龙树所著十九钟赞颂"、"其他阿阇黎所著赞颂"、"愿文、吉祥颂"等类的论著。B. "(释)佛经总密意的论典",收阿阇黎方象(即"陈那")、却季札巴(法称)和其他阿阇黎所著的论著;声明类和阿阇黎真札峨弥(月官)等所著的论著;诗歌和诗律类的论著。C."零散类的论著",收医方明、工巧明、星算占卜及和香、相人、水银炼制、变金等类的论著。

二、密宗方面。(一)密宗经典:A."事续部"经典(密宗经典称为"续",音译"怛特罗"),收"妙吉祥续"、"观世音续"、"金刚手续"、"注释续"、"不动金刚续"、"明母续"中的"救度母续"、"顶髻续"、"一切续部"、各种小咒等各类密经,如《妙吉祥根本续》、《金刚地下续二十五品》、《大金刚妙高山楼阁陀罗尼》、《不动金刚大密经》等。B."行续部"经典,收《毗庐遮那现证菩提根本续及后续》等。C."瑜伽续部"经典,收《妙吉祥根本略续及后续》等。D."大瑜伽续部"经典,收"大瑜伽方便续部"、"大瑜伽智慧续部"、"方便智慧无二续"等各类密经,如《密集根本续》、《欢喜金刚》、《大手印明点》等。(二)密宗论典:A. 各种密经的释论,收《事缘部静虑后续释》、《马头金刚修法》、《普明曼荼罗仪轨》等。B. 共通密经的释论,收《百种成就法》、《八密咒根本释论》、《曼遮仪轨》等。

《佛教史大宝藏论》的主要特点是:对自佛教产生以来,迄作者撰写此书为止的千百年佛教史,特别是印度大乘佛教史和西藏地区佛教史,作了精湛扼要的记述,提供了一大批有关佛教史上的重要人物、事件、流派、学说和典籍方面的珍贵史料。叙事之细密,议论之透辟,考订之明审,语言之通畅,在藏传佛教史籍中是首屈一指的。

例如,在第二卷中,作者介绍了一批对大乘佛教的创立和发展作出了重大贡献的代表人物,这中间不仅有人们熟悉的龙树、提婆、无著、世亲,还有不大熟悉的龙菩提(藏语"鲁衣绛秋",龙树的弟子)、月居士(即"月官",安慧的弟子)、月称(莲花觉的弟子)、佛护(龙友的弟子)、安慧(世亲的弟子,下三人同)、陈那、圣解脱军、德光、自在军(陈那的弟子)、法称(自在军的弟子)、帝释慧(又译"天主慧",法称的弟子)、释迦慧(帝释慧的弟子)、狮子贤(光贤的弟子)、法友、佛智(法友的弟子)、寂天(胜天的弟子)等。如关于月称的事迹及其从属的学派,书中作了这样的介绍:"阿阇黎月称生于南方萨玛那地方。这位大德对显密教义彻底精研,并依龙树师徒论著而成为大善巧者。……著有《五蕴品类论释》、《四百论释》、《入中观根本释》,特别是他著的《中观根本明句释》,为众称赞,如日月光辉,最负盛名。和他著的《密集注释明灯》,被誉为最有名的'二明'论著。"

再如,《佛教史大宝藏论》第四卷所叙列的藏文佛典的分类目录,是以《颇章东塘敦嘎目录》、《桑野(又译"耶")青朴目录》、《澎塘嘎麦目录》、《纳(又译"奈")塘丹珠尔译本目录》、鲁麦等著《显密经典分类和并列目录》以及其他译著目录为根据,广搜印度、喀什米尔、金洲、楞伽洲、邬仗那、萨霍尔、尼泊尔、黎域、汉地、西藏等地的佛教译述编成的(见第四卷之末作者的自述),在藏文佛经目录学上具有极为重要的意义。

在这份目录中,作者不仅把数千种藏文佛典区分得井井有条,而且叙列了它们的卷数、著译者、存佚,并对有关的问题作了考证。如藏文佛典中有《解深密经广释》四十卷,这在布顿撰录时已阙作者。有人根据绛秋珠楚的《正量教言》,认为它是无著的著作,而作者认为,这部书的作者"借用了西藏论著的口吻,引据了《集论》和《量决定论》等论著中的教语。由此可知,他是西藏的一位善巧人士著的。可能是鲁伊绛称(龙幢)所著"。对于相传是弥旺波扎巴著、多杰嘉补译的《依时轮密意解说真实名称经义》和柯夏著、多杰嘉补译的《密咒义心要略论》,作者指出,它们"有可疑之点"。

《佛教史大宝藏论》自问世以来,深受佛教学者的推崇,在以后出现的藏传佛教史撰作中,鲜有不用它的。近代,它还被译成多种外文,流布海外。

有关本书的研究,有陈士强《大藏经总目提要·文史藏》(上海古籍出版社,2008年)等。

(陈士强)

敕修百丈清规 〔元〕德 辉

《敕修百丈清规》,略称《百丈清规》、《清规》,八卷。元德辉编,成于元统三年(1335)。通行本有《明北藏》本、《清藏》本、《频伽藏》本、《大正藏》本等。

德辉,东阳(今浙江东阳县)人。禅宗临济宗杨岐派僧人。元文宗天历二年(1329),嗣住江西道龙兴路百丈山(今江西奉新县内)大智寿圣禅寺,次年在寺内建天下师表阁,以纪念百丈怀海。事见黄溍《百丈山大智寿圣禅师天下师表阁记》等。

《敕修百丈清规》是自中唐百丈山怀海禅师创制《禅门规式》(又名《丛林清规》,通常称之为《百丈清规》)以来,迄元顺帝时为止,各种丛林清规的集大成者。由于怀海编的《百丈清规》的原本早佚,故本书实际上是根据当时丛林中流传较广的北宋宗赜的《禅苑清规》(又名《崇宁清规》)十卷、南宋惟勉的《丛林校定清规总要》(又名《咸淳清规》)二卷、元代一咸撰的《禅林备用清规》(又名《至大清规》)十卷,会秤参同,折衷得失,删繁、补缺、正讹,重新诠次而成的。

全书分为九章。初本分为上下两卷,上卷收祝厘、报恩、报本、尊祖、住持五章,下卷收两序、大众、节腊、法器四章。今本分为八卷,虽每卷收录的章节略有变化,但内容依旧。书中对禅寺的僧职设置、管理制度、日常行事、礼仪规范、节斋活动,以及各种应用文书,如牒状牌示、疏文口词等作出了细致的规定。每章之首有小序,叙说本章义旨;卷文中夹有小注,对佛事活动中回禀、白众、陈事、回向、念诵、视香、进拜、展礼、答谢、颂赞等时的用语,以及若干礼仪规则的细节,作了补充性的说明;一些章节的末尾间附作者的案识,对叙及的人和事加以阐述与评论。

一、祝厘章(卷一前部分)。记为皇帝或皇太子祝寿的时日和规式。下分:圣节(皇帝诞辰);景命四斋日(皇帝即位之月的初一、初八、十五、二十三)祝赞;旦望(每月初一、十五)藏殿祝赞;每日祝赞;千秋节(皇太子诞辰);善月(正月、五月、九月)。凡六节。

二、报恩章(卷一后部分)。记国忌日(皇帝的死日)和国家遇到自然灾变时的祈祷规式。下分:国忌;祈祷(祈晴、祈雨、祈雪、遣蝗、日蚀、月蚀)。凡二节。

三、报本章(卷二前部分)。记佛陀和元代帝师拔合思巴(又称"八思巴")纪念日的佛事活动。下分：佛降诞；佛成道；涅槃；帝师涅槃。凡三节。

四、尊祖章(卷二中间部分)。记禅宗祖师纪念日的佛事活动。下分：达摩忌；百丈(怀海)忌；开山历代祖忌；嗣法师忌。凡四节。

五、住持章(卷二后部分至卷三毕)。记禅寺住持的日常行事、任退程序、迁化以后丧事的料理，以及新住持的产生办法。下分：住持日用(上堂、晚参、小参、告香、普说、入室、念诵、巡寮、肃众、训童行、受法衣、迎侍尊宿等)；请新住持(发专使、当代住持受请、受请升座等)；入院(山门请新命斋、开堂祝寿、当晚小参、留请两序、交割砧基什物等)；退院(即退职)；迁化(入龛、请主丧、佛事、移龛、祭次、茶毗、全身入塔、唱衣、下遗书等)；议举住持。凡六节。

六、两序章(卷四前部分)。记禅寺东西两序(住持之下仿朝廷文武两班设立的职事，西序选学德兼优者充任，东序选精通世事者充任)和从事杂务的各种僧职、进退(任职与退职)程序，以及有关的礼仪。下分：两序头首(前堂首座、后堂首座、书记、知藏、知客、知浴、知殿、侍者等)；东序知事(都监寺、维那、副寺、典座、直岁)；列职杂务(寮元、寮主、副寮、延寿堂主、净头、化主、园主、磨主、水头、炭头、庄主、诸庄监收)；请立僧首座；请名德首座；两序进退；侍者进退；寮舍交割什物；方丈特为新旧两序汤；堂司特为新旧侍者汤茶；两序交代茶；两序出班上香等。凡二十一节。

七、大众章(卷四后部分至卷七前部分)。记僧众的行持规范。下分：沙弥得度；登坛受戒；办道具(三衣、坐具、钵、锡杖、拂子、数珠、净瓶、戒刀等)；游方参请；大挂搭归堂；谢挂搭；坐禅；大坐参；请益；普请；日用轨范；《龟镜文》(宗赜述)；亡僧(大夜念诵、送亡、茶毗、唱衣、入塔等)。凡二十五节。

八、节腊章(卷七后部分)。记结制(又称"结夏"、"坐夏"、"坐腊"，指农历四月十五日开始的居寺不出、安心修道的安居期)、解制(又称"解夏"，指农历七月十五日安居期结束)、冬至、年朝，即丛林"四节"的佛事活动与仪规。下分：夏(结夏)前草单(戒腊簿)；出图帐(依戒腊写楞严图、念诵巡堂图、被位图、钵位图)；众寮结解特为众汤；楞严会；四节土地堂念诵；结制礼仪；四节秉拂；月分须知等。凡十八节。

九、法器章(卷八)。记禅寺的法器及其击打规式。下分：钟；版；木鱼；椎；磬；铙钹；鼓。凡七节。

上述七章中，以"住持章"、"两序章"、"大众章"三章最为重要，因为它们揭示了禅宗丛林制度的主要内容。

如"住持章"说，上堂："登座拈香祝寿，趺坐开发学者，激扬此道(宗乘)。"晚参："凡集众开示皆谓之参。古人匡徒使之朝夕咨扣，无时而不激扬此道，故每晚必参，则在晡至。至今丛林坐参，犹旦望五参升座,将听法时,大众坐堂也。"小参:"小参初无定所,看众多少,或就寝室,或就法堂。"普说:"有大众告香而请者,就据所设位坐。有檀越特请者,有住持为众开示者,则登法座。凡普说时,侍者令堂头行者挂普说牌报众,铺设寝堂,或法堂。粥罢,行者覆住持,缓击鼓五下,侍者出候,众集请住持出,据坐普说,与小参礼同。"入室:"入室者,乃师家勘辨学子,策其未至,捣其虚亢,攻其偏重。如烹金炉,铅汞不存;玉人治玉,砆砄尽废。不拘昏晓,不择处所,无时而行之。故昔时,衲子小香合常随身,但闻三下鼓鸣,即趋入室。"

凡此种种,都是研究禅宗丛林制度的重要史料。

《敕修百丈清规》既是元代天下丛林统一依遵的规制,也是明代丛林遵依的规制。有关的研究,有清仪润《百丈清规义记》九卷、陈士强《大藏经总目提要·文史藏》(上海古籍出版社,2008年)等。

(陈士强)

佛祖历代通载 〔元〕念 常

《佛祖历代通载》,简称《佛祖通载》、《通载》,二十二卷。元念常撰,成于至正元年(1341)。通行本有《明北藏》本(作"三十六卷")、《清藏》本(也作"三十六卷")、《四库全书》本、《频伽藏》本、《大正藏》本,以及影印的单行本等。

念常(1282—?),号梅屋,晦机元熙的弟子,临济宗杨岐派大慧宗杲系僧人。"世居华亭,黄姓,父文祐,母杨氏。……年十二恳父母求出家,母钟爱之,诱以世务,终莫夺其志,遂舍之。依平江圆明院体志习经书,尚倜傥,疏财慕义,栖心律典。元贞乙未,江淮总统所授以文凭,薙发受具。弱冠游江浙大丛林,博究群经。宿师硕德以礼为罗延之,皆执谦弗就。至大戊申,佛智晦机(元熙)和尚自江西百丈,迁杭之净慈,禅师往参。……服勤七年。延祐乙卯,佛智迁径山,禅师职后版表率。明年,朝廷差官理治教门,承遴选瑞世嘉兴祥符。至治癸亥夏五,乘驿赴京,缮写黄金佛经。……帝师(指公哥罗)命坐授食,闻大喜乐密乘之要。自京而回姑苏,万寿主席分半座,以延说法,众服其有德。"(元觉岸《华亭梅屋常禅师本传通载序》)

《佛祖历代通载》是以祖琇的《隆兴编年通论》为基础,以雷氏(名字不详)干支纪年表为时序,修治增广而编成的编年体佛教史。所记史实,上始远古时代的磐古,下迄元代元统元年(1333)。

卷一:《七佛偈》(出自《景德传灯录》)、《彰所知论》〔元代帝师八思巴撰、沙罗巴译〕中的《器世界品》和《情世界品》;卷二前部分至卷四前部分:太古诸君(磐古、天皇、地皇、人皇等)、三皇(雷氏年表指伏羲、神农、黄帝)、五帝(雷氏年表指少昊、颛顼、帝喾、尧、舜)、夏、商、周、秦;卷四后部分至卷五:西汉、东汉、三国;卷六、卷七:西晋、东晋(包括北方国家,隋以前各代同例);卷八:宋、齐;卷九:梁;卷十:陈、隋;卷十一至卷十七前部分:唐;卷十七后部分:五代;卷十八至卷二十:北宋、南宋;卷二一至卷二二:元。

《佛祖历代通载》从卷四后部分"戊午 明帝庄(原注略)治十八年,改元永平"条起,至卷十七末"戊午 (后周)显德五年七月十七日,清凉文益禅师示疾"条为止的内容,主要抄自《隆兴编年通论》(以下简称《通论》)卷一至卷二八,其中包括《通论》中祖琇放置在每一朝代之首的一些"叙"和附在史事之末的一些"论"。但有些地方也有念常的增删修治。这主要是:

一、以干支纪年代替年号纪年。《通论》全书以皇帝的年号为年份的标志,凡有史迹可记的,先出年号(但不注明是谁人的年号),如东汉"永平七年"、"建和二年"、"元兴元年"等,然后叙述其间的人和事;凡无史迹可记的,其年则不书;《通载》全书则以干支为年份的标志,干支之下有兼出年号的,也有不书的。而且在行文中,对依次继位的皇帝的生世、在位、建年、改号均有说明。

二、调整了一些史料的先后次第。如《通论》卷二是昙柯迦罗在前,陈思王曹植在后;而《通载》卷五则是昙柯(原文误作"摩")迦罗在后。《通论》卷八记梁代一些人物的顺序是:傅翕、阮孝绪、慧约、昭明太子、刘勰;而《通载》卷九的顺序是:昭明太子、刘勰、傅翕、惠约(即"慧约")、阮孝绪。

三、删节了前书的一些内容。如《通论》卷五在宋文帝元嘉十六年条下记有法师灵彻,宋明帝太始三年条下记有周颙,太始五年条下记有中兴寺僧钟与魏使李道固对答事,太始七年条下记有魏王显宗酷好浮图之学,卷六记有齐武帝时的净度、普恒、法道、慧嵬、何点、何胤、慧安、刘虬等;而这些均被《通载》删去,因而不见记载。至于语句上的删修更是不少。

四、增补了佛教、道教、政事、怪异方面的一些资料。如《通论》只载禅宗西天二十八祖的最后一祖菩提达摩的事迹,对达摩以前的西天二十七祖,一个也不录,而《通载》从卷三起,在东土相关的年份里,插入了西天二十八祖的事迹。另外,《通载》卷六记有会稽阿育王塔缘起、石佛至吴、释涉公、于法开、司马桓温、竺法旷;卷七记有苻坚等五朝皇帝给竺僧朗的书信、北魏道武帝兴佛诏、僧统法果;卷八记有僧导、北魏文成帝末年疏勒国遣使送佛袈裟等事;卷五记有道教始作《灵宝经》事;卷六记有道士鲍静造《三皇经》事;卷八记有道士陈显明造《道真步虚品经》六十四篇事等,以及其他一些政事、怪异等方面的记载,均为《通论》所未载。

《佛祖历代通载》中,真正属于念常编撰的是全书的最后五卷,即卷十八至卷二二,也就是宋元部分。

其中,见录的佛教史事主要有:宋开宝壬申(五年,公元972年,据《佛祖统记》卷四三,当是"开宝四年"),"诏雕佛经一藏",计十三万板(卷十八),此为中国佛教史上第一部官版大藏经。大中祥符乙卯(八年,公元1015年),"诏道释藏经互相毁者删去,枢密王钦若以《化胡经》乃古圣遗迹,不可削"(同卷)。嘉祐己亥(四年),"欧阳修、宋祁修《唐书》成。修(欧阳修)又撰《五代史》七十四卷,将《旧唐史(应作"书")》所载释道之事,并皆删去"(同卷)。金皇统壬戌(二年,公元1142年),"英悼太子生日,诏海惠(应作"慧")大师于上京宫侧创造大储庆寺,普度僧尼百万,大赦天下"(卷二十)。元至大辛亥(四年,公元1311年),"革罢僧道衙门"(卷二二)等。

见录的佛教人物主要有：禅宗的天台德韶、永明延寿、香林澄远、南安自俨、首山省念、大阳警玄、慈明楚圆、杨岐方会、大觉怀琏、雪窦重显(以上卷十八)、圆通居讷、明教契嵩、白云守端、投子义青、圆通法秀、东林常总、黄龙祖心、五祖(山名)法演、死心悟新(以上卷十九)、圆悟克勤、虎丘绍隆、天童正觉、径山宗杲、金国庆寿教亨(以上卷二十)、海云印简(卷二一)、云峰妙高、中峰明本(以上卷二二)等；喇嘛教的八思巴(又作"發思巴"、"發合思巴"、"拔思巴"等，见卷二一)、胆巴(又名"功嘉葛剌思")、沙罗巴、达益巴(以上卷二二)等；天台宗的孤山智圆、四明智礼、慈云遵式(以上卷十八)等；华严宗的长水子璿(卷十八)、晋水净源(卷十九)、仲华文才、福元德谦、弘教了性、幻堂宝严(以上卷二二)等；律宗的赞宁(卷十八)、元照(卷十九)、光教法闻(卷二二)等；慈恩宗的宝觉永道(卷十九)、普觉英辩(卷二二)等。

摘录的佛教文述主要有：吴越王钱俶《宗镜录序》；宋太宗《新译三藏圣教序》；宋真宗《继圣教序》；宋仁宗《天圣广灯录序》(以上卷十八)；苏老泉《彭州圆觉院记》；张商英《荆门玉泉皓长老塔铭》；宋徽宗《建中靖国续灯录序》(以上卷十九)；真歇清了《无尽灯记》；金国学士李屏山《鸣道集》中的十九篇(以上卷二十)；元翰林院唐方等《圣旨焚毁诸路伪道藏经之碑》(卷二一)；元山云峰禅寺住持祥迈《至元辩伪录》中的十四章(卷二一之末，至卷二二之初)；元世祖《弘教集》百段；赵孟頫《临济正宗之碑》；虞集《敕赐佛国普安温(至温)禅师塔铭》；翰林程钜夫《敕建旃檀瑞像殿记》；永福寺住持法洪《敕建帝师殿碑》(以上卷二二)等。

上述各则史料中，有关宋代的，主要是根据《佛祖统纪》、《禅林僧宝传》、《景德传灯录》、《天圣广灯录》、《建中靖国续灯录》等佛教史传上的载录编写的。但作者将这些记载按年代的顺序编排起来，并且补充了许多散见于碑铭、文集、传状、诏制以及正史等方面的资料，其功不可没；至于元代的史料，由于与作者的生活时代比较接近，取材较新，故学术价值尤为重大，深受后世学者的重视。

有关的研究，有陈士强《大藏经总目提要·文史藏》(上海古籍出版社，2008年)等。

(陈士强)

庐山莲宗宝鉴 〔元〕普 度

《庐山莲宗宝鉴》,又名《莲宗宝鉴》、《庐山莲宗宝鉴念佛正因》、《念佛宝鉴》,十卷。元代普度撰,成于元大德九年(1350)。通行本有《大正藏》本等。

普度(？—1330),俗姓蒋,丹阳(江苏镇江)人,弱冠即于庐山东林寺出家,曾遍参诸方,后往丹阳妙果寺、东林寺善法堂,专修念佛三昧。世称"优昙宗主"。生平事迹见清彭希涑《净土圣贤录》卷四等。

本书是一部阐述宋元净土宗支派白莲宗正统思想的著作。南宋绍兴(1131—1162)初年,吴郡延祥院子元(俗姓茅)仰慕东晋慧远创庐山莲社的遗风,乃劝导士庶,同修净业。倡导以念阿弥陀佛五声以证五戒,净五根,得五力,出五浊。并且撮集大藏要言而成《莲宗晨朝忏仪》,代法界众生礼佛忏悔,祈得往生。以后,子元又在平江淀山湖(今上海青浦县境内)建立了莲宗忏堂,自号"白莲导师",率四众弟子修十六观门,并作《圆融四土三观选佛图》、《证道歌》、《西行集》等,申述白莲教义。徒众称为"白莲菜人"。后子元被诬以"事魔"之罪,流配江州(今江西九江市),至乾道二年(1166)才获释返回。孝宗赐以"慈照宗主"之号,允许他公开传教。子元卒后,弟子小茅阇梨继承其位,白莲宗的势力迅速扩大,影响遍及江南一带。在流传过程中,渐生风俗坏乱之弊,故在南宋末年,就被正统的佛教人士视为"邪教"(见南宋宗鉴《释门正统》卷四、志磐《佛祖统纪》卷四十六)。入元以后,白莲教连同其他民间宗教一起遭到了朝廷的禁断。

时居庐山东林寺的普度,因慨叹当时口称莲宗者多,却昧于初祖慧远之意,更有托名白莲教而有种种谬说邪行流行,为阐明子元倡导的白莲宗的真义,以救时弊,遂集诸书之善言而编成此书。并于至大元年(1308),将本书进呈朝廷。皇庆元年(1312),仁宗下诏允许复兴白莲宗,并封普度为白莲教主,赐号"虎溪尊者",一时号称莲宗中兴之祖,《莲宗宝鉴》也因此获准行布天下。

本书广述修习念佛净业要旨,各卷章目如下。

卷一,念佛正因说。下分阿弥陀佛因地、弥陀释迦本愿因地、佛为韦提希圣后说净业正因等十四章。

卷二,念佛正教说。下分佛为父王说念佛、善财参见德云比丘说念佛门、龙树大士说念佛等九章。

卷三,念佛正宗说。下分定明宗体、念佛参禅求宗旨说、净土非钝根权说等八章。

卷四,念佛正派说。下分远祖师事实、庐山十八大贤名氏、天台智者大师等二十二章。

卷五,念佛正信说。下分断疑生信、劝发信心、智者大师净土十疑论叙等六章。

卷六,念佛正行说。下分修进工夫、资生助道、作福助缘、去恶取善等十四章。

卷七,念佛正愿说。下分劝发大愿等七章。

卷八,念佛往生正诀说。下分父母临终往生净土、临终三疑、临终四关等十二章。

卷九,念佛正报说。下分功德庄严、净土增修圣果、净土三十益、净土成佛等五章。

卷十,念佛正论说。下分西方弥陀说、真如本性说、辨真妄身心等二十五章。

每卷的第一章均为总说,如《念佛正因说》、《念佛正教说》、《念佛正宗说》等等,以下诸章或摘录净土文论,或略叙古德行状。其中卷十诸章,着重破斥了被视为背离白莲宗真义的各种异说。本书是叙述白莲宗宗义最详尽的资料,也是研究宋元净土宗思想的重要史料。

(王雷泉)

释氏稽古略 〔元〕觉 岸

《释氏稽古略》,初名《稽古手鉴》,后改今名,简称《稽古略》,四卷。元觉岸撰,成于至正十四年(1354)。通行本有《大正藏》本等。

觉岸(1286—?),字宝洲,吴兴(今浙江湖州)人,俗姓吴。从孤明禅师落发受具,与念常同为晦机元熙的弟子、临济宗杨岐派大慧宗杲系僧人。后开法于松江南禅寺。生平事迹见明幻轮《释氏稽古略续集》卷一、明河《补续高僧传》卷十八。《松江府志》卷六三也有记载。

《释氏稽古略》是以历代帝统为经,佛家世次行业为纬,并参照宋本觉《释氏通鉴》的写法,每年必录(有事则记事,无事则单记干支、年号)而编成的编年体佛教史。所记史实,上始远古时代"三皇"中的太昊包牺氏,下迄南宋少帝(又称"恭帝")德祐二年(1276)。见录的史实,其首间有小标题,以提示内容,如"佛教流通东土之始"、"《孔雀经》"、"佛图澄和尚"、"莲华漏"、"金山水陆大斋"、"秘密教"、"百丈山"等;其末间注出典,以明来源,如《三宝纪》、《吴志》、《弘明集》、《义楚六帖》、《高僧传》、《晋书》、《感应传》、《僧史略》等。

卷一:三皇、五帝、夏、商、周、秦、西汉、东汉、三国、西晋。主要记有(以下均根据正文的内容撮举,并非全是书中原立的小标题):东汉明帝永平年间,佛教入华;汉桓帝永兴二年,"帝铸黄金浮图、老子像、覆以百宝盖,宫中身奉祀之。世人以金银作佛像,自此而始";《牟子理惑论》;孙吴赤乌四年,孙权建塔于建业佛陀里,并为康僧会造建初寺,"江南寺塔,此为始也";曹魏嘉平二年,天竺沙门昙柯迦罗译出《僧祇戒本》,"中国戒法,自此而始";朱士行(书中误作"朱士衡");竺法护等。

卷二:东晋、宋、齐、梁、陈、隋。主要记有:东晋沙门支遁与名士结"方外交";竺道潜;道安;鸠摩罗什;庐山慧远;慧要制"莲华漏"(计时的器具);宝志;梁武帝奉佛事(制《慈悲道场忏法》、设水陆大斋等);傅翕;菩提达摩;《高王观世音经》的来历;西魏沙门道臻博通经义,被文帝尊为"师傅"事;北齐王高洋从僧稠受菩萨戒,"大起塔寺,僧尼满于诸州,佛法东流,此焉盛矣";慧可;"四海僧望"法上;慧思;僧璨;"智者大师"智𫖮;隋李士谦论佛道儒三教;隋文帝奉佛事;文中子(王通);隋炀帝奉佛事等。

卷三:唐、五代。主要记有:唐高祖断屠置寺;玄奘;唐太宗敕抄《遗教经》;慈恩教;道宣;南山教;罽宾沙门佛陀波利译《佛顶尊胜陀罗尼经》;义净;贤首教;"清凉国师"澄观;圭峰宗密;北宗神秀;嵩岳慧安;六祖慧能;鉴真传律于日本;一行;秘密教;金刚智;不空;李通玄《华严合论》;皎然;灵澈;庚承宣《福州无垢净光塔铭》;百丈怀海;唐宪宗诏迎佛骨;白居易画阿弥陀佛;唐宣宗问法于弘辩;沩仰宗;临济宗;曹洞宗;云门宗;法眼宗;天台德韶等。

卷四:宋代。主要记有:赞宁;太平兴国七年,"诏立译经传法院于东京太平兴国寺之西,如唐故事,以宰辅为译经润文使,设官分职";宋太宗"御制《秘藏诠》二十卷、《缘识》五卷、《逍遥咏》十卷,命两街僧笺注,入释氏大藏颁行";道原《传灯录》;遵式;知礼;长水子璿《楞严经疏》;慈明楚圆;杨岐方会;大觉怀琏;浮山法远;雪窦重显;契嵩《定祖国》;昙颖《性辩》;允堪《会正记》;黄龙慧南;高丽僧统义天;法云法秀;张商英问禅于兜率从悦;圆悟克勤;元照;宋孝宗《原道论》;竹庵可观等。

《释氏稽古略》的特点如下。

一、详述政事,具有一半是佛史,一半是世史的性质。一朝之初,必先叙说该朝皇帝的生世、行历、在位时间、所用年号等。在以下的叙述,不仅记载与佛教有关的人和事,而且大量摘列佛教以外的人和事,如皇帝的政令、宰臣的行事、攻伐征战、盛衰治乱等。如卷一记西晋惠帝时贾后专朝和"八王之乱";卷二记北方十六国中,前赵、成汉、前燕、前秦、后燕等国之间的战争;卷三记唐太宗重新刊定《氏族志》,列皇族李氏为首,外戚次之,降崔氏为第三,以及图画功臣于凌烟阁等。

二、备载帝王的兴佛事迹。虽然自南宋以来问世的各部佛教史著作都将帝王与佛教的关系,作为一代佛教的重点加以记叙,这是因为"不依国主,则法事不立"。但由于《释氏稽古略》是一个皇帝一个皇帝讲下来的,故每个皇帝与佛教的关系,尤其是他们的奉佛事迹也较为系统地得到了反映。

三、汇集各代译经、造寺、度僧等基本资料。由于各代译经详见于佛经目录,寺僧数目又散见于正史和佛教史传,故一般佛教史著作虽有提及,但并不周备。而《释氏稽古略》则将《开元释教录》、《魏书》、《唐书》、《释迦方志》、《辩正论》等提到的这方面数字一一辑出,编入相应的朝代之中,颇便翻检。

四、援据宏富。仅从史料之末所注的出典统计(还有许多未注出典的),所征引的史传、文集、碑铭、志乘、政书、笔记等各类著述,总计有一百几十种。其中属于佛教方面的有:《正宗记》、《义楚六帖》、《高僧传》、《僧史略》、《紫芝(应是"祖琇")通论》、《佛法系年录》、《佛祖通载》、《僧宝传》、

《感通录》、文莹《湘山录》(即《湘山野录》)、孤山《闲居编》、《天竺别集》、《草庵教苑遗事》、《梅溪集》、《人天宝鉴》、《苇江集》、《永道三藏法师传》、《远(慧远)禅师奏对录》、《圆觉(寺名)碑刻》、《上竺纪胜》、《下竺碑刻》、《明(了明)禅师行业碑》等;属于佛教以外的有:历代正史、《容斋三笔》、《帝王年运诠要》、《皇明事实》、《十三朝圣政录》、《皇朝类苑》、《归田录》、《韵语阳秋》、《东轩笔录》、《东都事略》、《东坡文集》、《拥炉闲话》、《中兴事迹》等。

《释氏稽古略》辑存了自东汉以来,迄宋末为止,大量的佛教史事、人物和文述,它是研究中国佛教发展史的重要资料之一。

有关本书的研究,有陈士强《大藏经总目提要·文史藏》(上海古籍出版社,2008年)等。

(陈士强)

补陀洛迦山传 〔元〕盛熙明

《补陀洛迦山传》,一卷。元盛熙明撰,约成于元至正二十一年(1361)。通行本有《大藏经》本、清代吴县蒋氏双唐碑馆本等。

盛熙明,生卒年不详。据本书序称"元丘兹人"。据本书《附录》题识,自称"寓四明之盘谷,玄一道人盛熙明"。据《四库全书总目》引元陶宗仪《书史会要》称:"盛熙明,其先曲鲜人,后居豫章。清修谨饬,笃学多材,工翰墨,亦能通六国书,则色目人也。"另撰有《法书考》八卷。

《补陀洛迦山传》是一部记叙浙江舟山普陀山名胜古迹的著作。书前有盛熙明序,阐述补陀的来由及作书的动机、内容。"补陀洛迦者,梵名也。华言小白华。"普陀,又作"补陀",梵文译为"补陀洛迦"。据汉语意译为"小白华"。据《华严经·入法界品》说:"善财第二十八参观自在菩萨与诸大菩萨,围绕说法,盖此地也。"《华严经》所指补陀洛迦山,是指南印度秣罗矩吒国临海的一座山。唐代印度僧人来中国传法,见到我国东海浙江舟山沈家门附近一座有山的小岛,原名"梅岭山",世传是梅福炼丹的地方,其山"盘礴于东越之境,苴芒乎巨浸之中。石洞森严,林峦清邃",便借指为南印度的补陀洛迦山,是观世音菩萨道场。以后世代相传为观音菩萨显圣地方,香火日盛,成为我国佛教四大名山之一。盛熙明撰写此书的动机是"顷因谢病,偶在海滨。恭叩灵躅,旁搜经籍,撰成此书","普令法界舍生,尽登菩提彼岸"。其内容则是"首集自在之功德,继考洞宇之胜概","庙塔兴建,具载于篇"。书后有光绪十年甲申(1884)吴县蒋清翊题识,介绍作者盛熙明简况,考辨本书有关内容的真伪。

全书分为七篇:《自在功德品》、《洞宇封域品》、《应感祥瑞品》、《兴建沿革品》、《附录》、《观音大士赞》、《名贤时咏》。从篇目安排及书后蒋清翊题识看,从《附录》第五末载"补陀洛迦山传终"字样看,原书只有五篇,从《自在功德篇》到《附录》,后两篇均为后人所附益。署名王勃撰《观音大士赞》,文字鄙俗,显系他人伪托,非王勃所撰。

一、《自在功德品》。引《大悲经》、《法华经》等佛教经典,论述观世音菩萨法力、功德。"惟观自在赫赫功德,独显化世间。""此菩萨,久已成佛。号正发明如来。""若有众生,受诸苦恼,一心称观音菩萨名号,即得解脱。""上自宫廷王臣,下及士庶,均蒙法施,灵感实多。"其常诵咒语为"唵嘛尼巴唲(二字合音)哒吽"六字。这是一位民间寄托解救苦难,普度众生的救苦救难的白衣大士观世音菩萨。

二、《洞宇封域品》。记叙普陀山的方位、地理沿革和名胜古迹。"今小白华,距四明不远,为圣贤托迹之地,石林水府,神光瑞象,虽在惊涛骇浪之间,航海乘风,刻日可至。"其地"在东大海西,星纪之次,在牵牛婺女分野"。夏代称越,春秋称句东县,《国语》称甬句东,秦汉属鄞县,唐开元二十六年改称明州,领县四翁山,五代后改为鄞县,宋熙宁间创县为昌国,元至元十五年升县为昌国州。岛上名胜有宝陀寺、潮音洞、善财洞、三摩地、真歇庵、无畏石、师子岩、正趣峰、灵鹫峰、观音峰等。

三、《应感祥瑞品》。记叙唐大中(847—859)至元致和元年(1328)观音菩萨在普陀山显圣事迹。如:"唐大中,有梵僧来洞前燔十指,指尽,亲见大士说法,授与七宝石。""元丰中,谒者王舜封,使三韩,遇风涛,大龟负舟,惶布致祷,忽睹金色光耀,现满月相,珠璎粲然,出自岩洞,龟没舟行。""淳祐,连岁苦旱,制帅颜颐仲祷雨洞中,大士并童子,喜悦出迎。"观音菩萨,屡屡显灵,救人患难。

四、《兴建沿革品》。记叙自梁贞明二年(916)至元顺帝即位为止普陀山寺院兴修、佛教发展状况。如:"梁贞明二年,日本僧惠锷首创观音院,在梅山岭之阴。"宋元丰三年,"赐额曰宝陀观音寺,置田积粮"。"绍兴元年辛亥,真歇禅师清了自长芦南游,浮海至此……郡请于朝,易律为禅。"表明普陀山寺由律寺改为禅寺,与禅宗发生关系。"嘉定三年庚午,大风雨,圆通殿摧,住山德韶言于朝,赐钱万缗,七年殿成。潮音洞无措足地,凿石驾桥。凡六年。御书'圆通宝殿'、'大士桥'以赐,建龙图阁以藏之。植杉十万。是时,有田五百六十七亩,山六百七亩。"寺院规模空前扩大。"元统二年,宣让王施钞千锭,建石塔,高九丈六尺。""今上(元顺帝)践位以来,尤加尊异。"普陀山经过历代统治阶级提倡支持,佛教因而大盛。

五、《附录》,引录盛熙明于至正辛丑(1361)撰写的记叙武林(杭州西湖)西山上天竺寺和大都蓟州雾灵山观世音菩萨像的灵异。"武林西山上天竺寺自昔相传,海上浮香木现光瑞,因刻为观自在菩萨像,多现祥瑞,士民归向。"大都蓟州之境,"有雾灵山,山谷高深,林峦清邃,古昔相传,为菩萨道场。……忽见白衣端坐之像,凌虚而立"。

六、《观音大士赞》。借唐王勃之名,撰写对观音菩萨的赞文。

七、《名贤诗咏》。录赵孟頫、刘仁本、盛熙明、僧竺昙、僧蒲庵、僧全室等游普陀山,赞观音菩萨诗篇。

(来可泓)

道教

云笈七籤 〔北宋〕张君房

《云笈七籤》，一百二十二卷。北宋张君房编，成于天禧三年（1019）以后。书名中的"云笈"是道教对收藏经书的容器的称呼。"七籤"指道教对道书的分类"三洞四辅"七部。通行本有明代《正统道藏》本、华夏出版社1996年版蒋力生等校注本、中华书局2003年版李永晟点校本等。

张君房，生卒年不详，安陆（今湖北安陆）人，宋真宗景德（1004—1007）进士，后曾任尚书度支员外郎，集贤校理、御史台等职，后谪官。大中祥符五年（1012），著作佐郎张君房被荐主持编修校正秘阁道书及苏州、越州、台州旧存《道藏》，与道士依三洞纲条、四部录略，品详科格，商较异同，以铨次之，编成《大宋天宫宝藏》四千五百六十五卷（已亡佚）。天禧三年（1019），写录成七藏以进之。张君房又"掇云笈七部之英，略宝蕴诸子之奥"，择其精华，编成《云笈七籤》一百二十卷。

张君房《云笈七籤序》和《宋史·艺文志》、《文献通考》以及《郡斋读书志》等均著录《云笈七籤》一百二十卷。《直斋书录解题》作一百二十四卷。《正统道藏》、《四库全书》和据《道藏》本影印的《四部丛刊》本则均作一百二十二卷，是为通行本。通行本第一百十三卷复为上、下。清《道藏辑要》也收有《云笈七籤》，不分卷，缺漏甚多。

《云笈七籤》百余卷，按七部内容的性质，摘录原文，加以分类，以"道"为首，以"经教"为先。

卷一，《道德部》。采摘《老君指归》、《老君指归略例》、《韩非子·主道篇》、《淮南鸿烈》、《葛仙公五千文经序》、《混元皇帝圣纪序》、《唐开元皇帝道德经序》、《唐吴筠玄纲论道篇》、《唐陆希声道德经传序》等著述中语，总论老子的道德概念，阐述道教教义的核心。卷二《混元混洞开辟劫运部》，引用《太始经》、《太真科》、《上清三天正法经》中语，论说宇宙生成变化，并引《太上老君开天经》，解说老君开天辟地及累世下降化身。卷三《道教本始部》、卷四《道教经法传授部》和卷五《经教相承部》，则阐述道教的起源以及上清、灵宝、三皇等经的传授系统。《云笈七籤》在各派中选择以上清派为主。卷四就以《上清源统经自注序》为首。卷五收录《真系》，叙述晋茅山真人杨君（杨义）、许穆、许翔、陆简寂、孙岳、陶贞白、王升真、潘体玄、司马贞一、李玄静等仙事迹。真系众仙均系上清派尊师。

卷六和卷七,《三洞经教部》。总论"三洞"、"四辅"、"七部"、"十二部"、"三十六部"和"云篆"、"符字"、"龙章"、"凤文"、"玉牒金书"、"丹书墨篆"等概念。

卷八至卷二十,《三洞经教部》。解释各经,计有《三十九章经》、《虚无自然本起经》、《上清黄庭内景经》、《太上黄庭外景经》、《太清中黄真经》、《黄帝阴符经》、《九天生神章经》、《老子中经》、《太上飞行九神玉经》等几十种。其中卷八和卷九就释有上清派经典四十七种。

卷二一和卷二二,《天地部》。总说天地。

卷二三至卷二五,《日月星辰部》。总说日、月、星辰和服日月星气、存思日月星神、卧斗等法。

卷二六至卷二八,《十洲三岛》、《洞天福地》和《二十八治》。总说十洲、三岛、洞天福地和二十四治。

自卷二九至卷八六,都是道教之"法"的内容,包括道家服食、炼气、内外丹、方药、符图、守庚申、尸解等术。卷二九至卷三一,《禀生受命》。叙述人生之源,体内诸神、保气长生之法,存思长生之法以及隐身变化法。

卷三二至卷三六,《杂修摄》。摘录《养性延命录》、《摄养枕中方》等十余部经,叙述养生诸法,包括养性、戒忌、禳灾、服气、导引、按摩、守一、五时七候、明补、存神、坐忘、胎息、影人、服食、绝谷、摄生月令等。

卷三七至卷四十,《斋戒》和《说戒》。摘录诸经所述斋法和戒律。

卷四一,《七籤杂法》。摘录诸经所述沐浴、朝礼之法。

卷四二至卷四四,《存思》。全录和分录《老君存思图十八篇》等,分述各种存思方法。

卷四五至卷五一,《秘要诀法》。各卷又有《修真旨要》、《行持旨要》、《三一》和《行持事要》等副题。摘录诸经,分述各种诀、咒、法、符、图。

卷五二和卷五三,《杂要图诀法》和《杂秘要诀法》。摘录《太上隐书八景飞经八法》,分述飞行、速行、遁形,隐身和千里眼等术。

卷五四和卷五五,《魂神》。分说"魂魄"和"拘三魂法"等十二项,述制魂魄及存身神、受生天魂诸法。

卷五六至卷六二,《诸家气法》。全文著录《元气论》、《服气精义论》等,分述服气和胎息等。

卷六三至卷六五,《金丹诀》。全文著录《玄辨元君辨金虎铅汞造鼎入金秘真肘后方上篇》等。分述外丹丹经和外丹丹方。

卷六六和卷七一,《金丹》。著录《丹论诀旨心照》等丹经和《造六一泥法》等几十项外丹之法,以及《太清丹经要诀》并《造六一泥法》等。

卷六七至卷六九,《金丹部》。著录《金丹序》、《黄丹九鼎神丹序》等外丹丹法。

卷七十,《内丹诀法》。著录《还丹内象金钥题》等内丹诀法。

卷七二和卷七三,《内丹》。录《大还丹契秘图》、《真元妙道修丹历验抄》等,述内丹丹法。

卷七四至卷七八,《方药》。录《太上巨胜胂煮五石英法》等服食典籍,分述服食或制作芝草、云母、铅汞、丹砂、金丹、药丸等方。

卷七九和卷八十,《符图》。录《五岳真形图序》、《二十四真图》等,分述符箓名称、佩服和传授。

卷八一至卷八三,《庚申部》。录《上清元始谱录》、《颖阳经》等,分述三尸篇、除三尸法、伏尸法、消三虫诀、制三尸法、除尸虫法等。

卷八四至卷八六,《尸解》。录《太极真人石精金光藏景录形经说》、《尸解叙》等,分述造剑尸解法、尸解神杖法等以及轩辕黄帝、宁封(火解)、玉子、王子乔、司马季主等尸解神话。

自卷八七至卷九九,都是道教之"论"的内容,包括高道们各种经论、仙籍、语论、语要以及歌诗词赞。卷八七,《诸真要略》。著录武当山隐士南阳翟炜《太清神仙众经要略》,述"五气之学"。

卷八八,《仙籍旨诀》。著录谷神子裴铏《道生旨》、栖真子施肩吾《养生辨疑诀》等,分述"生之所由,道之根本"和"三元之术"。

卷八九,《诸真语论》。有"经告"一项,摘录出自各经要语,多与内修之法、善恶伦理有关。

卷九十,《七部语要》。有"连珠"一项,摘录三洞四辅各经语句六十五条,不注出处,均是全神守气,修善除恶的箴言。

卷九一,《七部名数要记》。分录"九守"、"十三虚无"、"七报"、"七伤"等项,均言修道之人的"纯粹素朴之道"。

卷九二,《仙籍语论要记》。有"众真语录"一项,摘录出自各经要语,多与卷八九"诸真语论"、"经告"项重复,略有增入。

卷九三,《仙籍理论要记》。分录《神仙可学论》、《道性论》、《三相论》、《真相论》、《阴阳五行论》等,论述神仙可学、众生道性、三相观照、世间真相和阴阳五行等。

卷九四和卷九五,《仙籍语论要记》,录司马承祯《坐忘论》,述坐忘之法。又录诸经分述"法性虚妄"、"道性因缘"、"本性淳善"等。

卷九六《赞颂歌》、卷九七《歌诗》、卷九八《诗赞辞》和卷九十九《赞诗辞》,均为各种道经的经赞、颂诗,神仙应答赠受的诗歌以及修道之人的诗歌。摘引诗歌,不标明出处。据考有不少出自《真诰》,其内容多与宣道授法有关。

自卷一百至卷一二二,都是道教之"史"的内容。包括神仙传记、修道之人的传记和道教历史上各种灵验故事。卷一百至卷一百二,《纪》。分录《真宗皇帝御制先天纪叙》和《轩辕本纪》、《元始天王纪》、《太上道君纪》、《上清高圣太上玉晨大道君纪》、《三天君列纪》、《青灵始老君纪》、《混元皇帝圣纪》、《南极尊神纪》等十七位尊神的谱纪。

卷一百三至卷一百六,《传》。分录《宋真宗御制翊圣保德真君传序》、《翊圣保德真君传》、《玄洲上卿苏君传》、《太和真人传》、《太极真人传》等十六位真君、真人传记。

卷一百七,《传录》。录《陶先生小传》、《华阳陶隐居先生本起录》、《梁茅山贞白先生传》等陶弘景传记。

卷一百八,《列仙传》。摘录《列仙传》中赤松子、宁封子、马师皇等四十八仙传记。

卷一百九,《神仙传》。摘录《神仙传》中广成子、若士、沈文泰等二十一仙传记。

卷一百十和卷一一一,《洞仙传》。摘录《洞仙传》中元君、九元子、长桑公子等七十七仙传记。

卷一一二,《神仙感遇传》。录吉宗志、叶迁韶、于满川等三十人传记。

卷一一三上和卷一一三下至卷一一六,《传》。其中,卷一一三上,录任生、罗公远等十四人传记,卷一一三下,录《续仙传》序以及玄真子、蓝采和等二十五仙传记。卷一一四至卷一一六,录《墉城集仙录叙》和西王母、九天玄女、梁母等女仙传记二十七篇。

卷一一七至卷一二二,《道教灵验记》。录《真宗皇帝御制叙》和《广成先生序》,并道教宫观、殿阁、神像、天师、列真、经符、法器和斋醮仪范等种种灵验故事,一百十九则。

《云笈七籤》是现存规模最大的道教类书,它大致包括了北宋时期的道教经籍的主要内容,故人称"小道藏"。《四库全书总目》称此书:"类例即明,指归略备,纲条科格,无不兼赅。道藏菁华,亦大略具于是矣。"而且它保存了不少已佚失的典籍篇章,是研究道教的重要资料。

(陈耀庭)

易数钩隐图 〔北宋〕刘　牧

《易数钩隐图》,三卷。北宋刘牧撰,约成书于庆历至嘉祐年间(1041—063)。通行本有《正统道藏》本、清康熙通志堂经解本、《四库全书》本、摛藻堂《四库全书荟要》本等。

刘牧(？—1061或1062),字先之,号长民。北宋衢州西安(今浙江衢州)人,一作彭城(今江苏徐州)人。中进士后,任本州军事推官。与州将争论公事,为所挤。稍后,受范仲淹赏识,先后在今山东、河北一带任地方官,知大名府时,弭盗,集强壮为义男;通判建州,平定保州兵士之乱。富弼宣抚河北,受命奏掌机密文字。丁艰归乡,服除通判庐州。嘉祐四年(1059),朝廷弛茶榷,奏事得请,人皆便之。除广南西路转运判官,修建险陁,募丁壮以减戍卒,徙仓便输,考摄功次,禁绝贿赂。在任二年,移荆湖北路转运判官,踰月卒于任所,时约嘉祐七、八年间。在本州时,师事范仲淹。后又受《易》于范谔昌。他以象数解《易》,认为"易者,阴阳气交之谓也。……卦者,圣人设之,观于象也。象者,形上之应。原其本则形由象生,象由数设;舍其数则无以见四象所由之宗矣。"(序)是说盛行于仁宗时。著有《易数钩隐图》三卷、《卦德通论》一卷(佚)、《新注周易》十一卷(佚)、《先儒遗论九事》一卷(存)、《龙图龟书论》一卷(存)。生平事迹见《宋元学案》卷二《泰山学案·运判刘长民先生牧》。

刘牧认为数设象,象生形,舍其数则无以见四象所由之宗。于是,采撷天地奇偶之数,自太极生两仪而下,至于复卦,凡五十五位点之成图;每图之后,加以说明,而成本书。

《易数钩隐图》为易象数学中数学派的著作。第一至第十六图,为太极、两仪、四象、八卦、天地、大衍之数,第十七至第四十八图,为阴阳、乾坤、五行、八卦、人、三才;第四十九至第五十四图,为河图、洛书;第五十五图,为十日生五行并相生。《道藏》本后附《龙图龟书论》,上下两篇,属于图书派易学。通志堂本与《四库》本,后附《遗论九事》。所论九事为:一、太皥授龙马负图。二、六十四卦推荡诀。三、大衍之数五十四。四、八卦变六十四卦。五、辨阴阳卦。六、复见天地之心。七、卦终未济。八、蓍数揲法。九、阴阳律吕图。书前有自序,原本有其学生黄黎献序。今本无此序,而有欧阳修序。吴澄、俞琰等指出欧阳修不信河图之说,序文又浅俚,非修所作,乃出于后人伪托。朱伯昆以为此序,即出于黄。《四库全书》编者删削此序。

全书以五行生成之数为核心,用数解说卦象和物象世界。它以白黑两种点子,表示数之奇偶,气之阴阳,在数之变化中述理,诸如宇宙本原、世界结构、宇宙演化、万物变化、人与天地等重大问题。

《易数钩隐图》以图式阐释《系辞》"易有太极,是生两仪,两仪生四象,四象生八卦"。认为太极是混沌未分之气,虽无数和象,却具有尚未显现的数的规定性。二气始分,天地形象著而未明,为二仪之体,已具天奇地偶之数。二仪中的天一、天三,和地二、地四之数,各加天五之数,得到上七、下六、左八、右九四数,分别为少阳、老阴、少阴、老阳,是为四象。这是以一、二、三、四、五的五行生数,与六、七、八、九的五行成数,说明两仪生四象。它认为五行生成之数,即《系辞》的大衍之数、天地数。其数既设,"遂定天地之象"。七、八、九、六与五相配合,产生水、火、木、金、土五行之物。进而认为,有五行之数方有万物之生成,"生万物者,木、火之数也;成万物者,金、水之数也"。又以五行生成之数的河图图式解释四象生八卦:"水居坎而生乾,金居兑而生坤,火居离而生巽,木居震而生艮。己居四正而生乾坤艮巽,共成八卦也。"至此,表示太极元气自身分化而为天地,天地之数自身演变而为万物。

在天地万物形成中,阴阳二气各自独立,而寓于五行之中。其相互配合,使有形之物的五行得以生成万物与人类的形体。关于人类,他说:"外济五行之利,内具五行之性。"所以,人"最灵于天地之间"。而圣人"观天地奇偶之数,从而画之,是成八卦"。这出于天地之数的法则演变,并非圣人任意作为,而是模拟外在世界的结果。

天地之数、大衍之数和五行生成之数,都在《河图》、《洛书》图式中。作者在《洛书》图中说,以《洪范》五行之数,兼具生成两数,包天地自然之数,使与《系辞》中天地极数相联系,发展了郑玄的天地生之数说。又在解释陈抟龙图易的第二变图式时说,天象图式乃《洛书》五行生数,地象图式乃《洛书》五行成数。《河图》也含天地之数,但分布成九宫"纵数三,皆十五",即为《系辞》的"参伍以变,错综其图"。九宫所处的方位,就是五行五成之数的方位。其"阳气肇于建子","阴气萌于建午",一年之中二气消长,即所谓"所以生万物焉,所以杀万物焉"。是据卦气说的坎离震兑四正卦之位,解释九宫所处方位。

刘牧的河图洛书说,乃是洪范说、系辞说、九宫说、卦气说和五行说相结合的产物。然而,卦气说同九宫说是两个体。这使在说离卦方位时,陷入不能自圆其说的矛盾之中。卦气说离居南方,但按九宫说,离卦之数为二居西南,而南方之数为九属天。作者无法解决这一逻辑矛盾,故《易数钩隐图》无九宫八卦图。至于《河图》与《洛书》的区别,他认为"四象未著乎形体",属于形而上之图,所以"《河图》不言五行",五行"已著乎形数",属于形而下之器,所以不述四象。河图示象,洛书成形,意味着天地万物在时空中,由数所决定;阴阳五行之生成万物,有一个由微而著、从象到形、自道至器的过程。

《易数钩隐图》是刘牧继陈抟——种放之说,以九为河图、十为洛书的著作,与同出一源的穆修——李之才——邵雍一派略有区别。它使汉儒以来的易象数派所歧出的图书一派,有正式著作,也是北宋易象数学派批判玄学派的代表著作。成书后,"师友自相推许,更为倡述"(元雷思初《易图通变》),盛行一时,其学生吴秘进献朝廷。秘又与黄黎献、程大昌诸人分别著有《通神》、《略例隐诀》、《易原》等书,阐明发扬其主旨,而叶昌龄则作《图义》加以驳斥,宋咸撰《刘牧王弼易辨》攻击之,李觏复有《删定易图论》以示异见。自北宋末以来,其影响渐微,几乎失传。其说打击玄学道体虚无说,促进宋代易哲学的形成与发展。书虽未论证道教教义,却因道教以《周易》为其经典,也被编入《道藏》,以其宇宙演化与结构、万物生成与变化的图式,作为道教世界观的一种。

有关本书的研究,有任继愈等《道藏提要》、朱伯崑《易学哲学史》等著作的有关部分。

(贺圣迪)

道德真经藏室纂微篇 〔北宋〕陈景元

《道德真经藏室纂微篇》，十卷。北宋陈景元撰，成于熙宁五年(1072)。通行本有《正统道藏》本、《道藏举要》本等。

陈景元(1035—1094)，字太初，号碧虚子，北宋建昌南城(今属江西)人。早年志学，博通经史医药，亦工诗文书画。因两兄继夭，乃心慕方外。庆历二年(1042)，游高邮天庆观，以韩知止为师。次年，应试后，度为道士。漫游名山，于天台山从鸿蒙子张无梦学道，深通《老子》、《庄子》奥义。浪迹江淮，寄情琴书。神宗时，因礼部侍郎王琪荐，入汴京(今河南开封)讲解《道德》、《南华》二经。此后，自王安石以下，公卿大夫争与唱酬，四方学者竞从其游。帝闻其名，召对天章阁，赐号真靖大师。熙宁五年，进所注《道德经》。神宗因其"剖玄析微，贯穿百氏"，加以奖论，累迁至右街副道录。时京师置道官十二员，景元上言其后缺员，以《道德》、《南华》、《灵宝度人》三经十道义试补阙者，为神宗所准。至此，道家之学翕然一变。厌于吏事，乞归庐山。著作尚有《西升经集注》(存)、《南华真宗章句音义》、《冲虚至德真宗释文》、《上清大同真经玉诀音义》、《无始无量度人上品妙经》(存)、《碧虚子亲传指南》(存)、《续高士传》(佚)、《文集》(佚)。生平事迹见《历世真仙体道通鉴》卷四九。

陈景元认为"道德相须而不相离"，而后之学者随文生义，云"道无为无形，故居从物之先；德有用有为，故在生化之后"，万分未得其一。因而，"辄依师授之旨，略纂昔贤之微"，而成此书。"其如恍惚杳冥，在达者之自悟耳。"

本书为阐述《道德经》的解经之作。认为《道德经》以重玄为宗，自然为体，道德为用，其要在乎治身治国，治国则我无为而民自治，我无欲而民自朴；治身则塞其兑，开其门，谷神不死，少私寡欲。"此其要旨，可得而言也。"

《道德真经藏室纂微篇》卷一至卷五释道经；卷六至卷十释《德经》。书前有作者《开题》、葛邲《老子论》、杨仲庚序。

本书论"常道"与"可道"之分。认为"常道者，自然而然，随感应变"，是宇宙本体。其用为"可道"、"道德彰而非自然也"。常道与可道的本质区别,使人对其认识有所不同。常道者,"杳然难言,非心口所能辩,故心困焉不能知,口辟焉不能议,在人灵府自悟尔"。可道之道,不仅能以智索,为心口所辩,还可"著于竹帛,镂于金石,可传于人者"。

在揭示道有常、可之别后,强调道是宇宙本体和万物之源。他说:"道者,虚之虚,无之无,自然之自然也。混洞太无,冥寂渊通,不可名言者也。"这样的宇宙本体是万物之源:"然而动出变化,则谓之浑沦。浑沦者,一也。浑沦一气,未相离散,必有神明潜兆于中。神明者,二也。有神,有神有明,则有分焉。是故清、浊、和三气噫然而出,各有所归。是以清气为天,浊气为地,和气为人。三才既具,万物资生也。"

道的"体用既彰,通生万物"。万物在道的自然而然运动中,绵绵不绝自生自化、自形自造于无际宇宙,又认为万物变化"复归于无物","非空寂之谓也。谓于无形状之中而能造一切形状,于无物象之中而能化一切物象"。

他又阐述人们如何悟得常道而成仙真。他认为"冲虚寂泊者,乃动植之根本也。且无者有之本,静者躁之君;动之极也,必归平静;有之穷也,必归于无"。圣人"使民息爱欲之心,归乎虚静之本,则可以复其性命之原矣。性命之原,即杳然冥然,视不见而听不闻者也,此惟明哲之自悟尔。能悟之者,则行住坐卧不离乎虚静寂寞,而应变不迁,是得常道而复命者也"。得常道而复命,即与道同一,是为仙真之术。他在注"玄牝之门,是谓天地根"时说:"上言谷神不死者,劝人养神之理。此曰玄牝之门,示人炼形之术也。故形神俱妙者,方与道同一。"

清静无为的修身之道,在他看来即为治国准则。"清静无为,即是爱民治国之术。"统治者倘能行无为之政,天下之民方得自然而然:"夫有道之君,垂拱无为,故功业成而不有;澹默清静,故事务遂而忘知,民皆淳朴无所妄为,谓我自然而然也,亲誉畏悔之心,于何有哉?"且认为"人既归往,天将祐之,理同自然,于物无逆,是曰真人,而能出入有无,冥乎大通,久与道合,莫知穷极,则水火不能害,金石不能残,世患莫侵,有何危殆?"能以大道治国者,即能化成仙真。

唐宋时期,道教发达。于老庄著作,唐人重成玄英、李筌之说。五代宋初沿其遗风。至神宗熙宁年间,陈景元传陈抟之学、讲《道德》《南华》二经于京城,举世震惊,四方来学。是后宋人于道家之学,是重景元,屡加引证。明清以来,久被忽略。近人蒙文通、今人卿希泰等又加重视。

关于本书的研究,校注有元薛致玄《道德真经藏室纂微开题科文疏》、《道德真经藏室纂微手钞》、近人蒙文通《陈景元老子庄子注校记》;论述有卿希泰《中国道教思想史纲》、任继愈等《道藏提要》的有关部分等。

(贺圣迪)

悟真篇 〔北宋〕张伯端

《悟真篇》，又名《紫阳真人悟真篇》，五卷。北宋张伯端撰，成于熙宁八年(1075)。通行本有《正统道藏》本、《道教典籍选刊》本等。收入《修真十书》(有《道藏》本)。

张伯端(984—1082)，一名用成，字平叔，号紫阳山人，北宋浙东路天台(今属浙江)人。自少学儒，又好异端，博通三教典籍，于天文、地理、星算、医药、兵法、书数、刑律、卜筮之学，无不详加探究。早年为府吏，碌碌数十年。一日，疑婢窃鱼，扑打之。婢自经死后，乃知其冤。因此认为四十年来所定案件，类此者不知凡几。乃烧毁案上公文，向往仙道。因私毁文书，发配岭南。英宗治平(1064—1067)年间，陆诜出镇桂林，委以机要之职。熙宁二年(1069)，随陆诜前往成都。顷遇真人，授以金丹火候之学，其后语一悟百。诜死，转徙秦陇三传法术于非人，俱遭祸患。后为扶风马默所解，遂以身相事于河东。马默因召赴京，张伯端以所著《悟真篇》相授，辞别而去。尚著有《玉清金笥青华秘文金室内炼丹诀》、《金丹四百字》，均存。也有人认为后者为伪托之作。生平事迹见《悟真篇自序》、陆彦孚《悟算篇记》、《古今图书集成·博物篇·神异典》卷二五二引《临海县志·张伯端传》、《历世真仙体道通鉴》卷四九《张用成传》。

张伯端"念世之学仙者十有八九，而达真要者未闻一二"(《自序》)。以为其故在于"炼五芽之气，服七耀之光，注想、按摩、纳清吐浊、念经持咒、噀水叱符、叩齿、集神、休妻、绝粒、存神、闭息、运眉间之思、补脑还精、习房中之术，以至服炼金石草木之类，皆易遇而难成"(《自序》)。即使得到真经如《道德》、《隐符》，然其"言隐而理奥，学者虽讽诵其文而皆莫晓其义，若不遇至人授之口诀，纵揣量百种，终莫著其功而成其事也"。自己"既遇真诠，安敢隐默"，于是著是书，"所期同志览之，则见末而悟本，舍妄以从真"(《自序》)。

《悟真篇》为道教内丹仙术经典。全书以诗词形式，总结直至北宋中期的内丹方术，并吸取儒释学说，主张三教合一。它以人的精、气、神为三宝，经炼精化气、炼气化神、炼神返虚，而由命达性、登仙成真。

《悟真篇》"内七言四韵一十六首,以表二八之数;绝句六十四首,按《周易》诸卦;五言一首,以象太乙;续添《西江月》十二首,以周岁律。其如鼎器尊卑、药物斤两、火候进退、主客先后、存亡有无、吉凶悔吝,悉各其中矣。及乎篇集既成之后,又觉其中惟谈养命固形之术,而于本源直觉之性有所未究,遂玩佛书及《传灯录》,至于祖师有击竹而悟者,乃形于歌颂诗曲杂记十二道,今附之卷末,庶几达本明性之道,居于此矣"。(《自序》)书前有自序,后有后序、陆薛式《悟真篇记》。

作者哀叹人生短促,难逃一死:"百岁光阴石火烁,一生身世水泡浮","人生虽有百年期,寿夭穷通莫预知。"(卷一)对于如何度过人的一生,他反对"只贪利禄求荣显,不顾形容暗悴枯"(同上)。认为人一旦身死,"妻财遗下非君有,罪业将行难自欺"(同上)。为自身计,理当"求大道出迷途"(同上)。大道即求仙之道。仙有鬼仙、地仙、天仙之别,"学仙须是学天仙"(同上)。其术乃"黄老悲其贪著,乃以修生之术,顺其所欲,渐次导之,以修生之要在金丹,金丹之要在神水华池"。其法"至简至易,虽愚昧小人得而行之,则立超圣地。是以天意秘惜,不许轻传"(后序)。

如何由人而至天仙?他自以为得《道德》、《阴符》真谛:"《阴符》宝字逾三百,《道德》灵文止五千。今古上仙无限数,尽于上处达真诠。"(卷三)他说:"劳形按引皆非道,炼气飧霞总是枉。""休妻谩遣阴阳隔,绝粒徒教肠胃空。草木金银皆滓质,云霞日月属朦胧。更饶吐纳并存想,总与金丹事不同。"在他看来,一切求仙之道,"惟有金丹最的端"(卷一)。所说金丹,非为外丹,乃是内丹。炼丹药物,所说之"真铅汞",不是砂与水银等矿物,也就无须"寻草学烧芳",只要"穷取生身处"(卷一),便能返本还元。

炼取金丹,求得长生,"要须洞晓阴阳,深达造化,方能超二气于黄道,会三性于元宫,攒簇五行,合和四象,龙吟虎啸,夫唱妇随,玉鼎汤煎,金炉大炽,始得玄珠,有象太乙归真都来片钩工夫,永保无穷逸乐。至若防危虑险,慎于运用抽添养正持盈,要在守雌抱一,自然复阳生之气,剥阴杀之形。节气既周,脱胎神化,名题仙籍,位号真人"(《自序》)。

洞晓阴阳,要认识人体内外阴阳相互代谢之道。只有识得阴阳之道,用以调停火候,方能烹炼药物,结成内丹。具体地说,先须安炉立鼎效法乾坤。此是"锻炼精华同魄魂,聚散氤氲为变化"(卷二)之所在。所说炉鼎,乃人体两肾,状如偃月,名为偃月炉。以体中铅汞炼丹,是一个与宇宙生化相逆的过程。宇宙生化过程为:"道自虚无生一炁,便从一炁产阴阳,阴阳再合生三体,三体重生万物昌。"(卷二)那么,由人体内铅汞炼丹,便须由五行阴阳合为一炁,再从一炁成丹:"大丹妙用法乾坤,乾坤运兮五行分。五行顺兮常道有生有死,五行逆兮丹体常灵常存。"(卷四)"七返朱砂返本,九还金丹还真。休将寅子数坤申,但看五行成准。本是水银一味,周流经历诸辰。阴阳气足自然灵,出入岂离玄牝。"(卷四)"震龙汞自出离乡,兑虎铅生在坎方。二物总因儿产母,五行会要入中央。"(卷二)"坎电烹轰金水方,火发昆仑阴与阳。二物若还和合了,自然丹熟

遍身香。"(卷二)

炼丹时须多方注意,如"赤龙黑虎各东西,四象交加戊已中。复姤自兹能运用,金丹谁道不成功";"月才天际生轮明,早有龙吟虎啸声。便好用心修二八,一时辰内管丹成。"(卷二)稍有疏忽,便成不了丹:"离坎若还无戊已,虽舍四象不成丹。只缘彼此怀真土,遂使金丹有返还。""纵识朱砂及黑铅,不知火候也如闲。大都全持维持力,毫发差殊不作丹。"(卷二)"兔鸡之月及其时,刑德临门药象之。到此金砂须沐浴,若还加火必倾危。""未炼还丹须急炼,炼了还须知止足。若已持盈未已心,不免一朝遭殆辱。"(卷三)

炼丹而至得丹,体现着道教的有无、天我等哲理与道德伦常思想。作者论述有无之道说:"始之有作无人见,乃至无为众始知。但知无为为要道,岂知有作是根基。"(卷三)有作成为无为之根基,无为乃是有作之目的。这与上述"道自虚无生一炁"而化万物的观点并不矛盾。因为道教学者炼丹的过程与道生化宇宙万物的过程相逆,既然后者由无而有,那么前者理当由有而无。再说天我关系:"药逢气类方成象,道合希夷即自然。一粒金丹吞入腹,始知我命不由天。""大药修之有易难,也知由我亦由天。若非积行施功德,动有群魔作障缘。""三才相盗食其时,此是神仙道德机。"(卷四)三才相盗,指《阴符经》"天地,万物之盗;万物,人之盗;人,万物之盗"。综合上述所论,他认为人在与自然的相资相生中,能符合客观规律,充分发挥其能动性,按自然规律创造出自然本无之丹,便能由人而仙。这一过程,与人间伦常紧密相关:"德行修逾八百,阴功积满三千。均齐物我等亲搜,始合神仙本源。虎咒刀兵不害,无常火宅难牵。宝符降后去朝天,稳驾鸾车凤辇。"(卷四)也充满着祸福转化:"祸福由来至倚伏,还如影响相随逐。若能转此生杀机,返掌之间灾变福。"(卷四)

内丹成仙之术,在他看来,即是佛教涅槃之法:"老释以性命学,开方便门,教人修神以逃生死。释氏以空寂为宗,若顿悟圆通,则直超彼岸。如其习漏未尽,则尚徇于有生。老氏以炼养为真,若得其要枢,则立跻圣位。如其未明本性,则犹滞于幻形。"(《自序》)这种统一,是以佛教道化来实现的。"释氏教人修极乐,亦缘极乐是金方。大都色相惟兹实,余余非真谩度量。"(卷二)其肯定色相兹实非幻,是将佛说纳入道教体系使之变化,而求得一致。又认为儒家于此也与老释一致。他说:《周易》有穷理尽性至命之辞,《鲁语》有毋意、必、固、我之说,此又使尼极臻乎性命之奥也。""孟子善养浩然之气,皆切机之迫。"然迫于实际上的迥然相异,又说:"然其言之常略,而不至于详者,何也?盖欲实正人伦,施仁义礼乐之教,故于无为之道未尝显言,但以命术寓诸象性,性法混诸微言耳!"(《自序》)总之,"教虽分三,道乃归一,奈何后世黄缁之流,各自专门,至相非是,致使三家宗要迷没邪歧,不能混一而同归矣"(《自序》)。

内丹成仙,强调无须外求,并非否定外丹。在他看来,外丹与吐纳、绝食、存想之类有根本区别,而同内丹相一致。丹术有内外之分,其原理一致无二:"内药还如外药,内通外亦须通,丹头和合类相同,温养万般作用。内有天然真火,炉中赫赫长红。外炉增减要勤功,妙绝无过真种。"(卷四)两相比较,外丹不如内丹便利。

《悟真篇》总结道教内丹理论与方法,又继承魏伯阳《周易参同契》之说,会通其他学派之理,提倡三教合一。它引入儒家"穷理尽性"、佛教"顿悟圆通"之谈,使与道门大丹玄旨认同合一,提倡失命后修的"性命双修"术,予后世道教以深远影响,是继《周易参同契》之后的重要炼丹著作。

关于本书的研究,注疏众多。主要有宋翁葆光《注》,陈达灵《传》,元戴起宗疏《紫阳真人悟真篇注疏》八卷,宋薛道光、陆墅、元陈致虚《悟真篇三注》五卷,宋夏元鼎《紫阳真人悟真篇讲义》七卷,明张位《悟真篇注解》三卷,今人王沐《悟真篇浅解》;论述有卿希泰《中国道教思想史纲》,任继愈《中国道教史》,牟钟鉴、胡孚琛、王保玹《道教通论——兼论道家学说》等书的有关部分。

(贺圣迪)

三十代天师虚靖真君语录 〔北宋〕张继先

《三十代天师虚靖真君语录》，七卷。北宋张继先原撰，作于崇宁四年（1105）至靖康元年（1126）之间；明张宇初编集成书，成于洪武二十八年（1395）。通行本有《正统道藏》本、《重刊道藏辑要》本等。

张继先（1092—1126?），字嘉闻，又字道正，号修然子。北宋江南东路贵溪（今属江西）人。九岁嗣为三十代天师，学兼三教。崇宁三年，应诏赴阙。徽宗问以道法之要及修丹之术，对以"此野人事，非人主所宜嗜。陛下清静无为，同夫尧舜足矣"。劝谏赵佶师法圣人为一代明君。当帝问及元祐诸臣时，他以"皆负天下重望"加以肯定，且"乞圣度从容"予以和同。在京建坛设醮，演说道旨，传授经箓，参礼者如蜂拥云集。四年，归山，奉勑命建正一、静应二观。四方学者来请教者数十百人，后又应诏至京。张继先审时度势，感奢侈腐败无已，忧国难将至，乃假托"赤马红羊"之兆，说国乱将至，冀时君达官觉悟。大观元年（1106）作《大道歌》献徽宗，再次告以身外无道，道在修己建德。张继先与名道徐神翁、王文卿不满徽宗、林灵素之所为，而又莫之奈何，乃辞归山野。政和二年（1112），复诏，辞疾不赴，命弟子王道坚赴京叩谢，再告帝以修德去灾。靖康元年（1126）冬，应钦宗诏赴京，至泗州（今江苏盱眙）天庆观病故。或以为隐去，南宋绍兴十一年（1141）曾在四川青城山授萨守坚以符法。著有《虚靖真君语录》。生平事迹见明张正常《汉天师世家》。

张继先的著作"往尝刊行，久亦遗缺"。明初，"四方传诵愿见者，惜不获其全"（张宇初序）。张宇初认为："真君流示世教之语，陶冶性灵之篇，又皆足以警迷启蔽。"于是，"因采之名山，重锓诸梓，以广其传，庶俾冠褐之士，慕向之流探索于言外意表，以悟火符之秘，穷铅汞之妙，有余师矣。以是而进乎道德之域，若所谓广漠之野、虚无之滨。当层峰高林之间，风清月霁之久，哦咏其空歌灵韵，林唱泉答。又焉知其霓旌霞珮之来隆也哉？其可不与老、庄氏之言而并传乎！"（同上）

《三十代天师虚靖真君语录》是张继先的诗文集，所收九篇文、书与二百余首诗词，歌颂论述其修道理论和修炼方法，兼及世事民情。

卷一，有《心说》、《开坛法语》、《答林灵素书》、《传天师与弟青词》、《谢官职表》等文；卷二，有《同石元规讲鸥鹏偶书》、《和张知县省食费韵》、《又省衣》等五言古诗；卷三，有《大道歌》、《槖籥歌》、《野轩歌》等歌行；卷四，有《得请还山元规远迓遂成山颂》、《晒经》等五言律诗；卷五，有《次御制赐于真人韵》、《钱塘》、《还山》、《金丹》等七言律诗；卷六，有《降魔立治沁园春》、《满庭芳》、《洞仙歌》等词及颂一首；卷七，有五言、六言、七言绝句。书前有张宇初序。

张继先说："惟道本自然，神非别有。明月周流碧汉，光本无形；白云来去青山，色非有迹。蚕入茧而蛾去，雀入水而蛤生。变化斯须，循环影响。趋向不干预模拟，浮沉自得于方园。万象有杀有生，春花秋落；一气互消互息，夜露朝晞。"（卷一《答林灵素书》）而万物"有形相变化，不出六合里"（卷二《同石元规讲鸥鹏偶书》）。他所认识的宇宙，就是在道本自然、元气消息中万物变化循环的世界。

他又综合道释，将佛教之心与道教之道视为一物，赋予心以道的一切。道即心是"杳兮冥，恍兮惚"之物，"不可以知知，不可以识识"，无从认识。其功能为"用之，则弥满六虚；废之，则莫知其所。（其）大无外，则宇宙在其间，而与太虚同体矣；其小无内，则入秋毫之末，则不可以象求矣"（《心说》）。它是"万法之宗，九窍之主，生死之本，善恶之源，与天地并生，为神明之主宰。或曰真君，以其帅长于一体也；或曰真常，以其越古今而不坏也；或曰真如，以其寂然而不动也"（同上）。

以道或心为源的世界，有时被视为"汤汤无边岸"之空，称之为真空或虚空。由此而言，"物则皆空"（《大道歌》）。生活于其中的人，其"本来真性同虚空，光明朗耀无昏蒙。偶因一念落形体，为他生死迷西东"（卷三《虚空歌》）。盖人之"一念萌动于内，六识流转于外，不超乎善而超乎恶，故有天堂地狱。因果之报，六道轮回无有出期。可不痛哉！可不悲哉"（卷一《心说》）。人之生生死死，如"日与月，朝昏上下常周天，生非来兮死非去，无有相因随所寓"（《虚空歌》）。人倘能识真空，使性如空，归根复命，则摆脱生死哀乐，六道轮回。《虚空歌》说："法界包罗大无外，密入纤尘小无内，饥寒灾祸不能加，物物头头归主宰。"

入空之道，无假外求，只在自身。首先，断绝生存之外的欲望："其为大人乎，自兹以往，慎言语，节饮食，除垢止念，静心守一，虚无恬淡，寂寞无为，收视返听和光同尘瞥起。"（《心说》）以教人休息为其真谛。其次，使气为神驭而留住于元海灵台："道不远，在身中。物则皆空性不空，性若不空和气住，气归元海寿无穷。欲得身中神不出，莫向灵台留一物。物在身中神不清，耗散精神损筋骨。神驭气，气留形，不须杂术自长生。"（《大道歌》）所谓杂术，如"房中之术空传世，迷杀寰中多少人"；"刘晨阮肇事多非，今日凭君子细推"（卷五《金丹诗》）。又如"不悟汞铅为至宝，却将炉火学烧银。内中采药方端的，外里求丹漫辛苦"（同上）。总之，长生之术，唯有内丹，切莫误入他途："真铅莫把凡铅入，真妇休将世妇齐。"（同上）保长生的还丹内术，在《金丹诗》四十八首中语其法,如"五行聚会生俄尔,一颗圆明出自然。湛湛神炉开白雪,依依铅鼎泻红莲","金丹饵了骨毛轻,便觉蓬莱去有程"。在《寄林太守》中叙其要说:"九宫台上黄芽生,白玉池边蟠桃在。撞动天关鬼神伏,拨转地轴阴魔败。河车搬上九重天,日月炼成金世界。"(卷三)

他志在成仙,无意居官。认为"惊人名誉不足恃,万古英雄一场戏。些些富贵不足欣,何如野轩卧闲云"(卷三《野轩歌》)。在天人和谐中修道炼功的他,比较两种生活说:"长年京国甚羁囚,丘壑归来始自由。"(《巫山》)他置身于"怪石欲飞明落落,惊湍直下响潺潺"(卷五《木竹治》)之中,对人世未曾冷漠,不仅反对富贵者衣食奢靡,要在上者"更思途中殍,皆缘食不足","曾知有贫者,冬夏皆皮裂"(卷二《和张知县省食费韵》、《又省衣》);而且意识到社会现状:"正阴阳错忤,鬼神淆混,依凭城市,绵画河山,杀气闭空,阴容夺昼,万姓罗殃日已多";"群妖忿怒扬戈竞,奔走攻山若舞梭"。危机即将来临,他冀望"感神光一瞬,龙摧虎陷,威音一动,电掣霆呵,立治化民,摄邪归正,生息熙熙归大和。风云静,见天连碧汉,月浸澄波"(卷六《降魔立治沁园春》)。然而,望来不来,而现实日益丑恶混乱。他欲救无力,只得辞人世而入山林。

张继先将禅宗言空言心之说,引入道教教义,使北宋末年以来的天师道学说发生重大变化。其《语录》是反映这一转变的早期著作,为后世所重视。

关于本书的研究,有郭树森等《天师道》、张继禹《天师道史略》、任继愈等《道藏提要》等书的有关部分。

(贺圣迪)

太上感应篇 〔北宋〕佚 名

《太上感应篇》，《道藏》本为三十卷，系八卷本析卷而成。国家图书馆藏有明刻一卷本和元刻八卷本、明刻八卷本两种。北宋佚名撰。成书时间，据书前元代冯梦周序称："是书在故宋时尝刊版于虎林之东太乙宫前。"据书中第七卷末载《卢静天师颂》，而卢静天师，是宋徽宗于崇宁四年（1105）赐给正乙道三十代天师张继先的道号。据绍定六年（1233）胡莹微上宋理宗《进太上感应篇表》载："该篇出自《宝藏》，即《琼章宝藏》，乃抄录《政和万寿通藏》而成。"由上述材料可以判定《太上感应篇》约成书于宋徽宗政和年间（1111—1117）。通行本有明《正统道藏》本等。

《太上感应篇》是一部劝人为善的宗教文书。载入《道藏》三十卷，由原文、注文、赞辞三部分组成。原文仅一二七四字。南宋李昌龄为之作注，他搜集儒、释、道三家有关天人感应、因果报应、惩恶劝善的历史故事，遗文轶事，民间传说阐释原文主旨，特别是发挥"存天理，灭人欲"，"道存乎一心"等理学家观点，加以印证，字数扩大到十万有余。南宋宰相郑清之，用四字韵文形式为之作赞，画龙点睛，阐明每节主题思想。

《太上感应篇》以老子《道德经》"无为而自化，清净而自定"，"福兮祸所倚，祸兮福所倚"等思想观点为主导，以劝善惩恶为内容，以天人应感、因果报应为手段，贯彻"诸恶莫作，众善奉行"的目的，教育人们自觉做善事，不做恶事。

《太上感应篇》首先认为"祸福无门，唯人自召"。"祸福之际，存乎一心，一念之差，善恶分明。"作善得福，作恶得祸，因果报应，毫厘不爽。认为天地之间有司过之神，在冥冥之中察人善恶。他们有：三台北斗神君，在人头上记录人们善恶；三尸神，在人身上记录人们善恶，于庚申日上奏天曹，赏善罚恶；灶神在每家考察人们善恶，于晦日上奏天庭，录善惩恶。如果为善，就可以延长人们寿命；如果作恶，就会减寿。寿以纪、算来计算，一般地说一纪为二十年，一算为百日，根据善恶的大小，增加或减少寿命。把人们的一举一动置于冥冥的天地神明的监视之中，所谓举头三尺有神明，神不可欺。要求人们即使独处在暗室之中，也要慎独，存行善之心。

其次,劝人行善,以成神仙。认为"神仙可学,不死可致。欲成仙道,先修人事"。只要多做善事,就可以成仙。据原文统计,善事共二十六种,如不履邪径,不欺暗室,积德累功,慈心于物,忠孝友悌,正己化人,矜孤恤寡,救人之危,不伤昆虫草木等。从道德修养到为人处世、治国、平天下无所不包,其中以追求天道为根本:"是道则进,非道则退",使道存乎一心,为最高的行为准则。认为仙有十种,即地行仙,飞行仙,游行仙,空行仙,天行仙,通行仙,道行仙,照行仙,精行仙,绝行仙。欲求成天仙,应行善事一千三百件;欲成地仙,应做善事三百件。为人们指出为善的奋斗目标。

其三,劝人诸恶莫作,免受惩罚。认为"凶人语恶,视恶行恶,一日有三恶,三年天必降之祸"。据原文统计,恶事共一百七十种,如非义而动,背理而行,以恶为能,忍作残害,暗侮君亲,慢其先生,狠戾自用,虐下取功,扰乱国政,杀人取财,散弃五谷,见他色美、起心私之。分外营求,轻秤小升,以伪杂真,失礼于舅姑,对北涕唾及溺等都是恶行。天地神明根据恶行的大小,处以惩罚,或致病,或破财,当即施报;或堕入幽冥地狱,受苦受刑;或轮回转世,沦为牲畜。从而劝导世人诸恶莫作,回头是岸。

《太上感应篇》将道教修养成仙化为世俗生活,劝人为善,诸恶莫作。由于通俗易懂,历代不断翻刻,流传浸广。历代均有注释者、作序者。除南宋李昌龄作注外,较著名者,尚有南宋真德秀为之作序,元冯梦周为之作叙;元陈坚,清惠栋、俞樾、黄正元、于觉世、鲍继培、王世俊等均为之作注。清代还将它译成满文。此外尚流传到朝鲜、日本等国,国外学者也为之作注。

(周梦江)

华阳陶隐居内传 〔北宋〕贾　嵩

《华阳陶隐居内传》，三卷。北宋贾嵩撰，成于宣和(1119—1125)年间或稍后。通行本有《正统道藏》本、观古堂所刊书本、观古堂汇刻书本、《道藏精华录》本、《郋园先生全书》本等。

贾嵩，北宋或两宋间人，自谓薜萝孺子。崇敬陶弘景，著有《华阳陶隐居内传》。

贾嵩认为，《梁书》本传与齐谢沦所作传太简，陶翊《本起录》所记仅至齐末，且"事多遗阙"，诸"门人编录，复无条贯"，均不足以反映其为"玄中之董狐，道家之尼父"地位，乃采汇各书及陶弘景文集，"揣摩事迹，作三卷焉"。且在传中自作注释。

《华阳陶隐居内传》是道教学者传记，它记叙陶弘景的一生。

上卷，叙陶弘景姓氏、出生、名讳、乡里、先世、儿时生活及在宋齐梁三朝事。中卷，叙自建立华阳馆至梁大同二年(948)逝世的经历。其后列著述书目及生平佚事。卷下，附录有关文献。有：宋宣和封诏、梁邵陵王萧纶《解真碑铭》、唐司马子微所撰碑阴、梁昭明太子《墓志铭》、梁沈约《酬华阴先生诗》、苏庠《像赞》。书前有作者自序。此传内容如下。

一、陶弘景自幼有志于道，齐时，从东阳孙游岳受道家符箓。次年，游茅山、大洪、天目、於潜、临海、遂安诸名山，得杨许兴等真人手迹十余卷。后隐于金坛华阳洞，修道炼丹。从天监四年(505)初有志，至普通六年(525)，凡七营乃成。

二、与宋齐梁三朝关系。弘景为朝野所重，不求仕进，见宋齐梁之嬗代，乃隐居避祸。然怜悯百姓涂炭之苦，亦时有建议，至梁时有"山中丞相"之称。"常言我不能为仲尼，而能教人为仲尼。犹如管仲不能自霸，能使齐桓霸也。"

三、论述他在文学与学术上的成就，罗列著作三十二种。又说他用阳燧日中取火。还"作浑天象高三尺许，天转地静、列宿度数、七曜行道、昏明中星、见伏早晚，以机转之，宛与天会。云修道所须，非史官家事。复因流水作自然漏刻，十二时循环自转，无劳自视"。陶弘景在科学技术上广博深湛，诸如"五行、阴阳、风角、炁候、太一、遁甲、星历、算数、山川、地理、方国、物产及医方、香药、分剂、虫鸟、草木,考校名类,莫不毕该"。

四、所录文献,足以窥见陶弘景在当时及后世的影响。

该书从修道、参政、治学三方面反映陶弘景一生业绩及其影响,使人得以正确认识道教学者的风貌品行,及其在历史上的地位作用。它对后世道教人物传记的撰写,有一定影响。所叙生卒年寿可订正《梁书》及《内史》之误。

关于本书的研究见任继愈等《道藏提要》的有关部分。

(贺圣迪)

修炼大丹要旨 〔北宋〕佚 名

《修炼大丹要旨》,二卷。北宋佚名撰,成书时间不详。通行本有明代《正统道藏》本等。

《修炼大丹要旨》是道教外丹著作。

卷上,有《外丹要诀》、《金丹论》、《砾灵口诀》、《神雪丹阳四皓丹》、《四皓丹转四宝神雪丹》、《四宝神雪丹转神符白雪丹》、《神符白雪丹转轻红粉丹》、《神符白雪丹养灵砂为紫河车丹》、《丹房杂法》、《火田农符》等;卷下,有《朱砂鼎》、《丹华丹》、《混元九转金丹诀》、《通神丹》、《妙宝真方》,以及银盖汞鼎、九还既济炉两图等。

作者认为,"黄白之物虽产于天地,造化之妙亦利于人养生之道,变化之妙也"。乃以利人济物为"铅汞相姤之道"宗旨。说铅汞配合得造化之机,生生无穷之妙。其术"以铅为本,以汞为元","全在乎形气"(卷上)。具体过程为"山泽之物,以硫炒坚,用元为匮,养死为铅。既得真铅,用汞方全,朱砂同研,再养以元。其砂既死,是谓大全"。意即铅硫在加热作用后生成真铅,与朱砂相和合,研为细末。再加热使朱砂生成真汞,与真铅养炼成丹。然而,金丹之成,尚须以德配求。卷下《昔人不轻易授受》篇说:"贺知章谒卖药王老,问黄白术,持一大珠遗之。老人得珠,即令易饼与贺。贺心念宝珠何以市饼。王老曰:悭吝未除,何丹由成!"

又记以信石、硇砂、硼砂、乳香炼制红铜,名为"丹华丹法"。其术云:"好金脚人言(信石)四两为末,硇砂、硼砂、乳香各半钱,入水火鼎,升于鼎盖下。临用时,入轻粉,以黄蜡油和丸,每二两可点十两重赤毛入真宝。"用药量以两计,甚至有以钱为单位者,当为实验记录。

叙实验时,又详记反应室、装置及操作步骤。《朱砂取汞法》说:"朱砂十两,研细,用松炭和之,装在大坩埚内至六分,用松炭末盖之。上用小瓦片装,(在)〔再〕上用铁线结成一团片,盖在埚口,用铁线缚之。打一土窟,先安小瓶在窟内,瓶内用水。将坩埚盖覆转在瓶口,用泥封口,四围砌砖。上面用大火一煅,再加半炉火,朱砂一两可得真汞七钱。在瓶内去水洗净。"这种上火下水的炼丹术,在朱砂内添入炭末,作硫化汞的还原剂,是技术上的重大革新和进步,为后世所承袭。

如成书于元明间的《墨娥小录》卷十一所载未济式抽汞法,大体与上述所叙相同。

《修炼大丹要旨》是北宋丹家的实验记录,在某些技术上取得重大进展,为后世所遵循,表明技术上的成熟与定型。

关于本书的研究,有任继愈等《道藏提要》、赵匡华等《我国金丹术中砷白铜的源流与验证》、赵匡华《我国古代"抽砂炼汞"的演进及其化学成就》等论著的有关部分。

(贺圣迪)

造化指南

《造化指南》，原书二十三篇，今存辑本一篇。宋明间土宿真君撰，成于北宋嘉祐七年(1062)至明永乐十八年(1420)间。通行本有何丙郁辑本（见其所著《〈造化指南〉的研究》一文，收入1986年上海古籍出版社李国豪、张孟闻、曹天钦主编《中国科技史探索》）。

土宿真君，一称土宿混元真君，明初有人以为，其活动不晚于东晋初年；明李时珍以其为宋元间人；今人何丙郁说，是北宋中叶至明初人。著有《造化指南》二十三篇，为《本草纲目》等书所引用，至清初亡佚。生平事迹见何丙郁《〈造化指南〉的研究》。

《造化指南》是道教外丹著作。该书内容，从现存佚文看，重在矿物嬗变和以植物为炼丹原料。

辑本所列篇目如下：铅、锡、铁、丹砂、水银、雄黄、雌黄、炉甘石、钟乳、慈石、空青、曾青、砒石、消石、硇砂、硼砂、水仙、土细辛、青葙、苦芙、萱草、地蕽、车前、三白草、泽漆、鬼臼、射干、王爪、茜草、忍冬、苍菜、赤芹、金簪草、藜、河豚等。

作者以植物为原料，探讨其在炼丹过程中的"伏"、"死"和"制"作用。如车前"可伏硫黄"，使其得到提净或升华；三三白草"五月采花及根，可制雄黄"，使之起变从而不能升华或蒸发。

又论述地下矿物的自然嬗变。如"锡受太阴之气而生。二百年不动成砒；砒二百年而锡始生。锡禀阴气，故其质柔，二百年不动，遇太阳之气，乃成银"。"铁受太阳之气，始生之初，卤石产焉。一百五十年而成慈石，二百年孕而成铁，又二百年不经采炼而成铜。铜复化为白金，白金化为黄金，是铁与金、银同一根源也。今取慈石碎之，内有铁片，可验矣。铁遇太阳之气，而阴气不交，故燥而不洁，性与锡相得。""丹砂受青阳之气，始生矿石。二百年成丹砂而青女孕，又二百年而成铅，又二百年而成银，又三百年复得太和之气化而为金，故诸金皆不若丹砂金为上也。"

其理论之要，大致如下：一、各种金属与非金属，均源于气，分别由太阴、太阳、太和、青阳之气，石地中历经岁月而成；二、气化为金属后，倘不加采掘，随时而迁，由一种化为另一种，这种过程,有几经变化者;三、根据金属转化,提出某些金属具有同一根源,进而认为"铅乃五金之祖";四、金属的性质与它所源之气的性质相关。

又载用砒石作用于汞,化合成砷汞剂:"砒石用草制,炼出金花,成汁,化铜干汞。"此中未曾谈及砒石须经伏火,用碳还原,炼出黄色升华物,然后低温熔成液体的过程,对其秘术有所保留。

《造化指南》所论丹术,重在以植物为原料,于炼丹的发展与开拓有所贡献,于医药的进步也有裨益,影响及于《纯阳真人药石制》、《轩辕黄帝水经药法》、朱权《庚辛玉册》、李时珍《本草纲目》等著述。其矿物嬗变学说,是道教学者依据采矿、冶金、炼丹所取得的一些成就,糅合气化万物、矿物生成于地层等思想,而想象杜撰的规律。自然界中虽不存在其所详述的关系,然而错误中也不乏合理内核,即矿物在地壳中也有一个生成变化的过程,地壳成分在这种变化中缓慢地改变。这些对地质学史的发展,科学思想的进步都有积极意义。

关于本书的研究,有何丙郁《〈造化指南〉的研究》,以及李约瑟《中国科学技术史》的有关部分等。

(贺圣迪)

金华冲碧丹经秘旨 〔南宋〕白玉蟾等

《金华冲碧丹经秘旨》，二卷。上卷题《金华冲碧丹经》，白玉蟾著；下卷名《九转金丹秘要》，兰元白撰，后由孟煦汇编为一，时在理宗宝庆元年(1225)。通行本有明代《正统道藏》本等。

白玉蟾(1194—1239)，本姓葛，名长庚，字自晦，又字白叟，号海滨子，又号海南翁、琼山道人、武夷散人、神霄散吏，南宋广南西路琼州琼山(今属海南)人。为白氏养子，改名白玉蟾。渡海而北，至福建武夷山，师事陈楠。后浪游华南，以丹术授彭耜、留元长、赵汝渠、叶古熙等。游至白鹤洞天，化名兰元白，号养素真人，收孟煦为弟子。卒于盱江。因宋廷封以紫清真人，世称紫清先生。白玉蟾创立全真南宗，后人追源溯流，以其继张伯端、石泰、薛道光、陈楠之学统，为第五祖。著有《金华冲碧丹经秘旨》二卷、《海琼白真人语录》四卷、《海琼问道集》、《海琼传道集》、《上清集》、《玉隆集》、《武夷集》、《白先生金丹火候图》等。生平事迹见《白玉蟾全集》卷一《海琼玉蟾先生事实》。

孟煦，南宋成都府路(治今四川成都)人，寓居峨嵋西峰。好道炼丹，云游访师，足迹半天下。嘉定十一年(1218)，至福州三山，参访彭耜，次年归川。越年又复出游，至白鹤洞天，师事白玉蟾，得其真传，即返峨嵋，邀志士三人共炼大丹，周岁而成。编有《金华冲碧丹经秘旨》。生平事迹见《金华冲碧丹经秘旨传》。

孟煦外出云游求道，于嘉定十一年至福州，于三山识彭耜，自其处得白玉蟾《金华冲碧丹经》。归而研读，以为"法象并火符缺欠"，属一般"探铅结胎"之作。虽得其传，未尝下手规作。后年，煦复出游，于白鹤洞天遇兰元白。元白即玉蟾，授以《九转金丹秘要》。煦归峨嵋后，于次年邀请志士三人，依书中所言"一志修炼，周岁而成"。后于宝庆元年，将两书合为一篇，书前作传，叙其经过，题为《金华冲碧丹经秘旨》。

《金华冲碧丹经秘旨》为道教外丹著作。全书约一万字。它于炼丹九转详列药物种类剂量、鼎器图形及其制作安置、水火符候、炼制方法和所成丹药形质及功能。卷上丹词中称"铅里淘银"、"砂中拣汞"、"看白雪辉天,黄芽满地",简洁地道出了当时炼丹家对基本的炼丹过程与炼丹现象的认识(即所谓"炼铅汞佳胎")。卷下详言铅汞之法并九转神丹的具体做法。

卷上,药物、神室法象、外鼎、运水火符候,再水火断魂法、满庭芳、沁园春、甑图;卷下,炼铅汞归祖既济图、铅汞之法、断魂之法、鼎器图、铅汞归根未济图、合胎交姤汞法、还丹第一转金砂黄芽初丹并鼎器图、还丹二转混元神补丹并鼎器图、还丹三转通天彻地丹并鼎器图、还丹四转三才换质丹并鼎器图、服丹之法、还丹五转三清至宝丹并鼎器图、还丹六转阴阳交泰丹并鼎器图、还丹七转五岳通玄丹并鼎器图、还丹八转太极中还丹并鼎器图、还丹九轻金液大还丹并鼎器图、大丹周天火候。《九转金丹秘要》前有序,全书之首有传。

其化学成就,为以上火下凝法密闭分解丹砂,炼取水银。所用之术,于"石榴罐中盛辰砂十两、赤金珠子八两,磁瓦片塞口,倒扑石榴罐在甘埚上,埚内华池水十两"(卷上)。燃火如热,硫化汞与铜作用,生成铜与汞。

又详述炼丹仪器。卷上有甑图,卷下收既济图、未济图与九转中每转之鼎器图。其中如"石榴罐"、"水海"等是颇合乎科学原理的,"石榴罐"是一种简易的蒸馏器,而"水海"是一种盛水的槽子,安置在鼎上可起到冷却作用,类似现代的冷却水箱(参见袁翰青《中国化学史论文集》)。本书计有图十余组,所画仪器及其附件总计六十七幅,每幅还有简略文字说明。

《金华冲碧丹经秘旨》是全真南宗的主要外丹著作,对其后外丹术有所影响。

关于本书的研究,有袁翰青《从道藏里的几种书看我国的炼丹术》、任继愈等《道藏提要》、赵匡华《我国古代"抽砂炼汞"的演进及其化学成就》等论著的有关部分。

(贺圣迪　闵龙昌)

道德宝章 〔南宋〕白玉蟾

《道德宝章》，又名《蟾仙解老》（明陈继儒改），一卷。南宋白玉蟾撰，撰时不详。通行本有《四库全书》本等。

作者生平事迹见"金华冲碧丹经秘旨"条。

《道德宝章》是一部以内丹思想注释《老子》的著作。《四库全书总目》称"其书随文标识，不训诂字句，亦不旁为推阐，所注乃少于本经，语意多近禅偈"，大抵符合实际。

注中常用丹术符号诠释本文。《体道章》以〇解释道，曰"道〇如此而已"，《安民章》以⊙表示"实其腹"，◐表示弱其志，◑表示"强其骨"，所用都是丹法的图解。但因其图形可做多种解释，使《老子》文义反而不定。

注中对道、无等义下工夫较多，首章注云："道〇如此而已，可道即不如此。"又说："无〇即是道。道生一即是天地之初。一生二，二生三，三生万物，故有。无生万有，万有归一无。""虚心无念，见物知道，知道见心。"注"此两者同出而异名，同谓之玄。玄之又玄，众妙之门"曰："万有一无，一无亦无，无中不无。万法归一，一心本空。道非欲虚，虚自归之，人能虚心，道自归之。虚里藏真，无中生有，悟由此入，用之无穷。"这些都是四库馆臣认为"多近禅偈"之处，但其义与禅实不同。"虚里存真，无中生有"为南宋丹法常说话头，指于虚无处养就大丹，"真"指先天精、气、神，无中生有即所谓"无中养就（安）儿"（张伯端《悟真篇》）。这种以内丹释《老》的学风贯串全书，尤其侧重于以内丹学中神与道合解释长生不死之本。《守道章》注"重积德则无不克，无不克则莫知其极。莫知其极，可以有国，有国之母，可以长久，是谓深根固柢，长生久视之道"云："涵养，克人欲求天理"，"道即心也。道如虚空。性与道合，神与道存，天崩地裂，此性不坏，虚空不殒，此神不死。"

《道德宝章》刊本不一。元赵孟頫曾有手书，后依之钩摹雕板，字画绝精，为《四库全书》所收入。明陈继儒将之收入《汇秘籍》丛书中，改名为《蟾仙解老》，内容则无改动。此二本皆收入巴蜀书社1994年版《藏外道书》。

（刘仲宇）

悟玄篇 〔南宋〕余洞真

《悟玄篇》，一卷。南宋余洞真撰，成书时间据作者自序"岁在己丑夏月朔日"记载，当在南宋理宗绍定二年（1229）前后。通行本有《正统道藏》本、《道藏辑要》本、《道藏精华录》本等。

作者余洞真，生平不详。据书前自序中称"予在古杭得受师傅"，而书中屡引张伯端（道号紫阳真人，北宋元丰时人）、石泰（字杏林，道号杏林石真人，张伯端的传人）、白玉蟾（原名葛长庚，南宋嘉定时人，道号紫清真人）等的话，可以推知余洞真为南宋末年金丹派南宗道士。

《悟玄篇》是阐述道教修炼内丹的论著。寓有感悟玄机，始能成道之意。全书分导言、形化、气化、坐工口诀、火燥水滥、沐浴、玄关一窍、药物、火候、中宫、抱一、出名曰解胎、玄牝之门、透关、破镜、敌魔、立基等章节，论述中辅以诗、偈、图像。其中沐浴、玄关一窍、药物、火候重复，论述内容也多重复。书前有序，概括叙序修炼内丹的理论、方法以及修书目的，在于不隐天机，与有道之士"同登道岸"。

《悟玄篇》虽列不少篇目，但概括起来，说明了以下问题。

一、阐明修炼内丹的理论。《悟玄篇》以玄立论，他要人们参透玄机。这个玄就是心，就是虚无之心，达到虚无境界，即可成仙。他的修炼内丹理论分两个方面，首先是"以阳炼阴"。认为人生于天地之间，秉受阴阳之气，故有生有死，可鬼可仙。"鬼者，纯阴之气；仙者，纯阳之体。"欲求不做鬼而成仙："无过以阳炼阴之术，阴尽阳纯，则曰仙矣。"其次要从内心修炼。认为以阳炼阴，在于向心中求道，加强内心修炼，掌握玄关一窍，做到"忘形灭念，如守其中"，"久久纯熟，中宫静极，则身中阳气自然生也"。阳长阴消，就登仙境。

二、阐述修炼内丹的方法、步骤。《悟玄篇》认为修炼内丹，首先要立丹基，找准玄关一窍。就是说要求人们立定志向，向内心求道。"玄关一窍、万事之宗。""了得土，万事死；了得心，万事息。"其次要闭目静坐，做到"外忘其形而不著物累；内忘其心而不著事"。"似存不存，似守不守"而达到空无的境界，这样，久久纯熟，则阳气渐生，阳气有升有降，在体内循环。"其气生者，自腰间尾闾而升,直上夹脊而止。藉巽风则鼓而上于顶点,二气交合,下降于舌端,如蜜之甜,款款咽纳,只入中宫矣。"其三,修炼时要采用五行逆行法,所谓"逆则为圣,顺则为凡"。什么是五行逆行法呢?"龙从火里出,虎向水中生,此五行逆行之理也。"第四,坚持修炼,"一日之内,三四遍功",经过三关:"一炼精化气,为初关","初关百日,沐浴一月";"二炼气化神,为中关","中关百日,沐浴一月";"三炼神还虚,为上关","上关百日,火候数穷,脱胎神化,抱一养童,九年行满,白日上升"。经过九年的修炼、心虚守一,就可成仙。

三、解释了几个修炼内丹的术语。道教修炼内丹,有不少术语。《悟玄篇》对之有解释。有些术语说法不同,但指的是同一事物。如玄关一窍、中宫、土、玄牝、立基等,都指的是心,也即虚无之心。所谓"心即土也,土即心也"。"中央即玄关一窍也"、"人身中一窍,名曰玄牝"。它们都是心的别称。当然这个心"其心非肉,乃心中之主宰",是指不染一丝杂念的虚无之心。有的虽说这一事物,却是另一事物的代称。如药物,并非指治病的药用之物,而是指"血中采取真气,气中采取真精",指的是真气、真精。如沐浴,并非指洗澡,而是指"身中沐浴,气候之沐浴;月中之沐浴,乃丹头之沐浴",是指适应气候。

有关本书的研究,有任继愈等编的《道藏提要》等。

(周梦江)

重阳全真集 〔金〕王嚞

《重阳全真集》,十三卷。金代王嚞撰,门人编集。成书时间不详。通行本有明代《正统道藏》本等。

王嚞(1112—1170),原名中孚,字允卿,先世本陕西咸阳大魏村人,后徙居终南县刘蒋村。尚义气,善属文,不拘小节,曾修进士并应试举。宋室南渡后,慨然入道,改名嚞,字知明,号重阳子,隐于终南。金正隆四年(1159),传称王重阳于终南甘河镇遇异人,得修真口诀;次年再遇于醴泉,授《金丹秘诀》五篇,遂捐弃妻孥,行乞终南,举止若狂。金大定七年(1167),自焚其庵,后乞食而去,抵宁海(今山东牟平),收马钰为徒,立寓处为"全真庵",全真之名盖始于此。继又收谭处端、王处一、丘处机、郝大通、刘处玄、孙不二为弟子,传全真大法、金丹之道。其弟子后又在文登、宁海和福山等地建立"七宝会"、"金莲会"和"三光会"等,于是以"三教圆融、识心见性、独全其真"为宗旨的全真道派在华北地区广泛流行。

全真道派的上层人物多是文人出身,善于以诗文结交。据范怿德裕《重阳全真集序》称,"真人羽化之后,门人哀集遗文约千余篇,辞源浩博,旨意弘深,涵泳真风,包藏妙有,实修真之根柢,度人之梯航也"。因此,本书当是王重阳身后由其门人结集而成。

本书是道教全真派创始人王重阳的诗歌集。

卷一,有七言律诗五十首,一字至七字诗五首,七言长篇九首,五言律诗六首,五言长篇二首和藏头七言长篇一首。其中,《孙公问三教》诗云"儒门释户道相通,三教从来一祖风",《答战公问先释后道》诗云"释道从来是一家,两般形貌理无差",以诗歌形式弘扬全真教派贯通三教的教义思想。诗集中佛教词语"般若"、"波罗"、"轮回"、"弥陀"、"菩提"、"禅定"等词语,比比皆是。

卷二,有七言诗(藏头)二十五首,七言绝句四十首,七言绝句诗(藏头)二十五首,五言绝句四首,五言律诗一首。卷末有注文称,"藏头诗,书纸旗,引马钰、谭处端教化",当是以诗教化徒众、发人深思的一种宣教手段。卷中有七言绝句《活死人引子》和《活死人墓赠宁伯公》,指王重阳离俗后"忽一日自穿一墓,筑冢高数尺,上挂一方牌写王公灵位字,下深丈余,独居止二年余",诗云"活死人兮王嚞乖,水云别是一欢谐。道名唤作重阳子,谑号称为没地埋","活死人兮活死人,火风地水要知因。墓中日服真丹药,换了凡躯一点尘",记述了王重阳早期创教活动时的真实情感。

卷三、卷四和卷五,各有词四十五首、三十五首和四十首。卷三《沁园春》词上阕云:"王嚞唯名,自称知明,端正不羁。更复呼,佳号重阳子做,真清真净,相从相随。每锐仙经,长烧心炷,水火工夫依次为。堪归一。处闲然雅致,有得无遗。"词中自述名号,并且表现了他学道修道、清净相随的志趣。卷四《点绛唇》词记述了王重阳以分梨点化马钰和孙不二夫妇入道事,词称:"十化分梨,我于前岁生机构。二人翁母,待教作拏云手。用破余心,笑破他人口。从今后,令伊依旧,且伴王风走。"三卷之中,多有劝化入道之词,如《苏幕遮·劝修行》词上阕称:"莫行功,休打坐。如要修持,先把心猿锁。黑气收归无漏破,慢慢升腾,保养灵真么。"又《劝世》词称:"叹人身,如草露。却被晨晖,晞转还归土。百载光阴难得住。只恋尘寰,甘受辛中苦。告诸公,听我语。跳出凡笼,好觅长生路。早早还头仍返顾。七宝山头,做个尘霞侣。"

卷六,有藏头词三十八首。

卷七和卷八,有词六十七首。

卷九,有歌词诗三十一首。

卷十,有诗七十一首,疏二首。

卷十一、卷十二和卷十三,有词一百四十四首。王重阳的诗词中,还多有以修持为内容之篇章。卷十二《迎仙客》词云:"做修持,须搜索,真清真静真心获。这边青,那边白,一头乌色,上面殷红赤。"在清静之中,调养精气神三宝,卷十三词《虞美人》称:"四郎须是安炉灶,莫把身心闹。玲珑便是本来真,气精养住便得好精神。"至于在修炼中的性和命的关系,卷九有《四得颂》歌诗称:"得汞阴消尽,得铅阳自团。得命颠倒至,得性见金丹。"王重阳的修道生活并不将修持和法箓对立起来,认为都是学道修真的手段,卷十有诗《问多梦》云:"捉住心猿治住神,自无梦恼内中真。尾闾不动全精气,肾海长添干水银。内则愈能增觉性,外来应是养生身。广行法箓频施救,便是逍遥得岸人。"

王重阳的诗词曲,有不少是为向庶民百姓作宣传之用,因而多采用民众喜闻乐见的俚曲形式和通俗易懂的语言,如《了了歌》、《达达歌》之类;运用一些以物比兴的手法,如《铁罐歌》、《竹杖歌》等;文字通俗易懂,方便群众接受,如卷九《金莲会诗》云:"诸公须是助金莲,愿出长生分定钱。逐月四文十六字,好于二八结良缘。"

(陈耀庭)

存神固气论

《存神固气论》,一卷。不著撰人。据近人考证,似为宋元时期道士所作。通行本有明代《正统道藏》本等。

《存神固气论》是一部道教修炼内丹的著作。全书共分十五篇:《炉鼎地位》、《阴阳颠倒》、《阴阳老少》、《水火相求》、《金木相刑》、《五行还返》、《王气盛衰》、《添进火候》、《龙虎关轴》、《情性动静》、《身分色化》、《胎息真趣》、《寂灭无为》、《形神俱妙法》、《中源篇》,主要是阐述修炼内丹的原理和方法。

就修炼内丹的原理来看,作者认为应遵循阴阳二气矛盾变化,五行循环、相胜相克的法则进行。"阴阳者,相求之物也。""阳老则炁衰,必少阴而后济;阴老则血衰,必少阳而后济。""火初生,阳之王气也;水初生,阴之王气也。阳进不已,日中必昃;阴进不已,月盈必亏。"因此,"生化之理,独阳不生,独阴不成",必须阴阳和合,才能"留种成孕",炼成金丹。即所谓"天地何廓清,阴阳道可成"。作者还认为炼内丹除阴阳二气和合相须以外,也必须遵循五行循环、相生相克的法则。认为"五行之顺行也,长生久视者;五行之不顺行也,则还返颠倒"。"五气交感,一归戊己(土)。""鼎火柁戊己,然后能造物。故至人于金木相刑,受气与水火升降,既济之间,有造化神物,使活而不毙,生生不穷。"即所谓"五行相推大归一"。

就炼内丹的方法来看,必须讲究"存神固气"。"神以道全,形以术延。"道家认为人体内有精、炁、神三宝,三者的关系是"精为气母,不能自运,所运在气;气为神母,不能自运,所运在神"。人"以神运气自然,气住而不飞,以气运精,精住而不走"。掌握好体内精、炁、神三者的运行,才能达到存神固气的目的。只有做到存神固气,让精、炁、神三者在体内自然运转,那么当情性感通之际,阴阳"二气必交,交于外则龙虎飞走,铅汞漏失;交于中则龙虎相随,铅汞内结"。"铅即青龙,为道之祖,汞即白虎,为道之宗,修之合神、合圣,即非人间之铅汞……中合人精,变化莫测。"以成金丹。

《存神固气论》在论述过程中,还借用儒、释两家心性修养、形神不灭等理论,使儒、释、道三家学说合而为一,对于研究儒、释、道三家思想的融合,对于修身养性、养生保健有一定的作用。

有关本书的研究,有任继愈等《道藏提要》。

(周梦江)

磻溪集 〔元〕丘处机

《磻溪集》,又称《长春子磻溪集》,六卷。元丘处机撰,撰时不详。通行本有明代《正统道藏》本等。

丘处机(1148—1227),字通密,号长春子,登州栖霞(今属山东)人。金世宗大定六年(1166)入道,次年师从王嚞,为全真七子之一。大定八年随师在宁海、福山、登州、莱州等地传道,创全真道派。大定九年又随师返归陕西终南。王嚞羽化后,丘处机守墓三年。大定十四年后,隐居于陕西磻溪六年,后又于陇州龙门山隐修七年。贞祐二年(1214)秋,丘处机请命招安山东杨安儿义军获得成功,名噪一时。兴定四年(1220)正月,应元太祖成吉思汗之请,率弟子十八人从莱州(今山东掖县)出发,行程万余里,于太祖十七年(1222)到达西域大雪山,遇太祖后,"每言欲一天下者,必在乎不嗜杀人。及问为治之方,则对以敬天爱民为本。问长生久视之道,则告以清心寡欲为要"(《元史·释老志》)。元太祖待之甚厚,尊其为神仙,赐以虎符、玺书,命其掌管天下道教,诏免道观和道士一切赋税差役。回燕京后,居太极观(后改名长春宫),玄风大振,道俗景仰,开创了全真道派的鼎盛局面。元世祖至元六年(1296)诏赠"长春演道主教真人"。至大三年(1310)又加封为"长春全德神化明应真君"。

《磻溪集》是丘处机的诗歌集。书首有胡光谦、毛麾、移剌霖和陈大任等《序》。陈大任《序》称丘处机"接物应俗,随宜答问,有诗颂歌词无虑若干首,文直而理到,信乎无欲,观妙深造,自得者欤。其徒裒为巨帙,将锓木以广其传,谒文以冠篇首"。当知其书由徒众编成。诗集以"磻溪"为名,其诗篇亦当以隐居之作为主,并以隐世修真为旨。卷一,有七言律诗六十六首;卷二,有七言绝句一百二十五首;卷三,有《青天歌》及《吟》六首,《颂》三首,《步虚词》二首,《世宗挽词》一首,古调十五首,五言短句三首,五言长篇五首;卷四,有五言律诗二十七首,五言绝句八十一首;卷五,有词四十五首;卷六,有词六十八首。

《磻溪集》中多有以磻溪周围陕西地区为名的述怀之作,如《磻溪》、《磻溪凿长春洞》、《磻溪庙觅驼马》《山居三首》《题诸潘庵》和《旧游》等。放旷山林,借景抒情。《磻溪》诗云:"故人别后信天缘,浪迹西游住貌川。宛转风尘过万里,盘桓岩谷泊三年。安贫只解同今日,抱朴畴能继古仙。幸得清凉无垢地,栖真且放日高眠。"《山居》第二首称:"不怨深山自采樵,山中别有好清标。幽居石室仙乡近,不假环墙世事遥。"均述其苦行修持之志。

《磻溪集》中也收录不少丘处机早期在山东随师传教时的诗作,如卷三《度世吟》记金大定己丑(1169)夏四月随王重阳自文登至宁海,诗云"山深路僻行人少,尽日幽岩听啼鸟",当时是"五会轩轩立五名,三州衮衮崇三教",其中五会指宁海金莲会、登州玉华会、莱州平等会、文登七宝会和福山三光会。五会建立后,在三州民众中,主张三教贯通的全真教派得到了广泛的传布。丘处机的诗作中多有宣传全真教义者,如:"一阴一阳之谓道,太过不及俱失中。道贯三乘玄莫测,中包万有体无穷。高人未悟犹占僻,下士能明便发蒙。儒释道源三教祖,由来千圣古今同。"三教同源,以道相贯,正是全真教义的核心。至于对同道们感叹人生和勉励修持的诗句则更多,如《警世》诗云:"粉黛与珍玩,繁华虚热乱。欲知万事空,须作百年观。"《修道》诗云:"眼耳离声色,身心却有无。自然通造化,何必论精粗。"

丘处机创立的龙门派,除了精于内修外,还重视斋醮科仪。金大定二十八年(1188),丘处机就曾奉金世宗诏赴京主持"万春节"醮事。《磻溪集》中,就有《福山县黄箓醮感应》《赴潍州北海醮》《昌阳黄箓醮》(以上卷一)、《步虚词》《登州修真观建黄箓醮》(以上卷三)、《沁园春其三——九日貌县修朝真醮》《醉蓬莱——九月十八日西貌刘氏醮》(以上卷五)等诗词,记载建醮盛事,诗称"华灯羽服罗三殿,绛节霓旌下九霄。法事升坛千众集,香云结盖万神朝"。"宝炷成云篆,华灯簇夜光。星河初焕烂,钟磬乍悠飏。醮主承嘉会,虔心祷上苍。诸仙来顾盼,接引下虚皇。"

金元两代,丘处机以诗文和道学结交朝野华贵和文人学士,扩大了全真道在朝野上层的影响。《磻溪集》中就多有丘处机同人唱和的诗歌,如《答甘北镇孟秀才》《答李四秀才邀住渭北》、《答宰公子许秀才》《赠泾州跋跋郎中暨刘解元》《酬同知定海军节度使张侯雪中见访》《次韵答奉圣州节度使移刺仲泽佳什》《送蓬莱州节度使邹应中移镇衮州》等,记载其和朝野的人际关系,诗称"深承貌邑多才士,远访磻溪遁迹流","顾我微才弘道晚,知君博学贯心灵","西北文章贤太守,肯将珠玉寄东南"。

(陈耀庭)

修真十书 〔元〕佚 名

《修真十书》,六十卷。元佚名集。成书时间不详。书名中的"修真"指以内丹术修炼成真,"十书"泛指收集多种著作。通行本有明代《正统道藏》本等。

《修真十书》编纂人不详,所收著述多为两宋钟吕金丹派南宗(如白玉蟾、石泰和陈楠等)之作。其中有金末全真派道士王志谨(1178—1263)之《盘山语录》和萧廷芝的《金丹大成》。因此,《修真十书》可能是元代初年金丹派南宗徒裔编集。

《修真十书》是道教内丹术著作的丛书,共收著作十二种。

卷一至卷八,《杂著指玄篇》,收录南宗五祖之著作。包括白玉蟾的《金丹火候图》以十二幅图式说明金丹大道之奥秘,《修仙辨惑论》以问答形式论金丹南宗丹法,以及《谷神不死论》、《阴阳升降论》、《丹房法语》、《谢仙师寄书词》、《谢张紫阳书》等;杏林真人石泰的《还源篇》以五言诗八十一首论丹法旨要;翠虚真人陈楠的《(紫)庭经》、《阴符经》、《内三要》和《外三要》等,均法《阴符经》而论内丹机要,称"天以斗为机,人以心为机",口鼻三窍为"玄牝之门",其后三篇为陈楠文集《翠虚篇》所未收;张伯端《金丹四百字》以五言诗二十首述南宗丹道,有黄自如注及注家七律五首为诸本所仅有;薛道光的《丹髓歌》三十四首;西山先生《卫生歌》以七言歌诀述起居摄养、按摩呼吸等养生之道;托名西山许真君的《垂世八宝》、钟离与吕公的《丹诀歌》以及无名氏作《醉思仙歌》和《修真十戒》等。

卷九至卷十三,《金丹大成集》,萧廷芝编述。萧廷芝是张伯端的六传弟子,自号紫虚了真子。《金丹大成集》包括图说类的《无极图说》以"无极图"、"天心图"、"玄牝图"等十图分述丹道之秘;歌赋类的《橐籥歌》、《金液还丹赋》、《金液还丹诗》、七言绝句八十一首、《乐道歌》、《茅庐得意歌》、《剑歌》等论述内丹丹法或畅抒修道之旨;问答类的《金丹问答》解释内丹术语和操作技巧;注解类的《解注崔公入药镜》和《解注吕公沁园春》。

卷十四至卷十六,《钟吕传道集》,题署"正阳真人钟离权云房述,纯阳真人吕岩洞宾集,华阳真人施肩吾希圣传"，以钟吕二人问答形式对论金丹之道。包括《论真仙》、《论大道》、《论天地》、《论日月》、《论四时》、《论五行》、《论水火》、《论龙虎》、《论丹药》、《论铅汞》、《论抽添》、《论河车》、《论还丹》、《论炼形》、《论朝元》、《论内观》、《论魔难》、《论证验》等十八篇。《钟吕传道集》以天人合一的自然观作为基础，以阴阳五行学说解释内丹的炼形、炼气和炼神，批判各种旁门小术，记载唐五代时期道教金丹术的几十种重要功法，因此是重要而系统的内丹典籍，历来为内丹家们所重视。1967 年，《钟吕传道集》被霍曼氏译成英语于荷兰莱顿出版，题为《百问集》，副题作《两个道士关于宏观世界与微观世界之辩论》。

卷十七至卷二五，《杂著捷径》，收录著述颇杂，均为内丹方法。其中，卷十七是《翠虚篇》，题为"泥丸先生陈朴传"，陈朴系陈楠之误。有"九转金丹秘诀"，分述降丹、交媾、养阳、养阴、换骨、换肉、转换五脏六腑、育火和飞升等内炼之术，各转均有诀和诀解；卷十八是五代烟萝子《体壳歌》、《内观经》以及《朱提点内境论》等，另有《烟萝子首部图》等图六幅，其中内境之正、背、左、右图均是人体内脏图，其论也多与人体脏腑和丹田等有关；卷十九是《钟离八段景法》、《去病延寿六字法》和《孙真人四季行工养生歌》，有八段景图八幅，均为内丹动功功法；卷二十是《养生篇》，有六言诗八十一首，作者不详，述内丹养生要旨和方法；卷二一是《西岳窦先生修真指南》和《天元入药镜》之序。前者为林屋逸人答无知子问，林屋逸人疑为林屋散人俞琰，后者为崔希范撰；卷二二是曾慥以《劝道歌》同王承绪、郭邛唱和歌共七首，"普劝修真，同证大道"；卷二三是曾慥《临江仙》和何钮翁《满庭芳》、《永遇乐》、《渔家傲》、《促拍满路花》等词共十二首。其中《临江仙》述钟离八段景及六字气修养法；卷二四是《太上传西王母握固法》、《抱一说》等九篇，不署撰人，分述导养之术；卷二五是《天地交神论》、《逐日戒忌之辰》以及《六字气歌诀》、《咏道诗》，均无作者名，多述内丹修养四时日辰禁忌。末有曾慥《至游居士座右铭》，铭曰："即心是道，以下为基。如人饮水，冷暖自知。不愁念起，只怕觉迟。惩忿窒欲，铭诸肝脾。"铭中有夹注，代表了内丹家们奉行的箴言。

卷二六至卷三十，《悟真篇》，张伯端平叔撰。有七言诗十六首，绝句六十四首，又绝句五首，五言一首，《西江月》词十二首，又一首以及歌曲三十二首。前有自序，后有后叙，中有《读周易参同契》诗，并附《丹房宝鉴图》之图五幅。其书有叶士表、真一子、袁公辅等注，以叶士表注为主，与其他《悟真篇》注本不同。

卷三一至卷三六，《玉隆集》，海南白玉蟾著。

卷三七至卷四四，《上清集》，海南白玉蟾著。

卷四五至卷五二，《武夷集》，海南白玉蟾著。以上三集共二十二卷均收入《海琼白真人集》。三集中共收有《阁皂山崇真宫昊天殿记》等记、《旌阳许真君传》等传、《懒翁斋赋》等赋、《屏睡魔文》等文、《梦说》等说、《知宫王琳甫赞铭》等铭、《为武夷道众奏名传法谢恩醮词》等词、《缘化度牒疏》等疏几十篇以及诗词歌二百余首。白玉蟾世称南宗才子,诗文俱佳,其中不少是优秀的文学作品。另外,集中有多种有关净明道和理学的材料,颇为哲学史家和道教史家所重视。

卷五三,《盘山语录》,即全真七子之一郝大通之弟子王志谨在盘山与门人论道的语录,言全真道人修道方法和道德行为等等。

卷五四,《黄庭内景五藏六府图》,题署"太白山见素女胡愔撰"。明正统《道藏》的"洞玄部灵图类"收本图单行本题署作"太白山见素子胡愔撰",文字略异,有"序"尾署"大中二年戊辰"(848),当为唐宣宗时炼养之作。有《肺藏图》、《心藏图》、《肝藏图》、《脾藏图》、《肾藏图》、《胆藏图》和《五藏图文备记》,并且各有《相病法》、《导引法》、《吐纳法》和《修养法》,所述五脏六腑之生理和病理,多与中国传统医学相合。

卷五五至卷五七,《黄庭内景玉经注》,梁丘子(唐玄宗时人白履忠)撰。

卷五八至卷六十,《黄庭外景玉经注》,梁丘子注解。

以上《黄庭》内外经均用唐代人注,以示其南宗金丹术有悠久之历史渊源和深厚之道教义理依据。梁丘子《黄庭内景玉经注序》称"《黄庭经》者,东华之所秘也。诚学仙之要妙,羽化之根本矣"。南宗丹法依脏腑之说而立,《黄庭经》的脏腑理论以及存思诸神、清静无欲之法,就是金丹南宗学说的一大渊源。

《修真十书》收载的各种道教著作,都是研究金丹派南宗的基本资料,其中不乏仅见于此丛书者,如崔希范《天元入药镜》、萧廷芝《金丹大成集》和叶士表《悟真篇注》等等,因此,历来受到道教史家的重视。

(陈耀庭)

易外别传 〔元〕俞 琰

《易外别传》，一卷。元俞琰撰，成于至元二十一年(1284)。据其子仲温书末附志，此书原附于俞琰另一著作《周易集说》之后，元至正十六年(1356)将它与《阴符经解》、《沁园春解》合刻，总名为《玄学正宗》。明《道藏》收入时与雷思齐《易筮通变》、《易图通变》同在若字号，故白云霁《道藏目录详注》将《易外别传》误题为雷思齐著，《四库全书总目》已予辨正。另《道藏》本《易外别传》与书后俞仲温《志》之间有《玄牝之门赋》一篇，似是错置。通行本有《正统道藏》本、《四库全书》本等。

俞琰(1258—1314)，字玉吾，号全阳子，又号林屋山人、石涧道人，吴郡(今江苏苏州)人。自少勤学，杂览博知，废寝忘食，劳累成疾。后遵从父训，专习科举，业成而南宋已亡，不禁感叹道："时不我逢，奈之何哉!"入元誓不为官，隐居著述，以词赋见长，尤好鼓琴与作乐谱。他精于内丹炼养，并以儒学《易》理论述丹道理论，糅合儒、道二家之学，"凡论天地阴阳，则参以先儒之语；述药火造化，则证以诸仙之言"。俞琰丹道继承南宗传统，主张清修，认为"吾身自有日月"，自成天地，不需他求；并力斥阴阳双修，房中御女之术。他曾广集汉唐以来丹道歌诀，编成《通玄广见录》一百卷。又撰作《易外别传》，阐述邵雍"先天易"之秘理。认为《易》述太极阴阳动静之道，千变万化，无往不可，而人与天地相参，同一阴阳。他的思想对道教和理学的发展，都有一定的影响。其著作甚多，除上述外还有《周易集说》、《读易举要》、《席上腐谈》、《月下偶谈》、《黄帝阴符经注》、《炉火鉴戒录》、《周易参同契发挥》等。

《易外别传》是专论先天图与内丹修炼关系的专著。俞琰在《叙》中称："易外别传者，先天图环中之秘，汉儒魏伯阳《参同契》之学也。"他自称"遍阅云笈"即遍阅道书，并遇隐者授以读《易》之法："乃尽得环中之秘，而求之吾身，则康节邵子所谓太极，所谓天根月窟，所谓三十六宫，靡不备焉，是谓身中之《易》。"故为图并附先儒之说以作阐释。卷后又书云："右《易外别传》一卷，为之图，为之说，披阐先天图环中之极玄，证以《参同契》、《阴符》诸书，参以伊川，横渠诸儒之至论，所以发朱子之所未发，以推广邵子言外之意。"

按《易外别传》书名的由来，与宋代对先天学的争论有关。先天学传自陈抟，邵雍《易》学以此著名。其学托始于伏羲。但儒者都指责其说出自道士，怀疑所谓图出自伏羲之说。南宋朱熹坚持先天学出于伏羲之说，认为其说孔子即已赞成，他在回答袁机仲对先天学的攻击时说："此非熹之说，乃康节之说，非康节之说，乃希夷之说，非希夷之说，乃孔子之说。但当日诸儒既失其传，而方外之流，阴相付受，以为丹灶之术，至于希夷、康节乃反之于易，而后其说始得复明于世。然与见今《周易》次第行列多不同者，故闻者创见多不能晓而不之信，只据目今见行《周易》，缘文生义，穿凿破碎，有不胜其杜撰者。"(《朱子大全》卷三八)这一说法可能受到禅宗所谓"教外别传"的启发。俞琰维护朱熹对先天学的解释，但对朱说也有所修正。认为"丹家之说，虽出于《易》，不过依仿而托之者，初非《易》之本义也"。此即书名所自。

书载《易》图、丹图十六幅，先引邵雍、朱熹之说及《易》、《参同契》等书语为解释，复案以己意。关于太极，引邵雍说云"心为太极"，又引朱熹之说曰："太极，虚中之象也。"关于先天图，他引《参同契》云"终坤始复，如循连环"，及邵雍"天根月窟闲来往，三十六宫都是春"诗句，并云："愚谓月窟在上，天根在下，往来乎月窟天根之间者，心也。何谓三十六宫？乾一、兑二、离三、震四、巽五、坎六、艮七、坤八是也。三十六宫都是春，谓和气周流乎一身也，如此则三十六宫不在纸上，而在吾身中矣。"对太极的环中之象，他解释说："愚谓人之一身即先天图也。心居人身之中，犹太极在先天图之中。朱紫阳谓中间空处是也。图自复而始，至坤而终，终始相连。如环，故谓之环。环中者，六十四卦环于其外而太极居其中也。在易为太极，在人为心。人之心为太极，则可以语道矣。"同时，又称太极图的循环之意，只是"呼吸"二字，此二字正是丹法的要点所在。"朱紫阳曰：天地间只是一气，自今年冬至到明年冬至只是一个呼吸。呼是阳，吸是阴。愚谓冬至后自复而乾属阳，故以为呼；夏至后自姤而坤属阴，故以为吸。呼乃气之出，故属冬至之后，吸乃气之入，故属夏至之后。大则为天地一岁之呼吸，小则为人身一息之呼吸。《参同契》云：龙呼于虎，虎吸龙精。又云：呼吸相含育，伫息为夫妇。盖以呼吸为龙虎，为夫妇，千经万论，譬喻纷纷，不过呼吸两字而已矣。"

关于《先天六十四卦直图》，其图"乾上坤下，天地之定位也"。坎离得乾坤之中，故居中。又引邵雍《乾坤吟》"道不远于外，乾坤只在身，谁往天地外，别去觅乾坤"，复加解释说："愚谓乾坤阴阳之纯，坎离阴阳之交。乾纯阳为天，故居中之上；坤纯阴为地，故居中之下；坎阴中含阳为月，离阳中含阴为日，故居乾坤之中。其余六十卦，自坤中一阳之生，而至五阳，则升之极矣，遂为六阳之纯乾。自乾中一阴之生而至五阴，则降之极矣，遂为六阴之纯坤。一升一降，上下往来，盖循环而无穷也。天地如此，人身亦如此。子时气到尾闾，丑寅在腰间，卯辰巳在脊膂，午在泥丸，未申酉在胸膈,戌亥则又归于腹中,此一日之升降然也。一息亦然。吸则自下而升于上,呼则自上而降于下。在天则应星而如斗指子午,在地则应潮而如月在子午。子午盖天地之中也。《参同契》云:合符行中。又云:运移不失中。又云:浮游守规中。人能知吾身之中,以合乎天地之中,则乾坤不在天地而在吾身矣。"

关于《地水天气图》:"愚谓人之元气藏于腹,犹万物藏于坤。神入地中犹天气降而至于地。气与神合,犹地道之承天。天地以此而生物,吾身以此而产药。"《月受日光图》:"愚谓日为太阳,月为太阴。月本无光,月之光乃日之光也。阳明阴暗,阳禀阴受,故太阴受太阳之光以为明。人之心为太阳,气海犹太阴。心定则神凝,神凝则气聚。人能凝神入于气中,则气与神合,与太阴受太阳之光无异。"

关于《先天卦乾上坤下图》《后天卦离南坎北图》:"愚谓:人之一身,首乾腹坤,而心居其中,其位犹三才也。气统于肾,形统于首,一上一下,本不相交,所以使之交者神也,神运乎中,则上下混融,与天地同流,此非三才之道欤?夫神守于肾则静而藏伏,坤之道也;守于首则动而运行,乾之道也。藏伏则妙合而凝,运行则周流不息。妙合而凝者,药也,周流不息者,火也。"

这些解释,都是以内丹学解释先天学,认为先天学中的太极,六十四卦圆图、方图等,都是天地造化法则的体现,又是内丹修炼中心、气,及火候等原理的描述。《地水天气图》以下各图都是俞琰自己创画。

最后一图基于彭晓《明镜图》的改进而成。彭晓原有《周易参同契鼎器歌明镜图》,明镜图为对《参同契》丹法原理的综合图解,分八环。俞琰改进后分九环。并解释其义云:"《参同契》云:关楗有低昂兮,周天遂奔走。关楗谓南北二极,周天谓二十八宿,奔走谓运行也。天形如弹丸,周匝运转,昼夜不停,其南北两端一高一下,乃关楗也。人身亦然。上有天关,下有地轴,若能回天关,转地轴,则上下往来,一息一周天也。""愚又按《阴符经》云:观天之道,执天之行,尽矣。盖人道与天道一也。人能收视返听,藏心于渊,驭呼吸之往来,周流不息,则与天道同运,而天行之机,吾得而执之矣。虽然,天之道可以观,天之行未易执也。孰能执之?唯虚心者能执之。"

(刘仲宇)

甘水仙源录 〔元〕李道谦

《甘水仙源录》，又称《甘泉仙源录》，十卷。元李道谦集。撰时不详。书名中的"甘水"指终南山甘河镇。据传，王重阳于金正隆己卯(1159)遇真仙于终南山甘河镇，饮之神水，付以真诀，自是尽断尘缘，开创全真道派。全书收录王重阳以下全真派著名道士的行迹碑铭，故称"仙源录"。通行本有明代《正统道藏》本等。

李道谦(1219—1296)，字和甫，自号天乐道人，夷门(今河南开封)人。七岁时，以经童贡礼部。后弃家入道。二十四岁时，西游秦中，拜全真道士于志道为师。于志道乃全真七子之一马钰弟子。李道谦先后任提点领重阳宫事，京兆道门提点，提点陕西五路西蜀四川道教兼领重阳万寿宫事，居终南山重阳宫达五十余年。赐号"玄明文靖天乐真人"。

《甘水仙源录》十卷，前八卷收录王重阳以下全真教派著名道士约五十人的传记、碑文或祭文等，后二卷收录全真道观碑记及七真传序赞等。

卷一，首录元世祖至元六年(1269)褒赠诏书以及王重阳、马丹阳(钰)和谭长真(处端)等碑记。诏书称"朕以祖宗获承基构，若稽昭代，雅慕玄风，自东华垂教之余，至重阳开化之始，真真不昧，代代相承，有感遂通，无远勿届。虽前代累承于褒赠，在朕心犹慊于追崇。乃命儒臣进加徽号"，对于全真教派的褒崇之意，溢于言表。另外，元之褒赠亦承旧制，称"汉世之张道陵，唐朝之叶法善，俱赐天师之号，永为道纪之荣，当代不闻异词，后来立为定制。朕之所慕，或庶几焉"。

卷二，录刘长生(处玄)、邱长春(处机)、王玉阳(处一)、郝广宁(大通)等碑记和祭邱长春的祭文，《七真赞》等。

卷三，录全真七子之弟子尹清和(子平)、李真常(志常)、于洞真(志道)等碑铭。

卷四，录全真七子之弟子李真常(志源)、于离峰(道显)、赵悟玄(子深)、杨碧虚(明真)、周全阳(全道)、范玄通(圆曦)、王栖云(志谨)、张谷神(志素)等碑铭。

卷五，录全真七子的弟子和再传弟子的碑铭和传记。包括张诚明(志敬)、赵九渊、吕冲虚(道安)、崔道演(玄甫)、潘冲和(德冲)、夏志诚、于显道(志可)、綦子玄(志远)等。

卷六,录全真七子再传弟子李无欲(守宁)、冯寂照(志亨)、孟重玄(志源)、刘真常(道宁)、李重玄(志方)、李栖真(志明)等碑铭和《紫阳真人祭无欲真人》文。

卷七,录全真七子再传弟子的碑铭和事迹。包括王公平(志坦)、毛寿之(养素)、李圆明(志源)、把仲直(德伸)、李谦叔(志柔)、然逸期(守约)、秦彦容(志安)、王粹(子正)、张本(敏之)等。

卷八,录全真七子再传弟子李鼎臣(志全)、高道宽(裕之)、楮伯达(志通)、史天纬(志经)、张志伟、刘志源、赵志渊、姬辅之(翼)、赵抱渊、申正之(志贞)等碑铭和事迹。

卷九和卷十,为全真道宫观碑记。其中包括鄠县泰渡镇志道观、燕京白云观处顺堂、怀州清真观、卫州胙城县灵虚观、邓州重阳观、燕京玉清观、德兴府秋阳观、长春观别院真常观、陕州灵虚观、景州开阳观、顺德府通真观、太清观、恒山渊静观、汾晋神清观、陇州汧阳县玉清观、大都清逸观、骊山华清宫等。另有《七真传序》和《送真人于公如北京》、《终南山甘河镇遇仙宫诗》等文章、诗歌二十余篇。

《甘水仙源录》所载金石碑文,有不少出于名家之手。如:金代文学家元好问《离峰子于公墓铭》(卷四)、《通真子秦公道行碑铭》(卷七)、《怀州清真观记》(卷九);元代散文家姚燧《玉阳体玄广度真人王宗师道行碑铭并序》(卷二)、《洞观普济圆明真人高君道行碑》(卷八)、《太华真隐楮君传》(卷八)、《题甘河遇仙宫(诗)》(卷十);翰林学士王鹗《玄门掌教大宗师真常真人道行碑铭》(卷三)、《栖云真人王尊师道行碑》(卷四)、《浑源县真常子刘君道行记》(卷六)、《洞玄子史公道行录》(卷八)。另外,李道谦自作的有《终南山全阳真人周尊师道行碑》(卷四)、《终南山圆明真人李练师道行碑》(卷七)、《终南山楼观宗圣宫同尘真人李尊师道行碑》(卷七)、《史讲师道行录后跋文》(卷八)、《题甘河遇仙宫(诗)》(卷十)等。史籍于释道之事和人,所言甚略。《甘水仙源录》所载碑铭虽有誉满之词,但其所记之全真道派宗旨、传授和高道言行等史料,历来为史家所重视。因此,《甘水仙源录》向被视作研究全真道历史之要籍。

(陈耀庭)

历世真仙体道通鉴 〔元〕赵道一

《历世真仙体道通鉴》，又称《仙道通鉴》，简称《仙鉴》，由正编五十三卷、续编五卷、后集六卷组成，全书共六十四卷。元赵道一撰，撰时不详。通行本有明代《正统道藏》本等。

赵道一，生卒年不详，字全阳，元代浮云山圣寿万年宫道士。《历世真仙体道通鉴》前有赵道一《自序》和《进表》，未署年月。另有甲午年庐陵刘辰翁序，署年阏逢敦牂的邓光荐序。阏逢敦牂亦是甲午年之意。据其自序中引有白玉蟾语，全书收录的道士传记最晚者为续编中金元全真道士，因此，该二序中之甲午，当为元代。刘辰翁曾入仕于宋，为宋末元初时人，因此，《历世真仙体道通鉴》一书约在至元三十一年(1294)已经成书。

据赵道一自序称，"愚者一介渺微，苦耽玄学，欲希度世，颇厌俗纷。常观儒家有《资治通鉴》，释门有《释氏通鉴》，惟吾道教斯文独阙"，"因录集古今得道仙真事迹，究其践履，观其是非"，其目的是"论之以大道而开化后人，进之以忠言而皈依太上。务遵至理，不诧虚文"。《后集》卷一前还收有赵道一之跋文，跋称"是书甫成，或者曰：此不编年类传，何名《通鉴》？愚曰：通鉴者，是通天下之人可得而照鉴也"。此或是赵道一修撰《仙鉴》之本意。

《历世真仙体道通鉴》是道教人物传记类典籍。其"编例"称，"首列三清上帝、五老高真，自为五卷，并用引经为据，举其大纲，以示敬天尊主之象，名曰通鉴外纪"。今存《仙鉴》并无通鉴外纪的内容。正编五十三卷，"始自上古三皇，下逮宋末，其得道仙真事迹，乃搜之群书，考之经史，订之仙传而成"。自卷一"轩辕黄帝"传至卷五十三"林灵素、王文卿"传讫，共集录仙真事迹七百四十五人。

续编五卷，集录金元间道教人物共三十四人，其中尤以全真道派人物为主。

后集六卷，收载女仙和女道士的传记共一百二十人。始自"无上元君、太一元君、金母元君"和"姮娥"等，迄于宋末之"武元照、孙仙姑"等。卷一列有后集传记目录，名下各署其时代，便于翻检。

全书的正编、续编和后集共收录历代仙真和道士的传记八百九十九人。其传记收载时间之长和人物之多，远远超过《列仙传》等其他道教传记典籍，为道教历史的研究提供了丰富资料。邓光荐《序》云，"浮云山道士赵全阳著《仙鉴》，编纂详，考订核，可谓仙之董狐矣"。董狐指春秋时晋之史官，有良史美誉。近人刘师培则认为《仙鉴》"所据之书匪一，然语均有本，如卷三多据《列仙传》，卷五以下多据葛洪《神仙传》，其足校二书讹脱者不下数百十事，此均有裨于校勘者也"。赵道一自序称其写作时"详审校定，严行笔削，不敢妄书"，《仙鉴编例》亦称"间或芟繁撮要，不敢私自加入一言，庶可示信于后"。因此，《仙鉴》所载传记大多比较尊重世间事实，其保存的史料也一直受到史家和道教研究家的重视。

（陈耀庭）

谷神篇 〔元〕林 辕

《谷神篇》，二卷。元林辕撰，成于大德八年(1304)。通行本有明代《正统道藏》本等。

林辕，字神凤，号玄巢子，宋元间福建人。少时"厄于兵革，家人构怨，互相倾散"(《自叙》)。他"欲治儒术之道，莫可及也；将皈释氏之门，虑子遗也。至于飘蓬四远，历试诸难"(《自叙》)。贫贱使其"多能鄙事，尝观《黄帝内经》，若有有得，是以悴心于道，疲身虚橐，自放于湖海之上，饥寒劳役，顺受万有日矣。幸遇至人怜悯，指划修真之要，为了身第一艺矣。遂披阅群经，参访众论"，认为"其最要法，在乎神水华池，为诸丹之基，大道之祖"。延祐六年(1319)，云游至临川(今江西抚州)，与赵州赵从善思玄相识，请其为所著《谷神篇》作序。后或归海岛，栖遁于岩窦之下，不知所终。生平事迹见《谷神篇自叙》。

林辕自觉得内丹真谛，而己身即将归海岛大隐。念及平昔交游，"星散于吴头楚尾、天涯海角者，莫能遍辞。故不得已搜罗乳腥之语，以寄同志，告之往也。因为是篇，目之曰《谷神》"(《自叙》)。

《谷神篇》是道教内丹求仙著作。其说以元气为宇宙之原、人生之本、大丹之宗，主张培养元气以成仙真。

全书二卷。卷上《大药还丹诗》七律三十首、《理一真篇》一篇、《火候行持绝句诗》七绝五十二首。卷下《五气朝元万法归一图》、《投壶口诀图》、《含元抱朴之图》、《静功虚名论》一篇、《水调歌头》六首、《木金间隔体用之图》、《元气生成之图》、《元气说》一篇、《承师口诀有感五言四韵》。书前有赵从善序、自叙。

林辕认为，元气是万物的本源。"一也者，是三才共同此一立命之基也。有物也，有象也，是人我之本来面目。"(《元气说》，以下引文未指明出处者，皆引自此篇)元气是一，"一名曰道"。道与一的关系，"道之无名，因一而立；物之无形，因一而生。……一为万数之始，一为万物之兆，一为万物之母。是故道一具载，体用兼明。一为体而道为用，性无生而命有生"。

元气有其自身的发展过程。它形成于无始旷劫之中。元气之初,"盖自无始旷劫霾翳博聚之内,含凝一点之水质也"。水质"承阴而生,内白而外黑"。始生之时,"犹一黍也,露珠也、水颗也",继而"内之白能化魄,反属阴;外之黑能变魂,反属阳,是阴含而阳抱也。其内之阴,因阳之动而随出,出则为杳霭;外之阳俟阴之静而践入,入则肇氤蕴。阴气始出,视之不见,是谓恍惚,如同烟雾,生阳气也。阳气始入,听之不闻,是谓杳冥,乍若罔象,生温气"。阴阳二气由相并相连而至相合为一,发生如下变化:"混质而成朴,积小而为大。"在气的膨胀过程中,阴气生湿气,阳气生热气。"外阴愈抟,内阳愈凝,结成混沌。其形如初,乃立天象,是玄包其黄者也。"在他看来,"玄属水也,是元气之至精积而盈也;黄属火也,乃余气之生神炟而灼也。犹是推之,其混沌之内,惟水中沉一日光者也"。如此之天,直"至于混沌未破之时,大只百里也"。在混沌之内有水火风雷四象:"风欲扬而不能鼓,水欲洗而不能决,火欲炎而不能升,雷欲荡而不能发。"四者相互间刑克战争,"风助水之力而作澎湃,雷助火之力而加奋迅,至于激博而破矣。破乃分之,是开天也"。天既分化,"元气化气之轻者,自下而上,结成梵宇也;元气积液之资重者,随底所载乃真水也"。随着这一阶段的行进,"百里之天,既分则千里矣,渐至万里矣"。其后历元应化,"致令莫谛其几千万里矣!"天在不断扩展,宇宙的膨胀无有止境。

水火风雷还生化着自然界。"水火风雷四象也,风惟魂,雷惟响,火惟光,水独质。日乃火光也,天宇之中有资而非质者,独一水也。水之上应北辰出焉,而后水之气,日之影感化而生月矣。然而,水为先天后天之母也。水既生风,风复吹水,起浪为沫;雷复震水,腾沸化萍;日复曝水,结滓成卤;月复照水,澄垒作泥。积泥而生融蠕,俱化而为天也。风扬而尘,日烈而砂。湛露既降,水滋之,土始生苔藓,次有蒉芜,至于荏苒。渐汝生灭,土斯厚矣,则草化为竹,条茂为木。久之,而草结穗,木成树,卉挺实。春荣利剥,俱腐化土。土愈埠而地域扬矣,至于木根。土垒盘礴,交固久之,而化为石,则覆载之。内有形而象者,惟木与石二物而已矣。老木受天地云烟聚气,则有精有液,久之而化禽、化龙、化犴、化男子。神灵具足,因风以推之,则人物之四肢、毛发,受之于木也,乃能导跃鼓舞控位屈伸,是其情也。赭石感水土日月受孕,则有血有乳,久之而化蟾、化虎、化羊、化女人。机源透彻,因雷以驱之,则人身之颅腹骨骼,受之于石也,乃能坐卧蹲踞忧耽守静,是其性也。木男石女,既有伉合,孕生男女,得以全身。人物既有化育,兹分人虫,匪媾亦系胎胞,长幼相须,仍存子息;种类差别,形态庶焉。为蓐食郊野,时性遂飞走火食墟聚慧辨丑妍。原其木石生男女者,无情化有情也。石性有润,令人之更齿;木性有枯,令人之有死。物类有形皆偏倚也,惟人身为最灵,禀受阴阳元气之全矣,天神地祇皆人类主之。"大地及其所负载的无机界与有机界,在自然发展的突变中形成,生物而后以生殖的方式世代延续,人所禀的阴阳元气全而不偏,乃成为最灵之物。

以元气所化生诸气的升腾郁结,说明矿物的形成:"天自开辟以来,其象如一盎矣。内之元气化生诸气,升腾郁结于盎唇,聚为穹廓,犹釜底停煤之状,随其下方升气厚薄。所集久则垂悬隈磊,得日月寒暑之气,陶镕而成矿。确内怀金玉之体,或因秽浊气干之,而堕为丘陵洞冶。女娲氏之炼石,取其元气以补天,遣其质璞在世,谓之五金珍宝。其未经锻者,乃丹砂、铅、矾、硝石众类是也。"自然形成的矿物为丹砂、硝石之类,经锻炼后,分解出元气后得到五金珍宝。

继之陈述空中星宿的出现:"其穹窿聚气既久,质璞累重,亦稍下坠,其上幻生崆峒,则有虚空。故万物旦夕腾气,为之仰托。于诸气焰炽之芒端,炎赫无影之气,灼入空廓,凝而曰神。万物之液气混合于其下,而为星曰灵。化之之气应现而为小星。故小星曰宿,以其能留光一夜也。察天之道,其初者,无灵也,含万象之景内之流光以为灵;无神也,拘万物之气表之炎赫以为神。其外无形,其内无影,至圣者不得睹其面,惟贤者可合其心。"在宇宙发展中所产生之星宿,虽不为人之精英所目睹,却能为他们的意识所把握。

又论说天地毁坏问题:"或言天地之有坏者。此无他也,盖因二气生化太过,水力弱而土壤虚矣。元气是水也,余气是土也。水之昼夜常流洮汰川泽,故河源常迁脉,江岸无定垣。是以禹基之柏,系南北之荣枯;钱塘之沙,应东西之聚散。日往月来,也随陵谷变迁,水流极而势弱矣。况兼地土生物太盛,土壤虚而不能自载,小则随方洼陷,大则俱坠矣。力因运穷,数随气尽。虽坠者,坠必有底也。但日月之光,因震坠而激散无也。地始坠也,生气绝而寒气行也。天无所载,仍将危也。其内冥冥然,人物丧尽俱化土而无秽也。已经人世三百六十年矣,阴静极而阳复动,寒气化而温气生。寒温相凑化而为湿也。湿气既生,薰蒸四达,其穹窿寥廓因兹濡溽汗漫解斥,亦皆崩塌也。又经三百六十年矣,犹废空受湿而摧也。常观山岗之势,一层石上又一层土,重叠间积,则可见天地之废坏,有自来矣。夫天地之休息者,是造化之歇力养气也,亦阴阳交接之道也,归根复命之义也。虽曰坏,只是余气生积成后天上穹下壤,伏实归土也。其先天之天则无坏矣,以其元气常存还返而复生也。至于湿气盛而热气兆,热极乃燥,阳气至矣,清浊分焉,光明出焉,物犹资始也。又经九九八十一年矣。故天地之一休息总得八百年。尝闻老人语,开天一万八百年,然后有地。犹此推之,是天之积气万年而休息于八百年矣。故总而言之,则不可见乾坠而成坤也。故天一日有十二时,人一身有十二经。人之困醒惟在一时,以合休息之数也。天地既毁也,其神不灭也。所以经云:浮黎元始天尊与元始天尊,相去几劫仞,信不诬矣。崩坠之后,天高而愈远,地卑而愈厚,山有积而愈巍。"天地在毁坏中扩展,使先天之天亦即宇宙无限膨胀。

进而由先天之天的长存长生,论及人的无死而仙:"或问先天之天,何能长存长生。曰观天之象如一盎矣,外无夹旷,旁无漏窍,虽幽关净土,亦居其内之明晦偏静处所。其元气之搬运与乎休息,惟在其中,是以长存也。天包万物以盗其气而养之,是以长生也。夫天之盗物气者,天无二天,惟盗于自己之内所生,故万物无损无违,是其合得自然之盗也。人亦能之,况人有同体,既可盗于自己之有也,复能盗他物者哉!奈何人之一身,除五脏六腑之外,别无物寄,虽一饮一啄,皆自外运而入,欲求长生则难自生。是以轩辕行御女之神,故得一千二百岁;箧铿得育婴之法,亦享寿八百年。历观移桃接杏、插梨比桑,至于采麋鹿之茸,啖孽牲之肉,身衣裘裳,口需血食。以其气可补气,情可感情,物殊而元气同也。……苟能自盗元气,得以还返,则长生之域易致知矣。又尚可他图,而为不仁之盗乎!且曰人之元气何物也?其始也,是元始气中一点露珠也,生天也,生地也,资于木石而生人也。"人和天相比较,与万物的关系虽不相同,但人也能似天那样盗气以长生。

盗气长生,首先要明了人体生理结构及其与元气关系:"今之在人之身而有者,乃两肾中间一点神气也。自父母遗而有也。夫天地阴阳万物之交媾者,媾精也,讹云而有血也。父母既降灵于关元育阳之穴,即元始玄含露珠之本也,是名元气也。其形恍惚,其象杳冥,隐于精液之内,水体是也。其主肾也,含育阳魂而化生心气。心气化主两眼瞳人而分清浊。右眼之气清,化神水还心为液,心之液从血还左肾为精,精化气守神为性。左眼之浊气上应生脑髓生头颅。既完而下生脊骨、生右肾,配右肾为命门。或系女子胞,合魂魄。魂生肝、生心、生舌、生胆、生包络、生小肠、生膀胱、生垂茎。魄生肺、生喉咙、生胃、生脾、生拦肠、生大肠、生谷道、营卫。合而生三焦。魂为血行营,生筋、膂、经络。魄化气行卫,生肌、骨、毛、肤,成身躯而后四肢也。女人反,皆是面北受胎也。毋误言脉诊也。然则男女虽异,皆以尺脉死生同断命也。夫元气之经营者,存乎肾,过乎心,应乎眼。三宫升降,一气循环者也。故肾与膀胱为配,心与小肠为配,眼与脑为配。其所配者,是其都会之所也。人知其配,是合也,是归也,则知气之出入有间隔也,有衰旺也,有清浊也。此为明心见性之候也。"

得悉明心见性之候,方知"人人有个水银壶,老少殊途岂得无"(《火候行持绝句诗》)。"人人身上有丹砂,凡汞凡铅莫可加。"(同上)"五十修丹已太迟,气衰身健号行尸。"(同上)修道求仙务必乘早,以父精母血为汞铅而行。其论神仙之术云:"其元气之变态,化为气液二体也。气也者,曰命也、神也、真汞也。随动外接,人之寤则神游于眼,瞑则归于心,寐则逸于肾,默则集于眉,此为气之升降者也。液也者,曰性也、精也、真铅也。修静内复,在肾而为精,至肝而为魂,至心而为血,至脾而为膏胰,至心包络而为卫气,至腠理而为动气,至脑而为神泉,下至鼻中而为玉浆,至喉舌而为灵液,入于胃,慕于心,候营卫二气,周身既备,亦还心,会合水谷诸液于大肠,至拦肠分泌清浊,则清气输入小肠,揍肾渗膀胱,膀胱还元海,元海再生气,昼夜之无端。当此之时,神归气复,气与液合,君子慎其独得之为小还。男女混居室,一物分二名。阴中伏阳,号曰黄芽。阳内负阴,象名白雪。神符合而言之,乃曰刀圭也。修炼之法,于人身子阳之时,沃以非凡之水,进以自然之火。自然即随时之义也。片饷功夫,无中生有,结成圣胎,是谓夺造化也。"作者以此反对佛教妄有寂灭之说:"邪说谓人之有身,诸尘皆染,为之妄有。或言有生必有灭,求生谓之偷生,莫若寂灭,以为大乐。"(《自序》)强调人应享受人生之乐。

《谷神篇》作者,得紫阳南宗之传而尤崇元气,在许多问题上提出独特见解,自成一家之说。其对元气演化宇宙,接近于而今天文学的大膨胀学说,是天才的猜测,丰富了中国古代宇宙理论,于科学思想发展颇有贡献。

关于本书的研究,有任继愈等《道藏提要》的有关部分。

(贺圣迪)

太华希夷志 〔元〕张 辂

《太华希夷志》,二卷。元张辂撰,成于延祐元年(1314)。通行本有《正统道藏》本等。

张辂,元保宁府(治今四川阆中)人。任职河中府(治今山西永济西),初任教官,后就县职。生平事迹见《太华希夷志自序》。

作者长期在河中府任职,因地近华山,稔闻陈抟遗事,又阅前人传记,感希夷先生高风亮节,于"公务之暇,采古书所录与谚语之谈","编次成一书,俾新学之士,激励其志"(《太华希夷志自序》)。

《太华希夷志》为记载陈抟生平事迹的道教传记。

上卷记陈抟乡里、早年生活。抟幼遇奇媪,总角慕道,壮岁游山,处心淡泊。唐末隐居武夷,辟谷炼气,后至华山得道。应宋太宗诏前往京师,不羡富贵,惟愿放还山林。下卷记其在华山,为张乖崖、钱若水、陈尧佐、王世则、种放言休咎,又与麻衣道者、李琪、吕洞宾相往来论道,及临终佚事。末附种放、穆修、李之才、邵雍、魏野等人言行。

本书所反映的思想内容有:一、人之贵贱穷达,莫不有命,或晦山林,或显朝廷,都各有宜。这"好似鸟兽栖于林麓,鱼鳖游于江湖,各有所乐"。二、天子当以治天下为务,不当追求黄白神仙之事。皇帝即使修道至于"白日飞升,何益于治"!理当"洞达古今治乱之旨","君臣合德以治天下。勤行修炼,无以加此"。他认为治天下,要"能以清静为治"。在此原则下,"远招贤士,近去佞臣,轻赋万民,重赏三军"。三、认为人生宜不贪不爱、不愚迷、不悭吝。说世上"富者贪生,贪者竞命",造成"涉世风波真险恶"。人生当如"忘机鸥鸟自悠然"。他"有意慕羲轩之道,无心诵管乐之篇",乃栖真物外,修炼山间。迫不得已来至朝廷,则"逢人不语人间事,便是人间无事人"。四、陈抟之学有义理、物理、性命。世人错误地仅以"神仙术善人伦风鉴"视之,而没有见其治天下、厚风俗、成人才的一面。陈抟著有《指玄篇》、《入室还丹诗》、《钓潭集》、《三峰寓言》等书,都是道妙至真,言简理深,观者自有所得的著作。五、记载了易数学的传授世系,为陈抟——穆修——李之才——邵雍——种放——许坚——范谔昌。

《太华希夷志》详于《宋史》本传数倍,突出陈抟鄙视富贵,甘于退隐,玄默修养,知人论世的一面。它为后世修道隐退者树立典型,对道教学者有所影响。于道教传记作品的写作也起一定作用,《历世真仙体道通鉴》的陈抟传,与其大致相似而稍为简略。

关于本书的研究,有任继愈等《道藏提要》的有关部分。

(贺圣迪)

茅山志 〔元〕张天雨

《茅山志》,原十二篇十五卷,明初编入《道藏》,作十二篇三十三卷。旧题刘大彬撰,近人陈国符考定为张天雨,成于元至治三年(1323)至天顺元年(1328)。通行本有《正统道藏》本、《道藏举要》本、嘉靖二十九年(1350)玉晨观刊本等。

张天雨(1283—1350),原名泽之,又名嗣真,字伯雨,又字天雨、雨,号贞居子、句曲外史,元钱塘(今浙江杭州)人。早年学道茅山。回归钱塘,住持福真观。延祐七年(1320),提点开元宫。后,再去茅山,主持崇寿观、元符宫。至元三年(1323)至天顺元年(1328),撰《茅山志》十五卷。后复归钱塘。至正二年(1342),仍提点开元宫。奉道崇儒,博通经史,工诗文,善书画,一时名士,如刘基、杨仲弘、萨天锡、陈昭、瞿荣智、张逊、王鉴、张光碧、袁华、陈世昌等与之交游唱和。著作尚有:《句曲外史集》七卷、《玄品集》五卷。生平事迹见《谷庵集选》卷九、卷十,《至顺镇江志》卷十九,成化《杭州府志》卷十五,《宋元学案补遗》卷九三,《宋元学案》卷二三八。

南宋绍兴二十年(1151),曾恂、傅霄修《茅山记》四卷。张天雨读后,以为是作"所书山水祠宇,粗录名号而已;考古述事,则犹略焉"(刘大彬《茅山志叙录》)。于是,增纂旧记,历时五载而成。

《茅山志》为道教山志类著作。卷一至卷四《诰副墨》,录自汉至元仁宗的帝王诏诰与高道表启。卷五《三神记》,载三茅君世系及传记。卷六至卷七《括神篇》,叙山、峰、洞、水自然环境,及坛、桥、亭等建筑。卷八《稽古篇》,记胜迹二十三处。卷九《道山册》,述古本《道德五千六》及所藏道书目录。卷十至卷十二《上清品》,刊七真谱、上清谱系及略传。卷十三至卷十四《仙曹署篇》,写诸仙真职司及重要事迹。卷十五至卷十六《采真》,记历代栖山修道之有卓行者。卷十七至卷十八《楼观部篇》,叙历观庵院。卷十九《灵植捡》,述灵芝、神药、名卉、奇草。卷二十至卷二七《录金石篇》,辑录历代碑文。卷二八至卷三三《金薤编》,集各家诗文。书前有泰定元年(1324)赵世延序、泰定四年(1327)吴全节序、天历元年(1328)刘大彬叙录、永乐二十一年(1423)故俨序、成化六年(1470)陈鉴序、嘉靖三十年(1551)江永年识语。

本书的主要内容如下。

一、记载茅山范围与自然状况。茅山本名句曲山,异名积金山,周围一百五十里,东西四十五里,南北三十五里。详述茅山山区的山、石、峰、洞、水、泉及奇异自然现象。积金山陶弘景"所住处,东面一横垄仍是石。石形甚瑰奇,多穿穴;西南有大石壁耸而拆开,内有洞。入数丈,渐狭小,不复容人,乃飕飕而有风"。"中茅山东有小穴,才如狗窦,劣容入人耳。愈入愈阔,外以磐石掩塞穴口"(卷六)。东西楚王涧近处"复有一穴,涌泉特奇,大水大旱,未尝增损,色小白而甜美,柔弱灌注无穷"。"玉蝶泉在飙轮峰西垂,二口贮泉。至冬,一水温,又名阴阳井。"喜客泉"客至即踊跃,津津然。或临以声势,则凝不为动"。抚掌泉"闻击掌声,泉涌如沸"。"动石,在中茅顗。一人可撼,多人不能动。"(卷七)又记茅山地区的动植矿物。如"白龟长可六七寸许,身形皮甲通白,如滑石,唯厣上有黑文,状如符书"(卷七)。植物如龙仙兰、参成芝、燕胎芝、夜光洞草、白窬玉芝、荧火芝、九茎紫、菌琅葛芝、丹珠玉浆、南烛、术、黄精、附子等,叙其形状性能。矿物如石瑙、石钟乳、禹余粮等,述其形状及主治。

二、评价自然资源。中茅山"左右当泉水下流,皆小赤色,饮之益人。山下左右有小平处,可堪静舍"。积金山"宜人住。可索有水处,为屋室静舍"。长隐"冈上纯是细石,非可居"。桃华崦在小茅北,林壑幽邃,春时花卉纷敷,不异武陵源也"(卷六)。"玉液泉有二。其一石仙人棒石之北。其泉甜香,微若乳色,能已腹中诸疾。"石墨池"石悉为墨色。至今用池水合药,有奇验"(卷七)。

三、记述茅山道教人物。详载茅盈、茅固、茅衷三人的生平与成仙,略叙圣师七传真系与茅山四十五代宗师生平。

四、三宫五府的仙真职司及其事迹。

五、建筑。楼观、山房、庵院、坛石、桥梁。

六、人名景观、名胜古迹。

七、道教及茅山道派典籍书目。有《道德经》、《上清大洞宝经》、《上清大洞宝箓》等二百二十八种。

八、文献资料。帝王诏诰、高道表启、名士诗文、历代碑刻。

《茅山志》既有宋元一般方志的格调,又体现道教特色。且于道教事项收录尚详,内容丰富,对后世道教山志的撰写有所影响,为历史研究提供了翔实资料。

(贺圣迪)

天台山志 〔元〕佚 名

《天台山志》,一卷。元佚名撰,成于至正二十七年(1367)。通行本有《正统道藏》本、《道藏举要》本等。

《天台山志》为道教山志类著作。所记为天台山的自然状况与道教史实等。

全书十九篇,其目如下。一、郡志辩。辩司马悔桥、悔山,非司马晦桥、晦山,并叙述山之位置、名称。二、晋孙绰《天台山赋》。并解说赋中"双阙云竦以夹路,琼台中天而悬居"。三、唐柳泌诗。四、夏英公铭。并说明桐柏山景及其与天台关系,又叙玉霄峰。五、洞。记玉景洞、丹霞小洞之位置、地形、生物及仙家传说。六、溪井。述醴泉井位置、水味、药效,以及丹井的位置、史实。七、宫观。叙桐柏崇道观位置、交通、地形、历史、布局、神像、文物。八、《桐柏观碑》(唐崔尚撰)。九、《重建道藏经记》(宋夏竦撰)。十、《重修桐柏记》(宋曹勋撰)。十一、李白题桐柏观诗。十二、罗隐诗。十三、吕洞宾诗。十四、白玉蟾题。十五、又留别桐柏诗。十六、洞天宫。记宫之位置、地形、物产、人文。十七、玉京观。记观之位置。十八、祐圣观。记其位置、历史。十九、仁靖纯素二宫。叙其位置历史。综观全书,自郡志辩至夏英公铭,叙山之概况,为第一部分;所记洞与溪井泉,记山区洞穴、水文,为第二部分;自桐柏崇道观至仁靖纯素二宫,述宫观,为第三部分。

全书主要内容如下。

一、记天台山之位置、形状、景观。"天台山在县北三里,自神迹石起……高一万八千丈,周回八百里。山有八重,四周如一。一以赤城为南门,石城为西门。"(《郡志辩》)

二、记山内小区域的地形、物产与景观。如"玉灵峰,在县北三十里洞天宫上。重崖叠嶂,松竹葱蒨,且产香茅。前有双石夹涧,列为高门,可百余仞"。(《夏英公铭》)桐柏观北,"中有瀑水,飞流溃沫,势若万马奔而南下,四时落岩浩垂"(《重修桐柏记》)。

三、叙山乃修道成仙之所。天台"固非寻常山川,惟龙蛇所处,是以高接上汉,深隐九霄,控引天地,错综今古,包括形势,不与外尘相关,苟非养素之士,则不能少留烟霞间"(同上)。"是之谓不死之福乡,养真之灵境。"(《桐柏观碑》)

四、叙天台道教的历史。"吴赤乌二年(239),太极左仙翁葛玄即此炼丹……真宗祥符(1008—1016)中,识罗天大醮……迨今国朝更化,人民逃难窜匿,而火从中起,宏规巧制,化为丘墟。"记载自吴赤乌二年至元至正二十七年(1367)间的道士修炼、宫观兴衰。

本书所录既有前人所著,又有作者自撰,但总的来说,自撰部分不多,仅于个别史实有所辩正,于洞穴、井泉、宫观有所记叙。其所录前人诗文,全文抄录,保存了天台山道教的历史资料。

关于本书的研究,有《四库全书总目》、任继愈等《道藏提要》的有关部分。

(贺圣迪)

橐籥子 〔元〕佚 名

《橐籥子》，一卷。元代佚名撰，成于元至正十五年(1355)至明永乐八年(1410)之间。通行本有《正统道藏》本、《重刊道藏辑要》本等。

橐籥子，元明间人。自称祝融之后。早年学道，精通气候之学，"自言纵闭司雨旸霹雳鞭驱随奋烈"。名著朝野，被元廷召至大都，谢官不受而倾结巨老勋贵。元末农民战争期间，远走吴越，评论世事，以为朱元璋将得天下。无意攀龙，盘桓岸谷，烧炼金丹，撰写道书。生平事迹见张宇初《岘泉集》卷十二《橐籥子歌》。

《橐籥子》是道教内丹著作。它依据人与天地相同立论，认为采用元气五行原理，仿效四序刚柔成岁，八卦之精系象于月，炼成内丹，能变化成仙。

全书分为五篇：一、《三道明真反本》，强调神仙真有，丹术可成；二、《五行建位泉石》，叙说以元气五行为药物，内炼金丹；三、《八卦系象指明》，陈述八卦五行与月相的对应关系；四、《四序刚柔成岁》，谈论仿效四时运行成岁之理；五、《九一道备无为》，略语金丹九转而成后人化为大罗神仙；书后附《阴丹内篇》。

作者认为："元气者，其大也则笼罩八隅，其小也则潜藏一毫，呕坤吐乾，出入有无。"(《五行》)无所不在的"元气本无形"，是宇宙本原。气生成五行，五行即五才。"五才受统，遂成物先。五才不离元气，元气不离五才，混其名即一，辨其功即殊。故元气为五才之君，五才为元气之臣，是故君臣相临而不可去。"(同上)五行与元气不可相分，五行自身更是一个整体，组成它的五个部分缺一不可。五才关及天地万物。它"上绪乎天，而五曜立焉；下积乎地，而五岳镇焉；中成乎人，而五脏生焉"(《五行》)。又与八卦应，乾、兑为金，坤、艮为土，震、巽为木，离为火，坎为水。而八卦之精系象于月，分别以初三、初八、十三、十六、廿三、廿九之月相，与震、兑、乾、巽、艮、坤六卦相对应。这样，五行又与月相发生关联。

气"因精而生有"(《五行》)，发生变化，首先在变化中形成天地。"天有其精，地有其灵。……

在天成象,在地成形;形象禀气,气生精灵。不可去形取象,不可去象取形。取形即失象,失象即无形。"(《三道》)天地形象相资相成,又各因其宝而长久。天精为金,地灵为玉。两者在"阴阳结气,天地覆载"中形成(《三道》)。"阴多则为金,阳多则为玉。"天地之宝自然而成,因人之知其然,也可以药作之:"凡药作之者,似阴运阳,转柔成刚,以五行之气而滋之,四时之气而鼓之,是亦同自然矣。"(《三道》)倘无金和玉,天地"在四时所蒸,五行所转"中枯竭。

天以四时生成万物,但人不同于万物,而与"天地同"(《三道》),皆源于气而来自五才。天地有宝,人亦有宝:"人之宝者,以骨为金,以髓为玉,以神为精,以灵为识。"(《三道》)然而,"人心有欲,其宝丧焉"(《三道》)。这使人不能似天地般长久。"人既染欲,即髓竭而骨枯。髓竭即精不神,骨枯即灵不识。灵不识即神散,精不神即气死。"以内在精灵骨髓的衰竭说明器官、组织老化而致死。又认为一旦生命衰竭,即使"法天地无欲,其宝何可复"(《三道》)。要因宝而常保形神,需知填补金玉之理。金丹术便是以元气五行填补人身之宝而致长寿的方法。

金丹术有内外之分。本书所说之金丹为内丹,所语之"炉火妙道"(《四序》),也指以四时五行之气在体内炼丹。炼丹要水银、五金。"元气者,水银也。五才者,五金也。""五金者,黑铅也。""水银为元气者,谓水银混沌。混沌不可以形象说,飞之即为朱砂,则少阳也;反朱砂即为水银,则少阴也;其黑铅者化之为黄丹,即太阳也;变黄丹为黑铅,即太阳。"(《五行》)元气五才在一阴一阳之道的作用下,"分理四方,千变万化,制伏众石,作道之本,为丹之源"(《五行》)。以元气五行填补人身之宝,要仿效天道阴阳变化。"天之道,阳动于子而升于巳,春夏也;阴萌于午而降于亥,秋冬也。"(《四序》)倘能效此,便能似"四时气顺而一岁成焉"一般得到金丹。还须根据八卦日相对应关系。如"初三日,夕月出庚,其象震,其精木,其味酸,其名青"(《八卦》),兑、乾、巽、艮、坤五卦,分别与初八、十三、十六、廿三、廿九之月相对应,也体现五行的精、味、名。炼丹修道者思此务,精心神道,自通天符(《八卦》)。丹术又因"道始一而终九,是故金丹需九转"而成(《九一》)。金丹成而"变化骨肉,轻气真身,获广英之逍遥,遂大罗之放逸。于是,生死冰泮,尘汩烟收,拜倒景之玉皇,礼生清之宫阙,或受命于东华,奉册于霄汉"(《九一》)。

《橐籥子》篇幅无多,简明扼要叙说内丹术,虽有词句隐晦、语焉不详的缺点,但易于理解要旨。

关于本书的研究,有任继愈等《道藏提要》的有关部分。

(贺圣迪)

伊斯兰教

清净寺记 〔元〕吴 鉴

《清净寺记》,一篇。元吴鉴著,成于至正九年(1349)。载于《闽书》卷七。

《清净寺记》为泉州清净寺碑,也是中国伊斯兰教寺院中今存的最古的汉字碑记。

《清净寺记》可分为三大段。各段主要内容如下。

第一段,介绍大食之风土习俗。

大食是波斯语音译词。唐代以来中国古代史籍称大食为阿拉伯地区。"西出玉关万余里,有国曰大食,于今为帖直氏。""地莽平,广袤数万里。""城池、宫室、园圃、沟渠、田畜、市列,与江淮风土不异。""寒暑应候,民物繁庶。种五谷、葡萄诸果。俗重杀,好善。""书体旁行,有篆、楷、草三法。著经、史、诗、文。阴阳星历、医药、音乐,皆极精妙。制造织文、雕镂器皿尤巧。"

第二段,记述谟罕蓦德(即穆罕默德)之教。

主要记述了谟罕蓦德教以下五个方面的内容。

其一,信仰唯一真主的存在。"其教以万物本乎天。天一理,无可像。故事天至虔,而无像设。"

其二,斋戒。"每岁斋戒一月,更衣沐浴,居必易常处。"

其三,礼拜。"日西向拜天,净心诵经。"

其四,经本。"经本天人所授",三十册,计一百一十四篇,共六千六百十六节。

其五,旨义。"以至公无私、正心修德为本,以祝圣化民,周急解厄为事。"为《古兰经》所训,训人循主之正道而行。循主之正道,自无私之可言矣。

第三段,记载了清净寺的修建人及修建时期。

吴记称述清净寺的建筑时期是"宋绍兴元年",修建人是"纳只卜来泉"。

中国伊斯兰教的历史文献比较缺乏,史书中的记载很少,散见于墓碑、礼拜寺碑刻的,数量也不多。吴鉴《清净寺记》对穆罕默德之教义作了扼要的说明,对研究中国早期的伊斯兰教史有重要的价值。

(郭建庆)

图书在版编目(CIP)数据

中国学术名著提要.宋辽金元编/中国学术名著提要编委会编.—上海：复旦大学出版社，2019.2
ISBN 978-7-309-06790-3

Ⅰ.①中… Ⅱ.①中… Ⅲ.①著作-内容提要-中国-辽宋金元时代 Ⅳ.①Z835

中国版本图书馆 CIP 数据核字(2009)第 124146 号

中国学术名著提要(合订本)
第三卷　宋辽金元编
中国学术名著提要编委会　编

出 品 人　严　峰
责任编辑　宋文涛

复旦大学出版社有限公司出版发行
上海市国权路 579 号　邮编：200433
网址：fupnet@fudanpress.com　http://www.fudanpress.com
门市零售：86-21-65642857　团体订购：86-21-65118853
外埠邮购：86-21-65109143　出版部电话：86-21-65642845
浙江新华数码印务有限公司

开本 850×1168　1/16　印张 61.5　字数 1149 千
2019 年 2 月第 1 版第 1 次印刷

ISBN 978-7-309-06790-3/Z・61
定价：310.00 元

如有印装质量问题，请向复旦大学出版社有限公司出版部调换。
版权所有　侵权必究